Merriam-Webster's
Word-for-Word
Spanish-English
Dictionary

Merriam-Webster's Word-for-Word Spanish-English Dictionary

Merriam-Webster, Incorporated
Springfield, Massachusetts

A GENUINE MERRIAM-WEBSTER

The name *Webster* alone is no guarantee of excellence. It is used by a number of publishers and may serve mainly to mislead an unwary buyer.

Merriam-Webster™ is the name you should look for when you consider the purchase of dictionaries or other fine reference books. It carries the reputation of a company that has been publishing since 1831 and is your assurance of quality and authority.

Copyright © 2021 by Merriam-Webster, Incorporated

ISBN: 978-0-87779-299-4

Printed in Canada

4th printing Marquis, Toronto April 2023

Contents

Preface

Merriam-Webster's Word-for-Word Spanish-English Dictionary is intended for use by Spanish-speaking students who are English-language learners (ELL) in settings where a translations-only dictionary is allowed. It omits definitions, verbal illustrations, pronunciation guidance, and listings of synonyms and antonyms and thus fulfills the requirements for a dictionary that can be used by English-language learners while taking most standardized tests.

This dictionary is bidirectional, including both English-to-Spanish and Spanish-to-English sections. The two sections comprise more than 53,000 entries focusing on core vocabulary. Their content, derived from *Merriam-Webster's Spanish-English Dictionary*, is presented in a user-friendly format to make word searches quick and easy.

This dictionary draws on the work of an experienced staff of lexicographers and continues Merriam-Webster's long and proud tradition of excellence as the premier American publisher of dictionaries and other references.

Using Your Dictionary

In this shortened and simplified version of *Merriam-Webster's Spanish-English Dictionary*, the first major section is a listing of English words with their Spanish translations, and the second is a listing of Spanish words with their English translations. These notes will help the student understand how the dictionary functions.

Abbreviations: The following abbreviations are used in the dictionary:

adj	adjective
adv	adverb
art	article
aux	auxiliary
conj	conjunction
f	feminine
impers	impersonal
interj	interjection
m	masculine
n	noun
pl	plural
pp	past participle
pref	prefix
prep	preposition
pron	pronoun
s	singular
suf	suffix
v	verb
vr	reflexive verb

Translations: An entry may have one or several translations. Each is introduced by a boldface colon:

aghast *adj* : espantado : aterrado : horrorizado

Nouns: If a noun's plural is formed by simply adding *–s* or *–es*, the plural is not shown. In all other cases, the plural spelling is shown following the headword, often in cutback (shortened) form with the first part of the word omitted:

calumny *n, pl* **–nies** ...

Every Spanish noun that appears as a translation is followed by the label *m* or *f*. A Spanish noun that appears as a headword is followed by *nm* (*noun, masculine*) or *nf* (*noun, feminine*), unless both masculine and feminine endings are already shown in boldface type. Spanish nouns that may be either masculine or feminine without changing their endings are labeled *mf* or *nmf*. The labels *npl, mpl, fpl, nmpl,* and *nfpl* signify that the noun always appears in its plural form.

> **candle** *n* : vela *f* : candela *f* : cirio *m*
> **escamocha** *nf* : fruit salad
> **abogado, –da** *n* : lawyer : attorney
> **artista** *nmf* : artist : actor : actress *f*
> **pliers** *npl* : alicates *mpl* : pinzas *fpl*
> **alicates** *nmpl* : pliers

Verbs: Wherever an English verb's past tense and present participle are formed by simply adding *–ed* and *–ing*, those verb forms are not shown. Otherwise, both are shown in boldface type, sometimes in cutback (shortened) form:

> **map¹** *v* **mapped; mapping** …
> **assemble** *v* **–bled; –bling** …

Adjectives: For adjectives whose comparative and superlative forms are formed in a regular way (by adding *–er* and *–est* or using *more* and *most*), the comparative and superlative forms are not shown. But wherever their spellings are in any way irregular, both appear in boldface type, often in cutback form:

> **hot** *adj* **hotter; hottest** …
> **silly** *adj* **sillier; –est** …

If a Spanish adjective has both masculine and feminine forms, both endings are shown:

> **debido, –da** *adj* …

Variants: Alternative spellings or forms of a headword (called *variants*) may follow it in boldface type:

> **angelic** *or* **angelical** *adj*…

>   **decor** *or* **décor** *n* ...

Run-ons: Some entries end with boldface words that are closely related to the headword but represent different parts of speech. Most of these related words (called *run-ons*) are not defined because they are self-explanatory, but those that aren't self-explanatory are given definitions:

>   **Belgian** *n* : belga *mf* — **Belgian** *adj*
>   **asolear** *v* : to put in the sun — **asolearse** *vr* :
>   to sunbathe

Cross-References: A boldface arrow (→) indicates that you should look up the word it points to. Entries with such arrows (called *cross-reference* entries) are used for irregular verb forms, variant spellings, and synonyms:

>   **bought** → **buy**[1]
>   **centre** → **center**
>   **sundown** → **sunset**
>   **correduría** *nf* → **corretaje**

The symbol ~ is used to represent a headword when the headword is used with a single preposition:

>   **candlelight** *n* **by ~** : ...
>   **desembocar** *v* **~ en** *or* **~ a** : ...

English-Spanish
Dictionary

A

a (**an** *before vowel or silent h*) *art*
: un *m* : una *f* : por : a la : al
a- *pref* : a-
aardvark *n* : oso *m* hormiguero
aback *adv* : por sorpresa
abacus *n, pl* **abaci** *or* **abacuses**
: ábaco *m*
abaft *adv* : a popa
abandon[1] *v* : abandonar
: desamparar : desertar de
: renunciar a : suspender
: evacuar : dejar
abandon[2] *n* : desenfreno *m*
abandoned *adj* : abandonado
: desenfrenado : desinhibido
abandonment *n* : abandono *m*
: desamparo *m*
abase *v* **abased; abasing**
: degradar : humillar : rebajar
abash *v* : avergonzar : abochornar
abashed *adj* : avergonzado
abate *v* **abated; abating** : amainar
: menguar : disminuir
abattoir *n* : matadero *m*
abbess *n* : abadesa *f*
abbey *n, pl* **-beys** : abadía *f*
abbot *n* : abad *m*
abbreviate *v* **-ated; -ating**
: abreviar
abbreviation *n* : abreviación *f*
: abreviatura *f*
ABC's *npl* : abecé *m*
abdicate *v* **-cated; -cating**
: abdicar
abdication *n* : abdicación *f*
abdomen *n* : abdomen *m*
: vientre *m*
abdominal *adj* : abdominal —
abdominally *adv*
abduct *v* : raptar : secuestrar
abduction *n* : rapto *m* : secuestro *m*
abductor *n* : raptor *m*, -tora *f*
: secuestrador *m*, -dora *f*
abed *adv & adj* : en cama
aberrant *adj* : anormal : aberrante
: anómalo : atípico
aberration *n* : aberración *f*
: perturbación *f* mental
abet *v* **abetted; abetting** : ayudar
abeyance *n* : desuso *m*
: suspensión *f*

abhor *v* **-horred; -horring**
: abominar : aborrecer
abhorrence *n* : aborrecimiento *m*
: odio *m*
abhorrent *adj* : abominable
: aborrecible : odioso
abide *v* **abode** *or* **abided; abiding**
: soportar : tolerar : quedar
: permanecer : morar : residir
ability *n, pl* **-ties** : aptitud *f*
: capacidad *f* : facultad *f*
: competencia *f* : talento *m* : don *m*
: habilidad *f*
abject *adj* : miserable : desdichado
: abatido : desesperado : servil —
abjectly *adv*
abjure *v* **-jured; -juring** : abjurar de
ablaze *adj* : ardiendo : en llamas
: resplandeciente : radiante
able *adj* **abler; ablest** : capaz
: hábil : competente
-able *suf* : -able
ablution *n* : ablución *f*
ably *adv* : hábilmente
: eficientemente
abnormal *adj* : anormal —
abnormally *adv*
abnormality *n, pl* **-ties**
: anormalidad *f*
aboard[1] *adv* : a bordo
aboard[2] *prep* : a bordo de
abode[1] → **abide**
abode[2] *n* : morada *f* : residencia *f*
: vivienda *f*
abolish *v* : abolir : suprimir
abolition *n* : abolición *f* : supresión *f*
abominable *adj* : abominable
: aborrecible : espantoso
abominate *v* **-nated; -nating**
: abominar : aborrecer
abomination *n* : abominación *f*
aboriginal *adj* : aborigen : indígena
aborigine *n* : aborigen *mf*
: indígena *mf*
abort *v* : abortar : suspender
: abandonar : hacerse un aborto
abortion *n* : aborto *m*
abortive *adj* : fracasado : frustrado
: malogrado
abound *v* **to abound in** : abundar
en : estar lleno de

about[1] *adv* : aproximadamente
: casi : más o menos : por todas
partes : alrededor
about[2] *prep* : alrededor de : de
: acerca de : sobre
about–face *n* : media vuelta *f*
: cambio *m* total : giro *m* de 180
grados
above[1] *adv* : por encima : arriba
: más arriba : más : sobre cero
above[2] *adj* : anterior : antedicho
above[3] *prep* : encima de : arriba de
: sobre : superior a : por encima
de : más de
aboveboard[1] *adv or* **open and
aboveboard** : sin tapujos
aboveboard[2] *adj* : legítimo : sincero
aboveground *adj* : sobre el nivel
del suelo
abrade *v* **abraded; abrading**
: erosionar : corroer : raspar
abrasion *n* : raspadura *f* : rasguño
m : erosión *f*
abrasive[1] *adj* : abrasivo : áspero
: brusco : irritante
abrasive[2] *n* : abrasivo *m*
abreast *adv* : en fondo : al lado
abridge *v* **abridged; abridging**
: compendiar : resumir
abridgment *or* **abridgement** *n*
: compendio *m* : resumen *m*
abroad *adv* : por todas partes : en
todas direcciones : en el extranjero
: en el exterior
abrogate *v* **-gated; -gating** : abrogar
abrupt *adj* : abrupto : repentino
: súbito : brusco : cortante —
abruptly *adv*
abruptness *n* : lo repentino
: brusquedad *f*
abscess *n* : absceso *m*
abscond *v* : huir : fugarse
absence *n* : ausencia *f* : falta *f*
: carencia *f*
absent[1] *v* **to absent oneself**
: ausentarse
absent[2] *adj* : ausente
absentee *n* : ausente *mf*
absentminded *adj* : distraído
: despistado
absentmindedly *adv*
: distraídamente
absentmindedness *n* : distracción
f : despiste *m*

absolute *adj* : completo : pleno
: perfecto : absoluto : incondicional
: categórico : definitivo
absolutely *adv* : completamente
: absolutamente : desde luego
absolution *n* : absolución *f*
absolutism *n* : absolutismo *m*
absolve *v* **-solved; -solving**
: absolver : perdonar
absorb *v* : absorber : embeber
: amortiguar : asimilar
absorbed *adj* : absorto
: ensimismado
absorbency *n* : absorbencia *f*
absorbent *adj* : absorbente
absorbing *adj* : absorbente
: fascinante
absorption *n* : absorción *f*
: concentración *f*
abstain *v* : abstenerse
abstainer *n* : abstemio *m*, -mia *f*
abstemious *adj* : abstemio : sobrio
— **abstemiously** *adv*
abstention *n* : abstención *f*
abstinence *n* : abstinencia *f*
abstract[1] *v* : abstraer : extraer
: compendiar : resumir
abstract[2] *adj* : abstracto —
abstractly *adv*
abstract[3] *n* : resumen *m*
: compendio *m* : sumario *m*
abstraction *n* : abstracción *f* : idea
f abstracta : distracción *f*
abstruse *adj* : abstruso : recóndito
— **abstrusely** *adv*
absurd *adj* : absurdo : ridículo
: disparatado — **absurdly** *adv*
absurdity *n, pl* **-ties** : absurdo *m*
: disparate *m* : despropósito *m*
abundance *n* : abundancia *f*
abundant *adj* : abundante
: cuantioso : copioso
abundantly *adv* : abundantemente
: en abundancia
abuse[1] *v* **abused; abusing**
: abusar de : maltratar : insultar
: injuriar : denostar
abuse[2] *n* : abuso *m*
: maltrato *m* : insultos *mpl*
: improperios *mpl*
abuser *n* : abusador *m*, -dora *f*
abusive *adj* : abusivo : ofensivo
: injurioso : insultante —
abusively *adv*

abut *v* **abutted; abutting** : bordear
to abut on : colindar con
abutment *n* : contrafuerte *m*
: estribo *m*
abysmal *adj* : atroz : desastroso
abysmally *adv* : desastrosamente
: terriblemente
abyss *n* : abismo *m* : sima *f*
acacia *n* : acacia *f*
academic[1] *adj* : académico
: teórico — **academically** *adv*
academic[2] *n* : académico *m*, -ca *f*
academician *n* → **academic**
academy *n, pl* **-mies** : academia *f*
acanthus *n* : acanto *m*
accede *v* **-ceded; -ceding**
: acceder : consentir : subir
accelerate *v* **-ated; -ating**
: acelerar : apresurar
acceleration *n* : aceleración *f*
accelerator *n* : acelerador *m*
accent[1] *v* : acentuar
accent[2] *n* : acento *m* : énfasis *m*
accentuate *v* **-ated; -ating**
: acentuar : poner énfasis en
accept *v* : aceptar : admitir
: reconocer
acceptability *n* : aceptabilidad *f*
acceptable *adj* : aceptable
: admisible — **acceptably** *adv*
acceptance *n* : aceptación *f*
: aprobación *f*
access[1] *v* : obtener acceso a
: entrar a
access[2] *n* : acceso *m*
accessibility *n, pl* **-ties**
: accesibilidad *f*
accessible *adj* : accesible
: asequible
accession *n* : ascenso *f* : subida *f*
: adquisición *f*
accessory[1] *adj* : auxiliar
accessory[2] *n, pl* **-ries** : accesorio *m*
: complemento *m* : cómplice *mf*
accident *n* : accidente *m*
: casualidad *f*
accidental *adj* : accidental : casual
: imprevisto : fortuito
accidentally *adv* : por casualidad
: sin querer : involuntariamente
acclaim[1] *v* : aclamar : elogiar
acclaim[2] *n* : aclamación *f* : elogio *m*
acclamation *n* : aclamación *f*
acclimate → **acclimatize**

acclimatize *v* **-tized; -tizing** : aclimatar
accolade *n* : elogio *m* : galardón *m*
accommodate *v* **-dated; -dating**
: acomodar : adaptar : tener en
cuenta : satisfacer : dar cabida a
: tener cabida para
accommodating *adj*
: complaciente : acomodaticio
accommodation *n* : adaptación *f*
: adecuación *f*; **accommodations**
npl : alojamiento *m* : hospedaje *m*
accompaniment *n*
: acompañamiento *m*
accompanist *n* : acompañante *mf*
accompany *v* **-nied; -nying**
: acompañar
accomplice *n* : cómplice *mf*
accomplish *v* : efectuar : realizar
: lograr : llevar a cabo
accomplished *adj* : consumado
: logrado
accomplishment *n* : logro *m* : éxito
m : destreza *f* : habilidad *f*
accord[1] *v* : conceder : otorgar
to accord with : concordar con
: conformarse con
accord[2] *n* : acuerdo *m* : convenio *m*
: voluntad *f*
accordance *n* : acuerdo *m*
: conformidad *f*
accordingly *adv* : en consecuencia
: por consiguiente : por lo tanto
according to *prep* : según : de
acuerdo con : conforme a
accordion *n* : acordeón *m*
accordionist *n* : acordeonista *mf*
accost *v* : abordar : dirigirse a
account[1] *v* : considerar : estimar
to account for : dar cuenta de
: explicar
account[2] *n* : cuenta *f* : versión *f*
: explicación *f* : relato *m* : informe
m : importancia *f*; **accounts** *npl*
: contabilidad *f*
accountability *n* : responsabilidad *f*
accountable *adj* : responsable
accountancy *n* : contabilidad *f*
accountant *n* : contador *m*, -dora *f*
: contable *mf*
accounting *n* : contabilidad *f*
accoutrements *or* **accouterments**
npl : equipo *m* : avíos *mpl*
: accesorios *mpl* : símbolos *mpl*
accredit *v* : acreditar : autorizar

accreditation *n* : acreditación *f*
: homologación *f*
accrual *n* : incremento *m*
: acumulación *f*
accrue *v* **-crued; -cruing**
: acumularse : aumentarse
accumulate *v* **-lated; -lating**
: acumular : amontonar
: acumularse : amontonarse
accumulation *n* : acumulación *f*
: amontonamiento *m*
accuracy *n* : exactitud *f* : precisión *f*
accurate *adj* : exacto : correcto
: fiel : preciso — **accurately** *adv*
accusation *n* : acusación *f*
accusatory *adj* : acusatorio
accuse *v* **-cused; -cusing** : acusar
: delatar : denunciar
accused *ns & pl* : acusado *m*, -da *f*
accuser *n* : acusador *m*, -dora *f*
accustom *v* : acostumbrar : habituar
ace *n* : as *m*
acerbic *adj* : acerbo : mordaz
acetate *n* : acetato *m*
acetone *n* : acetona *f*
acetylene *n* : acetileno *m*
ache[1] *v* **ached; aching** : doler
ache[2] *n* : dolor *m*
achieve *v* **achieved; achieving**
: lograr : alcanzar : conseguir
: realizar
achievement *n* : logro *m* : éxito *m*
: realización *f*
Achilles' heel *n* : talón *m* de
Aquiles
acid[1] *adj* : ácido : agrio : acerbo
: mordaz — **acidly** *adv*
acid[2] *n* : ácido *m*
acidic *adj* : ácido
acidity *n*, *pl* **-ties** : acidez *f*
acid rain *n* : lluvia *f* ácida
acid test *n* : prueba *f* de fuego
acknowledge *v* **-edged; -edging**
: reconocer : admitir
acknowledgment *n*
: reconocimiento *m*
: agradecimiento *m*
acme *n* : colmo *m* : apogeo *m*
: cúspide *f*
acne *n* : acné *m*
acolyte *n* : acólito *m*
acorn *n* : bellota *f*
acoustic *or* **acoustical** *adj*
: acústico — **acoustically** *adv*

acoustics *ns & pl* : acústica *f*
acquaint *v* : enterar : informar
: familiarizar
acquaintance *n* : conocimiento *m*
: conocido *m*, -da *f*
acquiesce *v* **-esced; -escing**
: consentir : conformarse
acquiescence *n* : consentimiento
m : aquiescencia *f*
acquiescent *adj* : acquiescente
acquire *v* **-quired; -quiring**
: adquirir : obtener
acquisition *n* : adquisición *f*
acquisitive *adj* : adquisitivo
: codicioso
acquit *v* **-quitted; -quitting**
: absolver : exculpar
acquittal *n* : absolución *f*
: exculpación *f*
acre *n* : acre *m*
acreage *n* : superficie *f* en acres
acrid *adj* : acre : mordaz — **acridly**
adv
acrimonious *adj* : áspero
: cáustico : sarcástico
acrimony *n*, *pl* **-nies** : acrimonia *f*
acrobat *n* : acróbata *mf*
: saltimbanqui *mf*
acrobatic *adj* : acrobático
acrobatics *ns & pl* : acrobacia *f*
acronym *n* : acrónimo *m*
across[1] *adv* : al través : a través
: del otro lado : de ancho
across[2] *prep* : al otro lado de : a
través de
across-the-board *adj* : general
: para todos
acrylic *n* : acrílico *m*
act[1] *v* : actuar : tomar medidas
: comportarse : interpretar : fingir
: simular : servir : funcionar
act[2] *n* : acto *m* : hecho *m* : acción
f : ley *f* : decreto *m* : número *m*
: fingimiento *m*
acting[1] *adj* : interino : en funciones
acting[2] *n* : interpretación *f*
: actuación *f*
action *n* : acción *f* : acto *m* : hecho
m : actuación *f* : comportamiento
m : demanda *f* : movimiento
m : combate *m* : trama *f*
: mecanismo *m*
activate *v* **-vated; -vating** : activar
activation *n* : activación *f*

active adj : activo : en movimiento : vigoroso : enérgico : en actividad : vigente

actively adv : activamente : enérgicamente

activist n : activista mf — **activism** n — **activist** adj

activity n, pl **-ties** : actividad f : movimiento m : vigor m : energía f : ocupación f

actor n : actor m : artista mf

actress n : actriz f

actual adj : real : verdadero

actuality n, pl **-ties** : realidad f

actually adv : realmente : en realidad

actuary n, pl **-aries** : actuario m, -ria f de seguros — **actuarial** adj

acumen n : perspicacia f

acupuncture n : acupuntura f

acute adj **acuter; acutest** : agudo : perspicaz : sagaz : fino : muy desarrollado : grave

acutely adv : intensamente

acuteness n : agudeza f

ad → advertisement

adage n : adagio m : refrán m : dicho m

adamant adj : firme : categórico : inflexible — **adamantly** adv

Adam's apple n : nuez f de Adán

adapt v : adaptar : ajustar : adaptarse

adaptability n : adaptabilidad f : flexibilidad f

adaptable adj : adaptable : amoldable

adaptation n : adaptación f : modificación f : versión f

adapter n : adaptador m

add v : añadir : agregar : sumar : incluir

adder n : víbora f

addict[1] v : causar adicción en

addict[2] n : adicto m, -ta f

addicted adj : adicto

addiction n : adicción f : dependencia f

addictive adj : adictivo

addition n : adición f : añadidura f

additional adj : extra : adicional : de más

additionally adv : además : adicionalmente

additive n : aditivo m

addle v **-dled; -dling** : confundir : enturbiar

address[1] v : dirigirse a : pronunciar un discurso ante : dirigir : ponerle la dirección a

address[2] n : discurso m : alocución f : dirección f

addressee n : destinatario m, -ria f

adduce v **-duced; -ducing** : aducir

adenoids npl : adenoides fpl

adept adj : experto : hábil — **adeptly** adv

adequacy n, pl **-cies** : lo adecuado : lo suficiente

adequate adj : adecuado : suficiente : aceptable

adequately adv : suficientemente : apropiadamente

adhere v **-hered; -hering** : pegarse : adherirse

adherence n : adhesión f : adherencia f : observancia f

adherent[1] adj : adherente : adhesivo : pegajoso

adherent[2] n : adepto m, -ta f : partidario m, -ria f

adhesion n : adhesión f : adherencia f

adhesive[1] adj : adhesivo

adhesive[2] n : adhesivo m : pegamento m

adjacent adj : adyacente : colindante : contiguo

adjective n : adjetivo m — **adjectival** adj

adjoin v : lindar con : colindar con

adjoining adj : contiguo : colindante

adjourn v : levantar : suspender : aplazarse

adjournment n : suspensión f : aplazamiento m

adjudicate v **-cated; -cating** : juzgar : arbitrar

adjudication n : arbitrio m : fallo m

adjunct n : adjunto m : complemento m

adjust v : ajustar : arreglar : regular **to adjust to** : adaptarse a

adjustable adj : ajustable : regulable : graduable

adjustment n : ajuste m : modificación f

ad–lib[1] *v* **-libbed; -libbing**
: improvisar
ad–lib[2] *adj* : improvisado
administer *v* : administrar
administration *n* : administración *f*
: dirección *f* : gobierno *m*
administrative *adj* : administrativo
— **administratively** *adv*
administrator *n* : administrador *m*,
-dora *f*
admirable *adj* : admirable : loable
— **admirably** *adv*
admiral *n* : almirante *mf*
admiralty *n* : almirantazgo *m*
admiration *n* : admiración *f*
admire *v* **-mired; -miring** : admirar
admirer *n* : admirador *m*, -dora *f*
admiring *adj* : admirativo : de
admiración
admiringly *adv* : con admiración
admissible *adj* : admisible
: aceptable
admission *n* : entrada *f* : admisión
f : reconocimiento *m*
admit *v* **-mitted; -mitting** : admitir
: dejar entrar : reconocer
admittance *n* : admisión *f* : entrada
f : acceso *m*
admittedly *adv* : la verdad es que
: lo cierto es que
admonish *v* : amonestar
: reprender
admonition *n* : admonición *f*
ad nauseam *adv* : hasta la
saciedad
ado *n* : ruido *m* : alboroto *m*
: dificultad *f* : lío *m*
adobe *n* : adobe *m*
adolescence *n* : adolescencia *f*
adolescent[1] *adj* : adolescente : de
adolescencia
adolescent[2] *n* : adolescente *mf*
adopt *v* : adoptar
adopted *adj* : adoptivo
adoption *n* : adopción *f*
adoptive *adj* : adoptivo
adorable *adj* : adorable : encantador
adorably *adv* : de manera adorable
adoration *n* : adoración *f*
adore *v* **adored; adoring** : adorar
: querer : encantarle : gustarle
mucho
adorn *v* : adornar : ornar
: engalanar

adornment *n* : adorno *m*
: decoración *f*
adrenaline *n* : adrenalina *f*
adrift *adj & adv* : a la deriva
adroit *adj* : diestro : hábil —
adroitly *adv*
adroitness *n* : destreza *f* : habilidad *f*
adulation *n* : adulación *f*
adult[1] *adj* : adulto
adult[2] *n* : adulto *m*, -ta *f*
adulterate *v* **-ated; -ating**
: adulterar — **adulteration** *n*
adulterer *n* : adúltero *m*, -ra *f*
adulterous *adj* : adúltero
adultery *n, pl* **-teries** : adulterio *m*
adulthood *n* : adultez *f* : edad *f*
adulta
advance[1] *v* **-vanced; -vancing**
: avanzar : adelantar : ascender
: promover : proponer : presentar
: anticipar : adelantarse : progresar
advance[2] *adj* : anticipado
advance[3] *n* : avance *m* : adelanto
m : mejora *f* : progreso *m*
: aumento *m* : alza *f* : anticipo *m*
: préstamo *m*
advanced *adj* : avanzado
: desarrollado : adelantado
: precoz : superior
advancement *n* : fomento *m*
: adelantamiento *m* : progreso *m*
: ascenso *m*
advantage *n* : ventaja *f*
: superioridad *f* : provecho *m*
: partido *m*
advantageous *adj* : ventajoso
: provechoso — **advantageously**
adv
advent *n* : advenimiento *m* : venida *f*
adventure *n* : aventura *f*
adventurer *n* : aventurero *m*, -ra *f*
adventurous *adj* : intrépido
: aventurero : arriesgado
: aventurado
adverb *n* : adverbio *m* — **adverbial**
adj
adversary *n, pl* **-saries** : adversario
m, -ria *f*
adverse *adj* : opuesto : contrario
: adverso : desfavorable —
adversely *adv*
adversity *n, pl* **-ties** : adversidad *f*
advertise *v* **-tised; -tising**
: anunciar : hacerle publicidad

a : hacer publicidad : hacer propaganda

advertisement n : anuncio m : aviso m

advertiser n : anunciante mf

advertising n : publicidad f : propaganda f

advice n : consejo m : recomendación f

advisability n : conveniencia f

advisable adj : aconsejable : recomendable : conveniente

advise v -vised; -vising : aconsejar : asesorar : recomendar : informar : notificar : dar consejo

adviser or **advisor** n : consejero m, -ra f : asesor m, -sora f

advisory adj : consultivo

advocacy n : promoción f : apoyo m

advocate[1] v -cated; -cating : recomendar : abogar por : ser partidario de

advocate[2] n : defensor m, -sora f : partidario m, -ria f

adze n : azuela f

aeon n : eón m : siglo m : eternidad f

aerate v -ated; -ating : gasear : oxigenar

aerial[1] adj : aéreo

aerial[2] n : antena f

aerie n : aguilera f

aerobic adj : aerobio : aeróbico

aerobics ns & pl : aeróbic m

aerodynamic adj : aerodinámico — **aerodynamically** adv

aerodynamics n : aerodinámica f

aeronautical adj : aeronáutico

aeronautics n : aeronáutica f

aerosol n : aerosol m

aerospace[1] adj : aeroespacial

aerospace[2] n : espacio m

aesthetic adj : estético — **aesthetically** adv

aesthetics n : estética f

afar adv : lejos : a lo lejos

affability n : afabilidad f

affable adj : afable — **affably** adv

affair n : asunto m : cuestión f : caso m : ocasión f : acontecimiento m : amorío m : aventura f

affect v : afectar : tocar : fingir

affectation n : afectación f

affected adj : afectado : fingido : conmovido

affecting adj : conmovedor

affection n : afecto m : cariño m

affectionate adj : afectuoso : cariñoso — **affectionately** adv

affidavit n : declaración f jurada : affidávit m

affiliate[1] v -ated; -ating to be affiliated with : estar afiliado a

affiliate[2] n : afiliado m, -da f : filial f

affiliation n : afiliación f : filiación f

affinity n, pl -ties : afinidad f

affirm v : afirmar : aseverar : declarar

affirmation n : afirmación f : aserto m : declaración f

affirmative[1] adj : afirmativo

affirmative[2] n : afirmativa f

affix v : fijar : poner : pegar

afflict v : afligir : aquejar

affliction n : tribulación f : enfermedad f : padecimiento m

affluence n : afluencia f : abundancia f : prosperidad f

affluent adj : próspero : adinerado

afford v : tener los recursos para : permitirse el lujo de : ofrecer : proporcionar : dar

affordable adj : asequible

affront[1] v : afrentar : insultar : ofender

affront[2] n : afrenta f : insulto m : ofensa f

Afghan n : afgano m, -na f — **Afghan** adj

afield adv **farther afield** : más lejos

afire adj : ardiendo : en llamas

aflame adj : llameante : en llamas

afloat adv & adj : a flote

afoot adj : a pie : andando : en marcha

aforementioned adj : antedicho : susodicho

aforesaid adj : antes mencionado : antedicho

afresh adv : de nuevo : otra vez

African n : africano m, -na f — **African** adj

African–American[1] adj : afroamericano

African–American[2] n : afroamericano m, -na f

Afro–American[1] adj → **African-American**[1]

Afro–American[2] n → **African-American**[2]

aft *adv* : a popa

after[1] *adv* : después : detrás : atrás

after[2] *adj* : posterior : siguiente

after[3] *conj* : después de : después de que

after[4] *prep* : después de : tras : detrás de : por : al estilo de

aftereffect *n* : efecto *m* secundario

afterlife *n* : vida *f* venidera : vida *f* después de la muerte

aftermath *n* : consecuencias *fpl* : resultados *mpl*

afternoon *n* : tarde *f*

aftershave *n* : aftershave *m* : loción *f* para después de afeitarse

aftershock *n* : réplica *f*

aftertaste *n* : resabio *m* : regusto *m*

afterthought *n* : ocurrencia *f* tardía : idea *f* tardía

afterward *or* **afterwards** *adv* : después : luego

again *adv* : de nuevo : otra vez : además

against *prep* : contra : en contra de

agape *adj* : boquiabierto

agate *n* : ágata *f*

age[1] *v* **aged; aging** : envejecer : madurar

age[2] *n* : edad *f* : era *f* : siglo *m* : época *f*; **ages** *npl* : siglos *mpl* : eternidad *f*

aged *adj* : anciano : viejo : vetusto

ageless *adj* : eternamente joven : eterno : perenne

agency *n, pl* **-cies** : agencia *f* : oficina *f*

agenda *n* : agenda *f* : orden *m* del día

agender *adj* : agénero

agent *n* : agente *m* : medio *m* : instrumento *m* : agente *mf* : representante *mf*

aggravate *v* **-vated; -vating** : agravar : empeorar : irritar : exasperar

aggravation *n* : empeoramiento *m* : molestia *f* : irritación *f* : exasperación *f*

aggregate[1] *v* **-gated; -gating** : juntar : sumar

aggregate[2] *adj* : total : global : conjunto

aggregate[3] *n* : agregado *m* : conglomerado *m* : total *m* : conjunto *m*

aggression *n* : agresión *f* : agresividad *f*

aggressive *adj* : agresivo — **aggressively** *adv*

aggressiveness *n* : agresividad *f*

aggressor *n* : agresor *m*, -sora *f*

aggrieved *adj* : ofendido : herido

aghast *adj* : espantado : aterrado : horrorizado

agile *adj* : ágil

agility *n, pl* **-ties** : agilidad *f*

aging[1] *adj* : envejecido : anticuado

aging[2] *n* : envejecimiento

agitate *v* **-tated; -tating** : agitar : inquietar : perturbar **to agitate against** : hacer campaña en contra de

agitated *adj* : agitado : inquieto

agitation *n* : agitación *f* : inquietud *f*

agitator *n* : agitador *m*, -dora *f*

agnostic *n* : agnóstico *m*, -ca *f*

ago *adv* : hace

agog *adj* : ansioso : curioso

agonize *v* **-nized; -nizing** : atormentarse : angustiarse

agonizing *adj* : angustioso : terrible — **agonizingly** *adv*

agony *n, pl* **-nies** : dolor *m* : angustia *f*

agrarian *adj* : agrario

agree *v* **agreed; agreeing** : estar de acuerdo : reconocer : admitir : acceder a : consentir en : concordar

agreeable *adj* : agradable : simpático : dispuesto : aceptable

agreeableness *n* : simpatía *f* : disposición *f* : buena voluntad *f* : aceptabilidad *f*

agreeably *adv* : agradablemente

agreement *n* : acuerdo *m* : conformidad *f* : pacto *m* : convenio *m* : concordia *f*

agribusiness *n* : agroindustria *f*

agricultural *adj* : agrícola *f*

agriculture *n* : agricultura *f*

aground *adj* : encallado : varado

ahead *adv* : al frente : delante : adelante : por adelantado : con antelación : a la delantera

ahead of *prep* : al frente de : delante de : antes de

ahem *interj* : ¡ejem!

ahoy *interj* **ship ahoy!** : ¡barco a la vista!

aid[1] *v* : ayudar : auxiliar
aid[2] *n* : ayuda *f* : asistencia *f*
: asistente *mf*
aide *n* : ayudante *mf*
AIDS *n* : SIDA *m* : sida *m*
ail *v* : molestar : afligir : sufrir
: estar enfermo
aileron *n* : alerón *m*
ailment *n* : enfermedad *f* : dolencia
f : achaque *m*
aim[1] *v* : apuntar : dirigir
: proponerse : querer : aspirar
aim[2] *n* : puntería *f* : propósito *m*
: objetivo *m* : fin *m*
aimless *adj* : sin rumbo : sin objeto
aimlessly *adv* : sin rumbo : sin
objeto
ain't → be, have
air[1] *v* : airear : manifestar
: comunicar : transmitir : emitir
air[2] *n* : aire *m* : aspecto *m*; **airs** *npl*
: aires *mpl* : afectación *f*
airbag *n* : bolsa *f* de aire : airbag *m*
airbase *n* : base *f* aérea
airborne *adj* : aerotransportado
: volando : en el aire
air–condition *v* : climatizar
: condicionar con el aire
air–conditioned *adj* : climatizado
: con aire acondicionado
air conditioner *n* : acondicionador
m de aire
air–conditioning *n* : aire *m*
acondicionado
aircraft *ns & pl* : avión *m* : aeronave *f*
airfield *n* : aeródromo *m* : campo *m*
de aviación
air force *n* : fuerza *f* aérea
airlift *n* : puente *m* aéreo
: transporte *m* aéreo
airline *n* : aerolínea *f* : línea *f* aérea
airliner *n* : avión *m* de pasajeros
airmail[1] *v* : enviar por vía aérea
airmail[2] *n* : correo *m* aéreo
airman *n, pl* **-men** : aviador *m*,
-dora *f* : soldado *m* de la fuerza
aérea
airplane *n* : avión *m*
airport *n* : aeropuerto *m*
airship *n* : dirigible *m* : zepelín *m*
airsick *adj* : mareado
airstrip *n* : pista *f* de aterrizaje
airtight *adj* : hermético
: herméticamente cerrado

air vent → vent[2]
airwaves *npl* : radio *m* : televisión *f*
airy *adj* **airier; -est** : delicado
: ligero : aireado : bien ventilado
aisle *n* : pasillo *m* : nave *f* lateral
ajar *adj* : entreabierto : entornado
akimbo *adj & adv* : en jarras
akin *adj* : emparentado : semejante
: parecido
alabaster *n* : alabastro *m*
alacrity *n* : presteza *f* : prontitud *f*
alarm[1] *v* : alarmar : alertar : asustar
alarm[2] *n* : alarma *f* : alerta *f*
: aprensión *f* : inquietud *f* : temor *m*
alarming *adj* : alarmante
alas *interj* : ¡ay!
Albanian *n* : albanés *m*, -nesa *f* —
Albanian *adj*
albatross *n, pl* **-tross** *or* **-trosses**
: albatros *m*
albeit *conj* : aunque
albino *n, pl* **-nos** : albino *m*, -na *f*
album *n* : álbum *m*
albumen *n* : clara *f* de huevo
albumin *n* : albúmina *f*
alchemist *n* : alquimista *mf*
alchemy *n, pl* **-mies** : alquimia *f*
alcohol *n* : alcohol *m* : etanol *m*
: bebidas *fpl* alcohólicas
alcohol–free *adj* : sin alcohol
alcoholic[1] *adj* : alcohólico
alcoholic[2] *n* : alcohólico *m*, -ca *f*
alcoholism *n* : alcoholismo *m*
alcove *n* : nicho *m* : hueco *m*
alderman *n, pl* **-men** : concejal *mf*
ale *n* : cerveza *f*
alert[1] *v* : alertar : poner sobre aviso
alert[2] *adj* : alerta : vigilante : listo
: vivo
alert[3] *n* : alerta *f* : alarma *f*
alertly *adv* : con listeza
alertness *n* : vigilancia *f* : listeza *f*
: viveza *f*
alfalfa *n* : alfalfa *f*
alga *n, pl* **-gae** : alga *f*
algebra *n* : álgebra *m*
algebraic *adj* : algebraico —
algebraically *adv*
Algerian *n* : argelino *m*, -na *f* —
Algerian *adj*
algorithm *n* : algoritmo *m*
alias[1] *adv* : alias
alias[2] *n* : alias *m*
alibi[1] *v* : ofrecer una coartada

alibi[2] *n* : coartada *f* : pretexto *m*
: excusa *f*
alien[1] *adj* : ajeno : extraño
: extranjero : foráneo
: extraterrestre
alien[2] *n* : extranjero *m*, -ra *f*
: forastero *m* : extraterrestre *mf*
alienate *v* -ated; -ating : alienar
: enajenar
alienation *n* : alienación *f*
: enajenación *f*
alight *v* : bajarse : apearse
: posarse : aterrizar
align *v* : alinear
alignment *n* : alineación *f*
: alineamiento *m*
alike[1] *adv* : igual : del mismo modo
alike[2] *adj* : igual : semejante
: parecido
alimentary *adj* : alimenticio
alimony *n, pl* -nies : pensión *f*
alimenticia
alive *adj* : vivo : viviente : animado
: activo : vigente : en uso
: consciente
alkali *n, pl* -lies *or* -lis : álcali *m*
alkaline *adj* : alcalino
all[1] *adv* : todo : completamente
: igual
all[2] *adj* : todo
all[3] *pron* : todo
Allah *n* : Alá *m*
all-around *adj* : completo : amplio
allay *v* : aliviar : mitigar : aquietar
: calmar
allegation *n* : alegato *m*
: acusación *f*
allege *v* -leged; -leging : alegar
: afirmar
alleged *adj* : presunto : supuesto
allegedly *adv* : supuestamente
: según se alega
allegiance *n* : lealtad *f* : fidelidad *f*
allegorical *adj* : alegórico
allegory *n, pl* -ries : alegoría *f*
alleluia → **hallelujah**
allergen *n* : alérgeno *m*
allergic *adj* : alérgico
allergy *n, pl* -gies : alergia *f*
alleviate *v* -ated; -ating : aliviar
: mitigar : paliar
alleviation *n* : alivio *m*
alley *n, pl* -leys : callejón *m*
alliance *n* : alianza *f* : coalición *f*

alligator *n* : caimán *m*
all-important *adj* : crucial : de
fundamental importancia
alliteration *n* : aliteración *f*
all-night *adj* : que dura toda la
noche : que está abierto toda la
noche
all-nighter *n* **to pull an all-nighter**
: trasnochar
allocate *v* -cated; -cating : asignar
: adjudicar
allocation *n* : asignación *f* : reparto
m : distribución *f*
allot *v* -lotted; -lotting : repartir
: distribuir : asignar
allotment *n* : reparto *m*
: asignación *f* : distribución *f*
all-out *adj* : total : con todo
allow *v* : permitir : dejar : conceder
: dar : admitir **to allow for** : tener
en cuenta
allowable *adj* : permisible : lícito
: deducible
allowance *n* : complemento *m*
: mesada *f*
alloy *n* : aleación *f*
all-purpose *adj* : multiuso
all right[1] *adv* : sí : por supuesto
: bien : ciertamente : sin duda
all right[2] *adj* : bien : bueno
all-round → **all-around**
allspice *n* : pimienta *f* de Jamaica
all-terrain vehicle *n* : todoterreno
m : vehículo *m* todoterreno
all-time *adj* : de todos los tiempos
: histórico
allude *v* -luded; -luding : aludir
: referirse
allure[1] *v* -lured; -luring : cautivar
: atraer
allure[2] *n* : atractivo *m* : encanto *m*
allusion *n* : alusión *f*
ally[1] *v* -lied; -lying : aliarse
ally[2] *n* : aliado *m*, -da *f*
almanac *n* : almanaque *m*
almighty *adj* : omnipotente
: todopoderoso
almond *n* : almendra *f*
almost *adv* : casi : prácticamente
alms *ns & pl* : limosna *f* : caridad *f*
aloe *n* : áloe *m*
aloft *adv* : en alto : en el aire
alone[1] *adv* : sólo : solamente
: únicamente

alone² *adj* : solo

along¹ *adv* : adelante

along² *prep* : por : a lo largo de : en : en el curso de

alongside¹ *adv* : al costado : al lado

alongside² *or* **alongside of** *prep* : junto a : al lado de

aloof *adj* : distante : reservado

aloofness *n* : reserva *f* : actitud *f* distante

aloud *adv* : en voz alta

alpaca *n* : alpaca *f*

alphabet *n* : alfabeto *m*

alphabetical *or* **alphabetic** *adj* : alfabético — **alphabetically** *adv*

alphabetize *v* **-ized; -izing** : alfabetizar : poner en orden alfabético

alpine *adj* : alpino

already *adv* : ya

also *adv* : también : además

altar *n* : altar *m*

alter *v* : alterar : cambiar : modificar

alteration *n* : alteración *f* : cambio *m* : modificación *f*

altercation *n* : altercado *m* : disputa *f*

alternate¹ *v* **-nated; -nating** : alternar

alternate² *adj* : alterno : uno sí y otro no

alternate³ *n* : suplente *mf* : sustituto *m*, -ta *f*

alternately *adv* : alternativamente : por turno

alternating current *n* : corriente *f* alterna

alternation *n* : alternancia *f* : rotación *f*

alternative¹ *adj* : alternativo

alternative² *n* : alternativa *f*

alternator *n* : alternador *m*

although *conj* : aunque : a pesar de que

altitude *n* : altitud *f* : altura *f*

alto *n, pl* **-tos** : alto *mf* : contralto *mf*

altogether *adv* : completamente : totalmente : del todo : en suma : en general

altruism *n* : altruismo *m*

altruistic *adj* : altruista — **altruistically** *adv*

alum *n* : alumbre *m*

aluminum *n* : aluminio *m*

alumna *n, pl* **-nae** : ex-alumna *f*

alumnus *n, pl* **-ni** : ex-alumno *m*

always *adv* : siempre : invariablemente : para siempre

Alzheimer's *or* **Alzheimer's disease** *n* : (enfermedad *f* de) Alzheimer *m*

am → **be**

amalgam *n* : amalgama *f*

amalgamate *v* **-ated; -ating** : amalgamar : unir : fusionar

amalgamation *n* : fusión *f* : unión *f*

amaryllis *n* : amarilis *f*

amass *v* : amasar : acumular

amateur *n* : amateur *mf* : principiante *mf* : aficionado *m*, -da *f*

amateurish *adj* : amateur : inexperto

amaze *v* **amazed; amazing** : asombrar : maravillar : pasmar

amazement *n* : asombro *m* : sorpresa *f*

amazing *adj* : asombroso : sorprendente — **amazingly** *adv*

Amazon *n* : amazona *f*

Amazonian *adj* : amazónico

ambassador *n* : embajador *m*, -dora *f*

amber *n* : ámbar *m*

ambergris *n* : ámbar *m* gris

ambidextrous *adj* : ambidextro — **ambidextrously** *adv*

ambience *or* **ambiance** *n* : ambiente *m* : atmósfera *f*

ambiguity *n, pl* **-ties** : ambigüedad *f*

ambiguous *adj* : ambiguo

ambition *n* : ambición *f*

ambitious *adj* : ambicioso — **ambitiously** *adv*

ambivalence *n* : ambivalencia *f*

ambivalent *adj* : ambivalente

amble¹ *v* **-bled; -bling** : ir tranquilamente : pasearse despreocupadamente

amble² *n* : paseo *m* tranquilo

ambulance *n* : ambulancia *f*

ambush¹ *v* : emboscar

ambush² *n* : emboscada *f* : celada *f*

ameliorate *v* **-rated; -rating** : mejorar

amelioration *n* : mejora *f*

amen *interj* : amén

amenable *adj* : susceptible : receptivo : sensible

amend v : mejorar : enmendar : corregir

amendment n : enmienda f

amends ns & pl : compensación f : reparación f : desagravio m

amenity n, pl **-ties** : lo agradable : amenidad f; **amenities** npl : servicios mpl : comodidades fpl

American n : americano m, -na f — **American** adj

amethyst n : amatista f

amiability n : amabilidad f : afabilidad f

amiable adj : amable : afable — **amiably** adv

amicable adj : amigable : amistoso : cordial — **amicably** adv

amid or **amidst** prep : en medio de : entre

amino acid n : aminoácido m

amiss¹ adv : mal : fuera de lugar

amiss² adj : malo : inoportuno

ammeter n : amperímetro m

ammonia n : amoníaco m

ammunition n : municiones fpl : argumentos mpl

amnesia n : amnesia f

amnesiac n : amnésico m, -ca f — **amnesiac** adj

amnesty n, pl **-ties** : amnistía f

amoeba n, pl **-bas** or **-bae** : ameba f — **amoebic** adj

amok adv **to run amok** : correr a ciegas : enloquecerse : desbocarse

among or **amongst** prep : entre

amoral adj : amoral

amorous adj : apasionado : enamorado : amoroso : cariñoso

amorously adv : con cariño

amorphous adj : amorfo : informe

amortize v **-tized; -tizing** : amortizar

amount¹ v **to amount to** : equivaler a : significar : ascender

amount² n : cantidad f : suma f

ampere n : amperio m

ampersand n : el signo &

amphetamine n : anfetamina f

amphibian n : anfibio m

amphibious adj : anfibio

amphitheater n : anfiteatro m

ample adj **ampler; amplest** : amplio : extenso : grande : abundante : generoso

amplifier n : amplificador m

amplify v **-fied; -fying** : amplificar

amply adv : ampliamente : abundantemente : suficientemente

amputate v **-tated; -tating** : amputar

amputation n : amputación f

amuck → amok

amulet n : amuleto m : talismán m

amuse v **amused; amusing** : entretener : distraer : hacer reír : divertir

amusement n : diversión f : entretenimiento m : pasatiempo m : risa f

amusement park n : parque m de diversiones

an art **→ a**²

anachronism n : anacronismo m

anachronistic adj : anacrónico

anaconda n : anaconda f

anagram n : anagrama m

anal adj : anal

analgesic n : analgésico m

analog adj : analógico

analogical adj : analógico — **analogically** adv

analogous adj : análogo

analogy n, pl **-gies** : analogía f

analysis n, pl **-yses** : análisis m : psicoanálisis m

analyst n : analista mf : psicoanalista mf

analytic or **analytical** adj : analítico — **analytically** adv

analyze v **-lyzed; -lyzing** : analizar

anarchic adj : anárquico — **anarchically** adv

anarchism n : anarquismo m

anarchist n : anarquista mf

anarchy n : anarquía f

anathema n : anatema m

anatomic or **anatomical** adj : anatómico — **anatomically** adv

anatomy n, pl **-mies** : anatomía f

ancestor n : antepasado m, -da f : antecesor m, -sora f

ancestral adj : ancestral : de los antepasados

ancestry n : ascendencia f : linaje m : abolengo m : antepasados mpl, -das fpl

anchor¹ v : anclar : fondear : sujetar : asegurar : fijar

anchor[2] *n* : ancla *f*
anchorage *n* : anclaje *m*
anchorman *n, pl* **-men**
: presentador *m*
anchorwoman *n, pl* **-women**
: presentadora *f*
anchovy *n, pl* **-vies** *or* **-vy** : anchoa
f : boquerón *m*
ancient *adj* : antiguo : viejo
ancients *npl* : los antiguos *mpl*
and *conj* : y : con : a : de
Andalusian *n* : andaluz *m*, -luza
f — **Andalusian** *adj*
Andean *adj* : andino
andiron *n* : morillo *m*
Andorran *n* : andorrano *m*, -na *f* —
Andorran *adj*
androgynous *adj* : andrógino
anecdotal *adj* : anecdótico
anecdote *n* : anécdota *f*
anemia *n* : anemia *f*
anemic *adj* : anémico
anemone *n* : anémona *f*
anesthesia *n* : anestesia *f*
anesthetic[1] *adj* : anestésico
anesthetic[2] *n* : anestésico *m*
anesthetist *n* : anestesista *mf*
anesthetize *v* **-tize; -tized**
: anestesiar
aneurysm *n* : aneurisma *mf*
anew *adv* : de nuevo : otra vez
: nuevamente
angel *n* : ángel *m*
angelic *or* **angelical** *adj* : angélico
: angelical — **angelically** *adv*
anger[1] *v* : enojar : enfadar
anger[2] *n* : enojo *m* : enfado *m* : ira *f*
: cólera *f* : rabia *f*
angina *n* : angina *f*
angle[1] *v* **angled; angling** : orientar
: dirigir : pescar
angle[2] *n* : ángulo *m* : perspectiva *f*
: punto *m* de vista
angler *n* : pescador *m*, -dora *f*
Anglican *n* : anglicano *m*, -na *f* —
Anglican *adj*
angling *n* : pesca *f* con caña
Anglo–Saxon[1] *adj* : anglosajón
Anglo–Saxon[2] *n* : anglosajón *m*,
-jona *f*
Angolan *n* : angoleño *m*, -ña *f* —
Angolan *adj*
angora *n* : angora *f*
angrily *adv* : furiosamente : con ira

angry *adj* **angrier; -est** : enojado
: enfadado : furioso
anguish *n* : angustia *f* : congoja *f*
anguished *adj* : angustiado
: acongojado
angular *adj* : angular : anguloso
animal *n* : animal *m* : bruto *m*, -ta *f*
animate[1] *v* **-mated; -mating**
: animar
animate[2] *adj* : animado
animated *adj* : animado : vivo
: vivaz
animation *n* : animación *f*
animosity *n, pl* **-ties** : animosidad *f*
: animadversión *f*
anise *n* : anís *m*
aniseed *n* : anís *m* : semilla *f* de
anís
ankle *n* : tobillo *m*
anklebone *n* : taba *f*
annals *npl* : anales *mpl* : crónica *f*
annatto *n* : achiote *m*
anneal *v* : templar : fortalecer
annex[1] *v* : anexar
annex[2] *n* : anexo *m* : anejo *m*
annexation *n* : anexión *f*
annihilate *v* **-lated; -lating**
: aniquilar
annihilation *n* : aniquilación *f*
: aniquilamiento *m*
anniversary *n, pl* **-ries** : aniversario
m
annotate *v* **-tated; -tating** : anotar
annotation *n* : anotación *f*
announce *v* **-nounced; -nouncing**
: anunciar
announcement *n* : anuncio *m*
announcer *n* : anunciador *m*, -dora
f : comentarista *mf* : locutor *m*,
-tora *f*
annoy *v* : molestar : fastidiar : irritar
annoyance *n* : irritación *f* : fastidio
m : molestia *f*
annoying *adj* : molesto : fastidioso
: engorroso — **annoyingly** *adv*
annual[1] *adj* : anual — **annually**
adv
annual[2] *n* : planta *f* anual : anuario
m
annuity *n, pl* **-ties** : anualidad *f*
annul *v* **anulled; anulling** : anular
: invalidar
annulment *n* : anulación *f*
anode *n* : ánodo *m*

anoint *v* : ungir
anomalous *adj* : anómalo
anomaly *n*, *pl* **-lies** : anomalía *f*
anonymity *n* : anonimato *m*
anonymous *adj* : anónimo —
 anonymously *adv*
anorak *n* : anorak *m*
anorexia *n* : anorexia *f*
anorexic *adj* : anoréxico
another[1] *adj* : otro
another[2] *pron* : otro
answer[1] *v* : contestar : satisfacer
 : responder a : responder
answer[2] *n* : respuesta *f*
 : contestación *f* : solución *f*
answerable *adj* : responsable
answering machine *n*
 : contestador *m*
ant *n* : hormiga *f*
antacid *n* : antiácido *m*
antagonism *n* : antagonismo *m*
 : hostilidad *f*
antagonist *n* : antagonista *mf*
antagonistic *adj* : antagonista
 : hostil
antagonize *v* **-nized; -nizing**
 : antagonizar
antarctic *adj* : antártico
antarctic circle *n* : círculo *m*
 antártico
anteater *n* : oso *m* hormiguero
antebellum *adj* : prebélico
antecedent[1] *adj* : antecedente
 : precedente
antecedent[2] *n* : antecedente *mf*
 : precursor *m*, -sora *f*
antelope *n*, *pl* **-lope** *or* **-lopes**
 : antílope *m*
antenatal → **prenatal**
antenna *n*, *pl* **-nae** *or* **-nas** : antena *f*
anterior *adj* : anterior
anthem *n* : himno *m*
anther *n* : antera *f*
anthill *n* : hormiguero *m*
anthology *n*, *pl* **-gies** : antología *f*
anthracite *n* : antracita *f*
anthropoid[1] *adj* : antropoide
anthropoid[2] *n* : antropoide *mf*
anthropological *adj* : antropológico
anthropologist *n* : antropólogo *m*,
 -ga *f*
anthropology *n* : antropología *f*
anti- *pref* : anti-
antiabortion *adj* : antiaborto

antiaircraft *adj* : antiaéreo
anti–American *adj* : antiamericano
antibiotic[1] *adj* : antibiótico
antibiotic[2] *n* : antibiótico *m*
antibody *n*, *pl* **-bodies** : anticuerpo
 m
antic[1] *adj* : extravagante : juguetón
antic[2] *n* : payasada *f* : travesura *f*
anticipate *v* **-pated; -pating**
 : anticipar : prever : esperar
 : contar con
anticipation *n* : previsión *f*
 : anticipación *f* : expectación *f*
 : esperanza *f*
anticipatory *adj* : en anticipación
 : en previsión
anticlimactic *adj* : anticlimático
 : decepcionante
anticlimax *n* : anticlímax *m*
anticommunism *n*
 : anticomunismo *m*
anticommunist[1] *adj*
 : anticomunista
anticommunist[2] *n* : anticomunista
 mf
antidemocratic *adj* : antidemocrático
antidepressant *n* : antidepresivo
 m — **antidepressant** *adj*
antidote *n* : antídoto *m*
antidrug *adj* : antidrogas
antifascist *adj* : antifascista
antifeminist *adj* : antifeminista
antifreeze *n* : anticongelante *m*
antigen *n* : antígeno *m*
antihistamine *n* : antihistamínico *m*
anti–imperialism *n*
 : antiimperialismo *m*
anti–imperialist *adj*
 : antiimperialista
anti–inflammatory *adj*
 : antiinflamatorio
anti–inflationary *adj*
 : antiinflacionario
antimony *n* : antimonio *m*
antipathy *n*, *pl* **-thies** : antipatía *f*
 : aversión *f*
antiperspirant *n* : antitranspirante
 m
antiquarian[1] *adj* : antiguo
 : anticuario
antiquarian[2] *n* : anticuario *m*, -ria *f*
antiquary *n* → **antiquarian**[2]
antiquated *adj* : anticuado
 : pasado de moda

antique¹ *adj* : antiguo : de época : anticuado : pasado de moda

antique² *n* : antigüedad *f*

antiquity *n, pl* **-ties** : antigüedad

antirevolutionary *adj* : antirrevolucionario

anti–Semitic *adj* : antisemita

anti–Semitism *n* : antisemitismo *m*

antiseptic¹ *adj* : antiséptico — **antiseptically** *adv*

antiseptic² *n* : antiséptico *m*

antismoking *adj* : antitabaco

antisocial *adj* : antisocial : poco sociable

antiterrorist *adj* : antiterrorista

antitheft *adj* : antirrobo

antithesis *n, pl* **-eses** : antítesis *f*

antitoxin *n* : antitoxina *f*

antitrust *adj* : antimonopolista

antiviral *adj* : antiviral

antivirus *adj* → **antiviral**

antivirus software *n* : antivirus *m*

antler *n* : asta *f* : cuerno *m*

antonym *n* : antónimo *m*

anus *n* : ano *m*

anvil *n* : yunque *m*

anxiety *n, pl* **-eties** : inquietud *f* : preocupación *f* : ansiedad *f* : angustia *f*

anxious *adj* : inquieto : preocupado : ansioso : preocupante : inquietante : deseoso

anxiously *adv* : con inquietud : con ansiedad

any¹ *adv* : algo : para nada

any² *adj* : alguno : cualquier : todo : ningún

any³ *pron* : alguno : ninguno

anybody → **anyone**

anyhow *adv* : de cualquier manera : de todos modos : en todo caso

anymore *adv* : ya : ya más : todavía

anyone *pron* : alguien : cualquiera : nadie

anyplace → **anywhere**

anything *pron* : algo : alguna cosa : nada : cualquier cosa

anytime *adv* : en cualquier momento : a cualquier hora : cuando sea

anyway *or* **anyways** → **anyhow**

anywhere *adv* : en algún sitio : en alguna parte : en ningún sitio : por ninguna parte : en cualquier parte : dondequiera : donde sea

aorta *n, pl* **-tas** *or* **-tae** : aorta *f*

Apache *n, pl* **Apache** *or* **Apaches** : apache *mf*

apart *adv* : aparte : separadamente : a un lado

apartheid *n* : apartheid *m*

apartment *n* : apartamento *m* : departamento *m* : piso *m*

apartment building *n* : bloque *m* de apartamentos/departamentos : bloque *m* de pisos

apathetic *adj* : apático : indiferente — **apathetically** *adv*

apathy *n* : apatía *f* : indiferencia *f*

ape¹ *v* **aped; aping** : imitar : remedar

ape² *n* : simio *m* : mono *m*, -na *f*

aperitif *n* : aperitivo *m*

aperture *n* : abertura *f* : rendija *f* : apertura *f*

apex *n, pl* **apexes** *or* **apices** : ápice *m* : cúspide *f* : cima *f*

aphid *n* : áfido *m*

aphorism *n* : aforismo *m*

aphrodisiac *n* : afrodisíaco *m*

apiary *n, pl* **-aries** : apiario *m* : colmenar *m*

apiece *adv* : cada uno

aplenty *adj* : en abundancia

aplomb *n* : aplomo *m*

apocalypse *n* : apocalipsis *m*

apocalyptic *adj* : apocalíptico

apocrypha *n* : textos *mpl* apócrifos

apocryphal *adj* : apócrifo

apolitical *adj* : apolítico

apologetic *adj* : lleno de disculpas

apologetically *adv* : disculpándose : con aire de disculpas

apologize *v* **-gized; -gizing** : disculparse : pedir perdón

apology *n, pl* **-gies** : disculpa *f* : excusa *f*

apoplectic *adj* : apoplético

apoplexy *n* : apoplejía *f*

apostasy *n, pl* **-sies** : apostasía *f*

apostate *n* : apóstata *mf*

apostle *n* : apóstol *m*

apostolic *adj* : apostólico

apostrophe *n* : apóstrofo *m*

apothecary *n, pl* **-caries** : boticario *m*, -ria *f*

app *n* : app : aplicación *f*

appall v : consternar : horrorizar
appalling adj : atroz : horroroso
apparatus n, pl **-tuses** or **-tus**
: aparato m : equipo m
apparel n : atavío m : ropa f
apparent adj : visible : claro
: evidente : manifiesto : aparente
: ostensible
apparently adv : aparentemente
: al parecer
apparition n : aparición f : visión f
appeal[1] v : apelar
appeal[2] n : apelación f : ruego m
: súplica f : atracción f : atractivo
m : interés m
appear v : aparecer : aparecerse
: presentarse : salir : publicarse
: comparecer : actuar : parecer
appearance n : aparición f
: presentación f : comparecencia
f : publicación f : apariencia f
: aspecto m
appease v **-peased; -peasing**
: aplacar : apaciguar : sosegar
: satisfacer : mitigar
appeasement n : aplacamiento m
: apaciguamiento m
append v : agregar : añadir
: adjuntar
appendage n : apéndice m
: añadidura f : miembro m
: extremidad f
appendectomy n, pl **-mies**
: apendicectomía f
appendicitis n : apendicitis f
appendix n, pl **-dixes** or **-dices**
: apéndice m
appetite n : apetito m : deseo m
: ganas fpl : gusto m : preferencia f
appetizer n : aperitivo m : entremés
m : botana f : tapa f
appetizing adj : apetecible
: apetitoso — **appetizingly** adv
applaud v : aplaudir
applause n : aplauso m
apple n : manzana f
apple tree n : manzano m
appliance n : aparato m
applicability n : aplicabilidad f
applicable adj : aplicable
: pertinente
applicant n : solicitante mf
: aspirante mf : postulante mf
: candidato m, -ta f

application n : aplicación f
: empleo m : uso m : diligencia f
: dedicación f : solicitud f : petición
f : demanda f : app f
applicator n : aplicador m
appliqué[1] v : decorar con apliques
appliqué[2] n : aplique m
apply v **-plied; -plying** : aplicar
: aplicarse : referirse
appoint v : nombrar : designar
: fijar : señalar : equipar
appointee n : persona f designada
appointment n : nombramiento
m : designación f : cita f : hora f
: puesto m
apportion v : distribuir : repartir
apportionment n : distribución f
: repartición f : reparto m
apposite adj : apropiado : oportuno
: pertinente — **appositely** adv
appraisal n : evaluación f
: valoración f : tasación f
: apreciación f
appraise v **-praised; -praising**
: evaluar : valorar : tasar : apreciar
appraiser n : tasador m, -dora f
appreciable adj : apreciable
: sensible : considerable —
appreciably adv
appreciate v **-ated; -ating**
: apreciar : valorar : agradecer
: darse cuenta de : entender
: apreciarse : valorizarse
appreciation n : agradecimiento m
: reconocimiento m : apreciación
f : valoración f : estimación f
: comprensión f : entendimiento m
appreciative adj : apreciativo
: agradecido : de admiración
apprehend v : aprehender
: detener : arrestar : temer
: comprender : entender
apprehension n : arresto m
: detención f : aprehensión f
: aprensión f : ansiedad f : temor
m : comprensión f : percepción f
apprehensive adj : aprensivo
: inquieto — **apprehensively** adv
apprentice[1] v **-ticed; -ticing**
: colocar de aprendiz
apprentice[2] n : aprendiz m, -diza f
apprenticeship n : aprendizaje f
apprise v **-prised; -prising**
: informar : avisar

approach[1] *v* : acercarse a
: aproximarse a : abordar
: dirigirse a : enfocar : considerar
: acercarse : aproximarse
approach[2] *n* : acercamiento *m*
: aproximación *f* : enfoque *m*
: planteamiento *m* : propuesta
f : oferta *f* : acceso *m* : vía *f* de
acceso
approachable *adj* : accesible
: asequible
approbation *n* : aprobación *f*
appropriate[1] *v* -ated; -ating
: apropiarse de : destinar : asignar
appropriate[2] *adj* : apropiado
: adecuado : idóneo —
appropriately *adv*
appropriateness *n* : idoneidad *f*
: propiedad *f*
appropriation *n* : apropiación *f*
: asignación *f*
approval *n* : aprobación *f* : visto *m*
bueno
approve *v* -proved; -proving
: aprobar : sancionar : darle el
visto bueno a
approximate[1] *v* -mated; -mating
: aproximarse a : acercarse a
approximate[2] *adj* : aproximado
approximately *adv*
: aproximadamente : más o menos
approximation *n* : aproximación *f*
appurtenance *n* : accesorio *m*
apricot *n* : albaricoque *m*
: chabacano *m*
April *n* : abril *m*
apron *n* : delantal *m* : mandil *m*
apropos[1] *adv* : a propósito
apropos[2] *adj* : pertinente
: oportuno : acertado
apropos of *prep* : a propósito de
apt *adj* : apto : apropiado
: acertado : oportuno : propenso
: inclinado : listo : despierto
aptitude *n* : aptitud *f* : capacidad *f*
: talento *m* : facilidad *f*
aptly *adv* : acertadamente
aqua *n* : color *m* aguamarina
aquamarine *n* : aguamarina *f*
aquarium *n, pl* -iums *or* -ia
: acuario *m*
Aquarius *n* : Acuario *m* : Acuario
mf
aquatic *adj* : acuático

aqueduct *n* : acueducto *m*
aqueous *adj* : acuoso
aquiline *adj* : aguileño
Arab[1] *adj* : árabe
Arab[2] *n* : árabe *mf*
arabesque *n* : arabesco *m*
Arabian[1] *adj* : árabe
Arabian[2] *n* → **Arab**[2]
Arabic[1] *adj* : árabe
Arabic[2] *n* : árabe *m*
arable *adj* : arable : cultivable
arbiter *n* : árbitro *m*, -tra *f*
arbitrariness *n* : arbitrariedad *f*
arbitrary *adj* : arbitrario —
arbitrarily *adv*
arbitrate *v* -trated; -trating : arbitrar
arbitration *n* : arbitraje *m*
arbitrator *n* : árbitro *m*, -tra *f*
arbor *n* : cenador *m* : pérgola *f*
arboreal *adj* : arbóreo
arc[1] *v* arced; arcing : formar un
arco
arc[2] *n* : arco *m*
arcade *n* : arcada *f* : galería *f*
comercial
arcane *adj* : arcano : secreto
: misterioso
arch[1] *v* : arquear : formar un arco
: arquearse
arch[2] *adj* : principal : malicioso
: pícaro
arch[3] *n* : arco *m*
archaeological *or* **archeological**
adj : arqueológico
archaeologist *or* **archeologist** *n*
: arqueólogo *m*, -ga *f*
archaeology *or* **archeology** *n*
: arqueología *f*
archaic *adj* : arcaico — **archaically**
adv
archangel *n* : arcángel *m*
archbishop *n* : arzobispo *m*
archbishopric *n* : arzobispado *m*
archdiocese *n* : arquidiócesis *f*
: archidiócesis *f*
archer *n* : arquero *m*, -ra *f*
archery *n* : tiro *m* al arco
archetypal *adj* : arquetípico
archetype *n* : arquetipo *m*
archipelago *n, pl* -goes *or* -gos
: archipiélago *m*
architect *n* : arquitecto *m*, -ta *f*
architectural *adj* : arquitectónico —
architecturally *adv*

architecture n : arquitectura f
archive[1] v **archived; archiving**
: archivar
archive[2] n or **archives** npl : archivo m
archivist n : archivero m, -ra f
: archivista mf
archway n : arco m : pasadizo m abovedado
arctic adj : ártico : glacial
arctic circle n : círculo m ártico
ardent adj : ardiente : fogoso
: apasionado : ferviente : fervoroso
— **ardently** adv
ardor n : ardor m : pasión f : fervor m
arduous adj : arduo : duro
: riguroso — **arduously** adv
arduousness n : dureza f : rigor m
are → **be**
area n : área f : superficie f : región f : zona f : terreno m : campo m
area code n : código m de la zona
: prefijo m
arena n : arena f : estadio m
: ruedo m
aren't → **be**
Argentine or **Argentinean** or
Argentinian n : argentino m, -na
f — **Argentine** or **Argentinean** or
Argentinian adj
argon n : argón m
argot n : argot m
arguable adj : discutible —
arguably adv
argue v **-gued; -guing**
: argumentar : argüir : razonar
: discutir : pelear(se) : alegar
: sugerir : sostener : debatir
argument n : argumento m
: razonamiento m : discusión
f : debate m : pelea f : riña f
: disputa f
argumentative adj : discutidor
argyle n : diseño m de rombos
aria n : aria f
arid adj : árido
aridity n : aridez f
Aries n : Aries m : Aries mf
arise v **arose; arisen; arising**
: ascender : subir : elevarse
: originarse : surgir : presentarse
: levantarse
aristocracy n, pl **-cies** : aristocracia f
aristocrat n : aristócrata mf

aristocratic adj : aristocrático
: noble
arithmetic[1] or **arithmetical** adj
: aritmético
arithmetic[2] n : aritmética f
ark n : arca f
arm[1] v : armar : armarse
arm[2] n : brazo m : manga f : rama f
: sección f : arma f
armada n : armada f : flota f
armadillo n, pl **-los** : armadillo m
armament n : armamento m
armband n : brazalete m
armchair n : butaca f : sillón m
armed adj : armado : de brazos
Armenian n : armenio m, -nia f —
Armenian adj
armistice n : armisticio m
armor n : armadura f : coraza f
armored adj : blindado : acorazado
armory n, pl **-mories** : arsenal m
: armería f : fábrica f de armas
armpit n : axila f : sobaco m
armrest n : apoyabrazos m
army n, pl **-mies** : ejército m
: legión f : multitud f
aroma n : aroma f
aromatic adj : aromático
around[1] adv : en un círculo : de
circunferencia : alrededor : por ahí
: por/en muchas partes : más o
menos : aproximadamente
around[2] prep : alrededor de : en
torno a : por : en : a la vuelta de
: cerca de
arousal n : excitación f
arouse v **aroused; arousing**
: despertar : suscitar : excitar
arraign v : hacer comparecer
arraignment n : orden m de
comparecencia : acusación f
arrange v **-ranged; -ranging**
: arreglar : poner en orden
: disponer : fijar : concertar : adaptar
arrangement n : arreglo m : orden
m : disposición f : acuerdo m
: convenio m; **arrangements** npl
: preparativos mpl : planes mpl
array[1] v : poner en orden
: presentar : formar : vestir
: ataviar : engalanar
array[2] n : orden m : formación f
: atavío m : galas mpl : selección f
: serie f : gama f

arrears *npl* : atrasos *mpl*

arrest[1] *v* : arrestar : detener : parar

arrest[2] *n* : arresto *m* : detención *f*
: paro *m*

arrival *n* : llegada *f* : venida *f*
: arribo *m*

arrive *v* **-rived; -riving** : llegar
: arribar : triunfar : tener éxito

arrogance *n* : arrogancia *f*
: soberbia *f* : altanería *f* : altivez *f*

arrogant *adj* : arrogante : soberbio
: altanero : altivo — **arrogantly** *adv*

arrogate *v* **-gated; -gating**
to arrogate to oneself : arrogarse

arrow *n* : flecha *f*

arrowhead *n* : punta *f* de flecha

arroyo *n* : arroyo *m*

arsenal *n* : arsenal *m*

arsenic *n* : arsénico *m*

arson *n* : incendio *m* premeditado

arsonist *n* : incendiario *m*, -ria *f*
: pirómano *m*, -na *f*

art *n* : arte *m* : destreza *f* : habilidad
f : maña *f*; **arts** *npl* : letras *fpl*

arterial *adj* : arterial

arteriosclerosis *n* : arteriosclerosis
f

artery *n*, *pl* **-teries** : arteria *f*
: carretera *f* principal

artful *adj* : ingenioso : diestro
: astuto : taimado : ladino : artero
— **artfully** *adv*

art gallery → **gallery**

arthritic *adj* : artrítico

arthritis *n*, *pl* **-tides** : artritis *f*

arthropod *n* : artrópodo *m*

artichoke *n* : alcachofa *f*

article *n* : artículo *m* : objeto *m*
: cláusula *f*

articulate[1] *v* **-lated; -lating**
: articular : enunciar : expresar

articulate[2] *adj* **to be articulate**
: poder articular palabras
: expresarse bien

articulately *adv* : elocuentemente
: con fluidez

articulateness *n* : elocuencia *f*
: fluidez *f*

articulation *n* : articulación *f*
: declaración *f* : pronunciación *f*

artifact *n* : artefacto *m*

artifice *n* : artificio *m*

artificial *adj* : artificial : sintético
: falso : afectado

artificially *adv* : artificialmente
: con afectación

artillery *n*, *pl* **-leries** : artillería *f*

artisan *n* : artesano *m*, -na *f*

artist *n* : artista *mf*

artistic *adj* : artístico — **artistically**
adv

artistry *n* : maestría *f* : arte *m*

artless *adj* : sencillo : natural
: ingenuo : cándido — **artlessly**
adv

artlessness *n* : ingenuidad *f*
: candidez *f*

artwork *n* : obra *f* de arte : arte *f*
: obra *f* : material *m* gráfico

arty *or* **artsy** *adj* **artier; -est**
: pretenciosamente artístico

as[1] *adv* : tan : tanto : como

as[2] *conj* : como : igual que
: cuando : mientras : a la vez que
: porque : aunque : por más que

as[3] *prep* : de : como

as[4] *pron* : que

asbestos *n* : asbesto *m* : amianto
m

ascend *v* : ascender : subir : subir
a : escalar

ascendancy *n* : ascendiente *m*
: predominio *m*

ascendant[1] *adj* : ascendente
: superior : dominante

ascendant[2] *n* **to be in the
ascendant** : estar en alza : ir
ganando predominio

ascension *n* : ascensión *f*

ascent *n* : ascensión *f* : subida *f*
: ascenso *m* : cuesta *f* : pendiente *f*

ascertain *v* : determinar
: establecer : averiguar

ascetic[1] *adj* : ascético

ascetic[2] *n* : asceta *mf*

asceticism *n* : ascetismo *m*

ascribable *adj* : atribuible
: imputable

ascribe *v* **-cribed; -cribing** : atribuir
: imputar

aseptic *adj* : aséptico

asexual *adj* : asexual

as for *prep* : en cuanto a : respecto
a : para

ash *n* : ceniza *f* : fresno *m*

ashamed *adj* : avergonzado
: abochornado : apenado —
ashamedly *adv*

ashen adj : lívido : ceniciento
: pálido
ashore adv : en tierra
ashtray n : cenicero m
Ash Wednesday n : Miércoles m
de Ceniza
Asian[1] adj : asiático
Asian[2] n : asiático m, -ca f
aside adv : a un lado : de lado
: aparte
aside from prep : además de
: aparte de : menos
as if conj : como si
asinine adj : necio : estúpido
ask v : preguntar : pedir : solicitar
: invitar
askance adv : de reojo : de soslayo
: con recelo : con desconfianza
askew adj : torcido : ladeado
asleep adj : dormido : durmiendo
as of prep : desde : a partir de
asparagus n : espárrago m
aspect n : aspecto m
aspen n : álamo m temblón
asperity n, pl **-ties** : aspereza f
aspersion n : difamación f
: calumnia f
asphalt n : asfalto m
asphyxia n : asfixia f
asphyxiate v **-ated; -ating** : asfixiar
: asfixiarse
asphyxiation n : asfixia f
aspirant n : aspirante mf
: pretendiente mf
aspiration n : aspiración f : anhelo
m : ambición f
aspire v **-pired; -piring** : aspirar
aspirin n, pl **aspirin** or **aspirins**
: aspirina f
ass n : asno m : imbécil mf : idiota
mf
assail v : atacar : asaltar
assailant n : asaltante mf
: atacante mf
assassin n : asesino m, -na f
assassinate v **-nated; -nating**
: asesinar
assassination n : asesinato m
assault[1] v : atacar : asaltar
: agredir
assault[2] n : ataque m : asalto m
: agresión f
assay[1] v : ensayar
assay[2] n : ensayo m

assemble v **-bled; -bling** : reunir
: recoger : juntar : ensamblar
: montar : construir : reunirse
: congregarse
assembly n, pl **-blies** : reunión f
: ensamblaje m : montaje m
assembly line n : cadena f de
montaje
assemblyman n, pl **-men**
: asambleísta m
assemblywoman n, pl **-women**
: asambleísta f
assent[1] v : asentir : consentir
assent[2] n : asentimiento m
: aprobación f
assert v : afirmar : aseverar
: mantener
assertion n : afirmación f
: aseveración f : aserto m
assertive adj : firme : enérgico
assertiveness n : seguridad f en
sí mismo
assess v : gravar : imponer
: evaluar : valorar : aquilatar
assessment n : evaluación f
: valoración f
assessor n : evaluador m, -dora f
: tasador m
asset n : ventaja f : recurso m;
assets npl : bienes mpl : activo m
assiduous adj : diligente : aplicado
: asiduo — **assiduously** adv
assign v : designar : nombrar
: asignar : señalar : atribuir : dar
: conceder
assignment n : función f : tarea f
: misión f : asignación f : deberes
mpl : nombramiento m
assimilate v **-lated; -lating**
: asimilar : adaptarse : integrarse
assimilation n : asimilación f
assist[1] v : asistir : ayudar
assist[2] n : asistencia f : contribución f
assistance n : asistencia f : ayuda
f : auxilio m
assistant n : ayudante mf
: asistente mf
associate[1] v **-ated; -ating** : asociar
: relacionar **to associate with**
: relacionarse con : frecuentar
associate[2] n : asociado m, -da f
: colega mf : socio m, -cia f
association n : asociación f
: sociedad f : relación f

as soon as *conj* : en cuanto : tan pronto como
assorted *adj* : surtido
assortment *n* : surtido *m* : variedad *f* : colección *f*
assuage *v* **-suaged; -suaging** : aliviar : mitigar : calmar : aplacar : saciar : satisfacer
assume *v* **-sumed; -suming** : suponer : asumir : encargarse de : adquirir : adoptar : tomar : afectar : simular
assumed *adj* : fingido : falso
assumption *n* : asunción *f* : presunción *f*
assurance *n* : certidumbre *f* : certeza *f* : confianza *f* : aplomo *m* : seguridad *f*
assure *v* **-sured; -suring** : asegurar : garantizar
assured *adj* : seguro : asegurado : confiado : seguro de sí mismo
aster *n* : aster *m*
asterisk *n* : asterisco *m*
astern *adv* : detrás : a popa : hacia atrás
asteroid *n* : asteroide *m*
asthma *n* : asma *m*
asthmatic *adj* : asmático
as though → as if
astigmatism *n* : astigmatismo *m*
as to *prep* : sobre : acerca de
astonish *v* : asombrar : sorprender : pasmar
astonishing *adj* : asombroso : sorprendente : increíble — **astonishingly** *adv*
astonishment *n* : asombro *m* : estupefacción *f* : sorpresa *f*
astound *v* : asombrar : pasmar : dejar estupefacto
astounding *adj* : asombroso : pasmoso — **astoundingly** *adv*
astraddle *adv* : a horcajadas
astral *adj* : astral
astray *adv & adj* : perdido : extraviado : descarriado
astride *adv* : a horcajadas
astringency *n* : astringencia *f*
astringent[1] *adj* : astringente
astringent[2] *n* : astringente *m*
astrologer *n* : astrólogo *m*, -ga *f*
astrological *adj* : astrológico
astrology *n* : astrología *f*

astronaut *n* : astronauta *mf*
astronautic *or* **astronautical** *adj* : astronáutico
astronautics *ns & pl* : astronáutica *f*
astronomer *n* : astrónomo *m*, -ma *f*
astronomical *adj* : astronómico : enorme : gigantesco
astronomy *n, pl* **-mies** : astronomía *f*
astute *adj* : astuto : sagaz : perspicaz — **astutely** *adv*
astuteness *n* : astucia *f* : sagacidad *f* : perspicacia *f*
asunder *adv* : en dos : en pedazos
as well as[1] *conj* : tanto como
as well as[2] *prep* : además de : aparte de
as yet *adv* : aún : todavía
asylum *n* : refugio *m* : santuario *m* : asilo *m*
asymmetrical *or* **asymmetric** *adj* : asimétrico
asymmetry *n* : asimetría *f*
at *prep* : en : a : arroba
at all *adv* : en absoluto : para nada
ate → eat
atheism *n* : ateísmo *m*
atheist *n* : ateo *m*, atea *f*
atheistic *adj* : ateo
athlete *n* : atleta *mf*
athletic *adj* : atlético
athletics *ns & pl* : atletismo *m*
Atlantic *adj* : atlántico
atlas *n* : atlas *m*
ATM *n* : cajero *m* automático
atmosphere *n* : atmósfera *f* : aire *m* : ambiente *m* : clima *m*
atmospheric *adj* : atmosférico — **atmospherically** *adv*
atoll *n* : atolón *m*
atom *n* : átomo *m* : ápice *m* : pizca *f*
atomic *adj* : atómico
atomic bomb *n* : bomba *f* atómica
atomizer *n* : atomizador *m* : pulverizador *m*
atone *v* **atoned; atoning** **to atone for** : expiar
atonement *n* : expiación *f* : desagravio *m*
atop[1] *adj* : encima
atop[2] *prep* : encima de : sobre
atrium *n, pl* **atria** *or* **atriums** : atrio *m* : aurícula *f*

atrocious *adj* : atroz —
  atrociously *adv*
atrocity *n, pl* **-ties** : atrocidad *f*
atrophy[1] *v* **-phied; -phying** : atrofiar
atrophy[2] *n, pl* **-phies** : atrofia *f*
at sign *n* : arroba *f*
attach *v* : sujetar : atar : amarrar
  : pegar : juntar : adjuntar : dar
  : atribuir : embargar
attaché *n* : agregado *m*, -da *f*
attaché case *n* : maletín *m*
attachment *n* : accesorio *m*
  : conexión *f* : acoplamiento *m*
  : apego *m* : cariño *m* : afición *f*
  : adjunto *m*
attack[1] *v* : atacar : asaltar : agredir
  : acometer : combatir : enfrentarse
  con
attack[2] *n* : ataque *m*
attacker *n* : asaltante *mf*
attain *v* : lograr : conseguir
  : alcanzar : realizar : llegar a
attainable *adj* : realizable : asequible
attainment *n* : logro *m*
  : consecución *f* : realización *f*
attempt[1] *v* : intentar : tratar de
attempt[2] *n* : intento *m* : tentativa *f*
attend *v* : asistir a : atender
  : ocuparse de : cuidar : atender a
  : hacer caso de : acompañar
attendance *n* : asistencia *f*
  : concurrencia *f*
attendant[1] *adj* : concomitante
  : inherente
attendant[2] *n* : asistente *mf*
  : acompañante *mf* : guarda *mf*
attention *n* : atención *f*
attentive *adj* : atento — **attentively**
  adv
attentiveness *n* : cortesía *f*
  : consideración *f* : atención *f*
  : concentración *f*
attest *v* : atestiguar : dar fe de
attestation *n* : testimonio *m*
attic *n* : ático *m* : desván *m*
  : buhardilla *f*
attire[1] *v* **-tired; -tiring** : ataviar
attire[2] *n* : atuendo *m* : atavío *m*
attitude *n* : actitud *f* : postura *f*
attorney *n, pl* **-neys** : abogado *m*,
  -da *f*
attract *v* : atraer
attraction *n* : atracción *f* : atractivo
  m

attractive *adj* : atractivo : atrayente
attractively *adv* : de manera
  atractiva : de buen gusto
  : hermosamente
attractiveness *n* : atractivo *m*
attributable *adj* : atribuible
  : imputable
attribute[1] *v* **-tributed; -tributing**
  : atribuir
attribute[2] *n* : atributo *m* : cualidad *f*
attribution *n* : atribución *f*
attrition *n* : desgaste *m*
attune *v* **-tuned; -tuning** : adaptar
  : adecuar
ATV → all-terrain vehicle
atypical *adj* : atípico
aubergine → eggplant
auburn *adj* : castaño rojizo
auction[1] *v* : subastar : rematar
auction[2] *n* : subasta *f* : remate *m*
auctioneer *n* : subastador *m*, -dora
  f : rematador *m*
audacious *adj* : audaz : atrevido
audacity *n, pl* **-ties** : audacia *f*
  : atrevimiento *m* : descaro *m*
audible *adj* : audible — **audibly**
  adv
audience *n* : audiencia *f* : público
  m : auditorio *m* : espectadores *mpl*
audio[1] *adj* : de sonido : de audio
audio[2] *n* : audio *m*
audiobook *n* : audiolibro *m*
audiovisual *adj* : audiovisual
audit[1] *v* : auditar : asistir como
  cyente a
audit[2] *n* : auditoría *f*
audition[1] *v* : hacer una audición
audition[2] *n* : audición *f*
auditor *n* : auditor *m*, -tora *f*
  : oyente *mf*
auditorium *n, pl* **-riums** *or* **-ria**
  : auditorio *m* : sala *f*
auditory *adj* : auditivo
auger *n* : taladro *m* : barrena *f*
augment *v* : aumentar
  : incrementar
augmentation *n* : aumento *m*
  : incremento *m*
augmented reality *n* : realidad *f*
  aumentada
au gratin *adj* : gratinado
augur[1] *v* : augurar : presagiar **to**
  augur well : ser de buen agüero
augur[2] *n* : augur *m*

augury *n, pl* **-ries** : augurio *m*
: presagio *m* : agüero *m*
august *adj* : augusto
August *n* : agosto *m*
auk *n* : alca *f*
aunt *n* : tía *f*
auntie *n* : tita *f*
aura *n* : aura *f*
aural *adj* : auditivo
auricle *n* : aurícula *f*
aurora borealis *n* : aurora *f* boreal
auspices *npl* : auspicios *mpl*
auspicious *adj* : prometedor
: propicio : de buen augurio
austere *adj* : austero : severo
: adusto — **austerely** *adv*
austerity *n, pl* **-ties** : austeridad *f*
Australian *n* : australiano *m*, -na
f — **Australian** *adj*
Austrian *n* : austriaco *m*, -ca *f* —
Austrian *adj*
authentic *adj* : auténtico : genuino
— **authentically** *adv*
authenticate *v* **-cated; -cating**
: autenticar : autentificar
authenticity *n* : autenticidad *f*
author *n* : escritor *m*, -tora *f* : autor
m : creador *m*, -dora *f*; artífice *mf*
authoritarian *adj* : autoritario
authoritative *adj* : fidedigno
: autorizado : autoritario
: dictatorial : imperioso
authoritatively *adv* : con autoridad
: de manera autoritaria
authority *n, pl* **-ties** : autoridad *f*
: autorización *f*
authorization *n* : autorización *f*
authorize *v* **-rized; -rizing**
: autorizar : facultar
authorship *n* : autoría *f*
autism *n* : autismo *m*
autistic *adj* : autista
auto → **automobile**
auto- *pref* : auto- : automático
autobiographical *adj*
: autobiográfico
autobiography *n, pl* **-phies**
: autobiografía *f*
autocorrect *n* : autocorrector *m*
: corrector *m* automático
autocracy *n, pl* **-cies** : autocracia *f*
autocrat *n* : autócrata *mf*
autocratic *adj* : autocrático —
autocratically *adv*

autograph[1] *v* : autografiar
autograph[2] *n* : autógrafo *m*
automaker *n* : fabricante *mf* de
autos : automotriz *f*
automate *v* **-mated; -mating**
: automatizar
automatic *adj* : automático —
automatically *adv*
automatic pilot → **autopilot**
automation *n* : automatización *f*
automaton *n, pl* **-atons** *or* **-ata**
: autómata *m*
automobile *n* : automóvil *m* : auto
m : carro *m* : coche *m*
automotive *adj* : automotor
autonomous *adj* : autónomo —
autonomously *adv*
autonomy *n, pl* **-mies** : autonomía *f*
autopilot *n* : piloto *m* automático
autopsy *n, pl* **-sies** : autopsia *f*
autumn *n* : otoño *m*
autumnal *adj* : otoñal
auxiliary[1] *adj* : auxiliar
auxiliary[2] *n, pl* **-ries** : auxiliar *mf*
: ayudante *mf*
avail[1] *v* **to avail oneself**
: aprovecharse : valerse
avail[2] *n* : provecho *m* : utilidad *f*
availability *n, pl* **-ties**
: disponibilidad *f*
available *adj* : disponible
avalanche *n* : avalancha *f* : alud *m*
avant–garde[1] *adj* : vanguardista
avant–garde[2] *n* : vanguardia *f* —
avant–gardist *n*
avarice *n* : avaricia *f* : codicia *f*
avaricious *adj* : avaricioso : codicioso
avatar *n* : avatar *m*
avenge *v* **avenged; avenging**
: vengar
avenue *n* : avenida *f* : vía *f*
: camino *m*
average[1] *v* **-aged; -aging** : hacer
un promedio de : calcular el
promedio de : promediar
average[2] *adj* : medio : común
: ordinario
average[3] *n* : promedio *m*
averse *adj* : reacio : opuesto
aversion *n* : aversión *f*
avert *v* : apartar : desviar : evitar
: prevenir
aviary *n, pl* **-aries** : pajarera *f*
aviation *n* : aviación *f*

aviator n : aviador m, -dora f
avid adj : ávido : codicioso : entusiasta : ferviente — **avidly** adv
avocado n, pl **-dos** : aguacate m : palta f
avocation n : pasatiempo m : afición f
avoid v : evitar : eludir : abstenerse de
avoidable adj : evitable
avoidance n : el evitar
avoirdupois n : sistema m inglés de pesos y medidas
avow v : reconocer : confesar
avowal n : reconocimiento m : confesión f
await v : esperar
awake¹ v **awoke; awoken** or **awaked; awaking** : despertar
awake² adj : despierto
awaken → awake¹
award¹ v : otorgar : conceder : conferir
award² n : premio m : galardón m : condecoración f
aware adj : consciente
awareness n : conciencia f : conocimiento m
awash adj : inundado
away¹ adv : de aquí : de allí : en un lugar seguro : sin parar : a un ritmo constante : fuera de casa
away² adj : ausente

awe¹ v **awed; awing** : abrumar : asombrar : impresionar
awe² n : asombro m
awesome adj : imponente : formidable : asombroso
awestruck adj : asombrado
awful adj : asombroso : horrible : terrible : atroz : enorme : tremendo
awfully adv : terriblemente : extremadamente : muy mal : espantosamente
awhile adv : un rato : algún tiempo
awkward adj : torpe : desmañado : embarazoso : delicado — **awkwardly** adv
awkwardness n : torpeza f : incomodidad f
awl n : punzón m
awning n : toldo m
awry adj : torcido
ax or **axe** n : hacha m
axiom n : axioma m
axiomatic adj : axiomático
axis n, pl **axes** : eje m
axle n : eje m
aye¹ adv : sí
aye² n : sí m
azalea n : azalea f
azimuth n : azimut m : acimut m
Aztec n : azteca mf
azure¹ adj : azur : celeste
azure² n : azur m

B

babble¹ v **-bled; -bling** : balbucear : parlotear : murmurar
babble² n : balbuceo m : parloteo m : murmullo m
babe n → **baby³**
baboon n : babuino m
baby¹ v **-bied; -bying** : mimar : consentir
baby² adj : de niño : pequeño : minúsculo
baby³ n, pl **-bies** : bebé m : niño m, -ña f : bebe m, -ba f
babyhood n : niñez f : primera infancia f
babyish adj : infantil : pueril

baby–sit v **-sat; -sitting** : cuidar niños : hacer de canguro
baby–sitter n : niñero m, -ra f : canguro mf
baccalaureate n : licenciatura f
bachelor n : soltero m : licenciado m, -da f
back¹ v : estar detrás de : formar el fondo de : apostar por
back² adv : atrás : hacia atrás : detrás : antes : ya : de vuelta : de regreso : como respuesta : en cambio
back³ adj : de atrás : posterior : trasero : atrasado

back[4] *n* : espalda *f* : lomo *m*
: respaldo *m* : reverso *m* : dorso
m : revés *m* : fondo *m* : parte *f* de
atrás : defensa *mf*
backache *n* : dolor *m* de espalda
backbite *v* -**bit; -bitten; -biting**
: calumniar : hablar mal de
: murmurar
backbone *n* : columna *f* vertebral
: firmeza *f* : carácter *m*
backdrop *n* : telón *m* de fondo
backer *n* : partidario *m*, -ria *f*
: patrocinador *m*, -dora *f*
backfire[1] *v* -**fired; -firing**
: petardear : fallar : salir el tiro por
la culata
backfire[2] *n* : petardeo *m* : explosión *f*
background *n* : fondo *m*
: segundo plano *m* : historial *m*
: antecedentes *mpl*
backhand[1] *adv* : de revés : con el
revés
backhand[2] *n* : revés *m*
backhanded *adj* : dado con el revés
: de revés : indirecto : ambiguo
backing *n* : apoyo *m* : respaldo
m : refuerzo *m* : partidarios *mpl*,
-rias *fpl*
backlash *n* : reacción *f* violenta
backlog *n* : atraso *m* : trabajo *m*
acumulado
backpack[1] *v* : viajar con mochila
backpack[2] *n* : mochila *f*
backrest *n* : respaldo *m*
backside *n* : trasero *m*
backslash *n* : barra *f* invertida
: barra *f* inversa
backslide *v* -**slid; -slid** *or* -**slidden;**
-**sliding** : recaer : reincidir
backstage *adv & adj* : entre
bastidores
backstroke *n* : estilo *m* espalda
: estilo *m* dorso
backtrack *v* : dar marcha atrás
: volverse atrás
backup *n* : respaldo *m* : apoyo *m*
: copia *f* de seguridad
backward[1] *or* **backwards** *adv*
: hacia atrás : de espaldas : al
revés
backward[2] *adj* : hacia atrás
: retrasado : tímido : atrasado
backwardness *n* : atraso *m*
: retraso *m*

backwoods *npl* : monte *m* : región
f alejada
backyard *n* : jardín *m* trasero
bacon *n* : tocino *m* : tocineta *f*
: bacon *m*
bacterial *adj* : bacteriano
bacterium *n, pl* -**ria** : bacteria *f*
bad[1] *adv* → **badly**
bad[2] *adj* : malo : podrido : grave
: perjudicial : corrupto : travieso
bad[3] *n* : lo malo
bade → **bid**
badge *n* : insignia *f* : botón *m*
: chapa *f*
badger[1] *v* : fastidiar : acosar
: importunar
badger[2] *n* : tejón *m*
badly *adv* : mal : mucho : con
urgencia : gravemente
bad–mannered *adj* : maleducado
badminton *n* : bádminton *m*
badness *n* : maldad *f*
bad–tempered *adj* : malhumorado
baffle *v* -**fled; -fling** : desconcertar
: confundir : frustrar
bafflement *n* : desconcierto *m*
: confusión *f*
bag[1] *v* **bagged; bagging** : formar
bolsas : ensacar : poner en una
bolsa : cobrar : cazar
bag[2] *n* : bolsa *f* : saco *m* : cartera *f*
: bolso *m* : maleta *f* : valija *f*
bagel *n* : rosquilla *f* de pan
baggage *n* : equipaje *m*
baggie *n* : bolsita *f* de plástico
baggy *adj* **baggier; -est** : holgado
: ancho
bagpipe *n or* **bagpipes** *npl* : gaita *f*
baguette *n* : baguette *f* : barra *f*
de pan
bail[1] *v* : achicar
bail[2] *n* : fianza *f* : caución *f*
bailiff *n* : alguacil *mf*
bailiwick *n* : dominio *m*
bailout *n* : rescate *m*
bait[1] *v* : cebar : acosar
bait[2] *n* : cebo *m* : carnada *f*
bake *v* **baked; baking** : hornear
: hacer al horno
baker *n* : panadero *m*, -ra *f*
baker's dozen *n* : docena *f* de fraile
bakery *n, pl* -**ries** : panadería *f*
bakeshop *n* : pastelería *f*
: panadería *f*

baking powder *n* : levadura *f* en polvo

baking soda → **sodium bicarbonate**

balaclava *n* : pasamontañas *m*

balance[1] *v* **-anced; -ancing** : hacer el balance de : balancear : equilibrar : armonizar : balancearse

balance[2] *n* : balanza *f* : báscula *f* : contrapeso *m* : equilibrio *m* : balance *m* : resto *m*

balanced *adj* : equilibrado : balanceado

balboa *n* : balboa *f*

balcony *n, pl* **-nies** : balcón *m* : terraza *f* : galería *f*

bald *adj* : calvo : pelado : pelón : simple : puro

balding *adj* : quedándose calvo

baldly *adv* : sin reparos : sin rodeos : francamente

baldness *n* : calvicie *f*

bale[1] *v* **baled; baling** : empacar : hacer balas de

bale[2] *n* : bala *f* : fardo *m* : paca *f*

baleful *adj* : mortífero : siniestro : funesto : torvo

balk[1] *v* : obstaculizar : impedir : plantarse

balk[2] *n* : obstáculo *m*

Balkan *adj* : balcánico

balky *adj* **balkier; -est** : reacio : obstinado : terco

ball[1] *v* : apelotonar : ovillar

ball[2] *n* : pelota *f* : bola *f* : balón *m* : bollo *m* : baile *m* : bola *f* mala : parte *f* anterior de la planta

ballad *n* : romance *m* : balada *f*

balladeer *n* : cantante *mf* de baladas

ballast[1] *v* : lastrar

ballast[2] *n* : lastre *m*

ball bearing *n* : cojinete *m* de bola

ballerina *n* : bailarina *f*

ballet *n* : ballet *m*

ballet dancer *n* : bailarín *m*, -rina *f*

ball game *n* : partido *m* de beisbol

ballistic *adj* : balístico

ballistics *ns & pl* : balística *f*

balloon[1] *v* : viajar en globo : hincharse : inflarse

balloon[2] *n* : globo *m*

balloonist *n* : aeróstata *mf*

ballot[1] *v* : votar

ballot[2] *n* : papeleta *f* : boleta *f* electoral : votación *f* : voto *m*

ballot box *n* : urna *f*

ballpoint pen *n* : bolígrafo *m*

ballroom *n* : sala *f* de baile

ballyhoo *n* : propaganda *f* : publicidad *f* : bombo *m*

balm *n* : bálsamo *m* : ungüento *m*

balmy *adj* **balmier; -est** : templado : agradable : balsámico : chiflado : chalado

baloney *n* : tonterías *fpl* : estupideces *fpl*

balsa *n* : balsa *f*

balsam *or* **balsam fir** *n* : abeto *m* balsámico

Baltic *adj* : báltico

balustrade *n* : balaustrada *f*

bam[1] *n* : explosión *f* : estallido *m* : estampido *m*

bam[2] *interj* : ¡zas!

bamboo *n* : bambú *m*

bamboozle *v* **-zled; -zling** : engañar : embaucar

ban[1] *v* **banned; banning** : prohibir : proscribir

ban[2] *n* : prohibición *f* : proscripción *f*

banal *adj* : banal : trivial

banality *n, pl* **-ties** : banalidad *f* : trivialidad *f*

banana *n* : banano *m* : plátano *m* : banana *f* : cambur *m* : guineo *m*

band[1] *v* : fajar : atar

band[2] *n* : banda *f* : cinta *f* : franja *f* : anillo *m* : grupo *m* : conjunto *m*

bandage[1] *v* **-daged; -daging** : vendar

bandage[2] *n* : vendaje *m* : venda *f*

bandanna *or* **bandana** *n* : pañuelo *m*

bandit *n* : bandido *m*, -da *f* : bandolero *m*, -ra *f*

bandstand *n* : quiosco *m* de música

bandwagon *n* : carroza *f* de músicos

bandwidth *n* : ancho *m* de banda

bandy *v* **-died; -dying** : intercambiar

bane *n* : veneno *m* : ruina *f* : pesadilla *f*

baneful *adj* : nefasto : funesto

bang[1] *v* : golpear : darse : cerrar con/de un portazo : cerrarse de un golpe

bang[2] *adv* : directamente
: exactamente

bang[3] *n* : golpe *m* : porrazo
m : trancazo *m* : explosión *f*
: estallido *m* : estampido *m*
: portazo *m*; **bangs** *npl* : flequillo
m : fleco *m*

bang[4] *interj* : ¡pum!

bangle *n* : brazalete *m* : pulsera *f*

banish *v* : desterrar : exiliar
: expulsar

banishment *n* : destierro *m* : exilio
m : expulsión *f*

banister *n* : pasamanos *m*
: barandilla *f* : barandal *m*

banjo *n, pl* **-jos** : banjo *m*

bank[1] *v* : peraltar : ladear
: amontonar : cubrir : depositar
: ladearse : tener una cuenta

bank[2] *n* : montón *m* : montículo *m*
: masa *f* : orilla *f* : ribera *f* : peralte
m : banco *m* : banca *f*

bankbook *n* : libreta *f* bancaria
: libreta *f* de ahorros

banker *n* : banquero *m*, -ra *f*

banking *n* : banca *f*

banknote *n* : billete *m* de banco

bankrupt[1] *v* : hacer quebrar : llevar
a la quiebra : arruinar

bankrupt[2] *adj* : en bancarrota : en
quiebra

bankrupt[3] *n* : fallido *m*, -da *f*
: quebrado *m*

bankruptcy *n, pl* **-cies** : ruina *f*
: quiebra *f* : bancarrota *f*

bank statement → statement

bank teller → teller

banner[1] *adj* : excelente

banner[2] *n* : estandarte *m* : bandera
f

banns *npl* : amonestaciones *fpl*

banquet[1] *v* : celebrar un banquete

banquet[2] *n* : banquete *m*

banter[1] *v* : bromear : hacer bromas

banter[2] *n* : bromas *fpl*

baptism *n* : bautismo *m*

baptismal *adj* : bautismal

baptismal font → font

Baptist *n* : bautista *mf* : baptista *mf*
— **Baptist** *adj*

baptize *v* **-tized; -tizing** : bautizar

bar[1] *v* **barred; barring** : obstruir
: bloquear : excluir : prohibir
: atrancar : asegurar

bar[2] *n* : barra *f* : barrote *m* : tranca
f : barrera *f* : obstáculo *m*
: abogacía *f* : franja *f* : mostrador
m : bar *m* : taberna *f* : compás *m*

bar[3] *prep* : excepto : con excepción
de

barb *n* : púa *f* : lengüeta *f* : pulla *f*

barbarian[1] *adj* : bárbaro : tosco
: bruto

barbarian[2] *n* : bárbaro *m*, -ra *f*

barbaric *adj* : primitivo : brutal
: cruel

barbarity *n, pl* **-ties** : barbaridad *f*

barbarous *adj* : bárbaro
: despiadado : cruel

barbarously *adv* : bárbaramente

barbecue[1] *v* **-cued; -cuing** : asar a
la parrilla

barbecue[2] *n* : barbacoa *f*
: parrillada *f*

barbed *adj* : con púas : mordaz

barber *n* : barbero *m*, -ra *f*

barbershop *n* : peluquería *f*
: barbería *f*

barbiturate *n* : barbitúrico *m*

bar code *n* : código *m* de barras

bard *n* : bardo *m*

bare[1] *v* **bared; baring** : desnudar

bare[2] *adj* : desnudo : descubierto
: sin protección : desprovisto
: vacío : mero : mínimo : puro
: sencillo

bareback *or* **barebacked** *adv & adj*
: a pelo

barefaced *adj* : descarado

barefoot *or* **barefooted** *adv & adj*
: descalzo

bareheaded *adv & adj* : sin
sombrero : con la cabeza
descubierta

barely *adv* : apenas : por poco

bareness *n* : desnudez *f*

barf[1] *v* **→ vomit**[1]

barf[2] *n* **→ vomit**[2]

bargain[1] *v* : regatear : negociar
: trocar : cambiar

bargain[2] *n* : acuerdo *m* : convenio
m : ganga *f*

bargaining *n* : regateo *m*
: negociación *f*

barge[1] *v* **barged; barging** : mover
con torpeza

barge[2] *n* : barcaza *f* : gabarra *f*

bar graph *n* : gráfico *m* de barras

baritone n : barítono m
bark[1] v : ladrar or **to bark out**
 : gritar
bark[2] n : ladrido m : corteza f
barley n : cebada f
barmaid n : camarera f
barman n, pl **-men** → **bartender**
barn n : granero m : establo m
barnacle n : percebe m
barnyard n : corral m
barometer n : barómetro m
barometric adj : barométrico
baron n : barón m : magnate mf
baroness n : baronesa f
baronial adj : de barón : señorial
 : majestuoso
baroque adj : barroco
barracks ns & pl : cuartel m
barracuda n, pl **-da** or **-das**
 : barracuda f
barrage n : descarga f : aluvión m
barred adj : excluido : prohibido
barrel[1] v **-reled** or **-relled**; **-reling**
 or **-relling** : ir disparado
barrel[2] n : barril m : tonel m : cañón
 m : cilindro m
barren adj : estéril : árido : yermo
 : desierto
barrette n : pasador m : broche m
 para el cabello
barricade[1] v **-caded**; **-cading**
 : cerrar con barricadas
barricade[2] n : barricada f
barrier n : barrera f : obstáculo m
 : impedimento m
barring prep : excepto : salvo : a
 excepción de
barrio n : barrio m
barroom n : bar m
barrow → **wheelbarrow**
bartender n : camarero m, -ra f
 : barman m
barter[1] v : cambiar : trocar
barter[2] n : trueque m : permuta f
basalt n : basalto m
base[1] v **based**; **basing** : basar
 : fundamentar : establecer
base[2] adj **baser**; **basest** : de baja
 ley : vil : despreciable
base[3] n, pl **bases** : base f : pie m
baseball n : beisbol m : béisbol m
baseball cap n : gorra f de visera
 : gorra f de beisbol
baseless adj : infundado

basely adv : vilmente
basement n : sótano m
baseness n : vileza f : bajeza f
bash[1] v : golpear violentamente
bash[2] n : golpe m : porrazo m
 : madrazo m : fiesta f : juerga f
bashful adj : tímido : vergonzoso
 : penoso
bashfulness n : timidez f
basic[1] adj : básico : fundamental
 : elemental
basic[2] n : fundamento m
 : rudimento m
basically adv : fundamentalmente
basil n : albahaca f
basilica n : basílica f
basin n : palangana f : lavamanos
 m : lavabo m : cuenca f
basis n, pl **bases** : base f : pilar m
 : fundamento m
bask v : disfrutar : deleitarse
basket n : cesta f : cesto m
 : canasta f
basketball n : baloncesto m
 : basquetbol m : basket m
Basque n : Basque mf — **Basque**
 adj
bas–relief n : bajorrelieve m
bass[1] adj : de bajo
bass[2] n, pl **bass** or **basses** : róbalo
 m
bass[3] n : bajo m
bass drum n : bombo m
basset hound n : basset m
bass guitar n : bajo m
bassinet n : moisés m : cuna f
bassist n : bajista mf
bassoon n : fagot m
bass viol → **double bass**
bastard adj : bastardo
bastardize v **-ized**; **-izing**
 : degradar : envilecer
baste v **basted**; **basting** : hilvanar
 : bañar
bastion n : bastión m : baluarte m
bat[1] v **batted**; **batting** : batear
bat[2] n : murciélago m : bate m
batch n : hornada f : tanda f : grupo
 m : cantidad f
bate v **bated**; **bating** : aminorar
 : reducir
bath n, pl **baths** : baño m : cuarto
 m de baño : balneario m : pérdida
 f

bathe v **bathed; bathing** : bañar
: lavar : poner en remojo : inundar
: bañarse : ducharse

bather n : bañista mf

bathing suit → **swimsuit**

bathrobe n : bata f

bathroom n : baño m : cuarto m
de baño

bathroom tissue → **toilet paper**

bathtub n : bañera f : tina f

baton n : batuta f : bastón m

battalion n : batallón m

batten v **to batten down the
hatches** : cerrar las escotillas

batter[1] v : aporrear : golpear
: maltratar

batter[2] n : masa f para rebozar
: bateador m, -dora f

battered adj : maltratado
: maltrecho : apaleado : aporreado

battering ram n : ariete m

battery n, pl **-teries** : lesiones fpl
: batería f : pila f : serie f

batting[1] n : bateo m

battle[1] v **-tled; -tling** : luchar
: pelear

battle[2] n : batalla f : lucha f : pelea f

battle–ax n : hacha f de guerra

battlefield n : campo m de batalla

battleship n : acorazado m

batty adj **battier; -est** : chiflado
: chalado

bauble n : chuchería f : baratija f

Bavarian n : bávaro m, -ra f —
Bavarian adj

bawdiness n : picardía f

bawdy adj **bawdier; -est** : subido
de tono : verde : colorado

bawl[1] v : llorar a gritos

bawl[2] n : grito m : alarido m

bawl out v : regañar

bay[1] v : aullar

bay[2] adj : castaño : zaino

bay[3] n : bahía f : laurel m
: aullido m : saliente m : área f
: compartimiento m

bayonet[1] v **-neted; -neting** : herir
con bayoneta

bayonet[2] n : bayoneta f

bayou n : pantano m

bazaar n : bazar m : venta f
benéfica

bazooka n : bazuca f

BB n : balín m

bcc v **bcc'd; bcc'ing** : enviarle una
copia oculta a : enviar una copia
oculta de

be v **was; were; been; being;
am; is; are** : ser : estar : quedar
: existir : ir : venir : tener : costar
: hacer : haber : poderse : deber

beach[1] v : hacer varar : hacer
encallar

beach[2] n : playa f

beachcomber n : raquero m, -ra f

beachhead n : cabeza f de playa

beacon n : faro m

bead[1] v : formarse en gotas

bead[2] n : cuenta f : gota f; **beads**
npl : collar m

beady adj **beadier; -est** : de forma
de cuenta

beagle n : beagle m

beak n : pico m

beaker n : taza f alta : vaso m de
precipitados

beam[1] v : brillar : sonreír
radiantemente : transmitir : emitir

beam[2] n : viga f : barra f : rayo m
: haz m de luz : haz m de radiofaro

bean n : habichuela f : frijol m

bear[1] v **bore; borne; bearing** : llevar
: portar : dar a luz a : dar : soportar
: resistir : aguantar : tener : doblar
: dar la vuelta : girar

bear[2] n, pl **bears** or **bear** : oso m
: osa f

bearable adj : soportable

beard n : barba f : arista f

bearded adj : barbudo : de barba

bearer n : portador m, -dora f

bearing n : comportamiento m
: modales mpl : soporte f : relación
f : importancia f : cojinete m
: rodamiento m : dirección f
: rumbo m

beast n : bestia f : fiera f : bruto m,
-ta f : bestia mf

beastly adj : detestable
: repugnante

beat[1] v **beat; beaten** or **beat;
beating** : golpear : pegar : darle
una paliza : vencer : derrotar
: batir : superar : ser mejor que
: anticiparse a : evitar : palpitar
: latir

beat[2] adj : derrengado : muy
cansado

beat[3] n : golpe m : redoble m
: latido m : ritmo m : tiempo m
beater n : batidor m, -dora f
beatific adj : beatífico
beating n : paliza f : derrota f
beau n, pl **beaux** or **beaus**
: pretendiente m : galán m
beautician n : esteticista mf
beautification n : embellecimiento m
beautiful adj : hermoso : bello
: lindo : precioso
beautifully adv : hermosamente
: maravillosamente : excelentemente
beautify v -fied; -fying : embellecer
beauty n, pl -ties : belleza f
: hermosura f : beldad f
beauty shop or **beauty parlor**
or **beauty salon** n : salón m de
belleza
beauty spot n : lunar m
beaver n : castor m
because conj : porque
because of prep : por : a causa de
: debido a
beck n to be at the beck and call
of : estar a la entera disposición de
: estar sometido a la voluntad de
beckon v to beckon to someone
: hacerle señas a alguien
become v -came; -come; -coming
: hacerse : volverse : ponerse
: ser apropiado para : favorecer
: quedarle bien
becoming adj : apropiado
: favorecedor
bed[1] v bedded; bedding : acostar
: acostarse
bed[2] n : cama f : lecho m : cauce
m : fondo m : arriate m : capa f
: estrato m : caja f
bed and breakfast n : pensión f
con desayuno
bedbug n : chinche f
bedclothes npl : ropa f de cama
: sábanas fpl
bedding n : cama f
bedeck v : adornar : engalanar
bedevil v -iled or -illed; -iling or
-illing : acosar : plagar
bedlam n : locura f : caos m
: alboroto m
bedraggled adj : desaliñado
: despeinado
bedridden adj : postrado en cama

bedrock n : lecho m de roca
bedroom n : dormitorio m
: habitación f : pieza f : recámara f
bedsheet → **sheet**
bedside table n : mesita f de noche
bedspread n : cubrecama m
: colcha f : cobertor m
bedtime n : hora f de acostarse
bee n : abeja f : círculo m : reunión f
beech n, pl **beeches** or **beech**
: haya f
beechnut n : hayuco m
beef[1] v to beef up : fortalecer
: reforzar : quejarse
beef[2] n, pl **beefs** or **beeves** : carne
f de vaca : carne f de res
beefsteak n : filete m : bistec m
beehive n : colmena f
beekeeper n : apicultor m, -tora f
beekeeping n : apicultura f
beeline n to make a beeline for : ir
derecho a : ir directo hacia
been → **be**
beep[1] v : pitar
beep[2] n : pitido m
beeper n : buscapersonas m
: busca m
beer n : cerveza f
beeswax n : cera f de abejas
beet n : remolacha f : betabel m
beetle n : escarabajo m
befall v -fell; -fallen : sucederle a
: acontecerle a : acontecer
befit v -fitted; -fitting : convenir a
: ser apropiado para
before[1] adv : antes : anterior
before[2] conj : antes que
before[3] prep : antes de : delante
de : ante
beforehand adv : antes : por
adelantado : de antemano : con
anticipación
befriend v : hacerse amigo de
befuddle v -dled; -dling : aturdir
: ofuscar : confundir
beg v begged; begging : mendigar
: pedir : suplicar : pedir limosna
beget v -got; -gotten or -got;
-getting : engendrar
beggar n : mendigo m, -ga f
: pordiosero m, -ra f
begin v -gan; -gun; -ginning
: empezar : comenzar : iniciar
: iniciarse : nacer : originarse

beginner *n* : principiante *mf*
beginning *n* : principio *m*
: comienzo *m*
begone *interj* : ¡fuera de aquí!
begonia *n* : begonia *f*
begrudge *v* **-grudged; -grudging**
: dar/hacer de mala gana
beguile *v* **-guiled; -guiling**
: engañar : divertir : entretener
behalf *n* : favor *m* : beneficio *m*
: parte *f*
behave *v* **-haved; -having**
: comportarse : portarse
behavior *n* : comportamiento *m*
: conducta *f*
behead *v* : decapitar
behest *n* : mandato *m* : orden *f*
behind[1] *adv* : atrás : detrás
behind[2] *prep* : atrás de : detrás de
: tras : atrasado con : después de
: en apoyo de : detrás
behind[3] *n* : trasero *m*
behold *v* **-held; -holding**
: contemplar
beholder *n* : observador *m*, -dora *f*
behoove *v* **-hooved; -hooving**
: convenirle a : corresponderle a
beige[1] *adj* : beige
beige[2] *n* : beige *m*
being *n* : ser *m* : existencia *f* : ente
m
belabor *v* **to belabor the point**
: extenderse sobre el tema
belated *adj* : tardío : retrasado
belch[1] *v* : eructar : expulsar : arrojar
belch[2] *n* : eructo *m*
beleaguer *v* : asediar : sitiar
: fastidiar : molestar
belfry *n, pl* **-fries** : campanario *m*
Belgian *n* : belga *mf* — **Belgian** *adj*
belie *v* **-lied; -lying** : falsear
: ocultar : contradecir : desmentir
belief *n* : confianza *f* : creencia *f*
: convicción *f* : fe *f*
believable *adj* : verosímil : creíble
believe *v* **-lieved; -lieving** : creer
believer *n* : creyente *mf* : partidario
m, -ria *f* : entusiasta *mf*
belittle *v* **-littled; -littling**
: menospreciar : denigrar : rebajar
: minimizar : quitar importancia a
bell[1] *v* : ponerle un cascabel a
bell[2] *n* : campana *f* : cencerro *m*
: cascabel *m* : timbre *m*

belle *n* : belleza *f* : beldad *f*
bellhop *n* : botones *m*
bellicose *adj* : belicoso *m*
belligerence *n* : agresividad *f*
: beligerancia *f*
belligerent[1] *adj* : agresivo
: beligerante
belligerent[2] *n* : beligerante *mf*
bellow[1] *v* : bramar : mugir : gritar
bellow[2] *n* : bramido *m* : grito *m*
bellows *ns & pl* : fuelle *m*
bellwether *n* : líder *mf*
belly[1] *v* **-lied; -lying** : hincharse
: inflarse
belly[2] *n, pl* **-lies** : abdomen *m*
: vientre *m* : barriga *f* : panza *f*
bellyache[1] *v* → **grouse**[1]
bellyache[2] → **stomachache**
belly button *n* : ombligo *m*
belong *v* : pertenecer : ser
propiedad : ser parte : ser
miembro : deber estar : ir
belongings *npl* : pertenencias *fpl*
: efectos *mpl* personales
beloved[1] *adj* : querido : amado
beloved[2] *n* : amado *m*, -da *f*
: enamorado *m* : amor *m*
below[1] *adv* : abajo : más abajo
: más bajo : bajo cero
below[2] *prep* : abajo de : debajo de
: por debajo de : bajo
belt[1] *v* : ceñir con un cinturón
: ponerle un cinturón a
: darle una paliza a : darle un
trancazo a
belt[2] *n* : cinturón *m* : cinto *m* : cinta
f : correa *f* : banda *f* : frente *m*
: zona *f*
beltway *n* : carretera *f* de
circunvalación : periférico *m*
: libramiento *m*
bemoan *v* : lamentarse de
bemuse *v* **-mused; -musing**
: confundir : desconcertar
: absorber
bench *n* : banco *m* : escaño *m*
: banca *f* : estrado *m* : tribunal *m*
bend[1] *v* **bent; bending** : torcer
: doblar : curvar : flexionar : torcerse
: agacharse : hacer una curva
bend[2] *n* : vuelta *f* : recodo *m* : curva
f : ángulo *m* : codo *m*
beneath[1] *adv* : bajo : abajo
: debajo

beneath[2] *prep* : bajo de : abajo de : por debajo de

benediction *n* : bendición *f*

benefactor *n* : benefactor *m*, -tora *f*

benefactress *n* : benefactora *f*

beneficial *adj* : beneficioso : provechoso — **beneficially** *adv*

beneficiary *n, pl* -ries : beneficiario *m*, -ria *f*

benefit[1] *v* : beneficiar : beneficiarse

benefit[2] *n* : beneficio *m* : ventaja *f* : provecho *m* : asistencia *f* : función *f* benéfica

benevolence *n* : bondad *f* : benevolencia *f*

benevolent *adj* : benévolo : bondadoso — **benevolently** *adv*

benign *adj* : benévolo : amable : propicio : favorable : benigno

bent *n* : aptitud *f* : inclinación *f*

benumb *v* : entumecer

bequeath *v* : legar : dejar en testamento

bequest *n* : legado *m*

berate *v* -rated; -rating : reprender : regañar

bereaved[1] *adj* : que está de luto : afligido

bereaved[2] *n* the bereaved : los deudos del difunto (o de la difunta)

bereavement *n* : dolor *m* : pesar *m* : pérdida *f*

bereft *adj* : privado : desprovisto

beret *n* : boina *f*

berm *n* : arcén *m*

Bermuda shorts *npl* : bermudas *fpl*

berry *n, pl* -ries : baya *f*

berserk *adj* : enloquecido

berth[1] *v* : atracar

berth[2] *n* : atracadero *m* : litera *f* : camarote *m* : trabajo *m* : puesto *m*

beseech *v* -seeched *or* -sought; -seeching : suplicar : implorar : rogar

beset *v* -set; -setting : acosar : rodear

beside *prep* : al lado de : junto a

besides[1] *adv* : además : también : aparte : por otra parte

besides[2] *prep* : además de : aparte de : excepto : fuera de

besiege *v* -sieged; -sieging : asediar : sitiar : cercar

besmirch *v* : ensuciar : mancillar

besotted *adj* : enamorado

best[1] *v* : superar : ganar a

best[2] *adv* : mejor

best[3] *adj* : mejor

best–case *adj* a/the **best–case scenario** : el mejor de los casos

bestial *adj* : bestial : brutal : salvaje

bestie *n* : mejor amigo *m* : mejor amiga *f*

best man *n* : padrino *m*

bestow *v* : conferir : otorgar : conceder

bestowal *n* : concesión *f* : otorgamiento *m*

best seller *n* : best-seller *m*

bet[1] *v* **bet**; **betting** : apostar

bet[2] *n* : apuesta *f*

beta *n* : beta *f*

betoken *v* : denotar : ser indicio de

betray *v* : traicionar : delatar : revelar

betrayal *n* : traición *f* : delación *f* : revelación *f*

betrothal *n* : esponsales *mpl* : compromiso *m*

betrothed *n* : prometido *m*, -da *f*

better[1] *v* : mejorar : superar

better[2] *adv* : mejor : más

better[3] *adj* : mejor : mayor

better[4] *n* : el mejor : la mejor

betterment *n* : mejoramiento *m* : mejora *f*

better off *adj* : mejor : más adinerado

betting *n* : apuestas *fpl*

bettor *or* **better** *n* : apostador *m*, -dora *f*

between[1] *adv* : en medio : por lo medio

between[2] *prep* : entre

bevel[1] *v* -eled *or* -elled; -eling *or* -elling : biselar : inclinarse

bevel[2] *n* : bisel *m*

beverage *n* : bebida *f*

bevy *n, pl* **bevies** : grupo *m* : bandada *f*

bewail *v* : lamentarse de : llorar

beware *v* **to beware of** : tener cuidado con : guardarse de : cuidarse de

bewilder *v* : desconcertar : dejar perplejo

bewilderment *n* : desconcierto *m* : perplejidad *f*

bewitch v : hechizar : embrujar
: cautivar : encantar
bewitchment n : hechizo m
beyond[1] adv : más allá : más lejos
: más adelante : más
beyond[2] n **the beyond** : el más allá
: lo desconocido
beyond[3] prep : más allá de : fuera
de : además de
BFF n : amigo m íntimo : amiga f
íntima
bi- pref : bi-
biannual adj : bianual —
biannually adv
bias[1] v **-ased** or **-assed; -asing**
or **-assing** : predisponer : sesgar
: influir en : afectar
bias[2] n : sesgo m : bies m
: prejuicio m : inclinación f
: tendencia f
biased adj : tendencioso : parcial
bib n : peto m : babero m
Bible n : Biblia f
biblical adj : bíblico
bibliographer n : bibliógrafo m, -fa f
bibliography n, pl **-phies**
: bibliografía f — **bibliographic** adj
bicameral adj : bicameral
bicarbonate n : bicarbonato m
bicentennial n : bicentenario m
biceps ns & pl : bíceps m
bicker[1] v : pelear : discutir : reñir
bicker[2] n : pelea f : riña f
: discusión f
bicuspid n : premolar m
bicycle[1] v **-cled; -cling** : ir en
bicicleta
bicycle[2] n : bicicleta f
bicycling n : ciclismo m
bicyclist n : ciclista mf
bid[1] v **bade** or **bid; bidden** or **bid;**
bidding : pedir : mandar : invitar
: dar : decir : ofrecer : declarar
bid[2] n : oferta f : declaración f
: invitación f : intento m : tentativa f
bidder n : postor m, -tora f
bide v **bode** or **bided; bided;**
biding : esperar : aguardar
: morar : vivir
bidet n : bidé m : bidet m
biennial adj : bienal — **biennially**
adv
bier n : andas fpl : ataúd m : féretro
m

bifocals npl : lentes mpl bifocales
: bifocales mpl — **bifocal** adj
big adj **bigger; biggest** : grande
: importante : popular : famoso
: conocido : generoso
bigamist n : bígamo m, -ma f
bigamous adj : bígamo
bigamy n : bigamia f
Big Dipper → dipper
big-headed adj : creído
bight n : bahía f : ensenada f
: golfo m
bigot n : intolerante mf
bigoted adj : intolerante
: prejuiciado : fanático
bigotry n, pl **-tries** : intolerancia f
big picture n **to look at the big**
picture : ver las cosas desde una
perspectiva global
big shot n : pez m gordo
: mandamás mf
big toe n : dedo m gordo
bigwig → big shot
bike n : bicicleta f : bici f
: motocicleta f : moto f
bike lane or **bicycle lane** n : carril
m para bicicletas
bikini n : bikini m
bilateral adj : bilateral — **bilaterally**
adv
bile n : bilis f : mal genio m
bilingual adj : bilingüe
bilk v : burlar : estafar : defraudar
bill[1] v : pasarle la cuenta a
: acariciar
bill[2] n : proyecto m de ley : ley f
: cuenta f : factura f : cartel m
: programa m : billete m : pico m
billboard n : cartelera f
billet[1] v : acuartelar : alojar
billet[2] n : alojamiento m
billfold n : billetera f : cartera f
billiard adj : de billar
billiards n : billar m
billion n, pl **billions** or **billion** : mil
millones mpl
billionth n : milmillonésimo m —
billionth adj
billow[1] v : hincharse : inflarse
billow[2] n : ola f : nube f
billowy adj : ondulante
billy goat n : macho m cabrío
bimonthly adj : bimensual
: quincenal : bimestral

bin *n* : cubo *m* : cajón *m*

binary *adj* : binario *m*

binational *adj* : binacional

bind *v* **bound; binding** : atar
: amarrar : obligar : aglutinar : ligar
: unir : vendar : encuadernar

binder *n* : carpeta *f*
: encuadernador *m*, -dora *f*

binding *n* : encuadernación *f*
: cubierta *f* : forro *m*

binge *n* : juerga *f* : parranda *f*

bingo *n*, *pl* **-gos** : bingo *m*

binocular *adj* : binocular

binoculars *npl* : binoculares *mpl*

bio- *pref* : bio-

biochemical¹ *adj* : bioquímico

biochemical² *n* : bioquímico *m*

biochemist *n* : bioquímico *m*, -ca *f*

biochemistry *n* : bioquímica *f*

biodegradable *adj* : biodegradable

biodiversity *n*, *pl* **-ties**
: biodiversidad *f*

biographer *n* : biógrafo *m*, -fa *f*

biographical *adj* : biográfico

biography *n*, *pl* **-phies** : biografía *f*

biologic *or* **biological** *adj* : biológico

biological weapon *n* : arma *f*
biológica

biologist *n* : biólogo *m*, -ga *f*

biology *n* : biología *f*

biopsy *n*, *pl* **-sies** : biopsia *f*

biosphere *n* : biosfera *f* : biósfera *f*

biotechnology *n* : biotecnología
f — **biotechnological** *adj*

bipartisan *adj* : bipartidista : de
dos partidas

biped *n* : bípedo *m*

birch *n* : abedul *m*

bird *n* : pájaro *m* : ave *f*

birdbath *n* : pila *f* para pájaros

bird dog *n* : perro *m*, -rra *f* de caza

bird of prey *n* : ave *f* rapaz : ave *f*
de presa

birdseed *n* : alpiste *m*

bird's–eye *adj* : visto desde arriba
: rápido : somero

birdwatching *n* : observación *f* de
aves

biretta *n* : birrete *m*

birth *n* : nacimiento *m* : parto *m*
: origen *m*

birth certificate *n* : partida *f* de
nacimiento : acta *f* de nacimiento
: certificado *m* de nacimiento

birth control *n* : control *m* de
natalidad

birthday *n* : cumpleaños *m*
: aniversario *m*

birthmark *n* : mancha *f* de
nacimiento

birthplace *n* : lugar *m* de
nacimiento

birthrate *n* : índice *m* de natalidad

birthright *n* : derecho *m* de
nacimiento

biscuit *n* : bizcocho *m*

bisect *v* : bisecar

bisexual *adj* : bisexual —
bisexuality *n*

bishop *n* : obispo *m* : alfil *m*

bishopric *n* : obispado *m*

bison *ns* & *pl* : bisonte *m*

bistro *n*, *pl* **-tros** : bar *m*
: restaurante *m* pequeño

bit *n* : pedazo *m* : trozo *m* : freno *m*
: bocado *m* : broca *f* : bit *m* : rato
m : momento *m* : sketch *m*

bitch¹ *v* : quejarse : reclamar

bitch² *n* : perra *f* : cosa *f* difícil

Bitcoin *n* : bitcoin *m*

bite¹ *v* **bit; bitten; biting** : morder
: picar : punzar : pinchar : agarrar
: cortar : agarrarse

bite² *n* : mordisco *m* : dentellada
f : bocado *m* : picadura *f*
: mordedura *f* : mordacidad *f*
: penetración *f*

biting *adj* : cortante : penetrante
: mordaz : sarcástico

bit part *n* : papel *m* secundario

bitter *adj* : amargo : acre : cortante
: penetrante : duro : intenso
: extremo : implacable

bitterly *adv* : amargamente

bitterness *n* : amargura *f*

bittersweet *adj* : agridulce

bizarre *adj* : extraño : singular
: estrafalario : estrambótico —
bizarrely *adv*

blab *v* **blabbed; blabbing**
: parlotear : cotorrear

blabbermouth *n* : bocón *m*, -cona *f*

black¹ *v* : ennegrecer

black² *adj* : negro : sucio : oscuro
: malvado : perverso : malo
: sombrío : deprimente

black³ *n* : negro *m* : negro *m*, -gra *f*

black–and–blue *adj* : amoratado

blackball v : hacerle el vacío a : aislar : boicotear

blackberry n, pl **-ries** : mora f

blackbird n : mirlo m

blackboard n : pizarra f : pizarrón m

black box n : caja f negra

blacken v : ennegrecer : deshonrar : difamar : manchar

black eye n : ojo m morado

blackhead n : espinilla f : punto m negro

black hole n : agujero m negro

blackish adj : negruzco

blackjack n : cachiporra f : veintiuna f

blacklist[1] v : poner en la lista negra

blacklist[2] n : lista f negra

blackmail[1] v : chantajear : hacer chantaje a

blackmail[2] n : chantaje m

blackmailer n : chantajista mf

blackness n : negrura f

blackout n : apagón m : desmayo m : desvanecimiento m

black out v : dejar sin luz : perder el conocimiento : desmayarse

black sheep n : oveja f negra

blacksmith n : herrero m

blacktop n : asfalto m

bladder n : vejiga f

blade n : hoja f : cuchilla f : pala f : brizna f

blamable adj : culpable

blame[1] v **blamed; blaming** : culpar : echar la culpa a

blame[2] n : culpa f

blameless adj : intachable : sin culpa : inocente — **blamelessly** adv

blameworthiness n : culpa f : culpabilidad f

blameworthy adj : culpable : reprochable : censurable

blanch v : blanquear : palidecer

bland adj : soso : insulso : desabrido

blandishments npl : lisonjas fpl : halagos mpl

blandly adv : de manera insulsa

blandness n : lo insulso : lo desabrido

blank[1] v : borrar

blank[2] adj : perplejo : desconcertado : sin expresión : inexpresivo : en blanco : liso : vacío

blank[3] n : espacio m en blanco : formulario m : cartucho m de fogueo

blank check n : cheque m en blanco : carta f blanca

blanket[1] v : cubrir

blanket[2] adj : global

blanket[3] n : manta f : cobija f : frazada f

blankly adv : sin comprender

blankness n : desconcierto m : perplejidad f : vacío m : vacuidad f

blare[1] v **blared; blaring** : resonar

blare[2] n : estruendo m

blarney n : labia f

blasé adj : displicente : indiferente

blaspheme v **-phemed; -pheming** : blasfemar

blasphemer n : blasfemo m, -ma f

blasphemous adj : blasfemo

blasphemy n, pl **-mies** : blasfemia f

blast[1] v : volar : hacer volar : atacar : arremeter contra

blast[2] n : ráfaga f : explosión f

blast–off n : despegue m

blast off v : despegar

blatant adj : descarado — **blatantly** adv

blaze[1] v **blazed; blazing** : arder : brillar : resplandecer : marcar : señalar

blaze[2] n : fuego m : resplandor m : brillantez f : arranque m : alarde m : llamarada f

blazer n : chaqueta f deportiva : blazer m

bleach[1] v : blanquear : decolorar

bleach[2] n : lejía f : blanqueador m

bleachers ns & pl : gradas fpl : tribuna f descubierta

bleak adj : inhóspito : sombrío : desolado : deprimente : triste

bleakly adv : sombríamente

bleakness n : lo inhóspito : lo sombrío

blear adj : empañado : nublado

bleary adj : adormilado : fatigado

bleat[1] v : balar

bleat[2] n : balido m

bleed v **bled; bleeding** : sangrar : sufrir : afligirse : exudar : correrse : purgar

blemish[1] *v* : manchar : marcar
blemish[2] *n* : imperfección *f*
: mancha *f* : marca *f*
blend[1] *v* : mezclar : combinar
: aunar
blend[2] *n* : mezcla *f* : combinación *f*
blender *n* : licuadora *f*
bless *v* **blessed; blessing**
: bendecir
blessed *or* **blest** *adj*
: bienaventurado : bendito
: dichoso
blessedly *adv* : felizmente
: alegremente : afortunadamente
blessing *n* : bendición *f*
: aprobación *f* : consentimiento *m*
blew → **blow**
blight[1] *v* : arruinar : infestar
blight[2] *n* : añublo *m* : peste *f* : plaga
f : deterioro *m* : ruina *f*
blimp *n* : dirigible *m*
blind[1] *v* : cegar : dejar ciego
: deslumbrar
blind[2] *adj* : ciego : insensible : sin
razón : sin salida
blind[3] *n* : persiana *f* : escondite *m*
: escondrijo *m*
blind carbon copy *n* : copia *f* oculta
blind date *n* : cita *f* a ciegas
blinders *npl* : anteojeras *fpl*
blindfold[1] *v* : vendar los ojos
blindfold[2] *n* : venda *f*
blinding *adj* : enceguecedor
: cegador
blindly *adv* : a ciegas : ciegamente
blindness *n* : ceguera *f*
blind spot *n* : ángulo *m* muerto
: punto *m* débil
blink[1] *v* : pestañear : parpadear
: brillar intermitentemente
blink[2] *n* : pestañeo *m* : parpadeo *m*
blinker *n* : intermitente *m*
: direccional *f*
bliss *n* : dicha *f* : felicidad *f*
absoluta : paraíso *m*
blissful *adj* : dichoso : feliz —
blissfully *adv*
blister[1] *v* : ampollarse
blister[2] *n* : ampolla *f* : burbuja *f*
blithe *adj* **blither; blithest**
: despreocupado : alegre : risueño
— **blithely** *adv*
blitz[1] *v* : bombardear : atacar con
rapidez

blitz[2] *n* : bombardeo *m* aéreo
: ataque *m* : acometida *f*
blizzard *n* : tormenta *f* de nieve
: ventisca *f*
bloat *v* : hincharse : inflarse
blob *n* : gota *f* : mancha *f* : borrón
m
bloc *n* : bloque *m*
block[1] *v* : bloquear : impedir
block[2] *n* : bloque *m* : obstrucción *f*
: bloqueo *m* : cuadra *f* : manzana *f*
: edificio *m* : serie *f* : grupo *m*
blockade[1] *v* **-aded; -ading**
: bloquear
blockade[2] *n* : bloqueo *m*
blockage *n* : bloqueo *m*
: obstrucción *f*
blockbuster *n* : gran éxito *m*
blockhead *n* : bruto *m*, -ta *f*
: estúpido *m*, -da *f*
block letters *npl* : letras *fpl* de
molde/imprenta
blog *n* : blog *m* : bitácora *f*
blond[1] *or* **blonde** *adj* : rubio : güero
: claro
blond[2] *or* **blonde** *n* : rubio *m*, -bia *f*
: güero *m*, -ra *f*
blood *n* : sangre *f* : vida *f* : alma *f*
: linaje *m*
blood bank *n* : banco *m* de sangre
bloodbath *n* : masacre *f* : baño *m*
de sangre
bloodcurdling *adj* : espeluznante
: aterrador
blood donor *n* : donador *m*, -dora *f*
de sangre : donante *mf* de sangre
blooded *adj* : de sangre
blood group *n* : grupo *m*
sanguíneo
bloodhound *n* : sabueso *m*
bloodless *adj* : incruento : sin
derramamiento de sangre
: desanimado : insípido : sin vida
bloodmobile *n* : unidad *f* móvil
para donantes de sangre
blood pressure *n* : tensión *f*
: presión *f*
bloodshed *n* : derramamiento *m*
de sangre
bloodshot *adj* : inyectado de
sangre
bloodstain *n* : mancha *f* de sangre
bloodstained *adj* : manchado de
sangre

bloodstream n : torrente m sanguíneo : corriente f sanguínea
bloodsucker n : sanguijuela f
blood test n : análisis m de sangre
bloodthirsty adj : sanguinario
blood transfusion n : transfusión f de sangre
blood vessel n : vaso m sanguíneo
bloody adj **bloodier; -est** : ensangrentado : sangriento
bloom[1] v : florecer : madurar
bloom[2] n : flor f : floración f : rubor m
bloomers npl : bombachos mpl
blooper n : metedura f de pata
blossom[1] v : florecer : dar flor
blossom[2] n : flor f
blot[1] v **blotted; blotting** : emborronar : borronear : secar
blot[2] n : mancha f : borrón m : tacha f
blotch[1] v : emborronar : borronear
blotch[2] n : mancha f : borrón m
blotchy adj **blotchier; -est** : lleno de manchas
blotter n : hoja f de papel secante : secante m
blouse n : blusa f
blow[1] v **blew; blown; blowing** : soplar : agitarse con el viento : sonar : echar : tocar : dar forma a : echar a perder
blow[2] n : soplo m : soplido m : vendaval f : golpe m : desastre m
blow–dry n, pl **-dries** : secado m
blower n : ventilador m
blowout n : reventón m
blowtorch n : soplete m
blow up v : estallar : hacer explosión : volar : hacer volar
blubber[1] v : lloriquear
blubber[2] n : esperma f de ballena
bludgeon v : aporrear
blue[1] adj **bluer; bluest** : azul : melancólico : triste
blue[2] n : azul m
bluebell n : campanilla f
blueberry n, pl **-ries** : arándano m
bluebird n : azulejo m
blue cheese n : queso m azul
blue–collar adj : obrero
blueprint n : plano m : proyecto m : cianotipo m : anteproyecto m : programa m
blues npl : depresión f : melancolía f : blues m

bluff[1] v : hacer un farol : blofear
bluff[2] adj : escarpado : campechano : franco : directo
bluff[3] n : farol m : blof m : acantilado m : risco m
bluing or **blueing** n : añil m : azulete m
bluish adj : azulado
blunder[1] v : tropezar : dar traspiés : cometer un error : meter la pata
blunder[2] n : error m : fallo m garrafal : metedura f de pata
blunderbuss n : trabuco m
blunt[1] v : despuntar : desafilar : embotar : suavizar
blunt[2] adj : desafilado : despuntado : directo : franco : categórico
bluntly adv : sin rodeos : francamente : bruscamente
bluntness n : falta f de filo : franqueza f
blur[1] v **blurred; blurring** : desdibujar : hacer borroso
blur[2] n : mancha f : borrón m : aspecto m borroso
blurb n : propaganda f : nota f publicitaria
blurred adj : borroso
blurry adj : borroso
blurt v : espetar : decir impulsivamente
blush[1] v : ruborizarse : sonrojarse : hacerse colorado
blush[2] n : rubor m : sonrojo m
bluster[1] v : soplar con fuerza : fanfarronear : echar bravatas
bluster[2] n : fanfarronada f : bravatas fpl
blustery adj : borrascoso : tempestuoso
boa n : boa f
boar n : cerdo m macho : verraco m
board[1] v : embarcarse en : subir a bordo de : subir a : hospedar : dar hospedaje con comidas a
board[2] n : tabla f : tablón m : tablero m : comida f : junta f : consejo m
boarder n : huésped m, -peda f
board game n : juego m de mesa
boardinghouse n : casa f de huéspedes
boarding school n : internado m
boardroom n : sala f de juntas

boardwalk n : paseo m marítimo
boast[1] v : alardear : presumir : jactarse
boast[2] n : jactancia f : alarde m
boaster n : presumido m, -da f : fanfarrón m, -rrona f
boastful adj : jactancioso : fanfarrón
boastfully adv : de manera jactanciosa
boastfulness n : jactancia f
boat[1] v : transportar en barco : poner a bordo
boat[2] n : barco m : embarcación f : bote m : barca f
boatman n, pl **-men** : barquero m
boat person n : balsero m, -ra f
boatwoman n, pl **-women** : barquera f
bob[1] v **bobbed; bobbing** : balancearse : mecerse : inclinar : cortar : recortar
bob[2] n : inclinación f : sacudida f : flotador m : corcho m : pelo m corto
bobbin n : bobina f : carrete m
bobby pin n : horquilla f
bobcat n : lince m rojo
bobolink n : tordo m arrocero
bobsled n : bobsleigh m
bobwhite n : codorniz m
bode[1] v **boded; boding** : presagiar : augurar **to bode well** : ser de buen agüero
bode[2] → **bide**
bodice n : corpiño m
bodied adj : de cuerpo
bodiless adj : incorpóreo
bodily[1] adv : en peso
bodily[2] adj : corporal : del cuerpo
body n, pl **bodies** : cuerpo m : organismo m : cadáver m : persona f : ser m humano : nave f : carrocería : fuselaje m : casco m : conjunto m : grupo m : masa f : organización f
bodybuilding n : culturismo m
bodyguard n : guardaespaldas mf
bodywork n : carrocería f
bog[1] v **bogged; bogging** : estancar : paralizar **to bog down** : embarrancar : empantanarse : estancarse
bog[2] n : lodazal m : ciénaga f : cenagal m

bogey n : bogey m
bogeyman n, pl **-men** : coco m : cuco m
boggle v **-gled; -gling** : quedarse atónito : quedarse pasmado
boggy adj **boggier; -est** : cenagoso
bogus adj : falso : fingido : falaz
bohemian n : bohemio m, -mia f — **bohemian** adj
boil[1] v : hervir : hacer hervir : cocer
boil[2] n : hervor m : forúnculo m
boiler n : caldera f
boiling adj : hirviendo : caliente
boiling point n : punto m de ebullición
boisterous adj : bullicioso : escandaloso — **boisterously** adv
bold[1] adj : valiente : insolente : descarado : atrevido : audaz — **boldly** adv
bold[2] → **boldface**
boldface or **boldface type** n : negrita f
boldness n : valor m : coraje m : atrevimiento m : insolencia f : descaro m : audacia f
bolero n, pl **-ros** : bolero m
bolivar n : bolívar m
Bolivian n : boliviano m, -na f — **Bolivian** adj
boliviano n : boliviano m
boll n : cápsula f
boll weevil n : gorgojo m del algodón
bologna n : salchicha f ahumada
Bolshevik n : bolchevique nmf — **Bolshevik** adj
bolster[1] v **-stered; -stering** : reforzar : reafirmar
bolster[2] n : cabezal m : almohadón m
bolt[1] v : atornillar : sujetar con pernos : cerrar con pestillo : echar el cerrojo a : echar a correr : salir corriendo
bolt[2] n : pestillo m : cerrojo m : tornillo m : perno m : rollo m
bomb[1] v : bombardear
bomb[2] n : bomba f : desastre m
bombard v : bombardear
bombardment n : bombardeo m
bombast n : grandilocuencia f : ampulosidad f
bombastic adj : grandilocuente : ampuloso : bombástico

bomber *n* : bombardero *m*

bombing *n* : bombardeo *m*

bombproof *adj* : a prueba de bombas

bombshell *n* : bomba *f*

bona fide *adj* : de buena fe : genuino : auténtico

bonanza *n* : bonanza *f*

bon appétit *interj* : ¡buen provecho!

bonbon *n* : bombón *m*

bond[1] *v* : dar fianza a : asegurar : adherir : pegar : adherirse : pegarse

bond[2] *n* : vínculo *m* : lazo *m* : fianza *f* : caución *f* : bono *m*; **bonds** *npl* : cadenas *fpl*

bondage *n* : esclavitud *f*

bondholder *n* : tenedor *m*, -dora *f* de bonos

bondsman *n, pl* **-men** : esclavo *m* : fiador *m*, -dora *f*

bone[1] *v* **boned; boning** : deshuesar

bone[2] *n* : hueso *m*

boneless *adj* : sin huesos : sin espinas

boner *n* : metedura *f* de pata : metida *f* de pata

bonfire *n* : hoguera *f* : fogata *f* : fogón *m*

bongo *n* : bongó *m* : bongo *m*

bonito *n, pl* **-tos** *or* **-to** : bonito *m*

bonnet *n* : sombrero *m* : gorra *f*

bonus *n* : prima *f* : bonificación *f* : beneficio *m* : provecho *m*

bony *adj* **bonier; -est** : huesudo

boo[1] *v* : abuchear

boo[2] *n, pl* **boos** : abucheo *m*

booby *n, pl* **-bies** : bobo *m*, -ba *f* : tonto *m*, -ta *f*

boogeyman *n, pl* **-men** → **bogeyman**

book[1] *v* : reservar : hacer una reservación

book[2] *n* : libro *m*

bookcase *n* : estantería *f* : librero *m* : biblioteca *f*

bookend *n* : sujetalibros *m*

bookie → **bookmaker**

bookish *adj* : libresco

bookkeeper *n* : tenedor *m*, -dora *f* de libros : contable *mf*

bookkeeping *n* : contabilidad *f* : teneduría *f* de libros

booklet *n* : folleto *m*

bookmaker *n* : corredor *m*, -dora *f* de apuestas

bookmark[1] *n* : señalador *m* de libros : marcador *m* de libros : marcador *m*

bookmark[2] *v* : marcar

bookseller *n* : librero *m*, -ra *f*

bookshelf *n, pl* **-shelves** : estante *m*; **bookshelves** *npl* : estantería *f*

bookstore *n* : librería *f*

bookworm *n* : ratón *m* de biblioteca

boom[1] *v* : tronar : resonar : estar en auge : prosperar

boom[2] *n* : bramido *m* : estruendo *m* : auge *m*

boomerang *n* : bumerán *m*

boon[1] *adj* **boon companion** : amigo *m*, -ga *f* del alma

boon[2] *n* : ayuda *f* : beneficio *m* : adelanto *m*

boondocks *npl* : área *f* rural remota : región *f* alejada

boor *n* : grosero *m*, -ra *f*

boorish *adj* : grosero

boost[1] *v* : levantar : alzar : aumentar : incrementar : promover : fomentar : hacer publicidad por

boost[2] *n* : impulso *m* : empujón *m* : estímulo *m* : aliento *m* : aumento *m* : incremento *m*

booster *n* : partidario *m*, -ria *f*

boot[1] *v* : dar una patada a : patear

boot[2] *n* : bota *f* : botín *m* : puntapié *m* : patada *f*

bootee *or* **bootie** *n* : botita *f* : botín *m*

booth *n, pl* **booths** : cabina *f* : caseta *f* : barraca *f*

bootleg[1] *adj* : pirata

bootleg[2] *v* : piratear

bootlegger *n* : contrabandista *mf* del alcohol

bootlegging *n* : piratería *f*

booty *n, pl* **-ties** : botín *m*

booze *n* : alcohol *m*

border[1] *v* : ribetear : bordear : limitar con : lindar con : rayar : lindar

border[2] *n* : borde *m* : orilla *f* : ribete *m* : frontera *f*

borderline[1] *adj* : dudoso

borderline² *n* : límite *m*

bore¹ *v* **bored; boring** : taladrar
: perforar : hacer : abrir : aburrir

bore² → **bear¹**

bore³ *n* : pesado *m*, -da *f* : pesadez
f : lo aburrido : calibre *m*

bored *adj* : aburrido

boredom *n* : aburrimiento *m*

boring *adj* : aburrido : pesado

born *adj* : nacido : nato

borne *pp* → **bear¹**

borough *n* : distrito *m* municipal

borrow *v* : pedir prestado : tomar
prestado : apropiarse de : adoptar

borrower *n* : prestatario *m*, -ria *f*

borrowing *n* : préstamo *m*

Bosnian *n* : bosnio *m*, -nia *f* —
Bosnian *adj*

bosom¹ *adj* : íntimo

bosom² *n* : pecho *m* : seno *m*

bosomed *adj* : con busto

boss¹ *v* : dirigir : supervisar

boss² *n* : jefe *m*, -fa *f* : patrón *m*,
-trona *f*

bossy *adj* **bossier; -est** : mandón
: autoritario : dominante

bot *n* : bot *m*

botanist *n* : botánico *m*, -ca *f*

botany *n* : botánica *f* — **botanical**
adj

botch¹ *v* : hacer una chapuza de
: estropear

botch² *n* : chapuza *f*

both¹ *adj* : ambos : ambas : los dos
: las dos

both² *conj* : tanto como

both³ *pron* : ambos ambas : los
dos : las dos

bother¹ *v* : preocupar : molestar
: fastidiar **to bother to** : molestarse
en : tomar la molestia de

bother² *n* : molestia *f* : problemas
mpl : fastidio *m*

bothersome *adj* : molesto
: fastidioso

bottle¹ *v* **bottled; bottling**
: embotellar : envasar

bottle² *n* : botella *f* : frasco *m*

bottleneck *n* : cuello *m* de botella
: embotellamiento *m* : atasco *m*
: obstáculo *m*

bottle opener *n* : abrebotellas *m*

bottom¹ *adj* : más bajo : inferior
: de abajo

bottom² *n* : fondo *m* : pie *m*
: asiento *m* : parte *f* de abajo
: origen *m* : causa *f* : trasero *m*
: nalgas *fpl*

bottomless *adj* : sin fondo : sin
límites

bottom line *n* : balance *m* final

botulism *n* : botulismo *m*

boudoir *n* : tocador *m*

bough *n* : rama *f*

bought → **buy¹**

bouillon *n* : caldo *m*

boulder *n* : canto *m* rodado : roca
f grande

boulevard *n* : bulevar *m* : boulevard
m

bounce¹ *v* **bounced; bouncing**
: hacer rebotar : rebotar : ser
devuelto

bounce² *n* : rebote *m*

bouncer *n* : portero *m* : patovica *m*
: gorila *m*

bouncy *adj* **bouncier; -est** : vivo
: exuberante : animado : elástico
: flexible : que rebota

bound¹ *v* : delimitar : rodear : saltar
: dar brincos

bound² *adj* : obligado
: encuadernado : empastado
: decidido : empeñado

bound³ *n* : límite *m* : salto *m*
: brinco *m*

boundary *n, pl* **-aries** : límite *m*
: línea *f* divisoria : linde *mf*

boundless *adj* : sin límites : infinito

bounteous *adj* : generoso
: copioso : abundante —
bounteously *adv*

bountiful *adj* : pródigo : generoso
: copicso : abundante

bounty *n, pl* **-ties** : generosidad *f*
: recompensa *f*

bouquet *n* : ramo *m* : ramillete *m*
: bouquet *m* : aroma *m*

bourbon *n* : bourbon *m* : whisky *m*
americano

bourgeois¹ *adj* : burgués

bourgeois² *n* : burgués *m*, -guesa *f*

bourgeoisie *n* : burguesía *f*

bout *n* : encuentro *m* : combate *m*
: ataque *m* : período *m*

boutique *n* : boutique *f*

bovine¹ *adj* : bovino : vacuno

bovine² *n* : bovino *m*

bow¹ *v* : hacer una reverencia
: inclinarse : ceder : resignarse
: someterse : inclinar : bajar
: doblar

bow² *n* : reverencia *f* : inclinación
f : proa *f*

bow³ *v* : arquearse : doblarse

bow⁴ *n* : arco *m* : curva *f* : lazo *m*
: moño *m*

bowel *n* : intestino *m*

bower *n* : enramada *f*

bowl¹ *v* : jugar a los bolos

bowl² *n* : tazón *m* : cuenco *m* : bol
m

bowler *n* : jugador *m*, -dora *f* de
bolos

bowling *n* : bolos *mpl*

bowling alley *n* : bolera *f* : boliche
m

bowling pin *n* : bolo *m*

bow tie *n* : corbata *f* de moño
: pajarita *f*

box¹ *v* : empaquetar : embalar
: encajonar : bofetear : cachetear
: boxear

box² *n* : caja *f* : cajón *m*
: compartimento *m* : palco *m*
: bofetada *f* : cachetada *f*

boxcar *n* : vagón *m* de carga
: furgón *m*

boxer *n* : boxeador *m*, -dora *f*;
boxers *pl* → **boxer shorts**

boxer shorts *n* : boxers *mpl*
: calzoncillos *mpl* : calzones *mpl*

boxing *n* : boxeo *m*

box—office *adj* : taquillero

box office *n* : taquilla *f* : boletería *f*

box spring *n* : somier *m*

boy *n* : chico *m* : muchacho *m* : hijo *m*

boycott¹ *v* : boicotear

boycott² *n* : boicot *m*

boyfriend *n* : amigo *m* : novio *m*

boyhood *n* : niñez *f*

boyish *adj* : de niño : juvenil

bra → **brassiere**

brace¹ *v* **braced; bracing**
: apuntalar : apoyar : sostener
: vigorizar : reforzar **to brace
oneself** : prepararse

brace² *n* : abrazadera *f* : refuerzo
m; **braces** *npl* : aparatos *mpl*
: frenos *mpl*

bracelet *n* : brazalete *m* : pulsera *f*

bracken *n* : helecho *m*

bracket¹ *v* : asegurar : apuntalar
: poner entre corchetes : catalogar
: agrupar

bracket² *n* : soporte *m* : corchete *m*
: clase *f* : categoría *f*

brackish *adj* : salobre

brad *n* : clavo *m* con cabeza
pequeña : clavito *m*

brag¹ *v* **bragged; bragging**
: alardear : fanfarronear : jactarse

brag² *n* : alarde *m* : jactancia *f*
: fanfarronada *f*

braggart *n* : fanfarrón *m*, -rrona *f*
: jactancioso *m*, -sa *f*

braid¹ *v* : trenzar

braid² *n* : trenza *f*

braille *n* : braille *m*

brain¹ *v* : romper la crisma a
: aplastar el cráneo a

brain² *n* : cerebro *m*; **brains** *npl*
: inteligencia *f* : sesos *mpl*

brainchild *n* : creación *f* : invento *m*

brainless *adj* : estúpido : tonto

brainstorm *n* : idea *f* brillante : idea
f genial

brainy *adj* **brainier; -est**
: inteligente : listo

braise *v* **braised; braising** : cocer
a fuego lento : estofar

brake¹ *v* **braked; braking** : frenar

brake² *n* : freno *m*

bramble *n* : zarza *f* : zarzamora *f*

bran *n* : salvado *m*

branch¹ *v* : echar ramas

branch² *n* : rama *f* : ramal *m* : brazo
: rama *f* : sucursal *f* : agencia *f*

brand¹ *v* : marcar : tachar : tildar

brand² *n* : marca *f* : estigma *m*

brandish *v* : blandir

brand—name *adj* : de marca

brand name *n* : marca *f*

brand—new *adj* : nuevo : flamante

brandy *n, pl* **-dies** : brandy *m*

brash *adj* : impulsivo : impetuoso
: excesivamente desenvuelto
: descarado

brass *n* : latón *m* : descaro *m* : cara
f : mandamases *mpl* : metal *m*
: metales *mpl*

brass band *n* : banda *f* de metales

brassiere *n* : sostén *m* : brasier *m*

brassy *adj* **brassier; -est** : dorado

brat *n* *disparaging* : mocoso *m*, -sa
f : niño *m* mimado : niña *f* mimada

bravado n, pl **-does** or **-dos**
: bravuconadas fpl : bravatas fpl
brave[1] v **braved; braving** : afrontar
: hacer frente a
brave[2] adj **braver; bravest**
: valiente : valeroso — **bravely** adv
brave[3] n : guerrero m
bravery n : valor m : valentía f
bravo n, pl **-vos** : bravo m
brawl[1] v : pelearse : pegarse
brawl[2] n : pelea f : reyerta f
brawn n : fuerza f muscular
brawny adj **brawnier; -est**
: musculoso
bray[1] v : rebuznar
bray[2] n : rebuzno m
brazen adj : de latón : descarado
: directo
brazenly adv : descaradamente
: insolentemente
brazenness n : descaro m
: atrevimiento m
brazier n : brasero m
Brazilian n : brasileño m, -ña f —
Brazilian adj
Brazil nut n : nuez f de Brasil
breach[1] v : abrir una brecha en
: penetrar : infringir : violar
breach[2] n : infracción f : violación f
: brecha f
bread[1] v : empanar
bread[2] n : pan m
bread box n : panera f
breadstick n : palito m de pan
: grisín m : colín m
breadth n : ancho m : anchura f
breadwinner n : sostén m de la
familia
break[1] v **broke; broken;
breaking** : romper : quebrar
: descomponer : abrir : salir a
: infringir : violar : faltar a : batir
: superar : arruinar : deshacer
: destrozar : dar : comunicar
: interrumpir : cortar : hacer perder
: perder : superar : amortiguar
: esclarecer : descifrar : cambiar
: romperse : quebrarse : disiparse
: dividirse : desatarse : acabarse
: entrecortarse : no poder resistir
: bajar : parar : hacer una pausa
: divulgarse : revelarse
break[2] n : ruptura f : rotura f
: fractura f : claro m : cambio

m : oportunidad f : descanso m
: corte m : pausa f
breakable adj : quebradizo : frágil
breakage n : rotura f : destrozos
mpl : daños mpl
breakdown n : avería f
: interrupción f : fracaso m
: análisis m : desglose m
break down v : estropearse
: descomponerse : fracasar
: echarse a llorar : derribar : echar
abajo : vencer : disipar : analizar
: descomponer
breaker n : ola f grande : interruptor
m automático
breakfast[1] v : desayunar
breakfast[2] n : desayuno m
break-in n : robo m
breakneck adj at **breakneck
speed** : a una velocidad
vertiginosa
break out v : salirse : estallar
: fugarse : escaparse
breakthrough n : avance m
breakup n : desintegración f
: ruptura f
break up v : dividir : disolver
: romperse : deshacerse : separarse
breakwater n : rompeolas m
: malecón m : espigón m
breast n : pecho m : seno m
breastbone n : esternón m
breast-feed v **-fed; -feeding**
: amamantar : darle de mamar
breaststroke adj : estilo m pecho
: estilo m braza
breath n : aliento m : soplo m
breathe v **breathed; breathing**
: respirar : vivir : aspirar : decir
breather n : respiro m : resuello m
breathing n : respiración f
breathless adj : sin aliento
: jadeante
breathlessly adv
: entrecortadamente : jadeando
breathlessness n : dificultad f al
respirar
breathtaking adj : impresionante
: imponente
breeches npl : pantalones mpl
: calzones mpl : bombachos mpl
breed[1] v **bred; breeding** : criar
: engendrar : producir : educar
: reproducirse

breed[2] n : variedad f : raza f : clase f : tipo m

breeder n : criador m, -dora f : cultivador m

breeze[1] v **breezed; breezing** : pasar con ligereza

breeze[2] n : brisa f : soplo m

breezy adj **breezier; -est** : aireado : ventoso : animado : alegre : despreocupado

brethren → **brother**

brevity n, pl **-ties** : brevedad f : concisión f

brew[1] v : fabricar : elaborar : tramar : maquinar : fomentar : fabricar cerveza : amenazar

brew[2] n : cerveza f : brebaje m

brewer n : cervecero m, -ra f

brewery n, pl **-eries** : cervecería f

briar → **brier**

bribe[1] v **bribed; bribing** : sobornar : cohechar : coimear

bribe[2] n : soborno m : cohecho m : coima f : mordida f

bribery n, pl **-eries** : soborno m : cohecho m : coima f : mordida f

bric–a–brac npl : baratijas fpl : chucherías fpl

brick[1] v **to brick up** : tabicar : tapiar

brick[2] n : ladrillo m

bricklayer n : albañil mf

bricklaying n : albañilería f

bridal adj : nupcial : de novia

bride n : novia f

bridegroom n : novio m

bridesmaid n : dama f de honor

bridge[1] v **bridged; bridging** : tender un puente sobre

bridge[2] n : puente m : caballete m : puente m de mando : bridge m

bridle[1] v **-dled; -dling** : embridar : refrenar : dominar : contener **to bridle at** : molestarse por : picarse por

bridle[2] n : brida f

brief[1] v : dar órdenes a : instruir

brief[2] adj : breve : sucinto : conciso

brief[3] n : resumen m : sumario m; **briefs** npl : calzoncillos mpl

briefcase n : portafolio m : maletín m

briefing n : reunión f informativa

briefly adv : brevemente : por poco tiempo

brier n : zarza f : rosal m silvestre : brezo m veteado

brig n : bergantín m : calabozo m

brigade n : brigada f

brigadier n : brigadier m

brigadier general n : general m de brigada

brigand n : bandolero m, -ra f : forajido m, -da f

bright adj : brillante : vivo : claro : fuerte : alegre : animado : listo : inteligente

brighten v : iluminar : alegrar : animar : hacerse más brillante

brightly adv : vivamente : intensamente : alegremente

brightness n : luminosidad f : brillantez f : resplandor m : brillo m : alegría f : ánimo m

brilliance n : resplandor m : fulgor m : brillo m : brillantez f : inteligencia f

brilliancy → **brilliance**

brilliant adj : brillante

brilliantly adv : brillantemente : con brillantez

brim n : ala f : borde m

brimful adj : lleno hasta el borde : repleto : rebosante

brimless adj : sin ala

brimstone n : azufre m

brindled adj : manchado : pinto

brine n : salmuera f : escabeche m : océano m : mar m

bring v **brought; bringing** : traer : llevar : atraer : conseguir : dar : obtener : rendir : alcanzar : aportar : presentar

brininess n : salinidad f

brink n : borde m

briny adj **brinier; -est** : salobre

brisk adj : rápido : enérgico : brioso : fresco : estimulante

brisket n : falda f

briskly adv : rápidamente : enérgicamente : con brío

briskness n : brío m : rapidez f

bristle[1] v **-tled; -tling** : erizarse : ponerse de punta : enfurecerse : enojarse : estar plagado : estar repleto

bristle[2] n : cerda f : pelo m

bristly adj **bristlier; -est** : áspero y erizado

British[1] *adj* : británico
British[2] **the British** : los británicos
brittle *adj* **brittler; brittlest** : frágil : quebradizo
brittleness *n* : fragilidad *f*
broach *v* : mencionar : abordar : sacar
broad *adj* : ancho : amplio : extenso : pleno : claro : evidente : tolerante : liberal : general : principal : esencial
broadband[1] *adj* : de banda ancha
broadband[2] *n* : banda *f* ancha
broad bean *n* : haba *f*
broadcast[1] *v* **-cast; -casting** : esparcir : diseminar : divulgar : difundir : propagar : transmitir : emitir
broadcast[2] *n* : transmisión *f* : emisión *f* : programa *m*
broadcaster *n* : presentador *m*, -dora *f* : locutor *m*, -tora *f*
broadcloth *n* : paño *m* fino
broaden *v* : ampliar : ensanchar : ampliarse : ensancharse
broadloom *adj* : tejido en telar ancho
broadly *adv* : en general : aproximadamente : extensivamente
broad–minded *adj* : tolerante : de amplias miras
broad–mindedness *n* : tolerancia *f*
broadside *n* : andanada *f* : ataque *m* : invectiva *f*
brocade *n* : brocado *m*
broccoli *n* : brócoli *m*
brochure *n* : folleto *m*
brogue *n* : acento *m* irlandés
broil[1] *v* : asar a la parrilla
broil[2] *n* : asado *m*
broiler *n* : parrilla *f* : pollo *m* para asar
broke[1] → **break**[1]
broke[2] *adj* : pelado : arruinado
broken *adj* : roto : quebrado : fracturado : accidentado : irregular : recortado : quebrantado : interrumpido : discontinuo : abatido : mal
brokenhearted *adj* : descorazonado : desconsolado
broker[1] *v* : hacer corretaje de

broker[2] *n* : agente *mf* : corredor *m*, -dora *f*
brokerage *n* : corretaje *m* : agencia *f* de corredores
bromine *n* : bromo *m*
bronchial *adj* : bronquial
bronchitis *n* : bronquitis *f*
bronze[1] *v* **bronzed; bronzing** : broncear
bronze[2] *n* : bronce *m*
brooch *n* : broche *m* : prendedor *m*
brood[1] *v* : empollar : incubar : sopesar : considerar : rumiar : reflexionar : ponerse melancólico : inquietarse
brood[2] *adj* : de cría
brood[3] *n* : nidada *f* : camada *f*
brooder *n* : pensador *m*, -dora *f* : incubadora *f*
brook[1] *v* : tolerar : admitir
brook[2] *n* : arroyo *m*
broom *n* : retama *f* : hiniesta *f* : escoba *f*
broomstick *n* : palo *m* de escoba
broth *n, pl* **broths** : caldo *m*
brothel *n* : burdel *m*
brother *n, pl* **brothers** *also* **brethren** : hermano *m* : pariente *m* : familiar *m*
brotherhood *n* : fraternidad *f* : hermandad *f*
brother–in–law *n, pl* **brothers–in–law** : cuñado *m*
brotherly *adj* : fraternal
brought → **bring**
brow *n* : ceja *f* : frente *f* : cima *f*
browbeat *v* **-beat; -beaten** *or* **-beat; -beating** : intimidar
brown[1] *v* : dorar : broncear : dorarse : broncearse
brown[2] *adj* : marrón : café : castaño : moreno
brown[3] *n* : marrón *m* : café *m*
brown bread *n* : pan *m* integral : pan *m* negro
brownie *n* : bizcocho *m* de chocolate y nueces
brownish *adj* : pardo
brown rice *n* : arroz *m* integral
browse *v* **browsed; browsing** : mirar : explorar : pacer : echar un vistazo : navegar
browser *or* **Web browser** *n* : navegador *m*

bruin *n* : oso *m*
bruise[1] *v* **bruised; bruising**
: contusionar : machucar
: magullar : dañar : majar : herir
bruise[2] *n* : moretón *m* : cardenal *m*
: magulladura *f*
brunch *n* : combinación *f* de
desayuno y almuerzo
brunet[1] *or* **brunette** *adj* : moreno
brunet[2] *or* **brunette** *n* : moreno *m*,
-na *f*
brunt *n* **to bear the brunt of** : llevar
el peso de : aguantar el mayor
impacto de
brush[1] *v* : cepillar : quitar : sacudir
: pintar : rozar **to brush up (on)**
: repasar : refrescar : dar un
repaso a
brush[2] *n* : maleza *f* : cepillo *m*
: pincel *m* : brocha *f* : roce *m*
: escaramuza *f*
brush–off *n* **to give the brush–off**
to : dar calabazas a
brushstroke *n* : pincelada *f*
brusque *adj* : brusco — **brusquely**
adv
brusqueness *n* : brusquedad *f*
brussels sprout *n* : col *f* de
Bruselas
brutal *adj* : brutal : cruel : salvaje
— **brutally** *adv*
brutality *n, pl* **-ties** : brutalidad *f*
brutalize *v* **-ized; -izing** : brutalizar
: maltratar
brute[1] *adj* : bruto
brute[2] *n* : bestia *f* : animal *m* : bruto
m, -ta *f* : bestia *mf*
brutish *adj* : de animal : brutal
: salvaje : bruto : estúpido
bubble[1] *v* **-bled; -bling** : burbujear
bubble[2] *n* : burbuja *f*
bubble bath *n* : baño *m* de
espuma/burbujas : espuma *f* de
baño
bubble gum *n* : chicle *m* globo
: chicle *m* bomba
bubbly *adj* **bubblier; -est**
: burbujeante : vivaz : lleno de vida
bubonic plague *n* : peste *f* bubónica
buccaneer *n* : bucanero *m*
buck[1] *v* : corcovear : dar sacudidas
: oponerse a : ir en contra de
buck[2] *n, pl* **buck** *or* **bucks** : animal
m macho : ciervo *m* : dólar *m*

bucket *n* : balde *m* : cubo *m*
: cubeta *f*
bucketful *n* : balde *m* lleno
buckle[1] *v* **-led; -ling** : abrochar
: combar : torcer : combarse
: torcerse : doblarse
buckle[2] *n* : hebilla *f* : torcedura *f*
buckshot *n* : perdigón *m*
buckskin *n* : gamuza *f*
buck tooth *n* : diente *m* saliente
: diente *m* salido
bucktoothed *adj* : de dientes
salientes : de dientes salidos
buckwheat *n* : alforfón *m* : trigo *m*
sarraceno
bucolic *adj* : bucólico
bud[1] *v* **budded; budding** : injertar
: brotar : hacer brotes
bud[2] *n* : brote *m* : yema *f* : capullo *m*
Buddhism *n* : budismo *m*
Buddhist *n* : budista *mf* —
Buddhist *adj*
budding *adj* : en ciernes
buddy *n, pl* **-dies** : amigo *m*, -ga *f*
: compinche *mf* : cuate *m*, -ta *f*
budge *v* **budged; budging**
: moverse : desplazarse : ceder
budget[1] *v* : presupuestar : asignar
: planear el presupuesto
budget[2] *n* : presupuesto
budgetary *adj* : presupuestario
buff[1] *v* : pulir : sacar brillo a : lustrar
buff[2] *adj* : beige : amarillento
buff[3] *n* : beige *m* : amarillento *m*
: aficionado *m*, -da *f* : entusiasta *mf*
buffalo *n, pl* **-lo** *or* **-loes** : búfalo *m*
: bisonte *m*
buffer *n* : barrera *f* : amortiguador *m*
buffet[1] *v* : golpear : zarandear
: sacudir
buffet[2] *n* : golpe *m*
buffet[3] *n* : bufete *m* : bufé *m*
: aparador *m*
buffoon *n* : bufón *m*, -fona *f*
: payaso *m*, -sa *f*
bug[1] *v* **bugged; bugging** : fastidiar
: molestar : ocultar micrófonos en
bug[2] *n* : bicho *m* : insecto *m*
: defecto *m* : falla *f* : problema *m*
: microbio *m* : virus *m* : micrófono *m*
bugaboo *n* : pesadilla *f* : terror *m*
: coco *m*
bugbear *n* : problema *m*
: obstáculo *f*

buggy n, pl **-gies** : calesa f
: cochecito m
bugle n : clarín m : corneta f
bugler n : corneta mf
build[1] v **built; building** : construir
: edificar : ensamblar : levantar
: desarrollar : elaborar : forjar
: incrementar : aumentar
build[2] n : físico m : complexión f
builder n : constructor m, -tora f
: contratista mf
building n : edificio m
: construcción f
buildup n : acumulación f
built–in adj : empotrado
: incorporado : intrínseco
built–up adj : urbanizado
bulb n : bulbo m : cabeza f : cubeta
f : bombilla f : foco m : bombillo m
bulbous adj : bulboso
Bulgarian n : búlgaro m, -ra f —
Bulgarian adj
bulge[1] v **bulged; bulging** : abultar
: sobresalir
bulge[2] n : bulto m : protuberancia f
bulk[1] v : hinchar : ampliarse
: hincharse
bulk[2] n : volumen m : tamaño m
: fibra f : mole f
bulkhead n : mamparo m
bulky adj **bulkier; -est**
: voluminoso : grande
bull[1] adj : macho
bull[2] n : toro m : macho m : bula f
: decreto m : edicto m
bulldog n : bulldog m
bulldoze v **-dozed; -dozing**
: nivelar : derribar : forzar
bulldozer n : bulldozer m
bullet n : bala f
bulletin n : boletín m
bulletin board n : tablón m de
anuncios
bulletproof adj : antibalas : a
prueba de balas
bullfight n : corrida f
bullfighter n : torero m, -ra f
: matador m
bullfighting n : lidia f : toreo m
bullfrog n : rana f toro
bullheaded adj : testarudo
bullion n : oro m en lingotes : plata
f en lingotes
bullish adj : alcista

bullock n : buey m : toro m
castrado : toro m joven : novillo m
bullring n : plaza f de toros
: redondel m : ruedo m
bull's–eye n, pl **bull's–eyes** : diana
f : blanco m
bully[1] v **-lied; -lying** : intimidar
: amedrentar : mangonear
bully[2] n, pl **-lies** : matón m
: bravucón m, -cona f
bullying n : bullying m : acoso m
bulrush n : especie f de junco
bulwark n : baluarte m : bastión f
bum[1] v **bummed; bumming**
to bum around : vagabundear
: vagar : gorronear : sablear
bum[2] adj : inútil : malo
bum[3] n : vago m, -ga f : vagabundo
m, -da f
bumblebee n : abejorro m
bump[1] v : chocar contra : golpear
contra : dar **to bump into**
: encontrarse con : tropezarse con
bump[2] n : bulto m : protuberancia f
: golpe m : choque m : sacudida f
bumper[1] adj : extraordinario : récord
bumper[2] n : parachoques mpl
bumpkin n : palurdo m, -da f
bumpy adj **bumpier; -est**
: desigual : lleno de baches
: agitado
bun n : bollo m : panecito m : moño
m : chongo m
bunch[1] v : agrupar : amontonar
to bunch up : amontonarse
: agruparse : fruncirse
bunch[2] n : grupo m : montón m
: ramo m
bundle[1] v **-dled; -dling** : liar : atar
bundle[2] n : fardo m : atado m
: bulto m : haz m : paquete m
: montón m
bungle[1] v **-gled; -gling** : echar a
perder : malograr
bungle[2] n : chapuza f : desatino m
bungler n : chapucero m, -ra f
: inepto m, -ta f
bunion n : juanete m
bunk[1] v : dormir
bunk[2] n : tonterías fpl : bobadas fpl
bunker n : carbonera f : búnker m
bunny n, pl **-nies** : conejo m, -ja f
buoy[1] v **to buoy up** : mantener a
flote : animar : levantar el ánimo a

buoy[2] *n* : boya *f*
buoyancy *n* : flotabilidad *f*
  : confianza *f* : optimismo *m*
buoyant *adj* : boyante : flotante
bur *or* **burr** *n* : abrojo *m*
burden[1] *v* : cargar : oprimir
burden[2] *n* : carga *f* : peso *m*
burdensome *adj* : oneroso
bureau *n* : cómoda *f*
  : departamento *m* : agencia *f*
bureaucracy *n, pl* **-cies** : burocracia
  f
bureaucrat *n* : burócrata *mf*
bureaucratic *adj* : burocrático
burgeon *v* : florecer : retoñar
  : crecer
burger *n* : hamburguesa *f*
burglar *n* : ladrón *m*, -drona *f*
burglar alarm *n* : alarma *f* antirrobo
burglarize *v* **-ized; -izing** : robar
burglary *n, pl* **-glaries** : robo *m*
burgle *v* **-gled; -gling** : robar
burgundy *n, pl* **-dies** : borgoña *m*
  : vino *m* de Borgoña
burial *n* : entierro *m* : sepelio *m*
burlap *n* : arpillera *f*
burlesque[1] *v* **-lesqued; -lesquing**
  : parodiar
burlesque[2] *n* : parodia *f* : revista *f*
burly *adj* **burlier; -est** : fornido
  : corpulento : musculoso
Burmese *n* : birmano *m*, -na *f* —
  Burmese *adj*
burn[1] *v* **burned** *or* **burnt; burning**
  : quemar : hacer escocer : usar
  : gastar : estafar : timar : arder
  : quemarse : estar prendido : estar
  encendido
burn[2] *n* : quemadura *f*
burned out *or* **burnt out** *adj* : con
  el interior destruido : quemado
  : agotado
burner *n* : quemador *m*
burnish *v* : bruñir
burp[1] *v* : eructar : hacer eructar
burp[2] *n* : eructo *m*
burr → bur
burrito *n, pl* **-tos** : burrito *m*
burro *n, pl* **-os** : burro *m*
burrow[1] *v* : cavar : hacer una
  madriguera : excavar
burrow[2] *n* : madriguera *f* : conejera
  f
bursar *n* : administrador *m*, -dora *f*

burst[1] *v* **burst; bursting**
  : reventarse : estallar : romperse
  : reventar
burst[2] *n* : estallido *m* : explosión
  f : reventón *m* : arranque *m*
  : arrebato *m* : salva *f*
bury *v* **buried; burying** : enterrar
  : sepultar : esconder : ocultar
bus[1] *v* **bused** *or* **bussed; busing** *or*
  bussing : transportar en autobús
  : viajar en autobús
bus[2] *n* : autobús *m* : bus *m*
  : camión *m* : colectivo *m*
busboy *n* : ayudante *mf* de
  camarero
bus driver *n* : chofer *mf* : conductor
  m, -tora *f* : busero *m*, -ra *f*;
  camionero *m*, -ra *f*; colectivero *m*,
  -ra *f*
bush *n* : arbusto *m* : mata *f*
  : maleza *f* : matorral *m*
bushel *n* : medida de áridos igual a
  35.24 litros
bushing *n* : cojinete *m*
bushy *adj* **bushier; -est** : espeso
  : poblado
busily *adv* : afanosamente
  : diligentemente
business *n* : ocupación *f*
  : oficio *m* : misión *f* : deber *m*
  : responsabilidad *f* : empresa *f*
  : firma *f* : negocio *m* : comercio
  m : negocios *mpl* : asunto *m*
  : cuestión *f* : cosa *f*
business class *n* : clase *f* ejecutiva
  : clase *f* preferente
business day *n* : día *m* hábil : día
  m laborable
businesslike *n* : profesional
businessman *n, pl* **-men**
  : empresario *m* : hombre *m* de
  negocios
businesswoman *n, pl* **-women**
  : empresaria *f* : mujer *f* de
  negocios
bus shelter *n* : marquesina *f*
bus station *n* : estación *f* de
  autobús : terminal *f* de autobús
bus stop *n* : parada *f* de autobús
bust[1] *v* : romper : estropear
  : destrozar : domar : amansar
  : romperse : estropearse
bust[2] *n* : busto *m* : pecho *m* : senos
  mpl

bustle¹ v -tled; -tling
  to bustle about : ir y venir
  : trajinar : ajetrearse
bustle² n : polisón m
busy¹ v busied; busying
  to busy oneself with : ocuparse
  con : ponerse a : entretenerse con
busy² adj busier; -est : ocupado
  : atareado : concurrido : animado
busybody n, pl -bodies
  : entrometido m, -da f : metiche mf
  : metomentodo mf
busy signal n : tono m de ocupado
  : señal f de comunicando
but¹ conj : pero : no obstante : sin
  embargo : que : sin que
but² prep : excepto : menos
butcher¹ v : matar : asesinar
  : masacrar : estropear : hacer una
  chapuza
butcher² n : carnicero m, -ra f
  : asesino m, -na f : chapucero m
butcher shop n : carnicería f
butler n : mayordomo m
butt¹ v : embestir : darle un
  cabezazo a : colindar con
  : bordear **to butt in** : interrumpir
  : entrometerse : meterse
butt² n : embestida f : cabezazo m
  : blanco m : extremo m : culata f
  : colilla f
butte n : colina f empinada y aislada
butter¹ v : untar con mantequilla
butter² n : mantequilla f
buttercup n : ranúnculo m
butterfat n : grasa f de la leche
butterfly n, pl -flies : mariposa f
buttermilk n : suero m de
  mantequilla/manteca
butternut n : nogal m ceniciento
buttery adj : mantecoso
buttock n : nalga f
button¹ v : abrochar : abotonar
  : abrocharse : abotonarse

button² n : botón m
buttonhole¹ v -holed; -holing
  : acorralar
buttonhole² n : ojal m
buttress¹ v : apoyar : reforzar
buttress² n : contrafuerte m : apoyo
  m : sostén m
buxom adj : con mucho busto : con
  mucho pecho
buy¹ v bought; buying : comprar
  : tragarse
buy² n : compra f : ganga f
buyer n : comprador m, -dora f
buzz¹ v : zumbar : sonar
buzz² n : zumbido m : murmullo m
  : rumor m
buzzard n : buitre m : zopilote m
buzzer n : timbre m : chicharra f
buzzword n : palabra f de moda
by¹ adv : cerca : pasando
by² prep : cerca de : al lado de
  : junto a : por : por delante de
  : de : durante : para : con
  : según : a
by and by adv : dentro de poco
bye interj : ¡adiós! : ¡chao! : ¡hasta
  luego!
bygone¹ adj : pasado
bygone² n **let bygones be
  bygones** : lo pasado : pasado
  está
bylaw or **byelaw** n : norma f
  : reglamento m
byline n : data f
bypass¹ v : evitar
bypass² n : carretera f de
  circunvalación : desvío m
by-product n : subproducto m
  : producto m derivado
bystander n : espectador m, -dora f
byte n : byte m
byway n : camino m : carretera f
  secundaria
byword n : proverbio m : refrán m

C

cab *n* : taxi *m* : cabina *f* : coche *m* de caballos
cabal *n* : conspiración *f* : complot *m* : intriga *f* : grupo *m* de conspiradores
cabaret *n* : cabaret *m*
cabbage *n* : col *f* : repollo *m*
cabbie *or* **cabby** *n* : taxista *mf*
cabin *n* : cabaña *f* : choza *f* : barraca *f* : camarote *m* : cabina *f*
cabinet *n* : armario *m* : gabinete *m* : consejo *m* de ministros
cabinetmaker *n* : ebanista *mf*
cable[1] *v* **-bled; -bling** : enviar un cable : telegrafiar
cable[2] *n* : cable *m* : cable *m* eléctrico
cable car *n* : funicular *m* : teleférico *m*
cable television *n* : cable *m* : televisión *f* por cable
caboose *n* : furgón *m* de cola : cabús *m*
cabstand *n* : parada *f* de taxis
cacao *n, pl* **cacaos** : cacao *m*
cache[1] *v* **cached; caching** : esconder : guardar en un escondrijo
cache[2] *n* : escondite *m* : escondrijo *m* : cache *m*
cachet *n* : caché *m* : prestigio *m*
cackle[1] *v* **-led; -ling** : cacarear : reírse o carcajearse estridentemente
cackle[2] *n* : cacareo *m* : risa *f* estridente
cacophony *n, pl* **-nies** : cacofonía *f*
cactus *n, pl* **cacti** *or* **-tuses** : cacto *m* : cactus *m*
cadaver *n* : cadáver *m*
cadaveric *adj* : cadavérico
cadaverous *adj* : cadavérico
caddie[1] *or* **caddy** *v* **caddied; caddying** : trabajar de caddie : hacer de caddie
caddie[2] *or* **caddy** *n, pl* **-dies** : caddie *mf*
caddy *n, pl* **-dies** : cajita *f* para té
cadence *n* : cadencia *f* : ritmo *m*
cadenced *adj* : cadencioso : rítmico
cadet *n* : cadete *mf*

cadmium *n* : cadmio *m*
cadre *n* : cuadro *m*
café *n* : café *m* : cafetería *f*
cafeteria *n* : cafetería *f* : restaurante *m* de autoservicio
caffeinated *adj* : con cafeína
caffeine *n* : cafeína *f*
cage[1] *v* **caged; caging** : enjaular
cage[2] *n* : jaula *f*
cagey *adj* **cagier; -est** : cauteloso : reservado : astuto : vivo — **cagily** *adv*
cahoots *n* **to be in cahoots** : estar confabulado
caisson *n* : cajón *m* de municiones : cajón *m* hidráulico
cajole *v* **-joled; -joling** : engatusar
cake[1] *v* **caked; caking** : cubrir : endurecerse
cake[2] *n* : torta *f* : bizcocho *m* : pastel *m* : pastilla *f*
calabash *n* : calabaza *f*
calamari *ns & pl* : calamares *mpl*
calamine *n* : calamina *f*
calamitous *adj* : desastroso : catastrófico : calamitoso — **calamitously** *adv*
calamity *n, pl* **-ties** : desastre *m* : desgracia *f* : calamidad *f*
calcium *n* : calcio *m*
calculate *v* **-lated; -lating** : calcular : computar : creer : planear : tener la intención de : hacer cálculos
calculated *adj* : calculado : intencional : premeditado : deliberado
calculating *adj* : calculador : astuto
calculation *n* : cálculo *m*
calculator *n* : calculadora *f*
calculus *n, pl* **-li** : cálculo *m* : sarro *m*
caldron → **cauldron**
calendar *n* : calendario *m* : programa *m* : agenda *f*
calf *n, pl* **calves** : becerro *m*, -rra *f* : ternero *m*, -ra *f* : cría *f* : pantorrilla *f*
calfskin *n* : piel *f* de becerro
caliber *or* **calibre** *n* : calibre *m* : valor *m* : capacidad *f*
calibrate *v* **-brated; -brating** : calibrar : graduar

calibration n : calibrado m
: calibración f
calico n, pl **-coes** or **-cos** : calicó m
: percal m
calipers npl : calibrador m
caliph or **calif** n : califa m
calisthenics ns & pl : calistenia f
calk → **caulk**
call[1] v : llamar : gritar : hacer
visita : visitar : cantar : anunciar
: leer : considerar : pronosticar
: convocar : cancelar : cobrar
call[2] n : grito m : llamada f
: reclamo m : llamado m : petición
f : visita f : decisión f : aviso m
call center n : centro m de atención
: centro m de llamadas
caller n : visita f : persona f que
llama
calligraphy n, pl **-phies** : caligrafía f
calling n : vocación f : profesión f
calliope n : órgano m de vapor
callous adj : calloso : encallecido
: insensible : desalmado : cruel
callously adv : cruelmente
: insensiblemente
callousness n : insensibilidad f
: crueldad f
callow adj : inexperto : inmaduro
callus n : callo m
callused adj : encallecido : calloso
calm[1] v : tranquilizar : calmar
: sosegar or **to calm down**
: tranquilizarse : calmarse
calm[2] adj : calmo : tranquilo
: sereno : ecuánime : en calma
: sin viento
calm[3] n : tranquilidad f : calma f
calmly adv : con calma
: tranquilamente
calmness n : calma f : tranquilidad f
caloric adj : calórico : calorífico
calorie n : caloría f
calumniate v **-ated; -ating**
: calumniar : difamar
calumny n, pl **-nies** : calumnia f
: difamación f
calve v **calved; calving** : parir
calves → **calf**
calypso n, pl **-sos** : calipso m
calyx n, pl **-lyxes** or **-lyces** : cáliz m
cam n : leva f
camaraderie n : compañerismo m
: camaradería f

Cambodian n : camboyano m, -na
f — **Cambodian** adj
camcorder n : videocámara f
came → **come**
camel n : camello m
cameo n, pl **-eos** : camafeo m
camera n : cámara f : máquina f
fotográfica
cameraman n, pl **-men** : cámara m
camerawoman n, pl **-women**
: cámara f
camouflage[1] v **-flaged; -flaging**
: camuflajear : camuflar
camouflage[2] n : camuflaje m
camp[1] v : acampar : ir de camping
camp[2] n : campamento m : campo
m : bando m
campaign[1] v : hacer campaña
campaign[2] n : campaña f
campaigner n : defensor m, -sora f
campanile n, pl **-niles** or **-nili**
: campanario m
camp bed n : cama f plegable
camper n : campista mf : cámper m
campfire n : fogata f : hoguera f
: fogón m
campground n : campamento m
: camping m
camphor n : alcanfor m
camping n : camping m
campsite n : campamento m
: camping m
campus n : campus m : recinto m
universitario
can[1] v aux, past **could**; present s &
pl **can** : poder : saber
can[2] v **canned; canning** : enlatar
: envasar : despedir : echar
can[3] n : lata f : envase m : cubo m
Canadian n : canadiense mf —
Canadian adj
canal n : canal m : tubo m
canapé n : canapé m
canary n, pl **-naries** : canario m
cancel v **-celed** or **-celled; -celing**
or **-celling** : cancelar
cancellation n : cancelación f
cancer n : cáncer m
Cancer n : Cáncer m : Cáncer mf
cancerous adj : canceroso
candelabrum or **candelabra** n, pl
-bra or **-bras** : candelabro m
candid adj : franco : sincero
: abierto : natural : espontáneo

candidacy *n, pl* **-cies** : candidatura *f*

candidate *n* : candidato *m*, **-ta** *f*

candidly *adv* : con franqueza

candied *adj* : confitado

candle *n* : vela : candela *f* : cirio *m*

candlelight *n* **by ~** : a la luz de una vela

candlestick *n* : candelero *m*

candor *n* : franqueza *f*

candy *n, pl* **-dies** : dulce *m* : caramelo *m*

cane[1] *v* **caned; caning** : tapizar con mimbre : azotar con una vara

cane[2] *n* : bastón *m* : vara *f* : caña *f* : mimbre *m*

canine[1] *adj* : canino

canine[2] *n* : canino *m* : perro *m*, **-rra** *f*

canister *n* : lata *f* : bote *m*

canker *n* : úlcera *f* bucal

cannabis *n* : cannabis *m*

cannelloni *n* : canelones *mpl*

cannery *n, pl* **-ries** : fábrica *f* de conservas

cannibal *n* : caníbal *mf* : antropófago *m*, **-ga** *f*

cannibalism *n* : canibalismo *m* : antropofagia *f*

cannibalistic *adj* : antropófago : caníbal

cannily *adv* : astutamente : sagazmente

cannon *n, pl* **-nons** *or* **-non** : cañón *m*

cannot (can not) → **can**[1]

canny *adj* **-nier; -est** : astuto : sagaz

canoe *v* **-noed; -noeing** : ir en canoa

canoe[2] *n* : canoa *f* : piragua *f*

canoeing *n* : piragüismo *m*

canoeist *or* **canoer** *n* : piragüista *mf*

canon *n* : canon *m* : canónigo *m* : norma *f*

canonical *adj* : canónico

canonize *v* **-ized; -izing** : canonizar

can opener *n* : abrelatas *m*

canopy *n, pl* **-pies** : dosel *m* : toldo *m*

cant[1] *v* : ladear : inclinar : ladearse : inclinarse : escorar : hablar insinceramente

cant[2] *n* : plano *m* inclinado : jerga *f* : palabras *fpl* insinceras

can't → **can**[1]

cantaloupe *n* : melón *m* : cantalupo *m*

cantankerous *adj* : irritable : irascible — **cantankerously** *adv*

cantankerousness *n* : irritabilidad *f* : irascibilidad *f*

cantata *n* : cantata *f*

canteen *n* : cantimplora *f* : cantina *f* : comedor *m* : club *m* para actividades sociales y recreativas

canter[1] *v* : ir a medio galope

canter[2] *n* : medio galope *m*

cantilever *n* : viga *f* voladiza

canto *n, pl* **-tos** : canto *m*

canton *n* : cantón *m*

Cantonese *n* : cantonés *m*, **-nesa** *f* — **Cantonese** *adj*

cantor *n* : solista *mf*

canvas *n* : lona *f* : velas *fpl* : lienzo *m* : tela *f* : pintura *f* : óleo *m* : cuadro *m*

canvass[1] *v* : solicitar votos o pedidos de : hacer campaña entre : sondear

canvass[2] *n* : sondeo *m* : encuesta *f*

canyon *n* : cañón *m*

cap[1] *v* **capped; capping** : tapar : enfundar : cubrir : coronar : ser el punto culminante de : limitar : poner un tope a

cap[2] *n* : gorra *f* : gorro *m* : cachucha *f* : tapa *f* : tapón *m* : corcholata *f* : tope *m* : límite *m*

capability *n, pl* **-ties** : capacidad *f* : habilidad *f* : competencia *f*

capable *adj* : competente : capaz : hábil — **capably** *adv*

capacious *adj* : amplio : espacioso : de gran capacidad

capacity[1] *adj* : completo : total

capacity[2] *n, pl* **-ties** : capacidad *f* : cabida *f* : espacio *m* : habilidad *f* : competencia *f* : calidad *f* : función *f*

cape *n* : capa *f* : cabo *m*

caper[1] *v* : dar saltos : correr y brincar

caper[2] *n* : alcaparra *f* : broma *f* : travesura *f* : brinco *m* : salto *m*

capful *n* : tapa *f* : tapita *f*

capillary[1] *adj* : capilar

capillary[2] *n, pl* **-ries** : capilar *m*

capital[1] *adj* : capital : mayúsculo : de capital : excelente : estupendo

capital² n : capital m : capitel m
capitalism n : capitalismo m
capitalist¹ or **capitalistic** adj
: capitalista
capitalist² n : capitalista mf
capitalization n : capitalización f
capitalize v -ized; -izing
: capitalizar : financiar : escribir
con mayúscula **to capitalize on**
: sacar partido de : aprovechar
capitol n : capitolio m
capitulate v -lated; -lating
: capitular
capitulation n : capitulación f
capon n : capón m
cappuccino n : capuchino m
caprice n : capricho m : antojo m
capricious adj : caprichoso —
capriciously adv
Capricorn n : Capricornio m
: Capricornio mf
capsize v -sized; -sizing : volcar
: volcarse : hacer volcar
capsule n : cápsula f
captain¹ v : capitanear
captain² n : capitán m, -tana f : jefe
m, -fa f de comedor
caption¹ v : ponerle una leyenda a
: titular : subtitular
caption² n : titular m
: encabezamiento m : leyenda f
: subtítulo m
captivate v -vated; -vating
: cautivar : hechizar : encantar
captivating adj : cautivador
: hechicero : encantador
captive¹ adj : cautivo
captive² n : cautivo m, -va f
captivity n : cautiverio m
captor n : captor m, -tora f
capture¹ v -tured; -turing : capturar
: apresar : captar
capture² n : captura f
: apresamiento m
car n : automóvil m : carro m
: coche m : vagón m : cabina f
carafe n : garrafa f
caramel n : caramelo m : azúcar f
quemada
carat n : quilate m
caravan n : caravana f
caraway n : alcaravea f
carb n → **carbohydrate**
carbine n : carabina f

carbohydrate n : carbohidrato m
: hidrato m de carbono
car bomb n : carro m bomba
: coche m bomba : auto m bomba
carbon n : carbono m
carbonated adj : carbonatado
: gaseoso
carbon copy n : copia f al carbón
: duplicado m : copia f exacta
carbon dioxide n : dióxido m de
carbono
carbon footprint n : huella f de
carbono
carbon monoxide n : monóxido m
de carbono
carbon paper n : papel m carbón
carburetor n : carburador m
carcass n : cuerpo m
carcinogen n : carcinógeno m
: cancerígeno m
carcinogenic adj : carcinogénico
carcinoma n : carcinoma m
card¹ v : cardar
card² n : carta f : naipe m : tarjeta f
cardboard n : cartón m : cartulina f
cardiac adj : cardíaco : cardiaco
cardigan n : cárdigan m : chaqueta
f de punto
cardinal¹ adj : cardinal : fundamental
cardinal² n : cardenal m
cardinal number n : número m
cardinal
cardinal point n : punto m cardinal
cardiologist n : cardiólogo m, -ga f
cardiology n : cardiología f
cardiopulmonary resuscitation n
→ **CPR**
cardiovascular adj : cardiovascular
care¹ v **cared; caring** : importarle
a uno : querer : preocuparse
: inquietarse : desear
care² n : inquietud f : preocupación
f : cuidado m : atención f : cargo m
careen v : oscilar : balancearse : ir
a toda velocidad
career¹ v : ir a toda velocidad
career² n : vocación f : profesión f
: carrera f
carefree adj : despreocupado
careful adj : cuidadoso
: cauteloso : esmerado
: meticuloso
carefully adv : con cuidado
: cuidadosamente

carefulness n : cuidado m : cautela f : esmero m : meticulosidad f

caregiver n : persona f que cuida a niños o enfermos

careless adj : descuidado : negligente — **carelessly** adv

carelessness n : descuido m : negligencia f

caress[1] v : acariciar

caress[2] n : caricia f

caret n : signo m de intercalación

caretaker n : conserje mf : velador m, -dora f

cargo n, pl **-goes** or **-gos** : cargamento m : carga f

Caribbean adj : caribeño

caribou n, pl **-bou** or **-bous** : caribú m

caricature[1] v **-tured; -turing** : caricaturizar

caricature[2] n : caricatura f

caricaturist n : caricaturista mf

caries ns & pl : caries f

caring n : cariñoso : solícito : bondadoso

carjacking n : robo m de un vehículo

carmine n : carmín m

carnage n : matanza f : carnicería f

carnal adj : carnal

carnation n : clavel m

carnival n : carnaval m : feria f

carnivore n : carnívoro m

carnivorous adj : carnívoro

carol[1] v **-oled** or **-olled; -oling** or **-olling** : cantar villancicos

carol[2] n : villancico m

caroler or **caroller** n : persona f que canta villancicos

carom[1] v : rebotar : hacer carambola

carom[2] n : carambola f

carouse v **-roused; -rousing** : irse de parranda : irse de juerga

carousel or **carrousel** n : carrusel m : tiovivo m

carouser n : juerguista mf

carp[1] v : quejarse

carp[2] n, pl **carp** or **carps** : carpa f

carpenter n : carpintero m, -ra f

carpentry n : carpintería f

carpet[1] v : alfombrar

carpet[2] n : alfombra f

carpeting n : alfombrado m

carport n : cochera f : garaje m abierto

carriage n : transporte m : porte m : postura f

carrier n : transportista mf : empresa f de transportes : portador m, -dora f

carrier pigeon n : paloma f mensajera

carrion n : carroña f

carrot n : zanahoria f

carry v **-ried; -rying** : llevar : cargar : transportar : tener : soportar : aguantar : resistir : vender : tener en abasto : implicar : acarrear : ganar : aprobar : estar embarazada de : portar : ser portador de : oírse : proyectarse

carryall n : bolsa f de viaje

cart[1] v : acarrear : llevar

cart[2] n : carreta f : carro m

carte blanche n : carta f blanca

cartel n : cártel m

cartilage n : cartílago m

cartographer n : cartógrafo m, -fa f

cartography n : cartografía f

carton n : caja f de cartón

cartoon n : chiste m : caricatura f : tira f cómica : historieta f : dibujo m animado

cartoonist n : caricaturista mf : dibujante mf

cartridge n : cartucho m

cartwheel n : voltereta f lateral

carve v **carved; carving** : tallar : esculpir : grabar : cortar : trinchar

carving n : talla f : escultura f

cascade[1] v **-caded; -cading** : caer en cascada

cascade[2] n : cascada f : salto m de agua

case[1] v **cased; casing** : embalar : encajonar : observar : inspeccionar

case[2] n : caso m : caja f : funda f : estuche m : maleta f : valija f : argumento m

casement n : ventana f con bisagras

cash[1] v : convertir en efectivo : cobrar : cambiar **to cash in on** : sacar partido de

cash[2] n : efectivo m : dinero m en efectivo

cashew n : anacardo m

cashier[1] v : destituir : despedir
cashier[2] n : cajero m, -ra f
cashmere n : cachemir m
cash register n : caja f registradora
casing n : caja f : cubierta f
: casquillo m : marco m
casino n, pl **-nos** : casino m
cask n : tonel m : barrica f : barril m
casket n : ataúd m : féretro m
cassava n : mandioca f : yuca f
casserole n : cazuela f : guiso m
: guisado m
cassette n : cassette mf
cassock n : sotana f
cast[1] v cast; casting : tirar : echar
: arrojar : depositar : asignar
: moldear : fundir : vaciar : proyectar
cast[2] n : lance m : lanzamiento m
: aspecto m : forma f : elenco m
: reparto m : molde m : yeso m
: escayola f
castanet n : castañuela f
castaway[1] adj : náufrago
castaway[2] n : náufrago m, -ga f
caste n : casta f
caster n : ruedita f
castigate v **-gated; -gating**
: castigar severamente : censurar
: reprobar
Castilian n : castellano m, -na f —
Castilian adj
cast iron n : hierro m fundido
castle n : castillo m : torre f
cast–off adj : desechado
castoff n : desecho m
castor oil n : aceite m de ricino
castrate v **-trated; -trating** : castrar
castration n : castración f
casual adj : casual : fortuito
: indiferente : despreocupado
: informal : eventual : ocasional —
casually adv
casualness n : indiferencia f
: despreocupación f : informalidad f
casualty n, pl **-ties** : accidente m
serio : desastre m : víctima f : baja
f : herido m, -da f
cat n : gato m, -ta f
cataclysm n : cataclismo m
cataclysmal or **cataclysmic** adj
: catastrófico
catacombs npl : catacumbas fpl
Catalan n : catalán m : catalana
f — **Catalan** adj

catalog[1] or **catalogue** v **-loged**
or **-logued; -loging** or **-loguing**
: catalogar
catalog[2] n : catálogo m
catalyst n : catalizador m
catalytic converter n : catalizador
m : convertidor m catalítico
catamaran n : catamarán m
catapult[1] v : catapultar
catapult[2] n : catapulta f
cataract n : catarata f
catarrh n : catarro m
catastrophe n : catástrofe f
catastrophic adj : catastrófico —
catastrophically adv
catcall n : rechifla f : abucheo m
catch[1] v caught; catching : agarrar
: coger : capturar : atrapar : pillar
: coger : enganchar : enredar
: alcanzar : tomar : contagiarse de
: llamar : captar : percibir : darse
cuenta de : detectar : ver : ir a
: engancharse : prender
catch[2] n : captura f : atrapada
f : parada f : redada f : presa f
: pestillo m : pasador m : problema
m : trampa f : truco m
catcher n : catcher mf : receptor
m, -tora f
catching adj : contagioso
catchphrase n : eslogan m : lema m
catchup → ketchup
catchword n : eslogan m : lema m
catchy adj **catchier; -est**
: pegajoso
catechism n : catecismo m
categorical adj : categórico
: absoluto : rotundo —
categorically adv
categorize v **-rized; -rizing**
: clasificar : catalogar
category n, pl **-ries** : categoría f
: género m : clase f
cater v : proveer servicio de
alimentos : proveer servicio de
alimentos para
catercorner[1] or **cater–cornered**
adv : diagonalmente : en diagonal
catercorner[2] or **cater–cornered**
adj : diagonal
caterer n : proveedor m, -dora f de
comida
catering n : servicio m de alimentos
: catering m

caterpillar n : oruga f
catfish n : bagre m
catgut n : cuerda f de tripa
catharsis n, pl **catharses** : catarsis f
cathartic[1] adj : catártico
cathartic[2] n : purgante m
cathedral n : catedral f
catheter n : catéter m : sonda f
cathode n : cátodo m
catholic adj : liberal : universal
Catholic n : católico m, -ca f
Catholicism n : catolicismo m
catlike adj : felino
catnap[1] v **-napped; -napping** : tomarse una siestecita
catnap[2] n : siesta f breve : siestecita f
catnip n : nébeda f
catsup → **ketchup**
cattail n : espadaña f : anea f
cattiness n : malicia f
cattle npl : ganado m : reses fpl
cattleman n, pl **-men** : ganadero m
catty adj **cattier; -est** : malicioso : malintencionado
catwalk n : pasarela f
Caucasian[1] adj : caucásico
Caucasian[2] n : caucásico m, -ca f
caucus n : junta f de políticos
caught → **catch**
cauldron n : caldera f
cauliflower n : coliflor f
caulk[1] v : enmasillar
caulk[2] n : masilla f
causal adj : causal — **causality** n
cause[1] v **caused; causing** : causar : provocar : ocasionar
cause[2] n : causa f : origen m : razón f : motivo m : litigio m : pleito m : movimiento m
causeless adj : sin causa
causeway n : camino m elevado
caustic adj : cáustico : corrosivo : mordaz : sarcástico
cauterize v **-ized; -izing** : cauterizar
caution[1] v : advertir
caution[2] n : advertencia f : aviso m : precaución f : cuidado m : cautela f
cautionary adj : admonitorio
cautious adj : cauteloso : cuidadoso : precavido
cautiously adv : cautelosamente : con precaución

cautiousness n : cautela f : precaución f
cavalcade n : cabalgata f : serie f
cavalier[1] adj : altivo : desdeñoso — **cavalierly** adv
cavalier[2] n : caballero m
cavalry n, pl **-ries** : caballería f
cave[1] v **caved; caving** or **to cave in** : derrumbarse
cave[2] n : cueva f
caveman n, pl **-men** : cavernícola m
cavern n : caverna f
cavernous adj : cavernoso — **cavernously** adv
cavewoman n, pl **-women** : cavernícola f
caviar or **caviare** n : caviar m
cavity n, pl **-ties** : cavidad f : hueco m : caries f
cavort v : brincar : hacer cabriolas
caw[1] v : graznar
caw[2] n : graznido m
cayenne pepper n : pimienta f cayena : pimentón m
cc v **cc'd; cc'ing** : enviarle una copia a : enviar una copia de
CD n : CD m : disco m compacto
CD–ROM n : CD-ROM m
cease v **ceased; ceasing** : dejar de : cesar : pasarse
cease–fire n : alto m el fuego : cese m del fuego
ceaseless adj : incesante : continuo
cedar n : cedro m
cede v **ceded; ceding** : ceder : conceder
ceiling n : techo m : cielo m raso : límite m : tope m
celebrant n : celebrante mf : oficiante mf
celebrate v **-brated; -brating** : celebrar : oficiar : festejar : alabar : ensalzar : exaltar : estar de fiesta : divertirse
celebrated adj : célebre : famoso : renombrado
celebration n : celebración f : festejos mpl
celebrity n, pl **-ties** : fama f : renombre m : celebridad f : personaje m
celery n, pl **-eries** : apio m
celestial adj : celeste : celestial : paradisiaco

celibacy n : celibato m
celibate[1] adj : célibe
celibate[2] n : célibe mf
cell n : célula f : celda f : elemento m
cellar n : sótano m : bodega f
cellist n : violonchelista mf
cello n, pl **-los** : chelo m
: violonchelo m
cellophane n : celofán m
cell phone n : teléfono m celular
cellular adj : celular
cellulite n : celulitis f
celluloid n : celuloide
cellulose n : celulosa f
Celsius adj : centígrado
Celt n : celta mf
Celtic[1] adj : celta
Celtic[2] n : celta m
cement[1] v : unir o cubrir algo con
cemento : cementar
cement[2] n : cemento m
: pegamento m
cement mixer n : hormigonera f
cemetery n, pl **-teries** : cementerio
m : panteón m
censer n : incensario m
censor[1] v : censurar
censor[2] n : censor m, -sora f
censorious adj : de censura : crítico
censorship n : censura f
censure[1] v **-sured; -suring**
: censurar : criticar : reprobar —
censurable adj
censure[2] n : censura f : reproche
m oficial
census n : censo m
cent n : centavo m : céntimo m
centaur n : centauro m
centavo n : centavo m
centennial[1] adj : del centenario
centennial[2] n : centenario m
center[1] v : centrar : concentrar : fijar
: enfocar : centrarse : enfocarse
center[2] n : centro m : centro mf
: pívot mf
centerpiece n : centro m de mesa
centesimo n : centésimo m
centi- pref : centi-
centigrade adj : centígrado
centigram n : centigramo m
centime n : céntimo m
centimeter n : centímetro m
centimo n : céntimo m
centipede n : ciempiés m

central adj : céntrico : central
: fundamental : principal
Central American[1] adj
: centroamericano
Central American[2] n
: centroamericano m, -na f
centralist n : centralista mf —
centralist adj
centralization n : centralización f
centralize v **-ized; -izing** : centralizar
centre → **center**
centrifugal force n : fuerza f
centrífuga
centrist n : centrista mf — **centrist**
adj
century n, pl **-ries** : siglo m
CEO n : director m, -tora f general
ceramic[1] adj : de cerámica
ceramic[2] n : objeto m de cerámica
: cerámica f
cereal[1] adj : cereal
cereal[2] n : cereal m
cerebellum n, pl **-bellums** or **-bella**
: cerebelo m
cerebral adj : cerebral
cerebral palsy n : parálisis f cerebral
cerebrum n, pl **-brums** or **-bra**
: cerebro m
ceremonial[1] adj : ceremonial
ceremonial[2] n : ceremonial m
ceremonious adj : ceremonioso
: formal : ceremonial
ceremony n, pl **-nies** : ceremonia f
cerise n : rojo m cereza
certain[1] adj : cierto : determinado
: con certeza : alguno : seguro
: inevitable : asegurado
certain[2] pron : ciertos : algunos
certainly adv : ciertamente
: seguramente : por supuesto
certainty n, pl **-ties** : certeza f
: certidumbre f : seguridad f
certifiable adj : certificable
certificate n : certificado m : acta f
certification n : certificación f
certified adj : acreditado
: certificado : diplomado : titulado
: verdadero : auténtico
certify v **-fied; -fying** : certificar
: verificar : confirmar : constatar
: endosar : aprobar oficialmente
: acreditar : autorizar
certitude n : certeza f : certidumbre
f

cervical *adj* : cervical : del cuello del útero
cervix *n, pl* **-vices** *or* **-vixes** : cuello *m* del útero
cesarean[1] *adj* : cesáreo
cesarean[2] *or* **cesarean section** *n* : cesárea *f*
cesium *n* : cesio *m*
cessation *n* : cesación *f* : cese *m*
cesspool *n* : pozo *m* séptico
chafe *v* **chafed; chafing** : enojarse : irritarse : rozar
chaff *n* : barcia *f* : granzas *fpl*
chagrin[1] *v* : desilusionar : avergonzar
chagrin[2] *n* : desilusión *f* : disgusto *m*
chain[1] *v* : encadenar
chain[2] *n* : cadena *f* : serie *f*; **chains** *npl* : grillos *mpl*
chain–smoke *n* : fumar un cigarrillo tras otro
chair[1] *v* : presidir : moderar
chair[2] *n* : silla *f* : presidencia *f*
chairlift *n* : telesilla *mf*
chairman *n, pl* **-men** : presidente *m*
chairmanship *n* : presidencia *f*
chairperson *n* : presidente *mf* : presidenta *f*
chairwoman *n, pl* **-women** : presidenta *f*
chalet *n* : chalet *m* : chalé *m*
chalice *n* : cáliz *m*
chalk[1] *v* : escribir con tiza
chalk[2] *n* : creta *f* : caliza *f* : tiza *f* : gis *m*
chalkboard → **blackboard**
chalk up *v* : atribuir : adscribir : apuntarse : anotarse
chalky *adj* **chalkier; -est** : pálido : polvoriento
challenge[1] *v* **-lenged; -lenging** : disputar : cuestionar : poner en duda : desafiar : retar : estimular : incentivar
challenge[2] *n* : reto *m* : desafío *m*
challenger *n* : retador *m*, -dora *f* : contendiente *mf*
challenging *adj* : exigente : desafiante : de desafío : estimulante : provocador
chamber *n* : cámara *f* : sala *f* : recámara *f*
chambermaid *n* : camarera *f*
chamber music *n* : música *f* de cámara

chamber pot *n* : bacinica *f*
chameleon *n* : camaleón *m*
chamois *n, pl* **chamois** : gamuza *f*
chamomile *n* : manzanilla *f* : camomila *f*
champ[1] *v* : masticar ruidosamente
champ[2] *n* : campeón *m*, -peona *f*
champagne *n* : champaña *m* : champán *m*
champion[1] *v* : defender : luchar por
champion[2] *n* : paladín *m* : campeón *m*, -peona *f* : defensor *m*, -sora *f*
championship *n* : campeonato *m*
chance[1] *v* **chanced; chancing** : ocurrir por casualidad : arriesgarse a
chance[2] *adj* : fortuito : casual
chance[3] *n* : azar *m* : suerte *f* : fortuna *f* : oportunidad *f* : ocasión *f* : probabilidad *f* : posibilidad *f* : riesgo *m* : boleto *m*
chancellor *n* : canciller *m* : rector *m*, -tora *f*
chancy *adj* **chancier; -est** : riesgoso : arriesgado
chandelier *n* : araña *f* de luces
change[1] *v* **changed; changing** : cambiar : cambiar de : cambiarse
change[2] *n* : cambio *m* : vuelto *m* : monedas *fpl*
changeable *adj* : cambiante : variable
changeless *adj* : invariable : constante
changeover *n* : cambio *m*
changing *adj* : cambiante : variable
changing room *n* : probador *m*
changing table *n* : cambiador *m*
channel[1] *v* **-neled** *or* **-nelled; -neling** *or* **-nelling** : encauzar : canalizar
channel[2] *n* : cauce *m* : canal *m* : estrecho *m* : vía *f* : conducto *m*
channel surfing *n* : zapping *m*
chant[1] *v* : salmodiar : cantar
chant[2] *n* : salmodia *f*
Chanukah → **Hanukkah**
chaos *n* : caos *m*
chaotic *adj* : caótico — **chaotically** *adv*
chap *n* : tipo *m* : hombre *m*
chapel *n* : capilla *f*
chaperon[1] *or* **chaperone** *v* **-oned; -oning** : ir de chaperón : acompañar

chaperon[2] *or* **chaperone**
n : chaperón m, -rona f
: acompañante mf
chaplain n : capellán m
chapped adj : agrietado
chapter n : capítulo m : sección f
: división f
char v **charred; charring**
: carbonizar : chamuscar
: carbonizarse : chamuscarse
character n : carácter m
: personalidad f : reputación f
: tipo m : personaje m peculiar
: personaje m
characteristic[1] adj : característico
: típico — **characteristically** adv
characteristic[2] n : característica f
characterization n : caracterización f
characterize v **-ized; -izing**
: caracterizar
charades ns & pl : charada f
charcoal n : carbón m
chard → **Swiss chard**
charge[1] v **charged; charging**
: cargar : encomendar : encargar
: ordenar : mandar : acusar
: cargar a una cuenta : comprar a
crédito : cobrar
charge[2] n : carga f : peso m : cargo
m : responsabilidad f : persona f
al cuidado de alguien : acusación
f : costo m : cargo m : precio m
: ataque m
chargeable adj : perseguible
charge card → **credit card**
charger n : corcel m : caballo m
chariot n : carro m
charisma n : carisma m
charismatic adj : carismático
charitable adj : caritativo
: generoso : benévolo
: comprensivo — **charitably** adv
charitableness n : caridad f
charity n, pl **-ties** : caridad f
: limosna f : organización f
benéfica : obra f de beneficencia
charlatan n : charlatán m, -tana f
: farsante m
charley horse n : calambre m
charm[1] v : encantar : cautivar
: fascinar
charm[2] n : amuleto m : talismán m
: encanto m : atractivo m : dije m
: colgante m

charmer n : persona f encantadora
charming adj : encantador
: fascinante
chart[1] v : trazar un mapa de : hacer
un gráfico de : trazar : planear
chart[2] n : carta f : mapa m : gráfico
m : cuadro m : tabla f
charter[1] v : establecer los estatutos
de : alquilar : fletar
charter[2] adj : chárter
charter[3] n : estatutos mpl : carta f
: constitución f
chartreuse n : color m verde-
amarillo intenso
chary adj **charier; -est** : cauteloso
: precavido : parco
chase[1] v **chased; chasing**
: perseguir : ir a la caza de
: ahuyentar : echar : grabar
chase[2] n : persecución f : caza f
chaser n : perseguidor m, -dora f
: bebida f que se toma después de
un trago de licor
chasm n : abismo m : sima f
chassis n, pl **chassis** : chasis m
: armazón m
chaste adj **chaster; -est** : casto
: modesto : puro : austero : sobrio
chastely adv : castamente
chasten v : castigar : sancionar
chasteness n : modestia f
: castidad f : sobriedad f
: austeridad f
chastise v **-tised; -tising** : reprender
: corregir : reprobar : castigar
chastisement n : castigo m
: corrección f
chastity n : castidad f : decencia f
: modestia f
chat[1] v **chatted; chatting** : charlar
: platicar
chat[2] n : charla f : plática f
château n, pl **-teaus** or **-teaux**
: mansión f campestre
chat room n : chat m : sala f de chat
chattel n : bienes fpl muebles
: enseres mpl
chatter[1] v : castañetear : parlotear
: cotorrear
chatter[2] n : castañeteo m : parloteo
m : cotorreo m : cháchara f
chatterbox n : parlanchín m, -china
f : charlatán m, -tana f : hablador
m, -dora f

chatty *adj* **chattier; -est**
: parlanchín : charlatán : familiar
: conversador

chauffeur[1] *v* : trabajar de chofer
privado : hacer de chofer para

chauffeur[2] *n* : chofer *m* privado

chauvinism *n* : chauvinismo *m*
: patriotería *f*

chauvinist *n* : chauvinista *mf*
: patriotero *m*, -ra *f*

chauvinistic *adj* : chauvinista
: patriotero

cheap[1] *adv* : barato

cheap[2] *adj* : barato : económico : mal
hecho : tacaño : agarrado : codo

cheapen *v* : degradar : rebajar

cheaply *adv* : barato : a precio bajo

cheapness *n* : precio *m* bajo
: tacañería *f*

cheapskate *n* : tacaño *m*, -ña *f*
: codo *m*, -da *f*

cheat[1] *v* : defraudar : estafar
: engañar : hacer trampa

cheat[2] *n* : engaño *m* : fraude *m*
: trampa *f*

cheater *n* : estafador *m*, -dora *f*
: tramposo *m*, -sa *f*

check[1] *v* : verificar : comprobar
: revisar : chequear : inspeccionar
: consultar : frenar : parar
: detener : refrenar : contener
: reprimir : marcar : señalar
: marcar con cuadros

check[2] *n* : detención *f* súbita
: parada *f* : control *m* : freno *m*
: verificación *f* : comprobación *f*
: inspección *f* : chequeo *m* : cheque
m : resguardo *m* : comprobante *m*
: cuenta *f* : jaque *m*

checkbook *n* : chequera *f*

checked *adj* : a/de cuadros

checker[1] *v* : marcar con cuadros

checker[2] *n* : pieza *f* : verificador *m*,
-dora *f* : cajero *m*, -ra *f*

checkerboard *n* : tablero *m* de damas

checkered *adj* : accidentado

checkers *n* : damas *fpl*

check–in *n* : facturación *f*

checking account *n* : cuenta *f*
corriente

checklist *n* : lista *f* de control

checkmate[1] *v* **-mated; -mating**
: dar jaque mate a : frustrar
: arruinar

checkmate[2] *n* : jaque mate *m*

checkout *n or* **checkout counter**
: caja *f*

checkpoint *n* : puesto *m* de control

checkroom *n* : guardarropa *m*

checkup *n* : examen *m* médico
: chequeo *m*

cheddar *n* : queso *m* Cheddar

cheek *n* : mejilla *f* : cachete *m*
: insolencia *f* : descaro *m*

cheekbone *n* : pómulo *m*

cheeked *adj* : de mejillas

cheeky *adj* **cheekier; -est**
: descarado : insolente : atrevido

cheep[1] *v* : piar

cheep[2] *n* : pío *m*

cheer[1] *v* : alentar : animar : alegrar
: levantar el ánimo a : aclamar
: vitorear : echar porras a

cheer[2] *n* : alegría *f* : buen humor
m : jovialidad *f* : aclamación *f*
: ovación *f* : aplausos *mpl*

cheerful *adj* : alegre : de buen
humor

cheerfully *adv* : alegremente
: jovialmente

cheerfulness *n* : buen humor *m*
: alegría *f*

cheerily *adv* : alegremente

cheeriness *n* : buen humor *m*
: alegría *f*

cheerleader *n* : porrista *mf*

cheerless *adj* : triste : sombrío

cheery *adj* **cheerier; -est** : alegre
: de buen humor

cheese *n* : queso *m*

cheeseburger *n* : hamburguesa *f*
con queso

cheesecake *n* : tarta *f* de queso

cheesecloth *n* : estopilla *f*

cheesy *adj* **cheesier; -est** : a
queso : que contiene queso
: barato : de mala calidad

cheetah *n* : guepardo *m*

chef *n* : chef *m*

chemical[1] *adj* : químico —
chemically *adv*

chemical[2] *n* : sustancia *f* química

chemical weapon *n* : arma *f*
química

chemise *n* : camiseta *f* : prenda *f*
interior de una pieza : vestido *m*
holgado

chemist *n* : químico *m*, -ca *f*

chemistry n, pl **-tries** : química f
chemotherapy n, pl **-pies**
: quimioterapia f
cherish v : apreciar : valorar
: abrigar : albergar
cherry n, pl **-ries** : cereza f : cerezo m
cherub n, pl **-ubim** : ángel m
: querubín m; pl **-ubs** : niño m
regordete : niña f regordeta
cherubic adj : querúbico : angelical
chess n : ajedrez m
chessboard n : tablero m de
ajedrez
chessman n, pl **-men** : pieza f de
ajedrez
chest n : cofre m : baúl m : pecho m
chestnut n : castaña f : castaño m
chest of drawers n : cómoda f
chevron n : galón m
chew[1] v : masticar : mascar **to
chew on/over** : pensar
chew[2] n : algo que se masca
chewing gum n : goma f de
mascar : chicle m
chewy adj **chewier; -est** : fibroso
: pegajoso : chicloso
chic[1] adj : chic : elegante : de
moda
chic[2] n : chic m : elegancia f
Chicana n : chicana f
Chicano n : chicano m, -na f —
Chicano adj
chick n : pollito m, -ta f : polluelo m
chicken[1] adj : miedoso : cobarde
chicken[2] n : pollo m : cobarde mf
chickenhearted adj : miedoso
: cobarde
chicken out v : acobardarse
: rajarse
chicken pox n : varicela f
chickpea n : garbanzo m
chicle n : chicle m
chicory n, pl **-ries** : endibia f
: achicoria f
chide v **chid** or **chided; chid** or
chidden or **chided; chiding**
: regañar : reprender
chief[1] adj : principal : capital —
chiefly adv
chief[2] n : jefe m, -fa f
chief executive officer n → **CEO**
chieftain n : jefe m, -fa f
chiffon n : chifón m
chigger n : nigua f

chignon n : moño m : chongo m
child n, pl **children** : niño m, -ña f
: criatura f; **children** npl : hijo m,
-ja f : progenie f
childbearing[1] adj : relativo al parto
childbearing[2] → **childbirth**
childbirth n : parto m
childcare n : cuidado m de los
niños : puericultura f
childhood n : infancia f : niñez f
childish adj : infantil : inmaduro —
childishly adv
childishness n : inmadurez f
childless adj : sin hijos
childlike adj : infantil : inocente
childproof adj : a prueba de niños
Chilean n : chileno m, -na f —
Chilean adj
chili or **chile** or **chilli** n, pl **chilies**
or **chiles** or **chillies** : chile m con
carne
chill[1] v : enfriar
chill[2] adj : frío : gélido
chill[3] n : fresco m : frío m
: escalofrío m : enfriamiento m
chilliness n : frío m : fresco m
chilly adj **chillier; -est** : frío
chime[1] v **chimed; chiming** : hacer
sonar : sonar una campana : dar
campanadas
chime[2] n : juego m de campanitas
sintonizadas : carillón m : tañido m
: campanada f
chime in v : meterse en una
conversación
chimera or **chimaera** n : quimera f
chimney n, pl **-neys** : chimenea f
chimney sweep n : deshollinador
m, -dora f
chimp → **chimpanzee**
chimpanzee n : chimpancé m
chin n : barbilla f : mentón m
: barba f : pera f
china n : porcelana f : loza f : vajilla
f
chinchilla n : chinchilla f
Chinese[1] adj : chino
Chinese[2] n : chino m
chink n : grieta f : abertura f
chintz n : chintz m : chinz m
chip[1] v **chipped; chipping**
: desportillar : desconchar : astillar
: desportillarse : desconcharse
: descascararse

chip[2] *n* : astilla *f* : lasca *f* : bocado *m* pequeño : ficha *f* : mella *f* : chip *m*
chip in *v* : contribuir
chipmunk *n* : ardilla *f* listada
chipotle *n* : chipotle *m*
chipper *adj* : alegre y vivaz
chiropodist *n* : podólogo *m*, -ga *f*
chiropody *n* : podología *f*
chiropractic *n* : quiropráctica *f*
chiropractor *n* : quiropráctico *m*, -ca *f*
chirp[1] *v* : gorjear : chirriar
chirp[2] *n* : gorjeo *m* : chirrido *m*
chisel[1] *v* -eled *or* -elled; -eling *or* -elling : cincelar : tallar : labrar : estafar : defraudar
chisel[2] *n* : cincel *m* : escoplo *m* : formón *m*
chiseler *n* : estafador *m*, -dora *f* : fraude *mf*
chit *n* : resguardo *m* : recibo *m*
chitchat *n* : cotorreo *m* : charla *f*
chivalric → **chivalrous**
chivalrous *adj* : caballeresco : relativo a la caballería : caballeroso : honesto : cortés
chivalrousness *n* : caballerosidad *f* : cortesía *f*
chivalry *n*, *pl* -ries : caballería *f* : caballerosidad *f* : nobleza *f* : cortesía *f*
chive *n* : cebollino *m*
chloride *n* : cloruro *m*
chlorinate *v* -nated; -nating : clorar
chlorination *n* : cloración *f*
chlorine *n* : cloro *m*
chloroform *n* : cloroformo *m*
chlorophyll *n* : clorofila *f*
chock–full *adj* : colmado : repleto
chocolate *n* : chocolate *m* : bombón *m* : color *m* chocolate : marrón *m*
choice[1] *adj* **choicer; choicest** : selecto : escogido : de primera calidad
choice[2] *n* : elección *f* : selección *f* : opción *f* : preferencia *f* : surtido *m*
choir *n* : coro *m*
choirboy *n* : niño *m* de coro
choke[1] *v* **choked; choking** : sofocar : asfixiar : ahogar : estrangular : tapar : obstruir

: asfixiarse : sofocarse : ahogarse : taparse : obstruirse
choke[2] *n* : estrangulación *f* : choke *m* : estárter *m*
choker *n* : gargantilla *f*
cholera *n* : cólera *m*
cholesterol *n* : colesterol *m*
choose *v* **chose; chosen; choosing** : escoger : elegir : decidir : preferir
choosy *or* **choosey** *adj* **choosier; -est** : exigente : remilgado
chop[1] *v* **chopped; chopping** : picar : cortar : moler
chop[2] *n* : hachazo *m* : tajo *m* : golpe *m* : chuleta *f*
chopper → **helicopter**
choppy *adj* **choppier; -est** : agitado : picado : incoherente : inconexo
chops *npl* : quijada *f* : mandíbula *f* : boca *f*
chopsticks *npl* : palillos *mpl*
choral *adj* : coral
chorale *n* : coral *f* : coro *m*
chord *n* : acorde *m* : cuerda *f*
chore *n* : tarea *f* rutinaria : lata *f* : fastidio *m*; **chores** *npl* : quehaceres *mpl* : faenas *fpl*
choreograph *v* : coreografiar
choreographer *n* : coreógrafo *m*, -fa *f*
choreographic *adj* : coreográfico
choreography *n*, *pl* -phies : coreografía *f*
chorister *n* : corista *mf*
chorizo *n* : chorizo *m*
chortle[1] *v* -tled; -tling : reírse
chortle[2] *n* : risa *f*
chorus[1] *v* : corear
chorus[2] *n* : coro *m* : estribillo *m*
chose → **choose**
chosen *adj* : elegido : selecto
chow *n* : comida *f* : chow-chow *mf*
chowder *n* : sopa *f* de pescado
Christ *n* : Cristo *m*
christen *v* : bautizar : bautizar con el nombre de
Christendom *n* : cristiandad *f*
christening *n* : bautismo *m* : bautizo *m*
Christian[1] *adj* : cristiano
Christian[2] *n* : cristiano *m*, -na *f*
Christianity *n* : cristianismo *m*

Christian name *n* : nombre *m* de pila

Christmas *n* : Navidad *f*

Christmas carol *n* → carol[2]

Christmas eve *n* : Nochebuena *f*

chromatic *adj* : cromático

chrome *n* : cromo *m*

chromium *n* : cromo *m*

chromosome *n* : cromosoma *m*

chronic *adj* : crónico — **chronically** *adv*

chronicle[1] *v* **-cled; -cling** : escribir

chronicle[2] *n* : crónica *f* : historia *f*

chronicler *n* : historiador *m*, -dora *f* : cronista *mf*

chronological *adj* : cronológico — **chronologically** *adv*

chronology *n, pl* **-gies** : cronología *f*

chronometer *n* : cronómetro *m*

chrysalis *n, pl* **chrysalides** *or* **chrysalises** : crisálida *f*

chrysanthemum *n* : crisantemo *m*

chubbiness *n* : gordura *f*

chubby *adj* **chubbier; -est** : gordito : regordete : rechoncho

chuck[1] *v* : tirar : lanzar : aventar

chuck[2] *n* : mamola *f* : palmada *f* : lanzamiento *m*

chuckle[1] *v* **-led; -ling** : reírse entre dientes

chuckle[2] *n* : risita *f* : risa *f* ahogada

chug *v* **chugged; chugging** : resoplar : traquetear

chum[1] *v* **chummed; chumming** : ser camaradas : ser cuates

chum[2] *n* : amigo *m*, -ga *f* : camarada *mf* : compinche *mf*

chummy *adj* **chummier; -est** : amistoso

chump *n* : tonto *m*, -ta *f* : idiota *mf*

chunk *n* : cacho *m* : pedazo *m* : trozo *m* : cantidad *f* grande

chunky *adj* **chunkier; -est** : fornido : robusto : que contiene pedazos

church *n* : iglesia *f* : conjunto *m* de fieles cristianos : confesión *f* : secta *f* : feligreses *mpl* : fieles *mpl*

churchgoer *n* : practicante *mf*

churchyard *n* : cementerio *m*

churn[1] *v* : batir : hacer : agitar con fuerza : revolver : agitarse : arremolinarse

churn[2] *n* : mantequera *f*

chute *n* : conducto *m* inclinado : vertedero *m*

chutney *n, pl* **-neys** : chutney *m*

chutzpah *n* : descaro *m* : frescura *f* : cara *f*

cicada *n* : cigarra *f* : chicharra *f*

cider *n* : jugo *m*

cigar *n* : puro *m* : cigarro *m*

cigarette *n* : cigarrillo *m* : cigarro *m*

cilantro *n* : cilantro *m*

cinch[1] *v* : cinchar : asegurar

cinch[2] *n* : cincha *f* : algo fácil o seguro

cinchona *n* : quino *m*

cinder *n* : brasa *f* : ascua *f*; **cinders** *npl* : cenizas *fpl*

cinema *n* : cine *m*

cinematic *adj* : cinematográfico

cinematography *n* : cinematografía *f*

cinephile *n* : cinéfilo *m*, -fila *f*

cinnamon *n* : canela *f*

cipher *n* : cero *m* : cifra *f* : clave *f*

circa *prep* : alrededor de : hacia

circle[1] *v* **-cled; -cling** : encerrar en un círculo : poner un círculo alrededor de : girar alrededor de : dar vueltas a : dar vueltas

circle[2] *n* : círculo *m* : ciclo *m* : grupo *m*

circuit *n* : circuito *m* : perímetro *m* : recorrido *m* : tour *m*

circuitous *adj* : sinuoso : tortuoso

circuitry *n, pl* **-ries** : sistema *m* de circuitos

circular[1] *adj* : circular : redondo

circular[2] *n* : circular *f*

circulate *v* **-lated; -lating** : circular : hacer circular : divulgar

circulation *n* : circulación *f*

circulatory *adj* : circulatorio

circumcise *v* **-cised; -cising** : circuncidar

circumcision *n* : circuncisión *f*

circumference *n* : circunferencia *f*

circumflex *n* : acento *m* circunflejo

circumlocution *n* : circunlocución *f*

circumnavigate *v* **-gated; -gating** : circunnavegar

circumscribe *v* **-scribed; -scribing** : circunscribir : trazar una figura alrededor de : limitar

circumspect *adj* : circunspecto : prudente : cauto

circumstance n : circunstancia f
: acontecimiento m;
  circumstances npl
: circunstancias fpl : situación f;
  circumstances npl : situación f
  económica
circumstantial adj : circunstancial
circumvent v : evadir : burlar
: sortear
circumvention n : evasión f
circus n : circo m
cirrhosis n, pl **-rhoses** : cirrosis f
cis → **cisgender**
cisgender adj : cisgénero
cistern n : cisterna f : aljibe m
citadel n : ciudadela f : fortaleza f
citation n : emplazamiento m
: citación f : convocatoria f : cita f
: elogio m : mención f
cite v **cited; citing** : emplazar
: citar : hacer comparecer : elogiar
: honrar
citizen n : ciudadano m, -na f
citizenry n, pl **-ries** : ciudadanía f
: conjunto m de ciudadanos
citizenship n : ciudadanía f
citrus n, pl **-rus** or **-ruses** : cítrico m
city n, pl **cities** : ciudad f
civic adj : cívico
civic–minded adj : cívico
civics ns & pl : civismo m
civil adj : civil : cortés
civilian n : civil mf
civility n, pl **-ties** : cortesía f
: educación f
civilization n : civilización f
civilize v **-lized; -lizing** : civilizar —
  civilized adj
civil liberties npl : derechos mpl
  civiles
civilly adv : cortésmente
civil rights npl : derechos mpl
  civiles
civil servant n : funcionario m, -ria f
civil service n : administración f
  pública
civil war n : guerra f civil
clack[1] v : tabletear
clack[2] n : tableteo m
clad adj : vestido : cubierto
claim[1] v : reclamar : reivindicar
: afirmar : sostener
claim[2] n : demanda f : reclamación
f : declaración f : afirmación f

claimant n : demandante mf
: pretendiente mf
clairvoyance n : clarividencia f
clairvoyant[1] adj : clarividente
clairvoyant[2] n : clarividente mf
clam n : almeja f
clamber v : treparse o subirse
torpemente
clammy adj **clammier; -est**
: húmedo y algo frío
clamor[1] v : gritar : clamar
clamor[2] n : clamor m
clamorous adj : clamoroso
: ruidoso : estrepitoso
clamp[1] v : sujetar con abrazaderas
clamp[2] n : abrazadera f
clam up v : callarse : negarse a
hablar
clan n : clan m
clandestine adj : clandestino
: secreto
clang[1] v : hacer resonar
clang[2] n : ruido m metálico fuerte
clangor n : estruendo m metálico
clank[1] v : producir un ruido metálico
seco
clank[2] n : ruido m metálico seco
clap[1] v **clapped; clapping** : golpear
ruidosamente : dar una palmada
: aplaudir
clap[2] n : palmada f : golpecito m
: ruido m seco
clapboard n : tabla f de madera
clapper n : badajo m
clapping n : aplausos mpl
clarification n : clarificación f
clarify v **-fied; -fying** : aclarar
: clarificar
clarinet n : clarinete m
clarion adj : claro y sonoro
clarity n : claridad f : nitidez f
clash[1] v : sonar : chocarse : chocar
: enfrentarse : estar en conflicto
: oponerse : desentonar : coincidir
clash[2] n : ruido m : enfrentamiento
m : conflicto m : choque m
clasp[1] v : sujetar : abrochar
: agarrar : abrazar
clasp[2] n : broche m : cierre m
: apretón m : abrazo m
class[1] v : clasificar : catalogar
class[2] n : clase f : tipo m : especie
f : rango m social : curso m : estilo
m

classic[1] *adj* : clásico
classic[2] *n* : clásico *m* : obra *f* clásica
classical *adj* : clásico — **classically** *adv*
classicism *n* : clasicismo *m*
classification *n* : clasificación *f*
classified *adj* : clasificado : confidencial : secreto
classify *v* **-fied; -fying** : clasificar : catalogar
classless *adj* : sin clases
classmate *n* : compañero *m*, -ra *f* de clase
classroom *n* : aula *f* : salón *m* de clase
classy *adj* **classier; -est** : con clase
clatter[1] *v* : traquetear : hacer ruido
clatter[2] *n* : traqueteo *m* : ruido *m* : estrépito *m*
clause *n* : cláusula *f*
claustrophobia *n* : claustrofobia *f*
claustrophobic *adj* : claustrofóbico
clavicle *n* : clavícula *f*
claw[1] *v* : arañar
claw[2] *n* : garra *f* : uña *f* : pinza *f*
clay *n* : arcilla *f* : barro *m*
clean[1] *v* : limpiar
clean[2] *adv* : limpio : limpiamente
clean[3] *adj* : limpio : puro : intachable : sin mancha : claro : nítido : decente : completo : absoluto
cleaner *n* : limpiador *m*, -dora *f* : producto *m* de limpieza : tintorería *f*
cleaning *n* : limpieza *f*
cleanliness *n* : limpieza *f* : aseo *m*
cleanly[1] *adv* : limpiamente : con limpieza
cleanly[2] *adj* **cleanlier; -est** : limpio : pulcro
cleanness *n* : limpieza *f*
cleanse *v* **cleansed; cleansing** : limpiar : purificar
cleanser *n* : limpiador *m* : purificador *m*
clean sweep *n* : barrida *f*
clear[1] *v* : aclarar : clarificar : despejar : desatascar : desmontar : vaciar : evacuar : absolver : limpiar el nombre de : ganar : sacar : pasar sin tocar : autorizar : irse : despejarse : disiparse : ser compensado

clear[2] *adv* : claro : claramente
clear[3] *adj* : claro : lúcido : despejado : transparente : translúcido : evidente : obvio : nítido : seguro
clearance *n* : despeje *m* : espacio *m* : margen *m* : autorización *f* : despacho *m*
clear–cut *adj* : bien definido
clearing *n* : claro *m*
clearly *adv* : claramente : directamente : obviamente : evidentemente
cleat *n* : taco *m*; **cleats** *npl* : zapatos *mpl* deportivos
cleavage *n* : hendidura *f* : raja *f* : escote *m*
cleave[1] *v* **cleaved** *or* **clove; cleaving** : adherirse : unirse
cleave[2] *v* **cleaved; cleaving** : hender : dividir : partir
cleaver *n* : cuchilla *f* de carnicero
clef *n* : clave *f*
cleft *n* : hendidura *f* : raja *f* : grieta *f*
clemency *n* : clemencia *f*
clement *adj* : clemente : piadoso : apacible
clench *v* : agarrar : apretar
clergy *n, pl* **-gies** : clero *m*
clergyman *n, pl* **-men** : clérigo *m*
cleric *n* : clérigo *m*, -ga *f*
clerical *adj* : clerical : de oficina
clerk[1] *v* : trabajar de oficinista : trabajar de dependiente
clerk[2] *n* : funcionario *m*, -ria *f* : oficinista *mf* : empleado *m*, -da *f* de oficina : dependiente *m*, -ta *f*
clever *adj* : ingenioso : hábil : listo : inteligente : astuto
cleverly *adv* : ingeniosamente : hábilmente : inteligentemente
cleverness *n* : ingenio *m* : habilidad *f* : inteligencia *f*
clew → clue
cliché *n* : cliché *m* : tópico *m*
click[1] *v* : chasquear : hacer clic/click en : hacer clic/click : tener éxito : congeniar : llevarse bien
click[2] *n* : chasquido *m* : clic *m* : click *m*
client *n* : cliente *m*, -ta *f*
clientele *n* : clientela *f*
cliff *n* : acantilado *m* : precipicio *m* : risco *m*
climate *n* : clima *m*

climatic adj : climático
climax[1] v : llegar al punto
culminante : culminar : ser el
punto culminante de
climax[2] n : clímax m : punto m
culminante
climb[1] v : escalar : trepar a : subir a
: subir : ascender : subirse : treparse
climb[2] n : ascenso m : subida f
climber n : escalador m, -dora f
: trepadora f
climbing n : montañismo m
: alpinismo m
clinch[1] v : remachar : afianzar
: abrochar : decidir : cerrar
clinch[2] n : abrazo m : clinch m
clincher n : argumento m decisivo
cling v clung; clinging : adherirse
: pegarse : aferrarse : agarrarse
clingy adj clingier; -est : ajustado
: ceñido : pegajoso
clinic n : clínica f
clinical adj : clínico — **clinically** adv
clink[1] v : tintinear
clink[2] n : tintineo m
clip[1] v clipped; clipping : cortar
: recortar : golpear : dar un
puñetazo a : sujetar
clip[2] n : golpe m : puñetazo m
: paso m rápido : clip m
clipper n : clíper m; **clippers** npl
: tijeras fpl
clipping n : recorte m : pedazo m
: trozo m
clique n : grupo m exclusivo
: camarilla f
clitoris n, pl clitorides : clítoris m
cloak[1] v : encubrir : envolver
cloak[2] n : capa f : capote m : manto
m
cloakroom n : guardarropa m
clobber v : dar una paliza a
clock[1] v : cronometrar
clock[2] n : reloj m : cronómetro m
clockmaker n : relojero m, -ra f
clockmaking n : relojería f
clockwise adv & adj : en la
dirección de las manecillas del reloj
clockwork n : mecanismo m de
relojería
clod n : terrón m : zoquete mf
clog[1] v clogged; clogging
: estorbar : impedir : atascar
: tapar : atascarse : taparse

clog[2] n : traba f : impedimento m
: estorbo m : zueco m
cloister n : claustro m
clone[1] v : clonar
clone[2] n : clon m : copia f
: reproducción f
close[1] v closed; closing : cerrar
: hacer : reducir : cerrarse
: concluirse : terminar
close[2] adv : cerca : de cerca
close[3] adj closer; closest
: cercano : próximo : parecido
: similar : estricto : detallado : de
aire viciado o sofocante : apretado
: entallado : ceñido : íntimo : fiel
: exacto : reñido
close[4] n : fin m : final m
: conclusión f
close–knit adj : unido : íntimo
closely adv : cerca : de cerca
closeness n : cercanía f
: proximidad f : intimidad f
closet[1] v to be closeted with
: estar encerrado con
closet[2] n : armario m : guardarropa
f : clóset m
close–up n : primer plano m
closure n : cierre m : clausura f
: fin m
clot[1] v clotted; clotting : coagular
: cuajar : cuajarse : coagularse
clot[2] n : coágulo m
cloth n, pl cloths : tela f : trapo m
: mantel m
clothe v clothed or clad; clothing
: vestir : arropar : ataviar
clothes npl : ropa f : ropa f de
cama
clothesline n : tendedero m
clothespin n : pinza f
clothing n : ropa f : indumentaria f
cloud[1] v : nublar : oscurecer to
cloud over : nublarse
cloud[2] n : nube f
cloudburst n : chaparrón m
: aguacero m
cloudiness n : nubosidad f
cloudless adj : despejado : claro
cloudy adj cloudier; -est : nublado
: nuboso
clout[1] v : bofetear : dar un tortazo a
clout[2] n : golpe m : tortazo m
: influencia f : palanca f
clove[1] n : diente m : clavo m

clove[2] → **cleave**
cloven hoof n : pezuña f hendida
clover n : trébol m
cloverleaf n, pl **-leafs** or **-leaves**
: intersección f en trébol
clown[1] v : payasear : bromear
clown[2] n : payaso m, -sa f
clownish adj : de payaso : grosero
— **clownishly** adv
cloying adj : empalagoso : meloso
club[1] v **clubbed; clubbing**
: aporrear : dar garrotazos a
club[2] n : garrote m : porra f : palo m
: trébol m : basto m : club m
clubfoot n, pl **-feet** : pie m deforme
clubhouse n : sede f de un club
cluck[1] v : cloquear : cacarear
cluck[2] n : cloqueo m : cacareo m
clue[1] v **clued; clueing** or **cluing**
or **to clue in** : dar una pista a
: informar
clue[2] n : pista f : indicio m
clump[1] v : caminar con pisadas
fuertes : agruparse : aglutinarse
: amontonar
clump[2] n : grupo m : terrón m
: pisada f fuerte
clumsily adv : torpemente : sin
gracia
clumsiness n : torpeza f
clumsy adj **clumsier; -est** : torpe
: desmañado : carente de tacto
: poco delicado
clung → **cling**
clunky adj : torpe : poco elegante
cluster[1] v : agrupar : juntar
: agruparse : apiñarse
: arracimarse
cluster[2] n : grupo m : conjunto m
: racimo m
clutch[1] v : agarrar : asir **to clutch**
at : tratar de agarrar
clutch[2] n : agarre m : apretón m
: embrague m : clutch m; **clutches**
npl : garras fpl
clutter[1] v : atiborrar o atestar de
cosas : llenar desordenadamente
clutter[2] n : desorden m : revoltijo m
coach[1] v : entrenar : preparar
coach[2] n : coche m : carruaje m
: carroza f : vagón m de pasajeros
: autobús m : ómnibus m : pasaje
m aéreo de segunda clase
: entrenador m, -dora f

coagulate v **-lated; -lating**
: coagular : cuajar : coagularse
: cuajarse
coal n : ascua f : brasa f : carbón m
coalesce v **-alesced; -alescing**
: unirse
coalition n : coalición f
coarse adj **coarser; coarsest**
: grueso : basto : áspero : tosco
: ordinario : grosero — **coarsely**
adv
coarsen v : hacer áspero o basto
: volverse áspero o basto
coarseness n : aspereza f
: tosquedad f
coast[1] v : deslizarse : rodar sin
impulso
coast[2] n : costa f : litoral m
coastal adj : costero
coaster n : posavasos m
coast guard n : guardia f costera
: guardacostas mpl
coastline n : costa f
coat[1] v : cubrir : revestir : bañar
coat[2] n : abrigo m : pelaje m : capa
f : mano f
coat check n : guardarropa m
coat hanger n : percha f : gancho m
coating n : capa f
coat of arms n : escudo m de
armas
coatrack n : percha f : perchero m
coax v : engatusar : persuadir
cob → **corncob**
cobalt n : cobalto m
cobble v **cobbled; cobbling**
: fabricar o remendar
cobbler n : zapatero m, -ra f
cobblestone n : adoquín m
cobra n : cobra f
cobweb n : telaraña f
coca n : coca f
cocaine n : cocaína f
cock[1] v : ladear : montar
: amartillar
cock[2] n : gallo m : grifo m : llave f
: martillo m
cockatoo n, pl **-toos** : cacatúa f
cockeyed adj : ladeado : torcido
: chueco : disparatado : absurdo
cockfight n : pelea f de gallos
cockiness n : arrogancia f
cockle n : berberecho m
cockpit n : cabina f

cockroach *n* : cucaracha *f*
cocktail *n* : coctel *m* : cóctel *m*
  : aperitivo *m*
cocky *adj* **cockier; -est** : creído
  : engreído
cocoa *n* : cacao *m* : cocoa *f*
  : chocolate *m*
coconut *n* : coco *m*
cocoon *n* : capullo *m*
cod *n, pl* **cod** : bacalao *m*
coddle *v* **-dled; -dling** : mimar
  : consentir
code[1] *v* **coded; coding** : cifrar
  : codificar
code[2] *n* : código *m* : clave *f*
codeine *n* : codeína *f*
codex *n, pl* **-dexes** *or* **-dices**
  : códice *m*
codger *n* : viejo *m* : vejete *m*
codify *v* **-fied; -fying** : codificar
coeducational *adj* : mixto
coefficient *n* : coeficiente *m*
coerce *v* **-erced; -ercing**
  : coaccionar : forzar : obligar
coercion *n* : coacción *f*
coercive *adj* : coactivo
coexist *v* : coexistir
coexistence *n* : coexistencia *f*
coffee *n* : café *m*
coffeemaker *n* : cafetera *f*
coffeepot *n* : cafetera *f*
coffee table *n* : mesa *f* de centro
coffer *n* : cofre *m*
coffin *n* : ataúd *m* : féretro *m*
cog *n* : diente *m*
cogent *adj* : convincente : persuasivo
cogitate *v* **-tated; -tating**
  : reflexionar : meditar : discurrir
cogitation *n* : reflexión *f*
  : meditación *f*
cognac *n* : coñac *m*
cognate *adj* : relacionado : afín
cognition *n* : cognición *f*
cognitive *adj* : cognitivo
cogwheel *n* : rueda *f* dentada
cohabit *v* : cohabitar —
  cohabitation *n*
cohere *v* **-hered; -hering**
  : adherirse : pegarse : ser
  coherente o congruente
coherence *n* : coherencia *f*
  : congruencia *f*
coherent *adj* : coherente
  : congruente — **coherently** *adv*

cohesion *n* : cohesión *f*
cohesive *adj* : cohesivo
cohort *n* : cohorte *f* : compañero
  m, -ra *f* : colega *mf*
coiffure *n* : peinado *m*
coil[1] *v* : enrollar : enrollarse
  : enroscarse
coil[2] *n* : rollo *m* : espiral *f* : bobina *f*
coin[1] *v* : acuñar : crear : inventar
coin[2] *n* : moneda *f*
coincide *v* **-cided; -ciding** : coincidir
coincidence *n* : coincidencia *f*
  : casualidad *f*
coincident *adj* : coincidente
  : concurrente
coincidental *adj* : casual
  : accidental : fortuito
coitus *n* : coito *m*
coke *n* : coque *m*
cola *n* : refresco *m* de cola
colander *n* : colador *m*
cold[1] *adj* : frío
cold[2] *n* : frío *m* : resfriado *m* : catarro *m*
cold–blooded *adj* : cruel
  : despiadado : de sangre fría
cold cuts *npl* : fiambres *mpl*
coldly *adv* : fríamente : con frialdad
coldness *n* : frialdad *f* : frío *m*
cold sore *n* : fuego *m* : calentura *f*
coleslaw *n* : ensalada *f* de col
colic *n* : cólico *m*
coliseum *n* : coliseo *m* : arena *f*
collaborate *v* **-rated; -rating**
  : colaborar
collaboration *n* : colaboración *f*
collaborator *n* : colaborador *m*,
  -dora *f* : colaboracionista *mf*
collage *n* : collage *m*
collapse[1] *v* **-lapsed; -lapsing**
  : derrumbarse : desplomarse
  : hundirse : caerse : fracasar
  : quebrar : arruinarse : plegarse
collapse[2] *n* : derrumbe *m*
  : desplome *m* : fracaso *m*
  : colapso *m* : quiebra *f*
collapsible *adj* : plegable
collar[1] *v* : agarrar : atrapar
collar[2] *n* : cuello *m* : collar *m*
collarbone *n* : clavícula *f*
collate *v* **-lated; -lating** : cotejar
  : comparar : ordenar : recopilar
collateral[1] *adj* : colateral
collateral[2] *n* : garantía *f* : fianza *f*
  : prenda *f*

colleague n : colega mf
: compañero m, -ra f
collect[1] v : recopilar : reunir
: recoger : coleccionar : juntar
: cobrar : recaudar : ir a buscar
: percibir : acumularse : juntarse
: congregarse : reunirse
collect[2] adv & adj : por cobrar : a
cobro revertido
collectible or **collectable** adj
: coleccionable
collection n : colecta f : cobro
m : recaudación f : colección f
: grupo m
collective[1] adj : colectivo —
collectively adv
collective[2] n : colectivo m
collector n : coleccionista mf
: cobrador m, -dora f
college n : universidad f : colegio m
collegiate adj : universitario
collide v **-lided; -liding** : chocar
: colisionar : estrellarse
collie n : collie mf
collision n : choque m : colisión f
colloquial adj : coloquial
colloquialism n : expresión f
coloquial
collusion n : colusión f
cologne n : colonia f
Colombian n : colombiano m, -na
f — **Colombian** adj
colon[1] n, pl **colons** or **cola** : colon
m
colon[2] n, pl **colons** : dos puntos
mpl
colón n, pl **-lones** : colón m
colonel n : coronel m
colonial[1] adj : colonial
colonial[2] n : colono m, -na f
colonist n : colono m, -na f
: colonizador m, -dora f
colonization n : colonización f
colonize v **-nized; -nizing**
: establecer una colonia en
: colonizar
colonnade n : columnata f
colony n, pl **-nies** : colonia f
color[1] v : colorear : pintar : influir
en : influenciar : sonrojarse
: ruborizarse
color[2] n : color m : colorido m
coloration n : coloración f
color–blind adj : daltónico

color blindness n : daltonismo m
colorfast adj : que no se destiñe
colorful adj : lleno de colorido
: de colores vivos : pintoresco
: llamativo
coloring n : color m : colorido m
colorless adj : incoloro : sin color
: soso : aburrido
color scheme n : combinación f de
colores : tonalidad f
colossal adj : colosal
colossus n, pl **-si** : coloso m
colt n : potro m : potranco m
column n : columna f
columnist n : columnista mf
coma n : coma m : estado m de
coma
Comanche n : comanche mf —
Comanche adj
comatose adj : comatoso : en
estado de coma
comb[1] v : peinar : rastrear
: registrar a fondo
comb[2] n : peine m : cresta f
combat[1] v **-bated** or **-batted;**
-bating or **-batting** : combatir
: luchar contra
combat[2] n : combate m : lucha f
combatant n : combatiente mf
combative adj : combativo
combination n : combinación f
combine[1] v **-bined; -bining**
: combinar : aunar : combinarse
: mezclarse
combine[2] n : alianza f comercial o
política : cosechadora f
combustible adj : inflamable
: combustible
combustion n : combustión f
come v **came; come; coming**
: venir : aproximarse : llegar
: ocurrir : pasar : estar : ir
comeback n : réplica f : respuesta f
: retorno m : regreso m
comedian n : cómico m, -ca f
: humorista mf
comedienne n : cómica f
: humorista f
comedy n, pl **-dies** : comedia f
comely adj **comelier; -est** : bello
: bonito
comet n : cometa m
comfort[1] v : confortar : alentar
: consolar

comfort[2] *n* : consuelo *m* : confort *m*
: bienestar *m* : comodidad *f*
comfortable *adj* : cómodo
: confortable — **comfortably** *adv*
comforter *n* : edredón *m* : cobertor
m
comic[1] *adj* : cómico : humorístico
comic[2] *n* : cómico *m*, -ca *f*
: humorista *mf*
comical *adj* : cómico : gracioso
: chistoso
comic strip *n* : tira *f* cómica
: historieta *f*
coming[1] *adj* : siguiente : próximo
: que viene
coming[2] *n* : llegada *f*
comma *n* : coma *f*
command[1] *v* : ordenar : mandar
: comandar : tener el mando de
: dar órdenes : estar al mando *m*
: gobernar
command[2] *n* : mando *m*
: control *m* : dirección *f*
: orden *f* : mandato *m*
: maestría *f* : destreza *f* : dominio
m : tropa *f* asignada a un
comandante
commandant *n* : comandante *mf*
commandeer *v* : piratear
: secuestrar
commander *n* : comandante *mf*
commanding *adj* : autoritario
: imperativo : imperioso
commandment *n* : mandamiento
m : orden *f*
commando *n* : comando *m*
commemorate *v* -rated; -rating
: conmemorar
commemoration *n*
: conmemoración *f*
commemorative *adj*
: conmemorativo
commence *v* -menced; -mencing
: iniciar : comenzar : iniciarse
commencement *n* : inicio *m*
: comienzo *m* : ceremonia *f* de
graduación
commend *v* : encomendar
: recomendar : elogiar : alabar
commendable *adj* : loable
: meritorio : encomiable
commendation *n* : elogio *m*
: encomio *m*
commensurate *adj* : proporcionado

comment[1] *v* : hacer comentarios —
commenter *n*
comment[2] *n* : comentario *m*
: observación *f*
commentary *n*, *pl* -taries
: comentario *m* : crónica *f*
commentator *n* : comentarista *mf*
: cronista *mf*
commerce *n* : comercio *m*
commercial[1] *adj* : comercial —
commercially *adv*
commercial[2] *n* : comercial *m*
commercialize *v* -ized; -izing
: comercializar
commiserate *v* -ated; -ating
: compadecerse : consolarse
commiseration *n* : conmiseración *f*
commission[1] *v* : nombrar
: comisionar : encargar
commission[2] *n* : nombramiento
m : comisión *f* : comité *m*
: realización *f*
commissioned officer *n* : oficial *mf*
commissioner *n* : comisionado *m*,
-da *f* : miembro *m* de una comisión
: comisario *m*, -ria *f*
commit *v* -mitted; -mitting
: encomendar : confiar : internar
: encarcelar : cometer
commitment *n* : compromiso *m*
: responsabilidad *f* : dedicación *f*
: devoción *f*
committee *n* : comité *m*
commodious *adj* : amplio
: espacioso
commodity *n*, *pl* -ties : artículo
m de comercio : mercancía *f*
: mercadería *f*
commodore *n* : comodoro *m*
common[1] *adj* : común : público
: general : ordinario : común y
corriente
common[2] *n* : tierra *f* comunal
common cold *n* : resfriado *m*
común
common denominator *n*
: denominador *m* común
commoner *n* : plebeyo *m*, -ya *f*
common law *n* : derecho *m*
consuetudinario
commonly *adv* : comúnmente
: frecuentemente : normalmente
common noun *n* : nombre *m*
común

commonplace[1] *adj* : común
: ordinario

commonplace[2] *n* : cliché *m* : tópico
m

common sense *n* : sentido *m*
común

commonwealth *n* : entidad *f*
política

commotion *n* : alboroto *m* : jaleo *m*
: escándalo *m* : revuelo *m*
: conmoción *f*

communal *adj* : comunal

commune[1] *v* **-muned; -muning**
: estar en comunión

commune[2] *n* : comuna *f*

communicable *adj* : transmisible
: contagioso

communicate *v* **-cated; -cating**
: comunicar : expresar
: hacer saber : transmitir
: contagiar : comunicarse
: expresarse

communication *n* : comunicación *f*

communicative *adj* : comunicativo

communion *n* : comunión *f*

communiqué *n* : comunicado *m*

communism *or* **Communism** *n*
: comunismo *m*

communist[1] *or* **Communist** *adj*
: comunista

communist[2] *or* **Communist** *n*
: comunista *mf*

communistic *or* **Communistic** *adj*
: comunista

community[1] *n, pl* **-ties** : comunidad *f*

community[2] *adj* : comunitario

commute *v* **-muted; -muting**
: conmutar : reducir : viajar de la
residencia al trabajo

commuter *n* : persona *f* que viaja
diariamente al trabajo

compact[1] *v* : compactar
: consolidar : comprimir

compact[2] *adj* : compacto : macizo
: denso : breve : conciso

compact[3] *n* : acuerdo *m* : pacto
m : polvera *f* : estuche *m* de
maquillaje

compact disc *n* : disco *m*
compacto : compact disc *m*

compactly *adv* : densamente
: concisamente : brevemente

companion *n* : compañero *m*, -ra *f*
: acompañante *mf* : pareja *f*

companionable *adj* : sociable
: amigable

companionship *n* : compañerismo
m : camaradería *f*

company *n, pl* **-nies** : compañía *f*
: empresa *f* : visita *f*

comparable *adj* : comparable
: parecido

comparative[1] *adj* : comparativo
: relativo — **comparatively** *adv*

comparative[2] *n* : comparativo *m*

compare[1] *v* **-pared; -paring**
: comparar **to compare with**
: poder comparar con : tener
comparación con

compare[2] *n* : comparación *f*

comparison *n* : comparación *f*

compartment *n* : compartimento *m*
: compartimiento *m*

compass *n* : alcance *m* : extensión *f*
: límites *mpl* : compás *m* : brújula *f*

compassion *n* : compasión *f*
: piedad *f* : misericordia *f*

compassionate *adj* : compasivo

compatibility *n* : compatibilidad *f*

compatible *adj* : compatible : afín

compatriot *n* : compatriota *mf*
: paisano *m*, -na *f*

compel *v* **-pelled; -pelling** : obligar
: compeler

compelling *adj* : fuerte
: absorbente : persuasivo
: convincente

compendium *n, pl* **-diums** *or* **-dia**
: compendio *m*

compensate *v* **-sated; -sating**
to compensate for : compensar
: indemnizar

compensation *n* : compensación *f*
: indemnización *f*

compensatory *adj* : compensatorio

compete *v* **-peted; -peting**
: competir : contender : rivalizar

competence *n* : competencia *f*
: aptitud *f*

competency → **competence**

competent *adj* : competente
: capaz

competition *n* : competencia *f*
: concurso *m*

competitive *adj* : competitivo

competitively *adv*
: competitivamente

competitiveness *n* : competitividad *f*

competitor *n* : competidor *m*, -dora *f*

compilation *n* : recopilación *f* : compilación *f*

compile *v* **-piled; -piling** : compilar : recopilar

complacency *n* : satisfacción *f* consigo mismo : suficiencia *f*

complacent *adj* : satisfecho de sí mismo : suficiente

complain *v* : quejarse : regañar : rezongar : reclamar : protestar

complaint *n* : queja *f* : afección *f* : dolencia *f* : reclamo *m* : acusación *f*

complement[1] *v* : complementar

complement[2] *n* : complemento *m*

complementary *adj* : complementario

complete[1] *v* **-pleted; -pleting** : completar : hacer entero : acabar : terminar

complete[2] *adj* **completer; -est** : completo : entero : íntegro : terminado : acabado : total : absoluto

completely *adv* : completamente : totalmente

completion *n* : finalización *f* : cumplimiento *m*

complex[1] *adj* : complejo : complicado

complex[2] *n* : complejo *m*

complexion *n* : cutis *m* : tez *f*

complexity *n, pl* **-ties** : complejidad *f*

compliance *n* : conformidad *f*

compliant *adj* : dócil : sumiso

complicate *v* **-cated; -cating** : complicar

complicated *adj* : complicado

complication *n* : complicación *f*

complicity *n, pl* **-ties** : complicidad *f*

compliment[1] *v* : halagar : florear

compliment[2] *n* : halago *m* : cumplido *m*; **compliments** *npl* : saludos *mpl*

complimentary *adj* : halagador : halagüeño : de cortesía : gratis

comply *v* **-plied; -plying** : cumplir : acceder : obedecer

component[1] *adj* : componente

component[2] *n* : componente *m* : elemento *m* : pieza *f*

compose *v* **-posed; -posing** : componer : crear : calmar : serenar : constar

composed *adj* : tranquilo

composer *n* : compositor *m*, -tora *f*

composite[1] *adj* : compuesto

composite[2] *n* : compuesto *m* : mezcla *f*

composition *n* : composición *f* : ensayo *m* : trabajo *m*

compost *n* : abono *m* vegetal

composure *n* : compostura *f* : serenidad *f*

compote *n* : compota *f*

compound[1] *v* : combinar : componer : agravar : aumentar

compound[2] *adj* : compuesto

compound[3] *n* : compuesto *m* : mezcla *f* : recinto *m*

comprehend *v* : comprender : entender : incluir : abarcar

comprehensible *adj* : comprensible

comprehension *n* : comprensión *f*

comprehensive *adj* : inclusivo : exhaustivo : extenso : amplio

compress[1] *v* : comprimir

compress[2] *n* : compresa *f*

compression *n* : compresión *f*

compressor *n* : compresor *m*

comprise *v* **-prised; -prising** : comprender : incluir : componerse de : constar de

compromise[1] *v* **-mised; -mising** : transigir : avenirse : comprometer : poner en peligro

compromise[2] *n* : acuerdo *m* mutuo : compromiso *m*

comptroller *n* : contralor *m*, -lora *f* : interventor *m*, -tora *f*

compulsion *n* : coacción *f* : compulsión *f* : impulso *m*

compulsive *adj* : compulsivo

compulsory *adj* : obligatorio

compunction *n* : reparo *m* : escrúpulo *m* : remordimiento *m*

computation *n* : cálculo *m* : cómputo *m*

compute *v* **-puted; -puting** : computar : calcular

computer *n* : computadora *f* : computador *m* : ordenador *m*

computerization *n* : informatización *f*

computerize *v* **-ized; -izing** : computarizar : informatizar

computer programmer → **programmer**

computer programming → **programming**

computer science n : informática f

computing n : informática f

comrade n : camarada mf : compañero m, -ra f

con[1] v **conned; conning** : estafar : timar

con[2] adv : contra

con[3] n : contra m

concave adj : cóncavo

conceal v : esconder : ocultar : disimular

concealment n : ocultación f

concede v **-ceded; -ceding** : conceder : reconocer

conceit n : engreimiento m : presunción f

conceited adj : presumido : engreído : presuntuoso

conceivable adj : concebible : imaginable

conceivably adv : posiblemente : de manera concebible

conceive v **-ceived; -ceiving** : concebir : embarazarse : imaginar

concentrate[1] v **-trated; -trating** : concentrar : concentrarse

concentrate[2] n : concentrado m

concentration n : concentración f

concentration camp n : campo m de concentración

concentric adj : concéntrico

concept n : concepto m : idea f

conception n : concepción f : concepto m : idea f

conceptual adj : conceptual — **conceptually** adv

conceptualize v **-ized; -izing** : conceptualizar : formarse un concepto de — **conceptualization** n

concern[1] v : tratarse de : tener que ver con : concernir : incumbir a : afectar

concern[2] n : asunto m : inquietud f : preocupación f : negocio m

concerned adj : preocupado : ansioso : interesado : afectado

concerning prep : con respecto a : acerca de : sobre

concert n : concierto m : acuerdo m

concerted adj : concertado : coordinado

concerto n, pl **-ti** or **-tos** : concierto m

concession n : concesión f

conch n, pl **conchs** or **conches** : caracol m : caracola f

conciliatory adj : conciliador : conciliatorio

concise adj : conciso : breve — **concisely** adv

conclave n : cónclave m

conclude v **-cluded; -cluding** : concluir : finalizar : llegar a la conclusión de : terminar

conclusion n : conclusión f : fin m : final m

conclusive adj : concluyente : decisivo — **conclusively** adv

concoct v : preparar : confeccionar : inventar : tramar

concoction n : invención f : mejunje m : brebaje m

concord n : concordia f : armonía f : acuerdo m

concordance n : concordancia f

concourse n : explanada f : salón m

concrete[1] adj : concreto : determinado : específico : de concreto : de hormigón

concrete[2] n : concreto m : hormigón m

concur v **concurred; concurring** : concurrir : coincidir : estar de acuerdo

concurrence n : coincidencia f : concurrencia f : concurso m

concurrent adj : concurrente : simultáneo

concussion n : conmoción f cerebral

condemn v : condenar : reprobar : censurar : declarar insalubre : declarar ruinoso

condemnation n : condena f : reprobación f

condensation n : condensación f

condense v **-densed; -densing** : condensar : resumir : condensarse

condescend v : condescender : dignarse

condescending adj : condescendiente

condescension n : condescendencia f

condiment *n* : condimento *m*
condition[1] *v* : condicionar
: determinar : acondicionar : poner
en forma
condition[2] *n* : condición *f*
: estipulación *f* : estado *m*;
conditions *npl* : condiciones *fpl*
: situación *f*
conditional *adj* : condicional —
conditionally *adv*
conditioner *n* : acondicionador *m*
condo → **condominium**
condolence *n* : condolencia *f*;
condolences *npl* : pésame *m*
condom *n* : condón *m*
condominium *n*, *pl* **-ums**
: condominio *m*
condone *v* **-doned; -doning**
: aprobar : perdonar : tolerar
condor *n* : cóndor *m*
conducive *adj* : propicio : favorable
conduct[1] *v* : guiar : conducir : dirigir
: realizar : llevar a cabo : transmitir
conduct[2] *n* : conducción *f*
: dirección *f* : manejo *m* : conducta
f : comportamiento *m*
conduction *n* : conducción *f*
conductivity *n*, *pl* **-ties**
: conductividad *f*
conductor *n* : conductor *m*, -tora
f : revisor *m*, -sora *f* : cobrador
m, -dora *f* : director *m*, -tora *f*
: conductor *m*
conduit *n* : conducto *m* : canal *m*
: vía *f*
cone *n* : piña *f* : cono *m*
confection *n* : dulce *m*
confectioner *n* : confitero *m*, -ra *f*
confectionery *n*, *pl* **-eries** : dulces
mpl : golosinas *fpl*
confederacy *n*, *pl* **-cies**
: confederación *f*
confederate[1] *v* **-ated; -ating** : unir
: confederar : confederarse : aliarse
confederate[2] *adj* : confederado
confederate[3] *n* : cómplice *mf*
: aliado *m*, -da *f*
confederation *n* : confederación *f*
: alianza *f*
confer *v* **-ferred; -ferring** : conferir
: otorgar **to confer with** : consultar
conference *n* : conferencia *f*
confess *v* : confesar : confesarse
confession *n* : confesión *f*

confessional *n* : confesionario *m*
confessor *n* : confesor *m*
confetti *n* : confeti *m*
confidant *n* : confidente *mf*
confidante *n* : confidente *f*
confide *v* **-fided; -fiding** : confiar
confidence *n* : confianza *f*
: confianza *f* en sí mismo
: seguridad *f* en sí mismo
: confidencia *f* : secreto *m*
confident *adj* : seguro : confiado
: seguro de sí mismo
confidential *adj* : confidencial —
confidentially *adv*
confidentiality *n* : confidencialidad *f*
confidently *adv* : con seguridad
: con confianza
configuration *n* : configuración *f*
configure *v* : configurar
confine *v* **-fined; -fining** : confinar
: restringir : limitar : recluir
: encarcelar : encerrar
confined *adj* : limitado
confinement *n* : confinamiento *m*
: reclusión *f* : encierro *m*
confines *npl* : límites *mpl*
: confines *mpl*
confirm *v* : ratificar : confirmar
: verificar
confirmation *n* : confirmación *f*
confiscate *v* **-cated; -cating**
: confiscar : incautar : decomisar
confiscation *n* : confiscación *f*
: incautación *f* : decomiso *m*
conflagration *n* : conflagración *f*
conflict[1] *v* : estar en conflicto
: oponerse
conflict[2] *n* : conflicto *m*
confluence *n* : confluencia *f*
conform *v* : ajustarse : adaptarse
: conformarse : corresponder
: encajar
conformity *n*, *pl* **-ties** : conformidad *f*
confound *v* : confundir
: desconcertar
confront *v* : afrontar : enfrentarse
a : encarar
confrontation *n* : enfrentamiento *m*
: confrontación *f*
confuse *v* **-fused; -fusing**
: confundir : enturbiar : enredar
: complicar
confused *adj* : confundido
: confuso

confusing *adj* : complicado : que confunde

confusion *n* : confusión *f* : embrollo *m* : lío *m*

congeal *v* : congelarse : coagularse : cuajarse

congenial *adj* : agradable : simpático

congenital *adj* : congénito

congest *v* : congestionar : abarrotar : atestar : congestionarse

congested *adj* : congestionado

congestion *n* : congestión *f*

conglomerate[1] *adj* : conglomerado

conglomerate[2] *n* : conglomerado *m*

conglomeration *n* : conglomerado *m* : acumulación *f*

Congolese *n* : congoleño *m*, -ña *f* — **Congolese** *adj*

congratulate *v* **-lated; -lating** : felicitar

congratulation *n* : felicitación *f*

congregate *v* **-gated; -gating** : congregar : reunir : congregarse : reunirse

congregation *n* : congregación *f* : fieles *mpl* : feligreses *mpl*

congress *n* : congreso *m*

congressional *adj* : del congreso

congressman *n, pl* **-men** : congresista *m* : diputado *m*

congresswoman *n, pl* **-women** : congresista *f* : diputada *f*

congruence *n* : congruencia *f*

congruent *adj* : congruente

conic → **conical**

conical *adj* : cónico

conifer *n* : conífera *f*

coniferous *adj* : conífero

conjecture[1] *v* **-tured; -turing** : conjeturar

conjecture[2] *n* : conjetura *f* : presunción *f*

conjugal *adj* : conyugal

conjugate *v* **-gated; -gating** : conjugar

conjugation *n* : conjugación *f*

conjunction *n* : conjunción *f*

conjunctivitis *n* : conjuntivitis *f*

conjure *v* **-jured; -juring** : rogar : suplicar : practicar la magia

conjurer *or* **conjuror** *n* : mago *m*, -ga *f* : prestidigitador *m*, -dora *f*

con man *n* : timador *m*

connect *v* : conectar : comunicar : relacionar : asociar : comunicarse

connection *n* : conexión *f* : enlace *m*

connective *adj* : conectivo : conjuntivo — **connectivity** *n*

connector *n* : conector *m*

connivance *n* : connivencia *f* : complicidad *f*

connive *v* **-nived; -niving** : actuar en connivencia : confabularse : conspirar

connoisseur *n* : conocedor *m*, -dora *f* : entendido *m*, -da *f*

connotation *n* : connotación *f*

connote *v* **-noted; -noting** : connotar

conquer *v* : conquistar : vencer

conqueror *n* : conquistador *m*, -dora *f*

conquest *n* : conquista *f*

conscience *n* : conciencia *f* : consciencia *f*

conscientious *adj* : concienzudo — **conscientiously** *adv*

conscious *adj* : consciente : intencional : deliberado

consciously *adv* : intencionalmente : deliberadamente : a propósito

consciousness *n* : conciencia *f* : consciencia *f* : conocimiento *m*

conscript[1] *v* : reclutar : alistar : enrolar

conscript[2] *n* : conscripto *m*, -ta *f* : recluta *mf*

conscription *n* : conscripción *f*

consecrate *v* **-crated; -crating** : consagrar

consecration *n* : consagración *f* : dedicación *f*

consecutive *adj* : consecutivo : seguido

consecutively *adv* : consecutivamente

consensus *n* : consenso *m*

consent[1] *v* : acceder : ponerse de acuerdo

consent[2] *n* : consentimiento *m* : permiso *m*

consequence *n* : consecuencia *f* : secuela *f* : importancia *f* : trascendencia *f*

consequent *adj* : consiguiente

consequential *adj* : consiguiente
: importante : trascendente
: trascendental
consequently *adv* : por
consiguiente : por ende : por lo
tanto
conservation *n* : conservación *f*
: protección *f*
conservationist *n*
: conservacionista *mf*
conservatism *n* : conservadurismo *m*
conservative[1] *adj* : conservador
: moderado : cauteloso
conservative[2] *n* : conservador *m*,
-dora *f*
conservatory *n, pl* **-ries**
: conservatorio *m*
conserve[1] *v* **-served; -serving**
: conservar : preservar
conserve[2] *n* : confitura *f*
consider *v* : considerar : pensar en
: tener en cuenta : estimar
considerable *adj* : considerable —
considerably *adv*
considerate *adj* : considerado
: atento
consideration *n* : consideración *f*
considering *prep* : teniendo en
cuenta : visto
consign *v* : confiar : encomendar
: consignar : transferir : enviar
consignment *n* : envío *m* : remesa
f
consist *v* : consistir : constar
: componerse
consistency *n, pl* **-cies**
: consistencia *f* : coherencia *f*
: regularidad *f* : uniformidad *f*
consistent *adj* : compatible
: coincidente : uniforme
: constante : regular —
consistently *adv*
consolation *n* : consuelo *m*
console[1] *v* **-soled; -soling**
: consolar
console[2] *n* : consola *f*
consolidate *v* **-dated; -dating**
: consolidar : unir
consolidation *n* : consolidación *f*
consommé *n* : consomé *m*
consonant *n* : consonante *m*
consort[1] *v* : asociarse
: relacionarse : tener trato
consort[2] *n* : consorte *mf*

consortium *n, pl* **-tia** *or* **-tiums**
: consorcio *m*
conspicuous *adj* : visible
: evidente : llamativo
conspicuously *adv* : de manera
llamativa
conspiracy *n, pl* **-cies**
: conspiración *f* : complot *m*
: confabulación *f*
conspirator *n* : conspirador *m*,
-dora *f*
conspire *v* **-spired; -spiring**
: conspirar : confabularse
constable *n* : agente *mf* de policía
constancy *n, pl* **-cies** : constancia *f*
constant[1] *adj* : leal : fiel : constante
: invariable : continuo
constant[2] *n* : constante *f*
constantly *adv* : constantemente
: continuamente
constellation *n* : constelación *f*
consternation *n* : consternación *f*
constipate *v* **-pated; -pating**
: estreñir
constipated *adj* : estreñido
constipation *n* : estreñimiento *m*
: constipación *f*
constituency *n, pl* **-cies** : distrito
m electoral : residentes *mpl* de un
distrito electoral
constituent[1] *adj* : constituyente
: componente : constitutivo
constituent[2] *n* : componente *m*
: elector *m*, -tora *f* : votante *mf*
constitute *v* **-tuted; -tuting**
: constituir : establecer : componer
constitution *n* : constitución *f*
constitutional *adj* : constitucional
constitutionality *n*
: constitucionalidad *f*
constrain *v* : constreñir : obligar
: limitar : restringir : contener
: refrenar
constraint *n* : restricción *f* : limitación *f*
constrict *v* : estrechar : apretar
: comprimir
constriction *n* : estrechamiento *m*
: compresión *f*
construct *v* : construir
construction *n* : construcción *f*
constructive *adj* : constructivo
construe *v* **-strued; -struing**
: interpretar
consul *n* : cónsul *mf*

consular adj : consular
consulate n : consulado m
consult v : consultar **to consult with** : consultar con : solicitar la opinión de
consultancy n, pl **-cies** : consultoría f
consultant n : consultor m, -tora f : asesor m, -sora f
consultation n : consulta f
consumable adj : consumible
consume v **-sumed; -suming** : consumir : usar : gastar
consumer n : consumidor m, -dora f
consumerism n : consumismo m
consummate[1] v **-mated; -mating** : consumar
consummate[2] adj : consumado : perfecto
consummation n : consumación f
consumption n : consumo m : uso m
contact[1] v : ponerse en contacto con : contactar
contact[2] n : contacto m : comunicación f
contact lens n : lente mf de contacto : pupilente m
contagion n : contagio m
contagious adj : contagioso
contain v : contener
container n : recipiente m : envase m
containment n : contención f
contaminant n : contaminante m
contaminate v **-nated; -nating** : contaminar
contamination n : contaminación f
contemplate v **-plated; -plating** : contemplar : considerar : proponerse : proyectar : pensar en : meditar
contemplation n : contemplación f
contemplative adj : contemplativo
contemporaneous adj → **contemporary**[1]
contemporary[1] adj : contemporáneo
contemporary[2] n, pl **-raries** : contemporáneo m, -nea f
contempt n : desprecio m : desdén m : desacato m
contemptible adj : despreciable : vil
contemptuous adj : despectivo : despreciativo : desdeñoso

contemptuously adv : despectivamente : con desprecio
contend v : luchar : lidiar : contender : competir : argüir : sostener : afirmar : protestar contra : disputar
contender n : contendiente mf : aspirante mf : competidor m, -dora f
content[1] v : contentar : satisfacer
content[2] adj : conforme : contento : satisfecho
content[3] n : contento m : satisfacción f
content[4] n : contenido m : significado m : proporción f; **contents** npl : sumario m
contented adj : conforme : satisfecho
contentedly adv : con satisfacción
contention n : disputa f : discusión f : competencia f : contienda f : argumento m : opinión f
contentious adj : controvertido : discutido : discutidor
contentment n : satisfacción f : contento m
contest[1] v : disputar : cuestionar : impugnar
contest[2] n : lucha f : contienda f : concurso m : competencia f
contestable adj : discutible : cuestionable
contestant n : concursante mf : competidor m, -dora f
context n : contexto m
contiguous adj : contiguo
continent[1] adj : continente
continent[2] n : continente m — **continental** adj
contingency n, pl **-cies** : contingencia f : eventualidad f
contingent[1] adj : contingente : eventual : fortuito : accidental
contingent[2] n : contingente m
continual adj : continuo : constante — **continually** adv
continuance n : continuación f : duración f : aplazamiento m
continuation n : continuación f : prolongación f
continue v **-tinued; -tinuing** : continuar : seguir : proseguir : prolongarse : durar : reanudarse : reanudar : prolongar

continuity n, pl **-ties** : continuidad f
continuous adj : continuo — **continuously** adv
contort v : torcer : retorcer : contraer : contraerse : demudarse
contortion n : contorsión f
contour n : contorno m; **contours** npl : curvas fpl
contraband n : contrabando m
contraception n : anticoncepción f : contracepción f
contraceptive[1] adj : anticonceptivo : contraceptivo
contraceptive[2] n : anticonceptivo m : contraceptivo m
contract[1] v : contratar : contraer : contraerse : reducirse
contract[2] n : contrato m
contraction n : contracción f
contractor n : contratista mf
contractual adj : contractual — **contractually** adv
contradict v : contradecir : desmentir
contradiction n : contradicción f
contradictory adj : contradictorio
contralto n, pl **-tos** : contralto m : contralto mf
contraption n : aparato m : artefacto m
contrary[1] adj : contrario : opuesto : terco : testarudo
contrary[2] n, pl **-traries** : lo contrario : lo opuesto
contrast[1] v : contrastar : diferir : comparar
contrast[2] n : contraste m
contravene v **-vened; -vening** : contravenir : infringir
contribute v **-uted; -uting** : contribuir : aportar
contribution n : contribución f
contributor n : contribuidor m, -dora f : colaborador m
contrite adj : contrito : arrepentido
contrition n : contrición f : arrepentimiento m
contrivance n : aparato m : artefacto m : artimaña f : treta f : ardid m
contrive v **-trived; -triving** : idear : ingeniar : maquinar : lograr : ingeniárselas para

control[1] v **-trolled; -trolling** : controlar — **controllable** adj
control[2] n : control m : dominio m : mando m : limitación f : dispositivo m de mando
controller n : controlador m, -dora f
controversial adj : controvertido
controversy n, pl **-sies** : controversia f
controvert v : controvertir : contradecir
contusion n : contusión f : moretón m
conundrum n : acertijo m : adivinanza f
convalesce v **-lesced; -lescing** : convalecer
convalescence n : convalecencia f
convalescent[1] adj : convaleciente
convalescent[2] n : convaleciente mf
convection n : convección f
convene v **-vened; -vening** : convocar : reunirse
convenience n : conveniencia f : comodidad f
convenience store n : tienda f de conveniencia
convenient adj : conveniente : cómodo — **conveniently** adv
convent n : convento m
convention n : convención f : convenio m : pacto m : congreso m
conventional adj : convencional — **conventionally** adv
converge v **-verged; -verging** : converger : convergir
convergence n : convergencia f
convergent adj : convergente
conversant adj **conversant with** : versado con : experto en
conversation n : conversación f
conversational adj : familiar
conversationalist n : conversador m, -dora f
converse[1] v **-versed; -versing** : conversar
converse[2] adj : contrario : opuesto : inverso
conversely adv : a la inversa
conversion n : conversión f : transformación f : cambio m
convert[1] v : convertir : cambiar : convertirse

convert[2] *n* : converso *m*, -sa *f*
converter *or* **convertor** *n*
: convertidor *m*
convertible[1] *adj* : convertible
convertible[2] *n* : convertible *m*
: descapotable *m*
convex *adj* : convexo
convey *v* : transportar : conducir
: transmitir : comunicar : expresar
conveyance *n* : transporte *m*
: transportación *f* : transmisión *f*
: comunicación *f* : transferencia *f*
: traspaso *m*
conveyor *n* : transportador *m*,
-dora *f*
convict[1] *v* : declarar culpable
convict[2] *n* : preso *m*, -sa *f* : presidiario
m, -ria *f* : recluso *m*, -sa *f*
conviction *n* : condena *f*
: convicción *f* : creencia *f*
convince *v* -vinced; -vincing
: convencer
convincing *adj* : convincente
: persuasivo
convincingly *adv* : de forma
convincente
convivial *adj* : jovial : festivo
: alegre
conviviality *n, pl* -ties : jovialidad *f*
convoke *v* -voked; -voking
: convocar
convoluted *adj* : intrincado
: complicado
convoy *n* : convoy *m*
convulse *v* -vulsed; -vulsing
: convulsionar : sufrir convulsiones
convulsion *n* : convulsión *f*
convulsive *adj* : convulsivo —
convulsively *adv*
coo[1] *v* : arrullar
coo[2] *n* : arrullo *m*
cook[1] *v* : cocinar : preparar
cook[2] *n* : cocinero *m*, -ra *f*
cookbook *n* : libro *m* de cocina
cookery *n, pl* -eries : cocina *f*
cookie *or* **cooky** *n, pl* -ies : galleta *f*
cooking *n* : cocina *f* : cocción *f*
: cocimiento *m*
cookout *n* : comida *f* al aire libre
cool[1] *v* : refrescar : enfriar
: refrescarse : enfriarse : calmarse
: tranquilizarse
cool[2] *adj* : fresco : frío : tranquilo
: sereno : distante : muy en la

onda : chévere : bacán; bacano;
guay; chido /
cool[3] *n* : fresco : calma *f*
: serenidad *f*
coolant *n* : refrigerante *m*
cooler *n* : nevera *f* portátil
coolly *adv* : con calma
: tranquilamente : fríamente : con
frialdad
coolness *n* : frescura *f* : frescor
m : tranquilidad *f* : serenidad *f*
: frialdad *f* : indiferencia *f*
coop[1] *v or* **to coop up** : encerrar
coop[2] *n* : gallinero *m*
co—op *n* → **cooperative**[2]
cooperate *v* -ated; -ating
: cooperar : colaborar
cooperation *n* : cooperación *f*
: colaboración *f*
cooperative[1] *adj* : cooperativo
cooperative[2] *n* : cooperativa *f*
co—opt *v* : nombrar como miembro
: cooptar : apropiarse de
coordinate[1] *v* -nated; -nating
: coordinar : coordinarse
: combinar : acordar
coordinate[2] *adj* : coordinado : igual
: semejante
coordinate[3] *n* : coordenada *f*
coordination *n* : coordinación *f*
coordinator *n* : coordinador *m*, -dora *f*
cop → **police officer**
cope *v* coped; coping
: arreglárselas
copier *n* : copiadora *f*
: fotocopiadora *f*
copilot *n* : copiloto *m*
copious *adj* : copioso : abundante
— **copiously** *adv*
copiousness *n* : abundancia *f*
copper *n* : cobre *m*
coppery *adj* : cobrizo
copse *n* : soto *m* : matorral *m*
copulate *v* -lated; -lating : copular
copulation *n* : cópula *f* : relaciones
fpl sexuales
copy[1] *v* copied; copying : hacer
una copia de : duplicar : reproducir
: copiar : imitar
copy[2] *n, pl* copies : copia *f*
: duplicado *m* : reproducción
f : ejemplar *m* : número *m*
: manuscrito *m* : texto *m*
copycat *n* : copión *m*, -piona *f*

copyright[1] v : registrar los derechos de

copyright[2] n : derechos mpl de autor

coral[1] adj : de coral

coral[2] n : coral m

coral snake n : serpiente f de coral

cord n : cuerda f : cordón m : cordel m : médula f

cordial[1] adj : cordial — **cordially** adv

cordial[2] n : cordial m

cordiality n : cordialidad f

cordless adj : inalámbrico

córdoba n : córdoba f

cordon[1] v to cordon off : acordonar

cordon[2] n : cordón m

corduroy n : pana f; **corduroys** npl : pantalones mpl de pana

core[1] v **cored; coring** : quitar el corazón a

core[2] n : corazón m : centro m : núcleo m : meollo m

coriander n : cilantro m

cork[1] v : ponerle un corcho a

cork[2] n : corcho m

corkscrew n : tirabuzón m : sacacorchos m

cormorant n : cormorán m

corn[1] v : conservar en salmuera

corn[2] n : grano m : maíz m : choclo m : elote m : callo m

corncob n : mazorca f : choclo m : elote m

cornea n : córnea f

corner[1] v : acorralar : arrinconar : monopolizar : acaparar : tomar una curva : doblar una esquina

corner[2] n : rincón m : esquina f : ángulo m : curva f : aprieto m : impasse m

corner kick n : córner m

cornerstone n : piedra f angular

cornet n : corneta f

cornfield n : maizal m : milpa f

cornflakes npl : copos mpl de maíz

cornice n : cornisa f

cornmeal n : harina f de maíz

cornstalk n : tallo m del maíz

cornstarch n : maicena f : almidón m de maíz

cornucopia n : cornucopia f

corny adj **cornier; -est** : sentimental : cursi : tonto

corolla n : corola f

corollary n, pl **-laries** : corolario m

corona n : corona f

coronary[1] adj : coronario

coronary[2] n, pl **-naries** : trombosis f coronaria : infarto m : ataque m al corazón

coronation n : coronación f

coroner n : médico m forense

corporal[1] adj : corporal

corporal[2] n : cabo m

corporate adj : corporativo : empresarial

corporation n : sociedad f anónima : corporación f : empresa f

corporeal adj : corpóreo : material : tangible — **corporeally** adv

corps n, pl **corps** : cuerpo m

corpse n : cadáver m

corpulence n : obesidad f : gordura f

corpulent adj : obeso : gordo

corpuscle n : corpúsculo m : glóbulo m

corral[1] v **-ralled; -ralling** : acorralar

corral[2] n : corral m

correct[1] v : corregir : rectificar : reprender

correct[2] adj : correcto : exacto : apropiado

correction n : corrección f

corrective adj : correctivo

correctly adv : correctamente

correctness n : exactitud f : corrección f

correlate v **-lated; -lating** : relacionar : poner en correlación

correlation n : correlación f

correspond v : corresponder : concordar : coincidir : corresponderse : escribirse

correspondence n : correspondencia f

correspondent n : corresponsal mf

corresponding adj : correspondiente

correspondingly adv : en consecuencia : de la misma manera

corridor n : corredor m : pasillo m

corroborate v **-rated; -rating** : corroborar

corroboration n : corroboración f

corrode v **-roded; -roding** : corroer : corroerse

corrosion n : corrosión f

corrosive *adj* : corrosivo
corrugate *v* -gated; -gating
: ondular : acanalar : corrugar
corrugated *adj* : ondulado
: acanalado
corrupt[1] *v* : corromper : pervertir
: degradar : sobornar
corrupt[2] *adj* : corrupto : corrompido
corruptible *adj* : corruptible
corruption *n* : corrupción *f*
corsage *n* : ramillete *m* que se lleva
como adorno
corset *n* : corsé *m*
cortex *n, pl* **-tices** *or* **-texes**
: corteza *f*
cortisone *n* : cortisona *f*
cosmetic[1] *adj* : cosmético
cosmetic[2] *n* : cosmético *m*
cosmic *adj* : cósmico : grandioso
: inmenso : vasto
cosmonaut *n* : cosmonauta *mf*
cosmopolitan[1] *adj* : cosmopolita
cosmopolitan[2] *n* : cosmopolita *mf*
cosmos *n* : cosmos *m* : universo *m*
cost[1] *v* **cost; costing** : costar
cost[2] *n* : costo *m* : precio *m* : coste
m
co–star *n* : coprotagonista *mf*
Costa Rican[1] *adj* : costarricense
Costa Rican[2] *n* : costarricense *mf*
costly *adj* : costoso : caro
costume *n* : traje *m* : disfraz *m*
: vestimenta *f* : conjunto *m*
costume jewelry *n* : bisutería *f*
cosy → cozy
cot *n* : catre *m*
coterie *n* : tertulia *f* : círculo *m*
cottage *n* : casita *f*
cottage cheese *n* : requesón *m*
cotton *n* : algodón *m*
cotton batting → batting
cotton candy *n* : algodón *m* de
azúcar
cottonmouth → moccasin
cottonseed *n* : semilla *f* de algodón
cotton swab → swab
cottontail *n* : conejo *m* de cola
blanca
couch[1] *v* : expresar : formular
couch[2] *n* : sofá *m*
couch potato *n* : haragán *m*, -gana
f : vago *m*, -ga *f*
cougar *n* : puma *m*
cough[1] *v* : toser

cough[2] *n* : tos *f*
could → can
council *n* : concejo *m* : junta *f*
: consejo *m* : concilio *m*
councillor *or* **councilor** *n*
: concejal *m*, -jala *f*
councilman *n, pl* **-men** : concejal *m*
councilwoman *n, pl* **-women**
: concejala *f*
counsel[1] *v* **-seled** *or* **-selled;**
-seling *or* **-selling** : aconsejar
: asesorar : recomendar
: consultar
counsel[2] *n* : consejo *m*
: recomendación *f* : consulta *f*;
counsel *ns & pl* : abogado *m*,
-da *f*
counselor *or* **counsellor** *n*
: consejero *m*, -ra *f* : consultor *m*,
-tora *f* : asesor *m*, -sora *f*
count[1] *v* : contar : considerar
: valer : importar
count[2] *n* : cómputo *m* : recuento
m : cuenta *f* : cargo *m* : punto *m*
: aspecto *m* : conde *m*
countable *adj* : numerable
countdown *n* : cuenta *f* atrás
countenance[1] *v* **-nanced;**
-nancing : permitir : tolerar
countenance[2] *n* : semblante *m*
: rostro *m*
counter[1] *v* : oponerse a : resistir
: responder : contraatacar
counter[2] *adv* **counter to** : contrario
a : en contra de
counter[3] *adj* : contrario : opuesto
counter[4] *n* : ficha *f* : mostrador *m*
: ventanilla *f* : contador *m* : fuerza *f*
opuesta : contrapeso *m*
counter- *pref* : contra-
counteract *v* : contrarrestar
counterattack *n* : contraataque *m*
counterbalance[1] *v* **-anced;**
-ancing : contrapesar
counterbalance[2] *n* : contrapeso *m*
counterclockwise *adv & adj*
: en el sentido opuesto al de las
manecillas del reloj
counterfeit[1] *v* : falsificar : fingir
: aparentar
counterfeit[2] *adj* : falso : inauténtico
counterfeit[3] *n* : falsificación *f*
counterfeiter *n* : falsificador *m*,
-dora *f*

countermand v : contramandar
countermeasure n : contramedida f
counterpart n : homólogo m
: contraparte f
counterpoint n : contrapunto m
counterproductive adj
: contraproducente
counterrevolution n
: contrarrevolución f
counterrevolutionary[1] adj
: contrarrevolucionario
counterrevolutionary[2] n, pl **-ries**
: contrarrevolucionario m, -ria f
countersign n : contraseña f
countess n : condesa f
countless adj : incontable
: innumerable
country[1] adj : campestre : rural
country[2] n, pl **-tries** : país m
: nación f : patria f : campo m
countryman n, pl **-men**
: compatriota mf : paisano m, -na f
countryside n : campo m
: campiña f
county n, pl **-ties** : condado m
coup n, pl **coups** : golpe m maestro
coup de grâce or **coup de grace**
ns & pl : tiro m de gracia : golpe m
de gracia
coup d'état or **coup d'etat** n, pl
coups d'état or **coups d'etat**
: golpe m : cuartelazo m
coupe n : cupé m
couple[1] v **-pled; -pling** : acoplar
: enganchar : conectar
couple[2] n : par m : pareja f
coupling n : acoplamiento m
coupon n : cupón m
courage n : valor m : valentía f
: coraje m
courageous adj : valiente : valeroso
courageously adv : con valor : con
coraje
courier n : mensajero m, -ra f
course[1] v **coursed; coursing**
: correr
course[2] n : curso m : transcurso m
: rumbo m : derrota f : derrotero m
: camino m : vía f : plato m : pista
f : campo m
court[1] v : cortejar : galantear
court[2] n : palacio m : corte f
: séquito m : patio m : cancha f
: tribunal m

courteous adj : cortés : atento
: educado — **courteously** adv
courtesan n : cortesana f
courtesy n, pl **-sies** : cortesía f
courthouse n : palacio m de
justicia : juzgado m
courtier n : cortesano m, -na f
courtly adj **courtlier; -est**
: distinguido : elegante : cortés
court–martial[1] v : someter a
consejo de guerra
court–martial[2] n, pl **courts–martial**
: consejo m de guerra
court order n : mandamiento m
judicial
courtroom n : tribunal m : corte f
courtship n : cortejo m : noviazgo m
courtyard n : patio m
cousin n : primo m, -ma f
couture n : industria f de la moda
cove n : ensenada f : cala f
covenant n : pacto m : contrato m
cover[1] v : cubrir : tapar : tratar
: asegurar : recorrer
cover[2] n : cubierta f : abrigo m
: refugio m : tapa f : portada f
: funda f : fachada f; **covers** npl
: ropa f de cama : cobijas fpl
: mantas fpl
coverage n : cobertura f
coveralls npl : overol m
covering n : cubierta f
coverlet n : cobertor m
cover letter n : carta f de
presentación
covert[1] adj : encubierto : secreto
covert[2] n : espesura f : maleza f
cover–up n : encubrimiento m
covet v : codiciar
covetous adj : codicioso
covey n, pl **-eys** : bandada f
pequeña : grupo m
cow[1] v : intimidar : acobardar
cow[2] n : vaca f : hembra f
coward n : cobarde mf
cowardice n : cobardía f
cowardly adj : cobarde
cowbell n : cencerro m : esquila f
cowboy n : vaquero m : cowboy m
cower v : encogerse : acobardarse
cowgirl n : vaquera f
cowherd n : vaquero m, -ra f
cowhide n : cuero m : piel f de
vaca

cowl *n* : capucha *f*
cowlick *n* : remolino *m*
coworker *n* : colega *mf*
: compañero *m*, -ra *f* de trabajo
cowpuncher → **cowboy**
cowslip *n* : prímula *f* : primavera *f*
coxswain *n* : timonel *m*
coy *adj* : tímido : cohibido : coqueto
coyote *n, pl* **coyotes** *or* **coyote**
: coyote *m*
cozy *adj* **cozier; -est** : acogedor
: cómodo
CPR *n* : resucitación *f*
cardiopulmonar
CPU *n* : CPU *mf* : UPC *mf* : UCP *mf*
crab *n* : cangrejo *m* : jaiba *f*
crabby *adj* **crabbier; -est** : gruñón
: malhumorado
crabgrass *n* : digitaria *f* : gramilla *f*
crack[1] *v* : chasquear : hacer
restallar : rajar : agrietar
: resquebrajar : romper : cascar
: forzar : abrir : dejar entreabierta
: resolver : descifrar : restallar
: rajarse : resquebrajarse
: agrietarse : quebrarse : dejar de
resistirse
crack[2] *adj* : buenísimo : de primera
crack[3] *n* : chasquido *m* : restallido
m : estallido *m* : crujido *m* : chiste
m : ocurrencia *f* : salida *f* : raja
f : grieta *f* : fisura *f* : golpe *m*
: intento *m*
crackdown *n* : medidas *fpl*
enérgicas
crack down *v* : tomar medidas
enérgicas
cracker *n* : galleta *f*
crackle[1] *v* **-led; -ling** : chisporrotear
: crujir
crackle[2] *n* : crujido *m*
crackpot *n* : excéntrico *m*, -ca *f*
: chiflado *m*, -da *f*
crack–up *n* : choque *m*
: estrellamiento *m* : crisis *f*
nerviosa
crack up *v* : estrellar : hacer reír
: elogiar : estrellarse : echarse
a reír
cradle[1] *v* **-dled; -dling** : acunar
: mecer
cradle[2] *n* : cuna *f*
craft *n* : oficio *m* : arte *m*
: artesanía *f* : destreza *f* : astucia

f : maña *f; pl usually* **craft** : barco
m : embarcación *f; pl usually* **craft**
: avión *m* : aeronave *f*
craftiness *n* : astucia *f* : maña *f*
craftsman *n, pl* **-men** : artesano *m*,
-na *f*
craftsmanship *n* : artesanía *f*
: destreza *f*
crafty *adj* **craftier; -est** : astuto
: taimado
crag *n* : peñasco *m*
craggy *adj* **craggier; -est**
: peñascoso
cram *v* **crammed; cramming**
: embutir : meter : atiborrar
: abarrotar : estudiar a última hora
: memorizar
cramp[1] *v* : dar calambre en : limitar
: restringir : entorpecer *or* **to**
cramp up : acalambrarse
cramp[2] *n* : calambre *m* : espasmo
m; **cramps** *npl* : retorcijones *mpl*
cranberry *n, pl* **-berries** : arándano
m
crane[1] *v* **craned; craning** : estirar
crane[2] *n* : grulla *f* : grúa *f*
cranial *adj* : craneal : craneano
cranium *n, pl* **-niums** *or* **-nia**
: cráneo *m*
crank[1] *v or* **to crank up** : arrancar
crank[2] *n* : manivela *f* : manubrio *m*
: excéntrico *m*, -ca *f*
cranky *adj* **crankier; -est** : irritable
: malhumorado
cranny *n, pl* **-nies** : grieta *f*
crash[1] *v* : caerse con estrépito
: estrellarse : chocar : retumbar
: resonar : estrellar
crash[2] *n* : estrépito *m* : choque *m*
: colisión *f* : quiebra *f* : crac *m*
crash course *n* : curso *m* intensivo
crash helmet *n* : casco *m*
crass *adj* : grosero : de mal gusto
crate[1] *v* **crated; crating** : empacar
en un cajón
crate[2] *n* : cajón *m*
crater *n* : cráter *m*
cravat *n* : corbata *f*
crave *v* **craved; craving** : ansiar
: apetecer : tener muchas ganas
de
craven *adj* : cobarde : pusilánime
craving *n* : ansia *f* : antojo *m*
: deseo *m*

crawfish → **crayfish**

crawl[1] *v* : arrastrarse : gatear : estar plagado

crawl[2] *n* : paso *m* lento : crol *m*

crayfish *n* : ástaco *m* : langostino *m*

crayon *n* : crayón *m*

craze *n* : moda *f* pasajera : manía *f*

crazed *adj* : enloquecido

crazily *adv* : locamente : erráticamente : insensatamente

craziness *n* : locura *f* : demencia *f*

crazy *adj* **crazier; -est** : loco : insensato : absurdo : extraño : raro

creak[1] *v* : chirriar : rechinar : crujir

creak[2] *n* : chirrido *m* : crujido *m*

creaky *adj* **creakier; -est** : chirriante : que cruje

cream[1] *v* : batir : mezclar : preparar con crema

cream[2] *n* : crema *f* : nata *f* : loción *f* : elite *f*

cream cheese *n* : queso *m* crema

creamery *n, pl* **-eries** : fábrica *f* de productos lácteos

creamy *adj* **creamier; -est** : cremoso

crease[1] *v* **creased; creasing** : plegar : poner una raya en : arrugar

crease[2] *n* : pliegue *m* : doblez *m* : raya *f*

create *v* **-ated; -ating** : crear : hacer

creation *n* : creación *f*

creative *adj* : creativo : original

creatively *adv* : creativamente : con originalidad

creativity *n* : creatividad *f*

creator *n* : creador *m*, -dora *f*

creature *n* : ser *m* viviente : criatura *f* : animal *m*

crèche *n* : nacimiento *m*

credence *n* : crédito *m*

credentials *npl* : referencias *fpl* oficiales : cartas *fpl* credenciales

credibility *n* : credibilidad *f*

credible *adj* : creíble

credit[1] *v* : creer : dar crédito a : ingresar : abonar : atribuir

credit[2] *n* : saldo *m* positivo : saldo *m* a favor : crédito *m* : reconocimiento *m* : orgullo *m* : honor *m*; **credits** *npl* : créditos *mpl*

creditable *adj* : encomiable : loable — **creditably** *adv*

credit card *n* : tarjeta de crédito

creditor *n* : acreedor *m*, -dora *f*

credo *n* : credo *m*

credulity *n* : credulidad *f*

credulous *adj* : crédulo

creed *n* : credo *m*

creek *n* : arroyo *m* : riachuelo *m*

creel *n* : nasa *f* : cesta *f*

creep[1] *v* **crept; creeping** : arrastrarse : gatear : moverse lentamente o sigilosamente : trepar

creep[2] *n* : paso *m* lento : asqueroso *m*, -sa *f*; **creeps** *npl* : escalofríos *mpl*

creeper *n* : planta *f* trepadora : trepadora *f*

creepy *adj* : que da miedo : espeluznante : asqueroso

cremate *v* **-mated; -mating** : cremar

cremation *n* : cremación *f*

crematorium *n* : crematorio *m*

Creole *n* : criollo *m* : criolla *f* — **Creole** *adj*

crepe *or* **crêpe** *n* : crespón *m* : crepe *mf* : crepa *f*

crepe paper *n* : papel *m* crepé

crescendo *n, pl* **-dos** *or* **-does** : crescendo *m*

crescent *n* : creciente *m*

crest *n* : cresta *f* : penacho *m* : cima *f* : emblema *m*

crestfallen *adj* : alicaído : abatido

cretin *n* : cretino *m*, -na *f* : imbécil *mf*

crevasse *n* : grieta *f* : fisura *f*

crevice *n* : grieta *f* : hendidura *f*

crew *n* : tripulación *f* : equipo *m*

crew cut *n* : pelo *m* al rape : casquete *m* corto

crib *n* : pesebre *m* : granero *m* : cuna *f*

crick *n* : calambre *m* : espasmo *m* muscular

cricket *n* : grillo *m* : críquet *m*

crime *n* : crimen *m* : delito *m* : delincuencia *f*

criminal[1] *adj* : criminal

criminal[2] *n* : criminal *mf* : delincuente *mf*

crimp *v* : ondular : rizar : arrugar

crimson *n* : carmesí *m*

cringe *v* **cringed; cringing**
: encogerse

crinkle¹ *v* **-kled; -kling** : arrugar
: arrugarse

crinkle² *n* : arruga *f*

crinkly *adj* : arrugado

cripple *v* **-pled; -pling** : lisiar
: dejar inválido : inutilizar
: incapacitar

crisis *n, pl* **crises** : crisis *f*

crisp¹ *v* : tostar : hacer crujiente

crisp² *adj* : crujiente : crocante
: firme : fresco : vivaz : alegre
: vigorizante — **crisply** *adv*

crisp³ *n* : postre *m* de fruta

crispy *adj* **crispier; -est** : crujiente

crisscross *v* : entrecruzar

criterion *n, pl* **-ria** : criterio *m*

critic *n* : crítico *m*, -ca *f* : detractor
m, -tora *f* : criticón *m*, -cona *f*

critical *adj* : crítico

critically *adv* : críticamente

criticism *n* : crítica *f*

criticize *v* **-cized; -cizing** : criticar
: analizar : evaluar : reprobar

critique *n* : crítica *f* : evaluación *f*

croak¹ *v* : croar

croak² *n* : croar *m* : canto *m*

Croatian *n* : croata *mf* — **Croatian** *adj*

crochet¹ *v* : tejer al croché

crochet² *n* : croché *m* : crochet *m*

crock *n* : vasija *f* de barro

crockery *n* : vajilla *f*

crocodile *n* : cocodrilo *m*

crocus *n, pl* **-cuses** : azafrán *m*

croissant *n* : croissant *m*

crone *n* : vieja *f* bruja

crony *n, pl* **-nies** : amigote *m*
: compinche *mf*

crook¹ *v* : doblar

crook² *n* : cayado *m* : báculo *m*
: ratero *m*, -ra *f* : ladrón *m*, -drona *f*

crooked *adj* : chueco : torcido
: deshonesto

crookedness *n* : lo torcido : lo
chueco : falta *f* de honradez

croon *v* : cantar suavemente

crop¹ *v* **cropped; cropping**
: recortar : cortar **to crop up**
: aparecer : surgir

crop² *n* : buche *m* : fusta *f*
: cosecha *f* : cultivo *m*

croquet *n* : croquet *m*

croquette *n* : croqueta *f*

cross¹ *v* : cruzar : atravesar

cross² *adj* : que atraviesa
: contrario : opuesto : enojado : de
mal humor

cross³ *n* : cruz *f* : cruza *f*

crossbar *n* : travesaño *m* : tranca *f*

crossbones *npl* : huesos *mpl*
cruzados

crossbow *n* : ballesta *f*

crossbreed *v* **-bred; -breeding**
: cruzar

cross-country *n* : cross *m*

crosscurrent *n* : contracorriente *f*

cross-examination *n* : repreguntas
fpl : interrogatorio *m*

cross-examine *v* **-ined; -ining**
: repreguntar

cross-eyed *adj* : bizco

crossfire *n* : fuego *m* cruzado

crossing *n* : cruce *m* : paso *m*
: travesía *f*

cross-legged *adv* : con las piernas
cruzadas

crossly *adv* : con enojo : con enfado

crosspiece *n* : travesaño *m*

cross-reference *n* : referencia *f*
: remisión *f*

crossroads *n* : cruce *m*
: encrucijada *f* : crucero *m*

cross section *n* : corte
m transversal : muestra *f*
representativa

crosswalk *n* : cruce *m* peatonal
: paso *m* de peatones

crossways → **crosswise**

crosswise¹ *adv* : transversalmente
: diagonalmente

crosswise² *adj* : transversal
: diagonal

crossword *or* **crossword puzzle** *n*
: crucigrama *m*

crotch *n* : entrepierna *f*

crotchety *adj* : malhumorado
: irritable : enojadizo

crouch *v* : agacharse : ponerse de
cuclillas

croup *n* : crup *m*

crouton *n* : crutón *m*

crow¹ *v* : cacarear : cantar
: alardear : presumir

crow² *n* : cuervo *m* : cantar *m*

crowbar *n* : palanca *f*

crowd[1] *v* : aglomerarse : amontonarse : atestar : atiborrar : llenar

crowd[2] *n* : multitud *f* : muchedumbre *f* : gentío *m*

crowded *adj* : repleto : atestado : abarrotado

crown[1] *v* : coronar

crown[2] *n* : corona *f*

crow's–feet *npl* : patas *fpl* de gallo

crucial *adj* : crucial : decisivo

crucible *n* : crisol *m*

crucifix *n* : crucifijo *m*

crucifixion *n* : crucifixión *f*

crucify *v* **-fied; -fying** : crucificar

crude *adj* **cruder; -est** : crudo : sin refinar : grosero : de mal gusto : tosco : burdo : rudo

crudely *adv* : groseramente : burdamente : de manera rudimentaria

crudity *n, pl* **-ties** : grosería *f* : tosquedad *f* : rudeza *f*

cruel *adj* **crueler** *or* **crueller; cruelest** *or* **cruellest** : cruel

cruelly *adv* : cruelmente

cruelty *n, pl* **-ties** : crueldad *f*

cruet *n* : vinagrera *f* : aceitera *f*

cruise[1] *v* **cruised; cruising** : hacer un crucero : navegar o conducir a una velocidad constante

cruise[2] *n* : crucero *m*

cruiser *n* : crucero *m* : buque *m* de guerra : patrulla *f*

crumb *n* : miga *f* : migaja *f*

crumble *v* **-bled; -bling** : desmigajar : desmenuzar : desmigajarse : desmoronarse : desmenuzarse

crumbly *adj* : que se desmenuza fácilmente

crummy *adj* **crummier; -est** : malo

crumple *v* **-pled; -pling** : arrugar : arrugarse : desplomarse

crunch[1] *v* : ronzar : hacer crujir : crujir

crunch[2] *n* : crujido *m*

crunchy *adj* **crunchier; -est** : crujiente

crusade[1] *v* **-saded; -sading** : hacer una campaña

crusade[2] *n* : campaña *f*

crusader *n* : cruzado *m* : campeón *m*, -peona *f*

crush[1] *v* : aplastar : apachurrar : triturar : machacar : suprimir : darle una paliza a

crush[2] *n* : gentío *m* : multitud *f* : aglomeración *f* : enamoramiento *m*

crushing *adj* : aplastante : abrumador

crust *n* : corteza *f* : costra *f* : tapa *f* de masa : pasta *f* : capa *f*

crustacean *n* : crustáceo *m*

crusty *adj* **crustier; -est** : de corteza dura : enojado : malhumorado

crutch *n* : muleta *f*

crux *n, pl* **cruxes** : quid *m* : esencia *f* : meollo *m*

cry[1] *v* **cried; crying** : gritar : llorar

cry[2] *n, pl* **cries** : grito *m* : llanto *m* : chillido *m*

crybaby *n, pl* **-bies** : llorón *m*, -rona *f*

crypt *n* : cripta *f*

cryptic *adj* : enigmático : críptico

cryptocurrency *n, pl* **-cies** : criptomoneda *f* : criptodivisa *f*

crystal *n* : cristal *m*

crystalline *adj* : cristalino

crystallize *v* **-lized; -lizing** : cristalizar : materializar : cristalizarse

C–section → **cesarean**[2]

cub *n* : cachorro *m*

Cuban *n* : cubano *m*, -na *f* — **Cuban** *adj*

cubbyhole *n* : chiribitil *m*

cube[1] *v* **cubed; cubing** : elevar al cubo : cortar en cubos

cube[2] *n* : cubo *m*

cubic *adj* : cúbico

cubicle *n* : cubículo *m*

cuckoo[1] *adj* : loco : chiflado

cuckoo[2] *n, pl* **-oos** : cuco *m* : cuclillo *m*

cucumber *n* : pepino *m*

cud *n* **to chew the cud** : rumiar

cuddle[1] *v* **-dled; -dling** : abrazarse tiernamente : acurrucarse : abrazar

cuddle[2] *n* : abrazo *m*

cudgel[1] *v* **-geled** *or* **-gelled; -geling** *or* **-gelling** : apalear : aporrear

cudgel[2] *n* : garrote *m* : porra *f*

cue[1] *v* **cued; cuing** *or* **cueing** : darle el pie a : darle la señal a

cue[2] n : señal f : pie m : entrada f : taco m

cuff[1] v : bofetear : cachetear

cuff[2] n : puño m : vuelta f : bofetada f : cachetada f; **cuffs** npl : esposas fpl

cuff link n : gemelo m

cuisine n : cocina f

cul—de—sac n : calle f sin salida

culinary adj : culinario

cull v : seleccionar

culminate v -nated; -nating : culminar

culmination n : culminación f : punto m culminante

culpable adj : culpable

culprit n : culpable mf

cult n : culto m

cultivate v -vated; -vating : cultivar : labrar : fomentar : refinar

cultivation n : cultivo m : cultura f : refinamiento m

cultural adj : cultural — **culturally** adv

culture n : cultivo m : cultura f : educación f : refinamiento m : civilización f

cultured adj : culto : educado : refinado : de cultivo : cultivado

culvert n : alcantarilla f

cumbersome adj : torpe y pesado : difícil de manejar

cumin n : comino m

cumulative adj : acumulativo

cumulus n, pl -li : cúmulo m

cunning[1] adj : astuto : taimado : ingenioso : hábil : mono : gracioso : lindo

cunning[2] n : habilidad f : astucia f : maña f

cup[1] v cupped; cupping : ahuecar

cup[2] n : taza f : media pinta f : copa f : trofeo m

cupboard n : alacena f : armario m

cupcake n : pastelito m

cupful n : taza f

cupola n : cúpula f

cur n : perro m callejero : perro m corriente

curate n : cura m : párroco m

curator n : conservador m, -dora f : director m, -tora f

curb[1] v : refrenar : restringir : controlar

curb[2] n : freno m : control m : borde m de la acera

curd n : cuajada f

curdle v -dled; -dling : cuajarse : cuajar

curdled adj : cortado

cure[1] v cured; curing : curar : sanar : remediar

cure[2] n : curación f : recuperación f : cura f : remedio m

curfew n : toque m de queda

curio n, pl -rios : curiosidad f : objeto m curioso

curiosity n, pl -ties : curiosidad f

curious adj : curioso : raro

curl[1] v : rizar : ondular : enrollar : torcer : rizarse : ondularse

curl[2] n : rizo m : espiral f : rosca f

curler n : rulo m

curlew n, pl -lews or -lew : zarapito m

curly adj curlier; -est : rizado : crespo

curly brace or **curly bracket** n : llave f

currant n : grosella f : pasa f de Corinto

currency n, pl -cies : uso m : aceptación f : difusión f : moneda f : dinero m

current[1] adj : actual : corriente : común — **currently** adv

current[2] n : corriente f

curriculum n, pl -la : currículum m : currículo m : programa m de estudio

curriculum vitae n, pl **curricula vitae** : currículum m : currículo m

curry[1] v -ried; -rying : almohazar : condimentar con curry

curry[2] n, pl -ries : curry m

curse[1] v cursed; cursing : maldecir : injuriar : insultar : decir malas palabras a : afligir : decir malas palabras

curse[2] n : maldición f : aflicción f : cruz f

cursor n : cursor m

cursory adj : rápido : superficial : somero

curt adj : cortante : brusco : seco — **curtly** adv

curtail v : acortar : limitar : restringir

curtailment *n* : restricción *f*
: limitación *f*

curtain *n* : cortina *f* : telón *m*

curtness *n* : brusquedad *f*
: sequedad *f*

curtsy[1] *or* **curtsey** *v* **-sied** *or*
-seyed; -sying *or* **-seying** : hacer
una reverencia

curtsy[2] *or* **curtsey** *n, pl* **-sies** *or*
-seys : reverencia *f*

curvature *n* : curvatura *f*

curve[1] *v* **curved; curving** : torcerse
: describir una curva : encorvar

curve[2] *n* : curva *f*

curvy *adj* **curvier; -est** : con
muchas curvas : sinuoso
: curvilíneo

cushion[1] *v* : poner cojines o
almohadones a : amortiguar
: mitigar : suavizar

cushion[2] *n* : cojín *m* : almohadón
m : colchón *m* : protección *f*

cusp *n* : cúspide *f* : cuerno *m*

cuspid *n* : diente *m* canino
: colmillo *m*

custard *n* : natillas *fpl*

custodian *n* : custodio *m*, -dia *f*
: guardián *m*, -diana *f*

custody *n, pl* **-dies** : custodia *f*
: cuidado *m*

custom[1] *adj* : a la medida : a la
orden

custom[2] *n* : costumbre *f* : tradición *f*;
customs *npl* : aduana *f*

customarily *adv* : habitualmente
: normalmente : de costumbre

customary *adj* : tradicional
: habitual : de costumbre

customer *n* : cliente *m*, -ta *f*

customize *v* **-ized; -izing** : adaptar
a los requisitos de alguien
: personalizar — **customization** *n*

custom–made *adj* : hecho a la
medida

cut[1] *v* **cut; cutting** : cortar : cortarse
: recortar : cruzar : atravesar
: acortar : abreviar : reducir
: rebajar : sacar : faltar a : apagar

cut[2] *n* : corte *m* : tajo *m* : cortadura
f : rebaja *f* : reducción *f*

cutaneous *adj* : cutáneo

cutback *n* : recorte *m* : reducción *f*

cute *adj* **cuter; cutest** : mono
: lindo

cuticle *n* : cutícula *f*

cutlass *n* : alfanje *m*

cutlery *n* : cubiertos *mpl*

cutlet *n* : chuleta *f*

cutoff *n* : corte *m* : interrupción *f*
: fecha *f* límite : fecha *f* tope;
cutoffs *npl* : shorts *mpl* de
mezclilla

cut–rate *adj* : a precio rebajado

cutter *n* : cortadora *f* : cortador *m*,
-dora *f* : cúter *m*

cutthroat *adj* : despiadado
: desalmado

cutting[1] *adj* : cortante : mordaz

cutting[2] *n* : esqueje *m*

cuttlefish *n, pl* **-fish** *or* **-fishes**
: jibia *f* : sepia *f*

cyanide *n* : cianuro *m*

cyber- *pref* : ciber- *m*

cyberbullying *n* : ciberacoso *m*

cybernetic *adj* : cibernético

cycle[1] *v* **-cled; -cling** : andar en
bicicleta : ir en bicicleta

cycle[2] *n* : ciclo *m* : bicicleta *f*
: motocicleta *f*

cyclic *or* **cyclical** *adj* : cíclico

cycling *n* : ciclismo *m*

cyclist *n* : ciclista *mf*

cyclone *n* : ciclón *m* : tornado *m*

cyclopedia *or* **cyclopaedia** →
encyclopedia

cylinder *n* : cilindro *m*

cylindrical *adj* : cilíndrico

cymbal *n* : platillo *m* : címbalo *m*

cynic *n* : cínico *m*, -ca *f*

cynical *adj* : cínico

cynicism *n* : cinismo *m*

cypress *n* : ciprés *m*

cyst *n* : quiste *m*

czar *n* : zar *m*

czarina *n* : zarina *f*

Czech *n* : checo *m*, -ca *f* — **Czech**
adj

Czechoslovak *or*
Czechoslovakian *n*
: checoslovaco *m*, -ca *f*
— **Czechoslovak** *or*
Czechoslovakian *adj*

D

dab[1] *v* **dabbed; dabbing**
: darle toques ligeros a : aplicar
suavemente

dab[2] *n* : toque *m* : pizca *f* : poco *m*
: toque *m* ligero : golpecito *m*

dabble *v* **-bled; -bling** : salpicar
: chapotear : jugar : interesarse
superficialmente

dabbler *n* : diletante *mf*

dachshund *n* : perro *m* salchicha

dad *n* : papá *m*

daddy *n, pl* **-dies** : papi *m*

daddy longlegs *n, pl* **daddy
longlegs** : segador *m*

daffodil *n* : narciso *m*

daft *adj* : tonto : bobo

dagger *n* : daga *f* : puñal *m*

dahlia *n* : dalia *f*

daily[1] *adv* : a diario : diariamente

daily[2] *adj* : diario : cotidiano

daily[3] *n, pl* **-lies** : diario *m*
: periódico *m*

daintily *adv* : delicadamente : con
delicadeza

daintiness *n* : delicadeza *f* : finura *f*

dainty[1] *adj* **daintier; -est** : delicado
: remilgado : melindroso : exquisito
: sabroso

dainty[2] *n, pl* **-ties** : exquisitez *f*
: manjar *m*

dairy[1] *adj* : lácteo

dairy[2] *n, pl* **-ries** : (productos *mpl*)
lácteos *mpl*

dairymaid *n* : lechera *f*

dairyman *n, pl* **-men** : lechero *m*

dais *n* : tarima *f* : estrado *m*

daisy *n, pl* **-sies** : margarita *f*

dale *n* : valle *m*

dally *v* **-lied; -lying** : juguetear
: entretenerse : perder tiempo

dalmatian *n* : dálmata *m*

dam[1] *v* **dammed; damming**
: represar

dam[2] *n, pl* : represa *f* : dique *m*
: madre *f*

damage[1] *v* **-aged; -aging** : dañar
: perjudicar

damage[2] *n* : daño *m* : perjuicio *m*;
damages *npl* : daños y perjuicios
mpl

damaging *adj* : perjudicial

damask *n* : damasco *m*

dame *n* : dama *f* : señora *f*

damn[1] *v* : condenar : maldecir

damn[2] *or* **damned** *adj* : condenado
: maldito

damn[3] *n* : pito *m* : bledo *m* : comino
m

damnable *adj* : condenable
: detestable

damnation *n* : condenación *f*

damned[1] *adv* : muy

damned[2] *adj* : extraordinario

damning *adj* : condenatorio

damp[1] *v* → **dampen**

damp[2] *adj* : húmedo

damp[3] *n* : humedad *f*

dampen *v* : humedecer : desalentar
: desanimar

damper *n* : regulador *m* de tiro
: sordina *f*

dampness *n* : humedad *f*

damsel *n* : damisela *f*

dance[1] *v* **danced; dancing** : bailar

dance[2] *n* : baile *m*

dancer *n* : bailarín *m*, -rina *f*

dandelion *n* : diente *m* de león

dandruff *n* : caspa *f*

dandy[1] *adj* **dandier; -est**
: excelente : magnífico
: macanudo

dandy[2] *n, pl* **-dies** : dandi *m* : algo
m excelente

Dane *n* : danés *m*, -nesa *f*

danger *n* : peligro *m*

dangerous *adj* : peligroso

dangle *v* **-gled; -gling** : colgar
: pender : hacer oscilar : ofrecer

Danish[1] *adj* : danés

Danish[2] *n* : danés *m*

dank *adj* : frío y húmedo

dapper *adj* : pulcro : atildado

dappled *adj* : moteado

dare[1] *v* **dared; daring** : osar
: atreverse : desafiar : retar

dare[2] *n* : desafío *m* : reto *m*

daredevil *n* : persona *f* temeraria

daring[1] *adj* : osado : atrevido : audaz

daring[2] *n* : arrojo *m* : coraje *m*
: audacia *f*

dark[1] *adj* : oscuro : moreno
: sombrío : triste

dark[2] *n* : oscuridad *f* : tinieblas *f* : noche

dark chocolate *n* : chocolate *m* oscuro : chocolate *m* amargo : chocolate *m* negro

darken *v* : oscurecer : entristecer : ensombrecerse : nublarse

darkly *adv* : oscuramente : tristemente : misteriosamente : enigmáticamente

darkness *n* : oscuridad *f* : tinieblas *f*

darkroom *n* : cuarto *m* oscuro

darling[1] *adj* : querido : amado : encantador : mono

darling[2] *n* : querido *m*, -da *f* : amado *m* : cariño *m*, -ña *f* : preferido *m*, -da *f* : favorito *m*, -ta *f*

darn[1] *v* : zurcir

darn[2] *n* : zurcido *m*

dart[1] *v* : lanzar : tirar : lanzarse : precipitarse

dart[2] *n* : dardo *m*; **darts** *npl* : juego *m* de dardos

dash[1] *v* : romper : estrellar : arrojar : lanzar : salpicar : frustrar : romperse : estrellarse : lanzarse : irse apresuradamente

dash[2] *n* : arranque *m* : salpicadura *f* : guión *m* largo : gota *f* : pizca *f* : brío *m* : carrera *f*

dashboard *n* : tablero *m* de instrumentos

dashing *adj* : gallardo : apuesto

data *ns & pl* : datos *mpl* : información *f*

data bank *n* : banco *m* de datos

database *n* : base *f* de datos

data processing *n* : procesamiento *m* de datos

date[1] *v* **dated; dating** : fechar : datar : salir con

date[2] *n* : fecha *f* : época *f* : período *m* : cita *f* : acompañante *mf* : dátil *m*

dated *adj* : anticuado : pasado de moda

datum *n, pl* **-ta** *or* **-tums** : dato *m*

daub[1] *v* : embadurnar

daub[2] *n* : mancha *f*

daughter *n* : hija *f*

daughter–in–law *n, pl* **daughters– in–law** : nuera *f* : hija *f* política

daunt *v* : amilanar : acobardar : intimidar

daunting *adj* : desalentador

dauntless *adj* : intrépido : impávido

dawdle *v* **-dled; -dling** : demorarse : entretenerse : perder tiempo : vagar : holgazanear : haraganear

dawn[1] *v* : amanecer : alborear : despuntar

dawn[2] *n* : amanecer *m* : alba *f* : albor *m* : comienzo *m*

day *n* : día *m* : fecha *f* : tiempo *m* : jornada *f* laboral

daybreak *n* : alba *f* : amanecer *m*

day care *n* : servicio *m* de guardería infantil

daydream[1] *v* : soñar despierto : fantasear

daydream[2] *n* : ensueño *m* : ensoñación *f* : fantasía *f*

daylight *n* : luz *f* del día

daylight saving time *n* : hora *f* de verano

daytime *n* : horas *fpl* diurnas : día *m*

day–to–day *adj* : diario : cotidiano

daze[1] *v* **dazed; dazing** : aturdir : deslumbrar : ofuscar

daze[2] *n* : aturdimiento *m*

dazzle[1] *v* **-zled; -zling** : deslumbrar : ofuscar

dazzle[2] *n* : resplandor *m* : brillo *m*

dazzling *adj* : deslumbrante

de- *pref* : des-

deacon *n* : diácono *m*

deaconess *n* : diaconisa *f*

deactivate *v* **-vated; -vating** : desactivar

dead[1] *adv* : repentinamente : súbitamente : absolutamente : justo

dead[2] *adj* : muerto : entumecido : dormido : indiferente : frío : inactivo : desconectado : descargado : agotado : derrengado : obsoleto : exacto : de poco movimiento : perdido

deadbeat *n* : vago *m*, -ga *f* : holgazán *m*, -zana *f* : gorrón *m*, -rrona *f* : gorrero *m*, -ra *f*

deaden *v* : atenuar : entorpecer : deslustrar : desanimar : amortiguar : reducir

dead–end *adj* : sin salida : sin futuro

dead end *n* : callejón *m* sin salida

dead heat *n* : empate *m*
deadline *n* : fecha *f* límite : fecha *f*
tope : plazo *m*
deadlock[1] *v* : estancar : estancarse
: llegar a punto muerto
deadlock[2] *n* : punto *m* muerto
: impasse *m*
deadly[1] *adv* : extremadamente
: sumamente
deadly[2] *adj* **deadlier; -est** : mortal
: letal : mortífero : certero : preciso
: capital : funesto : aburrido
: extremo : absoluto
deadpan[1] *adv* : de manera
inexpresiva : sin expresión
deadpan[2] *adj* : inexpresivo
: impasible
deaf *adj* : sordo
deafen *v* **-ened; -ening** : ensordecer
deafening *adj* : ensordecedor
deafness *n* : sordera *f*
deal[1] *v* **dealt; dealing** *or* **to deal
out** : repartir : dar : asestar
: propinar
deal[2] *n* : reparto *m* : trato *m*
: acuerdo *m* : transacción *f* : ganga
f : oferta *f*
dealer *n* : comerciante *mf*
: traficante *mf*
dealership *n* : concesión *f*
dealings *npl* : relaciones *fpl*
: negocios *mpl* : transacciones *fpl*
dean *n* : deán *m* : decano *m*, -na *f*
dear[1] *adj* : querido : estimado
: caro : costoso
dear[2] *n* : querido *m*, -da *f* : amado *m*
dearly *adv* : mucho : caro
dearth *n* : escasez *f* : carestía *f*
death *n* : muerte *f* : fallecimiento
m : víctima *f* : muerto *m*, -ta *f*
: fin *m*
deathbed *n* : lecho *m* de muerte
deathblow *n* : golpe *m* mortal
death certificate *n* : certificado *m*
de defunción : acta *f* de defunción
deathless *adj* : eterno : inmortal
deathly *adj* : de muerte : sepulcral
: cadavérico
death penalty *n* : pena *f* de muerte
death trap *n* : trampa *f* mortal
: vehículo *m* (o edificio *m*, etc.)
peligroso
debacle *n* : desastre *m* : debacle *m*
: fiasco *m*

debar *v* **-barred; -barring** : excluir
: prohibir
debase *v* **-based; -basing**
: degradar : envilecer
debatable *adj* : discutible
debate[1] *v* **-bated; -bating** : debatir
: discutir
debate[2] *n* : debate *m* : discusión *f*
debauch *v* : pervertir : corromper
debauchery *n*, *pl* **-eries** : libertinaje
m : intemperancia *f*
debilitate *v* **-tated; -tating** : debilitar
debility *n*, *pl* **-ties** : debilidad *f*
debit[1] *v* : adeudar : cargar : debitar
debit[2] *n* : débito *m* : cargo *m* : debe *m*
debit card *n* : tarjeta *f* de débito
debonair *adj* : elegante y
desenvuelto : apuesto
debris *n*, *pl* **-bris** : escombros *mpl*
: ruinas *fpl* : restos *mpl* : basura *f*
: desechos *mpl*
debt *n* : deuda *f* : endeudamiento *m*
debtor *n* : deudor *m*, -dora *f*
debunk *v* : desacreditar
: desprestigiar
debut[1] *v* : debutar
debut[2] *n* : debut *m* : estreno *m*
: presentación *f*
debutante *n* : debutante *f*
decade *n* : década *f*
decadence *n* : decadencia *f*
decadent *adj* : decadente
decaf[1] → **decaffeinated**
decaf[2] *n* : café *m* descafeinado
decaffeinated *adj* : descafeinado
decal *n* : calcomanía *f*
decamp *v* : irse : largarse
decanter *n* : licorera *f* : garrafa *f*
decapitate *v* **-tated; -tating**
: decapitar
decay[1] *v* : descomponerse
: pudrirse : deteriorarse : cariarse
decay[2] *n* : descomposición *f*
: decadencia *f* : deterioro *m*
: caries *f*
decease[1] *v* **-ceased; -ceasing**
: morir : fallecer
decease[2] *n* : fallecimiento *m*
: defunción *f* : deceso *m*
deceased *n* : difunto *m*, -ta *f*
deceit *n* : engaño *m*
: deshonestidad *f*
deceitful *adj* : falso : embustero
: engañoso : mentiroso

deceitfully adv : con engaño : con falsedad

deceitfulness n : falsedad f : engaño m

deceive v -ceived; -ceiving : engañar : burlar

deceiver n : impostor m, -tora f

decelerate v -ated; -ating : reducir la velocidad : desacelerar

December n : diciembre m

decency n, pl -cies : decencia f : decoro m

decent adj : decente : decoroso : correcto : vestido : presentable : púdico : modesto : adecuado

decently adv : decentemente

decentralize v -lized; -lizing : descentralizar : descentralizarse

deception n : engaño m

deceptive adj : engañoso : falaz — **deceptively** adv

decibel n : decibelio m

decide v -cided; -ciding : decidir : llegar a la conclusión de : determinar : resolver : decidirse

decided adj : indudable : decidido : resuelto — **decidedly** adv

deciduous adj : caduco : de hoja caduca

decimal[1] adj : decimal

decimal[2] n : número m decimal

decimal point n : punto m decimal : coma f decimal

decipher v : descifrar — **decipherable** adj

decision n : decisión f : determinación f

decisive adj : decisivo : concluyente : contundente : decidido : resuelto : firme

decisively adv : con decisión : de manera decisiva

decisiveness n : contundencia f : firmeza f : decisión f : determinación f

deck[1] v : tumbar : derribar

deck[2] n : cubierta f; or **deck of cards** : baraja f

deck chair n : silla f de playa

declaim v : declamar

declaration n : declaración f : pronunciamiento m

declare v -clared; -claring : declarar : manifestar

declassify v -fied; -fying : desclasificar

decline[1] v -clined; -clining : descender : deteriorarse : decaer : disminuir : decrecer : rehusar : declinar

decline[2] n : decadencia f : deterioro m : disminución f : descenso m : declive m : pendiente f

decode v -coded; -coding : descifrar : descodificar

decoder n : decodificador m

decompose v -posed; -posing : descomponer : pudrir : descomponerse : pudrirse

decomposition n : descomposición f

decongestant n : descongestionante m

decontaminate v -nated; -nating : descontaminar — **decontamination** n

decor or **décor** n : decoración f

decorate v -rated; -rating : decorar : adornar : condecorar

decoration n : decoración f : adorno m : condecoración f

decorative adj : decorativo : ornamental : de adorno

decorator n : decorador m, -dora f

decorum n : decoro m

decoy[1] v : atraer

decoy[2] n : señuelo m : reclamo m

decrease[1] v -creased; -creasing : decrecer : disminuir : bajar : reducir

decrease[2] n : disminución f : descenso m : bajada f

decree[1] v -creed; -creeing : decretar

decree[2] n : decreto m

decrepit adj : decrépito : débil : deteriorado : ruinoso

decry v -cried; -crying : censurar : criticar

dedicate v -cated; -cating : dedicar : consagrar

dedication n : dedicación f : devoción f : dedicatoria f

deduce v -duced; -ducing : deducir : inferir

deduct v : deducir : descontar : restar

deductible adj : deducible

deduction n : deducción f

deed[1] v : ceder : transferir

deed[2] *n* : acto *m* : acción *f* : hecho *m* : hazaña *f* : proeza *f* : escritura *f* : título *m*

deem *v* : considerar : juzgar

deep[1] *adv* : hondo : profundamente

deep[2] *adj* : hondo : profundo : de fondo : de profundidad : intenso : grave : serio : subido : absorto

deepen *v* : ahondar : profundizar : intensificar : hacerse más profundo : intensificarse

deeply *adv* : hondo : profundamente

deep–rooted *adj* : profundamente arraigado : enraizado

deep–seated *adj* : profundo

deer *ns & pl* : ciervo *m* : venado *m*

deerskin *n* : piel *f* de venado

deface *v* **-faced; -facing** : desfigurar

defamation *n* : difamación *f*

defamatory *adj* : difamatorio

defame *v* **-famed; -faming** : difamar : calumniar

default[1] *v* : no cumplir : no pagar : no presentarse

default[2] *n* : omisión *f* : negligencia *f* : impago *m* : falta *f* de pago

defaulter *n* : moroso *m*, -sa *f* : rebelde *mf*

defeat[1] *v* : frustrar : vencer : derrotar

defeat[2] *n* : derrota *f* : rechazo *m* : fracaso *m*

defeatist *n* : derrotista *mf* — **defeatist** *adj*

defecate *v* **-cated; -cating** : defecar

defect[1] *v* : desertar

defect[2] *n* : defecto *m*

defection *n* : deserción *f*

defective *adj* : defectuoso : deficiente

defector *n* : desertor *m*, -tora *f*

defend *v* : defender

defendant *n* : acusado *m*, -da *f* : demandado *m*

defender *n* : defensor *m*, -sora *f* : defensa *mf*

defense *n* : defensa *f*

defenseless *adj* : indefenso

defenselessness *n* : indefensión *f*

defensive[1] *adj* : defensivo

defensive[2] *n* **on the defensive** : a la defensiva

defer *v* **-ferred; -ferring** : diferir : aplazar : posponer **to defer to** : deferir a

deference *n* : deferencia *f*

deferential *adj* : respetuoso

deferment *n* : aplazamiento *m*

defiance *n* : desafío *m*

defiant *adj* : desafiante : insolente

deficiency *n, pl* **-cies** : deficiencia *f* : carencia *f*

deficient *adj* : deficiente : carente

deficit *n* : déficit *m*

defile *v* **-filed; -filing** : ensuciar : manchar : corromper : profanar : deshonrar

defilement *n* : profanación *f* : corrupción *f* : contaminación *f*

define *v* **-fined; -fining** : delimitar : demarcar : aclarar : definir

definite *adj* : definido : determinado : claro : explícito : seguro : incuestionable

definite article *n* : artículo *m* definido

definitely *adv* : indudablemente : sin duda : definitivamente : seguramente

definition *n* : definición *f*

definitive *adj* : definitivo : decisivo : de autoridad : autorizado — **definitively** *adv*

deflate *v* **-flated; -flating** : desinflar : rebajar : desinflarse

deflation *n* : deflación *f*

deflect *v* : desviar : desviarse

deforestation *n* : deforestación *f*

deform *v* : deformar

deformation *n* : deformación *f*

deformed *adj* : deforme

deformity *n, pl* **-ties** : deformidad *f*

defraud *v* : estafar : defraudar

defray *v* : sufragar : costear

defrost *v* : descongelar : deshelar : descongelarse : deshelarse

deft *adj* : hábil : diestro — **deftly** *adv*

defunct *adj* : difunto : fallecido : extinto : fenecido

defuse *v* : desactivar

defy *v* **-fied; -fying** : desafiar : retar : desobedecer : resistir : hacer imposible : hacer inútil

degenerate[1] *v* **-ated; -ating** : degenerar

degenerate[2] *adj* : degenerado
degeneration *n* : degeneración *f*
degenerative *adj* : degenerativo
degradation *n* : degradación *f*
degrade *v* **-graded; -grading**
: degradar : envilecer
degrading *adj* : degradante
degree *n* : grado *m* : título *m*
dehydrate *v* **-drated; -drating**
: deshidratar : deshidratarse
dehydration *n* : deshidratación *f*
deice *v* **-iced; -icing** : deshelar
: descongelar
deify *v* **-fied; -fying** : deificar
deign *v* : dignarse : condescender
deity *n, pl* **-ties** : deidad *f* : dios *m*
: diosa *f*
dejected *adj* : abatido
: desalentado : desanimado
dejection *n* : abatimiento *m*
: desaliento *m* : desánimo *m*
delay[1] *v* : posponer : postergar
: retrasar : demorar : tardar
delay[2] *n* : tardanza *f* : demora *f*
: retraso *m*
delectable *adj* : delicioso
: exquisito : encantador
delegate[1] *v* **-gated; -gating**
: delegar
delegate[2] *n* : delegado *m*, -da *f*
delegation *n* : delegación *f*
delete *v* **-leted; -leting** : suprimir
: tachar : eliminar : borrar
delete key *n* : tecla *f* de borrar
: tecla *f* de borrado
deletion *n* : supresión *f* : tachadura
f : eliminación *f*
deli → **delicatessen**
deliberate[1] *v* **-ated; -ating**
: deliberar sobre : reflexionar
sobre : considerar : deliberar
deliberate[2] *adj* : reflexionado
: premeditado : deliberado
: intencional : lento : pausado
deliberately *adv* : adrede : a
propósito : pausadamente
: lentamente
deliberation *n* : deliberación *f*
: consideración *f* : lentitud *f*
delicacy *n, pl* **-cies** : manjar
m : exquisitez *f* : delicadeza *f*
: fragilidad *f*
delicate *adj* : delicado : primoroso
: fino : frágil

delicately *adv* : delicadamente
: con delicadeza
delicatessen *n* : charcutería *f*
: fiambrería *f* : salchichonería *f*
delicious *adj* : delicioso : exquisito
: rico — **deliciously** *adv*
delight[1] *v* : deleitar : encantar
to delight in : deleitarse con
: complacerse en
delight[2] *n* : placer *m* : deleite *m*
: gozo *m* : encanto *m*
delighted *adj* : encantado
delightful *adj* : delicioso
: encantador
delightfully *adv* : de manera
encantadora : de maravilla
delineate *v* **-eated; -eating**
: delinear : trazar : bosquejar
delinquency *n, pl* **-cies**
: delincuencia *f*
delinquent[1] *adj* : delincuente
: vencido y sin pagar : moroso
delinquent[2] *n* : delincuente *mf*
delirious *adj* : delirante
delirium *n* : delirio *m* : desvarío *m*
deliver *v* : liberar : librar : entregar
: repartir : asistir en el parto de
: pronunciar : despachar : lanzar
: propinar : asestar : hacer
entregas : cumplir
deliverance *n* : liberación *f*
: rescate *m* : salvación *f*
deliverer *n* : libertador *m*, -dora *f*
: salvador *m*
delivery *n, pl* **-eries** : liberación *f*
: entrega *f* : reparto *m* : parto *m*
: alumbramiento *m* : expresión
f oral : modo *m* de hablar
: lanzamiento *m*
dell *n* : hondonada *f* : valle *m*
pequeño
delta *n* : delta *m*
delude *v* **-luded; -luding** : engañar
deluge[1] *v* **-uged; -uging** : inundar
: abrumar
deluge[2] *n* : inundación *f* : aguacero
m : aluvión *m*
delusion *n* : ilusión *f*
deluxe *adj* : de lujo
delve *v* **delved; delving** : escarbar
demagogue *n* : demagogo *m*
: demagoga *f*
demand[1] *v* : demandar : exigir
: reclamar

demand[2] *n* : petición *f* : pedido
m : demanda *f* : reclamación *f*
: exigencia *f*
demanding *adj* : exigente
demarcate *v* **-cated; -cating**
: demarcar : delimitar
demarcation *n* : demarcación *f*
: deslinde *m*
demean *v* : degradar : rebajar
demeaning *adj* : degradante
demeanor *n* : comportamiento *m*
: conducta *f*
demented *adj* : demente : loco
dementia *n* : demencia *f*
demerit *n* : demérito *m*
demigod *n* : semidiós *m*
demilitarize *v* **-rized; -rizing**
: desmilitarizar
demise *n* : fallecimiento *m* : deceso
m : hundimiento *m* : desaparición *f*
demitasse *n* : taza *f* pequeña
demo *n* : demostración *f*
demobilization *n* : desmovilización *f*
demobilize *v* **-lized; -lizing**
: desmovilizar
democracy *n, pl* **-cies** : democracia *f*
democrat *n* : demócrata *mf*
democratic *adj* : democrático —
democratically *adv*
democratize *v* **-tized;
-tizing** : democratizar —
democratization *n*
demographic[1] *adj* : demográfico
demographic[2] *n* : perfil *m*
demográfico; **demographics** *npl*
: estadísticas *fpl* demográficas
: demografía *f*
demography *n* : demografía *f*
demolish *v* : demoler
: derribar : arrasar : destruir
: destrozar
demolition *n* : demolición *f*
: derribo *m*
demon *n* : demonio *m* : diablo *m*
demoniac *or* **demoniacal** →
demonic
demonic *adj* : demoníaco
demonstrably *adv*
: manifiestamente : claramente
demonstrate *v* **-strated; -strating**
: demostrar : probar : explicar
: ilustrar : manifestarse
demonstration *n* : muestra *f*
: demostración *f* : manifestación *f*

demonstrative *adj* : efusivo
: expresivo : demostrativo
demonstrator *n* : manifestante *mf*
demoralize *v* **-ized; -izing**
: desmoralizar
demoralizing *adj* : desmoralizador
: desmoralizante
demote *v* **-moted; -moting**
: degradar : bajar de categoría
demotion *n* : degradación *f*
: descenso *m* de categoría
demur *v* **-murred; -murring**
: oponerse
demure *adj* : recatado : modesto —
demurely *adv*
demystify *v* **-fied; -fying**
: desmitificar
den *n* : cubil *m* : madriguera *f*
: guarida *f* : estudio *m* : gabinete *m*
denature *v* **-tured; -turing**
: desnaturalizar
dengue *n* : dengue *m*
denial *n* : rechazo *m* : denegación *f*
: negativa *f* : negación *f*
denigrate *v* **-grated; -grating**
: denigrar
denim *n* : tela *f* vaquera : mezclilla *f*;
denims *npl* → **jeans**
denizen *n* : habitante *mf* : morador
m, -dora *f*
denomination *n* : confesión *f* : fe *f*
: denominación *f* : valor *m*
denominator *n* : denominador *m*
denote *v* **-noted; -noting** : indicar
: denotar : señalar : significar
denouement *n* : desenlace *m*
denounce *v* **-nounced; -nouncing**
: denunciar : censurar : acusar
: delatar
dense *adj* **denser; -est** : espeso
: denso : estúpido : burro
densely *adv* : densamente
: torpemente
denseness *n* : estupidez *f*
density *n, pl* **-ties** : densidad *f*
dent[1] *v* : abollar : mellar
dent[2] *n* : abolladura *f* : mella *f*
dental *adj* : dental
dental floss *n* : hilo *m* dental
dental surgeon *n* : odontólogo *m*,
-ga *f*
dentifrice *n* : dentífrico *m* : pasta *f*
de dientes
dentist *n* : dentista *mf*

dentistry *n* : odontología *f*
dentures *npl* : dentadura *f* postiza
denude *v* **-nuded; -nuding**
: desnudar : despojar
denunciation *n* : denuncia *f*
: acusación *f*
deny *v* **-nied; -nying** : desmentir
: negar : renegar de : denegar
deodorant *n* : desodorante *m*
deodorize *v* **-ized; -izing** : eliminar
los malos olores
depart *v* : salirse de : salir : partir
: irse : morir
department *n* : sección *f*
: departamento *m* : ministerio *m*
: esfera *f* : campo *m*
: competencia *f*
departmental *adj* : departamental
department chair → **chair**[2]
department store *n* : grandes
almacenes *mpl*
departure *n* : salida *f* : partida *f*
: desviación *f*
depend *v* : contar : confiar
dependable *adj* : responsable
: digno de confianza : fiable
dependence *n* : dependencia *f*
dependency *n*, *pl* **-cies** : posesión *f*
dependent[1] *adj* : dependiente
dependent[2] *n* : persona *f* a cargo
de alguien
depict *v* : representar : describir
depiction *n* : representación *f*
: descripción *f*
deplete *v* **-pleted; -pleting** : agotar
: reducir
depletion *n* : agotamiento *m*
: reducción *f* : disminución *f*
deplorable *adj* : deplorable
: despreciable : lamentable
deplore *v* **-plored; -ploring**
: deplorar : lamentar : condenar
deploy *v* : desplegar
deployment *n* : despliegue *m*
deport *v* : deportar : expulsar
deportation *n* : deportación *f*
depose *v* **-posed; -posing**
: deponer
deposit[1] *v* **-ited; -iting** : depositar
deposit[2] *n* : depósito *m* : entrega *f*
inicial : yacimiento *m*
deposition *n* : deposición *f*
depository *n*, *pl* **-ries** : almacén *m*
: depósito *m*

depot *n* : almacén *m* : depósito *m*
: terminal *mf* : estación *f*
deprave *v* **-praved; -praving**
: depravar : pervertir
depraved *adj* : depravado
: degenerado
depravity *n*, *pl* **-ties** : depravación *f*
depreciate *v* **-ated; -ating**
: depreciar : devaluar
: menospreciar : despreciar
: depreciarse : devaluarse
depreciation *n* : depreciación *f*
: devaluación *f*
depress *v* : apretar : presionar
: pulsar : reducir : hacer bajar
: deprimir : abatir : entristecer
: depreciar
depressant *n* : depresivo *m*
depressed *adj* : deprimido
: abatido : en crisis
depressing *adj* : deprimente
: triste
depression *n* : depresión *f*
: abatimiento *m* : depresión
: depresión *f* económica : crisis *f*
deprivation *n* : privación *f*
deprive *v* **-prived; -priving** : privar
depth *n*, *pl* **depths** : profundidad *f*
deputation *n* : diputación *f*
deputize *v* **-tized; -tizing** : nombrar
como segundo
deputy *n*, *pl* **-ties** : suplente *mf*
: sustituto *m*, -ta *f*
derail *v* : descarrilar
derailment *n* : descarrilamiento *m*
derange *v* **-ranged; -ranging**
: desarreglar : desordenar
: trastornar : perturbar
: enloquecer : volver loco
deranged *adj* : trastornado
: perturbado
derangement *n* : trastorno *m*
: locura *f* : perturbación *f* mental
derby *n*, *pl* **-bies** : derby *m*
: sombrero *m* hongo : bombín *m*
deregulate *v* **-lated; -lating**
: desregular
deregulation *n* : desregulación *f*
derelict[1] *adj* : abandonado : en
ruinas : negligente : remiso
derelict[2] *n* : propiedad *f*
abandonada : vagabundo *m*, -da *f*
deride *v* **-rided; -riding** : ridiculizar
: burlarse de

derision n : escarnio m : irrisión f
: mofa f
derisive adj : burlón
derisory adj : irrisorio : mísero
derivation n : derivación f
derivative[1] adj : derivado : carente
de originalidad : banal
derivative[2] n : derivado m
derive v **-rived; -riving** : obtener
: sacar : deducir : inferir : provenir
: derivar : proceder
dermatologist n : dermatólogo m,
-ga f
dermatology n : dermatología f
derogatory adj : despectivo
: despreciativo
derrick n : grúa f : torre f de
perforación
descend v : descender : bajar
: provenir : rebajarse
descendant[1] adj : descendente
descendant[2] n : descendiente mf
descent n : bajada f
: descenso m : ascendencia f
: linaje f : pendiente f
: cuesta f : caída f : incursión f
: ataque m
describe v **-scribed; -scribing**
: describir
description n : descripción f
descriptive adj : descriptivo
desecrate v **-crated; -crating**
: profanar
desecration n : profanación f
desegregate v **-gated;
-gating** : eliminar la segregación
racial de
desegregation n : eliminación f de
la segregación racial
desert[1] v : abandonar : desertar de
: desertar
desert[2] adj : desierto
desert[3] n : desierto m → **deserts**
deserted adj : desierto
deserter n : desertor m, -tora f
desertion n : abandono m
: deserción f
deserts npl : merecido m
deserve v **-served; -serving**
: merecer
deservedly adv : merecidamente
deserving adj : meritorio
desiccate v **-cated; -cating**
: desecar : deshidratar

design[1] v : diseñar : concebir
: idear : proyectar : trazar
: bosquejar
design[2] n : plan m : proyecto m
: diseño m : bosquejo m : estilo
m; **designs** npl : propósitos mpl
: designios mpl
designate v **-nated; -nating**
: indicar : especificar : nombrar
: designar
designation n : designación f
: denominación f : nombre m
: nombramiento m
designer[1] adj : de diseño : de
marca
designer[2] n : diseñador m, -dora f
desirability n, pl **-ties**
: conveniencia f : atractivo m
desirable adj : conveniente
: aconsejable : deseable : atractivo
desire[1] v **-sired; -siring** : desear
: rogar : solicitar
desire[2] n : deseo m : anhelo m
: ansia m
desist v to desist from : desistir de
: abstenerse de
desk n : escritorio m : pupitre m
desktop[1] adj : de escritorio
desktop[2] or **desktop computer** n
: computadora f : computador m
: ordenador m
desktop publishing n : autoedición f
desolate[1] v **-lated; -lating**
: devastar : desolar
desolate[2] adj : desolado : desierto
: yermo : desconsolado
desolation n : desolación f
despair[1] v : desesperar : perder las
esperanzas
despair[2] n : desesperación f
: desesperanza f
despairing adj : desesperado
desperate adj : desesperado : sin
esperanzas : precipitado : grave
: urgente : apremiante
desperately adv
: desesperadamente
: urgentemente
desperation n : desesperación f
despicable adj : vil : despreciable
: infame
despise v **-spised; -spising**
: despreciar
despite prep : a pesar de : aún con

despoil v : saquear
despondency n : desaliento m : desánimo m : depresión f
despondent adj : desalentado : desanimado
despot n : déspota mf : tirano m, -na f
despotic adj : despótico
despotism n : despotismo m
dessert n : postre m
dessertspoon n : cuchara f de postre
destination n : destino m : destinación f
destined adj : predestinado : destinado : con destino : con rumbo
destiny n, pl **-nies** : destino m
destitute adj : carente : desprovisto : indigente : en miseria
destitution n : indigencia f : miseria f
destroy v : matar : destruir : destrozar
destroyer n : destructor m
destruction n : destrucción f : ruina f
destructive adj : destructor : destructivo
desultory adj : sin rumbo : sin objeto : inconexo
detach v : separar : quitar : desprender
detached adj : separado : suelto : distante : indiferente : imparcial : objetivo
detachment n : separación f : destacamento m : reserva f : indiferencia f : imparcialidad f
detail[1] v : detallar : exponer en detalle
detail[2] n : detalle m : pormenor m : destacamento m
detailed adj : detallado : minucioso
detain v : detener : entretener : demorar : retrasar
detect v : detectar : descubrir
detection n : descubrimiento m
detective n : detective mf
detector n : detector m
detention n : detención m
deter v **-terred; -terring** : disuadir : impedir
detergent n : detergente m

deteriorate v **-rated; -rating** : deteriorarse : empeorar
deterioration n : deterioro m : empeoramiento m
determinant[1] adj : determinante
determinant[2] n : factor m determinante : determinante m
determination n : determinación f : decisión f : resolución f
determine v **-mined; -mining** : determinar : establecer : decidir : averiguar
determined adj : decidido : resuelto
deterrence n : disuasión f
deterrent n : medida f disuasiva
detest v : detestar : odiar : aborrecer
detestable adj : detestable : odioso : aborrecible
dethrone v **-throned; -throning** : destronar
detonate v **-nated; -nating** : hacer detonar : detonar : estallar
detonation n : detonación f
detonator n : detonador m
detour[1] v : desviarse
detour[2] n : desvío m : rodeo m
detox[1] v : desintoxicar : desintoxicarse
detox[2] n : desintoxicación f
detoxify v **-fied; -fying** : desintoxicar — **detoxification** n
detract v to detract from : restarle valor a : quitarle méritos a
detractor n : detractor m, -tora f
detriment n : detrimento m : perjuicio m
detrimental adj : perjudicial — **detrimentally** adv
devaluation n : devaluación f
devalue v **-ued; -uing** : devaluar : depreciar
devastate v **-tated; -tating** : devastar : arrasar : asolar
devastating adj : devastador : demoledor : aplastante : arrollador
devastation n : devastación f : estragos mpl
develop v : desarrollar : elaborar : formar : revelar : fomentar : explotar : urbanizar : adquirir

: contraer : desarrollarse
: aparecer : surgir
developed *adj* : avanzado
: desarrollado
developer *n* : inmobiliaria *f*
: urbanizadora *f* : revelador *m*
developing *adj* : en vías de
desarrollo
development *n* : desarrollo *m*
: urbanización *f* : explotación *f*
: creación *f* : acontecimiento *m*
: suceso *m*
deviant *adj* : desviado : anormal
deviate *v* -ated; -ating : desviarse
: apartarse : desviar
deviation *n* : desviación *f*
device *n* : dispositivo *m* : aparato *m*
: mecanismo *m* : emblema *m*
devil[1] *v* -iled *or* -illed; -iling *or*
-illing : sazonar con picante y
especias : molestar
devil[2] *n* : el diablo : Satanás *m*
: diablo *m* : demonio *m* : persona
f diabólica : malvado *m*, -da *f*
: persona *f*
devilish *adj* : diabólico
devilry *n, pl* -ries : diabluras *fpl*
: travesuras *fpl*
devious *adj* : taimado : artero
: tortuoso : sinuoso
devise *v* -vised; -vising : idear
: concebir : inventar : tramar
devoid *adj* ~ **of** : carente de
: desprovisto de
devote *v* -voted; -voting
: consagrar : dedicar
devoted *adj* : leal : fiel
devotee *n* : devoto *m*, -ta *f*
devotion *n* : dedicación *f* : devoción
f; **devotions** : oraciones *fpl*
: devociones *fpl*
devour *v* : devorar
devout *adj* : devoto : piadoso
: sincero : ferviente — **devoutly**
adv
devoutness *n* : devoción *f* : piedad *f*
dew *n* : rocío *m*
dewlap *n* : papada *f*
dew point *n* : punto *m* de
condensación
dewy *adj* **dewier; -est** : cubierto
de rocío
dexterity *n, pl* -ties : destreza *f*
: habilidad *f*

dexterous *adj* : diestro : hábil
dexterously *adv* : con destreza
: con habilidad : hábilmente
diabetes *n* : diabetes *f*
diabetic[1] *adj* : diabético
diabetic[2] *n* : diabético *m*, -ca *f*
diabolic *or* **diabolical** *adj*
: diabólico : satánico
diacritic *n* : diacrítico *m*
diacritical *or* **diacritic** *adj*
: diacrítico
diadem *n* : diadema *f*
diagnose *v* -nosed; -nosing
: diagnosticar
diagnosis *n, pl* -noses
: diagnóstico *m*
diagnostic *adj* : diagnóstico
diagonal[1] *adj* : diagonal : en
diagonal
diagonal[2] *n* : diagonal *f*
diagonally *adv* : diagonalmente
: en diagonal
diagram[1] *v* -gramed *or* -grammed;
-graming *or* -gramming : hacer
un diagrama de
diagram[2] *n* : diagrama *m* : gráfico
m : esquema *m*
dial[1] *v* dialed *or* dialled; dialing *or*
dialling : marcar : discar
dial[2] *n* : esfera *f* : dial *m* : disco *m*
dialect *n* : dialecto *m*
dialogue *n* : diálogo *m*
dial tone *n* : tono *m*
diameter *n* : diámetro *m*
diamond *n* : diamante *m* : brillante
m : rombo *m* : forma *f* de rombo
: cuadro *m*
diaper *n* : pañal *m*
diaphragm *n* : diafragma *m*
diarrhea *n* : diarrea *f*
diary *n, pl* -ries : diario *m*
diatribe *n* : diatriba *f*
dice[1] *v* diced; dicing : cortar en
cubos
dice[2] *ns & pl* : dados *mpl*
dicker *v* : regatear
dictate[1] *v* -tated; -tating : dictar
: mandar : ordenar : dar órdenes
dictate[2] *n* : mandato *m* : orden *f*;
dictates *npl* : dictados *mpl*
dictation *n* : dictado *m*
dictator *n* : dictador *m*, -dora *f*
dictatorial *adj* : dictatorial —
dictatorially *adv*

dictatorship n : dictadura f
diction n : lenguaje m : estilo m
: dicción f : articulación f
dictionary n, pl **-naries**
: diccionario m
did → **do**
didactic adj : didáctico
die[1] v **died; dying** : morir : morirse
: apagarse : dejar de funcionar
die[2] n, pl **dice** : dado m
die[3] n, pl **dies** : troquel m : cuño m
: matriz f : molde m
diehard adj : fanático
diesel n : diesel m
diet[1] v : ponerse a régimen : hacer
dieta
diet[2] n : régimen m : dieta f
dietary adj : alimenticio : dietético
dietitian or **dietician** n : dietista mf
differ v **-ferred; -ferring** : diferir
: diferenciarse : variar : discrepar
: no estar de acuerdo
difference n : diferencia f
: desacuerdo m
different adj : distinto : diferente
differential[1] adj : diferencial
differential[2] n : diferencial m
differentiate v **-ated; -ating** : hacer
diferente : distinguir : diferenciar
differentiation n : diferenciación f
differently adv : de otra manera
: de otro modo : distintamente
difficult adj : difícil
difficulty n, pl **-ties** : dificultad f
: problema f
diffidence n : retraimiento m
: timidez f : apocamiento m
: reticencia f
diffident adj : tímido : apocado
: inseguro : reservado
diffuse[1] v **-fused; -fusing** : difundir
: esparcir : difundirse : esparcirse
diffuse[2] adj : prolijo : verboso
: difuso
diffusion n : difusión f
dig[1] v **dug; digging** : cavar
: excavar : sacar : clavar : hincar
dig[2] n : codazo m : pulla f
: excavación f
digest[1] v : digerir : asimilar
: compendiar : resumir
digest[2] n : compendio m : resumen
m
digestible adj : digerible

digestion n : digestión f
digestive adj : digestivo
digit n : dígito m : número m : dedo m
digital adj : digital — **digitally** adv
digitalize v **-ized; -izing** : digitalizar
dignified adj : digno : decoroso
dignify v **-fied; -fying** : dignificar
: honrar
dignitary n, pl **-taries** : dignatario
m, -ria f
dignity n, pl **-ties** : dignidad f
digress v : desviarse del tema
: divagar
digression n : digresión f
dike or **dyke** n : dique m
dilapidated adj : ruinoso
: desvencijado : destartalado
dilapidation n : deterioro m
: estado m ruinoso
dilate v **-lated; -lating** : dilatar
: dilatarse
dilemma n : dilema m
dilettante n, pl **-tantes** or **-tanti**
: diletante mf
diligence n : diligencia f
: aplicación f
diligent adj : diligente — **diligently**
adv
dill n : eneldo m
dillydally v **-lied; -lying**
: demorarse : perder tiempo
dilute v **-luted; -luting** : diluir
: aguar
dilution n : dilución f
dim[1] v **dimmed; dimming**
: atenuar : nublar : borrar : opacar
: oscurecerse : apagarse
dim[2] adj **dimmer; dimmest**
: oscuro : tenue : nublado
: borrado : tonto : torpe
dime n : moneda f de diez centavos
dimension n : dimensión f;
dimensions npl : dimensiones fpl
: extensión f : medida f
diminish v : disminuir : reducir
: amainar : menguar : reducirse
diminutive adj : diminutivo
: minúsculo
dimly adv : indistintamente
: débilmente
dimmer n : potenciómetro m
: conmutador m de luces
dimness n : oscuridad f : debilidad
f : imprecisión f

dimple n : hoyuelo m
din n : estrépito m : estruendo m
dine v **dined; dining** : cenar
diner n : comensal mf : vagón
m restaurante : cafetería f
: restaurante m barato
dinghy n, pl **-ghies** : bote m
dinginess n : suciedad f : lo
gastado : lo deslucido
dingy adj **dingier; -est** : sucio
: gastado : deslucido
dining car n : coche m comedor
dining room n : comedor m
dinner n : cena f : comida f
: banquete m
dinner jacket n : esmoquin m
dinosaur n : dinosaurio m
dint n **by dint of** : a fuerza de
diocese n, pl **-ceses** : diócesis f
dip[1] v **dipped; dipping** : sumergir
: mojar : meter : servir con
cucharón : bajar : arriar : bajar en
picada : descender : inclinarse
dip[2] n : chapuzón m : descenso
m : caída f : cuesta f : declive m
: salsa f
diphtheria n : difteria f
diphthong n : diptongo m
diploma n, pl **-mas** : diploma m
diplomacy n : diplomacia f : tacto
m : discreción f
diplomat n : diplomático m, -ca f
: persona f diplomática
diplomatic adj : diplomático
dipper n : cucharón m : cazo m
dipstick n : varilla f de medición
dire adj **direr; direst** : espantoso
: terrible : horrendo : extremo
direct[1] v : dirigir : mandar
: indicarle el camino : orientar
: ordenar
direct[2] adv : directamente
direct[3] adj : directo : franco
direct debit n : débito m
automático
direct current n : corriente f continua
direction n : dirección f
: instrucción f : orden f : rumbo m
directional adj : direccional
directive n : directiva f
directly adv : directamente
: francamente : exactamente
: justo : en seguida
: inmediatamente

directness n : franqueza f
director n : director m, -tora f
directory n, pl **-ries** : guía f
: directorio m
dirge n : canto m fúnebre
dirigible n : dirigible m : zepelín m
dirt n : suciedad f : mugre f
: porquería f : tierra f
dirt cheap adj : baratísimo : regalado
dirtiness n : suciedad f
dirty[1] v **dirtied; dirtying** : ensuciar
: manchar
dirty[2] adj **dirtier; -est** : sucio
: manchado : deshonesto
: indecente : cochino
dis- pref : des-
disability n, pl **-ties** : minusvalía f
: discapacidad f : invalidez f
disable v **-abled; -abling** : dejar
inválido : inutilizar : incapacitar
disabled adj : minusválido
: discapacitado
disabuse v **-bused; -busing**
: desengañar : sacar del error
disadvantage n : desventaja f
disadvantageous adj
: desventajoso : desfavorable
disagree v : discrepar : no coincidir
: disentir : no estar de acuerdo
disagreeable adj : desagradable
disagreement n : desacuerdo
m : discrepancia f : discusión f
: altercado m : disputa f
disallow v : rechazar : desestimar
: anular
disappear v : desaparecer
: desvanecerse
disappearance n : desaparición f
disappoint v : decepcionar
: defraudar : fallar
disappointing adj : decepcionante
disappointment n : decepción f
: desilusión f : chasco m
disapproval n : desaprobación f
disapprove v **-proved; -proving**
: desaprobar : estar en contra
disapprovingly adv : con
desaprobación
disarm v : desarmar
disarmament n : desarme m
disarrange v **-ranged; -ranging**
: desarreglar : desordenar
disarray n : desorden m : confusión
f : desorganización f

disassemble v -bled; -bling
: desarmar : desmontar
: desarmarse : desmontarse

disassociate → **dissociate**

disaster n : desastre m : catástrofe f

disastrous adj : desastroso

disband v : disolver : disolverse
: dispersarse

disbar v -barred; -barring : prohibir de ejercer la abogacía

disbelief n : incredulidad f

disbelieve v -lieved; -lieving : no creer : dudar

disburse v -bursed; -bursing
: desembolsar

disbursement n : desembolso m

disc → **disk**

discard v : desechar : deshacerse de : botar : descartarse

discern v : discernir : distinguir
: percibir

discernible adj : perceptible
: visible

discerning adj : refinado
: perspicaz : sagaz

discernment n : discernimiento m
: criterio m

discharge[1] v -charged; -charging
: descargar : desembarcar
: disparar : liberar : poner en libertad : despedir : cumplir con
: saldar : descargarse : supurar

discharge[2] n : descarga f : emisión f : despido m : baja f : secreción f

disciple n : discípulo m, -la f

discipline[1] v -plined; -plining
: castigar : sancionar : disciplinar

discipline[2] n : disciplina f : campo m : castigo m : dominio m de sí mismo

disc jockey n : disc jockey mf

disclaim v : negar

disclose v -closed; -closing
: revelar : poner en evidencia

disclosure n : revelación f

discolor v : decolorar : desteñir
: manchar : decolorarse
: desteñirse

discoloration n : mancha f

discomfort n : molestia f : malestar m : inquietud f

disconcert v : desconcertar

disconcerting adj : desconcertante

disconnect v : desconectar

disconnected adj : inconexo

disconsolate adj : desconsolado

discontent n : descontento m

discontented adj : descontento

discontinue v -ued; -uing
: suspender : descontinuar

discontinuity n, pl -ties
: discontinuidad f

discontinuous adj : discontinuo

discord n : discordia f
: discordancia f : disonancia f

discordant adj : discordante —
discordantly adv

discotheque n : discoteca f

discount[1] v : descontar : rebajar
: descartar : ignorar

discount[2] n : descuento m
: rebaja f

discourage v -aged; -aging
: desalentar : desanimar : disuadir
: impedir

discouragement n : desánimo m
: desaliento m

discouraging adj : desalentador

discourse[1] v -coursed; -coursing
: disertar : conversar

discourse[2] n : conversación f
: discurso m : tratado m

discourteous adj : descortés —
discourteously adv

discourtesy n, pl -sies
: descortesía f

discover v : descubrir

discoverer n : descubridor m, -dora f

discovery n, pl -ries
: descubrimiento m

discredit[1] v : no creer : dudar
: desacreditar : desprestigiar
: poner en duda

discredit[2] n : descrédito m
: desprestigio m : duda f

discreet adj : discreto — **discreetly** adv

discrepancy n, pl -cies
: discrepancia f

discretion n : discreción f
: discernimiento m : criterio m

discretionary adj : discrecional

discriminate v -nated; -nating
: distinguir : discriminar
: diferenciar

discriminating adj : refinado
: entendido

discrimination n : discriminación f
: discernimiento m
discriminatory adj : discriminatorio
discus n, pl **-cuses** : disco m
discuss v : hablar de : discutir : tratar
discussion n : discusión f : debate
m : conversación f
disdain[1] v : desdeñar : despreciar
disdain[2] n : desdén m
disdainful adj : desdeñoso —
disdainfully adv
disease n : enfermedad f : mal m
: dolencia f
diseased adj : enfermo
disembark v : desembarcar
disembarkation n : desembarco m
: desembarque m
disembodied adj : incorpóreo
disenchant v : desilusionar
: desencantar : desengañar
disenchanted adj : desilusionado
: desencantado
disenchantment n : desencanto m
: desilusión f
disenfranchise v **-chised; -chising**
: privar del derecho a votar
disengage v **-gaged; -gaging**
: soltar : desconectar
disentangle v **-gled; -gling**
: desenredar : desenmarañar
disfavor n : desaprobación f
disfigure v **-ured; -uring**
: desfigurar : afear
disgrace[1] v **-graced; -gracing**
: deshonrar
disgrace[2] n : desgracia f
: deshonra f : vergüenza f
disgraceful adj : vergonzoso
: deshonroso : ignominioso
disgracefully adv
: vergonzosamente
disgruntle v **-tled; -tling** : enfadar
: contrariar
disgruntled adj : descontento
: contrariado
disguise[1] v **-guised; -guising**
: disfrazar : enmascarar : encubrir
: disimular
disguise[2] n : disfraz m
disgust[1] v : darle asco : asquear
: repugnar
disgust[2] n : asco m : repugnancia f
disgusting adj : asqueroso
: repugnante — **disgustingly** adv

dish n : plato m
dishcloth n : paño m de cocina
: trapo m de fregar
dishearten v : desanimar
: desalentar
dishevel v **-eled** or **-elled; -eling** or
-elling : desarreglar : despeinar
disheveled or **dishevelled** adj
: despeinado : desarreglado
: desaliñado
dishonest adj : deshonesto
: fraudulento — **dishonestly** adv
dishonesty n, pl **-ties**
: deshonestidad f : falta f de
honradez
dishonor[1] v : deshonrar
dishonor[2] n : deshonra f
dishonorable adj : deshonroso —
dishonorably adv
dishrag → **dishcloth**
dishtowel → **dishcloth**
dishwasher n : lavaplatos m
: lavavajillas m
disillusion v : desilusionar
: desencantar : desengañar
disillusionment n : desilusión f
: desencanto m
disinclination n : aversión f
disinclined adv : poco dispuesto
disinfect v : desinfectar
disinfectant[1] adj : desinfectante
disinfectant[2] n : desinfectante m
disinherit v : desheredar
disintegrate v **-grated; -grating**
: desintegrar : deshacer
: desintegrarse : deshacerse
disintegration n : desintegración f
disinterested adj : indiferente
: imparcial : desinteresado
disinterestedness n : desinterés m
disjointed adj : inconexo
: incoherente
disk or **disc** n : disco m
diskette n : diskette m : disquete m
dislike[1] v **-liked; -liking** : tenerle
aversión a : tenerle antipatía : no
gustarle
dislike[2] n : aversión f : antipatía f
dislocate v **-cated; -cating**
: dislocar
dislocation n : dislocación f
dislodge v **-lodged; -lodging**
: sacar : desalojar : desplazar
disloyal adj : desleal

disloyalty *n, pl* **-ties** : deslealtad *f*

dismal *adj* : sombrío : lúgubre
: tétrico : deprimente : triste

dismantle *v* **-tled; -tling**
: desmantelar : desmontar
: desarmar

dismay[1] *v* : consternar

dismay[2] *n* : consternación *f*

dismember *v* : desmembrar

dismiss *v* : dejar salir : darle
permiso para retirarse : despedir
: destituir : descartar : desechar
: rechazar

dismissal *n* : permiso *m* para
retirarse : despido *m* : destitución *f*
: rechazo *m*

dismount *v* : desmontar : bajarse
: apearse

disobedience *n* : desobediencia
f — **disobedient** *adj*

disobey *v* : desobedecer

disorder[1] *v* : desordenar
: desarreglar

disorder[2] *n* : desorden *m*
: disturbios *mpl* : desórdenes
mpl : afección *f* : indisposición *f*
: dolencia *f*

disorderly *adj* : desordenado
: desarreglado : indisciplinado
: alborotado

disorganization *n*
: desorganización *f*

disorganize *v* **-nized; -nizing**
: desorganizar

disorient *v* : desorientar

disown *v* : renegar de : repudiar

disparage *v* **-aged; -aging**
: menospreciar : denigrar

disparagement *n* : menosprecio *m*

disparate *adj* : dispar : diferente

disparity *n, pl* **-ties** : disparidad *f*

dispassionate *adj* : desapasionado
: imparcial — **dispassionately**
adv

dispatch[1] *v* : despachar : enviar
: matar

dispatch[2] *n* : envío *m* : despacho *m*
: reportaje *m* : parte *m* : prontitud
f : rapidez *f*

dispel *v* **-pelled; -pelling** : disipar
: desvanecer

dispensable *adj* : prescindible

dispensary *n, pl* **-ries** : dispensario
m

dispensation *n* : exención *m*
: dispensa *f*

dispense *v* **-pensed; -pensing**
: repartir : distribuir : dar
: administrar : conceder : preparar
y despachar **to dispense with**
: prescindir de

dispenser *n* : dispensador *m*
: distribuidor *m* automático

dispersal *n* : dispersión *f*

disperse *v* **-persed; -persing**
: dispersar : diseminar
: dispersarse

dispersion *n* : dispersión *f*

dispirit *v* : desalentar : desanimar

dispirited *adj* : desanimado

displace *v* **-placed; -placing**
: desplazar : reemplazar

displacement *n* : desplazamiento
m : sustitución *f* : reemplazo *m*

display[1] *v* : exponer : exhibir
: mostrar

display[2] *n* : muestra *f* : exposición *f*
: alarde *m* : visualizador *m*

displease *v* **-pleased; -pleasing**
: desagradar a : disgustar
: contrariar

displeasure *n* : desagrado *m*

disposable *adj* : desechable
: disponible

disposal *n* : disposición *f*
: colocación *f* : eliminación *f*

dispose *v* **-posed; -posing**
: disponer : colocar : predisponer

disposition *n* : disposición *f*
: predisposición *f* : inclinación *f*
: temperamento *m* : carácter *m*

dispossess *v* : desposeer

disproportion *n* : desproporción *f*

disproportionate *adj*
: desproporcionado —
disproportionately *adv*

disprove *v* **-proved; -proving**
: rebatir : refutar

disputable *adj* : discutible

dispute[1] *v* **-puted; -puting** : discutir
: cuestionar : combatir : resistir

dispute[2] *n* : debate *m* : discusión *f*
: disputa *f*

disqualification *n* : descalificación
f

disqualify *v* **-fied; -fying**
: descalificar : inhabilitar

disquiet[1] *v* : inquietar

disquiet[2] n : ansiedad f : inquietud f

disregard[1] v : ignorar : no prestar atención a

disregard[2] n : indiferencia f

disrepair n : mal estado m

disreputable adj : de mala fama : vergonzoso

disreputably adv : vergonzosamente

disrepute n : descrédito m : mala fama f : deshonra f

disrespect n : falta f de respeto

disrespectful adj : irrespetuoso — **disrespectfully** adv

disrobe v **-robed; -robing** : desvestir : desnudar : desvestirse : desnudarse

disrupt v : trastornar : perturbar

disruption n : trastorno m

disruptive adj : perjudicial : perturbador — **disruptively** adv

dissatisfaction n : descontento m : insatisfacción f

dissatisfied adj : descontento : insatisfecho

dissatisfy v **-fied; -fying** : no contentar : no satisfacer

dissect v : disecar

dissection n : disección f

dissemble v **-bled; -bling** : ocultar : disimular : fingir

disseminate v **-nated; -nating** : diseminar : difundir : divulgar

dissemination n : diseminación f : difusión f

dissension n : disensión f : desacuerdo m

dissent[1] v : disentir

dissent[2] n : disentimiento m : disensión f : disenso m

dissertation n : disertación f : discurso m : tesis f

disservice n : perjuicio m

dissident[1] adj : disidente

dissident[2] n : disidente mf

dissimilar adj : distinto : diferente : disímil

dissipate v **-pated; -pating** : disipar : dispersar : malgastar : desperdiciar : derrochar

dissipation n : libertinaje m

dissociate or **disassociate** v **-ated; -ating** : disociar : disociarse

dissociation n : disociación f

dissolute adj : disoluto

dissolution n : disolución f

dissolve v **-solved; -solving** : disolver : disolverse

dissonance n : disonancia f

dissuade v **-suaded; -suading** : disuadir

distance[1] v **-tanced; -tancing** **to distance oneself** : distanciarse

distance[2] n : distancia f : actitud f distante : reserva f

distant adj : distante : lejano : remoto : frío

distantly adv : aproximadamente : vagamente : fríamente : con frialdad

distaste n : desagrado m : aversión f

distasteful adj : desagradable : de mal gusto

distemper n : moquillo m

distend v : dilatar : hinchar : dilatarse : hincharse

distill v : destilar

distillation n : destilación f

distiller n : destilador m, -dora f

distillery n, pl **-ries** : destilería f

distinct adj : distinto : diferente : marcado : claro : evidente

distinction n : distinción f : diferencia f : excelencia f

distinctive adj : distintivo : característico — **distinctively** adv

distinctiveness n : peculiaridad f

distinctly adv : claramente : con claridad

distinguish v : distinguir : diferenciar

distinguishable adj : distinguible

distinguished adj : distinguido

distinguishing adj : distintivo

distort v : distorsionar : tergiversar : deformar

distortion n : distorsión f : deformación f : tergiversación f

distract v : distraer : entretener

distracted adj : distraído

distraction n : distracción f : interrupción f : confusión f : diversión f : entretenimiento m

distraught adj : afligido : turbado

distress[1] v : afligir : darle pena : hacer sufrir

distress² *n* : dolor *m* : angustia *f* : aflicción *f*

distressful *adj* : doloroso : penoso

distressing *adj* : angustioso

distribute *v* **-uted; -uting** : distribuir : repartir

distribution *n* : distribución *f* : reparto *m*

distributive *adj* : distributivo

distributor *n* : distribuidor *m*, -dora *f*

district *n* : región *f* : zona *f* : barrio *m* : distrito *m*

district attorney *n* : fiscal *mf*

distrust¹ *v* : desconfiar de

distrust² *n* : desconfianza *f* : recelo *m*

distrustful *adj* : desconfiado : receloso : suspicaz

disturb *v* : molestar : perturbar : desordenar : inquietar : preocupar

disturbance *n* : alboroto *m* : disturbio *m* : interrupción *f*

disturbed *adj* : trastornado : inquieto : agitado

disturbing *adj* : inquietante

disuse *n* : desuso *m*

disused *adj* : abandonado : desusado

ditch¹ *v* : cavar zanjas en : deshacerse de : botar

ditch² *n* : zanja *f* : fosa *f* : cuneta *f*

dither *n* **to be in a dither** : estar nervioso : ponerse como loco

ditto *n*, *pl* **-tos** : lo mismo : ídem *m*

ditty *n*, *pl* **-ties** : canción *f* corta y simple

diurnal *adj* : diario : cotidiano : diurno

diva *n* : diva *f*

divan *n* : diván *m*

dive¹ *v* **dived** *or* **dove; dived; diving** : tirarse al agua : zambullirse : dar un clavado : sumergirse : bajar en picada : caer en picada : bucear : hacer submarinismo

dive² *n* : zambullida *f* : clavado *m* : descenso *m* en picada : antro *m*

diver *n* : saltador *m*, -dora *f* : clavadista *mf* : buceador *m* : buzo *mf*; submarinista *mf*

diverge *v* **-verged; -verging** : divergir : separarse : discrepar

divergence *n* : divergencia *f* — **divergent** *adj*

diverse *adj* : diverso : variado

diversification *n* : diversificación *f*

diversify *v* **-fied; -fying** : diversificar : variar

diversion *n* : desviación *f* : diversión *f* : distracción *f* : entretenimiento *m*

diversity *n*, *pl* **-ties** : diversidad *f*

divert *v* : desviar : distraer : divertir : entretener

divest *v* : desnudar : desvestir

divide *v* **-vided; -viding** : dividir : partir por la mitad : repartir : dividirse

dividend *n* : dividendo *m* : beneficio *m* : provecho *m*

divider *n* : separador *m*

divination *n* : adivinación *f*

divine¹ *adj* **diviner; -est** : divino : espléndido — **divinely** *adv*

divine² *n* : clérigo *m* : eclesiástico *m*

diving *n* : clavados *mpl* : buceo *m* : submarinismo *m*

diving board *n* : trampolín *m*

divinity *n*, *pl* **-ties** : divinidad *f*

divisible *adj* : divisible

division *n* : división *f* : reparto *m* : sección *f*

divisive *adj* : divisivo

divisor *n* : divisor *m*

divorce¹ *v* **-vorced; -vorcing** : divorciar : divorciarse

divorce² *n* : divorcio *m*

divorcé *n* : divorciado *m*

divorcée *n* : divorciada *f*

divorced *adj* : divorciado

divulge *v* **-vulged; -vulging** : revelar : divulgar

DIY¹ → **do-it-yourself¹**

DIY² → **do-it-yourself²**

dizzily *adv* : vertiginosamente

dizziness *n* : mareo *m* : vahído *m* : vértigo *m*

dizzy *adj* **dizzier; -est** : mareado : vertiginoso

dizzying *adj* : vertiginoso

DNA *n* : ADN *m*

do¹ *v* **did; done; doing; does** : hacer : realizar : llevar a cabo : dedicarse a : trabajar en : preparar : arreglar : peinar : ir

a : visitar : lavar : limpiar : pintar
: decorar : estar : ir : andar : servir
: ser suficiente : alcanzar
do[2] *n* : do *m*
docile *adj* : dócil : sumiso
dock[1] *v* : cortar : descontar dinero
de : fondear : atracar
dock[2] *n* : atracadero *m* : muelle *m*
: banquillo *m* de los acusados
dockworker *n* : estibador *m*, -dora *f*
dockyard *n* : astillero *m*
doctor[1] *v* : tratar : curar : adulterar
: alterar : falsificar
doctor[2] *n* : doctor *m*, -tora *f*
: médico *m*, -ca *f*
doctorate *n* : doctorado *m*
doctrine *n* : doctrina *f*
document[1] *v* : documentar
document[2] *n* : documento *m*
documentary[1] *adj* : documental
documentary[2] *n, pl* **-ries**
: documental *m*
documentation *n* : documentación *f*
dodge[1] *v* **dodged; dodging**
: esquivar : eludir : evadir
: echarse a un lado
dodge[2] *n* : truco *m* : treta *f*
: artimaña *f* : regate *m* : evasión *f*
doe *n, pl* **does** *or* **doe** : gama *f*
: cierva *f*
doer *n* : hacedor *m*, -dora *f*
does → do
doesn't → do
doff *v* : quitarse
dog[1] *v* **dogged; dogging** : seguir
de cerca : perseguir : acosar
dog[2] *n* : perro *m*, -rra *f*
dogcatcher *n* : perrero *m*, -ra *f*
dog-eared *adj* : con las esquinas
dobladas
dogged *adj* : tenaz : terco
: obstinado
doggy *n, pl* **doggies** : perrito *m*,
-ta *f*
doghouse *n* : casita *f* de perro
dogma *n* : dogma *m*
dogmatic *adj* : dogmático
dogmatism *n* : dogmatismo *m*
dogwood *n* : cornejo *m*
doily *n, pl* **-lies** : pañito *m*
doings *npl* : eventos *mpl*
: actividades *fpl*
do-it-yourself[1] *n* : bricolaje *m*

do-it-yourself[2] *adj* : de bricolaje
doldrums *npl* : zona *f* de las
calmas ecuatoriales
dole *n* : distribución *f* a los
necesitados : limosna *f* : subsidios
mpl de desempleo
doleful *adj* : triste : lúgubre
dolefully *adv* : con pesar : de
manera triste
dole out *v* **doled out; doling out**
: repartir
doll *n* : muñeco *m*, -ca *f*
dollar *n* : dólar *m*
dolly *n, pl* **-lies** : plataforma *f*
rodante
dolphin *n* : delfín *m*
dolt *n* : imbécil *mf* : tonto *m*, -ta *f*
domain *n* : dominio *m* : territorio *m*
: campo *m* : esfera *f* : ámbito *m*
dome *n* : cúpula *f* : bóveda *f*
domestic[1] *adj* : doméstico : casero
: nacional : interno : domesticado
domestic[2] *n* : empleado *m*
doméstico : empleada *f* doméstica
domestically *adv*
: domésticamente
domesticate *v* **-cated; -cating**
: domesticar
domicile *n* : domicilio *m*
dominance *n* : dominio *m*
: dominación *f*
dominant *adj* : dominante
dominate *v* **-nated; -nating**
: dominar
domination *n* : dominación *f*
domineer *v* : dominar sobre
: avasallar : tiranizar
domineering *adj* : dominante
Dominican[1] *adj* : dominicano
: dominico
Dominican[2] *n* : dominicano *m*, -na *f*
: dominico *m*, -ca *f*
dominion *n* : dominio *m* : territorio *m*
domino *n, pl* **-noes** *or* **-nos**
: dominó *m*
don *v* **donned; donning** : ponerse
donate *v* **-nated; -nating** : donar
: hacer un donativo de
donation *n* : donación *f* : donativo *m*
done[1] → do
done[2] *adj* : terminado : acabado
: concluido : cocinado
donkey *n, pl* **-keys** : burro *m* : asno *m*

donor *n* : donante *mf* : donador *m*, -dora *f*

don't → **do**

donut → **doughnut**

doodle[1] *v* **-dled; -dling** : garabatear

doodle[2] *n* : garabato *m*

doom[1] *v* : condenar

doom[2] *n* : sentencia *f* : condena *f* : muerte *f* : destino *m* : perdición *f* : ruina *f*

door *n* : puerta *f* : entrada *f*

doorbell *n* : timbre *m*

doorknob *n* : pomo *m* : perilla *f*

doorman *n, pl* **-men** : portero *m*

doormat *n* : felpudo *m*

doorstep *n* : umbral *m*

doorstop *n* : tope *m* de puerta

doorway *n* : entrada *f* : portal *m*

do–over *n* : otra oportunidad *f* : otro intento *m*

dope[1] *v* **doped; doping** : drogar : narcotizar

dope[2] *n* : droga *f* : estupefaciente *m* : narcótico *m* : idiota *mf* : tonto *m*, -ta *f* : información *f*

dopey *adj* : atontado : grogui : tonto : drogado

doping *n* : doping *m*

dormant *adj* : inactivo : latente

dormer *n* : buhardilla *f*

dormitory *n, pl* **-ries** : dormitorio *m* : residencia *f* de estudiantes

dormouse *n* : lirón *m*

dorsal *adj* : dorsal — **dorsally** *adv*

dosage *n* : dosis *f*

dose[1] *v* **dosed; dosing** : medicinar

dose[2] *n* : dosis *f*

dossier *n* : dossier *m*

dot[1] *v* **dotted; dotting** : poner el punto sobre : esparcir : salpicar

dot[2] *n* : punto *m*

dot–com *n* : puntocom *m*

dote *v* **doted; doting** : chochear

double[1] *v* **-bled; -bling** : doblar : duplicar : redoblar : plegar : doblarse : duplicarse

double[2] *adj* : doble — **doubly** *adv*

double[3] *n* : doble *mf*

double bass *n* : contrabajo *m*

double–barreled *or* **double–barrelled** *adj* : de dos cañones : doble

double bed *n* : cama *f* de matrimonio

double–breasted *adj* : cruzado

double–check *v* : verificar dos veces

double chin *n* : papada *f*

double–click *v* : hacer doble clic

double–cross *v* : traicionar

double–crosser *n* : traidor *m*, -dora *f*

double entendre *n* : doble sentido *m*

double–glazed *n* : con doble acristalamiento

double–jointed *adj* : con articulaciones dobles

double–spaced *n* : a doble espacio

double–talk *n* : ambigüedades *fpl* : lenguaje *m* con doble sentido

doubt[1] *v* : dudar de : cuestionar : desconfiar de : dudar : creer poco probable

doubt[2] *n* : duda *f* : incertidumbre *f* : desconfianza *f* : escepticismo *m*

doubtful *adj* : dudoso : incierto

doubtfully *adv* : dudosamente : sin estar convencido

doubtless *or* **doubtlessly** *adv* : sin duda

douche[1] *v* **douched; douching** : irrigar

douche[2] *n* : ducha *f* : irrigación *f*

dough *n* : masa *f*

doughnut *or* **donut** *n* : rosquilla *f* : dona *f*

doughty *adj* **doughtier; -est** : fuerte : valiente

doughy *adj* **doughier; -est** : pastoso : pálido

dour *adj* : severo : adusto : hosco : taciturno — **dourly** *adv*

douse *v* **doused; dousing** : empapar : mojar : extinguir : apagar

dove[1] → **dive**

dove[2] *n* : paloma *f*

dovetail *v* : encajar : enlazar

dowdy *adj* **dowdier; -est** : sin gracia : poco elegante

dowel *n* : clavija *f*

down[1] *v* : tumbar : derribar : abatir : derrotar

down[2] *adv* : hacia abajo : abajo : bajado : a : hacia : hacia el sur : hacia el fondo/lado : bien : completamente : en el estómago

down³ adj : de bajada : abajo
: bajado : reducido : rebajado
: abatido : deprimido : inoperante
: perdiendo : hecho : acabado
down⁴ n : plumón m
down⁵ prep : (hacia) abajo : por : a
lo largo de : a través de
down–and–out adj : indigente
downcast adj : triste : abatido
downfall n : ruina f : perdición f
downgrade¹ v -graded; -grading
: bajar de categoría
downgrade² n : bajada f
downhearted adj : desanimado
: descorazonado
downhill adv & adj : cuesta abajo
download¹ v : descargar : bajar
download² n : descarga f
downloadable adj : descargable
down payment n : entrega f inicial
downplay v : minimizar
downpour n : aguacero m
: chaparrón m
downright¹ adv : absolutamente
: completamente
downright² adj : patente
: manifiesto : absoluto
downside n : desventaja f
downsize v -sized; -sizing
: recortar : reducir
downstairs¹ adv : abajo
downstairs² adj : del piso de abajo
downstairs³ n : planta f baja
downstream adv : río abajo
Down syndrome or **Down's
syndrome** n : síndrome m de
Down
down–to–earth adj : práctico
: realista
downtown¹ adv : hacia el centro
: al centro : en el centro
downtown² adj : del centro
downtown³ n : centro m
downtrodden adj : oprimido
downward or **downwards** adv &
adj : hacia abajo
downwind adv & adj : en la
dirección del viento
downy adj downier; -est
: cubierto de plumón : plumoso
: aterciopelado : velloso
dowry n, pl -ries : dote f
doze¹ v dozed; dozing : dormitar

doze² n : sueño m ligero
: cabezada f
dozen n, pl **dozens** or **dozen**
: docena f
drab adj drabber; drabbest
: pardo : monótono : gris
: deslustrado
draft¹ v : reclutar : hacer el borrador
de : redactar
draft² adj : de barril : de tiro
draft³ n : tiro m : trago m : bosquejo
m : borrador m : versión f
: corriente f de aire : chiflón m
: conscripción f
draftee n : recluta mf
draftsman n, pl -men : dibujante mf
draftswoman n, pl -women
: dibujante f
drafty adj draftier; -est : con
corrientes de aire
drag¹ v dragged; dragging
: arrastrar : dragar : meter
: involucrar : arrastrarse
: rezagarse : hacerse pesado/largo
drag² n : resistencia f : traba f
: estorbo m : pesadez f : plomo m
: chupada f
dragnet n : red f barredera
: operativo m policial de captura
dragon n : dragón m
dragonfly n, pl -flies : libélula f
drain¹ v : vaciar : drenar : agotar
: consumir : escurrir : escurrirse
: desaguar
drain² n : desagüe m : alcantarilla
f : sumidero m : resumidero
m : rejilla f : agotamiento m
: disminución f
drainage n : desagüe m : drenaje m
drainpipe n : tubo m de desagüe
: caño m
drake n : pato m
drama n : drama m : teatro m
: obra f de teatro
dramatic adj : dramático —
dramatically adv
dramatist n : dramaturgo m, -ga f
dramatization n : dramatización f
dramatize v -tized; -tizing
: dramatizar
drank → **drink**
drape¹ v draped; draping : cubrir
: disponer los pliegues de

drape[2] *n* : caída *f*; **drapes** *npl*
: cortinas *fpl*
drapery *n, pl* **-eries** : pañería *f*
: tela *f* para cortinas; **draperies**
npl : cortinas *fpl*
drastic *adj* : drástico : severo
: radical : excepcional —
drastically *adv*
draught *n* → **draft**[3]
draughty → **drafty**
draw[1] *v* **drew; drawn; drawing**
: tirar de : jalar : correr : atraer
: provocar : suscitar : aspirar
: sacar : retirar : hacer : extender
: cobrar : percibir : tensar : dibujar
: trazar : formular : llegar a : tirar
draw[2] *n* : sorteo *m* : empate *m*
: atracción *f* : chupada *f*
drawback *n* : desventaja *f*
: inconveniente *m*
drawbridge *n* : puente *m* levadizo
drawer *n* : dibujante *mf* : gaveta *f*
: cajón *m*; **drawers** *npl* : calzones *mpl*
drawing *n* : sorteo *m* : lotería *f*
: dibujo *m* : bosquejo *m*
drawing room *n* : salón *m*
dread[1] *v* : tenerle pavor a : temer
dread[2] *adj* : pavoroso : aterrado
dread[3] *n* : pavor *m* : temor *m*
dreadful *adj* : pavoroso : espantoso
: atroz : terrible — **dreadfully** *adv*
dream[1] *v* **dreamed** *or* **dreamt;**
dreaming : soñar : fantasear
: imaginarse
dream[2] *n* : sueño *m* : ensueño *m*
dreamer *n* : soñador *m*, -dora *f*
dreamlike *adj* : de ensueño
dreamy *adj* **dreamier; -est**
: soñador : distraído : de ensueño
: maravilloso
drearily *adv* : sombríamente
dreary *adj* **drearier; -est**
: deprimente : lóbrego : sombrío
dredge[1] *v* **dredged; dredging**
: dragar : espolvorear : enharinar
dredge[2] *n* : draga *f*
dredger *n* : draga *f*
dregs *npl* : posos *mpl* : heces *fpl*
: escoria *f*
drench *v* : empapar : mojar : calar
dress[1] *v* : vestir : decorar : adornar
: preparar : aliñar : curar : vendar
: abonar : vestirse

dress[2] *n* : indumentaria *f* : ropa *f*
: vestido *m* : traje *m*
dresser *n* : cómoda *f* con espejo
dressing *n* : vestirse *m* : relleno *m*
: apósito *m* : vendaje *m* : gasa *f*
dressing gown *n* : bata *f*
dressing room *n* : probador *m*
: camerino *m*
dressing table *n* : tocador *m*
dressmaker *n* : modista *mf*
dressmaking *n* : costura *f*
dress rehearsal *n* : ensayo *m*
general
dressy *adj* **dressier; -est** : de
mucho vestir : elegante
drew → **draw**
dribble[1] *v* **-bled; -bling** : gotear
: babear : driblar
dribble[2] *n* : goteo *m* : hilo *m* : baba
f : drible *m*
drier → **dry**[2], **dryer**
driest *adj* → **dry**[2]
drift[1] *v* : dejarse llevar por la
corriente : ir a la deriva : ir
sin rumbo : amontonarse
: acumularse : apilarse
drift[2] *n* : deriva *f* : montón *m*
: ventisquero *m* : sentido *m*
drifter *n* : vagabundo *m*, -da *f*
driftwood *n* : madera *f* flotante
drill[1] *v* : perforar : taladrar : instruir
por repetición : entrenarse
drill[2] *n* : taladro *m* : barrena *f*
: ejercicio *m* : instrucción *f*
drily → **dryly**
drink[1] *v* **drank; drunk** *or* **drank;**
drinking : beber : tomar : beber
alcohol
drink[2] *n* : bebida *f* : bebida *f*
alcohólica
drinkable *adj* : potable
drinker *n* : bebedor *m*, -dora *f*
drinking water *n* : agua *f* potable
drinking straw → **straw**
drip[1] *v* **dripped; dripping** : gotear
: chorrear
drip[2] *n* : gota *f* : goteo *m*
drip–dry *adj* : de lavar y poner
drippings *npl* : pringue *m* : jugo *m*
drive[1] *v* **drove; driven; driving**
: manejar : conducir : llevar
: impulsar : impeler : obligar
: forzar : arrear : hacer funcionar

: clavar : hincar : hacer trabajar
mucho : exigir mucho : lanzar
: viajar
drive[2] *n* : viaje *m* : paseo *m*
: campaña *f* : camino *m* de
entrada : entrada *f* : transmisión *f*
: dinamismo *m* : energía *f* : instinto
m : necesidad *f* básica : empuje
m : iniciativa *f* : disparo *m* fuerte
: tiro *m* fuerte : ofensiva *f* : calle *f*
: marcha *f* : unidad *f*
drive-in *n* : autocine *m*
drivel *n* : tontería *f* : estupidez *f*
driver *n* : conductor *m*, -tora *f*
: chofer *m*
driveway *n* : camino *m* de entrada
: entrada *f*
driving *adj* : torrencial : que azota
drizzle[1] *v* **-zled; -zling** : lloviznar
: garuar
drizzle[2] *n* : llovizna *f* : garúa *f*
droll *adj* : cómico : gracioso
: chistoso — **drolly** *adv*
dromedary *n, pl* **-daries**
: dromedario *m*
drone[1] *v* **droned; droning** : zumbar
: hablar con monotonía : murmurar
drone[2] *n* : zángano *m* : zumbido *m*
: murmullo *m*
drool[1] *v* : babear
drool[2] *n* : baba *f*
droop[1] *v* : inclinarse : encorvarse
: marchitarse : decaer : flaquear
droop[2] *n* : inclinación *f* : caída *f*
drop[1] *v* **dropped; dropping** : dejar
caer : soltar : mandar : abandonar
: dejar : bajar : omitir : reducir
: rebajar : perder : gastar : gotear
: caer(se)
drop[2] *n* : gota *f* : caída *f* : bajada
f : descenso *m* : pendiente *f*
: pastilla *f* : dulce *m*; **drops** *npl*
: gotas *fpl*
droplet *n* : gotita *f*
dropper *n* : gotero *m* : cuentagotas *m*
dross *n* : escoria *f*
drought *n* : sequía *f*
drove[1] → **drive**
drove[2] *n* : multitud *f* : gentío *m*
: manada *f*
drown *v* : ahogar : anegar : inundar
: ahogarse
drowse[1] *v* **drowsed; drowsing**
: dormitar

drowse[2] *n* : sueño *m* ligero
: cabezada *f*
drowsiness *n* : somnolencia *f*
: adormecimiento *m*
drowsy *adj* **drowsier; -est**
: somnoliento : soñoliento
drub *v* **drubbed; drubbing**
: golpear : apalear : derrotar por
completo
drudge[1] *v* **drudged;**
drudging : trabajar duro
drudge[2] *n* : esclavo *m*, -va *f* del
trabajo
drudgery *n, pl* **-eries** : trabajo *m*
pesado
drug[1] *v* **drugged; drugging**
: drogar : narcotizar
drug[2] *n* : droga *f* : medicina *f*
: medicamento *m* : narcótico *m*
: estupefaciente *m*
drug addict → **addict**
druggist *n* : farmacéutico *m*, -ca *f*
drug pusher → **pusher**
drugstore *n* : farmacia *f* : botica *f*
: droguería *f*
drum[1] *v* **drummed; drumming**
: meter a fuerza : tocar el tambor
drum[2] *n* : tambor *m* : bidón *m*
drummer *n* : baterista *mf*
drumstick *n* : palillo *m* : baqueta *f*
: muslo *m* de pollo
drunk[1] *pp* → **drink**[1]
drunk[2] *adj* : borracho : embriagado
drunk[3] *n* : borracho *m*, -cha *f*
drunkard *n* : borracho *m*, -cha *f*
drunken *adj* : borracho : ebrio
drunkenly *adv* : como un borracho
drunkenness *n* : borrachera *f*
: embriaguez *f* : ebriedad *f*
dry[1] *v* **dried; drying** : secar
dry[2] *adj* **drier; driest** : seco
: sediento : donde la venta de
bebidas alcohólicas está prohibida
: sin alcohol : aburrido : árido
: sutil e irónico
dry-clean *v* : limpiar en seco
dry cleaner *n* : tintorería *f*
dry cleaning *n* : limpieza *f* en seco
dryer *n* **hair dryer** : secador *m* —
clothes dryer : secadora *f*
dry goods *npl* : artículos *mpl* de
confección
dry ice *n* : hielo *m* seco
dryly *adv* : secamente

dryness n : sequedad f : aridez f
dual adj : doble
dualism n : dualismo m
duality n, pl **-ties** : dualidad f
dub v **dubbed; dubbing** : apodar
: doblar : mezclar
dubious adj : dudoso : indeciso
: sospechoso : discutible
dubiously adv : dudosamente
: con desconfianza : de modo
sospechoso : con recelo
duchess n : duquesa f
duck[1] v : agachar : bajar : zambullir
: eludir : evadir **to duck down**
: agacharse
duck[2] n, pl **duck** or **ducks** : pato
m, -ta f
duckling n : patito m, -ta f
duct n : conducto m
dud[1] adj : que fracasa : que no
funciona
dud[2] n : fracaso m : cosa f que no
funciona; **duds** npl : trapos mpl
: ropa f
dude n : tipo m
due[1] adv : justo a : derecho hacia
due[2] adj : pagadero : sin pagar
: debido : apropiado : esperado
due[3] n; **dues** pl : cuota f
duel[1] v : batirse en duelo
duel[2] n : duelo m
duet n : dúo m
due to prep : debido a
duffel bag or **duffle bag** n : bolso
m
duffle coat or **duffel coat** n
: chaqueta f de lana : trenca f
dug → **dig**
dugout n : piragua f : refugio m
subterráneo
duke n : duque m
dull[1] v : opacar : quitarle el brillo a
: deslustrar : desafilar : despuntar
: entorpecer : embotar : aliviar
: amortiguar
dull[2] adj : torpe : lerdo : lento
: desafilado : despuntado : sin
brillo : deslustrado : aburrido
: soso : pesado — **dully** adv
dullness n : estupidez f
: monotonía f : lo aburrido : falta f
de brillo : falta f de filo
duly adv : debidamente : a su
debido tiempo

dumb adj : estúpido : tonto : bobo
— **dumbly** adv
dumbbell n : pesa f : estúpido m,
-da f
dumbfound or **dumfound** v : dejar
atónito : dejar sin habla
dummy[1] adj : falso : de imitación
: artificial
dummy[2] n, pl **-mies** : imitación f
: sustituto m : muñeco m : maniquí
m : tonto m, -ta f : idiota mf
dump[1] v : descargar : verter
dump[2] n : vertedero m : basural
m : basurero m : botadero m
: tiradero m
dumpling n : bola f de masa
hervida
dumpy adj **dumpier; -est**
: rechoncho : regordete
dun[1] v **dunned; dunning**
: apremiar
dun[2] adj : pardo
dunce n : estúpido m, -da f : burro
m, -rra f
dune n : duna f
dung n : excrementos mpl
: estiércol m
dungeon n : mazmorra f : calabozo
m
dunk v : mojar : ensopar
duo n, pl **duos** : dúo m : par m
dupe[1] v **duped; duping** : engañar
: embaucar
dupe[2] n : inocentón m, -tona f
: simple mf
duplex[1] adj : doble
duplex[2] n : casa f de dos viviendas
: dúplex m
duplicate[1] v **-cated; -cating**
: duplicar : hacer copias de
: repetir : reproducir
duplicate[2] adj : duplicado
duplicate[3] n : duplicado m : copia f
duplication n : duplicación f
: repetición f : copia f : duplicado m
duplicity n, pl **-ties** : duplicidad f
durability n : durabilidad f
: permanencia f
durable adj : duradero
duration n : duración f
duress n : coacción f
during prep : durante
dusk n : anochecer m : crepúsculo m
dusky adj **duskier; -est** : oscuro

dust[1] v : quitar el polvo de
: espolvorear
dust[2] n : polvo m
dustcover n : guardapolvo m
: funda f
duster n : guardapolvo m
dust jacket n : sobrecubierta f
dustpan n : recogedor m
dusty adj **dustier; -est** : cubierto
de polvo : polvoriento
Dutch[1] adj : holandés
Dutch[2] n : holandés m
Dutchman n, pl **-men** : holandés m
Dutch treat n : invitación o pago a
escote
Dutchwoman n, pl **-women**
: holandesa f
dutiful adj : motivado por sus
deberes : responsable
duty n, pl **-ties** : deber m
: obligación f : responsabilidad f
: impuesto m : arancel m
duty–free adj : libre de impuestos
duvet n : edredón m : cobertor m
DVD n : DVD m
dwarf[1] v : arrestar el crecimiento de
: hacer parecer pequeño

dwarf[2] n, pl **dwarfs** or **dwarves**
: enano m, -na f
dwell v **dwelled** or **dwelt; dwelling**
: residir : morar : vivir
dweller n : habitante mf
dwelling n : morada f : vivienda f
: residencia f
dwindle v **-dled; -dling** : menguar
: reducirse : disminuir
dye[1] v **dyed; dyeing** : teñir
dye[2] n : tintura f : tinte m
dying → **die**
dyke → **dike**
dynamic adj : dinámico
dynamics npl : dinámica f
dynamite[1] v **-mited; -miting**
: dinamitar
dynamite[2] n : dinamita f
dynamo n, pl **-mos** : dínamo m
: generador m de electricidad
dynasty n, pl **-ties** : dinastía f
dysentery n, pl **-teries** : disentería f
dysfunction n : disfunción f —
dysfunctional adj
dyslexia n : dislexia f — **dyslexic**
adj
dystrophy n, pl **-phies** : distrofia f

E

e- pref : electrónico
each[1] adv : cada uno
each[2] adj : cada
each[3] pron : cada uno : cada una
eager adj : entusiasta : ávido
: deseoso : ansioso : impaciente
eagerly adv : con entusiasmo
: ansiosamente
eagerness n : entusiasmo m
: deseo m : impaciencia f
eagle n : águila f
ear n : oído m : oreja f
earache n : dolor m de oído(s)
earbud n : auricular m de tapón
eardrum n : tímpano m
earl n : conde m
earldom n : condado m
earliness n : lo temprano
earlobe n : lóbulo m de la oreja
: perilla f de la oreja

early[1] adv **earlier; -est** : temprano
: pronto
early[2] adj **earlier; -est** : primero
: primitivo : antiguo : temprano
: antes de la hora : prematuro
earmark v : destinar
earn v : ganar : ganarse
earner n or **wage earner**
: asalariado m, -da f
earnest[1] adj : serio : sincero
earnest[2] n in ~ : en serio : de verdad
earnestly adv : con seriedad : en
serio : de todo corazón
earnestness n : seriedad f
: sinceridad f
earnings npl : ingresos mpl
: ganancias fpl : utilidades fpl
earphone n : audífono m : auricular
m
earplug n : tapón m para el oído

earring *n* : zarcillo *m* : arete *m* : aro *m* : pendiente *m*

earshot *n* : alcance *m* del oído

earth *n* : tierra *f* : suelo *m*

earthen *adj* : de tierra : de barro

earthenware *n* : loza *f* : vajilla *f* de barro

earthly *adj* : terrenal : mundano

earthquake *n* : terremoto *m* : sismo *m*

earthworm *n* : lombriz *f*

earthy *adj* **earthier; -est** : terroso : realista : práctico : llano : basto : grosero : tosco

earwax *n* → **wax**²

earwig *n* : tijereta *f*

ease¹ *v* **eased; easing** : aliviar : calmar : paliar : reducir : aligerar : aflojar : relajar : mover con cuidado : moverse con cuidado

ease² *n* : tranquilidad *f* : comodidad *f* : desahogo *m* : facilidad *f*

easel *n* : caballete *m*

easily *adv* : fácilmente : con facilidad : con mucho : de lejos

easiness *n* : facilidad *f* : soltura *f*

east¹ *adv* : al este

east² *adj* : este : del este : oriental

east³ *n* : este *m*

eastbound *adj* : que va hacia el este

Easter *n* : Pascua *f*

Easter egg *n* : huevo *m* de Pascua

easterly *adv & adj* : del este

eastern *adj* : Oriental : del Este : oriental : este

Easterner *n* : habitante *mf* del este

eastward *adv & adj* : hacia el este

easy *adj* **easier; -est** : fácil : cómodo : relajado

easy chair *n* : sillón *m* : butaca *f*

easygoing *adj* : tolerante : poco exigente

eat *v* **ate; eaten; eating** : comer : corroer

eatable¹ *adj* : comestible : comible

eatable² *n* : algo para comer; **eatables** *npl* : comestibles *mpl* : alimentos *mpl*

eater *n* : persona *f* o animal *m* que come

eaves *npl* : alero *m*

eavesdrop *v* **-dropped; -dropping** : escuchar a escondidas

eavesdropper *n* : persona *f* que escucha a escondidas

ebb¹ *v* : bajar : menguar : decaer : disminuir

ebb² *n* : reflujo *m* : decadencia *f* : declive *m* : disminución *f*

ebony¹ *adj* : de ébano : de color ébano : negro

ebony² *n, pl* **-nies** : ébano *m*

e-book *n* : libro *m* electrónico : e-book *m*

ebullience *n* : efervescencia *f* : vivacidad *f*

ebullient *adj* : efervescente : vivaz

eccentric¹ *adj* : excéntrico : extraño : raro — **eccentrically** *adv*

eccentric² *n* : excéntrico *m*, -ca *f*

eccentricity *n, pl* **-ties** : excentricidad *f*

ecclesiastic *n* : eclesiástico *m* : clérigo *m*

ecclesiastical *or* **ecclesiastic** *adj* : eclesiástico — **ecclesiastically** *adv*

echelon *n* : escalón *m* : nivel *m* : esfera *f* : estrato *m*

echo¹ *v* **echoed; echoing** : hacer eco : resonar : repetir : hacerse eco de

echo² *n, pl* **echoes** : eco *m*

e-cigarette → **electronic cigarette**

eclectic *adj* : ecléctico

eclipse¹ *v* **eclipsed; eclipsing** : eclipsar

eclipse² *n* : eclipse *m*

eco- *pref* : eco- : ecológico : ecológicamente

eco-friendly *adj* : ecológico

ecological *adj* : ecológico — **ecologically** *adv*

ecologist *n* : ecólogo *m*, -ga *f*

ecology *n, pl* **-gies** : ecología *f*

e-commerce *n* : comercio *m* electrónico

economic *adj* : económico

economical *adj* : económico — **economically** *adv*

economics *n* : economía *f*

economist *n* : economista *mf*

economize *v* **-mized; -mizing** : economizar : ahorrar

economy *n, pl* **-mies** : economía *f* : sistema *m* económico : ahorro *m*

ecosystem *n* : ecosistema *m*

ecotourism *n* : ecoturismo *m*

ecru *n* : color *m* crudo

ecstasy *n, pl* **-sies** : éxtasis *m*

ecstatic *adj* : extático

ecstatically *adv* : con éxtasis : con gran entusiasmo

Ecuadoran *or* **Ecuadorean** *or* **Ecuadorian** *n* : ecuatoriano *m*, -na *f* — **Ecuadorean** *or* **Ecuadorian** *adj*

ecumenical *adj* : ecuménico

eczema *n* : eczema *m*

edamame *n* : edamame *m* : habas *fpl* de soya/soja

eddy[1] *v* **eddied; eddying** : arremolinarse : formar remolinos

eddy[2] *n, pl* **-dies** : remolino *m*

edema *n* : edema *m*

Eden *n* : Edén *m*

edge[1] *v* **edged; edging** : bordear : ribetear : orlar : afilar : aguzar : ir avanzando

edge[2] *n* : borde *m* : filo *m* : margen *m* : orilla *f* : margen *f* : ventaja *f*

edgewise *adv* : de lado : de canto

edginess *n* : tensión *f* : nerviosismo *m*

edging *n* : borde *m*

edgy *adj* **edgier; -est** : tenso : nervioso

edible *adj* : comestible : comible

edict *n* : edicto *m* : mandato *m* : orden *f*

edification *n* : edificación *f* : instrucción *f*

edifice *n* : edificio *m*

edify *v* **-fied; -fying** : edificar

edit *v* : editar : corregir : dirigir

edition *n* : edición *f*

editor *n* : editor *m*, -tora *f* : redactor *m* : director *m*

editorial[1] *adj* : de redacción : editorial

editorial[2] *n* : editorial *m*

editorship *n* : dirección *f*

educate *v* **-cated; -cating** : educar : enseñar : formar : instruir : informar : concientizar

educated *adj* : culto

education *n* : educación *f*

educational *adj* : docente : de enseñanza : pedagógico : educativo : instructivo

educator *n* : educador *m*, -dora *f*

eel *n* : anguila *f*

eerie *adj* **eerier; -est** : que da miedo : espeluznante : fantasmagórico

eerily *adv* : de manera extraña y misteriosa

efface *v* **-faced; -facing** : borrar

effect[1] *v* : efectuar : llevar a cabo : lograr : realizar

effect[2] *n* : efecto *m* : resultado *m* : consecuencia *f* : sentido *m* : influencia *f*; **effects** *npl* : efectos *mpl*; **effects** *npl* : pertenencias *fpl*

effective *adj* : efectivo : eficaz : vigente

effectively *adv* : eficazmente : con eficacia : en realidad : de hecho

effectiveness *n* : eficacia *f* : efectividad *f*

effectual *adj* : eficaz : efectivo — **effectually** *adv*

effeminate *adj* : afeminado

effervesce *v* **-vesced; -vescing** : estar en efervescencia : burbujear : estar eufórico : estar muy animado

effervescence *n* : efervescencia *f* — **effervescent** *adj*

effete *adj* : desgastado : agotado : decadente : afeminado

efficacious *adj* : eficaz : efectivo

efficacy *n, pl* **-cies** : eficacia *f*

efficiency *n, pl* **-cies** : eficiencia *f* : rendimiento *m*

efficient *adj* : eficiente : de alto rendimiento — **efficiently** *adv*

effigy *n, pl* **-gies** : efigie *f*

effluent *n* : efluentes *mpl*

effort *n* : esfuerzo *m* : tentativa *f* : intento *m*

effortless *adj* : sin esfuerzo : natural

effortlessly *adv* : sin esfuerzo

effrontery *n, pl* **-teries** : insolencia *f* : desfachatez *f* : descaro *m*

effusive *adj* : efusivo — **effusively** *adv*

effusiveness *n* : efusión *f*

EFL *n* : inglés *m* como lengua extranjera

egalitarian *adj* : igualitario

egg[1] *v* **to egg on** : incitar : azuzar

egg[2] *n* : huevo *m* : óvulo *m*

eggbeater n : batidor m
eggnog n : ponche m de huevo
: rompope m
eggplant n : berenjena f
eggshell n : cascarón m
ego n, pl **egos** : amor m propio
: ego m : yo m
egocentric adj : egocéntrico
egoism n : egoísmo m
egoist n : egoísta mf
egoistic adj : egoísta
egotism n : egotismo m
egotist n : egoísta mf
egotistic or **egotistical** adj
: egotista — **egotistically** adv
egregious adj : atroz : flagrante
: mayúsculo — **egregiously** adv
egress n : salida f
egret n : garceta f
Egyptian n : egipcio m, -cia f —
Egyptian adj
eh interj : ¿eh? : ¿qué? : ¿no?
eiderdown n : plumón m : edredón m
eight[1] adj : ocho
eight[2] n : ocho m
eight[3] pron : ocho
eighteen[1] adj & pron : dieciocho
eighteen[2] n : dieciocho m
eighteenth[1] adj : decimoctavo
eighteenth[2] n : decimoctavo m, -va
f : dieciochoavo m : dieciochoava
parte f
eighth[1] adv : en octavo lugar
eighth[2] adj : octavo
eighth[3] n : octavo m, -va f : octava
parte f
eight hundred[1] adj & pron
: ochocientos
eight hundred[2] n : ochocientos m
eightieth[1] adj : octogésimo
eightieth[2] n : octogésimo m, -ma f
: ochentavo m : ochentava parte f
eighty[1] adj & pron : ochenta
eighty[2] n, pl **eighties** : ochenta m
either[1] adv : tampoco
either[2] adj : cualquiera : ninguno
de los dos : cada
either[3] pron : cualquiera : ninguno
: alguno
either[4] conj : o : u : ni
ejaculate v -lated; -lating
: eyacular : exclamar
ejaculation n : eyaculación f
: exclamación f

eject v : expulsar : expeler
: expulsarse
ejection n : expulsión f
eke out v **eked out; eking out**
: estirar
elaborate[1] v -rated; -rating
: elaborar **to elaborate on**
: ampliar : entrar en detalles sobre
elaborate[2] adj : detallado
: minucioso : muy elaborado
: complicado — **elaborately** adv
elaboration n : elaboración f
elapse v **elapsed; elapsing**
: transcurrir : pasar
elastic[1] adj : elástico : (de) elástico
: elastizado
elastic[2] n : elástico m
elasticity n, pl **-ties** : elasticidad f
elated adj : eufórico
elation n : euforia f : júbilo m
: alborozo m
elbow[1] v : darle un codazo a
elbow[2] n : codo m
elder[1] adj : mayor
elder[2] n : anciano m, -na f
: miembro m del consejo
: mayor mf
elderberry n, pl **-berries** : baya f de
saúco : saúco m
elderly adj : mayor : de edad
: anciano
eldest adj : mayor
elect[1] v : elegir
elect[2] adj : electo
elect[3] npl **the elect** : los elegidos
mpl
election n : elección f
elective[1] adj : electivo : facultativo
: optativo
elective[2] n : asignatura f electiva
electoral adj : electoral
electorate n : electorado m
electric adj : electrizante
: emocionante
electric cord → **cord**
electrician n : electricista mf
electricity n, pl **-ties** : electricidad f
: corriente m eléctrica
electric razor → **razor**
electric shock → **shock**[2]
electric socket → **socket**
electrification n : electrificación f
electrify v -fied; -fying : electrificar
: electrizar : emocionar

electrocardiogram n
: electrocardiograma m
electrocardiograph n
: electrocardiógrafo m
electrocute v **-cuted; -cuting**
: electrocutar
electrocution n : electrocución f
electrode n : electrodo m
electrolysis n : electrólisis f
electrolyte n : electrolito m
electromagnet n : electroimán m
electromagnetic adj
: electromagnético —
electromagnetically adv
electromagnetism n
: electromagnetismo m
electron n : electrón m
electronic adj : electrónico —
electronically adv
electronic cigarette n : cigarillo
m electrónico : vaporizador m
: vaporeador m
electronic mail n : correo m
electrónico
electronics n : electrónica f
: sistema m electrónico
electroplate v **-plated; -plating**
: galvanizar mediante electrólisis
elegance n : elegancia f
elegant adj : elegante — **elegantly**
adv
elegiac adj : elegíaco
elegy n, pl **-gies** : elegía f
element n : elemento m : factor m
: medio m : grupo m; **elements**
npl : elementos mpl : rudimentos
mpl
elemental adj : elemental : primario
elementary adj : elemental : de
enseñanza primaria
elephant n : elefante m, -ta f
elevate v **-vated; -vating** : elevar
: levantar : alzar : ascender
: aumentar
elevation n : elevación f : altura f
: altitud f : ascenso m
elevator n : ascensor m
: elevador m
eleven[1] adj & pron : once
eleven[2] n : once m
eleventh[1] adj : undécimo
eleventh[2] n : undécimo m, -ma f
: onceavo m : onceava parte f
elf n, pl **elves** : elfo m : duende m

elfin adj : de elfo : menudo
: mágico : encantador
elfish adj : de elfo : travieso
elicit v : provocar : obtener
eligibility n, pl **-ties** : elegibilidad f
eligible adj : que reúne los
requisitos : elegible : idóneo
eliminate v **-nated; -nating**
: eliminar : descartar
elimination n : eliminación f
elite[1] n : elite f : élite f
elite[2] n : de elite : de élite
elitist n : elitista mf — **elitist** adj
elixir n : elixir m
elk n : alce m : uapití m
ellipse n : elipse f
ellipsis n, pl **-lipses** : elipsis f
: puntos mpl suspensivos
elliptical or **elliptic** adj : elíptico
elm n : olmo m
elocution n : elocución f
elongate v **-gated; -gating** : alargar
elongation n : alargamiento m
elope v **eloped; eloping** : fugarse
elopement n : fuga f
eloquence n : elocuencia f
eloquent adj : elocuente —
eloquently adv
El Salvadoran n : salvadoreño m,
-ña f — **El Salvadoran** adj
else adj : otro : más
elsewhere adv : en/a otra parte
: en/a otro sitio/lugar
elucidate v **-dated; -dating**
: dilucidar : elucidar : esclarecer
elucidation n : elucidación f
: esclarecimiento m
elude v **eluded; eluding** : eludir
: evadir
elusive adj : esquivo : escurridizo
: difícil de precisar
elusively adv : de manera esquiva
elves → **elf**
em- → **en-**
'em → **them**
emaciate v **-ated; -ating**
: enflaquecer
e–mail[1] or **email** v : enviarle/
mandarle un email a : enviarle/
mandarle un correo electrónico a
: enviar/mandar por email : enviar/
mandar por correo electrónico
: enviar/mandar un email : enviar/
mandar un correo electrónico

e—mail[2] or **email** n : email m
: correo m electrónico

emanate v **-nated; -nating**
: emanar : provenir : proceder

emanation n : emanación f

emancipate v **-pated; -pating**
: emancipar

emancipation n : emancipación f

embalm v : embalsamar

embankment n : terraplén m
: muro m de contención

embargo[1] v **-goed; -going**
: imponer un embargo sobre

embargo[2] n, pl **-goes** : embargo m

embark v : embarcar : embarcarse

embarkation n : embarque m
: embarco m

embarrass v : avergonzar
: abochornar

embarrassed adj : embarazoso
: violento

embarrassing adj : embarazoso
: violento

embarrassment n : vergüenza f
: bochorno m : pena f

embassy n, pl **-sies** : embajada f

embed v **-bedded; -bedding**
: incrustar : empotrar : grabar

embellish v : adornar : embellecer

embellishment n : adorno m

ember n : ascua f : brasa f

embezzle v **-zled; -zling** : desfalcar
: malversar

embezzlement n : desfalco m
: malversación f

embezzler n : desfalcador m, -dora
f : malversador m

embitter v : amargar

emblem n : emblema m
: símbolo m

emblematic adj : emblemático
: simbólico

embodiment n : encarnación f
: personificación f

embody v **-bodied; -bodying**
: encarnar : personificar
: incorporar

embolism n : embolia f

emboss v : repujar : grabar en
relieve

embrace[1] v **-braced; -bracing**
: abrazar : adoptar : aceptar
: aprovechar : abarcar : abrazarse

embrace[2] n : abrazo m

embroider v : bordar : adornar

embroidery n, pl **-deries** : bordado
m

embroil v : enredar

embryo n, pl **embryos** : embrión m

embryonic adj : embrionario

emend v : enmendar : corregir

emendation n : enmienda f

emerald[1] adj : verde esmeralda

emerald[2] n : esmeralda f

emerge v **emerged; emerging**
: salir : emerger : surgir : revelarse

emergence n : aparición f
: surgimiento m

emergency n, pl **-cies** : emergencia
f : urgencia f

emergency brake n : freno m de
mano

emergency room n : sala
f de urgencia(s) : sala f de
emergencia(s)

emergent adj : emergente

emery n, pl **-eries** : esmeril m

emery board n : lima f de uñas

emigrant n : emigrante mf

emigrate v **-grated; -grating**
: emigrar

emigration n : emigración f

eminence n : eminencia f
: prestigio m : renombre m
: dignatario m, -ria f

eminent adj : eminente : ilustre

eminently adv : sumamente

emissary n, pl **-saries** : emisario
m, -ria f

emission n : emisión f

emit v **emitted; emitting** : emitir
: despedir : producir

emoji n, pl **emoji** or **emojis** : emoji
m

emote v **emoted; emoting**
: exteriorizar las emociones

emoticon n : emoticono m
: emoticón m

emotion n : emoción f : sentimiento
m

emotional adj : emocional
: afectivo : emotivo : sensible
: conmovedor : emocionante

emotionally adv : emocionalmente

empathize v **-thized; -thizing**
: sentir empatía

empathy n : empatía f

emperor n : emperador m

emphasis *n, pl* **-phases** : énfasis *m*
: hincapié *m* : acento *m*
emphasize *v* **-sized; -sizing**
: enfatizar : subrayar : recalcar
: acentuar : resaltar
emphatic *adj* : enfático : enérgico
: categórico — **emphatically** *adv*
empire *n* : imperio *m*
empirical *adj* : empírico —
empirically *adv*
employ[1] *v* : usar : utilizar : emplear
: contratar : dar empleo a : ocupar
: dedicar
employ[2] *n* : puesto *m* : cargo *m*
: ocupación *f*
employee *n* : empleado *m*, -da *f*
employer *n* : patrón *m*, -trona *f*
: empleador *m*, -dora *f*
employment *n* : trabajo *m* : empleo
m
employment agency *n* : agencia
f de colocación : agencia *f* de
trabajo
empower *v* : facultar : autorizar
: conferirle poder a
empowerment *n* : autorización *f*
empress *n* : emperatriz *f*
emptiness *n* : vacío *m* : vacuidad *f*
empty[1] *v* **-tied; -tying** : vaciar
empty[2] *adj* **emptier; -est** : vacío
: desocupado : libre : hueco : vano
empty[3] *n, pl* **-ties** : envase *m* vacío
empty–handed *adj* : con las
manos vacías
empty–headed *adj* : cabeza hueca
: tonto
emu *n* : emú *m*
emulate *v* **-lated; -lating** : emular
emulation *n* : emulación *f*
emulsifier *n* : emulsionante *m*
emulsify *v* **-fied; -fying**
: emulsionar
emulsion *n* : emulsión *f*
en- *or* **em-** *pref* : en- : em-
enable *v* **-abled; -abling** : permitir
: hacer posible : posibilitar : activar
: habilitar
enact *v* : promulgar : representar
enactment *n* : promulgación *f*
enamel[1] *v* **-eled** *or* **-elled; -eling** *or*
-elling : esmaltar
enamel[2] *n* : esmalte *m*
enamor *v* : enamorar
encamp *v* : acampar

encampment *n* : campamento *m*
encase *v* **-cased; -casing**
: encerrar : revestir
-ence *suf* : -encia
encephalitis *n, pl* **-litides**
: encefalitis *f*
enchant *v* : hechizar : encantar
: embrujar : cautivar : fascinar
enchanting *adj* : encantador
enchanter *n* : mago *m* : encantador *m*
enchantment *n* : encanto *m*
: hechizo *m*
enchantress *n* : maga *f* : hechicera
f : mujer *f* cautivadora
enchilada *n* : enchilada *f*
encircle *v* **-cled; -cling** : rodear
: ceñir : cercar
enclose *v* **-closed; -closing**
: encerrar : cercar : rodear : incluir
: adjuntar : acompañar
enclosure *n* : encierro *m*
: cercado *m* : recinto *m* : anexo *m*
: documento *m* adjunto
encode *v* : cifrar : codificar
encompass *v* : circundar : rodear
: abarcar : comprender
encore *n* : bis *m*
encounter[1] *v* : encontrar
: encontrarse con : toparse con
: tropezar con : combatir : luchar
contra
encounter[2] *n* : encuentro *m*
encourage *v* **-aged; -aging**
: animar : alentar : fomentar
: promover
encouragement *n* : ánimo *m*
: aliento *m*
encouraging *adj* : alentador
: esperanzador
encroach *v* **to encroach on/upon**
: invadir : abusar : quitar
encroachment *n* : invasión *f*
: usurpación *f*
encrust *v* : recubrir con una costra
: incrustar
encrypt *v* : cifrar : encriptar
encumber *v* : obstruir : estorbar
: cargar : gravar
encumbrance *n* : estorbo *m* : carga
f : gravamen *m*
encyclopedia *n* : enciclopedia *f*
encyclopedic *adj* : enciclopédico
end[1] *v* : terminar : poner fin
a : acabar con : concluir

: terminar(se) : acabar
: concluir(se)
end[2] n : extremo m : punta f : final
m : fin m : final m : objetivo m
: ala f
endanger v : poner en peligro
endangered adj : en peligro
endear v to endear oneself
to : ganarse la simpatía de
: granjearse el cariño de
endearing adj : encantador
endearment n : expresión f de
cariño
endeavor[1] v : intentar : esforzarse
por
endeavor[2] n : intento m : esfuerzo
m
ending n : final m : desenlace m
: sufijo m : terminación f
endive n : endibia f : endivia f
endless adj : interminable
: inacabable : sin fin : innumerable
: incontable
endlessly adv : interminablemente
: eternamente : sin parar
endocrine adj : endocrino
endorse v -dorsed; -dorsing
: endosar : firmar : aprobar
: respaldar : promocionar
endorsement n : endoso m : firma
f : aprobación f : aval m
endow v : dotar
endowment n : dotación f
: donación f : legado m : atributo
m : dotes fpl
endurable adj : tolerable
: soportable
endurance n : resistencia f
: aguante m
endure v -dured; -during : resistir
: soportar : aguantar : tolerar
: durar : perdurar
enema n : enema m : lavativa f
enemy n, pl -mies : enemigo m,
-ga f
energetic adj : enérgico : vigoroso
— **energetically** adv
energize v -gized; -gizing : activar
: vigorizar
energy n, pl -gies : energía f
: energías fpl : esfuerzo m
enervate v -vated; -vating
: enervar : debilitar
enfold v : envolver

enforce v -forced; -forcing : hacer
respetar : hacer cumplir : imponer
enforcement n : imposición f
enfranchise v -chised; -chising
: conceder el voto a
enfranchisement n : concesión f
del voto
engage v -gaged; -gaging : captar
: engranar : contratar : entablar
combate con
engaged adj : comprometido
: prometido
engagement n : compromiso m
: cita f : noviazgo m
engaging adj : atractivo
: encantador : interesante
engender v -dered; -dering
: engendrar
engine n : motor m : locomotora f
: máquina f
engineer[1] v : diseñar : construir
: maquinar : tramar : fraguar
engineer[2] n : ingeniero m, -ra f
: maquinista mf
engineering n : ingeniería f
English[1] adj : inglés
English[2] n : inglés m
Englishman n, pl -men : inglés m
English muffin n : panecillo m
Englishwoman n, pl -women
: inglesa f
engrave v -graved; -graving
: grabar
engraver n : grabador m, -dora f
engraving n : grabado m
engross v : absorber
engrossed adj : absorto
engrossing adj : fascinante
: absorbente
engulf v : envolver : sepultar
enhance v -hanced; -hancing
: realzar : aumentar : mejorar
enhancement n : mejora f : realce
m : aumento m
enigma n : enigma m
enigmatic adj : enigmático —
enigmatically adv
enjoin v : ordenar : imponer
: prohibir : vedar
enjoy v : disfrutar : gozar de
enjoyable adj : agradable
: placentero : divertido
enjoyment n : placer m : goce m
: disfrute m : deleite m

enlarge v **-larged; -larging**
: ampliar : agrandar : ampliarse

enlargement n : expansión f
: ampliación f

enlighten v : ilustrar : iluminar

enlightenment n : ilustración f
: aclaración f

enlist v : alistar : reclutar
: conseguir : alistarse

enlisted man n : soldado m raso

enlistment n : alistamiento m
: reclutamiento m

enliven v : animar : alegrar : darle
vida a

en masse adv : en masa
: masivamente

enmity n, pl **-ties** : enemistad f
: animadversión f

ennoble v **-bled; -bling**
: ennoblecer

ennui n : hastío m : tedio m
: fastidio m : aburrimiento m

enormity n, pl **-ties** : atrocidad
f : barbaridad f : enormidad f
: inmensidad f

enormous adj : enorme : inmenso
: tremendo — **enormously** adv

enough[1] adv : bastante
: suficientemente

enough[2] adj : bastante : suficiente

enough[3] pron : (lo) suficiente : (lo)
bastante

enquire, enquiry → **inquire, inquiry**

enrage v **-raged; -raging**
: enfurecer : encolerizar

enraged adj : enfurecido : furioso

enrapture v **-tured; -turing**
: cautivar : arrobar

enrich v : enriquecer

enrichment n : enriquecimiento m

enroll or **enrol** v **-rolled;
-rolling** : matricular : inscribir
: matricularse : inscribirse

enrollment n : matrícula f
: inscripción f

en route adv : de camino : por el
camino

ensconce v **-sconced; -sconcing**
: acomodar : instalar : establecer
cómodamente

ensemble n : conjunto m

enshrine v **-shrined; -shrining**
: conservar religiosamente
: preservar

ensign n : enseña f : pabellón m
: alférez mf

enslave v **-slaved; -slaving**
: esclavizar

enslavement n : esclavización f

ensnare v **-snared; -snaring**
: atrapar

ensue v **-sued; -suing** : seguir
: resultar

ensure v **-sured; -suring**
: asegurar : garantizar

entail v : implicar : suponer
: conllevar

entangle v **-gled; -gling** : enredar

entanglement n : enredo m

enter v : entrar en/a : incorporarse
a : ingresar a : entrar en : anotar
: inscribir : introducir : dar entrada
a : presentar : presentarse a
: inscribirse en : entrar

enterprise n : empresa f : firma f
: iniciativa f : empuje m

enterprising adj : emprendedor

entertain v : recibir : agasajar
: considerar : contemplar
: entretener : divertir : tener invitados

entertainer n : artista mf

entertaining adj : entretenido
: divertido

entertainment n : entretenimiento
m : diversión f : espectáculo m

enthrall or **enthral** v **-thralled;
-thralling** : cautivar : embelesar

enthuse v **-thused; -thusing**
: entusiasmar : decir con
entusiasmo **to enthuse over**
: hablar con entusiasmo sobre

enthusiasm n : entusiasmo m

enthusiast n : entusiasta mf
: aficionado m, -da f

enthusiastic adj : entusiasta
: aficionado

enthusiastically adv : con
entusiasmo

entice v **-ticed; -ticing** : atraer
: tentar

enticement n : tentación f
: atracción f : señuelo m

entire adj : entero : completo

entirely adv : completamente
: totalmente

entirety n, pl **-ties** : totalidad f

entitle v **-tled; -tling** : titular
: intitular : dar derecho a

entitlement *n* : derecho *m*

entity *n, pl* **-ties** : entidad *f* : ente *m*

entomologist *n* : entomólogo *m*, -ga *f*

entomology *n* : entomología *f*

entourage *n* : séquito *m*

entrails *npl* : entrañas *fpl* : vísceras *fpl*

entrance[1] *v* **-tranced; -trancing** : encantar : embelesar : fascinar

entrance[2] *n* : entrada *f* : ingreso *m*

entrant *n* : candidato *m*, -ta *f* : participante *mf*

entrap *v* **-trapped; -trapping** : atrapar : entrampar : hacer caer en una trampa

entrapment *n* : captura *f*

entreat *v* : suplicar : rogar

entreaty *n, pl* **-treaties** : ruego *m* : súplica *f*

entrée *or* **entree** *n* : plato *m* principal

entrench *v* : atrincherar : consolidar : afianzar

entrepreneur *n* : empresario *m*, -ria *f*

entrust *v* **to entrust something to someone** *or* **to entrust someone with something** : confiarle/ encomendarle algo a alguien

entry *n, pl* **-tries** : entrada *f* : ingreso *m* : anotación *f* : partida *f* : participante *mf*

entwine *v* **-twined; -twining** : entrelazar : entretejer : entrecruzar

enumerate *v* **-ated; -ating** : enumerar : contar

enumeration *n* : enumeración *f* : lista *f*

enunciate *v* **-ated; -ating** : enunciar : decir : articular : pronunciar

enunciation *n* : enunciación *f* : declaración *f* : articulación *f* : pronunciación *f* : dicción *f*

envelop *v* : envolver : cubrir

envelope *n* : sobre *m*

enviable *adj* : envidiable

envious *adj* : envidioso — **enviously** *adv*

environment *n* : ambiente *m* : entorno *m*

environmental *adj* : ambiental : medioambiental

environmentalism *n* : ecologismo *m*

environmentalist *n* : ecologista *mf*

environmentally *adv* : ecológicamente

environs *npl* : alrededores *mpl* : entorno *m* : inmediaciones *fpl*

envisage *v* **-aged; -aging** : imaginarse : concebir : prever

envision *v* : imaginar

envoy *n* : enviado *m*, -da *f*

envy[1] *v* **-vied; -vying** : envidiar

envy[2] *n, pl* **envies** : envidia *f*

enzyme *n* : enzima *f*

eon → **aeon**

epaulet *n* : charretera *f*

ephemeral *adj* : efímero : fugaz

epic[1] *adj* : épico

epic[2] *n* : poema *m* épico : epopeya *f*

epicenter *n* : epicentro *m*

epicure *n* : epicúreo *m*, -rea *f* : gastrónomo *m*, -ma *f*

epicurean *adj* : epicúreo

epidemic[1] *adj* : epidémico

epidemic[2] *n* : epidemia *f*

epidemiology *n* : epidemiología *f* — **epidemiologic** *or* **epidemiological** *adj*

epigram *n* : epigrama *m*

epilepsy *n, pl* **-sies** : epilepsia *f*

epileptic[1] *adj* : epiléptico

epileptic[2] *n* : epiléptico *m*, -ca *f*

epilogue *n* : epílogo *m*

episcopal *adj* : episcopal

Episcopalian *n* : episcopaliano *m*, -na *f*

episode *n* : episodio *m*

episodic *adj* : episódico

epistle *n* : epístola *f* : carta *f*

epitaph *n* : epitafio *m*

epithet *n* : epíteto *m*

epitome *n* : epítome *m* : resumen *m* : personificación *f*

epitomize *v* **-mized; -mizing** : resumir : ser la personificación de : ser representativo de

epoch *n* : época *f* : era *f*

epoxy *n, pl* **epoxies** : resina *f* epoxídica

equable *adj* : ecuánime : estable : constante : uniforme

equably *adv* : con ecuanimidad

equal[1] *v* **equaled** *or* **equalled; equaling** *or* **equalling** : ser igual a : igualar

equal[2] *adj* : igual : adecuado
: capaz
equal[3] *n* : igual *mf*
equality *n, pl* **-ties** : igualdad *f*
equalize *v* **-ized; -izing** : igualar
: equiparar : empatar
equalizer *n* : gol *m* del empate
equally *adv* : igualmente : por igual
equal opportunity employer *n*
: empresa *f* con una política de
igualdad de oportunidades
equal sign *n* : signo *m* de igual
equanimity *n, pl* **-ties**
: ecuanimidad *f*
equate *v* **equated; equating**
: equiparar : identificar
equation *n* : ecuación *f*
equator *n* **the Equator** : el ecuador
equatorial *adj* : ecuatorial
equestrian[1] *adj* : ecuestre
equestrian[2] *n* : jinete *mf* : caballista
mf
equilateral *adj* : equilátero
equilibrium *n, pl* **-riums** *or* **-ria**
: equilibrio *m*
equine *adj* : equino : hípico
equinox *n* : equinoccio *m*
equip *v* **equipped; equipping**
: equipar : preparar
equipment *n* : equipo *m*
equitable *adj* : equitativo : justo
: imparcial
equity *n, pl* **-ties** : equidad *f*
: imparcialidad *f* : valor *m* líquido
equivalence *n* : equivalencia *f*
equivalent[1] *adj* : equivalente
equivalent[2] *n* : equivalente *m*
equivocal *adj* : equívoco : ambiguo
: incierto : dudoso : sospechoso
equivocate *v* **-cated; -cating** : usar
lenguaje equívoco : contestar con
evasivas
equivocation *n* : evasiva *f*
: subterfugio *m*
-er *suf* : -ador *m*, -adora *f* : más
era *n* : era *f* : época *f*
eradicate *v* **-cated; -cating**
: erradicar
erase *v* **erased; erasing** : borrar
eraser *n* : goma *f* de borrar
: borrador *m*
erasure *n* : tachadura *f*
ere[1] *conj* : antes de que
ere[2] *prep* : antes de

e-reader *n* : lector *m* electrónico
: lector *m* de libros electrónicos
erect[1] *v* : levantar : erigir : armar
erect[2] *adj* : erguido : derecho
: erecto
erection *n* : erección *f*
: construcción *f*
ergonomics *npl* : ergonomía *f*
ermine *n* : armiño *m*
erode *v* **eroded; eroding**
: erosionar : corroer : erosionarse
: corroerse
erosion *n* : erosión *f* : corrosión *f*
: deterioro *m*
erotic *adj* : erótico — **erotically**
adv
eroticism *n* : erotismo *m*
err *v* : equivocarse : errar
errand *n* : mandado *m* : encargo *m*
: recado *m*
errant *adj* : errante : descarriado
erratic *adj* : errático : irregular
: inconsistente : excéntrico : raro
erratically *adv* : erráticamente : de
manera irregular
erroneous *adj* : erróneo —
erroneously *adv*
error *n* : error *m* : equivocación *f*
ersatz *adj* : artificial : sustituto
erstwhile *adj* : antiguo
erudite *adj* : erudito : letrado
erudition *n* : erudición *f*
erupt *v* : hacer erupción : entrar en
erupción : estallar
eruption *n* : erupción *f* : estallido *m*
: brote *m*
eruptive *adj* : eruptivo
escalate *v* **-lated; -lating**
: intensificar : aumentar
: intensificarse : aumentarse
escalation *n* : intensificación *f*
: escalada *f* : aumento *m* : subida *f*
escalator *n* : escalera *f* mecánica
escapade *n* : aventura *f*
escape[1] *v* **-caped; -caping**
: escaparse de : escapar a
: librarse de : salvarse de
: escaparse : salvarse
escape[2] *n* : fuga *f* : huida *f*
: escapada *f* : escape *m*
: escapatoria *f* : evasión *f*
escapee *n* : fugitivo *m*, -va *f*
escapism *n* : escapismo *m* —
escapist *adj*

escarole n : escarola f
escarpment n : escarpa f
eschew v : evitar : rehuir
: abstenerse de
escort[1] v : escoltar : llevar
: acompañar
escort[2] n : escolta f : acompañante mf
escrow n **in escrow** : en depósito
: en custodia de un tercero
ESL n : inglés m como lengua
extranjera
esophagus n, pl **-gi** : esófago m
esoteric adj : esotérico : hermético
espadrille n : alpargata f : sandalia f
especially adv : especialmente
: particularmente : expresamente
espionage n : espionaje m
espouse v **espoused; espousing**
: casarse con : apoyar : adherirse
a : adoptar
espresso n, pl **-sos** : café m exprés
essay[1] v : intentar : tratar
essay[2] n : ensayo m : redacción f
: trabajo m : intento m
essayist n : ensayista mf
essence n : esencia f : núcleo m
: meollo m : extracto m : perfume m
essential[1] adj : esencial —
essentially adv
essential[2] n : elemento m esencial
-est suf : (el/la/los/las) más
establish v : establecer : fundar
: instaurar : instituir : demostrar
established adj : establecido : de
amplia trayectoria : oficial
establishment n : establecimiento
m : fundación f : instauración f
: negocio m
estate n : bienes mpl : propiedad f
: patrimonio m : hacienda f : finca f
esteem[1] v : estimar : apreciar
esteem[2] n : estima f : aprecio m
esthetic → **aesthetic**
estimable adj : estimable
estimate[1] v **-mated; -mating**
: calcular : estimar
estimate[2] n : cálculo m aproximado
: valoración f : estimación f
: presupuesto m
estimation n : juicio m : opinión f
: cálculo m aproximado
estimator n : tasador m, -dora f
Estonian n : estonio m, -nia f —
Estonian adj

estrange v **-tranged; -tranging**
: enajenar : apartar : alejar
estrangement n : alejamiento m
: distanciamiento m
estrogen n : estrógeno m
estrus n : celo m
estuary n, pl **-aries** : estuario m
et cetera : etcétera
etcetera noun : etcétera
etch v : grabar al aguafuerte
etching n : aguafuerte m : grabado
m al aguafuerte
eternal adj : eterno : constante
: incesante
eternally adv : eternamente : para
siempre
eternity n, pl **-ties** : eternidad f
ethanol n : etanol m
ether n : éter m
ethereal adj : etéreo : celeste
: delicado
ethical adj : ético —
ethically adv
ethics ns & pl : ética f : moralidad f
Ethiopian n : etíope mf —
Ethiopian adj
ethnic adj : étnico
etiquette n : etiqueta f : protocolo m
etymological adj : etimológico
etymology n, pl **-gies** : etimología f
eucalyptus n, pl **-ti** or **-tuses**
: eucalipto m
Eucharist n : Eucaristía f
eulogize v **-gized; -gizing** : elogiar
: encomiar
eulogy n, pl **-gies** : panegírico m
eunuch n : eunuco m
euphemism n : eufemismo m
euphemistic adj : eufemístico
euphoria n : euforia f
euphoric adj : eufórico
euro n, pl **euros** or **euro** : euro m
European[1] adj : europeo
European[2] n : europeo m, -pea f
euthanasia n : eutanasia f
euthanize v **-nized; -nizing**
: sacrificar
evacuate v **-ated; -ating** : evacuar
: desalojar : retirarse
evacuation n : evacuación f
: desalojo m
evade v **evaded; evading** : eludir
evaluate v **-ated; -ating** : evaluar
: valorar : tasar

evaluation n : evaluación f
: valoración f : tasación f
evangelical adj : evangélico
evangelism n : evangelismo m
evangelist n : evangelista m
: predicador m, -dora f
evaporate v -rated; -rating
: evaporarse : desvanecerse
: esfumarse
evaporated milk n : leche f
evaporada
evaporation n : evaporación f
evasion n : evasión f
evasive adj : evasivo
evasiveness n : carácter m evasivo
eve n : víspera f
even[1] v : allanar : nivelar
: emparejar : igualar : equilibrar
to even out : nivelarse
: emparejarse
even[2] adv : hasta : incluso : ni
siquiera : aún : todavía
even[3] adj : uniforme : liso : parejo
: plano : llano : igual : igualado
: regular : constante : exacto
: justo : par
evening n : tarde f : noche f
: velada f
evening gown or **evening dress** n
: traje m de noche
evenings adv : por las noches
evenly adv : de modo uniforme : de
manera constante : igualmente
: equitativamente
evenness n : uniformidad f
: igualdad f : regularidad f
event n : acontecimiento m
: suceso m : prueba f
even–tempered adj : ecuánime
eventful adj : lleno de incidentes
: memorable
eventual adj : final : consiguiente
eventuality n, pl **-ties**
: eventualidad f
eventually adv : finalmente : al fin
: con el tiempo
ever adv : siempre : alguna vez
: algún día : nunca
evergreen[1] adj : de hoja perenne
evergreen[2] n : planta f de hoja
perenne
everlasting adj : eterno : perpetuo
: imperecedero
evermore adv : eternamente

every adj : cada : todo : pleno
: entero
everybody pron : todos : todo el
mundo
everyday adj : cotidiano : diario
: corriente
everyone → **everybody**
everything pron : todo
everywhere adv : en todas partes
: por todas partes : dondequiera
evict v : desalojar : desahuciar
eviction n : desalojo m : desahucio
m
evidence n : indicios mpl : señales
mpl : evidencia f : prueba f
: testimonio m : declaración f
evident adj : evidente : patente
: manifiesto
evidently adv : claramente
: obviamente : aparentemente
: evidentemente : al parecer
evil[1] adj **eviler** or **eviller**; **evilest**
or **evillest** : malvado : maligno
: maléfico
evil[2] n : mal m : maldad f
: desgracia f
evildoer n : malhechor m, -chora f
: malvado m, -da f
evil eye n **the evil eye** : el mal de
ojo
evince v **evinced**; **evincing**
: mostrar : manifestar : revelar
eviscerate v -ated; -ating
: eviscerar
evocation n : evocación f
evocative adj : evocador
evoke v **evoked**; **evoking** : evocar
: provocar
evolution n : evolución f
: desarrollo m
evolutionary adj : evolutivo
evolve v **evolved**; **evolving**
: evolucionar : desarrollarse
ewe n : oveja f
ex n : ex mf
ex- pref : ex- : ex
exacerbate v -bated; -bating
: exacerbar
exact[1] v : exigir : imponer : arrancar
exact[2] adj : exacto : preciso
exacting adj : exigente : riguroso
exactitude n : exactitud f : precisión
f
exactly adv : exactamente

exaggerate v **-ated; -ating**
: exagerar
exaggerated adj : exagerado —
exaggeratedly adv
exaggeration n : exageración f
exalt v : exaltar : ensalzar
: glorificar
exaltation n : exaltación f
exam → **examination**
examination n : examen m
: inspección f : revisión f
: reconocimiento m : estudio m
examine v **-ined; -ining** : examinar
: inspeccionar : revisar
example n : ejemplo m
exasperate v **-ated; -ating**
: exasperar : sacar de quicio
exasperation n : exasperación f
excavate v **-vated; -vating**
: excavar
excavation n : excavación f
excavator n : excavadora f
exceed v : exceder de : sobrepasar
exceedingly adv : extremadamente
: sumamente
excel v **-celled; -celling** : destacar
: sobresalir : superar
excellence n : excelencia f
excellency n, pl **-cies** : excelencia f
excellent adj : excelente
: sobresaliente — **excellently** adv
except[1] v : exceptuar : excluir
except[2] conj : pero : si no fuera por
except[3] prep : excepto : menos
: salvo
except for → **except**[3]
exception n : excepción f
exceptional adj : excepcional
: extraordinario — **exceptionally**
adv
excerpt[1] v : escoger : seleccionar
excerpt[2] n : pasaje m : selección f
excess[1] adj : excesivo : de sobra
excess[2] n : exceso m : superfluidad
f : excedente m : sobrante m
excessive adj : excesivo
: exagerado : desmesurado —
excessively adv
exchange[1] v **-changed; -changing**
: cambiar : intercambiar : canjear
exchange[2] n : cambio m
: intercambio m : canje m
exchangeable adj : canjeable
exchange rate n : tasa f de cambio

exchequer n : erario m : tesoro m
: fisco m
excise[1] v **-cised; -cising** : extirpar
excise[2] n **excise tax** : impuesto
m interno : impuesto m sobre el
consumo
excitability n : excitabilidad f
excitable adj : nervioso
excitation n : excitación f
excite v **-cited; -citing** : excitar
: mover : estimular : entusiasmar
: animar : provocar : despertar
: suscitar
excited adj : excitado
: entusiasmado : emocionado
excitedly adv : con excitación : con
entusiasmo
excitement n : entusiasmo m
: emoción f : agitación f : alboroto
m : conmoción f : excitación f
exciting adj : emocionante
: excitante
exclaim v : exclamar
exclamation n : exclamación f
exclamation point n : signo m de
admiración
exclude v **-cluded; -cluding**
: excluir : descartar : no admitir
excluding prep : excluyendo : sin
incluir
exclusion n : exclusión f
exclusive[1] adj : exclusivo : único
: selecto
exclusive[2] n : exclusiva f
exclusively adv : exclusivamente
: únicamente
exclusiveness n : exclusividad f
excommunicate v **-cated; -cating**
: excomulgar
excommunication n : excomunión f
excrement n : excremento m
excrete v **-creted; -creting** : excretar
excretion n : excreción f
excruciating adj : insoportable
: atroz : terrible — **excruciatingly**
adv
exculpate v **-pated; -pating**
: exculpar
excursion n : excursión f : paseo m
: digresión f
excusable adj : disculpable
excuse[1] v **-cused; -cusing**
: disculpar : perdonar : dejar salir
: eximir : excusar : justificar

excuse[2] n : excusa f : justificación f
: pretexto m
execute v **-cuted; -cuting**
: ejecutar : llevar a cabo
: desempeñar : cumplir : ajusticiar
execution n : ejecución f
: desempeño m : cumplimiento m
executioner n : verdugo m
executive[1] adj : ejecutivo
executive[2] n : ejecutivo m, -va f
executor n : albacea mf
: testamentario m, -ria f
executrix n, pl **executrices**
or **executrixes** : albacea f
: testamentaria f
exemplary adj : ejemplar
exemplify v **-fied; -fying**
: ejemplificar : ilustrar : demostrar
exempt[1] v : eximir
exempt[2] adj : exento
exemption n : exención f
exercise[1] v **-cised; -cising**
: ejercitar : sacar a pasear
: ejercer : hacer uso de : hacer
ejercicio
exercise[2] n : ejercicio m : maniobra
f; **exercises** npl : ceremonia f
exert v : ejercer : emplear
exertion n : ejercicio m : uso m
: esfuerzo m : empeño m
exhalation n : exhalación f
exhale v **-haled; -haling** : exhalar
: espirar : despedir : emitir
exhaust v : agotar : cansar : fatigar
: vaciar
exhausted adj : agotado
: derrengado
exhausting adj : extenuante
: agotador
exhaustion n : agotamiento m
exhaustive adj : exhaustivo
exhibit[1] v : exhibir : exponer
: mostrar : presentar
exhibit[2] n : objeto m expuesto
: exposición f : exhibición f
: prueba f instrumental
exhibition n : exposición f
: exhibición f
exhibitor n : expositor m, -tora f
exhilarate v **-rated; -rating**
: animar mucho : llenar de alegría
: estimular
exhilaration n : alegría f : regocijo
m : júbilo m

exhort v : exhortar
exhortation n : exhortación f
exhumation n : exhumación f
exhume v **-humed; -huming**
: exhumar : desenterrar
ex–husband n : ex marido m
exigencies npl : exigencias fpl
exile[1] v **exiled; exiling** : exiliar
: desterrar
exile[2] n : exilio m : destierro m
: exiliado m, -da f : desterrado m
exist v : existir : subsistir : vivir
existence n : existencia f
existent adj : existente
existing adj : existente
exit[1] v : salir : hacer mutis : salir de
exit[2] n : salida f : partida f
exodus n : éxodo m
exonerate v **-ated; -ating**
: exonerar : disculpar : absolver
exoneration n : exoneración f
exorbitant adj : exorbitante : excesivo
exorcise v **-cised; -cising**
: exorcizar
exorcism n : exorcismo m
exotic[1] adj : exótico — **exotically**
adv
exotic[2] n : planta f exótica
expand v : expandir : ampliar
: extender : ampliarse : extenderse
: expandirse : dilatarse
expanse n : extensión f
expansion n : expansión f
: ampliación f : extensión f
expansive adj : expansivo
: comunicativo : ancho : amplio —
expansively adv
expatriate[1] v **-ated; -ating**
: expatriar
expatriate[2] adj : expatriado
expatriate[3] n : expatriado m, -da f
expect v : suponer : imaginarse
: esperar : contar con **to be**
expecting : estar embarazada
expectancy n, pl **-cies**
: expectación f : expectativa f
expectant adj : expectante : futuro
expectantly adv : con expectación
expectation n : expectación f
: expectativa f
expedient[1] adj : conveniente
: oportuno
expedient[2] n : expediente m
: recurso m

expedite *v* **-dited; -diting** : facilitar
: dar curso a : acelerar

expedition *n* : expedición *f*

expeditious *adj* : pronto : rápido

expel *v* **-pelled; -pelling** : expulsar
: expeler

expend *v* : gastar : desembolsar
: consumir : agotar

expendable *adj* : prescindible

expenditure *n* : gasto *m*

expense *n* : gasto *m*; **expenses** *npl*
: gastos *mpl* : expensas *fpl*

expensive *adj* : costoso : caro —
expensively *adv*

experience[1] *v* **-enced; -encing**
: experimentar : tener : sufrir

experience[2] *n* : experiencia *f*

experienced *adj* : con experiencia
: experimentado

experiment[1] *v* **to experiment on/
with** : experimentar con : hacer
experimentos con

experiment[2] *n* : experimento *m*

experimental *adj* : experimental —
experimentally *adv*

experimentation *n*
: experimentación *f*

expert[1] *adj* : experto : de experto
— **expertly** *adv*

expert[2] *n* : experto *m*, -ta *f* : perito *m*

expertise *n* : pericia *f*
: competencia *f*

expiate *v* **-ated; -ating** : expiar

expiation *n* : expiación *f*

expiration *n* : exhalación
f : espiración *f* : muerte *f*
: vencimiento *m* : caducidad *f*

expire *v* **-pired; -piring** : espirar
: expirar : morir : caducar : vencer

explain *v* : explicar — **explainable**
adj

explanation *n* : explicación *f*

explanatory *adj* : explicativo
: aclaratorio

expletive *n* : improperio *m*
: palabrota *f* : grosería *f*

explicable *adj* : explicable

explicit *adj* : explícito : claro
: categórico : rotundo — **explicitly**
adv

explicitness *n* : claridad *f* : carácter
m explícito

explode *v* **-ploded; -ploding**
: hacer explosionar : hacer

explotar : rebatir : refutar
: desmentir : explotar : estallar
: reventar : dispararse

exploit[1] *v* : explotar : aprovecharse
de

exploit[2] *n* : hazaña *f* : proeza *f*

exploitation *n* : explotación *f*

exploration *n* : exploración *f*

exploratory *adj* : exploratorio

explore *v* **-plored; -ploring**
: explorar : investigar : examinar

explorer *n* : explorador *m*, -dora *f*

explosion *n* : explosión *f* : estallido
m

explosive[1] *adj* : explosivo
: fulminante — **explosively** *adv*

explosive[2] *n* : explosivo *m*

exponent *n* : exponente *m*
: defensor *m*, -sora *f* : partidario
m, -ria *f*

exponential *adj* : exponencial —
exponentially *adv*

export[1] *v* : exportar

export[2] *n* : artículo *m* de
exportación

exportation *n* : exportación *f*

exporter *n* : exportador *m*, -dora *f*

expose *v* **-posed; -posing**
: exponer : revelar : develar
: sacar a la luz : desenmascarar

exposé *or* **expose** *n* : exposición *f*
: revelación *f*

exposed *adj* : expuesto : al
descubierto

exposition *n* : exposición *f*

exposure *n* : exposición *f*
: congelación *f* : revelación *f*
: publicidad *f* : orientación *f*

expound *v* : exponer : explicar
: hacer comentarios detallados

express[1] *v* : expresar : mandar/
enviar por correo expreso

express[2] *adv* : por correo expreso
: por correo urgente

express[3] *adj* : expreso : explícito
: específico : rápido — **expressly**
adv

express[4] *n* : expreso *m* : tren *m*
expreso

expression *n* : expresión *f* : frase *f*
: cara *f* : gesto *m*

expressionless *adj* : inexpresivo

expressive *adj* : expresivo

expressway *n* : autopista *f*

expropriate v -ated; -ating
: expropiar
expulsion n : expulsión f
expurgate v -gated; -gating
: expurgar
exquisite adj : exquisito
: primoroso : intenso
exquisiteness n : exquisitez f
extant adj : existente
extemporaneous adj : improvisado
— **extemporaneously** adv
extend v : extender : tender
: prolongar : prorrogar : agrandar
: ampliar : dar : presentar
: extenderse
extendable adj : extensible
extended adj : prolongado : largo
extension n : extensión f : ampliación
f : prórroga f : prolongación f : anexo
m : interno m
extension cord n : extensión f
: alargador m : alargue m
extensive adj : extenso : amplio
: exhaustivo — **extensively** adv
extent n : extensión f : magnitud f
: alcance m : grado m
extenuate v -ated; -ating : atenuar
: aminorar : mitigar
exterior[1] adj : exterior
exterior[2] n : exterior m
exterminate v -nated; -nating
: exterminar
extermination n : exterminación f
: exterminio m
exterminator n : exterminador m,
-dora f de plagas : fumigador m,
-dora f
external adj : externo : exterior —
externally adv
extinct adj : extinto
extinction n : extinción f
extinguish v : extinguir : apagar
extinguisher n : extinguidor m
: extintor m
extirpate v -pated; -pating
: extirpar : exterminar
extol v -tolled; -tolling : exaltar
: ensalzar : alabar
extort v : extorsionar
extortion n : extorsión f
extra[1] adv : extra : más : super
: excepcionalmente
extra[2] adj : adicional
: suplementario : de más : superior

extra[3] n : extra m : extra mf
extra- pref : extra-
extract[1] v : extraer : sacar
extract[2] n : pasaje m : selección f
: trozo m : extracto m
extraction n : extracción f
extractor n : extractor m
extracurricular adj : extracurricular
extradite v -dited; -diting
: extraditar
extradition n : extradición f
extramarital adj : extramatrimonial
extraneous adj : externo
: superfluo : ajeno —
extraneously adv
extraordinary adj : extraordinario
: excepcional — **extraordinarily**
adv
extrapolate v -lated; -lating
: extrapolar : hacer una
extrapolación — **extrapolation** n
extrasensory adj : extrasensorial
extraterrestrial[1] adj : extraterrestre
extraterrestrial[2] n : extraterrestre mf
extravagance n : exceso m
: extravagancia f : derroche m
: despilfarro m : lujo m
extravagant adj : excesivo
: exagerado : extravagante
: despilfarrador : derrochador
: gastador : costoso : exorbitante
extravagantly adv : a lo
grande : exageradamente
: desmesuradamente
extravaganza n : gran espectáculo
m
extreme[1] adj : extremo : extremista
: más lejos
extreme[2] n : extremo m
extremely adv : sumamente
: extremadamente : terriblemente
extremist n : extremista mf —
extremist adj
extremity n, pl -ties : extremo m;
extremities npl : extremidades fpl
extricate v -cated; -cating : librar
: sacar
extrovert n : extrovertido m, -da f
extroverted adj : extrovertido
extrude v -truded; -truding
: extrudir : expulsar
exuberance n : euforia f
: exaltación f : exuberancia f
: vigor m

exuberant *adj* : eufórico
: exuberante — **exuberantly** *adv*
exude *v* **-uded; -uding** : rezumar
: exudar : emanar : irradiar
exult *v* : exultar : regocijarse
exultant *adj* : exultante : jubiloso —
exultantly *adv*
exultation *n* : exultación *f* : júbilo *m*
: alborozo *m*
ex–wife *n* : ex esposa *f*
eye[1] *v* **eyed; eyeing** *or* **eying**
: mirar : observar
eye[2] *n* : ojo *m* : visión *f* : vista *f*
: mirada *f* : ojeada *f* : atención *f*
: punto *m* de vista
eyeball *n* : globo *m* ocular
eyebrow *n* : ceja *f*
eye–catching *adj* : llamativo
eyed *adj* : de ojos
eyedropper *n* : cuentagotas *f*
eyedrops *npl* : colirio *m*

eyeglasses *npl* : anteojos *mpl*
: lentes *mpl* : espejuelos *mpl*
: gafas *fpl*
eyelash *n* : pestaña *f*
eyelet *n* : ojete *m*
eyelid *n* : párpado *m*
eyeliner *n* : delineador *m*
eye–opener *n* : revelación *f*
: sorpresa *f*
eye–opening *adj* : revelador
eyepiece *n* : ocular *m*
eye shadow *n* : sombra *f* de ojos
eyesight *n* : vista *f* : visión *f*
eyesore *n* : monstruosidad *f*
: adefesio *m*
eyestrain *n* : fatiga *f* visual : vista *f*
cansada
eyetooth *n* : colmillo *m*
eyewitness *n* : testigo *mf* ocular
: testigo *mf* presencial
eyrie → aerie

F

fa *n* : fa *m*
fable *n* : fábula *f*
fabled *adj* : legendario : fabuloso
fabric *n* : tela *f* : tejido *m* : estructura *f*
fabricate *v* **-cated; -cating**
: construir : fabricar : inventar
fabrication *n* : mentira *f* : invención
f : fabricación *f*
fabulous *adj* : fabuloso : legendario
: increíble : magnífico : estupendo
— **fabulously** *adv*
facade *n* : fachada *f*
face[1] *v* **faced; facing** : recubrir
: forrar : enfrentarse a : afrontar
: hacer frente a : estar de cara a
: estar enfrente de : dar a : mirar
: estar orientado
face[2] *n* : cara *f* : rostro *m*
: expresión *f* : mueca *f* : fisonomía
f : aspecto *m* : prestigio *m* : esfera
f : fachada *f* : pared *f* : superficie *f*
: faz *f* : cara *f*
facedown *adv* : boca abajo
face–first *adv* : de bruces
faceless *adj* : anónimo
face–lift *n* : estiramiento *m* facial
: renovación *f* : remozamiento *m*

face–off *n* : confrontación *f*
: careo *m*
facet *n* : faceta *f* : aspecto *m*
facetious *adj* : gracioso : burlón
: bromista
facetiously *adv* : en tono de burla
facetiousness *n* : jocosidad *f*
face–to–face *adv* & *adj* : cara a
cara
faceup *adv* : boca arriba
face value *n* : valor *m* nominal
facial[1] *adj* : de la cara : facial
facial[2] *n* : tratamiento *m* facial
: limpieza *f* de cutis
facile *adj* : superficial : simplista
facilitate *v* **-tated; -tating** : facilitar
— **facilitator** *n*
facility *n, pl* **-ties** : facilidad *f*
: centro *m* : complejo *m*; **facilities**
npl : comodidades *fpl* : servicios
mpl
facing *n* : entretela *f* : revestimiento
m
facsimile *n* : facsímil *m*
fact *n* : hecho *m* : información *f*
: datos *mpl* : realidad *f*
faction *n* : facción *m* : bando *m*

factional *adj* : entre facciones
factor *n* : factor *m*
factory *n, pl* **-ries** : fábrica *f*
factual *adj* : basado en hechos
: objetivo
factually *adv* : en cuanto a los
hechos
faculty *n, pl* **-ties** : facultad *f*
: aptitud *f* : facilidad *f* : cuerpo *m*
docente
fad *n* : moda *f* pasajera : manía *f*
fade *v* **faded; fading**
: debilitarse : marchitarse
: desteñirse : decolorarse
: apagarse : perderse : fundirse
: desvanecerse : decaer : desteñir
fag *v* **fagged; fagging** : cansar
: fatigar
fagot *or* **faggot** *n* : haz *m* de leña
Fahrenheit *adj* : Fahrenheit
fail[1] *v* : fallar : deteriorarse
: detenerse : fracasar : quebrar
: reprobar : decepcionar
fail[2] *n* : fracaso *m*
failing *n* : defecto *m*
failure *n* : fracaso *m* : malogro *m*
: bancarrota *f* : quiebra *f*
faint[1] *v* : desmayarse
faint[2] *adj* : cobarde : tímido
: mareado : leve : ligero : vago
: tenue : indistinto : apenas
perceptible
faint[3] *n* : desmayo *m*
fainthearted *adj* : cobarde
: pusilánime
faintly *adv* : débilmente
: ligeramente : levemente
faintness *n* : lo débil : falta
f de claridad : desmayo *m*
: desfallecimiento *m*
fair[1] *adj* : bello : hermoso : atractivo
: bueno : despejado : justo
: adecuado : aceptable : rubio
: blanco
fair[2] *n* : feria *f*
fairground *n* : parque *m* de
diversiones
fair–haired *adj* : rubio
fairly *adv* : imparcialmente
: limpiamente : equitativamente
: bastante : medianamente
fairness *n* : imparcialidad *f* : justicia
f : blancura *f* : lo rubio
fairy *n, pl* **fairies** : hada *f*

fairyland *n* : país *m* de las hadas
: lugar *m* encantador
faith *n, pl* **faiths** : fe *f* : lealtad *f*
: confianza *f* : religión *f*
faithful *adj* : fiel — **faithfully** *adv*
faithfulness *n* : fidelidad *f*
faithless *adj* : desleal : infiel —
faithlessly *adv*
faithlessness *n* : deslealtad *f*
fake[1] *v* **faked; faking** : falsificar
: falsear : fingir : hacer un engaño
: hacer una finta
fake[2] *adj* : falso : fingido : postizo
fake[3] *n* : imitación *f* : falsificación
f : impostor *m*, -tora *f* : charlatán
m, -tana *f* : farsante *mf* : engaño
m : finta *f*
faker *n* : impostor *m*, -tora *f*
: charlatán *m*, -tana *f* : farsante *mf*
falcon *n* : halcón *m*
fall[1] *v* **fell; fallen; falling** : caer
: caerse : bajar : reducirse
: volverse : quedarse : rendirse
fall[2] *n* : caída *f* : derrumbe *m*
: aguacero *m* : nevada *f* : bajada *f*
: disminución *f* : otoño *m* : ruina *f*;
falls *npl* : cascada *f* : catarata *f*
fallacious *adj* : erróneo : engañoso
: falaz
fallacy *n, pl* **-cies** : falacia *f*
fall back *v* : retirarse : replegarse
fall guy *n* : chivo *m* expiatorio
fallible *adj* : falible
fallout *n* : lluvia *f* radioactiva
: secuelas *fpl* : consecuencias *fpl*
fallow[1] *adj* **to lie fallow** : estar en
barbecho
fallow[2] *n* : barbecho *m*
false *adj* **falser; falsest** : falso
: erróneo : equivocado : postizo
: infiel : fraudulento
falsehood *n* : mentira *f* : falsedad *f*
falsely *adv* : falsamente : con falsedad
falseness *n* : falsedad *f*
falsetto *n, pl* **-tos** : falsete *m*
falsification *n* : falsificación *f*
falsify *v* **-fied; fying** : falsificar
: falsear
falsity *n, pl* **-ties** : falsedad *f*
falter *v* **-tered; -tering**
: tambalearse : titubear
: tartamudear : vacilar
faltering *adj* : titubeante : vacilante
— **falteringly** *adv*

fame *n* : fama *f*
famed *adj* : famoso : célebre
: afamado
familial *adj* : familiar
familiar[1] *adj* : familiar : conocido
: informal : íntimo : de confianza
: confianzudo : atrevido —
familiarly *adv*
familiar[2] *n* : espíritu *m* guardián
familiarity *n, pl* **-ties** : conocimiento
m : familiaridad *f* : confianza *f*
: exceso *m* de confianza : descaro
m
familiarize *v* **-ized; -izing**
: familiarizar
family *n, pl* **-lies** : familia *f*
family name *n* : apellido *m*
family room *n* : living *m* : sala *f*
family tree *n* : árbol *m* genealógico
famine *n* : hambre *f* : hambruna *f*
famish *v* **to be famished** : estar
famélico : estar hambriento : morir
de hambre
famous *adj* : famoso
famously *adv* **to get on famously**
: llevarse de maravilla
fan[1] *v* **fanned; fanning** : abanicar
: avivar : estimular
fan[2] *n* : ventilador *m* : abanico *m*
: aficionado *m*, -da *f* : entusiasta
mf : admirador *m*, -dora *f*
fanatic[1] *or* **fanatical** *adj* : fanático
fanatic[2] *n* : fanático *m*, -ca *f*
fanaticism *n* : fanatismo *m*
fan belt *n* : correa *f* del ventilador
fanciful *adj* : caprichoso
: fantástico : extravagante
: imaginativo — **fancifully** *adv*
fancy[1] *v* **-cied; -cying** : imaginarse
: figurarse : apetecer : tener ganas
de
fancy[2] *adj* **fancier; -est**
: elaborado : lujoso : elegante —
fancily *adv*
fancy[3] *n, pl* **-cies** : gusto *m* : afición
f : antojo *m* : capricho *m* : fantasía
f : imaginación *f*
fandango *n, pl* **-gos** : fandango *m*
fanfare *n* : fanfarria *f*
fang *n* : colmillo *m* : diente *m*
fanlight *n* : tragaluz *m*
fantasia *n* : fantasía *f*
fantasize *v* **-sized; -sizing**
: fantasear

fantastic *adj* : fantástico : increíble
: extraño : fabuloso : inmenso
: estupendo : fantástico : bárbaro
: macanudo — **fantastically** *adv*
fantasy *n, pl* **-sies** : fantasía *f*
FAQ *n, pl* **FAQs** : FAQ *m*
far[1] *adv* **farther** *or* **further;**
farthest *or* **furthest** : lejos : muy
: mucho
far[2] *adj* **farther** *or* **further; farthest**
or **furthest** : lejano : remoto : más
lejano
faraway *adj* : remoto : lejano
farce *n* : farsa *f*
farcical *adj* : absurdo : ridículo
fare[1] *v* **fared; faring** : ir : salir
fare[2] *n* : pasaje *m* : billete *m*
: boleto *m* : comida *f*
farewell[1] *adj* : de despedida
farewell[2] *n* : despedida *f*
far–fetched *adj* : improbable
: exagerado
farina *n* : harina *f*
farm[1] *v* : cultivar : labrar : criar : ser
agricultor
farm[2] *n* : granja *f* : hacienda *f* : finca
f : estancia *f*
farmer *n* : agricultor *m* : granjero *m*
farmhand *n* : peón *m*
farmhouse *n* : granja *f* : vivienda *f*
del granjero : casa *f* de hacienda
farming *n* : labranza *f* : cultivo *m*
: crianza *f*
farmland *n* : tierras *fpl* de labranza
farmyard *n* : corral *m*
far–off *adj* : remoto : distante
: lejano
far–reaching *adj* : de gran alcance
farsighted *adj* : hipermétrope
: con visión de futuro : previsor
: precavido
farsightedness *n* : hipermetropía *f*
: previsión *f*
fart[1] *v* **often vulgar** : tirarse un pedo
fart[2] *n* **often vulgar** : pedo *m*
farther[1] *adv* : más lejos : más
adelante : más
farther[2] *adj* : más lejano : más remoto
farthermost *adj* : (el) más lejano
farthest[1] *adv* : lo más lejos : lo más
avanzado : más
farthest[2] *adj* : más lejano
fascinate *v* **-nated; -nating**
: fascinar : cautivar

fascinating adj : fascinante
fascination n : fascinación f
fascism n : fascismo m
fascist[1] adj : fascista
fascist[2] n : fascista mf
fashion[1] v : formar : moldear
fashion[2] n : manera f : modo m
: costumbre f : moda f
fashionable adj : de moda : chic
fashionably adv : a la moda
fashion show n : desfile m de
modelos
fast[1] v : ayunar
fast[2] adv : firmemente
: seguramente : rápidamente
: rápido : de prisa : profundamente
fast[3] adj : firme : seguro : leal
: rápido : veloz : adelantado
: profundo : inalterable : que no
destiñe : extravagante : disipado
: disoluto
fast[4] n : ayuno m
fasten v : sujetar : atar : fijar
: abrochar : cerrar : abrocharse
: cerrar
fastener n : cierre m : sujetador m
fastening n : cierre m : sujetador m
fast food n : comida f rápida
fastidious adj : quisquilloso
: exigente — **fastidiously** adv
fat[1] adj **fatter; fattest** : gordo
: obeso : grueso
fat[2] n : grasa f
fatal adj : mortal : malhadado : fatal
: fatídico
fatalism n : fatalismo m
fatalist n : fatalista mf
fatalistic adj : fatalista
fatality n, pl **-ties** : víctima f mortal
fatally adv : mortalmente
fate n : destino m : final m : suerte f
fated adj : predestinado
fateful adj : fatídico : aciago
: profético — **fatefully** adv
father[1] v : engendrar
father[2] n : padre m
fatherhood n : paternidad f
father–in–law n, pl **fathers–in–law**
: suegro m
fatherland n : patria f
fatherless adj : huérfano de padre
: sin padre
fatherly adj : paternal
fathom[1] v : entender : comprender

fathom[2] n : braza f
fatigue[1] v **-tigued; -tiguing** : fatigar
: cansar
fatigue[2] n : fatiga f
fatness n : gordura f : grosor m
fatten v : engordar : cebar
fattening adj : que engorda
fatty adj **fattier; -est** : graso
: grasoso
fatuous adj : necio : fatuo —
fatuously adv
faucet n : llave f : canilla f : grifo m
fault[1] v : encontrar defectos a
fault[2] n : defecto m : falta f : falla f
: culpa f
faultfinder n : criticón m, -cona f
faultfinding n : crítica f
faultless adj : sin culpa : sin
imperfecciones : impecable
faultlessly adv : impecablemente
: perfectamente
faulty adj **faultier; -est**
: defectuoso : imperfecto —
faultily adv
fauna n : fauna f
faux adj : de imitación
faux pas n, pl **faux pas** : metedura
f de pata
favor[1] v : estar a favor de : ser
partidario de : apoyar : hacerle
un favor a : preferir : parecerse a
: salir a
favor[2] n : favor m
favorable adj : favorable : propicio
favorably adv : favorablemente
: bien
favorite[1] adj : favorito : preferido
favorite[2] n : favorito m, -ta f
: preferido m, -da f
favoritism n : favoritismo m
fawn[1] v : adular : lisonjear
fawn[2] n : cervato m
fax[1] n : facsímil m : facsímile m
fax[2] v : mandarle un fax a : enviar
por fax
faze v **fazed; fazing** : desconcertar
: perturbar
fear[1] v : temer : tener miedo de
fear[2] n : miedo m : temor m
fearful adj : espantoso : aterrador
: horrible : temeroso : miedoso
fearfully adv : extremadamente
: terriblemente : con temor
fearless adj : intrépido : impávido

fearlessly adv : sin temor

fearlessness n : intrepidez f
: impavidez f

fearsome adj : aterrador

feasibility n : viabilidad f
: factibilidad f

feasible adj : viable : factible
: realizable

feast[1] v : banquetear : agasajar
: festejar

feast[2] n : banquete m : festín m
: fiesta f

feat n : proeza f : hazaña f

feather[1] v to feather one's nest
: hacer su agosto

feather[2] n : pluma f

feathered adj : con plumas

feathery adj : plumoso : liviano

feature[1] v -tured; -turing
: imaginarse : presentar : figurar

feature[2] n : característica f : rasgo
m : largometraje m : artículo m
: documental m; **features** npl
: rasgos mpl : facciones fpl

February n : febrero m

fecal adj : fecal

feces npl : heces fpl : excrementos
mpl

feckless adj : irresponsable

fecund adj : fecundo

fecundity n : fecundidad f

federal adj : federal

federalism n : federalismo m

federalist[1] adj : federalista

federalist[2] n : federalista mf

federate v -ated; -ating : federar

federation n : federación f

fed up adj : harto

fee n : honorarios mpl

feeble adj **feebler; feeblest** : débil
: endeble : flojo : pobre : poco
convincente

feebleminded adj : tonto

feebleness n : debilidad f

feebly adv : débilmente

feed[1] v **fed; feeding** : dar de comer
a : nutrir : alimentar : proveer
: introducir : comer : alimentarse

feed[2] n : alimento m : pienso m
: alimentación f : transmisión f
: fuente f : canal m

feedback n : retroalimentación f
: reacción f

feeder n : comedero m

feel[1] v **felt; feeling** : sentirse
: encontrarse : parecer : parecerse
: opinar : pensar : tocar : palpar
: sentir : creer : considerar

feel[2] n : sensación f : tacto m
: ambiente m : atmósfera f

feeler n : antena f : tentáculo m

feeling n : sensación f
: sensibilidad f : sentimiento
m : opinión f; **feelings** npl
: sentimientos mpl

feet → **foot**

feign v : simular : aparentar : fingir

feint[1] v : fintar : fintear

feint[2] n : finta f

felicitate v -tated; -tating : felicitar
: congratular

felicitation n : felicitación f

felicitous adj : acertado : oportuno

feline[1] adj : felino

feline[2] n : felino m, -na f

fell[1] v : talar : derribar

fell[2] → **fall**

fellow n : compañero m, -ra f
: camarada mf : socio m, -cia f
: tipo m : hombre m

fellowman n, pl -men : prójimo m
: semejante m

fellowship n : camaradería f
: compañerismo m : fraternidad f
: beca f

felon n : malhechor m, -chora f
: criminal mf

felonious adj : criminal

felony n, pl -nies : delito m grave

felt[1] n : fieltro m

felt[2] → **feel**

felt-tip or **felt-tip pen** n : marcador
m : rotulador m

female[1] adj : femenino

female[2] n : hembra f : mujer f

feminine adj : femenino

femininity n : feminidad f
: femineidad f

feminism n : feminismo m

feminist[1] adj : feminista

feminist[2] n : feminista mf

femoral adj : femoral

femur n, pl **femurs** or **femora**
: fémur m

fence[1] v **fenced; fencing** : vallar
: cercar : hacer esgrima

fence[2] n : cerca f : valla f : cerco m
: barda f

fencer n : esgrimista mf
fencing n : esgrima m : materiales mpl para cercas : cercado m
fend v **to fend off** : rechazar : parar : eludir **to fend for oneself** : arreglárselas sólo : valerse por sí mismo
fender n : guardabarros mpl : salpicadera f
fennel n : hinojo m
ferment[1] v : fermentar
ferment[2] n : fermento m : agitación f : conmoción f
fermentation n : fermentación f
fern n : helecho m
ferocious adj : feroz — **ferociously** adv
ferociousness n : ferocidad f
ferocity n : ferocidad f
ferret[1] v : hurgar : husmear **to ferret out** : descubrir
ferret[2] n : hurón m
Ferris wheel n : noria f
ferry[1] v **-ried; -rying** : llevar : transportar
ferry[2] n, pl **-ries** : transbordador m : ferry m
ferryboat n : transbordador m : ferry m
fertile adj : fértil : fecundo
fertility n : fertilidad f
fertilization n : fertilización f : fecundación f
fertilize v **-ized; -izing** : fecundar : fertilizar : abonar
fertilizer n : fertilizante m : abono m
fervent adj : ferviente : fervoroso : ardiente — **fervently** adv
fervid adj : ardiente : apasionado — **fervidly** adv
fervor n : fervor m : ardor m
fester v : enconarse : supurar
festival n : fiesta f : festividad f : festival m
festive adj : festivo — **festively** adv
festivity n, pl **-ties** : festividad f : celebración f
festoon[1] v : adornar : engalanar
festoon[2] n : guirnalda f
fetal adj : fetal
fetch v : traer : recoger : ir a buscar : realizar : venderse por
fetching adj : atractivo : encantador

fête[1] v **fêted; fêting** : festejar : agasajar
fête[2] n : fiesta f
fetid adj : fétido
fetish n : fetiche m
fetlock n : espolón m
fetter v : encadenar : poner grillos a
fetters npl : grillos mpl : grilletes mpl : cadenas fpl
fettle n **in fine fettle** : en buena forma : en, plena forma
fetus n : feto m
feud[1] v : pelear : contender
feud[2] n : contienda f : enemistad f
feudal adj : feudal
feudalism n : feudalismo m
fever n : fiebre f : calentura f
feverish adj : afiebrado : con fiebre : febril : frenético
few[1] adj **fewer; fewest** : pocos
few[2] pron **fewer; fewest** : pocos
fiancé n : prometido m : novio m
fiancée n : prometida f : novia f
fiasco n, pl **-coes** : fiasco m : fracaso m
fiat n : decreto m : orden f
fib[1] v **fibbed; fibbing** : decir bolas
fib[2] n : bola f : mentira f
fibber n : mentirosillo m, -lla f : cuentista mf
fiber or **fibre** n : fibra f
fiberboard n : cartón m madera
fiberglass n : fibra f de vidrio
fibrous adj : fibroso
fibula n, pl **-lae** or **-las** : peroné m
fickle adj : inconstante : voluble : veleidoso
fickleness n : volubilidad f : inconstancia f : veleidad f
fiction n : ficción f
fictional adj : ficticio
fictitious adj : ficticio : imaginario : falso
fiddle[1] v **-dled; -dling** : tocar el violín
fiddle[2] n : violín m
fiddler n : violinista mf
fiddlesticks interj : ¡tonterías!
fidelity n, pl **-ties** : fidelidad f
fidget[1] v : moverse : estarse inquieto
fidget[2] n : persona f inquieta; **fidgets** npl : inquietud f
fidgety adj : inquieto

fiduciary[1] *adj* : fiduciario
fiduciary[2] *n, pl* **-ries** : fiduciario *m*, -ria *f*
field[1] *v* : interceptar y devolver : presentar : sortear
field[2] *adj* : de campaña : de campo
field[3] *n* : campo *m* : cancha *f* : esfera *f*
fielder *n* : jugador *m*, -dora *f* de campo : fildeador *m*, -dora *f*
field glasses *n* : binoculares *mpl* : gemelos *mpl*
field hockey *n* : hockey *m* sobre césped
fiend *n* : demonio *m* : persona *f* maligna : malvado *m*, -da *f* : fanático *m*, -ca *f*
fiendish *adj* : diabólico — **fiendishly** *adv*
fierce *adj* **fiercer; -est** : fiero : feroz : acalorado : intenso : violento : fuerte — **fiercely** *adv*
fierceness *n* : ferocidad *f* : fiereza *f* : intensidad *f* : violencia *f*
fieriness *n* : pasión *f* : ardor *m*
fiery *adj* **fierier; -est** : ardiente : llameante : encendido : acalorado : fogoso
fiesta *n* : fiesta *f*
fife *n* : pífano *m*
fifteen[1] *adj & pron* : quince
fifteen[2] *n* : quince *m*
fifteenth[1] *adj* : decimoquinto
fifteenth[2] *n* : decimoquinto *m*, -ta *f* : quinceavo *m* : quinceava parte *f*
fifth[1] *adv* : en quinto lugar
fifth[2] *adj* : quinto
fifth[3] *n* : quinto *m*, -ta *f* : quinta parte *f* : quinta *f*
fiftieth[1] *adj* : quincuagésimo
fiftieth[2] *n* : quincuagésimo *m*, -ma *f* : cincuentavo *m* : cincuentava parte *f*
fifty[1] *adj & pron* : cincuenta
fifty[2] *n, pl* **-ties** : cincuenta *m*
fifty–fifty *adv* : a medias : mitad y mitad
fig *n* : higo *m*
fight[1] *v* **fought; fighting** : luchar : combatir : pelear : luchar contra : combatir contra
fight[2] *n* : lucha *f* : pelea *f* : combate *m* : disputa *f* : pelea *f* : pleito *m*
fighter *n* : luchador *m*, -dora *f* : combatiente *mf* : boxeador *m*

figment *n* **figment of the imagination** : producto *m* de la imaginación
figurative *adj* : figurado : metafórico
figuratively *adv* : en sentido figurado : de manera metafórica
figure[1] *v* **-ured; -uring** : calcular : figurarse : figurar : destacar
figure[2] *n* : número *m* : cifra *f* : precio *m* : figura *f* : personaje *m* : tipo *m* : físico *m*; **figures** *npl* : aritmética *f*
figurehead *n* : testaferro *m* : líder *mf* sin poder
figure of speech *n* : figura *f* retórica : figura *f* de hablar
figure out *v* : entender : resolver
figurine *n* : estatuilla *f*
filament *n* : filamento *m*
filbert *n* : avellana *f*
filch *v* : hurtar : birlar
file[1] *v* **filed; filing** : clasificar : archivar : presentar : limar : desfilar : entrar (o salir) en fila
file[2] *n* : lima *f* : archivo *m* : fila *f*
filial *adj* : filial
filibuster[1] *v* : practicar el obstruccionismo
filibuster[2] *n* : obstruccionismo *m*
filibusterer *n* : obstruccionista *mf*
filigree *n* : filigrana *f*
filing cabinet *n* : archivador *m*
Filipino *n* : filipino *m*, -na *f* — **Filipino** *adj*
fill[1] *v* : llenar : ocupar : rellenar : tapar : empastar : cumplir con : satisfacer *or* **to fill up** : llenarse
fill[2] *n* : relleno *m*
filler *n* : relleno *m*
fillet[1] *v* : cortar en filetes
fillet[2] *n* : filete *m*
fill in *v* : informar : poner al corriente
to fill in for : reemplazar a
filling *n* : relleno *m* : empaste *m*
filling station → **gas station**
filly *n, pl* **-lies** : potra *f* : potranca *f*
film[1] *v* : filmar : rodar
film[2] *n* : capa *f* : película *f* : filme *m*
filmmaker *n* : cineasta *mf*
filmy *adj* **filmier; -est** : diáfano : vaporoso : cubierto de una película
filter[1] *v* : filtrar

filter[2] *n* : filtro *m*
filth *n* : mugre *f* : porquería *f* : roña *f*
filthiness *n* : suciedad *f*
filthy *adj* **filthier; -est** : mugriento
: sucio : obsceno : indecente
filtration *n* : filtración *f*
fin *n* : aleta *f* : alerón *m*
finagle *v* **-gled; -gling**
: arreglárselas para conseguir
final[1] *adj* : definitivo : final
: inapelable : último
final[2] *n* : final *f*; **finals** *npl*
: exámenes *mpl* finales
finale *n* : final *m*
finalist *n* : finalista *mf*
finality *n, pl* **-ties** : finalidad *f*
finalize *v* **-ized; -izing** : finalizar
finally *adv* : por último : finalmente
: por fin : al final : definitivamente
finance[1] *v* **-nanced; -nancing**
: financiar
finance[2] *n* : finanzas *fpl*; **finances**
npl : recursos *mpl* financieros
financial *adj* : financiero
: económico
financially *adv* : económicamente
financier *n* : financiero *m*, -ra *f*
: financista *mf*
financing *n* : financiación *f*
: financiamiento *m*
finch *n* : pinzón *m*
find[1] *v* **found; finding** : encontrar
: descubrir : obtener : declarar
: hallar
find[2] *n* : hallazgo *m*
finder *n* : descubridor *m*, -dora *f*
finding *n* : hallazgo *m*; **findings** *npl*
: conclusiones *fpl*
find out *v* : descubrir : averiguar
: enterarse
fine[1] *v* **fined; fining** : multar
fine[2] *adj* **finer; finest** : puro : fino
: delgado : pequeño : minúsculo
: sutil : delicado : excelente
: magnífico : selecto : bueno
: exquisito
fine[3] *n* : multa *f*
finely *adv* : con arte
: elegantemente : con precisión
fineness *n* : excelencia *f*
: elegancia *f* : refinamiento *m*
: delicadeza *f* : lo fino : precisión *f*
: sutileza *f* : ley *f*
finery *n* : galas *fpl* : adornos *mpl*

finesse[1] *v* **-nessed; -nessing**
: ingeniar
finesse[2] *n* : refinamiento *m*
: finura *f* : delicadeza *f* : tacto *m*
: diplomacia *f* : astucia *f*
fine–tune *v* : poner a punto
: ajustar : afinar
finger[1] *v* : tocar : toquetear : acusar
: delatar
finger[2] *n* : dedo *m*
fingerling *n* : pez *m* pequeño y
joven
fingernail *n* : uña *f*
fingerprint[1] *v* : tomar las huellas
digitales a
fingerprint[2] *n* : huella *f* digital
fingertip *n* : punta *f* del dedo
: yema *f* del dedo
finicky *adj* : maniático : melindroso
: mañoso
finish[1] *v* : acabar : terminar : aplicar
un acabado a : acabar con
finish[2] *n* : fin *m* : final *m*
: refinamiento *m* : acabado *m*
finish line *n* : línea *f* de meta
finite *adj* : finito
fink[1] *v* **to fink on someone**
: delatar a alguien
fink[2] *n* : mequetrefe *mf*
Finn *n* : finlandés *m*, -desa *f*
Finnish[1] *adj* : finlandés
Finnish[2] *n* : finlandés *m*
fiord → **fjord**
fir *n* : abeto *m*
fire[1] *v* **fired; firing** : encender
: animar : avivar : despedir
: disparar : cocer
fire[2] *n* : fuego *m* : incendio
m : ardor *m* : entusiasmo *m*
: disparos *mpl*
firearm *n* : arma *f* de fuego
fireball *n* : bola *f* de fuego : bólido *m*
firebreak *n* : cortafuegos *m*
firebug *n* : pirómano *m*, -na *f*
: incendiario *m*, -ria *f*
firecracker *n* : petardo *m*
fire door *n* : puerta *f* cortafuegos
fire engine *n* : coche *m* de
bomberos : autobomba *f*
fire escape *n* : escalera *f* de
incendios
fire exit *n* : salida *f* de incendios
fire extinguisher *n* : extinguidor *m*
de incendios

firefighter *n* : bombero *m*, -ra *f*
firefly *n, pl* **-flies** : luciérnaga *f*
fireman *n, pl* **-men** : bombero *m*
fireplace *n* : hogar *m* : chimenea *f*
fireproof[1] *v* : hacer incombustible
fireproof[2] *adj* : incombustible
  : ignífugo
fireside[1] *adj* : informal
fireside[2] *n* : chimenea *f* : hogar *m*
  : casa *f*
fire station *n* : estación *f* de
  bomberos
fire truck *n* → fire engine
firewall *n* : cortafuegos *m*
firewood *n* : leña *f*
fireworks *npl* : fuegos *mpl*
  artificiales : pirotecnia *f*
firing squad *n* : pelotón *m* de
  ejecución
firm[1] *v or* **to firm up** : endurecer
firm[2] *adj* : fuerte : vigoroso : firme
  : duro : sólido : inalterable : resuelto
firm[3] *n* : empresa *f* : firma *f*
  : compañía *f*
firmament *n* : firmamento *m*
firmly *adv* : firmemente
firmness *n* : firmeza *f*
first[1] *adv* : primero : por primera vez
first[2] *adj & pron* : primero : principal
first[3] *n* : primero *m*, -ra *f*
first aid *n* : primeros auxilios *mpl*
firstborn *n* : primogénito *m*, -ta *f* —
  firstborn *adj*
first–class[1] *adv* : en primera
first–class[2] *adj* : de primera
first class *n* : primera clase *f*
firsthand[1] *adv* : directamente
firsthand[2] *adj* : de primera mano
first lady *n* : primera dama *f*
first lieutenant *n* : teniente *mf*
  : teniente primero *m* : teniente
  primera *f*
firstly *adv* : primeramente
  : principalmente : en primer lugar
first name *n* : nombre *m* de pila
first–rate[1] *adv* : muy bien
first–rate[2] *adj* : de primera : de
  primera clase
first sergeant *n* : sargento *mf*
firth *n* : estuario *m*
fiscal *adj* : fiscal — **fiscally** *adv*
fish[1] *v* : pescar
fish[2] *n, pl* **fish** *or* **fishes** : pez *m*
  : pescado *m*

fishbowl *n* : pecera *f*
fisherman *n, pl* **-men** : pescador *m*
fisherwoman *n, pl* **-women**
  : pescadora *f*
fishery *n, pl* **-eries** : zona *f*
  pesquera : pesquería *f*
fishhook *n* : anzuelo *m*
fishing *n* : pesca *f* : industria *f*
  pesquera
fishing pole *or* **fishing rod** *n*
  : caña *f* de pescar
fish market *n* : pescadería *f*
fish sticks *npl* : palitos *mpl* de
  pescado
fishy *adj* **fishier; -est** : a pescado
  : dudoso : sospechoso
fission *n* : fisión *f*
fissure *n* : fisura *f* : hendidura *f*
fist *n* : puño *m*
fist bump *n* : choque *m* de puños
fistful *n* : puñado *m*
fisticuffs *npl* : lucha *f* a puñetazos
fist pump *n* : acto *m* de batir un
  puño en el aire
fit[1] *v* **fitted; fitting** : corresponder
  a : coincidir con : quedar : caber
  : encajar en : poner : colocar
  : adecuar : ajustar : adaptar
  : entallar : encajar : cuadrar
fit[2] *adj* **fitter; fittest** : adecuado
  : apropiado : conveniente : calificado
  : competente : sano : en forma
fit[3] *n* : ataque *m* : acceso *m*
  : arranque *m*
fitful *adj* : irregular : intermitente —
  fitfully *adv*
fitness *n* : salud *f* : buena forma *f*
  : idoneidad *f*
fitting[1] *adj* : adecuado : apropiado
fitting[2] *n* : accesorio *m*
fitting room *n* : probador *m*
five[1] *adj* : cinco
five[2] *n* : cinco *m*
five[3] *pron* : cinco
five hundred[1] *adj & pron*
  : quinientos
five hundred[2] *n* : quinientos *m*
fiver *n* : billete *m* de cinco dólares
fix[1] *v* : sujetar : asegurar : fijar
  : concretar : arreglar : reparar
  : resolver : solucionar : preparar
  : amañar : castigar
fix[2] *n* : aprieto *m* : apuro *m*
  : posición *f*

fixate v -ated; -ating
: obsesionarse

fixation n : fijación f : obsesión f

fixed adj : estacionario : inmóvil
: fijo : inalterable

fixedly adv : fijamente

fixedness n : rigidez f

fixture n : parte f integrante
: elemento m fijo; **fixtures** npl
: instalaciones fpl

fizz¹ v : burbujear

fizz² n : efervescencia f

fizzle v -zled; -zling : burbujear
: fracasar

fizzle² n : fracaso m : fiasco m

fizzy adj **fizzier; -est** : gaseoso
: efervescente

fjord n : fiordo m

flab n : gordura f

flabbergast v : asombrar : pasmar
: dejar atónito

flabby adj **flabbier; -est** : blando
: fofo : aguado

flaccid adj : fláccido

flag¹ v **flagged; flagging** : hacer
señales con banderas : flaquear
: desfallecer

flag² n : bandera f : pabellón m
: estandarte m

flagon n : jarra f grande

flagpole n : asta f : mástil m

flagrant adj : flagrante — **flagrantly**
adv

flagship n : buque m insignia

flagstaff → flagpole

flagstone n : losa f : piedra f

flail v : trillar : sacudir : agitar

flair n : don m : facilidad f

flak ns & pl : fuego m antiaéreo
: críticas fpl

flake¹ v **flaked; flaking**
: desmenuzarse : pelarse

flake² n : copo m : escama f : astilla
f

flamboyance n : extravagancia f

flamboyant adj : exuberante
: extravagante : rimbombante

flame¹ v **flamed; flaming** : arder
: llamear : brillar : encenderse

flame² n : llama f

flamenco n : flamenco m —
flamenco adj

flamethrower n : lanzallamas m

flamingo n, pl **-gos** : flamenco m

flammable adj : inflamable
: flamable

flan n : flan m

flange n : reborde m : pestaña f

flank¹ v : flanquear : bordear

flank² n : ijada f : costado m : falda
f : flanco m

flannel n : franela f

flap¹ v **flapped; flapping** : aletear
: ondear : agitarse : batir : agitar

flap² n : aleteo m : soplada f : hoja
f : faldón m

flapjack → pancake

flare¹ v **flared; flaring** : llamear
: brillar

flare² n : destello m : (luz f de)
bengala f

flare–up n : llamarada f : estallido
m : brote m : empeoramiento m

flash¹ v : destellar : brillar
: relampaguear : pasar como un
relámpago : despedir : lanzar
: transmitir

flash² adj : repentino

flash³ n : destello m : fogonazo m

flashback n : flashback m

flash drive n : unidad f flash

flashiness n : ostentación f

flashlight n : linterna f

flash memory n : memoria f flash

flashy adj **flashier; -est** : llamativo
: ostentoso

flask n : frasco m

flat¹ v **flatted; flatting** : aplanar
: achatar : bajar de tono

flat² adv : exactamente : desafinado
: demasiado bajo : completamente

flat³ adj **flatter; flattest** : plano
: llano : liso : bajo : tendido
: extendido : categórico : rotundo
: explícito : aburrido : soso
: monótono : desinflado : pinchado
: ponchado : bemol : sin
efervescencia : mate

flat⁴ n : llano m : terreno m llano
: bemol m : apartamento m
: departamento m; **flats** npl
: zapatos mpl bajos

flatbed n : camión m de plataforma

flatcar n : vagón m abierto

flatfish n : platija f

flat–footed adj : de pies planos

flatly adv : categóricamente
: rotundamente

flatness n : lo llano : lisura f
: uniformidad f : monotonía f
flat–out adj : frenético : a toda
máquina : descarado : rotundo
: categórico
flatten v : aplanar : achatar
flatter v : adular : halagar
: favorecer
flatterer n : adulador m, -dora f
flattering adj : halagador
: favorecedor
flattery n, pl -ries : halagos mpl
flatulence n : flatulencia f
: ventosidad f
flatulent adj : flatulento
flatware n : cubertería f : cubiertos
mpl
flaunt[1] v : alardear : hacer alarde de
flaunt[2] n : alarde m : ostentación f
flavor[1] v : dar sabor a : sazonar
flavor[2] n : gusto m : sabor m
flavored adj : con sabor
flavorful adj : sabroso
flavoring n : condimento m
: sazón f
flavorless adj : sin sabor
flaw n : falla f : defecto m
: imperfección f
flawed adj : imperfecto : con
defectos
flawless adj : impecable : perfecto
— **flawlessly** adv
flax n : lino m
flaxen adj : rubio : blondo
flay v : desollar : despellejar
: criticar con dureza : vilipendiar
flea n : pulga f
flea market n : mercado m de
pulgas : tianguis m : mercadillo m
fleck[1] v : salpicar
fleck[2] n : mota f : pinta f
fledgling n : polluelo m : pollito m
flee v **fled; fleeing** : huir
: escapar(se) : huir de
fleece[1] v **fleeced; fleecing**
: esquilar : trasquilar : estafar
: defraudar
fleece[2] n : lana f : vellón m
fleet[1] v : moverse con rapidez
fleet[2] adj : rápido : veloz
fleet[3] n : flota f
fleet admiral n : almirante mf
fleeting adj : fugaz : breve
Fleming n : flamenco m, -ca f

Flemish n : flamenco m — **Flemish**
adj
flesh n : carne f : pulpa f
flesh out v : desarrollar : darle
cuerpo a
fleshy adj **fleshier; -est** : gordo
: carnoso
flew → **fly**
flex v : doblar : flexionar
flexibility n, pl -ties : flexibilidad f
: elasticidad f
flexible adj : flexible — **flexibly** adv
flextime n : horario m flexible
flick[1] v : dar un capirotazo a
: revolotear
flick[2] n : coletazo m : capirotazo m
flicker[1] v : revolotear : aletear
: parpadear : titilar
flicker[2] n : parpadeo m : titileo m
: indicio m : rastro m
flier n : aviador m, -dora f : folleto m
publicitario : circular f
flight n : vuelo m : trayectoria f
: bandada f : escuadrilla f : huida
f : fuga f
flight attendant n : auxiliar mf de
vuelo
flightless adj : no volador
flighty adj **flightier; -est**
: caprichoso : frívolo
flimsy adj **flimsier; -est** : ligero
: fino : endeble : poco sólido
: pobre : flojo : poco convincente
flinch v : estremecerse : recular
: retroceder
fling[1] v **flung; flinging** : lanzar
: tirar : arrojar
fling[2] n : lanzamiento m : intento m
: aventura f : juerga f
flint n : pedernal m
flinty adj **flintier; -est** : de pedernal
: severo : inflexible
flip[1] v **flipped; flipping** : tirar : dar
la vuelta a : voltear : moverse
bruscamente
flip[2] adj : insolente : descarado
flip[3] n : capirotazo m : golpe m
ligero : voltereta f
flip–flop n : giro m radical : chancla
f : chancleta f
flippancy n, pl -cies : ligereza f
: falta f de seriedad
flippant adj : ligero : frívolo : poco
serio

flipper n : aleta f
flirt[1] v : coquetear : flirtear : jugar
flirt[2] n : coqueto m, -ta f
flirtation n : devaneo m : coqueteo m
flirtatious adj : insinuante
: coqueto
flit v **flitted; flitting** : revolotear
float[1] v : flotar : vagar : errar
: poner a flote : hacer flotar : emitir
float[2] n : flotador m : corcho m
: boya f : carroza f
floating adj : flotante
flock[1] v : moverse en rebaño
: congregarse : reunirse
flock[2] n : rebaño m : bandada f
floe n : témpano m de hielo
flog v **flogged; flogging** : azotar
: fustigar
flood[1] v : inundar : anegar
flood[2] n : inundación f : avalancha f
: diluvio m : torrente m
floodgate n : compuerta f
: esclusa f
flooding n : inundación f
floodlight n : foco m
floodwater n : crecida f : creciente f
floor[1] v : solar : poner suelo
a : derribar : echar al suelo
: desconcertar : confundir : dejar
perplejo
floor[2] n : suelo m : piso m : planta f
: mínimo m
floorboard n : tabla f del suelo
: suelo m : piso m
flooring n : entarimado m
floor show n : espectáculo m
floor tile → **tile**[2]
flop[1] v **flopped; flopping**
: golpearse : agitarse : dejarse
caer : desplomarse : fracasar
flop[2] n : fracaso m
floppy adj **floppier; -est** : blando
: flexible
flora n : flora f
floral adj : floral : floreado
florid adj : florido : rojizo
florist n : florista mf
floss v : limpiarse los dientes con
hilo dental
flotation n : flotación f
flotilla n : flotilla f
flotsam n : restos mpl flotantes
flounce[1] v **flounced; flouncing**
: moverse haciendo aspavientos

flounce[2] n : volante m : aspaviento
m
flounder[1] v : forcejear : no saber
qué hacer o decir : perder el hilo
flounder[2] n, pl **flounder** or
flounders : platija f
flour[1] v : enharinar
flour[2] n : harina f
flourish[1] v : florecer : prosperar
: crecer : blandir
flourish[2] n : floritura f : floreo m
flourishing adj : floreciente
: próspero
flout v : desobedecer
descaradamente
flow[1] v : fluir : manar : correr
: circular
flow[2] n : flujo m : circulación f
: corriente f : chorro m
flow chart n : diagrama m
: organigrama m
flower[1] v : florecer : florear
flower[2] n : flor f
flowerbed n : arriate m : cantero m
flowered adj : florido : floreado
floweriness n : floritura f
flowering[1] adj : floreciente
flowering[2] n : floración f
: florecimiento m
flowerpot n : maceta f : tiesto m
: macetero m
flowery adj : florido : floreado : de
flores
flowing adj : fluido : corriente
flown → **fly**
flu n : gripe f : gripa f
fluctuate v **-ated; -ating** : fluctuar
fluctuation n : fluctuación f
flue n : tiro m : salida f de humos
fluency n : fluidez f : soltura f
fluent adj : fluido
fluently adv : con soltura : con
fluidez
fluff[1] v : ahuecar : echar a perder
: equivocarse
fluff[2] n : pelusa f : plumón m
fluffy adj **fluffier; -est** : lleno de
pelusa : velloso : esponjoso
fluid[1] adj : fluido
fluid[2] n : fluido m : líquido m
fluidity n : fluidez f
fluid ounce n : onza f líquida
fluke n : golpe m de suerte : chiripa
f : casualidad f

flummox v : desconcertar
flung → **fling**
flunk v : reprobar : salir reprobando
fluorescence n : fluorescencia —
fluorescent adj
fluoride n : fluoruro m
fluorine n : flúor m
flurry n, pl **-ries** : ráfaga f : nevisca
f : frenesí m : bullicio m : aluvión
m : oleada f
flush¹ v : limpiar con agua : hacer
salir : levantar : ruborizarse
: sonrojarse
flush² adv : al mismo nivel : a ras
flush³ adj : lleno a rebosar
: copioso : abundante : adinerado
: alineado : liso
flush⁴ n : chorro m : flujo m rápido
: arrebato m : arranque m : rubor
m : sonrojo m : resplandor m : flor f
fluster¹ v : poner nervioso : aturdir
fluster² n : agitación f : confusión f
flute n : flauta f
fluted adj : acanalado : ondulado
fluting n : estrías fpl
flutist n : flautista mf
flutter¹ v : revolotear : ondear
: palpitar con fuerza : sacudir : batir
flutter² n : revoloteo m : aleteo m
: revuelo m : agitación f
flux n : flujo m : cambio m
fly¹ v **flew; flown; flying** : volar
: ondear : huir : escapar : correr
: irse volando : lanzarse : pasar
: pilotar : hacer volar : transportar
: llevar
fly² n, pl **flies** : mosca f : bragueta f
flyer → **flier**
flying saucer n : platillo m volador
flypaper n : papel m matamoscas
flyswatter n : matamoscas m
flywheel n : volante m
foal¹ v : parir
foal² n : potro m, -tra f
foam¹ v : hacer espuma
foam² n : espuma f
foam rubber n : goma f espuma
: hule m espuma
foamy adj **foamier; -est** : espumoso
focal adj : focal : central
fo'c'sle → **forecastle**
focus¹ v **-cused** or **-cussed;**
-cusing or **-cussing** : enfocar
: concentrar : centrar : fijar la vista

focus² n, pl **-ci** : foco m : enfoque m
: centro m
fodder n : pienso m : forraje m
foe n : enemigo m, -ga f
fog¹ v **fogged; fogging** : empañar
to fog up : empañarse
fog² n : niebla f : neblina f
foggy adj **foggier; -est** : nebuloso
: brumoso
foghorn n : sirena f de niebla
fogy n, pl **-gies** : carca mf : persona
f chapada a la antigua
foible n : flaqueza f : debilidad f
foil¹ v : frustrar : hacer fracasar
foil² n : lámina f de metal : papel
m de aluminio : contraste m
: complemento m : florete m
foist v : encajar : endilgar : colocar
fold¹ v : doblar : plegar : cruzar
: enlazar : plegar : estrechar
: abrazar : fracasar : venirse abajo
fold² n : redil m : rebaño m
: pliegue m : doblez m
-fold suf : (multiplicado) por
folder n : circular f : folleto m
: carpeta f : directorio m
foliage n : follaje m
folio n, pl **-lios** : folio m
folk¹ adj : popular : folklórico
folk² n, pl **folk** or **folks** : gente f
: folk m : música f folk; **folks** npl
: familia f : padres mpl
folklore n : folklore m
folksy adj **folksier; -est**
: campechano
follicle n : folículo m
follow v : seguir : perseguir : venir
después de : seguir a : cumplir
: entender
follower n : seguidor m, -dora f
following¹ adj : siguiente
following² n : seguidores mpl
following³ prep : después de
follow-up n : continuación f
: seguimiento m
folly n, pl **-lies** : locura f : desatino m
foment v : fomentar
fond adj : cariñoso : tierno
: aficionado : ferviente : fervoroso
fondle v **-dled; -dling** : acariciar
fondly adv : cariñosamente
: afectuosamente
fondness n : cariño m : afición f
fondue n : fondue f

font n : fuente f
food n : comida f : alimento m
food chain n : cadena f alimenticia
food poisoning n : intoxicación f
alimenticia
food processor n : robot m de
cocina
foodstuff n : comestible m
: producto m alimenticio
fool[1] v : bromear : hacer el tonto
: engañar : burlar
fool[2] n : idiota mf : tonto m, -ta f
: bobo m, -ba f : bufón m, -fona f
foolhardiness n : imprudencia f
foolhardy adj : imprudente
: temerario : precipitado
foolish adj : insensato : estúpido
: idiota : tonto
foolishly adv : tontamente
foolishness n : insensatez f
: estupidez f : tontería f
foolproof adj : infalible
foot n, pl **feet** : pie m
footage n : medida f en pies
: metraje m
football n : futbol m americano
: fútbol m americano
footbridge n : pasarela f : puente
m peatonal
foothills npl : estribaciones fpl
foothold n : punto m de apoyo
footing n : equilibrio m : punto m
de apoyo : base f
footlights npl : candilejas fpl
footlocker n : baúl m pequeño
: cofre m
footloose adj : libre y sin
compromiso
footman n, pl **-men** : lacayo m
footnote n : nota f al pie de la
página
footpath n : sendero m : senda f
: vereda f
footprint n : huella f
footrace n : carrera f pedestre
footrest n : apoyapiés m
: reposapiés m
footstep n : paso m : huella f
footstool n : taburete m : escabel
m
footwear n : calzado m
footwork n : juego m de piernas
: juego m de pies
for[1] conj : puesto que : porque

for[2] prep : para : de : por : en
beneficio de : a favor de : con
respecto a : durante : con ocasión
de
forage v **-aged; -aging** : hurgar
: buscar
foray n : incursión f
forbear[1] v **-bore; -borne; -bearing**
: abstenerse : tener paciencia
forbear[2] → **forbear**
forbearance n : abstención f
: paciencia f
forbid v **-bade; -bidden; -bidding**
: prohibir : impedir
forbidden adj : prohibido
forbidding adj : imponente
: desagradable : ingrato : severo
force[1] v **forced; forcing** : obligar
: forzar : imponer
force[2] n : fuerza f
forced adj : forzado : forzoso
forceful adj : fuerte : energético
: contundente
forcefully adv : con energía : con
fuerza
forcefulness n : contundencia f
: fuerza f
forceps ns & pl : fórceps m
forcible adj : forzoso : contundente
: convincente — **forcibly** adv
ford[1] v : vadear
ford[2] n : vado m
fore[1] adv : hacia adelante
fore[2] adj : delantero : de adelante
: anterior
fore[3] n : frente m : delantera f
fore–and–aft adj : longitudinal
forearm n : antebrazo m
forebear n : antepasado m, -da f
foreboding n : premonición f
: presentimiento m
forecast[1] v **-cast; -casting**
: pronosticar : predecir
forecast[2] n : predicción f
: pronóstico m
forecastle n : castillo m de proa
foreclose v **-closed; -closing**
: ejecutar
forefather n : antepasado m
: ancestro m
forefinger n : índice m : dedo m
índice
forefoot n : pata f delantera
forefront n : frente m : vanguardia f

forego v -went; -gone; -going
: preceder
foregoing adj : precedente : anterior
foregone adj : previsto
foreground n : primer plano m
forehand[1] adj : directo : derecho
forehand[2] n : golpe m del derecho
forehead n : frente f
foreign adj : extranjero : exterior
: ajeno : extraño
foreigner n : extranjero m, -ra f
foreknowledge n : conocimiento
m previo
foreleg n : pata f delantera
foreman n, pl -men : capataz mf
foremost[1] adv : en primer lugar
foremost[2] adj : más importante
: principal : grande
forenoon n : mañana m
forensic adj : retórico : de
argumentación : forense
foreordain v : predestinar
: predeterminar
forequarter n : cuarto m delantero
forerunner n : precursor m, -sora f
foresee v -saw; -seen; -seeing
: prever
foreseeable adj : previsible
foreshadow v : anunciar
: prefigurar
foresight n : previsión f
foresighted adj : previsto
forest n : bosque m : selva f
forestall v : prevenir : impedir
: adelantarse a
forested adj : arbolado
forester n : silvicultor m, -tora f
forestland n : zona f boscosa
forest ranger → **ranger**
forestry n : silvicultura f : ingeniería
f forestal
foreswear → **forswear**
foretaste[1] v -tasted; -tasting
: anticipar
foretaste[2] n : anticipo m
foretell v -told; -telling : predecir
: pronosticar : profetizar
forethought n : previsión f
: reflexión f previa
forever adv : para siempre
: eternamente : siempre
: constantemente
forevermore adv : por siempre
jamás

forewarn v : prevenir : advertir
forewoman n, pl -women : capataz
f : capataza f
foreword n : prólogo m
forfeit[1] v : perder el derecho a
forfeit[2] n : multa f : prenda f
forge[1] v forged; forging : forjar
: falsificar **to forge ahead**
: avanzar : seguir adelante
forge[2] n : forja f
forger n : falsificador m, -dora f
forgery n, pl -eries : falsificación f
forget v -got; -gotten or -got;
-getting : olvidar **to forget about**
: olvidarse de : no acordarse de
forgetful adj : olvidadizo
forgetfulness n : olvido m : mala
memoria f
forget–me–not n : nomeolvides mf
forgettable adj : poco memorable
forgivable adj : perdonable
forgive v -gave; -given; -giving
: perdonar
forgiveness n : perdón m
forgiving adj : indulgente
: comprensivo : clemente
forgo or **forego** v -went; -gone;
-going : privarse de : renunciar a
fork[1] v : ramificarse : bifurcarse
: levantar
fork[2] n : tenedor m : horca
f : horquilla f : bifurcación f
: horqueta f
forked adj : bífido : ahorquillado
forklift n : carretilla f elevadora
forlorn adj : abandonado
: desolado : desamparado : triste
: desesperado
forlornly adv : con tristeza : sin
ánimo
form[1] v : formar : moldear
: desarrollar : constituir : adquirir
: tomar forma : formarse
form[2] n : forma f : figura f : manera
f : formulario m : molde m : clase
f : tipo m
formal[1] adj : formal : de etiqueta
: ceremonioso : oficial : de forma
formal[2] n : baile m formal : baile m
de etiqueta
formaldehyde n : formaldehído m
formality n, pl -ties : formalidad f
formalize v -ized; -izing
: formalizar

formally *adv* : formalmente
format[1] *v* **-matted; -matting** : formatear
format[2] *n* : formato *m*
formation *n* : formación *f* : forma *f*
formative *adj* : formativo
former *adj* : antiguo : anterior : primero
formerly *adv* : anteriormente : antes
formidable *adj* : formidable — **formidably** *adv*
formless *adj* : informe : amorfo
formula *n, pl* **-las** *or* **-lae** : fórmula *f*
formulate *v* **-lated; -lating** : formular : hacer
formulation *n* : formulación *f*
fornicate *v* **-cated; -cating** : fornicar
fornication *n* : fornicación *f*
forsake *v* **-sook; -saken; -saking** : abandonar : desamparar : renunciar a
forswear *v* **-swore; -sworn; -swearing** : renunciar a : perjurar
forsythia *n* : forsitia *f*
fort *n* : fuerte *m* : fortaleza *f* : fortín *m* : base *f* militar
forte *n* : fuerte *m*
forth *adv* : adelante
forthcoming *adj* : próximo : directo : franco : comunicativo
forthright *adj* : directo : franco — **forthrightly** *adv*
forthrightness *n* : franqueza *f*
forthwith *adv* : inmediatamente : en el acto : enseguida
fortieth[1] *adj* : cuadragésimo
fortieth[2] *n* : cuadragésimo *m*, -ma *f* : cuarentavo *m* : cuarentava parte *f*
fortification *n* : fortificación *f*
fortify *v* **-fied; -fying** : fortificar
fortitude *n* : fortaleza *f* : valor *m*
fortnight *n* : quince días *mpl* : dos semanas *fpl*
fortnightly[1] *adv* : cada quince días
fortnightly[2] *adj* : quincenal
fortress *n* : fortaleza *f*
fortuitous *adj* : fortuito : accidental
fortunate *adj* : afortunado
fortunately *adv* : afortunadamente : con suerte
fortune *n* : fortuna *f* : suerte *f* : destino *m* : buenaventura *f* : dineral *m* : platal *m*

fortune–teller *n* : adivino *m*, -na *f*
fortune–telling *n* : adivinación *f*
forty[1] *adj & pron* : cuarenta
forty[2] *n, pl* **forties** : cuarenta *m*
forum *n, pl* **-rums** : foro *m*
forward[1] *v* : promover : adelantar : fomentar : remitir : enviar
forward[2] *adv* : adelante : hacia adelante
forward[3] *adj* : hacia adelante : delantero : atrevido : descarado
forward[4] *n* : delantero *m*, -ra *f*
forwardness *n* : atrevimiento *m* : descaro *m*
forwards *adv* → **forward**[2]
fossil[1] *adj* : fósil
fossil[2] *n* : fósil *m*
fossilize *v* **-ized; -izing** : fosilizar : fosilizarse
foster[1] *v* : promover : fomentar
foster[2] *adj* : adoptivo
fought → **fight**
foul[1] *v* : cometer faltas : contaminar : ensuciar : enredar
foul[2] *adv* : contra las reglas
foul[3] *adj* : asqueroso : repugnante : atascado : obstruido : enredado : obsceno : malo : antirreglamentario
foul[4] *n* : falta *f* : faul *m*
foully *adv* : asquerosamente
foulmouthed *adj* : malhablado
foulness *n* : suciedad *f* : inclemencia *f* : obscenidad *f* : grosería *f*
foul play *n* : actos *mpl* criminales
foul shot *n* → **free throw**
foul–up *n* : lío *m* : confusión *f* : desastre *m*
foul up *v* : estropear : arruinar : echar todo a perder
found[1] → **find**
found[2] *v* : fundar : establecer
foundation *n* : fundación *f* : fundamento *m* : base *f* : cimientos *mpl*
founder[1] *v* : hundirse : irse a pique
founder[2] *n* : fundador *m*, -dora *f*
founding *adj* : fundador
foundling *n* : expósito *m*, -ta *f*
foundry *n, pl* **-dries** : fundición *f*
fount *n* : fuente *f* : origen *m*
fountain *n* : fuente *f* : manantial *m* : origen *m* : chorro *m* : surtidor *m*

fountain pen *n* : pluma *f* fuente
: estilográfica *f*
four[1] *adj* : cuatro
four[2] *n* : cuatro *m*
four[3] *pron* : cuatro
four hundred[1] *adj & pron*
: cuatrocientos
four hundred[2] *n* : cuatrocientos *m*
four–poster *n* : cama *f* de columnas
fourscore *adj* : ochenta
fourteen[1] *adj & pron* : catorce
fourteen[2] *n* : catorce *m*
fourteenth[1] *adj* : decimocuarto
fourteenth[2] *n* : decimocuarto *m*,
-ta *f* : catorceavo *m* : catorceava
parte *f*
fourth[1] *adv* : en cuarto lugar
fourth[2] *adj* : cuarto
fourth[3] *n* : cuarto *m*, -ta *f* : cuarta
parte *f*
fowl *n, pl* **fowl** *or* **fowls** : ave *f*
: pollo *m*
fox[1] *v* : engañar : confundir
fox[2] *n, pl* **foxes** : zorro *m*, -ra *f*
foxglove *n* : dedalera *f* : digital *f*
foxhole *n* : hoyo *m* para
atrincherarse : trinchera *f*
individual
foxy *adj* **foxier; -est** : astuto
foyer *n* : vestíbulo *m*
fracas *n, pl* **-cases** : altercado *m*
: pelea *f* : reyerta *f*
fracking *n* : fracking *m* : fractura *f*
hidráulica : fracturación *f* hidráulica
: estimulación *f* hidráulica
fraction *n* : fracción *f* : quebrado *m*
: porción *f* : parte *f*
fractional *adj* : fraccionario
: minúsculo : mínimo
: insignificante
fractious *adj* : rebelde
: malhumorado : irritable
fracture[1] *v* **-tured; -turing**
: fracturar
fracture[2] *n* : fractura *f* : fisura *f*
: grieta *f* : falla *f*
fragile *adj* : frágil
fragility *n, pl* **-ties** : fragilidad *f*
fragment[1] *v* : fragmentar
: fragmentarse : hacerse añicos
fragment[2] *n* : fragmento *m* : trozo
m : pedazo *m*
fragmentary *adj* : fragmentario
: incompleto

fragmentation *n* : fragmentación *f*
fragrance *n* : fragancia *f* : aroma *m*
fragrant *adj* : fragante : aromático
— fragrantly *adv*
frail *adj* : débil : delicado
frailty *n, pl* **-ties** : debilidad *f*
: flaqueza *f*
frame[1] *v* **framed; framing**
: formular : elaborar : enmarcar
: encuadrar : incriminar
frame[2] *n* : cuerpo *m* : armazón *f*
: bastidor *m* : cuadro *m* : marco
m; **frames** *npl* : armazón *mf*
: montura *f*
framework *n* : armazón *f*
: estructura *f* : marco *m*
franc *n* : franco *m*
franchise *n* : licencia *f* exclusiva
: concesión *f* : sufragio *m*
franchisee *n* : concesionario *m*,
-ria *f*
Franciscan *n* : franciscano *m*, -na
f **— Franciscan** *adj*
frank[1] *v* : franquear
frank[2] *adj* : franco : sincero
: cándido **— frankly** *adv*
frank[3] *n* : franqueo *m*
frankfurter *or* **frankfurt** *n*
: salchicha *f* : perro *m* caliente
frankincense *n* : incienso *m*
frankness *n* : franqueza *f*
: sinceridad *f* : candidez *f*
frantic *adj* : frenético
: desesperado **— frantically** *adv*
fraternal *adj* : fraterno : fraternal
fraternity *n, pl* **-ties** : fraternidad *f*
fraternization *n* : fraternización *f*
: confraternización *f*
fraternize *v* **-nized; -nizing**
: fraternizar : confraternizar
fraud *n* : fraude *m* : estafa *f*
: engaño *m* : impostor *m*, -tora *f*
: farsante *mf*
fraudulent *adj* : fraudulento **—**
fraudulently *adv*
fraught *adj* **fraught with** : lleno de
: cargado de
fray[1] *v* : desgastar : deshilachar
: crispar : irritar : desgastarse
: deshilacharse
fray[2] *n* : pelea *f*
frazzle[1] *v* **-zled; -zling** : desgastar
: deshilachar : agotar : fatigar
frazzle[2] *n* : agotamiento *m*

freak n : ejemplar m anormal
: fenómeno m : rareza f
: entusiasta mf
freakish adj : extraño : estrafalario
: raro
freak out v : ponerse como loco
: darle un ataque
freckle[1] v **-led; -ling** : cubrirse de
pecas
freckle[2] n : peca f
free[1] v **freed; freeing** : libertar
: liberar : poner en libertad
: librar : eximir : desatar : soltar
: desatascar : destapar
free[2] adv : libremente
: gratuitamente : gratis
free[3] adj **freer; freest** : gratuito
: gratis : libre : espontáneo
: voluntario : desocupado : suelto
: generoso
freeborn adj : nacido libre
freedom n : libertad f
free enterprise n : libre empresa f
free-for-all n : pelea f : batalla f
campal
free gift n : obsequio m
freehand adj : a pulso : a mano alzada
free kick n : tiro m libre
freelance[1] v **-lanced; -lancing**
: trabajar por cuenta propia
freelance[2] adj : por cuenta propia
: freelance
freelancer n : trabajador m, -dora f
por cuenta propia : freelance mf
freeload v : gorronear : gorrear
freeloader n : gorrón m, -rrona
f : gorrero m, -ra f : vividor m,
-dora f
freely adv : libremente : gratis
: gratuitamente
Freemason n : francmasón m
: masón m
Freemasonry n : francmasonería f
: masonería f
free-range adj : de granja
freestanding adj : de pie : no
empotrado : independiente
free throw n : tiro m libre
freeway n : autopista f
freewill adj : de propia voluntad
free will n : libre albedrío m : propia
voluntad f
freeze[1] v **froze; frozen; freezing**
: congelarse : helarse : quedarse

inmóvil : bloquearse : helar
: congelar : bloquear
freeze[2] n : helada f : congelación f
: congelamiento m
freeze-dried adj : liofilizado
freeze-dry v **-dried; -drying**
: liofilizar
freezer n : congelador m
freezing adj : helando
freezing point n : punto m de
congelación
freight[1] v : enviar como carga
freight[2] n : transporte m : porte m
: flete m : mercancías fpl : carga f
freighter n : carguero m : buque m
de carga
freight train n : tren m de carga
: tren m de mercancías
French[1] adj : francés
French[2] n : francés m
French doors npl : puerta f
ventana
French dressing n : aderezo m
cremoso con sabor a tomate
: vinagreta f
french fries npl : papas fpl fritas
: papas fpl a la francesa
Frenchman n, pl **-men** : francés m
French toast n : torreja f : torrija f
French windows npl → **French
doors**
Frenchwoman n, pl **-women**
: francesa f
frenemy n, pl **-mies** : amienemigo
m, -ga f
frenetic adj : frenético —
frenetically adv
frenzied adj : frenético
frenzy n, pl **-zies** : frenesí m
frequency n, pl **-cies** : frecuencia f
frequent[1] v : frecuentar
frequent[2] adj : frecuente —
frequently adv
fresco n, pl **-coes** : fresco m
fresh adj : dulce : puro : fresco
: limpio : nuevo : descansado
: descarado : impertinente
freshen v : refrescar : arreglar **to
freshen up** : arreglarse : lavarse
freshet n : arroyo m desbordado
freshly adv : recientemente : recién
freshman n, pl **-men** : estudiante
mf de primer año universitario
freshness n : frescura f

freshwater *n* : agua *f* dulce

fret[1] *v* **fretted; fretting**
: preocuparse : inquietarse

fret[2] *n* : irritación *f* : molestia *f*
: preocupación *f* : traste *m*

fretful *adj* : fastidioso : quejoso
: neurótico

fretfully *adv* : ansiosamente
: fastidiosamente : inquieto

fretfulness *n* : inquietud *f*
: irritabilidad *f*

friar *n* : fraile *m*

friction *n* : fricción *f* : roce *m*

Friday *n* : viernes *m*

fridge → **refrigerator**

fried *adj* : frito

friend[1] *n* : amigo *m*, -ga *f*

friend[2] *v* : agregar a su lista de
amigos

friendless *adj* : sin amigos

friendliness *n* : simpatía *f*
: amabilidad *f*

friendly *adj* **friendlier; -est**
: simpático : amable : de amigo
: agradable : acogedor : amigable
: amistoso

friendship *n* : amistad *f*

frieze *n* : friso *m*

frigate *n* : fragata *f*

fright *n* : miedo *m* : susto *m*

frighten *v* : asustar : espantar

frightened *adj* : asustado
: temeroso

frightening *adj* : espantoso
: aterrador

frightful *adj* : espantoso : tremendo

frightfully *adv* : terriblemente
: tremendamente

frigid *adj* : glacial
: extremadamente frío

frigidity *n* : frialdad *f* : frigidez *f*

frill *n* : volante *m* : floritura *f*
: adorno *m*

frilly *adj* **frillier; -est** : con volantes
: recargado

fringe[1] *v* **fringed; fringing** : orlar
: bordear

fringe[2] *n* : fleco *m* : orla *f* : periferia
f : margen *m*

frisk *v* : retozar : juguetear
: cachear : registrar

friskiness *n* : vivacidad *f*

frisky *adj* **friskier; -est** : retozón
: juguetón

fritter[1] *v* : desperdiciar : malgastar

fritter[2] *n* : buñuelo *m*

frivolity *n*, *pl* **-ties** : frivolidad *f*

frivolous *adj* : frívolo : de poca
importancia

frivolously *adv* : frívolamente : a
la ligera

frizz[1] *v* : rizarse : encresparse
: ponerse chino

frizz[2] *n* : rizos *mpl* muy apretados

frizzy *adj* **frizzier; -est** : rizado
: crespo : chino

fro *adv* **to and fro** : de aquí para
allá : de un lado para otro

frock *n* : vestido *m*

frog *n* : rana *f*

frogman *n*, *pl* **-men** : hombre *m*
rana : submarinista *mf*

frolic[1] *v* **-icked; -icking** : retozar
: juguetear

frolic[2] *n* : diversión *f*

frolicsome *adj* : juguetón

from *prep* : desde : de : a partir de

frond *n* : fronda *f* : hoja *f*

front[1] *v* : dar : estar orientado
: servir de pantalla

front[2] *adj* : delantero : de adelante
: primero

front[3] *n* : frente *m* : parte *f* de
adelante : delantera *f* : zona *f*
: fachada *f*

frontage *n* : fachada *f* : frente *m*

frontal *adj* : frontal : de frente

frontier *n* : frontera *f*

frontiersman *n*, *pl* **-men** : hombre
m de la frontera

front–wheel drive *n* : tracción *f*
delantera

frost[1] *v* : helar : bañar

frost[2] *n* : helada *f* : escarcha *f*

frostbite *n* : congelación *f*

frostbitten *adj* : congelado
: quemado

frosting *n* : baño *m* : glaseado *m*
: betún *m*

frosty *adj* **frostier; -est** : helado
: frío : glacial

froth *n*, *pl* **froths** : espuma *f*

frothy *adj* **frothier; -est**
: espumoso

frown[1] *v* : fruncir el ceño : fruncir el
entrecejo

frown[2] *n* : ceño *m*

froze → **freeze**

frozen → **freeze**
frugal *adj* : frugal : ahorrativo
: parco — **frugally** *adv*
frugality *n* : frugalidad *f*
fruit[1] *v* : dar fruto
fruit[2] *n* : fruta *f* : fruto *m*; **fruits** *npl*
: frutos *mpl*
fruitcake *n* : pastel *m* de frutas
fruitful *adj* : fructífero : provechoso
fruition *n* : cumplimiento *m*
: realización *f*
fruitless *adj* : infructuoso : inútil —
fruitlessly *adv*
fruit salad *n* : ensalada *f* de frutas
fruity *adj* **fruitier; -est** : (con sabor)
a fruta
frumpy *adj* **frumpier; -est**
: anticuado y sin atractivo
frustrate *v* **-trated; -trating**
: frustrar
frustrating *adj* : frustrante —
frustratingly *adv*
frustration *n* : frustración *f*
fry[1] *v* **fried; frying** : freír
fry[2] *n, pl* **fries** : fritura *f* : plato *m*
frito : fiesta *f* en que se sirven
frituras; *pl* **fry** : alevín *m*; **fries** *npl*
→ **French fries**
frying pan *n* : sartén *mf*
fuchsia *n* : fucsia *f* : fucsia *m*
fuddle *v* **-dled; -dling** : confundir
: atontar
fuddy–duddy *n, pl* **-dies**
: persona *f* chapada a la antigua
: carca *mf*
fudge *v* **fudged; fudging** : amañar
: falsificar : esquivar
fuel[1] *v* **-eled** *or* **-elled; -eling** *or*
-elling : abastecer de combustible
: estimular
fuel[2] *n* : combustible *m* : carburante
m
fugitive[1] *adj* : fugitivo : efímero
: pasajero : fugaz
fugitive[2] *n* : fugitivo *m*, -va *f*
fugue *n* : fuga *f*
fulcrum *n, pl* **-crums** *or* **-cra** : fulcro
m
fulfill *or* **fulfil** *v* **-filled; -filling**
: cumplir con : realizar : llevar a
cabo : satisfacer
fulfillment *n* : cumplimiento *m*
: ejecución *f* : satisfacción *f*
: realización *f*

full[1] *adv* : muy : completamente
: de lleno : directamente
full[2] *adj* : lleno : completo
: detallado : todo : pleno
: redondo : llenito : regordete
: amplio
full–fledged *adj* : hecho y
derecho
full–length *adj* : de cuerpo entero
: largo : de extensión normal
full moon *n* : luna *f* llena
fullness *n* : plenitud *f* : abundancia
f : amplitud *f*
full–scale *adj* : a escala natural
: total
full–time[1] *adv* : a/de tiempo
completo
full–time[2] *adj* : de tiempo completo
fully *adv* : completamente
: totalmente : al menos : por lo
menos
fulsome *adj* : excesivo : exagerado
: efusivo
fumble[1] *v* **-bled; -bling** : dejar caer
: fumblear : hurgar : tantear
fumble[2] *n* : fumble *m*
fume[1] *v* **fumed; fuming** : echar
humo : humear : estar furioso
fume[2] *n* : gas *m* : humo *m* : vapor
m
fumigate *v* **-gated; -gating**
: fumigar
fumigation *n* : fumigación *m*
fun[1] *adj* : divertido : entretenido
fun[2] *n* : diversión *f* : entretenimiento
m : disfrute *m*
function[1] *v* : funcionar
: desempeñarse : servir
function[2] *n* : función *f* : reunión *f*
social : recepción *f* : ceremonia *f*
: acto *m*
functional *adj* : funcional —
functionally *adv*
functionary *n, pl* **-aries**
: funcionario *m*, -ria *f*
fund[1] *v* : financiar
fund[2] *n* : reserva *f* : cúmulo *m*
: fondo *m*; **funds** *npl* : fondos *mpl*
fundamental[1] *adj* : fundamental
: básico : esencial : principal
: innato : intrínseco
fundamental[2] *n* : fundamento *m*
fundamentalism *n* : integrismo *m*
: fundamentalismo *m*

fundamentalist *n* : integrista
mf : fundamentalista *mf* —
fundamentalist *adj*
fundamentally *adv*
: fundamentalmente : básicamente
funding *n* : financiación *f*
fund–raiser *n* : función *f* para
recaudar fondos
funeral[1] *adj* : funeral : funerario
: fúnebre
funeral[2] *n* : funeral *m* : funerales
mpl
funereal *adj* : fúnebre
fungicide *n* : fungicida *m*
fungus *n, pl* **fungi** : hongo *m*
funk *n* : miedo *m* : depresión *f*
funky *adj* **funkier; -est** : raro
: extraño : original
funnel[1] *v* **-neled; -neling**
: canalizar : encauzar
funnel[2] *n* : embudo *m*
: chimenea *f*
funnies *npl* : tiras *fpl* cómicas
funny *adj* **funnier; -est** : divertido
: cómico : extraño : raro
fur[1] *adj* : de piel
fur[2] *n* : pelaje *m* : piel *f* : prenda *f*
de piel
furbish *v* : pulir : limpiar
furious *adj* : furioso : violento
: frenético : vertiginoso
furiously *adv* : furiosamente
: frenéticamente
furlong *n* : estadio *m*
furlough[1] *v* : dar permiso a : dar
licencia a
furlough[2] *n* : permiso *m* : licencia *f*
furnace *n* : horno *m*
furnish *v* : proveer : suministrar
: amueblar
furnishings *npl* : accesorios *mpl*
: muebles *mpl* : mobiliario *m*
furniture *n* : muebles *mpl*
: mobiliario *m*
furor *n* : furia *f* : rabia *f* : escándalo
m : jaleo *m* : alboroto *m*
furrier *n* : peletero *m*, -ra *f*
furrow[1] *v* : surcar
furrow[2] *n* : surco *m* : arruga *f*

furry *adj* **furrier; -est** : peludo
: peluche
further[1] *v* : promover : fomentar
further[2] *adv* : más lejos : más
adelante : además : más
further[3] *adj* : más lejano : adicional
: más
furtherance *n* : promoción *f*
: fomento *m* : adelantamiento *m*
furthermore *adv* : además
furthermost *adj* : más lejano : más
distante
furthest → **farthest**[1], **farthest**[2]
furtive *adj* : furtivo : sigiloso —
furtively *adv*
furtiveness *n* : sigilo *m*
fury *n, pl* **-ries** : furia *f* : ira *f* : furor
m
fuse[1] *or* **fuze** *v* **fused** *or* **fuzed;**
fusing *or* **fuzing** : equipar con un
fusible
fuse[2] *v* **fused; fusing** : fundir
: fusionar : fundirse : fusionarse
fuse[3] *n* : fusible *m*
fuselage *n* : fuselaje *m*
fusillade *n* : descarga *f* de fusilería
fusion *n* : fusión *f*
fuss[1] *v* : preocuparse
fuss[2] *n* : alboroto *m* : escándalo *m*
: atenciones *fpl* : quejas *fpl*
fussbudget *n* : quisquilloso *m*, -sa *f*
: melindroso *m*
fussiness *n* : irritabilidad *f* : lo
recargado : meticulosidad *f*
fussy *adj* **fussier; -est** : irritable
: nervioso : recargado : meticuloso
: quisquilloso : exigente
futile *adj* : inútil : vano
futility *n, pl* **-ties** : inutilidad *f*
futon *n* : futón *m*
future[1] *adj* : futuro
future[2] *n* : futuro *m*
futuristic *adj* : futurista
fuze → **fuse**[1]
fuzz *n* : pelusa *f*
fuzziness *n* : vellosidad *f* : falta *f* de
claridad
fuzzy *adj* **fuzzier; -est** : con pelusa
: peludo : indistinto : borroso

G

gab[1] *v* **gabbed; gabbing** : charlar
: cotorrear : parlotear
gab[2] *n* : cotorreo *m* : parloteo *m*
gabardine *n* : gabardina *f*
gabby *adj* **gabbier; -est** : hablador
: parlanchín
gable *n* : gablete *m* : aguilón *m*
Gabonese *n* : gabonés *m*, -nesa
f — **Gabonese** *adj*
gad *v* **gadded; gadding**
: deambular : vagar : callejear
gadfly *n, pl* **-flies** : tábano *m*
: criticón *m*, -cona *f*
gadget *n* : artilugio *m* : aparato *m*
gadgetry *n* : artilugios *mpl*
: aparatos *mpl*
Gaelic *n* : gaélico *m* — **Gaelic** *adj*
gaff *n* : garfio *m*
gaffe *n* : metedura *f* de pata
gag[1] *v* **gagged; gagging**
: amordazar : atragantarse : hacer
arcadas
gag[2] *n* : mordaza *f* : chiste *m*
gage → **gauge**
gaggle *n* : bandada *f* : manada *f*
gaiety *n, pl* **-eties** : juerga *f* : alegría
f : regocijo *m*
gaily *adv* : alegremente
gain[1] *v* : ganar : obtener : adquirir
: conseguir : alcanzar : llegar
a : aumentar : adelantarse
: beneficiarse
gain[2] *n* : beneficio *m* : ganancia *f*
: lucro *m* : provecho *m* : aumento
m
gainful *adj* : lucrativo : beneficioso
: provechoso
gait *n* : paso *m* : andar *m* : manera
f de caminar
gal *n* : muchacha *f*
gala[1] *adj* : de gala
gala[2] *n* : gala *f* : fiesta *f*
galactic *adj* : galáctico
galaxy *n, pl* **-axies** : galaxia *f*
gale *n* : vendaval *f* : viento *m* fuerte
Galician *n* : gallego *m*, -ga *f* —
Galician *adj*
gall[1] *v* : rozar : irritar : molestar
gall[2] *n* : bilis *f* : hiel *f* : audacia
f : insolencia *f* : descaro *m*
: rozadura *f* : agalla *f*

gallant *adj* : valiente : gallardo
: galante : cortés
gallantry *n, pl* **-ries** : galantería *f*
: caballerosidad *f*
gallbladder *n* : vesícula *f* biliar
galleon *n* : galeón *m*
gallery *n, pl* **-leries** : galería *f*
: pasillo *m* : corredor *m*
galley *n, pl* **-leys** : galera *f*
gallium *n* : galio *m*
gallivant *v* : callejear
gallon *n* : galón *m*
gallop[1] *v* : galopar
gallop[2] *n* : galope *m*
gallows *n, pl* **-lows** *or* **-lowses**
: horca *f*
gallstone *n* : cálculo *m* biliar
galore *adj* : en abundancia
galoshes *npl* : galochas *fpl*
: chanclos *mpl*
galvanize *v* **-nized; -nizing**
: estimular : excitar : impulsar
: galvanizar
Gambian *n* : gambiano *m*, -na *f* —
Gambian *adj*
gambit *n* : gambito *m* : estratagema
f : táctica *f*
gamble[1] *v* **-bled; -bling** : jugar
: arriesgarse : apostar : jugarse
: arriesgar
gamble[2] *n* : apuesta *f* : riesgo *m*
gambler *n* : jugador *m*, -dora *f*
gambling *n* : juego *m*
gambol *v* **-boled** *or* **-bolled;**
-boling *or* **-bolling** : retozar
: juguetear
game[1] *adj* : listo : dispuesto : cojo
game[2] *n* : juego *m* : partido *m*
: partida *f* : caza *f*
gamecock *n* : gallo *m* de pelea
gamekeeper *n* : guardabosque *mf*
gamely *adv* : animosamente
gamer *n* : videojugador *m*, -dora *f*
gaming *n* : juego *m* : juegos *mpl*
gamma ray *n* : rayo *m* gamma
gamut *n* : gama *f* : espectro *m*
gamy *or* **gamey** *adj* **gamier; -est**
: con sabor de animal de caza
: fuerte
gander *n* : ganso *m* : mirada *f*
: vistazo *m* : ojeada *f*

gang[1] *v* **to gang up** : agruparse : unirse

gang[2] *n* : banda *f* : pandilla *f*

gangland *n* : hampa *f*

gangling *adj* : larguirucho

ganglion *n, pl* **-glia** : ganglio *m*

gangplank *n* : pasarela *f*

gangrene *n* : gangrena *f*

gangster *n* : gángster *mf*

gangway *n* : pasarela *f*

gap *n* : espacio *m* : brecha *f* : abertura *f* : desfiladero *m* : barranco *m* : laguna *f* : pausa *f* : intervalo *m* : disparidad *f*

gape[1] *v* **gaped; gaping** : abrirse : estar abierto : mirar fijamente con la boca abierta : mirar boquiabierto

gape[2] *n* : abertura *f* : brecha *f* : mirada *f* boquiabierta

garage[1] *v* **-raged; -raging** : dejar en un garaje

garage[2] *n* : garaje *m* : cochera *f*

garb[1] *v* : vestir : ataviar

garb[2] *n* : vestimenta *f* : atuendo *m*

garbage *n* : basura *f* : desechos *mpl*

garbage can *n* : bote *m* de basura : basurero *m* : caneca *f* : cubo *m* de basura : tacho *m* de basura : tarro *m* de basura

garbage disposal *n* : trituradora *f* de basura

garbageman *n, pl* **-men** : basurero *m*

garbage truck *n* : camión *m* de la basura

garble *v* **-bled; -bling** : tergiversar : distorsionar

garbled *adj* : incoherente : incomprensible

garden[1] *v* : trabajar en el jardín

garden[2] *n* : jardín *m*

garden center *n* : centro *m* de jardinería *f*

gardener *n* : jardinero *m*, -ra *f*

gardenia *n* : gardenia *f*

gardening *n* : jardinería *f*

gargantuan *adj* : gigantesco : colosal

gargle[1] *v* **-gled; -gling** : hacer gárgaras : gargarizar

gargle[2] *n* : gárgara *f*

gargoyle *n* : gárgola *f*

garish *adj* : llamativo : chillón : charro — **garishly** *adv*

garland[1] *v* : adornar con guirnaldas

garland[2] *n* : guirnalda *f*

garlic *n* : ajo *m*

garment *n* : prenda *f*

garner *v* : recoger : cosechar

garnet *n* : granate *m*

garnish[1] *v* : aderezar : guarnecer

garnish[2] *n* : aderezo *m* : guarnición *f*

garret *n* : buhardilla *f* : desván *m*

garrison[1] *v* : acuartelar : guarnecer : ocupar

garrison[2] *n* : guarnición *f* : fortaleza *f* : poste *m* militar

garrulous *adj* : charlatán : parlanchín

garter *n* : liga *f*

gas[1] *v* **gassed; gassing** : gasear **to gas up** : llenar el tanque con gasolina

gas[2] *n, pl* **gases** : gas *m*

gaseous *adj* : gaseoso

gash[1] *v* : hacer un tajo en : cortar

gash[2] *n* : cuchillada *f* : tajo *m*

gasket *n* : junta *f*

gas mask *n* : máscara *f* antigás

gasoline *n* : gasolina *f* : nafta *f* : bencina *f*

gasp[1] *v* : boquear : jadear : respirar con dificultad

gasp[2] *n* : boqueada *f* : jadeo *m*

gas pedal *n* : acelerador *m*

gas station *n* : estación *f* de servicio : gasolinera *f* : bencinera *f* : bomba *f*

gas tank *n* : tanque *m* : depósito *m*

gastric *adj* : gástrico

gastronomic *adj* : gastronómico

gastronomy *n* : gastronomía *f*

gate *n* : portón *m* : verja *f* : puerta *f*

gatekeeper *n* : guarda *mf* : guardián *m*, -diana *f*

gateway *n* : puerta *f* : entrada *f*

gather *v* : juntar : recoger : reunir : cosechar : fruncir : deducir : suponer : reunirse : congregarse : acumularse

gathering *n* : reunión *f*

gauche *adj* : torpe : falto de tacto

gaucho *n* : gaucho *m*

gaudy *adj* **gaudier; -est** : chillón : llamativo

gauge[1] *v* **gauged; gauging** : medir : estimar : evaluar : juzgar

gauge[2] *n* : indicador *m* : calibre *m*
: indicio *m* : muestra *f*
gaunt *adj* : demacrado
: descarnado
gauntlet *n* : guante *m*
gauze *n* : gasa *f*
gauzy *adj* **gauzier; -est** : diáfano
: vaporoso
gave → **give**
gavel *n* : martillo *m*
gawk *v* : mirar boquiabierto
gawker *n* : mirón *m*, -rona *f*
gawky *adj* **gawkier; -est**
: desmañado : torpe : desgarbado
gay[1] *adj* : alegre : vistoso : vivo
: homosexual
gay[2] *n* : homosexual *mf*
gaze[1] *v* **gazed; gazing** : mirar
gaze[2] *n* : mirada *f*
gazebo *n* : pabellón *m* : cenador *m*
: glorieta *f*
gazelle *n* : gacela *f*
gazette *n* : gaceta *f*
gazetteer *n* : diccionario *m*
geográfico
gazpacho *n* : gazpacho *m*
gear[1] *v* : adaptar : ajustar : orientar
to gear up : prepararse
gear[2] *n* : ropa *f* : efectos *mpl*
personales : equipo *m* : aparejo
m : herramientas *fpl* : rueda *f*
dentada : marcha *f* : velocidad *f*
gearbox *n* : caja *f* de cambios
gearshift *n* : palanca *f* de cambio
: palanca *f* de velocidad
geek *n* : intelectual *mf* : fanático *m*
-ca *f* : inadaptado *m*, -da *f*
geese → **goose**
Geiger counter *n* : contador *m*
Geiger
gel *n* : gel *m*
gelatin *n* : gelatina *f*
gem *n* : joya *f* : gema *f* : alhaja *f*
Gemini *n* : Géminis *m* : Géminis *mf*
gemstone *n* : piedra *f* : gema *f*
gender *n* : sexo *m* : género *m*
gender identity *n* : identidad *f* de
género
gender–neutral *adj* : de género
neutro
gene *n* : gen *m* : gene *m*
genealogical *adj* : genealógico
genealogy *n, pl* **-gies** : genealogía *f*
genera → **genus**

general[1] *adj* : general
general[2] *n* : general *mf*
generality *n, pl* **-ties** : generalidad *f*
generalization *n* : generalización *f*
generalize *v* **-ized; -izing** : generalizar
generally *adv* : generalmente : por
lo general : en general
general practitioner *n* : médico *m*,
-ca *f* de cabecera
generate *v* **-ated; -ating** : generar
: producir
generation *n* : generación *f* —
generational *adj*
generator *n* : generador *m*
generic *adj* : genérico
generosity *n, pl* **-ties** : generosidad *f*
generous *adj* : generoso : dadivoso
: desprendido : abundante
: amplio — **generously** *adv*
genetic *adj* : genético —
genetically *adv*
genetically modified *adj*
: transgénico
geneticist *n* : genetista *mf*
genetics *n* : genética *f*
genial *adj* : simpático : cordial
: afable — **genially** *adv*
geniality *n* : simpatía *f* : afabilidad *f*
genie *n* : genio *m*
genital *adj* : genital
genitals *npl* : genitales *mpl*
genius *n* : genio *m*
genocide *n* : genocidio *m*
genre *n* : género *m*
genteel *adj* : cortés : fino : refinado
gentile[1] *adj* : gentil
gentile[2] *n* : gentil *mf*
gentility *n, pl* **-ties** : nobleza *f*
: cortesía *f* : refinamiento *m*
gentle *adj* **gentler; gentlest** : bien
nacido : noble : dócil : manso
: bondadoso : amable : suave
: apacible : ligero : moderado
: gradual
gentleman *n, pl* **-men** : caballero *m*
: señor *m*
gentlemanly *adj* : caballeroso
gentleness *n* : delicadeza *f*
: suavidad *f* : ternura *f*
gentlewoman *n, pl* **-women** : dama
f : señora *f*
gently *adv* : con cuidado
: suavemente : ligeramente
: amablemente : con delicadeza

gentry *n, pl* **-tries** : aristocracia *f*
genuflect *v* : doblar la rodilla
  : hacer una genuflexión
genuflection *n* : genuflexión *f*
genuine *adj* : genuino : verdadero
  : auténtico : sincero — **genuinely**
  adv
genus *n, pl* **genera** : género *m*
geographer *n* : geógrafo *m*, -fa *f*
geographical *or* **geographic** *adj*
  : geográfico — **geographically**
  adv
geography *n, pl* **-phies** : geografía *f*
geologic *or* **geological** *adj*
  : geológico — **geologically** *adv*
geologist *n* : geólogo *m*, -ga *f*
geology *n* : geología *f*
geometric *or* **geometrical** *adj*
  : geométrico
geometry *n, pl* **-tries** : geometría *f*
geopolitical *adj* : geopolítico
Georgian *n* : georgiano *m*
  : georgiano *m*, -na *f* — **Georgian**
  adj
geranium *n* : geranio *m*
gerbil *n* : jerbo *m* : gerbo *m*
geriatric *adj* : geriátrico
geriatrics *n* : geriatría *f*
germ *n* : microbio *m* : germen *m*
  : principio *m*
German *n* : alemán *m*, -mana *f* —
  German *adj*
germane *adj* : relevante
  : pertinente
Germanic *adj* : germano
germanium *n* : germanio *m*
German measles *n* : rubéola *f*
German shepherd *n* : pastor *m*
  alemán
germ cell *n* : célula *f* germen
germicide *n* : germicida *m*
germinate *v* **-nated; -nating**
  : germinar : hacer germinar
germination *n* : germinación *f*
gerund *n* : gerundio *m*
gestation *n* : gestación *f*
gesticulate *v* **-lated; -lating**
  : gesticular — **gesticulation** *n*
gesture[1] *v* **-tured; -turing**
  : gesticular : hacer gestos
gesture[2] *n* : gesto *m* : ademán *m*
  : señal *f*
get *v* **got; got** *or* **gotten; getting**
  : conseguir : obtener : adquirir

  : recibir : ganar : traer : tomar
  : agarrar : capturar : mandar : hacer
  llegar : llevar : hacer ir/mover
  : hacer progresar : hacer entrar/
  pasar : contagiarse de : contraer
  : sufrir : preparar : tener : causar
  : provocar : contestar : abrir
  : molestar : irritar : entender : notar
  : ver : pillar : engañar : conmover
  : captar : dar : matar : acabar con
  : ponerse : volverse : hacerse : ir
  : avanzar : progresar : llegar
getaway *n* : fuga *f* : huida *f*
  : escapada *f*
get–go *n* **from the get–go** : desde
  el primer momento
get–together *n* : reunión *f*
geyser *n* : géiser *m*
Ghanaian *n* : ghanés *m*, -nesa *f* —
  Ghanaian *adj*
ghastly *adj* **ghastlier; -est**
  : horrible : espantoso : pálido
  : cadavérico
gherkin *n* : pepinillo *m*
ghetto *n, pl* **-tos** *or* **-toes** : gueto *m*
ghost *n* : fantasma *m* : espectro *m*
ghostly *adv* : fantasmal
ghoul *n* : demonio *m* : persona *f* de
  gustos macabros
giant[1] *adj* : gigante : gigantesco
  : enorme
giant[2] *n* : gigante *m*, -ta *f*
gibberish *n* : galimatías *m*
  : jerigonza *f*
gibbon *n* : gibón *m*
gibe[1] *v* **gibed; gibing** : mofarse
  : burlarse
gibe[2] *n* : pulla *f* : burla *f* : mofa *f*
giblets *npl* : menudos *mpl*
  : menudencias *fpl*
giddiness *n* : vértigo *m* : mareo *m*
  : frivolidad *f* : estupidez *f*
giddy *adj* **giddier; -est** : mareado
  : vertiginoso : frívolo : tonto
gift *n* : don *m* : talento *m* : dotes *fpl*
  : regalo *m* : obsequio *m*
gift card *n* : tarjeta *f* de regalo
  : tarjeta *f* regalo
gift certificate *n* : certificado *m* de
  regalo
gifted *adj* : talentoso
gig[1] *n* : trabajo *m*
gig[2] *n* : giga *mf* : gigabyte *m*
gigabyte *n* : gigabyte *m*

gigantic *adj* : gigantesco : enorme : colosal

giggle[1] *v* **-gled; -gling** : reírse tontamente

giggle[2] *n* : risita *f* : risa *f* tonta

gild *v* **gilded** *or* **gilt; gilding** : dorar

gill *n* : agalla *f* : branquia *f*

gilt[1] *adj* : dorado

gilt[2] *n* : dorado *m*

gimlet *n* : barrena *f* : bebida *f* de vodka o ginebra y limón

gimmick *n* : artilugio *m* : engaño *m* : trampa *f* : ardid *m* : truco *m*

gin *n* : ginebra *f*

ginger *n* : jengibre *m*

ginger ale *n* : gaseosa *f* de jengibre

gingerbread *n* : pan *m* de jengibre

gingerly *adv* : con cuidado : cautelosamente

gingham *n* : guinga *f*

ginseng *n* : ginseng *m*

giraffe *n* : jirafa *f*

gird *v* **girded** *or* **girt; girding** : ceñir : atar : rodear

girder *n* : viga *f*

girdle[1] *v* **-dled; -dling** : ceñir : atar : rodear : circundar

girdle[2] *n* : faja *f*

girl *n* : chica *f* : muchacha *f* : novia *f* : hija *f*

girlfriend *n* : novia *f* : amiga *f*

girlhood *n* : niñez *f* : juventud *f*

girlish *adj* : de niña

girth *n* : circunferencia *f* : cintura *f* : cincha *f*

gist *n* : quid *m* : meollo *m*

give[1] *v* **gave; given; giving** : dar : entregar : regalar : donar : pagar : dictar : causar : ocasionar : otorgar : hacer regalos

give[2] *n* : flexibilidad *f* : elasticidad *f*

give–and–take *n* : toma y daca *m*

giveaway *n* : revelación *f* involuntaria : regalo *m* : obsequio *m*

given *adj* : dado : inclinado : determinado

given name *n* : nombre *m* de pila

give or take *adv* : más o menos

gizzard *n* : molleja *f*

glacial *adj* : glacial — **glacially** *adv*

glacier *n* : glaciar *m*

glad *adj* **gladder; gladdest** : alegre : contento : feliz : agradable : dispuesto : gustoso

gladden *v* : alegrar

glade *n* : claro *m*

gladiator *n* : gladiador *m*

gladiolus *n*, *pl* **-li** : gladiolo *m* : gladíolo *m*

gladly *adv* : con mucho gusto

gladness *n* : alegría *f* : gozo *m*

glamor *or* **glamour** *n* : atractivo *m* : hechizo *m* : encanto *m*

glamorous *adj* : atractivo : encantador

glamping *n* : glamping *m* : camping *m* de lujo

glance[1] *v* **glanced; glancing** : rebotar

glance[2] *n* : mirada *f* : vistazo *m* : ojeada *f*

gland *n* : glándula *f*

glandular *adj* : glandular

glare[1] *v* **glared; glaring** : brillar : relumbrar : mirar con ira : lanzar una mirada feroz

glare[2] *n* : resplandor *m* : luz *f* deslumbrante : mirada *f* feroz

glaring *adj* : deslumbrante : brillante : flagrante : manifiesto

glass *n* : vidrio *m* : cristal *m* : vaso *m*; **glasses** *npl* : gafas *fpl* : anteojos *mpl* : lentes *mpl* : espejuelos *mpl*

glassblowing *n* : soplado *m* del vidrio

glassful *n* : vaso *m* : copa *f*

glassware *n* : cristalería *f*

glassy *adj* **glassier; -est** : vítreo : vidrioso

glaucoma *n* : glaucoma *m*

glaze[1] *v* **glazed; glazing** : ponerle vidrios a : vidriar : glasear

glaze[2] *n* : vidriado *m* : glaseado *m* : barniz *m*

glazier *n* : vidriero *m*, -ra *f*

glazing *n* : vidrios *mpl* : acristalamiento *m*

gleam[1] *v* : brillar : destellar : relucir

gleam[2] *n* : luz *f* : destello *m* : rayo *m* : vislumbre *f*

glean *v* : recoger : espigar

glee *n* : alegría *f* : júbilo *m* : regocijo *m*

gleeful *adj* : lleno de alegría

glen *n* : cañada *f*

glib *adj* **glibber; glibbest** : simplista : con mucha labia

glibly *adv* : con mucha labia
glide[1] *v* **glided; gliding** : deslizarse : planear
glide[2] *n* : planeo *m*
glider *n* : planeador *m* : mecedor *m*
glimmer[1] *v* : brillar con luz trémula
glimmer[2] *n* : luz *f* trémula : luz *f* tenue : rayo *m* : vislumbre *f*
glimpse[1] *v* **glimpsed; glimpsing** : vislumbrar : entrever
glimpse[2] *n* : mirada *f* breve
glint[1] *v* : destellar
glint[2] *n* : destello *m* : centelleo *m*
glisten[1] *v* : brillar : centellear
glisten[2] *n* : brillo *m* : centelleo *m*
glitch *n* : mal funcionamiento *m* : problema *m* : complicación *f*
glitter[1] *v* : destellar : relucir : brillar : relampaguear
glitter[2] *n* : brillo *m* : purpurina *f*
glitz *n* : oropel *m*
gloat *v* **to gloat over** : regodearse en
glob *n* : plasta *f* : masa *f* : grumo *m*
global *adj* : global : mundial — **globally** *adv* — **globalization** *n*
global warming *n* : calentamiento *m* global
globe *n* : esfera *f* : globo *m* : Tierra *f* : globo *m* terráqueo
globe–trotter *n* : trotamundos *mf*
globule *n* : glóbulo *m*
gloom *n* : penumbra *f* : oscuridad *f* : melancolía *f* : tristeza *f*
gloomily *adv* : tristemente
gloomy *adj* **gloomier; -est** : oscuro : tenebroso : melancólico : pesimista : deprimente : lúgubre
glorification *n* : glorificación *f*
glorify *v* **-fied; -fying** : glorificar
glorious *adj* : glorioso : ilustre : magnífico : espléndido : maravilloso — **gloriously** *adv*
glory[1] *v* **-ried; -rying** : exultar : regocijarse
glory[2] *n, pl* **-ries** : gloria *f* : fama *f* : honor *m* : magnificencia *f* : esplendor *m*
gloss[1] *v* : glosar : explicar : lustrar : pulir
gloss[2] *n* : lustre *m* : brillo *m* : glosa *f* : explicación *f* breve
glossary *n, pl* **-ries** : glosario *m*
glossy *adj* **glossier; -est** : brillante : lustroso : satinado

glove *n* : guante *m*
glove compartment *n* : guantera *f*
glow[1] *v* : brillar : resplandecer : rebosar
glow[2] *n* : resplandor *m* : brillo *m* : luminosidad *f* : sensación *f* : oleada *f* : incandescencia *f*
glower *v* : fruncir el ceño
glowworm *n* : luciérnaga *f*
glucose *n* : glucosa *f*
glue[1] *v* **glued; gluing** *or* **glueing** : pegar con cola
glue[2] *n* : pegamento *m* : cola *f*
gluey *adj* **gluier; -est** : pegajoso
glum *adj* **glummer; glummest** : hosco : sombrío : triste : melancólico
glut[1] *v* **glutted; glutting** : saciar : hartar : inundar
glut[2] *n* : exceso *m* : superabundancia *f*
glutinous *adj* : pegajoso : glutinoso
glutton *n* : glotón *m*, -tona *f*
gluttonous *adj* : glotón
gluttony *n, pl* **-tonies** : glotonería *f* : gula *f*
glycerin *or* **glycerine** *n* : glicerina *f*
gnarled *adj* : nudoso : retorcido
gnash *v* : hacer rechinar
gnat *n* : jején *m*
gnaw *v* : roer
gnome *n* : gnomo *m*
gnu *n, pl* **gnu** *or* **gnus** : ñu *m*
go[1] *v* **went; gone; going; goes** : ir : irse : marcharse : salir : pasarse : morir : extenderse : llegar : dar : funcionar : marchar : venderse : fallarse : gastarse : estropearse : ceder : romperse : andar : seguir : volverse : quedarse : caber : pasar : sonar **to be going to** : ir a
go[2] *n, pl* **goes** : intento *m* : éxito *m* : energía *f* : empuje *m*
goad[1] *v* : aguijonear : incitar
goad[2] *n* : aguijón *m*
go–ahead *n* : luz *f* verde
goal *n* : portería *f* : arco *m* : marco *m* : gol *m* : meta *f* : objetivo *m*
goalie → **goalkeeper**
goalkeeper *n* : portero *m*, -ra *f* : guardameta *mf* : arquero *m*, -ra *f*
goalpost *n* : poste *m*
goaltender → **goalkeeper**

goat *n* : cabra *f*
goatee *n* : barbita *f* de chivo
: perilla *f* : pera *f* : piocha *f*
goatskin *n* : piel *f* de cabra
gob *n* : masa *f* : grumo *m*
gobble *v* -bled; -bling
to gobble up/down : tragar
: engullir : hacer ruidos de pavo
gobbledygook *n* : jerigonza *f*
go–between *n* : intermediario *m*,
-ria *f* : mediador *m*, -dora *f*
goblet *n* : copa *f*
goblin *n* : duende *m* : trasgo *m*
god *n* : dios *m*
godchild *n*, *pl* -children : ahijado
m, -da *f*
goddaughter *n* : ahijada *f*
goddess *n* : diosa *f*
godfather *n* : padrino *m*
godless *adj* : ateo
godlike *adj* : divino
godly *adj* godlier; -est : divino
: piadoso : devoto : beato
godmother *n* : madrina *f*
godparent *n* : padrino *m*
: madrina *f*
godsend *n* : bendición *f* : regalo
m divino
godson *n* : ahijado *m*
goes → go
go–getter *n* : persona *f* ambiciosa
: buscavidas *mf*
goggle *v* -gled; -gling : mirar con
ojos desorbitados
goggles *npl* : gafas *fpl* : anteojos
mpl
going *n* : salida *f* : partida *f*
goings–on *npl* : sucesos *mpl*
: ocurrencias *fpl*
goiter *n* : bocio *m*
gold¹ *adj* : (hecho) de oro : dorado
: de color oro
gold² *n* : oro *m*
golden *adj* : (hecho) de oro
: dorado : de color oro : próspero
: favorable : excelente
goldenrod *n* : vara *f* de oro
golden rule *n* : regla *f* de oro
goldfinch *n* : jilguero *m*
goldfish *n* : pez *m* de colores
gold mine *n* : mina *f* de oro
goldsmith *n* : orífice *mf* : orfebre *mf*
golf¹ *v* : jugar golf
golf² *n* : golf *m*

golf ball *n* : pelota *f* de golf
golf cart *n* : carrito *m* de golf
golf club *n* : palo *m* de golf : club
m de golf
golf course *n* : campo *m* de golf
: cancha *f* de golf
golfer *n* : golfista *mf*
gondola *n* : góndola *f*
gone *adj* : muerto : pasado : ido
: perdido : desaparecido
goner *n* to be a goner : estar en
las últimas
gong *n* : gong *m*
gonorrhea *n* : gonorrea *f*
good¹ *adv* : bien
good² *adj* better; best : bueno
: aceptable : agradable : sensato
: completo : entero : bastante
: amable : íntimo : fiel : hábil
: satisfecho : fresco : gracioso
good³ *n* : bien *m* : bondad *f*
: provecho *m*; **goods** *npl* : efectos
mpl personales : posesiones
fpl; **goods** *npl* : mercancía *f*
: mercadería *f* : artículos *mpl*
good–bye *or* **good–by** *n* : adiós *m*
good–for–nothing *n* : inútil *mf*
: haragán *m*, -gana *f* : holgazán
m, -zana *f*
Good Friday *n* : Viernes *m* Santo
good–hearted *adj* : bondadoso
: benévolo : de buen corazón
good–looking *adj* : bello : bonito
: guapo
goodly *adj* goodlier; -est
: considerable : importante
good–natured *adj* : amigable
: amistoso : bonachón
goodness *n* : bondad *f*
good–tempered *adj* : de buen
genio
goodwill *n* : benevolencia *f* : buena
voluntad *f* : buen nombre *m*
: renombre *m* comercial
goody *n*, *pl* goodies : cosa *f* rica
para comer : golosina *f*
gooey *adj* gooier; gooiest
: pegajoso
goof *n* : bobo *m*, -ba *f* : tonto *m*, -ta
f : error *m* : planchazo *m*
goofy *adj* goofier; -est : tonto
: bobo
google *or* **Google** *v* -gled; -gling
: googlear

goose n, pl **geese** : ganso m, -sa f
: ánsar m : oca f
gooseberry n, pl **-berries** : grosella
f espinosa
goose bumps npl : carne f de
gallina
gooseflesh → **goose bumps**
goose pimples → **goose bumps**
gopher n : taltuza f
gore[1] v **gored; goring** : cornear
gore[2] n : sangre f
gorge[1] v **gorged; gorging** : saciar
: hartar
gorge[2] n : desfiladero m
gorgeous adj : hermoso
: espléndido : magnífico
gorilla n : gorila m
gory adj **gorier; -est** : sangriento
gosh interj : ¡caramba!
gosling n : ansarino m
gossamer n : tenue : sutil
gossip[1] v : chismear : contar
chismes
gossip[2] n : chismoso m, -sa f
: cotilla mf : chisme m : rumor m
gossiper n : chismoso m, -sa f
: cotilla mf
gossipy adj : chismoso
got → **get**
Gothic adj : gótico
gotten → **get**
gouge[1] v **gouged; gouging**
: excavar : estafar : extorsionar
gouge[2] n : formón m : ranura f
: hoyo m
gourd n : calabaza f
gourmand n : glotón m, -tona f
gourmet n : gourmet mf
: gastrónomo m, -ma f
gout n : gota f
govern v : gobernar : determinar
: controlar : guiar : dominar
governess n : institutriz f
government n : gobierno m
governmental adj : gubernamental
: gubernativo
governor n : gobernador m, -dora f
: regulador m
governorship n : cargo m de
gobernador
gown n : vestido m : toga f
GPS n : GPS m
grab v **grabbed; grabbing** : agarrar
: arrebatar : agarrarse

grace[1] v **graced; gracing** : honrar
: adornar : embellecer
grace[2] n : gracia f : bendición f
: plazo m : gentileza f : cortesía f
: elegancia f
graceful adj : lleno de gracia
: garboso : grácil
gracefully adv : con gracia : con
garbo
gracefulness n : gracilidad f
: apostura f : gallardía f
graceless adj : descortés
: torpe : desgarbado
: poco elegante
gracious adj : cortés : gentil
: cordial
graciously adv : gentilmente
graciousness n : gentileza f
gradation n : gradación f
grade[1] v **graded; grading**
: clasificar : nivelar : calificar
grade[2] n : categoría f : calidad f
: grado m : rango m : curso m
: año m : nota f : calificación f
: cuesta f : pendiente f
: gradiente f
gradient n : gradiente f
gradual adj : gradual : paulatino
gradually adv : gradualmente
: poco a poco
graduate[1] v **-ated; -ating**
: graduarse : licenciarse : graduar
graduate[2] adj : de postgrado
graduate[3] n : licenciado m, -da f
: graduado m : bachiller mf
graduate student n : postgraduado
m, -da f
graduation n : graduación f
graffiti npl : pintadas fpl : graffiti
mpl
graft[1] v : injertar
graft[2] n : injerto m : soborno m
: ganancia f ilegal
grain n : grano m : cereales mpl
: veta f : vena f : pizca f : ápice m
grano m
grainy adj **grainier; -est**
: granuloso : granulado : granular
gram n : gramo m
grammar n : gramática f
grammatical adj : gramatical —
grammatically adv
gran → **grandma**
granary n, pl **-ries** : granero m

grand *adj* : grande : impresionante
: magnífico : grandioso : suntuoso
: lujoso : fabuloso
grandchild *n, pl* **-children** : nieto
m, -ta *f*
granddad → **grandpa**
granddaughter *n* : nieta *f*
grandeur *n* : grandiosidad *f*
: esplendor *m*
grandfather *n* : abuelo *m*
grandiose *adj* : imponente
: grandioso : pomposo
: presuntuoso
grandma *n* : abuelita *f* : nana *f*
: yaya *f*
grandmother *n* : abuela *f*
grandpa *n* : abuelito *m* : yayo *m*
grandparents *npl* : abuelos *mpl*
grand piano *n* : piano *m* de cola
grandson *n* : nieto *m*
grandstand *n* : tribuna *f*
granite *n* : granito *m*
granny *n, pl* **-nies** → **grandma**
grant[1] *v* : conceder : dar : otorgar
: reconocer : admitir
grant[2] *n* : concesión *f*
: otorgamiento *m* : beca *f*
: subvención *f*
granular *adj* : granular
granulated *adj* : granulado
grape *n* : uva *f*
grapefruit *n* : toronja *f* : pomelo *m*
grapevine *n* : vid *f* : parra *f*
graph *n* : gráfica *f* : gráfico *m*
graphic[1] *adj* : vívido : gráfico
graphic[2] *n* : gráfica *f* : gráfico
m; **graphics** *npl* : gráficos *mpl*
: infografía *f*
graphically *adv* : gráficamente
graphic arts *npl* : artes *fpl* gráficas
graphite *n* : grafito *m*
grapple *v* **-pled; -pling** : agarrar
: forcejear : luchar
grasp[1] *v* : agarrar : asir : entender
: comprender **to grasp at**
: aprovechar
grasp[2] *n* : agarre *m* : control
m : garras *fpl* : alcance *m*
: comprensión *f* : entendimiento *m*
grasping *adj* : avaricioso
grass *n* : hierba *f* : pasto *m* : zacate
m : césped *m*
grasshopper *n* : saltamontes *m*
grassland *n* : pradera *f*

grassroots *adj* : de base
grass roots *npl* : las bases
grassy *adj* **grassier; -est** : cubierto
de hierba
grate[1] *v* **grated; -ing** : rallar : rascar
: chirriar : irritar
grate[2] *n* : parrilla *f* : reja *f* : rejilla *f*
: verja *f*
grateful *adj* : agradecido
gratefully *adv* : con agradecimiento
gratefulness *n* : gratitud *f*
: agradecimiento *m*
grater *n* : rallador *m*
gratification *n* : gratificación *f*
gratify *v* **-fied; -fying** : complacer
: satisfacer : gratificar
grating *n* : reja *f* : rejilla *f*
gratis[1] *adv* : gratis : gratuitamente
gratis[2] *adj* : gratis : gratuito
gratitude *n* : gratitud *f*
: agradecimiento *m*
gratuitous *adj* : gratuito
: injustificado — **gratuitously** *adv*
gratuity *n, pl* **-ities** : propina *f*
grave[1] *adj* **graver; gravest**
: grave : de mucha gravedad : serio
grave[2] *n* : tumba *f* : sepultura *f*
gravel *n* : grava *f* : gravilla *f*
gravelly *adj* : de grava : áspero
gravely *adv* : gravemente
gravestone *n* : lápida *f*
graveyard *n* : cementerio *m*
: panteón *m* : camposanto *m*
gravitate *v* **-tated; -tating** : gravitar
gravitation *n* : gravitación *f*
gravitational *adj* : gravitacional
gravity *n, pl* **-ties** : gravedad *f*
: seriedad *f*
gravy *n, pl* **-vies** : salsa *f*
gray[1] *v* : hacer gris : encanecer
: ponerse gris
gray[2] *adj* : gris : cano : canoso : triste
gray[3] *n* : gris *m*
grayish *adj* : grisáceo
graze *v* **grazed; grazing** : pastar
: pacer : pastorear : rozar : raspar
grease[1] *v* **greased; greasing**
: engrasar : lubricar
grease[2] *n* : grasa *f*
greasy *adj* **greasier; -est**
: grasiento : graso : grasoso
great *adj* : grande : intenso : fuerte
: excelente : estupendo : fabuloso
: bis-

great–aunt n : tía f abuela
greater adj : mayor
greatest adj : el mayor : la mayor
great–grandchild n, pl **-children**
: bisnieto m, -ta f
great–grandfather n : bisabuelo m
great–grandmother n : bisabuela f
greatly adv : mucho : sumamente
: muy
greatness n : grandeza f
great–uncle n : tío m abuelo
grebe n : somorgujo m
greed n : avaricia f : codicia f
: glotonería f : gula f
greedily adv : con avaricia : con
gula
greediness → **greed**
greedy adj **greedier; -est**
: codicioso : avaricioso : glotón
Greek n : griego m, -ga f — **Greek**
adj
green[1] adj : verde : inmaduro : novato
green[2] n : verde m; **greens** npl
: verduras fpl
greenback n : billete m
green card n : permiso m de
residencia y trabajo
greenery n, pl **-eries** : plantas fpl
verdes : vegetación f
greengrocer n : verdulero m, -ra f
greenhorn n : novato m, -ta f
greenhouse n : invernadero m
greenhouse effect n : efecto m
invernadero
greenish adj : verdoso
Greenlander n : groenlandés m,
-desa f
greenness n : verdor m
: inexperiencia f
greet v : saludar : acoger : recibir
greeting n : saludo m; **greetings**
npl : saludos mpl : recuerdos mpl
greeting card n : tarjeta f de
felicitación
gregarious adj : gregario : sociable
— **gregariously** adv
gregariousness n : sociabilidad f
gremlin n : duende m
grenade n : granada f
Grenadian n : granadino m, -na
f — **Grenadian** adj
grew → **grow**
grey → **gray**
greyhound n : galgo m

grid n : rejilla f : red f : cuadriculado m
griddle n : plancha f
griddle cake → **pancake**
gridiron n : parrilla f : campo m de
futbol americano
gridlock n : atasco m completo
grief n : dolor m : pena f
: problemas mpl : molestia f
grief–stricken adj : afligido
: desconsolado
grievance n : queja f
grieve v **grieved; grieving** : afligir
: entristecer : apenar : sufrir : afligirse
grievous adj : gravoso : opresivo
: severo : grave : doloroso
grievously adv : gravemente : de
gravedad
grill[1] v : asar : interrogar
grill[2] n : parrilla f : parrillada f
grille or **grill** n : reja f : enrejado m
grim adj **grimmer; grimmest**
: cruel : feroz : adusto : severo
: sombrío : deprimente : macabro
: siniestro : inflexible : persistente
grimace[1] v **-maced; -macing**
: hacer muecas
grimace[2] n : mueca f
grime n : mugre f : suciedad f
grimly adv : severamente
: inexorablemente
grimy adj **grimier; -est** : mugriento
: sucio
grin[1] v **grinned; grinning** : sonreír
abiertamente
grin[2] n : sonrisa f abierta
grind[1] v **ground; grinding** : moler
: machacar : triturar : afilar : pulir
: funcionar con dificultad : rechinar
: estudiar mucho
grind[2] n : trabajo m pesado
grinder n : molinillo m
grindstone n : piedra m de afilar
grip[1] v **gripped; gripping** : agarrar
: asir : captar el interés de
grip[2] n : agarre m : asidero
m : control m : dominio m
: comprensión f : entendimiento m
: empuñadura f
gripe[1] v **griped; griping** : irritar
: fastidiar : molestar : quejarse
: rezongar
gripe[2] n : queja f
grippe n : influenza f : gripe f : gripa f
gripping adj : apasionante

grisly *adj* **grislier; -est** : horripilante
: horroroso : truculento
grist *n* : molienda *f*
gristle *n* : cartílago *m*
gristly *adj* **gristlier; -est** : duro
: con mucho cartílago
grit[1] *v* **gritted; gritting** : hacer
rechinar
grit[2] *n* : arena *f* : grava *f* : valor *m*
: coraje *m*; **grits** *npl* : sémola *f* de
maíz
gritty *adj* **grittier; -est** : arenoso
: valiente
grizzled *adj* : entrecano
grizzly bear *n* : oso *m* pardo
groan[1] *v* : gemir : quejarse : crujir
groan[2] *n* : gemido *m* : quejido *m*
: crujido *m*
grocer *n* : tendero *m*, -ra *f*
grocery *n, pl* **-ceries**; **groceries** *npl*
: comestibles *mpl* : abarrotes *mpl*
groggy *adj* **groggier; -est**
: atontado : grogui : tambaleante
groin *n* : ingle *f*
grommet *n* : arandela *f*
groom[1] *v* : cepillar : almohazar
: arreglar : cuidar : preparar
groom[2] *n* : mozo *m*, -za *f* de cuadra
: novio *m*
groove[1] *v* **grooved; grooving**
: acanalar : hacer ranuras en
: surcar
groove[2] *n* : ranura *f* : surco *m*
: rutina *f*
grope *v* **groped; groping** : andar
a tientas : tantear **to grope one's
way** : avanzar a tientas
gross[1] *v* : tener entrada bruta de
: recaudar en bruto
gross[2] *adj* : flagrante : grave : muy
gordo : obeso : bruto : grosero
: basto : asqueroso
gross[3] *n, pl* **gross** : gruesa *f*
grossly *adv* : extremadamente
: groseramente
grotesque *adj* : grotesco
grotesquely *adv* : de forma grotesca
grotto *n, pl* **-toes** : gruta *f*
grouch[1] *v* : refunfuñar : rezongar
grouch[2] *n* : queja *f* : gruñón *m*,
-ñona *f* : cascarrabias *mf*
grouchy *adj* **grouchier; -est**
: malhumorado : gruñón

ground[1] *v* : fundar : basar
: enseñar los conocimientos
básicos a : conectar a tierra : varar
: hacer encallar : restringir a la
tierra : no dejar salir
ground[2] *n* : suelo *m* : tierra *f*
: terreno *m* : razón *f* : motivo *m*
: información *f* : fondo *m* : campo
m : plaza *f*; **grounds** *npl* : recinto
m; **grounds** *npl* : posos *mpl*
ground[3] → **grind**
groundhog *n* : marmota *f*
grounding *n* : conocimientos *mpl*
básicos
groundless *adj* : infundado
groundwork *n* : fundamento *m*
: base *f* : trabajo *m* preparatorio
group[1] *v* : agrupar
group[2] *n* : grupo *m* : agrupación *f*
: conjunto *m* : compañía *f*
grouper *n* : mero *m*
grouse[1] *v* **groused; grousing**
: quejarse : rezongar : refunfuñar
grouse[2] *n, pl* **grouse** *or* **grouses**
: urogallo *m*
grout *n* : lechada *f*
grove *n* : bosquecillo *m* : arboleda
f : soto *m*
grovel *v* **-eled** *or* **-elled; -eling** *or*
-elling : arrastrarse : humillarse
: postrarse
grow *v* **grew; grown; growing**
: crecer : desarrollarse : madurar
: aumentar : hacerse : volverse
: ponerse : cultivar : dejar crecer
: expansionar : desarrollar
grower *n* : cultivador *m*, -dora *f*
growl[1] *v* : gruñir : refunfuñar
growl[2] *n* : gruñido *m*
grown → **grown-up**[1]
grown-up[1] *adj* : adulto : mayor
grown-up[2] *n* : adulto *m*, -ta *f*
: persona *f* mayor
growth *n* : crecimiento *m* : aumento
m : expansión *f* : desarrollo *m*
: bulto *m* : tumor *m*
grub[1] *v* **grubbed; grubbing**
: escarbar : hurgar : buscar
: trabajar duro
grub[2] *n* : larva *f* : esclavo *m*, -va *f*
del trabajo : comida *f*
grubby *adj* **grubbier; -est**
: mugriento : sucio

grudge[1] v **grudged; grudging**
: dar/hacer de mala gana
grudge[2] n : rencor m
: resentimiento m
grueling or **gruelling** adj
: extenuante : agotador : duro
gruesome adj : horripilante
: truculento : horroroso
gruff adj : brusco : ronco — **gruffly**
adv
grumble[1] v **-bled; -bling**
: refunfuñar : rezongar : quejarse
: hacer un ruido sordo : retumbar
grumble[2] n : queja f : ruido m sordo
: estruendo m
grumbler n : gruñón m, -ñona f
grumpy adj **grumpier; -est**
: malhumorado : gruñón
grungy adj : sucio
grunt[1] v : gruñir
grunt[2] n : gruñido m
guacamole n : guacamole m
: guacamol m
guanaco n : guanaco m
guano n : guano m
guarani n, pl **-nies** or **-nis** : guaraní
m
Guarani n : guaraní m; pl **-ni** or
-nis : guaraní mf
guarantee[1] v **-teed; -teeing**
: asegurar : prometer : poner bajo
garantía : garantizar
guarantee[2] n : garantía f : promesa
f
guarantor n : garante mf : fiador
m, -dora f
guaranty → **guarantee**
guard[1] v : defender : proteger
: guardar : vigilar : custodiar **to**
guard against : protegerse contra
: evitar
guard[2] n : guarda mf : guardia
f : vigilancia f : salvaguardia f
: dispositivo m de seguridad
: precaución f : protección f
: guardia mf
guard dog n : perro m guardián
guarded adj : cauteloso
guardhouse n : cuartel m de la
guardia
guardian n : guardián m, -diana f
: custodio m, -dia f : tutor m, -tora f
guardianship n : custodia f : tutela
f

guardrail n : antepecho m : barrera
f de contención
Guatemalan n : guatemalteco m,
-ca f — **Guatemalan** adj
guava n : guayaba f
gubernatorial adj : del gobernador
guerrilla or **guerilla** n : guerrillero
m, -ra f
guess[1] v : adivinar : conjeturar
: pensar : creer : suponer
: adivinar correctamente : acertar
guess[2] n : conjetura f : suposición f
guesswork n : suposiciones fpl
: conjeturas fpl
guest n : huésped mf : invitado m,
-da f
guffaw[1] v : reírse a carcajadas
: carcajearse
guffaw[2] n : carcajada f : risotada f
guidance n : orientación f
: consejos mpl
guide[1] v **guided; guiding** : guiar
: dirigir : conducir : aconsejar
: orientar
guide[2] n : guía f
guidebook n : guía f
guide dog n : perro m guía : perro
m lazarillo
guideline n : pauta f : directriz f
guild n : gremio m : sindicato m
: asociación f
guile n : astucia f : engaño m
guileless adj : inocente : cándido
: sin malicia
guillotine[1] v **-tined; -tining**
: guillotinar
guillotine[2] n : guillotina f
guilt n : culpa f : culpabilidad f
guilty adj **guiltier; -est** : culpable
guinea fowl n : gallina f de Guinea
guinea pig n : conejillo m de Indias
: cobaya f
guise n : apariencia f : aspecto m
: forma f
guitar n : guitarra f
guitarist n : guitarrista mf
gulch n : barranco m : quebrada f
gulf n : golfo m : brecha f : abismo
m
gull n : gaviota f
gullet n : garganta f
gullible adj : crédulo
gully n, pl **-lies** : barranco m
: hondonada f

gulp¹ v : engullir : tragar : suprimir : reprimir : tragar saliva : tener un nudo en la garganta
gulp² n : trago m
gum n : goma f de mascar : chicle m; **gums** npl : encías fpl
gumbo n : sopa f de quingombó
gumdrop n : pastilla f de goma
gummy adj **gummier; -est** : gomoso
gumption n : iniciativa f : agallas fpl
gun¹ v **gunned; gunning** : acelerar
gun² n : cañón m : arma f de fuego : pistola f
gunboat n : cañonero m
gunfight n : tiroteo m : balacera f
gunfire : disparos mpl
gunman n, pl **-men** : pistolero m : gatillero m
gunner n : artillero m, -ra f
gunnysack n : saco m de yute
gunpoint n at ~ : a punta de pistola
gunpowder n : pólvora f
gunshot n : disparo m : tiro m : balazo m
gunsmith n : armero m, -ra f
gunwale n : borda f
guppy n, pl **-pies** : guppy m
gurgle¹ v **-gled; -gling** : borbotar : gorgotear : gorjear
gurgle² n : borboteo m : gorgoteo m : gorjeo m

gush v : surgir : salir a chorros : chorrear : hablar con entusiasmo efusivo
gust n : ráfaga f : racha f
gusto n, pl **gustoes** : entusiasmo m
gusty adj **gustier; -est** : racheado
gut¹ v **gutted; gutting** : limpiar : destruir el interior de
gut² n : intestino m; **guts** npl : tripas fpl : entrañas fpl; **guts** npl : valentía f : agallas fpl
gutter n : canal mf : canaleta f : cuneta f : arroyo m
guttural adj : gutural
guy n : tipo m : hombre m
guyline n : cable m tensor
guzzle v **-zled; -zling** : chupar : tragarse
gym → **gymnasium**
gymnasium n, pl **-siums** or **-sia** : gimnasio m
gymnast n : gimnasta mf
gymnastic adj : gimnástico
gymnastics ns & pl : gimnasia f
gynecologic or **gynecological** adj : ginecológico
gynecologist n : ginecólogo m, -ga f
gynecology n : ginecología f
gypsum n : yeso m
gyrate v **-rated; -rating** : girar : rotar
gyration n : giro m : rotación f
gyroscope n : giroscopio m : giróscopo m

H

ha interj : ¡ja!
habit n : hábito m : costumbre f : dependencia f : adicción f
habitable adj : habitable
habitat n : hábitat m
habitation n : habitación f : residencia f : morada f
habit–forming adj : que crea dependencia
habitual adj : habitual : acostumbrado : incorregible : empedernido — **habitually** adv
habituate v **-ated; -ating** : habituar : acostumbrar

hack¹ v : cortar : tajear : entrar en : hackear : hacer tajos : toser
hack² n : hachazo m : tajo m : caballo m de alquiler : escritor m, -tora f a sueldo : escritorzuelo m, -la f : tos f seca
hacker n : pirata m informático : pirata f informática : hacker mf
hackles npl : pluma f erizada : pelo m erizado
hackney n, pl **-neys** : caballo m de silla : caballo m de tiro
hackneyed adj : trillado : gastado
hacksaw n : sierra f para metales
had → **have**

haddock *ns & pl* : eglefino *m*
hadn't → **have**
haggard *adj* : demacrado
  : macilento — **haggardly** *adv*
haggle *v* **-gled; -gling** : regatear
ha–ha *or* **ha ha** *interj* : ¡ja : ja!
hail[1] *v* : saludar : llamar : aclamar
  : granizar
hail[2] *n* : granizo *m* : aluvión *m* : lluvia *f*
hail[3] *interj* : ¡salve!
hailstone *n* : granizo *m* : piedra *f*
  de granizo
hailstorm *n* : granizada *f*
hair *n* : pelo *m* : cabello *m* : vello *m*
hairbreadth *or* **hairsbreadth** *n* **by**
  a hairbreadth : por un pelo
hairbrush *n* : cepillo *m*
haircut *n* : corte *m* de pelo
hairdo *n, pl* **-dos** : peinado *m*
hairdresser *n* : peluquero *m*, -ra *f*
hairdressing *n* : peluquería *f*
haired *adj* : de pelo
hairiness *n* : vellosidad *f*
hairless *adj* : sin pelo : calvo : pelón
hairline *n* : línea *f* delgada
  : nacimiento *m* del pelo
hairpiece *n* : bisoñé *m* : peluquín *m*
hairpin *n* : horquilla *f*
hair–raising *adj* : espeluznante
hair spray *n* : laca *f* : fijador *m*
hairstyle *n* : peinado *m*
hairy *adj* **hairier; -est** : peludo : velludo
Haitian *n* : haitiano *m*, -na *f* —
  Haitian *adj*
hake *n* : merluza *f*
hale[1] *v* **haled; haling** : arrastrar : halar
hale[2] *adj* : saludable : robusto
half[1] *adv* : medio : a medias
half[2] *adj* : medio : a medias
half[3] *n, pl* **halves** : mitad *f* : tiempo *m*
half[4] *pron* : la mitad
half brother *n* : medio hermano *m*
  : hermanastro *m*
halfhearted *adj* : sin ánimo : poco
  entusiasta
halfheartedly *adv* : con poco
  entusiasmo : sin ánimo
half–life *n, pl* **half–lives** : media vida *f*
half–mast *n* **at ~** : a media asta
half–moon *n, pl* **half–moons**
  : media luna *f*
half note *n* : blanca *f*
half–price *adj & adv* : a mitad de
  precio

half price *n* : mitad *f* de precio
half sister *n* : media hermana *f*
  : hermanastra *f*
halftime *n* : descanso *m* : medio
  tiempo *m*
half–truth *n* : verdad *f* a medias
halfway[1] *adv* : a medio camino : a
  mitad de camino
halfway[2] *adj* : medio : intermedio
half–wit *n* : tonto *m*, -ta *f* : imbécil *mf*
half–witted *adj* : estúpido
halibut *ns & pl* : halibut *m*
hall *n* : residencia *f* estudiantil
  : facultad *f* : entrada *f* : vestíbulo *m*
  : zaguán *m* : corredor *m* : pasillo
  m : sala *f* : salón *m*
hallelujah *interj* : ¡aleluya!
hallmark *n* : sello *m*
hallow *v* : santificar : consagrar
hallowed *adj* : sagrado
Halloween *n* : víspera *f* de Todos
  los Santos
hallucinate *v* **-nated; -nating**
  : alucinar
hallucination *n* : alucinación *f*
hallucinatory *adj* : alucinante
hallucinogen *n* : alucinógeno *m*
hallucinogenic *adj* : alucinógeno
hallway *n* : entrada *f* : corredor *m*
  : pasillo *m*
halo *n, pl* **-los** *or* **-loes** : aureola *f*
  : halo *m*
halt[1] *v* : detenerse : pararse
  : detener : parar : interrumpir
halt[2] *n* : alto *m* : parada *f*
halter *n* : cabestro *m* : ronzal *m*
  : blusa *f* sin espalda
halting *adj* : vacilante : titubeante
  — **haltingly** *adv*
halve *v* **halved; halving** : partir por
  la mitad : reducir a la mitad
halves → **half**
ham *n* : jamón *m* : payaso *m*, -sa
  f : persona *f* graciosa; **hams** *npl*
  : ancas *fpl*
hamburger *or* **hamburg** *n* : carne *f*
  molida : hamburguesa *f*
hamlet *n* : aldea *f* : poblado *m*
hammer[1] *v* : clavar : golpear
  : martillar : darle una paliza a
hammer[2] *n* : martillo *m* : percusor
  m : percutor *m*
hammock *n* : hamaca *f*
hamper[1] *v* : obstaculizar : dificultar

hamper[2] : cesto *m* : canasta *f*
hamster *n* : hámster *m*
hamstring *v* **-strung; -stringing**
  : cortarle el tendón del corvejón a
  : incapacitar : inutilizar
hand[1] *v* : pasar : dar : entregar
hand[2] *n* : mano *f* : manecilla
  f : aguja *f* : lado *m* : letra *f*
  : escritura *f* : aplauso *m* : cartas
  fpl : obrero *m*, -ra *f* : trabajador *m*,
  -dora *f*; **hands** *npl* : manos *fpl*
handbag *n* : cartera *f* : bolso *m*
  : bolsa *f*
handball *n* : frontón *m* : pelota *f*
handbill *n* : folleto *m* : volante *m*
handbook *n* : manual *m*
handbrake *n* : freno *m* de mano
handcuff *v* : esposar : ponerle
  esposas
handcuffs *npl* : esposas *fpl*
handful *n* : puñado *m*
handgun *n* : pistola *f* : revólver *m*
handheld *adj* : de mano
handicap[1] *v* **-capped; -capping**
  : asignar un handicap a
  : obstaculizar : poner en
  desventaja
handicap[2] *n* : desventaja *f*
  : handicap *m*
handicraft *n* : artesanía *f*
handily *adv* : fácilmente : con
  facilidad
handiwork *n* : trabajo *m*
  : artesanías *fpl*
handkerchief *n*, *pl* **-chiefs**
  : pañuelo *m*
handle[1] *v* **-dled; -dling** : tocar
  : tratar : manejar : despachar
  : comerciar con : vender
  : responder : conducirse
handle[2] *n* : asa *f* : asidero *m*
  : mango *m* : pomo *m* : tirador *m*
handlebars *npl* : manubrio *m*
  : manillar *m*
handler *n* : cuidador *m*, -dora *f*
handling *n* : manejo *m* : manoseo
  m
handmade *adj* : hecho a mano
hand–me–downs *npl* : ropa *f*
  usada
handout *n* : dádiva *f* : limosna *f*
  : folleto *m*
handpick *v* : seleccionar con
  cuidado

handrail *n* : pasamanos *m*
  : barandilla *f* : barandal *m*
handsaw *n* : serrucho *m*
hands down *adv* : con facilidad
  : con mucho : de lejos
hands–free *adj* : (de) manos libres
handshake *n* : apretón *m* de
  manos
handsome *adj* **handsomer; -est**
  : apuesto : guapo : atractivo
  : generoso : considerable
handsomely *adv* : elegantemente
  : con generosidad
handspring *n* : voltereta *f*
handstand *n* **to do a handstand**
  : pararse de manos
hand–to–hand *adj* : cuerpo a
  cuerpo
hand truck → **truck**[2]
handwriting *n* : letra *f* : escritura *f*
handwritten *adj* : escrito a mano
handy *adj* **handier; -est** : a mano
  : cercano : útil : práctico : hábil
handyman *n*, *pl* **-men** : hombre *m*
  que hace pequeños arreglos del
  hogar : manitas *m*
handywoman *n*, *pl* **-women** : mujer
  f que hace pequeños arreglos del
  hogar : manitas *f*
hang[1] *v* **hung; hanging** : colgar
  : tender : colocar; *past tense*
  often **hanged** : ahorcar : caer
  : flotar : sostenerse en el aire : ser
  ahorcado : inclinarse
hang[2] *n* : caída *f*
hangar *n* : hangar *m*
hanger *n* : percha *f* : gancho *m*
hang glider *n* : ala *f* delta
  : deslizador *m*
hang gliding *n* : ala *f* delta
  : aladeltismo *m*
hangman *n*, *pl* **-men** : verdugo *m*
hangnail *n* : padrastro *m*
hangout *n* : lugar *m* popular : sitio
  m muy frecuentado
hangover *n* : resaca *f*
hank *n* : madeja *f*
hanker *v* **to hanker for** : tener
  ansias de : tener ganas de
hankering *n* : ansia *f* : anhelo *m*
hankie *or* **hanky** *n*, *pl* **-kies**
  : pañuelo *m*
Hanukkah *n* : Janucá : Januká
  : Hanukkah

haphazard adj : casual : fortuito
: al azar — **haphazardly** adv
hapless adj : desafortunado
: desventurado — **haplessly** adv
happen v : pasar : ocurrir : suceder
: tener lugar : acontecer : resultar
: ocurrir por casualidad
happening n : suceso m
: acontecimiento m
happiness n : felicidad f : dicha f
happy adj **happier; -est** : feliz
: contento : alegre : afortunado —
happily adv
happy–go–lucky adj
: despreocupado
harangue[1] v **-rangued; -ranguing**
: arengar
harangue[2] n : arenga f
harass v : acosar : asediar
: hostigar : molestar
harassment n : acoso m
: hostigamiento m
harbinger n : heraldo m : precursor
m : presagio m
harbor[1] v : dar refugio a : albergar
: abrigar : guardar
harbor[2] n : refugio m : puerto m
hard[1] adv : fuerte : con fuerza
: duro : mucho
hard[2] adj : duro : firme : sólido
: difícil : arduo : severo : insensible
: diligente : fuerte : definido
hardback n : libro m de tapa dura
hard–boiled adj : duro
hard copy n : copia f impresa
hardcover[1] adj : de pasta dura : de
tapa dura
hardcover[2] n : libro m de pasta/
tapa dura
hard disk n : disco m duro
hard drive n : (unidad f de) disco
m duro
harden v : endurecer : hacer duro
: reforzar : fortalecer : endurecerse
: reforzarse : fortalecerse
: hacerse duro
hard–fought adj : muy reñido
hardheaded adj : testarudo
: terco : realista : práctico —
hardheadedly adv
hard–hearted adj : despiadado
: insensible — **hard–heartedly** adv
hard–heartedness n : dureza f de
corazón

hardly adv : apenas : casi
: difícilmente : poco : no
hardness n : dureza f : dificultad f
: severidad f
hardship n : dificultad f : privación f
hardware n : ferretería f : hardware m
hardware store n : ferretería f
hardwired adj : integrado
: mentalmente programado
hardwood n : madera f dura
: madera f noble
hardworking adj : trabajador
hardy adj **hardier; -est** : fuerte
: robusto : resistente — **hardily**
adv
hare n, pl **hare** or **hares** : liebre f
harebrained adj : estúpido
: absurdo : disparatado
harem n : harén m
hark v : escuchar
harlequin n : arlequín m
harlot n : ramera f
harm[1] v : hacerle daño a
: perjudicar
harm[2] n : daño m : perjuicio m
harmful adj : dañino : perjudicial —
harmfully adv
harmless adj : inofensivo : inocuo
— **harmlessly** adv
harmlessness n : inocuidad f
harmonic adj : armónico —
harmonically adv
harmonica n : armónica f
harmonious adj : armonioso —
harmoniously adv
harmonize v **-nized; -nizing**
: armonizar
harmony n, pl **-nies** : armonía f
harness[1] v : enjaezar : utilizar
: aprovechar
harness[2] n : arreos mpl
: guarniciones fpl : arnés m
harp[1] v to **harp on** : insistir sobre
: machacar sobre
harp[2] n : arpa m
harpist n : arpista mf
harpoon[1] v : arponear
harpoon[2] n : arpón m
harpsichord n : clavicémbalo m
harrow[1] v : gradar : labrar
: atormentar
harrow[2] n : grada f : rastra f
harry v **-ried; -rying** : acosar
: hostigar

harsh *adj* : áspero : duro : severo
: discordante — **harshly** *adv*
harshness *n* : aspereza *f* : dureza *f*
: severidad *f*
harvest[1] *v* : cosechar
harvest[2] *n* : siega *f* : recolección *f*
: cosecha *f*
harvester *n* : segador *m*, -dora *f*
: cosechadora *f*
has → **have**
has–been *n* : vieja gloria *f*
hash[1] *v* : picar
hash[2] *n* : picadillo *m* : revoltijo *m*
: fárrago *m*
hashish *n* : hachís *m*
hashtag *n* : hashtag *m* : etiqueta *f*
hasn't → **has**
hasp *n* : picaporte *m* : pestillo *m*
hassle[1] *v* **-sled; -sling** : fastidiar
: molestar
hassle[2] *n* : discusión *f* : disputa
f : bronca *f* : pelea *f* : riña *f*
: problemas *mpl* : lío *m*
hassock *n* : almohadón *m* : cojín *m*
: escabel *m*
haste *n* : prisa *f* : apuro *m*
hasten *v* : acelerar : precipitar
: apresurarse : apurarse
hasty *adj* **hastier; -est** : rápido
: apresurado : apurado
: precipitado — **hastily** *adv*
hat *n* : sombrero *m*
hatch[1] *v* : incubar : empollar : idear
: tramar : salir del cascarón
hatch[2] *n* : escotilla *f*
hatchback *n* : hatchback *m*
: puerta *f* trasera
hatchery *n, pl* **-ries** : criadero *m*
hatchet *n* : hacha *f*
hatchway *n* : escotilla *f*
hate[1] *v* **hated; hating** : odiar
: aborrecer : detestar
hate[2] *n* : odio *m*
hateful *adj* : odioso : aborrecible
: detestable — **hatefully** *adv*
hatred *n* : odio *m*
hatter *n* : sombrerero *m*, -ra *f*
haughtiness *n* : altanería *f* : altivez *f*
haughty *adj* **haughtier; -est**
: altanero : altivo — **haughtily** *adv*
haul[1] *v* : arrastrar : jalar
: transportar
haul[2] *n* : tirón *m* : jalón *m* : redada *f*
: viaje *m* : trayecto *m*

haulage *n* : transporte *m* : tiro *m*
hauler *n* : transportista *mf*
haunch *n* : cadera *f*; **haunches** *npl*
: ancas *fpl* : cuartos *mpl* traseros
haunt[1] *v* : rondar : habitar
: frecuentar : perseguir
: obsesionar
haunt[2] *n* : guarida *f* : lugar *m*
predilecto
haunted *adj* : embrujado
: encantado
haunting *adj* : inolvidable —
hauntingly *adv*
haute *adj* : de moda : de categoría
have *v* **had; having; has** : tener
: conseguir : incluir : comer
: tomar : recibir : permitir : tolerar
: hacer : haber
haven *n* : refugio *m*
havoc *n* : estragos *mpl* : destrucción
f : desorden *m* : caos *m*
Hawaiian[1] *adj* : hawaiano
Hawaiian[2] *n* : hawaiano *m*, -na *f*
hawk[1] *v* : pregonar : vender en la
calle
hawk[2] *n* : halcón *m*
hawker *n* : vendedor *m*, -dora *f*
ambulante
hawthorn *n* : espino *m*
hay *n* : heno *m*
hay fever *n* : fiebre *f* del heno
hayloft *n* : pajar *m*
hayseed *n* : palurdo *m*, -da *f*
haystack *n* : almiar *m*
haywire *adj* : descompuesto
: desbaratado
hazard[1] *v* : arriesgar : aventurar
hazard[2] *n* : peligro *m* : riesgo *m*
: azar *m*
hazardous *adj* : arriesgado : peligroso
haze[1] *v* **hazed; hazing** : abrumar
: acosar
haze[2] *n* : bruma *f* : neblina *f*
hazel *n* : avellano *m* : color *m*
avellana
hazelnut *n* : avellana *f*
haziness *n* : nebulosidad *f*
: vaguedad *f*
hazy *adj* **hazier; -est** : brumoso
: neblinoso : nebuloso : vago
: confuso
he *pron* : él
head[1] *v* : encabezar : dirigir
: dirigirse

head[2] *adj* : principal
head[3] *n* : cabeza *f* : mente *f*
: cabecera *f* : punta *f* : flor *m*
: encabezamiento *m* : espuma *f*
: director *m*, -tora *f* : jefe *m*, -fa *f*
: cara *f* : cabeza *f*
headache *n* : dolor *m* de cabeza
: jaqueca *f*
headband *n* : cinta *f* del pelo
headboard *n* : cabecera *f*
headdress *n* : tocado *m*
headfirst *adv* : de cabeza
headgear *n* : gorro *m* : casco *m*
: sombrero *m*
heading *n* : dirección *f*
: encabezamiento *m* : título *m*
: membrete *m*
headland *n* : cabo *m*
headlight *n* : faro *m* : foco *m* : farol *m*
headline *n* : titular *m*
headlong[1] *adv* : de cabeza
: precipitadamente
headlong[2] *adj* : precipitado
headmaster *n* : director *m*
headmistress *n* : directora *f*
head—on *adv & adj* : de frente
headphones *npl* : audífonos *mpl*
: cascos *mpl*
headquarters *ns & pl* : oficina *f*
central : sede *f* : cuartel *m* general
headrest *n* : apoyacabezas *m*
headroom *n* : espacio *m* libre entre
la cabeza y el techo
headset *n* : audífonos *mpl* : cascos
mpl
headship *n* : dirección *f*
head start *n* : ventaja *f*
headstone *n* : lápida *f*
headstrong *adj* : testarudo
: obstinado : empecinado
heads—up *n* : aviso *m*
headwaiter *n* : jefe *m*, -fa *f* de
comedor
headwaters *npl* : cabecera *f*
headway *n* : progreso *m*
heady *adj* **headier; -est**
: embriagador : excitante : astuto
: sagaz
heal *v* : curar : sanar : curarse
healer *n* : curandero *m*, -dera *f*
: curador *m*, -dora *f*
health *n* : salud *f*
healthful *adj* : saludable : salubre
— **healthfully** *adv*

healthiness *n* : lozanía *f*
healthy *adj* **healthier; -est** : sano
: bien — **healthily** *adv*
heap[1] *v* : amontonar : apilar
: colmar
heap[2] *n* : montón *m* : pila *f*
hear *v* **heard; hearing** : oír
: prestar atención a : enterarse de
hearing *n* : oído *m* : vista *f*
: consideración *f* : oportunidad *f* de
expresarse : alcance *m* del oído
hearing aid *n* : audífono *m*
hearken *v* : escuchar
hearsay *n* : rumores *mpl*
hearse *n* : coche *m* fúnebre
heart *n* : corazón *m* : centro *m*
: sentimientos *mpl* : valor *m*
heartache *n* : pena *f* : angustia *f*
heart attack *n* : infarto *m* : ataque
m al corazón
heartbeat *n* : latido *m*
heartbreak *n* : congoja *f* : angustia *f*
heartbreaker *n* : rompecorazones *mf*
heartbreaking *adj* : desgarrador
: que parte el corazón
heartbroken *adj* : desconsolado
: destrozado
heartburn *n* : acidez *f* estomacal
hearten *v* : alentar : animar
heartfelt *adj* : sentido
hearth *n* : hogar *m* : chimenea *f*
heartily *adv* : de buena gana
: con entusiasmo : totalmente
: completamente
heartless *adj* : desalmado
: despiadado : cruel
heart of palm *n* : palmito *m*
heartsick *adj* : abatido
: desconsolado
heartstrings *npl* : fibras *fpl* del
corazón
heartwarming *adj* : conmovedor
: emocionante
hearty *adj* **heartier; -est** : cordial
: caluroso : fuerte : abundante
: sustancioso
heat[1] *v* : calentar
heat[2] *n* : calor *m* : calefacción *f*
: entusiasmo *m* : celo *m*
heated *adj* : calentado : acalorado
: apasionado
heater *n* : calentador *m* : estufa *f*
: calefactor *m*
heath *n* : páramo *m* : brezo *m*

heather n : brezo m
heating n : calefacción f
heat wave n : ola f de calor
heave[1] v **heaved** or **hove; heaving**
: levantar con esfuerzo : lanzar
: tirar : subir y bajar : palpitar
heave[2] n : gran esfuerzo m
: lanzamiento m
heaven n : cielo m
heavenly adj : celestial : celeste
: divino : encantador
heavily adv : mucho : muy
: pesadamente
heaviness n : peso m : pesadez f
heavy adj **heavier; -est** : pesado
: denso : espeso : grueso : grande
: alto : intenso : fuerte : severo
: serio : importante : profundo
: lento : tardo : corpulento
heavy–duty adj : muy resistente
: fuerte
heavyweight n : peso m pesado
Hebrew[1] adj : hebreo
Hebrew[2] n : hebreo m, -brea f
heck n : ¡caramba! : ¡caray!
heckle v **-led; -ling** : interrumpir
hectare n : hectárea f
hectic adj : agitado : ajetreado —
hectically adv
he'd → **have, will**
hedge[1] v **hedged; hedging**
: cercar con un seto : dar rodeos
: contestar con evasivas
hedge[2] n : seto m vivo
: salvaguardia f : protección f
hedgehog n : erizo m
heed[1] v : prestar atención a : hacer
caso de
heed[2] n : atención f
heedless adj : descuidado
: despreocupado : inconsciente —
heedlessly adv
heel[1] v : inclinarse
heel[2] n : talón m : tacón m
heft v : sopesar
hefty adj **heftier; -est** : robusto
: fornido : pesado
hegemony n, pl **-nies** : hegemonía f
heifer n : novilla f
height n : cumbre f : cima f : punto
m alto : estatura f : altura f
heighten v : hacer más alto
: aumentar : intensificar
: aumentarse : intensificarse

heinous adj : atroz : abominable
: nefando
heir n : heredero m, -ra f
heiress n : heredera f
heirloom n : reliquia f de familia
heist n : golpe m : asalto m : atraco m
held → **hold**
helicopter n : helicóptero m
heliport n : helipuerto m
helium n : helio m
helix n, pl **helices** or **helixes**
: hélice f
hell n : infierno m
he'll → **will**
hellhole n : infierno m
hellish adj : horroroso : infernal
hello interj : ¡hola!
helm n : timón m
helmet n : casco m
help[1] v : ayudar : aliviar : servir
: evitar
help[2] n : ayuda f : personal m
: servicio m doméstico
help desk n : servicio m de
asistencia : soporte m técnico
helper n : ayudante mf
helpful adj : servicial : amable
: atento : útil : práctico —
helpfully adv
helpfulness n : bondad f
: amabilidad f : utilidad f
helping n : porción f
helpless adj : incapaz : impotente
: indefenso
helplessly adv : en vano
: inútilmente
helplessness n : incapacidad f
: impotencia f
helter–skelter adv
: atropelladamente
: precipitadamente
hem[1] v **hemmed; hemming**
: hacerle el dobladillo a
hem[2] n : dobladillo m
he–man n, pl **-men** : macho m
: machote m
hematoma n : hematoma m
hemisphere n : hemisferio m
hemispheric or **hemispherical** adj
: hemisférico
hemline n : bajo m
hemlock n : cicuta f
hemoglobin n : hemoglobina f
hemophilia n : hemofilia f

hemophiliac n : hemofílico m, -ca f — **hemophiliac** adj

hemorrhage¹ v -rhaged; -rhaging : sufrir una hemorragia

hemorrhage² n : hemorragia f

hemorrhoids npl : hemorroides fpl : almorranas fpl

hemp n : cáñamo m

hen n : gallina f

hence adv : de aquí : de ahí : por lo tanto : por consiguiente

henceforth adv : de ahora en adelante

henchman n, pl -men : secuaz mf : esbirro m

henpeck v : dominar

hepatitis n, pl -titides : hepatitis f

her¹ adj : su : sus : de ella

her² pron : la : le : se : ella

herald¹ v : anunciar : proclamar

herald² n : heraldo m : precursor m

heraldic adj : heráldico

heraldry n, pl -ries : heráldica f

herb n : hierba f

herbal adj : herbario

herbicide n : herbicida m

herbivore n : herbívoro m

herbivorous adj : herbívoro

herculean adj : hercúleo : sobrehumano

herd¹ v : reunir en manada : conducir en manada : ir en manada : apiñarse

herd² n : manada f

herder → **herdsman**

herdsman n, pl -men : vaquero m : pastor m

here adv : aquí : acá : en este momento : ahora : ya : en este punto

hereabouts or **hereabout** adv : por aquí

hereafter¹ adv : de aquí en adelante : a continuación : en el futuro

hereafter² n the hereafter : el más allá

hereby adv : por este medio

hereditary adj : hereditario

heredity n : herencia f

herein adv : aquí

hereof adv : de aquí

hereon adv : sobre esto

heresy n, pl -sies : herejía f

heretic n : hereje mf

heretical adj : herético

hereto adv : a esto

heretofore adv : hasta ahora

hereunder adv : a continuación : abajo

hereupon adv : con esto : en ese momento

herewith adv : adjunto

heritage n : patrimonio m

hermaphrodite n : hermafrodita mf

hermetic adj : hermético — **hermetically** adv

hermit n : ermitaño m, -ña f : eremita mf

hernia n, pl -nias or -niae : hernia f

hero n, pl -roes : héroe m : protagonista mf

heroic adj : heroico — **heroically** adv

heroics npl : actos mpl heroicos

heroin n : heroína f

heroine n : heroína f : protagonista f

heroism n : heroísmo m

heron n : garza f

herpes n : herpes m

herring n, pl -ring or -rings : arenque m

hers pron : suyo : de ella

herself pron : se : ella misma

hertz ns & pl : hercio m

he's → be, have

hesitancy n, pl -cies : vacilación f : titubeo m : indecisión f

hesitant adj : titubeante : vacilante — **hesitantly** adv

hesitate v -tated; -tating : vacilar : titubear

hesitation n : vacilación f : indecisión f : titubeo m

heterogeneous adj : heterogéneo

heterosexual¹ adj : heterosexual

heterosexual² n : heterosexual mf

heterosexuality n : heterosexualidad f

hew v hewed; hewed or hewn; hewing : cortar : talar : labrar : tallar : conformarse : ceñirse

hex¹ v : hacerle un maleficio

hex² n : maleficio m

hexagon n : hexágono m

hexagonal adj : hexagonal

hey interj : ¡eh! : ¡oye!

heyday n : auge m : apogeo m

hi *interj* : ¡hola!

hiatus *n* : hiato *m* : pausa *f*

hibernate *v* **-nated; -nating** : hibernar : invernar

hibernation *n* : hibernación *f*

hiccup[1] *v* **-cuped; -cuping** : hipar : tener hipo

hiccup[2] *n* : hipo *m*

hick *n* : palurdo *m*, -da *f*

hickory *n*, *pl* **-ries** : nogal *m* americano

hidden *adj* : oculto

hide[1] *v* **hid; hidden** *or* **hid; hiding** : esconder : ocultar : tapar : no dejar ver : esconderse

hide[2] *n* : piel *f* : cuero *m*

hide–and–seek *n* **to play hide–and–seek** : jugar a las escondidas

hidebound *adj* : rígido : conservador

hideous *adj* : horrible : horroroso : espantoso — **hideously** *adv*

hideout *n* : guarida *f* : escondrijo *m*

hiding *n* : paliza *f*

hierarchical *adj* : jerárquico

hierarchy *n*, *pl* **-chies** : jerarquía *f*

hieroglyphic *n* : jeroglífico *m*

hi–fi *n* : equipo *m* de alta fidelidad

high[1] *adv* : alto

high[2] *adj* : alto : elevado : grande : bueno : favorable : fuerte : pleno : borracho : drogado

high[3] *n* : récord *m* : punto *m* máximo : zona *f* de alta presión

highbrow *n* : intelectual *mf*

high chair *n* : silla *f* alta : periquera *f* : trona *f*

high–definition *adj* : de alta definición

high–end *adj* : de lujo

higher *adj* : superior

high fidelity *n* : alta fidelidad *f*

high–flown *adj* : altisonante

high–handed *adj* : arbitrario

high–heeled *adj* : de tacón alto

highlands *npl* : tierras *fpl* altas : altiplano *m*

high–level *adj* : de alta nivel

highlight[1] *v* : destacar : poner en relieve : subrayar : ser el punto culminante de

highlight[2] *n* : punto *m* culminante

highlighter *n* : marcador *m* : rotulador *m*

highly *adv* : muy : sumamente : muy bien

highness *n* : altura *f*

high–pitched *adj* : agudo

high–rise *adj* : alto : de muchas plantas

high school *n* : escuela *f* superior : escuela *f* secundaria

high seas *npl* : alta mar *f*

high–speed *adj* : de alta velocidad

high–spirited *adj* : vivaz : muy animado : brioso

high–strung *adj* : nervioso

high–tech *adj* : de alta tecnología

high–tension *adj* : de alta tensión

high–voltage *adj* : de alto voltaje

highway *n* : carretera *f*

highwayman *n*, *pl* **-men** : salteador *m* : bandido *m*

hijab *n* : hiyab *m* : hijab *m*

hijack[1] *v* : secuestrar

hijack[2] *n* : secuestro *m*

hijacker *n* : secuestrador *m*, -dora *f*

hike[1] *v* **hiked; hiking** : hacer una caminata : subir

hike[2] *n* : caminata *f* : excursión *f* : subida *f*

hiker *n* : excursionista *mf*

hilarious *adj* : muy divertido : hilarante

hilarity *n* : hilaridad *f*

hill *n* : colina *f* : cerro *m* : cuesta *f* : pendiente *f*

hillock *n* : loma *f* : altozano *m* : otero *m*

hillside *n* : ladera *f* : cuesta *f*

hilltop *n* : cima *f* : cumbre *f*

hilly *adj* **hillier; -est** : montañoso : accidentado

hilt *n* : puño *m* : empuñadura *f*

him *pron* : lo : le : se : él

himself *pron* : se : él mismo

hind[1] *adj* : trasero : posterior

hind[2] *n* : cierva *f*

hinder *v* : dificultar : impedir : estorbar

Hindi *n* : hindi *m*

hindquarters *npl* : cuartos *mpl* traseros

hindrance *n* : estorbo *m* : obstáculo *m* : impedimento *m*

hindsight *n* : retrospectiva *f*

Hindu[1] *adj* : hindú

Hindu[2] *n* : hindú *mf*

Hinduism *n* : hinduismo *m*

hinge[1] *v* **hinged; hinging** : unir con bisagras **to hinge on/upon** : depender de

hinge[2] *n* : bisagra *f* : gozne *m*

hint[1] *v* : insinuar : dar a entender : soltar indirectas

hint[2] *n* : insinuación *f* : indirecta *f* : consejo *m* : sugerencia *f* : pizca *f* : indicio *m*

hinterland *n* : interior *m*

hip *n* : cadera *f*

hip–hop *n* : hip-hop *m*

hippie *n* : hippie *mf* : hippy *mf*

hippo *n, pl* **hippos** → **hippopotamus**

hippopotamus *n, pl* **-muses** *or* **-mi** : hipopótamo *m*

hire[1] *v* **hired; hiring** : contratar : emplear : alquilar : arrendar

hire[2] *n* : alquiler *m* : paga *f* : sueldo *m* : empleado *m*, -da *f*

his[1] *adj* : su : sus : de él

his[2] *pron* : suyo : de él

Hispanic[1] *adj* : hispano : hispánico

Hispanic[2] *n* : hispano *m*, -na *f* : hispánico *m*, -ca *f*

hiss[1] *v* : sisear : silbar : decir entre dientes

hiss[2] *n* : siseo *m* : silbido *m*

historian *n* : historiador *m*, -dora *f*

historic *or* **historical** *adj* : histórico — **historically** *adv*

history *n, pl* **-ries** : historia *f* : historial *m*

histrionics *ns & pl* : histrionismo *m*

hit[1] *v* **hit; hitting** : golpear : pegarle a : batear : chocar contra : dar con : dar en : apretar : darle a : atacar : afectar : tropezar con : toparse con : ocurrírsele a uno : llegar a : alcanzar : hacer

hit[2] *n* : golpe *m* : impacto *m* : éxito *m* : visita *f*

hit–and–run *adj* : en que el conductor culpable se da a la fuga : fugitivo

hitch[1] *v* : mover con sacudidas : enganchar : atar : amarrar → **hitchhike**

hitch[2] *n* : tirón *m* : jalón *m* : obstáculo *m* : impedimento *m* : tropiezo *m*

hitchhike *v* **-hiked; -hiking** : hacer autostop : ir de aventón

hitchhiker *n* : autostopista *mf*

hither *adv* : acá : por aquí

hitherto *adv* : hasta ahora

hit man *n* : sicario *m*, -ria *f* : asesino *m*, -na *f*

hitter *n* : bateador *m*, -dora *f*

HIV *n* : VIH *m* : virus *m* del sida

hive *n* : colmena *f* : enjambre *m* : lugar *m* muy activo

hives *ns & pl* : urticaria *f*

hoard[1] *v* : acumular : atesorar

hoard[2] *n* : tesoro *m* : reserva *f* : provisión *f*

hoarfrost *n* : escarcha *f*

hoarse *adj* **hoarser; hoarsest** : ronco — **hoarsely** *adv*

hoarseness *n* : ronquera *f*

hoary *adj* **hoarier; -est** : cano : canoso : vetusto : antiguo

hoax[1] *v* : engañar : embaucar : bromear

hoax[2] *n* : engaño *m* : broma *f*

hobble[1] *v* **-bled; -bling** : cojear : renguear

hobble[2] *n* : cojera *f* : rengo *m*

hobby *n, pl* **-bies** : pasatiempo *m* : afición *f*

hobgoblin *n* : duende *m*

hobnail *n* : tachuela *f*

hobnob *v* **-nobbed; -nobbing** : codearse

hobo *n, pl* **-boes** : vagabundo *m*, -da *f*

hock[1] *v* : empeñar

hock[2] *n* **in hock** : empeñado

hockey *n* : hockey *m*

hodgepodge *n* : mezcolanza *f*

hoe[1] *v* **hoed; hoeing** : remover con una azada

hoe[2] *n* : azada *f*

hog[1] *v* **hogged; hogging** : acaparar : monopolizar

hog[2] *n* : cerdo *m*, -da *f* : glotón *m*, -tona *f*

hogshead *n* : tonel *m*

hoist[1] *v* : levantar : alzar : izar

hoist[2] *n* : grúa *f*

hold[1] *v* **held; holding** : tener : detener : controlar : agarrar : coger : llevar : sujetar : mantener fijo : dar cabida a : tener capacidad para : tener una capacidad de : aguantar : sostener : considerar : celebrar : realizar

: mantener : guardar : mantener
: resistir : ser válido : valer
hold² *n* : agarre *m* : llave *f* : control
m : dominio *m* : demora *f* : bodega *f*
holder *n* : poseedor *m*, -dora *f*
: titular *mf*
holdings *npl* : propiedades *fpl*
holdup *n* : atraco *m* : retraso *m*
: demora *f*
hole *n* : agujero *m* : hoyo *m*
holiday *n* : día *m* feriado : fiesta *f*
: vacaciones *fpl*
holiness *n* : santidad *f*
holistic *adj* : holístico
holler¹ *v* : gritar : chillar
holler² *n* : grito *m* : chillido *m*
hollow¹ *v or* **to hollow out**
: ahuecar
hollow² *adj* **hollower; -est** : hueco
: hundido : cavernoso : vacío
: falso
hollow³ *n* : hueco *m* : depresión *f*
: cavidad *f* : hondonada *f* : valle *m*
hollowness *n* : hueco *m* : cavidad *f*
: falsedad *f* : vacuidad *f*
holly *n, pl* **-lies** : acebo *m*
holocaust *n* : holocausto *m*
hologram *n* : holograma *m*
holster *n* : pistolera *f*
holy *adj* **holier; -est** : santo : sagrado
Holy Ghost → Holy Spirit
holy orders → order²
Holy Spirit *n* **the Holy Spirit** : el
Espíritu Santo
homage *n* : homenaje *m*
home *n* : hogar *m* : casa *f*
: domicilio *m* : sede *f* : hábitat *m*
: residencia *f* : asilo *m*
homebody *n, pl* **-dies** : persona *f*
hogareña
homecoming *n* : regreso *m*
home game *n* : partido *m* en casa
homegrown *adj* : de cosecha
propia : local
homeland *n* : patria *f* : tierra *f* natal
: terruño *m*
homeless *adj* : sin hogar : sin techo
homely *adj* **homelier; -est** : casero
: hogareño : feo : poco atractivo
homemade *adj* : casero : hecho
en casa
homemaker *n* : ama *f* de casa
: persona *f* que se ocupa de la
casa

homeopathy *n* : homeopatía *f* —
homeopathic *adj*
home page *n* : página *f* de inicio
home plate *n* : base *f* del bateador
home run *n* : jonrón *m*
homesick *adj* : nostálgico
homesickness *n* : nostalgia *f*
: morriña *f*
homespun *adj* : simple : sencillo
homestead *n* : estancia *f*
: hacienda *f*
hometown *n* : ciudad *f* natal
: pueblo *m* natal
homeward¹ *or* **homewards** *adv*
: de vuelta a casa : hacia casa
homeward² *adj* : de vuelta : de
regreso
homework *n* : tarea *f* : deberes *mpl*
: asignación *f*
homey *adj* **homier; -est** : hogareño
homicidal *adj* : homicida
homicide *n* : homicidio *m*
homily *n, pl* **-lies** : homilía *f*
hominy *n* : maíz *m* descascarado
homogeneity *n, pl* **-ties**
: homogeneidad *f*
homogeneous *adj* : homogéneo —
homogeneously *adv*
homogenize *v* **-nized; -nizing**
: homogeneizar
homograph *n* : homógrafo *m*
homologous *adj* : homólogo
homonym *n* : homónimo *m*
homophone *n* : homófono *m*
homosexual¹ *adj* : homosexual
homosexual² *n* : homosexual *mf*
homosexuality *n* : homosexualidad *f*
honcho *n* : pez *m* gordo
Honduran *n* : hondureño *m*, -ña
f — **Honduran** *adj*
hone *v* **honed; honing** : afilar
honest *adj* : honesto : honrado —
honestly *adv*
honesty *n, pl* **-ties** : honestidad *f*
: honradez *f*
honey *n, pl* **-eys** : miel *f*
honeybee *n* : abeja *f*
honeycomb *n* : panal *m*
honeymoon¹ *v* : pasar la luna de
miel
honeymoon² *n* : luna *f* de miel
honeysuckle *n* : madreselva *f*
honk¹ *v* : graznar : tocar la bocina
: pitar

honk[2] *n* : graznido *m* : bocinazo *m*

honor[1] *v* : honrar : cumplir con : aceptar

honor[2] *n* : honor *m*; **honors** *npl* : honores *mpl* : condecoraciones *fpl*

honorable *adj* : honorable : honroso — **honorably** *adv*

honorary *adj* : honorario

hood *n* : capucha *f* : capó *m* : bonete *m*

hooded *adj* : encapuchado

hoodie *n* : sudadera *f* : buzo *m*

hoodlum *n* : maleante *mf* : matón *m*

hoodwink *v* : engañar

hoof *n, pl* **hooves** *or* **hoofs** : pezuña *f* : casco *m*

hoofed *adj* : ungulado

hook[1] *v* : enganchar : pescar : abrocharse : engancharse

hook[2] *n* : gancho *m* : percha *f*

hooked *adj* : en forma de gancho

hooker *n* : prostituta *f* : fulana *f*

hookworm *n* : anquilostoma *m*

hooligan *n* : gamberro *m*, -rra *f*

hoop *n* : aro *m*

hooray → **hurrah**

hoot[1] *v* : gritar : ulular : tocar la bocina : silbar

hoot[2] *n* : ululato *m* : silbido *m* : bocinazo *m* : carcajada *f* : risotada *f*

hop[1] *v* **hopped; hopping** : brincar : saltar

hop[2] *n* : salto *m* : brinco *m* : vuelo *m* corto : lúpulo *m*

hope[1] *v* **hoped; hoping** : esperar : esperar que

hope[2] *n* : esperanza *f*

hopeful *adj* : esperanzado

hopefully[1] *adv* : con esperanza

hopeless *adj* : desesperado : imposible

hopelessly *adv* : sin esperanzas : desesperadamente : totalmente : completamente : imposiblemente

hopelessness *n* : desesperanza *f*

hopper *n* : tolva *f*

hopping[1] *adv* **to be hopping mad** : estar furioso

hopping[2] *adj* : animado : concurrido

hopscotch *n* : tejo *m*

horde *n* : horda *f* : multitud *f*

horizon *n* : horizonte *m*

horizontal *adj* : horizontal — **horizontally** *adv*

hormone *n* : hormona *f* — **hormonal** *adj*

horn *n* : cuerno *m* : trompa *f* : bocina *f* : claxon *m*

horned *adj* : cornudo : astado : con cuernos

hornet *n* : avispón *m*

horny *adj* **hornier; -est** : calloso : caliente

horoscope *n* : horóscopo *m*

horrendous *adj* : horrendo : horroroso : atroz

horrible *adj* : horrible : espantoso : horroroso — **horribly** *adv*

horrid *adj* : horroroso : horrible — **horridly** *adv*

horrific *adj* : terrorífico : horroroso

horrify *v* **-fied; -fying** : horrorizar

horrifying *adj* : horripilante : horroroso

horror *n* : horror *m*

hors d'oeuvre *n, pl* **hors d'oeuvres** : entremés *m*

horse *n* : caballo *m*

horseback *n* **on ~** : a caballo

horseback riding *n* : equitación *f*

horse chestnut *n* : castaña *f* de Indias

horsefly *n, pl* **-flies** : tábano *m*

horsehair *n* : crin *f*

horseman *n, pl* **-men** : jinete *m* : caballista *m*

horsemanship *n* : equitación *f*

horseplay *n* : payasadas *fpl*

horsepower *n* : caballo *m* de fuerza

horse racing *n* : carreras *fpl* de caballos

horseradish *n* : rábano *m* picante

horseshoe *n* : herradura *f*

horsewhip *v* **-whipped; -whipping** : azotar

horsewoman *n, pl* **-women** : amazona *f* : jinete *f.* : caballista *f*

horsey *or* **horsy** *adj* **horsier; -est** : relacionado a los caballos : caballar

horticultural *adj* : hortícola

horticulture *n* : horticultura *f*

hose[1] *v* **hosed; hosing** : regar o lavar con manguera

hose[2] *n, pl* **hoses** : manguera *f* : manga *f*

hosiery n : calcetería f : medias fpl
hospice n : centro m de cuidados paliativos
hospitable adj : hospitalario — **hospitably** adv
hospital n : hospital m
hospitality n, pl **-ties** : hospitalidad f
hospitalization n : hospitalización f
hospitalize v **-ized; -izing** : hospitalizar
host¹ v : presentar
host² n : anfitrión m, -triona f : presentador m, -dora f : huestes fpl : multitud f : hostia f : Eucaristía f
hostage n : rehén m
hostel n : albergue m juvenil
hostess n : anfitriona f : presentadora f
hostile adj : hostil — **hostilely** adv
hostility n, pl **-ties** : hostilidad f
hot adj **hotter; hottest** : caliente : cálido : caluroso : ardiente : acalorado : picante : reciente : nuevo : ávido : robado : guapo : bueno — **hotly** adv
hot air n : palabrería f
hotbed n : semillero m : hervidero m
hot chocolate n : chocolate m : cocoa f : cacao m
hot dog n : perro m caliente : pancho m
hotel n : hotel m
hotelier n : hotelero m, -ra f
hot flash n : bochorno m : sofoco m
hothead n : exaltado m, -da f
hotheaded adj : exaltado
hothouse n : invernadero m
hot plate n : placa f
hot rod n : coche m con motor modificado
hot tub n : bañera f de hidromasaje
hot water n **to get into hot water** : meterse en un lío
hot–water bottle n : bolsa f de agua caliente
hound¹ v : acosar : perseguir
hound² n : perro m
hour n : hora f; **hours** npl : horas pl : horario m
hourglass n : reloj m de arena
hourly adv & adj : cada hora : por hora
house¹ v **housed; housing** : albergar : alojar : hospedar

house² n, pl **houses** : casa f : cámara f : empresa f
houseboat n : casa f flotante
housebroken adj : enseñado
housecoat n : bata f : guardapolvo m
housefly n, pl **-flies** : mosca f común
household¹ adj : doméstico : de la casa : conocido por todos
household² n : casa f : familia f
householder n : dueño m, -ña f de casa
housekeeper n : ama f de llaves
housekeeping n : gobierno m de la casa : quehaceres mpl domésticos
housemaid n : criada f : mucama f : muchacha f : sirvienta f
houseplant n : planta f de interior
housewarming n : fiesta f de estreno de una casa
housewife n, pl **-wives** : ama f de casa
housework n : faenas fpl domésticas : quehaceres mpl domésticos
housing n : vivienda f : caja f protectora
hove → **heave**
hovel n : casucha f : tugurio m
hover v : cernerse : sostenerse en el aire
hovercraft n : aerodeslizador m
how adv : cómo : qué : cuánto
however¹ adv : por mucho que : por más que : sin embargo : no obstante
however² conj : comoquiera que : de cualquier manera que
howl¹ v : aullar
howl² n : aullido m : alarido m
hub n : centro m : cubo m
hubbub n : algarabía f : alboroto m : jaleo m
hubcap n : tapacubos m
huckster n : buhonero m, -ra f : vendedor m, -dora f ambulante
huddle¹ v **-dled; -dling** : apiñarse : amontonarse
huddle² n : grupo m
hue n : color m : tono m
huff n : enojo m : enfado m
huffy adj **huffier; -est** : enojado : enfadado
hug¹ v **hugged; hugging** : abrazar : ir pegado a

hug[2] *n* : abrazo *m*
huge *adj* **huger; hugest** : inmenso : enorme — **hugely** *adv*
hugeness *n* : lo grande
huh *interj* : ¿eh? : ¿qué? : ¿no? : ¡vaya! : ¡anda! : ¡bah!
hulk *n* : persona *f* fornida : casco *m* : armatoste *m*
hulking *adj* : grande : pesado
hull[1] *v* : pelar
hull[2] *n* : cáscara *f* : casco *m*
hullabaloo *n, pl* **-loos** : alboroto *m* : jaleo *m*
hum[1] *v* **hummed; humming** : zumbar : estar muy activo : moverse : tararear
hum[2] *n* : zumbido *m* : murmullo *m*
human[1] *adj* : humano — **humanly** *adv*
human[2] *n* : humano *m*
human being *n* : ser *m* humano
humane *adj* : humano : humanitario — **humanely** *adv*
humanism *n* : humanismo *m*
humanist[1] *n* : humanista *mf*
humanist[2] *or* **humanistic** *adj* : humanístico
humanitarian[1] *adj* : humanitario
humanitarian[2] *n* : humanitario *m*, -ria *f*
humanity *n, pl* **-ties** : humanidad *f*
humanize *v* **-ized; -izing** : humanizar
humankind *n* : género *m* humano
humble[1] *v* **-bled; -bling** : humillar
humble[2] *adj* **humbler; humblest** : humilde : modesto — **humbly** *adv*
humbug *n* : charlatán *m*, -tana *f* : farsante *mf* : patrañas *fpl* : tonterías *fpl*
humdrum *adj* : monótono : rutinario
humid *adj* : húmedo
humidifier *n* : humidificador *m*
humidify *v* **-fied; -fying** : humidificar
humidity *n, pl* **-ties** : humedad *f*
humiliate *v* **-ated; -ating** : humillar
humiliating *adj* : humillante
humiliation *n* : humillación *f*
humility *n* : humildad *f*
hummingbird *n* : colibrí *m* : picaflor *m*

hummock *n* : montículo *m*
humor[1] *v* : seguir el humor a : complacer
humor[2] *n* : humor *m*
humorist *n* : humorista *mf*
humorless *adj* : sin sentido del humor
humorous *adj* : humorístico : cómico — **humorously** *adv*
hump *n* : joroba *f* : giba *f*
humpback *n* : joroba *f* : giba *f*
humpbacked *adj* : jorobado : giboso
humus *n* : humus *m*
hunch[1] *v* : encorvar; *or* **to hunch up** : encorvarse
hunch[2] *n* : presentimiento *m*
hunchback *n* : joroba *f* : giba *f*
hunchbacked *adj* : jorobado : giboso
hundred[1] *adj* : cien : ciento
hundred[2] *n, pl* **-dreds** *or* **-dred** : cien *m* : ciento *m* : billete *m* de cien dólares
hundredth[1] *adv* : en centésimo lugar
hundredth[2] *adj* : centésimo
hundredth[3] *n* : centésimo *m*, -ma *f* : centésima parte *f*
hundredweight *n* : quintal *m*
hung → **hang**
Hungarian *n* : húngaro *m*, -ra *f* — **Hungarian** *adj*
hunger[1] *v* : tener hambre
hunger[2] *n* : hambre *m*
hungrily *adv* : ávidamente
hungry *adj* **hungrier; -est** : hambriento
hunk *n* : trozo *m* : pedazo *m*
hunt[1] *v* : cazar
hunt[2] *n* : caza *f* : cacería *f* : búsqueda *f* : busca *f*
hunter *n* : cazador *m*, -dora *f*
hunting *n* : caza *f*
hurdle[1] *v* **-dled; -dling** : saltar : salvar
hurdle[2] *n* : valla *f* : obstáculo *m*
hurl *v* : arrojar : tirar : lanzar
hurrah *interj* : ¡hurra!
hurricane *n* : huracán *m*
hurried *adj* : apresurado : precipitado
hurriedly *adv* : apresuradamente : de prisa

hurry[1] *v* **-ried; -rying** : apurarse
: darse prisa : apresurarse : apurar
: darle prisa

hurry[2] *n* : prisa *f* : apuro *f*

hurt[1] *v* **hurt; hurting** : hacer daño
a : herir : lastimar : hacer sufrir
: ofender : doler

hurt[2] *n* : herida *f* : dolor *m* : pena *f*

hurtful *adj* : hiriente : doloroso

hurtle *v* **-tled; -tling** : lanzarse
: precipitarse

husband[1] *v* : economizar : bien
administrar

husband[2] *n* : esposo *m* : marido *m*

husbandry *n* : economía *f* : buena
administración *f* : agricultura *f*

hush[1] *v* : hacer callar : acallar
: calmar : apaciguar

hush[2] *n* : silencio *m*

hush–hush *adj* : muy secreto
: confidencial

husk[1] *v* : descascarar

husk[2] *n* : cáscara *f*

huskily *adv* : con voz ronca

husky[1] *adj* **huskier; -est** : ronco
: fornido

husky[2] *n, pl* **-kies** : perro *m*, -rra *f*
esquimal

hustle[1] *v* **-tled; -tling** : darle prisa
: apurar : apurarse : ajetrearse

hustle[2] *n or* **hustle and bustle**
: bullicio *m* : ajetreo *m*

hut *n* : cabaña *f* : choza *f* : barraca
f : bohío *m*

hutch *n* : alacena *f*

hyacinth *n* : jacinto *m*

hybrid[1] *adj* : híbrido

hybrid[2] *n* : híbrido *m*

hydrant *n* : boca *f* de riego : hidrante *m*

hydraulic *adj* : hidráulico —
hydraulically *adv*

hydrocarbon *n* : hidrocarburo *m*

hydrochloric acid *n* : ácido *m*
clorhídrico

hydroelectric *adj* : hidroeléctrico

hydrofoil *n* : hidroala *m* : aliscafo *m*

hydrogen *n* : hidrógeno *m*

hydrogen bomb *n* : bomba *f* de
hidrógeno

hydrogen peroxide *n* : agua
f oxigenada : peróxido *m* de
hidrógeno

hydrophobia *n* : hidrofobia *f* : rabia *f*

hydroplane *n* : hidroplano *m*

hyena *n* : hiena *f*

hygiene *n* : higiene *f*

hygienic *adj* : higiénico —
hygienically *adv*

hygienist *n* : higienista *mf*

hygrometer *n* : higrómetro *m*

hymn *n* : himno *m*

hymnal *n* : himnario *m*

hype[1] *n* : bombo *m* publicitario

hype[2] *v* **hyped; hyping**
: promocionar con bombos y
platillos

hyperactive *adj* : hiperactivo

hyperactivity *n, pl* **-ties**
: hiperactividad *f*

hyperbole *n* : hipérbole *f*

hyperbolic *adj* : hiperbólico

hypercritical *adj* : hipercrítico

hyperlink *n* : hiperenlace *m*

hypermarket *n* : hipermercado *m*

hypersensitivity *n*
: hipersensibilidad *f*

hypertension *n* : hipertensión *f*

hyphen *n* : guión *m*

hyphenate *v* **-ated; -ating** : escribir
con guión

hypnosis *n, pl* **-noses** : hipnosis *f*

hypnotic *adj* : hipnótico
: hipnotizador

hypnotism *n* : hipnotismo *m*

hypnotist *n* : hipnotizador *m*,
-dora *f*

hypnotize *v* **-tized; -tizing**
: hipnotizar

hypochondria *n* : hipocondría *f*

hypochondriac *n* : hipocondríaco
m, -ca *f*

hypocrisy *n, pl* **-sies** : hipocresía *f*

hypocrite *n* : hipócrita *mf*

hypocritical *adj* : hipócrita

hypodermic[1] *adj* : hipodérmico

hypodermic[2] *n* : aguja *f*
hipodérmica

hypotenuse *n* : hipotenusa *f*

hypothermia *n* : hipotermia *f*

hypothesis *n, pl* **-eses** : hipótesis *f*

hypothetical *adj* : hipotético —
hypothetically *adv*

hysterectomy *n, pl* **-mies**
: histerectomía *f*

hysteria *n* : histeria *f* : histerismo *m*

hysterical *adj* : histérico —
hysterically *adv*

hysterics *n* : histeria *f* : histerismo *m*

I

I *pron* : yo
Iberian *adj* : ibérico
-ible *suf* : -ible
ice[1] *v* **iced; icing** : congelar : helar : enfriar : helarse : congelarse
ice[2] *n* : hielo *m* : sorbete *m* : nieve *f*
iceberg *n* : iceberg *m*
icebox → **refrigerator**
icebreaker *n* : rompehielos *m*
ice cap *n* : casquete *m* glaciar
ice–cold *adj* : helado
ice cream *n* : helado *m* : mantecado *m*
ice–cream soda → **soda**
ice hockey *n* : hockey *m* sobre hielo
Icelander *n* : islandés *m*, -desa *f*
Icelandic[1] *adj* : islandés
Icelandic[2] *n* : islandés *m*
ice–skate *v* **-skated; -skating** : patinar
ice skater *n* : patinador *m*, -dora *f*
icicle *n* : carámbano *m*
icily *adv* : fríamente : con frialdad
icing *n* : baño *m* : glaseado *m* : betún *m*
icon *n* : icono *m*
iconoclasm *n* : iconoclasia *f*
iconoclast *n* : iconoclasta *mf*
icy *adj* **icier; -est** : cubierto de hielo : helado : gélido : glacial : frío : distante
id *n* : id *m*
I'd → **have, will**
ID *n, pl* **ID's** *or* **IDs** → **identification**
ID card → **identification card**
idea *n* : idea *f*
ideal[1] *adj* : ideal
ideal[2] *n* : ideal *m*
idealism *n* : idealismo *m*
idealist *n* : idealista *mf*
idealistic *adj* : idealista
idealistically *adv* : con idealismo
idealization *n* : idealización *f*
idealize *v* **-ized; -izing** : idealizar
ideally *adv* : perfectamente
identical *adj* : idéntico —
  identically *adv*
identifiable *adj* : identificable
identification *n* : identificación *f*
identification card *n* : carnet *m* : cédula *f* de identidad : tarjeta *f* de identificación/identidad

identify *v* **-fied; -fying** : identificar
  to identify with : identificarse con
identity *n, pl* **-ties** : identidad *f*
identity card → **identification card**
identity theft *n* : robo *m* de identidad : suplantación *f* de identidad
ideological *adj* : ideológico —
  ideologically *adv*
ideologue *n* : ideólogo *m*, -ga *f*
ideology *n, pl* **-gies** : ideología *f*
idiocy *n, pl* **-cies** : estupidez *f* : tontería *f*
idiom *n* : lenguaje *m* : modismo *m* : expresión *f* idiomática
idiomatic *adj* : idiomático
idiosyncrasy *n, pl* **-sies** : idiosincrasia *f*
idiosyncratic *adj* : idiosincrásico —
  idiosyncratically *adv*
idiot *n* : tonto *m*, -ta *f*
idiotic *adj* : estúpido : idiota
idiotically *adv* : estúpidamente
idle[1] *v* **idled; idling** : holgazanear : flojear : haraganear : andar al ralentí : marchar en vacío : dejar sin trabajo
idle[2] *adj* **idler; idlest** : frívolo : vano : infundado : inactivo : parado : desocupado : holgazán : haragán : perezoso
idleness *n* : inactividad *f* : ociosidad *f* : holgazanería *f* : flojera *f* : pereza *f*
idler *n* : haragán *m*, -gana *f* : holgazán *m*, -zana *f*
idly *adv* : ociosamente
idol *n* : ídolo *m*
idolater *or* **idolator** *n* : idólatra *mf*
idolatrous *adj* : idólatra
idolatry *n, pl* **-tries** : idolatría *f*
idolize *v* **-ized; -izing** : idolatrar
idyll *n* : idilio *m*
idyllic *adj* : idílico
if *conj* : si : aunque : si bien
igloo *n, pl* **-loos** : iglú *m*
ignite *v* **-nited; -niting** : prenderle fuego a : encender : prender : encenderse
ignition *n* : ignición *f* : encendido *m*

ignoble adj : innoble — **ignobly**
adv

ignominious adj : ignominioso
: deshonroso — **ignominiously**
adv

ignominy n, pl **-nies** : ignominia f

ignoramus n : ignorante mf : bestia
mf : bruto m, -ta f

ignorance n : ignorancia f

ignorant adj : ignorante

ignorantly adv : ignorantemente
: con ignorancia

ignore v **-nored; -noring** : ignorar
: hacer caso omiso de : no hacer
caso de : no hacerle caso

iguana n : iguana f : garrobo f

il- → **in-**

ilk n : tipo m : clase f : índole f

ill[1] adv **worse; worst** : mal

ill[2] adj **worse; worst** : enfermo
: malo

ill[3] n : mal m : desgracia f
: enfermedad f

I'll → **will**

ill–advised adj : poco aconsejable
: imprudente

ill at ease adj : incómodo

ill–bred adj : malcriado

illegal adj : ilegal — **illegally** adv

illegality n : ilegalidad f

illegibility n, pl **-ties** : ilegibilidad f

illegible adj : ilegible — **illegibly**
adv

illegitimacy n : ilegitimidad f

illegitimate adj : ilegítimo
: bastardo : ilegal — **illegitimately**
adv

ill–fated adj : malhadado
: infortunado : desventurado

ill–gotten adj : mal habido

illicit adj : ilícito — **illicitly** adv

illiteracy n, pl **-cies** : analfabetismo
m

illiterate[1] adj : analfabeto

illiterate[2] n : analfabeto m, -ta f

ill–mannered adj : descortés
: maleducado

ill–natured adj : desagradable : de
mal genio

ill–naturedly adv
: desagradablemente

illness n : enfermedad f

illogical adj : ilógico — **illogically**
adv

ill–tempered → **ill-natured**

ill–treat v : maltratar

ill–treatment n : maltrato m

illuminate v **-nated; -nating**
: iluminar : alumbrar : esclarecer
: elucidar

illumination n : iluminación f : luz f
: esclarecimiento m : elucidación f

ill–use → **ill-treat**

illusion n : ilusión f

illusory adj : engañoso : ilusorio

illustrate v **-trated; -trating**
: ilustrar

illustration n : ilustración f
: ejemplo m

illustrative adj : ilustrativo —
illustratively adv

illustrator n : ilustrador m, -dora f
: dibujante mf

illustrious adj : ilustre : eminente
: glorioso

illustriousness n : eminencia f
: prestigio m

ill will n : animosidad f
: malquerencia f : mala voluntad f

IM v **IM'd; IM'ing** : enviarle un
mensaje instantáneo a : enviar un
mensaje instantáneo

I'm → **be**

im- → **in-**

image[1] v **-aged; -aging** : imaginar
: crear una imagen de

image[2] n : imagen f

imagery n, pl **-eries** : imágenes fpl
: imaginería f

imaginable adj : imaginable —
imaginably adv

imaginary adj : imaginario

imagination n : imaginación f

imaginative adj : imaginativo —
imaginatively adv

imagine v **-ined; -ining**
: imaginar(se) : imaginar : creer
: imaginarse

imbalance n : desajuste m
: desbalance m : desequilibrio m

imbecile[1] or **imbecilic** adj : estúpido

imbecile[2] n : estúpido m, -da f

imbecility n, pl **-ties** : estupidez f

imbibe v **-bibed; -bibing** : beber
: absorber : embeber

imbue v **-bued; -buing** : imbuir

imitate v **-tated; -tating** : imitar
: remedar

imitation[1] *adj* : de imitación
: artificial
imitation[2] *n* : imitación *f*
imitative *adj* : imitativo : imitador
: poco original
imitator *n* : imitador *m*, -dora *f*
immaculate *adj* : inmaculado
: puro : impecable : intachable —
immaculately *adv*
immaterial *adj* : incorpóreo
: irrelevante : sin importancia
immature *adj* : inmaduro : verde
immaturity *n*, *pl* **-ties** : inmadurez *f*
: falta *f* de madurez
immeasurable *adj*
: inconmensurable : incalculable
— **immeasurably** *adv*
immediacy *n* : inmediatez *f*
immediate *adj* : inmediato
: instantáneo : directo : urgente
: apremiante : cercano : próximo
immediately *adv* : inmediatamente
: enseguida
immemorial *adj* : inmemorial
immense *adj* : inmenso : enorme
— **immensely** *adv*
immensity *n*, *pl* **-ties** : inmensidad *f*
immerse *v* **-mersed; -mersing**
: sumergir
immersion *n* : inmersión *f*
: absorción *f*
immigrant *n* : inmigrante *mf*
immigrate *v* **-grated; -grating**
: inmigrar
immigration *n* : inmigración *f*
imminence *n* : inminencia *f*
imminent *adj* : inminente —
imminently *adv*
immobile *adj* : inmovible : fijo : inmóvil
immobility *n*, *pl* **-ties** : inmovilidad *f*
immobilize *v* **-lized; -lizing**
: inmovilizar : paralizar —
immobilization *n*
immoderate *adj* : inmoderado
: desmesurado : desmedido
: excesivo — **immoderately** *adv*
immodest *adj* : inmodesto
: indecente : impúdico
: presuntuoso : engreído —
immodestly *adv*
immodesty *n* : inmodestia *f*
immoral *adj* : inmoral
immorality *n*, *pl* **-ties** : inmoralidad *f*
immorally *adv* : de manera inmoral

immortal[1] *adj* : inmortal
immortal[2] *n* : inmortal *mf*
immortality *n* : inmortalidad *f*
immortalize *v* **-ized; -izing**
: inmortalizar
immovable *adj* : fijo : inmovible
: inflexible
immune *adj* : inmune : exento
immune system *n* : sistema *m*
inmunológico
immunity *n*, *pl* **-ties** : inmunidad *f*
: exención *f*
immunization *n* : inmunización *f*
immunize *v* **-nized; -nizing**
: inmunizar
immunology *n* : inmunología *f*
immutable *adj* : inmutable
imp *n* : diablillo *m* : pillo *m*, -lla *f*
impact[1] *v* : chocar con : impactar
: afectar : impresionar : hacer
impacto : golpear
impact[2] *n* : impacto *m* : choque
m : colisión *f* : efecto *m*
: consecuencias *fpl*
impacted *adj* : impactado : incrustado
impair *v* : perjudicar : dañar
: afectar
impairment *n* : perjuicio *m* : daño *m*
impala *n*, *pl* **impalas** *or* **impala**
: impala *m*
impale *v* **-paled; -paling** : empalar
impalpable *adj* : impalpable
: intangible
impanel *v* **-eled** *or* **-elled; -eling** *or*
-elling : elegir
impart *v* : impartir : dar : conferir
: revelar : divulgar
impartial *adj* : imparcial —
impartially *adv*
impartiality *n*, *pl* **-ties**
: imparcialidad *f*
impassable *adj* : infranqueable
: intransitable — **impassably** *adv*
impasse *n* : impasse *m* : punto *m*
muerto : callejón *m* sin salida
impassioned *adj* : apasionado
: vehemente
impassive *adj* : impasible
: indiferente
impassively *adv* : impasiblemente
: sin emoción
impatience *n* : impaciencia *f*
impatient *adj* : impaciente —
impatiently *adv*

impeach v : destituir de su cargo
impeachment n : acusación f
: destitución f
impeccable adj : impecable —
impeccably adv
impecunious adj : falto de dinero
impede v -peded; -peding
: impedir : dificultar : obstaculizar
impediment n : impedimento m
: obstáculo m
impel v -pelled; -pelling : impeler
impending adj : inminente
impenetrable adj : impenetrable
: incomprensible : inescrutable —
impenetrably adv
imperative[1] adj : imperativo
: imperioso : imprescindible —
imperatively adv
imperative[2] n : imperativo m
imperceptible adj : imperceptible
— **imperceptibly** adv
imperfect adj : imperfecto
: defectuoso — **imperfectly** adv
imperfection n : imperfección f
: defecto m
imperial adj : imperial : soberano
: imperioso : señorial
imperialism n : imperialismo m
imperialist[1] adj : imperialista
imperialist[2] n : imperialista mf
imperialistic adj : imperialista
imperil v -iled or -illed; -iling or
-illing : poner en peligro
imperious adj : imperioso —
imperiously adv
imperishable adj : imperecedero
impermanent adj : pasajero
: inestable : efímero —
impermanently adv
impermeable adj : impermeable
impersonal adj : impersonal —
impersonally adv
impersonate v -ated; -ating
: hacerse pasar por : imitar
impersonation n : imitación f
impersonator n : imitador m, -dora f
impertinence n : impertinencia f
impertinent adj : impertinente
: irrelevante : insolente
impertinently adv : con
impertinencia : impertinentemente
imperturbable adj : imperturbable
impervious adj : impermeable
: insensible

impetuous adj : impetuoso
: impulsivo
impetuously adv : de manera
impulsiva : impetuosamente
impetus n : ímpetu m : impulso m
impiety n, pl -ties : impiedad f
impious adj : impío : irreverente
impish adj : pícaro : travieso
impishly adv : con picardía
implacable adj : implacable —
implacably adv
implant[1] v : inculcar : implantar
: insertar
implant[2] n : implante m : injerto m
implantation n : implantación f
implausibility n, pl -ties
: inverosimilitud f
implausible adj : inverosímil : poco
convincente
implement[1] v : poner en práctica
: implementar
implement[2] n : utensilio m
: instrumento m : implemento m
implementation n
: implementación f : ejecución f
: cumplimiento m
implicate v -cated; -cating
: implicar : involucrar
implication n : implicación f
: consecuencia f : insinuación f
: inferencia f
implicit adj : implícito : tácito
: absoluto : completo — **implicitly**
adv
implied adj : implícito : tácito
implode v -ploded; -ploding
: implosionar
implore v -plored; -ploring
: implorar : suplicar
implosion n : implosión f
imply v -plied; -plying : insinuar
: dar a entender : implicar
: suponer
impolite adj : descortés
: maleducado
impoliteness n : descortesía f
: falta f de educación
impolitic adj : imprudente : poco
político
imponderable[1] adj : imponderable
imponderable[2] n : imponderable m
import[1] v : significar : importar
import[2] n : importancia f
: significación f

importance n : importancia f
important adj : importante
importantly adv : con importancia
importation n : importación f
importer n : importador m, -dora f
importune v -tuned; -tuning
: importunar : implorar
impose v -posed; -posing
: imponer **to impose on** : abusar
de : molestar
imposing adj : imponente
: impresionante
imposition n : imposición f
impossibility n, pl -ties
: imposibilidad f
impossible adj : imposible
: inaceptable
impossibly adv : imposiblemente
: increíblemente
impostor or **imposter** n : impostor
m, -tora f
impotence n : impotencia f
impotency → **impotence**
impotent adj : impotente
impound v : incautar : embargar
: confiscar
impoverish v : empobrecer
impoverished adj : empobrecido
impoverishment n
: empobrecimiento m
impracticable adj : impracticable
impractical adj : poco práctico
imprecise adj : impreciso
imprecisely adv : con imprecisión
impreciseness → **imprecision**
imprecision n : imprecisión f : falta
de precisión f
impregnable adj : inexpugnable
: impenetrable : inconquistable
impregnate v -nated; -nating
: fecundar : impregnar : empapar
: saturar
impresario n, pl -rios : empresario
m, -ria f
impress v : imprimir : estampar
: impresionar : causar impresión a
: hacer una impresión
impression n : marca f : huella f
: molde m : impresión f : efecto m
: impacto m : noción f
impressionable adj : impresionable
impressionism n : impresionismo m
impressionist n : impresionista mf
— **impressionist** adj

impressive adj : impresionante —
impressively adv
impressiveness n : calidad de ser
impresionante
imprint[1] v : imprimir : estampar
imprint[2] n : marca f : huella f
imprison v : encarcelar : aprisionar
: recluir : encerrar
imprisonment n : encarcelamiento
m
improbability n, pl -ties
: improbabilidad f : inverosimilitud f
improbable adj : improbable
: inverosímil
impromptu[1] adv : sin preparación
: espontáneamente
impromptu[2] adj : espontáneo
: improvisado
impromptu[3] n : improvisación f
improper adj : incorrecto : impropio
: indecoroso
improperly adv : incorrectamente
: indebidamente
impropriety n, pl -eties : indecoro
m : falta f de decoro : impropiedad
f : incorrección f
improve v -proved; -proving
: mejorar
improvement n : mejoramiento m
: mejora f
improvidence n : imprevisión f
improvisation n : improvisación f
improvise v -vised; -vising
: improvisar
imprudence n : imprudencia f
: indiscreción f
imprudent adj : imprudente
: indiscreto
impudence n : insolencia f
: descaro m
impudent adj : insolente
: descarado — **impudently** adv
impugn v : impugnar
impulse n : impulso m
impulsive adj : impulsivo —
impulsively adv
impulsiveness n : impulsividad f
impunity n : impunidad f
impure adj : impuro : con
impurezas
impurity n, pl -ties : impureza f
impute v -puted; -puting : imputar
: atribuir
in[1] adv : dentro : adentro

in[2] *adj* : interior : de moda
in[3] *prep* : de : en : a : por : durante
: dentro de : con
in[4] *n* **ins and outs** : pormenores
mpl
in- *or* **im-** *or* **il-** *pref* : in- : im- : i-
inability *n, pl* **-ties** : incapacidad *f*
inaccessibility *n, pl* **-ties**
: inaccesibilidad *f*
inaccessible *adj* : inaccesible
inaccuracy *n, pl* **-cies** : inexactitud
f : error *m*
inaccurate *adj* : inexacto : erróneo
: incorrecto
inaccurately *adv* : incorrectamente
: con inexactitud
inaction *n* : inactividad *f* : inacción *f*
inactive *adj* : inactivo
inactivity *n, pl* **-ties** : inactividad *f*
: ociosidad *f*
inadequacy *n, pl* **-cies**
: insuficiencia *f* : ineptitud *f*
: incompetencia *f*
inadequate *adj* : insuficiente
: inadecuado : inepto
: incompetente
inadmissible *adj* : inadmisible
inadvertent *adj* : inadvertido
: involuntario — **inadvertently** *adv*
inadvisable *adj* : desaconsejable
inalienable *adj* : inalienable
inane *adj* **inaner; -est** : estúpido
: idiota : necio
inanimate *adj* : inanimado : exánime
inanity *n, pl* **-ties** : estupidez *f*
: idiotez *f* : disparate *m*
inapplicable *adj* : inaplicable
: irrelevante
inappropriate *adj* : inapropiado
: inadecuado : impropio
inappropriateness *n* : lo
inapropiado : impropiedad *f*
inapt *adj* : inadecuado
: inapropiado : inepto
inarticulate *adj* : inarticulado
: incapaz de expresarse
inarticulately *adv*
: inarticuladamente
inasmuch as *conj* : ya que : dado
que : puesto que
inattention *n* : falta *f* de atención
: distracción *f*
inattentive *adj* : distraído
: despistado

inattentively *adv* : distraídamente
: sin prestar atención
inaudible *adj* : inaudible
inaudibly *adv* : de forma inaudible
inaugural[1] *adj* : inaugural : de
investidura
inaugural[2] *n* : investidura *f*
inaugurate *v* **-rated; -rating**
: inaugurar : investir
inauguration *n* : inauguración *f*
: investidura *f*
inauspicious *adj* : desfavorable
: poco propicio
inauthentic *adj* : inauténtico
inborn *adj* : innato : congénito
: hereditario
inbound *adj* : que llega : de llegada
in–box *n* : bandeja *f* de entrada
inbred *adj* : engendrado por
endogamia : innato
inbreed *v* **-bred; -breeding**
: engendrar por endogamia
inbreeding *n* : endogamia *f*
Inca *n* : inca *mf*
incalculable *adj* : incalculable —
incalculably *adv*
Incan *adj* : incaico
incandescence *n* : incandescencia *f*
incandescent *adj* : incandescente
: brillante
incantation *n* : conjuro *m*
: ensalmo *m*
incapable *adj* : incapaz
incapacitate *v* **-tated; -tating**
: incapacitar
incapacity *n, pl* **-ties** : incapacidad
f
incarcerate *v* **-ated; -ating**
: encarcelar
incarceration *n* : encarcelamiento
m : encarcelación *f*
incarnate[1] *v* **-nated; -nating**
: encarnar
incarnate[2] *adj* : encarnado
incarnation *n* : encarnación *f*
incendiary[1] *adj* : incendiario
incendiary[2] *n, pl* **-aries**
: incendiario *m*, -ria *f* : pirómano
m, -na *f*
incense[1] *v* **-censed; -censing**
: indignar : enfadar : enfurecer
incense[2] *n* : incienso *m*
incentive *n* : incentivo *m* : aliciente
m : motivación *f* : acicate *m*

inception n : comienzo m
: principio m
incessant adj : incesante
: continuo — **incessantly** adv
incest n : incesto m
incestuous adj : incestuoso
inch[1] v : avanzar poco a poco
inch[2] n : pulgada f
incidence n : frecuencia f : índice
m
incident[1] adj : incidente
incident[2] n : incidente m
: incidencia f : episodio m
incidental[1] adj : incidental
: secundario : casual : fortuito
incidental[2] n : algo incidental;
incidentals npl : imprevistos mpl
incidentally adv : incidentalmente
: casualmente : a propósito : por
cierto
incinerate v -ated; -ating
: incinerar
incinerator n : incinerador m
incipient adj : incipiente : naciente
incise v -cised; -cising : grabar
: cincelar : inscribir : hacer una
incisión en
incision n : incisión f
incisive adj : incisivo : penetrante
incisively adv : con agudeza
incisor n : incisivo m
incite v -cited; -citing : incitar
: instigar
incitement n : incitación f
inclemency n, pl -cies
: inclemencia f
inclement adj : inclemente
: tormentoso
inclination n : inclinación f
: tendencia f : deseo m : ganas fpl
incline[1] v -clined; -clining
: inclinarse : tender : inclinar
: bajar : predisponer
incline[2] n : inclinación f : pendiente
f
inclined adj : inclinado : prono
: dispuesto : dado
inclose, inclosure → **enclose,
enclosure**
include v -cluded; -cluding : incluir
: comprender
including prep : incluyendo
inclusion n : inclusión f
inclusive adj : inclusivo

incognito adv & adj : de incógnito
incoherence n : incoherencia f
incoherent adj : incoherente —
incoherently adv
incombustible adj : incombustible
income n : ingresos mpl : entradas
fpl
income tax n : impuesto m sobre
la renta
incoming adj : que se recibe
: que llega : ascendente : nuevo
: entrante
incommunicado adj
: incomunicado
incomparable adj : incomparable
: sin igual
incompatibility n, pl -ties
: incompatibilidad f
incompatible adj : incompatible
incompetence n : incompetencia f
: impericia f : ineptitud f
incompetent n : incompetente mf
: inepto m, -ta f — **incompetent**
adj
incomplete adj : incompleto —
incompletely adv
incomprehensible adj
: incomprensible
incomprehension n
: incomprensión f
inconceivable adj : incomprensible
: inconcebible : increíble
inconceivably adv
: inconcebiblemente
: increíblemente
inconclusive adj : no concluyente
: no decisivo
incongruity n, pl -ties
: incongruencia f
incongruous adj : incongruente
: inapropiado : fuera de lugar
incongruously adv : de manera
incongruente : inapropiadamente
inconsequential adj
: intrascendente : de poco
importancia
inconsiderable adj : insignificante
inconsiderate adj : desconsiderado
: sin consideración —
inconsiderately adv
inconsistency n, pl -cies
: inconsecuencia f : inconsistencia f
inconsistent adj : inconsecuente
: inconsistente

inconsolable *adj* : inconsolable —
  inconsolably *adv*
inconspicuous *adj* : discreto
  : no conspicuo : que no llama la
  atención
inconspicuously *adv*
  : discretamente : sin llamar la
  atención
incontestable *adj* : incontestable
  : indiscutible — **incontestably** *adv*
incontinence *n* : incontinencia *f*
incontinent *adj* : incontinente
inconvenience[1] *v* **-nienced;**
  -niencing : importunar
  : incomodar : molestar
inconvenience[2] *n* : incomodidad *f*
  : molestia *f*
inconvenient *adj* : inconveniente
  : importuno : incómodo —
  inconveniently *adv*
incorporate *v* **-rated; -rating**
  : incorporar : incluir : constituir en
  sociedad
incorporation *n* : incorporación *f*
incorporeal *adj* : incorpóreo
incorrect *adj* : incorrecto
  : equivocado : erróneo : impropio
  — **incorrectly** *adv*
incorrigible *adj* : incorregible
incorruptible *adj* : incorruptible
increase[1] *v* **-creased; -creasing**
  : aumentar : crecer : subir
  : acrecentar
increase[2] *n* : aumento *m*
  : incremento *m* : subida *f*
increasing *adj* : creciente
increasingly *adv* : cada vez más
incredible *adj* : increíble —
  incredibly *adv*
incredulity *n* : incredulidad *f*
incredulous *adj* : incrédulo
  : escéptico
incredulously *adv* : con
  incredulidad
increment *n* : incremento *m*
  : aumento *m*
incremental *adj* : de incremento
incriminate *v* **-nated; -nating**
  : incriminar
incrimination *n* : incriminación *f*
incriminatory *adj* : incriminatorio
incubate *v* **-bated; -bating**
  : incubar : empollar : incubar(se)
incubation *n* : incubación *f*

incubator *n* : incubadora *f*
inculcate *v* **-cated; -cating**
  : inculcar
incumbency *n, pl* **-cies**
  : incumbencia *f* : mandato *m*
incumbent[1] *adj* : obligatorio
incumbent[2] *n* : titular *mf*
incur *v* **incurred; incurring**
  : provocar : incurrir en
incurable *adj* : incurable : sin
  remedio
incursion *n* : incursión *f*
indebted *adj* : endeudado
indebtedness *n* : endeudamiento
  m
indecency *n, pl* **-cies** : indecencia *f*
indecent *adj* : indecente —
  indecently *adv*
indecipherable *adj* : indescifrable
indecision *n* : indecisión *f*
  : irresolución *f*
indecisive *adj* : indeciso : que no
  es decisivo : irresoluto : vacilante
  : indefinido — **indecisively** *adv*
indecorous *adj* : indecoroso —
  indecorously *adv*
indecorousness *n* : indecoro *m*
indeed *adv* : efectivamente
indefatigable *adj* : incansable
  : infatigable — **indefatigably** *adv*
indefensible *adj* : indefendible
  : vulnerable : inexcusable
indefinable *adj* : indefinible
indefinite *adj* : indefinido
  : indeterminado : vago : impreciso
indefinitely *adv* : indefinidamente
  : por un tiempo indefinido
indelible *adj* : indeleble
  : imborrable — **indelibly** *adv*
indelicacy *n* : falta *f* de delicadeza
indelicate *adj* : indelicado
  : indecoroso : indiscreto : falto de
  tacto
indemnify *v* **-fied; -fying** : asegurar
  : indemnizar : compensar
indemnity *n, pl* **-ties** : indemnidad *f*
  : indemnización *f*
indent *v* : sangrar
indentation *n* : muesca *f* : mella *f*
  : sangría *f*
indenture[1] *v* **-tured; -turing** : ligar
  por contrato
indenture[2] *n* : contrato de
  aprendizaje

independence n : independencia f
Independence Day n : día m de la Independencia
independent[1] adj : independiente — **independently** adv
independent[2] n : independiente mf
in–depth adj : a fondo : exhaustivo
indescribable adj : indescriptible : incalificable — **indescribably** adv
indestructible adj : indestructible
indeterminate adj : vago : impreciso : indeterminado : indefinido
index[1] v : ponerle un índice a : incluir en un índice : indicar : señalar : indexar : indiciar
index[2] n, pl **-dexes** or **-dices** : índice m : indicio m : señal f
index finger n : dedo m índice
Indian n : indio m, -dia f — **Indian** adj
indicate v **-cated; -cating** : indicar : señalar : ser indicio de : ser señal de : expresar : marcar : poner
indication n : indicio m : señal f
indicative adj : indicativo
indicator n : indicador m
indict v : acusar : procesar
indictment n : acusación f
indifference n : indiferencia f
indifferent adj : indiferente : mediocre
indifferently adv : con indiferencia : indiferentemente : de modo regular : más o menos
indigence n : indigencia f
indigenous adj : indígena : nativo
indigent adj : indigente : pobre
indigestible adj : difícil de digerir
indigestion n : indigestión f : empacho m
indignant adj : indignado
indignantly adv : con indignación
indignation n : indignación f
indignity n, pl **-ties** : indignidad f
indigo n, pl **-gos** or **-goes** : añil m : índigo m
indirect adj : indirecto — **indirectly** adv
indiscernible adj : imperceptible
indiscreet adj : indiscreto — **indiscreetly** adv

indiscretion n : indiscreción f
indiscriminate adj : indiscriminado
indiscriminately adv : sin discriminación : sin discernimiento
indispensable adj : indispensable : necesario : imprescindible — **indispensably** adv
indisposed adj : indispuesto : enfermo : opuesto : reacio
indisputable adj : indiscutible : incuestionable : incontestable — **indisputably** adv
indistinct adj : indistinto — **indistinctly** adv
indistinctness n : falta f de claridad
indistinguishable adj : indistinguible
individual[1] adj : individual : personal : separado : particular : propio
individual[2] n : individuo m
individualism n : individualismo m
individualist n : individualista mf
individualistic adj : individualista
individuality n, pl **-ties** : individualidad f
individualize v **-ized; -izing** : individualizar
individually adv : individualmente
indivisible adj : indivisible
indoctrinate v **-nated; -nating** : enseñar : instruir : adoctrinar
indoctrination n : adoctrinamiento m
indolence n : indolencia f
indolent adj : indolente
indomitable adj : invencible : indomable : indómito — **indomitably** adv
Indonesian n : indonesio m, -sia f — **Indonesian** adj
indoor adj : interior : para estar en casa : cubierto : bajo techo
indoors adv : adentro : dentro
indubitable adj : indudable : incuestionable : indiscutible
indubitably adv : indudablemente
induce v **-duced; -ducing** : persuadir : inducir : provocar
inducement n : incentivo m : aliciente m : inducción f : provocación f
induct v : instalar : investir : admitir : reclutar
inductee n : recluta mf : conscripto m, -ta f

induction n : iniciación f
: introducción f : inducción f
inductive adj : inductivo
indulge v -dulged; -dulging
: gratificar : satisfacer : consentir
: mimar **to indulge in** : permitirse
indulgence n : satisfacción f
: gratificación f : complacencia f
: indulgencia f : consentimiento m
indulgent adj : indulgente
: consentido — **indulgently** adv
industrial adj : industrial —
industrially adv
industrialist n : industrial mf
industrialization n
: industrialización f
industrialize v -ized; -izing
: industrializar
industrious adj : diligente
: industrioso : trabajador
industriously adv : con diligencia
: con aplicación
industriousness n : diligencia f
: aplicación f
industry n, pl -tries : diligencia f
: aplicación f : industria f
inebriated adj : ebrio : embriagado
inebriation n : ebriedad f
: embriaguez f
inedible adj : incomible
ineffable adj : inefable — **ineffably**
adv
ineffective adj : ineficaz : inútil
: incompetente : ineficiente
: incapaz
ineffectively adv : ineficazmente
: infructuosamente
ineffectual adj : inútil : ineficaz —
ineffectually adv
inefficiency n, pl -cies : ineficiencia
f : ineficacia f
inefficient adj : ineficiente : ineficaz
: incompetente : incapaz —
inefficiently adv
inelegance n : inelegancia f
inelegant adj : inelegante : poco
elegante
ineligibility n : inelegibilidad f
ineligible adj : inelegible
inept adj : inepto
ineptitude n : ineptitud f
: incompetencia f : incapacidad f
inequality n, pl -ties : desigualdad f
inequitable adj : inequitativo

inequity n, pl -ties : inequidad f
inert adj : inerte : inactivo : lento
inertia n : inercia f
inescapable adj : inevitable
: ineludible — **inescapably** adv
inessential adj : que no es
esencial : innecesario
inestimable adj : inestimable
: inapreciable
inevitability n, pl -ties
: inevitabilidad f
inevitable adj : inevitable —
inevitably adv
inexact adj : inexacto
inexactly adv : sin exactitud
inexcusable adj : inexcusable
: imperdonable — **inexcusably** adv
inexhaustible adj : infatigable
: incansable : inagotable —
inexhaustibly adv
inexorable adj : inexorable —
inexorably adv
inexpensive adj : barato
: económico
inexperience n : inexperiencia f
inexperienced adj : inexperto : novato
inexplicable adj : inexplicable —
inexplicably adv
inexpressible adj : inexpresable
: inefable
inextricable adj : inextricable —
inextricably adv
infallibility n : infalibilidad f
infallible adj : infalible — **infallibly**
adv
infamous adj : infame —
infamously adv
infamy n, pl -mies : infamia f
infancy n, pl -cies : infancia f
infant n : bebé m : niño m, -ña f
infantile adj : infantil : pueril
infantile paralysis → **poliomyelitis**
infantry n, pl -tries : infantería f
infatuated adj **to be infatuated
with** : estar encaprichado con
infatuation n : encaprichamiento m
: enamoramiento m
infect v : infectar : contagiar
infection n : infección f : contagio m
infectious adj : infeccioso
: contagioso
infer v **inferred; inferring** : deducir
: inferir : concluir : suponer : tener
entendido : sugerir : insinuar

inference *n* : deducción *f*
: inferencia *f* : conclusión *f*
inferior[1] *adj* : inferior : malo
inferior[2] *n* : inferior *mf*
inferiority *n, pl* **-ties** : inferioridad *f*
infernal *adj* : infernal : diabólico
: maldito : condenado
inferno *n, pl* **-nos** : infierno *m*
infertile *adj* : estéril : infecundo
infertility *n* : esterilidad *f*
: infecundidad *f*
infest *v* : infestar : plagar
infestation *n* : infestación *f* : plaga *f*
infidel *n* : infiel *mf*
infidelity *n, pl* **-ties** : infidelidad *f*
: deslealtad *f*
infield *n* : cuadro *m* : diamante *m*
infighting *n* : disputas *fpl* internas
: luchas *fpl* internas
infiltrate *v* **-trated; -trating** : infiltrar
: infiltrarse
infiltration *n* : infiltración *f*
infiltrator *n* : infiltrado *m*, -da *f*
infinite *adj* : infinito : sin límites
: vasto : extenso
infinitely *adv* : infinitamente
infinitesimal *adj* : infinitesimal —
infinitesimally *adv*
infinitive *n* : infinitivo *m*
infinity *n, pl* **-ties** : infinito *m*
: infinidad *f*
infirm *adj* : enfermizo : endeble
: inseguro
infirmary *n, pl* **-ries** : enfermería *f*
: hospital *m*
infirmity *n, pl* **-ties** : debilidad *f*
: enfermedad *f* : dolencia *f*
inflame *v* **-flamed; -flaming**
: inflamar : encender : provocar
: inflamarse
inflammable *adj* : inflamable
: irascible : explosivo
inflammation *n* : inflamación *f*
inflammatory *adj* : inflamatorio
: incendiario
inflatable *adj* : inflable
inflate *v* **-flated; -flating** : inflar
: hinchar
inflation *n* : inflación *f*
inflationary *adj* : inflacionario
: inflacionista
inflect *v* : conjugar : declinar
: modular
inflection *n* : inflexión *f*

inflexibility *n, pl* **-ties** : inflexibilidad
f
inflexible *adj* : inflexible
inflict *v* : infligir : causar : imponer
infliction *n* : imposición *f*
influence[1] *v* **-enced; -encing**
: influenciar : influir en
influence[2] *n* : influencia *f* : influjo *m*
influential *adj* : influyente
influenza *n* : gripe *f* : influenza *f*
: gripa *f*
influx *n* : afluencia *f* : entrada *f*
: llegada *f*
info *n* → **information**
inform *v* : informar : notificar
: avisar **to inform on** : delatar
: denunciar
informal *adj* : sin ceremonia
: sin etiqueta : informal : familiar
: extraoficial
informality *n, pl* **-ties** : informalidad
f : familiaridad *f* : falta *f* de
ceremonia
informally *adv* : sin ceremonias
: de manera informal
: informalmente
informant *n* : informante *mf*
: informador *m*, -dora *f*
information *n* : información *f*
informational *adj* : informativo
information technology *n*
: informática *f*
informative *adj* : informativo
: instructivo
informer *n* : informante *mf*
: informador *m*, -dora *f*
infraction *n* : infracción *f* : violación
f : transgresión *f*
infrared *adj* : infrarrojo
infrastructure *n* : infraestructura *f*
infrequent *adj* : infrecuente : raro
infrequently *adv* : raramente : con
poca frecuencia
infringe *v* **-fringed; -fringing**
: infringir : violar **to infringe on**
: abusar de
infringement *n* : violación *f*
: incumplimiento *m* : usurpación *f*
infuriate *v* **-ated; -ating** : enfurecer
: poner furioso
infuriating *adj* : indignante
: exasperante
infuse *v* **-fused; -fusing** : infundir
: hacer una infusión de

infusion n : infusión f
ingenious adj : ingenioso —
  ingeniously adv
ingenue or **ingénue** n : ingenua f
ingenuity n, pl **-ities** : ingenio m
ingenuous adj : cándido : franco
  : ingenuo — **ingenuously** adv
ingenuousness n : candidez f
  : candor m : ingenuidad f
ingest v : ingerir
ingestion n : ingestión f
inglorious adj : deshonroso
  : ignominioso
ingot n : lingote m
ingrained adj : arraigado
ingrate n : ingrato m, -ta f
ingratiate v **-ated; -ating**
  : conseguir la benevolencia de
ingratiating adj : halagador
  : zalamero : obsequioso
ingratitude n : ingratitud f
ingredient n : ingrediente m
  : componente m
ingrown adj : crecido hacia adentro
inhabit v : vivir en : habitar : ocupar
inhabitable adj : habitable
inhabitant n : habitante mf
inhalant n : inhalante m
inhalation n : inhalación f
inhale v **-haled; -haling** : inhalar
  : aspirar : inspirar
inhaler n : inhalador m
inhere v **-hered; -hering** : ser
  inherente
inherent adj : inherente : intrínseco
  — **inherently** adv
inherit v : heredar
inheritance n : herencia f
inheritor n : heredero m, -ra f
inhibit v : inhibir : impedir
inhibition n : inhibición f
  : cohibición f
inhospitable adj : inhóspito
inhuman adj : inhumano : cruel —
  inhumanly adv
inhumane adj : inhumano : cruel
inhumanity n, pl **-ties**
  : inhumanidad f : crueldad f
inimical adj : adverso
  : desfavorable : hostil —
  inimically adv
inimitable adj : inimitable
iniquitous adj : inicuo : malvado
iniquity n, pl **-ties** : iniquidad f

initial[1] v **-tialed** or **-tialled; -tialing**
  or **-tialling** : poner las iniciales a
  : firmar con las iniciales
initial[2] adj : inicial : primero —
  initially adv
initial[3] n : inicial f
initiate[1] v **-ated; -ating** : comenzar
  : iniciar : instruir : introducir
initiate[2] n : iniciado m, -da f
initiation n : iniciación f
initiative n : iniciativa f
initiatory adj : introductorio : de
  iniciación
inject v : inyectar
injection n : inyección f
injudicious adj : imprudente
  : indiscreto : poco juicioso
injunction n : orden f : mandato m
  : mandamiento m judicial
injure v **-jured; -juring** : herir
  : lesionar : lastimar : dañar
injurious adj : perjudicial
injury n, pl **-ries** : mal m : injusticia
  f : herida f : daño m : perjuicio m
injustice n : injusticia f
ink[1] v : entintar
ink[2] n : tinta f
inkjet printer n : impresora f de
  inyección de tinta
inkling n : presentimiento m
  : indicio m : sospecha f
ink pad n : tampón m
inkwell n : tintero m
inky adj : manchado de tinta
  : negro : impenetrable
inland[1] adv : hacia el interior : tierra
  adentro
inland[2] adj : interior
inland[3] n : interior m
in–law n : pariente m político; **in–
  laws** npl : suegros mpl
inlay[1] v **-laid; -laying** : incrustar
inlay[2] n : incrustación f : empaste m
inlet n : cala f : ensenada f : brazo
  m del mar
in–line skate n : patín m en línea
inmate n : paciente mf : preso m,
  -sa f : interno m, -na f
in memoriam prep : en memoria de
inmost → **innermost**
inn n : posada f : hostería f : fonda
  f : taberna f
innards npl : entrañas fpl : tripas fpl
innate adj : innato : inherente

inner adj : interior : interno

inner city n : barrios mpl pobres

innermost adj : más íntimo : más profundo

innersole → **insole**

inner tube → **tube**

inning n : entrada f

innkeeper n : posadero m, -ra f

innocence n : inocencia f

innocent[1] adj : inocente — **innocently** adv

innocent[2] n : inocente mf

innocuous adj : inocuo : inofensivo

innovate v -vated; -vating : innovar

innovation n : innovación f : novedad f

innovative adj : innovador

innovator n : innovador m, -dora f

innuendo n, pl -dos or -does : insinuación f : indirecta f

innumerable adj : innumerable

inoculate v -lated; -lating : inocular

inoculation n : inoculación f

inoffensive adj : inofensivo

inoperable adj : inoperable

inoperative adj : inoperante

inopportune adj : inoportuno — **inopportunely** adv

inordinate adj : excesivo : inmoderado : desmesurado — **inordinately** adv

inorganic adj : inorgánico

inpatient n : paciente mf hospitalizado

input[1] v **inputted** or **input**; **inputting** : entrar

input[2] n : aportación f : contribución f : entrada f : consejos mpl : opinión f

inquest n : investigación f : pesquisa f : indagatoria f

inquire v -quired; -quiring : preguntar : informarse de : inquirir : informarse

inquiringly adv : inquisitivamente

inquiry n, pl -ries : pregunta f : investigación f : inquisición f : pesquisa f

inquisition n : inquisición f : interrogatorio m : investigación f

inquisitive adj : inquisidor : inquisitivo : curioso — **inquisitively** adv

inquisitiveness n : curiosidad f

inquisitor n : inquisidor m, -dora f : interrogador m

inroad n : invasión f : incursión f

insane adj : loco : demente : absurdo : insensato

insanely adv : como un loco

insanity n, pl -ties : locura f : insensatez f

insatiable adj : insaciable — **insatiably** adv

inscribe v -scribed; -scribing : inscribir : grabar : dedicar

inscription n : inscripción f : dedicación f : leyenda f

inscrutable adj : inescrutable : misterioso — **inscrutably** adv

inseam n : entrepierna f

insect n : insecto m

insecticidal adj : insecticida

insecticide n : insecticida m

insecure adj : inseguro : poco seguro

insecurely adv : inseguramente

insecurity n, pl -ties : inseguridad f

inseminate v -nated; -nating : inseminar

insemination n : inseminación f

insensibility n, pl -ties : insensibilidad f

insensible adj : inconsciente : sin conocimiento : insensible : entumecido

insensitive adj : insensible

insensitivity n, pl -ties : insensibilidad f

inseparable adj : inseparable

insert[1] v : insertar : introducir : poner : meter : interpolar : intercalar

insert[2] n : inserción f : hoja f insertada

insertion n : inserción f

inshore[1] adv : hacia la costa

inshore[2] adj : cercano a la costa : costero

inside[1] adv : adentro : dentro

inside[2] adj : interior : de adentro : de dentro : confidencial

inside[3] n : interior m : parte f de adentro; **insides** npl : tripas fpl

inside[4] prep : al interior de : dentro de : en menos de

inside of prep : dentro de

insider n : persona f enterada

insidious adj : insidioso —
  insidiously adv
insidiousness n : insidia f
insight n : perspicacia f
  : penetración f
insightful adj : perspicaz
insignia or **insigne** n, pl **-nia** or
  -nias : insignia f : enseña f
insignificance n : insignificancia f
insignificant adj : insignificante
insincere adj : insincero : poco
  sincero
insincerely adv : con poca sinceridad
insincerity n, pl **-ties** : insinceridad f
insinuate v **-ated; -ating** : insinuar
insinuation n : insinuación f
insipid adj : insípido
insist v : insistir
insistence n : insistencia f
insistent adj : insistente —
  insistently adv
insofar as conj : en la medida en
  que : en tanto que : en cuanto a
insole n : plantilla f
insolence n : insolencia f
insolent adj : insolente
insolubility n : insolubilidad f
insoluble adj : insoluble
insolvency n, pl **-cies** : insolvencia f
insolvent adj : insolvente
insomnia n : insomnio m
insomniac n : insomne mf —
  insomniac adj
insomuch as → **inasmuch as**
insomuch that conj : así que : de
  manera que
inspect v : inspeccionar : examinar
  : revisar
inspection n : inspección f
  : examen m : revisión f : revista f
inspector n : inspector m, -tora f
inspiration n : inspiración f
inspirational adj : inspirador
inspire v **-spired; -spiring** : inhalar
  : aspirar : estimular : animar
  : inspirar : infundir
instability n, pl **-ties** : inestabilidad f
install v **-stalled; -stalling** : instalar
  : investir
installation n : instalación f
installment n : plazo m : cuota f
  : entrega f : instalación f
instance n : instancia f : ejemplo m
  : caso m : ocasión f

instant¹ adj : inmediato
  : instantáneo
instant² n : momento m : instante
  m
instantaneous adj : instantáneo
instantaneously adv
  : instantáneamente : al instante
instantly adv : al instante
  : instantáneamente
instant message n : mensaje m
  instantáneo
instant messaging n : mensajería
  f instantánea
instead adv : en cambio : en lugar
  de eso : en su lugar : al contrario
instead of prep : en vez de : en
  lugar de
instep n : empeine m
instigate v **-gated; -gating**
  : instigar : incitar : provocar
  : fomentar
instigation n : instancia f
  : incitación f
instigator n : instigador m, -dora f
  : incitador m
instill v **-stilled; -stilling** : inculcar
  : infundir
instinct n : instinto m : don m
instinctive adj : instintivo
instinctively adv : instintivamente
  : por instinto
instinctual adj : instintivo
institute¹ v **-tuted; -tuting**
  : establecer : instituir : fundar
  : iniciar : empezar : entablar
institute² n : instituto m
institution n : institución f
  : establecimiento m : tradición f
  : organismo m : asilo m
institutional adj : institucional
institutionalize v **-ized; -izing**
  : institucionalizar : internar
instruct v : instruir : adiestrar
  : enseñar : mandar : ordenar : dar
  instrucciones a
instruction n : instrucción
  f : enseñanza f : orden f;
  instructions npl : instrucciones
  fpl : modo m de empleo
instructional adj : instructivo
  : educativo
instructive adj : instructivo
instructor n : instructor m, -tora f
instrument n : instrumento m

instrumental *adj* : instrumental
instrumentalist *n* : instrumentista *mf*
insubordinate *adj* : insubordinado
insubordination *n*
: insubordinación *f*
insubstantial *adj* : insustancial
: poco nutritivo : poco sólido
insufferable *adj* : insufrible
: intolerable : inaguantable
: insoportable — **insufferably** *adv*
insufficiency *n, pl* **-cies**
: insuficiencia *f*
insufficient *adj* : insuficiente —
insufficiently *adv*
insular *adj* : isleño : insular : de
miras estrechas
insularity *n* : insularidad *f*
insulate *v* **-lated; -lating** : aislar
insulation *n* : aislamiento *m*
insulator *n* : aislador *m* : aislante *m*
insulin *n* : insulina *f*
insult[1] *v* : insultar : ofender : injuriar
insult[2] *n* : insulto *m* : injuria *f*
: agravio *m*
insulting *adj* : ofensivo : injurioso
: insultante
insultingly *adv* : ofensivamente
: de manera insultante
insurance *n* : seguro *m*
insure *v* **-sured; -suring** : asegurar
: garantizar
insured *n* : asegurado *m*, -da *f*
insurer *n* : asegurador *m*, -dora *f*
insurgent[1] *adj* : insurgente
insurgent[2] *n* : insurgente *mf*
insurmountable *adj* : insuperable
: insalvable — **insurmountably** *adv*
insurrection *n* : insurrección *f*
: levantamiento *m* : alzamiento *m*
intact *adj* : intacto
intake *n* : entrada *f* : toma *f*
: consumo *m*
intangible *adj* : intangible
: impalpable — **intangibly** *adv*
integer *n* : entero *m*
integral *adj* : integral : esencial
integrate *v* **-grated; -grating**
: integrar : unir : eliminar la
segregación de : integrarse
integration *n* : integración *f*
integrity *n* : integridad *f*
intellect *n* : intelecto *m*
: inteligencia *f* : capacidad *f*
intelectual

intellectual[1] *adj* : intelectual —
intellectually *adv*
intellectual[2] *n* : intelectual *mf*
intelligence *n* : inteligencia *f*
: información *f* : noticias *fpl*
intelligent *adj* : inteligente —
intelligently *adv*
intelligentsia *ns & pl*
: intelectualidad *f*
intelligibility *n* : inteligibilidad *f*
intelligible *adj* : inteligible
: comprensible — **intelligibly** *adv*
intemperance *n* : inmoderación *f*
: intemperancia *f*
intemperate *adj* : excesivo
: inmoderado : desmedido
intend *v* : querer : tener la intención
de : querer decir : pensar : tener
planeado : proyectar : proponerse
intended *adj* : previsto : proyectado
: intencional : deliberado
intense *adj* : intenso : extremo
: profundo
intensely *adv* : sumamente
: profundamente : intensamente
intensification *n* : intensificación *f*
intensifier *n* : intensificador *m*
intensify *v* **-fied; -fying**
: intensificar : redoblar : agudizar
: intensificarse : hacerse más
intenso
intensity *n, pl* **-ties** : intensidad *f*
intensive *adj* : intensivo —
intensively *adv*
intent[1] *adj* : concentrado : fijo
intent[2] *n* : intención *f* : propósito *m*
intention *n* : intención *f* : propósito *m*
intentional *adj* : intencional
: deliberado
intentionally *adv* : a propósito
: adrede
intently *adv* : atentamente : fijamente
inter *v* **-terred; -terring** : enterrar
: inhumar
inter- *pref* : inter-
interact *v* : interactuar : actuar
recíprocamente : relacionarse
interaction *n* : interacción *f*
: interrelación *f*
interactive *adj* : interactivo
interbreed *v* **-bred; -breeding**
: cruzar : cruzarse
intercede *v* **-ceded; -ceding**
: interceder

intercept v : interceptar

interception n : intercepción f

intercession n : intercesión f

interchange[1] v **-changed;
-changing** : intercambiar

interchange[2] n : intercambio m
: cambio m : empalme m : enlace
m de carreteras

interchangeable adj
: intercambiable

intercity adj : interurbano

intercollegiate adj
: interuniversitario

intercom n : interfono m : interfón m

interconnect v : conectar
: interconectar : interrelacionar
: interrelacionarse

intercontinental adj
: intercontinental

intercourse n : relaciones fpl : trato
m : acto m sexual : relaciones fpl
sexuales : coito m

interdenominational adj
: interconfesional

interdepartmental adj
: interdepartamental

interdependence n
: interdependencia f

interdependent adj
: interdependiente

interdict v : prohibir : cortar

interdisciplinary adj
: interdisciplinario

interest[1] v : interesar

interest[2] n : interés m
: participación f : provecho
m : beneficio m : cargo m
: curiosidad f : color m : afición f

interested adj : interesado

interesting adj : interesante —
interestingly adv

interface n : interfaz f : interfase f
: punto m de contacto

interfere v **-fered; -fering**
: interponerse : hacer interferencia
: entrometerse : interferir
: intervenir

interference n : interferencia f
: intromisión f

intergalactic adj : intergaláctico

intergovernmental adj
: intergubernamental

interim[1] adj : interino : provisional

interim[2] n : interín m : intervalo m

interior[1] adj : interior

interior[2] n : interior m

interject v : interponer : agregar

interjection n : interjección f
: exclamación f : interrupción f

interlace v **-laced; -lacing**
: entrelazar : intercalar

interlock v : trabar : unir : engranar
: entrelazarse : trabarse

interloper n : intruso m, -sa f
: entrometido m, -da f

interlude n : intervalo m
: intermedio m : interludio m

intermarriage n : matrimonio
m mixto : matrimonio m entre
miembros del mismo grupo

intermarry v **-married; -marrying**
: casarse : casarse entre sí

intermediary[1] adj : intermediario

intermediary[2] n, pl **-aries**
: intermediario m, -ria f

intermediate[1] adj : intermedio

intermediate[2] n : intermediario m,
-ria f : mediador m, -dora f

interment n : entierro m

interminable adj : interminable
: constante — **interminably** adv

intermingle v **-mingled; -mingling**
: entremezclar : mezclar
: entremezclarse

intermission n : intermisión f
: intervalo m : intermedio m

intermittent adj : intermitente —
intermittently adv

intermix v : entremezclar

intern[1] v : confinar : servir de
interno : hacer las prácticas

intern[2] n : interno m, -na f

internal adj : interno : interior —
internally adv

international adj : internacional —
internationally adv

internationalize v **-ized; -izing**
: internacionalizar

internecine adj : intestino : interno

Internet n : Internet mf

Internet café n : cibercafé m

Internet service provider → **ISP**

internist n : internista mf

internment n : internamiento m

interpersonal adj : interpersonal

interplay n : interacción f : juego m

interpolate v **-lated; -lating**
: interpolar

interpose v **-posed; -posing**
: interponer : interrumpir con
: interponerse
interpret v : interpretar
interpretation n : interpretación f
interpretative adj : interpretativo
interpreter n : intérprete mf
interpretive adj : interpretativo
interracial adj : interracial
interrelate v **-related; -relating**
: interrelacionar
interrelationship n : interrelación f
interrogate v **-gated; -gating**
: interrogar : someter a un
interrogatorio
interrogation n : interrogatorio m
: interrogación f
interrogative[1] adj : interrogativo
interrogative[2] n : interrogativo m
interrogator n : interrogador m,
-dora f
interrogatory adj → **interrogative**[1]
interrupt v : interrumpir
interruption n : interrupción f
intersect v : cruzar : cortar
: cruzarse : intersecarse : cortarse
intersection n : intersección f
: cruce m
intersperse v **-spersed; -spersing**
: intercalar : entremezclar
interstate adj : interestatal
interstellar adj : interestelar
interstice n, pl **-stices** : intersticio m
intertwine v **-twined; -twining**
: entrelazarse
interval n : intervalo m
intervene v **-vened; -vening**
: transcurrir : pasar : intervenir
: interceder : mediar
intervention n : intervención f
interview[1] v : entrevistar : hacer
entrevistas
interview[2] n : entrevista f
interviewer n : entrevistador m,
-dora f
interweave v **-wove; -woven;**
-weaving : entretejer : entrelazar
: entrelazarse : entretejerse
interwoven adj : entretejido
intestate adj : intestado
intestinal adj : intestinal
intestine n : intestino m
intimacy n, pl **-cies** : intimidad f
: familiaridad f

intimate[1] v **-mated; -mating**
: insinuar : dar a entender
intimate[2] adj : íntimo : de confianza
: privado : secreto
intimate[3] n : amigo m íntimo
: amiga f íntima
intimidate v **-dated; -dating**
: intimidar
intimidation n : intimidación f
into prep : en : a : contra : dentro de
intolerable adj : intolerable —
intolerably adv
intolerance n : intolerancia f
intolerant adj : intolerante
intonation n : entonación f
intone v **-toned; -toning** : entonar
intoxicant n : bebida f alcohólica
intoxicate v **-cated; -cating**
: emborrachar : embriagar
intoxicated adj : borracho
: embriagado
intoxicating adj : embriagador
intoxication n : embriaguez f
intractable adj : obstinado
: intratable
intramural adj : interno : dentro de
la universidad
intransigence n : intransigencia f
intransigent adj : intransigente
intransitive adj : intransitivo
intrauterine device n : dispositivo
m intrauterino : DIU m
intravenous adj : intravenoso —
intravenously adv
intrepid adj : intrépido
intricacy n, pl **-cies** : complejidad f
: lo intrincado
intricate adj : intrincado
: complicado — **intricately** adv
intrigue[1] v **-trigued; -triguing**
: intrigar
intrigue[2] n : intriga f
intriguing adj : intrigante
: fascinante
intrinsic adj : intrínseco : esencial
— **intrinsically** adv
intro n → **introduction**
introduce v **-duced; -ducing**
: presentar : introducir : lanzar
: presentar : proponer
introduction n : introducción f
: presentación f
introductory adj : introductorio
: preliminar : de introducción

introspection n : introspección f

introspective adj : introspectivo — **introspectively** adv

introvert n : introvertido m, -da f

introverted adj : introvertido

intrude v -**truded; -truding** : inmiscuirse : entrometerse : molestar : estorbar : interrumpir : introducir por fuerza

intruder n : intruso m, -sa f

intrusion n : intrusión f

intrusive adj : intruso

intuit v : intuir

intuition n : intuición f

intuitive adj : intuitivo — **intuitively** adv

inundate v -**dated; -dating** : inundar

inundation n : inundación f

inure v -**ured; -uring** : acostumbrar : habituar

invade v -**vaded; -vading** : invadir

invader n : invasor m, -sora f

invalid[1] adj : inválido : nulo

invalid[2] adj : inválido : discapacitado

invalid[3] n : inválido m, -da f

invalidate v -**dated; -dating** : invalidar

invalidity n, pl -**ties** : invalidez f : falta de validez f

invaluable adj : invalorable : inestimable : inapreciable

invariable adj : invariable : constante — **invariably** adv

invasion n : invasión f

invasive adj : invasivo

invective n : invectiva f : improperio m

inveigh v **to inveigh against** : arremeter contra : lanzar invectivas contra

inveigle v -**gled; -gling** : engatusar : embaucar : persuadir con engaños

invent v : inventar

invention n : invención f : invento m

inventive adj : inventivo

inventiveness n : ingenio m : inventiva f

inventor n : inventor m, -tora f

inventory[1] v -**ried; -rying** : inventariar

inventory[2] n, pl -**ries** : inventario m : existencias fpl

inverse[1] adj : inverso — **inversely** adv

inverse[2] n : inverso m

inversion n : inversión f

invert v : invertir

invertebrate[1] adj : invertebrado

invertebrate[2] n : invertebrado m

invest v : investir : autorizar : conferir : invertir : dedicar

investigate v -**gated; -gating** : investigar

investigation n : investigación f : estudio m

investigative adj : investigador

investigator n : investigador m, -dora f

investiture n : investidura f

investment n : inversión f

investor n : inversor m, -sora f : inversionista mf

inveterate adj : inveterado : enraizado : empedernido : incorregible

invidious adj : repugnante : odioso : injusto — **invidiously** adv

invigorate v -**rated; -rating** : vigorizar : animar

invigorating adj : vigorizante : estimulante

invincibility n : invencibilidad f

invincible adj : invencible — **invincibly** adv

inviolable adj : inviolable

inviolate adj : inviolado : puro

invisibility n : invisibilidad f

invisible adj : invisible — **invisibly** adv

invitation n : invitación f

invite v -**vited; -viting** : atraer : tentar : provocar : buscar : invitar : solicitar

inviting adj : atractivo : atrayente

invocation n : invocación f

invoice[1] v -**voiced; -voicing** : facturar

invoice[2] n : factura f

invoke v -**voked; -voking** : invocar : apelar a : citar : hacer aparecer

involuntary adj : involuntario — **involuntarily** adv

involve v -**volved; -volving** : ocupar : involucrar : enredar : implicar : concernir : afectar : conectar : relacionar : suponer : incluir : consistir en

involved *adj* : complicado
: complejo : interesado : afectado
involvement *n* : participación *f*
: complicidad *f* : relación *f*
invulnerable *adj* : invulnerable
inward[1] *or* **inwards** *adv* : hacia
adentro : hacia el interior
inward[2] *adj* : interior : interno
inwardly *adv* : por dentro
: internamente : interiormente
: para sus adentros : para sí
iodine *n* : yodo *m* : tintura *f* de yodo
ion *n* : ion *m*
ionic *adj* : iónico
ionize *v* **ionized; ionizing** : ionizar
ionosphere *n* : ionosfera *f*
iota *n* : pizca *f* : ápice *m*
IOU *n* : pagaré *m* : vale *m*
IPA *n* : AFI *m*
IQ *n* : CI *m* : coeficiente *m*
intelectual
Iranian *n* : iraní *mf* — **Iranian** *adj*
Iraqi *n* : iraquí *mf* — **Iraqi** *adj*
irascibility *n* : irascibilidad *f*
irascible *adj* : irascible
irate *adj* : furioso : airado : iracundo
— **irately** *adv*
ire *n* : ira *f* : cólera *f*
iridescence *n* : iridiscencia *f*
iridescent *adj* : iridiscente
iridium *n* : iridio *m*
iris *n, pl* **irises** *or* **irides** : iris *m*
: lirio *m*
Irish[1] *adj* : irlandés
Irish[2] *n* : irlandés *m*
Irishman *n, pl* **-men** : irlandés *m*
Irishwoman *n, pl* **-women**
: irlandesa *f*
irk *v* : fastidiar : irritar : preocupar
irksome *adj* : irritante : fastidioso
— **irksomely** *adv*
iron[1] *v* : planchar
iron[2] *n* : hierro *m* : fierro *m*
: plancha *f*
ironclad *adj* : acorazado : blindado
: riguroso : estricto
ironic *or* **ironical** *adj* : irónico —
ironically *adv*
ironing *n* : planchada *f* : ropa *f* para
planchar
ironing board *n* : tabla *f*
ironwork *n* : obra *f* de hierro;
ironworks *npl* : fundición *f*
irony *n, pl* **-nies** : ironía *f*

irradiate *v* **-ated; -ating** : irradiar
: radiar
irradiation *n* : irradiación *f*
: radiación *f*
irrational *adj* : irracional —
irrationally *adv*
irrationality *n, pl* **-ties**
: irracionalidad *f*
irreconcilable *adj* : irreconciliable
irrecoverable *adj* : irrecuperable —
irrecoverably *adv*
irredeemable *adj* : irredimible
: irremediable : irreparable
irrefutable *adj* : irrefutable
irregular[1] *adj* : irregular —
irregularly *adv*
irregular[2] *n* : soldado *m* irregular;
irregulars *npl* : artículos *mpl*
defectuosos
irregularity *n, pl* **-ties** : irregularidad *f*
irrelevance *n* : irrelevancia *f*
irrelevant *adj* : irrelevante
irreligious *adj* : irreligioso
irreparable *adj* : irreparable
irreplaceable *adj* : irreemplazable
: insustituible
irrepressible *adj* : incontenible
: incontrolable
irreproachable *adj* : irreprochable
: intachable
irresistible *adj* : irresistible —
irresistibly *adv*
irresolute *adj* : irresoluto : indeciso
irresolutely *adv* : de manera
indecisa
irresolution *n* : irresolución *f*
irrespective of *prep* : sin tomar
en consideración : sin tener en
cuenta
irresponsibility *n, pl* **-ties**
: irresponsabilidad *f* : falta *f* de
responsabilidad
irresponsible *adj* : irresponsable
— **irresponsibly** *adv*
irretrievable *adj* : irrecuperable
irreverence *n* : irreverencia *f* : falta
f de respeto
irreverent *adj* : irreverente
: irrespetuoso
irreversible *adj* : irreversible
irrevocable *adj* : irrevocable —
irrevocably *adv*
irrigate *v* **-gated; -gating** : irrigar
: regar

irrigation n : irrigación f : riego m

irritability n, pl **-ties** : irritabilidad f

irritable adj : irritable : colérico

irritably adv : con irritación

irritant[1] adj : irritante

irritant[2] n : agente m irritante

irritate v **-tated; -tating** : irritar : molestar

irritating adj : irritante

irritatingly adv : de modo irritante : fastidiosamente

irritation n : irritación f

is → **be**

Islam n : el Islam

Islamic adj : islámico

Islamism n : islamismo m — **Islamist** n

island n : isla f

islander n : isleño m, -ña f

isle n : isla f : islote m

islet n : islote m

isn't → **be**

isolate v **-lated; -lating** : aislar

isolated adj : aislado : solo

isolation n : aislamiento m

isometric adj : isométrico

isometrics ns & pl : isometría f

isosceles adj : isósceles

isotope n : isótopo m

ISP n : PSI m : proveedor m de servicios de Internet

Israeli n : israelí mf — **Israeli** adj

issue[1] v **-sued; -suing** : emerger : salir : fluir : descender : emanar : surgir : resultar : emitir : distribuir : publicar

issue[2] n : emergencia f : flujo m : descendencia f : progenie f : desenlace m : resultado m : consecuencia f : asunto

m : cuestión f : publicación f : distribución f : emisión f : número m

isthmus n : istmo m

it pron : él : ella : ello : le : lo : la

Italian n : italiano m, -na f — **Italian** adj

italic[1] adj : en cursiva : en bastardilla

italic[2] n : cursiva f : bastardilla f

italicize v **-cized; -cizing** : poner en cursiva

itch[1] v : picar : morirse : dar picazón : hacer picar

itch[2] n : picazón f : picor m : comezón f : sarpullido m : erupción f : ansia f : deseo m

itchiness n : picazón f : picor m : comezón f

itchy adj **itchier; -est** : que pica : que da comezón

it'd → **have, will**

item n : artículo m : pieza f : punto m : número m : ítem m

itemize v **-ized; -izing** : detallar : enumerar : listar

itemization n : desglose m

itinerant adj : itinerante : ambulante

itinerary n, pl **-aries** : itinerario m

it'll → **will**

its adj : su : sus

it's → **be, have**

itself pron : se : (él) mismo : (ella) misma : sí : solo

IUD n : DIU m : dispositivo m intrauterino

I've → **have**

ivory n, pl **-ries** : marfil m : color m de marfil

ivy n, pl **ivies** : hiedra f : yedra f

J

jab¹ *v* **jabbed; jabbing** : clavar
: pinchar : dar : golpear
jab² *n* : pinchazo *m* : golpe *m*
abrupto
jabber *v* : farfullar
jack¹ *v* **to jack up** : levantar : subir
: aumentar
jack² *n* : gato *m* : cric *m* : pabellón
m : enchufe *m* hembra : jota *f*
: valet *m*; **jacks** *npl* : cantillos *mpl*
jackal *n* : chacal *m*
jackass *n* : asno *m* : burro *m*
jacket *n* : chaqueta *f*
: sobrecubierta *f* : carátula *f*
jackhammer *n* : martillo *m*
neumático
jack–in–the–box *n* : caja *f* de
sorpresa
jackknife¹ *v* **-knifed; -knifing**
: doblarse como una navaja
: plegarse
jackknife² *n* : navaja *f*
jack–of–all–trades *n* : persona
f que sabe un poco de todo
: persona *f* de muchos oficios
jack–o'–lantern *n* : linterna *f* hecha
de una calabaza
jackpot *n* : primer premio *m* : gordo *m*
jade *n* : jade *m*
jaded *adj* : agotado : hastiado
jagged *adj* : dentado : mellado
jaguar *n* : jaguar *m*
jai alai *n* : jai alai *m* : pelota *f* vasca
jail¹ *v* : encarcelar
jail² *n* : cárcel *f*
jailbreak *n* : fuga *f* : huida *f*
jailer *or* **jailor** *n* : carcelero *m*, -ra *f*
jalapeño *n* : jalapeño *m*
jalopy *n*, *pl* **-lopies** : cacharro *m*
: carro *m* destartalado
jalousie *n* : celosía *f*
jam¹ *v* **jammed; jamming** : apiñar
: embutir : atiborrar : meter
: atascar : atorar : interferir
: atascarse : atrancarse
: bloquearse : tocar
jam² *n* : lío *m* : aprieto *m* : apuro *m*
: mermelada *f*
Jamaican *n* : jamaiquino *m*, -na *f*
: jamaicano *m* — **Jamaican** *adj*
jamb *n* : jamba *f*

jamboree *n* : fiesta *f* grande
jam–packed *adj* : repleto : hasta el
tope : atestado
jangle¹ *v* **-gled; -gling** : hacer un
ruido metálico : hacer sonar
jangle² *n* : ruido *m* metálico
janitor *n* : portero *m*, -ra *f* : conserje
mf
January *n* : enero *m*
Japanese¹ *adj* : japonés
Japanese² *n* : japonés *m*
jar¹ *v* **jarred; jarring** : chirriar
: desentonar : sacudirse : sacudir
jar² *n* : chirrido *m* : vibración *f*
: sacudida *f* : tarro *m* : bote *m*
: pote *m*
jargon *n* : jerga *f*
jasmine *n* : jazmín *m*
jasper *n* : jaspe *m*
jaundice *n* : ictericia *f*
jaundiced *adj* : ictérico : amargado
: resentido : negativo
jaunt *n* : excursión *f* : paseo *m*
jauntily *adv* : animadamente
jauntiness *n* : animación *f*
: vivacidad *f*
jaunty *adj* **jauntier; -est**
: animado : alegre : desenvuelto
: desenfadado
java *n* → **coffee**
Javanese *n* : javanés *m* : javanés
m, -nesa *f* — **Javanese** *adj*
javelin *n* : jabalina *f*
jaw¹ *v* : cotorrear : parlotear
jaw² *n* : mandíbula *f* : quijada *f*
: mordaza *f*
jawbone *n* : mandíbula *f*
jay *n* : arrendajo *m* : chara *f*
: azulejo *m*
jaybird → **jay**
jaywalk *v* : cruzar la calle sin
prudencia
jaywalker *n* : peatón *m* imprudente
jazz¹ *v* **to jazz up** : animar
: alegrar
jazz² *n* : jazz *m*
jazzy *adj* **jazzier; -est** : con ritmo
de jazz : llamativo : ostentoso
jealous *adj* : celoso : envidioso —
jealously *adv*
jealousy *n* : celos *mpl* : envidia *f*

jeans *npl* : jeans *mpl* : vaqueros *mpl* : tejanos *mpl* : pantalones *mpl* de mezclilla
jeep *n* : jeep *m*
jeer¹ *v* : abuchear : mofarse : burlarse : mofarse de : burlarse de
jeer² *n* : abucheo *m* : mofa *f* : burla *f*
Jehovah *n* : Jehová *m*
jell *v* : gelificarse : cuajar : formarse
jelly *n, pl* **-lies** : jalea *f* : gelatina *f*
jellyfish *n* : medusa *f*
jeopardize *v* **-dized; -dizing** : arriesgar : poner en peligro
jeopardy *n* : peligro *m* : riesgo *m*
jerk¹ *v* : sacudir : darle un tirón a : dar sacudidas
jerk² *n* : tirón *m* : jalón *m* : sacudida *f* brusca : estúpido *m*, -da *f* : idiota *mf*
jerkin *n* : chaqueta *f* sin mangas : chaleco *m*
jerky¹ *adj* **jerkier; -est** : espasmódico : inconexo — **jerkily** *adv*
jerky² *n* : cecina *f* : tasajo *m* : charqui *m*
jerry–built *adj* : mal construido : chapucero
jersey *n, pl* **-seys** : jersey *m*
jest¹ *v* : bromear
jest² *n* : broma *f* : chiste *m*
jester *n* : bufón *m*, -fona *f*
Jesuit *n* : jesuita *m* — **Jesuit** *adj*
Jesus *n* : Jesús *m*
jet¹ *v* **jetted; jetting** : arrojar a chorros : salir a chorros : chorrear : viajar en avión : volar
jet² *n* : chorro *m* : azabache *m*
jet–black *adj* : negro azabache
jet black *n* : negro *m* azabache
jet engine *n* : reactor *m* : motor *m* a reacción
jet lag *n* : desfase *m* horario
jet–propelled *adj* : a reacción
jetsam *n* **flotsam and jetsam** : restos *mpl* : desechos *mpl*
jettison *v* : echar al mar : desechar : deshacerse de
jetty *n, pl* **-ties** : embarcadero *m* : muelle *m* : malecón *m* : rompeolas *m*
Jew *n* : judío *m*, -día *f*
jewel *n* : joya *f* : alhaja *f* : piedra *f* preciosa : gema *f* : rubí *m* : tesoro *m*

jeweler *or* **jeweller** *n* : joyero *m*, -ra *f*
jewelry *n* : joyas *fpl* : alhajas *fpl*
Jewish *adj* : judío
jibe *v* **jibed; jibing** : concordar
jicama *n* : jícama *f*
jiffy *n, pl* **-fies** : santiamén *m* : segundo *m* : momento *m*
jig¹ *v* **jigged; jigging** : bailar la giga
jig² *n* : giga *f*
jigger *n* : medida de 1 a 2 onzas
jiggle¹ *v* **-gled; -gling** : agitar o sacudir ligeramente : agitarse : vibrar
jiggle² *n* : sacudida *f* : vibración *f*
jigsaw *n* : sierra *f* de vaivén
jihad *n* : yihad *mf* : jihad *mf* — **jihadist** *n*
jilt *v* : dejar plantado : dar calabazas a
jimmy¹ *v* **-mied; -mying** : forzar con una palanqueta
jimmy² *n, pl* **-mies** : palanqueta *f*
jingle¹ *v* **-gled; -gling** : tintinear : hacer sonar
jingle² *n* : tintineo *m* : retintín *m* : canción *f* rimada
jingoism *n* : jingoísmo *m* : patriotería *f*
jingoistic *or* **jingoist** *adj* : jingoísta : patriotero
jinx¹ *v* : traer mala suerte a : salar
jinx² *n* : cenizo *m*, -za *f*
jitters *npl* : nervios *mpl*
jittery *adj* : nervioso
Jivaro *n* : jíbaro *m*, -ra *f*
job *n* : trabajo *m* : tarea *f* : quehacer *m* : empleo *m* : puesto *m*
jobber *n* : intermediario *m*, -ria *f*
jobless *adj* : desempleado
jock *n* : deportista *mf* : atleta *mf*
jockey¹ *v* **-eyed; -eying** : manipular : maniobrar **to jockey for position** : maniobrar para conseguir algo
jockey² *n, pl* **-eys** : jockey *mf*
jocose *adj* : jocoso
jocular *adj* : jocoso — **jocularly** *adv*
jocularity *n* : jocosidad *f*
jodhpurs *npl* : pantalones *mpl* de montar
joe *n* : tipo *m*
jog¹ *v* **jogged; jogging** : dar : empujar : codear : correr despacio : trotar : hacer footing : andar a trote corto

jog[2] *n* : empujoncito *m* : sacudida *f* leve : trote *m* corto : footing *m* : recodo *m* : vuelta *f* : curva *f*

jogger *n* : persona *f* que hace footing

jogging *n* : footing *m* : jogging *m*

john *n* : inodoro *m*

join[1] *v* : unir : juntar : lindar con : colindar con : reunirse con : encontrarse con : acompañar : hacerse socio de : afiliarse a : entrar en : unirse : empalmar : confluir : hacerse socio : afiliarse : entrar

join[2] *n* : juntura *f* : unión *f*

joiner *n* : carpintero *m*, -ra *f* : persona *f* que se une a varios grupos

joint[1] *adj* : conjunto : colectivo : mutuo — **jointly** *adv*

joint[2] *n* : articulación *f* : coyuntura *f* : asado *m* : juntura *f* : unión *f* : antro *m* : tasca *f* : porro *m*

joist *n* : viga *f*

joke[1] *v* **joked; joking** : bromear

joke[2] *n* : chiste *m* : broma *f*

joker *n* : bromista *mf* : comodín *m*

jokingly *adv* : en broma

jollity *n, pl* **-ties** : alegría *f* : regocijo *m*

jolly *adj* **jollier; -est** : alegre : jovial

jolt[1] *v* : dar tumbos : dar sacudidas : sacudir

jolt[2] *n* : sacudida *f* brusca : golpe *m*

jonquil *n* : junquillo *m*

Jordanian *n* : jordano *m*, -na *f* — **Jordanian** *adj*

josh *v* : tomarle el pelo : bromear

jostle *v* **-tled; -tling** : empujar : dar empellones : competir

jot[1] *v* **jotted; jotting** : anotar : apuntar

jot[2] *n* : ápice *m* : jota *f* : pizca *f*

jounce[1] *v* **jounced; jouncing** : sacudir : dar tumbos : dar sacudidas

jounce[2] *n* : sacudida *f* : tumbo *m*

journal *n* : diario *m* : revista *f* : publicación *f* periódica : periódico *m*

journalism *n* : periodismo *m*

journalist *n* : periodista *mf*

journalistic *adj* : periodístico

journey[1] *v* **-neyed; -neying** : viajar

journey[2] *n, pl* **-neys** : viaje *m*

journeyman *n, pl* **-men** : oficial *m*

joust[1] *v* : justar

joust[2] *n* : justa *f*

jovial *adj* : jovial — **jovially** *adv*

joviality *n* : jovialidad *f*

jowl *n* : mandíbula *f* : mejilla *f* : cachete *m*

joy *n* : gozo *m* : alegría *f* : felicidad *f* : placer *m* : deleite *m*

joyful *adj* : gozoso : alegre : feliz — **joyfully** *adv*

joyless *adj* : sin alegría : triste

joyous *adj* : alegre : feliz : eufórico — **joyously** *adv*

joyousness *n* : alegría *f* : felicidad *f* : euforia *f*

joyride *n* : paseo *m* en coche a alta velocidad : paseo *m* en un coche robado

joyriding *n* **to go joyriding** : pasear en coche a alta velocidad : pasear en un coche robado

joystick *n* : joystick *m*

jubilant *adj* : jubiloso : alborozado — **jubilantly** *adv*

jubilation *n* : júbilo *m*

jubilee *n* : quincuagésimo aniversario *m* : celebración *f* : festejos *mpl*

Judaic *adj* : judaico

Judaism *n* : judaísmo *m*

judge[1] *v* **judged; judging** : evaluar : juzgar : considerar

judge[2] *n* : juez *mf* : jueza *f* : jurado *mf*

judge's chambers → chamber

judgment *or* **judgement** *n* : fallo *m* : sentencia *f* : opinión *f* : juicio *m* : discernimiento *m*

judgmental *adj* : crítico — **judgmentally** *adv*

judicature *n* : judicatura *f*

judicial *adj* : judicial — **judicially** *adv*

judiciary[1] *adj* : judicial

judiciary[2] *n* : judicatura *f* : poder *m* judicial

judicious *adj* : juicioso : sensato — **judiciously** *adv*

judo *n* : judo *m*

jug *n* : jarra *f* : jarro *m* : cántaro *m* : cárcel *f* : chirona *f*

juggernaut *n* : gigante *m* : fuerza *f* irresistible

juggle *v* **-gled; -gling** : hacer juegos malabares con : manipular : jugar con : hacer juegos malabares

juggler n : malabarista mf
jugular adj : yugular
juice n : jugo m m : zumo m
: electricidad f : luz f
juicer n : exprimidor m
juiciness n : jugosidad f
juicy adj **juicier; -est** : jugoso
: suculento : lucrativo : picante
jukebox n : rocola f : máquina f de
discos
July n : julio m
jumble[1] v **-bled; -bling** : mezclar
: revolver
jumble[2] n : revoltijo m : fárrago m
: embrollo m
jumbo[1] adj : gigante : enorme : de
tamaño extra grande
jumbo[2] n, pl **-bos** : coloso m : cosa
f de tamaño extra grande
jump[1] v : saltar : brincar
: levantarse de un salto
: sobresaltarse : moverse : pasar
: dar un salto : aumentarse
de golpe : subir bruscamente
: animarse : ajetrearse : saltarse
: atacar : asaltar
jump[2] n : salto m : sobresalto m
: respingo m : subida f brusca
: aumento m : ventaja f
jumper n : saltador m, -dora f
: jumper m : vestido m sin mangas
jumper cables npl : cables
mpl de arranque : cables mpl
pasacorriente
jump–start v : arrancar haciendo
puente
jumpy adj **jumpier; -est**
: asustadizo : nervioso
junction n : unión f : cruce m
: empalme m : confluencia f
juncture n : juntura f : unión f
: coyuntura f
June n : junio m
jungle n : jungla f : selva f
junior[1] adj : más joven
: subordinado : subalterno

junior[2] n : persona f de menor edad
: subalterno m, -na f : subordinado
m, -da f : estudiante mf de
penúltimo año
junior high school n : primer ciclo
m de la educación secundaria en
los EEUU
juniper n : enebro m
junk[1] v : echar a la basura
junk[2] n : desechos mpl
: desperdicios mpl : trastos mpl
: cachivaches mpl
junket n : viaje m
junk food n : comida f basura
: comida f chatarra
junkie n : drogadicto m, -ta f
junk mail n : correo m basura
: propaganda f
junta n : junta f militar
Jupiter n : Júpiter m
jurisdiction n : jurisdicción f —
jurisdictional adj
jurisprudence n : jurisprudencia f
jurist n : jurista mf : magistrado
m, -da f
juror n : jurado m, -da f
jury n, pl **-ries** : jurado m
just[1] adv : justo : precisamente
: exactamente : posiblemente
: apenas : sólo : solamente : nada
más
just[2] adj : justo — **justly** adv
justice n : justicia f : juez mf : jueza
f
justice of the peace n : juez mf de
paz : jueza f de paz
justification n : justificación f
justify v **-fied; -fying** : justificar —
justifiable adj
jut v **jutted; jutting** : sobresalir
jute n : yute m
juvenile[1] adj : juvenil : infantil
juvenile[2] n : menor mf
juxtapose v **-posed; -posing**
: yuxtaponer
juxtaposition n : yuxtaposición f

K

kabob → **kebab**
kaiser *n* : káiser *m*
kale *n* : col *f* rizada
kaleidoscope *n* : calidoscopio *m*
kamikaze *n* : kamikaze *m* —
kamikaze *adj*
kangaroo *n, pl* **-roos** : canguro *m*
karaoke *n* : karaoke *m*
karat *n* : quilate *m*
karate *n* : karate *m*
katydid *n* : saltamontes *m*
kayak *n* : kayac *m* : kayak *m*
kebab *n* : kebab *m*
keel[1] *v* **to keel over** : volcar
: desplomarse
keel[2] *n* : quilla *f*
keen *adj* : afilado : filoso : cortante
: penetrante : entusiasta : agudo : fino
keenly *adv* : con entusiasmo
: vivamente : profundamente
keenness *n* : lo afilado : lo filoso
: entusiasmo *m* : agudeza *f*
keep[1] *v* **kept; keeping** : guardar
: conservar : quedarse con
: mantener : retener : detener
: cumplir : acudir a : ocultar
: observar : cuidar : llevar : escribir
: criar : conservarse
keep[2] *n* : torreón *m* : torre *f* del
homenaje : manutención *f* : sustento *m*
keeper *n* : guarda *mf* : conservador
m, -dora *f* : guardabosque *mf*
keeping *n* : conformidad *f* : acuerdo
m : cuidado *m*
keepsake *n* : recuerdo *m*
keg *n* : barril *m*
kelp *n* : alga *f* marina
ken *n* : vista *f* : alcance *m* de la
vista : comprensión *f* : alcance *m*
del conocimiento
kennel *n* : caseta *f* para perros
: perrera *f*
Kenyan *n* : keniano *m*, -na *f* —
Kenyan *adj*
kept → **keep**
kerchief *n* : pañuelo *m*
kernel *n* : almendra *f* : grano *m*
: meollo *m*
kerosene *or* **kerosine** *n*
: queroseno *m* : kerosén *m*
: kerosene *m*

ketchup *n* : salsa *f* catsup
kettle *n* : hervidor *m* : pava *f*
kettledrum *n* : timbal *m*
key[1] *v* : adaptar : adecuar
key[2] *adj* : clave : fundamental
key[3] *n* : llave *f* : clave *f* : soluciones
fpl : tecla *f* : tono *m* : tonalidad *f*
: cayo *m* : islote *m*
keyboard *n* : teclado *m*
key chain *n* : llavero *m*
keyhole *n* : bocallave *f* : ojo *m*
keynote[1] *v* **-noted; -noting**
: establecer la tónica de
: pronunciar el discurso principal
de
keynote[2] *n* : tónica *f* : idea *f*
fundamental
keypad *n* : teclado *m* numérico
key ring *n* : llavero *m*
keystroke *n* : pulsación *f*
khaki *n* : caqui *m*
khan *n* : kan *m*
kibbutz *n, pl* **-butzim** : kibutz *m*
kibitz *v* : dar consejos molestos
kibitzer *n* : persona *f* que da
consejos molestos
kick[1] *v* : dar patadas : cocear
: patalear : protestar : dar un
culatazo : patear : darle una
patada : dejar : perder
kick[2] *n* : patada *f* : puntapié *m* : coz
f : culatazo *m* : fuerza *f*
kicker *n* : pateador *m*, -dora *f*
kickoff *n* : saque *m*
kid[1] *v* **kidded; kidding** : engañar
: tomarle el pelo : bromear
kid[2] *n* : chivo *m*, -va *f* : cabrito *m*,
-ta *f* : chico *m*, -ca *f* : niño *m*, -ña *f*
kidder *n* : bromista *mf*
kiddingly *adv* : en broma
kidnap *v* **-napped** *or* **-naped;**
-napping *or* **-naping** : secuestrar
: raptar
kidnapper *or* **kidnaper** *n*
: secuestrador *m*, -dora *f* : raptor
m, -tora *f*
kidnapping *n* : secuestro *m*
kidney *n, pl* **-neys** : riñón *m*
kidney bean *n* : frijol *m*
kill[1] *v* : matar : acabar con : poner
fin a

kill² *n* : matanza *f* : presa *f*
killer *n* : asesino *m*, -na *f*
killer whale *n* : orca *f*
killing *n* : asesinato *m* : matanza *f*
killjoy *n* : aguafiestas *mf*
kiln *n* : horno *m*
kilo *n, pl* **-los** : kilo *m*
kilobyte *n* : kilobyte *m*
kilocycle *n* : kilociclo *m*
kilogram *n* : kilogramo *m*
kilohertz *n* : kilohertzio *m*
kilometer *n* : kilómetro *m*
kilowatt *n* : kilovatio *m*
kilt *n* : falda *f* escocesa
kilter *n* : buen estado *m*
kimono *n, pl* **-nos** : kimono *m*
  : quimono *m*
kin *n* : familiares *mpl* : parientes
  mpl
kind¹ *adj* : amable : bondadoso
  : benévolo
kind² *n* : esencia *f* : especie *f*
  : género *m* : clase *f* : tipo *m*
  : índole *f*
kindergarten *n* : kinder *m*
  : kindergarten *m* : jardín *m* de
  infantes : jardín *m* de niños
kindhearted *adj* : bondadoso : de
  buen corazón
kindle *v* **-dled; -dling** : encender
  : despertar : suscitar : encenderse
kindliness *n* : bondad *f*
kindling *n* : astillas *fpl* : leña *f*
kindly¹ *adv* : amablemente
  : bondadosamente : cortésmente
  : con cortesía : por favor
kindly² *adj* **kindlier; -est**
  : bondadoso : amable
kindness *n* : bondad *f*
kind of *adv* : un tanto : algo
kindred¹ *adj* : similar : afín
kindred² *n* : familia *f* : parentela *f*
kinfolk *or* **kinfolks** *npl* → **kin**
king *n* : rey *m*
kingdom *n* : reino *m*
kingfisher *n* : martín *m* pescador
kingly *adj* **kinglier; -est** : regio
  : real
king–size *or* **king–sized** *adj* : de
  tamaño muy grande : extra largo
kink *n* : rizo *m* : vuelta *f* : calambre *m*
kinky *adj* **kinkier; -est** : rizado
  : enroscado
kinship *n* : parentesco *m*

kinsman *n, pl* **-men** : familiar *m*
  : pariente *m*
kinswoman *n, pl* **-women** : familiar
  f : pariente *f*
kiosk *n* : quiosco *m*
kipper *n* : arenque *m* ahumado
kiss¹ *v* : besar : besarse
kiss² *n* : beso *m*
kit *n* : juego *m* : kit *m* : estuche *m*
  : caja *f*
kitchen *n* : cocina *f*
kitchenette *n* : cocineta *f*
kite *n* : cometa *f* : papalote *m*
kith *n* : amigos *mpl*
kitten *n* : gatito *m*, -ta *f*
kitty *n, pl* **-ties** : bote *m* : fondo *m*
  común : gato *m* : gatito *m*
kitty–corner *or* **kitty–cornered** →
  catercorner
kiwi *or* **kiwifruit** *n* : kiwi *m*
kleptomania *n* : cleptomanía *f*
kleptomaniac *n* : cleptómano *m*,
  -na *f*
klutz *n* : torpe *mf*
knack *n* : maña *f* : facilidad *f*
knapsack *n* : mochila *f* : morral *m*
knave *n* : bellaco *m* : pícaro *m*
knead *v* : amasar : sobar : masajear
knee *n* : rodilla *f*
kneecap *n* : rótula *f*
kneel *v* **knelt** *or* **kneeled; kneeling**
  : arrodillarse : ponerse de rodillas
knell *n* : doble *m* : toque *m*
knew → **know**
knickers *npl* : pantalones *mpl*
  bombachos de media pierna
knickknack *n* : chuchería *f* : baratija *f*
knife¹ *v* **knifed; knifing** : acuchillar
  : apuñalar
knife² *n, pl* **knives** : cuchillo *m*
knight¹ *v* : conceder el título de
  Sir a
knight² *n* : caballero *m* : caballo *m*
  : uno que tiene el título de *Sir*
knighthood *n* : caballería *f* : título
  m de *Sir*
knightly *adj* : caballeresco
knit¹ *v* **knit** *or* **knitted; knitting**
  : unir : enlazar : tejer : soldarse
knit² *n* : prenda *f* tejida
knitter *n* : tejedor *m*, -dora *f*
knitwear *n* : ropa *f* de punto
knob *n* : bulto *m* : protuberancia *f*
  : perilla *f* : tirador *m* : botón *m*

knobbed adj : nudoso : que tiene perilla o botón
knobby adj **knobbier; -est** : nudoso
knock[1] v : golpear : golpetear : hacer chocar : criticar : dar un golpe : llamar : darse : chocar
knock[2] n : golpe m : llamada f : golpeteo m
knocker n : aldaba f : llamador m
knock–kneed adj : patizambo
knockout n : nocaut m : knockout m
knoll n : loma f : otero m : montículo m
knot[1] v **knotted; knotting** : anudar : anudarse
knot[2] n : nudo m : nódulo m : grupo m
knotty adj **knottier; -est** : nudoso : espinoso : enredado : complejo
know v **knew; known; knowing** : saber : conocer
knowable adj : conocible
know–how n : pericia f
knowing adj : informado : astuto : deliberado : intencional —
knowingly adv

know–it–all n : sabelotodo mf
knowledge n : conocimiento m : conocimientos mpl : saber m
knowledgeable adj : informado : entendido : enterado
known adj : conocido : familiar
knuckle n : nudillo m
KO[1] v **KO'd; KO'ing** : noquear
KO[2] n : nocaut m : knockout m
koala n : koala m
Koran n the Koran : el Corán
Korean n : coreano m, -na f —
Korean adj
kosher adj : aprobado por la ley judía
kowtow v to kowtow to : humillarse ante : doblegarse ante
krypton n : criptón m
kudos n : fama f : renombre m
kumquat n : naranjita f china
Kurd n : kurdo m, -da f
Kurdish adj : kurdo
Kuwaiti n : kuwaití mf —
Kuwaiti adj

L

la n : la m
lab → **laboratory**
label[1] v **-beled** or **-belled; -beling** or **-belling** : etiquetar : poner etiqueta a : calificar : tildar : tachar
label[2] n : etiqueta f : rótulo m : calificación f : descripción f : marca f
labial adj : labial
labor[1] v : trabajar : avanzar penosamente : funcionar con dificultad : insistir en : extenderse sobre
labor[2] n : trabajo m : esfuerzos mpl : parto m : tarea f : labor m : mano f de obra
laboratory n, pl **-ries** : laboratorio m
Labor Day n : Día m del Trabajo
laborer n : peón m : trabajador m, -dora f
laborious adj : laborioso : difícil
laboriously adv : laboriosamente : trabajosamente
labor union → **union**

labyrinth n : laberinto m
labyrinthine adj : laberíntico
lace[1] v **laced; lacing** : acordonar : atar los cordones de : adornar de encaje : echar licor a
lace[2] n : encaje m : cordón m : agujeta f
lacerate v **-ated; -ating** : lacerar
laceration n : laceración f
lack[1] v : carecer de : no tener : faltar
lack[2] n : falta f : carencia f
lackadaisical adj : apático : indiferente : lánguido —
lackadaisically adv
lackey n, pl **-eys** : lacayo m : adulador m, -dora f
lackluster adj : sin brillo : apagado : deslustrado : deslucido : mediocre
laconic adj : lacónico —
laconically adv
lacquer[1] v : laquear : pintar con laca
lacquer[2] n : laca f

lacrosse n : lacrosse m
lacy adj **lacier; -est** : de encaje : como de encaje
lad n : muchacho m : niño m
ladder n : escalera f
laden adj : cargado
ladle¹ v **-dled; -dling** : servir con cucharón
ladle² n : cucharón m : cazo m
lady n, pl **-dies** : señora f : dama f : mujer f
ladybird → **ladybug**
ladybug n : mariquita f
lag¹ v **lagged; lagging**
  to lag behind : quedarse atrás : quedarse rezagado : ir a la zaga : atrasarse : retrasarse
lag² n : retraso m : demora f : lapso m : intervalo m
lager n : cerveza f rubia
laggard¹ adj : retardado : retrasado
laggard² n : rezagado m, -da f
lagoon n : laguna f
laid → **lay¹**
laid–back adj : tranquilo : relajado
lain pp → **lie¹**
lair n : guarida f : madriguera f
laissez–faire n : liberalismo m económico
laity n **the laity** : los laicos : el laicado
lake n : lago m
lama n : lama m
lamb n : cordero m : borrego m : carne f de cordero
lambaste or **lambast** v **-basted; -basting** : golpear : azotar : darle una paliza : arremeter contra : censurar
lame¹ v **lamed; laming** : lisiar : hacer cojo
lame² adj **lamer; lamest** : cojo : renco : rengo : pobre : débil : poco convincente
lame duck n : persona f sin poder
lamely adv : sin convicción
lameness n : cojera f : renquera f : falta f de convicción : debilidad f : pobreza f
lament¹ v : llorar : llorar por : lamentar : deplorar
lament² n : lamento m
lamentable adj : lamentable : deplorable — **lamentably** adv

lamentation n : lamentación f : lamento m
laminate¹ v **-nated; -nating** : laminar
laminate² n : laminado m
laminated adj : laminado
lamp n : lámpara f
lampoon¹ v : satirizar
lampoon² n : sátira f
lamppost n : farol m : farola f
lamprey n, pl **-preys** : lamprea f
lampshade n : pantalla f
lance¹ v **lanced; lancing** : sajar
lance² n : lanza f
lance corporal n : cabo m interino : soldado m de primera clase
land¹ v : desembarcar : hacer aterrizar : pescar : sacar del agua : conseguir : ganar : dar : asestar : aterrizar : tomar tierra : atracar : posarse : caer : ir a parar
land² n : tierra f : terreno m : país m : nación f : mundo m : dominio m
landfill n : vertedero m
landing n : aterrizaje m : desembarco m : descanso m : descansillo m
landing field n : campo m de aterrizaje
landing pad n : plataforma f de aterrizaje
landing strip → **airstrip**
landlady n, pl **-dies** : casera f : dueña f : arrendadora f
landless adj : sin tierra
landlocked adj : sin salida al mar
landlord n : dueño m : casero m : arrendador m
landlubber n : marinero m de agua dulce
landmark n : señal f : punto m de referencia : hito m : monumento m histórico
landowner n : hacendado m, -da f : terrateniente mf
landscape¹ v **-scaped; -scaping** : ajardinar
landscape² n : paisaje m
landscaper n : paisajista mf
landscaping n : paisajismo m
landslide n : desprendimiento m de tierras : derrumbe m
landward adv : en dirección de la tierra : hacia tierra

lane n : camino m : sendero m
: carril m
language n : idioma m : lengua f
: lenguaje m
languid adj : lánguido — **languidly**
adv
languish v : languidecer
: debilitarse : consumirse
: suspirar
languor n : languidez f
languorous adj : lánguido —
languorously adv
lank adj : delgado : larguirucho : lacio
lanky adj **lankier; -est** : delgado
: larguirucho
lanolin n : lanolina f
lantern n : linterna f : farol m
Laotian n : laosiano m, -na f —
Laotian adj
lap¹ v **lapped; lapping** : plegar
: doblar : envolver : lamer : besar
: traslaparse
lap² n : falda f : regazo m : traslapo
m : vuelta f : etapa f
lapdog n : perro m faldero
lapel n : solapa f
lapp n : lapón m, -pona f — **Lapp**
adj
lapse¹ v **lapsed; lapsing** : caer
: decaer : desvanecerse
: cancelarse : perderse
: transcurrir : pasar : caducar
lapse² n : lapsus m : desliz m : falla
f : lapso m : intervalo m : período
m : caducidad f
laptop¹ adj : portátil : laptop
laptop² n : laptop m
larcenous adj : de robo
larceny n, pl **-nies** : robo m : hurto m
larch n : alerce m
lard n : manteca f de cerdo
larder n : despensa f : alacena f
large adj **larger; largest** : grande
: amplio : extenso
largely adv : en gran parte : en su
mayoría
largeness n : lo grande
largesse or **largess** n
: generosidad f : largueza f
lariat n : lazo m
lark n : diversión f : alondra f
larva n, pl **-vae** : larva f — **larval**
adj
laryngitis n : laringitis f

larynx n, pl **-rynges** or **-ynxes**
: laringe f
lasagna n : lasaña f
lascivious adj : lascivo
lasciviousness n : lascivia f
: lujuria f
laser n : láser m
laser disc n : disco m láser
laser printer n : impresora f láser
lash¹ v : azotar : atar : amarrar
lash² n : látigo m : latigazo m
: pestaña f
lass n or **lassie** n : muchacha f : chica f
lasso¹ v : lazar
lasso² n, pl **-sos** or **-soes** : lazo m
: reata f
last¹ v : durar : aguantar : sobrevivir
: bastar
last² adv : en último lugar : al último
: por última vez : la última vez
: por último : en conclusión
last³ adj : último : final : pasado
last⁴ n : el último : la última : lo
último : horma f
last–ditch adj : desesperado : último
lasting adj : perdurable : duradero
: estable
lastly adv : por último : finalmente
last–minute adj : de última hora
latch¹ v : cerrar con picaporte
latch² n : picaporte m : pestillo m
: pasador m
late¹ adv **later; latest** : tarde : a
última hora : a finales : recién
: últimamente
late² adj **later; latest** : tardío
: avanzado : difunto : fallecido
: reciente : último
latecomer n : rezagado m, -da f
lately adv : recientemente
: últimamente
lateness n : retraso m : atraso m
: tardanza f : lo avanzado
latent adj : latente — **latently** adv
later¹ adv : más tarde : después
later² adj : posterior : ulterior
lateral adj : lateral — **laterally** adv
latest¹ adj : último
latest² n : lo último
latex n, pl **-tices** or **-texes** : látex m
lath n, pl **laths** or **lath** : listón m
lathe n : torno m
lather¹ v : enjabonar : espumar
: hacer espuma

lather[2] *n* : espuma *f* : sudor *m*

Latin[1] *adj* : latino

Latin[2] *n* : latín *m*

Latin–American *adj*
: latinoamericano

Latin American *n* : latinoamericano
m, -na *f*

latitude *n* : latitud *f*

latrine *n* : letrina *f*

latte *n* : café *m* con leche

latter *adj* : segundo : último

lattice *n* : enrejado *m* : celosía *f*

Latvian *n* : letón *m*, -tona *f* —
Latvian *adj*

laud[1] *v* : alabar : loar

laud[2] *n* : alabanza *f* : loa *f*

laudable *adj* : loable — **laudably**
adv

laugh[1] *v* : reír : reírse **to laugh off**
: tomar en/a broma

laugh[2] *n* : risa *f* : chiste *m* : broma *f*

laughable *adj* : risible : de risa

laughingstock *n* : hazmerreír *m*

laughter *n* : risa *f* : risas *fpl*

launch[1] *v* : lanzar : botar : iniciar
: empezar : abrir

launch[2] *n* : lancha *f* : lanzamiento *m*

launchpad *n* : plataforma *f* de
lanzamiento

launder *v* : lavar y planchar
: blanquear : lavar

launderer *n* : lavandero *m*, -ra *f*

laundress *n* : lavandera *f*

laundry *n*, *pl* **laundries** : ropa
f sucia : ropa *f* para lavar
: lavandería *f*

laureate *n* : laureado *m*, -da *f*

laurel *n* : laurel *m*; **laurels** *npl*
: laureles *mpl*

lava *n* : lava *f*

lavatory *n*, *pl* **-ries** : baño *m*
: cuarto *m* de baño

lavender *n* : lavanda *f* : espliego *m*

lavish[1] *v* : prodigar : colmar

lavish[2] *adj* : pródigo : generoso
: derrochador : abundante : lujoso
: espléndido

lavishly *adv* : con generosidad
: espléndidamente

lavishness *n* : generosidad *f*
: esplendidez *f*

law *n* : ley *f* : derecho *m* : abogacía *f*

law–abiding *adj* : observante de
la ley

lawbreaker *n* : infractor *m*, -tora *f*
de la ley

lawful *adj* : legal : legítimo : lícito
— **lawfully** *adv*

lawgiver *n* : legislador *m*, -dora *f*

lawless *adj* : anárquico
: ingobernable — **lawlessly** *adv*

lawlessness *n* : anarquía *f*
: desorden *m*

lawmaker *n* : legislador *m*, -dora *f*

lawman *n*, *pl* **-men** : agente *m* del
orden

lawn *n* : césped *m* : pasto *m*

lawn mower *n* : cortadora *f* de césped

lawsuit *n* : pleito *m* : litigio *m*
: demanda *f*

lawyer *n* : abogado *m*, -da *f*

lax *adj* : laxo : relajado — **laxly** *adv*

laxative *n* : laxante *m*

laxity *n* : relajación *f* : descuido *m*
: falta *f* de rigor

lay[1] *v* **laid; laying** : poner : colocar
: tender : preparar : apostar

lay[2] → **lie**[1]

lay[3] *adj* : laico : lego

lay[4] *n* : disposición *f* : configuración
f : romance *m* : balada *f*

layer *n* : capa *f* : estrato *m* : gallina
f ponedora

layman *n*, *pl* **-men** : laico *m* : lego
m, -ga *f* : seglar *mf* : profano *m*,
-na *f*

layoff *n* : despido *m*

layout *n* : disposición *f*
: distribución *f* : trazado *m*

layover *n* : escala *f*

layperson *n* : laico *m*, -ca *f* : lego
m, -ga *f* : seglar *mf* : profano *m*,
-na *f*

laywoman *n*, *pl* **-women** : laica *f*
: lega *f*

laziness *n* : pereza *f* : flojera *f*

laze *v* **lazed; lazing** *or* **to laze
around** : holgazanear

lazy *adj* **lazier; -est** : perezoso
: holgazán — **lazily** *adv*

lazybones *n* : gandul *m*, -dula *f*

LCD *n* : LCD *m* : pantalla *f* de
cristal líquido

leach *v* : filtrar

lead[1] *v* **led; leading** : conducir
: llevar : guiar : dirigir : encabezar
: ir al frente de : ir a la cabeza : ir
en cabeza

lead[2] *n* : delantera *f* : primer lugar *m* : pista *f* : correa *f*

lead[3] *n* : plomo *m* : mina *f*

leaden *adj* : plomizo : pesado

leader *n* : jefe *m*, -fa *f* : líder *mf* : dirigente *mf* : gobernante *mf*

leadership *n* : mando *m* : dirección *f*

leading *adj* : principal : importante : más importante

leaf[1] *v* : echar hojas

leaf[2] *n, pl* **leaves** : hoja *f*

leafless *adj* : sin hojas : pelado

leaflet *n* : folleto *m*

leafy *adj* **leafier; -est** : frondoso

league[1] *v* **leagued; leaguing** : aliar : unir : aliarse : unirse

league[2] *n* : legua *f* : alianza *f* : sociedad *f* : liga *f*

leak[1] *v* : perder : dejar escapar : filtrar : gotear : escaparse : fugarse : hacer agua : filtrarse : divulgarse

leak[2] *n* : agujero *m* : gotera *f* : fuga *f* : escape *m* : filtración *f*

leakage *n* : escape *m* : fuga *f*

leaky *adj* **leakier; -est** : agujereado : que hace agua : con goteras

lean[1] *v* : inclinarse : ladearse : reclinarse : apoyarse : depender : tender : apoyar

lean[2] *adj* : delgado : flaco : sin grasa : magro

leaning *n* : inclinación *f*

leanness *n* : delgadez *f*

lean–to *n* : cobertizo *m*

leap[1] *v* **leaped** *or* **leapt; leaping** : saltar : brincar

leap[2] *n* : salto *m* : brinco *m*

leap year *n* : año *m* bisiesto

learn *v* : aprender : aprender de memoria : saber : enterarse de : enterarse

learned *adj* : erudito

learner *n* : principiante *mf* : estudiante *mf*

learning *n* : erudición *f* : saber *m*

lease[1] *v* **leased; leasing** : arrendar

lease[2] *n* : contrato *m* de arrendamiento

leash *n* : traílla *f*

least[1] *adv* : menos

least[2] *adj* : menor : más mínimo

leather *n* : cuero *m*

leathery *adj* : curtido : correoso

leave[1] *v* **left; leaving** : salir(se) de : ir(se) de : dejar : legar : irse : salir : partir : marcharse

leave[2] *n* : permiso *m*

leaven *n* : levadura *f*

leaves → **leaf**[2]

leaving *n* : salida *f* : partida *f*; **leavings** *npl* : restos *mpl* : sobras *fpl*

Lebanese *n* : libanés *m*, -nesa *f* — **Lebanese** *adj*

lecherous *adj* : lascivo : libidinoso — **lecherously** *adv*

lechery *n* : lascivia *f* : lujuria *f*

lectern *n* : atril *m*

lecture[1] *v* **-tured; -turing** : dar clase : dictar clase : dar una conferencia : sermonear : echar una reprimenda a : regañar

lecture[2] *n* : conferencia *f* : reprimenda *f*

lecturer *n* : conferenciante *mf* : profesor *m*, -sora *f*

led → **lead**[1]

LED *n* : LED *m* : led *m*

ledge *n* : repisa *f* : antepecho *m* : saliente *m*

ledger *n* : libro *m* mayor : libro *m* de contabilidad

lee[1] *adj* : de sotavento

lee[2] *n* : sotavento *m*

leech *n* : sanguijuela *f*

leek *n* : puerro *m*

leer[1] *v* : mirar con lascivia

leer[2] *n* : mirada *f* lasciva

leery *adj* : receloso

lees *npl* : posos *mpl* : heces *fpl*

leeward[1] *adj* : de sotavento

leeward[2] *n* : sotavento *m*

leeway *n* : libertad *f* : margen *m*

left[1] *adv* : hacia la izquierda

left[2] → **leave**[1]

left[3] *adj* : izquierdo

left[4] *n* : izquierda *f*

left–click *v* : hacer clic/click izquierdo : hacer clic/click izquierdo en

left–hand *adj* : de la izquierda

left–handed *adj* : zurdo : con doble sentido

leftist *n* : izquierdista *mf* — **leftist** *adj*

leftover *adj* : sobrante : que sobra

leftovers *npl* : restos *mpl* : sobras *fpl*

left wing *n* **the left wing** : la izquierda

left–winger *n* : izquierdista *mf*

leg *n* : pierna *f* : pata *f* : etapa *f* : vuelta *f*

legacy *n, pl* **-cies** : legado *m* : herencia *f*

legal *adj* : legal : jurídico : legítimo

legalistic *adj* : legalista

legality *n, pl* **-ties** : legalidad *f*

legalize *v* **-ized; -izing** : legalizar

legally *adv* : legalmente

legate *n* : legado *m*

legation *n* : legación *f*

legend *n* : leyenda *f* : inscripción *f* : signos *mpl* convencionales

legendary *adj* : legendario

legerdemain → sleight of hand

leggings *npl* : mallas *fpl*

legibility *n* : legibilidad *f*

legible *adj* : legible

legibly *adv* : de manera legible

legion *n* : legión *f*

legionnaire *n* : legionario *m*, -ria *f*

legislate *v* **-lated; -lating** : legislar

legislation *n* : legislación *f*

legislative *adj* : legislativo : legislador

legislator *n* : legislador *m*, -dora *f*

legislature *n* : asamblea *f* legislativa

legitimacy *n* : legitimidad *f*

legitimate *adj* : legítimo : válido : justificado : legal

legitimately *adv* : legítimamente

legitimize *v* **-mized; -mizing** : legitimar : hacer legítimo

legume *n* : legumbre *f*

leisure *n* : ocio *m* : tiempo *m* libre

leisurely *adj & adv* : lento : sin prisas

lemming *n* : lemming *m*

lemon *n* : limón *m*

lemonade *n* : limonada *f*

lemony *adj* : a limón

lempira *n* : lempira *f*

lend *v* **lent; lending** : prestar : dar

length *n* : longitud *f* : largo *m* : duración *f* : trozo *m* : corte *m*

lengthen *v* : alargar : prolongar : extender : alargarse : crecer

lengthways → lengthwise

lengthwise *adv* : a lo largo : longitudinalmente

lengthy *adj* **lengthier; -est** : largo y pesado : prolongado : largo

leniency *n, pl* **-cies** : lenidad *f* : indulgencia *f*

lenient *adj* : indulgente : poco severo

leniently *adv* : con lenidad : con indulgencia

lens *n* : cristalino *m* : lente *mf*

lent → lend

Lent *n* : Cuaresma *f*

lentil *n* : lenteja *f*

Leo *n* : Leo *m* : Leo *mf*

leopard *n* : leopardo *m*

leotard *n* : leotardo *m* : malla *f*

leper *n* : leproso *m*, -sa *f*

leprechaun *n* : duende *m*

leprosy *n* : lepra *f* — **leprous** *adj*

lesbian[1] *adj* : lesbiano

lesbian[2] *n* : lesbiana *f*

lesbianism *n* : lesbianismo *m*

lesion *n* : lesión *f*

less[1] *adv* : menos

less[2] *adj* : menos

less[3] *pron* : menos

less[4] *prep* : menos

-less *suf* : sin

lessee *n* : arrendatario *m*, -ria *f*

lessen *v* : disminuir : reducir : reducirse

lesser *adj* : menor

lesson *n* : clase *f* : curso *m* : lección *f*

lessor *n* : arrendador *m*, -dora *f*

lest *conj* : para no

let *v* **let; letting** : dejar : permitir : hacer : alquilar

letdown *n* : chasco *m* : decepción *f*

lethal *adj* : letal — **lethally** *adv*

lethargic *adj* : letárgico

lethargy *n* : letargo *m*

let's → let

letter[1] *v* : marcar con letras : inscribir letras en

letter[2] *n* : letra *f* : carta *f*; **letters** *npl* : letras *fpl*

letter bomb *n* : carta *f* bomba

letterhead *n* : membrete *m* : papel *m* con membrete

lettering *n* : letra *f*

lettuce *n* : lechuga *f*

letup *n* : pausa *f* : respiro *m*

leukemia *n* : leucemia *f*

levee *n* : dique *m*

level[1] *v* **-eled** *or* **-elled; -eling** *or* **-elling** : apuntar : dirigir : rasar : arrasar

level² *adj* : llano : plano : parejo : tranquilo

level³ *n* : nivel *m*

leveler *n* : nivelador *m*, -dora *f*

levelheaded *adj* : sensato : equilibrado

levelly *adv* : con ecuanimidad *f* : con calma

levelness *n* : uniformidad *f*

lever *n* : palanca *f*

leverage *n* : apalancamiento *m* : influencia *f* : palanca *f*

leviathan *n* : leviatán *m* : gigante *m*

levitate *v* **-tated; -tating** : levitar : hacer levitar

levity *n* : ligereza *f* : frivolidad *f*

levy¹ *v* **levied; levying** : imponer : exigir : gravar : recaudar

levy² *n, pl* **levies** : impuesto *m* : gravamen *m*

lewd *adj* : lascivo — **lewdly** *adv*

lewdness *n* : lascivia *f*

lexical *adj* : léxico

lexicographer *n* : lexicógrafo *m*, -fa *f*

lexicographical *or* **lexicographic** *adj* : lexicográfico

lexicography *n* : lexicografía *f*

lexicon *n, pl* **-ica** *or* **-icons** : léxico *m*

liability *n, pl* **-ties** : responsabilidad *f* : propensión *f* : desventaja *f*; **liabilities** *npl* : deudas *fpl* : pasivo *m*

liable *adj* : responsable : propenso : probable

liaison *n* : enlace *m* : relación *f* : amorío *m* : aventura *f*

liar *n* : mentiroso *m*, -sa *f* : embustero *m*, -ra *f*

libel¹ *v* **-beled** *or* **-belled; -beling** *or* **-belling** : difamar : calumniar

libel² *n* : difamación *f* : calumnia *f*

libelous *or* **libellous** *adj* : difamatorio : calumnioso : injurioso

liberal¹ *adj* : liberal : tolerante : generoso : abundante

liberal² *n* : liberal *mf*

liberalism *n* : liberalismo *m*

liberality *n, pl* **-ties** : liberalidad *f* : generosidad *f*

liberalize *v* **-ized; -izing** : liberalizar

liberally *adv* : generosamente : abundantemente : libremente

liberate *v* **-ated; -ating** : liberar : libertar

liberation *n* : liberación *f*

liberator *n* : libertador *m*, -dora *f*

Liberian *n* : liberiano *m*, -na *f* — **Liberian** *adj*

libertarian *adj & n* : libertario *m*, -ria *f*

libertine *n* : libertino *m*, -na *f*

liberty *n, pl* **-ties** : libertad *f*

libido *n, pl* **-dos** : libido *f* — **libidinous** *adj*

Libra *n* : Libra *m* : Libra *mf*

librarian *n* : bibliotecario *m*, -ria *f*

library *n, pl* **-braries** : biblioteca *f*

librettist *n* : libretista *mf*

libretto *n, pl* **-tos** *or* **-ti** : libreto *m*

Libyan *n* : libio *m*, -bia *f* — **Libyan** *adj*

lice → **louse**

license¹ *v* **licensed; licensing** : licenciar : autorizar : dar permiso a

license² *or* **licence** : licencia *f* : permiso *m* : carnet *m* : libertad *f* : libertinaje *m*

licensed *adj* : autorizado : certificado : licenciado

license plate *n* : placa *f* de matrícula : chapa *f* : patente *f*

licentious *adj* : licencioso : disoluto — **licentiously** *adv*

licentiousness *n* : libertinaje *m*

lichen *n* : liquen *m*

licit *adj* : lícito

lick¹ *v* : lamer : darle una paliza

lick² *n* : lamida *f* : lengüetada *f* : pizca *f* : ápice *m*

licorice *n* : regaliz *m* : dulce *m* de regaliz

lid *n* : tapa *f* : párpado *m*

lie¹ *v* **lay; lain; lying** : estar : estar situado : encontrarse : consistir

lie² *v* **lied; lying** : mentir

lie³ *n* : mentira *f* : posición *f*

liege *n* : señor *m* feudal

lien *n* : derecho *m* de retención

lieu *n* **in lieu of** : en lugar de

lieutenant *n* : teniente *mf*

life *n, pl* **lives** : vida *f* : biografía *f* : duración *f* : vivacidad *f* : animación *f*

lifeblood *n* : parte *f* vital : sustento *m*

lifeboat *n* : bote *m* salvavidas

life cycle *n* : ciclo *m* vital

life expectancy *n* : esperanza *f* de vida : expectativa *f* de vida : expectativas *fpl* de vida
lifeguard *n* : socorrista *mf* : salvavidas *mf* : bañero *m*, -ra *f*
life insurance *n* : seguro *m* de vida
life jacket *n* : chaleco *m* salvavidas
lifeless *adj* : sin vida : muerto
lifelike *adj* : que parece vivo : natural : verosímil
lifeline *n* : cuerda *f* de salvamento : sustento *m*
lifelong *adj* : de toda la vida
life preserver *n* : salvavidas *m*
lifesaver *n* : salvación *f*
lifesaving *n* : socorrismo *m*
life sentence *n* : cadena *f* perpetua
life–size *or* **life–sized** *adj* : de tamaño natural
lifespan *n* : vida *f*
lifestyle *n* : estilo *m* de vida
lifetime *n* : vida *f* : curso *m* de la vida
lift[1] *v* : levantar : alzar : subir : levantarse : alzarse : despejar
lift[2] *n* : levantamiento *m* : alzamiento *m* : impulso *m* : estímulo *m*
liftoff *n* : despegue *m*
ligament *n* : ligamento *m*
ligature *n* : ligadura *f*
light[1] *v* **lit** *or* **lighted; lighting** : iluminar : alumbrar : encender : prenderle fuego a : encenderse : prender
light[2] *v* **lighted** *or* **lit; lighting** : posarse : bajarse : apearse
light[3] *adv* : suavemente : ligeramente
light[4] *adj* : ligero : liviano : poco pesado : fácil : fino : suave : leve : bajo : de poca importancia : superficial : brillante : luminosa : claro : rubio
light[5] *n* : luz *f* : luz *f* del día : amanecer *m* : madrugada *f* : lámpara *f* : aspecto *m* : fósforo *m* : cerillo *m*
lightbulb *n* : bombilla *f* : foco *m* : bombillo *m* : bombita *f*
lighten *v* : iluminar : dar más luz a : aclararse : aligerar : aliviar : alegrar
lighter *n* : encendedor *m*

light–headed *adj* : mareado
lighthearted *adj* : alegre : despreocupado : desenfadado — **lightheartedly** *adv*
lightheartedness *n* : desenfado *m* : alegría *f*
lighthouse *n* : faro *m*
lighting *n* : iluminación *f*
lightly *adv* : suavemente : ligeramente : a la ligera
lightness *n* : luminosidad *f* : claridad *f* : ligereza *f* : suavidad *f* : delicadeza *f* : liviandad *f*
lightning *n* : relámpago *m* : rayo *m*
lightning bug → **firefly**
lightproof *adj* : impenetrable por la luz : opaco
lightweight[1] *adj* : ligero : liviano : de poco peso
lightweight[2] *n* : peso *m* ligero
light–year *n* : año *m* luz
likable *or* **likeable** *adj* : simpático : agradable
like[1] *v* **liked; liking** : gustarle : querer : desear
like[2] *adj* : parecido : semejante : similar
like[3] *n* : preferencia *f* : gusto *m*
like[4] *conj* : como si : como : igual que
like[5] *prep* : como : parecido a : propio de : típico de
-like *suf* : como : parecido a : propio de
likelihood *n* : probabilidad *f*
likely[1] *adv* : probablemente
likely[2] *adj* **likelier; -est** : probable : apropiado : adecuado : verosímil : creíble : prometedor
liken *v* : comparar
likeness *n* : semejanza *f* : parecido *m* : retrato *m*
likewise *adv* : de la misma manera : asimismo : también : además
liking *n* : afición *f* : simpatía *f* : gusto *m*
lilac *n* : lila *f* — **lilac** *adj*
lilt *n* : cadencia *f* : ritmo *m* alegre
lily *n*, *pl* **lilies** : lirio *m* : azucena *f*
lily pad *n* : hoja *f* grande
lima bean *n* : frijol *m* de media luna
limb *n* : miembro *m* : extremidad *f* : rama *f*
limber[1] *v* *or* **to limber up** : calentarse : prepararse

limber² *adj* : ágil : flexible
limbo *n, pl* **-bos** : limbo *m* : olvido *m*
lime *n* : cal *f* : lima *f* : limón *m* verde
limelight *n* **to be in the limelight**
: ser el centro de atención : estar
en el candelero
limestone *n* : piedra *f* caliza : caliza *f*
limit¹ *v* : limitar : restringir
limit² *n* : límite *m* : máximo *m*;
limits *npl* : límites *mpl* : confines
mpl
limitation *n* : limitación *f*
: restricción *f*
limited *adj* : limitado : restringido
limitless *adj* : ilimitado : sin límites
limousine *n* : limusina *f*
limp¹ *v* : cojear
limp² *adj* : fláccido : lacio : débil
limp³ *n* : cojera *f*
limpet *n* : lapa *f*
limpid *adj* : límpido : claro
limply *adv* : sin fuerzas
limpness *n* : flaccidez *f* : debilidad *f*
limy *adj* : calizo
linden *n* : tilo *m*
line¹ *v* **lined; lining** : forrar : cubrir
: rayar : trazar líneas en : bordear **to**
line up : ponerse en fila : hacer cola
line² *n* : línea *f* : raya *f* : límite
m : fila *f* : hilera *f* : cola *f*; **lines**
npl : líneas *fpl* : cuerda *f* : cable
m : verso *m* : nota *f*; **lines** *npl*
: diálogo *m* : comentario *m*
: arruga *f* : cadena : serie *f*
: linaje *m* : ocupación *f* : rama *f*
: especialidad *f*; **lines** *npl* : filas *fpl*
: conformidad *f*
lineage *n* : linaje *m* : abolengo *m*
lineal *adj* : en línea directa
lineaments *npl* : facciones *fpl*
: rasgos *mpl*
linear *adj* : lineal
lined *adj* : de rayas : arrugado
linen *n* : lino *m*
liner *n* : forro *m* : buque *m*
: transatlántico *m*
lineup *n* : fila *f* de sospechosos
: formación *f* : alineación *f*
linger *v* : quedarse : entretenerse
: rezagarse : persistir : sobrevivir
lingerie *n* : ropa *f* íntima femenina
: lencería *f*
lingo *n, pl* **-goes** : idioma *m* : jerga *f*
linguist *n* : lingüista *mf*

linguistic *adj* : lingüístico
linguistics *n* : lingüística *f*
liniment *n* : linimento *m*
lining *n* : forro *m*
link¹ *v* : unir : enlazar : conectar
to link up : unirse
link² *n* : eslabón *m* : conexión *f*
: lazo *m* : vínculo *m* : enlace *m*
linkage *n* : conexión *f* : unión *f*
: enlace *m*
links *n* : campo *m* de golf : cancha
f de golf
linoleum *n* : linóleo *m*
lint *n* : pelusa *f*
lintel *n* : dintel *m*
lion *n* : león *m*
lioness *n* : leona *f*
lionize *v* **-ized; -izing** : tratar a una
persona como muy importante
lip *n* : labio *m* : pico *m* : borde *m*
lip–read *v* : leer los labios
lipreading *n* : lectura *f* de los labios
lipstick *n* : lápiz *m* labial : barra *f*
de labios
liquefy *v* **-fied; -fying** : licuar
: licuarse
liqueur *n* : licor *m*
liquid¹ *adj* : líquido
liquid² *n* : líquido *m*
liquidate *v* **-dated; -dating**
: liquidar
liquidation *n* : liquidación *f*
liquidity *n* : liquidez *f*
liquor *n* : alcohol *m* : bebidas *fpl*
alcohólicas : licor *m*
lisp¹ *v* : cecear
lisp² *n* : ceceo *m*
lissome *adj* : flexible : ágil y grácil
list¹ *v* : hacer una lista de
: enumerar : poner en una lista
: incluir : escorar
list² *n* : lista *f*
listen *v* : escuchar : oír
listener *n* : oyente *mf* : persona *f*
que sabe escuchar
listless *adj* : lánguido : apático —
listlessly *adv*
listlessness *n* : apatía *f* : languidez
f : desgana *f*
lit → **light**
litany *n, pl* **-nies** : letanía *f*
liter *n* : litro *m*
literacy *n* : alfabetismo *m*
literal *adj* : literal — **literally** *adv*

literary adj : literario
literate adj : alfabetizado
literature n : literatura f
lithe adj : ágil y grácil
lithesome → **lissome**
lithium n : litio m
lithograph n : litografía f
lithographer n : litógrafo m, -fa f
lithography n : litografía f
lithosphere n : litosfera f
Lithuanian n : lituano m : lituano m, -na f — **Lithuanian** adj
litigant n : litigante mf
litigate v **-gated; -gating** : litigar
litigation n : litigio m
litmus n : tornasol m
litmus paper n : papel m de tornasol
litmus test n : prueba f decisiva
litter[1] v : tirar basura en : ensuciar : tirar basura
litter[2] n : camada f : cría f : camilla f : basura f : arena f higiénica
little[1] adv **less; least** : poco
little[2] adj **littler** or **less** or **lesser; littlest** or **least** : pequeño : poco : sin importancia : trivial
little[3] n : poco m
Little Dipper → **dipper**
little person n, pl **little people** : persona f pequeña : enano m, -na f
liturgical adj : litúrgico — **liturgically** adv
liturgy n, pl **-gies** : liturgia f
livable adj : habitable
live[1] v **lived; living** : vivir : llevar una vida : mantenerse : residir : llevar
live[2] adj : vivo : encendido : con corriente : cargado : sin estallar : de actualidad : en vivo : en directo
livelihood n : sustento m : vida f : medio m de vida
liveliness n : animación f : vivacidad f
livelong adj : entero : completo
lively adj **livelier; -est** : animado : vivaz : vivo : enérgico
liven v : animar : animarse
liver n : hígado m
livery n, pl **-eries** : librea f
lives → **life**

livestock n : ganado m
livestream[1] v : hacer streaming en vivo
livestream[2] n : streaming m en vivo
livid adj : amoratado : lívido : furioso
living[1] adj : vivo
living[2] n **to make a living** : ganarse la vida
living room n : living m : sala f de estar
lizard n : lagarto m
llama n : llama f
load[1] v : cargar : embarcar : sobrecargar
load[2] n : carga f : peso m; **loads** npl : montón m : pila f : cantidad f
loaded adj : cargado : muy rico : borracho : chupado
loaf[1] v : holgazanear : flojear : haraganear
loaf[2] n, pl **loaves** : pan m : pan m de molde : barra f de pan
loafer n : holgazán m, -zana f : haragán m, -gana f : vago m, -ga f
loan[1] v : prestar
loan[2] n : préstamo m : empréstito m
loanword n : préstamo m : barbarismo m
loath adj : poco dispuesto
loathe v **loathed; loathing** : odiar : aborrecer
loathing n : aversión f : odio m : aborrecimiento m
loathsome adj : odioso : repugnante
lob[1] v **lobbed; lobbing** : hacerle un globo
lob[2] n : globo m
lobby[1] v **-bied; -bying** : presionar : ejercer presión sobre **to lobby for** : presionar para
lobby[2] n, pl **-bies** : vestíbulo m : grupo m de presión : lobby m
lobbyist n : miembro m de un lobby
lobe n : lóbulo m
lobed adj : lobulado
lobotomy n, pl **-mies** : lobotomía f
lobster n : langosta f
local[1] adj : local
local[2] n : anestesia f local
locale n : lugar m : escenario m
locality n, pl **-ties** : localidad f
localization n : localización f

localize v -ized; -izing : localizar

locally adv : en la localidad : en la zona

locate v -cated; -cating : situar : ubicar : localizar : establecerse

location n : posición f : emplazamiento m : ubicación f : lugar m : sitio m

loch n : lago m

lock[1] v : cerrar : encerrar : bloquear : cerrarse : trabarse : bloquearse

lock[2] n : mechón m : cerradura f : cerrojo m : chapa f : esclusa f

locker n : armario m : cajón m con llave : lócker m

locker room n : vestuario m : camarín m

locket n : medallón m : guardapelo m : relicario m

lockjaw n : tétano m

lockout n : cierre m patronal

locksmith n : cerrajero m, -ra f

lockup n : cárcel f

locomotion n : locomoción f

locomotive[1] adj : locomotor

locomotive[2] n : locomotora f

locust n : langosta f : chapulín m : cigarra f : chicharra f : acacia f blanca

locution n : locución f

lode n : veta f : vena f : filón m

lodestar n : estrella f polar

lodestone n : piedra f imán

lodge[1] v lodged; lodging : hospedar : alojar : presentar : posarse : meterse : hospedarse : alojarse

lodge[2] n : pabellón m : casa f de campo : madriguera f : logia f

lodger n : inquilino m, -na f : huésped m, -peda f

lodging n : alojamiento m; **lodgings** npl : habitaciones fpl

loft n : desván m : ático m : buhardilla f : piso m superior : pajar m : galería f

loftily adv : altaneramente : con altivez

loftiness n : nobleza f : altanería f : arrogancia f : altura f : elevación f

lofty adj loftier; -est : noble : elevado : altivo : arrogante : altanero : majestuoso

log[1] v logged; logging : talar : registrar : anotar

log[2] n : tronco m : leño m : diario m

logarithm n : logaritmo m

logger n : leñador m, -dora f

loggerhead n : tortuga f boba

logic n : lógica f — **logical** adj — **logically** adv

logistic adj : logístico

logistics ns & pl : logística f

logo n, pl **logos** : logotipo m

loin n : lomo m; **loins** npl : lomos mpl

loincloth n : taparrabos m

loiter v : vagar : perder el tiempo

loll v : repantigarse : holgazanear : hacer el vago

lollipop or **lollypop** n : dulce m en palito : chupete m : paleta f

Londoner n : londinense mf

lone adj : solitario : único

loneliness n : soledad f

lonely adj lonelier; -est : solitario : aislado : solo

loner n : solitario m, -ria f : recluso m, -sa f

lonesome adj : solo : solitario

long[1] adv : mucho : mucho tiempo

long[2] adj longer; longest : largo : prolongado

long–distance adj : de larga distancia : a larga distancia

longevity n : longevidad f

long–haired adj : melenudo

longhand n : escritura f a mano : escritura f cursiva

long–haul adj : de larga distancia

longing n : vivo deseo m : ansia f : anhelo m

longingly adv : ansiosamente : con ansia

longitude n : longitud f

longitudinal adj : longitudinal — **longitudinally** adv

long jump n : salto m de longitud : salto m largo

long–lived adj : longevo

long–range adj : de largo alcance : a largo plazo

longshoreman n, pl -men : estibador m, -dora f

longshorewoman n, pl -women : cargadora f

long–standing adj : de larga data

long–suffering adj : paciente : sufrido

long–term adj : a largo plazo

long–winded adj : prolijo

look[1] v : mirar : buscar : parecer : dar a : esperar

look[2] n : mirada f : cara f : aspecto m : apariencia f : aire m; **looks** npl : belleza f

looker n **to be a looker** : ser guapísimo

looking adj : de aspecto

lookout n : centinela mf : vigía mf

loom[1] v : aparecer : surgir : amenazar : ser inminente

loom[2] n : telar m

loon n : somorgujo m : somormujo m

loony or **looney** adj **loonier; -est** : loco : chiflado

loop[1] v : hacer lazadas con : rizar el rizo : serpentear

loop[2] n : lazada f : curva f : circuito m cerrado : rizo m

loophole n : escapatoria f : pretexto m

loose[1] v **loosed; loosing** : poner en libertad : soltar : deshacer : desatar : descargar

loose[2] → **loosely**

loose[3] adj **looser; -est** : flojo : suelto : poco seguro : holgado : abierto : flexible : libre : aproximado

loosely adv : sin apretar : aproximadamente : más o menos

loose–leaf adj : de hojas sueltas

loosen v : aflojar : aflojarse

looseness n : holgura f : imprecisión f

loot[1] v : saquear : robar

loot[2] n : botín m

looter n : saqueador m, -dora f

lop v **lopped; lopping** : cortar : podar

lope[1] v **loped; loping** : correr a paso largo

lope[2] n : paso m largo

lopsided adj : torcido : chueco : ladeado : asimétrico

loquacious adj : locuaz

lord n : señor m : noble m : lord m

lordly adj **lordlier; -est** : arrogante : altanero

lordship n : señoría f

Lord's Supper n : Eucaristía f

lore n : saber m popular : tradición f

lose v **lost; losing** : perder : costar : hacer perder : atrasar : confundir : deshacerse de

loser n : perdedor m, -dora f

loss n : pérdida f : derrota f : juego m perdido; **losses** npl : muertos mpl

lost adj : perdido

lot n : sorteo m : parte f : porción f : suerte f : terreno m : solar m : lote m : parcela f

loth → **loath**

lotion n : loción f

lottery n, pl **-teries** : lotería f

lotus n : loto m

loud[1] adv : alto : fuerte

loud[2] adj : alto : fuerte : ruidoso : llamativo : chillón

loudly adv : alto : fuerte : en voz alta

loudmouth n : bocón m, -cona f

loudness n : volumen m : fuerza f

loudspeaker n : altavoz m : altoparlante m

lounge[1] v **lounged; lounging** : holgazanear : gandulear

lounge[2] n : salón m : sala f de estar

louse n, pl **lice** : piojo m

lousy adj **lousier; -est** : piojoso : lleno de piojos : pésimo : muy malo

lout n : bruto m : patán m

louver or **louvre** n : persiana f : listón m de persiana

lovable adj : adorable : amoroso : encantador

love[1] v **loved; loving** : querer : amar : encantarle a alguien : ser aficionado a : gustarle mucho a uno

love[2] n : amor m : cariño m : afición m : gusto m : amado m, -da f : enamorado m, -da f : recuerdos mpl

loveless adj : sin amor

loveliness n : belleza f : hermosura f

lovelorn adj : herido de amor : perdidamente enamorado

lovely adj **lovelier; -est** : hermoso : bello : lindo : precioso

lover n : amante mf : aficionado m, -da f

loving adj : amoroso : cariñoso

lovingly adv : cariñosamente

low[1] v : mugir

low[2] adv : bajo : profundo

low[3] adj **lower; lowest** : bajo : poco profundo : flojo : tenue : suave

: grave : profundo : humilde
: modesto : deprimido : bajo de
moral : inferior : mal : escotado
low⁴ *n* : punto *m* bajo : mugido *m*
low–class *adj* → **lower-class**
low–cut *adj* : escotado
lower¹ *v* : bajar : arriar : reducir
lower² *adj* : inferior : más bajo : de
abajo
lowercase¹ *adj* : minúsculo
lowercase² *n* **in lowercase** : en
minúsculas
lower–class *adj* : de clase baja
lower class *n* : clase *f* baja
low–key *adj* : informal : sin
ceremonias
lowland *n* : tierras *fpl* bajas
lowliness *n* : humildad *f* : bajeza *f*
lowly *adj* **lowlier; -est** : humilde
: modesto
loyal *adj* : leal : fiel — **loyally** *adv*
loyalist *n* : partidario *m*, -ria *f* del
régimen
loyalty *n, pl* **-ties** : lealtad *f*
: fidelidad *f*
loyalty card *n* : tarjeta *f* de cliente
lozenge *n* : pastilla *f*
LSD *n* : LSD *m*
lubricant *n* : lubricante *m*
lubricate *v* **-cated; -cating**
: lubricar — **lubrication** *n*
lucid *adj* : lúcido : claro — **lucidly**
adv
lucidity *n* : lucidez *f*
luck *n* : suerte *f*
luckily *adv* : afortunadamente : por
suerte
luckless *adj* : desafortunado
lucky *adj* **luckier; -est** : afortunado
: que tiene suerte : fortuito : de
suerte : oportuno
lucrative *adj* : lucrativo
: provechoso — **lucratively** *adv*
ludicrous *adj* : ridículo : absurdo
— **ludicrously** *adv*
ludicrousness *n* : ridiculez *f*
: absurdo *m*
lug *v* **lugged; lugging** : arrastrar
: transportar con dificultad
luggage *n* : equipaje *m*
lugubrious *adj* : lúgubre —
lugubriously *adv*
lukewarm *adj* : tibio : poco
entusiasta

lull¹ *v* : calmar : sosegar
lull² *n* : calma *f* : pausa *f*
lullaby *n, pl* **-bies** : canción *f* de
cuna : arrullo *m* : nana *f*
lumbago *n* : lumbago *m*
lumbar *adj* : lumbar
lumber¹ *v* : aserrar : moverse
pesadamente
lumber² *n* : madera *f*
lumberjack *n* : leñador *m*, -dora *f*
lumberyard *n* : almacén *m* de
maderas
luminary *n, pl* **-naries** : lumbrera *f*
: luminaria *f*
luminescence *n* : luminiscencia
f — **luminescent** *adj*
luminosity *n, pl* **-ties** : luminosidad *f*
luminous *adj* : luminoso —
luminously *adv*
lump¹ *v or* **to lump together**
: juntar : agrupar : amontonar
: agruparse : aglutinarse
lump² *n* : grumo *m* : pedazo *m*
: trozo *m* : terrón *m* : bulto *m*
: hinchazón *f* : protuberancia *f*
lump sum *n* : cantidad *f* global
: pago *m* único
lumpy *adj* **lumpier; -est** : lleno de
grumos : desigual : disparejo
lunacy *n, pl* **-cies** : locura *f*
lunar *adj* : lunar
lunch¹ *v* : almorzar : comer
lunch² *n* : almuerzo *m* : comida *f*
: lonche *m*
luncheon *n* : comida *f*
: almuerzo *m*
lunchroom *n* : merendero *m*
: cafetería *f*
lunchtime *n* : hora *f* del almuerzo
lung *n* : pulmón *m*
lunge¹ *v* **lunged; lunging** : atacar
lunge² *n* : arremetida *f* : embestida
f : estocada *f*
lurch¹ *v* : cabecear : dar bandazos
: dar sacudidas : tambalearse
lurch² *n* : sacudida *f* : bandazo *m*
: tambaleo *m*
lure¹ *v* **lured; luring** : atraer
lure² *n* : atractivo *m* : señuelo *m*
: aliciente *m* : cebo *m* artificial
lurid *adj* : espeluznante
: horripilante : sensacionalista
: chocante : chillón
lurk *v* : estar al acecho

luscious adj : delicioso : exquisito : seductor : cautivador

lush adj : exuberante : lozano : suntuoso : lujoso — **lushness** n

lust[1] v **to lust after** : desear : codiciar

lust[2] n : lujuria f : lascivia f : deseo m : ansia f : anhelo m

luster or **lustre** n : lustre m : brillo m : esplendor m

lusterless adj : deslustrado : sin brillo

lustful adj : lujurioso : lascivo : lleno de deseo

lustrous adj : brillante : brilloso : lustroso

lusty adj **lustier; -est** : fuerte : robusto : vigoroso — **lustily** adv

lute n : laúd m

luxuriance n : lozanía f : exuberancia f

luxuriant adj : exuberante : lozano : abundante y hermoso — **luxuriantly** adv

luxuriate v **-ated; -ating** : disfrutar

luxurious adj : lujoso : suntuoso — **luxuriously** adv

luxury n, pl **-ries** : lujo m

-ly suf : -mente

lye n : lejía f

lying → **lie**[1], **lie**[2]

lymph n : linfa f

lymphatic adj : linfático

lynch v : linchar

lynx n, pl **lynx** or **lynxes** : lince m

lyre n : lira f

lyric[1] adj : lírico

lyric[2] n : poema m lírico; **lyrics** npl : letra f

lyrical adj : lírico : elocuente

lyricist n : letrista mf

M

ma'am → **madam**

macabre adj : macabro

macadam n : macadán m

macaroni n : macarrones mpl

macaroon n : macarrón m : mostachón m

macaw n : guacamayo m

mace n : maza f : macis f

machete n : machete m

machination n : maquinación f : intriga f

machine[1] v **-chined; -chining** : trabajar a máquina

machine[2] n : máquina f : aparato m : maquinaria f

machine gun n : ametralladora f

machinery n, pl **-eries** : maquinaria f : mecanismo m

machinist n : maquinista mf

machismo n : machismo m : masculinidad f

macho adj : machote : macho

mackerel n, pl **-el** or **-els** : caballa f

mad adj **madder; maddest** : loco : demente : rabioso : tonto : insensato : enojado : furioso

Madagascan n : malgache mf — **Madagascan** adj

madam n, pl **mesdames** : señora f

madcap[1] adj : alocado : disparatado

madcap[2] n : alocado m, -da f

madden v : enloquecer : enfurecer

maddening adj : enloquecedor : exasperante

made → **make**[1]

made-to-measure adj : hecho a la medida

made-up adj : maquillado : inventado

madhouse n : manicomio m : casa f de locos

madly adv : como un loco : locamente

madman n, pl **-men** : loco m : demente m

madness n : locura f : demencia f

madwoman n, pl **-women** : loca f : demente f

maelstrom n : remolino m : vorágine f

maestro n, pl **-stros** or **-stri** : maestro m

Mafia n : Mafia f

mafioso *n* : mafioso *m*, -sa *f*

magazine *n* : almacén *m* : polvorín *m* : revista *f* : cargador *m*

maggot *n* : gusano *m*

Magi *npl* **the Magi** : los Reyes Magos

magic[1] *or* **magical** *adj* : mágico

magic[2] *n* : magia *f*

magically *adv* : mágicamente

magician *n* : mago *m*, -ga *f* : prestidigitador *m*, -dora *f*

magistrate *n* : magistrado *m*, -da *f*

magma *n* : magma *m*

magnanimity *n, pl* **-ties** : magnanimidad *f*

magnanimous *adj* : magnánimo : generoso — **magnanimously** *adv*

magnate *n* : magnate *mf*

magnesium *n* : magnesio *m*

magnet *n* : imán *m*

magnetic *adj* : magnético — **magnetically** *adv*

magnetic field *n* : campo *m* magnético

magnetism *n* : magnetismo *m*

magnetize *v* **-tized; -tizing** : magnetizar : imantar : atraer

magnification *n* : aumento *m* : ampliación *f*

magnificence *n* : magnificencia *f*

magnificent *adj* : magnífico — **magnificently** *adv*

magnify *v* **-fied; -fying** : ampliar : magnificar : exagerar

magnifying glass *n* : lupa *f*

magnitude *n* : magnitud *f* : grandeza *f* : cantidad *f* : envergadura *f*

magnolia *n* : magnolia *f* : magnolio *m*

magpie *n* : urraca *f*

maguey *n* : maguey *m*

mahogany *n, pl* **-nies** : caoba *f*

maid *n* : doncella *f*

maiden[1] *adj* : soltera : primero

maiden[2] *n* : doncella *f*

maiden name *n* : nombre *m* de soltera

mail[1] *v* : enviar por correo : echar al correo

mail[2] *n* : correo *m* : malla *f*

mailbox *n* : buzón *m*

mailing list *n* : lista *f* de correo(s) : lista *f* de direcciones

mailman *n, pl* **-men** : cartero *m*

mail order *n* : venta *f* por correo

maim *v* : mutilar : desfigurar : lisiar

main[1] *adj* : principal : central

main[2] *n* : alta mar *f* : tubería *f* principal : cable *m* principal

mainframe *n* : mainframe *m* : computadora *f* central

mainland *n* : continente *m*

mainly *adv* : principalmente : en primer lugar : en la mayor parte

mainstay *n* : pilar *m* : sostén *m* principal

mainstream[1] *adj* : dominante : corriente : convencional

mainstream[2] *n* : corriente *f* principal

maintain *v* : dar mantenimiento a : mantener : conservar : sostener : afirmar

maintenance *n* : mantenimiento *m*

maize *n* : maíz *m*

majestic *adj* : majestuoso — **majestically** *adv*

majesty *n, pl* **-ties** : majestad *f* : majestuosidad *f* : esplendor *m*

major[1] *v* **-jored; -joring** : especializarse

major[2] *adj* : mayor : notable : grave

major[3] *n* : mayor *mf* : comandante *mf* : especialidad *f*

Majorcan *n* : mallorquín *m*, -quina *f* — **Majorcan** *adj*

major general *n* : general *mf* de división

majority *n, pl* **-ties** : mayoría *f* de edad : mayoría *f* : mayor parte *f*

make[1] *v* **made; making** : hacer : fabricar : promulgar : preparar : poner : convertir en : ser : marcar : no perder : cumplir con : llegar a : asistir a : forzar : obligar : ir : dirigirse

make[2] *n* : marca *f*

make–believe[1] *adj* : imaginario

make–believe[2] *n* : fantasía *f* : invención *f*

make out *v* : hacer : distinguir : divisar : comprender : entender : arreglárselas

makeover *n* : cambio *m* de imagen : reformas *fpl* : remodelación *f*

maker *n* : fabricante *mf*

makeshift *adj* : provisional : improvisado

makeup n : composición f
: carácter m : temperamento m
: maquillaje m
make up v : inventar : recuperar
: hacer las paces : reconciliarse
making n : creación f : producción f
maladjusted adj : inadaptado
maladjustment n : desajuste m
malady n, pl **-dies** : dolencia f
: enfermedad f : mal m
malaise n : malestar m
malaria n : malaria f : paludismo m
Malawian n : malauiano m, -na f —
Malawian adj
Malay n : malayo m — **Malay** or
Malayan adj
Malaysian n : malasio m, -sia f
: malaisio m — **Malaysian** adj
male[1] adj : macho : masculino
male[2] n : macho m : varón m
malefactor n : malhechor m, -chora f
maleness n : masculinidad f
malevolence n : malevolencia f
malevolent adj : malévolo
malformation n : malformación f
malformed adj : mal formado
: deforme
malfunction[1] v : funcionar mal
malfunction[2] n : mal
funcionamiento m
malice n : malicia f : malevolencia f
malicious adj : malicioso
: malévolo — **maliciously** adv
malign[1] v : calumniar : difamar
malign[2] adj : maligno
malignancy n, pl **-cies** : malignidad f
malignant adj : maligno
malinger v : fingirse enfermo
mall n : alameda f : paseo m
: centro m comercial
mallard n, pl **-lard** or **-lards** : pato
m real : ánade mf real
malleable adj : maleable
mallet n : mazo m
malnourished adj : desnutrido
: malnutrido
malnutrition n : desnutrición f
: malnutrición f
malodorous adj : maloliente
malpractice n : mala práctica f
: negligencia f
malt n : malta f
maltreat v : maltratar
malware n : malware m

mama or **mamma** n : mamá f
mambo n : mambo m
mammal n : mamífero m
mammalian adj : mamífero
mammary adj : mamario
mammogram n : mamografía f
mammoth[1] adj : colosal : gigantesco
mammoth[2] n : mamut m
man[1] v **manned; manning** : tripular
: encargarse de
man[2] n, pl **men** : hombre m
: persona f : humanidad f
: marido m : novio m; **men** npl
: trabajadores mpl : soldados mpl
manacles npl : esposas fpl
manage v **-aged; -aging** : controlar
: manejar : administrar : dirigir
: lograr : ingeniárselas para
: arreglárselas
manageable adj : manejable
management n : administración f
: gestión f : dirección f : manejo m
: gerencia f
manager n : director m, -tora f
: gerente mf : administrador m,
-dora f
managerial adj : directivo : gerencial
managing director n : director m
gerente : directora f gerente
manatee n : manatí m
mandarin n : mandarín m
mandate n : mandato m
mandatory adj : obligatorio
mandible n : mandíbula f
mandolin n : mandolina f
mane n : crin f : melena f
maneuver[1] v : maniobrar
: posicionar : colocar : manipular
maneuver[2] n : maniobra f
manfully adj : valientemente
manganese n : manganeso m
mange n : sarna f
manger n : pesebre m
mangle v **-gled; -gling** : aplastar
: despedazar : destrozar : mutilar
mango n, pl **-goes** : mango m
mangrove n : mangle m
mangy adj **mangier; -est** : sarnoso
: gastado
manhole n : boca f de alcantarilla
manhood n : madurez f : hombría f
: valor m : hombres mpl
manhunt n : búsqueda f
mania n : manía f

maniac n : maníaco m, -ca f
: maniático m
maniacal adj : maníaco : maniaco
manic adj : maníaco : maniaco
manicure¹ v -cured; -curing
: hacer la manicura a : recortar
manicure² n : manicura f
manicurist n : manicuro m, -ra f
manifest¹ v : manifestar
manifest² adj : manifiesto : patente
— **manifestly** adv
manifestation n : manifestación f
manifesto n, pl -tos or -toes
: manifiesto m
manifold¹ adj : diverso : variado
manifold² n : colector m
manioc n : mandioca f : yuca f
manipulate v -lated; -lating
: manipular
manipulation n : manipulación f
manipulative adj : manipulador
manipulator n : manipulador m,
-dora f
mankind n : género m humano
: humanidad f
manliness n : hombría f
: masculinidad f
manly adj manlier; -est : varonil : viril
man–made adj : artificial
manna n : maná m
mannequin n : maniquí m
: modelo mf
manner n : tipo m : clase f
: manera f : modo m : estilo m;
manners npl : costumbres fpl;
manners npl : modales mpl
: educación f : etiqueta f
mannered adj : amanerado
: afectado
mannerism n : peculiaridad f
: gesto m particular
mannish adj : masculino
: hombruno
man–of–war n, pl men–of–war
: buque m de guerra
manor n : casa f solariega : casa f
señorial : señorío m
manpower n : personal m : mano
f de obra
mansion n : mansión f
manslaughter n : homicidio m sin
premeditación
mantel n : repisa f de chimenea
mantelpiece → mantel

mantis n, pl -tises or -tes : mantis
f religiosa
mantle n : manto m
manual¹ adj : manual — **manually**
adv
manual² n : manual m
manufacture¹ v -tured; -turing
: fabricar : manufacturar
: confeccionar : elaborar
manufacture² n : manufactura
f : fabricación f : confección f
: elaboración f
manufacturer n : fabricante m
: manufacturero m, -ra f
manure n : estiércol m
manuscript n : manuscrito m
many¹ adj more; most : muchos
many² pron : muchos
map¹ v mapped; mapping : trazar
el mapa de : planear : proyectar
map² n : mapa m
maple n : arce m
mar v marred; marring : estropear
: echar a perder : desfigurar
maraca n : maraca f
maraschino n, pl -nos : cereza f al
marrasquino
marathon n : maratón m
: competencia f de resistencia
maraud v : merodear
marauder n : merodeador m,
-dora f
marble n : mármol m : canica f
: bolita f
march¹ v : marchar : desfilar
: caminar con resolución
march² n : marcha f : paso m
: avance m : progreso m
March n : marzo m
marchioness n : marquesa f
Mardi Gras n : martes m de
Carnaval
mare n : yegua f
margarine n : margarina f
margarita n : margarita f
margin n : margen m
marginal adj : marginal : mínimo —
marginally adv
marginalization n : marginación f
marigold n : maravilla f : caléndula f
marijuana or **marihuana** n
: marihuana f
marimba n : marimba f
marina n : puerto m deportivo

marinade n : adobo m : marinada f
marinate v -nated; -nating : marinar
marine[1] adj : marino : náutico : marítimo : de la infantería de marina
marine[2] n : soldado m de marina
mariner n : marinero m : marino m
marionette n : marioneta f : títere m
marital adj : matrimonial
maritime adj : marítimo
marjoram n : mejorana f
mark[1] v : marcar : dejar marca en : caracterizar : señalar : corregir
mark[2] n : blanco m : marca f : señal f : indicio m : nota f : nivel m : huella f : imperfección f
marked adj : marcado : notable — **markedly** adv
marker n : marcador m
market[1] v : poner en venta : comercializar
market[2] n : mercado m : demanda f : tienda f
marketable adj : vendible
marketing n : mercadotecnia f : mercadeo m
marketplace n : mercado m
market research n : estudio m de mercado
marking n : corrección f : marca f : señal f : pinta f : mancha f
marksman n, pl -men : tirador m
marksmanship n : puntería f
markswoman n, pl -women : tiradora f
marmalade n : mermelada f
marmoset n : tití m
marmot n : marmota f
maroon[1] v : abandonar : aislar
maroon[2] n : rojo m oscuro : granate m
marquee n : marquesina f
marquess or **marquis** n, pl -quesses or -quises or -quis : marqués m
marquise → **marchioness**
marriage n : matrimonio m : casamiento m : boda f
marriageable adj of marriageable age : de edad de casarse
marriage certificate n : certificado m de matrimonio : acta f de matrimonio
married adj : casado

marrow n : médula f : tuétano m
marry v -ried; -rying : casar : casarse con
Mars n : Marte m
marsh n : pantano m
marshal[1] v -shaled or -shalled; -shaling or -shalling : poner en orden : reunir : conducir
marshal[2] n : maestro m de ceremonias : mariscal m : jefe m, -fa f
marshmallow n : malvavisco m
marshy adj marshier; -est : pantanoso
marsupial n : marsupial m
mart n : mercado m
marten n, pl -ten or -tens : marta f
martial adj : marcial
Martian n : marciano m, -na f — **Martian** adj
martin n : golondrina f : vencejo m
martyr[1] v : martirizar
martyr[2] n : mártir mf
martyrdom n : martirio m
marvel[1] v -veled or -velled; -veling or -velling : maravillarse
marvel[2] n : maravilla f
marvelous or **marvellous** adj : maravilloso — **marvelously** adv
Marxism n : marxismo m
Marxist[1] adj : marxista
Marxist[2] n : marxista mf
marzipan n : mazapán m
mascara n : rímel m : rimel m
mascot n : mascota f
masculine adj : masculino
masculinity n : masculinidad f
mash[1] v : hacer puré de : aplastar : majar
mash[2] n : afrecho m : malta f : papilla f : pasta f
mask[1] v : enmascarar : ocultar : cubrir : tapar
mask[2] n : máscara f : careta f : mascarilla f
masochism n : masoquismo m
masochist n : masoquista mf
masochistic adj : masoquista
mason n : albañil mf; Mason → freemason
Masonic adj : masónico
masonry n, pl -ries : albañilería f
masquerade[1] v -aded; -ading : disfrazarse : hacerse pasar : asistir a una mascarada

masquerade[2] *n* : mascarada *f*
: baile *m* de disfraces : farsa *f*
: fachada *f*

mass[1] *v* : concentrarse : juntarse
en masa : concentrar

mass[2] *n* : masa *f* : mole *f* : volumen
m : cantidad *f* : montón *m* : multitud *f*

Mass *n* : misa *f*

massacre[1] *v* **-cred; -cring**
: masacrar

massacre[2] *n* : masacre *f*

massage[1] *v* **-saged; -saging**
: masajear

massage[2] *n* : masaje *m*

masseur *n* : masajista *m*

masseuse *n* : masajista *f*

massive *adj* : voluminoso : macizo
: masivo : enorme — **massively**
adv

mass media *npl* : medios *mpl* de
comunicación masiva : medios
mpl de comunicación de masas

mass–produce *v* : producir en
masa : fabricar en serie

mass production *n* : producción *f*
en masa : fabricación *f* en serie

mass transit *n* : transporte *m*
público

mast *n* : mástil *m* : palo *m*

master[1] *v* : dominar : llegar a
dominar

master[2] *n* : maestro *m* : profesor *m*
: experto *m*, -ta *f* : maestro *m*, -tra
f : amo *m* : señor *m*

masterful *adj* : autoritario
: imperioso : dominante : magistral
— **masterfully** *adv*

masterly *adj* : magistral

mastermind[1] *n* : cerebro *m*
: artífice *mf*

mastermind[2] *v* : ser el cerebro de
: planear : organizar

masterpiece *n* : obra *f* maestra

masterwork → **masterpiece**

mastery *n* : dominio *m* : autoridad *f*
: superioridad *f* : maestría *f*

masticate *v* **-cated; -cating** : masticar

mastiff *n* : mastín *m*

mastodon *n* : mastodonte *m*

masturbate *v* **-bated; -bating**
: masturbarse

masturbation *n* : masturbación *f*

mat[1] *v* **matted; matting**
: enmarañar : enmarañarse

mat[2] *n* : estera *f* : maraña *f*
: colchoneta *f*

mat[3] → **matte**

matador *n* : matador *m*

match[1] *v* : enfrentar : oponer
: igualar : corresponder a
: coincidir con : combinar con
: hacer juego con : concordar
: coincidir : hacer juego

match[2] *n* : igual *mf* : partido *m*
: combate *m* : matrimonio *m*
: casamiento *m* : fósforo *m* : cerilla
f : cerillo *m*

matchbox *n* : caja *f* de cerillas

matchless *adj* : sin igual : sin par

matchmaker *n* : casamentero *m*, -ra *f*

mate[1] *v* **mated; mating** : encajar
: emparejarse : aparearse
: copular : aparear : acoplar

mate[2] *n* : compañero *m*, -ra
f : camarada *mf* : macho *m*
: hembra *f* : oficial *mf* : pareja *f*

maté *n* : yerba *f* : mate *m*

material[1] *adj* : material : físico
: importante : esencial

material[2] *n* : material *m* : tejido *m*
: tela *f*

materialism *n* : materialismo *m*

materialist *n* : materialista *mf*

materialistic *adj* : materialista

materialize *v* **-ized; -izing**
: materializar : hacer aparecer
: materializarse : aparecer

maternal *adj* : maternal —
maternally *adv*

maternity[1] *adj* : de maternidad

maternity[2] *n, pl* **-ties** : maternidad *f*

math → **mathematics**

mathematical *adj* : matemático —
mathematically *adv*

mathematician *n* : matemático *m*,
-ca *f*

mathematics *ns & pl* : matemáticas
fpl : matemática *f*

matinee *or* **matinée** *n* : matiné *f*

matriarch *n* : matriarca *f*

matriarchy *n, pl* **-chies**
: matriarcado *m*

matriculate *v* **-lated; -lating**
: matricular : matricularse

matriculation *n* : matrícula *f*
: matriculación *f*

matrimony *n* : matrimonio *m* —
matrimonial *adj*

matrix n, pl **-trices** or **-trixes**
: matriz f
matron n : matrona f
matronly adj : de matrona
: matronal
matte adj : mate : de acabado mate
matter[1] v : importar
matter[2] n : asunto m : cuestión f
: materia f : sustancia f; **matters**
npl : situación f : cosas fpl
matter–of–fact adj : práctico
: realista
mattress n : colchón m
mature[1] v **-tured; -turing** : madurar
: vencer
mature[2] adj **maturer; -est** : maduro
: vencido
maturity n : madurez f
maudlin adj : sensiblero
maul[1] v : golpear : pegar : mutilar
: maltratar
maul[2] n : mazo m
Mauritanian n : mauritano m, -na
f — **Mauritanian** adj
mausoleum n, pl **-leums** or **-lea**
: mausoleo m
mauve n : malva m
maven or **mavin** n : experto m, -ta f
maverick n : ternero m sin marcar
: inconformista mf : disidente mf
maw n : fauces fpl
mawkish adj : sensiblero
maxim n : máxima f
maximize v **-mized; -mizing**
: maximizar : llevar al máximo
maximum[1] adj : máximo
maximum[2] n, pl **-ma** or **-mums**
: máximo m
may v aux, past **might**; present s &
pl **may** : poder
May n : mayo m
Maya or **Mayan** n : maya mf —
Maya or **Mayan** adj
maybe adv : quizás : tal vez
mayfly n, pl **-flies** : efímera f
mayhem n : mutilación f
: estragos mpl
mayonnaise n : mayonesa f
mayor n : alcalde m, -desa f
mayoral adj : de alcalde
maze n : laberinto m
me pron : me : mí : yo
meadow n : prado m : pradera f
meadowland n : pradera f

meager or **meagre** adj : magro
: flaco : exiguo : escaso : pobre
meagerly adv : pobremente
meagerness n : escasez f : pobreza f
meal n : comida f : harina f
mealtime n : hora f de comer
mean[1] v **meant; meaning** : querer
: pensar : tener la intención de
: querer decir : significar : importar
mean[2] adj : humilde : despreciable
: mezquino : tacaño : malo : cruel
: medio
mean[3] n : término m medio
: promedio m : media f aritmética;
means npl : medio m : manera f
: vía f; **means** npl : medios mpl
: recursos mpl
meander v **-dered; -dering**
: serpentear : vagar : andar sin
rumbo fijo
meaning n : significado m : sentido
m : intención f : propósito m
meaningful adj : significativo —
meaningfully adv
meaningless adj : sin sentido
meanness n : crueldad f
: mezquindad f : tacañería f
meantime[1] adv → **meanwhile**[1]
meantime[2] n : interín m
meanwhile[1] adv : entretanto
: mientras tanto
meanwhile[2] n → **meantime**[2]
measles ns & pl : sarampión m
measly adj **measlier; -est**
: miserable : mezquino
measurable adj : mensurable —
measurably adv
measure[1] v **-sured; -suring** : medir
measure[2] n : medida f : cantidad f
: tamaño m : regla f : medición f;
measures npl : medidas fpl
measureless adj : inmensurable
measurement n : medición f
: medida f
measure up v **to measure up to**
: estar a la altura de
meat n : comida f : carne f
: sustancia f : esencia f
meatball n : albóndiga f
meaty adj **meatier; -est** : con
mucha carne : carnoso
mechanic n : mecánico m, -ca f
mechanical adj : mecánico —
mechanically adv

mechanics *ns & pl* : mecánica *f*
: mecanismos *mpl* : aspectos *mpl*
prácticos
mechanism *n* : mecanismo *m*
mechanization *n* : mecanización *f*
mechanize *v* **-nized; -nizing**
: mecanizar
medal *n* : medalla *f* : condecoración *f*
medalist *or* **medallist** *n*
: medallista *mf*
medallion *n* : medallón *m*
meddle *v* **-dled; -dling** : meterse
: entrometerse
meddler *n* : entrometido *m*, -da *f*
meddlesome *adj* : entrometido
media *npl* : medios *mpl* de
comunicación
median¹ *adj* : medio
median² *n* : valor *m* medio
mediate *v* **-ated; -ating** : mediar
mediation *n* : mediación *f*
mediator *n* : mediador *m*, -dora *f*
medical *adj* : médico
medicate *v* **-cated; -cating**
: medicar
medication *n* : tratamiento *m*
: medicación *f* : medicamento *m*
medicinal *adj* : medicinal
medicine *n* : medicina *f*
: medicamento *m*
medicine man *n* : hechicero *m*
medieval *or* **mediaeval** *adj*
: medieval
mediocre *adj* : mediocre
mediocrity *n, pl* **-ties** : mediocridad *f*
meditate *v* **-tated; -tating** : meditar
meditation *n* : meditación *f*
meditative *adj* : meditabundo
Mediterranean *adj* : mediterráneo
medium¹ *adj* : mediano
medium² *n, pl* **-diums** *or* **-dia**
: punto *m* medio : término *m*
medio : medio *m* : sustancia *f*
: medio *m* de comunicación; *pl*
mediums : médium *mf*
medley *n, pl* **-leys** : popurrí *m*
meek *adj* : paciente : sufrido
: sumiso : dócil : manso
meekly *adv* : dócilmente
meekness *n* : mansedumbre *f*
: docilidad *f*
meet¹ *v* **met; meeting** : encontrarse
con : unirse con : enfrentarse
a : encontrar : satisfacer

: cumplir con : alcanzar : igualar
: conocer : encontrarse : reunirse
: congregarse : enfrentarse
: conocerse : unirse : cerrarse : tocar
meet² *n* : encuentro *m*
meeting *n* : reunión *f* : encuentro *m*
: entrevista *f*
meetinghouse *n* : iglesia *f*
megabyte *n* : megabyte *m*
megahertz *n* : megahercio *m*
megaphone *n* : megáfono *m*
megaton *n* : megatón *m*
megawatt *n* : megavatio *m*
melancholy¹ *adj* : melancólico
: triste : sombrío
melancholy² *n, pl* **-cholies**
: melancolía *f*
melanoma *n, pl* **-mas** : melanoma *m*
meld *v* : fusionar : unir : fusionarse
: unirse
melee *n* : reyerta *f* : riña *f* : pelea *f*
meliorate → ameliorate
mellow¹ *v* : suavizar : endulzar
: suavizarse : endulzarse
mellow² *adj* : maduro : apacible
: suave : dulce
mellowness *n* : suavidad *f*
: dulzura *f*
melodic *adj* : melódico —
melodically *adv*
melodious *adj* : melodioso —
melodiously *adv*
melodiousness *n* : calidad *f* de
melódico
melodrama *n* : melodrama *m*
melodramatic *adj* : melodramático
— **melodramatically** *adv*
melody *n, pl* **-dies** : melodía *f*
: tonada *f*
melon *n* : melón *m*
melt *v* : derretir : disolver
: ablandar : derretirse : disolverse
: ablandarse : desvanecerse
: esfumarse
melting point *n* : punto *m* de fusión
member *n* : miembro *m* : socio *m*,
-cia *f* : parte *f*
membership *n* : membresía *f*
: miembros *mpl* : socios *mpl*
membrane *n* : membrana *f* —
membranous *adj*
memento *n, pl* **-tos** *or* **-toes**
: recuerdo *m*
memo *n, pl* **memos** : memorándum *m*

memoirs *npl* : memorias *fpl*
: autobiografía *f*
memorable *adj* : memorable
: notable — **memorably** *adv*
memorandum *n, pl* **-dums** *or* **-da**
: memorándum *m*
memorial[1] *adj* : conmemorativo
memorial[2] *n* : monumento *m*
conmemorativo
memorialize *v* **-ized; -izing**
: conmemorar
memorization *n* : memorización *f*
memorize *v* **-rized; -rizing**
: memorizar : aprender de
memoria
memory *n, pl* **-ries** : memoria *f*
: recuerdo *m* : conmemoración *f*
men → **man**[2]
menace[1] *v* **-aced; -acing**
: amenazar : poner en peligro
menace[2] *n* : amenaza *f*
menacing *adj* : amenazador
: amenazante
mend[1] *v* : enmendar : corregir
: remendar : arreglar : reparar
: curarse
mend[2] *n* : remiendo *m*
mendicant *n* : mendigo *m*, -ga *f*
menial[1] *adj* : servil : bajo
menial[2] *n* : sirviente *m*, -ta *f*
meningitis *n, pl* **-gitides**
: meningitis *f*
menopausal *adj* : menopáusico
menopause *n* : menopausia *f*
menorah *n* : candelabro *m*
men's room *n* : servicios *mpl* de
caballeros
menstrual *adj* : menstrual
menstruate *v* **-ated; -ating**
: menstruar
menstruation *n* : menstruación *f*
menswear *n* : ropa *f* de caballero
-ment *suf* : -miento
mental *adj* : mental — **mentally** *adv*
mentality *n, pl* **-ties** : mentalidad *f*
menthol *n* : mentol *m* —
mentholated *adj*
mention[1] *v* : mencionar : mentar
: referirse a
mention[2] *n* : mención *f*
mentor *n* : mentor *m*
menu *n* : menú *m* : carta *f*
meow[1] *v* : maullar
meow[2] *n* : maullido *m* : miau *m*

mercantile *adj* : mercantil
mercenary[1] *adj* : mercenario
mercenary[2] *n, pl* **-naries**
: mercenario *m*, -ria *f*
merchandise *n* : mercancía *f*
: mercadería *f*
merchandiser *n* : comerciante *mf*
: vendedor *m*, -dora *f*
merchant *n* : comerciante *mf*
merchant marine *n* : marina *f*
mercante
merciful *adj* : misericordioso
: clemente
mercifully *adv* : con
misericordia : con compasión
: afortunadamente
merciless *adj* : despiadado —
mercilessly *adv*
mercurial *adj* : temperamental : volátil
mercury *n, pl* **-ries** : mercurio *m*
Mercury *n* : Mercurio *m*
mercy *n, pl* **-cies** : misericordia *f*
: clemencia *f* : bendición *f*
mere *adj, superlative* **merest**
: mero : simple
merely *adv* : solamente
: simplemente
merengue *n* : merengue *m*
merge *v* **merged; merging** : unirse
: fusionarse : confluir : unir
: fusionar : combinar
merger *n* : unión *f* : fusión *f*
meridian *n* : meridiano *m*
meringue *n* : merengue *m*
merit[1] *v* : merecer : ser digno de
merit[2] *n* : mérito *m* : valor *m*
meritorious *adj* : meritorio
mermaid *n* : sirena *f*
merriment *n* : alegría *f* : júbilo *m*
: regocijo *m*
merry *adj* **merrier; -est** : alegre —
merrily *adv*
merry–go–round *n* : carrusel *m*
: tiovivo *m*
merrymaker *n* : juerguista *mf*
merrymaking *n* : juerga *f*
mesa *n* : mesa *f*
mesdames → **madam, Mrs.**
mesh[1] *v* : engranar : enredarse
: coordinarse : combinar
mesh[2] *n* : malla *f* : red *f* : engranaje *m*
mesmerize *v* **-ized; -izing**
: hipnotizar : cautivar : embelesar
: fascinar

mess n : rancho m : desorden m
: confusión f : embrollo m : lío m
message[1] v -saged; -saging
: mensajear
message[2] n : mensaje m : recado m
messaging n : mensajería f
messenger n : mensajero m, -ra f
Messiah n : Mesías m
Messrs. → **Mr.**
messy adj **messier; -est**
: desordenado : sucio — **messily**
adv
mestizo n : mestizo m, -za f : ladino
m, -na f — **mestizo** adj
met → **meet**
metabolic adj : metabólico
metabolism n : metabolismo m
metabolize v -lized; -lizing
: metabolizar
metal n : metal m
metallic adj : metálico
metallurgical adj : metalúrgico
metallurgy n : metalurgia f
metalwork n : objeto m de metal
metalworker n : metalúrgico m,
-ca f
metalworking n : metalistería f
metamorphosis n, pl **-phoses**
: metamorfosis f
metaphor n : metáfora f
metaphoric or **metaphorical** adj
: metafórico
metaphysical adj : metafísico
metaphysics n : metafísica f
mete v **meted; meting** : repartir
: distribuir
meteor n : meteoro m
meteoric adj : meteórico
meteorite n : meteorito m
meteorologic or **meteorological**
adj : meteorológico
meteorologist n : meteorólogo m,
-ga f
meteorology n : meteorología f
meter n : metro m : contador m
: medidor m
methane n : metano m
method n : método m
methodical adj : metódico —
methodically adv
Methodist n : metodista mf —
Methodist adj
methodology n, pl **-gies**
: metodología f

meticulous adj : meticuloso —
meticulously adv
meticulousness n : meticulosidad f
metric or **metrical** adj : métrico
metric system n : sistema m
métrico
metro n : metro m : subterráneo m
metronome n : metrónomo m
metropolis n : metrópoli f
: metrópolis f
metropolitan adj : metropolitano
mettle n : temple m : valor m
Mexican n : mexicano m, -na f —
Mexican adj
mezzanine n : entrepiso m : primer
piso m
mi n : mi m
miasma n : miasma m
mica n : mica f
mice → **mouse**
micro adj : muy pequeño
: microscópico
micro- pref : micro-
microbe n : microbio m
microbiology n : microbiología f
microchip n : microchip m
microcomputer n
: microcomputadora f
microcosm n : microcosmos m
microfilm n : microfilm m
micrometer n : micrómetro m
microorganism n : microorganismo
m : microbio m
microphone n : micrófono m
microprocessor n
: microprocesador m
microscope n : microscopio m
microscopic adj : microscópico
microwave n : microonda f
mid adj : medio
midair n **in ~** : en el aire
midday n : mediodía m
middle[1] adj : medio : del medio : de
en medio : intermedio : mediano
middle[2] n : medio m : centro m
Middle Ages npl : Edad f Media
middle–class adj : de clase media
middle class n : clase f media
middleman n, pl **-men**
: intermediario m, -ria f
middle school n : colegio m para
niños de 10 a 14 años
middling adj : mediano : mediocre
: regular

midfielder *n* : mediocampista *mf*
midget *n* : cosa *f* diminuta
midland *n* : región *f* central
midnight *n* : medianoche *f*
midpoint *n* : punto *m* medio
: término *m* medio
midriff *n* : diafragma *m*
midshipman *n*, *pl* **-men**
: guardiamarina *m*
midst¹ *n* : medio *m*
midst² *prep* : entre
midstream *n* : medio *m* de la
corriente
midsummer *n* : pleno verano *m*
midtown *n* : centro *m*
midway *adv* : a mitad de camino
midweek *n* : medio *m* de la
semana
midwife *n*, *pl* **-wives** : partera *f*
: comadrona *f*
midwinter *n* : pleno invierno *m*
midyear *n* : medio *m* del año
mien *n* : semblante *m*
miff *v* : ofender
might¹ *v* → **may**
might² *n* : fuerza *f* : poder *m*
mightily *adv* : con mucha fuerza
: poderosamente
mighty¹ *adv* : muy
mighty² *adj* **mightier; -est**
: poderoso : potente : grande
: imponente
migraine *n* : jaqueca *f* : migraña *f*
migrant *n* : trabajador *m*, -dora *f*
ambulante
migrate *v* **-grated; -grating**
: emigrar : migrar
migration *n* : migración *f*
migratory *adj* : migratorio
mike *n* → **microphone**
mild *adj* : apacible : suave : leve
: ligero : templado — **mildly** *adv*
mildew¹ *v* : enmohecerse
mildew² *n* : moho *m*
mildness *n* : suavidad *f*
mile *n* : milla *f*
mileage *n* : viáticos *mpl* : distancia
f recorrida : kilometraje *m*
milestone *n* : hito *m* : jalón *m*
milieu *n*, *pl* **-lieus** *or* **-lieux** : entorno
m : medio *m* : ambiente *m*
militancy *n*, *pl* **-cies** : militancia *f*
militant¹ *adj* : militante : combativo
militant² *n* : militante *mf*

militarism *n* : militarismo *m*
militaristic *adj* : militarista
militarize *v* **-rized; -rizing**
: militarizar
military¹ *adj* : militar
military² *n* **the military** : las
fuerzas armadas
militia *n* : milicia *f*
milk¹ *v* : ordeñar : explotar
milk² *n* : leche *f*
milk chocolate *n* : chocolate *m*
con leche
milkman *n*, *pl* **-men** : lechero *m*
milk of magnesia *n* : leche *f* de
magnesia
milk shake *n* : batido *m* : licuado *m*
milkweed *n* : algodoncillo *m*
milky *adj* **milkier; -est** : lechoso
Milky Way *n* : Vía *f* Láctea
mill¹ *v* : moler : acordonar **to mill
about/around** : arremolinarse
mill² *n* : molino *m* : fábrica *f*
: molinillo *m*
millennial¹ *adj* : milenario
millennial² *n* : milenario *m*, -ria *f*
: milenial *mf*
millennium *n*, *pl* **-nia** *or* **-niums**
: milenio *m*
miller *n* : molinero *m*, -ra *f*
millet *n* : mijo *m*
milligram *n* : miligramo *m*
milliliter *n* : mililitro *m*
millimeter *n* : milímetro *m*
milliner *n* : sombrerero *m*, -ra *f*
millinery *n* : sombreros *mpl* de
señora
million¹ *adj* **a million** : un millón de
million² *n*, *pl* **millions** *or* **million**
: millón *m*
millionaire *n* : millonario *m*, -ria *f*
millionth¹ *adj* : millonésimo
millionth² *n* : millonésimo *m*
millipede *n* : milpiés *m*
millstone *n* : rueda *f* de molino
: muela *f*
mime¹ *v* **mimed; miming** : imitar
: remedar : hacer la mímica
mime² *n* : mimo *mf* : pantomima *f*
mimeograph *n* : mimeógrafo *m*
mimic¹ *v* **-icked; -icking** : imitar
: remedar
mimic² *n* : imitador *m*, -dora *f*
mimicry *n*, *pl* **-ries** : mímica *f*
: imitación *f*

minaret *n* : alminar *m* : minarete *m*

mince *v* **minced; mincing** : picar
: moler : caminar de manera
afectada

mind[1] *v* : cuidar : atender
: obedecer : preocuparse por
: sentirse molestado por : tener
cuidado con : importarle a uno

mind[2] *n* : mente *f* : intención *f*
: propósito *m* : razón *f* : opinión *f*
: atención *f*

minded *adj* : inclinado

mindful *adj* : consciente —
mindfully *adv*

mindless *adj* : estúpido : sin
sentido : inconsciente

mindlessly *adv* : sin sentido
: inconscientemente

mine[1] *v* **mined; mining** : extraer
: minar

mine[2] *n* : mina *f*

mine[3] *pron* : mío

minefield *n* : campo *m* de minas

miner *n* : minero *m*, -ra *f*

mineral *n* : mineral *m* — **mineral** *adj*

mineralogy *n* : mineralogía *f*

mine shaft → shaft

mingle *v* **-gled; -gling** : mezclar
: mezclarse : circular

mini- *pref* : mini-

miniature[1] *adj* : en miniatura
: diminuto

miniature[2] *n* : miniatura *f*

minibus *n* : microbús *m* : pesera *f*
: buseta *f*

minicomputer *n* : minicomputadora *f*

minimal *adj* : mínimo

minimally *adv* : en grado mínimo

minimize *v* **-mized; -mizing**
: minimizar

minimum[1] *adj* : mínimo

minimum[2] *n, pl* **-ma** *or* **-mums**
: mínimo *m*

mining *n* : minería *f*

miniseries *n* : miniserie *f*

miniskirt *n* : minifalda *f*

minister[1] *v* **to minister to** : cuidar
: atender a

minister[2] *n* : pastor *m*, -tora *f*
: ministro *m*, -tra *f*

ministerial *adj* : ministerial

ministry *n, pl* **-tries** : ministerio *m*
: sacerdocio *m* : clerecía *f*

minivan *n* : minivan *f*

mink *n, pl* **mink** *or* **minks** : visón *m*

minor[1] *adj* : menor

minor[2] *n* : menor *mf* : asignatura *f*
secundaria

minority *n, pl* **-ties** : minoría *f*

minstrel *n* : juglar *m* : trovador *m*

mint[1] *v* : acuñar

mint[2] *adj* : sin usar

mint[3] *n* : menta *f* : pastilla *f* de
menta : casa *f* de la moneda
: dineral *m* : fortuna *f*

minuet *n* : minué *m*

minus[1] *n* : cantidad *f* negativa

minus[2] *prep* : menos : sin

minuscule *or* **miniscule** *adj*
: minúsculo

minute[1] *adj* **minuter; -est**
: diminuto : minúsculo : minucioso

minute[2] *n* : minuto *m* : momento *m*;
minutes *npl* : actas *fpl*

minute hand *n* : minutero *m*

minutely *adv* : minuciosamente

miracle *n* : milagro *m*

miraculous *adj* : milagroso —
miraculously *adv*

mirage *n* : espejismo *m*

mire[1] *v* **mired; miring** : atascarse

mire[2] *n* : barro *m* : lodo *m*
: atolladero *m*

mirror[1] *v* : reflejar

mirror[2] *n* : espejo *m*

mirth *n* : alegría *f* : regocijo *m*

mirthful *adj* : alegre : regocijado

misadventure *n* : malaventura *f*
: desventura *f*

misanthrope *n* : misántropo *m*, -pa *f*

misanthropic *adj* : misantrópico

misanthropy *n* : misantropía *f*

misapprehend *v* : entender mal

misapprehension *n* : malentendido *m*

misappropriate *v* **-ated; -ating**
: malversar

misappropriation *n* : malversación *f*

misbegotten *adj* : ilegítimo : mal
concebido

misbehave *v* **-haved; -having**
: portarse mal

misbehavior *n* : mala conducta *f*

miscalculate *v* **-lated; -lating**
: calcular mal

miscalculation *n* : error *m* de
cálculo : mal cálculo *m*

miscarriage *n* : aborto *m* : fracaso
m : malogro *m*

miscarry v **-ried; -rying** : abortar
: malograrse : fracasar
miscellaneous adj : misceláneo
miscellany n, pl **-nies** : miscelánea f
mischance n : desgracia f
: infortunio m : mala suerte f
mischief n : diabluras fpl
: travesuras fpl
mischievous adj : travieso : pícaro
mischievously adv : de manera
traviesa
misconception n : concepto m
erróneo : idea f falsa
misconduct n : mala conducta f
misconstrue v **-strued; -struing**
: malinterpretar
misdeed n : fechoría f
misdemeanor n : delito m menor
miser n : avaro m, -ra f : tacaño
m, -ña f
miserable adj : triste : desdichado
: miserable : desgraciado
: desagradable : malo
: despreciable : mísero
miserably adv : tristemente
: miserablemente
: lamentablemente
: desgraciadamente
miserly adj : avaro : tacaño
misery n, pl **-eries** : miseria f
: sufrimiento m
misfire v **-fired; -firing** : fallar
misfit n : inadaptado m, -da f
misfortune n : desgracia f
: desventura f : infortunio m
misgiving n : duda f : recelo m
misguided adj : desacertado
: equivocado : mal informado
mishap n : contratiempo m
: percance m : accidente m
misinform v : informar mal
misinterpret v : malinterpretar
misinterpretation n : mala
interpretación f : malentendido m
misjudge v **-judged; -judging**
: juzgar mal
mislay v **-laid; -laying** : extraviar
: perder
mislead v **-led; -leading** : engañar
misleading adj : engañoso
mismanage v **-aged; -aging**
: administrar mal
mismanagement n : mala
administración f

misnomer n : nombre m
inapropiado
misogynist n : misógino m
misogyny n : misoginia f
misplace v **-placed; -placing**
: extraviar : perder
misprint n : errata f : error m de
imprenta
mispronounce v **-nounced;
-nouncing** : pronunciar mal
mispronunciation n
: pronunciación f incorrecta
misquote v **-quoted; -quoting**
: citar incorrectamente
misread v **-read; -reading** : leer
mal : malinterpretar
misrepresent v : distorsionar
: falsear : tergiversar
miss¹ v : errar : faltar : no encontrar
: perder : echar de menos
: extrañar : pasar por alto : no
enterarse de : no oír : perderse
: faltar a : evitar : saltarse
miss² n : fallo m : fracaso m : señorita f
misshapen adj : deforme
missile n : misil m : proyectil m
missing adj : ausente : perdido
: desaparecido
mission n : misión f : delegación f
: embajada f
missionary¹ adj : misionero
missionary² n, pl **-aries** : misionero
m, -ra f
missive n : misiva f
misspell v : escribir mal
misspelling n : falta f de ortografía
misstep n : traspié m : tropezón m
mist n : neblina f : niebla f : rocío m
mistake¹ v **-took; -taken; -taking**
: malinterpretar : confundir
mistake² n : malentendido m
: confusión f : error m
mistaken adj : equivocado —
mistakenly adv
mister n : señor m
mistiness n : nebulosidad f
mistletoe n : muérdago m
mistreat v : maltratar
mistreatment n : maltrato m
: abuso m
mistress n : dueña f : señora f
: amante f
mistrust¹ v : desconfiar de
mistrust² n : desconfianza f

mistrustful *adj* : desconfiado
misty *adj* **mistier; -est** : neblinoso : nebuloso : lloroso
misunderstand *v* **-stood; -standing** : entender mal : malinterpretar
misunderstanding *n* : malentendido *m* : disputa *f* : discusión *f*
misuse[1] *v* **-used; -using** : emplear mal : abusar de : maltratar
misuse[2] *n* : mal empleo *m* : mal uso *m* : derroche *m* : despilfarro *m* : abuso *m*
mite *n* : ácaro *m* : poco *m*
miter *or* **mitre** *n* : mitra *f*
mitigate *v* **-gated; -gating** : mitigar : aliviar
mitigation *n* : mitigación *f* : alivio *m*
mitosis *n, pl* **-toses** : mitosis *f*
mitt *n* : manopla *f* : guante *m* : mano *f* : manaza *f*
mitten *n* : manopla *f*
mix[1] *v* : mezclar : remover : revolver : mezclarse
mix[2] *n* : mezcla *f*
mixed *adj* : mezclado : variado
mixed–up *adj* : confundido : con problemas : confuso
mixer *n* : batidora *f*
mixture *n* : mezcla *f*
mix–up *n* : confusión *f* : lío *m*
mnemonic *adj* : mnemónico
moan[1] *v* : gemir
moan[2] *n* : gemido *m*
moat *n* : foso *m*
mob[1] *v* **mobbed; mobbing** : atacar en masa : acosar : rodear
mob[2] *n* : multitud *f* : turba *f* : muchedumbre *f* : pandilla *f*
mobile[1] *adj* : móvil
mobile[2] *n* : móvil *m*
mobile phone → **cell phone**
mobility *n* : movilidad *f*
mobilize *v* **-lized; -lizing** : movilizar
mocha *n* : mezcla *f* de café y chocolate : color *m* chocolate
mock[1] *v* : burlarse de : mofarse de : imitar : remedar
mock[2] *adj* : simulado : falso
mockery *n, pl* **-eries** : burla *f* : mofa *f* : imitación *f*
mockingbird *n* : sinsonte *m*

mode *n* : modo *m* : forma *f* : manera *f* : estilo *m* : moda *f*
model[1] *v* **-eled** *or* **-elled; -eling** *or* **-elling** : modelar : trabajar de modelo
model[2] *adj* : modelo : ejemplar : en miniatura
model[3] *n* : modelo *m* : miniatura *f* : ejemplo *m* : modelo *mf*
modem *n* : módem *m*
moderate[1] *v* **-ated; -ating** : moderar : temperar : moderarse : calmarse : fungir como moderador
moderate[2] *adj* : moderado
moderate[3] *n* : moderado *m*, -da *f*
moderately *adv* : con moderación : medianamente
moderation *n* : moderación *f*
moderator *n* : moderador *m*, -dora *f*
modern *adj* : moderno
modernism *n* : modernismo *m*
modernist *n* : modernista *mf* — **modernist** *adj*
modernity *n* : modernidad *f*
modernization *n* : modernización *f*
modernize *v* **-ized; -izing** : modernizar : modernizarse
modest *adj* : modesto : recatado : pudoroso : moderado — **modestly** *adv*
modesty *n* : modestia *f*
modicum *n* : mínimo *m* : pizca *f*
modification *n* : modificación *f*
modifier *n* : modificante *m* : modificador *m*
modify *v* **-fied; -fying** : modificar : calificar
modish *adj* : a la moda : de moda
modular *adj* : modular
modulate *v* **-lated; -lating** : modular
modulation *n* : modulación *f*
module *n* : módulo *m*
mogul *n* : magnate *mf* : potentado *m*, -da *f*
moist *adj* : húmedo
moisten *v* : humedecer
moistness *n* : humedad *f*
moisture *n* : humedad *f*
moisturize *v* **-ized; -izing** : humedecer : hidratar
moisturizer *n* : crema *f* hidratante : crema *f* humectante
molar *n* : muela *f* : molar *m*

molasses n : melaza f
mold[1] v : moldear : formar
  : enmohecerse
mold[2] n : molde m : moho m
molder v : desmoronarse
molding n : moldura f
moldy adj **moldier; -est** : mohoso
mole n : lunar m : topo m
molecule n : molécula f —
  molecular adj
molehill n **to make a mountain
  out of a molehill** : ahogarse en un
  vaso de agua
molest v : molestar : abusar
mollify v **-fied; -fying** : apaciguar
  : aplacar
mollusk or **mollusc** n : molusco m
mollycoddle v **-dled; -dling**
  : consentir : mimar
molt v : mudar : hacer la muda
molten adj : fundido
mom n : mamá f
moment n : momento m
momentarily adv
  : momentáneamente : dentro de
  poco : pronto
momentary adj : momentáneo
momentous adj : de suma
  importancia : fatídico
momentum n, pl **-ta** or **-tums**
  : momento m : ímpetu m : impulso m
mommy n : mami f
monarch n : monarca mf
monarchist n : monárquico m, -ca f
monarchy n, pl **-chies**
  : monarquía f
monastery n, pl **-teries**
  : monasterio m
monastic adj : monástico —
  monastically adv
Monday n : lunes m
monetary adj : monetario
money n, pl **-eys** or **-ies** : dinero m
  : plata f; **monies** npl : sumas fpl
  de dinero
money changer n : cambista mf
moneyed adj : adinerado
moneylender n : prestamista mf
money order n : giro m postal
Mongol → **Mongolian**
Mongolian n : mongol m, -gola f —
  Mongolian adj
mongoose n, pl **-gooses**
  : mangosta f

mongrel n : perro m mestizo : perro
  m corriente : híbrido m
monitor[1] v : controlar : monitorear
monitor[2] n : ayudante mf : monitor m
monk n : monje m
monkey n, pl **-keys** : mono m,
  -na f
monkeyshines npl : picardías fpl
  : travesuras fpl
monkey wrench n → **wrench**[2]
monocle n : monóculo m
monogamous adj : monógamo
monogamy n : monogamia f
monogram[1] v **-grammed;
  -gramming** : marcar con
  monograma
monogram[2] n : monograma m
monograph n : monografía f
monolingual adj : monolingüe
monolith n : monolito m
monolithic adj : monolítico
monologue n : monólogo m
monopolize v **-lized; -lizing**
  : monopolizar
monopoly n, pl **-lies** : monopolio m
monosyllabic adj : monosilábico
monosyllable n : monosílabo m
monotheism n : monoteísmo m —
  monotheist n
monotheistic adj : monoteísta
monotone n : voz f monótona
monotonous adj : monótono —
  monotonously adv
monotony n : monotonía f
  : uniformidad f
monsignor n : monseñor m
monsoon n : monzón m
monster n : monstruo m
monstrosity n, pl **-ties**
  : monstruosidad f
monstrous adj : monstruoso —
  monstrously adv
montage n : montaje m
month n : mes m
monthly[1] adv : mensualmente
monthly[2] adj : mensual
monthly[3] n, pl **-lies** : publicación f
  mensual
monument n : monumento m
monumental adj : monumental —
  monumentally adv
moo[1] v : mugir
moo[2] n : mugido m
mood n : humor m

moodiness n : melancolía f
 : tristeza f : cambios mpl de humor
 : carácter m temperamental
moody adj **moodier; -est**
 : melancólico : deprimido
 : temperamental : de humor variable
moon n : luna f
moonbeam n : rayo m de luna
moonlight[1] v : estar pluriempleado
moonlight[2] n : claro m de luna : luz
 f de la luna
moonlit adj : iluminado por la luna
moor[1] v : amarrar
moor[2] n : páramo m
Moor n : moro m, -ra f
mooring n : atracadero m
Moorish adj : moro
moose ns & pl : alce m
moot adj : discutible
mop[1] v **mopped; mopping**
 : trapear : trapear el suelo
mop[2] n : trapeador m
mope v **moped; moping** : andar
 deprimido : quedar abatido
moped n : ciclomotor m
moraine n : morena f
moral[1] adj : moral — **morally** adv
moral[2] n : moraleja f; **morals** npl
 : moral f : moralidad f
morale n : moral f
moralist n : moralista mf
moralistic adj : moralista
morality n, pl **-ties** : moralidad f
morass n : ciénaga f : pantano m
 : lío m : embrollo m
moratorium n, pl **-riums** or **-ria**
 : moratoria f
moray n : morena f
morbid adj : mórbido : morboso
 : horripilante
morbidity n, pl **-ties** : morbosidad f
more[1] adv : más
more[2] adj : más
more[3] n : más m
more[4] pron : más
morello n : guinda f
moreover adv : además
mores npl : costumbres fpl
 : tradiciones fpl
morgue n : morgue f
moribund adj : moribundo
Mormon n : mormón m, -mona f —
 Mormon adj
morn → **morning**

morning n : mañana f
morning sickness n : náuseas fpl
 matutinas
Moroccan n : marroquí mf —
 Moroccan adj
moron n : estúpido m, -da f : tonto
 m, -ta f
morose adj : hosco : sombrío —
 morosely adv
moroseness n : malhumor m
morphine n : morfina f
morphology n, pl **-gies** : morfología
 f
morrow n : día m siguiente
Morse code n : código m morse
morsel n : bocado m : pedazo m
mortadella n : mortadela f
mortal[1] adj : mortal — **mortally**
 adv
mortal[2] n : mortal mf
mortality n : mortalidad f
mortar n : mortero m : molcajete m
 : argamasa f
mortarboard n : bonete m : birrete m
mortgage[1] v **-gaged; -gaging**
 : hipotecar
mortgage[2] n : hipoteca f
mortification n : mortificación f
 : humillación f : vergüenza f
mortify v **-fied; -fying** : mortificar
 : humillar : avergonzar
mortuary n, pl **-aries** : funeraria f
mosaic n : mosaico m
Moslem → **Muslim**
mosque n : mezquita f
mosquito n, pl **-toes** : mosquito m
 : zancudo m
moss n : musgo m
mossy adj **mossier; -est**
 : musgoso
most[1] adv : más
most[2] adj : la mayoría de : la mayor
 parte de : más : mayor
most[3] n : más m : máximo m
most[4] pron : la mayoría : la mayor
 parte
mostly adv : en su mayor parte
 : principalmente
mote n : mota f
motel n : motel m
moth n : palomilla f : polilla f
mothball n : bola f de naftalina
mother[1] v : dar a luz a : cuidar de
 : proteger

mother² n : madre f
motherhood n : maternidad f
mother–in–law n, pl **mothers–in–law** : suegra f
motherland n : patria f
motherly adj : maternal
mother–of–pearl n : nácar m : madreperla f
mother–to–be n : futura madre f
mother tongue n : lengua f materna
motif n : motivo m
motion¹ v : hacerle señas
motion² n : movimiento m : moción f
motionless adj : inmóvil : quieto
motion picture n : película f
motivate v -vated; -vating : motivar : mover : inducir
motivation n : motivación f
motive¹ adj : motor
motive² n : motivo m : móvil m
motley adj : abigarrado : variopinto
motor¹ v : viajar en coche
motor² n : motor m
motorbike n : motocicleta f : moto f
motorboat n : bote m a motor : lancha f motora
motorcar n : automóvil m
motorcycle n : motocicleta f
motorcycling n : motociclismo m
motorcyclist n : motociclista mf
motorist n : automovilista mf : motorista mf
motorized adj : motorizado
motor racing n : carreras fpl de coches
motor vehicle → **vehicle**
mottled adj : manchado : moteado
motto n, pl **-toes** : lema m
mould → **mold**
mound n : montón m : montículo m
mount¹ v : montar a : montar en : subir a : montar : aumentar
mount² n : soporte m : caballería f : montura f : monte m : montaña f
mountain n : montaña f
mountain bike n : bicicleta f de montaña
mountaineer n : alpinista mf : montañero m, -ra f
mountaineering n : montañismo m : alpinismo m
mountainous adj : montañoso

mountaintop n : cima f : cumbre f
mourn v : llorar : lamentar : estar de luto
mourner n : doliente mf
mournful adj : lloroso : plañidero : triste : deprimente — **mournfully** adv
mourning n : duelo m : luto m
mouse n, pl **mice** : ratón m, -tona f
mouse pad n : alfombrilla f de/para ratón : almohadilla f de/para ratón
mousetrap n : ratonera f
mousse n : mousse mf
moustache → **mustache**
mouth¹ v : decir con poca sinceridad : repetir sin comprensión : articular en silencio
mouth² n : boca f : entrada f : desembocadura f
mouthed adj : de boca
mouthful n : bocado m : bocanada f
mouth organ n → **harmonica**
mouthpiece n : boquilla f
mouth–to–mouth resuscitation or **mouth–to–mouth** n : respiración f boca a boca : el boca a boca
mouthwash n : enjuague m bucal
mouth–watering n : delicioso
movable or **moveable** adj : movible : móvil
move¹ v **moved; moving** : ir : mudarse : trasladarse : moverse : actuar : mover : trasladar : inducir : persuadir : conmover : proponer
move² n : movimiento m : mudanza f : traslado m : paso m
movement n : movimiento m
mover n : persona f que hace mudanzas
movie n : película f; **movies** npl : cine m
movie theater n : cine m
moving adj : en movimiento : conmovedor : emocionante
mow¹ v **mowed; mowed** or **mown; mowing** : cortar
mow² n : pajar m
mower → **lawn mower**
MP3 n : MP3 m
Mr. n, pl **Messrs.** : señor m
Mrs. n, pl **Mesdames** : señora f
Ms. n : señora f : señorita f
much¹ adv **more; most** : mucho : muy : casi
much² adj **more; most** : mucho

much[3] *pron* : mucho
mucilage *n* : mucílago *m*
muck *n* : estiércol *m* : mugre *f*
: suciedad *f* : barro *m* : fango *m*
: lodo *m*
mucous *adj* : mucoso
mucus *n* : mucosidad *f*
mud *n* : barro *m* : fango *m* : lodo *m*
muddle[1] *v* **-dled; -dling** : confundir
: andar confundido
muddle[2] *n* : confusión *f* : embrollo
m : lío *m*
muddleheaded *adj* : confuso
: despistado
muddy[1] *v* **-died; -dying** : llenar de
barro
muddy[2] *adj* **muddier; -est** : barroso
: fangoso : lodoso : enlodado
mudguard *n* : guardabarros *m*
muff[1] *v* : echar a perder : fallar
muff[2] *n* : manguito *m*
muffin *n* : magdalena *f*
muffle *v* **-fled; -fling** : cubrir : tapar
: amortiguar
muffler *n* : bufanda *f* : silenciador *m*
: mofle *m*
mug[1] *v* **mugged; mugging** : posar
: hacer muecas : asaltar : atracar
mug[2] *n* : tazón *m*
mugger *n* : atracador *m*, -dora *f*
mugginess *n* : bochorno *m*
mugging *n* : atraco *m*
muggy *adj* **muggier; -est**
: bochornoso
mulberry *n, pl* **-ries** : morera *f*
: mora *f*
mulch[1] *v* : cubrir con pajote
mulch[2] *n* : pajote *m*
mule *n* : mula *f* : obstinado *m*, -da *f*
: terco *m*, -ca *f*
mulish *adj* : obstinado : terco
mull *v* **to mull over** : reflexionar
sobre
mullet *n, pl* **-let** *or* **-lets** : mújol *m*
multi- *pref* : multi-
multicolored *adj* : multicolor
: abigarrado
multicultural *adj* : multicultural —
multiculturalism *n*
multidisciplinary *adj*
: multidisciplinario
multifaceted *adj* : multifacético
multifamily *adj* : multifamiliar
multifarious *adj* : diverso : variado

multilateral *adj* : multilateral
multimedia *adj* : multimedia
multimillionaire *adj*
: multimillonario
multinational *adj* : multinacional
multiple[1] *adj* : múltiple
multiple[2] *n* : múltiplo *m*
multiple sclerosis *n* : esclerosis *f*
múltiple
multiplex *n* : multicine *m*
multiplication *n* : multiplicación *f*
multiplicity *n, pl* **-ties**
: multiplicidad *f*
multiply *v* **-plied; -plying**
: multiplicar : multiplicarse
multipurpose *adj* : multiuso
multistory *adj* : de varias plantas
: de varios pisos
multitask *v* : hacer multitarea
multitasking *n* : multitarea *f*
multitude *n* : multitud *f*
: muchedumbre *f* : gran cantidad *f*
multivitamin *adj* : multivitamínico
mum[1] *adj* : callado
mum[2] *n* → **chrysanthemum**
mumble[1] *v* **-bled; -bling** : mascullar
: musitar : hablar entre dientes
: murmurar
mumble[2] *n* **to speak in a mumble**
: hablar entre dientes
mumbo jumbo *n* : jerigonza *f*
mummy *n, pl* **-mies** : momia *f*
mumps *ns & pl* : paperas *fpl*
munch *v* : mascar : masticar
mundane *adj* : mundano : terrenal
: rutinario : ordinario
municipal *adj* : municipal
municipality *n, pl* **-ties** : municipio *m*
munitions *npl* : municiones *fpl*
mural[1] *adj* : mural
mural[2] *n* : mural *m*
murder[1] *v* : asesinar : matar
murder[2] *n* : asesinato *m* : homicidio *m*
murderer *n* : asesino *m*, -na *f*
: homicida *mf*
murderess *n* : asesina *f* : homicida *f*
murderous *adj* : asesino : homicida
murk *n* : oscuridad *f* : tinieblas *fpl*
murkiness *n* : oscuridad *f*
: tenebrosidad *f*
murky *adj* **murkier; -est** : oscuro
: tenebroso
murmur[1] *v* : murmurar : refunfuñar
: regañar : rezongar

murmur[2] n : queja f : murmullo m
: rumor m
muscle[1] v **-cled; -cling** : meterse
muscle[2] n : músculo m : fuerza f
muscular adj : muscular : musculoso
muscular dystrophy n : distrofia f
muscular
musculature n : musculatura f
muse[1] v **mused; musing** : cavilar
: meditar : reflexionar
muse[2] n : musa f
museum n : museo m
mush n : gachas fpl : sensiblería f
mushroom[1] v : crecer rápidamente
: multiplicarse
mushroom[2] n : hongo m
: champiñón m : seta f : callampa f
mushy adj **mushier; -est** : blando
: sensiblero
music n : música f
musical[1] adj : musical : de música
— **musically** adv
musical[2] n : comedia f musical
music box n : cajita f de música
musician n : músico m, -ca f
musk n : almizcle m
musket n : mosquete m
musketeer n : mosquetero m
muskrat n, pl **-rat** or **-rats** : rata f
almizclera
Muslim[1] adj : musulmán
Muslim[2] n : musulmán m, -mana f
muslin n : muselina f
muss[1] v : desordenar : despeinar
muss[2] n : desorden m
mussel n : mejillón m
must[1] v aux : deber : tener que
: haber de
must[2] n : necesidad f : mosto m
mustache n : bigote m : bigotes
mpl
mustang n : caballo m mesteño
mustard n : mostaza f
muster[1] v : reunir
muster[2] n : revista f : colección f
mustiness n : lo mohoso
musty adj **mustier; -est** : mohoso
: que huele a moho : que huele a
encerrado
mutant[1] adj : mutante
mutant[2] n : mutante m
mutate v **-tated; -tating** : mutar
: transformarse
mutation n : mutación f

mute[1] v **muted; muting**
: amortiguar : ponerle sordina a
mute[2] adj **muter; mutest** : mudo —
mutely adv
mute[3] n : sordina f
muted adj : apagado : sordo
: contenido : débil
mutilate v **-lated; -lating** : mutilar
mutilation n : mutilación f
mutineer n : amotinado m, -da f
mutinous adj : amotinado
mutiny[1] v **-nied; -nying**
: amotinarse
mutiny[2] n, pl **-nies** : amotinamiento
m : motín m
mutt n : perro m mestizo : perro m
corriente
mutter v : mascullar : hablar entre
dientes : murmurar : refunfuñar
: regañar : rezongar
mutton n : carne f de carnero
mutual adj : mutuo : común
mutually adv : mutuamente
: conjuntamente
muzzle[1] v **-zled; -zling** : ponerle un
bozal a : amordazar
muzzle[2] n : hocico m : bozal m : boca f
my[1] adj : mi
my[2] interj : ¡caramba! : ¡Dios mío!
myopia n : miopía f
myopic adj : miope
myriad[1] adj : innumerable
myriad[2] n : miríada f
myrrh n : mirra f
myrtle n : mirto m : arrayán m
myself pron : me : yo mismo : yo
misma
mysterious adj : misterioso —
mysteriously adv
mysteriousness n : lo misterioso
mystery n, pl **-teries** : misterio m
mystic[1] adj : místico
mystic[2] n : místico m, -ca f
mystical adj : místico — **mystically**
adv
mysticism n : misticismo m
mystify v **-fied; -fying** : dejar
perplejo : confundir
mystique n : aura f de misterio
myth n : mito m
mythic adj : mítico
mythical adj : mítico
mythological adj : mitológico
mythology n, pl **-gies** : mitología f

N

nab *v* **nabbed; nabbing** : prender
: pillar : pescar
nadir *n* : nadir *m* : punto *m* más
bajo
nag[1] *v* **nagged; nagging** : quejarse
: rezongar : molestar : fastidiar
: regañar : estarle encima a
nag[2] *n* : gruñón *m*, -ñona *f*
: jamelgo *m*
nail[1] *v* : clavar : sujetar con clavos
nail[2] *n* : uña *f* : clavo *m*
naive *or* **naïve** *adj* **naiver; -est**
: ingenuo : cándido : crédulo
naively *adv* : ingenuamente
naïveté *n* : ingenuidad *f*
naked *adj* : desnudo
: desenvainado : pelado
: expuesto al aire : manifiesto
: puro
nakedly *adv* : manifiestamente
nakedness *n* : desnudez *f*
name[1] *v* **named; naming** : llamar
: bautizar : ponerle nombre a
: mentar : mencionar : dar el
nombre de : nombrar
name[2] *adj* : de renombre : de
prestigio
name[3] *n* : nombre *m* : epíteto *m*
: fama *f* : reputación *f*
name–brand *adj* : de marca
conocida
name brand *n* : marca *f* conocida
nameless *adj* : anónimo : indecible
: indescriptible
namelessly *adv* : anónimamente
namely *adv* : a saber
namesake *n* : tocayo *m*, -ya *f*
: homónimo *m*, -ma *f*
Namibian *n* : namibio *m*, -bia *f* —
Namibian *adj*
nanny *n, pl* **nannies** : niñera *f*
: nana *f*
nanotechnology *n, pl* **-gies**
: nanotecnología *f*
nap[1] *v* **napped; napping** : dormir
: dormir la siesta
nap[2] *n* : siesta *f* : pelo *m* : pelusa *f*
nape *n* : nuca *f* : cerviz *f* : cogote *m*
naphtha *n* : nafta *f*
napkin *n* : servilleta *f*
narcissism *n* : narcisismo *m*

narcissist *n* : narcisista *mf*
narcissistic *adj* : narcisista
narcissus *n, pl* **-cissus** *or*
-cissuses *or* **-cissi** : narciso *m*
narcotic[1] *adj* : narcótico
narcotic[2] *n* : narcótico *m*
: estupefaciente *m*
narrate *v* **-rated; -rating** : narrar
: relatar
narration *n* : narración *f*
narrative[1] *adj* : narrativo
narrative[2] *n* : narración *f* : narrativa
f : relato *m*
narrator *n* : narrador *m*, -dora *f*
narrow[1] *v* : estrecharse
: angostarse : estrechar : angostar
: restringir : limitar
narrow[2] *adj* : estrecho : angosto
: estricto : limitado
narrowly *adv* : por poco : de cerca
narrow–minded *adj* : de miras
estrechas
narrowness *n* : estrechez *f*
narrows *npl* : estrecho *m*
nasal *adj* : nasal
nasally *adv* : por la nariz : con voz
nasal
nastily *adv* : con maldad
: cruelmente
nastiness *n* : porquería *f*
nasty *adj* **nastier; -est** : sucio
: mugriento : obsceno : malo
: malicioso : desagradable : feo
: asqueroso : repugnante
natal *adj* : natal
nation *n* : nación *f*
national[1] *adj* : nacional
national[2] *n* : ciudadano *m*, -na *f*
: nacional *mf*
national anthem *n* : himno *m*
nacional
nationalism *n* : nacionalismo *m*
nationalist[1] *adj* : nacionalista
nationalist[2] *n* : nacionalista *mf*
nationalistic *adj* : nacionalista
nationality *n, pl* **-ties** : nacionalidad *f*
nationalization *n* : nacionalización *f*
nationalize *v* **-ized; -izing**
: nacionalizar
nationally *adv* : a escala nacional
: a nivel nacional

national park n : parque m nacional

nationwide adj : en toda la nación : por todo el país

native[1] adj : innato : natal : indígena : autóctono

native[2] n : nativo m, -va f : indígena mf : natural m

Native American n : nativo m americano : nativa f americana : indígena m : indígena f — **Native American** adj

nativity n, pl **-ties** : navidad f

natty adj **nattier; -est** : elegante : garboso

natural[1] adj : natural : de la naturaleza : innato : sin afectación : vivo

natural[2] n **to be a natural** : tener un talento innato

natural gas n : gas m natural

natural history n : historia f natural

naturalism n : naturalismo m

naturalist n : naturalista mf — **naturalist** adj

naturalistic adj : naturalista

naturalization n : naturalización f

naturalize v **-ized; -izing** : naturalizar

naturally adv : naturalmente : intrínsecamente : de manera natural : por supuesto

naturalness n : naturalidad f

natural science n : ciencias fpl naturales

nature n : naturaleza f : índole f : clase f : carácter m : natural m

naught n : nada f : cero m

naughtily adv : traviesamente : con malicia

naughtiness n : mala conducta f : travesuras fpl : malicia f

naughty adj **naughtier; -est** : travieso : pícaro : picante : subido de tono

nausea n : náuseas fpl : asco m

nauseate v **-ated; -ating** : darle náuseas : asquear : darle asco

nauseating adj : nauseabundo : repugnante

nauseatingly adv : hasta el punto de dar asco

nauseous adj : mareado : con náuseas : nauseabundo

nautical adj : náutico

nautilus n, pl **-luses** or **-li** : nautilo m

Navajo n : navajo m, -ja f — **Navajo** adj

naval adj : naval

nave n : nave f

navel n : ombligo m

navigability n : navegabilidad f

navigable adj : navegable

navigate v **-gated; -gating** : navegar : gobernar : pilotar : navegar por

navigation n : navegación f

navigator n : navegante mf

navy n, pl **-vies** : flota f : marina f de guerra : armada f

nay[1] adv : no

nay[2] n : no m : voto m en contra

Nazi n : nazi mf

Nazism or **Naziism** n : nazismo m

Neanderthal n : neandertal m

near[1] v : acercarse a : estar a punto de

near[2] adv : cerca : casi

near[3] adj : cercano : próximo : más cercano : más próximo

near[4] prep : cerca de

nearby[1] adv : cerca

nearby[2] adj : cercano

nearly adv : casi

nearness n : proximidad f

nearsighted adj : miope : corto de vista

nearsightedly adv : con miopía

nearsightedness n : miopía f

neat adj : ordenado : pulcro : limpio : solo : sin diluir : sencillo y de buen gusto : hábil : ingenioso : genial : estupendo

neaten v : arreglar : ordenar : poner en orden **to neaten up** : poner las cosas en orden

neatly adv : ordenadamente : ingeniosamente

neatness n : pulcritud f : limpieza f : orden m

nebula n, pl **-lae** : nebulosa f

nebulous adj : nebuloso : vago

necessarily adv : necesariamente : forzosamente

necessary[1] adj : inevitable : necesario : obligatorio : imprescindible : preciso

necessary[2] *n, pl* **-saries** : lo esencial : lo necesario
necessitate *v* **-tated; -tating** : necesitar : requerir
necessity *n, pl* **-ties** : necesidad *f* : requisito *m* indispensable : indigencia *f* : inevitabilidad *f*
neck[1] *v* : besuquearse
neck[2] *n* : cuello *m* : pescuezo *m* : mástil *m*
necklace *n* : collar *m*
neckline *n* : escote *m*
necktie *n* : corbata *f*
nectar *n* : néctar *m*
nectarine *n* : nectarina *f*
née *or* **nee** *adj* : de soltera
need[1] *v* : necesitar : requerir : exigir : tener que : deber
need[2] *n* : necesidad *f* : falta *f* : indigencia *f*; **needs** *npl* : requisitos *mpl* : carencias *fpl*
needful *adj* : necesario
needle[1] *v* **-dled; -dling** : pinchar
needle[2] *n* : aguja *f* : indicador *m*
needlepoint *n* : encaje *m* de mano : bordado *m*
needless *adj* : innecesario
needlessly *adv* : sin ninguna necesidad : innecesariamente
needlework *n* : bordado *m*
needn't → **need**
needy[1] *adj* **needier; -est** : necesitado
needy[2] *n* **the needy** : los necesitados *mpl*
nefarious *adj* : nefario : nefando : infame
negate *v* **-gated; -gating** : negar : invalidar : anular
negation *n* : negación *f*
negative[1] *adj* : negativo
negative[2] *n* : negación *f* : negativa *f* : término *m* negativo : negativo *m* : imagen *f* en negativo
negatively *adv* : negativamente
neglect[1] *v* : desatender : descuidar : no cumplir con : faltar a
neglect[2] *n* : negligencia *f* : descuido *m* : incumplimiento *m*
neglected *adj* : abandonado : descuidado
neglectful *adj* : descuidado *m*
negligee *n* : negligé *m*
negligence *n* : descuido *m* : negligencia *f*

negligent *adj* : negligente : descuidado — **negligently** *adv*
negligible *adj* : insignificante : despreciable
negotiable *adj* : negociable
negotiate *v* **-ated; -ating** : negociar : gestionar : salvar : franquear
negotiation *n* : negociación *f*
negotiator *n* : negociador *m*, -dora *f*
neigh[1] *v* : relinchar
neigh[2] *n* : relincho *m*
neighbor[1] *v* : ser vecino de : estar junto a : estar cercano : lindar : colindar
neighbor[2] *n* : vecino *m*, -na *f*
neighborhood *n* : barrio *m* : vecindad *f* : vecindario *m*
neighboring *adj* : vecino
neighborly *adv* : amable : de buena vecindad
neither[1] *adj* : ninguno
neither[2] *conj* : ni
neither[3] *pron* : ninguno
nemesis *n, pl* **-eses** : rival *mf* : justo castigo *m*
neologism *n* : neologismo *m*
neon[1] *adj* : de neón
neon[2] *n* : neón *m*
neophyte *n* : neófito *m*, -ta *f*
Nepali *n* : nepalés *m*, -lesa *f* — **Nepali** *adj*
nephew *n* : sobrino *m*
nepotism *n* : nepotismo *m*
Neptune *n* : Neptuno *m*
nerd *n* : ganso *m*, -sa *f*
nerve *n* : nervio *m* : coraje *m* : valor *m* : fuerza *f* de la voluntad : atrevimiento *m* : descaro *m*; **nerves** *npl* : nervios *mpl*
nerve–racking *or* **nerve–wracking** *adj* : estresante : desesperante : angustioso
nervous *adj* : nervioso : miedoso : temeroso
nervous breakdown *n* → **breakdown**
nervously *adv* : nerviosamente
nervousness *n* : nerviosismo *m* : nerviosidad *f* : ansiedad *f*
nervy *adj* **nervier; -est** : valiente : atrevido : descarado : fresco : nervioso
nest[1] *v* : anidar

nest[2] *n* : nido *m* : avispero *m*
: madriguera *f* : refugio *m* : juego *m*
nestle *v* **-tled; -tling** : acurrucarse
: arrimarse cómodamente
net[1] *v* **netted; netting** : pescar
: atrapar con una red : ganar neto
: producir neto
net[2] *adj* : neto
net[3] *n* : red *f* : malla *f*
nether *adj* : inferior : más bajo
nettle[1] *v* **-tled; -tling** : irritar
: provocar : molestar
nettle[2] *n* : ortiga *f*
network *n* : red *f* : cadena *f*
neural *adj* : neural
neuralgia *n* : neuralgia *f*
neuritis *n, pl* **-ritides** *or* **-ritises**
: neuritis *f*
neurological *or* **neurologic** *adj*
: neurológico
neurologist *n* : neurólogo *m*, -ga *f*
neurology *n* : neurología *f*
neurosis *n, pl* **-roses** : neurosis *f*
neurotic[1] *adj* : neurótico
neurotic[2] *n* : neurótico *m*, -ca *f*
neuter[1] *v* : castrar
neuter[2] *adj* : neutro
neutral[1] *adj* : neutral : imparcial
: neutro
neutral[2] *n* : punto *m* muerto
neutrality *n* : neutralidad *f*
neutralization *n* : neutralización *f*
neutralize *v* **-ized; -izing**
: neutralizar
neutron *n* : neutrón *m*
never *adv* : nunca : jamás
never-ending *adj* : interminable
: inacabable : sin fin
nevermore *adv* : nunca más
nevertheless *adv* : sin embargo
: no obstante
new *adj* : nuevo : reciente : distinto
newborn *adj* : recién nacido
newcomer *n* : recién llegado *m*
: recién llegada *f*
newfangled *adj* : novedoso
newfound *adj* : recién descubierto
newly *adv* : recién : recientemente
newlywed *n* : recién casado *m*,
-da *f*
new moon *n* : luna *f* nueva
newness *n* : novedad *f*
news *n* : noticias *fpl* : noticiero *m*
: informativo *m* : noticiario *m*

newscast *n* : noticiero *m*
: informativo *m* : noticiario *m*
newscaster *n* : presentador *m*,
-dora *f* : locutor *m*, -tora *f*
newsgroup *n* : grupo *m* de noticias
newsletter *n* : boletín *m* informativo
newsman *n, pl* **-men** : periodista *m*
: reportero *m*
newspaper *n* : periódico *m* : diario
m : papel *m* de periódico
newspaperman *n, pl* **-men**
: periodista *m* : reportero *m*
: dueño *m* de un periódico
newsprint *n* : papel *m* de prensa
newsstand *n* : quiosco *m* : puesto
m de periódicos
newswoman *n, pl* **-women**
: periodista *f* : reportera *f*
newsworthy *adj* : de interés
periodístico
newsy *adj* **newsier; -est** : lleno de
noticias
newt *n* : tritón *m*
New Testament *n* : Nuevo
Testamento *m*
New Year *n* : Año *m* Nuevo
New Year's Day *n* : día *m* del Año
Nuevo
New Year's Eve *n* : noche *f* de Fin
de Año : Nochevieja *f*
New Yorker *n* : neoyorquino *m*,
-na *f*
New Zealander *n* : neozelandés
m, -desa *f*
next[1] *adv* : después : luego : ahora
: entonces : la próxima vez
next[2] *adj* : contiguo : de al lado
: que viene : próximo : siguiente
next-door *adj* : de al lado
next-of-kin *n, pl* **next-of-kin**
: familiar *m* más cercano : pariente
m más cercano
next to[1] *adv* : casi : prácticamente
next to[2] *prep* : junto a : al lado de
nexus *n* : nexo *m*
nib *n* : plumilla *f*
nibble[1] *v* **-bled; -bling** : pellizcar
: mordisquear : picar
nibble[2] *n* : mordisco *m*
Nicaraguan *n* : nicaragüense *mf* —
Nicaraguan *adj*
nice *adj* **nicer; nicest** : pulido
: refinado : fino : sutil : agradable
: bueno : lindo : decente

nicely *adv* : amablemente : con buenos modales : de buen gusto

niceness *n* : simpatía *f* : amabilidad *f*

nicety *n, pl* **-ties** : sutileza *f* : detalle *m*; **niceties** *npl* : lujos *mpl* : detalles *mpl*

niche *n* : nicho *m* : hornacina *f* : hueco *m*

nick[1] *v* : cortar : hacer una muesca en

nick[2] *n* : corte *m* : muesca *f*

nickel *n* : níquel *m* : moneda *f* de cinco centavos

nickname[1] *v* **-named; -naming** : apodar

nickname[2] *n* : apodo *m* : mote *m* : sobrenombre *m*

nicotine *n* : nicotina *f*

niece *n* : sobrina *f*

Nigerian *n* : nigeriano *m*, -na *f* — **Nigerian** *adj*

niggardly *adj* : mezquino : tacaño

niggling *adj* : insignificante : constante : persistente

nigh[1] *adv* : casi

nigh[2] *adj* : cercano : próximo

night[1] *adj* : nocturno : de la noche

night[2] *n* : noche *f* : oscuridad *f*

nightclothes *npl* : ropa *f* de dormir

nightclub *n* : cabaret *m* : club *m* nocturno : boliche *m*

night crawler *n* : lombriz *f*

nightdress → **nightgown**

nightfall *n* : anochecer *m*

nightgown *n* : camisón *m*

nightie *n* : camisón *m* corto

nightingale *n* : ruiseñor *m*

nightlife *n* : vida *f* nocturna

nightly[1] *adv* : cada noche : todas las noches

nightly[2] *adj* : de todas las noches

nightmare *n* : pesadilla *f*

nightmarish *adj* : de pesadilla

night owl *n* : noctámbulo *m*, -la *f*

night school *n* : escuela *f* nocturna : clases *fpl* nocturnas

nightshade *n* : hierba *f* mora

nightshirt *n* : camisa *f* de dormir

nightstick *n* : porra *f*

night table *or* **nightstand** *n* : mesita *f* : mesilla *f*

nighttime *n* : noche *f*

nihilism *n* : nihilismo *m*

nil *n* : nada *f* : cero *m*

nimble *adj* **nimbler; -blest** : ágil : hábil : ingenioso

nimbleness *n* : agilidad *f*

nimbly *adv* : con agilidad : ágilmente

nincompoop *n* : tonto *m*, -ta *f* : bobo *m*, -ba *f*

nine[1] *adj* : nueve

nine[2] *n* : nueve *m*

nine[3] *pron* : nueve

nine hundred[1] *adj* : novecientos

nine hundred[2] *n* : novecientos *m*

ninepins *n* : bolos *mpl*

nineteen[1] *adj & pron* : diecinueve

nineteen[2] *n* : diecinueve *m*

nineteenth[1] *adj* : decimonoveno : decimonono

nineteenth[2] *n* : decimonoveno *m*, -na *f* : decimonono *m* : diecinueveavo *m* : diecinueveava parte *f*

ninetieth[1] *adj* : nonagésimo

ninetieth[2] *n* : nonagésimo *m*, -ma *f* : noventavo *m* : noventava parte *f*

ninety[1] *adj & pron* : noventa

ninety[2] *n, pl* **-ties** : noventa *m*

ninny *n, pl* **ninnies** : tonto *m*, -ta *f* : bobo *m*, -ba *f*

ninth[1] *adv* : en noveno lugar

ninth[2] *adj* : noveno

ninth[3] *n* : noveno *m*, -na *f* : novena parte *f*

nip[1] *v* **nipped; nipping** : pellizcar : morder : mordisquear

nip[2] *n* : sabor *m* fuerte : pellizco *m* : mordisco *m* : trago *m* : traguito *m*

nipple *n* : pezón *m* : tetilla *f*

nippy *adj* **nippier; -est** : fuerte : picante : frío

nit *n* : liendre *f*

nitrate *n* : nitrato *m*

nitric acid *n* : ácido *m* nítrico

nitrogen *n* : nitrógeno *m*

nitroglycerin *or* **nitroglycerine** *n* : nitroglicerina *f*

nitwit *n* : zonzo *m*, -za *f* : bobo *m*, -ba *f*

no[1] *adv* : no

no[2] *adj* : ninguno

no[3] *n, pl* **noes** *or* **nos** : no *m* : vota *f* en contra

nobility *n* : nobleza *f*

noble[1] *adj* **nobler; -blest** : noble : glorioso : majestuoso : magnífico : elevado

noble[2] *n* : noble *mf* : aristócrata *mf*

nobleman *n, pl* **-men** : noble *m* : aristócrata *m*

nobleness *n* : nobleza *f*

noblewoman *n, pl* **-women** : noble *f* : aristócrata *f*

nobly *adv* : noblemente

nobody[1] *n, pl* **-bodies** : don nadie *m*

nobody[2] *pron* : nadie

nocturnal *adj* : nocturno

nocturne *n* : nocturno *m*

nod[1] *v* **nodded; nodding** : saludar con la cabeza : asentir con la cabeza : inclinar

nod[2] *n* : saludo *m* con la cabeza : señal *f* con la cabeza : señal *m* de asentimiento

node *n* : nudo *m*

nodule *n* : nódulo *m*

noel *n* : villancico *m* de Navidad

noes → **no**[3]

noise *n* : ruido *m*

noiseless *adj* : silencioso : sin ruido

noiselessly *adv* : silenciosamente

noisemaker *n* : matraca *f*

noisiness *n* : ruido *m*

noisy *adj* **noisier; -est** : ruidoso — **noisily** *adv*

nomad[1] → **nomadic**

nomad[2] *n* : nómada *mf*

nomadic *adj* : nómada

nomenclature *n* : nomenclatura *f*

nominal *adj* : nominal : insignificante

nominally *adv* : sólo de nombre : nominalmente

nominate *v* **-nated; -nating** : proponer : nominar : nombrar

nomination *n* : propuesta *f* : postulación *f* : nombramiento *m*

nominative[1] *adj* : nominativo

nominative[2] *n or* **nominative case** : nominativo *m*

nominee *n* : candidato *m*, -ta *f*

non- *pref* : no

nonaddictive *adj* : que no crea dependencia

nonalcoholic *adj* : sin alcohol : no alcohólico

nonaligned *adj* : no alineado

nonbeliever *n* : no creyente *mf*

nonbreakable *adj* : irrompible

nonce *n* **for the nonce** : por el momento

nonchalance *n* : indiferencia *f* : despreocupación *f*

nonchalant *adj* : indiferente : despreocupado : impasible

nonchalantly *adv* : con aire despreocupado : con indiferencia

noncombatant *n* : no combatiente *mf*

noncommissioned officer *n* : suboficial *mf*

noncommittal *adj* : evasivo : que no se compromete

nonconductor *n* : aislante *m*

nonconformist *n* : inconformista *mf* : inconforme *mf*

nonconformity *n* : inconformidad *f* : no conformidad *f*

noncontagious *adj* : no contagioso

nondenominational *adj* : no sectario

nondescript *adj* : anodino : soso

nondiscriminatory *adj* : no discriminatorio

nondrinker *n* : abstemio *m*, -mia *f*

none[1] *adv* : de ninguna manera : de ningún modo : nada

none[2] *pron* : ninguno : nada : ninguna parte

nonentity *n, pl* **-ties** : persona *f* insignificante : nulidad *f*

nonessential *adj* : secundario : no esencial

nonessentials *npl* : cosas *fpl* secundarias : cosas *fpl* accesorias

nonetheless *adv* : sin embargo : no obstante

nonexistence *n* : inexistencia *f*

nonexistent *adj* : inexistente

nonfat *adj* : sin grasa

nonfattening *adj* : que no engorda

nonfiction *n* : no ficción *f*

nonflammable *adj* : no inflamable

nonintervention *n* : no intervención *f*

noninvasive *adj* : no invasivo

nonmalignant *adj* : no maligno : benigno

nonnegotiable *adj* : no negociable

nonpareil[1] *adj* : sin parangón : sin par

nonpareil[2] *n* : persona *f* sin igual : cosa *f* sin par

nonpartisan *adj* : imparcial

nonpaying *adj* : que no paga
nonpayment *n* : impago *m* : falta *f* de pago
nonperson *n* : persona *f* sin derechos
nonplus *v* **-plussed; -plussing** : confundir : desconcertar : dejar perplejo
nonprescription *adj* : disponible sin receta del médico
nonproductive *adj* : improductivo
nonprofit *adj* : sin fines lucrativos
nonproliferation *adj* : no proliferación
nonresident *n* : no residente *mf*
nonscheduled *adj* : no programado : no regular
nonsectarian *adj* : no sectario
nonsense *n* : tonterías *fpl* : disparates *mpl*
nonsensical *adj* : absurdo : disparatado — **nonsensically** *adv*
nonsmoker *n* : no fumador *m*, -dora *f* : persona *f* que no fuma
nonsmoking *adj* : que no fuma : no fumador
nonstandard *adj* : no regular : no estándar
nonstick *adj* : antiadherente
nonstop[1] *adv* : sin parar
nonstop[2] *adj* : directo : sin escalas
nonsupport *n* : falta *f* de manutención
nontaxable *adj* : exento de impuestos
nontoxic *adj* : no tóxico
nontransferable *adj* : intransferible
nonviolence *n* : no violencia *f*
nonviolent *adj* : pacífico : no violento
noodle *n* : fideo *m* : tallarín *m*
nook *n* : rincón *m* : recoveco *m* : escondrijo *m*
noon *n* : mediodía *m*
noonday *n* : mediodía *m*
no one *pron* : nadie
noontime *n* : mediodía *m*
noose *n* : lazo *m* : cuerda *f*
nope *adv* → **no**[1]
nor *conj* : ni
Nordic *adj* : nórdico
norm *n* : norma *f* : modelo *m* : regla *f* general : lo normal

normal *adj* : normal — **normally** *adv*
normalcy *n* : normalidad *f*
normality *n* : normalidad *f*
normalization *n* : normalización *f* : regularización *f*
normalize *v* : normalizar
Norse *adj* : nórdico
north[1] *adv* : al norte
north[2] *adj* : norte : del norte
north[3] *n* : norte *m*
North American *n* : norteamericano *m*, -na *f* — **North American** *adj*
northbound[1] *adv* : con rumbo al norte
northbound[2] *adj* : que va hacia el norte
northeast[1] *adv* : hacia el nordeste
northeast[2] *adj* : nordeste : del nordeste
northeast[3] *n* : nordeste *m* : noreste *m*
northeasterly[1] *adv* : hacia el nordeste
northeasterly[2] *adj* : nordeste : del nordeste
northeastern *adj* : nordeste : del nordeste
northerly[1] *adv* : hacia el norte
northerly[2] *adj* : del norte
northern *adj* : norte : norteño : septentrional
Northerner *n* : norteño *m*, -ña *f*
northern lights → **aurora borealis**
North Pole *n* : Polo *m* Norte
North Star *n* : estrella *f* polar
northward *adv & adj* : hacia el norte
northwest[1] *adv* : hacia el noroeste
northwest[2] *adj* : del noroeste
northwest[3] *n* : noroeste *m*
northwesterly[1] *adv* : hacia el noroeste
northwesterly[2] *adj* : del noroeste
northwestern *adj* : noroeste : del noroeste
Norwegian *n* : noruego *m*, -ga *f* — **Norwegian** *adj*
nose[1] *v* **nosed; nosing** : olfatear : empujar con el hocico : mover poco a poco : entrometerse : meter las narices : avanzar poco a poco

nose[2] *n* : nariz *f* : hocico *m* : olfato *m* : sentido *m* del olfato : parte *f* delantera : proa *f*

nosebleed *n* : hemorragia *f* nasal

nosed *adj* : de nariz

nosedive *n* : descenso *m* en picada : caída *f* súbita

nose–dive *v* : descender en picada : caer en picada

no–smoking *adj* : de no fumar : de/para no fumadores

nostalgia *n* : nostalgia *f*

nostalgic *adj* : nostálgico

nostril *n* : ventana *f* de la nariz

nostrum *n* : panacea *f*

nosy *or* **nosey** *adj* **nosier; -est** : entrometido

not *adv* : no : menos de

notable[1] *adj* : notable : de notar : distinguido : destacado

notable[2] *n* : persona *f* importante : personaje *m*

notably *adv* : notablemente : particularmente

notarize *v* **-rized; -rizing** : autenticar : autorizar

notary *or* **notary public** *n, pl* **notaries** *or* **notaries public** *or* **notary publics** : notario *m*, -ria *f* : escribano *m*, -na *f*

notation *n* : anotación *f* : nota *f* : notación *f*

notch[1] *v* : hacer una muesca en : cortar

notch[2] *n* : muesca *f* : corte *m*

note[1] *v* **noted; noting** : notar : observar : tomar nota de : anotar : apuntar

note[2] *n* : nota *f* : comentario *m* : apunte *m* : cartita *f* : prestigio *m* : atención *f* : dejo *m*

notebook *n* : libreta *f* : cuaderno *m* : notebook *m*

noted *adj* : renombrado : eminente : celebrado

notepad *n* : bloc *m* de notas

notepaper *n* : papel *m* de escribir

noteworthy *adj* : notable : de notar : de interés

nothing[1] *adv* : de ninguna manera

nothing[2] *n* : nada *f* : cero *m* : persona *f* de poca importancia : nimiedad *f*

nothing[3] *pron* : nada

nothingness *n* : vacío *m* : nada *f* : inexistencia *f* : nimiedad *f*

notice[1] *v* **-ticed; -ticing** : notar : observar : advertir : darse cuenta de

notice[2] *n* : aviso *m* : notificación *f* : atención *f*

noticeable *adj* : evidente : perceptible — **noticeably** *adv*

notification *n* : notificación *f* : aviso *m*

notify *v* **-fied; -fying** : notificar : avisar

notion *n* : idea *f* : noción *f* : capricho *m* : antojo *m*; **notions** *npl* : artículos *mpl* de mercería

notoriety *n* : mala fama *f* : notoriedad *f*

notorious *adj* : de mala fama : célebre : bien conocido

notwithstanding[1] *adv* : no obstante : sin embargo

notwithstanding[2] *conj* : a pesar de que

notwithstanding[3] *prep* : a pesar de : no obstante

nougat *n* : turrón *m*

nought → **naught**

noun *n* : nombre *m* : sustantivo *m*

nourish *v* : alimentar : nutrir : sustentar : fomentar : alentar

nourishing *adj* : alimenticio : nutritivo

nourishment *n* : nutrición *f* : alimento *m* : sustento *m*

novel[1] *adj* : original : novedoso

novel[2] *n* : novela *f*

novelist *n* : novelista *mf*

novelty *n, pl* **-ties** : novedad *f*; **novelties** *npl* : baratijas *fpl* : chucherías *fpl*

November *n* : noviembre *m*

novena *n* : novena *f*

novice *n* : novato *m*, -ta *f* : principiante *mf* : novicio *m*, -cia *f*

novocaine *n* : novocaína *f*

now[1] *adv* : ahora : ya : actualmente : dentro de poco : pronto : como están las cosas : inmediatamente : entonces

now[2] *conj* **now that** : ahora que : ya que

nowadays *adv* : hoy en día : actualmente : en la actualidad

nowhere[1] *adv* : en ninguna parte
: a ningún lado
nowhere[2] *n* : ninguna parte *f*
noxious *adj* : nocivo : dañino : tóxico
nozzle *n* : boca *f* : boquilla *f*
nth *adj* : enésimo
nuance *n* : matiz *m*
nub *n* : protuberancia *f* : nudo *m*
: quid *m* : meollo *m*
nuclear *adj* : nuclear
nucleus *n*, *pl* **-clei** : núcleo *m*
nude[1] *adj* **nuder; nudest** : desnudo
nude[2] *n* : desnudo *m*
nudge[1] *v* **nudged; nudging** : darle
con el codo
nudge[2] *n* : toque *m* que se da con
el codo
nudism *n* : nudismo *m*
nudist *n* : nudista *mf*
nudity *n* : desnudez *f*
nugget *n* : pepita *f*
nuisance *n* : fastidio *m* : molestia *f*
: lata *f* : pesado *m*, -da *f*
nuke[1] *v* **nuked; nuking** : atacar con
armas nucleares : cocinar en el
microondas
nuke[2] *n* : arma *m* nuclear
null *adj* : nulo
nullify *v* **-fied; -fying** : invalidar
: anular
nullity *n*, *pl* **-ties** : nulidad *f*
numb[1] *v* : entumecer : adormecer
numb[2] *adj* : entumecido : dormido
number[1] *v* : contar : incluir
: numerar : ascender a : sumar
number[2] *n* : número *m*
numberless *adj* : innumerable : sin
número
numbness *n* : entumecimiento *m*
numeral *n* : número *m*
numerator *n* : numerador *m*
numeric *adj* : numérico
numerical *adj* : numérico —
numerically *adv*
numerous *adj* : numeroso
numismatics *n* : numismática *f*

numskull *n* : tonto *m*, -ta *f*
: mentecato *m* : zoquete *m*
nun *n* : monja *f*
nuptial *adj* : nupcial
nuptials *npl* : nupcias *fpl* : boda *f*
nurse[1] *v* **nursed; nursing**
: amamantar : cuidar : atender
nurse[2] *n* : enfermero *m*, -ra *f*
nursemaid *n* : niñera *f*
nursery *n*, *pl* **-eries** : vivero *m*
nursery rhyme *n* : canción *f* infantil
nursery school *n* : parvulario *m*
nursing *n* : profesión *f* de
enfermero
nursing home *n* : hogar *m* de
ancianos : clínica *f* de reposo
nurture[1] *v* **-tured; -turing** : nutrir
: alimentar : criar : educar
: fomentar
nurture[2] *n* : crianza *f* : educación *f*
: alimento *m*
nut *n* : nuez *f* : tuerca *f* : loco *m*,
-ca *f* : chiflado *m*, -da *f* : fanático *m*
: entusiasta *mf*
nutcracker *n* : cascanueces *m*
nuthatch *n* : trepador *m*
nutmeg *n* : nuez *f* moscada
nutria *n* : nutria *f*
nutrient *n* : nutriente *m* : alimento
m nutritivo
nutriment *n* : nutrimento *m*
nutrition *n* : nutrición *f*
nutritional *adj* : alimenticio
nutritionist *n* : nutricionista *mf*
nutritious *adj* : nutritivo
: alimenticio
nuts *adj* : fanático : loco : chiflado
nutshell *n* : cáscara *f* de nuez
nutty *adj* **nuttier; -est** : loco
: chiflado
nuzzle *v* **-zled; -zling** : acurrucarse
: arrimarse : acariciar con el
hocico
nylon *n* : nilón *m*; **nylons** *npl*
: medias *fpl* de nilón
nymph *n* : ninfa *f*

O

O → **oh**
oaf *n* : zoquete *m* : bruto *m*, -ta *f*
oafish *adj* : torpe : lerdo
oak *n, pl* **oaks** *or* **oak** : roble *m*
oaken *adj* : de roble
oar *n* : remo *m*
oarlock *n* : tolete *m*
oasis *n, pl* **oases** : oasis *m*
oat *n* : avena *f*
oath *n, pl* **oaths** : juramento *m*
: mala palabra *f* : palabrota *f*
oatmeal *n* : avena *f*
obdurate *adj* : inflexible : firme
: obstinado
obedience *n* : obediencia *f*
obedient *adj* : obediente —
obediently *adv*
obelisk *n* : obelisco *m*
obese *adj* : obeso
obesity *n* : obesidad *f*
obey *v* **obeyed; obeying**
: obedecer
obfuscate *v* **-cated; -cating**
: ofuscar : confundir
obituary *n, pl* **-aries** : obituario *m*
: necrología *f*
object[1] *v* : objetar : oponerse
: poner reparos : hacer objeciones
object[2] *n* : objeto *m* : objetivo *m*
: propósito *m* : complemento *m*
objection *n* : objeción *f*
objectionable *adj* : ofensivo
: indeseable — **objectionably** *adv*
objective[1] *adj* : objetivo : imparcial
: de complemento : directo
objective[2] *n* : objetivo *m*
objectively *adv* : objetivamente
objectivity *n, pl* **-ties** : objetividad *f*
objector *n* : objetor *m*, -tora *f*
obligate *v* **-gated; -gating** : obligar
obligation *n* : obligación *f*
obligatory *adj* : obligatorio
oblige *v* **obliged; obliging** : obligar
: hacerle un favor : complacer
obliging *adj* : servicial
: complaciente — **obligingly** *adv*
oblique *adj* : oblicuo : indirecto —
obliquely *adv*
obliterate *v* **-ated; -ating** : obliterar
: borrar : destruir : eliminar
obliteration *n* : obliteración *f*

oblivion *n* : olvido *m*
oblivious *adj* : inconsciente —
obliviously *adv*
oblong[1] *adj* : oblongo
oblong[2] *n* : figura *f* oblonga
: rectángulo *m*
obnoxious *adj* : repugnante
: odioso — **obnoxiously** *adv*
oboe *n* : oboe *m*
oboist *n* : oboe *mf*
obscene *adj* : obsceno : indecente
— **obscenely** *adv*
obscenity *n, pl* **-ties** : obscenidad *f*
obscure[1] *v* **-scured; -scuring**
: oscurecer : nublar : ocultar
obscure[2] *adj* : oscuro : recóndito
: confuso : vago : desconocido —
obscurely *adv*
obscurity *n, pl* **-ties** : oscuridad *f*
obsequious *adj* : servil
: excesivamente atento
observable *adj* : observable
: perceptible
observance *n* : observancia *f*
: cumplimiento *m* : práctica *f*
observant *adj* : observador
observation *n* : observación *f*
observatory *n, pl* **-ries**
: observatorio *m*
observe *v* **-served; -serving**
: observar : obedecer : celebrar
: guardar : mirar : comentar
observer *n* : observador *m*, -dora *f*
obsess *v* : obsesionar
obsession *n* : obsesión *f*
obsessive *adj* : obsesivo —
obsessively *adv*
obsolescence *n* : obsolescencia *f*
obsolescent *adj* : obsolescente
obsolete *adj* : obsoleto : anticuado
obstacle *n* : obstáculo *m*
: impedimento *m*
obstetric *or* **obstetrical** *adj*
: obstétrico
obstetrician *n* : obstetra *mf*
: tocólogo *m*, -ga *f*
obstetrics *ns & pl* : obstetricia *f*
: tocología *f*
obstinacy *n, pl* **-cies** : obstinación *f*
: terquedad *f*

obstinate *adj* : obstinado : terco — **obstinately** *adv*

obstreperous *adj* : ruidoso : clamoroso : rebelde : indisciplinado

obstruct *v* : obstruir : bloquear

obstruction *n* : obstrucción *f* : bloqueo *m*

obstructive *adj* : obstructor

obtain *v* : obtener : conseguir : imperar : prevalecer

obtainable *adj* : obtenible : asequible

obtrusive *adj* : impertinente : entrometido : prominente

obtuse *adj* : obtuso : torpe

obtuse angle *n* : ángulo obtuso

obvious *adj* : obvio : evidente : manifiesto

obviously *adv* : obviamente : evidentemente : claro : por supuesto

occasion[1] *v* : ocasionar : causar

occasion[2] *n* : oportunidad *f* : ocasión *f* : motivo *m* : razón *f* : acontecimiento *m*

occasional *adj* : ocasional

occasionally *adv* : de vez en cuando : ocasionalmente

occult[1] *adj* : oculto : secreto : arcano : esotérico

occult[2] *n* **the occult** : las ciencias ocultas

occupancy *n, pl* **-cies** : ocupación *f* : habitación *f*

occupant *n* : ocupante *mf*

occupation *n* : ocupación *f* : profesión *f* : oficio *m*

occupational *adj* : ocupacional

occupier *n* : ocupante *mf*

occupy *v* **-pied; -pying** : ocupar

occur *v* **occurred; occurring** : encontrarse : existir : ocurrir : acontecer : suceder : tener lugar : ocurrirse

occurrence *n* : acontecimiento *m* : suceso *m* : ocurrencia *f*

ocean *n* : océano *m*

oceanic *adj* : oceánico

oceanography *n* : oceanografía *f* — **oceanographic** *adj*

ocelot *n* : ocelote *m*

ocher *or* **ochre** *n* : ocre *m*

octagon *n* : octágono *m*

octagonal *adj* : octagonal

octave *n* : octava *f*

October *n* : octubre *m*

octopus *n, pl* **-puses** *or* **-pi** : pulpo *m*

ocular *adj* : ocular

oculist *n* : oftalmólogo *m*, -ga *f* : oculista *mf* : optometrista *mf*

odd *adj* : sin pareja : suelto : impar : y pico : y tantos : alguno : uno que otro : extraño : raro

oddball *n* : excéntrico *m*, -ca *f* : persona *f* rara

oddity *n, pl* **-ties** : rareza *f* : cosa *f* rara

oddly *adv* : de manera extraña

oddness *n* : rareza *f* : excentricidad *f*

odds *npl* : probabilidades *fpl* : puntos *mpl* de ventaja

odds and ends *npl* : costillas *fpl* : cosas *fpl* sueltas : cachivaches *mpl*

ode *n* : oda *f*

odious *adj* : odioso — **odiously** *adv*

odometer *n* : cuentakilómetros *m* : odómetro *m*

odor *n* : olor *m*

odorless *adj* : inodoro : sin olor

odyssey *n, pl* **-seys** : odisea *f*

o'er → **over**

of *prep* : de : de parte de : sobre : por : a

off[1] *adj* : más remoto : distante : empezado : apagado : cancelado : suspendido : erróneo : incorrecto : remoto : lejano : libre : estropeado : cortado

off[2] *prep* : de : a la costa de : a expensas de : por debajo de

offal *n* : desechos *mpl* : desperdicios *mpl* : vísceras *fpl* : asaduras *fpl*

off-balance *adj* : desequilibrado

off-color *adj* : subido de tono : pícaro : picante

offend *v* : violar : atentar contra : ofender

offender *n* : delincuente *mf* : infractor *m*, -tora *f*

offense *or* **offence** *n* : ofensa *f* : injuria *f* : agravio *m* : ataque *m* : ofensiva *f* : infracción *f* : delito *m*

offensive[1] *adj* : ofensivo — **offensively** *adv*

offensive[2] n : ofensiva f
offer[1] v : ofrecer : proponer : sugerir : mostrar
offer[2] n : oferta f : ofrecimiento m : propuesta f
offering n : ofrenda f
offhand[1] adv : sin preparación : sin pensarlo
offhand[2] adj : improvisado : brusco
office n : cargo m : oficina f : despacho m : gabinete m
officeholder n : titular mf
office hours n : horas fpl de oficina
officer n : oficial mf : funcionario m, -ria f : director m, -tora f : oficial mf
office worker n : oficinista mf
official[1] adj : oficial — **officially** adv
official[2] n : funcionario m, -ria f : oficial mf
officiate v -ated; -ating : arbitrar
officious adj : oficioso
offing n in the offing : en perspectiva
off–key adj : desafinado
off–line adj : fuera de línea
off–peak adj : fuera de las horas pico
off–putting adj : desagradable : repelente
offset v -set; -setting : compensar
offshoot n : producto m : resultado m : retoño m : rama f : vástago m
offshore[1] adv : a una distancia de la costa
offshore[2] adj : de tierra : (de) costa afuera : cercano a la costa
offside adj : fuera de juego
offspring ns & pl : crías fpl : prole f : progenie f
off–white adj : blancuzco
often adv : muchas veces : a menudo : seguido
oftentimes or **ofttimes** → **often**
ogle v **ogled; ogling** : comerse con los ojos : quedarse mirando a
ogre n : ogro m
oh interj : ¡oh! : ¡ah! : ¡ay!
ohm n : ohm m : ohmio m
oil[1] v : lubricar : engrasar : aceitar
oil[2] n : aceite m : petróleo m
oilcan n : aceitera f
oilcloth n : hule m
oiliness n : lo aceitoso
oil rig → **rig**[2]

oilskin n : hule m; **oilskins** npl : impermeable m
oil slick n : marea f negra
oil well n : pozo m petrolero
oily adj **oilier; -est** : aceitoso : grasiento : grasoso
ointment n : ungüento m : pomada f
OK[1] v **OK'd** or **okayed; OK'ing** or **okaying** : dar el visto bueno a : autorizar : aprobar
OK[2] or **okay** adv : bien : sí : por supuesto
OK[3] adj : bien
OK[4] n : autorización f : visto m bueno
okra n : quingombó m
old adj : antiguo : viejo : anciano : gastado
old age n : vejez f
olden adj : de antaño : de antigüedad
old–fashioned adj : anticuado : pasado de moda
Old Testament n : Antiguo Testamento m
old–time adj : antiguo
old–timer n : veterano m, -na f
old–world adj : pintoresco
oleander n : adelfa f
oleomargarine → **margarine**
olfactory adj : olfativo
oligarchy n, pl **-chies** : oligarquía f
olive n : aceituna f : oliva f : olivo m
olive oil n : aceite m de oliva
Olmec n : olmeca mf — **Olmec** adj
Olympian n : olimpiada f
Olympic adj : olímpico
Olympic Games npl : Juegos mpl Olímpicos
Olympics npl : olimpiadas fpl
Omani n : omaní mf — **Omani** adj
ombudsman n, pl **-men** : ombudsman m
omelet or **omelette** n : omelette mf : tortilla f
omen n : presagio m : augurio m : agüero m
ominous adj : ominoso : agorero : de mal agüero
ominously adv : de manera amenazadora
omission n : omisión f
omit v **omitted; omitting** : omitir : excluir

omnipotence n : omnipotencia f — **omnipotent** adj

omnipresence n : omnipresencia f

omnipresent adj : omnipresente

omniscient adj : omnisciente

omnivorous adj : omnívoro : ávido : voraz

on prep : en : sobre : encima de : junto a : al lado de : a : por : de : según : tomando

once[1] adv : una vez : alguna vez : antes : anteriormente

once[2] adj : antiguo

once[3] n : una vez

once[4] conj : una vez que : tan pronto como

once–over n to give someone the once–over : echarle un vistazo a alguien

oncoming adj : que viene

one[1] adj : un : una : mismo : misma : alguno : alguna

one[2] n : uno m

one[3] pron : uno

one–handed adj & adv : con una sola mano

one–on–one adj : uno a uno — **one–on–one** adv

onerous adj : oneroso : gravoso

oneself pron : se : sí mismo : uno mismo

one–sided adj : de un solo lado : asimétrico : parcial : tendencioso : unilateral

onetime adj : antiguo

one–way adj : de sentido único : de una sola dirección : de ida : sencillo

one–way mirror n : espejo m polarizado

ongoing adj : en curso : corriente : en desarrollo

onion n : cebolla f

online adj & adv : en línea : online

onlooker n : espectador m, -dora f : circunstante mf

only[1] adv : sólo : solamente : nomás : únicamente

only[2] adj : único

only[3] conj : pero

onset n : comienzo m : llegada f

onslaught n : arremetida f : embestida f : embate m

onto prep : sobre

onus n : responsabilidad f : carga f

onward[1] or **onwards** adv : adelante : hacia adelante

onward[2] adj : hacia adelante

onyx n : ónix m

oops interj : ¡huy!

ooze[1] v oozed; oozing : rezumar : irradiar : rebosar

ooze[2] n : cieno m : limo m

opacity n, pl **-ties** : opacidad f

opal n : ópalo m

opaque adj : opaco : poco claro

open[1] v : abrir : destapar : desplegar : inaugurar : iniciar : entablar : abrirse : empezar : comenzar

open[2] adj : abierto : franco : directo : descubierto : extendido : libre : pendiente : por decidir : sin resolver : vacante : expuesto : vulnerable

open[3] n in the open : al aire libre : conocido : sacado a la luz

open–air adj : al aire libre

open–and–shut adj : claro : evidente

opener n : destapador m : abrelatas m : abridor m

openhanded adj : generoso : liberal

open–heart adj : de corazón abierto

openhearted adj : franco : sincero : generoso : de gran corazón

opening n : comienzo m : principio m : apertura f : abertura f : brecha f : claro m : oportunidad f

openly adv : abiertamente : francamente : públicamente : declaradamente

open–minded adj : sin prejuicios : de actitud abierta

open–mouthed adj : boquiabierto

openness n : franqueza f

opera n : ópera f

opera glasses npl : gemelos mpl de teatro

operate v **-ated; -ating** : operar : funcionar : actuar : manejar : hacer funcionar : administrar

operatic adj : operístico

operating room n : quirófano m

operation n : funcionamiento m : uso m : manejo m : operación f : intervención f quirúrgica

operational *adj* : operacional : de operación
operative *adj* : vigente : en vigor : operativo : quirúrgico
operator *n* : operador *m*, -dora *f*
operetta *n* : opereta *f*
ophthalmologist *n* : oftalmólogo *m*, -ga *f*
ophthalmology *n* : oftalmología *f*
opiate *n* : opiato *m*
opine *v* : opinar
opinion *n* : opinión *f*
opinionated *adj* : testarudo : dogmático
opinion poll *n* : sondeo *m* : encuesta *f* de opinión
opium *n* : opio *m*
opossum *n* : zarigüeya *f* : oposum *m*
opponent *n* : oponente *mf* : opositor *m*, -tora *f* : contrincante *mf*
opportune *adj* : oportuno — **opportunely** *adv*
opportunism *n* : oportunismo *m*
opportunist *n* : oportunista *mf*
opportunistic *adj* : oportunista *mf*
opportunity *n*, *pl* **-ties** : oportunidad *f* : ocasión *f* : chance *m* : posibilidades *fpl*
oppose *v* **-posed; -posing** : ir en contra de : oponerse a : luchar contra : combatir : resistir
opposite[1] *adv* : enfrente
opposite[2] *adj* : de enfrente : opuesto : contrario
opposite[3] *n* : lo contrario : lo opuesto
opposite[4] *prep* : enfrente de : frente a
opposition *n* : oposición *f* : resistencia *f*
oppress *v* : oprimir : perseguir : agobiar
oppression *n* : opresión *f*
oppressive *adj* : opresivo : severo : agobiante : sofocante
oppressor *n* : opresor *m*, -sora *f*
opprobrium *n* : oprobio *m*
opt *v* : optar
optic *or* **optical** *adj* : óptico
optical disk *n* : disco *m* óptico
optician *n* : óptico *m*, -ca *f*
optics *npl* : óptica *f*
optimal *adj* : óptimo
optimism *n* : optimismo *m*
optimist *n* : optimista *mf*

optimistic *adj* : optimista
optimistically *adv* : con optimismo : positivamente
optimum[1] *adj* → **optimal**
optimum[2] *n*, *pl* **-ma** : lo óptimo : lo ideal
option *n* : opción *f*
optional *adj* : facultativo : optativo
optometrist *n* : optometrista *mf*
optometry *n* : optometría *f*
opulence *n* : opulencia *f*
opulent *adj* : opulento
opus *n*, *pl* **opera** : opus *m* : obra *f*
or *conj* : o : ni
oracle *n* : oráculo *m*
oral *adj* : oral — **orally** *adv*
orange *n* : naranja *f* : china *f* : naranja *m* : color *m* de china
orangeade *n* : naranjada *f*
orangutan *n* : orangután *m*
oration *n* : oración *f* : discurso *m*
orator *n* : orador *m*, -dora *f*
oratorio *n*, *pl* **-rios** : oratorio *m*
oratory *n*, *pl* **-ries** : oratoria *f*
orb *n* : orbe *m*
orbit[1] *v* : girar alrededor de : orbitar : poner en órbita
orbit[2] *n* : órbita *f*
orbital *adj* : orbital
orca *n* : orca *f*
orchard *n* : huerto *m*
orchestra *n* : orquesta *f*
orchestral *adj* : orquestal
orchestrate *v* **-trated; -trating** : orquestar : instrumentar : arreglar : organizar
orchestration *n* : orquestación *f*
orchid *n* : orquídea *f*
ordain *v* : ordenar : decretar
ordeal *n* : prueba *f* dura : experiencia *f* terrible
order[1] *v* : arreglar : ordenar : poner en orden : mandar : pedir : encargar : hacer un pedido
order[2] *n* : orden *f* : mandato *m* : pedido *m* : porción *f* : ración *f* : orden *m*
orderliness *n* : orden *m*
orderly[1] *adj* : ordenado : metódico : pacífico : disciplinado
orderly[2] *n*, *pl* **-lies** : ordenanza *m* : camillero *m*
ordinal *n* *or* **ordinal number** : ordinal *m* : número *m* ordinal

ordinance *n* : ordenanza *f*
: reglamento *m*
ordinarily *adv* : ordinariamente
: por lo general
ordinary *adj* : normal : usual
: común y corriente : mediocre
: ordinario
ordination *n* : ordenación *f*
ordnance *n* : artillería *f*
ore *n* : mineral *m* : mena *f*
oregano *n* : orégano *m*
organ *n* : órgano *m* : publicación *f*
periódica
organic *adj* : orgánico —
organically *adv*
organism *n* : organismo *m*
organist *n* : organista *mf*
organization *n* : organización *f*
: organismo *m*
organizational *adj* : organizativo
organize *v* -nized; -nizing
: organizar : arreglar : poner en
orden
organizer *n* : organizador *m*, -dora *f*
orgasm *n* : orgasmo *m*
orgy *n*, *pl* -gies : orgía *f*
orient *v* : orientar
Orient *n* the Orient : el Oriente
oriental *adj* dated, now usually
offensive when used of people
: del Oriente : oriental dated, now
sometimes offensive when used
of people
orientation *n* : orientación *f*
orifice *n* : orificio *m*
origin *n* : origen *m* : ascendencia *f*
: raíz *f* : fuente *f*
original[1] *adj* : original
original[2] *n* : original *m*
originality *n* : originalidad *f*
originally *adv* : al principio
: originariamente : originalmente
: con originalidad
originate *v* -nated; -nating
: originar : iniciar : crear
: originarse : empezar : provenir
: proceder : derivarse
originator *n* : creador *m*, -dora *f*
: inventor *m*, -tora *f*
oriole *n* : oropéndola *f*
ornament[1] *v* : adornar : decorar
: ornamentar
ornament[2] *n* : ornamento *m*
: adorno *m* : decoración *f*

ornamental *adj* : ornamental : de
adorno : decorativo
ornamentation *n* : ornamentación *f*
ornate *adj* : elaborado : recargado
ornery *adj* ornerier; -est : de mal
genio : malhumorado
ornithologist *n* : ornitólogo *m*, -ga *f*
ornithology *n*, *pl* -gies : ornitología *f*
orphan[1] *v* : dejar huérfano
orphan[2] *n* : huérfano *m*, -na *f*
orphanage *n* : orfelinato *m*
: orfanato *m*
orthodontics *n* : ortodoncia *f*
orthodontist *n* : ortodoncista *mf*
orthodox *adj* : ortodoxo
orthodoxy *n*, *pl* -doxies : ortodoxia *f*
orthographic *adj* : ortográfico
orthography *n*, *pl* -phies
: ortografía *f*
orthopedic *adj* : ortopédico
orthopedics *ns & pl* : ortopedia *f*
orthopedist *n* : ortopedista *mf*
oscillate *v* -lated; -lating : oscilar
oscillation *n* : oscilación *f*
osmosis *n* : ósmosis *f* : osmosis *f*
osprey *n* : pigargo *m*
ostensible *adj* : aparente
: ostensible — **ostensibly** *adv*
ostentation *n* : ostentación *f*
: boato *m*
ostentatious *adj* : ostentoso —
ostentatiously *adv*
osteopath *n* : osteópata *f*
osteopathy *n* : osteopatía *f*
osteoporosis *n*, *pl* -roses
: osteoporosis *f*
ostracism *n* : ostracismo *m*
ostracize *v* -cized; -cizing
: condenar al ostracismo
: marginar : aislar
ostrich *n* : avestruz *m*
other[1] *adv* other than : aparte de
: fuera de
other[2] *adj* : otro
other[3] *pron* : otro
otherwise[1] *adv* : de otro modo : de
manera distinta : eso aparte : por
lo demás : de lo contrario : si no
otherwise[2] *adj* : diferente : distinto
otitis *n* : otitis *f*
otter *n* : nutria *f*
Ottoman *n* : otomano *m*, -na *f*
: otomana *f* — **Ottoman** *adj*
ouch *interj* : ¡ay! : ¡huy!

ought *v aux* : deber

oughtn't → **ought**

ounce *n* : onza *f*

our *adj* : nuestro

ours *pron* : nuestro

ourselves *pron* : nos : nosotros
: nosotras : nosotros mismos
: nosotras mismas

oust *v* : desbancar : expulsar

ouster *n* : expulsión *f* : destitución *f*

out[1] *v* : revelarse : hacerse
conocido

out[2] *adv* : para afuera : fuera
: afuera : en voz alta : en alto
: inconsciente

out[3] *adj* : externo : exterior : alejado
: distante : ausente : fuera de
moda : apagado : declarado

out[4] *prep* : por

out–and–out *adj* : redomado
: absoluto

outback *n* **the outback** : el interior

outboard motor *n* : motor *m* fuera
de borde

outbound *adj* : que sale : de salida

out–box *n* : bandeja *f* de salida

outbreak *n* : brote *m* : comienzo *m*
: ola *f* : erupción *f*

outbuilding *n* : edificio *m* anexo

outburst *n* : arranque *m* : arrebato *m*

outcast *n* : marginado *m*, -da *f*
: paria *mf*

outcome *n* : resultado *m*
: desenlace *m* : consecuencia *f*

outcry *n, pl* **-cries** : clamor *m*
: protesta *f*

outdated *adj* : anticuado : fuera
de moda

outdistance *v* **-tanced; -tancing**
: aventajar : dejar atrás

outdo *v* **-did; -done; -doing; -does**
: superar

outdoor *adj* : al aire libre

outdoors[1] *adv* : afuera : al aire libre

outdoors[2] *n* : aire *m* libre

outer *adj* : exterior : externo

outermost *adj* : más remoto : más
exterior : extremo

outfield *n* **the outfield** : los jardines

outfielder *n* : jardinero *m*, -ra *f*

outfit[1] *v* **-fitted; -fitting** : equipar

outfit[2] *n* : equipo *m* : traje *m*
: conjunto *m*

outgo *n, pl* **outgoes** : gasto *m*

outgoing *adj* : que sale : saliente
: extrovertido : expansivo

outgrow *v* **-grew; -grown;**
-growing : crecer más que

outgrowth *n* : brote *m* : vástago
m : consecuencia *f* : producto *m*
: resultado *m*

outing *n* : excursión *f*

outlandish *adj* : descabellado
: muy extraño

outlast *v* : durar más que

outlaw[1] *v* : hacerse ilegal : declarar
fuera de la ley : prohibir

outlaw[2] *n* : bandido *m*, -da *f*
: bandolero *m*, -ra *f* : forajido *m*,
-da *f*

outlay *n* : gasto *m* : desembolso *m*

outlet *n* : salida *f* : escape *m*
: desahogo *m* : mercado *m*

outline[1] *v* **-lined; -lining** : diseñar
: esbozar : bosquejar : perfilar
: delinear : explicar

outline[2] *n* : perfil *m* : silueta
f : contorno *m* : bosquejo
m : boceto *m* : esquema *m*
: resumen *m* : sinopsis *m*

outlive *v* **-lived; -living** : sobrevivir
a

outlook *n* : vista *f* : panorama *f*
: punto *m* de vista : perspectivas
fpl

outlying *adj* : alejado : distante
: remoto

outmoded *adj* : pasado de moda
: anticuado

outnumber *v* : superar en número
a : ser más numeroso de

out of *prep* : de : por : sin

out–of–bounds *adj* : fuera de
juego

out–of–date *adj* : anticuado
: obsoleto : pasado de moda

out–of–door *or* **out–of–doors** →
outdoor

out–of–doors *n* → **outdoors**[2]

out–of–the–way *adj* : alejado
: distante : remoto

outpatient *n* : paciente *m* externo
: paciente *f* externa

outpost *n* : puesto *m* avanzado

output[1] *v* **-putted** *or* **-put; -putting**
: producir

output[2] *n* : producción *f*
: rendimiento *m* : productividad *f*

outrage[1] v **-raged; -raging** : ultrajar : injuriar : indignar : enfurecer

outrage[2] n : atropello m : atrocidad f : atentado m : escándalo m : ira f : furia f

outrageous adj : escandaloso : ofensivo : atroz : poco convencional : extravagante : exorbitante : excesivo

outright[1] adv : por completo : totalmente : directamente : sin reserva : al instante : en el acto

outright[2] adj : completo : absoluto : categórico : sin reservas

outset n : comienzo m : principio m

outshine v **-shone** or **-shined; -shining** : eclipsar

outside[1] adv : fuera : afuera

outside[2] adj : exterior : externo : remoto

outside[3] n : parte f de afuera : exterior m : máximo m

outside[4] prep : fuera de : afuera de

outsider n : forastero m, -ra f

outsize also **outsized** adj : enorme

outskirts npl : afueras fpl : alrededores mpl

outsmart → outwit

outsource v : externalizar

outsourcing n : externalización f

outspoken adj : franco : directo

outstanding adj : pendiente : destacado : notable : excepcional : sobresaliente

outstandingly adv : excepcionalmente

outstretched adj : extendido

outstrip v **-stripped** or **-stript; -stripping** : aventajar : dejar atrás : sobrepasar

outward[1] or **outwards** adv : hacia afuera : hacia el exterior

outward[2] adj : hacia afuera : externo

outwardly adv : exteriormente : aparentemente

outweigh v : pesar más que : ser mayor que

outwit v **-witted; -witting** : ser más listo que

ova → ovum

oval[1] adj : ovalado : oval

oval[2] n : óvalo m

ovarian adj : ovárico

ovary n, pl **-ries** : ovario m

ovation n : ovación f

oven n : horno m

over[1] adv : bien : por encima

over[2] adj : superior : sobrante : que sobra : terminado : acabado

over[3] prep : encima de : arriba de : sobre : más de : por : por encima de : más allá de : en : durante : terminado con : a pesar de

over- pref : demasiado : excesivamente

overabundance n : superabundancia f

overabundant adj : superabundante

overactive adj : hiperactivo

overall adj : total : global : de conjunto

overalls npl : overol m

overawe v **-awed; -awing** : intimidar : impresionar

overbearing adj : dominante : imperioso : prepotente

overblown adj : inflado : exagerado : grandilocuente : rimbombante

overboard adv : por la borda : al agua

overburden v : sobrecargar : agobiar

overcast adj : nublado

overcharge v **-charged; -charging** : cobrarle de más

overcoat n : abrigo m

overcome v **-came; -come; -coming** : vencer : derrotar : superar : abrumar : agobiar

overconfidence n : exceso m de confianza

overconfident adj : demasiado confiado

overcook v : recocer : cocer demasiado

overcrowded adj : abarrotado : atestado de gente : superpoblado

overcrowding n : hacinamiento m : masificación f : superpoblación f

overdo v **-did; -done; -doing; -does** : hacer demasiado : exagerar : recocer

overdose n : sobredosis f

overdraft n : sobregiro m : descubierto m

overdraw v **-drew; -drawn; -drawing** : sobregirar : exagerar

overdue adj : vencido y sin pagar : de retraso : tardío

overeat v -ate; -eaten; -eating : comer demasiado

overelaborate adj : recargado

overestimate v -mated; -mating : sobreestimar

overexcited adj : sobreexcitado

overexpose v -posed; -posing : sobreexponer

overfeed v -fed; -feeding : sobrealimentar

overflow[1] v : desbordar : inundar : desbordarse : rebosar

overflow[2] n : derrame m : desbordamiento m : exceso m : excedente m

overfly v -flew; -flown; -flying : sobrevolar

overgrown adj : cubierto : demasiado grande

overhand[1] adv : por encima de la cabeza

overhand[2] adj : por lo alto

overhang[1] v -hung; -hanging : sobresalir por encima de : amenazar : sobresalir

overhang[2] n : saliente mf

overhaul v : revisar : adelantar

overhead[1] adv : por encima : arriba : por lo alto

overhead[2] adj : de arriba

overhead[3] n : gastos mpl generales

overhear v -heard; -hearing : oír por casualidad

overheat v : recalentar : sobrecalentar : calentar demasiado

overjoyed adj : rebosante de alegría

overkill n : exceso m : excedente m

overland[1] adv : por tierra

overland[2] adj : terrestre : por tierra

overlap[1] v -lapped; -lapping : traslapar : traslaparse : solaparse

overlap[2] n : traslapo m

overlay[1] v -laid; -laying : recubrir : revestir

overlay[2] n : revestimiento m

overload v : sobrecargar

overlong adj : excesivamente largo : largo y pesado

overlook v : inspeccionar : revisar : tener vista a : dar a : pasar por alto : dejar pasar : disculpar

overly adv : demasiado

overnight[1] adv : por la noche : durante la noche : de la noche a la mañana

overnight[2] adj : de noche : repentino

overpass n : paso m elevado : paso m a desnivel

overpay v -paid; -paying : pagarle demasiado a : pagar demasiado

overpopulated adj : superpoblado : sobrepoblado

overpopulation n : superpoblación f : sobrepoblación f

overpower v : vencer : superar : abrumar : agobiar

overpraise v -praised; -praising : adular

overprotective adj : sobreprotector

overrate v -rated; -rating : sobrevalorar : sobrevaluar

overreact v : reaccionar de forma exagerada

override v -rode; -ridden; -riding : predominar sobre : contar más que : anular : invalidar

overripe adj : pasado

overrule v -ruled; -ruling : anular : desautorizar : denegar

overrun v -ran; -running : invadir : infestar : plagar : exceder : rebasar : rebasar el tiempo previsto

overseas[1] adv : en el extranjero

overseas[2] adj : extranjero : exterior

oversee v -saw; -seen; -seeing : supervisar

overseer n : supervisor m, -sora f : capataz mf

oversell v : sobrevender

overshadow v : oscurecer : ensombrecer : eclipsar

overshoe n : chanclo m

overshoot v -shot; -shooting : pasarse de

oversight n : descuido m : inadvertencia f

oversleep v -slept; -sleeping : no despertarse a tiempo : quedarse dormido

overspread v -spread; -spreading : extenderse sobre

overstaffed adj : con exceso de personal

overstate v **-stated; -stating**
: exagerar
overstatement n : exageración f
overstep v **-stepped; -stepping**
: sobrepasar : traspasar : exceder
overt adj : evidente : manifiesto
: patente
overtake v **-took; -taken; -taking**
: pasar : adelantar : rebasar
overthrow[1] v **-threw; -thrown;**
-throwing : dar la vuelta a : volcar
: derrocar : derribar : deponer
overthrow[2] n : derrocamiento m
: caída f
overtime n : horas fpl extras
: prórroga f : alargue m
overtly adv : abiertamente
overtone n : armónico m : tinte m
: insinuación f
overture n : propuesta f : obertura f
overturn v : dar la vuelta a : volcar
: anular : invalidar : dar un vuelco
overuse v **-used; -using** : abusar
de
overview n : resumen m : visión f
general
overweening adj : arrogante
: soberbio : desmesurado
overweight adj : demasiado gordo
: demasiado pesado
overwhelm v : aplastar : arrollar
: inundar : sumergir : abrumar
: agobiar

overwhelming adj : abrumador
: apabullante : arrollador
: aplastante
overwork v : hacer trabajar
demasiado : abusar de : trabajar
demasiado
overwrought adj : alterado
: sobreexcitado
ovoid or **ovoidal** adj : ovoide
ovulate v **-lated; -lating** : ovular
ovulation n : ovulación f
ovum n, pl **ova** : óvulo m
ow interj : ¡ay! : ¡huy! : ¡uy!
owe v **owed; owing** : deber
owing to prep : debido a
owl n : búho m : lechuza f : tecolote
m
own[1] v : poseer : tener : ser dueño
de : reconocer : admitir
own[2] adj : propio : personal
: particular
owner n : dueño m, -ña f
: propietario m, -ria f
ownership n : propiedad f
ox n, pl **oxen** : buey m
oxidation n : oxidación f
oxide n : óxido m
oxidize v **-dized; -dizing** : oxidar
oxygen n : oxígeno m
oxygenate v **-nated; -nating**
: oxigenar
oyster n : ostra f : ostión m
ozone n : ozono m

P

PA n : altavoces mpl : altoparlantes
mpl
pace[1] v **paced; pacing** : caminar
: ir y venir : caminar por
pace[2] n : paso m : ritmo m
pacemaker n : marcapasos m
pacific adj : pacífico
pacifier n : chupete m : chupón m
: mamila f
pacifism n : pacifismo m
pacifist n : pacifista mf
pacify v **-fied; -fying** : apaciguar
: pacificar — **pacification** n
pack[1] v : empaquetar : embalar
: envasar : empacar : meter

: llenar : abarrotar : apisonar
: compactar; or **to pack up** : hacer
las maletas
pack[2] n : bulto m : fardo m
: mochila f : paquete m : cajetilla f
: manada f : jauría f : baraja f
package[1] v **-aged; -aging**
: empaquetar : embalar
package[2] n : paquete m : bulto m
packaging n : embalaje m
: envoltorio m
packer n : empacador m, -dora f
packet n : paquete m
packing n : embalaje m
pact n : pacto m : acuerdo m

pad[1] *v* **padded; padding** : rellenar : acolchar : meter paja en
pad[2] *n* : almohadilla *f* : bloc *m*
padding *n* : relleno *m* : paja *f*
paddle[1] *v* **-dled; -dling** : hacer avanzar con canalete : azotar : darle nalgadas a : remar : chapotear : mojarse los pies
paddle[2] *n* : canalete *m* : zagual *m* : pala *f* : paleta *f*
paddock *n* : potrero *m* : paddock *m* : cercado *m*
paddy *n*, *pl* **-dies** : arrozal *m*
padlock[1] *v* : cerrar con candado
padlock[2] *n* : candado *m*
paella *n* : paella *f*
pagan[1] *adj* : pagano
pagan[2] *n* : pagano *m*, -na *f*
paganism *n* : paganismo *m*
page[1] *v* **paged; paging** : llamar por altavoz
page[2] *n* : botones *m* : página *f*
pageant *n* : espectáculo *m* : desfile *m*
pageantry *n* : pompa *f* : fausto *m*
pager *n* : buscapersonas *m*
pagoda *n* : pagoda *f*
paid → **pay**
pail *n* : balde *m* : cubo *m* : cubeta *f*
pailful *n* : balde *m* : cubo *m* : cubeta *f*
pain[1] *v* : doler
pain[2] *n* : pena *f* : dolor *m* : malestar *m*; **pains** *npl* : esmero *m* : esfuerzo *m* : molestia *f* : fastidio *m*
painful *adj* : doloroso — **painfully** *adv*
painkiller *n* : analgésico *m*
painless *adj* : indoloro : sin dolor
painlessly *adv* : sin dolor
painstaking *adj* : esmerado : cuidadoso : meticuloso — **painstakingly** *adv*
paint[1] *v* : pintar
paint[2] *n* : pintura *f*
paintbrush *n* : pincel *m* : brocha *f*
painter *n* : pintor *m*, -tora *f*
painting *n* : pintura *f*
pair[1] *v* : emparejar : poner en parejas : emparejarse
pair[2] *n* : par *m* : pareja *f*
pajamas *npl* : pijama *m* : piyama *mf*
Pakistani *n* : paquistaní *mf* — **Pakistani** *adj*

pal *n* : amigo *m*, -ga *f* : compinche *mf* : chamo *m*, -ma *f* : cuate *m*, -ta *f*
palace *n* : palacio *m*
palatable *adj* : sabroso
palate *n* : paladar *m* : gusto *m*
palatial *adj* : suntuoso : espléndido
palaver *n* : palabrería *f*
pale[1] *v* **paled; paling** : palidecer : hacer pálido
pale[2] *adj* **paler; palest** : pálido : claro
paleness *n* : palidez *f*
paleontologist *n* : paleontólogo *m*, -ga *f*
paleontology *n* : paleontología *f*
Palestinian *n* : palestino *m*, -na *f* — **Palestinian** *adj*
palette *n* : paleta *f*
palisade *n* : empalizada *f* : estacada *f* : acantilado *m*
pall[1] *v* : perder su sabor : dejar de gustar
pall[2] *n* : paño *m* funerario : cortina *f*
pallbearer *n* : portador *m*, -dora *f* del féretro
pallet *n* : camastro *m* : plataforma *f* de carga
palliative *adj* : paliativo
pallid *adj* : pálido
pallor *n* : palidez *f*
palm[1] *v* : escamotear
palm[2] *n* : palma *f*
palmistry *n* : quiromancia *f*
Palm Sunday *n* : Domingo *m* de Ramos
palomino *n*, *pl* **-nos** : caballo *m* de color dorado
palpable *adj* : palpable — **palpably** *adv*
palpitate *v* **-tated; -tating** : palpitar
palpitation *n* : palpitación *f*
palsy *n*, *pl* **-sies** : parálisis *f*
paltry *adj* **paltrier; -est** : mísero : mezquino : insignificante
pampas *npl* : pampa *f*
pamper *v* : mimar : consentir : chiquear
pamphlet *n* : panfleto *m* : folleto *m*
pan[1] *v* **panned; panning** : poner por los suelos
pan[2] *n* : cacerola *f* : cazuela *f*
pan- *pref* : pan-
panacea *n* : panacea *f*
Panamanian *n* : panameño *m*, -ña *f* — **Panamanian** *adj*

pancake n : panqueque m
pancreas n : páncreas m
panda n : panda mf
pandemonium n : pandemonio m
: pandemónium m
pander v **to pander to** : satisfacer
: complacer
pane n : cristal m : vidrio m
panel[1] v **-eled** or **-elled; -eling** or
-elling : adornar con paneles
panel[2] n : lista f de nombres : grupo
m : panel m : jurado m : tablero m
paneling n : paneles mpl
pang n : puntada f : punzada f
panhandler n : mendigo m, -ga f
panic[1] v **-icked; -icking** : llenar de
pánico : ser presa de pánico
panic[2] n : pánico m
panicky adj : presa del pánico
panic–stricken adj : presa del
pánico
panini n, pl **-ni** or **-nis** : panini m
panorama n : panorama m
panoramic adj : panorámico
pansexual adj : pansexual
pansy n, pl **-sies** : pensamiento m
pant[1] v : jadear : resoplar
pant[2] adj : del pantalón
pant[3] n : jadeo m : resoplo m
pantaloons → **pants**
pantheon n : panteón m
panther n : pantera f
panties npl : calzones mpl
: pantaletas fpl : bombacha f
: panties mfpl : bragas fpl
pantomime[1] v **-mimed; -miming**
: representar mediante la
pantomima : hacer la mímica
pantomime[2] n : pantomima f
pantry n, pl **-tries** : despensa f
pants npl : pantalón m : pantalones
mpl
pantsuit n : traje m pantalón
panty hose ns & pl : medias fpl
: panties mfpl : pantimedias fpl
pap n : papilla f
papa n : papá m
papal adj : papal
papaya n : papaya f
paper[1] v : empapelar
paper[2] adj : de papel
paper[3] n : papel m : documento m
: periódico m : diario m : ensayo m
paperback n : libro m en rústica

paper clip n : clip m
: sujetapapeles m
paperweight n : pisapapeles m
paperwork n : papeleo m
papery adj : parecido al papel
papier–mâché n : papel m maché
paprika n : pimentón m : paprika f
Pap smear n : Papanicolau m
papyrus n, pl **-ruses** or **-ri** : papiro m
par n : valor m : par f : igualdad f
: par m
parable n : parábola f
parabola n : parábola f
parachute[1] v **-chuted; -chuting**
: lanzarse en paracaídas
parachute[2] n : paracaídas m
parachutist n : paracaidista mf
parade[1] v **-raded; -rading** : desfilar
: pavonearse : lucirse
parade[2] n : desfile m : alarde m
paradigm n : paradigma m
paradise n : paraíso m
paradox n : paradoja f
paradoxical adj : paradójico —
paradoxically adv
paraffin n : parafina f
paragliding n : parapente m
paragon n : dechado m
paragraph[1] v : dividir en párrafos
paragraph[2] n : párrafo m : acápite m
Paraguayan n : paraguayo m, -ya f
— **Paraguayan** adj
parakeet n : periquito m
paralegal n : asistente mf de
abogado
parallel[1] v : ser paralelo a : ser
análogo a : corresponder con
: extenderse en línea paralela con
parallel[2] adj : paralelo
parallel[3] n : línea f paralela
: superficie f paralela : paralelo m
: paralelismo m : semejanza f
parallelogram n : paralelogramo m
paralysis n, pl **-yses** : parálisis f
paralyze v **-lyzed; -lyzing** : paralizar
paramedic n : paramédico m, -ca f
parameter n : parámetro m
paramount adj : supremo
paranoia n : paranoia f
paranoid adj : paranoico
paranormal adj : paranormal
parapet n : parapeto m
paraphernalia ns & pl
: parafernalia f

paraphrase[1] *v* **-phrased; -phrasing**
: parafrasear
paraphrase[2] *n* : paráfrasis *f*
paraplegic[1] *adj* : parapléjico
paraplegic[2] *n* : parapléjico *m*, -ca *f*
parasite *n* : parásito *m*
parasitic *adj* : parasitario
parasol *n* : sombrilla *f* : quitasol *m*
: parasol *m*
paratrooper *n* : paracaidista *mf*
parboil *v* : sancochar : cocer a
medias
parcel[1] *v* **-celed** *or* **-celled; -celing**
or **-celling** *or* **to parcel out**
: repartir : parcelar
parcel[2] *n* : parcela *f* : lote *m*
: paquete *m* : bulto *m*
parch *v* : resecar
parched *adj* : muy seco : quemado
: seco
parchment *n* : pergamino *m*
pardon[1] *v* : perdonar : disculpar
: indultar
pardon[2] *n* : perdón *m* : indulto *m*
pardonable *adj* : perdonable
pare *v* **pared; paring** : pelar
: recortar : reducir
parent *n* : madre *f* : padre *m*;
parents *npl* : padres *mpl*
parentage *n* : linaje *m* : abolengo
m : origen *m*
parental *adj* : de los padres
parenthesis *n, pl* **-theses**
: paréntesis *m*
parenthetic *or* **parenthetical** *adj*
: parentético — **parenthetically**
adv
parenthood *n* : paternidad *f*
parfait *n* : postre *m* elaborado con
frutas y helado
pariah *n* : paria *mf*
parish *n* : parroquia *f*
parishioner *n* : feligrés *m*, -gresa *f*
parity *n, pl* **-ties** : paridad *f*
park[1] *v* : estacionar : parquear
: aparcar : estacionarse
: parquearse
park[2] *n* : parque *m*
parka *n* : parka *f*
parking *n* : estacionamiento *m*
: aparcamiento *m*
parking lot *n* : estacionamiento *m*
: parking *m* : aparcamiento *m*
parking meter *n* : parquímetro *m*

parking ticket *n* : multa *f*
parkour *n* : parkour *m*
parkway *n* : carretera *f* ajardinada
: bulevar *m*
parley[1] *v* : parlamentar : negociar
parley[2] *n, pl* **-leys** : negociación *f*
: parlamento *m*
parliament *n* : parlamento *m*
parliamentary *adj* : parlamentario
parlor *n* : sala *f* : salón *m*
parochial *adj* : parroquial
: pueblerino : de miras estrechas
parody[1] *v* **-died; -dying** : parodiar
parody[2] *n, pl* **-dies** : parodia *f*
parole *n* : libertad *f* condicional
paroxysm *n* : paroxismo *m*
parquet *n* : parquet *m* : parqué *m*
parrakeet → parakeet
parrot *n* : loro *m* : papagayo *m*
parry[1] *v* **-ried; -rying** : parar un
golpe : esquivar
parry[2] *n, pl* **-ries** : parada *f*
parsimonious *adj* : tacaño
: mezquino
parsley *n* : perejil *m*
parsnip *n* : chirivía *f*
parson *n* : pastor *m*, -tora *f* : clérigo *m*
parsonage *n* : rectoría *f* : casa *f* del
párroco
part[1] *v* : separarse : despedirse
: abrirse : separar
part[2] *n* : parte *f* : sección *f* : pieza *f*
: papel *m* : raya *f*
partial *adj* : parcial : tendencioso
: incompleto
partiality *n, pl* **-ties** : parcialidad *f*
partially *adv* : parcialmente
participant *n* : participante *mf*
participate *v* **-pated; -pating**
: participar
participation *n* : participación *f*
participle *n* : participio *m*
particle *n* : partícula *f*
particular[1] *adj* : particular : en
particular : especial : exigente
: maniático
particular[2] *n* : detalle *m* : sentido *m*
particularly *adv* : particularmente
: especialmente : específicamente
: en especial
partisan *n* : partidario *m*, -ria *f*
: partisano *m*, -na *f* : guerrillero
m, -ra *f*
partition[1] *v* : dividir

partition[2] *n* : partición *f* : división *f*
: reparto *m* : tabique *m* : mampara
f : biombo *m*

partly *adv* : en parte : parcialmente

partner *n* : compañero *m*,
-ra *f* : pareja *f* : socio *m*, -cia *f*
: asociado *m*, -da *f*

partnership *n* : asociación *f*
: compañerismo *m* : sociedad *f*

part of speech *n* : categoría *f*
gramatical

partridge *n, pl* **-tridge** *or* **-tridges**
: perdiz *f*

part–time[1] *adv* : medio tiempo : a
tiempo parcial

part–time[2] *adj* : de medio tiempo
: a tiempo parcial

party *n, pl* **-ties** : partido *m* : parte *f*
: participante *mf* : grupo *m* : fiesta
f

parvenu *n* : advenedizo *m*, -za *f*

pass[1] *v* : pasar : cruzarse : pasarse
: transcurrir : ocurrir : aprobar
: pasar por : adelantar

pass[2] *n* : paso *m* : desfiladero *m*
: puerto *m* : pase *m* : permiso *m*
: situación *f*

passable *adj* : adecuado : pasable
: transitable

passably *adv* : pasablemente

passage *n* : paso *m* : pasillo *m*
: pasaje *m* : travesía *f* : viaje *m*
: aprobación *f*

passageway *n* : pasillo *m*
: pasadizo *m* : corredor *m*

passbook *n* : libreta *f* de ahorros

passé *adj* : pasado de moda

passenger *n* : pasajero *m*, -ra *f*

passerby *n, pl* **passersby**
: transeúnte *mf*

passing[1] *adj* : que pasa : pasajero
: somero : ligero : superficial
: satisfactorio

passing[2] *n* : fallecimiento *m* : paso
m : aprobación *f*

passion *n* : pasión *f* : ardor *m*

passionate *adj* : irascible
: iracundo : apasionado : ardiente
: ferviente : fogoso

passionately *adv*
: apasionadamente
: fervientemente : con pasión

passionflower *n* : pasionaria *f*
: pasiflora *f*

passive[1] *adj* : pasivo — **passively**
adv

passive[2] *n* : voz *f* pasiva

Passover *n* : Pascua *f*

passport *n* : pasaporte *m*

password *n* : contraseña *f*

past[1] *adv* : por delante

past[2] *adj* : hace : último : pasado

past[3] *n* : pasado *m*

past[4] *prep* : por : por delante de
: más allá de : después de

pasta *n* : pasta *f*

paste[1] *v* **pasted; pasting** : pegar

paste[2] *n* : pasta *f* : engrudo *m*

pasteboard *n* : cartón *m* : cartulina
f

pastel *n* : pastel *m* — **pastel** *adj*

pasteurization *n* : pasteurización *f*

pasteurize *v* **-ized; -izing**
: pasteurizar

pastime *n* : pasatiempo *m*

pastor *n* : pastor *m*, -tora *f*

pastoral *adj* : pastoral

past participle *n* : participio *m*
pasado

pastry *n, pl* **-ries** : pasta *f* : masa *f*;
pastries *npl* : pasteles *mpl*

pasture[1] *v* **-tured; -turing** : pacer
: pastar : apacentar

pasture[2] *n* : pastizal *m* : potrero *m*
: pasto *m*

pasty *adj* **pastier; -est** : pastoso
: pálido

pat[1] *v* **patted; patting** : dar
palmaditas a : tocar

pat[2] *adv* : de memoria

pat[3] *adj* : apto : apropiado : fácil
: firme

pat[4] *n* : golpecito *m* : palmadita *f*
: caricia *f* : porción *f*

patch[1] *v* : remendar : parchar
: ponerle un parche a

patch[2] *n* : parche *m* : remiendo *m*
: mancha *f* : trozo *m* : parcela *f*
: terreno *m* : período *m*

patchwork *n* : labor *f* de retazos

patchy *adj* **patchier; -est** : irregular
: desigual : parcial : incompleto

pâté *n* : paté *m*

patent[1] *v* : patentar

patent[2] *adj* : patente : evidente
: patentado

patent[3] *n* : patente *f*

patent leather *n* : charol *m*

patently adv : patentemente
: evidentemente
paternal adj : paternal : paterno
paternity n : paternidad f
path n : camino m : sendero m
: senda f : recorrido m : trayecto m
: trayectoria f
pathetic adj : patético —
pathetically adv
pathological adj : patológico
pathologist n : patólogo m, -ga f
pathology n, pl **-gies** : patología f
pathos n : patetismo m
pathway n : camino m : sendero m
: senda f : vereda f
patience n : paciencia f
patient[1] adj : paciente — **patiently**
adv
patient[2] n : paciente mf
patina n : pátina f
patio n, pl **-tios** : patio m
patriarch n : patriarca m
patriarchy n, pl **-chies** : patriarcado
m
patrimony n, pl **-nies** : patrimonio m
patriot n : patriota mf
patriotic adj : patriótico —
patriotically adv
patriotism n : patriotismo m
patrol[1] v **-trolled; -trolling**
: patrullar
patrol[2] n : patrulla f
patrol car n : patrulla f : patrullero
m
patrolman n, pl **-men** : policía mf
: guardia mf
patron n : patrocinador m, -dora f
: cliente m, -ta f
patronage n : patrocinio m
: clientela f : influencia f
patronize v **-ized; -izing**
: patrocinar : ser cliente de : tratar
con condescendencia
patronizing adj : condescendiente
patter[1] v : golpetear : tamborilear
patter[2] n : golpeteo m : tamborileo
m : correteo m : palabrería f
: parloteo m
pattern[1] v : basar
pattern[2] n : modelo m : patrón m
: diseño m : dibujo m : estampado
m : pauta f : norma f : patrón m
patty n, pl **-ties** : porción f de carne
picada en forma de ruedita

paucity n : escasez f
paunch n : panza f : barriga f
pauper n : pobre mf : indigente mf
pause[1] v **paused; pausing** : hacer
una pausa : pararse
pause[2] n : pausa f
pave v **paved; paving** : pavimentar
pavement n : pavimento m
: empedrado m
pavilion n : pabellón m
paving → **pavement**
paw[1] v : tocar : manosear : sobar
paw[2] n : pata f : garra f : zarpa f
pawn[1] v : empeñar : prendar
pawn[2] n : prenda f : empeño m
: peón m
pawnbroker n : prestamista mf
pawnshop n : casa f de empeños
: monte m de piedad
pay[1] v **paid; paying** : pagar : valer
la pena
pay[2] n : paga f
payable adj : pagadero
paycheck n : sueldo m : cheque m
del sueldo
payday n : día m de pago/paga
payee n : beneficiario m, -ria f
payer n : pagador m, -dora f
payment n : pago m : plazo m
: cuota f : recompensa f
payoff n : recompensa f : ganancia
f : soborno m
pay phone n : teléfono m público
payroll n : nómina f
PC n, pl **PCs** or **PC's** : PC mf
: computadora f personal
PDA n, pl **PDAs** or **PDA's** : PDA m
pea n : chícharo m : guisante m
: arveja f
peace n : paz f : orden m
peaceable adj : pacífico —
peaceably adv
peaceful adj : pacífico : tranquilo
: sosegado — **peacefully** adv
peacemaker n : conciliador m,
-dora f : mediador m
peacetime n : tiempos mpl de paz
peach n : durazno m : melocotón m
peacock n : pavo m real
peak[1] v : alcanzar su nivel máximo
peak[2] adj : máximo
peak[3] n : punta f : cima f : cumbre
f : cúspide f : apogeo m : nivel m
máximo

peaked *adj* : pálido
peal[1] *v* : repicar
peal[2] *n* : repique *m* : tañido *m*
peanut *n* : maní *m* : cacahuate *m*
: cacahuete *m*
peanut butter *n* : mantequilla/
crema *f* de maní : manteca *f* de
maní : crema/mantequilla *f* de
cacahuate : mantequilla/crema *f*
de cacahuete
pear *n* : pera *f*
pearl *n* : perla *f*
pearly *adj* **pearlier; -est** : nacarado
peasant *n* : campesino *m*, -na *f*
peat *n* : turba *f*
pebble *n* : guijarro *m* : piedrecita *f*
: piedrita *f*
pecan *n* : pacana *f* : nuez *f*
peccary *n*, *pl* **-ries** : pécari *m*
: pecarí *m*
peck[1] *v* : picar : picotear
peck[2] *n* : medida *f* de áridos
equivalente a 8.810 litros
: picotazo *m*
pectoral *adj* : pectoral
peculiar *adj* : propio : peculiar
: característico : extraño : raro —
peculiarly *adv*
peculiarity *n*, *pl* **-ties** : peculiaridad
f : rareza *f* : idiosincrasia *f*
: excentricidad *f*
pecuniary *adj* : pecuniario
pedagogical *or* **pedagogic** *adj*
: pedagógico
pedagogy *n* : pedagogía *f*
pedal[1] *v* **-aled** *or* **-alled; -aling** *or*
-alling : pedalear : darle a los
pedales de
pedal[2] *n* : pedal *m*
pedant *n* : pedante *mf*
pedantic *adj* : pedante
pedantry *n*, *pl* **-ries** : pedantería *f*
peddle *v* **-dled; -dling** : vender
peddler *n* : vendedor *m*, -dora *f*
ambulante : mercachifle *m*
pedestal *n* : pedestal *m*
pedestrian[1] *adj* : pedestre
: ordinario : de peatón : peatonal
pedestrian[2] *n* : peatón *m*, -tona *f*
pediatric *adj* : pediátrico
pediatrician *n* : pediatra *mf*
pediatrics *ns & pl* : pediatría *f*
pedigree *n* : árbol *m* genealógico
: pedigrí *m* : linaje *m*

pee[1] *v* : hacer pipí
pee[2] *n* : pipí *m*
peek[1] *v* : espiar : mirar furtivamente
: echar un vistazo
peek[2] *n* : miradita *f* : vistazo *m*
: ojeada *f*
peel[1] *v* : pelar : pelarse
: desconcharse
peel[2] *n* : cáscara *f*
peeler *n* : pelador *m* : pelapapas *mpl*
peep[1] *v* : espiar : mirar furtivamente
: piar
peep[2] *n* : pío *m* : vistazo *m* : ojeada *f*
peer[1] *v* : mirar detenidamente
: mirar con atención
peer[2] *n* : par *m* : igual *mf* : noble *mf*
peerage *n* : nobleza *f*
peerless *adj* : sin par
: incomparable
peeve[1] *v* **peeved; peeving**
: fastidiar : irritar : molestar
peeve[2] *n* : queja *f*
peevish *adj* : quejoso : fastidioso
— **peevishly** *adv*
peevishness *n* : irritabilidad *f*
peg[1] *v* **pegged; pegging** : tapar
: sujetar
peg[2] *n* : estaquilla *f* : clavija *f*
pejorative *adj* : peyorativo —
pejoratively *adv*
pelican *n* : pelícano *m*
pellagra *n* : pelagra *f*
pellet *n* : bolita *f* : perdigón *m*
pell–mell *adv* : desordenadamente
: atropelladamente
pelt[1] *v* : lanzar : tirar : golpear con
fuerza : ir a todo correr
pelt[2] *n* : piel *f* : pellejo *m*
pelvic *adj* : pélvico
pelvis *n*, *pl* **-vises** *or* **-ves** : pelvis *f*
pen[1] *v* **penned; penning** : escribir
pen[2] *n* : corral *m* : redil *m* : pluma *f*
penal *adj* : penal
penalize *v* **-ized; -izing** : penalizar
: sancionar : penar
penalty *n*, *pl* **-ties** : pena *f* : castigo
m : desventaja *f* : penalty *m*
: multa *f*
penance *n* : penitencia *f*
pence → **penny**
penchant *n* : inclinación *f* : afición *f*
pencil[1] *v* **-ciled** *or* **-cilled; -ciling** *or*
-cilling : escribir con lápiz : dibujar
con lápiz

pencil[2] *n* : lápiz *m*
pencil case *n* : estuche *m*
pencil sharpener *n* : sacapuntas *m*
pencil skirt *n* : falda *f* de tubo
pendant *n* : colgante *m*
pending[1] *adj* : pendiente
pending[2] *prep* : durante : en espera de
pendulum *n* : péndulo *m*
penetrate *v* **-trated; -trating** : penetrar
penetrating *adj* : penetrante : cortante
penetration *n* : penetración *f*
penguin *n* : pingüino *m*
penicillin *n* : penicilina *f*
peninsula *n* : península *f*
penis *n*, *pl* **-nes** *or* **-nises** : pene *m*
penitence *n* : arrepentimiento *m* : penitencia *f*
penitent[1] *adj* : arrepentido : penitente
penitent[2] *n* : penitente *mf*
penitentiary *n*, *pl* **-ries** : penitenciaría *f* : prisión *m* : presidio *m*
penknife *n* : navaja *f*
penmanship *n* : escritura *f* : caligrafía *f*
pen name *n* : seudónimo *m*
pennant *n* : gallardete *m* : banderín *m*
penniless *adj* : sin un centavo
penny *n*, *pl* **-nies** *or* **pence** : penique *m*; *pl* **-nies** : centavo *m*
pen pal *n* : amigo *m*, **-ga** *f* por correspondencia
pension[1] *v* *or* **to pension off** : jubilar
pension[2] *n* : pensión *m* : jubilación *f*
pensioner *n* : pensionista *mf*
pensive *adj* : pensativo : meditabundo — **pensively** *adv*
pentagon *n* : pentágono *m*
pentagonal *adj* : pentagonal
penthouse *n* : ático *m* : penthouse *m*
pent–up *adj* : encerrado
penultimate *adj* : penúltimo
penury *n* : penuria *f* : miseria *f*
peon *n*, *pl* **-ons** *or* **-ones** : peón *m*
peony *n*, *pl* **-nies** : peonía *f*
people[1] *v* **-pled; -pling** : poblar
people[2] *ns* & *pl* **people** *npl* : gente *f* : personas *fpl*; *pl* **peoples** : pueblo *m*

pep[1] *v* **pepped; pepping** *or* **to pep up** : animar
pep[2] *n* : energía *f* : vigor *m*
pepper[1] *v* : añadir pimienta a : acribillar : salpicar
pepper[2] *n* : pimienta *f* : pimiento *m* : pimentón *m*
peppermint *n* : menta *f*
pepper shaker *n* : pimentero *m*
peppery *adj* : picante
peppy *adj* **peppier; -est** : lleno de energía : vivaz
pep rally *n* : reunión *f*
pep talk *n* : plática *f* : charla *f*
peptic *adj* **peptic ulcer** : úlcera *f* estomacal
per *prep* : por : según
per annum *adv* : al año : por año
percale *n* : percal *m*
per capita *adv* & *adj* : per cápita
perceive *v* **-ceived; -ceiving** : percatarse de : concientizarse de : darse cuenta de : percibir : notar
percent[1] *adv* : por ciento
percent[2] *n*, *pl* **-cent** *or* **-cents** : por ciento
percentage *n* : porcentaje *m*
perceptible *adj* : perceptible — **perceptibly** *adv*
perception *n* : percepción *f* : perspicacia *f* : idea *f* : imagen *f*
perceptive *adj* : perspicaz
perceptively *adv* : con perspicacia
perch[1] *v* : posarse : sentarse : posar : colocar
perch[2] *n* : percha *f*; *pl* **perch** *or* **perches** : perca *f*
percolate *v* **-lated; -lating** : colarse : filtrarse
percolator *n* : cafetera *f* de filtro
percussion *n* : percusión *f*
peremptory *adj* : perentorio
perennial[1] *adj* : perenne : vivaz : continuo
perennial[2] *n* : planta *f* perenne : planta *f* vivaz
perfect[1] *v* : perfeccionar
perfect[2] *adj* : perfecto — **perfectly** *adv*
perfection *n* : perfección *f*
perfectionism *n* : perfeccionismo *m*
perfectionist *n* : perfeccionista *mf*
perfidious *adj* : pérfido

perforate v **-rated; -rating** : perforar
perforation n : perforación f
perform v : realizar : hacer
 : desempeñar : representar : dar
 : actuar : cantar : tocar : bailar
 : funcionar
performance n : ejecución f
 : realización f : desempeño m
 : rendimiento m : interpretación f
 : representación f : función f
performer n : artista mf : actor m,
 -triz f : intérprete mf
perfume[1] v **-fumed; -fuming**
 : perfumar
perfume[2] n : perfume m
perfunctory adj : mecánico
 : superficial : somero
perhaps adv : tal vez : quizá
 : quizás : a lo mejor
peril n : peligro m
perilous adj : peligroso —
 perilously adv
perimeter n : perímetro m
period n : punto m : período m
 : época f : fase f : etapa f : regla
 f : hora f
periodic or **periodical** adj
 : periódico — **periodically** adv
periodical n : publicación f
 periódica : revista f
peripheral adj : periférico
periphery n, pl **-eries** : periferia f
periscope n : periscopio m
perish v : perecer : morirse
perishable[1] adj : perecedero
perishable[2] n : producto m
 perecedero
perjure v **-jured; -juring to perjure
 oneself** : perjurar : perjurarse
perjury n : perjurio m
perk[1] v : levantar **to perk up**
 : animarse : reanimarse
perk[2] n : extra m
perky adj **perkier, -est** : animado
 : alegre : lleno de vida
perm n : permanente f
permanence n : permanencia f
permanent[1] adj : permanente —
 permanently adv
permanent[2] n : permanente f
permeability n : permeabilidad f
permeable adj : permeable
permeate v **-ated; -ating** : penetrar
 : impregnar : difundirse por

permissible adj : permisible : lícito
permission n : permiso m
permissive adj : permisivo
permissiveness adj : permisividad
 f
permit[1] v **-mitted; -mitting**
 : permitir : dejar
permit[2] n : permiso m : licencia f
permutation n : permutación f
pernicious adj : pernicioso
peroxide n : peróxido m
perpendicular[1] adj
 : vertical : perpendicular —
 perpendicularly adv
perpendicular[2] n : perpendicular f
perpetrate v **-trated; -trating**
 : perpetrar : cometer
perpetrator n : autor m, -tora f
perpetual adj : perpetuo : eterno
 : continuo : constante
perpetually adv : para siempre
 : eternamente
perpetuate v **-ated; -ating**
 : perpetuar
perpetuity n, pl **-ties** : perpetuidad f
perplex v : dejar perplejo
 : confundir
perplexed adj : perplejo
perplexity n, pl **-ties** : perplejidad f
 : confusión f
per se adv : per se : de por sí : en sí
persecute v **-cuted; -cuting**
 : perseguir
persecution n : persecución f
persecutor n : perseguidor m,
 -dora f
perseverance n : perseverancia f
persevere v **-vered; -vering**
 : perseverar
Persian n : persa mf : persa m —
 Persian adj
persist v : persistir
persistence n : persistencia f
 : perseverancia f : tenacidad f
persistent adj : persistente —
 persistently adv
person n, pl **people** or **persons**
 : persona f : individuo m : ser m
 humano
personable adj : agradable
personage n : personaje m
personal adj : personal : particular
 : privado : en persona : íntimo
 : indiscreto

personal assistant n : secretario m, -ria f personal
personal computer n : computadora f personal : ordenador m personal
personality n, pl **-ties** : personalidad f : temperamento m : personaje m : celebridad f
personalize v **-ized; -izing** : personalizar
personally adv : personalmente : en persona : como persona
personification n : personificación f
personify v **-fied; -fying** : personificar
personnel n : personal m
perspective n : perspectiva f
perspicacious adj : perspicaz
perspicacity n : clarividencia f : perspicacia f
perspiration n : transpiración f : sudor m
perspire v **-spired; -spiring** : transpirar : sudar
persuade v **-suaded; -suading** : persuadir : convencer
persuasion n : persuasión f
persuasive adj : persuasivo — **persuasively** adv
persuasiveness n : persuasión f
pert adj : descarado : impertinente : alegre : animado
pertain v : pertenecer : estar relacionado
pertinence n : pertinencia f
pertinent adj : pertinente
perturb v : perturbar
perusal n : lectura f cuidadosa
peruse v **-rused; -rusing** : leer con cuidado : recorrer con la vista
Peruvian n : peruano m, -na f — **Peruvian** adj
pervade v **-vaded; -vading** : penetrar : difundirse por
pervasive adj : penetrante
perverse adj : perverso : corrompido : obstinado : porfiado : terco — **perversely** adv
perversion n : perversión f
perversity n, pl **-ties** : corrupción f : obstinación f : terquedad f
pervert[1] v : pervertir : distorsionar : corromper

pervert[2] n : pervertido m, -da f
peseta n : peseta f
pesky adj : molestoso : molesto
peso n, pl **-sos** : peso m
pessimism n : pesimismo m
pessimist n : pesimista mf
pessimistic adj : pesimista
pest n : peste f : latoso m, -sa f : insecto m nocivo : animal m nocivo
pester v **-tered; -tering** : molestar : fastidiar
pesticide n : pesticida m
pestilence n : pestilencia f : peste f
pestle n : mano f de mortero : mazo m : maja f
pet[1] v **petted; petting** : acariciar
pet[2] n : animal m doméstico : mascota f : favorito m, -ta f
pet[3] adj : preferido : favorito
petal n : pétalo m
peter v **to peter out** : agotarse : apagarse : disminuir
petite adj : pequeña : menuda : chiquita
petition[1] v : peticionar
petition[2] n : petición f
petitioner n : peticionario m, -ria f
petrify v **-fied; -fying** : petrificar
petroleum n : petróleo m
petroleum jelly n : vaselina f
petticoat n : enagua f : fondo m
pettiness n : insignificancia f : mezquindad f
petty adj **pettier; -est** : menor : insignificante : trivial : nimio : mezquino
petty officer n : suboficial mf
petulance n : irritabilidad f : mal genio m
petulant adj : irritable : de mal genio
petunia n : petunia f
pew n : banco m
pewter n : peltre m
pH n : pH m
phallic adj : fálico
phallus n, pl **-li** or **-luses** : falo m
phantasy → fantasy
phantom n : fantasma m
pharaoh n : faraón m
pharmaceutical adj : farmacéutico
pharmacist n : farmacéutico m, -ca f

pharmacology *n* : farmacología *f*

pharmacy *n, pl* **-cies** : farmacia *f*

pharynx *n, pl* **pharynges** : faringe *f*

phase[1] *v* **phased; phasing**
: sincronizar : poner en fase
: escalonar

phase[2] *n* : fase *f* : etapa *f*

pheasant *n, pl* **-ant** *or* **-ants** : faisán *m*

phenomenal *adj* : extraordinario
: excepcional

phenomenon *n, pl* **-na** *or* **-nons**
: fenómeno *m*; *pl* **-nons** : prodigio *m*

phew *interj* : ¡uf!

philanthropic *adj* : filantrópico

philanthropist *n* : filántropo *m*, -pa *f*

philanthropy *n, pl* **-pies** : filantropía *f*

philately *n* : filatelia *f*

philharmonic *n* : filarmónica *f*

philosopher *n* : filósofo *m*, -fa *f*

philosophic *or* **philosophical** *adj*
: filosófico — **philosophically** *adv*

philosophize *v* **-phized; -phizing**
: filosofar

philosophy *n, pl* **-phies** : filosofía *f*

phishing *n* : phishing *m*
: suplantación *f* de identidad

phlegm *n* : flema *f*

phlegmatic *adj* : flemático

phlox *n, pl* **phlox** *or* **phloxes**
: polemonio *m*

phobia *n* : fobia *f*

phoenix *n* : fénix *m*

phone[1] *v* → **telephone**[1]

phone[2] *n* → **telephone**[2]

phone book *n* : guía *f* telefónica

phone call → **call**[2]

phone card *n* : tarjeta *f* telefónica

phoneme *n* : fonema *m*

phone number → **number**[2]

phonetic *adj* : fonético

phonetics *n* : fonética *f*

phonics *n* : método *m* fonético de aprender a leer

phony[1] *or* **phoney** *adj* **phonier; -est** : falso

phony[2] *or* **phoney** *n, pl* **-nies**
: farsante *mf* : charlatán *m*, -tana *f*

phosphate *n* : fosfato *m*

phosphorescence *n*
: fosforescencia *f*

phosphorescent *adj*
: fosforescente —
phosphorescently *adv*

phosphorus *n* : fósforo *m*

photo *n, pl* **-tos** : foto *f*

photocopier *n* : fotocopiadora *f*

photocopy[1] *v* **-copied; -copying**
: fotocopiar

photocopy[2] *n, pl* **-copies**
: fotocopia *f*

photoelectric *adj* : fotoeléctrico

photogenic *adj* : fotogénico

photograph[1] *v* : fotografiar

photograph[2] *n* : fotografía *f* : foto *f*

photographer *n* : fotógrafo *m*, -fa *f*

photographic *adj* : fotográfico —
photographically *adv*

photography *n* : fotografía *f*

photojournalist *n* : reportero *m* gráfico : reportera *f* gráfica

photoshop *or* **Photoshop** *v* : editar

photosynthesis *n* : fotosíntesis *f*

phrasal verb *n* : verbo *m* con partícula(s)

phrase[1] *v* **phrased; phrasing**
: expresar

phrase[2] *n* : frase *f* : locución *f*

phrase book *n* : guía *f* de conversación

phylum *n, pl* **-la** : phylum *m*

phys ed *n* → **physical education**

physical[1] *adj* : físico : material
: corpóreo — **physically** *adv*

physical[2] *n* : chequeo *m*
: reconocimiento *m* médico

physical education *n* : educación *f* física

physical therapist *n*
: fisioterapeuta *mf*

physical therapy *n* : fisioterapia *f*

physician *n* : médico *m*, -ca *f*

physicist *n* : físico *m*, -ca *f*

physics *ns & pl* : física *f*

physiognomy *n, pl* **-mies**
: fisonomía *f*

physiological *or* **physiologic** *adj*
: fisiológico

physiologist *n* : fisiólogo *m*, -ga *f*

physiology *n* : fisiología *f*

physique *n* : físico *m*

pi *n, pl* **pis** : pi *f*

pianist *n* : pianista *mf*

piano *n, pl* **-anos** : piano *m*

piazza *n, pl* **-zas** *or* **-ze** : plaza *f*

picador n : picador m, -dora f
picaresque adj : picaresco
picayune adj : trivial : nimio
: insignificante
piccolo n, pl **-los** : flautín m
pick[1] v : escoger : elegir : quitar
: sacar : recoger : arrancar
: provocar : hurgarse : escarbarse
: picar : picotear
pick[2] n : selección f : lo mejor
: púa f
pickax n : pico m : zapapico m
: piqueta f
pickerel n, pl **-el** or **-els** : lucio m
pequeño
picket[1] v : piquetear
picket[2] n : estaca f : huelguista mf
: integrante mf de un piquete
picketer n : piquete nm
pickle[1] v **-led; -ling** : encurtir
: escabechar
pickle[2] n : escabeche m : pepinillo
m : lío m : apuro m
pickpocket n : carterista mf
pickup n : mejora f
picky adj : quisquilloso
: melindroso : mañoso
picnic[1] v **-nicked; -nicking** : ir de
picnic
picnic[2] n : picnic m
pictorial adj : pictórico
picture[1] v **-tured; -turing**
: representar : imaginarse
picture[2] n : cuadro m : ilustración
f : fotografía f : descripción f
: imagen f : película f : idea f
: situación f
picturesque adj : pintoresco
pie n : pastel m : empanada f
piece[1] v **pieced; piecing** : parchar
: arreglar
piece[2] n : pedazo m : trozo m
: pieza f : obra f : ficha f : figura f
: artículo m : moneda f : pistola f
: trecho m
piecemeal[1] adv : poco a poco : por
partes
piecemeal[2] adj : hecho poco a
poco : poco sistemático
piecework n : trabajo m a destajo
pied adj : pío
pier n : pila f : muelle m
: atracadero m : embarcadero m
: pilar m

pierce v **pierced; piercing**
: atravesar : traspasar : penetrar
: perforar : agujerear
piety n, pl **-eties** : piedad f
pig n : cerdo m, -da f : puerco m, -
ca f : persona f desaliñada : glotón
m, -tona f
pigeon n : paloma f
pigeonhole n : casilla f
piggish adj : glotón : cochino
: sucio
piggyback adv & adj : a cuestas
piggy bank n : alcancía f
pigheaded adj : terco : obstinado
piglet n : cochinillo m : lechón m,
-chona f
pigment n : pigmento m
pigmentation n : pigmentación f
pigmy → pygmy
pig out v to pig out (on) : darse un
atracón
pigpen n : chiquero m : pocilga f
pigsty → pigpen
pigtail n : coleta f : trenza f
pike n, pl **pike** or **pikes** : lucio m
: pica f
pile[1] v **piled; piling** : amontonar
: apilar to pile up : amontonarse
: acumularse
pile[2] n : pilote m : montón m : pila
f : pelo m
pileup n : choque m en cadena
piles npl : hemorroides fpl
: almorranas fpl
pilfer v : robar : ratear
pilgrim n : peregrino m, -na f
pilgrimage n : peregrinación f
pill n : pastilla f : píldora f
pillage[1] v **-laged; -laging** : saquear
pillage[2] n : saqueo m
pillar n : pilar m : columna f
pillory n, pl **-ries** : picota f
pillow n : almohada f
pillowcase n : funda f
pilot[1] v : pilotar : pilotear
pilot[2] n : piloto mf
pilot light n : piloto m
pimento → pimiento
pimiento n, pl **-tos** : pimiento m
morrón
pimp n : proxeneta m
pimple n : grano m
pimply adj **pimplier; -est** : cubierto
de granos

pin[1] *v* **pinned; pinning** : prender : sujetar : inmovilizar

pin[2] *n* : alfiler *m* : broche *m* : prendedor *m*

pinafore *n* : delantal *m*

piñata *n* : piñata *f*

pinball *n* : pinball *m*

pincer *n* : pinza *f*; **pincers** *npl* : pinzas *fpl* : tenazas *fpl* : tenaza *f*

pinch[1] *v* : pellizcar : robar : apretar

pinch[2] *n* : emergencia *f* : dolor *m* : tormento *m* : pellizco *m* : pizca *f*

pinch hitter *n* : sustituto *m*, -ta *f* : bateador *m* emergente

pincushion *n* : acerico *m* : alfiletero *m*

pine *n* : pino *m* : madera *f* de pino

pineapple *n* : piña *f* : ananá *m* : ananás *m*

pine cone *n* : piña *f*

ping *n* : sonido *m* metálico

pinion[1] *v* : sujetar los brazos de : inmovilizar

pinion[2] *n* : piñón *m*

pink[1] *adj* : rosa : rosado

pink[2] *n* : clavelito *m* : rosa *f* : rosado *m*

pinkeye *n* : conjuntivitis *f* aguda

pinkie *or* **pinky** *n* : meñique *m*

pinkish *adj* : rosáceo

pinnacle *n* : pináculo *m* : cima *f* : cumbre *f* : cúspide *f* : apogeo *m*

pinpoint *v* : precisar : localizar con precisión

pint *n* : pinta *f*

pinto *n, pl* **pintos** : caballo *m* pinto

pinworm *n* : oxiuro *m*

pioneer[1] *v* : promover : iniciar : introducir

pioneer[2] *n* : pionero *m*, -ra *f*

pious *adj* : piadoso : devoto : beato : santurrón — **piously** *adv*

pip *n* : pepita *f*

pipe[1] *v* **piped; piping** : hablar en voz chillona : tocar : conducir por tuberías

pipe[2] *n* : caramillo *m* : gaita *f* : tubo *m* : caño *m* : pipa *f*

pipe dream *n* : quimera *f* : sueño *m* imposible

pipeline *n* : conducto *m* : oleoducto *m* : gasoducto *m* : vía *f*

piping *n* : música *f* del caramillo o de la gaita : cordoncillo *m* : ribete *m* con cordón

piping hot *adj* : muy caliente

piquant *adj* : picante : intrigante : estimulante

pique[1] *v* **piqued; piquing** : picar : irritar : despertar

pique[2] *n* : pique *m* : resentimiento *m*

piracy *n, pl* **-cies** : piratería *f*

piranha *n* : piraña *f*

pirate[1] *n* : pirata *mf*

pirate[2] *v* **-rated; -rating** : piratear

pirouette *n* : pirueta *f*

pis → **pi**

Pisces *n* : Piscis *m* : Piscis *mf*

pistachio *n, pl* **-chios** : pistacho *m*

pistil *n* : pistilo *m*

pistol *n* : pistola *f*

piston *n* : pistón *m* : émbolo *m*

pit[1] *v* **pitted; pitting** : marcar de hoyos : picar : deshuesar : quedar marcado

pit[2] *n* : fosa *f* : hoyo *m* : mina *f* : foso *m* : marca *f* : cicatriz *f* de viruela : hueso *m* : pepa *f*

pita *or* **pita bread** *n* : pita *f* : pan *m* pita : pan *m* árabe

pitch[1] *v* : montar : armar : lanzar : arrojar : dar el tono de : cabecear : dar bandazos

pitch[2] *n* : cabezada *f* : cabeceo *m* : (grado de) inclinación *f* : pendiente *f* : tono *m* : lanzamiento *m* : grado *m* : nivel *m* : punto *m* : pez *f* : brea *f*

pitch–black *adj* : muy oscuro : oscuro como boca de lobo

pitcher *n* : jarra *f* : jarro *m* : cántaro *m* : pichel *m* : lanzador *m*, -dora *f*

pitchfork *n* : horquilla *f* : horca *f*

piteous *adj* : lastimoso : lastimero — **piteously** *adv*

pitfall *n* : peligro *m* : dificultad *f*

pith *n* : médula *f* : meollo *m* : entraña *f*

pithy *adj* **pithier; -est** : conciso y sustancioso

pitiable → **pitiful**

pitiful *adj* : lastimero : lastimoso : lamentable : despreciable — **pitifully** *adv*

pitiless *adj* : despiadado — **pitilessly** *adv*

pittance *n* : miseria *f*

pituitary *adj* : pituitario
pity¹ *v* **pitied; pitying** : compadecer
: compadecerse de
pity² *n, pl* **pities** : compasión *f*
: piedad *f* : lástima *f* : pena *f*
pivot¹ *v* : girar sobre un eje
pivot² *n* : pivote *m*
pivotal *adj* : fundamental : central
pixie *or* **pixy** *n, pl* **pixies** : elfo *m*
: hada *f*
pizza *n* : pizza *f*
pizzazz *or* **pizazz** *n* : encanto *m*
: animación *f* : vitalidad *f*
pizzeria *n* : pizzería *f*
placard *n* : cartel *m* : póster *m*
: afiche *m*
placate *v* **-cated; -cating** : aplacar
: apaciguar
place¹ *v* **placed; placing** : poner
: colocar : situar : ubicar
: emplazar : identificar : recordar
place² *n* : sitio *m* : lugar *m* : parte
f : casa *f* : asiento *m* : puesto *m*
: papel *m*
placebo *n, pl* **-bos** : placebo *m*
place mat *n* : individual *m* : mantel
m individual
placement *n* : colocación *f*
placenta *n, pl* **-tas** *or* **-tae**
: placenta *f*
placid *adj* : plácido : tranquilo —
placidly *adv*
plagiarism *n* : plagio *m*
plagiarist *n* : plagiario *m*, -ria *f*
plagiarize *v* **-rized; -rizing** : plagiar
plague¹ *v* **plagued; plaguing**
: plagar : afligir : acosar
: atormentar
plague² *n* : plaga *f* : peste *f*
plaid¹ *adj* : escocés : de cuadros
plaid² *n* : tela *f* escocesa : tartán *m*
plain¹ *adj* : liso : sencillo : sin
adornos : claro : franco : puro
: ordinario : poco atractivo
plain² *n* : llanura *f* : llano *m*
: planicie *f*
plainclothes *adj* : de civil : de
paisano : de particular
plainly *adv* : claramente
: francamente : con franqueza
: sencillamente
plaintiff *n* : demandante *mf*
plaintive *adj* : lastimero : plañidero
plait¹ *v* : plisar : trenzar

plait² *n* : pliegue *m* : trenza *f*
plan¹ *v* **planned; planning**
: planear : proyectar : planificar
: tener planeado : hacer planes
plan² *n* : plano *m* : esquema *m*
: plan *m* : proyecto *m* : programa
m
plane¹ *v* **planed; planing** : cepillar
plane² *adj* : plano
plane³ *n* : plano *m* : nivel *m* : cepillo
m
planet *n* : planeta *f*
planetarium *n, pl* **-iums** *or* **-ia**
: planetario *m*
planetary *adj* : planetario
plank *n* : tablón *m* : tabla *f* : artículo
m : punto *m*
plankton *n* : plancton *m*
planner *n* : planificador *m*, -dora *f*
plant¹ *v* : plantar : sembrar
: colocar
plant² *n* : planta *f* : fábrica *f*
: maquinaria *f* : equipo *m*
plantain *n* : llantén *m* : plátano *m*
: plátano *m* macho
plantation *n* : plantación *f*
: hacienda *f*
planter *n* : hacendado *m*, -da *f*
: tiesto *m* : maceta *f*
plaque *n* : placa *f*
plasma *n* : plasma *m*
plaster¹ *v* : enyesar : revocar
: cubrir : llenar
plaster² *n* : yeso *m* : revoque *m*
: escayola *f*
plastered *adj* : colocado
plastic¹ *adj* : de plástico : plástico
: flexible
plastic² *n* : plástico *m*
plasticity *n, pl* **-ties** : plasticidad *f*
plastic surgery *n* : cirugía *f*
plástica
plastic wrap *n* : papel *m* film
plate¹ *v* **plated; plating** : chapar
plate² *n* : placa *f* : vajilla *f* : plato *m*
: dentadura *f* postiza : lámina *f*
plateau *n, pl* **-teaus** *or* **-teaux**
: meseta *f*
platform *n* : plataforma *f* : estrado
m : tribuna *f* : andén *m*
plating *n* : enchapado *m*
platinum *n* : platino *m*
platitude *n* : lugar *m* común
: perogrullada *f*

platonic adj : platónico

platoon n : sección f

platter n : fuente f

platypus n, pl **platypuses** or **platypi** : ornitorrinco m

plausibility n, pl **-ties** : credibilidad f : verosimilitud f

plausible adj : creíble : convincente : verosímil — **plausibly** adv

play[1] v : jugar : tocar : sonar : actuar : hacerse : jugar a : jugar contra : tirar : mover : tirar/patear : tocar en : poner : poner/pasar : dar : interpretar : hacer el papel de : representar : desempeñar : manipular : hacer : gastar

play[2] n : juego m : obra f de teatro : pieza f

playacting n : actuación f : teatro m

playboy n : playboy m

player n : jugador m, -dora f : actor m : actriz f : músico m, -ca f : reproductor m

playful adj : juguetón : jocoso — **playfully** adv

playfulness n : lo juguetón : jocosidad f : alegría f

playground n : patio m de recreo : jardín m para jugar

playgroup n : grupo m de recreo para niños

playhouse n : teatro m : casita f de juguete

playing card n : naipe m : carta f

playing field n : campo m de juego

playmate n : compañero m, -ra f de juego

play-off n : desempate m

playpen n : corral m

playroom n : cuarto m de juegos

plaything n : juguete m

playtime n : hora f de recreo

playwright n : dramaturgo m, -ga f

plaza n : plaza f

plea n : acto m de declararse : ruego m : súplica f

plead v **pleaded** or **pled**; **pleading** : declararse : alegar : pretextar

pleasant adj : agradable : grato : bueno — **pleasantly** adv

pleasantness n : lo agradable : amenidad f

pleasantries npl : cumplidos mpl : cortesías fpl

please[1] v **pleased**; **pleasing** : complacer : contentar : satisfacer : agradar : querer

please[2] adv : por favor

pleased adj : contento : satisfecho : alegre

pleasing adj : agradable — **pleasingly** adv

pleasurable adj : agradable

pleasure n : deseo m : voluntad f : placer m : disfrute m : goce m : gusto m

pleat[1] v : plisar

pleat[2] n : pliegue m

plebeian adj : ordinario : plebeyo

pledge[1] v **pledged**; **pledging** : empeñar : prendar : prometer : jurar

pledge[2] n : garantía f : prenda f : promesa f

plenteous adj : copioso : abundante

plentiful adj : abundante — **plentifully** adv

plenty n : abundancia f

plethora n : plétora f

pleurisy n : pleuresía f

plexiglass n : acrílico m : plexiglás m

pliable adj : flexible : maleable

pliant → **pliable**

pliers npl : alicates mpl : pinzas fpl

plight n : situación f difícil : apuro m

plonk → **plunk**

plot[1] v **plotted**; **plotting** : tramar : conspirar

plot[2] n : terreno m : parcela f : lote m : argumento m : trama f : complot m : intriga f

plotter n : conspirador m, -dora f : intrigante mf

plow[1] or **plough** v : arar

plow[2] or **plough** n : arado m

plowshare n : reja f del arado

ploy n : estratagema f : maniobra f

pluck[1] v : arrancar : desplumar **to pluck at** : tirar de

pluck[2] n : tirón m : valor m : ánimo m

plucky adj **pluckier**; **-est** : valiente : animoso

plug[1] v **plugged**; **plugging** : tapar : hacerle publicidad a : promocionar

plug[2] *n* : tapón *m* : enchufe *m*
: publicidad *f* : propaganda *f*

plum *n* : ciruela *f* : color *m* ciruela
: premio *m* : algo muy atractivo

plumage *n* : plumaje *m*

plumb[1] *v* : aplomar : sondear
: sondar

plumb[2] *adv* : a plomo
: verticalmente : justo
: exactamente : completamente
: absolutamente

plumb[3] *adj* : a plomo

plumb[4] *n or* **plumb line** : plomada *f*

plumber *n* : plomero *m*, -ra *f*
: fontanero *m*

plumbing *n* : plomería *f* : fontanería
f : cañería *f* : tubería *f*

plume *n* : pluma *f* : penacho *m*

plumed *adj* : con plumas

plummet *v* : caer en picada
: desplomarse

plump[1] *v or* **to plump down**
: dejarse caer

plump[2] *adv* : a plomo
: directamente : sin rodeos

plump[3] *adj* : llenito : regordete
: rechoncho

plumpness *n* : gordura *f*

plunder[1] *v* : saquear : robar

plunder[2] *n* : botín *m*

plunderer *n* : saqueador *m*, -dora *f*

plunge[1] *v* **plunged; plunging**
: sumergir : hundir : clavar
: zambullirse : meterse
precipitadamente o violentamente
: descender en picada

plunge[2] *n* : zambullida *f* : descenso
m abrupto

plunger *n* : desatorador *m*
: desatascador *m* : destapacaños
m : bomba *f* : sopapa *f*

plunk *or* **plonk** *v* : dejar caer **to
plunk down** : dejarse caer

pluperfect *n* : pluscuamperfecto *m*

plural[1] *adj* : plural

plural[2] *n* : plural *m*

plurality *n*, *pl* **-ties** : pluralidad *f*

pluralize *v* **-ized; -izing** : pluralizar

plus[1] *adj* : positivo

plus[2] *n* : ventaja *f*

plus[3] *prep* : más

plus[4] *conj* : y

plush[1] *adj* : afelpado : lujoso

plush[2] *n* : felpa *f* : peluche *m*

plushy *adj* **plushier; -est** : lujoso

plus–size *adj* : de talla grande

Pluto *n* : Plutón *m*

plutocracy *n*, *pl* **-cies** : plutocracia *f*

plutonium *n* : plutonio *m*

ply[1] *v* **plied; plying** : manejar
: ejercer

ply[2] *n*, *pl* **plies** : chapa *f* : capa *f*
: cabo *m*

plywood *n* : contrachapado *m*

PMS → premenstrual syndrome

pneumatic *adj* : neumático

pneumonia *n* : pulmonía *f*
: neumonía *f*

poach *v* : cocer a fuego lento
: cazar ilegalmente

poacher *n* : cazador *m* furtivo
: cazadora *f* furtiva

P.O. Box *n* : apartado *m* postal
: casilla *f* de correos

pock *n* : pústula *f*

pocket[1] *v* : meterse en el bolsillo
: embolsarse

pocket[2] *n* : bolsillo *m* : bolsa *f* : foco
m : centro *m*

pocketbook *n* : cartera *f* : bolso *m*
: bolsa *f* : recursos *mpl*

pocketknife *n*, *pl* **-knives** : navaja *f*

pocket money *n* : dinero *m* de bolsillo

pocket–size *adj* : de bolsillo

pockmark *n* : cicatriz *f* de viruela
: viruela *f*

pod *n* : vaina *f*

podcast *n* : podcast *m*

podiatrist *n* : podólogo *m*, -ga *f*

podiatry *n* : podología *f* : podiatría *f*

podium *n*, *pl* **-diums** *or* **-dia** : podio
m : estrado *m* : tarima *f*

poem *n* : poema *m* : poesía *f*

poet *n* : poeta *mf*

poetess *n* : poetisa *f*

poetic *or* **poetical** *adj* : poético

poetry *n* : poesía *f*

pogrom *n* : pogrom *m*

poignancy *n*, *pl* **-cies** : lo
conmovedor

poignant *adj* : penoso : doloroso
: conmovedor : emocionante

poinsettia *n* : flor *f* de Nochebuena

point[1] *v* : apuntar : señalar con
: encaminar : señalar : indicar
: afilar

point[2] *n* : punto *m* : argumento *m*
: observación *f* : fin *m* : propósito

m : cualidad *f* : lugar *m* : momento
m : coyuntura *f* : punta *f* : cabo *m*
point–blank[1] *adv* : a quemarropa
 : a bocajarro : sin rodeos
 : francamente
point–blank[2] *adj* : a quemarropa
 : directo : franco
pointed *adj* : puntiagudo : atinado
 : marcado : manifiesto
pointedly *adv* : intencionadamente
 : directamente
pointer *n* : puntero *m* : indicador
 m : aguja *f* : perro *m* de muestra
 : consejo *m*
pointless *adj* : inútil : ocioso : vano
point of view *n* : perspectiva *f*
 : punto *m* de vista
pointy *adj* : puntiagudo
poise[1] *v* **poised; poising**
 : equilibrar : balancear
poise[2] *n* : aplomo *m* : compostura *f*
poison[1] *v* : envenenar : intoxicar
 : corromper
poison[2] *n* : veneno *m*
poisoning *n* : envenenamiento *m*
poison ivy *n* : hiedra *f* venenosa
poisonous *adj* : venenoso : tóxico
 : ponzoñoso
poke[1] *v* **poked; poking** : golpear
 : dar : introducir : asomar
poke[2] *n* : golpe *m* abrupto
poker *n* : atizador *m* : póker *m*
 : poker *m*
poky *adj* : lento : diminuto
polar *adj* : polar
polar bear *n* : oso *m* blanco
Polaris → **North Star**
polarize *v* **-ized; -izing** : polarizar
pole *n* : palo *m* : poste *m* : vara *f*
 : polo *m*
Pole *n* : polaco *m*, -ca *f*
polecat *n, pl* **polecats** *or* **polecat**
 : turón *m* : mofeta *f* : zorrillo *m*
polemical *adj* : polémico
polemics *ns & pl* : polémica *f*
polestar → **North Star**
pole vault *n* : salto *m* con/de
 pértiga : salto *m* con/de garrocha
police[1] *v* **-liced; -licing** : mantener
 el orden en
police[2] *ns & pl* : policía *f* : policías
 mfpl
police car *n* : patrulla *f* : patrullero
 m

police force *n* : fuerza *f* policial
 : cuerpo *m* policial
policeman *n, pl* **-men** : policía *m*
police officer *n* : policía *mf*
 : agente *mf* de policía
police station *n* : comisaría *f*
policewoman *n, pl* **-women**
 : policía *f* : mujer *f* policía
policy *n, pl* **-cies** : política *f*
polio[1] *adj* : de polio
polio[2] *n* → **poliomyelitis**
poliomyelitis *n* : poliomielitis *f*
 : polio *f*
polish[1] *v* : pulir : lustrar : sacar
 brillo a : perfeccionar
polish[2] *n* : brillo *m* : lustre *m*
 : refinamiento *m* : betún *m* : cera *f*
 : esmalte *m*
Polish[1] *adj* : polaco
Polish[2] *n* : polaco *m*
polite *adj* **politer; -est** : cortés
 : correcto : educado
politely *adv* : cortésmente
 : correctamente : con buenos
 modales
politeness *n* : cortesía *f*
politic *adj* : diplomático : prudente
political *adj* : político — **politically**
 adv
politically correct *adj*
 : políticamente correcto
politician *n* : político *m*, -ca *f*
politics *ns & pl* : política *f*
polka *n* : polka *f*
polka dot *n* : lunar *m*
poll[1] *v* : obtener : encuestar
 : sondear : obtener votos
poll[2] *n* : encuesta *f* : sondeo *m*;
 polls *npl* : urnas *fpl*
pollen *n* : polen *m*
pollinate *v* **-nated; -nating**
 : polinizar
pollination *n* : polinización *f*
polling place *n* : centro *m* de
 votación
pollster *n* : encuestador *m*, -dora *f*
pollutant *n* : contaminante *m*
pollute *v* **-luted; -luting**
 : contaminar
pollution *n* : contaminación *f*
pollywog *or* **polliwog** *n* : renacuajo
 m
polo *n* : polo *m*
poltergeist *n* : fantasma *m* travieso

polyester n : poliéster m
polygamist n : polígamo m, -ma f
polygamous adj : polígamo
polygamy n : poligamia f
polygon n : polígono m —
  polygonal adj
polymer n : polímero m
Polynesian n : polinesio m, -sia f
  — **Polynesian** adj
polytheism n : politeísmo m
polyunsaturated adj
  : poliinsaturado
pomegranate n : granada f
pommel[1] v → **pummel**
pommel[2] n : pomo m : perilla f
pomp n : pompa f : esplendor m
  : boato m : ostentación f
pom–pom n : borla f : pompón m
pomposity n, pl **-ties** : pomposidad f
pompous adj : pomposo —
  pompously adv
poncho n, pl **-chos** : poncho m
pond n : charca f : estanque m
ponder v : reflexionar : considerar
  to ponder over : reflexionar sobre
  : sopesar
ponderous adj : pesado
pontiff n : pontífice m
pontificate v **-cated; -cating**
  : pontificar
pontoon n : pontón m
pony n, pl **-nies** : poni m : poney
  m : jaca f
ponytail n : cola f de caballo
  : coleta f
poodle n : caniche m
pool[1] v : mancomunar : hacer un
  fondo común de : encharcarse
pool[2] n : charca f : charco m : fondo
  m común : reserva f : billar m
poop[1] v : hacerse caca
poop[2] n : caca f
poor adj : pobre : escaso : malo
poorly adv : mal
pop[1] v **popped; popping**
  : reventarse : estallar : saltar : ir,
  venir, o aparecer abruptamente
  : reventar : sacar o meter
  abruptamente
pop[2] adj : popular
pop[3] n : estallido m pequeño
  : refresco m : gaseosa f
popcorn n : palomitas fpl
pope n : papa m

poplar n : álamo m
poplin n : popelín m : popelina f
poppy n, pl **-pies** : amapola f
populace n : pueblo m : población f
popular adj : popular
  : generalizado : común : de gran
  popularidad
popularity n : popularidad f
popularize v **-ized; -izing**
  : popularizar
popularly adv : popularmente
  : vulgarmente
populate v **-lated; -lating** : poblar
population n : población f
populist n : populista mf —
  populist adj
populous adj : populoso
pop-up n : ventana f emergente
porcelain n : porcelana f
porch n : porche m
porcupine n : puerco m espín
pore[1] v **pored; poring** : mirar
pore[2] n : poro m
pork n : carne f de cerdo : carne f
  de puerco
pornographic adj : pornográfico
pornography n : pornografía f
porous adj : poroso
porpoise n : marsopa f : delfín m
porridge n : sopa f espesa de
  harina : gachas fpl
port[1] adj : de babor
port[2] n : puerto m : orificio m
  : portilla f : oporto m
portable adj : portátil
portal n : portal m
portend v : presagiar : augurar
portent n : presagio m : augurio m
portentous adj : profético : que
  presagia
porter n : maletero m : mozo m
portfolio n, pl **-lios** : cartera f
  : carpeta f
porthole n : portilla f : ventanilla f
portico n, pl **-coes** or **-cos** : pórtico m
portion[1] v : repartir
portion[2] n : porción f : parte f
portly adj **portlier; -est**
  : corpulento
portrait n : retrato m
portray v : representar : retratar
  : describir : interpretar
portrayal n : representación f
  : retrato m

Portuguese[1] *adj* : portugués
Portuguese[2] *n* : portugués *m*
pose[1] *v* **posed; posing** : plantear
: representar : posar
pose[2] *n* : pose *f* : afectación *f*
posh *adj* : elegante : de lujo
position[1] *v* : colocar : situar : ubicar
position[2] *n* : posición *f* : ubicación
f : postura *f* : planteamiento *m*
: puesto *m* : situación *f*
positive *adj* : incuestionable
: inequívoco : seguro : positivo
: afirmativo
positively *adv* : favorablemente
: positivamente : definitivamente
: en forma concluyente : realmente
: verdaderamente
posse *n* : partida *f* : patrulla *f*
: grupo *m* de amigos/seguidores
: grupo *m*
possess *v* : poseer : tener
: apoderarse de
possession *n* : posesión *f*;
possessions *npl* : bienes *mpl*
: propiedad *f*
possessive[1] *adj* : posesivo : celoso
possessive[2] *n or* **possessive case**
: posesivo *m*
possessor *n* : poseedor *m*, -dora *f*
possibility *n, pl* **-ties** : posibilidad *f*
possible *adj* : posible
possibly *adv* : posiblemente
: quizás
possum → **opossum**
post[1] *v* : echar al correo : mandar
por correo : postear : publicar en
la red : anunciar : fijar : poner
: apostar
post[2] *n* : poste *m* : palo *m* : puesto
m : empleo *m* : cargo *m* : post *m*
: posteo *m* : mensaje *m* en internet
post- *pref* : pos- : post-
postage *n* : franqueo *m*
postage stamp → **stamp**[2]
postal *adj* : postal
postcard *n* : postal *f* : tarjeta *f*
postal
postdate *v* **-dated; -dating**
: posfechar
poster *n* : póster *m* : cartel *m*
: afiche *m*
posterior[1] *adj* : posterior
posterior[2] *n* : trasero *m* : nalgas *fpl*
: asentaderas *fpl*

posterity *n* : posteridad *f*
postgraduate[1] *adj* : de postgrado
postgraduate[2] *n* : postgraduado
m, -da *f*
posthaste *adv* : a toda prisa
posthumous *adj* : póstumo —
posthumously *adv*
postman *n, pl* **-men** → **mailman**
postmark[1] *v* : matasellar
postmark[2] *n* : matasellos *m*
postmaster *n* : administrador *m*,
-dora *f* de correos
postmodern *adj* : posmoderno
postmortem *n* : autopsia *f*
postnatal *adj* : postnatal
postnatal depression →
postpartum depression
post office *n* : correo *m* : oficina *f*
de correos
post office box → **P.O. Box**
postoperative *adj* : posoperatorio
postpaid *adv* : con franqueo
pagado
postpartum depression *n*
: depresión *f* posparto
postpone *v* **-poned; -poning**
: postergar : aplazar : posponer
postponement *n* : postergación *f*
: aplazamiento *m*
postscript *n* : postdata *f* : posdata *f*
postulate *v* **-lated; -lating**
: postular
posture[1] *v* **-tured; -turing** : posar
: asumir una pose
posture[2] *n* : postura *f*
postwar *adj* : de posguerra
posy *n, pl* **-sies** : flor *f* : ramo *m*
: ramillete *m*
pot[1] *v* **potted; potting** : plantar
pot[2] *n* : olla *f*
potable *adj* : potable
potash *n* : potasa *f*
potassium *n* : potasio *m*
potato *n, pl* **-toes** : papa *f* : patata *f*
potato chips *npl* : papas *fpl* fritas
potbellied *adj* : panzón : barrigón
potbelly *n* : panza *f* : barriga *f*
potency *n, pl* **-cies** : fuerza *f*
: potencia *f* : eficacia *f*
potent *adj* : potente : poderoso
: eficaz
potential[1] *adj* : potencial : posible
potential[2] *n* : potencial *m* —
potentially *adv*

potful n : contenido m de una olla
pothole n : bache m
potion n : brebaje m : poción f
potluck n **to take potluck** : tomar lo que haya
potpourri n : popurrí m
potshot n : tiro m al azar : crítica f
potter[1] n : alfarero m, -ra f
potter[2] → **putter**
pottery n, pl **-teries** : cerámica f
potty n : bacinica f
pouch n : bolsa f pequeña : bolsa f
poultice n : emplasto m : cataplasma f
poultry n : aves fpl de corral
pounce v **pounced; pouncing** : abalanzarse
pound[1] v : machacar : machucar : majar : golpear : palpitar : retumbar : resonar : andar con paso pesado
pound[2] n : libra f
pour v : echar : verter : servir : proveer con abundancia : manar : fluir : salir
pout[1] v : hacer pucheros
pout[2] n : puchero m
poverty n : pobreza f : indigencia f
poverty–stricken adj : necesitado : paupérrimo
powder[1] v : empolvar : pulverizar
powder[2] n : polvo m : polvos mpl
powdery adj : polvoriento : como polvo
power[1] v : impulsar : propulsar
power[2] n : poder m : autoridad f : capacidad f : potencia f : fuerza f : electricidad f : luz f
powerful adj : poderoso : potente — **powerfully** adv
powerhouse n : persona f dinámica
powerless adj : impotente
powerlessness n : impotencia f
power plant n : central f eléctrica
powwow n : conferencia f
pox n, pl **pox** or **poxes** : varicela f : sífilis f
PR → **public relations**
practicable adj : practicable : viable : factible
practical adj : práctico
practicality n, pl **-ties** : factibilidad f : viabilidad f
practical joke n : broma f

practically adv : de manera práctica : casi : prácticamente
practice[1] or **practise** v **-ticed** or **-tised; -ticing** or **-tising** : practicar : ensayar : entrenar : ejercer
practice[2] n : práctica f : costumbre f : ejercicio m
practitioner n : profesional mf
pragmatic adj : pragmático — **pragmatically** adv
pragmatism n : pragmatismo
prairie n : pradera f : llanura f
praise[1] v **praised; praising** : elogiar : alabar
praise[2] n : elogio m : alabanza f
praiseworthy adj : digno de alabanza : loable
prance[1] v **pranced; prancing** : hacer cabriolas : cabriolar : pavonearse
prance[2] n : cabriola f
prank n : broma f : travesura f
prankster n : bromista mf
prattle[1] v **-tled; -tling** : parlotear : cotorrear : balbucear
prattle[2] n : parloteo m : cotorreo m : cháchara f
prawn n : langostino m : camarón m : gamba f
pray v : rogar : suplicar : rezar
prayer n : plegaria f : oración f : rezo m
praying mantis → **mantis**
pre- pref : antes de : con antelación
preach v : predicar : abogar por
preacher n : predicador m, -dora f : pastor m, -tora f
preamble n : preámbulo m
prearrange v **-ranged; -ranging** : arreglar de antemano
precarious adj : precario — **precariously** adv
precariousness n : precariedad f
precaution n : precaución f
precautionary adj : preventivo : cautelar : precautorio
precede v **-ceded; -ceding** : preceder a
precedence n : precedencia f
precedent n : precedente m
precept n : precepto m
precinct n : distrito m; **precincts** npl : recinto m : predio m : límites mpl

precious adj : precioso : querido
: afectado
precipice n : precipicio m
precipitate v -tated; -tating
: precipitar : provocar : arrojar
: precipitarse : condensarse
precipitation n : precipitación f
: prisa f : precipitaciones fpl
precipitous adj : precipitado
: escarpado : empinado
précis n, pl **précis** : resumen m
precise adj : preciso : explícito
: exacto — **precisely** adv
preciseness n : precisión f
: exactitud f
precision n : precisión f
preclude v -cluded; -cluding
: evitar : impedir : excluir
precocious adj : precoz —
precociously adv
precocity n : precocidad f
preconceived adj : preconcebido
preconception n : idea f preconcebida
precondition n : precondición f
: condición f previa
precook v : precocinar
precursor n : precursor m, -sora f
predator n : depredador m, -dora f
predatory adj : depredador
predecessor n : antecesor m, -sora
f : predecesor m
predestination n : predestinación f
predestine v -tined; -tining
: predestinar
predetermine v -mined; -mining
: predeterminar
predicament n : apuro m : aprieto m
predicate[1] v -cated; -cating
: afirmar : aseverar
predicate[2] n : predicado m
predict v : pronosticar : predecir
predictable adj : previsible —
predictably adv
prediction n : pronóstico m
: predicción f
predilection n : predilección f
predispose v -posed; -posing
: predisponer
predisposition n : predisposición f
predominance n : predominio m
predominant adj : predominante
— **predominantly** adv
predominate v -nated; -nating
: predominar : prevalecer

preeminence n : preeminencia f
preeminent adj : preeminente
preeminently adv : especialmente
preempt v : apoderarse de
: apropiarse de : reemplazar
: adelantarse a
preemptive adj : preventivo
preen v : arreglarse
prefabricated adj : prefabricado
preface n : prefacio m : prólogo m
prefatory adj : preliminar
prefect n : prefecto m : monitor m,
-tora f
prefer v -ferred; -ferring : preferir
preferable adj : preferible
preferably adv : preferentemente
: de preferencia
preference n : preferencia f : gusto m
preferential adj : preferencial
: preferente
prefigure v -ured; -uring
: prefigurar : anunciar
prefix n : prefijo m
pregnancy n, pl -cies : embarazo
m : preñez f
pregnant adj : embarazada
: preñada : significativo
preheat v : precalentar
prehensile adj : prensil
prehistoric or **prehistorical** adj
: prehistórico
prejudge v -judged; -judging
: prejuzgar
prejudice[1] v -diced; -dicing
: perjudicar : predisponer : influir en
prejudice[2] n : perjuicio m : prejuicio m
prelate n : prelado m
preliminary[1] adj : preliminar
preliminary[2] n, pl -naries
: preámbulo m : preludio m;
preliminaries npl : preliminares mpl
prelude n : preludio m
premarital adj : prematrimonial
premature adj : prematuro —
prematurely adv
premeditate v -tated; -tating
: premeditar
premeditation n : premeditación f
premenstrual adj : premenstrual
premenstrual syndrome n
: síndrome m premenstrual : SPM m
premier[1] adj : principal
premier[2] n : primer ministro m
: primera ministra f

premiere[1] *v* **-miered; -miering** : estrenar

premiere[2] *n* : estreno *m*

premise *n* : premisa *f*; **premises** *npl* : recinto *m* : local *m*

premium *n* : prima *f* : recargo *m*

premonition *n* : presentimiento *m* : premonición *f*

prenatal *adj* : prenatal

preoccupation *n* : preocupación *f*

preoccupied *adj* : abstraído : ensimismado : preocupado

preoccupy *v* **-pied; -pying** : preocupar

preparation *n* : preparación *f* : preparado *m*; **preparations** *npl* : preparativos *mpl*

preparatory *adj* : preparatorio

preparatory school → **prep school**

prepare *v* **-pared; -paring** : preparar : prepararse

prepay *v* **-paid; -paying** : pagar por adelantado

preponderance *n* : preponderancia *f*

preponderant *adj* : preponderante — **preponderantly** *adv*

preposition *n* : preposición *f*

prepositional *adj* : preposicional

prepossessing *adj* : atractivo : agradable

preposterous *adj* : absurdo : ridículo

prep school *n* : escuela *f* secundaria privada

prerecorded *adj* : pregrabado

prerequisite[1] *adj* : necesario : esencial

prerequisite[2] *n* : condición *f* necesaria : requisito *m* previo

prerogative *n* : prerrogativa *f*

presage *v* **-saged; -saging** : presagiar

preschool *adj* : preescolar

preschooler *n* : párvulo *m*, -la *f* : estudiante *mf* de preescolar

prescient *adj* : profético

prescribe *v* **-scribed; -scribing** : prescribir : ordenar : recetar

prescription *n* : receta *f*

presence *n* : presencia *f*

presence of mind *n* : aplomo *m*

present[1] *v* : presentar : entregar : regalar : obsequiar : ofrecer

present[2] *adj* : actual : presente

present[3] *n* : regalo *m* : obsequio *m* : presente *m*

presentable *adj* : presentable

presentation *n* : presentación *f*

present–day *adj* : actual : de hoy en día

presenter *n* : presentador *m*, -dora *f*

presentiment *n* : presentimiento *m* : premonición *f*

presently *adv* : pronto : dentro de poco : actualmente : ahora

present participle *n* : participio *m* presente : participio *m* activo

preservation *n* : conservación *f* : preservación *f*

preservative *n* : conservante *m*

preserve[1] *v* **-served; -serving** : proteger : preservar : conservar : mantener

preserve[2] *n* : coto *n*; *or* **preserves** *npl* : conserva *f*

presidency *n*, *pl* **-cies** : presidencia *f*

president *n* : presidente *m*, -ta *f*

presidential *adj* : presidencial

press[1] *v* : apretar : prensar : planchar : instar : apremiar : recalcar : imponer : apiñarse : abrirse paso : presionar

press[2] *n* : multitud *f* : imprenta *f* : prensa *f* : urgencia *f* : prisa *f* : editorial *f*

press conference *n* : conferencia *f* de prensa : rueda *f* de prensa

pressing *adj* : urgente

press release *n* : boletín *m* de prensa

pressure[1] *v* **-sured; -suring** : presionar : apremiar

pressure[2] *n* : presión *f*

pressure cooker *n* : olla *f* a presión

pressure group *n* : grupo *m* de presión

pressurize *v* **-ized; -izing** : presurizar

prestige *n* : prestigio *m*

prestigious *adj* : prestigioso

presto *adv* : de pronto

presumably *adv* : es de suponer : supuestamente

presume *v* **-sumed; -suming** : suponer : asumir : presumir

presumption *n* : atrevimiento *m* : osadía *f* : presunción *f* : suposición *f*

presumptuous *adj* : descarado : atrevido

presuppose *v* **-posed; -posing** : presuponer

preteen *n* : preadolescente *nmf*

pretend *v* : pretender : fingir : simular

pretender *n* : pretendiente *mf*

pretense *or* **pretence** *n* : afirmación *f* : pretensión *f* : fingimiento *m* : simulación *f* : pretexto *m*

pretension *n* : pretensión *f* : afirmación *f* : aspiración *f* : ambición *f* : pretensiones *fpl* : presunción *f*

pretentious *adj* : pretencioso

pretentiousness *n* : presunción *f* : pretensiones *fpl*

preterit *nm* : pretérito *m*

pretext *n* : pretexto *m* : excusa *f*

prettily *adv* : atractivamente

prettiness *n* : lindeza *f*

pretty[1] *adv* : bastante : bien

pretty[2] *adj* **prettier; -est** : bonito : lindo : guapo

pretzel *n* : galleta *f* salada

prevail *v* : prevalecer : predominar

prevailing *adj* : imperante : prevaleciente

prevalence *n* : preponderancia *f* : predominio *m*

prevalent *adj* : común y corriente : general : extendido

prevaricate *v* **-cated; -cating** : mentir

prevarication *n* : mentira *f*

prevent *v* : prevenir : evitar : impedir

preventable *adj* : evitable

preventative → **preventive**

prevention *n* : prevención *f*

preventive *adj* : preventivo

preview *n* : preestreno *m*

previous *adj* : previo : anterior

previously *adv* : antes

prewar *adj* : de antes de la guerra

prey *n, pl* **preys** : presa *f*

prey on *v* : cazar : alimentarse de

price[1] *v* **priced; pricing** : poner un precio a

price[2] *n* : precio *m*

priceless *adj* : inestimable : inapreciable

pricey *adj* : caro

prick[1] *v* : pinchar

prick[2] *n* : pinchazo *m*

pricker *n* : espina *f*

prickle[1] *v* **-led; -ling** : sentir un cosquilleo : tener un hormigueo

prickle[2] *n* : espina *f* : cosquilleo *m* : hormigueo *m*

prickly *adj* : espinoso : que pica

prickly pear *n* : nopal *m* : tuna *f* : higo *m* chumbo

pride[1] *v* **prided; priding** : estar orgulloso de

pride[2] *n* : orgullo *m*

priest *n* : sacerdote *m* : cura *m*

priestess *n* : sacerdotisa *f*

priesthood *n* : sacerdocio *m*

priestly *adj* : sacerdotal

prig *n* : mojigato *m*, -ta *f* : gazmoño *m*, -ña *f*

prim *adj* **primmer; primmest** : remilgado : mojigato : gazmoño

prima ballerina *n* : prima bailarina *f*

prima donna *n* : divo *m* : diva *f*

primarily *adv* : principalmente : fundamentalmente

primary[1] *adj* : primario : principal : fundamental

primary[2] *n, pl* **-ries** : elección *f* primaria

primary color *n* : color *m* primario

primate *n* : primado *m* : primate *m*

prime[1] *v* **primed; priming** : cebar : preparar

prime[2] *adj* : principal : primero : de primera : excelente

prime[3] *n* **the prime of one's life** : la flor de la vida

prime minister *n* : primer ministro *m* : primera ministra *f*

prime number *n* : número *m* primo

primer[1] *n* : cartilla *f* : manual *m*

primer[2] *n* : cebo *m* : base *f*

prime time *n* : horas *fpl* de mayor audiencia

primeval *adj* : primitivo : primigenio

primitive *adj* : primitivo

primly *adv* : mojigatamente

primness *n* : mojigatería *f* : gazmoñería *f*

primordial *adj* : primordial
: fundamental
primp *v* : arreglarse : acicalarse
primrose *n* : primavera *f* : prímula *f*
prince *n* : príncipe *m*
princely *adj* : principesco
princess *n* : princesa *f*
principal[1] *adj* : principal —
principally *adv*
principal[2] *n* : protagonista *mf*
: director *m*, -tora *f* : principal *m*
: capital *m*
principality *n, pl* -**ties** : principado *m*
principle *n* : principio *m*
print[1] *v* : imprimir : publicar
: estampar : escribir con letra de
molde/imprenta
print[2] *n* : marca *f* : huella *f*
: impresión *f* : texto *m* impreso
: letra *f* : grabado *m* : copia *f*
: estampado *m*
printer *n* : impresor *m*, -sora *f*
: impresora *f*
printing *n* : impresión *f* : imprenta *f*
: letras *fpl* de molde
printing press *n* : prensa *f*
print out *v* : imprimir
printout *n* : copia *f* impresa
prior[1] *adj* : previo
prior[2] *n* : prior *m*
prioress *n* : priora *f*
priority *n, pl* -**ties** : prioridad *f*
priory *n, pl* -**ries** : priorato *m*
prism *n* : prisma *m*
prison *n* : prisión *f* : cárcel *f*
prisoner *n* : preso *m*, -sa *f* : recluso *m*
prison warden → **warden**
prissy *adj* **prissier; -est** : remilgado
: melindroso
pristine *adj* : puro : prístino
privacy *n, pl* -**cies** : privacidad *f*
private[1] *adj* : privado : particular
: independiente : secreto : aislado
: reservado — **privately** *adv*
private[2] *n* : soldado *m* raso
private detective → **private
investigator**
private enterprise → **free
enterprise**
private eye → **private investigator**
private investigator *n*
: investigador *m* privado
: investigadora *f* privada : detective
m privado : detective *f* privada

private school *n* : escuela *f* privada
privation *n* : privación *f*
privatize *v* -**ized; -izing** : privatizar
privilege *n* : privilegio *m*
privileged *adj* : privilegiado
privy[1] *adj* **to be privy to** : estar
enterado de
privy[2] *n, pl* **privies** : excusado *m*
: retrete *m*
prize[1] *v* **prized; prizing** : valorar
: apreciar
prize[2] *adj* : premiado : de primera
: excepcional
prize[3] *n* : premio *m* : joya *f* : tesoro *m*
prizefighter *n* : boxeador *m*, -dora *f*
profesional
prizewinner *n* : premiado *m*, -da *f*
prizewinning *adj* : premiado
: galardonado
pro[1] *adv* : a favor
pro[2] *adj* → **professional**[1]
pro[3] *n* : pro *m*
pro- *pref* : pro-
probability *n, pl* -**ties** : probabilidad
f
probable *adj* : probable —
probably *adv*
probate[1] *v* -**bated; -bating**
: autenticar
probate[2] *n* : autenticación *f*
probation *n* : período *m* de prueba
: libertad *f* condicional
probationary *adj* : de prueba
probe[1] *v* **probed; probing** : sondar
: investigar : sondear
probe[2] *n* : sonda *f* : investigación *f*
: sondeo *m*
probity *n* : probidad *f*
problem[1] *adj* : difícil
problem[2] *n* : problema *m*
problematic *or* **problematical** *adj*
: problemático
proboscis *n, pl* -**cises** *also* -**cides**
: trompa *f* : probóscide *f*
procedural *adj* : de procedimiento
procedure *n* : procedimiento *m*
proceed *v* : proceder : continuar
: proseguir : seguir : avanzar
proceeding *n* : procedimiento
m; **proceedings** *npl*
: acontecimientos *mpl*;
proceedings *npl* : actas *fpl*
proceeds *npl* : ganancias *fpl*
process[1] *v* : procesar : tratar

process[2] *n, pl* **-cesses** : proceso
m : método *m* : acción *f* judicial
: citación *f* : protuberancia *f*
processing *n* : procesamiento *m*
procession *n* : procesión *f* : desfile *m*
processional *n* : himno *m* para una
procesión
processor *n* : procesador *m*
proclaim *v* : proclamar
proclamation *n* : proclamación *f*
proclivity *n, pl* **-ties** : proclividad *f*
procrastinate *v* **-nated;
-nating** : demorar : aplazar las
responsabilidades
procrastination *n* : aplazamiento *m*
: demora *f* : dilación *f*
procreate *v* **-ated; -ating** : procrear
procreation *n* : procreación *f*
proctor[1] *v* : supervisar
proctor[2] *n* : supervisor *m*, -sora *f*
procure *v* **-cured; -curing**
: procurar : obtener : provocar
: lograr : conseguir
procurement *n* : obtención *f*
prod[1] *v* **prodded; prodding**
: pinchar : golpear : incitar
: estimular
prod[2] *n* : golpe *m* : pinchazo *m*
: estímulo *m*
prodigal[1] *adj* : pródigo
: despilfarrador : derrochador
prodigal[2] *n* : pródigo *m*, -ga *f*
: derrochador *m*, -dora *f*
prodigious *adj* : prodigioso
: maravilloso : enorme : vasto —
prodigiously *adv*
prodigy *n, pl* **-gies** : prodigio *m*
produce[1] *v* **-duced; -ducing**
: presentar : mostrar : producir
: causar : poner en escena
produce[2] *n* : productos *mpl*
agrícolas
producer *n* : productor *m*, -tora *f*
product *n* : producto *m*
production *n* : producción *f*
productive *adj* : productivo
productivity *n* : productividad *f*
profane[1] *v* **-faned; -faning**
: profanar
profane[2] *adj* : profano : irreverente
: impío
profanity *n, pl* **-ties** : irreverencia
f : impiedad *f* : blasfemias *fpl*
: obscenidades *fpl*

profess *v* : declarar : manifestar
: pretender : profesar
professedly *adv* : declaradamente
: supuestamente
profession *n* : profesión *f*
professional[1] *adj* : profesional —
professionally *adv*
professional[2] *n* : profesional *mf*
professionalism *n*
: profesionalismo *m*
professor *n* : profesor *m*
: profesora *f* : catedrático *m*, -ca *f*
professorship *n* : cátedra *f*
proffer *v* **-fered; -fering** : ofrecer
: dar
proficiency *n* : competencia *f*
: capacidad *f*
proficient *adj* : competente
: experto — **proficiently** *adv*
profile *n* : perfil *m*
profit[1] *v* : sacar provecho
: beneficiarse
profit[2] *n* : provecho *m* : partido *m*
: beneficio *m* : utilidad *f* : ganancia *f*
profitability *n* : rentabilidad *f*
profitable *adj* : rentable : lucrativo
— **profitably** *adv*
profitless *adj* : infructuoso : inútil
profligate *adj* : disoluto : licencioso
: despilfarrador : derrochador
: pródigo
profound *adj* : profundo
profoundly *adv* : profundamente
: en profundidad
profundity *n, pl* **-ties** : profundidad *f*
profuse *adj* : profuso : copioso
: pródigo — **profusely** *adv*
profusion *n* : abundancia *f*
: profusión *f*
progenitor *n* : progenitor *m*, -tora *f*
progeny *n, pl* **-nies** : progenie *f*
progesterone *n* : progesterona *f*
prognosis *n, pl* **-noses** : pronóstico
m
program[1] *v* **-grammed** *or* **-gramed;
-gramming** *or* **-graming**
: programar
program[2] *n* : programa *m*
programmable *adj* : programable
programmer *n* : programador *m*,
-dora *f*
programming *n* : programación *f*
progress[1] *v* : progresar : adelantar
: mejorar

progress[2] n : progreso m
: adelanto m : avance m : mejora f
: mejoramiento m
progression n : avance m
: desarrollo m
progressive adj : progresista
: progresivo
progressively adv
: progresivamente : poco a poco
prohibit v : prohibir
prohibition n : prohibición f
prohibitive adj : prohibitivo
project[1] v : proyectar : planear
: sobresalir : salir
project[2] n : proyecto m : trabajo m
projectile n : proyectil m
projection n : plan m : proyección f
: saliente m
projectionist n : proyeccionista mf
: operador m, -dora f
projector n : proyector m
proletarian[1] adj : proletario
proletarian[2] n : proletario m, -ria f
proletariat n : proletariado m
proliferate v -ated; -ating
: proliferar
proliferation n : proliferación f
prolific adj : prolífico
prologue n : prólogo m
prolong v : prolongar
prolongation n : prolongación f
prom n : baile m formal
promenade[1] v -naded; -nading
: pasear : pasearse : dar un paseo
promenade[2] n : paseo m
prominence n : prominencia f
: eminencia f : prestigio m
prominent adj : prominente
: destacado : saliente
prominently adv : destacadamente
: prominentemente
promiscuity n, pl -ties
: promiscuidad f
promiscuous adj : promiscuo —
promiscuously adv
promise[1] v -ised; -ising : prometer
promise[2] n : promesa f
promising adj : prometedor
promissory adj : que promete
promontory n, pl -ries
: promontorio m
promote v -moted; -moting
: ascender : promocionar : hacerle
publicidad a : promover : fomentar

promoter n : promotor m, -tora f
: empresario m, -ria f
promotion n : ascenso m
: promoción f : fomento m
: publicidad f : propaganda f
promotional adj : promocional
prompt[1] v : provocar : inducir
: apuntar
prompt[2] adj : pronto : rápido
prompter n : apuntador m, -dora f
promptly adv : inmediatamente
: rápidamente
promptness n : prontitud f : rapidez f
promulgate v -gated; -gating
: promulgar
prone adj : propenso : proclive
: boca abajo : decúbito prono
prong n : punta f : diente m
pronoun n : pronombre m
pronounce v -nounced;
-nouncing : pronunciar : declarar
pronounced adj : pronunciado
: marcado
pronouncement n : declaración f
pronunciation n : pronunciación f
proof[1] adj : a prueba
proof[2] n : prueba f
proofread v -read; -reading
: corregir : corregir pruebas
proofreader n : corrector m, -tora f
prop n : puntal m : apoyo m
: soporte m : accesorio m
propaganda n : propaganda f
propagandize v -dized; -dizing
: someter a propaganda : hacer
propaganda
propagate v -gated; -gating
: propagarse : propagar
propagation n : propagación f
propane n : propano m
propel v -pelled; -pelling
: impulsar : propulsar : impeler
propellant or **propellent** n
: propulsor m
propeller n : hélice f
propensity n, pl -ties : propensión f
: tendencia f : inclinación f
proper adj : apropiado : adecuado
: propio : mismo : correcto : fino
: refinado : cortés — **properly** adv
proper noun or **proper name** n
: nombre m propio
property n, pl -ties : característica
f : propiedad f : inmueble m

: terreno *m* : lote *m* : parcela *f*
: accesorio *m*
prophecy *n, pl* **-cies** : profecía *f*
: vaticinio *m*
prophesy *v* **-sied; -sying**
: profetizar : predecir : vaticinar
: hacer profecías
prophet *n* : profeta *m*
prophetic *or* **prophetical** *adj*
: profético — **prophetically** *adv*
propitiate *v* **-ated; -ating** : propiciar
propitious *adj* : propicio
proponent *n* : defensor *m*, -sora *f*
: partidario *m*, -ria *f*
proportion[1] *v* : proporcionar
proportion[2] *n* : proporción *f*
: simetría *f* : parte *f*; **proportions**
npl : dimensiones *fpl*
proportional *adj* : proporcional —
proportionally *adv*
proportionate *adj* : proporcional —
proportionately *adv*
proposal *n* : propuesta *f*
: proposición *f* : proyecto *m*
propose *v* **-posed; -posing**
: proponer matrimonio : pensar
: proponerse : proponer
proposition *n* : proposición *f*
: propuesta *f*
propound *v* : proponer : exponer
proprietary *adj* : propietario
: patentado
proprietor *n* : propietario *m*, -ria *f*
propriety *n, pl* **-eties** : decencia
f : decoro *m*; **proprieties** *npl*
: convenciones *fpl* : cánones *mpl*
sociales
propulsion *n* : propulsión *f*
prosaic *adj* : prosaico
proscribe *v* **-scribed; -scribing**
: proscribir
prose *n* : prosa *f*
prosecute *v* **-cuted; -cuting** : llevar
a cabo : procesar : enjuiciar
prosecution *n* : procesamiento *m*
: acusación *f*
prosecutor *n* : acusador *m*, -dora *f*
: fiscal *mf*
prospect[1] *v* : prospectar
prospect[2] *n* : vista *f* : panorama
m : posibilidad *f* : perspectiva *f*
: candidato *m*, -ta *f*
prospective *adj* : futuro : potencial
: posible

prospector *n* : prospector *m*, -tora *f*
: explorador *m*, -dora *f*
prospectus *n* : prospecto *m*
prosper *v* : prosperar
prosperity *n* : prosperidad *f*
prosperous *adj* : próspero
prostate *n* : próstata *f*
prosthesis *n, pl* **-theses** : prótesis *f*
prostitute[1] *v* **-tuted; -tuting**
: prostituir
prostitute[2] *n* : prostituto *m*, -ta *f*
prostitution *n* : prostitución *f*
prostrate[1] *v* **-trated; -trating**
: postrar
prostrate[2] *adj* : postrado
prostration *n* : postración *f*
protagonist *n* : protagonista *mf*
protect *v* : proteger
protection *n* : protección *f*
protective *adj* : protector
protector *n* : protector *m*, -tora *f*
protectorate *n* : protectorado *m*
protégé *n* : protegido *m*, -da *f*
protein *n* : proteína *f*
protest[1] *v* : afirmar : declarar
: protestar **to protest against**
: protestar contra
protest[2] *n* : manifestación *f* : queja
f : protesta *f*
Protestant *n* : protestante *mf*
Protestantism *n* : protestantismo *m*
protester *n* : manifestante *mf*
protocol *n* : protocolo *m*
proton *n* : protón *m*
protoplasm *n* : protoplasma *m*
prototype *n* : prototipo *m*
protract *v* : prolongar
protractor *n* : transportador *m*
protrude *v* **-truded; -truding** : salir
: sobresalir
protrusion *n* : protuberancia *f*
: saliente *m*
protuberance *n* : protuberancia *f*
proud *adj* : altanero : orgulloso
: arrogante : glorioso — **proudly**
adv
provable *adj* : comprobable
prove *v* **proved; proved** *or* **proven;**
proving : probar : demostrar
: resultar
Provençal *n* : provenzal *mf*
: provenzal *m* — **Provençal** *adj*
proverb *n* : proverbio *m* : refrán *m*
proverbial *adj* : proverbial

provide v **-vided; -viding**
: estipular : proveer
provided or **provided that** conj
: con tal que : siempre que
providence n : previsión f
: prudencia f
provident adj : previsor : prudente
: frugal : ahorrativo
providential adj : providencial
provider n : proveedor m, -dora f
: sostén m
providing that → **provided**
province n : provincia f : campo m
: competencia f
provincial adj : provincial
: provinciano : pueblerino
provision¹ v : aprovisionar
: abastecer
provision² n : provisión f
: suministro m : condición f
: salvedad f : estipulación f;
provisions npl : despensa f
: víveres mpl : provisiones fpl
provisional adj : provisional
: provisorio — **provisionally** adv
proviso n, pl **-sos** or **-soes**
: condición f : salvedad f
: estipulación f
provocation n : provocación f
provocative adj : provocador
: provocativo : insinuante : que
hace pensar
provoke v **-voked; -voking**
: provocar
prow n : proa f
prowess n : valor m : valentía f
: habilidad f : destreza f
prowl v : merodear : rondar
: rondar por
prowler n : merodeador m, -dora f
proximity n : proximidad f
proxy n, pl **proxies** : poder
m : apoderado m, -da f
: representante mf
prude n : mojigato m, -ta f
: gazmoño m, -ña f
prudence n : prudencia f
: sagacidad f : cautela f
: frugalidad f
prudent adj : prudente : sagaz
: previsor : precavido : frugal
: ahorrativo — **prudently** adv
prudery n, pl **-eries** : mojigatería f
: gazmoñería f

prudish adj : mojigato : gazmoño
prune¹ v **pruned; pruning** : podar
: acortar : recortar
prune² n : ciruela f pasa
prurient adj : lascivo
pry v **pried; prying** : curiosear
: huronear; or **to pry open** : abrir
: apalancar
psalm n : salmo m
pseudonym n : seudónimo m
psoriasis n : soriasis f : psoriasis f
psyche n : psique f : psiquis f
psychedelic¹ adj : psicodélico
psychedelic² n : droga f psicodélica
psychiatric adj : psiquiátrico
: siquiátrico
psychiatrist n : psiquiatra mf
: siquiatra mf
psychiatry n : psiquiatría f
: siquiatría f
psychic¹ adj : psíquico : síquico
: clarividente
psychic² n : vidente mf
: clarividente mf
psychoanalysis n, pl **-yses**
: psicoanálisis m : sicoanálisis m
psychoanalyst n : psicoanalista mf
: sicoanalista mf
psychoanalytic adj : psicoanalítico
: sicoanalítico
psychoanalyze v **-lyzed; -lyzing**
: psicoanalizar : sicoanalizar
psychological adj : psicológico
: sicológico — **psychologically**
adv
psychologist n : psicólogo m, -ga f
: sicólogo m
psychology n, pl **-gies** : psicología
f : sicología f
psychopath n : psicópata mf
: sicópata mf
psychopathic adj : psicopático
: sicopático
psychosis n, pl **-choses** : psicosis
f : sicosis f
psychosomatic adj
: psicosomático : sicosomático
psychotherapist n : psicoterapeuta
mf : sicoterapeuta mf
psychotherapy n, pl **-pies**
: psicoterapia f : sicoterapia f
psychotic¹ adj : psicótico : sicótico
psychotic² n : psicótico m, -ca f
: sicótico m

pub n : cervecería f : taberna m : bar m

puberty n : pubertad f

pubic adj : pubiano : púbico

public[1] adj : público — **publicly** adv

public[2] n : público m

publication n : publicación f

publicist n : publicista mf

publicity n : publicidad f

publicize v -cized; -cizing : publicitar

public relations npl : relaciones fpl públicas

public school n : escuela f pública

public–spirited adj : de espíritu cívico

public transit n : transporte m público

publish v : publicar

publisher n : casa f editorial : editor m, -tora f

publishing n : industria f editorial

pucker[1] v : fruncir : arrugar : arrugarse

pucker[2] n : arruga f : fruncido m

pudding n : budín m : pudín m

puddle n : charco m

pudgy adj pudgier; -est : regordete : rechoncho : gordinflón

puerile adj : pueril

Puerto Rican[1] adj : puertorriqueño

Puerto Rican[2] n : puertorriqueño m, -ña f

puff[1] v : soplar : resoplar : jadear : inflar : hinchar

puff[2] n : soplo m : ráfaga f : bocanada f : chupada f : hinchazón f

puff pastry n : hojaldre m

puffy adj puffier; -est : hinchado : inflado : esponjoso : suave

pug n : doguillo m

pugnacious adj : pugnaz : agresivo

pug–nosed adj : de nariz chata

puke v puked; puking : vomitar : devolver

pull[1] v : tirar de : jalar : sacar : extraer : desgarrarse : hacer : tirar

pull[2] n : tirón m : jalón m : atracción f : fuerza f : influencia f : tirador m

pullet n : polla f : gallina f

pulley n, pl -leys : polea f

pullover n : suéter m

pulmonary adj : pulmonar

pulp n : pulpa f : papilla f : pasta f

pulpit n : púlpito m

pulsate v -sated; -sating : latir : palpitar : vibrar

pulsation n : pulsación f

pulse n : pulso m

pulverize v -ized; -izing : pulverizar

puma n : puma m : león m : leona f

pumice n : piedra f pómez

pummel v -meled; -meling : aporrear : apalear

pump[1] v : bombear : mover de arriba abajo

pump[2] n : bomba f : zapato m de tacón

pumpernickel n : pan m negro de centeno

pumpkin n : calabaza f : zapallo m

pun[1] v punned; punning : hacer juegos de palabras

pun[2] n : juego m de palabras : albur m

punch[1] v : darle un puñetazo : golpear : perforar : picar

punch[2] n : perforadora f : golpe m : puñetazo m : ponche m

punch line n : remate m

punctilious adj : puntilloso

punctual adj : puntual

punctuality n : puntualidad f

punctually adv : puntualmente : a tiempo

punctuate v -ated; -ating : puntuar

punctuation n : puntuación f

punctuation mark n : signo m de puntuación

puncture[1] v -tured; -turing : pinchar : punzar : perforar : ponchar

puncture[2] n : pinchazo m : ponchadura f

pundit n : experto m, -ta f

pungency n : acritud f : acrimonia f

pungent adj : acre

punish v : castigar

punishable adj : punible

punishment n : castigo m

punitive adj : punitivo

punk[1] adj : punk

punk[2] n : matón m : maleante mf

punt[1] v : impulsar con una pértiga : despejar

punt[2] *n* : batea *f* : patada *f* de despeje

puny *adj* **punier; -est** : enclenque : endeble

pup *n* : cachorro *m*, -rra *f* : cría *f*

pupa *n*, *pl* **-pae** *or* **-pas** : crisálida *f* : pupa *f*

pupil *n* : alumno *m*, -na *f* : pupila *f*

puppet *n* : títere *m* : marioneta *f*

puppeteer *n* : titiritero *m*, -ra *f*

puppy *n*, *pl* **-pies** : cachorro *m*, -rra *f*

purchase[1] *v* **-chased; -chasing** : comprar — **purchaser** *n*

purchase[2] *n* : compra *f* : adquisición *f* : agarre *m* : asidero *m*

purchase order *n* : orden *f* de compra

pure *adj* **purer; purest** : puro

purebred *adj* : de pura raza

puree[1] *v* **-reed; -reeing** : hacer un puré con

puree[2] *n* : puré *m*

purely *adv* : puramente : completamente : sencillamente : meramente

purgative *n* : purgante *m*

purgatory *n*, *pl* **-ries** : purgatorio *m*

purge[1] *v* **purged; purging** : purgar

purge[2] *n* : purga *f*

purification *n* : purificación *f*

purifier *n* : purificador *m*

purify *v* **-fied; -fying** : purificar

puritan *n* : puritano *m*, -na *f* — **puritan** *adj*

puritanical *adj* : puritano

purity *n* : pureza *f*

purl[1] *v* : tejer al revés : tejer del revés

purl[2] *n* : punto *m* del revés

purloin *v* : hurtar : robar

purple *n* : morado *m* : color *m* púrpura

purport *v* : pretender

purpose *n* : propósito *m* : intención *f* : función *f* : resolución *f* : determinación *f*

purposeful *adj* : determinado : decidido : resuelto

purposefully *adv* : decididamente : resueltamente

purposely *adv* : intencionadamente : a propósito : adrede

purr[1] *v* : ronronear

purr[2] *n* : ronroneo *m*

purse[1] *v* **pursed; pursing** : fruncir

purse[2] *n* : cartera *f* : bolso *m* : bolsa *f* : fondos *mpl* : premio *m*

purser *n* : sobrecargo *mf*

pursue *v* **-sued; -suing** : perseguir : buscar : tratar de encontrar : seguir : dedicarse a

pursuer *n* : perseguidor *m*, -dora *f*

pursuit *n* : persecución *f* : búsqueda *f* : busca *f* : actividad *f* : pasatiempo *m*

purveyor *n* : proveedor *m*, -dora *f*

pus *n* : pus *m*

push[1] *v* : empujar : apretar : pulsar : presionar : recalcar : provocar : fastidiar : hacer cambiar : promocionar : pasar : rayar : rozar : insistir

push[2] *n* : empujón *m* : empuje *m* : energía *f* : dinamismo *m* : esfuerzo *m*

push–button *adj* : de botones

pusher *n* : camello *m*

push–up *n* : flexión *f*

pushy *adj* **pushier; -est** : mandón : prepotente

pussy *n*, *pl* **pussies** : gatito *m*, -ta *f* : minino *m*, -na *f*

pussy willow *n* : sauce *m* blanco

pustule *n* : pústula *f*

put *v* **put; putting** : poner : colocar : meter : imponer : someter : expresar : decir : aplicar : dar : presentar : exponer

putrefy *v* **-fied; -fying** : pudrir : pudrirse

putrid *adj* : putrefacto : pútrido

putter *v* *or* **to putter around** : entretenerse

putty[1] *v* **-tied; -tying** : poner masilla en

putty[2] *n*, *pl* **-ties** : masilla *f*

puzzle[1] *v* **-zled; -zling** : confundir : dejar perplejo

puzzle[2] *n* : rompecabezas *m* : misterio *m* : enigma *m*

puzzlement *n* : desconcierto *m* : perplejidad *f*

puzzling *adj* : desconcertante

pygmy *adj* : enano : pigmeo

Pygmy *n*, *pl* **-mies** : pigmeo *m*, -mea *f*

pylon *n* : torre *f* de conducta eléctrica : pilón *m*

pyramid *n* : pirámide *f*

pyre *n* : pira *f*

pyromania *n* : piromanía *f*

pyromaniac *n* : pirómano *m*, -na *f*

pyrotechnics *npl* : fuegos *mpl* artificiales : espectáculo *m* : muestra *f* de virtuosismo — **pyrotechnic** *adj*

Pyrrhic *adj* : pírrico

python *n* : pitón *f* : serpiente *f* pitón

Q

q *n, pl* **q's** *or* **qs** : decimoséptima letra del alfabeto inglés

quack[1] *v* : graznar

quack[2] *n* : graznido *m* : curandero *m*, -ra *f* : matasanos *m*

quad → **quadrangle**

quadrangle *n* : patio *m* interior

quadrant *n* : cuadrante *m*

quadrilateral *n* : cuadrilátero *m*

quadruple[1] *v* **-pled; -pling** : cuadruplicar : cuadruplicarse

quadruple[2] *adj* : cuádruple

quadruplet *n* : cuatrillizo *m*, -za *f*

quagmire *n* : lodazal *m* : barrizal *m* : atolladero *m*

quail *n, pl* **quail** *or* **quails** : codorniz *f*

quaint *adj* : extraño : curioso : pintoresco — **quaintly** *adv*

quake[1] *v* **quaked; quaking** : temblar

quake[2] *n* : temblor *m* : terremoto *m*

Quaker *n* : cuáquero *m*, -ra *f* — **Quaker** *adj*

qualification *n* : reserva *f* : limitación *f* : requisito *m*; **qualifications** *npl* : aptitud *f* : capacidad *f*

qualified *adj* : capacitado : habilitado : limitado

qualifier *n* : clasificado *m*, -da *f* : calificativo *m*

qualify *v* **-fied; -fying** : matizar : calificar : habilitar : capacitar : obtener el título : recibirse : tener derecho : clasificarse

qualitative *adj* : cualitativo

quality *n, pl* **-ties** : carácter *m* : cualidad *f* : calidad *f*

qualm *n* : duda *f* : aprensión *f* : escrúpulo *m* : reparo *m*

quandary *n, pl* **-ries** : dilema *m*

quantify *v* **-fied; -fying** : cuantificar

quantitative *adj* : cuantitativo

quantity *n, pl* **-ties** : cantidad *f*

quantum[1] *n* : cuanto *m*

quantum[2] *adj* : cuántico

quarantine[1] *v* **-tined; -tining** : poner en cuarentena

quarantine[2] *n* : cuarentena *f*

quarrel[1] *v* **-reled** *or* **-relled; -reling** *or* **-relling** : pelearse : reñir : discutir

quarrel[2] *n* : pelea *f* : riña *f* : disputa *f*

quarrelsome *adj* : pendenciero : discutidor

quarry[1] *v* **quarried; quarrying** : extraer : excavar

quarry[2] *n, pl* **quarries** : cantera *f* : presa *f*

quart *n* : cuarto *m* de galón

quarter[1] *v* : dividir en cuatro partes : alojar : acuartelar

quarter[2] *adj* : cuarto

quarter[3] *n* : cuarta parte *f* : moneda *f* de 25 centavos : cuarto *m* de dólar : barrio *m* : parte *f* : clemencia *f* : cuartel *m*; **quarters** *npl* : alojamiento *m*

quarterback *n* : mariscal *m* de campo

quarterfinal *n* : cuarto *m* de final

quarterly[1] *adv* : cada tres meses : trimestralmente

quarterly[2] *adj* : trimestral

quarterly[3] *n, pl* **-lies** : publicación *f* trimestral

quartermaster *n* : intendente *mf*

quarter note *n* : negra *f*

quartet *n* : cuarteto *m*

quartz *n* : cuarzo *m*

quash *v* : anular : sofocar : aplastar

quasi- *pref* : cuasi-

quaver[1] *v* : temblar : trinar
quaver[2] *n* : temblor *m*
quay *n* : muelle *m*
queasiness *n* : mareo *m* : náusea *f*
queasy *adj* **queasier; -est**
: mareado
quebracho *or* **quebracho tree** *n*
: quebracho *m*
queen *n* : reina *f*
queenly *adj* **queenlier; -est** : de
reina : regio
quell *v* : aplastar : sofocar
quench *v* : apagar : sofocar : saciar
: satisfacer
query[1] *v* **-ried; -rying** : preguntar
: interrogar : cuestionar
query[2] *n, pl* **-ries** : pregunta *f*
: duda *f*
quesadilla *n* : quesadilla *f*
quest[1] *v* : buscar
quest[2] *n* : búsqueda *f*
question[1] *v* : preguntar : poner
en duda : cuestionar : interrogar
: inquirir
question[2] *n* : pregunta *f* : cuestión
f : asunto *m* : problema *f*
: posibilidad *f* : duda *f*
questionable *adj* : cuestionable
questioner *n* : interrogador *m*,
-dora *f*
questioning[1] *adj* : inquisitivo
questioning[2] *n* : interrogatorio *m*
: interrogación *f*
question mark *n* : signo *m* de
interrogación
questionnaire *n* : cuestionario *m*
quetzal *n, pl* **-zals** *or* **-zales**
: quetzal *m*
queue[1] *v* **queued; queuing** *or*
queueing : hacer cola
queue[2] *n* : cola *f* : fila *f*
quibble[1] *v* **-bled; -bling** : quejarse
por nimiedades
quibble[2] *n* : queja *f*
quiche *n* : quiche *f*
quick[1] *adv* : rápidamente
quick[2] *adj* : rápido : listo : vivo
: agudo
quick[3] *n* : carne *f* viva
quicken *v* : resucitar : estimular
: despertar : acelerar
quickly *adv* : rápidamente : rápido
quickness *n* : rapidez *f*
quicksand *n* : arena *f* movediza

quick–tempered *adj* : de genio vivo
quick–witted *adj* : agudo
quid *n* : libra *f*
quiet[1] *v* : hacer callar : acallar
: calmar : tranquilizar **to quiet
down** : calmarse : tranquilizarse
quiet[2] *adv* : silenciosamente
quiet[3] *adj* : silencioso : tranquilo
: callado : sosegado : suave
: discreto : aislado — **quietly** *adv*
quiet[4] *n* : calma *f* : tranquilidad *f*
: silencio *m*
quietness *n* : suavidad *f*
: quietud *f*
quietude *n* : quietud *f* : reposo *m*
quill *n* : púa *f* : pluma *f* de ave
quilt[1] *v* : acolchar
quilt[2] *n* : colcha *f* : edredón *m*
quince *n* : membrillo *m*
quinine *n* : quinina *f*
quintessence *n* : quintaesencia *f*
quintessential *adj* : arquetípico
quintet *n* : quinteto *m*
quintuple *adj* : quíntuplo
quintuplet *n* : quintillizo *m*, -za *f*
quip[1] *v* **quipped; quipping**
: bromear
quip[2] *n* : ocurrencia *f* : salida *f*
quirk *n* : peculiaridad *f* : rareza *f*
quirky *adj* **quirkier; -est** : peculiar
: raro
quit *v* **quit; quitting** : dejar
: abandonar : parar : dimitir
: renunciar
quite *adv* : muy : bastante
: completamente : totalmente
: exactamente
quits *adj* **to call it quits** : quedar
en paz
quitter *n* : derrotista *mf*
quiver[1] *v* : temblar : estremecerse
: vibrar
quiver[2] *n* : carcaj *m* : aljaba *f*
: temblor *m* : estremecimiento *m*
quixotic *adj* : quijotesco
quiz[1] *v* **quizzed; quizzing**
: interrogar : hacerle una prueba a
: examinar
quiz[2] *n, pl* **quizzes** : examen *m*
corto : prueba *f*
quizzical *adj* : curioso : interrogativo
quorum *n* : quórum *m*
quota *n* : cuota *f* : cupo *m*
quotable *adj* : citable

quotation n : cita f : presupuesto m
: estimación f : cotización f
quotation marks npl : comillas fpl
quote[1] v **quoted; quoting** : citar
: cotizar

quote[2] n : presupuesto m; **quotes**
npl → **quotation marks**
quotient n : cociente m
quotidian adj : cotidiano
Quran or **Qur'an** → **Koran**

R

rabbi n : rabino m, -na f
rabbit n, pl **-bit** or **-bits** : conejo
m, -ja f
rabble n : populacho m : chusma f
: gentuza f
rabid adj : rabioso : afectado con la
rabia : furioso : fanático
rabies ns & pl : rabia f
raccoon n, pl **-coon** or **-coons**
: mapache m
race[1] v **raced; racing** : correr
: competir : ir a toda prisa : ir
corriendo
race[2] n : corriente f : carrera f : raza f
race car n : carro/auto/coche m de
carreras
race course n : pista f
racehorse n : caballo m de
carreras
racer n : corredor m, -dora f
racetrack n : pista f
racial adj : racial — **racially** adv
racing n : carreras fpl
racing shell → **shell**[2]
racism n : racismo m
racist n : racista mf
rack[1] v : atormentar
rack[2] n : estante m
racket n : estruendo m : bulla f
: jaleo m : estafa f : timo m
racketeer n : estafador m, -dora f
racy adj **racier; -est** : subido de
tono : picante
radar n : radar m
radial adj : radial
radiance n : resplandor m
radiant adj : radiante — **radiantly**
adv
radiate v **-ated; -ating** : irradiar : emitir
radiation n : radiación f
radiator n : radiador m
radical[1] adj : radical — **radically**
adv

radical[2] n : radical mf
radicalism n : radicalismo m
radii → **radius**
radio[1] v : llamar por radio
: transmitir por radio
radio[2] n, pl **-dios** : radio m : radio f
radioactive adj : radiactivo
: radioactivo
radioactivity n, pl **-ties**
: radiactividad f : radioactividad f
radio-controlled adj : teledirigido
radiologist n : radiólogo m, -ga f
radiology n : radiología f
radio station n : emisora f
radish n : rábano m
radium n : radio m
radius n, pl **radii** : radio m
radon n : radón m
raffle[1] v **-fled; -fling** : rifar : sortear
raffle[2] n : rifa f : sorteo m
raft n : balsa f : montón m
rafter n : par m : viga f
rafting n : rafting m
rag n : trapo m; **rags** npl : harapos
mpl : andrajos mpl
ragamuffin n : pilluelo m, -la f
rage[1] v **raged; raging** : estar
furioso : rabiar : seguir de manera
violenta
rage[2] n : furia f : ira f : cólera f
: moda f : furor m
ragged adj : irregular : desigual
: hecho jirones : andrajoso
: harapiento
ragtime n : ragtime m
raid[1] v : invadir : hacer una
incursión en : asaltar : atracar
: allanar : hacer una redada en
raid[2] n : invasión f : asalto m
: redada f : batida f : allanamiento
m
raider n : asaltante mf : invasor m,
-sora f

rail n : barra f : barrera f
: pasamanos m : barandilla f : riel
m : ferrocarril rp
railing n : baranda f : verja f
raillery n, pl **-leries** : bromas fpl
railroad n : ferrocarril m
railroad tie → **tie²**
railroad track → **track²**
railway → **railroad**
raiment n : vestiduras fpl
rain¹ v : llover
rain² n : lluvia f
rainbow n : arco m iris
raincoat n : impermeable m
raindrop n : gota f de lluvia
rainfall n : lluvia f : precipitación f
rain forest n : bosque m tropical
rainstorm n : temporal m
rainwater n : agua f de lluvia
rainy adj **rainier; -est** : lluvioso
raise¹ v **raised; raising** : levantar
: subir : alzar : erigir : recaudar
: criar : cultivar : aumentar
: ascender : provocar : sacar
raise² n : aumento m
raisin n : pasa f
raja or **rajah** n : rajá m
rake¹ v **raked; raking** : rastrillar
: barrer **to rake through** : revolver
: hurgar en
rake² n : rastrillo m : libertino m, -na
f : calavera m
rakish adj : desenvuelto
: desenfadado : libertino : disoluto
rally¹ v **-lied; -lying** : reunirse
: congregarse : recuperarse
: reunir : recobrar
rally² n, pl **-lies** : reunión f : mitin m
: manifestación f
ram¹ v **rammed; ramming** : hincar
: clavar : estrellar : embestir
: chocar : estrellarse
ram² n : carnero m
RAM n : RAM f : memoria f de
acceso aleatorio
Ramadan n : Ramadán m
ramble¹ v **-bled; -bling** : pasear
: deambular : trepar
ramble² n : paseo m : excursión f
rambler n : excursionista mf : rosa
f trepadora
rambling adj : laberíntico
: inconexo : incoherente
rambunctious adj : alborotado

ramification n : ramificación f
ramp n : rampa f
rampage¹ v **-paged; -paging**
: andar arrasando todo : correr
destrozando
rampage² n : alboroto m : frenesí m
rampant adj : desenfrenado
rampart n : terraplén m : muralla f
ramrod n : baqueta f
ramshackle adj : destartalado
ran → **run**
ranch¹ v : trabajar en una hacienda
f : criar
ranch² n : hacienda f : rancho m
: finca f ganadera
ranch dressing n : aderezo m
a base de leche de manteca,
mayonesa, y hierbas
rancher n : estanciero m, -ra f
: ranchero m
rancid adj : rancio
rancor n : rencor m — **rancorous**
adj
random adj : fortuito : aleatorio —
randomly adv
random–access memory n
: memoria f de acceso aleatorio
: RAM f
rang → **ring**
range¹ v **ranged; ranging** : alinear
: ordenar : arreglar : deambular
: extenderse : variar
range² n : fila f : hilera f : pradera
f : pampa f : cocina f : variedad
f : gama f : ámbito m : esfera f
: campo m : registro m : alcance m
ranger n or **forest ranger**
: guardabosque mf
rangy adj **rangier; -est** : alto y delgado
rank¹ v : alinear : ordenar : poner
en fila : clasificar
rank² adj : fétido : maloliente
: completo : absoluto
rank³ n : fila f : grado m : rango m
: categoría f : clase f; **ranks** npl
: soldados mpl rasos
rank and file n : soldados mpl
rasos : bases fpl
rankle v **-kled; -kling** : doler : irritar
: herir
ransack v : revolver : desvalijar
: registrar de arriba abajo
ransom¹ v : rescatar : pagar un
rescate por

ransom[2] n : rescate m
ransomware n : ransomware m
: virus m de secuestro de datos
rant v or **to rant and rave**
: despotricar : desvariar
rap[1] v **rapped; rapping** : golpetear
: dar un golpe en : criticar : charlar
: cotorrear : dar un golpe
rap[2] n : golpe m : golpecito m
: charla f
rapacious adj : avaricioso
: codicioso
rape[1] v **raped; raping** : violar
rape[2] n : colza f : violación f
rapid adj : rápido — **rapidly** adv
rapidity n : rapidez f
rapids npl : rápidos mpl
rapier n : estoque m
rapist n : violador m, -dora f
rapper n : cantante mf de rap
: rapero m, -ra f
rapport n : relación f armoniosa
: entendimiento m
rapprochement n : acercamiento
m : aproximación f
rapt adj : absorto : embelesado
rapture n : éxtasis m
rapturous adj : extasiado
: embelesado
rare adj **rarer; rarest** : excelente
: excepcional : raro : poco común
: poco cocido
rarefy v **-fied; -fying** : enrarecer
rarely adv : pocas veces : rara vez
raring adj : lleno de entusiasmo
: con muchas ganas
rarity n, pl **-ties** : rareza f
rascal n : pillo m, -lla f : pícaro m,
-ra f
rash[1] adj : imprudente : precipitado
— **rashly** adv
rash[2] n : sarpullido m : erupción f
rashness n : precipitación f
rasp[1] v : raspar : decir en voz
áspera : hacer un ruido áspero
rasp[2] n : escofina f
raspberry n, pl **-ries** : frambuesa f
rat n : rata f
ratchet n : trinquete m
rate[1] v **rated; rating** : considerar
: estimar : merecer
rate[2] n : velocidad f : ritmo m
: índice m : tasa f : precio m
: tarifa f

rather adv : sino que : más que
: al contrario : algo : un tanto
: bastante
ratification n : ratificación f
ratify v **-fied; -fying** : ratificar
rating n : clasificación f : posición
f; **ratings** npl : índice m de
audiencia
ratio n, pl **-tios** : proporción f
: relación f
ration[1] v : racionar
ration[2] n : ración f; **rations** npl
: víveres mpl
rational adj : racional : razonable
— **rationally** adv — **rationality** n
rationale n : explicación f : base f
: razones fpl
rationalize v **-ized; -izing**
: racionalizar — **rationalization** n
rat race n : competencia f laboral
rattle[1] v **-tled; -tling** : traquetear
: hacer ruido : hacer sonar : agitar
: desconcertar : poner nervioso
rattle[2] n : traqueteo m : ruido m
: sonajero m : cascabel m
rattler → **rattlesnake**
rattlesnake n : serpiente f de
cascabel
ratty adj **rattier; -est** : raído : andrajoso
raucous adj : ronco : escandaloso
: bullicioso — **raucously** adv
ravage[1] v **-aged; -aging** : devastar
: arrasar : hacer estragos
ravage[2] n : destrozo m
: destrucción f
rave v **raved; raving** : delirar
: desvariar
ravel v **-eled** or **-elled; -eling**
or **-elling** : desenredar
: desenmarañar : deshilacharse
raven n : cuervo m
ravenous adj : hambriento : voraz
— **ravenously** adv
ravine n : barranco m : quebrada f
ravings npl : desvaríos mpl
: delirios mpl
ravioli ns & pl : raviolis mpl
: ravioles mpl
ravish v : saquear : embelesar
: cautivar : encantar
ravishing adj : deslumbrante
: impresionante
raw adj **rawer; rawest** : crudo : sin
tratar : sin refinar : puro : novato

: inexperto : en carne viva : frío y
húmedo : injusto
rawhide n : cuero m sin curtir
ray n : rayo m : raya f
rayon n : rayón m
raze v **razed; razing** : arrasar
: demoler
razor n : maquinilla : afeitadora f
re n : re m
re- pref : re-
reach[1] v : extender : alargar
: alcanzar : llegar a/hasta
: contactar : ponerse en contacto
con : extenderse
reach[2] n : alcance m : extensión f
react v : reaccionar
reaction n : reacción f
reactionary[1] adj : reaccionario
reactionary[2] n, pl **-ries**
: reaccionario m, -ria f
reactivate v **-vated; -vating**
: reactivar — **reactivation** n
reactor n : reactor m
read[1] v **read; -ing** : leer : decir
: interpretar : poner : marcar
read[2] n to be a good read : ser
una lectura amena
readable adj : legible
reader n : lector m, -tora f
readership n : lectores mpl
readily adv : de buena gana : con
gusto : fácilmente : con facilidad
readiness n : buena disposición f
reading n : lectura f
readjust v : reajustar : volverse a
adaptar
readjustment n : reajuste m
readout n : lectura f
ready[1] v **readied; readying**
: preparar
ready[2] adj **readier; -est** : listo
: preparado : dispuesto : a punto
de : disponible : vivo : agudo
ready–made adj : preparado
: confeccionado
reaffirm v : reafirmar
real[1] adv : muy
real[2] adj : inmobiliario : auténtico
: genuino : real : verdadero
real[3] n, pl **reais** or **reis** : real m
real estate n : propiedad f
inmobiliaria : bienes mpl raíces
real estate agent n : agente m
inmobiliario : agente f inmobiliaria

realign v : realinear — **realignment**
n
realism n : realismo m
realist n : realista mf
realistic adj : realista
realistically adv : de manera
realista
reality n, pl **-ties** : realidad f
reality TV or **reality television** n
: telerrealidad f
realizable adj : realizable : asequible
realization n : realización f
realize v **-ized; -izing** : darse
cuenta de : saber : realizar : llevar
a cabo : obtener
really adv : de verdad : en realidad
: verdaderamente : realmente
: francamente : en serio
realm n : reino m : esfera f : campo
m
ream n : resma f; **reams** npl
: montones mpl
reap v : cosechar
reaper n : cosechador m, -dora f
: cosechadora f
reappear v : reaparecer
reappearance n : reaparición f
rear[1] v : levantar : criar; or to rear
up : encabritarse
rear[2] adj : trasero : posterior : de
atrás
rear[3] n : parte f de atrás
rear admiral n : contraalmirante mf
rearrange v **-ranged; -ranging**
: colocar de otra manera : volver a
arreglar : reorganizar
rearview mirror n : retrovisor m
reason[1] v : pensar : razonar —
reasoned adj
reason[2] n : razón f : motivo m
reasonable adj : razonable : barato
: económico
reasonably adv : razonablemente
: bastante
reasoning n : razonamiento m
: raciocinio m : argumentos mpl
reassess v : revaluar : reconsiderar
reassurance n : consuelo m
: palabras fpl alentadoras
reassure v **-sured; -suring**
: tranquilizar
reassuring adj : tranquilizador
reawaken v : volver a despertar
: reavivar

rebate n : reembolso m
: devolución f
rebel[1] v -belled; -belling
: rebelarse : sublevarse
rebel[2] adj : rebelde
rebel[3] n : rebelde mf
rebellion n : rebelión f
rebellious adj : rebelde
rebelliousness n : rebeldía f
rebirth n : renacimiento m
reboot v : reiniciar
reborn adj to be reborn : renacer
rebound[1] v : rebotar
rebound[2] n : rebote m
rebuff[1] v : desairar : rechazar
rebuff[2] n : desaire m : rechazo m
rebuild v -built; -building
: reconstruir
rebuke[1] v -buked; -buking
: reprender : regañar
rebuke[2] n : reprimenda f : reproche
m
rebut v -butted; -butting : rebatir
: refutar
rebuttal n : refutación f
recalcitrant adj : recalcitrante
recall[1] v : llamar : retirar : recordar
: acordarse de : revocar
recall[2] n : retirada f : memoria f
recant v : retractarse de
: retractarse : renegar
recap[1] v -capped; -capping →
recapitulate
recap[2] n : resumen m
recapitulate v -lated; -lating
: resumir : recapitular
recapture v -tured; -turing : volver
a capturar : recuperar
recast v -cast; -casting : cambiar
el reparto de : cambiarle el papel
a : refundir
recede v -ceded; -ceding : retirarse
: retroceder : desvanecerse
: alejarse : inclinarse
receipt n : recibo m : boleta f
: ticket m; **receipts** npl : ingresos
mpl : entradas fpl
receivable adj accounts
receivable : cuentas por cobrar
receive v -ceived; -ceiving : recibir
: acoger : captar
receiver n : receptor m, -tora f
recent adj : reciente — **recently**
adv

receptacle n : receptáculo m
: recipiente m
reception n : recepción f
receptionist n : recepcionista mf
receptive adj : receptivo —
receptivity n
receptiveness n : receptividad f
recess[1] v : suspender : levantar
recess[2] n : hueco m : nicho m
: receso m : descanso m : recreo
m
recessed adj : empotrado
recession n : recesión f : depresión
f económica
recessive adj : recesivo
recharge v -charged; -charging
: recargar
rechargeable adj : recargable
recidivism n : reincidencia f
recidivist n : reincidente mf —
recidivist adj
recipe n : receta f
recipient n : recipiente mf
reciprocal adj : recíproco
reciprocate v -cated; -cating
: reciprocar
reciprocity n, pl -ties : reciprocidad
f
recital n : recital m : relato m
: enumeración f
recitation n : recitación f
recite v -cited; -citing : recitar
: enumerar
reckless adj : imprudente
: temerario — **recklessly** adv
recklessness n : imprudencia f
: temeridad f
reckon v : creer : calcular : contar
: considerar
reckoning n : cálculo m : ajuste m
de cuentas
reclaim v : ganar : recobrar
: reciclar : reclamar : recuperar
recline v -clined; -clining
: reclinarse : recostarse
reclining adj : reclinable
recluse n : solitario m, -ria f
recognition n : reconocimiento m
recognizable adj : reconocible
recognize v -nized; -nizing
: reconocer
recoil[1] v : retroceder : dar un
culatazo
recoil[2] n : retroceso m : culatazo m

recollect *v* : recordar
recollection *n* : recuerdo *m*
recommend *v* : recomendar
  : aconsejar
recommendation *n*
  : recomendación *f*
recompense[1] *v* **-pensed; -pensing**
  : indemnizar : recompensar
recompense[2] *n* : indemnización *f*
  : compensación *f*
reconcile *v* **-ciled; -ciling**
  : reconciliar : conciliar
  : reconciliarse : hacer las paces
reconciliation *n* : reconciliación *f*
  : conciliación *f*
recondition *v* : reacondicionar
reconnaissance *n* : reconocimiento
  m
reconnoiter *or* **reconnoitre**
  v **-tered** *or* **-tred; -tering** *or*
  -tring : reconocer : hacer un
  reconocimiento
reconquer *v* : reconquistar
reconquest *n* : reconquista *f*
reconsider *v* : reconsiderar
  : repensar
reconsideration *n*
  : reconsideración *f*
reconstruct *v* : reconstruir
reconstruction *n* : reconstrucción *f*
reconstructive *adj* : reconstructivo
record[1] *v* : anotar : apuntar
  : registrar : hacer constar : marcar
  : grabar
record[2] *adj* : récord
record[3] *n* : registro *m* : documento
  m oficial : historial *m* : récord *m*
  : disco *m*
recorder *n* : flauta *f* dulce
recording *n* : grabación *f*
record player *n* : tocadiscos *m*
recount[1] *v* : narrar : relatar : volver
  a contar
recount[2] *n* : recuento *m*
recoup *v* : recuperar : recobrar
recourse *n* : recurso *m*
recover *v* : recobrar : recuperar
  : rescatar : recuperarse
recovery *n, pl* **-eries** : recuperación
  f
re–create *v* **-ated; -ating** : recrear
  — **re–creation** *n*
recreation *n* : recreo *m*
  : esparcimiento *m* : diversión *f*

recreational *adj* : recreativo : de
  recreo
recreational vehicle *n* : vehículo *m*
  de recreo
recrimination *n* : recriminación *f*
recruit[1] *v* : reclutar
recruit[2] *n* : recluta *mf*
recruitment *n* : reclutamiento *m*
  : alistamiento *m*
rectal *adj* : rectal
rectangle *n* : rectángulo *m*
rectangular *adj* : rectangular
rectify *v* **-fied; -fying** : rectificar —
  rectification *n*
rectitude *n* : rectitud *f*
rector *n* : rector *m*, **-tora** *f*
rectory *n, pl* **-ries** : rectoría *f*
rectum *n, pl* **-tums** *or* **-ta** : recto *m*
recuperate *v* **-ated; -ating**
  : recuperar : recuperarse
  : restablecerse
recuperation *n* : recuperación *f*
recur *v* **-curred; -curring** : volver
  a ocurrir : volver a producirse
  : repetirse
recurrence *n* : repetición *f*
  : reaparición *f*
recurrent *adj* : recurrente : que se
  repite
recyclable *adj* : reciclable
recycle *v* **-cled; -cling** : reciclar
recycling *n* : reciclaje *m*
red[1] *adj* : rojo : colorado
  : comunista
red[2] *n* : rojo *m* : colorado *m*
red blood cell *n* : glóbulo *m* rojo
red–blooded *adj* : vigoroso
redden *v* : enrojecer : enrojecerse
  : ruborizarse
reddish *adj* : rojizo
redecorate *v* **-rated; -rating**
  : renovar : pintar de nuevo
redeem *v* : rescatar : salvar
  : desempeñar : redimir : canjear
  : vender
redeemer *n* : redentor *m*, **-tora** *f*
redeeming *adj* : positivo
redefine *v* : redefinir
redemption *n* : redención *f*
redesign *v* : rediseñar
red–eye *or* **red–eye flight** *n* : vuelo
  m nocturno
red–haired *adj* : pelirrojo
red–handed *adv* : in fraganti

redhead n : pelirrojo m, -ja f
redheaded → red-haired
red herring n : trampa f
red–hot adj : al rojo vivo : candente : de candente actualidad : de gran popularidad
redirect v : desviar
rediscover v : redescubrir
redistribute v -uted; -uting : redistribuir
red–letter day n : día m memorable
redness n : rojez f
redo v -did; -done; -doing : hacer de nuevo
redolence n : fragancia f
redolent adj : fragante : oloroso : evocador
redouble v -bled; -bling : redoblar : intensificar
redress v : reparar : remediar : enmendar
red snapper n : pargo m : huachinango m
red tape n : papeleo m
reduce v -duced; -ducing : reducir : disminuir : rebajar : bajar de categoría : degradar : dejar reducir : adelgazar
reduction n : reducción f : rebaja f
redundancy n, pl -cies : superfluidad f : redundancia f
redundant adj : superfluo : redundante
redwood n : secoya f
reed n : caña f : carrizo m : junco m : lengüeta f
reef n : arrecife m : escollo m
reek[1] v : apestar
reek[2] n : hedor m
reel[1] v : girar : dar vueltas : tambalearse
reel[2] n : carrete m : baile m escocés : tambaleo m
reelect v : reelegir
reenact v : representar de nuevo : reconstruir
reenter v : volver a entrar
reestablish v : restablecer — **reestablishment** n
reevaluate v -ated; -ating : revaluar
reevaluation n : revaluación f
reexamine v -ined; -ining : volver a examinar : reexaminar
ref → referee[2]

refer v -ferred; -ferring : remitir : enviar **to refer to** : referirse a : aludir a
referee[1] v -eed; -eeing : arbitrar
referee[2] n : árbitro m, -tra f : réferi mf
reference n : referencia f : alusión f : consulta f : informe m : recomendación f
referendum n, pl -da or -dums : referéndum m
refill[1] v : rellenar
refill[2] n : recambio m
refinance v -nanced; -nancing : refinanciar
refine v -fined; -fining : refinar : perfeccionar : pulir
refined adj : refinado : culto : educado
refinement n : refinamiento m : fineza f : finura f
refinery n, pl -eries : refinería f
reflect v : reflejar : reflejarse
reflection n : reflexión f : reflejo m : meditación f
reflective adj : reflexivo : pensativo : reflectante
reflector n : reflector m
reflex n : reflejo m
reflexive adj : reflexivo
reform[1] v : reformar : reformarse
reform[2] n : reforma f
reformation n : reforma f
reform school n : reformatorio m
reformer n : reformador m, -dora f
refract v : refractar : refractarse
refraction n : refracción f
refrain[1] v **to refrain from** : abstenerse de
refrain[2] n : estribillo m
refresh v : refrescar
refreshing adj : refrescante
refreshment n : refresco m; **refreshments** npl : refrigerio m
refried adj : refrito
refrigerate v -ated; -ating : refrigerar
refrigeration n : refrigeración f
refrigerator n : refrigerador m, -dora f : nevera f
refuel v -eled or -elled; -eling or -elling : repostar : llenar de combustible
refuge n : refugio m

refugee n : refugiado m, -da f
refund[1] v : reembolsar : devolver
refund[2] n : reembolso m
: devolución f
refundable adj : reembolsable
refurbish v : renovar : restaurar
refusal n : negativa f : rechazo m
: denegación f
refuse[1] v **-fused; -fusing** : rechazar
: rehusar : negar : denegar
refuse[2] n : basura f : desechos mpl
: desperdicios mpl
refutation n : refutación f
refute v **-futed; -futing** : desmentir
: negar : refutar : rebatir
regain v : recuperar : recobrar
: alcanzar
regal adj : real : regio
regale v **-galed; -galing** : agasajar
: entretener : deleitar : divertir
regalia n : ropaje m : vestiduras fpl
: adornos mpl
regard[1] v : observar : mirar
: tener en cuenta : hacer caso de
: considerar : respetar
regard[2] n : consideración f : respeto
m : estima f : aspecto m : sentido
m; **regards** npl : saludos mpl
: recuerdos mpl
regarding prep : con respecto a
: en cuanto a
regardless adv : a pesar de todo
regardless of prep : a pesar de
: sin tener en cuenta
regatta n : regata f
regency n, pl **-cies** : regencia f
regenerate v **-ated; -ating**
: regenerar : regenerarse
regeneration n : regeneración f
regent n : regente mf : miembro m
de la junta directiva
reggae n : reggae m
regime n : régimen m
regimen n : régimen m
regiment[1] v : reglamentar
regiment[2] n : regimiento m
region n : región f
regional adj : regional —
regionally adv
register[1] v : registrar : inscribir
: matricular : marcar : manifestar
: acusar : certificar : inscribirse
: matricularse
register[2] n : registro m

registrar n : registrador m, -dora
f oficial
registration n : inscripción f
: matriculación f : registro m
registry n, pl **-tries** : registro m
regress v : retroceder
regression n : retroceso m
: regresión f
regressive adj : regresivo
regret[1] v **-gretted; -gretting**
: arrepentirse de : lamentar
regret[2] n : arrepentimiento m
: remordimientos mpl : pesar m
: dolor m; **regrets** npl : excusas fpl
regretful adj : arrepentido
: pesaroso
regretfully adv : con pesar
regrettable adj : lamentable —
regrettably adv
regroup v : reagruparse : tomarse
un respiro
regular[1] adj : normal : regular
: habitual : verdadero
regular[2] n : cliente mf habitual
regularity n, pl **-ties** : regularidad f
regularly adv : regularmente : con
regularidad
regulate v **-lated; -lating** : regular
regulation n : regulación f : regla f
: reglamento m : norma f
regulator n : regulador m : persona
f que regula
regulatory adj : regulador
regurgitate v **-tated; -tating**
: regurgitar : vomitar
rehab → rehabilitate, rehabilitation
rehabilitate v **-tated; -tating**
: rehabilitar
rehabilitation n : rehabilitación f
rehearsal n : ensayo m
rehearse v **-hearsed; -hearsing**
: ensayar
reheat v : recalentar
reign[1] v : reinar : predominar
reign[2] n : reinado m
reimburse v **-bursed; -bursing**
: reembolsar
reimbursement n : reembolso m
rein[1] v : refrenar
rein[2] n : rienda f : control m
reincarnation n : reencarnación f
reindeer n : reno m
reinforce v **-forced; -forcing**
: reforzar

reinforcement *n* : refuerzo *m*
reinstall *v* **-stalled; -stalling**
: reinstalar
reinstate *v* **-stated; -stating**
: reintegrar : restituir : restablecer
reinstatement *n* : reintegración
f : restitución *f* : restablecimiento *m*
reintegrate *v* **-ated; -ating**
: reintegrar — **reintegration** *n*
reintroduce *v* **-duced; -ducing**
: reintroducir
reiterate *v* **-ated; -ating** : reiterar
: repetir
reiteration *n* : reiteración *f*
: repetición *f*
reject[1] *v* : rechazar
reject[2] *n* : desecho *m* : persona *f*
rechazada
rejection *n* : rechazo *m*
rejoice *v* **-joiced; -joicing**
: alegrarse : regocijarse
rejoin *v* : reincorporarse a
: reintegrarse a : replicar
rejoinder *n* : réplica *f*
rejuvenate *v* **-nated; -nating**
: rejuvenecer
rejuvenation *n* : rejuvenecimiento *m*
rekindle *v* **-dled; -dling** : reavivar
relapse[1] *v* **-lapsed; -lapsing**
: recaer : volver a caer
relapse[2] *n* : recaída *f*
relate *v* **-lated; -lating** : relatar
: contar : relacionar : asociar
: relacionarse : llevarse bien
related *adj* : emparentado
relation *n* : relato *m* : narración *f*
: pariente *mf* : familiar *mf* : relación
f; **relations** *npl* : relaciones *fpl*
relationship *n* : relación *f*
: parentesco *m*
relative[1] *adj* : relativo — **relatively**
adv
relative[2] *n* : pariente *mf* : familiar *mf*
relativism *n* : relativismo *m*
relativity *n, pl* **-ties** : relatividad *f*
relaunch *v* : relanzar
relax *v* : relajar : aflojar : relajarse
relaxation *n* : relajación *f*
: esparcimiento *m* : distracción *f*
relaxing *adj* : relajante
relay[1] *v* **-layed; -laying** : transmitir
relay[2] *n* : relevo *m*
release[1] *v* **-leased; -leasing**
: liberar : poner en libertad

: soltar : aflojar : despedir : emitir
: divulgar : renunciar a : ceder
: publicar : estrenar : sacar
release[2] *n* : liberación *f* : puesta *f*
en libertad : cesión *f* : estreno *m*
: puesta *f* en venta : publicación *f*
: escape *m* : fuga *f*
relegate *v* **-gated; -gating** : relegar
relent *v* : ablandarse : ceder
relentless *adj* : implacable : sin
tregua
relentlessly *adv* : implacablemente
relevance *n* : pertinencia *f* : relación *f*
relevant *adj* : pertinente —
relevantly *adv*
reliability *n, pl* **-ties** : fiabilidad
f : seguridad *f* : formalidad *f*
: seriedad *f*
reliable *adj* : confiable : fiable
: fidedigno : seguro
reliably *adv* : sin fallar
reliance *n* : dependencia *f*
: confianza *f*
reliant *adj* : dependiente
relic *n* : reliquia *f* : vestigio *m*
relief *n* : alivio *m* : desahogo *m*
: ayuda *f* : asistencia *f* social
: relieve *m* : relevo *m*
relieve *v* **-lieved; -lieving** : aliviar
: mitigar : liberar : eximir : relevar
: romper
religion *n* : religión *f*
religious *adj* : religioso —
religiously *adv*
relinquish *v* : renunciar a
: abandonar : soltar
relish[1] *v* : saborear : disfrutar con
relish[2] *n* : gusto *m* : deleite *m*
: salsa *f* de pepinillos en vinagre
relive *v* **-lived; -living** : revivir
reload *v* : recargar
relocate *v* **-cated; -cating**
: reubicar : trasladar : trasladarse
relocation *n* : reubicación *f*
: traslado *m*
reluctance *n* : renuencia *f*
: reticencia *f* : desgana *f*
reluctant *adj* : renuente : reacio
: reticente
reluctantly *adv* : a regañadientes
rely *v* **-lied; -lying** : depender
: contar : confiar
remain *v* : quedar : quedarse
: permanecer : seguir : continuar

remainder n : resto m : remanente m
remains npl : restos mpl
remake¹ v -made; -making
: rehacer : hacer una nueva
versión de
remake² n : nueva versión f
remand v : devolver a otro tribunal
remark¹ v : observar : comentar **to
remark on** : hacer observaciones
sobre
remark² n : comentario m
: observación f
remarkable adj : extraordinario
: notable — **remarkably** adv
remarry v -ried; -rying : volver a
casarse : volver a casarse con
rematch n : revancha f
remedial adj : correctivo
remedy¹ v -died; -dying : remediar
remedy² n, pl -dies : remedio m
: medicamento m
remember v : acordarse de
: recordar : no olvidar : dar
saludos : dar recuerdos
: conmemorar
remembrance n : recuerdo m
remind v : recordar
reminder n : recuerdo m
reminisce v -nisced; -niscing
: rememorar los viejos tiempos
reminiscence n : recuerdo m
: reminiscencia f
reminiscent adj : nostálgico
: evocador : que recuerda —
reminiscently adv
remiss adj : negligente
: descuidado : remiso
remission n : remisión f
remit v -mitted; -mitting : perdonar
: remitir : enviar
remittance n : remesa f
remnant n : restos mpl : vestigio m
remodel v -eled or -elled; -eling or
-elling : remodelar : reformar
remonstrate v -strated; -strating
: protestar
remorse n : remordimiento m
remorseful adj : arrepentido : lleno
de remordimiento
remorseless adj : despiadado
: implacable
remote¹ adj **remoter; -est** : lejano
: remoto : recóndito : a distancia
: distante

remote² or **remote control** n
: control m remoto
remote–controlled adj : teledirigido
remotely adv : remotamente : en
un lugar remoto : muy lejos
remoteness n : lejanía f
removable adj : removible
removal n : separación f
: extracción f : supresión f
: eliminación f
remove v -moved; -moving
: quitar : quitarse : sacar : extraer
: eliminar : disipar
remunerate v -ated; -ating
: remunerar
remuneration n : remuneración f
renaissance n : renacimiento m
renal adj : renal
rename v -named; -naming
: ponerle un nombre nuevo a
rend v rent; rending : desgarrar
render v : derretir : prestar : dar
: hacer : volver : dejar : traducir
: verter
rendezvous ns & pl : encuentro m
: cita f
rendition n : interpretación f
renegade n : renegado m, -da f
renege v -neged; -neging **to
renege on** : incumplir : no cumplir
renew v : renovar : reanudar
renewable adj : renovable
renewal n : renovación f
renounce v -nounced; -nouncing
: renunciar a
renovate v -vated; -vating
: restaurar : renovar
renovation n : restauración f
: renovación f
renown n : renombre m : fama f
: celebridad f
renowned adj : renombrado
: célebre : famoso
rent¹ v : rentar : alquilar
rent² n : renta f : alquiler m
: rasgadura f
rental¹ adj : de alquiler
rental² n : alquiler m
renter n : arrendatario m, -ria f
renunciation n : renuncia f
reopen v : volver a abrir
reorganization n : reorganización f
reorganize v -nized; -nizing
: reorganizar

rep *n* → **representative²**
repair¹ *v* : reparar : arreglar
: refaccionar
repair² *n* : reparación *f* : arreglo *m*
: estado *m*
repairman *n, pl* **-men** : mecánico *m*
: técnico *m*
reparation *n* : reparación *f*;
reparations *npl* : indemnización *f*
repartee *n* : intercambio *m* de
réplicas ingeniosas
repast *n* : comida *f*
repatriate *v* **-ated; -ating** : repatriar
repay *v* **-paid; -paying** : pagar
: devolver
repayment *n* : pago *m*
repeal¹ *v* : abrogar : revocar
repeal² *n* : abrogación *f*
: revocación *f*
repeat¹ *v* : repetir
repeat² *n* : repetición *f*
repeatedly *adv* : repetidamente
: repetidas veces
repel *v* **-pelled; -pelling** : repeler
: rechazar : repugnar : darle asco
repellent *or* **repellant** *n* : repelente
m
repent *v* : arrepentirse
repentance *n* : arrepentimiento *m*
repentant *adj* : arrepentido
repercussion *n* : repercusión *f*
repertoire *n* : repertorio *m*
repertory *n, pl* **-ries** : repertorio *m*
repetition *n* : repetición *f*
repetitious *adj* : repetitivo
: reiterativo — **repetitiously** *adv*
repetitive *adj* : repetitivo
: reiterativo
repetitive stress *or* **repetitive**
strain *n* : esfuerzo *m* repetitivo
rephrase *v* **-phrased; -phrasing**
: expresar de otra forma
replace *v* **-placed; -placing** : volver
a poner : reemplazar : sustituir
: reponer
replaceable *adj* : reemplazable
replacement *n* : reemplazo *m*
: sustitución *f* : sustituto *m*, -ta *f*
: suplente *mf*
replay¹ *v* : volver a poner : volver
a jugar
replay² *n* : repetición *f*
replenish *v* : rellenar : llenar de
nuevo

replenishment *n*
: reabastecimiento *m*
replete *adj* : repleto : lleno
replica *n* : réplica *f* : reproducción *f*
replicate *v* **-cated; -cating**
: duplicar : repetir : duplicarse
replication *n* : reproducción *f*
: repetición *f* : replicación *f*
reply¹ *v* **-plied; -plying** : contestar
: responder
reply² *n, pl* **-plies** : respuesta *f*
: contestación *f*
report¹ *v* : informar sobre : anunciar
: decir : afirmar : dar parte de
: reportar : denunciar : informar
report² *n* : informe *m* : reportaje *m*
: rumor *m* : estallido *m*
report card *n* : boletín *m* de
calificaciones : boletín *m* de notas
: boleta *f* de calificaciones
reportedly *adv* : según se dice
: según se informa
reporter *n* : periodista *mf*
: reportero *m*, -ra *f*
repose¹ *v* **-posed; -posing**
: reposar : descansar
repose² *n* : reposo *m* : descanso *m*
: calma *f* : tranquilidad *f*
repository *n, pl* **-ries** : depósito *m*
repossess *v* : recuperar : recobrar
la posesión de
repost *v* : repostear
reprehensible *adj* : reprensible —
reprehensibly *adv*
represent *v* : representar : ser un
representante de : presentar
representation *n* : representación *f*
representative¹ *adj* : representativo
representative² *n* : representante
mf : diputado *m*, -da *f*
repress *v* : reprimir
repression *n* : represión *f*
repressive *adj* : represivo
reprieve¹ *v* **-prieved; -prieving**
: indultar
reprieve² *n* : indulto *m*
reprimand¹ *v* : reprender
reprimand² *n* : reprimenda *f*
reprint¹ *v* : reimprimir
reprint² *n* : reedición *f*
reprisal *n* : represalia *f*
reproach¹ *v* : reprochar
reproach² *n* : deshonra *f* : reproche
m : recriminación *f*

reproachful adj : de reproche
reproduce v -duced; -ducing
: reproducir : reproducirse
reproduction n : reproducción f
reproductive adj : reproductor
reproof n : reprobación f
: reprimenda f : reproche m
reprove v -proved; -proving
: reprender : censurar
reptile n : reptil m
reptilian n : reptil
republic n : república f
republican[1] adj : republicano
republican[2] n : republicano m, -na f
— **Republicanism** n
repudiate v -ated; -ating : rechazar
: repudiar : renegar de
repudiation n : rechazo m : repudio
m
repugnance n : repugnancia f
repugnant adj : repugnante
: asqueroso
repulse[1] v -pulsed; -pulsing
: repeler : desairar : rechazar
repulse[2] n : rechazo m
repulsive adj : repulsivo
: repugnante : asqueroso —
repulsively adv
reputable adj : acreditado : de
buena reputación
reputation n : reputación f : fama f
repute n : reputación f : fama f
reputed adj : reputado : supuesto
reputedly adv : supuestamente
: según se dice
request[1] v : pedir : solicitar : rogar
request[2] n : petición f : solicitud f
: pedido m
requiem n : réquiem m
require v -quired; -quiring
: requerir : exigir : necesitar
requirement n : necesidad f
: requisito m : demanda f
requisite[1] adj : esencial : necesario
requisite[2] n : requisito m
: necesidad f
requisition[1] v : requisar
requisition[2] n : requisa f
reread v -read; -reading : releer
reroute v -routed; -routing
: desviar
rerun[1] v -ran; -run; -running
: reponer
rerun[2] n : reposición f : repetición f

resale n : reventa f
reschedule v -duled; -duling
: cambiar la hora/fecha de
rescind v : rescindir : cancelar
: abrogar : revocar
rescue[1] v -cued; -cuing : rescatar
: salvar
rescue[2] n : rescate m
rescuer n : salvador m, -dora f
research[1] v : investigar
research[2] n : investigación f
researcher n : investigador m,
-dora f
resell v -sold; -selling : revender
resemblance n : semejanza f
: parecido m
resemble v -sembled; -sembling
: parecerse a : asemejarse a
resent v : molestarse por
: ofenderse por : guardarle rencor
a
resentful adj : resentido
: rencoroso — **resentfully** adv
resentment n : resentimiento m
reservation n : reservación f
: reserva f : duda f
reserve[1] v -served; -serving
: reservar
reserve[2] n : reserva f : moderación
f; **reserves** npl : reservas fpl
reserved adj : reservado
reservoir n : embalse m
reset v -set; -setting : poner en
hora : poner a cero : reiniciar
: borrar
reside v -sided; -siding : residir
: radicar
residence n : residencia f
resident[1] adj : residente
resident[2] n : residente mf
residential adj : residencial
residual adj : residual
residue n : residuo m : resto m
resign v : dimitir : renunciar
resignation n : resignación f
resilience n : capacidad f de
recuperación : adaptabilidad f
: elasticidad f
resiliency → **resilience**
resilient adj : resistente : fuerte
: elástico
resin n : resina f
resist v : resistir : oponerse a
: resistirse

resistance *n* : resistencia *f*

resistant *adj* : resistente

resolute *adj* : firme : resuelto : decidido

resolutely *adv* : resueltamente : firmemente

resolution *n* : solución *f* : resolución *f* : determinación *f* : propósito *m* : decisión *f* : moción *f*

resolve¹ *v* **-solved; -solving** : resolver : solucionar

resolve² *n* : resolución *f* : determinación *f*

resonance *n* : resonancia *f*

resonant *adj* : resonante

resort¹ *v* **to resort to** : recurrir a

resort² *n* : recurso *m* : lugar *m* popular : lugar *m* muy frecuentado : lugar *m* de vacaciones

resound *v* : retumbar : resonar

resounding *adj* : resonante : rotundo : tremendo

resource *n* : ingenio *m* : recursos *mpl*; **resources** *npl* : medios *mpl* : fondos *mpl*

resourceful *adj* : ingenioso

resourcefulness *n* : ingenio *m* : recursos *mpl* : inventiva *f*

respect¹ *v* : respetar : estimar

respect² *n* : relación *f* : respecto *m* : respeto *m* : aspecto *m* : sentido *m*; **respects** *npl* : respetos *mpl*

respectability *n* : respetabilidad *f*

respectable *adj* : respetable : decente : considerable — **respectably** *adv*

respectful *adj* : respetuoso — **respectfully** *adv*

respectfulness *n* : respetuosidad *f*

respective *adj* : respectivo — **respectively** *adv*

respiration *n* : respiración *f*

respirator *n* : respirador *m*

respiratory *adj* : respiratorio

respite *n* : respiro *m* : tregua *f*

resplendent *adj* : resplandeciente — **resplendently** *adv*

respond *v* : contestar : responder : reaccionar

response *n* : respuesta *f*

responsibility *n, pl* **-ties** : responsabilidad *f*

responsible *adj* : responsable — **responsibly** *adv*

responsive *adj* : que responde : sensible : receptivo

responsiveness *n* : receptividad *f* : sensibilidad *f*

rest¹ *v* : descansar : pararse : detenerse : basarse : depender : apoyar

rest² *n* : descanso *m* : reposo *m* : soporte *m* : apoyo *m* : silencio *m* : resto *m*

rest area → rest stop

restart *v* : volver a empezar : reanudar : volver a arrancar : reiniciar : reanudarse

restate *v* **-stated; -stating** : replantear : repetir

restatement *n* : repetición *f*

restaurant *n* : restaurante *m*

restful *adj* : relajante : tranquilo : sosegado

rest home → nursing home

restitution *n* : restitución *f*

restive *adj* : inquieto : nervioso

restless *adj* : inquieto : agitado : impaciente : desvelado

restlessly *adv* : nerviosamente

restlessness *n* : inquietud *f* : agitación *f*

restoration *n* : restauración *f* : restablecimiento *m*

restore *v* **-stored; -storing** : devolver : restituir : restablecer : recuperar : restaurar : restaurar

restrain *v* : refrenar : contener

restrained *adj* : comedido : templado : contenido

restraint *n* : restricción *f* : limitación *f* : control *m* : encierro *m* : reserva *f* : control *m* de sí mismo

restrict *v* : restringir : limitar : constreñir

restricted *adj* : limitado : restringido : secreto : confidencial

restriction *n* : restricción *f*

restrictive *adj* : restrictivo — **restrictively** *adv*

restroom *n* : servicios *mpl* : baño *m*

restructure *v* **-tured; -turing** : reestructurar

rest stop *n* : área *f* de descanso

result¹ *v* : resultar

result² *n* : resultado *m* : consecuencia *f*

resultant adj : resultante
resume v **-sumed; -suming**
: reanudar : reanudarse
résumé or **resume** or **resumé**
n : resumen m : currículum m
: currículo m
resumption n : reanudación f
resurface v **-faced; -facing**
: pavimentar de nuevo : volver
a salir a la superficie : resurgir
: reaparecer
resurgence n : resurgimiento m
resurrect v : resucitar
: desempolvar
resurrection n : resurrección f
resuscitate v **-tated; -tating**
: resucitar : revivir
resuscitation n : reanimación f
: resucitación f
retail[1] v : vender al por menor
: vender al detalle
retail[2] adv : al por menor
: al detalle
retail[3] adj : detallista : minorista
retail[4] n : venta f al detalle : venta f
al por menor
retailer n : detallista mf : minorista
mf
retain v : retener : conservar
: guardar
retainer n : criado m, -da f
: anticipo m
retaliate v **-ated; -ating** : responder
: contraatacar : tomar represalias
retaliation n : represalia f
: retaliación f
retard v : retardar : retrasar
retch v : hacer arcadas
retention n : retención f
retentive adj : retentivo
rethink v **-thought; -thinking**
: reconsiderar : repensar
reticence n : reticencia f
reticent adj : reticente
retina n, pl **-nas** or **-nae** : retina f
retinue n : séquito m : comitiva f
: cortejo m
retire v **-tired; -tiring** : retirarse
: retraerse : jubilarse : acostarse
: irse a dormir
retiree n : jubilado m, -da f
retirement n : jubilación f
retiring adj : retraído
retort[1] v : replicar

retort[2] n : réplica f
retrace v **-traced; -tracing** : volver
sobre : desandar
retract v : retirar : retractarse de
: retraer : retractarse
retractable adj : retractable
retraction n : retracción f
: retractación f
retrain v : reciclar : reconvertir
retreat[1] v : retirarse : batirse en
retirada
retreat[2] n : retirada f : retiro m
: refugio m
retrial n : nuevo juicio m
retribution n : castigo m
retrieval n : recuperación f
retrieve v **-trieved; -trieving**
: recuperar : ir a buscar : cobrar
retriever n : perro m cobrador
retroactive adj : retroactivo —
retroactively adv
retrograde adj : retrógrado
retrospect n **in retrospect**
: mirando hacia atrás
: retrospectivamente
retrospective adj : retrospectivo
return[1] v : volver : regresar
: reaparecer : resurgir : responder
: emitir : devolver : restituir
: producir : redituar : rendir
: corresponder a
return[2] adj : de vuelta
return[3] n : regreso m : vuelta f
: retorno m : rédito m : rendimiento
m : ganancia f; **returns** npl
: resultados mpl : datos mpl
retweet v : retuitear
reunion n : reunión f : reencuentro
m
reunite v **-nited; -niting** : (volver a)
reunir : (volver a) reunirse
reusable adj : reutilizable
reuse v **-used; -using** : reutilizar
: usar de nuevo
rev[1] v **revved; revving**
to rev up : prepararse
rev[2] n : revolución f
revamp v : renovar
reveal v : revelar : divulgar
: manifestar : mostrar : dejar ver
revealing adj : revelador
reveille n : toque m de diana
revel[1] v **-eled** or **-elled; -eling** or
-elling : ir de juerga

revel[2] *n* : juerga *f* : parranda *f*
revelation *n* : revelación *f*
reveler *or* **reveller** *n* : juerguista *mf*
revelry *n, pl* **-ries** : juerga *f*
: parranda *f* : jarana *f*
revenge[1] *v* **-venged; -venging to
revenge oneself on** : vengarse de
revenge[2] *n* : venganza *f*
revenue *n* : ingresos *mpl* : rentas
fpl
reverberate *v* **-ated; -ating**
: reverberar
reverberation *n* : reverberación *f*
revere *v* **-vered; -vering**
: reverenciar : venerar
reverence *n* : reverencia *f*
: veneración *f*
reverend *adj* : reverendo
reverent *adj* : reverente —
reverently *adv*
reverie *n, pl* **-eries** : ensueño *m*
reversal *n* : inversión *f* : cambio *m*
total : revés *m* : contratiempo *m*
reverse[1] *v* **-versed; -versing**
: invertir : cambiar totalmente
: reparar : revertir : revocar : dar
marcha atrás
reverse[2] *adj* : inverso : contrario
: opuesto
reverse[3] *n* : reverso *m* : dorso *m*
: revés *m* : contratiempo *m*
reversible *adj* : reversible
reversion *n* : reversión *f* : vuelta *f*
revert *v* : revertir : volver
review[1] *v* : volver a examinar
: repasar : reseñar : hacer una
crítica de : examinar : analizar
review[2] *n* : revista *f* : resumen *m*
: análisis *m* : reseña *f* : crítica *f*
: repaso *m*
reviewer *n* : crítico *m*, -ca *f*
revile *v* **-viled; -viling** : injuriar
: denostar
revise *v* **-vised; -vising** : revisar
: corregir : refundir
revision *n* : revisión *f*
revitalize *v* **-ized; -izing** : resucitar
: revitalizar
revival *n* : renacimiento *m*
: restablecimiento *m* : reactivación
f : reanimación *f* : resucitación *f*
revive *v* **-vived; -viving**
: reavivar : reanimar : reactivar
: resucitar : restablecer : renacer

: reanimarse : reactivarse
: recobrar el sentido : volver en sí
revoke *v* **-voked; -voking** : revocar
— **revocation** *n*
revolt[1] *v* : rebelarse : sublevarse
: darle asco : repugnar
revolt[2] *n* : rebelión *f* : revuelta *f*
: sublevación *f*
revolting *adj* : asqueroso
: repugnante
revolution *n* : revolución *f*
revolutionary[1] *adj* : revolucionario
revolutionary[2] *n, pl* **-aries**
: revolucionario *m*, -ria *f*
revolutionize *v* **-ized; -izing**
: cambiar radicalmente
: revolucionar
revolve *v* **-volved; -volving** : hacer
girar : girar
revolver *n* : revólver *m*
revolving *adj* : giratorio
revue *n* : revista *f*
revulsion *n* : repugnancia *f*
reward[1] *v* : recompensar : premiar
reward[2] *n* : recompensa *f*
rewarding *adj* : gratificante
: rentable
rewarm *v* : recalentar
rewind *v* : rebobinar
reword *v* : expresar de otra forma
rewrite *v* **-wrote; -written; -writing**
: escribir de nuevo : volver a escribir
rhapsody *n, pl* **-dies** : elogio *m*
excesivo : rapsodia *f*
rhea *n* : ñandú *m*
rhetoric *n* : retórica *f*
rhetorical *adj* : retórico
rheumatic *adj* : reumático
rheumatism *n* : reumatismo *m*
rhinestone *n* : diamante *m* de
imitación
rhino *n, pl* **rhino** *or* **rhinos** →
rhinoceros
rhinoceros *n, pl* **-eroses** *or* **-eros**
or **-eri** : rinoceronte *m*
rhododendron *n* : rododendro *m*
rhombus *n, pl* **-buses** *or* **-bi**
: rombo *m*
rhubarb *n* : ruibarbo *m*
rhyme[1] *v* **rhymed; rhyming** : rimar
rhyme[2] *n* : rima *f* : verso *m*
rhythm *n* : ritmo *m*
rhythmic *or* **rhythmical** *adj*
: rítmico — **rhythmically** *adv*

rib¹ *v* ribbed; ribbing : hacer en canalé : tomarle el pelo

rib² *n* : costilla *f* : nervio *m* : varilla *f* : canalé *m*

ribald *adj* : escabroso : procaz

ribbon *n* : cinta *f*

rib cage *n* : caja *f* torácica

rice *n* : arroz *m*

rich *adj* : rico : suntuoso : lujoso : pesado : abundante : vivo : intenso : fértil

riches *npl* : riquezas *fpl*

richly *adv* : suntuosamente : ricamente : abundantemente

richness *n* : riqueza *f*

rickets *n* : raquitismo *m*

rickety *adj* : desvencijado : destartalado

rickshaw *n* : rickshaw *m*

ricochet¹ *v* -cheted *or* -chetted; -cheting *or* -chetting : rebotar

ricochet² *n* : rebote *m*

rid *v* rid; ridding : librar

riddance *n* : libramiento *m*

riddle¹ *v* -dled; -dling : acribillar

riddle² *n* : acertijo *m* : adivinanza *f*

ride¹ *v* rode; ridden; riding : montar : ir : andar : recorrer : burlarse de : ridiculizar : montar a caballo : cabalgar : viajar : marchar

ride² *n* : paseo *m* : vuelta *f* : aparato *m* : juego *m*

rider *n* : jinete *mf* : ciclista *mf* : motociclista *mf* : cláusula *f* añadida

ridge *n* : cadena *f* : caballete *m* : cresta *f* : cordoncillo *m*

ridicule¹ *v* -culed; -culing : burlarse de : mofarse de : ridiculizar

ridicule² *n* : burlas *fpl*

ridiculous *adj* : ridículo : absurdo

ridiculously *adv* : de forma ridícula

rife *adj* : abundante : común

riffraff *n* : chusma *f* : gentuza *f*

rifle¹ *v* -fled; -fling : desvalijar : saquear **to rifle through** : revolver

rifle² *n* : rifle *m* : fusil *m*

rift *n* : grieta *f* : fisura *f* : ruptura *f* : división *f*

rig¹ *v* rigged; rigging : aparejar : equipar : amañar

rig² *n* : aparejo *m*

rigamarole → **rigmarole**

rigging *n* : jarcia *f* : aparejo *m*

right¹ *v* : reparar : enderezar

right² *adv* : justo : derecho : directamente : correctamente : bien : inmediatamente : completamente : a la derecha

right³ *adj* : justo : correcto : apropiado : adecuado : bien : bueno : derecho

right⁴ *n* : bien *m* : derecha *f* : derecho *m*; **rights** *npl* : derechos *mpl*

right angle *n* : ángulo *m* recto

right–click *v* : hacer clic/click derecho : hacer clic/click derecho en

righteous *adj* : recto : honrado — **righteously** *adv*

righteousness *n* : rectitud *f* : honradez *f*

rightful *adj* : justo : legítimo — **rightfully** *adv*

right–hand *adj* : situado a la derecha : para la mano derecha : con la mano derecha

right–handed *adj* : diestro : para la mano derecha : con la mano derecha : en la dirección de las manecillas del reloj

rightist *n* : derechista *mf* — **rightist** *adj*

rightly *adv* : justamente : con razón : debidamente : apropiadamente : correctamente

right–of–way *n, pl* rights–of–way : preferencia : derecho *m* de paso

right triangle *n* : triángulo *m* rectángulo

rightward *adj* : a la derecha : hacia la derecha

right–wing *adj* : derechista

right wing *n* **the right wing** : la derecha

right–winger *n* : derechista *mf*

rigid *adj* : rígido — **rigidly** *adv*

rigidity *n, pl* -ties : rigidez *f*

rigmarole *n* : galimatías *m* : disparates *mpl* : trámites *mpl*

rigor *n* : rigor *m*

rigor mortis *n* : rigidez *f* cadavérica

rigorous *adj* : riguroso — **rigorously** *adv*

rile v **riled; riling** : irritar

rill n : riachuelo m

rim n : borde m : llanta f : rin m
: montura f

rime n : escarcha f

rind n : corteza f

ring[1] v **rang; rung; ringing** : sonar
: resonar : parecer : tocar : hacer
sonar : cercar : rodear

ring[2] n : anillo m : sortija f : aro
m : círculo m : arena f : ruedo m
: banda f : timbre m : sonido m
: llamada f

ringer n **to be a dead ringer for**
: ser un vivo retrato de

ringing adj : de timbre : de
campana : sonoro : categórico

ringleader n : cabecilla mf

ringlet n : sortija f : rizo m

ringtone n : tono m de llamada
: ringtone m

ringworm n : tiña f

rink n : pista f

rinse[1] v **rinsed; rinsing** : enjuagar

rinse[2] n : enjuague m

riot[1] v : amotinarse

riot[2] n : motín m : tumulto m
: alboroto m

rioter n : alborotador m, -dora f

riotous adj : desenfrenado
: alborotado : abundante

rip[1] v **ripped; ripping** : rasgar
: arrancar : desgarrar : rasgarse
: desgarrarse

rip[2] n : rasgón m : desgarrón m

ripe adj **riper; ripest** : maduro
: listo : preparado

ripen v : madurar

ripeness n : madurez f

rip—off n : robo m : estafa f : timo
m : copia f

rip off v : rasgar : arrancar
: desgarrar : estafar : timar

ripple[1] v **-pled; -pling** : rizarse
: ondear : ondular : rizar

ripple[2] n : onda f : ondulación f

rise[1] v **rose; risen; rising**
: levantarse : elevarse : alzarse
: salir : subir : aumentar : nacer
: proceder

rise[2] n : ascensión f : subida f
: origen m : elevación f : aumento
m : alzamiento m : pendiente f
: cuesta f

riser n : contrahuella f

risk[1] v : arriesgar : arriesgarse

risk[2] n : riesgo m : peligro m

risky adj **riskier; -est** : arriesgado
: peligroso : riesgoso

risqué adj : escabroso : picante
: subido de tono

rite n : rito m

ritual[1] adj : ritual — **ritually** adv

ritual[2] n : ritual m

rival[1] v **-valed** or **-valled; -valing** or
-valling : rivalizar con : competir
con

rival[2] adj : competidor : rival

rival[3] n : rival mf : competidor m,
-dora f

rivalry n, pl **-ries** : rivalidad f

river n : río m

riverbank n : ribera f : orilla f

riverbed n : cauce m : lecho m

riverside n : ribera f : orilla f

rivet[1] v : remachar : fijar : fascinar
: cautivar

rivet[2] n : remache m

riveting adj : fascinante

rivulet n : arroyo m : riachuelo m

roach → **cockroach**

road n : carretera f : calle f : camino
m : sendero m : vía f

roadblock n : control m

roadrunner n : correcaminos m

roadside n : borde m de la
carretera

road sign n : señal f de tráfico
: señal f de tránsito

roadway n : carretera f : calzada f

roadwork n : obras fpl

roam v : vagar : deambular : errar
: vagar por

roar[1] v : rugir : bramar : decir a
gritos

roar[2] n : rugido m : bramido m
: clamor m : fragor m : estruendo
m

roaring adj : estruendoso
: atronador : vivo : caudaloso
: pujante

roast[1] v : asar : tostar : asarse

roast[2] adj : asado

roast[3] n : asado m

roaster n : asador m : tostador m
: pollo m

rob v **robbed; robbing** : robar
: privar : quitar

robber n : ladrón m, -drona f
robbery n, pl **-beries** : robo m
robe[1] v **robed; robing** : vestirse
robe[2] n : toga f : sotana f : bata f
robin n : petirrojo m
robot n : robot m — **robotic** adj
robotics ns & pl : robótica f
robust adj : robusto : fuerte —
  robustly adv
robustness n : robustez f : lozanía
  f
rock[1] v : acunar : mecer : sacudir
  : conmocionar : mecerse
  : balancearse
rock[2] n : roca f : piedra f : balanceo
  m
rock and roll n : rock and roll m
rock bottom n **to hit/reach rock
  bottom** : tocar fondo
rocker n : balancín m
rocket[1] v : dispararse : subir
  rápidamente
rocket[2] n : cohete m
rocking horse n : caballito m
rock salt n : sal f gema
rocky adj **rockier; -est** : rocoso
  : pedregoso : inestable
rod n : barra f : varilla f : vara f
  : medida f de longitud equivalente
  a 5.03 metros
rode → **ride**[1]
rodent n : roedor m
rodeo n, pl **-deos** : rodeo m
roe n : hueva f
rogue n : pícaro m, -ra f : pillo m,
  -lla f
roguish adj : pícaro : travieso
role n : papel m : función f : rol m
role model n : modelo m de
  conducta
roll[1] v : rodar : resbalar : ir
  : balancearse : tronar : redoblar
  : hacer rodar : hacer volcar : liar
roll[2] n : lista f : panecito m : bolillo
  m : rollo m : redoble m : retumbo
  m : balanceo m
roller n : rodillo m : rulo m
roller coaster n : montaña f rusa
roller-skate v **-skated; -skating**
  : patinar
roller skate n : patín m
rollicking adj : animado : alegre
rolling adj : ondulante
rolling pin n : rodillo m

ROM n : ROM f
Roman[1] adj : romano
Roman[2] n : romano m, -na f
Roman Catholic n : católico m, -ca
  f — **Roman Catholic** adj
Roman Catholicism n : catolicismo m
romance[1] v **-manced; -mancing**
  : fantasear
romance[2] n : romance m : novela f
  de caballerías : novela f de amor
  : novela f romántica : amorío m
Romanian n : rumano m, -na f —
  Romanian adj
Roman numeral n : número m
  romano
romantic adj : romántico —
  romantic n — **romantically** adv
romanticism n : romanticismo m
romp[1] v : retozar : juguetear
romp[2] n : retozo m
roof[1] v : techar
roof[2] n, pl **roofs** : techo m : tejado
  m : techado m
roofing n : techumbre f
roof rack n : portaequipajes m
rooftop n : tejado m
rook[1] v : defraudar : estafar : timar
rook[2] n : grajo m : torre f
rookie n : novato m, -ta f
room[1] v : alojarse : hospedarse
room[2] n : espacio m : sitio m : lugar
  m : cuarto m : habitación f : sala
  f : dormitorio m : habitación f
  : pieza f
room divider → **divider**
roomer n : inquilino m, -na f
roomie n → **roommate**
rooming house n : pensión f
roommate n : compañero m, -ra f
  de cuarto
room service n : servicio m de
  habitaciones : servicio m a la
  habitación
roomy adj **roomier; -est** : espacioso
  : amplio : suelto : holgado
roost[1] v : posarse : dormir
roost[2] n : percha f
rooster n : gallo m
root[1] v : arraigar : hozar **to root out**
  : desarraigar : extirpar
root[2] n : raíz f : origen m : centro m
  : núcleo m
root beer n : refresco m hecho de
  raíces e hierbas

rootless adj : desarraigado
rope[1] v **roped; roping** : amarrar
: atar : lazar
rope[2] n : soga f : cuerda f
rosary n, pl **-ries** : rosario m
rose[1] → **rise**[1]
rose[2] adj : rosa : color de rosa
rose[3] n : rosal m : rosa f : rosa m
rosé n : vino m rosado
rosebush n : rosal m
rosemary n, pl **-maries** : romero m
rosette n : escarapela f : roseta f
rosin n : colofonia f
roster n : lista f
rostrum n, pl **-trums** or **-tra**
: tribuna f : estrado m
rosy adj **rosier; -est** : sonrosado
: de color rosa : prometedor
rot[1] v **rotted; rotting** : pudrirse
: descomponerse : pudrir
: descomponer
rot[2] n : putrefacción f
: descomposición f : podredumbre f
rotary[1] adj : rotativo : rotatorio
rotary[2] n, pl **-ries** : máquina f
rotativa : rotonda f : glorieta f
rotate v **-tated; -tating** : girar : rotar
: hacer girar : darle vueltas a
: alternar
rotation n : rotación f
rote n **to learn by rote** : aprender
de memoria
rotisserie n : asador m
rotor n : rotor m
rotten adj : podrido : putrefacto
: corrompido : malo
rottenness n : podredumbre f
rotund adj : redondeado
: regordete : llenito
rotunda n : rotonda f
rouge n : colorete m
rough[1] v : poner áspero
rough[2] adj : áspero : basto
: desigual : escabroso
: accidentado : agitado
: tempestuoso : violento : violento
: brutal : duro : difícil : rudo : tosco
: burdo : aproximado
roughage n : fibra f
roughen v : poner áspero : ponerse
áspero
roughly adv : bruscamente
: burdamente : aproximadamente
: más o menos

roughneck n : matón m
roughness n : rudeza f : aspereza f
roulette n : ruleta f
round[1] v : doblar : redondear
round[2] adv → **around**[1]
round[3] adj : redondo : circular
: cilíndrico : redondeado
round[4] n : círculo m : serie f
: sucesión f : asalto m : recorrido
m : vuelta f : salva f : ronda f;
rounds npl : recorridos mpl
: rondas fpl : visitas fpl
round[5] prep → **around**[2]
roundabout adj : indirecto
roundly adv : completamente
: francamente : rotundamente
: con vigor
roundness n : redondez f
round–shouldered adj : cargado
de hombros
round–trip adj : de ida y vuelta
roundup n : rodeo m : redada f
: resumen m
roundworm n : lombriz f intestinal
rouse v **roused; rousing**
: despertar : excitar
rout[1] v : derrotar : aplastar
rout[2] n : desbandada f : dispersión
f : derrota f aplastante
route[1] v **routed; routing** : dirigir
: enviar : encaminar
route[2] n : camino m : ruta f
: recorrido m
router n : router m
routine[1] adj : rutinario — **routinely**
adv
routine[2] n : rutina f
rove v **roved; roving** : vagar : errar
: errar por
rover n : vagabundo m, -da f
: explorador m
row[1] v : avanzar a remo : llevar a
remo : remar
row[2] n : paseo m en barca : fila f
: hilera f : serie f : estruendo m
: bulla f : pelea f : riña f
rowboat n : bote m de remos
rowdiness n : bulla f
rowdy[1] adj **rowdier; -est**
: escandaloso : alborotador
rowdy[2] n, pl **-dies** : alborotador m,
-dora f
rower n : remero m, -ra f
row house n : casa f adosada

royal[1] *adj* : real — **royally** *adv*

royal[2] *n* : persona de linaje real : miembro de la familia real

royalist *n* : realista *mf* — **royalism** *n* — **royalist** *adj*

royalty *n, pl* **-ties** : realeza *f* : miembros *mpl* de la familia real; **royalties** *npl* : derechos *mpl* de autor

rub[1] *v* **rubbed; rubbing** : frotar : restregar : friccionar : rozar : pulir : fregar

rub[2] *n* : fricción *f* : friega *f*

rubber *n* : goma *f* : caucho *m* : hule *m*; **rubbers** *npl* : chanclos *mpl*

rubber band *n* : goma *f* : gomita *f*

rubber–stamp *v* : aprobar : autorizar : sellar

rubber stamp *n* : sello *m*

rubbery *adj* : gomoso

rubbish *n* : basura *f* : desechos *mpl* : desperdicios *mpl*

rubble *n* : escombros *mpl* : ripio *m*

rubella *n* : rubéola *f*

ruble *n* : rublo *m*

ruby *n, pl* **-bies** : rubí *m* : color *m* de rubí

rucksack *n* : mochila *f*

ruckus *n* : alboroto *m* : bullicio *m*

rudder *n* : timón *m*

ruddy *adj* **ruddier; -est** : rubicundo : sanguíneo

rude *adj* **ruder; rudest** : tosco : rústico : grosero : descortés : maleducado : brusco

rudely *adv* : groseramente

rudeness *n* : grosería *f* : descortesía *f* : falta *f* de educación : tosquedad *f* : brusquedad *f*

rudiment *n* : rudimento *m* : noción *f* básica

rudimentary *adj* : rudimentario : básico

rue *v* **rued; ruing** : lamentar : arrepentirse de

rueful *adj* : lastimoso : arrepentido : pesaroso

ruffian *n* : matón *m*

ruffle[1] *v* **-fled; -fling** : agitar : rizar : arrugar : despeinar : erizar : alterar : irritar : perturbar : fruncir volantes en

ruffle[2] *n* : volante *m*

ruffly *adj* : con volantes

rug *n* : alfombra *f* : tapete *m*

rugby *n* : rugby *m*

rugged *adj* : accidentado : escabroso : duro : severo : robusto : fuerte

ruin[1] *v* : destruir : arruinar : hacer quebrar

ruin[2] *n* : ruina *f* : perdición *f*; **ruins** *npl* : ruinas *fpl* : restos *mpl*

ruinous *adj* : ruinoso

rule[1] *v* **ruled; ruling** : gobernar : controlar : decidir : fallar : trazar con una regla : reinar : prevalecer : imperar

rule[2] *n* : regla *f* : norma *f* : regla *f* general : gobierno *m* : dominio *m*

ruler *n* : gobernante *mf* : soberano *m*, -na *f* : regla *f*

ruling *n* : resolución *f* : fallo *m*

rum *n* : ron *m*

Rumanian → Romanian

rumba *n* : rumba *f*

rumble[1] *v* **-bled; -bling** : retumbar : hacer ruidos

rumble[2] *n* : estruendo *m* : ruido *m* sordo : retumbo *m*

ruminant[1] *adj* : rumiante

ruminant[2] *n* : rumiante *m*

ruminate *v* **-nated; -nating** : rumiar : reflexionar

rummage *v* **-maged; -maging** : hurgar

rummage sale *n* : venta *f* de beneficencia

rummy *n* : rummy *m*

rumor[1] *v* : rumorear

rumor[2] *n* : rumor *m*

rump *n* : ancas *fpl* : grupa *f* : cadera *f*

rumple *v* **-pled; -pling** : arrugar : despeinar

run[1] *v* **ran; run; running** : correr : circular : funcionar : ir : durar : desteñir : despintar : extenderse : pasar : llevar : hacer funcionar : realizar : echar : dirigir : tender

run[2] *n* : carrera *f* : vuelta *f* : paseo *m* : viaje *m* : serie *f* : gran demanda *f* : tipo *m*

runaway[1] *adj* : fugitivo : incontrolable : fuera de control

runaway[2] *n* : fugitivo *m*, -va *f*

rundown *n* : resumen *m*

run–down *adj* : ruinoso : destartalado : cansado : débil

rung[1] *pp* **→ ring**[1]

rung[2] *n* : peldaño *m* : escalón *m*

run–in n : disputa f : altercado m
runner n : corredor m, -dora f : mensajero m, -ra f : riel m : patín m : cuchilla f : estolón m
runner–up n, pl **runners–up** : subcampeón m, -peona f
running adj : corriente : continuo : seguido
runny adj **runnier; -est** : caldoso
run–of–the–mill adj : normal y corriente : común
runt n : animal m pequeño
runway n : pista f de aterrizaje
rupee n : rupia f
rupture[1] v **-tured; -turing** : romper : reventar : causar una hernia en : reventarse
rupture[2] n : ruptura f : hernia f
rural adj : rural : campestre
ruse n : treta f : ardid m : estratagema f
rush[1] v : correr : ir de prisa : correr con fuerza : apresurar : apurar : llevar o enviar urgentemente : abalanzarse sobre : asaltar
rush[2] adj : urgente
rush[3] n : prisa f : apuro m : ráfaga f : torrente m : avalancha f : demanda f : carga f : junco m

rush hour n : hora f pico
russet n : color m rojizo
Russian n : ruso m, -sa f — **Russian** adj
rust[1] v : oxidarse : oxidar
rust[2] n : herrumbre f : orín m : óxido m : roya f
rustic[1] adj : rústico : campestre
rustic[2] n : rústico m, -ca f : campesino m, -na f
rustle[1] v **rustled; rustling** : hacer susurrar : hacer crujir : robar : susurrar : crujir
rustle[2] n : murmullo m : susurro m : crujido m
rustler n : ladrón m, -drona f de ganado
rustproof adj : inoxidable
rusty adj **rustier; -est** : oxidado : herrumbroso
rut n : rodada f : surco m
ruthless adj : despiadado : cruel — **ruthlessly** adv
ruthlessness n : crueldad f : falta f de piedad
RV → recreational vehicle
Rwandan n : ruandés m, -desa f — **Rwandan** adj
rye n : centeno m

S

Sabbath n : sábado m : domingo m
sabbatical n : sabático m
saber n : sable m
sable n : negro m : marta f cebellina
sabotage[1] v **-taged; -taging** : sabotear
sabotage[2] n : sabotaje m
saboteur n : saboteador m, -dora f
sac n : saco m
saccharin n : sacarina f
saccharine adj : meloso : empalagoso
sachet n : bolsita f
sack[1] v : echar : despedir : saquear
sack[2] n : saco m
sacrament n : sacramento m
sacramental adj : sacramental
sacred adj : sagrado : sacro

sacrifice[1] v **-ficed; -ficing** : sacrificar
sacrifice[2] n : sacrificio m
sacrilege n : sacrilegio m
sacrilegious adj : sacrílego
sacrosanct adj : sacrosanto
sad adj **sadder; saddest** : triste — **sadly** adv
sadden v : entristecer
saddle[1] v **-dled; -dling** : ensillar
saddle[2] n : silla f
saddlebag n : alforja f
sadism n : sadismo m
sadist n : sádico m, -ca f
sadistic adj : sádico — **sadistically** adv
sadness n : tristeza f
safari n : safari m
safe[1] adj **safer; safest** : ileso : seguro : prudente

safe[2] *n* : caja *f* fuerte
safe–conduct *n* : salvoconducto *m*
safe–deposit box *n* : caja *f* de seguridad
safeguard[1] *v* : salvaguardar : proteger
safeguard[2] *n* : salvaguarda *f* : protección *f*
safekeeping *n* : custodia *f* : protección *f*
safely *adv* : sin incidentes : sin novedades : con toda seguridad : sin peligro : sin temor a equivocarse
safety *n, pl* **-ties** : seguridad *f*
safety belt *n* : cinturón *m* de seguridad
safety net *n* : red *f* de seguridad : protección *f*
safety pin *n* : alfiler *m* de gancho : alfiler *m* de seguridad : imperdible *m*
safety razor → **razor**
saffron *n* : azafrán *m*
sag[1] *v* **sagged; sagging** : combarse : hundirse : inclinarse : colgar : caer : flaquear : decaer
sag[2] *n* : comba *f*
saga *n* : saga *f*
sagacious *adj* : sagaz
sage[1] *adj* **sager; sagest** : sabio — **sagely** *adv*
sage[2] *n* : sabio *m*, -bia *f* : salvia *f*
sagebrush *n* : artemisa *f*
Sagittarius *n* : Sagitario *m* : Sagitario *mf*
said → **say**
sail[1] *v* : navegar : ir/marchar fácilmente : gobernar
sail[2] *n* : vela *f* : viaje *m* en velero
sailboat *n* : velero *m* : barco *m* de vela
sailfish *n* : pez *m* vela
sailing *n* : navegación *f* : vela *f*
sailing ship *n* : barco *m* de vela
sailor *n* : marinero *m*
saint *n* : santo *m*, -ta *f*
saintliness *n* : santidad *f*
saintly *adj* **saintlier; -est** : santo
sake *n* : bien *m*
salable *or* **saleable** *adj* : vendible
salacious *adj* : salaz — **salaciously** *adv*
salad *n* : ensalada *f*

salad dressing → **dressing**
salamander *n* : salamandra *f*
salami *n* : salami *m*
salary *n, pl* **-ries** : sueldo *m*
sale *n* : venta *f* : liquidación *f* : rebajas *fpl*; **sales** *npl* : ventas *fpl*
salesman *n, pl* **-men** : vendedor *m* : dependiente *m*
salesperson *n* : vendedor *m*, -dora *f* : dependiente *m*, -ta *f*
sales pitch → **pitch**[2]
saleswoman *n, pl* **-women** : vendedora *f* : dependienta *f*
salient *adj* : saliente : sobresaliente
saline *adj* : salino
salinity *n* : salinidad *f*
saliva *n* : saliva *f*
salivary *adj* : salival
salivate *v* **-vated; -vating** : salivar
sallow *adj* : amarillento
sally[1] *v* **-lied; -lying** : salir : hacer una salida
sally[2] *n, pl* **-lies** : salida *f* : misión *f* : ocurrencia *f*
salmon *ns & pl* : salmón *m* : color *m* salmón
salon *n* : salón *m*
saloon *n* : salón *m* : bar *m*
salsa *n* : salsa *f* mexicana : salsa *f* picante
salt[1] *v* : salar : echarle sal a
salt[2] *adj* : salado
salt[3] *n* : sal *f*
saltiness *adj* : lo salado : salinidad *f*
salt shaker *n* : salero *m*
saltwater *adj* : de agua salada
salty *adj* **saltier; -est** : salado
salubrious *adj* : salubre
salutary *adj* : saludable : salubre
salutation *n* : saludo *m* : salutación *f*
salute[1] *v* **-luted; -luting** : saludar : reconocer : aclamar : hacer un saludo
salute[2] *n* : saludo *m* : salva *f* : reconocimiento *m* : homenaje *m*
Salvadoran → **El Salvadoran**
salvage[1] *v* **-vaged; -vaging** : salvar : rescatar
salvage[2] *n* : salvamento *m* : rescate *m* : objetos *mpl* salvados
salvation *n* : salvación *f*
salve[1] *v* **salved; salving** : calmar : apaciguar

salve[2] *n* : ungüento *m*

salvo *n, pl* **-vos** *or* **-voes** : salva *f*

samba *n* : samba *f*

same *adj* : mismo : igual

sameness *n* : identidad *f*
: semejanza *f* : monotonía *f*

same—sex *adj* : del mismo sexo

sample[1] *v* **-pled; -pling** : probar

sample[2] *n* : muestra *f* : prueba *f*

sampler *n* : dechado *m* : colección
f : surtido *m*

sanatorium *n, pl* **-riums** *or* **-ria**
: sanatorio *m*

sanctify *v* **-fied; -fying** : santificar

sanctimonious *adj* : beato
: santurrón

sanction[1] *v* : sancionar : aprobar

sanction[2] *n* : sanción *f*
: autorización *f*; **sanctions** *npl*
: sanciones *fpl*

sanctity *n, pl* **-ties** : santidad *f*

sanctuary *n, pl* **-aries** : presbiterio
m : refugio *m* : asilo *m*

sand[1] *v* : lijar

sand[2] *n* : arena *f*

sandal *n* : sandalia *f*

sandalwood *n* : sándalo *m*

sandbank *n* : banco *m* de arena

sandbar *n* : banco *m* de arena

sandbox *n* : cajón *m* de arena

sand castle *n* : castillo *m* de arena

sand dune *n* → **dune**

sandpaper *n* : papel *m* de lija

sandstone *n* : arenisca *f*

sandstorm *n* : tormenta *f* de arena

sandwich[1] *v* : intercalar : encajonar
: meter

sandwich[2] *n* : sandwich *m*
: emparedado *m* : bocadillo *m*

sandy *adj* **sandier; -est** : arenoso

sane *adj* **saner; sanest** : cuerdo
: sensato : razonable

sang → **sing**

sangria *n* : sangría *f*

sanguine *adj* : sanguíneo
: rubicundo : optimista

sanitarium *n, pl* **-iums** *or* **-ia** →
sanatorium

sanitary *adj* : sanitario : higiénico

sanitation *n* : sanidad *f*

sanitize *v* **-tized; -tizing**
: desinfectar : expurgar

sanity *n* : cordura *f* : razón *f*

sank → **sink**

Santa Claus *n* : Papá Noel : San
Nicolás

sap[1] *v* **sapped; sapping** : socavar
: minar : debilitar

sap[2] *n* : savia *f* : inocentón *m*,
-tona *f*

sapling *n* : árbol *m* joven

sapphire *n* : zafiro *m*

sarcasm *n* : sarcasmo *m*

sarcastic *adj* : sarcástico —
sarcastically *adv*

sarcophagus *n, pl* **-gi** : sarcófago
m

sardine *n* : sardina *f*

sardonic *adj* : sardónico —
sardonically *adv*

sari *n* : sari *m*

sarsaparilla *n* : zarzaparrilla *f*

sash *n* : faja *f* : fajín *m*; *pl* **sash**
: marco *m*

sassafras *n* : sasafrás *m*

sassy *adj* **sassier; -est** : fresco
: descarado : impertinente
: moderno : llamativo : vivaz

sat → **sit**

Satan *n* : Satanás *m* : Satán *m*

satanic *adj* : satánico —
satanically *adv*

satchel *n* : cartera *f* : saco *m*

sate *v* **sated; sating** : saciar

satellite *n* : satélite *m*

satellite dish *n* : antena *m*
parabólica

satiate *v* **-ated; -ating** : saciar
: hartar

satin *n* : raso *m* : satín *m* : satén *m*

satire *n* : sátira *f*

satiric *or* **satirical** *adj* : satírico

satirize *v* **-rized; -rizing** : satirizar

satisfaction *n* : satisfacción *f*

satisfactory *adj* : satisfactorio
: bueno — **satisfactorily** *adv*

satisfy *v* **-fied; -fying** : satisfacer
: contentar : convencer : cumplir
con : llenar : pagar : saldar
: bastar

satisfying *adj* : satisfactorio

saturate *v* **-rated; -rating**
: empapar : saturar

saturation *n* : saturación *f*

Saturday *n* : sábado *m*

Saturn *n* : Saturno *m*

satyr *n* : sátiro *m*

sauce *n* : salsa *f*

saucepan *n* : cacerola *f* : cazo *m*
: cazuela *f*
saucer *n* : platillo *m*
sauciness *n* : descaro *m* : frescura *f*
saucy *adj* **saucier; -est**
: descarado : fresco — **saucily**
adv
Saudi → **Saudi Arabian**
Saudi Arabian *n* : saudita *mf*
: saudí *mf* — **Saudi Arabian** *adj*
sauna *n* : sauna *mf*
saunter *v* : pasear : pasearse
sausage *n* : salchicha *f* : embutido
m
sauté *v* **-téed** *or* **-téd; -téing**
: saltear : sofreír
savage[1] *adj* : salvaje : feroz —
savagely *adv*
savage[2] *n* : salvaje *mf*
savagery *n, pl* **-ries** : ferocidad
f : salvajada *f* : atrocidad *f*
: crueldad *f*
savanna *n* : sabana *f*
save[1] *v* **saved; saving** : salvar
: rescatar : preservar : conservar
: guardar : ahorrar : almacenar
save[2] *prep* : salvo : excepto
: menos
savings *n* : ahorros *mpl*
savings account *n* : cuenta *f* de
ahorro(s)
savings bank *n* : caja *f* de ahorros
savior *n* : salvador *m*, -dora *f*
savor[1] *v* : saborear
savor[2] *n* : sabor *m*
savory *adj* : sabroso
saw[1] → **see**
saw[2] *v* **sawed; sawed** *or* **sawn;**
sawing : serrar : cortar
saw[3] *n* : sierra *f*
sawdust *n* : aserrín *m* : serrín *m*
sawhorse *n* : caballete *m* : burro *m*
sawmill *n* : aserradero *m*
sax *n* : saxo *m*
saxophone *n* : saxofón *m* —
saxophonist *n*
say[1] *v* **said; saying; says** : decir
: expresar : marcar : poner
: revelar : saber : mandar
: pronunciar : suponer
say[2] *n, pl* **says** : voz *f* : opinión *f*
saying *n* : dicho *m* : refrán *m*
scab *n* : costra *f* : postilla *f*
: rompehuelgas *mf* : esquirol *mf*

scabbard *n* : vaina *f* : funda *f*
scabby *adj* **scabbier; -est** : lleno
de costras
scaffold *n* : patíbulo *m* : cadalso *m*;
or **scaffolding** : andiamo *m*
scald *v* : escaldar : calentar
scale[1] *v* **scaled; scaling** : escamar
: escalar : pesar
scale[2] *n* : escama *f* : escala *f*
: proporción *f; or* **scales** *npl*
: balanza *f* : báscula *f* : baremo *m*
scallion *n* : cebollino *m* : cebolleta *f*
scallop *n* : vieira *f* : festón *m*
scalp[1] *v* : arrancar la cabellera a
: revender
scalp[2] *n* : cuero *m* cabelludo
scalpel *n* : bisturí *m* : escalpelo *m*
scalper *n* : revendedor *m*, -dora *f*
scaly *adj* **scalier; -est** : escamoso
scam *n* : estafa *f* : timo *m*
: chanchullo *m*
scamp *n* : bribón *m*, -bona *f*
: granuja *mf* : travieso *m*, -sa *f*
scamper *v* : corretear
scan[1] *v* **scanned; scanning**
: escandir : escudriñar : escrutar
: echarle un vistazo a : explorar
: hacer un escáner de : escanear
scan[2] *n* : ecografía *f* : examen *m*
ultrasónico : escáner *m* : imagen *f*
escaneada
scandal *n* : escándalo *m*
: habladurías *fpl* : chismes *mpl*
scandalize *v* **-ized; -izing**
: escandalizar
scandalous *adj* : de escándalo
Scandinavian[1] *adj* : escandinavo
Scandinavian[2] *n* : escandinavo
m, -va *f*
scanner *n* : escáner *m* : scanner *m*
scant *adj* : escaso
scanty *adj* **scantier; -est** : exiguo
: escaso — **scantily** *adv*
scapegoat *n* : chivo *m* expiatorio
: cabeza *f* de turco
scapula *n, pl* **-lae** *or* **-las** →
shoulder blade
scar[1] *v* **scarred; scarring** : dejar
una cicatriz en : cicatrizar
scar[2] *n* : cicatriz *f* : marca *f*
scarab *n* : escarabajo *m*
scarce *adj* **scarcer; -est** : escaso
scarcely *adv* : apenas : ni mucho
menos : ni nada que se le parezca

scarcity *n, pl* **-ties** : escasez *f*
scare¹ *v* **scared; scaring** : asustar
: espantar
scare² *n* : susto *m* : sobresalto *m*
: pánico *m*
scarecrow *n* : espantapájaros *m*
: espantajo *m*
scared *n* : asustado
scarf *n, pl* **scarves** *or* **scarfs**
: bufanda *f* : pañuelo *m*
scarlet *n* : escarlata *f* — **scarlet** *adj*
scarlet fever *n* : escarlatina *f*
scary *adj* **scarier; -est** : espantoso
: pavoroso
scathing *adj* : mordaz : cáustico
scatter *v* : esparcir : desparramar
: dispersarse
scatterbrained *adj* : atolondrado
: despistado : alocado
scavenge *v* **-venged; -venging**
: rescatar : pepenar : rebuscar
: hurgar en la basura
scavenger *n* : persona *f* que
rebusca en las basuras
: pepenador *m*, -dora *f* : carroñero
m, -ra *f*
scenario *n, pl* **-ios** : argumento *m*
: guión *m* : situación *f* hipotética
scene *n* : escena *f* : decorado *m*
: escenario *m* : escándalo *m*
scenery *n, pl* **-eries** : decorado *m*
: paisaje *m*
scenic *adj* : pintoresco
scent¹ *v* : oler : olfatear : perfumar
: sentir : percibir
scent² *n* : olor *m* : aroma *m* : olfato
m : perfume *m*
scented *adj* : perfumado
scepter *n* : cetro *m*
sceptic → **skeptic**
schedule¹ *v* **-uled; -uling** : planear
: programar
schedule² *n* : programa *m* : plan *m*
: horario *m*
schematic¹ *adj* : esquemático
schematic² *n* : plano *m* : esquema
m
scheme¹ *v* **schemed; scheming**
: intrigar : conspirar
scheme² *n* : plan *m* : proyecto *m*
: intriga *f* : ardid *m* : esquema *m*
schemer *n* : intrigante *mf*
schism *n* : cisma *m*
schizophrenia *n* : esquizofrenia *f*

schizophrenic *n* : esquizofrénico
m, -ca *f* — **schizophrenic** *adj*
scholar *n* : escolar *mf* : alumno *m*,
-na *f* : especialista *mf*
scholarly *adj* : erudito
scholarship *n* : erudición *f* : beca *f*
scholastic *adj* : académico
school¹ *v* : instruir : enseñar
school² *n* : escuela *f* : colegio *m*
: estudiantes y profesores
schoolbook *n* : libro *m* de texto
schoolboy *n* : escolar *m* : colegial
m
schoolchild *n* : colegial *m*, -giala *f*
: escolar *mf*
schoolgirl *n* : escolar *f* : colegiala *f*
schoolhouse *n* : escuela *f*
schooling *n* : educación *f* escolar
schoolmate *n* : compañero *m*, -ra *f*
de escuela
schoolroom → **classroom**
schoolteacher *n* : maestro *m*, -tra *f*
: profesor *m*, -sora *f*
schoolwork *n* : trabajo *m* escolar
schooner *n* : goleta *f*
science *n* : ciencia *f*
science fiction *n* : ciencia ficción *f*
scientific *adj* : científico —
scientifically *adv*
scientist *n* : científico *m*, -ca *f*
sci-fi → **science fiction**
scintillating *adj* : chispeante
: brillante
scissors *npl* : tijeras *fpl*
sclerosis *n, pl* **-roses** : esclerosis *f*
scoff *v* **to scoff at** : burlarse de
: mofarse de
scold *v* : regañar : reprender : reñir
scoop¹ *v* : sacar
scoop² *n* : pala *f* : cucharón *m*
: bola *f* : cucharada *f*
scoot *v* : ir rápidamente
scooter *n* : patineta *f* : monopatín
m : patinete *m*
scope *n* : alcance *m* : ámbito *m*
: extensión *f* : posibilidades *fpl*
: libertad *f*
scorch *v* : chamuscar : quemar
: chamuscarse : quemarse
score¹ *v* **scored; scoring**
: anotar : marcar : rayar : meter
: ganar : apuntarse : calificar
: instrumentar : orquestar
: obtener una puntuación

score[2] *n, pl* **scores** *or pl* **score**
: veintena *f* : línea *f* : marca
f : resultado *m* : calificación *f*
: puntuación *f* : cuenta *f* : partitura *f*

scoreboard *n* : marcador *m*
: tanteador *m* : pizarra *f*

scorer *n* : anotador *m*, -dora *f*
: goleador *m*

scorn[1] *v* : despreciar
: menospreciar : desdeñar

scorn[2] *n* : desprecio *m*
: menosprecio *m* : desdén *m*

scornful *adj* : desdeñoso
: despreciativo — **scornfully** *adv*

Scorpio *n* : Escorpio *m* : Escorpión
m : Escorpio *mf* : Escorpión *mf*

scorpion *n* : alacrán *m* : escorpión *m*

Scot *n* : escocés *m*, -cesa *f*

Scotch[1] *adj* → **Scottish**[1]

Scotch[2] *npl* **the Scotch** : los
escoceses

scot–free *adj* **to get off scot–free**
: salir impune : quedar sin castigo

Scots *n* : escocés *m*

Scottish[1] *adj* : escocés

Scottish[2] *n* → **Scots**

scoundrel *n* : sinvergüenza *mf*
: bellaco *m*, -ca *f*

scour *v* : registrar : revisar : fregar
: restregar

scourge[1] *v* **scourged; scourging**
: azotar

scourge[2] *n* : azote *m*

scout[1] *v* : reconocer

scout[2] *n* : explorador *m*, -dora *f*

scowl[1] *v* : fruncir el ceño

scowl[2] *n* : ceño *m* fruncido

scrabble *v* **scrabbled; -bling**
: escarbar/hurgar frenéticamente

scram *v* **scrammed; scramming**
: largarse

scramble[1] *v* **scrambled; -bling**
: trepar : gatear : hacer/
ir frenéticamente : pelearse
: mezclar : codificar : cifrar
: encriptar

scramble[2] *n* : rebatiña *f* : pelea *f*

scrambled eggs *npl* : huevos *mpl*
revueltos

scrap[1] *v* **scrapped; scrapping**
: desechar : pelearse

scrap[2] *n* : pedazo *m* : trozo *m*
: pelea *f*; **scraps** *npl* : restos *mpl*
: sobras *fpl*

scrapbook *n* : álbum *m* de recortes

scrape[1] *v* **scraped; scraping**
: rozar : rascar : raspar

scrape[2] *n* : raspadura *f* : rasguño *m*
: apuro *m* : aprieto *m*

scraping *n* : raspadura *f*

scrap paper *n* : papel para
borrador : papel usado

scratch[1] *v* : rascarse : arañar
: rasguñar : rayar : marcar

scratch[2] *n* : rasguño *m* : arañazo
m : raya *f* : rayón *m* : sonido *m*
rasposo

scratchy *adj* **scratchier; -est**
: áspero : que pica

scrawl[1] *v* : garabatear

scrawl[2] *n* : garabato *m*

scrawny *adj* **scrawnier; -est** : flaco
: escuálido

scream[1] *v* : chillar : gritar

scream[2] *n* : chillido *m* : grito *m*

screech[1] *v* : chillar : chirriar

screech[2] *n* : chillido *m* : grito *m*
: chirrido *m*

screen[1] *v* : proteger : tapar : ocultar
: someter a pruebas preventivas o
de detección : revisar : seleccionar
: filtrar : cribar : emitir : proyectar

screen[2] *n* : biombo *m* : pantalla *f*
: criba *f* : cine *m*

screening *n* : proyección *f*
: emisión *f* : acto *m* de hacer
pruebas médicas : control *m*
: selección *f*

screenplay *n* : guión *m*

screen saver *n* : protector *m* de
pantalla : salvapantallas *m*

screw[1] *v* : atornillar : sujetar
: enroscar

screw[2] *n* : tornillo *m* : vuelta *f*
: hélice *f*

screwdriver *n* : destornillador *m*
: desarmador *m*

scribble[1] *v* **-bled; -bling**
: garabatear

scribble[2] *n* : garabato *m*

scribe *n* : escriba *m*

scrimmage *n* : escaramuza *f*

script *n* : letra *f* : escritura *f* : guión
m

scriptural *adj* : bíblico

scripture *n* : escritos *mpl* sagrados;
the Scriptures *npl* : las Sagradas
Escrituras

scriptwriter n : guionista mf
: libretista mf

scroll[1] n : rollo m : voluta f

scroll[2] v : desplazarse : desplazar

scrotum n, pl **scrota** or **scrotums**
: escroto m

scrounge v **scrounged;**
scrounging : gorrear : sablear

scrounger n : gorrón m, -rrona f

scrub[1] v **scrubbed; scrubbing**
: restregar : fregar

scrub[2] n : maleza f : matorral m
: matorrales mpl : fregado m
: restregadura f

scrubby adj **scrubbier; -est**
: achaparrado : cubierto de
maleza

scruff n **by the scruff of the neck**
: por el cogote : por el pescuezo

scruffy adj **scruffier; -est** : dejado
: desaliñado

scrumptious adj : delicioso : muy
rico

scruple n : escrúpulo m

scrupulous adj : escrupuloso —
scrupulously adv

scrutinize v **-nized; -nizing**
: escrutar : escudriñar

scrutiny n, pl **-nies** : escrutinio m
: inspección f

scuff v : rayar : raspar

scuffle[1] v **-fled; -fling** : pelearse
: caminar arrastrando los pies

scuffle[2] n : refriega f : pelea f
: arrastre m de los pies

sculpt v : esculpir

sculptor n : escultor m, -tora f

sculptural adj : escultórico

sculpture[1] v **-tured; -turing**
: esculpir

sculpture[2] n : escultura f

scum n : espuma f : nata f : verdín
m

scurrilous adj : difamatorio
: calumnioso : injurioso

scurry v **-ried; -rying** : corretear

scurvy n : escorbuto m

scuttle[1] v **-tled; -tling** : hundir
: corretear

scuttle[2] n : cubo m

scythe n : guadaña f

sea[1] adj : del mar

sea[2] n : mar mf : mar m : multitud f

sea bass n : lubina f

seabed n : fondo m del mar

seabird n : ave f marina

seaboard n : litoral m

seacoast n : costa f : litoral m

seafarer n : marinero m

seafaring[1] adj : marinero

seafaring[2] n : navegación f

seafood n : mariscos mpl

seafront n : paseo m marítimo

seagull n : gaviota f

sea horse n : hipocampo m
: caballito m de mar

seal[1] v : sellar : cerrar

seal[2] n : foca f : sello m : cierre m
: precinto m

sea level n : nivel m del mar

sea lion n : león m marino

sealskin n : piel f de foca

seam[1] v : unir con costuras : marcar

seam[2] n : costura f : veta f : filón m

seaman n, pl **-men** : marinero m
: marino m

seamless adj : sin costuras : de
una pieza : perfecto

seamstress n : costurera f

seamy adj **seamier; -est** : sórdido

séance n : sesión f de espiritismo

seaplane n : hidroavión m

seaport n : puerto m marítimo

sear v : secar : resecar
: chamuscar : quemar

search[1] v : registrar : cachear
: buscar en **to search for** : buscar

search[2] n : búsqueda f : registro m
: cacheo m

search engine n : buscador m

searching adj : inquisitivo : penetrante

searchlight n : reflector m

seashell n : concha f

seashore n : orilla f del mar

seasick adj : mareado

seasickness n : mareo m

seaside → **seacoast**

season[1] v : sazonar : condimentar
: curar : secar

season[2] n : estación f : temporada
f : celo m

seasonable adj : propio de la
estación : oportuno

seasonal adj : estacional —
seasonally adv

seasoned adj : condimentado
: sazonado : veterano : curado
: seco

seasoning n : condimento m
: sazón f

season ticket n : abono m

seat[1] v : sentar : tener cabida para

seat[2] n : asiento m : plaza f
: fondillos mpl : trasero m : sede f
: centro m

seat belt n : cinturón m de
seguridad

seating n : asientos mpl : turno m

sea urchin n : erizo m de mar

seawall n : rompeolas m : dique m
marítimo

seawater n : agua f de mar

seaweed n : alga f marina

seaworthy adj : en condiciones de
navegar

secede v -ceded; -ceding
: separarse

seclude v -cluded; -cluding : aislar

seclusion n : aislamiento m

second[1] v : secundar : apoyar

second[2] or **secondly** adv : en
segundo lugar

second[3] adj : segundo : otro

second[4] n : segundo m, -da f
: ayudante m : momento m;
seconds npl : segunda ración f

secondary adj : secundario

secondary school n : escuela f de
enseñanza secundaria

second–class adj : de segunda
clase/categoría : mediocre

secondhand adj : de segunda
mano

second lieutenant n : alférez mf
: subteniente mf

second–rate adj : mediocre : de
segunda categoría

second thought n : duda f

secrecy n, pl **-cies** : secreto m

secret[1] adj : secreto — **secretly** adv

secret[2] n : secreto m

secretarial adj : de secretario : de
oficina

secretariat n : secretaría f
: secretariado m

secretary n, pl **-taries** : secretario
m, -ria f : ministro m, -tra f

secrete v -creted; -creting
: secretar : segregar : ocultar

secretion n : secreción f

secretive adj : reservado : callado
: secreto

sect n : secta f

sectarian adj : sectario

section[1] v : dividir

section[2] n : sección f : parte f
: sector m : barrio m

sectional adj : en sección : en
corte : de grupo : entre facciones
: modular

sector n : sector m

secular adj : secular : laico : seglar

secure[1] v -cured; -curing
: asegurar : sujetar : conseguir

secure[2] adj securer; -est : seguro
— **securely** adv

security n, pl **-ties** : seguridad
f : garantía f; **securities** npl
: valores mpl

security guard n : guardia mf
de seguridad : guarda mf de
seguridad

sedan n : sedán m

sedate[1] v -dated; -dating : sedar

sedate[2] adj : sosegado — **sedately**
adv

sedation n : sedación f

sedative[1] adj : sedante

sedative[2] n : sedante m : calmante m

sedentary adj : sedentario

sedge n : juncia f

sediment n : sedimento m
: poso m — **sedimentary** adj —
sedimentation n

sedition n : sedición f

seditious adj : sedicioso

seduce v -duced; -ducing
: seducir

seduction n : seducción f

seductive adj : seductor
: seductivo

seducer n : seductor m, -tora f

see[1] v saw; seen; seeing : ver
: leer : conocer : entender
: imaginar : asegurarse
: acompañar

see[2] n : sede f

seed[1] v : sembrar : quitarle las
semillas a

seed[2] n, pl **seed** or **seeds** : semilla
f : pepita f : germen m

seedless adj : sin semillas

seedling n : plantón m

seedpod → pod

seedy adj seedier; -est : lleno de
semillas : raído : ruinoso : sórdido

seek *v* **sought; seeking** : buscar
: solicitar : pedir
seem *v* : parecer
seeming *adj* : aparente : ostensible
seemingly *adv* : aparentemente
: según parece
seemly *adj* **seemlier; -est**
: apropiado : decoroso
seep *v* : filtrarse
seer *n* : vidente *mf* : clarividente *mf*
seesaw[1] *v* : jugar en un subibaja
: vacilar : oscilar
seesaw[2] *n* : balancín *m* : subibaja
m
seethe *v* **seethed; seething** : bullir
: hervir
segment *n* : segmento *m*
segmented *adj* : segmentado
segregate *v* **-gated; -gating**
: segregar
segregation *n* : segregación *f*
seismic *adj* : sísmico
seismograph *n* : sismógrafo *m*
seize *v* **seized; seizing** : capturar
: tomar : apoderarse de : detener
: agarrar : coger : aprovechar; *or*
to seize up : agarrotarse
seizure *n* : toma *f* : captura *f*
: detención *f* : ataque *m*
seldom *adv* : pocas veces : rara
vez : casi nunca
select[1] *v* : escoger : elegir
: seleccionar
select[2] *adj* : selecto
selection *n* : selección *f* : elección *f*
selective *adj* : selectivo
selenium *n* : selenio *m*
self *n*, *pl* **selves** : ser *m* : persona
f : lado
self- *pref* : auto-
self–addressed *adj* : con la
dirección del remitente
self–appointed *adj*
: autoproclamado : autonombrado
self–assurance *n* : seguridad *f* en
sí mismo
self–assured *adj* : seguro de sí
mismo
self–care *n* : cuidado *m* personal
self–centered *adj* : egocéntrico
self–confidence *n* : confianza *f* en
sí mismo
self–confident *adj* : seguro de sí
mismo

self–conscious *adj* : cohibido
: tímido
self–consciously *adv* : de manera
cohibida
self–consciousness *n* : vergüenza
f : timidez *f*
self–contained *adj* : independiente
: reservado
self–control *n* : autocontrol *m*
: control *m* de sí mismo
self–defense *n* : defensa *f* propia
: defensa *f* personal
self–denial *n* : abnegación *f*
self–destructive *adj*
: autodestructivo — **self–
destruction** *n*
self–determination *n*
: autodeterminación *f*
self–discipline *n* : autodisciplina *f*
self–esteem *n* : autoestima *f* : amor
m propio
self–evident *adj* : evidente
: manifiesto
self–explanatory *adj* : fácil de
entender : evidente
self–expression *n* : expresión *f*
personal
self–government *n* : autogobierno *m*
self–help *n* : autoayuda *f*
selfie *n*, *pl* **-fies** : selfie *m* : selfi *m*
: autofoto *f*
self–important *adj* : vanidoso
: presumido : arrogante
self–indulgent *adj* : que se permite
excesos
self–inflicted *adj* : autoinfligido
self–interest *n* : interés *m* personal
selfish *adj* : egoísta
selfishly *adv* : de manera egoísta
selfishness *n* : egoísmo *m*
selfless *adj* : desinteresado
self–pity *n*, *pl* **-ties**
: autocompasión *f*
self–portrait *n* : autorretrato *m*
self–proclaimed *adj*
: autoproclamado
self–propelled *adj*
: autopropulsado
self–reliance *n* : independencia *f*
: autosuficiencia *f*
self–respect *n* : autoestima *f*
: amor *m* propio
self–restraint *n* : autocontrol *m*
: moderación *f*

self–righteous adj : santurrón
: moralista
self–sacrifice n : abnegación f
self–sacrificing adj : abnegado
selfsame adj : mismo
self–satisfaction n : suficiencia f
self–satisfied adj : ufano
self–seeking adj : interesado
self–service adj : de autoservicio
self–sufficiency n : autosuficiencia
f
self–sufficient adj : autosuficiente
self–taught adj : autodidacta
sell v sold; selling : vender
: venderse
seller n : vendedor m, -dora f
selves → self
semantic adj : semántico
semantics ns & pl : semántica f
semaphore n : semáforo m
semblance n : apariencia f
semen n : semen m
semester n : semestre m
semi- pref : semi-
semiannual adj : semestral
semicircle n : semicírculo m
semicolon n : punto y coma m
semiconductor n : semiconductor
m
semifinal n : semifinal f
semimonthly adj : bimensual
: quincenal
seminar n : seminario m
seminary n, pl **-naries** : seminario
m
semiprecious adj : semiprecioso
Semite n : semita mf — **Semitic**
adj
semolina n : sémola f
senate n : senado m
senator n : senador m, -dora f
send v sent; sending : mandar
: enviar : lanzar
sender n : remitente mf
send–off n : despedida f
Senegalese n : senegalés m, -lesa
f — **Senegalese** adj
senile adj : senil
senility n : senilidad f
senior[1] adj : mayor : superior : más
antiguo
senior[2] n : superior m
senior citizen n : persona f de la
tercera edad

seniority n : antigüedad f
sensation n : sensación f
sensational adj : que causa
sensación
sensationalism n
: sensacionalismo m
sensationalist or **sensationalistic**
adj : sensacionalista
sense[1] v sensed; sensing : sentir
sense[2] n : sentido m : significado m
: sensación f : sensatez f : tino m
senseless adj : sin sentido : sin
razón : inconsciente
senselessly adv : sin sentido
sensibility n, pl **-ties** : sensibilidad f
sensible adj : sensible : perceptible
: consciente : sensato — **sensibly**
adv
sensibleness n : sensatez f
: solidez f
sensitive adj : sensible : delicado
: susceptible : sensibilizado : de
mucha sensibilidad : controvertido
: confidencial
sensitiveness → **sensitivity**
sensitivity n, pl **-ties** : sensibilidad f
sensitize v **-tized; -tizing**
: sensibilizar
sensor n : sensor m
sensory adj : sensorial
sensual adj : sensual — **sensually**
adv
sensuality n, pl **-ties** : sensualidad
f
sensuous adj : sensual
sent → **send**
sentence[1] v **-tenced; -tencing**
: sentenciar
sentence[2] n : sentencia f : oración
f : frase f
sentient adj : sensitivo : sensible
sentiment n : opinión f
: sentimiento m
sentimental adj : sentimental
sentimentality n, pl **-ties**
: sentimentalismo m : sensiblería f
sentinel n : centinela mf : guardia
mf
sentry n, pl **-tries** : centinela mf
separate[1] v **-rated; -rating**
: separar : diferenciar : distinguir
: separarse
separate[2] adj : separado : aparte
: distinto

separately *adv* : por separado : separadamente : aparte

separation *n* : separación *f*

sepia *n* : color *m* sepia

September *n* : septiembre *m* : setiembre *m*

septic *adj* : séptico

sepulchre *n* : sepulcro *m*

sequel *n* : secuela *f* : consecuencia *f* : continuación *f*

sequence *n* : serie *f* : sucesión *f* : secuencia *f* : orden *m*

sequester *v* : aislar

sequin *n* : lentejuela *f*

sequoia *n* : secoya *f* : secuoya *f*

sera → **serum**

Serb *or* **Serbian** *n* : serbio *m*, -bia *f* — **Serb** *or* **Serbian** *adj*

Serbo–Croatian *n* : serbocroata *m* — **Serbo–Croatian** *adj*

serenade[1] *v* **-naded; -nading** : darle una serenata

serenade[2] *n* : serenata *f*

serene *adj* : sereno — **serenely** *adv*

serendipity *n* : suerte *f* : fortuna *f*

serenity *n* : serenidad *f*

serf *n* : siervo *m*, -va *f*

serge *n* : sarga *f*

sergeant *n* : sargento *mf*

serial[1] *adj* : seriado

serial[2] *n* : serie *f* : serial *m* : publicación *f* por entregas

serially *adv* : en serie

serial number *n* : número *m* de serie

series *n, pl* **series** : serie *f* : sucesión *f*

serious *adj* : serio : dedicado : grave

seriously *adv* : seriamente : con seriedad : en serio : gravemente

seriousness *n* : seriedad *f* : gravedad *f*

sermon *n* : sermón *n*

serpent *n* : serpiente *f*

serrated *adj* : dentado : serrado

serum *n, pl* **serums** *or* **sera** : suero *m*

servant *n* : criado *m*, -da *f* : sirviente *m*, -ta *f*

serve *v* **served; serving** : servir : sacar : abastecer : cumplir : hacer

server *n* : camarero *m*, -ra *f* : mesero *m* : servidor *m*

service[1] *v* **-viced; -vicing** : darle mantenimiento a : revisar : arreglar : reparar

service[2] *n* : servicio *m* : oficio *m* : juego *m* : mantenimiento *m* : revisión *f* : saque *m*

serviceable *adj* : útil : duradero

service charge *n* : servicio *m*

serviceman *n, pl* **-men** : militar *m*

service station → **gas station**

servicewoman *n, pl* **-women** : militar *f*

servile *adj* : servil

servility *n* : servilismo *m*

serving *n* : porción *f* : ración *f*

servitude *n* : servidumbre *f*

sesame *n* : ajonjolí *m* : sésamo *m*

session *n* : sesión *f*

set[1] *v* **set; setting** : poner : colocar : engarzar : montar : fijar : establecer : tender : hacer : ambientar : componer : tensar : marcar : fraguar : cuajar : ponerse

set[2] *adj* : fijo : establecido : inflexible : listo : preparado

set[3] *n* : juego *m* : aparato *m* : conjunto *m*

setback *n* : revés *m* : contratiempo *m*

settee *n* : sofá *m*

setter *n* : setter *mf*

setting *n* : posición *f* : ajuste *m* : montura *f* : escenario *m* : ambiente *m* : entorno *m* : marco *m*

settle *v* **settled; settling** : posarse : depositarse : asentarse : acomodarse : resolver una disputa : decidir : instalarse : establecerse : fijar : acordar : resolver : solucionar : pagar : calmar : asentar : acomodar : poner : colonizar

settlement *n* : pago *m* : liquidación *f* : asentamiento *m* : acuerdo *m*

settler *n* : poblador *m*, -dora *f* : colono *m*, -na *f*

setup *n* : montaje *m* : ensamblaje *m* : disposición *f* : preparación *f* : encerrona *f*

seven[1] *adj* : siete

seven[2] *n* : siete *m*
seven[3] *pron* : siete
seven hundred[1] *adj & pron* : setecientos
seven hundred[2] *n* : setecientos *m*
seventeen[1] *adj & pron* : diecisiete
seventeen[2] *n* : diecisiete *m*
seventeenth[1] *adj* : decimoséptimo
seventeenth[2] *n* : decimoséptimo *m*, -ma *f* : diecisieteavo *m* : diecisieteava parte *f*
seventh[1] *adv* : en séptimo lugar
seventh[2] *adj* : séptimo
seventh[3] *n* : séptimo *m*, -ma *f* : séptima parte *f*
seventieth[1] *adj* : septuagésimo
seventieth[2] *n* : septuagésimo *m*, -ma *f* : setentavo *m* : setentava parte *f* : septuagésima parte *f*
seventy[1] *adj & pron* : setenta
seventy[2] *n, pl* **-ties** : setenta *m*
sever *v* **-ered; -ering** : cortar : romper
several[1] *adj* : distinto : varios
several[2] *pron* : varios
severance *n* : ruptura *f*
severe *adj* **severer; -est** : severo : sobrio : austero : grave : duro : difícil — **severely** *adv*
severity *n* : severidad *f* : sobriedad *f* : austeridad *f* : gravedad *f*
sew *v* **sewed; sewn** *or* **sewed; sewing** : coser
sewage *n* : aguas *fpl* negras : aguas *fpl* residuales
sewer[1] *n* : uno que cose
sewer[2] *n* : alcantarilla *f* : cloaca *f*
sewing *n* : costura *f*
sewing machine *n* : máquina *f* de coser
sex *n* : sexo *m* : relaciones *fpl* sexuales
sexism *n* : sexismo *m*
sexist[1] *adj* : sexista
sexist[2] *n* : sexista *mf*
sextant *n* : sextante *m*
sextet *n* : sexteto *m*
sexton *n* : sacristán *m*
sexual *adj* : sexual — **sexually** *adv*
sexuality *n* : sexualidad *f*
sexy *adj* **sexier; -est** : sexy
sh *or* **ssh** *or* **sssh** *interj* : chis! : chist!
shabbily *adv* : pobremente : mal : injustamente

shabbiness *n* : lo gastado : lo mal vestido : injusticia *f*
shabby *adj* **shabbier; -est** : gastado : mal vestido : malo : injusto
shack *n* : choza *f* : rancho *m*
shackle[1] *v* **-led; -ling** : ponerle grilletes
shackle[2] *n* : grillete *m*
shad *n* : sábalo *m*
shade[1] *v* **shaded; shading** : proteger : convertirse gradualmente
shade[2] *n* : sombra *f* : tono *m* : matiz *m* : pantalla *f* : persiana *f*
shadow[1] *v* : ensombrecer : seguir de cerca : seguirle la pista
shadow[2] *n* : sombra *f* : oscuridad *f* : atisbo *m* : indicio *m*
shadowy *adj* : vago : indistinto : oscuro
shady *adj* **shadier; -est** : sombreado : que da sombra : sospechoso : turbio
shaft *n* : asta *f* : astil *m* : mango *m*
shaggy *adj* **shaggier; -est** : peludo : enmarañado : despeinado
shake[1] *v* **shook; shaken; shaking** : sacudir : agitar : hacer temblar : debilitar : hacer flaquear : afectar : alterar : temblar : sacudirse
shake[2] *n* : sacudida *f* : apretón *m*
shake–up *n* : reorganización *f*
shakily *adv* : temblorosamente
shaky *adj* **shakier; -est** : tembloroso : poco firme : inestable : precario : incierto : dudoso : cuestionable
shale *n* : esquisto *m*
shallow *adj* : poco profundo : superficial
shallows *npl* : bajío *m* : bajos *mpl*
sham[1] *v* **shammed; shamming** : fingir
sham[2] *adj* : falso : fingido
sham[3] *n* : farsa *f* : simulación *f* : imitación *f* : impostor *m*, -tora *f* : farsante *mf*
shamble *v* **-bled; -bling** : caminar arrastrando los pies
shambles *ns & pl* : caos *m* : desorden *m* : confusión *f*
shame[1] *v* **shamed; shaming** : avergonzar : deshonrar

shame[2] *n* : vergüenza *f* : deshonra *f*
: lástima *f* : pena *f*
shamefaced *adj* : avergonzado
shameful *adj* : vergonzoso —
shamefully *adv*
shameless *adj* : descarado
: desvergonzado — **shamelessly**
adv
shampoo[1] *v* : lavar
shampoo[2] *n, pl* **-poos** : champú *m*
shamrock *n* : trébol *m*
shank *n* : parte *f* baja de la pierna
shanty *n, pl* **-ties** : choza *f* : rancho
m
shantytown *n* : barriada *f*
: cinturón *m* de miseria
: ciudad *f* perdida : villa *f* miseria
: villa *f* de emergencia : pueblo *m*
joven : población *f* callampa
: barrio *m* de invasión : barrio *m*
de chabolas
shape[1] *v* **shaped; shaping** : dar
forma a : modelar : tallar : formar
: decidir : determinar; *or* **to shape
up** : tomar forma
shape[2] *n* : forma *f* : figura *f* : estado
m : condiciones *fpl*
-shaped *suf* : en forma de
shapeless *adj* : informe
shapely *adj* **shapelier; -est**
: curvilíneo : bien proporcionado
shard *n* : fragmento *m* : casco *m*
share[1] *v* **shared; sharing** : dividir
: repartir : compartir
share[2] *n* : parte *f* : porción *f*
: acción *f*
sharecropper *n* : aparcero *m*, -ra *f*
shareholder *n* : accionista *mf*
shark *n* : tiburón *m*
sharp[1] *adv* : en punto
sharp[2] *adj* : afilado : filoso
: cortante : fuerte : agudo : listo
: perspicaz : duro : severo : brusco
: repentino : nítido : definido
: anguloso : sostenido
sharp[3] *n* : sostenido *m*
sharpen *v* : afilar : aguzar
sharpener *n* : afilador *m*
: sacapuntas *m*
sharply *adv* : bruscamente
: claramente : marcadamente
sharpness *n* : lo afilado : agudeza *f*
: intensidad *f* : dureza *f* : severidad
f : brusquedad *f* : nitidez *f*

sharpshooter *n* : tirador *m*, -dora *f*
de primera
shatter *v* : hacer añicos : hacerse
añicos : romperse en pedazos
shave[1] *v* **shaved; shaved** *or*
shaven; shaving : afeitar : rasurar
: cortar : afeitarse : rasurarse
shave[2] *n* : afeitada *f* : rasurada *f*
shaver *n* : afeitadora *f* : máquina *f*
de afeitar : rasuradora *f*
shaving *n* : viruta *f*
shaving cream *n* : crema *f* de afeitar
shawl *n* : chal *m* : mantón *m*
: rebozo *m*
she *pron* : ella
sheaf *n, pl* **sheaves** : gavilla *f* : haz
m : fajo *m*
shear *v* **sheared; sheared** *or*
shorn; shearing : esquilar
: trasquilar : cortar
shears *npl* : tijeras *fpl*
sheath *n, pl* **sheaths** : funda *f*
: vaina *f*
sheathe *v* **sheathed; sheathing**
: envainar : enfundar
shed[1] *v* **shed; shedding** : derramar
: emitir : mudar
shed[2] *n* : cobertizo *m*
she'd → **have, will**
sheen *n* : brillo *m* : lustre *m*
sheep *ns & pl* : oveja *f*
sheepdog *n* : perro *m* pastor
sheepfold *n* : redil *m*
sheepish *adj* : avergonzado
sheepskin *n* : piel *f* de oveja : piel *f*
de borrego
sheer[1] *adv* : completamente
: totalmente : verticalmente
sheer[2] *adj* : vaporoso
: transparente : puro : escarpado
: vertical
sheet *n* : hoja *f* : capa *f* : lámina *f*
: placa *f* : plancha *f*
sheikh *or* **sheik** *n* : jeque *m*
shelf *n, pl* **shelves** : estante *m*
: anaquel *m* : banco *m* : arrecife *m*
shell[1] *v* : pelar : bombardear
shell[2] *n* : concha *f* : cáscara *f*
: vaina *f* : caparazón *m* : cartucho
m : casquillo *m*
she'll → **will**
shellac[1] *v* **-lacked; -lacking**
: laquear : darle una paliza
: derrotar

shellac[2] *n* : laca *f*
shellfish *n* : marisco *m*
shelter[1] *v* : proteger : abrigar : dar refugio a : albergar
shelter[2] *n* : refugio *m* : abrigo *m*
shelve *v* **shelved; shelving** : poner en estantes : dar carpetazo a
shenanigans *npl* : artimañas *fpl* : travesuras *fpl*
shepherd[1] *v* : cuidar : conducir : guiar
shepherd[2] *n* : pastor *m*
shepherdess *n* : pastora *f*
sherbet *or* **sherbert** *n* : sorbete *m* : nieve *f*
sheriff *n* : sheriff *mf*
sherry *n, pl* **-ries** : jerez *m*
she's → **be, have**
Shia *or* **Shi'a** *n* : chiismo *m*; *pl* **Shia** *or* **Shi'a** *or* **Shias** *or* **Shi'as** : chií *mf* : chiita *mf*
shield[1] *v* : proteger : ocultar
shield[2] *n* : escudo *m* : protección *f* : blindaje *m*
shier, shiest → **shy**
shift[1] *v* : cambiar : mover : transferir : moverse
shift[2] *n* : cambio *m* : turno *m* : vestido *m*
shiftless *adj* : perezoso : vago : holgazán
shifty *adj* **shiftier; -est** : taimado : artero
Shiite *or* **Shi'ite** *n* : chií *mf* : chiita *mf* — **Shiite** *or* **Shi'ite** *adj*
shilling *n* : chelín *m*
shimmer *v* : brillar con luz trémula
shin[1] *v* **shinned; shinning** : trepar : subir
shin[2] *n* : espinilla *f* : canilla *f*
shine[1] *v* **shone** *or* **shined; shining** : brillar : relucir : lucirse : alumbrar : sacarle brillo a : lustrar
shine[2] *n* : brillo *m* : lustre *m*
shingle[1] *v* **-gled; -gling** : techar
shingle[2] *n* : tablilla *f*
shingles *npl* : herpes *m*
shinny *v* **-nied; -nying** → **shin**[1]
shiny *adj* **shinier; -est** : brillante
ship[1] *v* **shipped; shipping** : embarcar : transportar : enviar
ship[2] *n* : barco *m* : buque *m*
shipboard *n* **on ~** : a bordo
shipbuilder *n* : constructor *m*, -tora *f* naval

shipment *n* : transporte *m* : embarque *m* : envío *m* : remesa *f*
shipper *n* : exportador *m*, -dora *f*
shipping *n* : barcos *mpl* : embarcaciones *fpl* : transporte *m*
shipshape *adj* : ordenado
shipwreck[1] *v* **to be shipwrecked** : naufragar
shipwreck[2] *n* : naufragio *m*
shipyard *n* : astillero *m*
shirk *v* : eludir : rehuir
shirt *n* : camisa *f*
shiver[1] *v* : tiritar : estremecerse : temblar
shiver[2] *n* : escalofrío *m* : estremecimiento *m*
shoal *n* : banco *m* : bajío *m*
shock[1] *v* : conmover : conmocionar : asustar : sobresaltar : escandalizar : darle una descarga eléctrica a
shock[2] *n* : choque *m* : sacudida *f* : shock *m* : golpe *m* : gavillas *fpl*
shock absorber *n* : amortiguador *m*
shocker *n* : bomba *f* : bombazo *m*
shocking *adj* : chocante
shoddy *adj* **shoddier; -est** : de mala calidad
shoe[1] *v* **shod; shoeing** : herrar
shoe[2] *n* : zapato *m* : herradura *f*
shoehorn *n* : calzador *m*
shoelace *n* : cordón *m*
shoemaker *n* : zapatero *m*, -ra *f*
shoe polish *n* : betún *m* : grasa *f*
shoeshine *n* : acto *m* de limpiar o lustrar los zapatos
shoe store *n* : zapatería *f*
shone → **shine**
shoo *v* **to shoo away/off/out (etc.)** : espantar : mandar a otra parte
shook → **shake**
shoot[1] *v* **shot; shooting** : disparar : tirar : pegarle un tiro a : darle un balazo a : balacear : balear : lanzar : anotar : jugar a : fotografiar : filmar : ir rápidamente
shoot[2] *n* : brote *m* : retoño *m* : vástago *m*
shooting *n* : baleo *m* : tiroteo *m*
shooting star *n* : estrella *f* fugaz
shoot-out *n* : balacera *f* : baleo *m* : tiroteo *m*

shop[1] *v* **shopped; shopping**
: hacer compras
shop[2] *n* : taller *m* : tienda *f*
shopkeeper *n* : tendero *m*, -ra *f*
shoplift *v* : hurtar mercancía
: hurtar
shoplifter *n* : ladrón *m*, -drona *f*
shopper *n* : comprador *m*, -dora *f*
shopping bag *n* : bolsa *f*
shopping cart *n* : carrito/carro
m de compras : carrito *m* de la
compra : carro *m* de la compra
shopping center *or* **shopping
plaza** *n* : centro *m* comercial
shopping mall *n* : centro *m*
comercial
shop window *n* : vitrina *f*
: escaparate *m* : aparador *m*
shore[1] *v* **shored; shoring**
: apuntalar
shore[2] *n* : orilla *f* : puntal *m*
shoreline *n* : orilla *f*
shorn → **shear**
short[1] *v* → **short-circuit**
short[2] *adv* : repentinamente
: súbitamente
short[3] *adj* : corto : bajo : abreviado
: brusco : cortante : seco
short[4] *n* **shorts** *npl* : shorts
mpl : pantalones *mpl* cortos
: cortometraje *m*
shortage *n* : falta *f* : escasez *f*
: carencia *f*
shortbread *n* : galleta *f* dulce de
mantequilla, harina, y azúcar
shortcake *n* : tarta *f* de fruta
shortchange *v* **-changed;
-changing** : darle mal el cambio
short-circuit *v* : provocar un
cortocircuito en : provocar un
cortocircuito : hacer cortocircuito
short circuit *n* : cortocircuito *m*
: corto *m*
shortcoming *n* : defecto *m*
shortcut *n* : atajo *m* : alternativa *f*
fácil : método *m* rápido
shorten *v* : acortar : acortarse
shortfall *n* : déficit *m*
shorthand *n* : taquigrafía *f*
short list *n* : lista *f* de candidatos
finales
short-lived *adj* : efímero
shortly *adv* : brevemente : dentro
de poco

shortness *n* : lo corto : brevedad *f*
: brusquedad *f* : falta *f* : escasez *f*
: carencia *f*
shortsighted → **nearsighted**
short-sleeved *adj* : de manga
corta
short-staffed *adj* **to be short-
staffed** : faltarle personal a
shortstop *n* : torpedero *m*, -ra *f*
: parador *m*, -dora *f* en corto
short story *n* : cuento *m*
short-tempered *adj* : de mal genio
short-term *adj* : a corto plazo
shorty *n* : enano *m*, -na *f* *often
disparaging* : petiso *m*, -sa *f*
shot *n* : disparo *m* : tiro *m*
: perdigones *mpl* : intento *m*
: tentativa *f* : posibilidad *f* : chance
m : foto *f* : inyección *f* : trago *m*
: tirador *m*, -dora *f*
shotgun *n* : escopeta *f*
shot put *n* : lanzamiento *m* de bala
shoulder[1] *v* : empujar : ponerse al
hombro : cargar con
shoulder[2] *n* : hombro *m* : arcén *m*
: banquina *f* : berma *f*
shoulder bag *n* : cartera *f* : bolso
m : bolsa *f*
shoulder blade *n* : omóplato *m*
: omoplato *m* : escápula *f*
shoulder-length *n* : hasta los
hombros
shoulder strap *n* : tirante *m*
shout[1] *v* : gritar : vocear
shout[2] *n* : grito *m*
shove[1] *v* **shoved; shoving**
: empujar bruscamente
shove[2] *n* : empujón *m* : empellón *m*
shovel[1] *v* **-veled** *or* **-velled; -veling**
or **-velling** : mover con pala
: cavar
shovel[2] *n* : pala *f*
show[1] *v* **showed; shown** *or*
showed; showing : mostrar
: enseñar : demostrar
: manifestar : revelar : probar
: representar : marcar : indicar
: llevar : conducir : proyectar
: dar : notarse : verse : aparecer
: dejarse ver
show[2] *n* : demostración *f*
: exposición *f* : exhibición *f*
: espectáculo *m* : programa *m*
: apariencia *f*

show business n : mundo m del espectáculo

showcase n : vitrina f

showdown n : confrontación f

shower[1] v : regar : mojar : colmar : ducharse : darse una ducha : llover

shower[2] n : chaparrón m : chubasco m : ducha f : fiesta f

shower cap n : gorro m de ducha

showing n : exposición f

show-off n : fanfarrón m, -rrona f

show off v : hacer alarde de : ostentar : lucirse

showroom n : sala f de exposición

show up v : aparecer : revelar

showy adj **showier; -est** : llamativo : ostentoso — **showily** adv

shrank → **shrink**

shrapnel ns & pl : metralla f

shred[1] v **shredded; shredding** : hacer trizas : desmenuzar : triturar

shred[2] n : tira f : jirón m : pizca f

shredder n : trituradora f

shrew n : musaraña f : mujer f regañona

shrewd adj : astuto : inteligente : sagaz — **shrewdly** adv

shrewdness n : astucia f

shriek[1] v : chillar : gritar

shriek[2] n : chillido m : alarido m : grito m

shrill adj : agudo : estridente

shrilly adv : agudamente

shrimp n : camarón m : langostino m : gamba f : enano m, -na f usually disparaging : petiso m, -sa f

shrine n : sepulcro m : lugar m sagrado : santuario m

shrink v **shrank** or **shrunk; shrunk** or **shrunken; shrinking** : retroceder : encogerse

shrinkage n : encogimiento m : contracción f : reducción f

shrivel v **-eled** or **-elled; -eling** or **-elling** : arrugarse : marchitarse

shroud[1] v : envolver

shroud[2] n : sudario m : mortaja f : velo m

shrub n : arbusto m : mata f

shrubbery n, pl **-beries** : arbustos mpl : matas fpl

shrug v **shrugged; shrugging** : encogerse de hombros **to shrug off** : hacer caso omiso de

shrunk → **shrink**

shuck v : pelar : abrir

shudder[1] v : estremecerse

shudder[2] n : estremecimiento m : escalofrío m

shuffle[1] v **-fled; -fling** : mezclar : revolver : barajar : caminar arrastrando los pies

shuffle[2] n : acto m de revolver : revoltijo m : el arrastrar los pies

shun v **shunned; shunning** : evitar : esquivar : eludir

shunt v : desviar : cambiar de vía

shut v **shut; shutting** : cerrar : cerrarse

shut-in n : inválido m, -da f

shutter n : contraventana f : postigo m : obturador m

shuttle[1] v **-tled; -tling** : transportar : ir y venir

shuttle[2] n : lanzadera f : vehículo m que hace recorridos cortos

shuttlecock n : volante m

shy[1] v **shied; shying** : retroceder : asustarse

shy[2] adj **shier** or **shyer; shiest** or **shyest** : tímido : cauteloso : corto

shyly adv : tímidamente

shyness n : timidez f

Siamese[1] adj : siamés

Siamese[2] n : siamés m, -mesa f

sibling n : hermano m : hermana f

Sicilian n : siciliano m, -na f — **Sicilian** adj

sick adj : enfermo : mareado : con náuseas : para uso de enfermos

sickbed n : lecho m de enfermo

sicken v : poner enfermo : darle asco : enfermar(se) : caer enfermo

sickening adj : asqueroso : repugnante : nauseabundo

sickle n : hoz f

sick leave n : baja f por enfermedad

sickly adj **sicklier; -est** : enfermizo

sickness n : enfermedad f : náuseas fpl

side[1] n : lado m : cara f : falda f : costado m : ijada f : parte f : aspecto m

side[2] v **sided; siding** : instalar revestimiento exterior en

sideboard *n* : aparador *m*

sideburns *npl* : patillas *fpl*

sided *adj* : que tiene lados

side effect *n* : efecto *m* secundario

sideline *n* : línea *f* de banda
: actividad *f* suplementaria

sidelong *adj* : de reojo : de soslayo

sideshow *n* : espectáculo *m*
secundario : atracción *f* secundaria

sidestep *v* **-stepped; -stepping**
: dar un paso hacia un lado
: esquivar : eludir

side street *n* : calle *f* lateral

sidetrack *v* : desviar : distraer

sidewalk *n* : acera *f* : vereda *f*
: andén *m* : banqueta *f*

sideways[1] *adv* : hacia un lado : de
lado : de costado

sideways[2] *adj* : hacia un lado

siding *n* : revestimiento *m* exterior

sidle *v* **-dled; -dling** : moverse
furtivamente

siege *n* : sitio *m*

siesta *n* : siesta *f*

sieve *n* : tamiz *m* : cedazo *m* : criba *f*

sift *v* : tamizar : cerner

sifter *n* : tamiz *m* : cedazo *m*

sigh[1] *v* : suspirar

sigh[2] *n* : suspiro *m*

sight[1] *v* : ver : divisar

sight[2] *n* : vista *f* : algo visto : lugar
m de interés : mira *f* : mirada *f*
breve

sighting *n* : avistamiento *m*

sightless *adj* : invidente : ciego

sightseeing *n* : acto *m* de visitar
los lugares de interés

sightseer *n* : turista *mf*

sign[1] *v* : firmar : hacer una seña
: comunicarse por señas

sign[2] *n* : símbolo *m* : signo *m*
: seña *f* : señal *f* : gesto *m* : letrero
m : cartel *m* : indicio *m*

signage *n* : señalización *f*

signal[1] *v* **-naled** *or* **-nalled; -naling**
or **-nalling** : hacerle señas
: señalar : indicar : hacer señas
: comunicar por señas

signal[2] *adj* : señalado : notable

signal[3] *n* : señal *f*

signatory *n, pl* **-ries** : firmante *mf*
: signatario *m*, -ria *f*

signature *n* : firma *f*

signer *n* : firmante *mf*

signet *n* : sello *m*

significance *n* : significado *m*
: importancia *f*

significant *adj* : importante
: significativo — **significantly** *adv*

signify *v* **-fied; -fying** : indicar
: significar

sign language *n* : lenguaje *m* por
señas

signpost *n* : poste *m* indicador

silence[1] *v* **-lenced; -lencing**
: silenciar : acallar

silence[2] *n* : silencio *m*

silencer *n* : silenciador *m*

silent *adj* : callado : silencioso
: mudo

silently *adv* : silenciosamente
: calladamente

silhouette[1] *v* **-etted; -etting**
: destacar la silueta de

silhouette[2] *n* : silueta *f*

silica *n* : sílice *f*

silicon *n* : silicio *m*

silk *n* : seda *f*

silk–cotton tree *n* : ceiba *f*

silken *adj* : de seda : sedoso

silkworm *n* : gusano *m* de seda

silky *adj* **silkier; -est** : sedoso

sill *n* : alféizar *m* : umbral *m*

silliness *n* : tontería *f* : estupidez *f*

silly *adj* **sillier; -est** : tonto
: estúpido : ridículo

silo *n, pl* **silos** : silo *m*

silt *n* : cieno *m*

silver[1] *adj* : de plata

silver[2] *n* : plata *f* : monedas *fpl*
: color *m* plata

silver–plated *adj* : plateado

silversmith *n* : orfebre *mf*

silverware *n* : artículos *mpl* de
plata : platería *f* : cubertería *f*

silvery *adj* : plateado

similar *adj* : similar : parecido
: semejante

similarity *n, pl* **-ties** : semejanza *f*
: parecido *m*

similarly *adv* : de manera similar

simile *n* : símil *m*

simmer *v* : hervir a fuego lento

simper[1] *v* : sonreír como un tonto

simper[2] *n* : sonrisa *f* tonta

simple *adj* **simpler; simplest**
: inocente : sencillo : simple : fácil
: puro : ingenuo

simpleminded *adj* : simple
simpleton *n* : bobo *m*, -ba *f* : tonto
  m, -ta *f*
simplicity *n* : simplicidad *f*
  : sencillez *f*
simplification *n* : simplificación *f*
simplify *v* **-fied; -fying** : simplificar
simplistic *n* : simplista
simply *adv* : sencillamente
  : simplemente : sólo
  : absolutamente
simulate *v* **-lated; -lating** : simular
simulation *n* : simulación *f*
simultaneous *adj* : simultáneo —
  simultaneously *adv*
sin[1] *v* **sinned; sinning** : pecar
sin[2] *n* : pecado *m*
since[1] *adv* : desde entonces : hace
since[2] *conj* : desde que : ya que
  : puesto que : dado que
since[3] *prep* : desde
sincere *adj* **-cerer; -est** : sincero
  — **sincerely** *adv*
sincerity *n* : sinceridad *f*
sinew *n* : tendón *m* : nervio *m*
  : fuerza *f*
sinewy *adj* : fibroso : fuerte
  : nervudo
sinful *adj* : pecador : pecaminoso
sing *v* **sang** *or* **sung; sung;**
  singing : cantar
singe *v* **singed; singeing**
  : chamuscar : quemar
singer *n* : cantante *mf*
singer-songwriter *n* : cantautor
  m, -tora *f*
single[1] *v* **-gled; -gling** *or* **to single**
  out : escoger : señalar
single[2] *adj* : soltero : solo
single[3] *n* : soltero *m*, -ra *f* : billete *m*
  de un dólar
single file[1] *adv* : en fila india
single file[2] *n* **in single file** : en fila
  india
single-handed *adj* : sin ayuda
  : solo
single-minded *adj* : resuelto
singly *adv* : individualmente : uno
  por uno
singular[1] *adj* : singular
  : sobresaliente : extraño
singular[2] *n* : singular *m*
singularity *n, pl* **-ties** : singularidad
  f

singularly *adv* : singularmente
sinister *adj* : siniestro
sink[1] *v* **sank** *or* **sunk; sunk;**
  sinking : hundirse : descender
  : caer : bajar : irse a pique
  : rebajarse : hundir : excavar
  : perforar : clavar : hincar : invertir
  : meter
sink[2] *n* : plomo *m* : plomada *f*
sinker *n* : plomada *f* : plomo *m*
sinner *n* : pecador *m*, -dora *f*
sinuous *adj* : sinuoso — **sinuously**
  adv
sinus *n* : seno *m*
sip[1] *v* **sipped; sipping** : sorber
  : beber a sorbos
sip[2] *n* : sorbo *m*
siphon[1] *v* : sacar con sifón
siphon[2] *n* : sifón *m*
sir *n* : sir *m* : señor *m*
sire[1] *v* **sired; siring** : engendrar
  : ser el padre de
sire[2] *n* : padre *m*
siren *n* : sirena *f*
sirloin *n* : solomillo *m*
sirup → **syrup**
sissy *n, pl* **-sies** *disparaging*
  : mariquita *f*
sister *n* : hermana *f*
sisterhood *n* : condición *f* de ser
  hermana : sociedad *f* de mujeres
sister-in-law *n, pl* **sisters-in-law**
  : cuñada *f*
sisterly *adj* : de hermana
sit *v* **sat; sitting** : sentarse : estar
  sentado : posarse : sesionar
  : posar : estar : sentar : colocar
sitcom → **situation comedy**
site *n* : sitio *m* : lugar *m*
  : emplazamiento *m* : ubicación *f*
  : escena *f* : escenario *m*
sitter → **baby-sitter**
sitting *n* : turno *m* : sesión *f*
sitting room → **living room**
situate *v* **-ated; -ating** : situar
  : ubicar : poner : colocar
situated *adj* : ubicado : situado
situation *n* : situación *f* : ubicación
  f : emplazamiento *m* : empleo *m*
situation comedy *n* : comedia *f* de
  situación
six[1] *adj* : seis
six[2] *n* : seis *m*
six[3] *pron* : seis

six–gun n : revólver m
six hundred[1] adj & pron : seiscientos
six hundred[2] n : seiscientos m
six–shooter → **six-gun**
sixteen[1] adj & pron : dieciséis
sixteen[2] n : dieciséis m
sixteenth[1] adj : decimosexto
sixteenth[2] n : decimosexto m, -ta f : dieciseisavo m : dieciseisava parte f
sixth[1] adv : en sexto lugar
sixth[2] adj : sexto
sixth[3] n : sexto m, -ta f : sexta parte f
sixtieth[1] adj : sexagésimo
sixtieth[2] n : sexagésimo m, -ma f : sesentavo m : sesentava parte f
sixty[1] adj & pron : sesenta
sixty[2] n, pl **-ties** : sesenta m
sizable or **sizeable** adj : considerable
size[1] v **sized; sizing** : clasificar según el tamaño
size[2] n : tamaño m : talla f : número m : magnitud f
sized adj : de tamaño
sizzle v **-zled; -zling** : chisporrotear
skate[1] v **skated; skating** : patinar
skate[2] n : patín m : raya f
skateboard n : monopatín m : patineta f : skateboard m
skateboarding n : monopatinaje m : skateboarding m
skater n : patinador m, -dora f
skating n : patinaje m
skating rink n : pista f de patinaje
skein n : madeja f
skeletal adj : óseo : esquelético
skeleton n : esqueleto m : armazón mf
skeleton key n : llave f maestra
skeptic n : escéptico m, -ca f
skeptical adj : escéptico
skepticism n : escepticismo m
sketch[1] v : bosquejar : hacer bosquejos
sketch[2] n : esbozo m : bosquejo m : ensayo m
sketchy adj **sketchier; -est** : incompleto : poco detallado
skewer[1] v : ensartar
skewer[2] n : brocheta f : broqueta f
ski[1] v **skied; skiing** : esquiar

ski[2] n, pl **skis** : esquí m
ski boot n : bota f de esquiar
skid[1] v **skidded; skidding** : derrapar : patinar
skid[2] n : derrape m : patinazo m
skier n : esquiador m, -dora f
skiing n : esquí m
ski jump n : trampolín m
ski lift n : telesquí m : telesilla f
skill n : habilidad f : destreza f : capacidad f : arte m : técnica f
skilled adj : hábil : experto
skillet n : sartén mf
skillful adj : hábil : diestro
skillfully adv : con habilidad : con destreza
skim[1] v **skimmed; skimming** : espumar : quitar : echarle un vistazo a : pasar rozando
skim[2] adj : descremado
ski mask n : pasamontañas m
skimp v to skimp on : escatimar
skimpy adj **skimpier; -est** : exiguo : escaso : raquítico
skin[1] v **skinned; skinning** : despellejar : desollar
skin[2] n : piel f : cutis m
skin–deep adj : superficial
skin diving n : buceo m : submarinismo m
skinflint n : tacaño m, -ña f
skinhead n : cabeza mf rapada
skinned adj : de piel
skinny adj **skinnier; -est** : flaco
skip[1] v **skipped; skipping** : ir dando brincos : saltarse
skip[2] n : brinco m : salto m
skipper n : capitán m, -tana f
ski pole n : bastón m
skirmish[1] v : escaramuzar
skirmish[2] n : escaramuza f : refriega f
skirt[1] v : bordear : evadir : esquivar
skirt[2] n : falda f : pollera f
skit n : sketch m
skittish adj : asustadizo : nervioso
skulk v : merodear
skull n : cráneo m : calavera f
skullcap n : casquete m
skunk n : zorrillo m : mofeta f
sky n, pl **skies** : cielo m
skylark n : alondra f
skylight n : claraboya f : tragaluz m
skyline n : horizonte m

skyrocket *v* : dispararse
skyscraper *n* : rascacielos *m*
slab *n* : losa *f* : tabla *f* : pedazo *m* grueso
slack[1] *adj* : descuidado : negligente : flojo : de poco movimiento
slack[2] *n* : parte *f* floja; **slacks** *npl* : pantalones *mpl*
slacken *v* : aflojar : aflojarse
slacker *n* : vago *m*, -ga *f* : holgazán *m*, -zana *f*
slackness *n* : soltura *f* : laxitud *f*
slag *n* : escoria *f*
slain → **slay**
slake *v* **slaked; slaking** : saciar : satisfacer
slam[1] *v* **slammed; slamming** : cerrar de golpe : tirar o dejar caer de golpe : cerrarse de golpe
slam[2] *n* : golpe *m* : portazo *m*
slam dunk *n* : clavada *f* : mate *m* : donqueo *m*
slander[1] *v* : calumniar : difamar
slander[2] *n* : calumnia *f* : difamación *f*
slanderous *adj* : difamatorio : calumnioso
slang *n* : argot *m* : jerga *f*
slant[1] *v* : inclinarse : ladearse : inclinar : sesgar : orientar : dirigir
slant[2] *n* : inclinación *f* : perspectiva *f* : enfoque *m*
slap[1] *v* **slapped; slapping** : bofetear : cachetear : golpear : tirar : poner
slap[2] *n* : bofetada *f* : cachetada *f* : palmada *f*
slapdash *adj* : chapucero
slapstick *n* : payasadas *fpl* : bufonadas *fpl*
slash[1] *v* : cortar : hacer un tajo en : reducir : rebajar
slash[2] *n* : tajo *m* : corte *m*
slat *n* : tablilla *f* : listón *m*
slate *n* : pizarra *f* : lista *f* de candidatos
slaughter[1] *v* : matar : masacrar
slaughter[2] *n* : matanza *f* : masacre *f* : carnicería *f*
slaughterhouse *n* : matadero *m*
Slav *n* : eslavo *m*, -va *f*
slave[1] *v* **slaved; slaving** : trabajar como un burro
slave[2] *n* : esclavo *m*, -va *f*
slaver *v* : babear

slavery *n* : esclavitud *f*
Slavic *adj* : eslavo
slavish *adj* : servil : poco original
slay *v* **slew; slain; slaying** : asesinar : matar
slayer *n* : asesino *m*, -na *f*
sleazy *adj* **sleazier; -est** : chapucero : de mala calidad : ruinoso : de mala fama
sled[1] *v* **sledded; sledding** : ir en trineo : transportar en trineo
sled[2] *n* : trineo *m*
sledge *n* : trineo *m*
sledgehammer *n* : almádena *f* : combo *m*
sleek[1] *v* : alisar
sleek[2] *adj* : liso y brillante
sleep[1] *v* **slept; sleeping** : dormir
sleep[2] *n* : sueño *m* : legañas *fpl*
sleeper *n* : durmiente *mf*
sleepily *adv* : de manera somnolienta
sleepiness *n* : somnolencia *f*
sleeping bag *n* : saco *m* de dormir
sleeping pill *n* : pastilla *f* para dormir
sleepless *adj* : sin dormir : desvelado
sleepwalk *v* : caminar dormido
sleepwalker *n* : sonámbulo *m*, -la *f*
sleepwalking *n* : sonambulismo *m*
sleepy *adj* **sleepier; -est** : somnoliento : soñoliento : aletargado : letárgico
sleet[1] *v* **to be sleeting** : caer aguanieve
sleet[2] *n* : aguanieve *f*
sleeve *n* : manga *f*
sleeveless *adj* : sin mangas
sleigh[1] *v* : ir en trineo
sleigh[2] *n* : trineo *m*
sleight of hand *n* : prestidigitación *f* : juegos *mpl* de manos
slender *adj* : esbelto : delgado : exiguo : escaso
sleuth *n* : detective *mf* : sabueso *m*
slew → **slay**
slice[1] *v* **sliced; slicing** : cortar
slice[2] *n* : rebanada *f* : tajada *f* : lonja *f* : rodaja *f* : trozo *m*
slicer *n* : cortadora *f* : rebanadora *f*
slick[1] *v* : alisar
slick[2] *adj* : resbaladizo : resbaloso : astuto : taimado

slicker n : impermeable m
slide[1] v **slid; sliding** : resbalar : deslizarse : bajar : correr : deslizar
slide[2] n : deslizamiento m : resbalón m : tobogán m : diapositiva f : descenso m
slider n : slider m : hamburguesa f pequeña : sandwich m pequeño
slier, sliest → **sly**
slight[1] v : desairar : despreciar
slight[2] adj : esbelto : delgado : endeble : leve : insignificante : pequeño : ligero
slight[3] n : desaire m
slightly adv : ligeramente : un poco
slim[1] v **slimmed; slimming** : adelgazar
slim[2] adj **slimmer; slimmest** : esbelto : delgado : exiguo : escaso
slime n : baba f : fango m : cieno m
slimy adj **slimier; -est** : viscoso
sling[1] v **slung; slinging** : lanzar : tirar : colgar
sling[2] n : honda f : cabestrillo m
slingshot n : tiragomas m : resortera f
slink v **slunk; slinking** : caminar furtivamente
slip[1] v **slipped; slipping** : ir sigilosamente : resbalarse : deslizarse : caer : empeorar : bajar : meter : poner : pasar : escaparse de
slip[2] n : atracadero m : percance m : contratiempo m : error m : desliz m : enagua f : injerto m : esqueje m : recibo m : boleta f : ticket m
slipknot n : nudo m corredizo
slipper n : zapatilla f : pantufla f
slipperiness n : lo resbaloso : lo resbaladizo : astucia f
slippery adj **slipperier; -est** : resbaloso : resbaladizo : artero : astuto : taimado : huidizo : escurridizo
slipshod adj : descuidado : chapucero
slipup n : patinazo m
slip up v : equivocarse
slit[1] v **slit; slitting** : cortar : abrir por lo largo
slit[2] n : abertura f : rendija f : corte m : raja f : tajo m

slither v : deslizarse
sliver n : astilla f
slob n : persona f desaliñada
slobber[1] v : babear
slobber[2] n : baba f
slog[1] v : trabajar duro
slog[2] n : trabajo m largo y arduo
slogan n : lema m : eslogan m
sloop n : balandra f
slop[1] v **slopped; slopping** : derramar : derramarse
slop[2] n : bazofia f
slope[1] v **sloped; sloping** : inclinarse
slope[2] n : inclinación f : pendiente f : declive m
sloppiness n : falta f de cuidado : desaliño m
sloppy adj **sloppier; -est** : que chorrea : descuidado : desaliñado
slot n : ranura f
sloth n : pereza f : perezoso m
slot machine n : tragamonedas mf : tragaperras mf
slotted spoon n : espumadera f
slouch[1] v : andar con los hombros caídos : repantigarse
slouch[2] n : mala postura f : haragán m, -gana f : inepto m, -ta f
slough[1] v : mudar de
slough[2] n : ciénaga f
Slovak or **Slovakian** n : eslovaco m, -ca f — **Slovak** or **Slovakian** adj
Slovene or **Slovenian** n : esloveno m, -na f — **Slovene** or **Slovenian** adj
slovenliness adj : falta f de cuidado : desaliño m
slovenly adj : descuidado : desaliñado
slow[1] v : retrasar : reducir la marcha de : ir más despacio
slow[2] adv : despacio : lentamente
slow[3] adj : lento : atrasado : poco activo : torpe : corto de alcances
slow cooker n : olla f de cocción lenta : olla f de cocimiento lento
slowly adv : lentamente : despacio
slow motion n : cámara f lenta
slowness n : lentitud f : torpeza f
slow–witted adj : limitado : lento : lerdo

sludge n : aguas fpl negras : aguas fpl residuales

slug[1] v **slugged; slugging** : pegarle un porrazo

slug[2] n : babosa f : bala f : ficha f : porrazo m : puñetazo m

sluggish adj : aletargado : lento

sluice[1] v **sluiced; sluicing** : lavar en agua corriente

sluice[2] n : canal m

slum n : barriada f : barrio m bajo

slumber[1] v : dormir

slumber[2] n : sueño m

slump[1] v : disminuir : bajar : encorvarse : dejarse caer

slump[2] n : bajón m : declive m

slung → **sling**

slunk → **slink**

slur[1] v **slurred; slurring** : ligar : tragarse

slur[2] n : ligado m : mala pronunciación f : calumnia f : difamación f

slurp[1] v : beber o comer haciendo ruido : sorber ruidosamente

slurp[2] n : sorbo m

slush n : nieve f medio derretida

sly adj **slier; sliest** : astuto : taimado : solapado — **slyly** adv

slyness n : astucia f

smack[1] v **to smack of** : oler a : saber a : besar : plantarle un beso : pegarle una bofetada

smack[2] adv : justo : exactamente

smack[3] n : sabor m : indicio m : chasquido m : bofetada f : beso m

small adj : pequeño : chico : insignificante

smallness n : pequeñez f

smallpox n : viruela f

small talk n **to make small talk** : hablar de cosas sin importancia

smart[1] v : escocer : picar : arder : dolerse : resentirse

smart[2] adj : listo : vivo : inteligente : elegante — **smartly** adv

smart[3] n : escozor m : dolor m; **smarts** npl : inteligencia f

smarten up v : atildar : arreglar : atildarse : arreglarse

smartness n : inteligencia f : elegancia f

smartphone n : smartphone m : teléfono m inteligente

smash[1] v : romper : quebrar : hacer pedazos : destrozar : arruinar : estrellar : chocar : hacerse pedazos : hacerse añicos : estrellarse

smash[2] n : golpe m : choque m : estrépito m : exitazo m

smattering n : nociones fpl : un poco : unos cuantos

smear[1] v : embadurnar : untar : emborronar : calumniar : difamar

smear[2] n : mancha f : calumnia f

smell[1] v **smelled** or **smelt; smelling** : oler : olfatear

smell[2] n : olfato m : sentido m del olfato : olor m

smelly adj **smellier; -est** : maloliente

smelt[1] v : fundir

smelt[2] n, pl **smelts** or **smelt** : eperlano m

smidgen or **smidge** or **smidgeon** n : poquito m

smile[1] v **smiled; smiling** : sonreír

smile[2] n : sonrisa f

smiley face n : carita f sonriente

smirk[1] v : sonreír con suficiencia

smirk[2] n : sonrisa f satisfecha

smite v **smote; smitten** or **smote; smiting** : golpear : afligir

smith n : herrero m, -ra f

smithereens npl : añicos mpl

smithy n, pl **smithies** : herrería f

smock n : bata f : blusón m

smog n : smog m

smoke[1] v **smoked; smoking** : echar humo : humear : fumar : ahumar

smoke[2] n : humo m

smoked adj : ahumado

smoke detector n : detector m de humo

smoker n : fumador m, -dora f

smokescreen n : cortina f de humo

smoke signal n : señal f de humo

smokestack n : chimenea f

smoky adj **smokier; -est** : humeante : a humo : lleno de humo

smolder v : arder sin llama : arder

smooch v : besuquearse

smooth[1] v : alisar : extender

smooth[2] adj : liso : suave : sin grumos : fluido

smoothly *adv* : suavemente : con facilidad : sin problemas

smoothness *n* : suavidad *f*

smother *v* : ahogar : sofocar : cubrir : contener : asfixiarse

smudge[1] *v* **smudged; smudging** : emborronar : correrse

smudge[2] *n* : mancha *f* : borrón *m*

smug *adj* **smugger; smuggest** : suficiente : pagado de sí mismo

smuggle *v* **-gled; -gling** : contrabandear : pasar de contrabando

smuggler *n* : contrabandista *mf*

smuggling *n* : contrabando *m*

smugly *adv* : con suficiencia

smut *n* : tizne *m* : hollín *m* : obscenidad *f* : inmundicia *f*

smutty *adj* **smuttier; -est** : tiznado : obsceno : indecente

snack *n* : refrigerio *m* : bocado *m* : tentempié *m*

snack bar *n* : cafetería *f*

snag[1] *v* **snagged; snagging** : enganchar : engancharse

snag[2] *n* : problema *m* : inconveniente *m*

snail *n* : caracol *m*

snake *n* : culebra *f* : serpiente *f*

snakebite *n* : mordedura *f* de serpiente

snap[1] *v* **snapped; snapping** : romperse : quebrarse : intentar morder : hablar con severidad : moverse de un golpe : partir : quebrar : hacer de un golpe : decir bruscamente : chasquear

snap[2] *n* : chasquido *m* : broche *m* : cosa *f* fácil

snapdragon *n* : dragón *m*

snapper → **red snapper**

snappy *adj* **snappier; -est** : rápido : vivaz : frío : elegante

snapshot *n* : instantánea *f*

snare[1] *v* **snared; snaring** : atrapar

snare[2] *n* : trampa *f* : red *f*

snare drum *n* : tambor *m* con bordón

snarl[1] *v* : enmarañar : enredar : gruñir

snarl[2] *n* : enredo *m* : maraña *f* : gruñido *m*

snatch[1] *v* : arrebatar

snatch[2] *n* : fragmento *m*

sneak[1] *v* : ir a hurtadillas : hacer furtivamente

sneak[2] *n* : soplón *m*, -plona *f*

sneaker *npl* : tenis *m* : zapatilla *f*

sneaky *adj* **sneakier; -est** : solapado

sneer[1] *v* : sonreír con desprecio

sneer[2] *n* : sonrisa *f* de desprecio

sneeze[1] *v* **sneezed; sneezing** : estornudar

sneeze[2] *n* : estornudo *m*

snicker[1] *v* : reírse

snicker[2] *n* : risita *f*

snide *adj* : sarcástico

sniff[1] *v* : oler : husmear

sniff[2] *n* : aspiración *f* por la nariz : olor *m*

sniffle *v* **-fled; -fling** : respirar con la nariz congestionada

sniffles *npl* : resfriado *m*

snigger[1] → **snicker**[1]

snigger[2] → **snicker**[2]

snip[1] *v* **snipped; snipping** : cortar

snip[2] *n* : tijeretada *f* : recorte *m*

snipe[1] *v* **sniped; sniping** : disparar

snipe[2] *n, pl* **snipes** *or* **snipe** : agachadiza *f*

sniper *n* : francotirador *m*, -dora *f*

snippet *n* : fragmento *m*

snitch[1] *v* : cantar : robar

snitch[2] *n* : chivato *m*, -ta *f*

snivel *v* **-veled** *or* **-velled; -veling** *or* **-velling** : lloriquear

snob *n* : esnob *mf* : snob *mf*

snobbery *n, pl* **-beries** : esnobismo *m*

snobbish *adj* : esnob : snob

snobbishness *n* : esnobismo *m*

snoop[1] *v* : husmear : curiosear

snoop[2] *n* : fisgón *m*, -gona *f*

snooty *adj* **snootier; -est** : esnob : snob : altanero : altivo

snooze[1] *v* **snoozed; snoozing** : dormitar

snooze[2] *n* : siestecita *f* : siestita *f*

snore[1] *v* **snored; snoring** : roncar

snore[2] *n* : ronquido *m*

snorkel[1] *v* : bucear con esnórquel

snorkel[2] *n* : esnórquel *m* : snorkel *m* : tubo *m* respiratorio/respirador

snort[1] *v* : bufar : resoplar

snort[2] *n* : bufido *m* : resoplo *m*

snot *n* : mocos *mpl*

snotty *adj* **snottier; -est** : lleno de mocos

snout *n* : hocico *m* : morro *m*

snow[1] *v* : nevar

snow[2] *n* : nieve *f*

snowball[1] *v* : aumentar : agravarse

snowball[2] *n* : bola *f* de nieve

snowboard *n* : snowboard *m*

snowboarding *n* : snowboard *m*

snowcapped *adj* : nevado

snowdrift *n* : ventisquero *m*

snowdrop *n* : campanilla *f* blanca

snowfall *n* : nevada *f*

snowflake *n* : copo *m* de nieve

snowman *n, pl* **-men** : muñeco *m* de nieve

snowplow *n* : quitanieves *m*

snowshoe *n* : raqueta *f*

snowstorm *n* : tormenta *f* de nieve : ventisca *f*

snow–white *adj* : blanco como la nieve

snowy *adj* **snowier; -est** : nevoso

snub[1] *v* **snubbed; snubbing** : desairar

snub[2] *n* : desaire *m*

snub–nosed *adj* : de nariz respingada

snuff[1] *v* : apagar : sorber por la nariz

snuff[2] *n* : rapé *m*

snuffle *v* **-fled; -fling** : respirar con la nariz congestionada

snug *adj* **snugger; snuggest** : cómodo : ajustado : ceñido

snuggle *v* **-gled; -gling** : acurrucarse

snugly *adv* : cómodamente : de manera ajustada

so[1] *adv* : tan : tanto : también : así : de esta manera : por lo tanto

so[2] *adj* : cierto : verdad

so[3] *conj* : así que

soak[1] *v* : estar en remojo : poner en remojo : empapar

soak[2] *n* : remojo *m*

so–and–so *n* : fulano *m*, -na *f*

soap[1] *v* : enjabonar

soap[2] *n* : jabón *m*

soap opera *n* : culebrón *m* : telenovela *f*

soapsuds → suds

soapy *adj* **soapier; -est** : jabonoso

soar *v* : volar : remontar el vuelo

sob[1] *v* **sobbed; sobbing** : sollozar

sob[2] *n* : sollozo *m*

sober[1] *adj* : sobrio : serio

sober[2] *v* : entristecer — **soberly** *adv*

sobriety *n* : sobriedad *f* : seriedad *f*

so–called *adj* : supuesto : presunto

soccer *n* : futbol *m* : fútbol *m*

sociability *n* : sociabilidad *f*

sociable *adj* : sociable

social[1] *adj* : social — **socially** *adv*

social[2] *n* : reunión *f* social

socialism *n* : socialismo *m*

socialist[1] *adj* : socialista

socialist[2] *n* : socialista *mf*

socialize *v* **-ized; -izing** : nacionalizar : socializar : alternar : circular

social media *ns & pl* : redes *fpl* sociales : medios *mpl* sociales

social networking *n* : establecimiento *m* y mantenimiento *m* de una red de contactos en línea

social security *n* : seguridad *f* social

social work *n* : asistencia *f* social

social worker *n* : asistente *m*, -ta *f* social

society *n, pl* **-eties** : compañía *f* : sociedad *f* : asociación *f*

socioeconomic *adj* : socioeconómico

sociological *adj* : sociológico

sociologist *n* : sociólogo *m*, -ga *f*

sociology *n* : sociología *f*

sock[1] *v* : pegar : golpear

sock[2] *n, pl* **socks** *or* **sox** : calcetín *m* : media *f*; *pl* **socks** : puñetazo *m*

socket *n* : glena *f*

sod[1] *v* **sodded; sodding** : cubrir de césped

sod[2] *n* : césped *m* : tepe *m*

soda *n* : gaseosa *f* : refresco *m* : soda *f*

sodden *adj* : empapado

sodium *n* : sodio *m*

sodium bicarbonate *n* : bicarbonato *m* de soda

sodium chloride → salt

sofa *n* : sofá *m*

soft *adj* : blando : suave : no alcohólico

softball *n* : softbol *m*

soft–boiled *adj* : pasado por agua

soften v : ablandar : suavizar : amortiguar : ablandarse : suavizarse

softener n : suavizante m

softly adv : suavemente

softness n : blandura f : lo blando : suavidad f

soft–spoken adj : de voz suave

software n : software m

soggy adj **soggier; -est** : empapado

soil[1] v : ensuciar : ensuciarse

soil[2] n : suciedad f : suelo m : tierra f : patria f

sojourn[1] v : pasar una temporada

sojourn[2] n : estadía f : estancia f : permanencia f

sol n : sol m

solace n : consuelo m

solar adj : solar

sold → **sell**

solder[1] v : soldar

solder[2] n : soldadura f

soldier[1] v : servir como soldado

soldier[2] n : soldado mf

sole[1] adj : único

sole[2] n : suela f : lenguado m

solely adv : únicamente : sólo

solemn adj : solemne : serio — **solemnly** adv

solemnity n, pl **-ties** : solemnidad f

sol–fa n : solfeo m

solicit v : solicitar

solicitous adj : solícito

solicitude n : solicitud f

solid[1] adj : macizo : tridimensional : compacto : denso : sólido : seguido : continuo : unánime : serio : fiable : puro

solid[2] n : sólido m

solidarity n : solidaridad f

solidify v **-fied; -fying** : solidificar : solidificarse

solidity n, pl **-ties** : solidez f

solidly adv : sólidamente : unánimemente

soliloquy n, pl **-quies** : soliloquio m

solitaire n : solitario m

solitary adj : solitario : apartado : retirado : solo

solitude n : soledad f

solo[1] v : volar en solitario

solo[2] adv & adj : en solitario : a solas

solo[3] n, pl **solos** : solo m

soloist n : solista mf

solstice n : solsticio m

soluble adj : soluble

solution n : solución f

solve v **solved; solving** : resolver : solucionar

solvency n : solvencia f

solvent n : solvente m

somber adj : sombrío : oscuro : serio : lúgubre

sombrero n, pl **-ros** : sombrero m

some[1] adv : unos : unas : un poco

some[2] adj : un : algún : algo de : un poco de : unos

some[3] pron : algunos : un poco : algo

somebody pron : alguien

someday adv : algún día

somehow adv : de alguna manera : de algún modo : por alguna razón

someone pron : alguien

someplace → **somewhere**

somersault[1] v : dar volteretas : dar un salto mortal

somersault[2] n : voltereta f : salto m mortal

something pron : algo

sometime adv : algún día : en algún momento

sometimes adv : a veces : algunas veces : de vez en cuando

somewhat adv : algo : un tanto

somewhere adv : en algún lugar : a algún lugar : alrededor de

son n : hijo m

sonar n : sonar m

sonata n : sonata f

song n : canción f : canto m

songbird n : pájaro m cantor

songbook n : cancionero m

songwriter n : compositor m, -tora f

sonic adj : sónico

son–in–law n, pl **sons–in–law** : yerno m : hijo m político

sonnet n : soneto m

sonorous adj : sonoro

soon adv : pronto : dentro de poco : de buena gana

soot n : hollín m : tizne m

soothe v **soothed; soothing** : calmar : tranquilizar : aliviar

soothsayer n : adivino m, -na f

sooty *adj* **sootier; -est** : cubierto de hollín : tiznado

sop[1] *v* **sopped; sopping** : mojar : empapar

sop[2] *n* : concesión *f* : soborno *m*

sophisticated *adj* : sofisticado : complejo

sophistication *n* : complejidad *f* : sofisticación *f*

sophomore *n* : estudiante *mf* de segundo año

sophistry *n* : sofistería *f*

soporific *adj* : soporífero

soprano *n, pl* **-nos** : soprano *mf*

sorbet *n* : sorbete *m*

sorcerer *n* : hechicero *m* : brujo *m* : mago *m*

sorceress *n* : hechicera *f* : bruja *f* : maga *f*

sorcery *n* : hechicería *f* : brujería *f*

sordid *adj* : sórdido

sore[1] *adj* **sorer; sorest** : dolorido : doloroso : extremo : grande : enojado : enfadado

sore[2] *n* : llaga *f*

sorely *adv* : muchísimo

soreness *n* : dolor *m*

sorghum *n* : sorgo *m*

sorority *n, pl* **-ties** : hermandad *f*

sorrel *n* : alazán *m* : acedera *f*

sorrow *n* : pesar *m* : dolor *m* : pena *f*

sorrowful *adj* : triste : afligido : apenado

sorrowfully *adv* : con tristeza

sorry *adj* **sorrier; -est** : lastimero : lastimoso

sort[1] *v* : dividir en grupos : clasificar

sort[2] *n* : tipo *m* : clase *f* : índole *f*

sortie *n* : salida *f*

SOS *n* : SOS *m*

so-so *adj & adv* : así así : de modo regular

soufflé *n* : suflé *m*

sought → **seek**

soul *n* : alma *f* : esencia *f* : persona *f*

soulful *adj* : conmovedor : lleno de emoción

sound[1] *v* : sondar : hacer sonar : tocar : sonar : parecer

sound[2] *adj* : sano : sólido : lógico : sensato : profundo

sound[3] *adv* : profundamente

sound[4] *n* : sonido *m* : ruido *m* : brazo *m* de mar : canal *m*

soundless *adj* : sordo

soundlessly *adv* : silenciosamente

soundly *adv* : sólidamente : lógicamente : sensatamente : profundamente

soundness *n* : solidez *f* : sensatez *f*

soundproof *adj* : insonorizado

sound system *n* : equipo *m* de sonido

soundtrack *n* : banda *f* sonora

sound wave *n* : onda *f* sonora

soup *n* : sopa *f*

sour[1] *v* : agriarse : cortarse : agriar : cortar

sour[2] *adj* : agrio : ácido : cortado : desagradable

source *n* : fuente *f* : origen *m* : nacimiento *m*

sourness *n* : acidez *f*

soursop *n* : guanábana *f*

south[1] *adv* : al sur : hacia el sur

south[2] *adj* : sur : del sur

south[3] *n* : sur *m*

South African *n* : sudafricano *m*, -na *f* — **South African** *adj*

South American[1] *adj* : sudamericano : suramericano

South American[2] *n* : sudamericano *m*, -na *f* : suramericano *m*

southbound *adj* : con rumbo al sur

southeast[1] *adj* : sureste : sudeste : del sureste

southeast[2] *n* : sureste *m* : sudeste *m*

southeasterly *adv & adj* : del sureste : hacia el sureste

southeastern *adj* → **southeast**[1]

southerly *adv & adj* : del sur

southern *adj* : sur : sureño : meridional : austral

Southerner *n* : sureño *m*, -ña *f*

South Pole *n* : Polo *m* Sur

southward *or* **southwards** *adv & adj* : hacia el sur

southwest[1] *adj* : suroeste : sudoeste : del suroeste

southwest[2] *n* : suroeste *m* : sudoeste *m*

southwesterly *adv & adj* : del suroeste : hacia el suroeste

southwestern *adj* → **southwest**[1]

souvenir *n* : recuerdo *m* : souvenir *m*

sovereign[1] *adj* : soberano

sovereign[2] *n* : soberano *m*, -na *f*

sovereignty *n*, *pl* **-ties** : soberanía *f*

Soviet *adj* : soviético

sow[1] *v* **sowed; sown** *or* **sowed; sowing** : sembrar : esparcir

sow[2] *n* : cerda *f*

sox → **sock**

soy *n* : soya *f* : soja *f*

soybean *n* : soya *f* : soja *f*

spa *n* : balneario *m*

space[1] *v* **spaced; spacing** : espaciar

space[2] *n* : espacio *m* : lapso *m* : período *m* : sitio *m* : lugar *m* : plaza *f*

spacecraft *n* : nave *f* espacial

spaceflight *n* : vuelo *m* espacial

spaceman *n*, *pl* **-men** : astronauta *m* : cosmonauta *m*

spaceship *n* : nave *f* espacial

space shuttle *n* : transbordador *m* espacial

space station *n* : estación *f* espacial

space suit *n* : traje *m* espacial

spacious *adj* : espacioso : amplio

spade[1] *v* **spaded; spading** : palear : usar una pala

spade[2] *n* : pala *f* : pica *f*

spaghetti *n* : espagueti *m* : espaguetis *mpl* : spaghetti *mpl*

spam[1] *v* **spammed; spamming** : enviarle spam a

spam[2] *n* : spam *m* : correo *m* electrónico no solicitado

span[1] *v* **spanned; spanning** : abarcar : extenderse sobre

span[2] *n* : lapso *m* : espacio *m* : luz *f*

spangle *n* : lentejuela *f*

Spaniard *n* : español *m*, -ñola *f*

spaniel *n* : spaniel *m*

Spanish[1] *adj* : español

Spanish[2] *n* : español *m*

spank *v* : darle nalgadas

spar[1] *v* **sparred; sparring** : entrenarse

spar[2] *n* : palo *m* : verga *f*

spare[1] *v* **spared; sparing** : perdonar : ahorrar : evitar : prescindir de : escatimar

spare[2] *adj* **sparer; sparest** : de repuesto : de recambio : de más : de sobra : libre : delgado

spare[3] *n* *or* **spare part** : repuesto *m* : recambio *m*

sparing *adj* : parco : económico — **sparingly** *adv*

spark[1] *v* : chispear : echar chispas : despertar : provocar

spark[2] *n* : chispa *f* : destello *m* : pizca *f*

sparkle[1] *v* **-kled; -kling** : destellar : centellear : brillar : estar muy animado

sparkle[2] *n* : destello *m* : centelleo *m*

sparkler *n* : luz *f* de bengala

spark plug *n* : bujía *f*

sparrow *n* : gorrión *m*

sparse *adj* **sparser; sparsest** : escaso — **sparsely** *adv*

spasm *n* : espasmo *m* : arrebato *m*

spasmodic *adj* : espasmódico : irregular : esporádico — **spasmodically** *adv*

spastic *adj* : espástico

spat[1] → **spit**[1]

spat[2] *n* : discusión *f* : disputa *f* : pelea *f*

spate *n* : avalancha *f* : torrente *m*

spatial *adj* : espacial

spatter[1] *v* : salpicar

spatter[2] *n* : salpicadura *f*

spatula *n* : espátula *f* : paleta *f*

spawn[1] *v* : desovar : generar : producir

spawn[2] *n* : hueva *f*

spay *v* : esterilizar

speak *v* **spoke; spoken; speaking** : hablar : decir

speaker *n* : hablante *mf* : orador *m*, -dora *f* : altavoz *m* : altoparlante *m*

spear[1] *v* : atravesar con una lanza

spear[2] *n* : lanza *f*

spearhead[1] *v* : encabezar

spearhead[2] *n* : punta *f* de lanza

spearmint *n* : menta *f* verde

special *adj* : especial — **specially** *adv*

special delivery *n* : correo *m* urgente

special effects *npl* : efectos *mpl* especiales

specialist *n* : especialista *mf*

specialization n : especialización f

specialize v -ized; -izing : especializarse

specialty n, pl -ties : especialidad f

species ns & pl : especie f

specific adj : específico : determinado — **specifically** adv

specification n : especificación f

specify v -fied; -fying : especificar

specimen n : espécimen m : muestra f : ejemplar m

speck n : manchita f : mota f : pizca f : ápice m

speckled adj : moteado

spectacle n : espectáculo m; **spectacles** npl : lentes fpl : gafas fpl : anteojos mpl : espejuelos mpl

spectacular adj : espectacular

spectator n : espectador m, -dora f

specter or **spectre** n : espectro m : fantasma m

spectrum n, pl **spectra** or **spectrums** : espectro m : gama f : abanico m

speculate v -lated; -lating : especular : preguntarse : hacer conjeturas

speculation n : especulación f

speculative adj : especulativo

speculator n : especulador m, -dora f

speech n : habla f : modo m de hablar : expresión f : discurso m

speechless adj : enmudecido : estupefacto

speed[1] v sped or speeded; speeding : ir a toda velocidad : correr a toda prisa : conducir a exceso de velocidad **to speed up** : acelerar

speed[2] n : rapidez f : velocidad f

speedboat n : lancha f motora : deslizador m

speed bump n : badén m

speeding n : exceso m de velocidad

speed limit n : velocidad f máxima : límite m de velocidad

speedometer n : velocímetro m

speedup n : aceleración f

speedy adj speedier; -est : rápido — **speedily** adv

spell[1] v : escribir : deletrear : significar : relevar : escribir correctamente

spell[2] n : turno m : período m : condición f pasajera : encanto m : hechizo m : maleficio m

spellbinding adj : hipnotizador

spellbound adj : embelesado

spell–check[1] v : corregir : pasar el corrector ortográfico a

spell–check[2] n : corrección f ortográfica

spellchecker n : corrector m ortográfico

speller n : persona f que escribe

spelling n : ortografía f

spend v spent; spending : gastar : pasar

spendthrift n : derrochador m, -dora f : despilfarrador m

sperm n, pl **sperm** or **sperms** : esperma mf

sperm whale n : cachalote m

spew v : salir a chorros : vomitar : arrojar

sphere n : esfera f

spherical adj : esférico

sphinx n : esfinge f

spice[1] v spiced; spicing : condimentar : sazonar

spice[2] n : especia f : sabor m

spick–and–span adj : limpio y ordenado

spiciness n : picante m : lo picante

spicy adj spicier; -est : condimentado : sazonado : picante

spider n : araña f

spiderweb n : telaraña f : tela f de araña

spiel n : rollo m : perorata f

spigot n : llave f : grifo m : canilla f

spike[1] v spiked; spiking : clavar : atravesar : añadir alcohol a

spike[2] n : clavo m grande : clavo m : remache m : pico m

spill[1] v : derramar : verter : revelar : divulgar : derramarse

spill[2] n : derrame m : vertido m : caída f

spin[1] v spun; spinning : hilar : girar : dar vueltas : tejer : hacer girar : darle un sesgo positivo a

spin[2] n : vuelta f : giro m

spinach n : espinacas fpl : espinaca f

spinal adj : espinal

spinal column n : columna f vertebral

spinal cord n : médula f espinal

spindle n : huso m : eje m

spindly adj : larguirucho : largo y débil

spin doctor n : portavoz mf

spine n : columna f vertebral : espina f dorsal : púa f : espina f : lomo m

spineless adj : sin púas : sin espinas : invertebrado : débil

spinster n : soltera f

spiny adj **spinier**; **-est** : con púas : espinoso

spiral[1] v **-raled** or **-ralled**; **-raling** or **-ralling** : ir en espiral

spiral[2] adj : espiral : en espiral

spiral[3] n : espiral f

spire n : aguja f

spirit[1] v **to spirit away** : hacer desaparecer

spirit[2] n : espíritu m : fantasma m : humor m : ánimo m : brío m; **spirits** npl : licores mpl

spirited adj : animado : energético

spiritless adj : desanimado

spiritual[1] adj : espiritual — **spiritually** adv

spiritual[2] n : espiritual m

spiritualism n : espiritismo m

spiritualist n : médium mf : espiritista mf

spirituality n, pl **-ties** : espiritualidad f

spit[1] v **spit** or **spat**; **spitting** : escupir

spit[2] n : saliva f : asador m : lengua f

spite[1] v **spited**; **spiting** : fastidiar : molestar

spite[2] n : despecho m : rencor m

spiteful adj : malicioso : rencoroso

spitting image n **to be the spitting image of** : ser el vivo retrato de

spittle n : saliva f

splash[1] v : salpicar

splash[2] n : salpicadura f : chorrito m : mancha f

splatter → **spatter**

splay v : extender : extenderse

spleen n : bazo m : ira f : rencor m

splendid adj : espléndido — **splendidly** adv

splendor n : esplendor m

splice[1] v **spliced**; **splicing** : empalmar : unir

splice[2] n : empalme m : unión f

splint n : tablilla f

splinter[1] v : astillar : astillarse

splinter[2] n : astilla f

split[1] v **split**; **splitting** : partir : hender : romper : rajar : dividir : repartir : partirse : romperse : rajarse

split[2] n : rajadura f : rotura f : división f : escisión f

splurge[1] v **splurged**; **splurging** : derrochar : derrochar dinero

splurge[2] n : derroche m

splutter v : balbucear : petardear

spoil[1] v : saquear : estropear : arruinar : consentir : mimar : estropearse : echarse a perder

spoil[2] n : botín m

spoiled adj : estropeado : cortado : consentido

spoilsport n : aguafiestas mf

spoke[1] → **speak**

spoke[2] n : rayo m

spoken → **speak**

spokesman n, pl **-men** : portavoz mf : vocero m, -ra f

spokesperson n : portavoz mf : vocero m, -ra f

spokeswoman n, pl **-women** : portavoz f : vocera f

sponge[1] v **sponged**; **sponging** : limpiar con una esponja : gorrear : sablear **to sponge off someone** : vivir a costa de alguien

sponge[2] n : esponja f

sponge cake n : bizcocho m

sponger n : gorrero m, -ra f : vividor m, -dora f : sanguijuela f : arrimado m, -da f

spongy adj **spongier**; **-est** : esponjoso

sponsor[1] v : patrocinar : auspiciar : apadrinar

sponsor[2] n : patrocinador m, -dora f : padrino m : madrina f

sponsorship n : patrocinio m

spontaneity n : espontaneidad f

spontaneous adj : espontáneo — **spontaneously** adv

spoof n : burla f : parodia f

spook[1] v : asustar

spook[2] *n* : fantasma *m* : espíritu *m* : espectro *m*

spooky *adj* **spookier; -est** : que da miedo : espeluznante

spool *n* : carrete *m* : bobina *f*

spoon[1] *v* : comer, servir, o echar con cuchara

spoon[2] *n* : cuchara *f*

spoonful *n* : cucharada *f*

spoor *n* : rastro *m* : pista *f*

sporadic *adj* : esporádico — **sporadically** *adv*

spore *n* : espora *f*

sport[1] *v* : retozar : juguetear : lucir : ostentar

sport[2] *n* : deporte *m* : broma *f*

sporting *adj* : deportivo

sports car *n* : carro *m* sport : auto *m* sport : coche *m* deportivo

sportsman *n, pl* **-men** : deportista *m*

sportsmanship *n* : espíritu *m* deportivo : deportividad *f*

sportswear *n* : ropa *f* deportiva

sportswoman *n, pl* **-women** : deportista *f*

sport–utility vehicle *n* → SUV

sporty *adj* **sportier; -est** : deportivo

spot[1] *v* **spotted; spotting** : manchar : ver : reconocer : mancharse

spot[2] *adj* : hecho al azar

spot[3] *n* : mancha *f* : punto *m* : grano *m* : apuro *m* : aprieto *m* : lío *m* : lugar *m* : sitio *m*

spotless *adj* : impecable : inmaculado — **spotlessly** *adv*

spotlight[1] *v* **-lighted** *or* **-lit; -lighting** : iluminar : destacar : poner en relieve

spotlight[2] *n* : reflector *m* : foco *m*

spotty *adj* **spottier; -est** : irregular : desigual

spouse *n* : cónyuge *mf*

spout[1] *v* : lanzar chorros de : declamar : salir a chorros

spout[2] *n* : pico *m* : chorro *m*

sprain[1] *v* : sufrir un esguince en

sprain[2] *n* : esguince *m* : torcedura *f*

sprawl[1] *v* : tumbarse : echarse : despatarrarse : extenderse

sprawl[2] *n* : postura *f* despatarrada : extensión *f* : expansión *f*

spray[1] *v* : rociar : pulverizar

spray[2] *n* : ramillete *m* : rocío *m* : atomizador *m* : pulverizador *m*

spray gun *n* : pistola *f*

spread[1] *v* **spread; spreading** : esparcir : untar : difundir : sembrar : propagar : difundirse : correr : propagarse : extenderse

spread[2] *n* : extensión *f* : difusión *f* : propagación *f* : colcha *f* : mantel *m* : pasta *f*

spreadsheet *n* : hoja *f* de cálculo

spree *n* : acción *f* desenfrenada : parranda *f* : juerga *f*

sprig *n* : ramita *f* : ramito *m*

sprightly *adj* **sprightlier; -est** : vivo : animado

spring[1] *v* **sprang** *or* **sprung; sprung; springing** : saltar : mover rápidamente : soltar : accionar

spring[2] *n* : fuente *f* : origen *m* : manantial *m* : primavera *f* : resorte *m* : muelle *m* : salto *m* : brinco *m* : elasticidad *f*

springboard *n* : trampolín *m*

spring cleaning *n* : limpieza *f* a fondo

springtime *n* : primavera *f*

springy *adj* **springier; -est** : elástico : enérgico

sprinkle[1] *v* **-kled; -kling** : rociar : espolvorear : salpicar

sprinkle[2] *n* : llovizna *f*

sprinkler *n* : rociador *m* : aspersor *m*

sprint[1] *v* : echar la carrera : esprintar

sprint[2] *n* : esprint *m*

sprinter *n* : esprínter *mf*

sprite *n* : hada *f* : elfo *m*

sprocket *n* : diente *m*

sprout[1] *v* : brotar

sprout[2] *n* : brote *m* : retoño *m* : vástago *m*

spruce[1] *v* **spruced; sprucing** : arreglar; *or* **to spruce up** : arreglarse : acicalarse

spruce[2] *adj* **sprucer; sprucest** : pulcro : arreglado

spruce[3] *n* : picea *f*

spry *adj* **sprier** *or* **spryer; spriest** *or* **spryest** : ágil : activo

spun → **spin**

spunk *n* : valor *m* : coraje *m* : agallas *fpl*

spunky *adj* **spunkier; -est**
: animoso : corajudo

spur[1] *v* **spurred; spurring** *or* **to spur on** : espolear : motivar

spur[2] *n* : espuela *f* : acicate *m*
: espolón *m* : ramal *m*

spurious *adj* : espurio

spurn *v* : desdeñar : rechazar

spurt[1] *v* : lanzar un chorro de : salir a chorros

spurt[2] *n* : actividad *f* repentina
: chorro *m*

sputter[1] *v* : farfullar : petardear

sputter[2] *n* : petardeo *m*

spy[1] *v* **spied; spying** : ver : divisar
: espiar

spy[2] *n* : espía *mf*

squab *n, pl* **squabs** *or* **squab**
: pichón *m*

squabble[1] *v* **-bled; -bling** : reñir
: pelearse : discutir

squabble[2] *n* : riña *f* : pelea *f*
: discusión *f*

squad *n* : pelotón *m* : brigada *f*
: cuadrilla *f*

squadron *n* : escuadrón *m*
: escuadrilla *f* : escuadra *f*

squalid *adj* : miserable

squall *n* : aguacero *m* tormentoso
: chubasco *m* tormentoso

squalor *n* : miseria *f*

squander *v* : derrochar
: desaprovechar : desperdiciar

square[1] *v* **squared; squaring**
: cuadrar : elevar al cuadrado
: conciliar : ajustar : saldar

square[2] *adj* **squarer; -est**
: cuadrado : a escuadra : en ángulo recto : justo

square[3] *n* : escuadra *f* : cuadrado *m* : cuadro *m* : plaza *f*

squarely *adv* : exactamente
: directamente : justo
: honradamente : justamente

square root *n* : raíz *f* cuadrada

squash[1] *v* : aplastar : acallar
: sofocar

squash[2] *n, pl* **squashes** *or* **squash**
: calabaza *f*

squat[1] *v* **squatted; squatting**
: agacharse : ponerse en cuclillas
: ocupar un lugar sin derecho

squat[2] *adj* **squatter; squattest**
: bajo y ancho : rechoncho

squat[3] *n* : posición *f* en cuclillas
: flexión *f* : ocupación *f* ilegal

squatter *n* : okupa *mf*

squawk[1] *v* : graznar : chillar

squawk[2] *n* : graznido *m* : chillido *m*

squeak[1] *v* : chillar : chirriar

squeak[2] *n* : chillido *m* : chirrido *m*

squeaky *adj* **squeakier; -est**
: chirriante

squeal[1] *v* : chillar : chirriar
: quejarse : cantar

squeal[2] *n* : chillido *m* : chirrido *m*

squeamish *adj* : impresionable
: sensible

squeeze[1] *v* **squeezed; squeezing**
: apretar : exprimir : extraer
: meter

squeeze[2] *n* : apretón *m*

squelch *v* : aplastar

squid *n, pl* **squid** *or* **squids**
: calamar *m*

squint[1] *v* : mirar con los ojos entornados

squint[2] *adj or* **squint-eyed** : bizco

squint[3] *n* : estrabismo *m*

squire *n* : hacendado *m*, -da *f*
: terrateniente *mf*

squirm *v* : retorcerse

squirrel *n* : ardilla *f*

squirt[1] *v* : lanzar un chorro de
: salir a chorros

squirt[2] *n* : chorrito *m*

stab[1] *v* **stabbed; stabbing**
: acuchillar : apuñalar : clavar
: golpear

stab[2] *n* : puñalada *f* : cuchillada *f*
: pinchazo *m* : golpe *m*

stability *n, pl* **-ties** : estabilidad *f*

stabilize *v* **-lized; -lizing**
: estabilizar : estabilizarse —
stabilization *n* — **stabilizer** *n*

stable[1] *v* **-bled; -bling** : poner
en un establo : poner en una caballeriza

stable[2] *adj* **stabler; -blest** : fijo
: sólido : estable : perdurable
: estacionario : equilibrado

stable[3] *n* : establo *m* : caballeriza *f*
o cuadra *f*

staccato *adj* : staccato

stack[1] *v* : amontonar : apilar : cubrir
: llenar

stack[2] *n* : montón *m* : pila *f*
: chimenea *f*

stadium *n, pl* **-dia** *or* **-diums**
: estadio *m*

staff[1] *v* : proveer de personal

staff[2] *n, pl* **staffs** *or* **staves** : bastón
m : báculo *m*; *pl* **staffs** : personal
m

stag[1] *adv* : solo : sin pareja

stag[2] *adj* : sólo para hombres

stag[3] *n, pl* **stags** *or* **stag** : ciervo *m*
: venado *m*

stage[1] *v* **staged; staging** : poner
en escena

stage[2] *n* : estrado *m* : tablado *m*
: escenario *m* : fase *f* : etapa *f*

stagecoach *n* : diligencia *f*

stage fright *n* : miedo *m* escénico
: pánico *m* escénico

stage set → **set**[3]

stagger[1] *v* : tambalearse : alternar
: escalonar : hacer tambalear

stagger[2] *n* : tambaleo *m*

staggering *adj* : asombroso

stagnant *adj* : estancado

stagnate *v* **-nated; -nating**
: estancarse

stagnation *n* : estancamiento *m*

staid *adj* : serio : sobrio

stain[1] *v* : manchar : teñir : empañar

stain[2] *n* : mancha *f* : tinte *m* : tintura
f : mácula *f*

stained glass *n* : vidrio *m* de color

stainless *adj* : sin mancha

stair *n* : escalón *m* : peldaño *m*;
stairs *npl* : escalera *f* : escaleras *fpl*

staircase *n* : escalera *f* : escaleras
fpl

stairway *n* : escalera *f* : escaleras *fpl*

stairwell *n* : caja *f* : hueco *m*

stake[1] *v* **staked; staking** : estacar
: marcar con estacas : jugarse
: apostar

stake[2] *n* : estaca *f* : apuesta *f*
: interés *m* : participación *f*

stalactite *n* : estalactita *f*

stalagmite *n* : estalagmita *f*

stale *adj* **staler; stalest** : viejo

stalemate *n* : punto *m* muerto
: impasse *m*

stalk[1] *v* : acechar : caminar
rígidamente

stalk[2] *n* : tallo *m*

stall[1] *v* : parar : entretener
: demorar : pararse : andar con
rodeos

stall[2] *n* : compartimiento *m* : puesto
m

stallion *n* : caballo *m* semental

stalwart *adj* : fuerte : valiente
: valeroso

stamen *n* : estambre *m*

stamina *n* : resistencia *f*

stammer[1] *v* : tartamudear : titubear

stammer[2] *n* : tartamudeo *m*
: titubeo *m*

stamp[1] *v* : pisotear : sellar : acuñar
: franquear : ponerle estampillas a

stamp[2] *n* : sello *m* : cuño *m*

stampede[1] *v* **-peded; -peding**
: salir en estampida

stampede[2] *n* : estampida *f*

stance *n* : postura *f*

stanch *v* : detener : estancar

stand[1] *v* **stood; standing** : estar
de pie : estar parado : ponerse
: pararse : estar : seguir : medir
: poner : colocar : aguantar
: soportar : resistir : beneficiarse de

stand[2] *n* : resistencia *f* : stand *m*
: puesto *m* : quiosco *m* : pie *m*
: base *f* : grupo *m* : posición *f*
: postura *f*; **stands** *npl* : tribuna *f*

standard[1] *adj* : estándar : oficial
: normal : común : clásico

standard[2] *n* : estandarte *m* : criterio
m : estándar *m* : norma *f* : regla *f*
: nivel *m* : poste *m* : soporte *m*

standard-bearer *n* : abanderado
m, -da *f*

standardization *n*
: estandarización *f*

standardize *v* **-ized; -izing**
: estandarizar

standard time *n* : hora *f* oficial

stand by *v* : atenerse a : cumplir
con : mantenerse aparte : estar
preparado : estar listo

stand for *v* : significar : permitir
: tolerar

stand-in *n* : doble *m* : sustituto
m, -ta *f*

standing[1] *adj* : de pie : parado
: estancado : en pie : fijo
: permanente

standing[2] *n* : posición *f* : duración *f*

stand out *v* : destacar(se)

standpoint *n* : punto *m* de vista

standstill *n* : detención *f* : paro *m*
: punto *m* muerto : impasse *m*

stand up v : dejar plantado : durar : resistir

stank → stink

stanza n : estrofa f

staple[1] v **-pled; -pling** : engrapar : grapar

staple[2] adj : principal : básico

staple[3] n : producto m principal : producto m de primera necesidad : grapa f : broche m

stapler n : engrapadora f : grapadora f

star[1] v **starred; starring** : marcar con una estrella o un asterisco : estar protagonizado por : tener el papel principal

star[2] n : estrella f : asterisco m

starboard n : estribor m

starch[1] v : almidonar

starch[2] n : almidón m : fécula f

starchy adj **starchier; -est** : lleno de almidón

stardom n : estrellato m

stare[1] v **stared; staring** : mirar fijamente

stare[2] n : mirada f fija

starfish n : estrella f de mar

stark[1] adv : completamente

stark[2] adj : absoluto : desolado : desierto : desnudo : severo : duro

starlight n : luz f de las estrellas

starling n : estornino m

starry adj **starrier; -est** : estrellado

start[1] v : sobresaltarse : dar un respingo : empezar : comenzar : iniciar : provocar : causar : hacer : poner : fundar : montar : establecer : arrancar : poner en marcha : encender

start[2] n : sobresalto m : respingo m : principio m : comienzo m

starter n : participante mf : jugador m titular : jugadora f titular : entremés m : aperitivo m

starting point n : punto m de partida

startle v **-tled; -tling** : asustar : sobresaltar

start–up adj : de puesta en marcha

starvation n : inanición f : hambre f

starve v **starved; starving** : morirse de hambre : privar de comida

stash v : esconder : guardar

stat → statistic

state[1] v **stated; stating** : puntualizar : exponer : establecer : fijar

state[2] n : estado m : condición f : nación f

stateliness n : majestuosidad f

stately adj **statelier; -est** : majestuoso

statement n : declaración f : afirmación f

stateroom n : camarote m

statesman n, pl **-men** : estadista mf

static[1] adj : estático

static[2] n : estática f : interferencia f

station[1] v : apostar : estacionar

station[2] n : estación f : condición f : canal m : estación f o emisora f

stationary adj : estacionario : inmovible : inmutable : inalterable

stationery n : papel y sobres

station wagon n : camioneta f ranchera : camioneta f guayín

statistic n : estadística f

statistical adj : estadístico

statistician n : estadístico m, -ca f

statue n : estatua f

statuesque adj : escultural

statuette n : estatuilla f

stature n : estatura f : talla f : prestigio m

status n : condición f : situación f : estatus m

status quo n : statu quo m

status symbol n : símbolo m de estatus

statute n : ley f : estatuto m

statutory adj : estatutario

staunch adj : acérrimo : incondicional : leal — **staunchly** adv

staves → staff

stay[1] v : quedarse : permanecer : seguir : hospedarse : alojarse : detener : suspender

stay[2] n : estadía f : estancia f : permanencia f : suspensión f : soporte m

stead n : lugar m

steadfast adj : firme : resuelto

steadily adv : continuamente : sin parar : con firmeza : fijamente

steady[1] v **steadied; steadying** : sujetar : estabilizarse

steady[2] *adj* **steadier; -est** : seguro
: firme : fijo : tranquilo : ecuánime
: responsable : fiable : constante

steak *n* : bistec *m* : filete *m*
: churrasco *m* : bife *m*

steal *v* **stole; stolen; stealing**
: robar : hurtar : ir sigilosamente

stealth *n* : sigilo *m*

stealthily *adv* : furtivamente

stealthy *adj* **stealthier; -est**
: furtivo : sigiloso

steam[1] *v* : echar vapor : cocer al
vapor

steam[2] *n* : vapor *m*

steamboat → **steamship**

steamed *adj* : cocido al vapor
: furioso

steam engine *n* : motor *m* de vapor

steamer *n* : vaporera : olla vaporera
: almeja *f* de Nueva Inglaterra

steamroller *n* : apisonadora *f*

steamship *n* : vapor *m* : barco *m*
de vapor

steamy *adj* **steamier; -est** : lleno
de vapor : erótico

steed *n* : corcel *m*

steel[1] *v* **to steel oneself** : armarse
de valor

steel[2] *adj* : de acero

steel[3] *n* : acero *m*

steely *adj* **steelier; -est** : como
acero

steep[1] *v* : remojar : dejar en infusión

steep[2] *adj* : empinado : escarpado
: considerable : marcado
: excesivo

steeple *n* : aguja *f* : campanario *m*

steeplechase *n* : carrera *f* de
obstáculos

steeply *adv* : abruptamente

steer[1] *v* : manejar : conducir
: gobernar : dirigir : guiar **to steer
clear of** : evitar

steer[2] *n* : buey *m*

steering *n* : dirección *f*

steering wheel → **wheel**

stein *n* : jarra *f*

stellar *adj* : estelar

stem[1] *v* **stemmed; stemming**
: detener : contener : parar **to
stem from** : provenir de : ser el
resultado de

stem[2] *n* : tallo *m*

stem cell *n* : célula *f* madre

stench *n* : hedor *m* : mal olor *m*

stencil[1] *v* **-ciled** *or* **-cilled; -ciling**
or **-cilling** : marcar utilizando una
plantilla

stencil[2] *n* : plantilla *f*

stenographer *n* : taquígrafo *m*, -fa *f*

stenographic *adj* : taquigráfico

stenography *n* : taquigrafía *f*

step[1] *v* **stepped; stepping** : dar
un paso

step[2] *n* : paso *m* : huella *f* : escalón
m : peldaño *m* : travesaño *m*
: peldaño *m* : escalón *m* : medida *f*

stepbrother *n* : hermanastro *m*

stepchild *n* : hijastro *m*, -tra *f*
: entenado *m*, -da *f*

stepdaughter *n* : hijastra *f*

stepfather *n* : padrastro *m*

stepladder *n* : escalera *f* de tijera

stepmother *n* : madrastra *f*

steppe *n* : estepa *f*

stepping–stone *n* : piedra *f*
: trampolín *m*

stepsister *n* : hermanastra *f*

stepson *n* : hijastro *m*

step up *v* : aumentar

stereo[1] *adj* : estéreo

stereo[2] *n, pl* **stereos** : estéreo *m*

stereophonic *adj* : estereofónico

stereotype[1] *v* **-typed; -typing**
: estereotipar

stereotype[2] *n* : estereotipo *m*

sterile *adj* : estéril

sterility *n* : esterilidad *f*

sterilization *n* : esterilización *f*

sterilize *v* **-ized; -izing** : esterilizar

sterling *adj* : de ley : excelente

stern[1] *adj* : severo : adusto —
sternly *adv*

stern[2] *n* : popa *f*

sternness *n* : severidad *f*

sternum *n, pl* **sternums** *or* **sterna**
: esternón *m*

steroid *n, pl* **steroids** : esteroide *m*

stethoscope *n* : estetoscopio *m*

stevedore *n* : estibador *m*, -dora *f*

stew[1] *v* : estofar : guisar : cocer
: preocuparse

stew[2] *n* : estofado *m* : guiso *m*

steward *n* : administrador *m*
: auxiliar *m* de vuelo : camarero *m*

stewardess *n* : administradora *f*
: camarera *f* : auxiliar *f* de vuelo
: azafata *f* : aeromoza *f*

stick[1] v **stuck**; **sticking** : clavar
: pegar : poner : meter : pegarse
: adherirse : atascarse

stick[2] n : ramita f : palo m : vara f

sticker n : etiqueta f adhesiva

stick–in–the–mud n : aguafiestas mf

stickler n : persona f exigente

sticky adj **stickier**; **-est** : pegajoso
: adhesivo : bochornoso : difícil

stiff adj : rígido : tieso : agarrotado
: entumecido : acartonado : poco
natural : fuerte : severo : difícil
: duro

stiffen v : fortalecer : reforzar
: hacer más duro : endurecerse
: entumecerse

stiffly adv : rígidamente : con
frialdad

stiffness n : rigidez f : frialdad f
: severidad f

stifle v **-fled**; **-fling** : sofocar
: reprimir : contener

stifling adj : sofocante

stigma n, pl **stigmata** or **stigmas**
: estigma m

stigmatize v **-tized**; **-tizing**
: estigmatizar

stile n : escalones mpl para cruzar
un cerco

stiletto n, pl **-tos** or **-toes** : estilete m

still[1] v : pacificar : apaciguar
: pacificarse : apaciguarse

still[2] adv : quieto : de todos modos
: aún : todavía : aún así

still[3] adj : quieto : inmóvil : callado

still[4] n : quietud f : calma f
: alambique m

stillborn adj : nacido muerto

still life n : naturaleza f muerta
: bodegón m

stillness n : calma f : silencio m

stilt n : zanco m

stilted adj : afectado : poco natural

stimulant n : estimulante m —
stimulant adj

stimulate v **-lated**; **-lating**
: estimular

stimulation n : estimulación f
: estímulo m

stimulus n, pl **-li** : estímulo m
: acicate m

sting[1] v **stung**; **stinging** : picar
: hacer escocer : herir : escocer
: arder

sting[2] n : picadura f : escozor m

stinger n : aguijón m

stinginess n : tacañería f

stingy adj **stingier**; **-est** : tacaño
: avaro : mezquino : mísero

stink[1] v **stank** or **stunk**;
stinking : apestar : oler mal

stink[2] n : hedor m : mal olor m : peste f

stint[1] v : escatimar

stint[2] n : período m

stipend n : estipendio m

stipulate v **-lated**; **-lating** : estipular

stipulation n : estipulación f

stir[1] v **stirred**; **stirring** : mover
: agitar : revolver : remover : incitar
: impulsar : motivar : moverse
: agitarse

stir[2] n : movimiento m : revuelo m

stirrup n : estribo m

stitch[1] v : coser : bordar

stitch[2] n : puntada f : punzada f

stock[1] v : surtir : abastecer : vender
to stock up : abastecerse

stock[2] n : reserva f : existencias
fpl : acciones fpl : valores mpl
: ganado m : linaje m : estirpe f
: caldo m

stockade n : estacada f

stockbroker n : corredor m, -dora
f de bolsa

stock exchange n : bolsa f

stockholder n : accionista mf

stocking n : media f

stock market n : mercado m de
valores : bolsa f de valores

stockpile[1] v **-piled**; **-piling**
: acumular : almacenar

stockpile[2] n : reservas fpl

stocky adj **stockier**; **-est** : robusto
: fornido

stockyard n : corral m

stodgy adj **stodgier**; **-est** : aburrido
: pesado : anticuado

stoic[1] or **stoical** adj : estoico —
stoically adv

stoic[2] n : estoico m, -ca f

stoicism n : estoicismo m

stoke v **stoked**; **stoking** : atizar
: echarle carbón a

stole[1] → **steal**

stole[2] n : estola f

stolen → **steal**

stolid adj : impasible
: imperturbable — **stolidly** adv

stomach[1] v : aguantar : soportar
stomach[2] n : estómago m : vientre m : barriga f : panza f : ganas fpl
stomachache n : dolor m de estómago
stomp v : pisotear : pisar fuerte
stone[1] v **stoned; stoning** : apedrear : lapidar
stone[2] n : piedra f : hueso m : pepa f
Stone Age n : Edad f de Piedra
stoned adj : drogado
stonemason → **mason**
stonemasonry → **masonry**
stony adj **stonier; -est** : pedregoso : insensible : frío
stood → **stand**
stool n : taburete m : banco m : escabel m : deposición f de heces
stoop[1] v : agacharse
stoop[2] n : espaldas fpl encorvadas : entrada f
stop[1] v **stopped; stopping** : impedir : evitar : parar : detener : dejar de : terminar : detenerse : pararse : cesar : quedarse
stop[2] n : tapón m : parada f : alto m
stopgap n : arreglo m provisorio
stoplight n : semáforo m
stopover n : escala f
stoppage n : acto m de parar
stopper n : tapón m
stopwatch n : cronómetro m
storage n : almacenamiento m : almacenaje m
storage battery n : acumulador m
store[1] v **stored; storing** : guardar : almacenar
store[2] n : reserva f : tienda f
storehouse n : almacén m : depósito m
storekeeper n : tendero m, -ra f
storeroom n : almacén m : depósito m
stork n : cigüeña f
storm[1] v : llover o nevar tormentosamente : ponerse furioso : vociferar : asaltar
storm[2] n : tormenta f : tempestad f : alboroto m : revuelo m : escándalo m
stormy adj **stormier; -est** : tormentoso — **stormily** adv

story n, pl **stories** : cuento m : relato m : historia f : artículo m : mentira f : información f : piso m : planta f
stout adj : firme : resuelto : fuerte : robusto : sólido : corpulento : gordo
stoutness n : firmeza f : fuerza f : robustez f : solidez f : corpulencia f : gordura f
stove n : cocina f : estufa f
stow v : poner : meter : guardar : cargar **to stow away** : viajar de polizón
stowaway n : polizón m
straddle v **-dled; -dling** : sentarse a horcajadas sobre
straggle v **-gled; -gling** : rezagarse : quedarse atrás
straggler n : rezagado m, -da f
straight[1] adv : derecho : directamente : honestamente : con claridad : francamente : con franqueza
straight[2] adj : recto : derecho : lacio : honesto : justo : arreglado : ordenado : solo
straightaway adv : inmediatamente
straightforward adj : franco : sincero : puro : simple : claro
straight razor n : navaja f
strain[1] v : forzar : colar : filtrar : lastimarse : hacerse daño en **to strain to do something** : esforzarse por hacer algo
strain[2] n : linaje m : abolengo m : veta f : tipo m : variedad f : tensión f : presión f : esguince m : torcedura f; **strains** npl : melodía f : acordes mpl : compases fpl
strained adj : forzado : preocupado : cansado : tenso
strainer n : colador m
strait n : estrecho m; **straits** npl : aprietos mpl : apuros mpl
straitened adj **in straitened circumstances** : en apuros económicos
straitjacket n : camisa f de fuerza
strand[1] v : varar
strand[2] n : hebra f : playa f
strange adj **stranger; -est** : extraño : raro : desconocido : nuevo

strangely *adv* : de manera extraña
strangeness *n* : rareza *f* : lo desconocido
stranger *n* : desconocido *m*, -da *f* : extraño *m*, -ña *f*
strangle *v* **-gled; -gling** : estrangular
strangler *n* : estrangulador *m*, -dora *f*
strangulation *n* : estrangulamiento *m*
strap[1] *v* **strapped; strapping** : sujetar con una correa : azotar
strap[2] *n* : correa *f*
strapless *n* : sin tirantes
strapping *adj* : robusto : fornido
stratagem *n* : estratagema *f* : artimaña *f*
strategic *adj* : estratégico
strategist *n* : estratega *mf*
strategy *n*, *pl* **-gies** : estrategia *f*
stratified *adj* : estratificado
stratosphere *n* : estratosfera *f*
stratospheric *adj* : estratosférico
stratum *n*, *pl* **strata** : estrato *m* : capa *f*
straw *n* : paja *f*
strawberry *n*, *pl* **-ries** : fresa *f*
stray[1] *v* : alejarse : extraviarse : desviarse : divagar
stray[2] *adj* : perdido : callejero : descarriado
stray[3] *n* : animal *m* perdido : animal *m* callejero
streak[1] *v* : hacer rayas en : ir como una flecha
streak[2] *n* : raya *f* : veta *f* : mechón *m* : rayo *m* : racha *f*
stream[1] *v* : correr : salir a chorros : derramar : dejar correr : transmitir en streaming : ver o escuchar en streaming
stream[2] *n* : arroyo *m* : riachuelo *m* : río *m* : corriente *f* : chorro *m* : serie *f* : sarta *f*
streamer *n* : banderín *m* : serpentina *f* : cinta *f*
streaming[1] *adj* : de streaming
streaming[2] *n* : streaming *m*
streamline *v* : racionalizar
streamlined *adj* : aerodinámico : eficiente : racionalizado
street *n* : calle *f*
streetcar *n* : tranvía *m*

streetlight *or* **streetlamp** *n* : farol *m* : farola *f*
strength *n* : fuerza *f* : poder *m* : fortaleza *f* : solidez *f* : resistencia *f* : dureza *f* : intensidad *f* : lo fuerte : concentración *f* : potencia *f* : fuerte *m* : punto *m* fuerte : número *m* : complemento *m*
strengthen *v* : fortalecer : reforzar : intensificar : redoblar : fortalecerse : hacerse más fuerte : intensificarse
strenuous *adj* : vigoroso : enérgico : duro : riguroso
strenuously *adv* : vigorosamente : duro
stress[1] *v* : someter a tensión : enfatizar : recalcar
stress[2] *n* : tensión *f* : énfasis *m* : acento *m* : estrés *m*
stressful *adj* : estresante
stretch[1] *v* : estirar : extender : desplegar : extenderse
stretch[2] *n* : extensión *f* : estiramiento *m* : elasticidad *f* : tramo *m* : trecho *m* : período *m*
stretcher *n* : camilla *f*
strew *v* **strewed; strewed** *or* **strewn; strewing** : esparcir : desparramar
stricken *adj* **stricken with** : aquejado de : afligido por
strict *adj* : estricto — **strictly** *adv*
strictness *n* : severidad *f* : lo estricto
stricture *n* : crítica *f* : censura *f*
stride[1] *v* **strode; stridden; striding** : ir dando trancos : ir dando zancadas
stride[2] *n* : tranco *m* : zancada *f*
strident *adj* : estridente
strife *n* : conflictos *mpl* : disensión *f*
strike[1] *v* **struck; striking** : golpear : pegarle : chocar contra : dar contra : suprimir : tachar : acuñar : dar : sobrevenir : impresionar : parecer : ocurrírsele a : encender : descubrir : adoptar : tocar : llegar a : alcanzar : atacar : declararse en huelga
strike[2] *n* : golpe *m* : huelga *f* : paro *m* : ataque *m*
strikebreaker *n* : rompehuelgas *mf* : esquirol *mf*

strike out v : salir : ser ponchado
striker n : huelguista mf
strike up v : entablar : empezar
striking adj : notable
: sorprendente : llamativo —
strikingly adv
string[1] v **strung; stringing**
: ensartar : colgar
string[2] n : cordel m : cuerda
f : serie f : sarta f; **strings**
npl : cuerdas fpl; **strings** npl
: influencias fpl; **strings** npl
: compromisos mpl
string bean n : judía f : ejote m
stringent adj : estricto : severo
stringy adj **stringier; -est** : fibroso
strip[1] v **stripped; stripping**
: quitar : desnudar : despojar
: desnudarse
strip[2] n : tira f
stripe[1] v **striped; striping** : marcar
con rayas o listas
stripe[2] n : raya f : lista f : franja f
striped adj : a rayas : de rayas
: rayado : listado
strode → **stride**
stroke[1] v **stroked; stroking**
: acariciar
stroke[2] n : apoplejía f : derrame
m cerebral : pincelada f : trazo
: estilo m : movimiento m : batir
m : brazada f : remada f : caricia f
: golpe m : campanada f
stroll[1] v : pasear : pasearse : dar
un paseo
stroll[2] n : paseo m
stroller n : cochecito m
strong adj : fuerte : resistente
: sano : marcado : firme : poderoso
: convincente : concentrado : con
mucho aumento
strongbox n : caja f fuerte
stronghold n : fortaleza f : fuerte m
: bastión m
strongly adv : fuerte : con fuerza
: fuertemente : sólidamente
: intensamente : profundamente
: totalmente : enérgicamente
struck → **strike**[1]
structural adj : estructural
structure[1] v **-tured; -turing**
: estructurar
structure[2] n : construcción f
: estructura f

struggle[1] v **-gled; -gling** : forcejear
: luchar : contender : hacer con
dificultad
struggle[2] n : lucha f : pelea f
strum v **strummed; strumming**
: rasguear
strung → **string**[1]
strut[1] v **strutted; strutting**
: pavonearse
strut[2] n : pavoneo m : puntal m
stub n : colilla f : cabo m : talón m
stubble n : rastrojo m : barba f
stubborn adj : terco : obstinado
: empecinado : pertinaz
: persistente — **stubbornly** adv
stubbornness n : terquedad f
: obstinación f : persistencia f
stubby adj **stubbier; -est** : corto y
grueso
stucco n, pl **stuccos** or **stuccoes**
: estuco m
stuck → **stick**[1]
stuck–up adj : engreído : creído
stud[1] v **studded; studding**
: tachonar : salpicar
stud[2] n : montante m : tachuela f
: tachón m
student n : estudiante mf : alumno
m, -na f
studied adj : intencionado
: premeditado
studio n, pl **studios** : estudio m
studious adj : estudioso —
studiously adv
study[1] v **studied; studying**
: estudiar : examinar
study[2] n, pl **studies** : estudio m
: gabinete m : investigación f
stuff[1] v : rellenar : llenar : atiborrar
stuff[2] n : cosas fpl : cosa f
: esencia f
stuffing n : relleno m
stuffy adj **stuffier; -est** : viciado
: cargado : tapado : pesado
: aburrido
stumble[1] v **-bled; -bling** : tropezar
: dar un traspié : quedarse sin
saber qué hacer o decir
stumble[2] n : tropezón m : traspié m
stumbling block n : obstáculo m
stump[1] v : dejar perplejo
stump[2] n : muñón m : cabo m
stun v **stunned; stunning** : aturdir
: dejar estupefacto : dejar atónito

stung → **sting**[1]
stunk → **stink**[1]
stunning adj : asombroso
: pasmoso : increíble : imponente
: impresionante
stunt[1] v : atrofiar
stunt[2] n : proeza f
stupefy v -**fied**; -**fying** : aturdir
: atontar : dejar estupefacto : dejar
atónito
stupendous adj : estupendo
: maravilloso : tremendo —
stupendously adv
stupid adj : tonto : bobo : estúpido
: lento : torpe : lerdo
stupidity n : tontería f : estupidez f
stupidly adv : estúpidamente
: tontamente : torpemente
stupor n : estupor m
sturdily adv : sólidamente
sturdiness n : solidez f : robustez f
sturdy adj **sturdier**; -**est** : fuerte
: robusto : sólido
sturgeon n : esturión m
stutter[1] v : tartamudear
stutter[2] n : tartamudeo m
sty n, pl **sties** : chiquero m : pocilga
f
style[1] v **styled**; **styling** : llamar
: peinar : diseñar
style[2] n : estilo m : moda f
stylish adj : de moda : elegante
: chic
stylishly adv : con estilo
stylishness n : estilo m
stylist n : estilista mf
stylize v : estilizar
stylus n, pl **styli** : estilo m : aguja f
stymie v -**mied**; -**mieing**
: obstaculizar
suave adj : fino : urbano
sub v **subbed**; **subbing** →
substitute[1]
sub- pref : sub-
subcommittee n : subcomité m
subconscious[1] adj : subconsciente
— **subconsciously** adv
subconscious[2] n : subconsciente
m
subcontract v : subcontratar
subcontractor n : subcontratista mf
subculture n : subcultura f
subdivide v -**vided**; -**viding**
: subdividir

subdivision n : subdivisión f
subdue v -**dued**; -**duing** : sojuzgar
: vencer : superar : dominar
: suavizar : atenuar : moderar
subgroup n : subgrupo m
subhead or **subheading** n
: subtítulo m
subhuman adj : infrahumano
subject[1] v : controlar : dominar
: someter
subject[2] adj : subyugado
: sometido : sujeto : propenso
subject[3] n : súbdito m, -ta f : sujeto
m
subjection n : sometimiento m
subjective adj : subjetivo —
subjectively adv
subjectivity n : subjetividad f
subjugate v -**gated**; -**gating**
: subyugar : someter : sojuzgar
subjunctive n : subjuntivo m —
subjunctive adj
sublet v -**let**; -**letting** : subarrendar
sublimate v -**mated**; -**mating**
: sublimar — **sublimation** n
sublime adj : sublime
sublimely adv : de manera sublime
: absolutamente : completamente
submarine[1] adj : submarino
submarine[2] n : submarino m
submachine gun n : metralleta f
submerge v -**merged**; -**merging**
: sumergir : sumergirse
submission n : sumisión f
: presentación f
submissive adj : sumiso : dócil
submissiveness n : sumisión f
submit v -**mitted**; -**mitting**
: rendirse : presentar
subnormal adj : por debajo de lo
normal
subordinate[1] v -**nated**; -**nating**
: subordinar
subordinate[2] adj : subordinado
subordinate[3] n : subordinado m,
-da f : subalterno m, -na f
subordination n : subordinación f
subpoena[1] v -**naed**; -**naing** : citar
subpoena[2] n : citación f : citatorio
m
subscribe v -**scribed**; -**scribing**
: suscribirse
subscriber n : suscriptor m, -tora f
: abonado m, -da f

subscription n : suscripción f
subsection n : inciso m
subsequent adj : subsiguiente
subsequently adv : posteriormente
subservient adj : servil
subside v **-sided; -siding**
: hundirse : descender : calmarse
: amainar
subsidiary[1] adj : secundario
subsidiary[2] n, pl **-ries** : filial f
: subsidiaria f
subsidize v **-dized; -dizing**
: subvencionar : subsidiar
subsidy n, pl **-dies** : subvención f
: subsidio m
subsist v : subsistir : mantenerse
: vivir
subsistence n : subsistencia f
substance n : sustancia f : esencia
f : riqueza f
substandard adj : inferior
: deficiente
substantial adj : sustancioso
: considerable : apreciable : sólido
substantially adv
: considerablemente
substantiate v **-ated; -ating**
: confirmar : probar : justificar
substitute[1] v **-tuted; -tuting**
: sustituir
substitute[2] n : sustituto m, -ta f
: suplente mf : sucedáneo m
substitute teacher n : profesor m,
-sora f suplente
substitution n : sustitución f
subterfuge n : subterfugio m
subterranean adj : subterráneo
subtitle n : subtítulo m
subtle adj **subtler; subtlest** : sutil
: delicado : ingenioso
subtlety n, pl **-ties** : sutileza f
subtly adv : sutilmente
subtotal n : subtotal m
subtract v : restar : sustraer
subtraction n : resta f : sustracción f
suburb n : municipio m periférico
: suburbio m
suburban adj : de las afueras
: suburbano
suburbia n : municipios mpl
periféricos : suburbios mpl
subversion n : subversión f
subversive adj : subversivo
subvert v : subvertir

subway n : metro m : subterráneo
m
succeed v : suceder a : tener éxito
: dar resultado : subir : acceder
: suceder
success n : éxito m
successful adj : exitoso : logrado
— **successfully** adv
succession n : sucesión f
successive adj : sucesivo
: consecutivo — **successively** adv
successor n : sucesor m, -sora f
succinct adj : sucinto —
succinctly adv
succor[1] v : socorrer
succor[2] n : socorro m
succotash n : guiso m de maíz y
frijoles
succulent[1] adj : suculento : jugoso
succulent[2] n : suculenta f
succumb v : sucumbir
such[1] adv : tan
such[2] adj : tal : tal ... que : tanto
... que
such[3] pron : tal : algo o alguien
semejante
such–and–such adj : tal : cual
suck v : chupar : aspirar : mamar
: apestar : ser una lata : ser
malísimo : sorber : arrastrar
sucker n : ventosa f : chupón m
: tonto m, -ta f : idiota mf
suckle v **-led; -ling** : amamantar
: mamar
suckling n : lactante mf
sucrose n : sacarosa f
suction n : succión f
Sudanese[1] adj : sudanés
Sudanese[2] n **the Sudanese** : los
sudaneses
sudden adj : repentino : súbito
: inesperado : improviso
: precipitado : brusco
suddenly adv : de repente : de
pronto : bruscamente
suddenness n : lo repentino
: brusquedad f : lo precipitado
suds npl : espuma f
sue v **sued; suing** : demandar
to sue for : demandar por
suede n : ante m : gamuza f
suet n : sebo m
suffer v : sufrir : padecer : permitir
: dejar

sufferer n : persona que padece
suffering n : sufrimiento m
suffice v **-ficed; -ficing** : ser
suficiente : bastar
sufficient adj : suficiente
sufficiently adv : (lo)
suficientemente : bastante
suffix n : sufijo m
suffocate v **-cated; -cating**
: asfixiar : ahogar : asfixiarse
: ahogarse
suffocation n : asfixia f : ahogo m
suffrage n : sufragio m : derecho
m al voto
suffuse v **-fused; -fusing**
: impregnar : bañar : teñir : llenar
sugar[1] v : azucarar
sugar[2] n : azúcar mf
sugarcane n : caña f de azúcar
sugary adj : azucarado : empalagoso
suggest v : sugerir : indicar : dar a
entender
suggestible adj : influenciable
suggestion n : sugerencia f
: indicio m : insinuación f
suggestive adj : insinuante —
suggestively adv
suicidal adj : suicida
suicide n : suicidio m : suicida mf
suit[1] v : adaptar : convenir a : ser
apropiado a : favorecer : quedarle
bien : agradecer : satisfacer
: convenirle bien
suit[2] n : pleito m : litigio m : traje m
: palo m
suitability n : idoneidad f : lo
apropiado
suitable adj : apropiado : idóneo
— **suitably** adv
suitcase n : maleta f : valija f
: petaca f
suite n : suite f : juego m
suitor n : pretendiente m
sulfur n : azufre m
sulfuric acid n : ácido m sulfúrico
sulk[1] v : suicidio m : estar de mal humor
: enfurruñarse
sulk[2] n : mal humor m
sulky adj **sulkier; -est**
: malhumorado : taimado
sullen adj : hosco : taciturno
: sombrío : deprimente
sullenly adv : hoscamente
: sombríamente

sully v **sullied; sullying** : manchar
: empañar
sultan n : sultán m
sultry adj **sultrier; -est**
: bochornoso : sensual : seductor
sum[1] v **summed; summing**
: sumar
sum[2] n : suma f : cantidad f : total f
: adición f
sumac n : zumaque m
summarize v **-rized; -rizing**
: resumir : compendiar
summary[1] adj : breve : conciso
: inmediato — **summarily** adv
summary[2] n, pl **-ries** : resumen m
: compendio m
summation n : resumen m
summer n : verano m
summertime n : verano m : estío m
summery adj : veraniego
summit n : cumbre f : cima f
summon v : convocar : llamar
: citar
summons n, pl **summonses**
: citación f : citatorio m : llamada f
: llamamiento m
sumptuous adj : suntuoso —
sumptuously adv
sum up v : resumir : evaluar
: recapitular
sun[1] v **sunned; sunning** : poner
al sol
sun[2] n : sol m : luz f del sol
sunbathe v **-bathed; -bathing**
: asolearse : tomar el sol
sunbeam n : rayo m de sol
sunblock n : filtro m solar
sunburn[1] v **-burned** or **-burnt;**
-burning : quemarse por el sol
sunburn[2] n : quemadura f de sol
sundae n : postre m de helado
Sunday n : domingo m
sundial n : reloj m de sol
sundown → **sunset**
sundries npl : artículos mpl
diversos
sundry adj : varios : diversos
sunflower n : girasol m : mirasol m
sung → **sing**
sunglasses npl : gafas fpl de sol
: lentes mpl de sol
sunk → **sink**[1]
sunken adj : hundido
sunlight n : sol m : luz f del sol

Sunni n : sunita mf
sunny adj **sunnier; -est** : soleado
sunrise n : salida f del sol
sunroof n : techo m corredizo
sunscreen n : filtro m solar
sunset n : puesta f del sol
sunshine n : sol m : luz f del sol
sunspot n : mancha f solar
sunstroke n : insolación f
suntan n : bronceado m
suntanned adj : bronceado
sup v **supped; supping** : cenar
super adj : súper
super- pref : super-
superb adj : magnífico : espléndido
— **superbly** adv
supercilious adj : altivo : altanero
: desdeñoso
supercomputer n
: supercomputadora f
superficial adj : superficial —
superficially adv — **superficiality**
n
superfluous adj : superfluo —
superfluity n
superhighway n : autopista f
superhuman adj : sobrenatural
: sobrehumano
superimpose v **-posed; -posing**
: superponer : sobreponer
superintend v : supervisar
superintendent n : portero
m, -ra f : director m, -tora f
: superintendente mf
superior[1] adj : superior : altivo
: altanero
superior[2] n : superior m
superiority n, pl **-ties** : superioridad
f
superlative[1] adj : superlativo
: supremo : excelente
: excepcional
superlative[2] n : superlativo m
supermarket n : supermercado m
supernatural adj : sobrenatural
supernaturally adv : de manera
sobrenatural
superpower n : superpotencia f
supersede v **-seded; -seding**
: suplantar : reemplazar : sustituir
supersonic adj : supersónico
superstar n : superestrella f
superstition n : superstición f
superstitious adj : supersticioso

superstore n : hipermercado m
superstructure n : superestructura
f
supervise v **-vised; -vising**
: supervisar : dirigir
supervision n : supervisión f
: dirección f
supervisor n : supervisor m, -sora f
supervisory adj : de supervisor
supine adj : en decúbito supino
: en decúbito dorsal : indiferente
: apático
supper n : cena f : comida f
supplant v : suplantar
supple adj **suppler; supplest**
: flexible
supplement[1] v : complementar
: completar
supplement[2] n : complemento m
: suplemento m
supplementary adj : suplementario
supplicate v **-cated; -cating** : rezar
: suplicar
supplier n : proveedor m, -dora f
: abastecedor m
supply[1] v **-plied; -plying**
: suministrar : proveer de
: proporcionar
supply[2] n, pl **-plies** : provisión
f : suministro m : reserva f
: existencias fpl; **supplies** npl
: provisiones fpl : víveres mpl
: despensa f
support[1] v : apoyar : respaldar
: mantener : sostener : sustentar
: apuntalar : soportar
support[2] n : apoyo m : ayuda f
: soporte m
supporter n : partidario m, -ria f
supportive adj : que apoya
suppose v **-posed; -posing**
: suponer : imaginarse : creer
supposed adj : supuesto —
supposedly adv
supposition n : suposición f
suppository n, pl **-ries** : supositorio
m
suppress v : sofocar : suprimir
: reprimir : ocultar : contener
suppression n : represión f
: supresión f : inhibición f
supremacy n, pl **-cies** : supremacía f
supreme adj : supremo
Supreme Being n : Ser m Supremo

supremely *adv* : totalmente
: sumamente
surcharge *n* : recargo *m*
sure[1] *adv* : por supuesto : claro
sure[2] *adj* **surer; -est** : seguro
surely *adv* : seguramente
sureness *n* : certeza *f* : seguridad *f*
surety *n*, *pl* **-ties** : fianza *f*
: garantía *f*
surf[1] *v* : hacer surf : navegar
surf[2] *n* : oleaje *m* : espuma *f*
surface[1] *v* **-faced; -facing** : salir a
la superficie : revestir
surface[2] *n* : superficie *f*
surfboard *n* : tabla *f* de surf : tabla
f de surfing
surfeit *n* : exceso *m*
surfer *n* : surfista *mf*
surfing *n* : surf *m* : surfing *m*
surge[1] *v* **surged; surging**
: hincharse : levantarse : salir en
tropel
surge[2] *n* : oleaje *m* : oleada
f : arranque *m* : arrebato *m*
: aumento *m*
surgeon *n* : cirujano *m*, -na *f*
surgery *n*, *pl* **-geries** : cirugía *f*
surgical *adj* : quirúrgico —
surgically *adv*
surly *adj* **surlier; -est** : hosco
: arisco
surmise[1] *v* **-mised; -mising**
: conjeturar : suponer : concluir
surmise[2] *n* : conjetura *f*
surmount *v* : superar : vencer
: salvar : escalar : coronar
surname *n* : apellido *m*
surpass *v* : superar : exceder
: rebasar : sobrepasar
surplus *n* : excedente *m* : sobrante
m : superávit *m*
surprise[1] *v* **-prised; -prising**
: sorprender
surprise[2] *n* : sorpresa *f*
surprising *adj* : sorprendente —
surprisingly *adv*
surreal *adj* : surrealista
surrealism *n* : surrealismo *m*
surrealist *n* : surrealista *mf*
surrealistic *adj* : surrealista
surrender[1] *v* : entregar : rendir
: rendirse
surrender[2] *n* : rendición *m*
: entrega *f*

surreptitious *adj* : subrepticio —
surreptitiously *adv*
surrogate *n* : sustituto *m*
surround *v* : rodear
surroundings *npl* : ambiente *m*
: entorno *m*
surveillance *n* : vigilancia *f*
survey[1] *v* **-veyed; -veying** : medir
: inspeccionar : examinar : revisar
: hacer una encuesta de : sondear
survey[2] *n*, *pl* **-veys** : inspección *f*
: revisión *f* : medición *f* : encuesta
f : sondeo *m*
surveyor *n* : agrimensor *m*, -sora *f*
survival *n* : supervivencia *f*
: sobrevivencia *f*
survive *v* **-vived; -viving**
: sobrevivir : sobrevivir a
survivor *n* : superviviente *mf*
: sobreviviente *mf*
susceptibility *n*, *pl* **-ties**
: vulnerabilidad *f* : propensión *f*
susceptible *adj* : vulnerable
: sensible : propenso
suspect[1] *v* : dudar de : sospechar
: sospechar de : imaginarse : creer
suspect[2] *adj* : sospechoso
: dudoso : cuestionable
suspect[3] *n* : sospechoso *m*, -sa *f*
suspend *v* : suspender
suspenders *npl* : tirantes *mpl*
suspense *n* : incertidumbre *f*
: suspenso *m*
suspenseful *adj* : de suspenso
suspension *n* : suspensión *f*
suspension bridge *n* : puente *m*
colgante
suspicion *n* : sospecha *f* : pizca *f*
: atisbo *m*
suspicious *adj* : sospechoso
: dudoso : suspicaz : desconfiado
suspiciously *adv* : de modo
sospechoso : con recelo
sustain *v* : sustentar : sostener
: sufrir : apoyar : respaldar
sustainable *adj* : sostenible
sustenance *n* : sustento *m* : sostén
m
suture *n* : sutura *f*
SUV *n* : SUV *m* : vehículo *m*
deportivo utilitario
svelte *adj* : esbelto
swab[1] *v* **swabbed; swabbing**
: lavar : limpiar : aplicar a

swab[2] n or **cotton swab** : hisopo m
: bastoncillo m : cotonete m
swaddle v -dled; -dling : envolver
swagger[1] v : pavonearse
swagger[2] n : pavoneo m
swallow[1] v : tragar : tragarse
: envolver
swallow[2] n : golondrina f : trago m
swam → **swim**[1]
swamp[1] v : inundar
swamp[2] n : pantano m : ciénaga f
swampy adj **swampier; -est**
: pantanoso : cenagoso
swan n : cisne m
swap[1] v **swapped; swapping**
: cambiar : intercambiar
swap[2] n : cambio m : intercambio m
swarm[1] v : enjambrar
swarm[2] n : enjambre m
swarthy adj **swarthier; -est**
: moreno
swashbuckling adj : de aventurero
swastika n : esvástica f
swat[1] v **swatted; swatting**
: aplastar : darle una palmada
swat[2] n : palmada f : golpe m
swatch n : muestra f
swath or **swathe** n : franja f
swathe v **swathed; swathing**
: envolver
swatter → **flyswatter**
sway[1] v : balancearse : mecerse
: influir en : convencer
sway[2] n : balanceo m : influjo m
swear v **swore; sworn; swearing**
: jurar : decir palabrotas
swearword n : mala palabra f
: palabrota f
sweat[1] v **sweat** or **sweated;**
sweating : sudar : transpirar
: rezumar
sweat[2] n : sudor m : transpiración f
sweater n : suéter m : buzo m
sweatpants n : pantalón m de
ejercicio : jogging m : pants m
sweatshirt n : sudadera f : buzo m
: polerón m
sweatsuit n : sudadera f : buzo m
: jogging m : pants m : chándal m
sweaty adj **sweatier; -est**
: sudoroso : sudado : transpirado
Swede n : sueco m, -ca f
Swedish[1] adj : sueco
Swedish[2] n : sueco m

sweep[1] v **swept; sweeping** : barrer
: limpiar : arrastrar : recorrer
: peinar : ir : barrer con : barrer
en : arrasar en : extenderse
: describir una curva
sweep[2] n : barrido m : barrida f
: movimiento m circular : alcance m
sweeper n : barrendero m, -ra f
sweeping adj : amplio : extenso
: radical : indiscriminado
: demasiado general : arrollador
: aplastante
sweepstakes ns & pl : carrera f
: lotería f
sweet[1] adj : dulce : fresco : sin sal
: agradable : querido
sweet[2] n : dulce m
sweet-and-sour adj : agridulce
sweeten v : endulzar
sweetener n : endulzante m
sweetheart n : novio m, -via f
sweetly adv : dulcemente
sweetness n : dulzura f
sweet potato n : batata f : boniato m
swell[1] v **swelled; swelled** or
swollen; swelling : aumentar
: crecer
swell[2] n : oleaje m
swelling n : hinchazón f
swelter v : sofocarse de calor
swept → **sweep**[1]
swerve[1] v **swerved; swerving**
: virar bruscamente
swerve[2] n : viraje m brusco
swift[1] adj : rápido : veloz
: repentino : súbito — **swiftly** adv
swift[2] n : vencejo m
swiftness n : rapidez f : velocidad f
swig[1] v **swigged; swigging** : tomar
a tragos : beber a tragos
swig[2] n : trago m
swill[1] v : chupar : beber a tragos
grandes
swill[2] n : bazofia f : basura f
swim[1] v **swam; swum; swimming**
: nadar : flotar : dar vueltas
swim[2] n : baño m : chapuzón m
swimmer n : nadador m, -dora f
swimming n : natación f
swimming pool n : piscina f
swimming trunks n : traje m de
baño : malla f de baño : bañador m
swimsuit n : traje m de baño
: malla f de baño : bañador m

swindle[1] *v* **-dled; -dling :** estafar
: timar
swindle[2] *n* : estafa *f* : timo *m*
swindler *n* : estafador *m*, -dora *f*
: timador *m*
swine *ns & pl* : cerdo *m*, -da *f*
swing[1] *v* **swung; swinging**
: describir una curva con
: balancear : hacer oscilar : colgar
: arreglar : balancearse : oscilar
: columpiarse : mecerse : girar
: virar : cambiar : intentar darle a
algo/alguien
swing[2] *n* : vaivén *m* : balanceo
m : viraje *m* : movimiento *m*
: columpio *m*
swipe[1] *v* **swiped; swiping :** dar
: pegar : limpiar : birlar : robar
swipe[2] *n* : golpe *m*
swirl[1] *v* : arremolinarse
swirl[2] *n* : remolino *m* : espiral *f*
swish[1] *v* : mover : moverse
swish[2] *n* : silbido *m* : susurro *m*
: crujido *m*
Swiss[1] *adj* : suizo
Swiss[2] *n* **the Swiss :** los suizos
swiss chard *n* : acelga *f*
switch[1] *v* : azotar : cambiar
de : intercambiar : moverse
de un lado al otro : cambiar
: intercambiarse
switch[2] *n* : vara *f* : cambio *m*
: interruptor *m* : llave *f*
switchblade *n* : navaja *f* de muelle
switchboard *n* : conmutador *m*
: centralita *f*
swivel[1] *v* **-veled** *or* **-velled; -veling**
or **-velling :** girar
swivel[2] *n* : base *f* giratoria
swollen *pp* → **swell**[1]
swoon[1] *v* : desvanecerse
: desmayarse
swoon[2] *n* : desvanecimiento *m*
: desmayo *m*
swoop[1] *v* : abatirse : descender en
picada
swoop[2] *n* : descenso *m* en picada
sword *n* : espada *f*
swordfish *n* : pez *m* espada
swore, sworn → **swear**
swum *pp* → **swim**[1]
swung → **swing**[1]
sycamore *n* : sicomoro *m*
sycophant *n* : adulador *m*, -dora *f*

syllabic *adj* : silábico
syllable *n* : sílaba *f*
syllabus *n, pl* **-bi** *or* **-buses**
: programa *m*
symbol *n* : símbolo *m*
symbolic *adj* : simbólico —
symbolically *adv*
symbolism *n* : simbolismo *m*
symbolize *v* **-ized; -izing :** simbolizar
symmetrical *or* **symmetric** *adj*
: simétrico — **symmetrically** *adv*
symmetry *n, pl* **-tries :** simetría *f*
sympathetic *adj* : agradable
: receptivo : favorable
: comprensivo : compasivo
sympathetically *adv* : con
compasión : con comprensión
sympathize *v* **-thized; -thizing**
: compadecer
sympathizer *n* : simpatizante *mf*
sympathy *n, pl* **-thies :** compasión
f : comprensión *f* : solidaridad *f*
: pésame *m* : condolencias *fpl*
symphonic *adj* : sinfónico
symphony *n, pl* **-nies :** sinfonía *f*
symposium *n, pl* **-sia** *or* **-siums**
: simposio *m*
symptom *n* : síntoma *m*
symptomatic *adj* : sintomático
synagogue *n* : sinagoga *f*
sync *n* : sincronización *f*
synchronize *v* **-nized; -nizing**
: estar sincronizado : sincronizar
syncopate *v* **-pated; -pating**
: sincopar
syncopation *n* : síncopa *f*
syndicate[1] *v* **-cated; -cating**
: formar una asociación
syndicate[2] *n* : asociación *f*
: agrupación *f*
syndrome *n* : síndrome *m*
synonym *n* : sinónimo *m*
synonymous *adj* : sinónimo
synopsis *n, pl* **-opses :** sinopsis *f*
syntactic *adj* : sintáctico
syntax *n* : sintaxis *f*
synthesis *n, pl* **-theses :** síntesis *f*
synthesize *v* **-sized; -sizing**
: sintetizar
synthesizer *n* : sintetizador *m*
synthetic[1] *adj* : sintético : artificial
— **synthetically** *adv*
synthetic[2] *n* : producto *m* sintético
syphilis *n* : sífilis *f*

Syrian *n* : sirio *m*, -ria *f* — **Syrian**
adj
syringe *n* : jeringa *f* : jeringuilla *f*
syrup *n* : jarabe *m* : almíbar *m*
system *n* : sistema *m* : método
m : instalación *f* : aparato *m*
: organismo *m* : cuerpo *m* : red *f*

systematic *adj* : sistemático —
systematically *adv*
systematize *v* **-tized; -tizing**
: sistematizar
systemic *adj* : sistémico
systems analyst *n* : analista *mf* de
sistemas

T

tab¹ *n* : lengüeta *f* : etiqueta *f*
: pestaña *f* : cuenta *f*
tab² *v* **tabbed; tabbing** : usar el
tabulador : usar la tecla Tab
tabby *n*, *pl* **-bies** : gata *f*
tabernacle *n* : tabernáculo *m*
table *n* : mesa *f* : tabla *f*
tableau *n*, *pl* **-leaux** : retablo *m*
: cuadro *m* vivo
tablecloth *n* : mantel *m*
tablespoon *n* : cuchara *f*
tablespoonful *n* : cucharada *f*
tablet *n* : placa *f* : bloc *m* : tableta *f*
: pastilla *f* : píldora *f* : tablet *m*
table tennis *n* : tenis *m* de mesa
tableware *n* : vajillas *fpl* : cubiertos
mpl
tabloid *n* : tabloide *m*
taboo¹ *adj* : tabú
taboo² *n* : tabú *m*
tabular *adj* : tabular
tabulate *v* **-lated; -lating** : tabular
tabulator *n* : tabulador *m*
tacit *adj* : tácito : implícito — **tacitly**
adv
taciturn *adj* : taciturno
tack¹ *v* : sujetar con tachuelas
tack² *n* : tachuela *f* : rumbo *m*
tackle¹ *v* **-led; -ling** : taclear
: abordar : enfrentar : emprender
tackle² *n* : equipo *m* : aparejo *m*
: tacleada *f*
tacky *adj* **tackier; -est** : pegajoso
: de mal gusto : naco
taco *n*, *pl* **tacos** : taco *m*
tact *n* : tacto *m* : delicadeza *f*
: discreción *f*
tactful *adj* : discreto : diplomático
: de mucho tacto
tactfully *adv* : discretamente : con
mucho tacto

tactic *n* : táctica *f*
tactical *adj* : táctico : estratégico
tactics *ns & pl* : táctica *f*
: estrategia *f*
tactile *adj* : táctil
tactless *adj* : indiscreto : poco
delicado
tactlessly *adv* : rudamente : sin
tacto
tadpole *n* : renacuajo *m*
taffeta *n* : tafetán *m* : tafeta *f*
tag¹ *v* **tagged; tagging** : etiquetar
: seguir de cerca : tocar **to tag
along** : pegarse : acompañar
tag² *n* : etiqueta *f* : dicho *m* : refrán
m
tail¹ *v* : seguir de cerca : pegarse
tail² *n* : cola *f* : rabo *m* : parte *f*
posterior; **tails** *npl* : cruz *f*; **tails**
npl → **tailcoat**
tailcoat *n* : frac *m*
tailed *adj* : que tiene cola : de cola
tail end *n* : final *m* : últimos
momentos *mpl* : cola *f*
tailgate¹ *v* **-gated; -gating** : seguir
a un vehículo demasiado de cerca
tailgate² *n* : puerta *f* trasera
taillight *n* : luz *f* trasera : calavera *f*
tailor¹ *v* : confeccionar o alterar
: adaptar : ajustar
tailor² *n* : sastre *m*, -tra *f*
tailor–made *adj* : hecho a la
medida
tailpipe *n* : tubo *m* de escape
tailspin *n* : barrena *f*
taint¹ *v* : contaminar : corromper
taint² *n* : corrupción *f* : impureza *f*
take¹ *v* **took; taken; taking** : tomar
: agarrar : llevar : sacar : cargar
: extraer : encantar : fascinar
: llevarse : requerir : ocupar

: ingerir : coger : soportar
: aguantar : resistir : aceptar
: seguir : cargar con : adoptar
: interpretar : sentir : suponer
: mirar : ganar : prender
take[2] *n* : recaudación *f* : ingresos
mpl : ganancias *fpl* : toma *f*
takeoff *n* : parodia *f* : despegue *m*
takeout *n* : comida *f* para llevar
takeover *n* : toma *f* : adquisición *f*
taker *n* : persona *f* interesada
takings *n* : recaudación *f*
talc *n* : talco *m*
talcum powder *n* : talco *m* : polvos
mpl de talco
tale *n* : cuento *m* : relato *m*
: anécdota *f* : mentira *f*
talent *n* : talento *m* : don *m*
talented *adj* : talentoso
talent scout → **scout**[2]
talisman *n, pl* **-mans** : talismán *m*
talk[1] *v* : hablar : charlar : platicar
talk[2] *n* : charla *f* : plática *f*
: conversación *f* : chisme *m*
: rumores *mpl*
talkative *adj* : locuaz : parlanchín
: charlatán
talker *n* : conversador *m*, -dora *f*
: hablador *m*
talk show *n* : programa *m* de
entrevistas
tall *adj* : alto
tallow *n* : sebo *m*
tall tale *adj* : cuento *m* chino
tally[1] *v* **-lied; -lying** : contar
: hacer una cuenta de : concordar
: corresponder : cuadrar
tally[2] *n, pl* **-lies** : cuenta *f*
talon *n* : garra *f*
tamale *n* : tamal *m*
tamarind *n* : tamarindo *m*
tambourine *n* : pandero *m*
: pandereta *f*
tame[1] *v* **tamed; taming** : domar
: amansar : domesticar
tame[2] *adj* **tamer; -est**
: domesticado : manso : dócil
: aburrido : soso
tamely *adv* : mansamente
: dócilmente
tamer *n* : domador *m*, -dora *f*
tamp *v* : apisonar
tamper *v* **to tamper with** : adulterar
: forzar : falsear : manipular

tampon *n* : tampón *m*
tan[1] *v* **tanned; tanning** : curtir
: broncear : broncearse
tan[2] *n* : bronceado *m* : color *m*
canela : color *m* café con leche
tandem[1] *adv or* **in tandem** : en
tándem
tandem[2] *n* : tándem *m*
tang *n* : sabor *m* fuerte
tangent *n* : tangente *f*
tangerine *n* : mandarina *f*
tangible *adj* : tangible : palpable
— **tangibly** *adv*
tangle[1] *v* **-gled; -gling** : enredar
: enmarañar : enredarse
tangle[2] *n* : enredo *m* : maraña *f*
tango[1] *v* : bailar el tango
tango[2] *n, pl* **-gos** : tango *m*
tangy *adj* **tangier; -est** : que tiene
un sabor fuerte
tank *n* : tanque *m* : depósito *m*
: bombona *f*
tankard *n* : jarra *f*
tanker *n* : buque *m* cisterna
: camión *m* cisterna : avión *m*
cisterna
tanner *n* : curtidor *m*, -dora *f*
tannery *n, pl* **-neries** : curtiduría *f*
: tenería *f*
tannin *n* : tanino *m*
tantalize *v* **-lized; -lizing** : tentar
: atormentar
tantalizing *adj* : tentador : seductor
tantamount *adj* : equivalente
tantrum *n* : rabieta *f* : berrinche *m*
tap[1] *v* **tapped; tapping** : ponerle
una espita a : sacar líquido de
: intervenir : pinchar *fam* : tocar
: golpear ligeramente
tap[2] *n* : llave *f* : grifo *m* : extracción *f*
: golpecito *m* : toque *m*
tape[1] *v* **taped; taping** : sujetar o
arreglar con cinta adhesiva : grabar
tape[2] *n* : cinta *f*
tape measure *n* : cinta *f* métrica
taper[1] *v* : estrecharse gradualmente
taper[2] *n* : vela *f* larga y delgada
: estrechamiento *m* gradual
tape recorder *n* : grabadora *f*
: grabador *m*
tapestry *n, pl* **-tries** : tapiz *m*
tapeworm *n* : solitaria *f* : tenia *f*
tapioca *n* : tapioca *f*
tapir *n* : tapir *m*

tar¹ v **tarred; tarring** : alquitranar
tar² n : alquitrán m : brea f
: chapopote m
tarantula n : tarántula f
tardiness n : tardanza f : retraso m
tardy adj **tardier; -est** : tardío : de
retraso
target¹ v : fijar como objetivo
: dirigir : destinar
target² n : blanco m : meta f
: objetivo m
tariff n : tarifa f : arancel m
tarmac n : pista f
tarnish¹ v : deslustrar : empañar
: manchar : deslustrarse
tarnish² n : deslustre m
taro n : taro m : malanga f
tarpaulin n : lona f
tarragon n : estragón m
tarry¹ v **-ried; -rying** : demorarse
: entretenerse
tarry² adj : parecido al alquitrán
: cubierto de alquitrán
tart¹ adj : ácido : agrio : mordaz
: acrimonioso — **tartly** adv
tart² n : tartaleta f
tartan n : tartán m
tartar n : tártaro m : sarro m
tartness n : acidez f : mordacidad f
: acrimonia f : acritud f
task n : tarea f : trabajo m
taskmaster n **to be a hard
taskmaster** : ser exigente : ser
muy estricto
tassel n : borla f
taste¹ v **tasted; tasting** : probar
: degustar : catar : saber
taste² n : prueba f : bocado m
: trago m : gusto m : sabor m
taste bud n : papila f gustativa
tasteful adj : de buen gusto
tastefully adv : con buen gusto
tasteless adj : sin sabor : soso
: insípido : de mal gusto
taster n : degustador m, -dora f
: catador m
tastiness n : lo sabroso
tasty adj **tastier; -est** : sabroso
: gustoso
tatter n : tira f : jirón m; **tatters** npl
: andrajos mpl : harapos mpl
tattered adj : andrajoso : en jirones
tattle v **-tled; -tling** : parlotear
: cotorrear

tattletale n : soplón m, -plona f
tattoo¹ v : tatuar
tattoo² n : tatuaje m
tatty adj **tattier; -est** : gastado
taught → **teach**
taunt¹ v : mofarse de : burlarse de
taunt² n : mofa f : burla f
Taurus n : Tauro m : Tauro mf
taut adj : tirante : tenso — **tautly**
adv
tautness n : tirantez f : tensión f
tavern n : taberna f
tawdry adj **tawdrier; -est**
: chabacano : vulgar
tawny adj **tawnier; -est** : leonado
tax¹ v : gravar : cobrar un impuesto
sobre : acusar
tax² n : impuesto m : tributo m
: carga f
taxable adj : sujeto a un impuesto
taxation n : impuestos mpl
tax–exempt adj : libre de
impuestos
taxi¹ v **taxied; taxiing** or **taxying;
taxis** or **taxies** : ir en taxi : rodar
sobre la pista de aterrizaje
taxi² n, pl **taxis** : taxi m : libre m
taxicab n → **taxi²**
taxidermist n : taxidermista mf
taxidermy n : taxidermia f
taxi driver n : taxista mf
taxpayer n : contribuyente mf
: causante mf
tax return → **return³**
TB → **tuberculosis**
tea n : té m : merienda f
tea bag n : bolsita f de té
teach v **taught; teaching** : enseñar
: dar clases de : dar clases
teacher n : maestro m, -tra f
: profesor m, -sora f
teaching n : enseñanza f
teacup n : taza f para té
teak n : teca f
teakettle n : tetera f
teal n, pl **teal** or **teals** : cerceta f
team¹ v or **to team up** : formar
un equipo : asociarse : juntarse
: unirse
team² adj : de equipo
team³ n : tiro m : yunta f : equipo m
teammate n : compañero m, -ra f
de equipo
teamster n : camionero m, -ra f

teamwork n : trabajo m en equipo
: cooperación f

teapot n : tetera f

tear[1] v **tore; torn; tearing**
: desgarrar : romper : rasgar
: arrancar : desgarrarse
: romperse : ir a gran velocidad

tear[2] n : desgarradura f : rotura f
: desgarro m

tear[3] n : lágrima f

teardrop n → **tear**[3]

tearful adj : lloroso : triste —
tearfully adv

tear gas n : gas m lacrimógeno

tearoom n : salón m de té
: confitería f

tease[1] v **teased; teasing** : burlarse
de : mofarse de : irritar : fastidiar

tease[2] n : burla f : mofa f : bromista
mf : guasón m, -sona f

teaspoon n : cucharita f

teaspoonful n, pl **-spoonfuls** or
-spoonsful : cucharadita f

teat n : tetilla f

technical adj : técnico —
technically adv

technicality n, pl **-ties** : detalle m
técnico

technician n : técnico m, -ca f

technique n : técnica f

technological adj : tecnológico

technology n, pl **-gies** : tecnología f

teddy bear n : oso m de peluche

tedious adj : aburrido : pesado
: monótono — **tediously** adv

tediousness n : lo aburrido : lo
pesado

tedium n : tedio m : pesadez f

tee n : tee m

teem v **to teem with** : estar repleto
de : estar lleno de

teen → **teenager**

teenage or **teenaged** adj
: adolescente : de adolescencia

teenager n : adolescente mf

teens npl : adolescencia f

teepee → **tepee**

teeter[1] v : balancearse
: tambalearse

teeter[2] or **teeter–totter** n →
seesaw

teeth → **tooth**

teethe v **teethed; teething**
: formársele a uno los dientes

teetotal adj : abstemio

teetotaler n : abstemio m, -mia f

telecast[1] v **-cast; -casting**
: televisar : transmitir por televisión

telecast[2] n : transmisión f por
televisión

telecommunication n
: telecomunicación f

teleconference n : teleconferencia f

telegram n : telegrama m

telegraph[1] v : telegrafiar

telegraph[2] n : telégrafo m

telemarketing n : telemárketing m

telepathic adj : telepático —
telepathically adv

telepathy n : telepatía f

telephone[1] v **-phoned; -phoning**
: llamar por teléfono a : telefonear

telephone[2] n : teléfono m

telephone book → **phone book**

telephone call → **call**[2]

telephone directory → **phone
book**

telephone exchange → **exchange**[2]

telephone number → **number**[2]

telephone receiver → **receiver**

telescope[1] v **-scoped; -scoping**
: plegarse

telescope[2] n : telescopio m

telescopic adj : telescópico

televise v **-vised; -vising** : televisar

television n : televisión f

tell v **told; telling** : decir : contar
: discernir : notar : indicar
: señalar : saber : notarse
: hacerse sentir

teller n : narrador m, -dora f

telltale adj : revelador

temerity n, pl **-ties** : temeridad f

temp[1] n : empleado m, -da f
temporal

temp[2] v : hacer trabajo temporal

temper[1] v : moderar : temperar
: templar

temper[2] n : carácter m : genio m
: temple m : dureza f : calma f
: serenidad f : furia f

temperament n : temperamento m

temperamental adj
: temperamental

temperance n : templanza f
: temperancia f

temperate adj : templado
: moderado

temperature n : temperatura f
: calentura f : fiebre f
tempest n : tempestad f
tempestuous adj : tempestuoso
template n : plantilla f
temple n : templo m : sien f
tempo n, pl **-pi** or **-pos** : ritmo m
: tempo m
temporal adj : temporal
temporarily adv : temporalmente
: provisionalmente
temporary adj : temporal
: provisional : provisorio
tempt v : tentar
temptation n : tentación f
tempter n : tentador m
temptress n : tentadora f
ten[1] adj : diez
ten[2] n : diez m : decena f
ten[3] pron : diez
tenable adj : sostenible : defendible
tenacious adj : tenaz —
tenaciously adv
tenacity n : tenacidad f
tenancy n, pl **-cies** : tenencia f
: inquilinato m
tenant n : inquilino m, -na f
: arrendatario m, -ria f
tend v : atender : cuidar : ocuparse
de : tender
tendency n, pl **-cies** : tendencia f
: proclividad f : inclinación f
tender[1] v : entregar : presentar
tender[2] adj : tierno : blando
: cariñoso : afectuoso : sensible
: delicado
tender[3] n : propuesta f : oferta f
tenderize v **-ized; -izing** : ablandar
tenderloin n : lomo m
tenderly adv : tiernamente : con
ternura
tenderness n : ternura f
tendon n : tendón m
tendril n : zarcillo m
tenement n : casa f de vecindad
tenet n : principio m
tennis n : tenis m
tenor n : tenor m : significado m
tenpins npl : bolos mpl : boliche m
tense[1] v **tensed; tensing** : tensar
: tensarse : ponerse tenso
tense[2] adj **tenser; tensest** : tenso
: tirante : nervioso
tense[3] n : tiempo m

tensely adv : tensamente
tenseness → tension
tension n : tensión f : tirantez f
: nerviosismo m : estrés m
tent n : tienda f de campaña
tentacle n : tentáculo m
tentative adj : indeciso : vacilante
: sujeto a cambios : provisional
tentatively adv : provisionalmente
tenth[1] adv : en décimo lugar
tenth[2] adj : décimo
tenth[3] n : décimo m, -ma f : décima
parte f
tenuous adj : tenue : débil
tenuously adv : ligeramente
: débilmente
tenure n : tenencia f : titularidad f
tepee n : tipi m
tepid adj : tibio
tequila n : tequila m
term[1] v : calificar de : llamar
: nombrar
term[2] n : término m : plazo m
: período m : vocablo m; **terms** npl
: términos mpl : condiciones fpl;
terms npl : relaciones fpl
terminal[1] adj : terminal
terminal[2] n : terminal m : polo m
: terminal f : estación f
terminate v **-nated; -nating**
: terminar(se) : concluirse
: terminar : poner fin a
termination n : cese m
: terminación f
terminology n, pl **-gies**
: terminología f
terminus n, pl **-ni** or **-nuses**
: término m : fin m : terminal f
termite n : termita f
tern n : golondrina f de mar
terrace[1] v **-raced; -racing** : formar
en terrazas : disponer en bancales
terrace[2] n : terraza f : patio m
: terraplén m : bancal m
terra–cotta n : terracota f
terrain n : terreno m
terrapin n : galápago m
norteamericano
terrestrial adj : terrestre
terrible adj : atroz : horrible
: terrible
terribly adv : muy mal
: terriblemente : extremadamente
terrier n : terrier mf

terrific *adj* : aterrador
: extraordinario : excepcional
: excelente : estupendo
terrify *v* **-fied; -fying** : aterrorizar
: aterrar : espantar
terrifying *adj* : espantoso
: aterrador
territory *n, pl* **-ries** : territorio *m* —
territorial *adj*
terror *n* : terror *m*
terrorism *n* : terrorismo *m*
terrorist[1] *adj* : terrorista
terrorist[2] *n* : terrorista *mf*
terrorize *v* **-ized; -izing** : aterrorizar
terry *n, pl* **-ries** *or* **terry cloth**
: (tela de) toalla *f*
terse *adj* **terser; tersest** : lacónico
: conciso : seco — **tersely** *adv*
tertiary *adj* : terciario
test[1] *v* : examinar : evaluar
: hacerle un análisis a : hacerle
una prueba a : someter a pruebas
: analizar : probar : experimentar
: poner a prueba : hacer pruebas
test[2] *n* : prueba *f* : examen *m* : test
m
testament *n* : testamento *m*
: Testamento *m*
tester *n* : probador *m*, -dora *f*
: verificador *m*
testicle *n* : testículo *m*
testify *v* **-fied; -fying** : testificar
: atestar : testimoniar
testimonial *n* : recomendación *f*
: homenaje *m* : tributo *m*
testimony *n, pl* **-nies** : testimonio *m*
: declaración *f*
test tube *n* : probeta *f* : tubo *m* de
ensayo
testy *adj* **testier; -est** : irritable
tetanus *n* : tétano *m* : tétanos *m*
tête-à-tête *n* : conversación *f* en
privado
tether[1] *v* : atar : amarrar
tether[2] *n* : atadura *f* : cadena *f*
: correa *f*
text[1] *n* : texto *m* : tema *m*
text[2] *v* : mandar un mensaje
de texto : mensajear : textear
: mandarle un mensaje de texto a
textbook *n* : libro *m* de texto
texting *or* **text messaging** *n*
: mensajería *f* de texto
textile *n* : textil *m* : tela *f*

textual *adj* : textual
texture *n* : textura *f*
Thai *n* : tailandés *m*, -desa *f* — **Thai**
adj
than[1] *conj* : que : de
than[2] *prep* : que : de
thank *v* : agradecer : darle gracias
thankful *adj* : agradecido
thankfully *adv* : con
agradecimiento : afortunadamente
: por suerte
thankfulness *n* : agradecimiento *m*
: gratitud *f*
thankless *adj* : ingrato
thanks *npl* : agradecimiento *m*
Thanksgiving *n* : el día de Acción
de Gracias
that[1] *adv* : tan
that[2] *adj, pl* **those** : ese : esa
: aquel : aquella
that[3] *conj & pron* : que
that[4] *pron, pl* **those** : ese/ése : esa/
ésa : eso; **those** *pl* : aquel/aquél
: aquella/aquélla : aquello
thatch[1] *v* : cubrir o techar con paja,
hojas, etc.
thatch[2] *n* : paja *f* : hojas *fpl*
thaw[1] *v* : descongelar : derretirse
: descongelarse
thaw[2] *n* : deshielo *m*
the[1] *adv* : cuanto
the[2] *art* : el : la : los : las : lo
theater *or* **theatre** *n* : teatro *m*
: drama *m*
theatrical *adj* : teatral : dramático
thee *pron* : te : ti
theft *n* : robo *m* : hurto *m*
their *adj* : su
theirs *pron* : (el) suyo : (la) suya
: (los) suyos : (las) suyas
them *pron* : los : les : se : ellos
: ellas
thematic *adj* : temático
theme *n* : tema *m* : composición *f*
: trabajo *m*
theme park *n* : parque *m* temático
themselves *pron* : se : sí : ellos
mismos : ellas mismas
then[1] *adv* : entonces : en ese
tiempo : después : luego : además
: aparte : en ese caso
then[2] *adj* : entonces
thence *adv* : de ahí : de ahí en
adelante

theologian n : teólogo m, -ga f
theological adj : teológico
theology n, pl **-gies** : teología f
theorem n : teorema m
theoretical adj : teórico —
  theoretically adv
theorist n : teórico m, -ca f
theorize v **-rizing** : teorizar
theory n, pl **-ries** : teoría f
therapeutic adj : terapéutico —
  therapeutically adv
therapist n : terapeuta mf
therapy n, pl **-pies** : terapia f
there adv : ahí : allí : allá : en esto
  : en eso : entonces
thereabouts or **thereabout** adv
  or **thereabouts** : por ahí : más o
  menos
thereafter adv : después
thereby adv : de tal modo : de esa
  manera : así
therefore adv : por lo tanto : por
  consiguiente
therein adv : allí adentro : ahí
  adentro : allí : en ese aspecto
thereof adv : de eso : de esto
thereupon adv : acto seguido
  : inmediatamente
therewith adv : con eso : con ello
thermal adj : térmico : termal
thermodynamics ns & pl
  : termodinámica f
thermometer n : termómetro m
thermos n : termo m
thermostat n : termostato m
thesaurus n, pl **-sauri** or
  -sauruses : diccionario m de
  sinónimos
these → **this**
thesis n, pl **theses** : tesis f
they pron : ellos : ellas
they'd → **have, will**
they'll → **will**
they're → **be**
they've → **have**
thiamine n : tiamina f
thick adj : grueso : espeso : denso
  — **thickly** adv
thicken v : espesar : espesarse
thickener n : espesante m
thicket n : matorral m : maleza f
  : espesura f
thickness n : grosor m : grueso m
  : espesor m

thickset adj : robusto : fornido
thick-skinned adj : poco sensible
  : que no se ofende fácilmente
thief n, pl **thieves** : ladrón m,
  -drona f
thieve v **thieved; thieving** : hurtar
  : robar
thievery n : hurto m : robo m
  : latrocinio m
thigh n : muslo m
thighbone n : fémur m
thimble n : dedal m
thin[1] v **thinned; thinning** : hacer
  menos denso : diluir : aguar
  : enrarecer : diluirse : aguarse
  : enrarecerse
thin[2] adj **thinner; thinnest**
  : delgado : esbelto : flaco : ralo
  : escaso : claro : aguado : diluido
  : fino
thing n : cosa f
thingamajig or **thingamabob** n
  : cosa f : vaina f : chisme m
think v **thought; thinking** : pensar
  : creer : opinar : acordarse de
thinker n : pensador m, -dora f
thinly adv : ligeramente
  : escasamente : apenas
thinness n : delgadez f
thin-skinned adj : susceptible
  : muy sensible
third[1] or **thirdly** adv : en tercer
  lugar
third[2] adj : tercero
third[3] n : tercero m, -ra f : tercera
  parte f
thirst[1] v : tener sed
thirst[2] n : sed f
thirsty adj **thirstier; -est** : sediento
  : que tiene sed
thirteen[1] adj & pron : trece
thirteen[2] n : trece m
thirteenth[1] adj : décimo tercero
thirteenth[2] n : decimotercero m, -ra
  f : treceavo m : treceava parte f
thirtieth[1] adj : trigésimo
thirtieth[2] n : trigésimo m, -ma f
  : treintavo m : treintava parte f
thirty[1] adj & pron : treinta
thirty[2] n, pl **thirties** : treinta m
this[1] adv : así : a tal punto
this[2] adj, pl **these** : este
this[3] pron, pl **these** : este/éste
  : esta/ésta : esto

thistle *n* : cardo *m*

thong *n* : correa *f* : tira *f* : chancla *f*
: chancleta *f*

thorax *n, pl* **-raxes** *or* **-races**
: tórax *m*

thorn *n* : espina *f*

thorny *adj* **thornier; -est** : espinoso

thorough *adj* : concienzudo
: meticuloso : absoluto : completo
— **thoroughly** *adv*

thoroughbred *adj* : de pura sangre

Thoroughbred *n or* **Thoroughbred
horse** : pura sangre *mf*

thoroughfare *n* : vía *f* pública
: carretera *f*

thoroughness *n* : esmero *m*
: meticulosidad *f*

those → **that**

thou *pron* : tú

though[1] *adv* : sin embargo : no
obstante

though[2] *conj* : aunque : a pesar de

thought[1] → **think**

thought[2] *n* : pensamiento *m* : ideas
fpl : reflexión *f* : raciocinio *m* : idea
f : ocurrencia *f*

thoughtful *adj* : pensativo
: meditabundo : considerado
: atento : cortés — **thoughtfully**
adv

thoughtfulness *n* : consideración *f*
: atención *f* : cortesía *f*

thoughtless *adj* : descuidado
: negligente : desconsiderado —
thoughtlessly *adv*

thoughtlessness *n* : descuido *m*
: irreflexión *f* : imprevisión *f* : falta *f*
de consideración

thousand[1] *adj & pron* : mil

thousand[2] *n, pl* **-sands** *or* **-sand**
: mil *m*

thousandth[1] *adj* : milésimo

thousandth[2] *n* : milésimo *m*, **-ma** *f*
: milésima parte *f*

thrash *v* : golpear : azotar : darle
una paliza : sacudir : agitar
bruscamente

thread[1] *v* : enhilar : enhebrar
: ensartar

thread[2] *n* : hilo *m* : hebra *f* : rosca
f : filete *m*

threadbare *adj* : raído : gastado
: trillado : tópico : manido

threat *n* : amenaza *f*

threaten *v* : amenazar

threatening *adj* : amenazador —
threateningly *adv*

three[1] *adj* : tres

three[2] *n* : tres *m*

three[3] *pron* : tres

3–D *adj* → **three-dimensional**

three–dimensional *adj*
: tridimensional

threefold *adj* : triple

three hundred[1] *adj & pron*
: trescientos

three hundred[2] *n* : trescientos *m*

three–piece suit *n* : terno *m*
: tresillo *m*

threescore *adj* : sesenta

thresh *v* : trillar

thresher *n* : trilladora *f*

threshold *n* : umbral *m*

threw → **throw**[1]

thrice *adv* : tres veces

thrift *n* : economía *f* : frugalidad *f*

thriftless *adj* : despilfarrador
: manirroto

thrifty *adj* **thriftier; -est** : económico
: frugal — **thriftily** *adv*

thrill[1] *v* : emocionar **to thrill
to** : dejarse conmover por
: estremecerse con

thrill[2] *n* : emoción *f*

thriller *n* : evento *m* emocionante
: obra *f* de suspenso

thrilling *adj* : emocionante
: excitante

thrive *v* **throve** *or* **thrived; thriven**
: florecer : crecer abundantemente
: prosperar

throat *n* : garganta *f*

throaty *adj* **throatier; -est** : ronco

throb[1] *v* **throbbed; throbbing**
: palpitar : latir : vibrar

throb[2] *n* : palpitación *f* : latido *m*
: vibración *f*

throe *n* : espasmo *m* : dolor *m*;
throes *npl* : lucha *f* larga y ardua

thrombosis *n* : trombosis *f*

throne *n* : trono *m*

throng[1] *v* : atestar : atiborrar
: llenar : aglomerarse
: amontonarse

throng[2] *n* : muchedumbre *f* : gentío
m : multitud *f*

throttle[1] *v* **-tled; -tling** : estrangular
: ahogar

throttle² *n* : válvula *f* reguladora
through¹ *adv* : a través : de un lado a otro : de principio a fin : completamente
through² *adj* : directo : terminado : acabado
through³ *prep* : a través de : por : entre : a causa de : como consecuencia de : durante : a : hasta
throughout¹ *adv* : por todas partes : desde el principio hasta el fin de
throughout² *prep* : en todas partes de : a través de : de principio a fin de : durante
throve → thrive
throw¹ *v* **threw; thrown; throwing** : tirar : lanzar : echar : arrojar : aventar : desmontar : proyectar **to throw up** : vomitar : devolver
throw² *n* : tiro *m* : tirada *f* : lanzamiento *m* : lance *m*
thrower *n* : lanzador *m*, -dora *f*
thrush *n* : tordo *m* : zorzal *m*
thrust¹ *v* **thrust; thrusting** : empujar bruscamente : apuñalar : clavar
thrust² *n* : empujón *m* : empellón *m* : estocada *f* : ímpetu *m* : impulso *m* : propulsión *f*
thud¹ *v* **thudded; thudding** : producir un ruido sordo
thud² *n* : ruido *m* sordo
thug *n* : matón *m*
thumb¹ *v* : hojear
thumb² *n* : pulgar *m* : dedo *m* pulgar
thumbnail *n* : uña *f* del pulgar : thumbnail *n* : miniatura *f*
thumbtack *n* : tachuela *f* : chinche *f*
thump¹ *v* : golpear : aporrear : latir con vehemencia
thump² *n* : ruido *m* sordo
thunder¹ *v* : tronar : retumbar : bramar : resonar : decir a gritos : vociferar
thunder² *n* : truenos *mpl*
thunderbolt *n* : rayo *m*
thunderclap *n* : trueno *m*
thunderous *adj* : atronador : ensordecedor : estruendoso
thundershower *n* : lluvia *f* con truenos y relámpagos
thunderstorm *n* : tormenta *f* con truenos y relámpagos

thunderstruck *adj* : atónito
Thursday *n* : jueves *m*
thus *adv* : así : de esta manera : hasta : por consiguiente : por lo tanto
thwart *v* : frustrar
thy *adj* : tu
thyme *n* : tomillo *m*
thyroid *n or* **thyroid gland** : tiroides *mf* : glándula *f* tiroidea
thyself *pron* : ti : ti mismo
ti *n* : si *m*
tiara *n* : diadema *f*
Tibetan *n* : tibetano *m*, -na *f* — **Tibetan** *adj*
tibia *n, pl* **-iae** : tibia *f*
tic *n* : tic *m*
tick¹ *v* : hacer tictac : operar : andar; *or* **to tick off** : marcar
tick² *n* : tictac *m* : marca *f* : garrapata *f*
ticket¹ *v* : etiquetar
ticket² *n* : boleto *m* : boleta *f* : entrada *f* : pasaje *m* : lista *f* de candidatos
ticket collector *n* : revisor *m*, -sora *f*
ticket office *n* : taquilla *f*
tickle¹ *v* **-led; -ling** : divertir : hacerle gracia : hacerle cosquillas : picar
tickle² *n* : cosquilleo *m* : cosquillas *fpl* : picor *m*
ticklish *adj* : cosquilloso : delicado : peliagudo
tick–tock *n* : tictac *m*
tidal *adj* : de marea : relativo a la marea
tidal wave *n* : maremoto *m*
tidbit *n* : bocado *m* : golosina *f* : dato *m* o noticia *f* interesante
tide¹ *v* **tided; tiding** *or* **to tide over** : proveer lo necesario para aguantar una dificultad
tide² *n* : marea *f* : corriente *f*
tidily *adv* : ordenadamente
tidiness *n* : aseo *m* : limpieza *f* : orden *m*
tidings *npl* : nuevas *fpl*
tidy¹ *v* **-died; -dying** : asear : limpiar : poner en orden **to tidy up** : poner las cosas en orden
tidy² *adj* **tidier; -est** : limpio : aseado : en orden : grande : considerable

tie[1] *v* **tied; tying** *or* **tieing** : atar
: amarrar : ligar : empatar
tie[2] *n* : ligadura *f* : cuerda *f* : cordón
m : atadura *f* : vínculo *m* : lazo *m*
: empate *m* : corbata *f*
tiebreaker *n* : desempate *m*
tier *n* : hilera *f* : escalón *m*
tiff *n* : disgusto *m* : disputa *f*
tiger *n* : tigre *m*
tight[1] *adv* : bien : fuerte
tight[2] *adj* : bien cerrado : hermético
: estricto : severo : tirante : tenso
: apretado : ajustado : ceñido
: difícil : avaro : agarrado : reñido
: escaso
tighten *v* : tensar : apretar
: apretarse : reforzar
tightfisted *adj* : apretado : avaro
: agarrado
tightly *adv* : bien : fuerte
tightness *n* : lo apretado : lo tenso
: tensión *f*
tightrope *n* : cuerda *f* floja
tights *npl* : leotardo *m* : malla *f*
tightwad *n* : avaro *m*, -ra *f* : tacaño
m, -ña *f*
tigress *n* : tigresa *f*
tilde *n* : tilde *mf*
tile[1] *v* **tiled; tiling** : embaldosar
: revestir de azulejos : tejar
tile[2] *n* : azulejo *m* : teja *f*
till[1] *v* : cultivar : labrar
till[2] *n* : caja *f* : caja *f* registradora
till[3] *prep & conj* → **until**
tiller *n* : cultivador *m*, -dora *f* : caña
f del timón
tilt[1] *v* : ladear : inclinar : ladearse
: inclinarse
tilt[2] *n* : inclinación *f*
timber *n* : madera *f* : viga *f*
timberland *n* : bosque *m* maderero
timbre *n* : timbre *m*
time[1] *v* **timed; timing** : fijar la hora
de : calcular el momento oportuno
para : cronometrar : medir el
tiempo de
time[2] *n* : tiempo *m* : momento *m*
: vez *f* : era *f* : ritmo *m* : hora *f*
: época *f* : rato *m* : experiencia *f*
time bomb *n* : bomba *f* de tiempo
: bomba *f* de relojería
timekeeper *n* : cronometrador *m*,
-dora *f*
timeless *adj* : eterno

time limit *n* : plazo *m*
timely *adj* **timelier; -est** : oportuno
timepiece *n* : reloj *m*
timer *n* : temporizador *m*
: cronómetro *m*
times *prep* : por
timeshare *n* : multipropiedad *f*
: tiempo *m* compartido
time slot → **slot**
timetable *n* : horario *m*
time zone *n* : huso *m* horario
timid *adj* : tímido — **timidly** *adv*
timidity *n* : timidez *f*
timorous *adj* : timorato : miedoso
timpani *npl* : timbales *mpl*
tin *n* : estaño *m* : hojalata *f* : lata *f*
: bote *m* : envase *m*
tincture *n* : tintura *f*
tinder *n* : yesca *f*
tine *n* : diente *m*
tinfoil *n* : papel *m* aluminio
tinge[1] *v* **tinged; tingeing** *or* **tinging**
: matizar : teñir ligeramente
tinge[2] *n* : matiz *m* : tinte *m* sutil
: dejo *m* : sensación *f* ligera
tingle[1] *v* **-gled; -gling** : sentir
hormigueo : sentir cosquilleo
tingle[2] *n* : hormigueo *m* : cosquilleo
m
tinker *v* **to tinker with** : arreglar
con pequeños ajustes : toquetear
tinkle[1] *v* **-kled; -kling** : tintinear
tinkle[2] *n* : tintineo *m*
tinplate *n* : hojalata *f*
tinsel *n* : oropel *m*
tint[1] *v* : teñir : colorear
tint[2] *n* : tinte *m*
tiny *adj* **tinier; -est** : diminuto
: minúsculo
tip[1] *v* **tipped; tipping** : ladear
: inclinar : tocar : golpear
ligeramente : darle una propina
: adornar o cubrir la punta de
: ladearse : inclinarse
tip[2] *n* : punta *f* : extremo
m : propina *f* : consejo *m*
: información *f*
tip-off *n* : indicación *f* : señal *f*
: información *f*
tipple *v* **-pled; -pling** : tomarse
unas copas
tipsy *adj* **tipsier; -est** : achispado
tiptoe[1] *v* **-toed; -toeing** : caminar
de puntillas

tiptoe[2] *adv* : de puntillas
tiptoe[3] *n* : punta *f* del pie
tip-top[1] *adj* : excelente
tip-top[2] *n* : cumbre *f* : cima *f*
tirade *n* : diatriba *f*
tire[1] *v* **tired; tiring** : cansar : cansarse
tire[2] *n* : llanta *f* : neumático *m*
  : goma *f*
tired *adj* : cansado
tiredness *n* : cansancio *m*
tireless *adj* : incansable
  : infatigable — **tirelessly** *adv*
tiresome *adj* : fastidioso : pesado
  : tedioso — **tiresomely** *adv*
tissue *n* : pañuelo *m* de papel
  : tejido *m*
tissue paper *n* : papel *m* de seda
titanic *adj* : titánico : gigantesco
titanium *n* : titanio *m*
titillate *v* **-lated; -lating** : excitar
  : estimular placenteramente
title[1] *v* **-tled; -tling** : titular : intitular
title[2] *n* : título *m*
titter[1] *v* : reírse tontamente
titter[2] *n* : risita *f* : risa *f* tonta
titular *adj* : titular
tizzy *n, pl* **tizzies** : estado *m*
  agitado o nervioso
TNT *n* : TNT *m*
to[1] *adv* : a un estado consciente
to[2] *prep* : a : hacia : hasta : de
  : con : de acuerdo con : para : en
  cada : por
toad *n* : sapo *m*
toadstool *n* : hongo *m*
toady *n, pl* **toadies** : adulador *m*,
  -dora *f*
toast[1] *v* : tostar : brindar por
  : calentar
toast[2] *n* : pan *m* tostado : tostadas
  fpl : brindis *m*
toaster *n* : tostador *m*
tobacco *n, pl* **-cos** : tabaco *m*
toboggan[1] *v* : deslizarse en
  tobogán
toboggan[2] *n* : tobogán *m*
today[1] *adv* : hoy : hoy en día
today[2] *n* : hoy *m*
toddle *v* **-dled; -dling** : hacer
  pininos : hacer pinitos
toddler *n* : niño *m* pequeño : niña
  f pequeña
to-do *n, pl* **to-dos** : lío *m* : alboroto
  m

toe[1] *v* **toed; toeing** **to toe the line**
  : acatar la disciplina
toe[2] *n* : dedo *m* del pie
toenail *n* : uña *f* del pie
toga *n* : toga *f*
together *adv* : juntamente : juntos
togetherness *n* : unión *f*
  : compañerismo *m*
togs *npl* : ropa *f*
toil[1] *v* : trabajar arduamente
toil[2] *n* : trabajo *m* arduo
toilet *n* : arreglo *m* personal
  : (cuarto de) baño *m* : servicios
  mpl : sanitario *m* : inodoro *m*
toilet paper *n* : papel *m* higiénico
toiletries *npl* : artículos *mpl* de
  tocador
token[1] *adj* : simbólico
token[2] *n* : prueba *f* : muestra *f*
  : señal *m* : símbolo *m* : recuerdo
  m : ficha *f*
told → **tell**
tolerable *adj* : tolerable —
  tolerably *adv*
tolerance *n* : tolerancia *f*
tolerant *adj* : tolerante — **tolerantly**
  adv
tolerate *v* **-ated; -ating** : tolerar
  : aceptar : aguantar : soportar
toleration *n* : tolerancia *f*
toll[1] *v* : tañer : sonar : doblar
toll[2] *n* : peaje *m* : pérdida *f*
  : número *m* de víctimas : tañido *m*
tollbooth *n* : caseta *f* de peaje
  : caseta *f* de cobro
toll-free *adj* : gratuito
tollgate *n* : barrera *f* de peaje
tomahawk *n* : hacha *f* de guerra
tomato *n, pl* **-toes** : tomate *m*
tomb *n* : sepulcro *m* : tumba *f*
tomboy *n* : marimacho *mf* : niña *f*
  que se porta como muchacho
tombstone *n* : lápida *f*
tomcat *n* : gato *m*
tome *n* : tomo *m*
tomorrow[1] *adv* : mañana
tomorrow[2] *n* : mañana *m*
tom-tom *n* : tam-tam *m*
ton *n* : tonelada *f*
tone *n* : tono *m*
tongs *npl* : tenazas *fpl*
tongue *n* : lengua *f* : idioma *m*
tongue-tied *adj* **to get tongue-**
  tied : trabársele la lengua a uno

tongue–twister n : trabalenguas m
tonic[1] adj : tónico
tonic[2] n : tónico m
tonight[1] adv : esta noche
tonight[2] n : esta noche f
tonnage n : tonelaje m
tonsil n : amígdala f : angina f
tonsillitis n : amigdalitis f : anginas fpl
too adv : también : demasiado
took → **take**
tool[1] v : fabricar : confeccionar : instalar maquinaria en
tool[2] n : herramienta f
toolbar n : barra f de herramientas
toolbox n : caja f de herramientas
tool kit n : juego m de herramientas
toot[1] v : sonar
toot[2] n : pitido m : bocinazo m
tooth n, pl **teeth** : diente m
toothache n : dolor m de muelas
toothbrush n : cepillo m de dientes
toothed adj : dentado : de dientes
toothless adj : desdentado
toothpaste n : pasta f de dientes : crema f dental : dentífrico m
toothpick n : palillo m : mondadientes m
top[1] v **topped; topping** : cubrir : coronar : sobrepasar : superar : pasar por encima de : encabezar
top[2] adj : superior
top[3] n : parte f superior : cumbre f : cima f : tapa f : cubierta f : trompo m
topaz n : topacio m
topcoat n : sobretodo m : abrigo m
top hat n : sombrero m de copa
topic n : tema m : tópico m
topical adj : de interés actual
topless adj : sin camisa
topmost adj : más alto
top–notch adj : de lo mejor : de primera categoría
topographic or **topographical** adj : topográfico
topography n, pl **-phies** : topografía f
topple v **-pled; -pling** : caerse : venirse abajo : volcar : derrocar
top secret adj : ultrasecreto
topsoil n : capa f superior del suelo
topsy–turvy adv & adj : patas arriba : al revés

torch n : antorcha f
tore → **tear**[1]
torment[1] v : atormentar : torturar : martirizar
torment[2] n : tormento m : suplicio m : martirio m
tormentor n : atormentador m, -dora f
torn pp → **tear**[1]
tornado n, pl **-does** or **-dos** : tornado m
torpedo[1] v : torpedear
torpedo[2] n, pl **-does** : torpedo m
torpid adj : aletargado : apático
torpor n : letargo m : apatía f
torrent n : torrente m
torrential adj : torrencial
torrid adj : tórrido
torso n, pl **-sos** or **-si** : torso m
tortilla n : tortilla f
tortoise n : tortuga f
tortoiseshell n : carey m : concha f
tortuous adj : tortuoso
torture[1] v **-tured; -turing** : torturar : atormentar
torture[2] n : tortura f : tormento m
torturer n : torturador m, -dora f
toss[1] v : sacudir : agitar : tirar : echar : lanzar : sacudirse
toss[2] n : lanzamiento m : tiro m : tirada f : lance m
toss–up n : posibilidad f igual
tot n : pequeño m, -ña f
total[1] v **-taled** or **-talled; -taling** or **-talling** : ascender a : llegar a : destrozar
total[2] adj : total : completo : absoluto — **totally** adv
total[3] n : total m
totalitarian adj : totalitario
totalitarianism n : totalitarismo m
totality n, pl **-ties** : totalidad f
tote v **toted; toting** : cargar : llevar
totem n : tótem m
totter v : tambalearse
touch[1] v : tocar : tentar : conmover : afectar : tocarse
touch[2] n : tacto m : toque m : detalle m : pizca f : gota f : poco m : habilidad f : contacto m : comunicación f
touch–and–go adj : poco seguro : poco cierto
touchdown n : touchdown m

touching adj : conmovedor
touchline n : banda f : línea f de banda
touchscreen n : pantalla f táctil
touchstone n : piedra f de toque
touch–up n : retoque m
touchy adj **touchier; -est** : sensible : susceptible : delicado
tough[1] adj : fuerte : resistente : correoso : robusto : severo : exigente : difícil : terco : obstinado
tough[2] n : matón m : persona f ruda y brusca
toughen v : fortalecer : endurecer : endurecerse : hacerse más fuerte
toughness n : dureza f
toupee n : peluquín m : bisoñé m
tour[1] v : tomar una excursión : viajar : recorrer : hacer una gira por
tour[2] n : gira f : tour m : excursión f
tourism n : turismo m
tourist n : turista mf
tournament n : torneo m
tourniquet n : torniquete m
tousle v **-sled; -sling** : desarreglar : despeinar
tout v : promocionar : elogiar
tow[1] v : remolcar
tow[2] n : remolque m
toward or **towards** prep : hacia : rumbo a : alrededor de : con respecto a : para : como pago parcial de
towel n : toalla f
tower[1] v **to tower over** : descollar sobre : elevarse sobre : dominar
tower[2] n : torre f
towering adj : altísimo : imponente
town n : pueblo m : ciudad f
town hall n : ayuntamiento m
township n : municipio m
tow truck n : grúa f
toxic adj : tóxico
toxicity n, pl **-ties** : toxicidad f
toxin n : toxina f
toy[1] v : juguetear : jugar
toy[2] adj : de juguete
toy[3] n : juguete m
trace[1] v **traced; tracing** : calcar : delinear : trazar : describir : localizar : ubicar

trace[2] n : huella f : rastro m : indicio m : vestigio m : pizca f : ápice m : dejo m
trachea n, pl **-cheae** : tráquea f
tracing paper n : papel m de calcar
track[1] v : seguir la pista de : rastrear : dejar huellas de
track[2] n : rastro m : huella f : pista f : sendero m : camino m : oruga f : atletismo m
track–and–field adj : de pista y campo
tracksuit n : sudadera f : buzo m : jogging m : pants m : chándal m
tract n : terreno m : extensión f : área f : tracto m : panfleto m : folleto m
traction n : tracción f
tractor n : tractor m : camión m
trade[1] v **traded; trading** : comerciar : negociar : hacer un cambio : cambiar : intercambiar : canjear
trade[2] n : oficio m : profesión f : ocupación f : comercio m : industria f : intercambio m : canje m
trade–in n : artículo m que se canjea por otro
trademark n : marca f : sello m característico
trader n : negociante mf : tratante mf : comerciante mf
tradesman n, pl **-men** : artesano m, -na f : tendero m, -ra f : comerciante mf
tradition n : tradición f
traditional adj : tradicional — **traditionally** adv
traffic[1] v **trafficked; trafficking** : traficar
traffic[2] n : tráfico m : comercio m : tránsito m : circulación f
traffic circle n : rotonda f : glorieta f
traffic jam → **jam**[2]
trafficker n : traficante mf
traffic light n : semáforo m : luz f
tragedy n, pl **-dies** : tragedia f
tragic adj : trágico — **tragically** adv
trail[1] v : arrastrarse : quedarse atrás : retrasarse : arrastrar : perseguir : seguir la pista de
trail[2] n : rastro m : huella f : pista f : cola f : estela f : sendero m : camino m : vereda f

trailer *n* : remolque *m* : tráiler *m*
: caravana *f*
train[1] *v* : adiestrar : entrenar
: capacitar : amaestrar : apuntar
: entrenar(se) : prepararse
train[2] *n* : cola *f* : cortejo *m* : séquito
m : serie *f* : tren *m*
trainee *n* : aprendiz *m*, -diza *f*
trainer *n* : entrenador *m*, -dora *f*
training *n* : adiestramiento *m*
: entrenamiento *m* : capacitación *f*
traipse *v* **traipsed; traipsing**
: andar de un lado para otro
: vagar
trait *n* : rasgo *m* : característica *f*
traitor *n* : traidor *m*, -dora *f*
traitorous *adj* : traidor
trajectory *n, pl* **-ries** : trayectoria *f*
tramp[1] *v* : caminar : deambular por
: vagar por
tramp[2] *n* : vagabundo *m*, -da *f*
: caminata *f*
trample *v* **-pled; -pling** : pisotear
: hollar
trampoline *n* : trampolín *m* : cama
f elástica
trance *n* : trance *m*
tranquil *adj* : calmo : tranquilo
: sereno — **tranquilly** *adv*
tranquilize *v* **-ized; -izing**
: tranquilizar
tranquilizer *n* : tranquilizante *m*
tranquillity *or* **tranquility** *n*
: sosiego *m* : tranquilidad *f*
trans *adj* : trans : transgénero
: transexual
transact *v* : negociar : gestionar
: hacer
transaction *n* : transacción
f : negocio *m* : operación *f*;
transactions *npl* : actas *fpl*
transatlantic *adj* : transatlántico
transcend *v* : trascender
: sobrepasar
transcendent *adj* : trascendente
— **transcendence** *n*
transcendental *adj* : trascendental
transcribe *v* **-scribed; -scribing**
: transcribir
transcript *n* : copia *f* oficial
transcription *n* : transcripción *f*
transfer[1] *v* **-ferred; -ferring**
: trasladar : transferir : traspasar
: ceder : imprimir : trasladarse

: cambiarse : transbordar
: cambiar
transfer[2] *n* : transferencia *f*
: traslado *m* : calcomanía *f* : boleto
m
transferable *adj* : transferible
transference *n* : transferencia *f*
transfigure *v* **-ured; -uring**
: transfigurar : transformar
transfix *v* : traspasar : atravesar
: paralizar
transform *v* : transformar
transformation *n* : transformación *f*
transformer *n* : transformador *m*
transfusion *n* : transfusión *f*
transgender *adj* : transgénero
transgress *v* : transgredir
: infringir — **transgression** *n* —
transgressor *n*
transient[1] *adj* : pasajero
: transitorio — **transiently** *adv*
transient[2] *n* : transeúnte *mf*
transistor *n* : transistor *m*
transit *n* : pasaje *m* : tránsito *m*
: transporte *m*
transition *n* : transición *f*
transitional *adj* : de transición
transitive *adj* : transitivo
transitory *adj* : transitorio
translatable *adj* : traducible
translate *v* **-lated; -lating** : traducir
translation *n* : traducción *f*
translator *n* : traductor *m*, -tora *f*
translucent *adj* : translúcido
transmissible *adj* : transmisible
transmission *n* : transmisión *f*
transmit *v* **-mitted; -mitting**
: transmitir
transmitter *n* : transmisor *m*
: emisor *m*
transom *n* : montante *m*
: travesaño *m*
transparency *n, pl* **-cies**
: transparencia *f*
transparent *adj* : transparente
: traslúcido : obvio : claro —
transparently *adv*
transpiration *n* : transpiración *f*
transpire *v* **-spired; -spiring**
: transpirar : resultar : suceder
: ocurrir : tener lugar
transplant[1] *v* : trasplantar
transplant[2] *n* : trasplante *m*
transport[1] *v* : transportar : acarrear

transport[2] *n* : transporte *m*
: transportación *f* : éxtasis *m*
transportation *n* : transporte *m*
: transportación *f*
transpose *v* **-posed; -posing**
: trasponer : trasladar : transportar
transsexual *n* : transexual *mf* —
transsexual *adj*
transverse *adj* : transversal
: transverso : oblicuo —
transversely *adv*
transvestite *n* : travesti *mf* : travestí
mf — **transvestite** *adj*
trap[1] *v* **trapped; trapping** : atrapar
: apresar
trap[2] *n* : trampa *f*
trapdoor *n* : trampilla *f*
trapeze *n* : trapecio *m*
trapezoid *n* : trapezoide *m*
: trapecio *m*
trapper *n* : trampero *m*, -ra *f*
: cazador *m*, -dora *f*
trappings *npl* : arreos *mpl* : jaeces
mpl : adornos *mpl* : pompa *f*
trash *n* : basura *f*
trash can → **garbage can**
trashy *adj* : de pacotilla
trauma *n* : trauma *m*
traumatic *adj* : traumático
travel[1] *v* **-eled** *or* **-elled; -eling**
or **-elling** : viajar : desplazarse
: moverse : ir
travel[2] *n or* **travels** *npl* : viajes *mpl*
travel agency *n* : agencia *f* de
viajes
travel agent *n* : agente *mf* de viajes
traveler *or* **traveller** *n* : viajero *m*,
-ra *f*
traveler's check *or* **traveller's
check** *n* : cheque *m* de viajero
traverse *v* **-versed; -versing**
: atravesar : extenderse a través
de : cruzar
travesty *n, pl* **-ties** : parodia *f*
trawl[1] *v* : pescar con red de arrastre
: rastrear
trawl[2] *n or* **trawl net** : red *f* de
arrastre
trawler *n* : barco *m* de pesca
tray *n* : bandeja *f* : charola *f*
treacherous *adj* : traicionero
: traidor : peligroso
treacherously *adv* : a traición
treachery *n, pl* **-eries** : traición *f*

tread[1] *v* **trod; trodden** *or* **trod;
treading** : pisotear : hollar
: caminar : andar
tread[2] *n* : paso *m* : andar *m* : banda
f de rodadura : escalón *m*
treadle *n* : pedal *m*
treadmill *n* : rueda *f* de andar
: rutina *f*
treason *n* : traición *f*
treasure[1] *v* **-sured; -suring**
: apreciar : valorar
treasure[2] *n* : tesoro *m*
treasurer *n* : tesorero *m*, -ra *f*
treasury *n, pl* **-suries** : tesorería *f*
: tesoro *m*
treat[1] *v* : tratar : manejar : invitar
: convidar : atender — **treatable**
adj
treat[2] *n* : gusto *m* : placer *m*
treatise *n* : tratado *m* : estudio *m*
treatment *n* : trato *m* : tratamiento
m
treaty *n, pl* **-ties** : tratado *m*
: convenio *m*
treble[1] *v* **-bled; -bling** : triplicar
treble[2] *adj* : de tiple : soprano
treble[3] *n* : tiple *m* : parte *f* de
soprano
tree *n* : árbol *m*
treeless *adj* : carente de árboles
tree–lined *adj* : bordeado de
árboles
tree stump → **stump**[2]
trek[1] *v* **trekked; trekking** : hacer un
viaje largo y difícil
trek[2] *n* : viaje *m* largo y difícil
trellis *n* : enrejado *m* : celosía *f*
tremble *v* **-bled; -bling** : temblar
tremendous *adj* : tremendo —
tremendously *adv*
tremor *n* : temblor *m*
tremulous *adj* : trémulo
: tembloroso
trench *n* : zanja *f* : trinchera *f*
trenchant *adj* : cortante : mordaz
trend[1] *v* : tender : inclinarse
trend[2] *n* : tendencia *f* : moda *f*
trendy *adj* **trendier; -est** : de moda
trepidation *n* : inquietud *f*
: ansiedad *f*
trespass[1] *v* : pecar : transgredir
: entrar ilegalmente
trespass[2] *n* : pecado *m*
: transgresión *f* : entrada *f* ilegal

tress *n* : mechón *m*
trestle *n* : caballete *m*
tri- *pref* : tri-
triad *n* : tríada *f*
trial[1] *adj* : de prueba
trial[2] *n* : juicio *m* : proceso *m*
: aflicción *f* : tribulación *f* : prueba *f*
: ensayo *m*
triangle *n* : triángulo *m*
triangular *adj* : triangular
tribal *adj* : tribal
tribe *n* : tribu *f*
tribesman *n, pl* **-men** : miembro *m*
de una tribu
tribulation *n* : tribulación *f*
tribunal *n* : tribunal *m* : corte *f*
tributary *n, pl* **-taries** : afluente *m*
tribute *n* : tributo *m*
trick[1] *v* : engañar : embaucar
trick[2] *n* : trampa *f* : treta *f* : artimaña
f : broma *f* : truco *m* : peculiaridad
f : manía *f* : baza *f*
trickery *n* : engaños *mpl* : trampas *fpl*
trickle[1] *v* **-led; -ling** : gotear
: chorrear
trickle[2] *n* : goteo *m* : hilo *m*
trickster *n* : estafador *m*, -dora *f*
: embaucador *m*
tricky *adj* **trickier; -est** : astuto
: taimado : delicado : peliagudo
: difícil
tricolor *adj* : tricolor
tricycle *n* : triciclo *m*
trident *n* : tridente *m*
triennial *adj* : trienal
trifle[1] *v* **-fled; -fling** : jugar
: juguetear
trifle[2] *n* : nimiedad *f* : insignificancia *f*
trifling *adj* : trivial : insignificante
trigger[1] *v* : causar : provocar
trigger[2] *n* : gatillo *m*
trigonometry *n* : trigonometría *f*
trill[1] *v* : trinar : gorjear : vibrar
trill[2] *n* : trino *m* : gorjeo *m*
: vibración *f*
trillion *n* : billón *m*
trilogy *n, pl* **-gies** : trilogía *f*
trim[1] *v* **trimmed; trimming** : adornar
: decorar : recortar : reducir
trim[2] *adj* **trimmer; trimmest**
: esbelto : limpio y arreglado : bien
cuidado
trim[3] *n* : condición *f* : estado *m*
: recorte *m* : adornos *mpl*

trimester *n* : trimestre *m*
trimming *n* : adornos *mpl*
: accesorios *mpl*
Trinity *n* : Trinidad *f*
trinket *n* : chuchería *f* : baratija *f*
trio *n, pl* **trios** : trío *m*
trip[1] *v* **tripped; tripping** : caminar
: tropezar : hacerle una zancadilla
: activar
trip[2] *n* : viaje *m* : tropiezo *m*
: traspié *m*
tripartite *adj* : tripartito
tripe *n* : mondongo *m* : callos *mpl*
: pancita *f* : porquería *f*
triple[1] *v* **-pled; -pling** : triplicar
triple[2] *adj* : triple
triple[3] *n* : triple *m*
triplet *n* : terceto *m* : trillizo *m*, -za *f*
triplicate *n* : triplicado *m*
tripod *n* : trípode *m*
trite *adj* **triter; tritest** : trillado
: tópico : manido
triumph[1] *v* : triunfar
triumph[2] *n* : triunfo *m*
triumphal *adj* : triunfal
triumphant *adj* : triunfante : triunfal
— **triumphantly** *adv*
triumvirate *n* : triunvirato *m*
trivet *n* : salvamanteles *m*
trivia *ns & pl* : trivialidades *fpl*
: nimiedades *fpl*
trivial *adj* : trivial : intrascendente
: insignificante
triviality *n, pl* **-ties** : trivialidad *f*
trod, trodden → **tread**[1]
troll *n* : duende *m* o gigante *m* de
cuentos folklóricos
trolley *n, pl* **-leys** : tranvía *m*
trombone *n* : trombón *m*
trombonist *n* : trombón *m*
troop[1] *v* : desfilar : ir en tropel
troop[2] *n* : escuadrón *m* : grupo *m*
: banda *f*; **troops** *npl* : tropas *fpl*
: soldados *mpl*
trooper *n* : soldado *m* : policía *m*
montado : policía *m*
trophy *n, pl* **-phies** : trofeo *m*
tropic[1] *or* **tropical** *adj* : tropical
tropic[2] *n* : trópico *m*
trot[1] *v* **trotted; trotting** : trotar
trot[2] *n* : trote *m*
troubadour *n* : trovador *m*, -dora *f*
trouble[1] *v* **-bled; -bling** : molestar
: perturbar : inquietar : afligir

: afectar : molestarse : hacer un esfuerzo

trouble[2] *n* : problemas *mpl* : dificultades *fpl* : molestia *f* : esfuerzo *m*

troublemaker *n* : agitador *m*, -dora *f* : alborotador *m*

troubleshooter *n* : persona *f* que resuelve problemas

troublesome *adj* : problemático : dificultoso — **troublesomely** *adv*

trough *n, pl* **troughs** : comedero *m* : bebedero *m* : depresión *f* : seno *m*

trounce *v* **trounced; trouncing** : apalear : darle una paliza : derrotar contundentemente

troupe *n* : troupe *f*

trouser *adj* : del pantalón

trousers *npl* : pantalón *m* : pantalones *mpl*

trousseau *n* : ajuar *m*

trout *ns & pl* : trucha *f*

trowel *n* : llana *f* : paleta *f* : desplantador *m*

truant *n* : alumno *m*, -na *f* que falta a clase sin permiso

truce *n* : tregua *f* : armisticio *m*

truck[1] *v* : transportar en camión

truck[2] *n* : camión *m* : carro *m* : tratos *mpl*

trucker *n* : camionero *m*, -ra *f*

truculent *adj* : agresivo : beligerante

trudge *v* **trudged; trudging** : caminar a paso pesado

true[1] *v* **trued; trueing** : aplomar : nivelar : centrar

true[2] *adv* : lealmente : sinceramente : exactamente : certeramente

true[3] *adj* **truer; truest** : fiel : leal : cierto : verdadero : verídico : auténtico : genuino — **truly** *adv*

true–blue *adj* : leal : fiel

truffle *n* : trufa *f*

truism *n* : perogrullada *f* : verdad *f* obvia

trump[1] *v* : matar

trump[2] *n* : triunfo *m*

trumped–up *adj* : inventado : fabricado

trumpet[1] *v* : sonar una trompeta : berrear : bramar : proclamar a los cuatro vientos

trumpet[2] *n* : trompeta *f*

trumpeter *n* : trompetista *mf*

truncate *v* **-cated; -cating** : truncar

trundle *v* **-dled; -dling** : rodar lentamente : hacer rodar : empujar lentamente

trunk *n* : tronco *m* : trompa *f* : baúl *m* : maletero *m* : cajuela *f*; **trunks** *npl* → **swimming trunks**

truss[1] *v* : atar

truss[2] *n* : armazón *m* : braguero *m*

trust[1] *v* : confiar : esperar : encomendar : confiar en : tenerle confianza a

trust[2] *n* : confianza *f* : esperanza *f* : fe *f* : crédito *m* : fideicomiso *m* : trust *m* : responsabilidad *f* : custodia *f*

trustee *n* : fideicomisario *m*, -ria *f* : fiduciario *m*

trustful *adj* : confiado — **trustfully** *adv*

trustworthiness *n* : integridad *f* : honradez *f*

trustworthy *adj* : digno de confianza : confiable

trusty *adj* **trustier; -est** : fiel : confiable

truth *n, pl* **truths** : verdad *f*

truthful *adj* : sincero : veraz — **truthfully** *adv*

truthfulness *n* : sinceridad *f* : veracidad *f*

try[1] *v* **tried; trying** : enjuiciar : juzgar : procesar : probar : tentar : poner a prueba : tratar : intentar

try[2] *n, pl* **tries** : intento *m* : tentativa *f*

tryout *n* : prueba *f*

tsar → **czar**

T–shirt *n* : camiseta *f*

tub *n* : cuba *f* : barril *m* : tonel *m* : envase *m* : tina *f* : bañera *f*

tuba *n* : tuba *f*

tube *n* : tubo *m* : trompa *f* : metro *m* : subterráneo *m*

tubeless *adj* : sin cámara

tuber *n* : tubérculo *m*

tubercular → **tuberculous**

tuberculosis *n, pl* **-loses** : tuberculosis *f*

tuberculous *adj* : tuberculoso

tuberous *adj* : tuberoso

tubing *n* : tubería *f*

tubular *adj* : tubular

tuck[1] *v* : meter : colocar : guardar
: esconder
tuck[2] *n* : pliegue *m* : alforza *f*
Tuesday *n* : martes *m*
tuft *n* : penacho *m* : copete *m*
tug[1] *v* **tugged; tugging** : tirar : jalar
: dar un tirón : arrastrar : remolcar
tug[2] *n* : tirón *m* : jalón *m*
tugboat *n* : remolcador *m*
tug-of-war *n, pl* **tugs-of-war**
: juego *m* de tirar de la cuerda
: lucha *f*
tuition *n or* **tuition fees** : tasas *fpl*
de matrícula : colegiatura *f*
tulip *n* : tulipán *m*
tulle *n* : tul *m*
tumble[1] *v* **-bled; -bling** : dar
volteretas : caerse : venirse abajo
: volcar : hacer girar
tumble[2] *n* : voltereta *f* : caída *f*
tumbledown *adj* : en ruinas
tumbler *n* : acróbata *mf*
: saltimbanqui *mf* : vaso *m* : clavija *f*
tummy *n, pl* **-mies** : panza *f*
: vientre *m*
tumor *n* : tumor *m*
tumult *n* : tumulto *m* : alboroto *m*
tumultuous *adj* : tumultuoso
tuna *n, pl* **-na** *or* **-nas** : atún *m*
tundra *n* : tundra *f*
tune[1] *v* **tuned; tuning** : ajustar
: hacer más preciso : afinar
: sintonizar
tune[2] *n* : tonada *f* : canción *f*
: melodía *f*
tuneful *adj* : armonioso : melódico
tuner *n* : afinador *m*, -dora *f*
: sintonizador *m*
tune-up *n* : afinado *m* : afinación *f*
: puesta *f* a punto
tungsten *n* : tungsteno *m*
tunic *n* : túnica *f*
tuning fork *n* : diapasón *m*
Tunisian *n* : tunecino *m*, -na *f* —
Tunisian *adj*
tunnel[1] *v* **-neled** *or* **-nelled; -neling**
or **-nelling** : hacer un túnel
tunnel[2] *n* : túnel *m*
turban *n* : turbante *m*
turbid *adj* : turbio
turbine *n* : turbina *f*
turbulence *n* : turbulencia *f*
turbulent *adj* : turbulento —
turbulently *adv*

tureen *n* : sopera *f*
turf *n* : tepe *m*
turgid *adj* : turgente : ampuloso
: hinchado
Turk *n* : turco *m*, -ca *f*
turkey *n, pl* **-keys** : pavo *m*
Turkish[1] *adj* : turco
Turkish[2] *n* : turco *m*
turmoil *n* : agitación *f* : desorden *m*
: confusión *f*
turn[1] *v* : girar : voltear : volver
: darle vuelta(s) a : hacer girar
: darle vuelta a : dar vuelta : poner
: torcer : dislocar : dirigir : revolver
: convertir : tornear : dar vueltas
: doblar : dar una vuelta : volverse
: darse la vuelta : voltearse
: hacerse : ponerse : cambiar
: agriarse : cortarse
turn[2] *n* : vuelta *f* : giro *m* : cambio
m : bocacalle *f* : curva *f* : turno *m*
turnaround *n* : procesamiento *m*
turncoat *n* : traidor *m*, -dora *f*
turning point *n* : momento *m*
decisivo
turnip *n* : nabo *m*
turnout *n* : concurrencia *f*
turnover *n* : empanada *f* : volumen
m : rotación *f*
turnpike *n* : carretera *f* de peaje
turnstile *n* : torniquete *m*
turntable *n* : tornamesa *mf*
turpentine *n* : aguarrás *m*
: trementina *f*
turquoise *n* : turquesa *f*
turret *n* : torre *f* pequeña : torreta *f*
turtle *n* : tortuga *f*
turtledove *n* : tórtola *f*
turtleneck *n* : cuello *m* de tortuga
: cuello *m* alto
tusk *n* : colmillo *m*
tussle[1] *v* **-sled; -sling** : pelearse : reñir
tussle[2] *n* : riña *f* : pelea *f*
tutelage *n* : tutela *f*
tutor[1] *v* : darle clases particulares
tutor[2] *n* : tutor *m*, -tora *f* : maestro
m, -tra *f*
tutorial *n* : tutorial *m* : clase *f*
tuxedo *n, pl* **-dos** *or* **-does**
: esmoquin *m* : smoking *m*
TV → **television**
twain *n* : dos *m*
twang[1] *v* : pulsar la cuerda de
: hablar en tono nasal

twang[2] *n* : tañido *m* : tono *m* nasal
tweak[1] *v* : pellizcar
tweak[2] *n* : pellizco *m*
tweed *n* : tweed *m*
tweet[1] *v* : piar : tuitear : twittear
tweet[2] *n* : gorjeo *m* : pío *m* : tuit *m*
 : tweet *m*
tweezers *npl* : pinzas *fpl*
twelfth[1] *adj* : duodécimo
twelfth[2] *n* : duodécimo *m*, -ma *f*
 : doceavo *m* : doceava parte *f*
twelve[1] *adj & pron* : doce
twelve[2] *n* : doce *m*
twentieth[1] *adj* : vigésimo
twentieth[2] *n* : vigésimo *m*, -ma *f*
 : veinteavo *m* : veinteava parte *f*
twenty[1] *adj & pron* : veinte
twenty[2] *n, pl* **-ties** : veinte *m*
twice *adv* : dos veces
twig *n* : ramita *f*
twilight *n* : crepúsculo *m*
twill *n* : sarga *f* : tela *f* cruzada
twin[1] *adj* : gemelo : mellizo : doble
twin[2] *n* : gemelo *m*, -la *f* : mellizo
 m, -za *f*
twin bed *n* : cama *f* individual
twine[1] *v* **twined; twining**
 : entrelazar : entrecruzar
 : enroscarse
twine[2] *n* : cordel *m* : cuerda *f*
 : mecate *m*
twinge[1] *v* **twinged; twinging** *or*
 twingeing : sentir punzadas
twinge[2] *n* : punzada *f* : dolor *m*
 agudo
twinkle[1] *v* **-kled; -kling** : centellear
 : titilar : chispear : brillar
twinkle[2] *n* : centelleo *m* : brillo *m*
twirl[1] *v* : girar : darle vueltas a : dar
 vueltas
twirl[2] *n* : giro *m* : vuelta *f*
twist[1] *v* : torcer : retorcer
 : tergiversar : retorcerse
 : enroscarse : serpentear
twist[2] *n* : vuelta *f* : recodo *m* : giro
 m : espiral *f* : giro *m* inesperado
twisted *adj* : retorcido
twitch[1] *v* : moverse nerviosamente
 : contraerse espasmódicamente
twitch[2] *n* : espasmo *m* : sacudida *f*
twitter[1] *v* : gorjear : cantar
twitter[2] *n* : gorjeo *m*

two[1] *adj* : dos
two[2] *n, pl* **twos** : dos *m*
two[3] *pron* : dos
two-faced *adj* : hipócrita
twofold[1] *adv* : al doble
twofold[2] *adj* : doble
two hundred[1] *adj & pron*
 : doscientos
two hundred[2] *n* : doscientos *m*
two-piece *adj* : de dos piezas
twosome *n* : pareja *f*
two-tone *adj* : bicolor
two-way *adj* : de doble sentido
 : de doble dirección : mutuo
 : bidireccional
two-way mirror → **one-way**
 mirror
tycoon *n* : magnate *mf*
tying → **tie**[1]
type[1] *v* **typed; typing** : escribir
 a máquina : pasar a máquina
 : categorizar : identificar
type[2] *n* : tipo *m* : clase *f* : categoría *f*
typeface *n* : tipo *m* de imprenta
typewrite *v* **-wrote; -written**
 : escribir a máquina
typewriter *n* : máquina *f* de escribir
typhoid[1] *adj* : relativo al tifus o a la
 tifoidea
typhoid[2] *n or* **typhoid fever**
 : tifoidea *f*
typhoon *n* : tifón *m*
typhus *n* : tifus *m*
typical *adj* : típico : característico
 — **typically** *adv*
typify *v* **-fied; -fying** : ser típico o
 representativo de
typing *n* : mecanografía *f*
typist *n* : mecanógrafo *m*, -fa *f*
typographer *n* : tipógrafo *m*, -fa *f*
typographic *or* **typographical** *adj*
 : tipográfico — **typographically**
 adv
typography *n* : tipografía *f*
tyrannical *adj* : tiránico —
 tyrannically *adv*
tyrannize *v* **-nized; -nizing**
 : tiranizar
tyranny *n, pl* **-nies** : tiranía *f*
tyrant *n* : tirano *m*, -na *f*
Tyrolean *adj* : tirolés
tzar → **czar**

U

ubiquitous *adj* : ubicuo
: omnipresente
udder *n* : ubre *f*
UFO *n, pl* **UFO's** *or* **UFOs** : ovni *m*
: OVNI *m*
Ugandan *n* : ugandés *m*, -desa *f* —
Ugandan *adj*
ugliness *n* : fealdad *f*
ugly *adj* **uglier; -est** : feo
: desagradable
Ukrainian *n* : ucraniano *m*, -na *f* —
Ukrainian *adj*
ukulele *n* : ukelele *m*
ulcer *n* : úlcera *f* : llaga *f*
ulcerate *v* **-ated; -ating** : ulcerarse
ulcerous *adj* : ulceroso
ulna *n* : cúbito *m*
ulterior *adj* : oculto
ultimate *adj* : último : final
: supremo : máximo : fundamental
: esencial
ultimately *adv* : por último
: finalmente : a la larga : con el
tiempo
ultimatum *n, pl* **-tums** *or* **-ta**
: ultimátum *m*
ultra- *pref* : ultra- : super-
ultrasonic *adj* : ultrasónico
ultrasound *n* : ultrasonido *m*
: ecografía *f*
ultraviolet *adj* : ultravioleta
umbilical cord *n* : cordón *m*
umbilical
umbrage *n* **to take umbrage at**
: ofenderse por
umbrella *n* : paraguas *m*
umpire[1] *v* **-pired; -piring** : arbitrar
umpire[2] *n* : árbitro *m*, -tra *f*
umpteen *adj* : miles de
: un millón de
umpteenth *adj* : enésimo
un- *pref* : in- : im- : ir- : i- : des-
: poco : no
unable *adj* : incapaz
unabridged *adj* : íntegro
unacceptable *adj* : inaceptable
unaccompanied *adj* : solo : sin
acompañamiento
unaccountable *adj* : inexplicable
: incomprensible —
unaccountably *adv*

unaccustomed *adj*
: desacostumbrado : inusual
: inhabituado
unacquainted *adj* **to be**
unacquainted with : desconocer
: ignorar
unadorned *adj* : sin adornos : puro
y simple
unadulterated *adj* : puro : completo
: absoluto
unaffected *adj* : no afectado
: indiferente : sin afectación
: natural
unaffectedly *adv* : de manera
natural
unafraid *adj* : sin miedo
unaided *adj* : sin ayuda : solo
unalterable *adj* : inalterable
unambiguous *adj* : inequívoco
unanimity *n* : unanimidad *f*
unanimous *adj* : unánime —
unanimously *adv*
unannounced *adj* : sin dar aviso
unanswerable *adj* : incontestable
: irrefutable : irrebatible
unanswered *adj* : sin contestar
unappealing *adj* : desagradable
unarmed *adj* : sin armas
: desarmado
unashamed *adj* : sin vergüenza
unassailable *adj* : irrefutable
: irrebatible
unassisted *adj* : sin ayuda
unassuming *adj* : modesto : sin
pretensiones
unattached *adj* : suelto
: independiente : solo
unattainable *adj* : inalcanzable
: inasequible
unattended *adj* : desatendido
unattractive *adj* : poco atractivo
unauthorized *adj* : sin autorización
: no autorizado
unavailable *adj* : no disponible
unavoidable *adj* : inevitable
: ineludible — **unavoidably** *adv*
unaware[1] *adv* → **unawares**
unaware[2] *adj* : inconsciente
unawares *adv* : por sorpresa
: inconscientemente
: inadvertidamente

unbalance v : desequilibrar
unbalanced adj : desequilibrado
unbearable adj : insoportable
: inaguantable — **unbearably** adv
unbeatable adj : insuperable
unbeaten adj : invicto
unbecoming adj : impropio
: indecoroso : poco favorecedor
unbeknownst adj **unbeknownst to**
: sin el conocimiento de
unbelievable adj : increíble —
unbelievably adv
unbend v **-bent; -bending**
: relajarse
unbending adj : inflexible
unbiased adj : imparcial : objetivo
unblock v : desatascar : destapar
unbolt v : abrir el cerrojo de
: descorrer el pestillo de
unborn adj : aún no nacido : que
va a nacer
unbosom v : revelar : divulgar
unbreakable adj : irrompible
unbreathable adj : irrespirable
unbridled adj : desenfrenado
unbroken adj : intacto : sano
: continuo : ininterrumpido
unbuckle v **-led; -ling**
: desabrochar
unburden v : descargar
unbutton v : desabrochar
: desabotonar
uncalled–for adj : inapropiado
: innecesario
uncanny adj **uncannier; -est**
: extraño : raro : extraordinario —
uncannily adv
uncaring adj : indiferente
unceasing adj : incesante
: continuo — **unceasingly** adv
unceremonious adj : sin
ceremonia : sin pompa : abrupto
: brusco — **unceremoniously** adv
uncertain adj : indeterminado
: incierto : dudoso : inestable
: variable : indeciso : poco claro
uncertainly adv : dudosamente
: con desconfianza
uncertainty n, pl **-ties** : duda f
: incertidumbre f
unchain v : desencadenar
unchangeable adj : inalterable
: inmutable
unchanged adj : sin cambiar

unchanging adj : inalterable
: inmutable : firme
uncharacteristic adj : inusual
: desacostumbrado
uncharged adj : sin carga
uncharitable adj : poco caritativo
unchecked adj : sin freno : sin
obstáculos
uncivilized adj : incivilizado
: bárbaro : salvaje
uncle n : tío m
unclean adj : impuro : sucio
unclear adj : confuso : borroso
: poco claro
Uncle Sam n : el Tío Sam
unclog v **-clogged; -clogging**
: desatascar : destapar
unclothed adj : desnudo
uncluttered adj : despejado
uncoil v : desenroscarse
: desenroscar
uncomfortable adj : incómodo
: inquieto — **uncomfortably** adv
uncommitted adj : sin
compromisos
uncommon adj : raro : poco común
: excepcional : extraordinario
uncommonly adv
: extraordinariamente
uncommunicative adj : poco
comunicativo
uncomplaining adj : que no se
queja
uncomplicated adj : sencillo
uncompromising adj : inflexible
: intransigente
unconcerned adj : indiferente —
unconcernedly adv
unconditional adj : incondicional
— **unconditionally** adv
unconnected adj : no relacionado
: sin conexión : desconectado
unconscious[1] adj : inconsciente —
unconsciously adv
unconscious[2] n : inconsciente m
unconsciousness n
: inconsciencia f
unconstitutional adj
: inconstitucional —
unconstitutionality n
uncontrollable adj : incontrolable
: incontenible — **uncontrollably**
adv
uncontrolled adj : incontrolado

unconventional *adj* : poco convencional

unconvinced *adj* : no convencido : escéptico

unconvincing *adj* : poco convincente

uncoordinated *adj* : no coordinado : torpe

uncork *v* : descorchar

uncorroborated *adj* : no corroborado

uncountable *adj* : no contable

uncouple *v* : desenganchar

uncouth *adj* : grosero : rudo

uncover *v* : destapar : dejar al descubierto : descubrir : revelar : exponer

uncultivated *adj* : inculto

uncultured *adj* : inculto

uncurl *v* : desenrollar : desenrollarse

uncut *adj* : sin cortar : sin tallar : en bruto : completo : íntegro

undamaged *adj* : intacto : no dañado

undaunted *adj* : impávido

undecided *adj* : indeciso : irresoluto : pendiente : no resuelto

undefeated *adj* : invicto

undefined *adj* : indefinido

undemanding *adj* : que exige poco

undeniable *adj* : innegable — **undeniably** *adv*

under¹ *adv* : menos : debajo del agua : bajo los efectos de la anestesia

under² *adj* : (más) bajo : inferior : insuficiente

under³ *prep* : debajo de : abajo de : menos de : bajo : en : según : de acuerdo con : conforme a

under- *pref* : sub- : abajo : insuficientemente

underage *adj* : menor de edad

underarm¹ *adj* : de axila : para las axilas

underarm² *n* : axila *f* : sobaco *m*

underbrush *n* : maleza *f*

undercarriage *n* : chassis *m* : armazón *m* : tren *f* de aterrizaje

undercharge *v* : cobrarle de menos a

underclass *n* : clases *fpl* marginadas

underclothes → **underwear**

underclothing → **underwear**

undercoat *n* : primera capa *f*

undercooked *adj* : medio crudo : poco cocinado

undercover *adj* : secreto : clandestino

undercurrent *n* : corriente *f* submarina : corriente *f* oculta : trasfondo *m*

undercut *v* **-cut; -cutting** : vender más barato que

underdeveloped *adj* : subdesarrollado : atrasado

underdevelopment *n* : subdesarrollo *m*

underdog *n* : persona *f* que tiene menos posibilidades

underdone *adj* : poco cocido

underestimate *v* **-mated; -mating** : subestimar : menospreciar

underexpose *v* : subexponer

underexposure *v* : subexposición *f*

underfoot *adv* : bajo los pies

undergarment *n* : prenda *f* íntima

undergo *v* **-went; -gone; -going** : sufrir : experimentar

undergraduate *n* : estudiante *m* universitario : estudiante *f* universitaria

underground¹ *adv* : bajo tierra : clandestinamente : en secreto

underground² *adj* : subterráneo : secreto : clandestino

underground³ *n* : movimiento *m* o grupo *m* clandestino

undergrowth *n* : maleza *f* : broza *f*

underhand¹ *adv* : de manera clandestina

underhand² *adj* : solapado : por debajo del hombro

underhanded *adj* : solapado : turbio : poco limpio

underlie *v* **-lay; -lain; -lying** : subyacer en/a

underline *v* **-lined; -lining** : subrayar : acentuar : hacer hincapié en

underling *n* : subordinado *m*, -da *f* : inferior *mf*

underlying *adj* : subyacente : fundamental : esencial

undermine *v* **-mined; -mining** : socavar : minar : debilitar

underneath[1] *adv* : debajo : abajo
underneath[2] *prep* : debajo de : abajo de
undernourished *adj* : desnutrido
underpaid *adj* : mal pagado
underpants *npl* : calzoncillos *mpl* : calzones *mpl*
underpass *n* : paso *m* a desnivel
underpay *v* **-paid; -paying** : pagarle mal a : pagar mal
underprivileged *adj* : desfavorecido
underrate *v* **-rated; -rating** : subestimar : menospreciar
underscore *v* **-scored; -scoring** → **underline**
undersea[1] *or* **underseas** *adv* : bajo la superficie del mar
undersea[2] *adj* : submarino
undersecretary *n, pl* **-ries** : subsecretario *m*, -ria *f*
undersell *v* **-sold; -selling** : vender más barato que
undeserved *adj* : inmerecido
undershirt *n* : camiseta *f*
undershorts *npl* : calzoncillos *mpl*
underside *n* : parte *f* de abajo
undersigned *n* **the undersigned** : el abajo firmante : la abajo firmante : los abajo firmantes : las abajo firmantes
undersized *adj* : más pequeño de lo normal
understand *v* **-stood; -standing** : comprender : entender : tener entendido
understandable *adj* : comprensible
understanding[1] *adj* : comprensivo : compasivo
understanding[2] *n* : comprensión *f* : entendimiento *m* : interpretación *f* : acuerdo *m* : arreglo *m*
understate *v* **-stated; -stating** : minimizar : subestimar
understatement *n* : atenuación *f*
understudy *n, pl* **-dies** : sobresaliente *mf* : suplente *mf*
undertake *v* **-took; -taken; -taking** : emprender : asumir : comprometerse
undertaker *n* : director *m*, -tora *f* de funeraria
undertaking *n* : empresa *f* : tarea *f* : promesa *f* : garantía *f*

undertone *n* : voz *f* baja : trasfondo *m* : matiz *m*
undertow *n* : resaca *f*
undervalue *v* **-ued; -uing** : menospreciar : subestimar
underwater[1] *adv* : debajo
underwater[2] *adj* : submarino
under way *adv* : en marcha : en camino
underwear *n* : ropa *f* interior : ropa *f* íntima
underworld *n* : infierno *m*
underwrite *v* **-wrote; -written; -writing** : asegurar : financiar : suscribir : respaldar
underwriter *n* : asegurador *m*, -dora *f*
undeserving *adj* : indigno
undesirable[1] *adj* : indeseable
undesirable[2] *n* : indeseable *mf*
undeveloped *adj* : sin desarrollar : sin revelar
undies → **underwear**
undignified *adj* : indecoroso
undiluted *adj* : sin diluir : concentrado
undisciplined *adj* : indisciplinado
undiscovered *adj* : no descubierto
undisputed *adj* : indiscutible
undisturbed *adj* : tranquilo : sin tocar
undivided *adj* : íntegro : completo
undo *v* **-did; -done; -doing** : desabrochar : desatar : abrir : anular : deshacer : reparar : arruinar : destruir
undoing *n* : ruina *f* : perdición *f*
undoubted *adj* : cierto : indudable — **undoubtedly** *adv*
undress *v* : desvestir : desabrigar : desnudar : desvestirse : desnudarse
undue *adj* : excesivo : indebido — **unduly** *adv*
undulate *v* **-lated; -lating** : ondular
undulation *n* : ondulación *f*
undying *adj* : perpetuo : imperecedero
unearth *v* : desenterrar : exhumar : descubrir
unearthly *adj* **unearthlier; -est** : sobrenatural : de otro mundo
unease *n* : inquietud *f*
uneasily *adv* : inquietamente : con inquietud

uneasiness n : inquietud f
uneasy adj **uneasier; -est**
: incómodo : preocupado : inquieto
: agitado
uneducated adj : inculto : sin
educación
unemotional adj : frío : indiferente
: imparcial : objetivo
unemployed adj : desempleado
unemployment n : desempleo m
unending adj : interminable
: inacabable : sin fin
unenthusiastic adj : poco
entusiasta : tibio
unenviable adj : nada envidiable
unequal adj : desigual : incapaz
: incompetente
unequaled or **unequalled** adj : sin
igual
unequivocal adj : inequívoco
: claro — **unequivocally** adv
unerring adj : infalible
unethical adj : poco ético
uneven adj : impar : desigual
: disparejo : desnivelado : irregular
— **unevenly** adv
unevenness n : lo desigual : lo
desnivelado : irregularidad f
uneventful adj : sin incidentes
: tranquilo
unexpected adj : imprevisto
: inesperado — **unexpectedly** adv
unexplored adj : inexplorado
unfailing adj : constante
: inagotable : a toda prueba
: indefectible
unfair adj : injusto — **unfairly** adv
unfairness n : injusticia f
unfaithful adj : desleal : infiel —
unfaithfully adv
unfaithfulness n : infidelidad f
: deslealtad f
unfamiliar adj : desconocido : extraño
unfamiliarity n : falta f de
familiaridad
unfashionable adj : fuera de moda
unfasten v : desabrochar : desatar
: abrir
unfavorable adj : desfavorable
: mal — **unfavorably** adv
unfeeling adj : insensible —
unfeelingly adv
unfinished adj : inacabado
: incompleto

unfit adj : inadecuado : impropio
: no apto : incapaz : incapacitado
unflagging adj : inagotable
unflappable adj : imperturbable
unflattering adj : poco favorecedor
unfold v : desplegar : desdoblar
: extender : revelar : exponer
: desarrollarse : desenvolverse
: extenderse : desplegarse
unforeseeable adj : imprevisible
unforeseen adj : imprevisto
unforgettable adj : inolvidable
: memorable — **unforgettably** adv
unforgivable adj : imperdonable
unfortunate[1] adj : desgraciado
: infortunado : desafortunado
: inoportuno
unfortunate[2] n : desgraciado m,
-da f
unfortunately adv
: desafortunadamente
unfounded adj : infundado
unfreeze v **-froze; -frozen;
-freezing** : descongelar
: descongelarse
unfriend v : eliminar de sus amigos
unfriendliness n : hostilidad f
: antipatía f
unfriendly adj **unfriendlier; -est**
: poco amistoso : hostil
unfulfilled adj : insatisfecho : no
realizado
unfurl v : desplegar : desdoblar
: desplegarse
unfurnished adj : desamueblado
ungainly adj : desgarbado
ungodly adj : impío : atroz : terrible
ungovernable adj : ingobernable
ungracious adj : descortés
ungrateful adj : desagradecido
: ingrato — **ungratefully** adv
ungratefulness n : ingratitud f
unguarded adj : irreflexivo
: desprevenido : sin vigilancia : no
vigilado
unhappily adv : tristemente
: desafortunadamente
: lamentablemente
unhappiness n : infelicidad f
: tristeza f : desdicha f
unhappy adj **unhappier; -est**
: desafortunado : desventurado
: infeliz : triste : desdichado
: inoportuno : poco feliz

unharmed adj : salvo : ileso
unhealthy adj **unhealthier; -est**
: insalubre : malsano : nocivo a la
salud : de mala salud : enfermizo
unheard-of adj : sin precedente
: inaudito : insólito
unhelpful adj : poco servicial
: inútil
unhinge v **-hinged; -hinging**
: desquiciar : trastornar : perturbar
unhitch v : desenganchar
unholy adj **unholier; -est** : profano
: impío : atroz : terrible
unhook v : desenganchar
: descolgar : desabrochar
unhurried adj : lento : sin prisas
unhurt adj : ileso
unhygienic adj : antihigiénico
unicorn n : unicornio m
unidentified adj : no identificado
unification n : unificación f
uniform[1] adj : uniforme
: homogéneo : constante —
uniformly adv
uniform[2] n : uniforme m
uniformed adj : uniformado
uniformity n, pl **-ties** : uniformidad f
unify v **-fied; -fying** : unificar : unir
unilateral adj : unilateral —
unilaterally adv
unimaginable adj : inimaginable
: inconcebible
unimaginative adj : poco
imaginativo
unimportant adj : intrascendente
: insignificante : sin importancia
unimpressive adj : mediocre
uninformed adj : no enterado
uninhabitable adj : inhabitable
uninhabited adj : deshabitado
: desierto : despoblado
uninhibited adj : desenfadado
: desinhibido : sin reservas
uninjured adj : ileso
unintelligent adj : poco inteligente
unintelligible adj : ininteligible
: incomprensible
unintentional adj : no deliberado
: involuntario
unintentionally adv
: involuntariamente : sin querer
uninterested adj : indiferente
uninteresting adj : poco
interesante : sin interés

uninterrupted adj : ininterrumpido
: continuo
uninvited adj : no invitado
uninviting adj : poco acogedor
: poco atractivo
union n : unión f
unionism n : sindicalismo m —
unionist n
unionize v **-ized; -izing**
: sindicalizar : sindicar
: sindicalizarse
unique adj : único : solo
: extraordinario
uniquely adv : exclusivamente
: excepcionalmente
uniqueness n : singularidad f
unison n : unísono m : acuerdo m
: armonía f : concordia f
unit n : unidad f : módulo m
unitary adj : unitario
unite v **united; uniting** : unir
: juntar : combinar : unirse
: juntarse
unity n, pl **-ties** : unidad f : unión f
: armonía f : acuerdo m
universal adj : general : universal
: mundial — **universality** n —
universally adv
universe n : universo m
university n, pl **-ties** : universidad f
unjust adj : injusto — **unjustly** adv
unjustifiable adj : injustificable —
unjustifiably adv
unjustified adj : injustificado
unkempt adj : descuidado
: desaliñado : despeinado
unkind adj : poco amable : cruel —
unkindly adv
unkindness n : crueldad f : falta f
de amabilidad
unknowing adj : inconsciente
: ignorante — **unknowingly** adv
unknown adj : desconocido
unlawful adj : ilícito : ilegal —
unlawfully adv
unleaded adj : sin plomo
unleash v : soltar : desatar
unless conj : a menos que : salvo
que : a no ser que
unlike[1] adj : diferente : distinto
: desigual
unlike[2] prep : diferente de : distinto
de : a diferencia de
unlikelihood n : improbabilidad f

unlikely *adj* **unlikelier; -est**
: improbable : poco probable
: poco prometedor

unlimited *adj* : ilimitado

unlisted *adj* : que no aparece en la guía telefónica

unload *v* : descargar : desembarcar : deshacerse de

unlock *v* : abrir : revelar

unluckily *adv* : desgraciadamente

unlucky *adj* **unluckier; -est**
: de mala suerte : desgraciado : desafortunado : desfavorable : poco propicio : lamentable

unmanageable *adj* : difícil de controlar : poco manejable : ingobernable

unmanned *adj* : no tripulado : sin tripulación

unmarried *adj* : soltero

unmask *v* : desenmascarar

unmerciful *adj* : despiadado —
unmercifully *adv*

unmistakable *adj* : evidente : inconfundible : obvio —
unmistakably *adv*

unmotivated *adj* : inmotivado

unmoved *adj* : impasible

unnatural *adj* : anormal : poco natural : poco normal : afectado : forzado : perverso : antinatural

unnecessary *adj* : innecesario —
unnecessarily *adv*

unnerve *v* **-nerved; -nerving**
: turbar : desconcertar : poner nervioso

unnoticed *adj* : inadvertido

unobjectionable *adj* : inobjetable

unobstructed *adj* : libre : despejado

unobtainable *adj* : inasequible

unobtrusive *adj* : discreto

unoccupied *adj* : desempleado : desocupado : libre : deshabitado

unofficial *adj* : extraoficial : no oficial : oficioso

unopened *adj* : sin abrir

unorganized *adj* : desorganizado

unorthodox *adj* : poco ortodoxo : poco convencional

unpack *v* : desempacar : deshacer las maletas

unpaid *adj* : no remunerado : no retribuido

unparalleled *adj* : sin igual

unpatriotic *adj* : antipatriótico

unpayable *adj* : impagable

unpleasant *adj* : desagradable —
unpleasantly *adv*

unplug *v* **-plugged; -plugging**
: destapar : desatascar : desconectar : desenchufar

unpolished *adj* : poco pulido

unpopular *adj* : impopular : poco popular

unprecedented *adj* : sin precedentes : inaudito : nuevo

unpredictable *adj* : impredecible

unprejudiced *adj* : imparcial : objetivo

unprepared *adj* : no preparado

unpretentious *adj* : modesto : sin pretensiones

unprincipled *adj* : sin principios : carente de escrúpulos

unproductive *adj* : improductivo

unprofessional *adj* : poco profesional

unprofitable *adj* : no rentable : poco provechoso

unpromising *adj* : poco prometedor

unprotected *adj* : sin protección : desprotegido

unproven *adj* : no demostrado

unprovoked *adj* : no provocado

unpublished *adj* : inédito

unpunished *adj* : impune

unqualified *adj* : no calificado : sin título : completo : absoluto

unquestionable *adj* : incuestionable : indudable : indiscutible —
unquestionably *adv*

unquestioning *adj* : incondicional : absoluto : ciego

unravel *v* **-eled** *or* **-elled; -eling** *or* **-elling** : desenmarañar : desenredar : aclarar : desentrañar : deshacerse

unreachable *adj* : inalcanzable

unreadable *adj* : ilegible : difícil de leer

unreal *adj* : irreal

unrealistic *adj* : poco realista

unreasonable *adj* : poco razonable : irrazonable : irracional : excesivo

unreasonably *adv*
: irracionalmente : de manera irrazonable : excesivamente

unrecognizable adj : irreconocible
unrefined adj : no refinado : sin refinar : poco refinado : inculto
unrelated adj : no relacionado : inconexo
unrelenting adj : severo : inexorable : constante : implacable
unreliable adj : que no es de fiar : de poca confianza : inestable
unrepeatable adj : irrepetible
unrepentant adj : impenitente
unrepresentative adj : poco representativo
unrequited adj : no correspondido
unreserved adv : sin reservas : sin reservar
unresolved adj : pendiente : no resuelto
unresponsive adj : indiferente : insensible : inconsciente
unrest n : inquietud f : malestar m
unrestrained adj : desenfrenado : incontrolado
unrestricted adj : sin restricción
unrewarding adj : ingrato
unripe adj : inmaduro : verde
unrivaled or **unrivalled** adj : incomparable
unroll v : desenrollar : desenrollarse
unruffled adj : sereno : tranquilo : liso
unruliness n : indisciplina f
unruly adj : indisciplinado : díscolo : rebelde
unsafe adj : inseguro
unsaid adj : sin decir
unsalted adj : sin sal
unsanitary adj : antihigiénico
unsatisfactory adj : insatisfactorio
unsatisfied adj : insatisfecho
unsavory adj : desagradable
unscathed adj : ileso
unscheduled adj : no programado : imprevisto
unscientific adj : poco científico
unscramble v : descifrar : descodificar
unscrew v : quitar : destornillar
unscrupulous adj : inescrupuloso : sin escrúpulos —
unscrupulously adv
unseal v : abrir : quitarle el sello a

unseasonable adj : extemporáneo : inoportuno
unseat v : derribar : derrocar
unseemly adj **unseemlier; -est** : indecoroso : impropio : inapropiado
unseen adj : inadvertido : oculto : invisible
unselfish adj : generoso : desinteresado — **unselfishly** adv
unselfishness n : generosidad f : desinterés m
unsentimental adj : poco sentimental
unsettle v **-tled; -tling** : trastornar : alterar : perturbar
unsettled adj : inestable : variable : agitado : inquieto : pendiente : indeciso : sin saldar : despoblado : no colonizado
unsettling adj : inquietante
unshakable adj : inquebrantable
unshaped adj : sin forma : informe
unshaven adj : sin afeitar : sin rasurar
unsheathe v : desenvainar
unsightly adj : feo : de aspecto malo
unsigned adj : sin firmar
unskilled adj : no calificado
unsmiling adj : de aspecto serio
unsnap v **-snapped; -snapping** : desabrochar
unsociable adj : poco sociable
unsolicited adj : no solicitado
unsolved adj : no resuelto : sin resolver
unsophisticated adj : ingenuo : de poco mundo : simple : poco sofisticado : rudimentario
unsound adj : enfermizo : de mala salud : poco sólido : defectuoso : inválido : erróneo
unspeakable adj : indecible : inexpresable : incalificable : atroz : nefando : abominable —
unspeakably adv
unspecified adj : indeterminado : sin especificar
unspoiled adj : conservado : sin estropear : que no está mimado
unspoken adj : tácito
unstable adj : variable : inestable : cambiable : poco sólido

unsteadily adv : de modo inestable

unsteadiness n : inestabilidad f
: inseguridad f

unsteady adj : inestable : variable
: tembloroso

unstoppable adj : irrefrenable
: incontenible

unsubscribe v -scribed; -scribing
: darse de baja : cancelar la
suscripción

unsubstantiated adj : no
corroborado : no demostrado

unsuccessful adj : fracasado
: infructuoso

unsuitable adj : inadecuado
: impropio : inapropiado

unsuited adj : inadecuado : inepto

unsung adj : olvidado

unsure adj : incierto : dudoso

unsurpassed adj : sin par : sin
igual

unsuspecting adj : desprevenido
: desapercibido : confiado

unsweetened adj : sin endulzar

unsympathetic adj : poco
comprensivo : indiferente

untamed adj : indómito : agreste

untangle v -gled; -gling
: desenmarañar : desenredar

untapped adj : sin explotar

untenable adj : insostenible

unthinkable adj : inconcebible
: impensable

unthinking adj : irreflexivo
: inconsciente — **unthinkingly** adv

untidiness n : desarreglo m

untidy adj : desaliñado
: desordenado : desarreglado —
untidily adv

untie v -tied; -tying or -tieing
: desatar : deshacer

until[1] prep : hasta

until[2] conj : hasta que

untimely adj : prematuro
: inoportuno : intempestivo

untold adj : nunca dicho
: incalculable : indecible

untouchable adj : intocable

untouched adj : intacto : sin
tocar : sin probar : insensible
: indiferente

untoward adj : indecoroso
: impropio : desafortunado
: adverso

untrained adj : inexperto : no
capacitado

untreated adj : no tratado : sin
tratar

untroubled adj : tranquilo

untrue adj : infiel : falso

untrustworthy adj : de poca
confianza : no fidedigno

untruth n : mentira f : falsedad f

untruthful adj : mentiroso : falso

unusable adj : inútil : inservible

unused adj : inhabituado : nuevo
: no utilizado : restante

unusual adj : inusual : poco común
: raro

unusually adv : excepcionalmente
: extraordinariamente : fuera de
lo común

unveil v : revelar : develar
: descubrir

unwanted adj : superfluo : de sobre

unwarranted adj : injustificado

unwary adj : incauto

unwashed adj : sin lavar : sucio

unwavering adj : firme
: inquebrantable

unwed adj : soltero

unwelcome adj : importuno
: molesto

unwell adj : enfermo : mal

unwholesome adj : malsano
: insalubre : pernicioso
: repugnante : muy desagradable

unwieldy adj : difícil de manejar
: torpe y pesado

unwilling adj : poco dispuesto

unwillingly adv : a regañadientes
: de mala gana

unwillingness n : desgana f
: renuencia f

unwind v -wound; -winding
: desenrollar : desenrollarse
: relajarse

unwise adj : imprudente
: desacertado : poco aconsejable

unwisely adv : imprudentemente

unwitting adj : inconsciente
: involuntario : inadvertido —
unwittingly adv

unworkable adj : impracticable

unworthiness n : falta f de valía

unworthy adj : indigno : inmerecido

unwrap v -wrapped; -wrapping
: desenvolver : deshacer

unwritten *adj* : no escrito
unyielding *adj* : firme : inflexible
: rígido
unzip *v* **-zipped; -zipping** : abrir el
cierre de
up[1] *v* **upped; upping; ups**
: aumentar : subir **to up and**
: agarrar y
up[2] *adv* : arriba : en lo alto : hacia
arriba : completamente : en
pedazos
up[3] *adj* : despierto : levantado
: construido : abierto : enterado
: al día : al corriente : preparado
: capaz : funcionando : ganando
: terminado : acabado
up[4] *prep* : a lo largo : por
up–and–coming *adj* : prometedor
upbraid *v* : reprender : regañar
upbringing *n* : crianza *f*
: educación *f*
upcoming *adj* : próximo
update[1] *v* **-dated; -dating** : poner al
día : poner al corriente : actualizar
update[2] *n* : actualización *f* : puesta
f al día
upend *v* : poner vertical : volcar
upgrade[1] *v* **-graded; -grading**
: ascender : mejorar
upgrade[2] *n* : cuesta *f* : pendiente
f : aumento *m* de categoría
: ascenso *m* : mejoramiento *m*
upheaval *n* : levantamiento
m : trastorno *m* : agitación *f*
: conmoción *f*
uphill[1] *adv* : cuesta arriba
uphill[2] *adj* : en subida : difícil
: arduo
uphold *v* **-held; -holding** : sostener
: apoyar : mantener : levantar
: confirmar
upholster *v* : tapizar
upholsterer *n* : tapicero *m*, -ra *f*
upholstery *n, pl* **-steries** : tapicería
f
upkeep *n* : mantenimiento *m*
upland *n* : altiplanicie *f* : altiplano *m*
uplift[1] *v* : elevar : levantar : animar
uplift[2] *n* : elevación *f*
uplifting *adj* : inspirador
upload *v* : cargar : subir
upon *prep* : en : sobre
upper[1] *adj* : superior : alto
upper[2] *n* : parte *f* superior

uppercase[1] *adj* : mayúsculo
uppercase[2] *n* **in uppercase** : en
mayúsculas
upper–class *adj* : de clase alta
upper class *n* : clase *f* alta
upper hand *n* : ventaja *f* : dominio
m
uppermost *adj* : más alto
upright[1] *adj* : vertical : erguido
: derecho : recto : honesto : justo
upright[2] *n* : montante *m* : poste *m*
: soporte *m*
uprising *n* : insurrección *f* : revuelta
f : alzamiento *m*
uproar *n* : alboroto *m* : jaleo *m*
: escándalo *m*
uproarious *adj* : estrepitoso
: clamoroso : muy divertido
: hilarante — **uproariously** *adv*
uproot *v* : desarraigar
upset[1] *v* **-set; -setting** : volcar
: derramar : perturbar : disgustar
: inquietar : alterar : sentar mal a
: trastornar : desbaratar : derrotar
upset[2] *adj* : disgustado : alterado
upset[3] *n* : vuelco *m* : trastorno *m*
: derrota *f*
upshot *n* : resultado *m* final
upside–down *adj* : al revés
upside down *adv* : al revés : en
confusión : en desorden
upstairs[1] *adv* : arriba : en el piso
superior
upstairs[2] *adj* : de arriba
upstairs[3] *ns & pl* : piso *m* de arriba
: planta *f* de arriba
upstanding *adj* : honesto : íntegro
: recto
upstart *n* : advenedizo *m*, -za *f*
upstream *adv* : río arriba
upsurge *n* : aumento *m* apreciable
upswing *n* : alza *f* : mejora *f* notable
uptight *adj* : tenso : nervioso
up to *prep* : hasta
up–to–date *adj* : corriente : al día
: moderno
uptown *adv* : hacia la parte alta
de la ciudad : hacia el distrito
residencial
upturn *n* : mejora *f* : auge *m*
upward[1] *or* **upwards** *adv* : hacia
arriba
upward[2] *adj* : ascendente : hacia
arriba

upwind *adv & adj* : contra el viento
uranium *n* : uranio *m*
Uranus *n* : Urano *m*
urban *adj* : urbano
urbane *adj* : urbano : cortés
urchin *n* : granuja *mf* : pillo *m*, -lla *f*
urethra *n, pl* -thras *or* -thrae : uretra *f*
urge[1] *v* **urged; urging** : instar : apremiar : insistir : recomendar : abogar por
urge[2] *n* : impulso *m* : ganas *fpl* : compulsión *f*
urgency *n, pl* -cies : urgencia *f*
urgent *adj* : urgente : apremiante : insistente
urgently *adv* : urgentemente
urinal *n* : orinal *m*
urinary *adj* : urinario
urinate *v* -nated; -nating : orinar
urination *n* : orinación *f*
urine *n* : orina *f*
urn *n* : urna *f* : recipiente *m*
Uruguayan *n* : uruguayo *m*, -ya *f* — **Uruguayan** *adj*
us *pron* : nos : nosotros : nosotras
usable *adj* : utilizable
usage *n* : costumbre *f* : hábito *m* : uso *m*
use[1] *v* **used; using** : usar : utilizar : emplear : consumir : tomar : tratar : beneficiarse de : soler : acostumbrar
use[2] *n* : uso *m* : empleo *m* : utilización *f* : utilidad *f*
used *adj* : usado : de segunda mano : acostumbrado
useful *adj* : útil : práctico — **usefully** *adv*
usefulness *n* : utilidad *f*

useless *adj* : inútil — **uselessly** *adv*
uselessness *n* : inutilidad *f*
user *n* : usuario *m*, -ria *f*
user–friendly *adj* : fácil de usar
user name *n* : nombre *m* de usuario
usher[1] *v* : acompañar : conducir
usher[2] *n* : acomodador *m*, -dora *f*
usherette *n* : acomodadora *f*
usual *adj* : usual : normal : acostumbrado : habitual : de costumbre : ordinario : típico
usually *adv* : usualmente : normalmente
usurp *v* : usurpar
usurper *n* : usurpador *m*, -dora *f*
usury *n* : usura *f*
utensil *n* : utensilio *m* : implemento *m* : útil *m*
uterine *adj* : uterino
uterus *n, pl* uteri : útero *m* : matriz *f*
utilitarian *adj* : utilitario
utility *n, pl* -ties : utilidad *f*
utilization *n* : utilización *f*
utilize *v* -lized; -lizing : utilizar : hacer uso de
utmost[1] *adj* : extremo : más lejano : sumo : mayor
utmost[2] *n* : lo más posible
utopia *n* : utopía *f*
utopian *adj* : utópico
utter[1] *v* : decir : articular : pronunciar
utter[2] *adj* : absoluto — **utterly** *adv*
utterance *n* : declaración *f* : articulación *f*
U–turn *n* : giro *m* en U : vuelta *f* en U : cambio *m* de sentido : giro *m* de 180 grados
uvula *n* : campanilla *f*

V

vacancy n, pl **-cies** : vacío m
: vacuidad f : vacante f : puesto m
vacante : habitación f libre
vacant adj : libre : desocupado
: vacante : vacío : ausente
vacate v **-cated; -cating** : desalojar
: desocupar
vacation[1] v : pasar las vacaciones
: vacacionar
vacation[2] n : vacaciones fpl
vacationer n : turista mf
: veraneante mf : vacacionista mf
vaccinate v **-nated; -nating**
: vacunar
vaccination n : vacunación f
vaccine n : vacuna f
vacillate v **-lated; -lating** : vacilar
: oscilar
vacillation n : indecisión f : vacilación f
vacuous adj : vacío : vacuo : necio
: estúpido
vacuousness n : vacuidad f
vacuum[1] v : limpiar con aspiradora
: pasar la aspiradora por
vacuum[2] n, pl **vacuums** or **vacua**
: vacío m
vacuum cleaner n : aspiradora f
vagabond[1] adj : vagabundo
vagabond[2] n : vagabundo m, -da f
vagary n, pl **-ries** : capricho m
vagina n, pl **-nae** or **-nas** : vagina f
vagrancy n, pl **-cies** : vagancia f
vagrant[1] adj : vagabundo
vagrant[2] n : vagabundo m, -da f
vague adj **vaguer; vaguest** : vago
: impreciso : borroso : poco claro
: distraído
vaguely adv : vagamente : de
manera imprecisa
vagueness n : vaguedad f
: imprecisión f
vain adj : vano : inútil : vanidoso
: presumido
vainly adv : en vano : vanamente
: inútilmente
valance n : volante m : galería f de
cortina
vale n : valle m
valedictory adj : de despedida
Valentine's Day n : Día m de los
Enamorados

valet n : ayuda m de cámara
valiant adj : valiente : valeroso
valiantly adv : con valor
: valientemente
valid adj : válido
validate v **-dated; -dating** : validar
: dar validez a
validity n : validez f
valise n : maleta f
valley n, pl **-leys** : valle m
valor n : valor m : valentía f
valuable[1] adj : valioso : de valor
: apreciable
valuable[2] n : objeto m de valor
valuation n : valoración f : tasación
f : valuación f
value[1] v **-ued; -uing** : valorar
: avaluar : tasar : apreciar
value[2] n : valor m; **values** npl
: valores mpl : principios mpl
valueless adj : sin valor
valve n : válvula f
vampire n : vampiro m
van[1] → **vanguard**
van[2] n : furgoneta f : camioneta f
vandal n : vándalo m
vandalism n : vandalismo m
vandalize v : destrozar : destruir
: estropear
vane n or **weather vane** : veleta f
vanguard n : vanguardia f
vanilla n : vainilla f
vanish v : desaparecer : disiparse
: desvanecerse
vanity n, pl **-ties** : vanidad f
vanquish v : vencer : conquistar
vantage point n : posición f
ventajosa
vape v **vaped; vaping** : vapear
vapid adj : insípido : insulso
vapor n : vapor m
vaporize v **-rized; -rizing**
: vaporizar : vaporizarse
: evaporarse
vaporizer n : vaporizador m
variability n, pl **-ties** : variabilidad f
variable[1] adj : variable
variable[2] n : variable f : factor m
variance n : variación f
: discrepancia f : desacuerdo m
variant[1] adj : variante : divergente

variant[2] *n* : variante *f*
variation *n* : variación *f*
: diferencias *fpl*
varicose *adj* : varicoso
varicose veins *npl* : varices *fpl*
: várices *fpl*
varied *adj* : variado : dispar
: diferente
variegated *adj* : abigarrado
: multicolor
variety *n, pl* **-ties** : diversidad *f*
: variedad *f* : surtido *m* : clase *f*
various *adj* : varios : diversos
varnish[1] *v* : barnizar
varnish[2] *n* : barniz *f*
varsity *n, pl* **-ties** : equipo *m*
universitario
vary *v* **varied; varying** : variar
: diversificar : cambiar : desviarse
vascular *adj* : vascular
vase *n* : jarrón *m* : florero *m*
vassal *n* : vasallo *m*, -lla *f*
vast *adj* : inmenso : enorme : vasto
vastly *adv* : enormemente
vastness *n* : vastedad *f*
: inmensidad *f*
vat *n* : cuba *f* : tina *f*
vaudeville *n* : vodevil *m*
vault[1] *v* : saltar
vault[2] *n* : salto *m* : bóveda *f*
: bodega *f* : bóveda *f* de seguridad
: cripta *f*
vaulted *adj* : abovedado
vaunted *adj* : cacareado
: alardeado
VCR *n* : video *m* : videocasetera *f*
veal *n* : ternera *f* : carne *f* de
ternera
veer *v* : virar : girar : torcer
vegan *n* : vegetariano *m* estricto
: vegetariana *f* estricta
vegetable[1] *adj* : vegetal
vegetable[2] *n* : vegetal *m* : verdura *f*
: hortaliza *f*
vegetarian *n* : vegetariano *mf* —
vegetarian *adj* — **vegetarianism** *n*
vegetate *v* **-tated; -tating** : vegetar
vegetation *n* : vegetación *f*
vegetative *adj* : vegetativo
veggie *n* : verdura *f* : hortaliza *f*
vehemence *n* : intensidad *f*
: vehemencia *f*
vehement *adj* : intenso
: vehemente

vehemently *adv* : vehementemente
: con vehemencia
vehicle *n* : vehículo *m* : medio *m*
vehicular *adj* : vehicular
veil[1] *v* : velar : disimular : cubrir con
un velo
veil[2] *n* : velo *m*
vein *n* : vena *f* : veta *f* : filón *m*
veined *adj* : veteado
velocity *n, pl* **-ties** : velocidad *f*
velour *or* **velours** *n* : velour *m*
velvet[1] *adj* : de terciopelo
velvet[2] *n* : terciopelo *m*
velvety *adj* : aterciopelado
venal *adj* : venal
vend *v* : vender
vendetta *n* : vendetta *f*
vending machine *n* : máquina *f*
expendedora
vendor *n* : vendedor *m*, -dora *f*
: puestero *m*, -ra *f*
veneer *n* : enchapado *m* : chapa *f*
: apariencia *f* : barniz *m*
venerable *adj* : venerable
venerate *v* **-ated; -ating** : venerar
veneration *n* : veneración *f*
venereal disease *n* : enfermedad
f venérea
venetian blind *n* : persiana *f*
Venezuelan *n* : venezolano *m*, -na
f — **Venezuelan** *adj*
vengeance *n* : venganza *f*
vengeful *adj* : vengativo
venial *adj* : venial
venison *n* : venado *m* : carne *f* de
venado
venom *n* : veneno *m* : malevolencia *f*
venomous *adj* : venenoso
vent[1] *v* : desahogar : dar salida a
vent[2] *n* : abertura *f* : orificio *m*
: desahogo *m*
ventilate *v* **-lated; -lating** : ventilar
ventilation *n* : ventilación *f*
ventilator *n* : ventilador *m*
ventricle *n* : ventrículo *m*
ventriloquism *n* : ventriloquia *f*
ventriloquist *n* : ventrílocuo *m*, -cua *f*
venture[1] *v* **-tured; -turing**
: arriesgar : aventurar : arriesgarse
: atreverse : aventurarse
venture[2] *n* : empresa *f* : aventura *f*
: riesgo *m*
venturesome *adj* : audaz : atrevido
: arriesgado

venue *n* : lugar *m* : jurisdicción *f*
Venus *n* : Venus *m*
veracity *n, pl* **-ties** : veracidad *f*
veranda *or* **verandah** *n* : terraza *f*
: veranda *f*
verb *n* : verbo *m*
verbal *adj* : verbal
verbalize *v* **-ized; -izing** : expresar
con palabras : verbalizar
verbally *adv* : verbalmente : de
palabra
verbatim[1] *adv* : palabra por palabra
: textualmente
verbatim[2] *adj* : literal : textual
verbose *adj* : verboso : prolijo
verdant *adj* : verde : verdeante
verdict *n* : veredicto *m* : juicio *m*
: opinión *f*
verge[1] *v* **verged; verging** : estar al
borde : rayar
verge[2] *n* : borde *m*
verification *n* : verificación *f*
verify *v* **-fied; -fying** : verificar
: comprobar : confirmar
veritable *adj* : verdadero —
veritably *adv*
vermicelli *n* : fideos *mpl* finos
vermin *ns & pl* : alimañas *fpl*
: bichos *mpl* : sabandijas *fpl*
vermouth *n* : vermut *m*
vernacular[1] *adj* : vernáculo
vernacular[2] *n* : lengua *f* vernácula
vernal *adj* : vernal
versatile *adj* : versátil
versatility *n* : versatilidad *f*
verse *n* : verso *m* : estrofa *f*
: poesía *f* : versículo *m*
versed *adj* : versado
version *n* : versión *f*
versus *prep* : versus
vertebra *n, pl* **-brae** *or* **-bras**
: vértebra *f*
vertebrate[1] *adj* : vertebrado
vertebrate[2] *n* : vertebrado *m*
vertex *n, pl* **vertices** : vértice *m*
: ápice *m* : cumbre *f* : cima *f*
vertical[1] *adj* : vertical — **vertically** *adv*
vertical[2] *n* : vertical *f*
vertigo *n, pl* **-goes** *or* **-gos** : vértigo *m*
verve *n* : brío *m*
very[1] *adv* : muy : sumamente
very[2] *adj* **verier; -est** : mismo
: exacto : solo : mero : extremo
: de todo

vesicle *n* : vesícula *f*
vespers *npl* : vísperas *fpl*
vessel *n* : vasija *f* : recipiente *m*
: nave *f* : barco *m* : buque *m*
: vaso *m*
vest[1] *v* : conferir : vestir
vest[2] *n* : chaleco *m* : camiseta *f*
vestibule *n* : vestíbulo *m*
vestige *n* : vestigio *m* : rastro *m*
vestments *npl* : vestiduras *fpl*
vestry *n, pl* **-tries** : sacristía *f*
veteran[1] *adj* : veterano
veteran[2] *n* : veterano *m*, -na *f*
Veterans Day *n* : día *m* del
Armisticio
veterinarian *n* : veterinario *m*, -ria *f*
veterinary *adj* : veterinario
veto[1] *v* : prohibir : vetar
veto[2] *n, pl* **-toes** : veto *m*
: prohibición *f*
vex *v* : contrariar : molestar : irritar
vexation *n* : contrariedad *f*
: irritación *f*
via *prep* : por : vía
viability *n* : viabilidad *f*
viable *adj* : viable
viaduct *n* : viaducto *m*
vial *n* : frasco *m*
vibrant *adj* : vibrante : animado
: dinámico : fuerte : vivo
vibrate *v* **-brated; -brating** : vibrar
: oscilar : bullir
vibration *n* : vibración *f*
vibrator *n* : vibrador *m*
vicar *n* : vicario *m*, -ria *f*
vicarious *adj* : indirecto —
vicariously *adv*
vice *n* : vicio *m*
vice- *pref* : vice-
vice admiral *n* : vicealmirante *mf*
vice president *n* : vicepresidente
m, -ta *f*
viceroy *n* : virrey *m*, -rreina *f*
vice versa *adv* : viceversa
vicinity *n, pl* **-ties** : vecindad *f*
: inmediaciones *fpl* : proximidad *f*
vicious *adj* : depravado : malo
: fiero : salvaje : malicioso
vicious circle *n* : círculo *m* vicioso
viciously *adv* : con saña
: brutalmente
viciousness *n* : brutalidad *f*
: ferocidad *f* : malevolencia *f*
vicissitude *n* : vicisitud *f*

victim n : víctima f
victimize v -mized; -mizing
: tomar como víctima : perseguir
: victimizar
victor n : vencedor m, -dora f
Victorian adj : victoriano
victorious adj : victorioso —
victoriously adv
victory n, pl -ries : victoria f : triunfo
m
video[1] adj : de video
video[2] n : video m
video camera n : videocámara f
videocassette n : videocasete m
: videocassette m
videocassette recorder → VCR
videoconferencing n : uso
m de videoconferencias —
videoconference n
video game n : videojuego m
: juego m de video
video recorder → VCR
videotape[1] v -taped; -taping
: grabar en video : videograbar
videotape[2] n : videocinta f
vie v vied; vying : competir
: rivalizar
Vietnamese n : vietnamita mf
: vietnamita m — **Vietnamese** adj
view[1] v : mirar : ver : observar
: considerar : contemplar
view[2] n : vista f : opinión f : parecer
m : actitud f : panorama f : idea f
viewer n : televidente mf
: telespectador m, -dora f
viewfinder n : visor m
viewpoint n : punto m de vista
vigil n : vigilia f : vela f
vigilance n : vigilancia f
vigilant adj : vigilante
vigilante n : integrante mf de un
comité de vigilancia
vigilantly adv : con vigilancia
vigor n : vigor m : energía f : fuerza
f
vigorous adj : vigoroso : enérgico
— **vigorously** adv
Viking n : vikingo m, -ga f
vile adj **viler; vilest** : vil : infame
: asqueroso : repugnante : horrible
: atroz
vileness n : vileza f
vilify v -fied; -fying : vilipendiar
: denigrar : difamar

villa n : casa f de campo : quinta f
village n : pueblo m : aldea f
villager n : vecino m, -na f
: aldeano m
villain n : villano m, -na f : malo
m, -la f
villainess n : villana f
villainous adj : infame : malvado
villainy n, pl -lainies : vileza f
: maldad f
vim n : brío m : vigor m : energía f
vinaigrette n : vinagreta f
vindicate v -cated; -cating
: vindicar : disculpar : justificar
vindication n : vindicación f
: justificación f
vindictive adj : vengativo
vine n : vid f : parra f : planta f
trepadora : enredadera f
vinegar n : vinagre m
vinegary adj : avinagrado
vineyard n : viña f : viñedo m
vintage[1] adj : añejo : clásico : de
época
vintage[2] n : cosecha f : época f
: era f
vinyl n : vinilo
viola n : viola f
violate v -lated; -lating : infringir
: violar : quebrantar : profanar
violation n : violación f : infracción f
: profanación f
violator n : infractor m, -tora f
violence n : violencia f
violent adj : violento
violently adv : violentamente : con
violencia
violet n : violeta f
violin n : violín m
violinist n : violinista mf
violoncello → cello
VIP n, pl **VIPs** : VIP mf : persona f
de categoría
viper n : víbora f
viral adj : viral : vírico
virgin[1] adj : virginal : virgen
: intacto
virgin[2] n : virgen mf
virginal adj : virginal
virginity n : virginidad f
Virgo n : Virgo m : Virgo mf
virile adj : viril : varonil
virility n : virilidad f
virtual adj : virtual

virtually adv : en realidad : de hecho : casi
virtue n : virtud f
virtuosity n, pl -ties : virtuosismo m
virtuoso n, pl -sos or -si : virtuoso m, -sa f
virtuous adj : virtuoso : bueno — **virtuously** adv
virulence n : virulencia f
virulent adj : virulento
virus n : virus m
visa n : visa f
vis-à-vis prep : con relación a : con respecto a
viscera npl : vísceras fpl
visceral adj : visceral
viscosity n, pl -ties : viscosidad f
viscous adj : viscoso
vise n : torno m de banco : tornillo m de banco
visibility n, pl -ties : visibilidad f
visible adj : visible : evidente : patente
visibly adv : visiblemente
vision n : vista f : visión f : aparición f : previsión f : imagen f
visionary[1] adj : visionario : con visión de futuro : utópico : poco realista
visionary[2] n, pl -ries : visionario m, -ria f
visit[1] v : visitar : ir a ver : azotar : afligir : hacer visita
visit[2] n : visita f
visitor n : visitante mf : visita f
visor n : visera f
vista n : vista f
visual adj : visual — **visually** adv
visualize v -ized; -izing : visualizar : imaginarse : hacerse una idea de — **visualization** n
vital adj : vital : esencial : crucial : decisivo : enérgico : lleno de vida
vitality n, pl -ties : vitalidad f : energía f
vitally adv : sumamente
vital statistics npl : estadísticas fpl demográficas
vitamin n : vitamina f
vitriol n : vitriolo m
vitriolic adj : mordaz : virulento
vivacious adj : vivaz : animado : lleno de vida
vivaciously adv : con vivacidad : animadamente

vivacity n : vivacidad f
vivid adj : lleno de vitalidad : vivo : intenso : vívido : gráfico
vividly adv : con colores vivos : vívidamente
vividness n : intensidad f : viveza f : lo gráfico : nitidez f
vivisection n : vivisección f
vixen n : zorra f : raposa f
V-neck n : escote m en V : cuello m en V : camisa f con escote/ cuello en V
vocabulary n, pl -laries : vocabulario m : léxico m
vocal adj : vocal : ruidoso : muy franco
vocal cords npl : cuerdas fpl vocales
vocalist n : cantante mf : vocalista mf
vocalize v -ized; -izing : vocalizar
vocation n : vocación f
vocational adj : profesional
vociferous adj : ruidoso : vociferante
vodka n : vodka m
vogue n : moda f : boga f
voice[1] v **voiced; voicing** : expresar
voice[2] n : voz f
voice box → larynx
voiced adj : sonoro
voice mail n : correo m de voz : buzón m de voz
void[1] v : anular : invalidar
void[2] adj : vacío : desprovisto : inválido : nulo
void[3] n : vacío m
volatile adj : volátil : inestable
volatility n : volatilidad f : inestabilidad f
volcanic adj : volcánico
volcano n, pl -noes or -nos : volcán m
vole n : campañol m
volition n : volición f : voluntad f
volley n, pl -leys : descarga f : torrente m : lluvia f : salva f : volea f
volleyball n : voleibol m : volibol m
volt n : voltio m
voltage n : voltaje m
voluble adj : locuaz
volume n : volumen m : tomo m : capacidad f : cantidad f
voluminous adj : voluminoso

voluntary *adj* : voluntario —
  voluntarily *adv*
volunteer[1] *v* : ofrecer : dar
  : ofrecerse : alistarse como
  voluntario
volunteer[2] *n* : voluntario *m*, -ria *f*
voluptuous *adj* : voluptuoso
voluptuousness *n* : voluptuosidad *f*
vomit[1] *v* : vomitar
vomit[2] *n* : vómito *m*
voodoo *n, pl* **voodoos** : vudú *m*
voracious *adj* : voraz
voraciously *adv* : vorazmente : con
  voracidad
voracity *n* : voracidad *f*
vortex *n, pl* **vortices** : vórtice *m*
vote[1] *v* **voted; voting** : votar
vote[2] *n* : voto *m* : sufragio *m*
  : derecho *m* al voto
voter *n* : votante *mf*
voting *n* : votación *f*
vouch *v* **to vouch for** : garantizar
  : responder de : responder por

voucher *n* : comprobante *m* : vale
  m
vow[1] *v* : jurar : prometer : hacer
  voto de
vow[2] *n* : promesa *f* : voto *m*
vowel *n* : vocal *m*
voyage[1] *v* **-aged; -aging** : viajar
voyage[2] *n* : viaje *m*
voyager *n* : viajero *m*, -ra *f*
voyeur *n* : mirón *m*, -rona *f*
vulgar *adj* : ordinario : populachero
  : del vulgo : grosero : de mal
  gusto : majadero : indecente
  : colorado
vulgarity *n, pl* **-ties** : grosería *f*
  : vulgaridad *f*
vulgarly *adv* : vulgarmente
  : groseramente
vulnerability *n, pl* **-ties**
  : vulnerabilidad *f*
vulnerable *adj* : vulnerable
vulture *n* : buitre *m* : zopilote *m*
vying → **vie**

W

wad[1] *v* **wadded; wadding** : hacer
  un taco con : formar en una masa
  : rellenar
wad[2] *n* : taco *m* : bola *f* : fajo *m*
waddle[1] *v* **-dled; -dling** : andar
  como un pato
waddle[2] *n* : andar *m* de pato
wade *v* **waded; wading** : caminar
  por el agua; *or* **to wade across**
  : vadear
wading bird *n* : zancuda *f* : ave *f*
  zancuda
wafer *n* : barquillo *m* : galleta *f* de
  barquillo
waffle[1] *v* **waffled; waffling** : vacilar
waffle[2] *n* : wafle *m*
waft *v* : llevar por el aire : flotar
wag[1] *v* **wagged; wagging** : menear
  : menearse : moverse
wag[2] *n* : meneo *m* : bromista *mf*
wage[1] *v* **waged; waging** : hacer
  : librar
wage[2] *n* : salario *m*; *or* **wages** *npl*
  : sueldo *m*
wage earner → **earner**

wager[1] *v* : apostar
wager[2] *n* : apuesta *f*
waggish *adj* : burlón : bromista
  : chistoso
waggle *v* **-gled; -gling** : menear
  : mover
wagon *n* : carro *m* : carrito *m*
waif *n* : niño *m* abandonado
  : animal *m* sin hogar
wail[1] *v* : gemir : lamentarse
wail[2] *n* : gemido *m* : lamento *m*
wainscot *or* **wainscoting** *n*
  : revestimiento *m* de paneles de
  madera
waist *n* : cintura *f* : talle *m*
waistband *n* : cinturilla *f*
waistline → **waist**
wait[1] *v* : esperar : servir : atender
wait[2] *n* : espera *f*
waiter *n* : mesero *m* : camarero *m*
  : mozo *m*
waiting list *n* : lista *f* de espera
waiting room *n* : sala *f* de espera
waitress *n* : mesera *f* : camarera *f*
  : moza *f*

waive *v* **waived; waiving**
: renunciar a
waiver *n* : renuncia *f*
wake[1] *v* **woke; woken** *or*
waked; waking *or* **to wake up**
: despertar(se)
wake[2] *n* : velatorio *m* : velorio *m*
: estela *f* : consecuencias *fpl*
wakeful *adj* : desvelado : alerta
: vigilante
wakefulness *n* : vigilia *f*
waken → **awake**
walk[1] *v* : caminar : andar : pasear
: ir andando : ir a pie : recibir
una base por bolas : recorrer
: acompañar : sacar a pasear
: darle una base por bolas
walk[2] *n* : paseo *m* : caminata *f*
: camino *m* : andar *m* : marcha *f*
walker *n* : paseante *mf*
: excursionista *mf* : andador *m*
walking *n* : (el) caminar : (el) andar
walking stick *n* : bastón *m*
walkout *n* : huelga *f*
walk out *v* : declararse en huelga
: salir : irse
walkway *n* : acera *f* : sendero *m*
: pasadizo *m*
wall *n* : pared *f* : muro *m* : barda *f*
: barrera *f*
walled *adj* : amurallado
wallet *n* : billetera *f* : cartera *f*
wallflower *n* : alhelí *m*
wallop[1] *v* : darle una paliza : pegar
fuerte
wallop[2] *n* : golpe *m* fuerte : golpazo
m
wallow *v* : revolcarse : deleitarse
wallpaper[1] *v* : empapelar
wallpaper[2] *n* : papel *m* pintado
wall–to–wall *adj* : lleno
walnut *n* : nuez *f* : nogal *m*
walrus *n, pl* **-rus** *or* **-ruses** : morsa *f*
waltz[1] *v* : bailar el vals : pasar con
ligereza
waltz[2] *n* : vals *m*
wan *adj* **wanner; wannest** : pálido
: tenue : lánguido — **wanly** *adv*
wand *n* : varita *f*
wander *v* : deambular : vagar
: vagabundear : alejarse
: desviarse : divagar : recorrer
wanderer *n* : vagabundo *m*, -da *f*
: viajero *m*, -ra *f*

wanderlust *n* : pasión *f* por viajar
wane[1] *v* **waned; waning** : menguar
: disminuir : decaer
wane[2] *n* **on the wane** : decayendo
: en decadencia
wangle *v* **-gled; -gling**
: arreglárselas para conseguir
wannabe *n* : aspirante *mf* : imitador
m, -dora *f*
want[1] *v* : faltar : requerir : necesitar
: querer : desear
want[2] *n* : falta *f* : indigencia *f*
: miseria *f* : deseo *m* : necesidad *f*
wanting *adj* : ausente : deficiente
wanton *adj* : lascivo : lujurioso
: licencioso : despiadado
wapiti *n, pl* **-ti** *or* **-tis** : uapití *m*
: wapití *m*
war[1] *v* **warred; warring** : combatir
: batallar : hacer la guerra
war[2] *n* : guerra *f*
warble[1] *v* **-bled; -bling** : gorjear
: trinar
warble[2] *n* : trino *m* : gorjeo *m*
warbler *n* : curruca *f*
ward[1] *v* **to ward off** : desviar
: protegerse contra
ward[2] *n* : sala *f* : distrito *m* electoral
o administrativo : pupilo *m*, -la *f*
warden *n* : guarda *mf* : guardián *m*,
-diana *f*
wardrobe *n* : armario *m* : vestuario
m : guardarropa *f*
ware *n* : cerámica *f*; **wares** *npl*
: mercancía *f* : mercadería *f*
warehouse *n* : depósito *m*
: almacén *m* : bodega *f*
warfare *n* : guerra *f* : lucha *f*
warhead *n* : ojiva *f* : cabeza *f*
warily *adv* : cautelosamente : con
cautela
wariness *n* : cautela *f*
warlike *adj* : belicoso : guerrero
warm[1] *v* : calentar : recalentar
: calentarse
warm[2] *adj* : tibio : templado
: caliente : cálido : caluroso : que
abriga : cariñoso : cordial : fresco
: reciente
warm–blooded *adj* : de sangre
caliente
warmhearted *adj* : cariñoso
warmly *adv* : calurosamente
: afectuosamente

warmonger n : belicista mf
warmth n : calor m : cariño m
  : afecto m : ardor m : entusiasmo m
warm–up n : calentamiento m
warn v : advertir : alertar : avisar
  : informar
warning n : advertencia f : aviso m
  : alerta f : alarma f
warp¹ v : alabear : combar
  : pervertir : deformar : pandearse
  : alabearse : combarse
warp² n : urdimbre f : alabeo m
warrant¹ v : asegurar : garantizar
  : justificar : merecer
warrant² n : autorización f : permiso
  m : justificación f
warranty n, pl -ties : garantía f
warren n : madriguera f
warrior n : guerrero m, -ra f
warship n : buque m de guerra
wart n : verruga f
wartime n : tiempo m de guerra
wary adj **warier; -est** : cauteloso
  : receloso
was → be
wash¹ v : lavar(se) : limpiar : fregar
  : mojar : bañar : arrastrar
wash² n : lavado m : artículos mpl
  para lavar : ropa f sucia : estela f
washable adj : lavable
washboard n : tabla f de lavar
washbowl n : lavabo m
  : lavamanos m
washcloth n : toallita f
washed–out adj : desvaído
  : agotado : desanimado
washed–up adj : acabado
  : fracasado
washer n : arandela f
washing n : ropa f para lavar
washing machine n : máquina f de
  lavar : lavadora f
washout n : erosión f : fracaso m
washroom n : servicios mpl : baño
  m : sanitario m
wasn't → be
wasp n : avispa f
waspish adj : irritable : irascible
  : cáustico : mordaz
waste¹ v **wasted; wasting** : arrasar
  : arruinar : devastar : desperdiciar
  : despilfarrar : malgastar; or
  to waste away : consumirse
  : chuparse

waste² adj : yermo : baldío : de
  desecho : sobrante
waste³ n : derroche m : desperdicio
  m : despilfarro m : basura f
  : desechos mpl : desperdicios mpl
  : excremento m
wastebasket or **wastepaper
  basket** n : cesto m : papelera f
  : zafacón m
wasteful adj : despilfarrador
  : derrochador : pródigo
wastefulness n : derroche m
  : despilfarro m
wasteland n : baldío m : yermo m
  : desierto m
wastepaper n : papel m de desecho
**wastepaper basket →
  wastebasket**
watch¹ v : mirar : observar : vigilar
  : tener cuidado de : ver
watch² n : guardia f : vigilancia f
  : guardia mf : centinela mf : vigía
  mf : reloj m
watchdog n : perro m guardián
watcher n : observador m, -dora f
watchful adj : alerta : vigilante
  : atento
watchfulness n : vigilancia f
watchmaker n : relojero m, -ra f
watchmaking n : relojería f
watchman n, pl -men : vigilante m
  : guarda m
watchtower n : atalaya f
watchword n : contraseña f : lema
  m : eslogan m
water¹ v : regar : lagrimear
  : hacérsele agua la boca a uno
water² n : agua f; **waters** npl
  : aguas fpl
water buffalo n : búfalo m de agua
watercolor n : acuarela f
watercourse n : curso m de agua
watercress n : berro m
waterfall n : cascada f : salto m de
  agua : catarata f
waterfowl n : ave f acuática
waterfront n : tierra f que bordea un
  río, un lago, o un mar : muelle m
water heater n : calentador m de
  agua : bóiler m
watering can n : regadera f
water lily n : nenúfar m
waterlogged adj : lleno de agua
  : empapado : inundado

watermark n : marca f del nivel de agua : filigrana f
watermelon n : sandía f
water moccasin → moccasin
waterpower n : energía f hidráulica
waterproof[1] v : hacer impermeable : impermeabilizar
waterproof[2] adj : impermeable : a prueba de agua
waterproofing n : impermeabilizante nm
water repellent n : impermeabilizante nm
water–resistant or **water–repellent** adj : hidrófugo : impermeabilizado
watershed n : línea f divisoria de aguas : cuenca f
waterskiing n : esquí m acuático
waterspout n : tromba f marina
watertight adj : hermético : irrebatible : irrefutable
waterwheel n : noria f
waterway n : vía f navegable
waterworks npl : central f de abastecimiento de agua
watery adj : acuoso : como agua : aguado : diluido : lloroso : desvaído
watt n : vatio m
wattage n : vataje m
wave[1] v **waved; waving** : saludar con la mano : hacer señas con la mano : ondear : agitarse : ondular : agitar : blandir : marcar : hacerle señas a
wave[2] n : ola f : onda f : oleada f : señal f con la mano : saludo m con la mano
wavelength n : longitud f de onda
waver v : vacilar : fluctuar : parpadear : titilar : oscilar : flaquear : tambalearse
wavy adj **wavier; -est** : ondulado
wax[1] v : crecer : volverse : ponerse : encerar
wax[2] n : cera f
waxen adj : de cera
waxy adj **waxier; -est** : ceroso
way n : camino m : vía f : ruta f : línea f de conducta : manera f : modo m : forma f : aspecto m : sentido m : costumbre f : distancia f : dirección f
wayfarer n : caminante mf

waylay v **-laid; -laying** : abordar
wayside n : borde m del camino
wayward adj : díscolo : rebelde : adverso
we pron : nosotros : nosotras
weak adj : débil : flojo : leve : endeble : aguado : diluido : tenue : poco pronunciado : regular
weaken v : debilitar : debilitarse : flaquear
weakling n : alfeñique m : debilucho m, -cha f
weakly[1] adv : débilmente
weakly[2] adj **weaklier; -est** : débil : enclenque
weakness n : debilidad f : flaqueza f : punto m débil
wealth n : riqueza f : abundancia f : profusión f
wealthy adj **wealthier; -est** : rico : acaudalado : adinerado
wean v : destetar
weapon n : arma f
weaponless adj : desarmado
weaponry n : armamento m
wear[1] v **wore; worn; wearing** : llevar : calzar : hacer : durar
wear[2] n : uso m : ropa f : desgaste m
wearable adj : que puede ponerse
wear and tear n : desgaste m
weariness n : fatiga f : cansancio m
wearisome adj : aburrido : pesado : cansado
weary[1] v **-ried; -rying** : cansar : fatigar : hastiar : aburrir : cansarse
weary[2] adj **wearier; -est** : cansado : harto : aburrido
weasel n : comadreja f
weather[1] v : erosionar : desgastar : aguantar : sobrellevar : capear
weather[2] n : tiempo m
weather–beaten adj : curtido
weatherman n, pl **-men** : meteorólogo m, -ga f
weatherproof adj : que resiste a la intemperie : impermeable
weather vane → vane
weave[1] v **wove** or **weaved; woven** or **weaved; weaving** : tejer : entretejer : entrelazar : serpentear : zigzaguear
weave[2] n : tejido m : trama f

weaver *n* : tejedor *m*, -dora *f*

web[1] *v* **webbed; webbing** : cubrir o proveer con una red

web[2] *n* : telaraña *f* : tela *f* de araña : red *f* : enredo *m* : membrana *f* interdigital

webbed *adj* : palmeado

webcam *n* : webcam *f*

weblog → **blog**

webmaster *or* **Webmaster** *n* : webmaster *mf*

web page *or* **Web page** *n* : página *f* web

web site *or* **Web site** *n* : sitio *m* web

wed *v* **wedded; wedding** : casarse con : ligar : unir

we'd → **have, will**

wedding *n* : boda *f* : casamiento *m*

wedge[1] *v* **wedged; wedging** : apretar : meter : embutir

wedge[2] *n* : cuña *f* : porción *f* : trozo *m*

wedlock → **marriage**

Wednesday *n* : miércoles *m*

wee *adj* : pequeño : minúsculo

weed[1] *v* : desherbar

weed[2] *n* : mala hierba *f*

weed killer *n* : herbicida *m*

weedy *adj* **weedier; -est** : cubierto de malas hierbas : flaco : larguirucho

week *n* : semana *f*

weekday *n* : día *m* laborable

weekend *n* : fin *m* de semana

weekly[1] *adv* : semanalmente

weekly[2] *adj* : semanal

weekly[3] *n*, *pl* **-lies** : semanario *m*

weep *v* **wept; weeping** : llorar

weeping willow *n* : sauce *m* llorón

weepy *adj* **weepier; -est** : lloroso : triste

weevil *n* : gorgojo *m*

weft *n* : trama *f*

weigh *v* : pesar : considerar : sopesar : tener importancia : contar

weight[1] *v or* **to weight down** : poner peso en : sujetar con un peso : cargar : oprimir

weight[2] *n* : peso *m* : pesa *f* : plomo *m* : plomada *f* : carga *f* : influencia *f* : autoridad *f*

weightless *adj* : ingrávido

weight lifting *n* : halterofilia *f* : levantamiento *m* de pesas

weighty *adj* **weightier; -est** : pesado : importante : de peso

weir *n* : dique *m*

weird *adj* : misterioso : extraño : raro — **weirdly** *adv*

weirdo *n*, *pl* **weirdos** : bicho *m* raro

welcome[1] *v* **-comed; -coming** : darle la bienvenida a : recibir

welcome[2] *adj* : bienvenido

welcome[3] *n* : bienvenida *f* : recibimiento *m* : acogida *f*

weld[1] *v* : soldar

weld[2] *n* : soldadura *f*

welder *n* : soldador *m*, -dora *f*

welfare *n* : bienestar *m* : asistencia *f* social

well[1] *v or* **to well up** : brotar : manar

well[2] *adv* **better; best** : bien : correctamente : completamente : muy : bastante

well[3] *adj* : bien : conveniente : sano

well[4] *n* : pozo *m* : aljibe *m* : fuente *f*

well[5] *interj* : bueno : ¡vaya!

we'll → **will**

well–adjusted *adj* : equilibrado

well–balanced *adj* : equilibrado

well–behaved *adj* : (bien) educado : que se porta bien

well–being *n* : bienestar *m*

well–bred *adj* : fino : educado

well–built *adj* : fornido

well–defined *adj* : bien definido

well–done *adj* : bien hecho : bien cocido

well–dressed *adj* : bien vestido

well–founded *adj* : bien fundado

well–informed *adj* : bien informado

well–kept *adj* : bien cuidado

well–known *adj* : famoso : bien conocido

well–made *adj* : sólido

well–mannered *adj* : (bien) educado : de buenos modales

well–meaning *adj* : bienintencionado : que tiene buenas intenciones

well–nigh *adv* : casi

well–off *adj* : afortunado

well–read *adj* : culto

well–rounded *adj* : completo : equilibrado

well–to–do adj : próspero
: adinerado : rico
well–worn adj : muy gastado
Welsh n : galés m : galesa f —
Welsh adj
Welshman n, pl **-men** : galés m
Welshwoman n, pl **-women**
: galesa f
welt n : verdugón m
welter n : fárrago m : revoltijo m
wend v to wend one's way
: ponerse en camino : encaminar
sus pasos
went → **go**[1]
wept → **weep**
were → **be**
we're → **be**
weren't → **be**
werewolf n, pl **-wolves** : hombre
m lobo
west[1] adv : al oeste
west[2] adj : oeste : del oeste
: occidental
west[3] n : oeste m
westbound adj : que va hacia el
oeste
westerly adv & adj : del oeste
western[1] adj : Occidental : del
Oeste : occidental : oeste
western[2] n : western m
Westerner n : habitante mf del
oeste
West Indian n : antillano m, -na f —
West Indian adj
westward adv & adj : hacia el
oeste
wet[1] v wet or wetted; wetting
: mojar : humedecer
wet[2] adj wetter; wettest : mojado
: húmedo : lluvioso
wet[3] n : humedad f : lluvia f
wet blanket n : aguafiestas mf
wet nurse n : nodriza f
wet suit n : traje m de neopreno
: traje m de buzo
we've → **have**
whack[1] v : golpear : aporrear
whack[2] n : golpe m fuerte : porrazo
m : intento m : tentativa f
whale[1] v whaled; whaling : cazar
ballenas
whale[2] n, pl whales or whale
: ballena f
whaleboat n : ballenero m

whalebone n : barba f de ballena
whaler n : ballenero m, -ra f
wham interj : zas!
wharf n, pl **wharves** : muelle m
: embarcadero m
what[1] adv : cómo : qué : cuánto
what[2] adj : qué : cualquier
what[3] pron : qué : lo que
whatever[1] adj : cualquier
: cualquier … que
whatever[2] pron : (todo) lo que : qué
whatnot pron : y qué sé yo
what's–her–name n : fulana f
what's–his–name n : fulano m
whatsoever[1] adj → **whatever**[1]
whatsoever[2] pron → **whatever**[2]
wheat n : trigo m
wheaten adj : de trigo
wheedle v -dled; -dling : engatusar
wheel[1] v : empujar : mover : girar
: rotar
wheel[2] n : rueda f; **wheels** npl
: maquinaria f : fuerza f impulsora
wheelbarrow n : carretilla f
wheelchair n : silla f de ruedas
wheeze[1] v wheezed; wheezing
: resollar : respirar con dificultad
wheeze[2] n : resuello m
whelp[1] v : parir
whelp[2] n : cachorro m, -rra f
when[1] adv : cuándo
when[2] conj : cuando : en que : si
when[3] pron : cuándo
whence adv : de donde
whenever[1] adv : cuando sea
: cuándo
whenever[2] conj : siempre que
: cada vez que : cuando
where[1] adv : dónde : adónde
where[2] conj : donde : adonde
where[3] pron : donde
whereabouts[1] adv : dónde : por
dónde
whereabouts[2] ns & pl : paradero m
whereas conj : considerando que
: mientras que
whereby adv : por lo cual
wherefore adv : por qué
wherein adv : en el cual : en el que
whereof conj : de lo cual
whereupon conj : con lo cual
: después de lo cual
wherever[1] adv : dónde : adónde
: en cualquier parte

wherever[2] *conj* : dondequiera que : donde sea

wherewithal *n* : medios *mpl* : recursos *mpl*

whet *v* **whetted; whetting** : afilar : estimular

whether *conj* : si

whetstone *n* : piedra *f* de afilar

whey *n* : suero *m*

which[1] *adj* : qué : cuál

which[2] *pron* : cuál : que : el cual : la cual : los cuales : las cuales

whichever[1] *adj* : el que : cualquiera que

whichever[2] *pron* : el que : la que : cualquiera que

whiff[1] *v* : soplar

whiff[2] *n* : soplo *m* : ráfaga *f* : olor *m* : dejo *m* : pizca *f*

while[1] *v* **whiled; whiling** : pasar

while[2] *n* : rato *m* : tiempo *m*

while[3] *conj* : mientras : mientras que : aunque

whim *n* : capricho *m* : antojo *m*

whimper[1] *v* : lloriquear : gimotear

whimper[2] *n* : quejido *m*

whimsical *adj* : caprichoso : fantasioso : errático — **whimsically** *adv*

whine[1] *v* **whined; whining** : lloriquear : gimotear : gemir : quejarse

whine[2] *n* : quejido *m* : gemido *m*

whiner *n* : llorón *m*, -rona *f*

whiny *adj* **whinier; -est** : ñoño

whinny[1] *v* **-nied; -nying** : relinchar

whinny[2] *n, pl* **-nies** : relincho *m*

whip[1] *v* **whipped; whipping** : arrebatar : azotar : agitar : lanzar : tirar : vencer : derrotar : incitar : despertar : provocar : batir : agitarse : ir rápidamente

whip[2] *n* : látigo *m* : azote *m* : fusta *f* : miembro *m* de un cuerpo legislativo encargado de disciplina

whiplash *n or* **whiplash injury** : traumatismo *m* cervical

whippet *n* : galgo *m* pequeño : galgo *m* inglés

whir[1] *v* **whirred; whirring** : zumbar

whir[2] *n* : zumbido *m*

whirl[1] *v* : dar vueltas : girar

whirl[2] *n* : giro *m* : vuelta *f* : remolino *m* : bullicio *m* : torbellino *m*

whirlpool *n* : vorágine *f* : remolino *m*

whirlwind[1] *n* : remolino *m* : torbellino *m* : tromba *f*

whirlwind[2] *adj* : muy rápido

whisk[1] *v* : llevar : batir

whisk[2] *n* : sacudida *f* : batidor *m*

whisk broom *n* : escobilla *f*

whisker *n* : pelo *m*; **whiskers** *npl* : bigotes *mpl*

whiskey *or* **whisky** *n, pl* **-keys** *or* **-kies** : whisky *m*

whisper[1] *v* : cuchichear : susurrar : decir en voz baja

whisper[2] *n* : susurro *m* : cuchicheo *m* : rumor *m* : dejo *m* : pizca *f*

whistle[1] *v* **-tled; -tling** : silbar : chiflar : pitar

whistle[2] *n* : chiflido *m* : silbido *m* : silbato *m* : pito *m*

whit *n* : ápice *m* : pizca *f*

white[1] *adj* **whiter; whitest** : blanco

white[2] *n* : blanco *m* : clara *f*

white blood cell *n* : glóbulo *m* blanco

white chocolate *n* : chocolate *m* blanco

white–collar *adj* : de oficina

whitefish *n* : pescado *m* blanco

white–hot *adj* : candente

white lie *n* : mentira *f* piadosa

whiten *v* : blanquear : ponerse blanco

whitener *n* : blanqueador *m*

whiteness *n* : blancura *f*

white–tailed deer *n* : ciervo *f* de Virginia

whitewash[1] *v* : enjalbegar : blanquear : encubrir

whitewash[2] *n* : jalbegue *m* : lechada *f* : encubrimiento *m*

whither *adv* : adónde

whittle *v* **-tled; -tling** : tallar

whiz[1] *or* **whizz** *v* **whizzed; whizzing** : zumbar

whiz[2] *or* **whizz** *n, pl* **whizzes** : zumbido *m*

whiz kid *or* **whizz kid** *n* : prodigio *m* : genio *m*

who *pron* : quién : que : quien

whodunit *n* : novela *f* policíaca

whoever *pron* : quienquiera que : quien : quién

whole[1] *adj* : ileso : intacto : sano : entero : íntegro

whole[2] n : todo m
wholehearted adj : sin reservas : incondicional — **wholeheartedly** adv
whole note n : semibreve f : redonda f
whole number n : entero m
wholesale[1] v **-saled; -saling** : vender al por mayor : venderse al por mayor
wholesale[2] adv : al por mayor
wholesale[3] adj : al por mayor : total : absoluto
wholesale[4] n : mayoreo m
wholesaler n : mayorista mf
wholesome adj : sano : saludable
whole wheat adj : de trigo integral
wholly adv : completamente : exclusivamente : únicamente
whom pron : a quién : de quién : con quién : en quién : que : a quien
whomever pron : quienquiera : quien
whoop[1] v : gritar : chillar
whoop[2] n : grito m
whooping cough n : tos f ferina
whopper n : cosa f enorme : mentira f colosal
whopping adj : enorme
whorl n : espiral f : línea f
whose[1] adj : de quién : cuyo
whose[2] pron : de quién
why[1] adv : por qué
why[2] n, pl **whys** : porqué m : razón f
why[3] conj : por qué
why[4] interj : ¡vaya! : ¡mira!
Wicca n : wicca f
Wiccan n : wiccano m, -na f — **Wiccan** adj
wick n : mecha f
wicked adj : malo : malvado : travieso : pícaro : terrible : horrible
wickedly adv : con maldad
wickedness n : maldad f
wicker[1] adj : de mimbre
wicker[2] n : mimbre m
wickerwork n : artículos mpl de mimbre
wicket n : ventanilla f : aro m : palos mpl
wide[1] adv **wider; widest** : por todas partes : completamente : totalmente

wide[2] adj **wider; widest** : vasto : extensivo : ancho : amplio
wide–awake adj : (completamente) despierto
wide–eyed adj : con los ojos muy abiertos : inocente : ingenuo
widely adv : extensivamente : por todas partes
widen v : ampliar : ensanchar : ampliarse : ensancharse
wide–ranging adj : amplio : diverso
widescreen adj : de pantalla ancha
widespread adj : extendido : extenso : difuso
widow[1] v : dejar viudo/viuda
widow[2] n : viuda f
widower n : viudo m
width n : ancho m : anchura f
wield v : usar : manejar : ejercer
wiener → **frankfurter**
wife n, pl **wives** : esposa f : mujer f
wifely adj : de esposa : conyugal
wig n : peluca f
wiggle[1] v **-gled; -gling** : menear : mover : menearse : contonearse : retorcerse
wiggle[2] n : meneo m : contoneo m
wiggly adj **wigglier; -est** : que se menea : ondulado
wigwag v **-wagged; -wagging** : comunicar por señales
wigwam n : wigwam m
wild[1] adj : salvaje : silvestre : cimarrón : yermo : agreste : desenfrenado : loco : fantástico : bárbaro : errático : frenético : extravagante
wild[2] n → **wilderness**
wild boar n : jabalí m
wild card n : factor m desconocido : comodín m
wildcat n : gato m montés : lince m rojo
wilderness n : yermo m : desierto m
wildfire n : fuego m descontrolado
wildflower n : flor f silvestre
wildfowl n : ave f de caza
wild goose chase n : misión f imposible o inútil
wildlife n : fauna f
wildly adv : frenéticamente : como un loco : extremadamente
wile[1] v **wiled; wiling** : atraer

wile[2] *n* : ardid *m* : artimaña *f*

will[1] *v, past* **would**; *present s & pl* **will** : querer

will[2] *v* : disponer : decretar : lograr a fuerza de voluntad : legar

will[3] *n* : deseo *m* : voluntad *f* : fuerza *f* de voluntad : testamento *m*

willful *or* **wilful** *adj* : obstinado : terco : intencionado : deliberado — **willfully** *adv*

willing *adj* : listo : dispuesto : servicial : complaciente

willingly *adv* : con gusto

willingness *n* : buena voluntad *f*

willow *n* : sauce *m*

willowy *adj* : esbelto

willpower *n* : voluntad *f* : fuerza *f* de voluntad

willy–nilly *adv* : de cualquier manera

wilt *v* : marchitarse : debilitarse : languidecer

wily *adj* **wilier; -est** : artero : astuto

wimp *n* : gallina *f* : cobarde *mf* : debilucho *m*, -cha *f* : alfeñique *m*

win[1] *v* **won; winning** : ganar : conseguir

win[2] *n* : triunfo *m* : victoria *f*

wince[1] *v* **winced; wincing** : estremecerse : hacer una mueca de dolor

wince[2] *n* : mueca *f* de dolor

winch *n* : torno *m*

wind[1] *v* : dejar sin aliento

wind[2] *v* **wound; winding** : serpentear : envolver : enrollar : hacer girar

wind[3] *n* : viento *m* : aliento *m* : flatulencia *f* : ventosidad *f*

wind[4] *n* : vuelta *f* : recodo *m* : curva *f*

windbreak *n* : barrera *f* contra el viento : abrigadero *m*

windfall *n* : fruta *f* caída : beneficio *m* imprevisto

wind instrument *n* : instrumento *m* de viento

windmill *n* : molino *m* de viento

window *n* : ventana *f* : ventanilla *f* : vitrina *f*

window box *n* : jardinera *f* de ventana

windowpane *n* : vidrio *m*

window screen → **screen**[2]

window–shop *v* **-shopped; -shopping** : mirar las vitrinas

windowsill *n* : alféizar *m* de la ventana

windpipe *n* : tráquea *f*

windshield *n* : parabrisas *m*

windsurfing *n* : windsurf *m*

windswept *adj* : azotado por el viento : despeinado

windup *n* : conclusión *f*

windy *adj* **windier; -est** : ventoso : verboso : prolijo

wine[1] *v* **wined; wining** : beber vino **to wine and dine** : agasajar

wine[2] *n* : vino *m*

wineglass *n* : copa *f*

winery *n, pl* **-eries** : bodega *f*

wineskin *n* : odre *m* : bota *f*

wine tasting *n* : degustación *f* de vinos

wing[1] *v* : volar

wing[2] *n* : ala *f*; **wings** *npl* : bastidores *mpl*

winged *adj* : alado

wink[1] *v* : guiñar el ojo : pestañear : parpadear : titilar

wink[2] *n* : guiño *m* : siesta *f*

winner *n* : ganador *m*, -dora *f*

winning *adj* : ganador : encantador

winnings *npl* : ganancias *fpl*

winnow *v* : aventar

winsome *adj* : encantador

winter[1] *adj* : invernal : de invierno

winter[2] *n* : invierno *m*

wintertime *n* : invierno *m*

wintry *adj* **wintrier; -est** : invernal : de invierno : frío

wipe[1] *v* **wiped; wiping** : limpiar **to wipe out** : caerse

wipe[2] *n* : pasada *f*

wire[1] *v* **wired; wiring** : instalar el cableado en : atar con alambre : telegrafiar : mandarle un telegrama

wire[2] *n* : alambre *m* : cable *m* : telegrama *m*

wireless *adj* : inalámbrico

wiretap[1] *v* : intervenir : pinchar

wiretap[2] *n* : micrófono *m* oculto

wiretapping *n* : intervención *f* telefónica

wiring *n* : cableado *m*

wiry *adj* **wirier; -est** : hirsuto : tieso : esbelto y musculoso

wisdom n : sabiduría f : sensatez f
wisdom tooth n : muela f de juicio
wise[1] adj **wiser; wisest** : sabio
: sensato : prudente : entendido
: enterado
wise[2] n : manera f : modo m
wisecrack n : broma f : chiste m
wisely adv : sabiamente
: sensatamente
wish[1] v : pedir : desear : querer
: pedir un deseo
wish[2] n : deseo m; **wishes** npl
: saludos mpl : recuerdos mpl
wishbone n : espoleta f
wishful adj : deseoso : lleno de
esperanza
wishy–washy adj : insípido : soso
wisp n : manojo m : mechón m
: voluta f
wispy adj **wispier; -est** : tenue
: ralo
wisteria n : glicinia f
wistful adj : anhelante
: melancólico — **wistfully** adv
wistfulness n : añoranza f
: melancolía f
wit n : inteligencia f : ingenio m
: gracia f : agudeza f : humorismo
m : chistoso m, -sa f; **wits** npl
: razón f : buen juicio m
witch n : bruja f
witchcraft n : brujería f : hechicería
f
witch doctor n : hechicero m, -ra f
witchery n, pl **-eries** : brujería f
: hechicería f : encanto m
witch–hunt n : caza f de brujas
with prep : con : de : a pesar de
: aún con : con respecto a : según
withdraw v **-drew; -drawn;**
-drawing : retirar : apartar
: sacar : retractarse de : retirarse
: recluirse
withdrawal n : retirada f : retiro m
: retraimiento m : retractación f
withdrawn adj : retraído
: reservado : introvertido
wither v : marchitar : agostar
: marchitarse : decaer : debilitarse
withhold v **-held; -holding**
: retener : aplazar : negar
within[1] adv : dentro
within[2] prep : dentro de : a menos
de

without[1] adv : fuera
without[2] prep : fuera de : sin
withstand v **-stood; -standing**
: aguantar : soportar : resistir
: resistirse a
witless adj : estúpido : tonto
witness[1] v : presenciar : ver : ser
testigo de : atestiguar : testimoniar
witness[2] n : testimonio m : testigo mf
witness stand n : estrado m
witticism n : agudeza f : ocurrencia
f
witty adj **wittier; -est** : ingenioso
: ocurrente : gracioso
wives → **wife**
wizard n : mago m : brujo m
: hechicero m : genio m
wizened adj : arrugado : marchito
wobble[1] v **-bled; -bling**
: bambolearse : tambalearse
: temblar
wobble[2] n : tambaleo m : bamboleo
m
wobbly adj **wobblier; -est** : que se
tambalea : inestable
woe n : desgracia f : infortunio m
: aflicción f; **woes** npl : penas fpl
: males mpl
woeful adj : afligido : apenado
: triste : desgraciado : infortunado
: lamentable
woke[1], **woken** → **wake**[1]
woke[2] adj : consciente de y
sensible a los asuntos de justicia
racial y social
wolf[1] v or **to wolf down** : engullir
wolf[2] n, pl **wolves** : lobo m, -ba f
wolfram → **tungsten**
wolverine n : glotón m
woman n, pl **women** : mujer f
womanhood n : condición f de
mujer : mujeres fpl
womanizer n : picaflor m
womanly adj : femenino
womb n : útero m : matriz f
won → **win**
wonder[1] v : preguntarse : pensar
: asombrarse : maravillarse
wonder[2] n : maravilla f : milagro m
: asombro m
wonderful adj : maravilloso
: estupendo
wonderfully adv
: maravillosamente : de maravilla

wonderland n : país m de las maravillas

wonderment n : asombro m

wondrous → **wonderful**

wont[1] adj : acostumbrado : habituado

wont[2] n : hábito m : costumbre f

won't → **will**[1]

woo v : cortejar : buscar el apoyo de

wood[1] adj : de madera

wood[2] n : madera f : leña f; or **woods** npl : bosque m

woodchuck n : marmota f de América

woodcut n : plancha f de madera : grabado m en madera

woodcutter n : leñador m, -dora f

wooded adj : arbolado : boscoso

wooden adj : de madera : rígido : inexpresivo

woodland n : bosque m

woodpecker n : pájaro m carpintero

woodshed n : leñera f

woodsman n, pl **-men** → **woodcutter**

woodwind n : instrumento m de viento de madera

woodwork n : carpintería f

woodworking n : carpintería f

woody adj **woodier; -est** : leñoso : a madera

woof → **weft**

wool n : lana f

woolen[1] or **woollen** adj : de lana

woolen[2] or **woollen** n : lana f; **woolens** npl : prendas fpl de lana

woolly adj **woollier; -est** : lanudo : confuso : vago

woozy adj **woozier; -est** : mareado

word[1] v : expresar : formular : redactar

word[2] n : palabra f : vocablo m : voz f : orden f : noticias fpl; **words** npl : riña f; **words** npl : letra f

wordiness n : verbosidad f

wording n : redacción f : lenguaje m

word processing n : procesamiento m de textos

word processor n : procesador m de textos

wordy adj **wordier; -est** : verboso : prolijo

wore → **wear**[1]

work[1] v **worked** or **wrought;** **working** : trabajar : funcionar : servir : labrar : hacer trabajar : operar : hacer/conseguir con esfuerzo : efectuar : llevar a cabo : obrar : formar : manejar

work[2] adj : laboral

work[3] n : trabajo m : empleo m : obra f : labor f : obras fpl; **works** npl : fábrica f; **works** npl : mecanismo m

workable adj : explotable : factible : realizable

workaday adj : ordinario : banal

workaholic n : adicto m, -ta f al trabajo

workbench n : mesa f de trabajo

workday n : jornada f laboral : día m hábil : día m laborable

worked up adj : agitado

worker n : trabajador m, -dora f : obrero m, -ra f

workforce n : mano f de obra : fuerza f de trabajo : fuerza f laboral

working adj : que trabaja : de trabajo : que funciona : operativo : suficiente

working–class adj : obrero

workingman n, pl **-men** : obrero m

workload n : cantidad f de trabajo

workman n, pl **-men** : artesano m

workmanlike adj : bien hecho : competente

workmanship n : ejecución f : trabajo m : artesanía f : destreza f

workout n : ejercicios mpl físicos : entrenamiento m

workplace n : lugar m de trabajo

workroom n : taller m

worksheet n : hoja f de ejercicios : hoja f de cálculo

workshop n : taller m

workstation n : estación f de trabajo

world[1] adj : mundial : del mundo

world[2] n : mundo m : gente f : vida f : planeta f

world–famous adj : mundialmente famoso : de fama mundial

worldly adj **worldlier; -est** : mundano : sofisticado : de mundo

worldwide[1] *adv* : mundialmente
: en todo el mundo
worldwide[2] *adj* : global : mundial
World Wide Web *n* : World Wide
Web *f* : Red *f* mundial
worm[1] *v* : arrastrarse : deslizarse
: desparasitar
worm[2] *n* : gusano *m* : lombriz *f*;
worms *npl* : lombrices *fpl*
worm–eaten *adj* : carcomido
wormy *adj* **wormier; -est**
: infestado de gusanos
worn *pp* → **wear**[1]
worn–out *adj* : gastado
: desgastado : agotado
worried *adj* : inquieto : preocupado
worrier *n* : persona *f* que se
preocupa mucho
worrisome *adj* : preocupante
: inquietante : que se preocupa
mucho
worry[1] *v* **-ried; -rying** : preocupar
: inquietar : preocuparse
: inquietarse : angustiarse
worry[2] *n, pl* **-ries** : preocupación *f*
: inquietud *f* : angustia *f*
worrying *adj* : preocupante
: inquietante
worse[1] *adv* : peor
worse[2] *adj* : peor
worse[3] *n* : estado *m* peor
worsen *v* : empeorar
: empeorar(se)
worship[1] *v* **-shiped** *or* **-shipped;
-shiping** *or* **-shipping** : adorar
: venerar : practicar una religión
worship[2] *n* : adoración *f* : culto *m*
worshiper *or* **worshipper** *n*
: devoto *m*, -ta *f* : adorador *m*,
-dora *f*
worst[1] *v* : derrotar
worst[2] *adv* : peor
worst[3] *adj* : peor
worst[4] *n* **the worst** : lo peor : el/
la peor
worst–case *adj* **a/the worst–case
scenario** : el peor de los casos
worsted *n* : estambre *m*
worth[1] *n* : valor *m* : mérito *m* : valía
f
worth[2] *prep* **to be worth** : valer
worthiness *n* : mérito *m*
worthless *adj* : sin valor : inútil
worthwhile *adj* : que vale la pena

worthy *adj* **worthier; -est** : digno
: meritorio : encomiable
would → **will**[1]
would–be *adj* : potencial
wouldn't → **would**
wound[1] *v* : herir
wound[2] *n* : herida *f*
wound[3] → **wind**[2]
wove, woven → **weave**[1]
wow *interj* : ¡guau! : ¡híjole! : ¡hala!
wrangle[1] *v* **-gled; -gling** : discutir
wrangle[2] *n* : riña *f* : disputa *f*
wrap[1] *v* **wrapped; wrapping**
: envolver : cubrir : rodear : ceñir
: envolverse : enroscarse
wrap[2] *n* : envoltura *f* : prenda *f* que
envuelve
wrapper *n* : envoltura *f* : envoltorio *m*
wrapping *n* : envoltura *f* : envoltorio
m
wrath *n* : ira *f* : cólera *f*
wrathful *adj* : iracundo
wreak *v* : infligir : causar
wreath *n, pl* **wreaths** : corona *f*
wreathe *v* **wreathed; wreathing**
: coronar : envolver
wreck[1] *v* : destruir : arruinar
: estrellar : naufragar
wreck[2] *n* : restos *mpl* : ruina *f*
: desastre *m*
wreckage *n* : restos *mpl* : ruinas *fpl*
wrecker *n* : grúa *f*
wren *n* : chochín *m*
wrench[1] *v* : arrancar : torcer
wrench[2] *n* : tirón *m* : jalón *m*
: torcedura *f*
wrest *v* : arrancar
wrestle[1] *v* **-tled; -tling** : luchar
: practicar la lucha : luchar contra
wrestle[2] *n* : lucha *f*
wrestler *n* : luchador *m*, -dora *f*
wrestling *n* : lucha *f*
wretch *n* : infeliz *mf* : desgraciado
m, -da *f*
wretched *adj* : desdichado
: afligido : miserable : desgraciado
: lastimoso : inferior : malo
wretchedly *adv* : miserablemente
: lamentablemente
wriggle *v* **-gled; -gling** : retorcerse
: menearse
wring *v* **wrung; wringing** : arrancar
: sacar : torcer : retorcer
wringer *n* : escurridor *m*

wrinkle¹ *v* **-kled; -kling** : arrugar
: arrugarse
wrinkle² *n* : arruga *f*
wrinkly *adj* **wrinklier; -est**
: arrugado
wrist *n* : muñeca *f*
wristwatch *n* : reloj *m* de pulsera
writ *n* : orden *f*
write *v* **wrote; written; writing**
: escribir
write–off *n* : cancelación *f*
: siniestro *m* total : pérdida *f* total
writer *n* : escritor *m*, -tora *f*
writhe *v* **writhed; writhing**
: retorcerse
writing *n* : escritura *f* : letra *f*;
writings *npl* : escritos *mpl* : obra *f*
writing paper *n* : papel *m* de carta
wrong¹ *v* **wronged; wronging**
: ofender : ser injusto con

wrong² *adv* : mal : incorrectamente
wrong³ *adj* **wronger; wrongest**
: malo : injusto : inmoral
: inadecuado : inapropiado
: equivocado : incorrecto
: erróneo
wrong⁴ *n* : injusticia *f* : mal *m*
: ofensa *f* : agravio *m*
wrongdoer *n* : malhechor *m*,
-chora *f*
wrongdoing *n* : fechoría *f* : maldad
f
wrongful *adj* : injusto : ilegal
wrongly *adv* : injustamente
: erróneamente : incorrectamente
wrote → **write**
wrought *adj* : formado : forjado
wrung → **wring**
wry *adj* **wrier; wriest** : torcido
: irónico : sardónico

X

x *v* **x–ed; x–ing** *or* **x'ing** : tachar
xenon *n* : xenón *m*
xenophobe *n* : xenófobo *m*, -ba *f*
xenophobia *n* : xenofobia *f*
xenophobic *adj* : xenófobo

xerox *v* : xerografiar
Xmas *n* : Navidad *f*
x–ray *v* : radiografiar
X ray *n* : rayo *m* X : radiografía *f*
xylophone *n* : xilófono *m*

Y

yacht¹ *v* : navegar : ir en yate
yacht² *n* : yate *m*
yak *n* : yac *m*
yam *n* : ñame *m* : batata *f* : boniato *m*
yang *n* : yang *m*
yank¹ *v* : tirar de : jalar : darle un
tirón a
yank² *n* : tirón *m*
Yankee *n* : yanqui *mf*
yap¹ *v* **yapped; yapping** : ladrar
: gañir : cotorrear : parlotear
yap² *n* : ladrido *m* : gañido *m*
yard *n* : yarda *f* : verga *f* : patio *m*
: jardín *m* : depósito *m*
yardage *n* : medida *f* en yardas
yardarm *n* : penol *m*

yardstick *n* : vara *f* : criterio *m*
: norma *f*
yarn *n* : hilado *m* : historia *f*
: cuento *m*
yawn¹ *v* : bostezar : abrirse
yawn² *n* : bostezo *m*
ye *pron* : vosotros : vosotras
yea¹ *adv* : sí
yea² *n* : voto *m* a favor
yeah *adv* : sí
year *n* : año *m* : curso *m*; **years** *npl*
: siglos *mpl* : años *mpl*
yearbook *n* : anuario *m*
year–end *adj* : de fin de año
yearling *n* : animal *m* menor de
dos años

yearly[1] *adv* : cada año : anualmente
yearly[2] *adj* : anual
yearn *v* : anhelar : ansiar
yearning *n* : anhelo *m*
yeast *n* : levadura *f*
yell[1] *v* : gritar : chillar
yell[2] *n* : grito *m* : alarido *m*
yellow[1] *v* : ponerse amarillo : volverse amarillo
yellow[2] *adj* : amarillo : cobarde
yellow[3] *n* : amarillo *m*
yellow fever *n* : fiebre *f* amarilla
yellowish *adj* : amarillento
yellow jacket *n* : avispa *f*
yelp[1] *v* : dar un gañido : dar un grito
yelp[2] *n* : gañido *m* : grito *m*
yen *n* : deseo *m* : ganas *fpl* : yen *m*
yeoman *n, pl* **-men** : suboficial *mf* de marina
yes[1] *adv* : sí
yes[2] *n* : sí *m*
yesterday[1] *adv* : ayer
yesterday[2] *n* : ayer *m*
yesteryear *n* of ~ : de antaño
yet[1] *adv* : aún : todavía : ya : algún día : sin embargo
yet[2] *conj* : pero
yew *n* : tejo *m*
Yiddish *n* : yiddish *m* : yidis *m* — **Yiddish** *adj*
yield[1] *v* : ceder : producir : dar : rendir : rendirse : entregarse
yield[2] *n* : rendimiento *m* : rédito *m*
yin *n* : yin *m*
yoga *n* : yoga *m*
yogurt *n* : yogur *m* : yogurt *m*
yoke[1] *v* **yoked; yoking** : uncir
yoke[2] *n* : yugo *m* : yunta *f*
yokel *n* : palurdo *m*, -da *f*
yolk *n* : yema *f*
Yom Kippur *n* : el Día *m* del Perdón : Yom Kippur
yon → **yonder**
yonder[1] *adv* : allá

yonder[2] *adj* : aquel
yore *n* in days of yore : antaño
you *pron* : tú : vos *pl* : vosotros *pl* : vosotras *pl* : usted : ustedes *pl* : te : les *pl* : os *pl* : lo : ti : vos *pl* : vosotros *pl* : ustedes *pl*
you'd → **have, will**
you'll → **will**
young[1] *adj* **younger; youngest** : joven : pequeño : menor : tierno : juvenil
young[2] *npl* : jóvenes *mfpl* : crías *fpl*
youngster *n* : joven *mf* : chico *m*, -ca *f* : niño *m*, -ña *f*
your *adj* : tu : su : vuestro : el : la : los : las
you're → **be**
yours *pron* : (el) tuyo : (la) tuya : (los) tuyos : (las) tuyas : (el) suyo : (la) suya : (los) suyos : (las) suyas : (el) vuestro : (la) vuestra : (los) vuestros : (las) vuestras
yourself *pron, pl* **yourselves** : te : se *pl* : os *pl* : se : tú mismo : tú misma : usted mismo : usted misma : ustedes mismos *pl* : ustedes mismas *pl* : vosotros mismos *pl* : vosotras mismas *pl*
youth *n, pl* **youths** : juventud *f* : joven *m* : jóvenes *mfpl*
youthful *adj* : de juventud : joven : juvenil
youthfulness *n* : juventud *f*
youth hostel → **hostel**
you've → **have**
yowl[1] *v* : aullar
yowl[2] *n* : aullido *m*
yo-yo *n, pl* **-yos** : yoyo *m* : yoyó *m*
yucca *n* : yuca *f*
Yugoslavian *n* : yugoslavo *m*, -va *f* — **Yugoslavian** *adj*
yule *n* : Navidad *f*
yuletide *n* : Navidades *fpl*
yup *adv* → **yes**[1]
yuppie *n* : yuppy *mf*

Z

zany[1] *adj* **zanier; -est :** alocado
: disparatado

zany[2] *n, pl* **-nies :** bufón *m*, -fona *f*

zap[1] *v* **zapped; zapping :** eliminar
: enviar o transportar rápidamente
: ir rápidamente

zap[2] *n* : sabor *m* : sazón *f* : golpe
m fuerte

zeal *n* : fervor *m* : celo *m*
: entusiasmo *m*

zealot *n* : fanático *m*, -ca *f*

zealous *adj* : celoso — **zealously**
adv

zebra *n* : cebra *f*

zebu *n* : cebú *m*

zenith *n* : cenit *m* : apogeo *m*

zeppelin *n* : zepelín *m*

zero[1] *v* **to zero in on :** apuntar
hacia : centrarse en

zero[2] *adj* : cero : nulo

zero[3] *n, pl* **-ros :** cero *m*

zest *n* : entusiasmo *m* : brío *m*
: sabor *m* : sazón *f*

zestful *adj* : brioso

zesty *adj* **zestier; -est :** sabroso
: gustoso : picante : brioso

zigzag[1] *v* **-zagged; -zagging**
: zigzaguear

zigzag[2] *adv & adj* : en zigzag

zigzag[3] *n* : zigzag *m*

Zimbabwean *n* : zimbabuense *mf*
— **Zimbabwean** *adj*

zinc *n* : cinc *m* : zinc *m*

zing *n* : zumbido *m* : silbido *m*
: brío *m*

zinnia *n* : zinnia *f*

Zionism *n* : sionismo *m*

Zionist *n* : sionista *mf*

zip[1] *v* **zipped; zipping** *or* **to zip
up :** cerrar el cierre de : pasarse
volando : silbar : zumbar

zip[2] *n* : zumbido *m* : silbido *m* : brío
m

zip code *n* : código *m* postal

zipper *n* : cierre *m* : cremallera *f*
: zíper *m*

zippy *adj* **zippier; -est :** brioso

zit *n* : grano *m*

zodiac *n* : zodíaco *m*

zombie *n* : zombi *mf* : zombie *mf*

zone[1] *v* **zoned; zoning :** dividir en
zonas : declarar

zone[2] *n* : zona *f*

zoo *n, pl* **zoos :** zoológico *m* : zoo *m*

zoological *adj* : zoológico

zoologist *n* : zoólogo *m*, -ga *f*

zoology *n* : zoología *f*

zoom[1] *v* : zumbar : ir volando
: elevarse

zoom[2] *n* : zumbido *m* : subida *f*
vertical

zucchini *n, pl* **-ni** *or* **-nis :** calabacín
m : calabacita *f*

Zulu *n* : zulú *mf* : zulú *m* — **Zulu**
adj

zygote *n* : zigoto *m* : cigoto *m*

Spanish-English
Dictionary

a *prep* : to : at : in the manner of : on : by means of : per : each

a- *pref* : a-

ábaco *nm* : abacus

abad *nm* : abbot

abadesa *nf* : abbess

abadía *nf* : abbey

abajo *adv* : down : downstairs : under : beneath : down with

abalanzarse *vr* : to hurl oneself : to rush

abalorio *nm* : glass bead

abanderado, -da *n* : standard-bearer

abandonado, -da *adj* : abandoned : deserted : neglected : slovenly : unkempt

abandonar *v* : to abandon : to leave : to give up : to quit — **abandonarse** *vr* : to neglect oneself

abandono *nm* : abandonment : neglect : withdrawal

abanicar *v* : to fan — **abanicarse** *vr*

abanico *nm* : fan : range : gamut

abaratamiento *nm* : price reduction

abaratar *v* : to lower the price of — **abaratarse** *vr* : to go down in price

abarcar *v* : to cover : to include : to embrace : to undertake : to monopolize

abaritonado, -da *adj* : baritone

abarrotado, -da *adj* : packed : crammed

abarrotar *v* : to fill up : to pack

abarrotería *nf* : grocery store

abarrotero, -ra *n* : grocer

abarrotes *nmpl* : groceries : supplies

abastecedor, -dora *n* : supplier

abastecer *v* : to supply : to stock — **abastecerse** *vr* : to stock up

abastecimiento → **abasto**

abasto *nm* : supply : supplying

abatible *adj* : reclining : folding

abatido, -da *adj* : dejected : depressed

abatimiento *nm* : drop : reduction : dejection : depression

abatir *v* : to demolish : to knock down : to shoot down : to depress : to bring low — **abatirse** *vr* : to get depressed

abdicación *nf, pl* **-ciones** : abdication

abdicar *v* : to relinquish : to abdicate

abdomen *nm, pl* **-dómenes** : abdomen

abdominal *adj* : abdominal

abecé *nm* : ABC's *pl*

abecedario *nm* : alphabet

abedul *nm* : birch

abeja *nf* : bee

abejorro *nm* : bumblebee

aberración *nf, pl* **-ciones** : aberration

aberrante *adj* : aberrant : perverse

abertura *nf* : aperture : opening : hole : slit : crack

abeto *nm* : fir

abierto¹ *pp* → **abrir**

abierto², -ta *adj* : open : undone : unlocked : on : running : overt : frank : receptive — **abiertamente** *adv*

abigarrado, -da *adj* : multicolored : variegated

abigeato *nm* : rustling

abismal *adj* : abysmal : vast

abismo *nm* : abyss : chasm

abjurar *v* ~ **de** : to abjure — **abjuración** *nf*

ablandamiento *nm* : softening : moderation

ablandar *v* : to soften : to soothe : to appease : to moderate : to get milder — **ablandarse** *vr* : to become soft : to yield : to relent

-able *suf* : -able

ablución *nf, pl* **-ciones** : ablution

abnegación *nf, pl* **-ciones** : self-denial

abnegado, -da *adj* : self-sacrificing : selfless

abnegarse *vr* : to deny oneself

abobado, -da *adj* : silly : stupid : bewildered

abocado, -da *adj* ~ **a** : headed for : committed to

abocarse *vr* : to head : to direct oneself : to dedicate oneself

abochornar *v* : to embarrass : to shame — **abochornarse** *vr*

abofetear *v* : to slap

abogacía *nf* : law : legal profession

abogado, -da *n* : lawyer : attorney

abogar *v* ~ **por** : to plead for : to defend : to advocate

abolengo *nm* : lineage : ancestry

abolición *nf, pl* **-ciones** : abolition

abolir *v* : to abolish : to repeal

abolladura *nf* : dent

abollar *v* : to dent

abombar *v* : to warp : to cause to bulge — **abombarse** *vr* : to decompose : to go bad

abominable *adj* : abominable

abominación *nf, pl* **-ciones** : abomination

abominar *v* : to abominate : to abhor

abonado, -da *n* : subscriber

abonar *v* : to pay : to fertilize — **abonarse** *vr* : to subscribe

abono *nm* : payment : installment : fertilizer : season ticket

abordaje *nm* : boarding

abordar *v* : to address : to broach : to accost : to waylay : to come on board

aborigen¹ *adj, pl* **-rígenes** : aboriginal : native

aborigen² *nmf, pl* **-rígenes** : aborigine : indigenous inhabitant

aborrecer *v* : to abhor : to detest : to hate

aborrecible *adj* : abominable : detestable

aborrecimiento *nm* : abhorrence : loathing

abortar *v* : to have an abortion : to abort : to quash : to suppress

abortivo, -va *adj* : abortive
aborto *nm* : abortion : miscarriage
abotonar *v* : to button — **abotonarse** *vr*
 : to button up
abovedado, -da *adj* : vaulted
abrasador, -dora *adj* : burning
 : scorching
abrasar *v* : to burn : to sear : to scorch
abrasivo¹, -va *adj* : abrasive
abrasivo² *nm* : abrasive
abrazadera *nf* : clamp : brace
abrazar *v* : to hug : to embrace —
 abrazarse *vr*
abrazo *nm* : hug : embrace
abrebotellas *nms & pl* : bottle opener
abrecartas *nms & pl* : letter opener
abrelatas *nms & pl* : can opener
abrevadero *nm* : watering trough
abreviación *nf, pl* **-ciones** : abbreviation
abreviar *v* : to abbreviate : to shorten
 : to cut short
abreviatura → **abreviación**
abridor *nm* : bottle opener : can opener
abrigadero *nm* : shelter : windbreak
abrigado, -da *adj* : sheltered : warm
 : wrapped up
abrigar *v* : to shelter : to protect : to
 keep warm : to dress warmly : to
 cherish : to harbor — **abrigarse** *vr* : to
 dress warmly
abrigo *nm* : coat : overcoat : shelter
 : refuge
abril *nm* : April
abrillantado *nm* : polish
abrillantar *v* : to polish : to shine
abrir *v* : to open : to clear : to unlock : to
 undo : to turn on : to start : to open up
 — **abrirse** *vr* : to clear
abrochar *v* : to button : to fasten —
 abrocharse *vr* : to hook up
abrogación *nf, pl* **-ciones** : annulment
 : repeal
abrogar *v* : to abrogate : to annul : to
 repeal
abrojo *nm* : bur
abrumador, -dora *adj* : crushing
 : overwhelming
abrumar *v* : to overwhelm : to oppress
 : to burden
abrupto, -ta *adj* : abrupt : steep —
 abruptamente *adv*
absceso *nm* : abscess
absolución *nf, pl* **-ciones** : absolution
 : acquittal
absolutismo *nm* : absolutism
absoluto, -ta *adj* : absolute
 : unconditional — **absolutamente** *adv*
absolver *v* : to absolve : to acquit
absorbencia *nf* : absorbency
absorbente *adj* : absorbent : absorbing
 : engrossing
absorber *v* : to absorb : to soak up : to
 occupy : to take up : to engross
absorción *nf, pl* **-ciones** : absorption

absorto, -ta *adj* : absorbed : engrossed
abstemio¹, -mia *adj* : abstemious : teetotal
abstemio², -mia *n* : teetotaler
abstención *nf, pl* **-ciones** : abstention
 — **abstencionismo** *nm*
abstenerse *vr* : to abstain : to refrain
abstinencia *nf* : abstinence
abstracción *nf, pl* **-ciones** : abstraction
abstracto, -ta *adj* : abstract
abstraer *v* : to abstract — **abstraerse** *vr*
 : to lose oneself in thought
abstraído, -da *adj* : preoccupied
 : withdrawn
abstruso, -sa *adj* : abstruse
abstuvo, etc. → **abstenerse**
absuelto *pp* → **absolver**
absurdo¹, -da *adj* : absurd : ridiculous
 — **absurdamente** *adv*
absurdo² *nm* : absurdity
abuchear *v* : to boo : to jeer
abucheo *nm* : booing : jeering
abuela *nf* : grandmother : old woman
abuelita *nf* : grandma
abuelito *nm* : grandpa
abuelo *nm* : grandfather : old man;
 abuelos *nmpl* : grandparents
 : ancestors
abulia *nf* : apathy : lethargy
abúlico, -ca *adj* : lethargic : apathetic
abultado, -da *adj* : bulging : bulky
abultar *v* : to bulge : to enlarge : to
 expand
abundancia *nf* : abundance
abundante *adj* : abundant : plentiful —
 abundantemente *adv*
abundar *v* : to abound : to be plentiful
aburrido, -da *adj* : bored : tired : fed up
 : boring : tedious
aburrimiento *nm* : boredom : weariness
aburrir *v* : to bore : to tire — **aburrirse**
 vr : to get bored
abusado, -da *adj* : sharp : on the ball
abusador, -dora *n* : abuser
abusar *v* : to go too far : to do
 something to excess
abusivo, -va *adj* : abusive : outrageous
 : excessive
abuso *nm* : abuse : injustice : outrage
abyecto, -ta *adj* : despicable
 : contemptible
acá *adv* : here : over here
acabado¹, -da *adj* : finished : done
 : completed : old : worn-out
acabado² *nm* : finish
acabar *v* : to finish : to end — **acabarse**
 vr : to come to an end : to run out
acabose *or* **acabóse** *nm* : extreme
 : limit
acacia *nf* : acacia
academia *nf* : academy
académico¹, -ca *adj* : academic
 : scholastic — **académicamente** *adv*
académico², -ca *n* : academic
 : academician

acaecer *v* : to happen : to take place
acalambrarse *vr* : to cramp up : to get a cramp
acallar *v* : to quiet : to silence
acalorado, -da *adj* : emotional : heated
acaloramiento *nm* : heat : ardor : passion
acalorar *v* : to heat up : to inflame — **acalorarse** *vr* : to get upset : to get worked up
acampada *nf* : camp : camping
acampar *v* : to camp
acanalar *v* : to groove : to furrow : to corrugate
acantilado *nm* : cliff
acanto *nm* : acanthus
acantonar *v* : to station : to quarter
acaparador, -dora *adj* : greedy : selfish
acaparar *v* : to stockpile : to hoard : to monopolize
acápite *nm* : paragraph
acaramelado, -da *adj* : caramel-coated : caramel-colored : sugary : very affectionate
acariciar *v* : to caress : to stroke : to pet
ácaro *nm* : mite
acarrear *v* : to haul : to carry : to bring : to give rise to
acarreo *nm* : transport : haulage
acartonarse *vr* : to stiffen : to become wizened
acaso *adv* : perhaps : by any chance
acatamiento *nm* : compliance : observance
acatar *v* : to comply with : to respect
acatarrarse *vr* : to catch a cold
acaudalado, -da *adj* : wealthy : rich
acaudillar *v* : to lead : to command
acceder *v* ~ **a** : to accede to : to agree to : to assume : to gain access to
accesar *v* : to access
accesibilidad *nf* : accessibility
accesible *adj* : accessible : attainable
acceso *nm* : access : admittance : entrance
accesorio[1], -ria *adj* : accessory : incidental
accesorio[2] *nm* : accessory : prop
accidentado[1], -da *adj* : eventful : turbulent : rough : uneven : injured
accidentado[2], -da *n* : accident victim
accidental *adj* : accidental : unintentional — **accidentalmente** *adv*
accidentarse *vr* : to have an accident
accidente *nm* : accident : unevenness
acción *nf, pl* **acciones** : action : act : deed : share : stock
accionamiento *nm* : activation
accionar *v* : to put into motion : to activate : to gesticulate
accionario, -ria *adj* : stock
accionista *nmf* : stockholder : shareholder

acebo *nm* : holly
acechar *v* : to watch : to spy on : to stalk : to lie in wait for
acecho *nm* **al acecho** : lying in wait
acedera *nf* : sorrel
aceitar *v* : to oil
aceite *nm* : oil
aceitera *nf* : cruet : oilcan : oil refinery
aceitoso, -sa *adj* : oily
aceituna *nf* : olive
aceituno *nm* : olive tree
aceleración *nf, pl* **-ciones** : acceleration : speeding up
acelerado, -da *adj* : accelerated : speedy
acelerador *nm* : accelerator
aceleramiento *nm* → **aceleración**
acelerar *v* : to accelerate : to speed up : to expedite — **acelerarse** *vr* : to hasten : to hurry up
acelga *nf* : chard : Swiss chard
acendrar *v* : to purify : to refine
acento *nm* : accent : stress : emphasis
acentuado, -da *adj* : marked : pronounced
acentuar *v* : to accent : to emphasize : to stress — **acentuarse** *vr* : to become more pronounced
acepción *nf, pl* **-ciones** : sense : meaning
aceptabilidad *nf* : acceptability
aceptable *adj* : acceptable
aceptación *nf, pl* **-ciones** : acceptance : approval
aceptar *v* : to accept : to approve
acequia *nf* : irrigation ditch : sewer
acera *nf* : sidewalk
acerado, -da *adj* : made of steel : steely : tough
acerbo, -ba *adj* : harsh : cutting : bitter — **acerbamente** *adv*
acerca *prep* ~ **de** : about : concerning
acercamiento *nm* : rapprochement : reconciliation
acercar *v* : to bring near : to bring closer — **acercarse** *vr* : to approach : to draw near
acería *nf* : steel mill
acerico *nm* : pincushion
acero *nm* : steel
acérrimo, -ma *adj* : staunch : steadfast : bitter
acertado, -da *adj* : accurate : correct : on target — **acertadamente** *adv*
acertante[1] *adj* : winning
acertante[2] *nmf* : winner
acertar *v* : to guess correctly : to be correct : to be on target
acertijo *nm* : riddle
acervo *nm* : pile : heap : wealth : heritage
acetato *nm* : acetate
acetileno *nm* : acetylene
acetona *nf* : acetone : nail-polish remover

achacar *v* : to attribute : to impute
achacoso, -sa *adj* : frail : sickly
achaparrado, -da *adj* : stunted
: scrubby
achaque *nm* : ailment
achaques *nmpl* : aches and pains
achatar *v* : to flatten
achicar *v* : to make smaller : to reduce
: to intimidate : to bail out — **achicarse**
vr : to become intimidated
achicharrar *v* : to scorch : to burn to a crisp
achicoria *nf* : chicory
achiote *or* **achote** *nm* : annatto
achispado, -da *adj* : tipsy
achuchón *nm, pl* **-chones** : push
: shove : squeeze : hug : mild illness
aciago, -ga *adj* : fateful : unlucky
acicalar *v* : to polish : to dress up : to
adorn — **acicalarse** *vr* : to get dressed
up
acicate *nm* : spur : incentive : stimulus
acidez *nf, pl* **-deces** : acidity : sourness
ácido¹, -da *adj* : acid : sour
ácido² *nm* : acid
acierto *nm* : correct answer : right
choice : accuracy : skill
acimut *nm* : azimuth
acitronar *v* : to fry until crisp
aclamación *nf, pl* **-ciones** : acclaim
: acclamation
aclamar *v* : to acclaim : to cheer : to
applaud
aclaración *nf, pl* **-ciones** : clarification
: explanation
aclarar *v* : to clarify : to explain : to
resolve : to lighten : to get light : to
dawn : to clear up — **aclararse** *vr* : to
become clear
aclaratorio, -ria *adj* : explanatory
aclimatar *v* : to acclimatize —
aclimatarse *vr* ~ **a** : to get used to —
aclimatación *nf*
acné *nm* : acne
acobardar *v* : to frighten : to intimidate
— **acobardarse** *vr* : to get frightened
: to chicken out : to cower
acodarse *vr* ~ **en** : to lean on
acogedor, -dora *adj* : cozy : warm
: friendly
acoger *v* : to take in : to shelter : to
receive : to welcome — **acogerse** *vr*
: to take refuge
acogida *nf* : refuge : protection
: reception : welcome
acolchar *v* : to pad : to quilt
acólito *nm* : altar boy : follower : helper
: acolyte
acomedido, -da *adj* : helpful : obliging
acometer *v* : to attack : to assail : to
undertake : to begin ~ **contra** : to rush
against
acometida *nf* : attack : assault
acomodado, -da *adj* : suitable
: appropriate : well-to-do : prosperous

acomodador, -dora *n* : usher
: usherette *f*
acomodar *v* : to accommodate : to
make room for : to adjust : to adapt —
acomodarse *vr* : to settle in
acomodaticio, -cia *adj*
: accommodating : obliging
acomodo *nm* : job : position
: arrangement : placement
: accommodation : lodging
acompañamiento *nm* : accompaniment
acompañante *nmf* : companion
: accompanist
acompañar *v* : to accompany : to go
with
acompasado, -da *adj* : rhythmic
: regular : measured
acompasar *v* : to synchronize
acomplejado, -da *adj* : full of complexes
: neurotic
acomplejar *v* : to give a complex : to
make neurotic
acondicionado, -da *adj* : equipped
acondicionador *nm* : conditioner
acondicionar *v* : to condition : to fit out
: to furnish
acongojado, -da *adj* : distressed : upset
acongojarse *vr* : to grieve : to become
distressed
aconsejable *adj* : advisable
aconsejar *v* : to advise : to counsel
acontecer *v* : to occur : to happen
acontecimiento *nm* : event
acopiar *v* : to gather : to collect : to
stockpile
acopio *nm* : collection : stock
acoplamiento *nm* : connection
: coupling
acoplar *v* : to couple : to connect —
acoplarse *vr* : to fit together
acoquinar *v* : to intimidate
acorazado¹, -da *adj* : armored
acorazado² *nm* : battleship
acordado, -da *adj* : agreed upon
acordar *v* : to agree on : to award : to
bestow — **acordarse** *vr* : to remember
: to recall
acorde¹ *adj* : in agreement : in
accordance
acorde² *nm* : chord
acordeón *nm, pl* **-deones** : accordion —
acordeonista *nmf*
acordonar *v* : to cordon off : to lace up
: to mill
acorralar *v* : to corner : to hem in : to
corral
acortar *v* : to shorten : to cut short —
acortarse *vr* : to become shorter : to
end early
acosar *v* : to pursue : to hound : to
harass
acoso *nm* : harassment
acostar *v* : to lay down : to put to bed —
acostarse *vr* : to lie down : to go to bed

acostumbrado, -da *adj* : accustomed
: usual : customary
acostumbrar *v* : to accustom : to be
accustomed : to be in the habit —
acostumbrarse *vr*
acotación *nf, pl* **-ciones** : marginal note
: stage direction
acotado, -da *adj* : enclosed
acotamiento *nm* : shoulder
acotar *v* : to note : to annotate : to mark
off : to demarcate
acre[1] *adj* : acrid : pungent : caustic
: biting
acre[2] *nm* : acre
acrecentamiento *nm* : growth : increase
acrecentar *v* : to increase : to augment
acreditación *nf, pl* **-ciones**
: accreditation
acreditado, -da *adj* : accredited
: authorized : reputable
acreditar *v* : to accredit : to authorize
: to credit : to prove : to verify —
acreditarse *vr* : to gain a reputation
acreedor[1], **-dora** *adj* : deserving
: worthy
acreedor[2], **-dora** *n* : creditor
acribillar *v* : to riddle : to pepper : to
hound : to harass
acrílico *nm* : acrylic
acrimonia *nf* : pungency : acrimony
acrimonioso, -sa *adj* : acrimonious
acriollarse *vr* : to adopt local customs
: to go native
acristalamiento *nm* : glazing : windows *pl*
acritud *nf* : pungency : bitterness
: intensity : sharpness : harshness
: asperity
acrobacia *nf* : acrobatics
acróbata *nmf* : acrobat
acrobático, -ca *adj* : acrobatic
acrónimo *nm* : acronym
acta *nf* : document : certificate; **actas**
nfpl : minutes
actitud *nf* : attitude : posture : position
activación *nf, pl* **-ciones** : activation
: stimulation : acceleration : speeding
up
activar *v* : to activate : to stimulate : to
energize : to speed up
actividad *nf* : activity
activista *nmf* : activist — **activismo** *nm*
activo[1], **-va** *adj* : active — **activamente**
adv
activo[2] *nm* : assets *pl*
acto *nm* : act : deed
actor *nm* : actor
actriz *nf, pl* **actrices** : actress
actuación *nf, pl* **-ciones** : performance;
actuaciones *nfpl* : proceedings
actual *adj* : present : current
actualidad *nf* : present time;
actualidades *nfpl* : current affairs
actualización *nf, pl* **-ciones** : updating
: modernization

actualizar *v* : to modernize : to bring
up to date
actualmente *adv* : at present
: nowadays
actuar *v* : to act : to perform
actuarial *adj* : actuarial
actuario, -ria *n* : actuary
acuarela *nf* : watercolor
acuario *nm* : aquarium
Acuario[1] *nm* : Aquarius
Acuario[2] *nmf* : Aquarius
acuartelar *v* : to quarter
acuático, -ca *adj* : aquatic : water
acuchillar *v* : to knife : to stab
acuciante *adj* : pressing : urgent
acucioso, -sa → acuciante
acudir *v* : to go : to come : to be present
: to show up
acueducto *nm* : aqueduct
acuerdo *nm* : agreement
acullá *adv* : yonder : over there
acumulación *nf, pl* **-ciones**
: accumulation
acumulador *nm* : storage battery
acumular *v* : to accumulate : to amass
— **acumularse** *vr* : to build up : to
pile up
acumulativo, -va *adj* : cumulative —
acumulativamente *adv*
acunar *v* : to rock : to cradle
acuñar *v* : to coin : to mint
acuoso, -sa *adj* : aqueous : watery
acupuntura *nf* : acupuncture
acurrucarse *vr* : to cuddle : to nestle
: to curl up
acusación *nf, pl* **-ciones** : accusation
: charge
acusado[1], **-da** *adj* : prominent : marked
acusado[2], **-da** *n* : defendant
acusador, -dora *n* : accuser
: prosecutor
acusar *v* : to accuse : to charge : to
reveal : to betray — **acusarse** *vr* : to
confess
acusativo *nm* : objective
acusatorio, -ria *adj* : accusatory
acuse *nm* **acuse de recibo**
: acknowledgment of receipt
acústica *nf* : acoustics
acústico, -ca *adj* : acoustic
adagio *nm* : adage : proverb
adalid *nm* : leader : champion
adaptable *adj* : adaptable —
adaptabilidad *nf*
adaptación *nf, pl* **-ciones** : adaptation
: adjustment
adaptado, -da *adj* : suited : adapted
adaptador *nm* : adapter
adaptar *v* : to adapt : to adjust : to fit
— **adaptarse** *vr* : to adapt oneself : to
conform
adecentar *v* : to tidy up
adecuación *nf, pl* **-ciones** : adaptation
adecuadamente *adv* : adequately

adecuado, -da *adj* : suitable : appropriate : adequate

adecuar *v* : to adapt : to make suitable — **adecuarse** *vr* ~ **a** : to be appropriate for : to fit in with

adefesio *nm* : eyesore : monstrosity

adelantado, -da *adj* : advanced : ahead : fast

adelantamiento *nm* : advancement : speeding up

adelantar *v* : to advance : to move forward : to pass : to overtake : to reveal in advance : to lend — **adelantarse** *vr* : to go ahead : to run fast : to get ahead

adelante *adv* : forward : ahead : in front

adelanto *nm* : advance : progress : advance payment : earliness

adelfa *nf* : oleander

adelgazar *v* : to thin : to reduce : to lose weight

ademán *nm, pl* **-manes** : gesture; **ademanes** *nmpl* : manners

además *adv* : besides : furthermore

adenoides *nfpl* : adenoids

adentrarse *vr* ~ **en** : to go into : to penetrate

adentro *adv* : in : inside

adentros *nmpl* **decirse para sus adentros** : to say to oneself

adepto¹, -ta *adj* : supportive

adepto², -ta *n* : follower : supporter

aderezar *v* : to season : to dress : to embellish : to adorn

aderezo *nm* : dressing : seasoning : adornment : embellishment

adeudar *v* : to debit : to owe

adeudo *nm* : debit : debt : indebtedness

adherencia *nf* : adherence : adhesion

adherente *adj* : adhesive : sticky

adherir *v* : to stick to — **adherirse** *vr* : to adhere : to stick

adhesión *nf, pl* **-siones** : adhesion : attachment : commitment

adhesivo¹, -va *adj* : adhesive

adhesivo² *nm* : adhesive

adicción *nf, pl* **-ciones** : addiction

adición *nf, pl* **-ciones** : addition

adicional *adj* : additional — **adicionalmente** *adv*

adicionar *v* : to add

adictivo, -va *adj* : addictive

adicto¹, -ta *adj* : addicted : devoted : dedicated

adicto², -ta *n* : addict : supporter : advocate

adiestrador, -dora *n* : trainer

adiestramiento *nm* : training

adiestrar *v* : to train

adinerado, -da *adj* : moneyed : wealthy

adiós *nm, pl* **adioses** : farewell : good-bye

aditamento *nm* : attachment : accessory

aditivo *nm* : additive

adivinación *nf, pl* **-ciones** : guess : divination : prediction

adivinanza *nf* : riddle

adivinar *v* : to guess : to foretell : to predict

adivino, -na *n* : fortune-teller

adjetivo¹, -va *adj* : adjectival

adjetivo² *nm* : adjective

adjudicación *nf, pl* **-ciones** : adjudication : allocation : awarding : granting

adjudicar *v* : to judge : to adjudicate : to assign : to allocate : to award : to grant

adjuntar *v* : to enclose : to attach

adjunto¹, -ta *adj* : enclosed : attached

adjunto², -ta *n* : deputy : assistant

adjunto³ *nm* : adjunct : attachment

administración *nf, pl* **-ciones** : administration : management

administrador, -dora *n* : administrator : manager

administrar *v* : to administer : to manage : to run

administrativo, -va *adj* : administrative — **administrativamente** *adv*

admirable *adj* : admirable : impressive — **admirablemente** *adv*

admiración *nf, pl* **-ciones** : admiration

admirador, -dora *n* : admirer

admirar *v* : to admire : to amaze : to astonish — **admirarse** *vr* : to be amazed

admirativo, -va *adj* : admiring

admisible *adj* : admissible : allowable

admisión *nf, pl* **-siones** : admission : admittance

admitir *v* : to admit : to let in : to acknowledge : to concede : to allow : to make room for

admonición *nf, pl* **-ciones** : admonition : warning

admonitorio, -ria *adj* : admonishing

ADN *nm* : DNA

adobar *v* : to marinate

adobe *nm* : adobe

adobo *nm* : marinade : seasoning : spicy marinade used for cooking pork

adoctrinamiento *nm* : indoctrination

adoctrinar *v* : to indoctrinate

adolecer *v* : to suffer

adolescencia *nf* : adolescence

adolescente¹ *adj* : adolescent : teenage

adolescente² *nmf* : adolescent : teenager

adonde *conj* : where

adónde *adv* : where

adondequiera *adv* : wherever : anywhere

adopción *nf, pl* **-ciones** : adoption

adoptar *v* : to adopt : to take

adoptivo, -va *adj* : adopted : adoptive

adoquín *nm, pl* **-quines** : paving stone : cobblestone

-ador, -adora *suf* : -er
adorable *adj* : adorable : lovable
adoración *nf, pl* **-ciones** : adoration
: worship
adorador¹, -dora *adj* : adoring
: worshipping
adorador², -dora *n* : worshipper
adorar *v* : to adore : to worship
adormecer *v* : to make sleepy : to lull to
sleep : to numb — **adormecerse** *vr* : to
doze off : to go numb
adormecimiento *nm* : drowsiness
: sleepiness : numbness
adormilarse *vr* : to doze : to drowse
adornar *v* : to decorate : to adorn
adorno *nm* : ornament : decoration
adosado, -da *adj* : attached
adosar *v* : to place against : to affix to
enclose : to attach
adquirido, -da *adj* : acquired
adquirir *v* : to acquire : to gain : to
purchase
adquisición *nf, pl* **-ciones** : acquisition
: purchase
adquisitivo, -va *adj* **poder adquisitivo**
: purchasing power
adrede *adv* : intentionally : on purpose
adrenalina *nf* : adrenaline
adscribir *v* : to assign : to appoint
— **adscribirse** *vr* ~ **a** : to become a
member of
adscripción *nf, pl* **-ciones** : assignment
: appointment
adscrito *pp* → **adscribir**
aduana *nf* : customs : customs office
aduanero¹, -ra *adj* : customs
aduanero², -ra *n* : customs officer
aducir *v* : to adduce : to offer as proof
adueñarse *vr* ~ **de** : to take possession
of : to take over
adulación *nf, pl* **-ciones** : adulation
: flattery
adulador¹, -dora *adj* : flattering
adulador², -dora *n* : flatterer : toady
adular *v* : to flatter
adulteración *nf, pl* **-ciones** : adulteration
adulterar *v* : to adulterate
adulterio *nm* : adultery
adúltero¹, -ra *adj* : adulterous
adúltero², -ra *n* : adulterer
adultez *nf* : adulthood
adulto, -ta *adj & n* : adult
adusto, -ta *adj* : harsh : severe
advenedizo, -za *n* : upstart : parvenu
: newcomer
advenimiento *nm* : advent
adverbio *nm* : adverb — **adverbial** *adj*
adversario¹, -ria *adj* : opposing
: contrary
adversario², -ria *n* : adversary
: opponent
adversidad *nf* : adversity
adverso, -sa *adj* : adverse : unfavorable
— **adversamente** *adv*

advertencia *nf* : warning
advertir *v* : to warn : to notice : to tell
Adviento *nm* : Advent
adyacente *adj* : adjacent
aéreo, -rea *adj* : aerial : air
aeróbic *nm* : aerobics
aeróbico, -ca *adj* : aerobic
aerobio, -bia *adj* : aerobic
aerodeslizador *nm* : hovercraft
aerodinámica *nf* : aerodynamics
aerodinámico, -ca *adj* : aerodynamic
: streamlined
aeródromo *nm* : airfield
aeroespacial *adj* : aerospace
aerogenerador *nm* : wind-powered
generator
aerolínea *nf* : airline
aeromozo, -za *n* : flight attendant
: steward *m* : stewardess *f*
aeronáutica *nf* : aeronautics
aeronáutico, -ca *adj* : aeronautical
aeronave *nf* : aircraft
aeropostal *adj* : airmail
aeropuerto *nm* : airport
aerosol *nm* : aerosol : aerosol spray
aeróstata *nmf* : balloonist
aerotransportado, -da *adj* : airborne
aerotransportar *v* : to airlift
afabilidad *nf* : affability
afable *adj* : affable — **afablemente** *adv*
afamado, -da *adj* : well-known : famous
afán *nm, pl* **afanes** : eagerness : desire
: effort : determination
afanador, -dora *n* : cleaning person
: cleaner
afanarse *vr* : to toil : to strive
afanosamente *adv* : zealously
: industriously : busily
afanoso, -sa *adj* : eager : industrious
: arduous : hard
afear *v* : to make ugly : to disfigure
afección *nf, pl* **-ciones** : fondness
: affection : illness : complaint
afectación *nf, pl* **-ciones** : affectation
afectado, -da *adj* : affected : mannered
: influenced : afflicted : feigned
afectar *v* : to affect : to upset : to feign
: to pretend
afectísimo, -ma *adj* **suyo afectísimo**
: yours truly
afectivo, -va *adj* : emotional
afecto¹, -ta *adj* : affected : afflicted : fond
: affectionate
afecto² *nm* : affection
afectuoso, -sa *adj* : affectionate —
afectuosamente *adv*
afeitadora *nf* : shaver : electric razor
afeitar *v* : to shave — **afeitarse** *vr*
afelpado, -da *adj* : plush
afeminado, -da *adj* : effeminate
aferrado, -da *adj* : obstinate : stubborn
aferrarse *vr* : to cling : to hold on
affidávit *nm, pl* **-dávits** : affidavit
afgano, -na *adj & n* : Afghan

AFI nm : IPA
afianzar v : to secure : to strengthen : to guarantee : to vouch for — **afianzarse** vr : to establish oneself — **afianzamiento** nm
afiche nm : poster
afición nf, pl **-ciones** : enthusiasm : penchant : fondness : hobby
aficionado[1], -da adj : enthusiastic : keen
aficionado[2], -da n : enthusiast : fan : amateur
aficionar v : to interest — **aficionarse** vr
áfido nm : aphid
afiebrado, -da adj : feverish
afilado, -da adj : sharp : long : pointed
afilador nm : sharpener
afilalápices nms & pl : pencil sharpener
afilar v : to sharpen
afiliación nf, pl **-ciones** : affiliation
afiliado[1], -da adj : affiliated
afiliado[2], -da n : member
afiliarse vr ~ **a** : to become a member of : to join
afín adj, pl **afines** : related : similar : adjacent : nearby
afinación nf, pl **-ciones** : tune-up : tuning
afinador, -dora n : tuner
afinar v : to perfect : to refine : to tune : to sing or play in tune
afincarse vr : to establish oneself : to settle in
afinidad nf : affinity : similarity
afirmación nf, pl **-ciones** : statement : affirmation
afirmar v : to state : to affirm : to make firm : to strengthen
afirmativo, -va adj : affirmative — **afirmativamente** adj
aflicción nf, pl **-ciones** : grief : sorrow
afligido, -da adj : grief-stricken : sorrowful
afligir v : to distress : to upset : to afflict — **afligirse** vr : to grieve
aflojar v : to loosen : to slacken : to pay up : to fork over : to ease up — **aflojarse** vr : to become loose : to slacken
aflorar v : to come to the surface : to emerge
afluencia nf : flow : influx : abundance : plenty
afluente nm : tributary
afluir v : to flock : to flow
afónico, -ca adj **quedarse afónico** : to lose one's voice : to get laryngitis
aforismo nm : aphorism
aforo nm : appraisal : assessment : maximum capacity
afortunado, -da adj : fortunate : lucky — **afortunadamente** adv
afrecho nm : bran : mash
afrenta nf : affront : insult

afrentar v : to affront : to dishonor : to insult
africano, -na adj & n : African
afroamericano, -na adj & n : Afro-American
afrodisiaco or **afrodisíaco** nm : aphrodisiac
afrontamiento nm : confrontation
afrontar v : to confront : to face up to
afrutado, -da adj : fruity
aftershave nm : aftershave
afuera adv : out : outside
afueras nfpl : outskirts
agachadiza nf : snipe
agachar v : to lower — **agacharse** vr : to crouch : to stoop : to bend down
agalla nf : gill
agarradera nf : handle : grip
agarrado, -da adj : cheap : stingy
agarrar v : to grab : to grasp : to catch : to take **agarrar y** : to do abruptly — **agarrarse** vr : to hold on : to cling : to — get into a fight
agarre nm : grip : grasp
agarrotarse vr : to stiffen up : to seize up
agasajar v : to fête : to wine and dine
agasajo nm : lavish attention
ágata nf : agate
agazaparse vr : to crouch : to hide
agencia nf : agency : office
agenciar v : to obtain : to procure — **agenciarse** vr : to manage : to get by
agenda nf : agenda : appointment book
agénero adj : agender
agente nmf : agent
agigantado, -da adj : gigantic
agigantar v : to increase greatly : to enlarge : to exaggerate
ágil adj : agile : nimble : sharp : lively — **ágilmente** adv
agilidad nf : agility : nimbleness
agilizar v : to expedite : to speed up
agitación nf, pl **-ciones** : agitation : nervousness
agitado, -da adj : agitated : excited : choppy : rough : turbulent
agitador, -dora n : agitator
agitar v : to agitate : to shake : to wave : to flap : to stir up — **agitarse** vr : to toss about : to flap around : to get upset
aglomeración nf, pl **-ciones** : conglomeration : mass : crowd
aglomerar v : to cluster : to amass — **aglomerarse** vr : to crowd together
aglutinar v : to bring together : to bind
agnóstico, -ca adj & n : agnostic
agobiado, -da adj : weary : worn-out : weighted down
agobiante adj : exhausting : overwhelming : stifling : oppressive
agobiar v : to oppress : to burden : to overwhelm : to wear out : to exhaust

agobio *nm* : burden : pressure
agolparse *vr* : to crowd together
agonía *nf* : agony : death throes
agonizante *adj* : dying
agonizar *v* : to be dying : to be in agony : to dim : to fade
agorero, -ra *adj* : ominous
agostar *v* : to parch : to wither — **agostarse** *vr*
agosto *nm* : August
agotado, -da *adj* : exhausted : used up : sold out : worn-out : tired
agotador, -dora *adj* : exhausting
agotamiento *nm* : exhaustion
agotar *v* : to exhaust : to use up : to weary : to wear out — **agotarse** *vr*
agraciado¹, -da *adj* : attractive : fortunate
agraciado², -da *n* : winner
agradable *adj* : pleasant : agreeable — **agradablemente** *adv*
agradar *v* : to be pleasing
agradecer *v* : to be grateful for : to thank
agradecido, -da *adj* : grateful : thankful
agradecimiento *nm* : gratitude : thankfulness
agrado *nm* : taste : liking : graciousness : helpfulness
agrandar *v* : to exaggerate : to enlarge — **agrandarse** *vr*
agrario, -ria *adj* : agrarian : agricultural
agravación *nf, pl* **-ciones** : aggravation : worsening
agravante *adj* : aggravating
agravar *v* : to increase : to make heavier : to aggravate : to worsen — **agravarse** *vr*
agraviar *v* : to offend : to insult
agravio *nm* : affront : offense : insult
agredir *v* : to assail : to attack
agregado¹, -da *n* : attaché : assistant professor
agregado² *nm* : aggregate : addition : something added
agregar *v* : to add : to attach : to appoint — **agregarse** *vr* : to join
agresión *nf, pl* **-siones** : aggression : attack
agresividad *nf* : aggressiveness : aggression
agresivo, -va *adj* : aggressive — **agresivamente** *adv*
agresor¹, -sora *adj* : hostile : attacking
agresor², -sora *n* : aggressor : assailant : attacker
agreste *adj* : rural : wild : untamed
agriar *v* : to sour : to make sour : to embitter — **agriarse** *vr* : to turn sour
agrícola *adj* : agricultural
agricultor, -tora *n* : farmer : grower
agricultura *nf* : agriculture : farming
agridulce *adj* : bittersweet : sweet-and-sour
agrietar *v* : to crack — **agrietarse** *vr* : to become chapped

agrimensor, -sora *n* : surveyor
agrimensura *nf* : surveying
agrio, agria *adj* : sour : caustic : acrimonious
agriparse *vr* : to catch the flu
agroindustria *nf* : agribusiness
agrupación *nf, pl* **-ciones** : group : association
agrupamiento *nm* : grouping : concentration
agrupar *v* : to group together
agua *nf* : water; **aguas** *nfpl* : waters
aguacate *nm* : avocado
aguacero *nm* : shower : downpour
aguado, -da *adj* : diluted : soft : flabby : dull : boring
aguafiestas *nmfs & pl* : killjoy : stick-in-the-mud : spoilsport
aguafuerte *nm* : etching
aguamarina *nf* : aquamarine
aguanieve *nf* : sleet
aguantar *v* : to bear : to tolerate : to hold : to take : to withstand : to last : to hold out — **aguantarse** *vr* : to resign oneself : to restrain oneself
aguante *nm* : tolerance : patience : endurance : strength
aguar *v* : to water down : to dilute
aguardar *v* : to wait for : to await : to be in store
aguardiente *nm* : clear brandy
aguarrás *nm* : turpentine
agudeza *nf* : keenness : sharpness : witticism
agudizar *v* : to intensify : to heighten
agudo, -da *adj* : sharp : acute : severe : shrill : clever : shrewd — **agudamente** *adv*
agüero *nm* : augury : omen
aguijón *nm, pl* **-jones** : stinger : goad
aguijonear *v* : to goad
águila *nf* : eagle
aguileño, -ña *adj* : aquiline
aguilera *nf* : aerie : eagle's nest
aguilón *nm, pl* **-lones** : gable
aguinaldo *nm* : Christmas bonus : year-end bonus : Christmas carol
agüitarse *vr* : to have the blues : to feel discouraged
aguja *nf* : needle : steeple : spire
agujerear *v* : to make a hole in : to pierce
agujero *nm* : hole
agujeta *nf* : shoelace; **agujetas** *nfpl* : muscular soreness or stiffness
agusanado, -da *adj* : wormy
aguzar *v* : to sharpen
ah *interj* : oh!
ahí *adv* : there : then
ahijado, -da *n* : godchild : godson *m* : goddaughter *f*
ahijar *v* : to adopt
ahínco *nm* : eagerness : zeal
ahogar *v* : to drown : to smother : to choke back : to stifle — **ahogarse** *vr*

ahogo *nm* : breathlessness : suffocation
ahondar *v* : to deepen : to elaborate : to go into detail
ahora *adv* : now : just
ahorcar *v* : to hang : to kill by hanging — **ahorcarse** *vr*
ahorita *adv* : right now : right away
ahorquillado, -da *adj* : forked
ahorrador, -dora *adj* : thrifty
ahorrante *nmf* : investor
ahorrar *v* : to save : to spare : to conserve : to save up — **ahorrarse** *vr* : to spare oneself
ahorrativo, -va *adj* : thrifty : frugal
ahorrista *nmf* : investor
ahorro *nm* : saving
ahuecar *v* : to hollow out : to cup : to plump up : to fluff up
ahuizote *nm* : annoying person : pain in the neck
ahumado, -da *adj* : smoked
ahumar *v* : to smoke : to cure
ahuyentar *v* : to scare away : to chase away : to banish : to dispel
airado, -da *adj* : angry : irate
airar *v* : to make angry : to anger
airbag *nm, pl* **airbags** *or* **airbag** : airbag
aire *nm* : air
airear *v* : to air : to air out — **airearse** *vr* : to get some fresh air
airoso, -sa *adj* : elegant : graceful
aislado, -da *adj* : isolated : alone
aislador *nm* : insulator
aislamiento *nm* : isolation : insulation
aislante *nm* : insulator : nonconductor
aislar *v* : to isolate : to insulate
ajado, -da *adj* : worn : shabby : wrinkled : crumpled
ajar *v* : to wear out : to spoil
ajardinar *v* : to landscape
ajedrecista *nmf* : chess player
ajedrez *nm, pl* **-dreces** : chess : chess set
ajeno, -na *adj* : alien : of another : of others
ajetreado, -da *adj* : hectic : busy
ajetrearse *vr* : to bustle about : to rush around
ajetreo *nm* : hustle and bustle : fuss
ají *nm, pl* **ajíes** : chili pepper
ajillo *nm* **al ajillo** : in a garlic sauce
ajo *nm* : garlic
ajonjolí *nm, pl* **-líes** : sesame
ajuar *nm* : trousseau
ajustable *adj* : adjustable
ajustado, -da *adj* : tight : tight-fitting : close
ajustar *v* : to adjust : to adapt : to tighten : to fit : to take in : to fix : to set : to settle — **ajustarse** *vr* : to conform
ajuste *nm* : adjustment : tightening
ajusticiar *v* : to execute : to put to death
al *prep* → **a²**
ala *nf* : wing : brim : end

Alá *nm* : Allah
alabanza *nf* : praise
alabar *v* : to praise — **alabarse** *vr* : to boast
alabastro *nm* : alabaster
alabear *v* : to warp — **alabearse** *vr*
alabeo *nm* : warp : warping
alacena *nf* : cupboard : larder
alacrán *nm, pl* **-cranes** : scorpion
ala delta *nf* : hang glider
aladeltismo *nm* : hang gliding
alado, -da *adj* : winged
alambique *nm* : still
alambrada *nf* : wire fence
alambre *nm* : wire
alameda *nf* : poplar grove : tree-lined avenue
álamo *nm* : poplar
alar *nm* : eaves *pl*
alarde *nm* : show : display
alardear *v* : to boast : to brag
alargado, -da *adj* : elongated : slender
alargador *nm* : extension cord
alargamiento *nm* : lengthening : extension : elongation
alargar *v* : to extend : to lengthen : to prolong — **alargarse** *vr*
alargue *nm* : overtime : extension cord
alarido *nm* : howl : shriek
alarma *nf* : alarm
alarmante *adj* : alarming — **alarmantemente** *adv*
alarmar *v* : to alarm
alazán *nm, pl* **-zanes** : sorrel
alba *nf* : dawn : daybreak
albacea *nmf* : executor : executrix *f*
albahaca *nf* : basil
albanés, -nesa *adj & n, mpl* **-neses** : Albanian
albañil *nmf* : bricklayer : mason
albañilería *nf* : bricklaying : masonry
albaricoque *nm* : apricot
albatros *nm* : albatross
albedrío *nm* : will
alberca *nf* : reservoir : tank : swimming pool
albergar *v* : to house : to lodge : to shelter
albergue *nm* : shelter : refuge : hostel
albino, -na *adj & n* : albino — **albinismo** *nm*
albóndiga *nf* : meatball
albor *nm* : dawning : beginning : whiteness
alborada *nf* : dawn
alborear *v impers* : to dawn
alborotado, -da *adj* : excited : agitated : rowdy : unruly
alborotador¹, -dora *adj* : noisy : boisterous : rowdy : unruly
alborotador², -dora *n* : agitator : troublemaker : rioter
alborotar *v* : to excite : to agitate : to incite : to stir up — **alborotarse** *vr* : to get excited : to riot

alboroto *nm* : disturbance : ruckus : riot
alborozado, -da *adj* : jubilant
alborozar *v* : to gladden : to cheer
alborozo *nm* : joy : elation
álbum *nm* : album
albúmina *nf* : albumin
albur *nm* : chance : risk : pun
alca *nf* : auk
alcachofa *nf* : artichoke
alcahuete, -ta *n* : gossip
alcaide *nm* : warden
alcalde, -desa *n* : mayor
alcaldía *nf* : mayor's office : city hall
álcali *nm* : alkali
alcalino, -na *adj* : alkaline —
alcalinidad *nf*
alcance *nm* : reach : range : scope
alcancía *nf* : piggy bank : money box
: collection box
alcanfor *nm* : camphor
alcantarilla *nf* : sewer : drain
alcantarillado *nm* : sewer system
alcanzar *v* : to reach : to catch up with
: to achieve : to attain : to suffice : to
be enough
alcaparra *nf* : caper
alcaravea *nf* : caraway
alcayata *nf* : hook
alcázar *nm* : fortress : castle
alce¹, etc. → **alzar**
alce² *nm* : moose : European elk
alcista *adj* : upward : bullish
alcoba *nf* : bedroom
alcohol *nm* : alcohol
alcoholemia *nf* **prueba de alcoholemia**
: sobriety test
alcohólico, -ca *adj & n* : alcoholic
alcoholismo *nm* : alcoholism
alcoholizarse *vr* : to become an
alcoholic
alcornoque *nm* : cork oak : idiot : fool
alcurnia *nf* : ancestry : lineage
aldaba *nf* : door knocker
aldea *nf* : village
aldeano¹, -na *adj* : village : rustic
aldeano², -na *n* : villager
aleación *nf, pl* **-ciones** : alloy
alear *v* : to alloy
aleatorio, -ria *adj* : random : fortuitous
— **aleatoriamente** *adv*
alebrestar *v* : to excite : to make
nervous — **alebrestarse** *vr*
aleccionar *v* : to lecture : to teach
aledaño, -ña *adj* : bordering
: neighboring
aledaños *nmpl* : outskirts : surrounding
area
alegación *nf, pl* **-ciones** : allegation
: statement
alegar *v* : to assert : to allege : to argue
alegato *nm* : allegation : claim
: argument : summation : dispute
alegoría *nf* : allegory
alegórico, -ca *adj* : allegorical

alegrar *v* : to make happy : to cheer
up — **alegrarse** *vr* : to be glad : to be
happy
alegre *adj* : glad : cheerful : colorful
: bright : tipsy
alegremente *adv* : happily : cheerfully
alegría *nf* : joy : cheer : happiness
alejado, -da *adj* : remote
alejamiento *nm* : removal : separation
: estrangement
alejar *v* : to remove : to move away : to
estrange : to alienate — **alejarse** *vr* : to
stray : to drift apart
alelado, -da *adj* : bewildered : stupefied
: foolish : stupid
aleluya *interj* : hallelujah! : alleluia!
alemán¹, -mana *adj & n, mpl* **-manes**
: German
alemán² *nm* : German
alentador, -dora *adj* : encouraging
alentar *v* : to encourage : to inspire : to
breathe
alerce *nm* : larch
alérgeno *nm* : allergen
alergia *nf* : allergy
alérgico, -ca *adj* : allergic
alero *nm* : eaves *pl* : forward
alerón *nm, pl* **-rones** : aileron
alerta¹ *adv* : on the alert
alerta² *adj & nf* : alert
alertar *v* : to alert
aleta *nf* : fin : flipper : small wing
aletargado, -da *adj* : lethargic : sluggish
: torpid
aletargarse *vr* : to feel drowsy : to
become lethargic
aletear *v* : to flutter : to flap one's wings
aleteo *nm* : flapping : flutter
alevín *nm, pl* **-vines** : fry : young fish
: beginner
alevosía *nf* : treachery : premeditation
alevoso, -sa *adj* : treacherous
alfabético, -ca *adj* : alphabetical —
alfabéticamente *adv*
alfabetismo *nm* : literacy
alfabetizado, -da *adj* : literate
alfabetizar *v* : to alphabetize —
alfabetización *nf*
alfabeto *nm* : alphabet
alfalfa *nf* : alfalfa
alfanje *nm* : cutlass
alfarería *nf* : pottery
alfarero, -ra *n* : potter
alféizar *nm* : sill : windowsill
alfeñique *nm* : wimp : weakling
alférez *nmf, pl* **-reces** : second
lieutenant : ensign
alfil *nm* : bishop
alfiler *nm* : pin : brooch
alfiletero *nm* : pincushion
alfombra *nf* : carpet : rug
alfombrado, -da *nm* : carpeting
alfombrar *v* : to carpet
alfombrilla *nf* : small rug : mat

alforfón *nm, pl* **-fones** : buckwheat
alforja *nf* : saddlebag
alforza *nf* : pleat : tuck
alga *nf* : aquatic plant : alga : seaweed
algarabía *nf* : gibberish : babble
: hubbub : uproar
álgebra *nf* : algebra
algebraico, -ca *adj* : algebraic
álgido, -da *adj* : critical : decisive : icy
cold
algo[1] *adv* : somewhat : rather
algo[2] *pron* : something : anything
algodón *nm, pl* **-dones** : cotton
algodoncillo *nm* : milkweed
algodón de azúcar *nm* : cotton candy
algodonero[1], **-ra** *adj* : cotton
algodonero[2], **-ra** *n* : cotton farmer
algoritmo *nm* : algorithm
alguacil *nm* : constable
alguien *pron* : somebody : someone
: anybody : anyone
alguno[1], **-na** *adj* : some : any : not any
: not at all
alguno[2], **-na** *pron* : one : any; **algunos,
-nas** *pl* : some : a few
alhaja *nf* : jewel : gem
alhajar *v* : to adorn with jewels
alhajero *nm* : jewelry box
alharaca *nf* : fuss
alhelí *nm, pl* **alhelíes** : wallflower
aliado[1], **-da** *adj* : allied
aliado[2], **-da** *n* : ally
alianza *nf* : alliance
aliar *v* : to ally — **aliarse** *vr* : to form an
alliance : to ally oneself
alias *adv & nm* : alias
alicaído, -da *adj* : depressed
: discouraged
alicates *nmpl* : pliers
aliciente *nm* : incentive : attraction
alienación *nf, pl* **-ciones** : alienation
: derangement
alienar *v* : to alienate
aliento *nm* : breath : courage : strength
aligerar *v* : to lighten : to hasten : to
quicken
alijo *nm* : cache : consignment
alimaña *nf* : pest : vermin
alimentación *nf, pl* **-ciones** : nutrition
: nourishment : feed
alimentar *v* : to feed : to nourish : to
support : to nurture : to foster —
alimentarse *vr* ~ **con** : to live on
alimentario, -ria → **alimenticio**
alimenticio, -cia *adj* : nutritional : food
: dietary : nutritious : nourishing
alimento *nm* : food : nourishment
alineación *nf, pl* **-ciones** : alignment
: lineup
alineamiento *nm* : alignment
alinear *v* : to align : to line up —
alinearse *vr* : to fall in : to line up
aliñar *v* : to dress : to season
aliño *nm* : seasoning : dressing

alipús *nm, pl* **-puses** : booze : drink
alisar *v* : to smooth
aliscafo *or* **alíscafo** *nm* : hydrofoil
alistamiento *nm* : enlistment
: recruitment
alistar *v* : to recruit : to make ready —
alistarse *vr* : to join up : to enlist
aliteración *nf, pl* **-ciones** : alliteration
aliviar *v* : to relieve : to alleviate : to
soothe — **aliviarse** *vr* : to recover : to
get better
alivio *nm* : relief
aljaba *nf* : quiver
aljibe *nm* : cistern : well
allá *adv* : there : over there
allanamiento *nm* : (police) raid
allanar *v* : to raid : to search : to resolve
: to solve : to smooth : to level off/
out — **allanarse** *vr* : to even out : to
level off/out
allegado[1], **-da** *adj* : close : intimate
allegado[2], **-da** *n* : close friend : relation
allegar *v* : to gather : to collect
allende[1] *adv* : beyond : on the other
side
allende[2] *prep* : beyond
allí *adv* : there : over there
alma *nf* : soul : person : human being
almacén *nm, pl* **-cenes** : warehouse
: storehouse : shop : store
almacenaje → **almacenamiento**
almacenamiento *nm* : storage
almacenar *v* : to store : to put in storage
almacenero, -ra *n* : shopkeeper
almacenista *nm* : wholesaler
almádena *nf* : sledgehammer
almanaque *nm* : almanac
almeja *nf* : clam
almendra *nf* : almond : kernel
almendro *nm* : almond tree
almiar *nm* : haystack
almíbar *nm* : syrup
almidón *nm, pl* **-dones** : starch
almidonar *v* : to starch
alminar *nm* : minaret
almirantazgo *nm* : admiralty
almirante *nm* : admiral
almizcle *nm* : musk
almohada *nf* : pillow
almohadilla *nf* : small pillow : cushion
: bag : base
almohadón *nm, pl* **-dones** : bolster
: cushion
almohazar *v* : to curry
almoneda *nf* : auction
almorranas *nfpl* : hemorrhoids : piles
almorzar *v* : to have lunch : to have for
lunch
almuerzo *nm* : lunch
alocado, -da *adj* : crazy : wild : reckless
: silly : scatterbrained
alocución *nf, pl* **-ciones** : speech
: address
áloe *or* **aloe** *nm* : aloe

alojamiento *nm* : lodging
: accommodations *pl*
alojar *v* : to house : to lodge — **alojarse**
vr : to room
alondra *nf* : lark : skylark
alpaca *nf* : alpaca
alpargata *nf* : espadrille
alpinismo *nm* : mountain climbing
: mountaineering
alpinista *nmf* : mountain climber
alpino, -na *adj* : Alpine : alpine
alpiste *nm* : birdseed
alquilar *v* : to rent : to lease
alquiler *nm* : rent : rental
alquimia *nf* : alchemy
alquimista *nmf* : alchemist
alquitrán *nm, pl* **-tranes** : tar
alquitranar *v* : to tar : to cover with tar
alrededor *adv* : around
alrededores *nmpl* : surroundings
: outskirts
alta *nf* : admission : entry : enrollment
altanería *nf* : arrogance : haughtiness
altanero, -ra *adj* : arrogant : haughty —
altaneramente *adv*
altar *nm* : altar
altavoz *nm, pl* **-voces** : loudspeaker
alteración *nf, pl* **-ciones** : alteration
: modification : disturbance : disruption
alterado, -da *adj* : upset
alterar *v* : to alter : to modify : to disturb
: to disrupt — **alterarse** *vr* : to get
upset : to get worked up
altercado *nm* : altercation : argument
: dispute
altercar *v* : to argue
alternador *nm* : alternator
alternancia *nf* : alternation : rotation
alternar *v* : to alternate : to mix : to
socialize — **alternarse** *vr* : to take
turns
alternativa *nf* : alternative : option
alternativo, -va *adj* : alternating
: alternative — **alternativamente** *adv*
alterno, -na *adj* : alternate
alteza *nf* : loftiness : lofty height
altibajos *nmpl* : unevenness : ups and
downs
altiplanicie *nf* → **altiplano**
altiplano *nm* : high plateau : upland
altisonante *adj* : pompous : affected
: rude : obscene
altitud *nf* : altitude
altivez *nf, pl* **-veces** : arrogance
: haughtiness
altivo, -va *adj* : arrogant : haughty
alto[1] *adv* : high : loud : loudly —
altamente *adv*
alto[2]**, -ta** *adj* : tall : high : upper : loud
alto[3] *nm* : height : elevation : stop : halt;
altos *nmpl* : upper floors
alto[4] *interj* : halt! : stop!
alto el fuego *nm, pl* **altos el fuego**
: cease-fire

altoparlante *nm* : loudspeaker
altozano *nm* : hillock
altruismo *nm* : altruism
altruista *adj* : altruistic
altura *nf* : height : altitude : loftiness
: nobleness
alubia *nf* : kidney bean
alucinación *nf, pl* **-ciones** : hallucination
alucinante *adj* : hallucinatory
alucinar *v* : to hallucinate
alucinógeno[1]**, -na** *adj* : hallucinogenic
alucinógeno[2] *nm* : hallucinogen
alud *nm* : avalanche : landslide
aludido, -da *n* : person in question
aludir *v* : to allude : to refer
alumbrado *nm* : lighting
alumbramiento *nm* : lighting : childbirth
alumbrar *v* : to light : to illuminate : to
give birth to
alumbre *nm* : alum
aluminio *nm* : aluminum
alumnado *nm* : student body
alumno, -na *n* : pupil : student
alusión *nf, pl* **-siones** : allusion : reference
alusivo, -va *adj* ~ **a** : in reference to
: regarding
aluvión *nm, pl* **-viones** : flood : barrage
alza *nf* : rise
alzacuello *nm* : clerical collar
alzamiento *nm* : uprising : insurrection
alzar *v* : to lift : to raise : to erect —
alzarse *vr* : to rise up
Alzheimer *nm* : Alzheimer's
: Alzheimer's disease
ama *nf* → **amo**
amabilidad *nf* : kindness
amable *adj* : kind : nice —
amablemente *adv*
amado[1]**, -da** *adj* : beloved : darling
amado[2]**, -da** *n* : sweetheart : loved one
amaestrar *v* : to train
amafiarse *vr* : to conspire : to be in
cahoots
amagar *v* : to show signs of : to threaten
: to be imminent : to feint : to dissemble
amago *nm* : threat : sign : hint
amainar *v* : to abate : to ease up : to
die down
amalgama *nf* : amalgam
amalgamar *v* : to amalgamate : to unite
amamantar *v* : to breast-feed : to nurse
: to suckle
amanecer[1] *v impers* : to dawn : to begin
to show : to appear : to wake up
amanecer[2] *nm* : dawn : daybreak
amanerado, -da *adj* : affected
: mannered
amansar *v* : to tame : to soothe : to
calm down — **amansarse** *vr*
amante[1] *adj* : loving : fond
amante[2] *nmf* : lover
amañar *v* : to rig : to fix : to tamper
with — **amañarse** *vr* **amañárselas** : to
manage

amaño *nm* : skill : dexterity : trick : ruse
amapola *nf* : poppy
amar *v* : to love — **amarse** *vr*
amargado, -da *adj* : embittered : bitter
amargar *v* : to make bitter : to embitter
: to taste bitter
amargo[1], -ga *adj* : bitter —
amargamente *adv*
amargo[2] *nm* : bitterness : tartness
amargura *nf* : bitterness : grief : sorrow
amarilis *nf* : amaryllis
amarillear *v* : to yellow : to turn yellow
amarillento, -ta *adj* : yellowish
amarillismo *nm* : sensationalism
amarillo[1], -lla *adj* : yellow
amarillo[2] *nm* : yellow
amarra *nf* : mooring : mooring line
amarrar *v* : to moor : to fasten : to tie up
: to tie down
amartillar *v* : to cock
amasar *v* : to amass : to knead : to mix
: to prepare
amasijo *nm* : jumble : hodgepodge
amasio, -sia *n* : lover
amateur *adj & nmf* : amateur —
amateurismo *nm*
amatista *nf* : amethyst
amazona *nf* : Amazon : horsewoman
amazónico, -ca *adj* : amazonian
ambages *nmpl* **sin ~** : without hesitation
: straight to the point
ámbar *nm* : amber
ambición *nf, pl* **-ciones** : ambition
ambicionar *v* : to aspire to : to seek
ambicioso, -sa *adj* : ambitious —
ambiciosamente *adv*
ambidextro, -tra *adj* : ambidextrous
ambientación *nf, pl* **-ciones** : setting
: atmosphere
ambiental *adj* : environmental —
ambientalmente *adv*
ambientalista *nmf* : environmentalist
ambientar *v* : to give atmosphere to : to
set — **ambientarse** *vr* : to adjust : to
get one's bearings
ambiente *nm* : atmosphere
: environment : surroundings *pl*
ambigüedad *nf* : ambiguity
ambiguo, -gua *adj* : ambiguous
ámbito *nm* : domain : field : area
ambivalencia *nf* : ambivalence
ambivalente *adj* : ambivalent
ambos, -bas *adj & pron* : both
ambulancia *nf* : ambulance
ambulante *adj* : traveling : itinerant
ambulatorio[1], -ria *adj* : outpatient
ambulatorio[2] *nm* : clinic
ameba *nf* : amoeba — **amébico** *adj*
amedrentar *v* : to frighten : to intimidate
— **amedrentarse** *vr*
amén *nm, pl* **amenes** : amen
amenaza *nf* : threat
amenazador, -dora *adj* : threatening
: menacing

amenazante → **amenazador**
amenazar *v* : to threaten
amenguar *v* : to diminish : to belittle : to
dishonor
amenidad *nf* : pleasantness : amenity
amenizar *v* : to make pleasant : to
brighten up : to add life to
ameno, -na *adj* : agreeable : pleasant
americano, -na *adj & n* : American
amerindio, -dia *adj & n* → **nativo
americano**
ameritar *v* : to deserve
ametralladora *nf* : machine gun
amianto *nm* : asbestos
amiba → **ameba**
amienemigo, -ga *n* : frenemy
amigable *adj* : friendly : amicable —
amigablemente *adv*
amígdala *nf* : tonsil
amigdalitis *nf* : tonsillitis
amigo[1], -ga *adj* : friendly : close
amigo[2], -ga *n* : friend
amigote *nm* : crony : pal
amilanar *v* : to frighten : to daunt : to
discourage — **amilanarse** *vr* : to lose
heart
aminoácido *nm* : amino acid
aminorar *v* : to reduce : to lessen : to
diminish
amistad *nf* : friendship
amistoso, -sa *adj* : friendly —
amistosamente *adv*
amnesia *nf* : amnesia
amnésico, -ca *adj & n* : amnesiac
amnistía *nf* : amnesty
amnistiar *v* : to grant amnesty to
amo, ama *n* : master *m* : mistress *f*
: owner : keeper
amodorrado, -da *adj* : drowsy
amolar *v* : to grind : to sharpen : to
pester : to annoy
amoldable *adj* : adaptable
amoldar *v* : to mold : to adapt : to adjust
— **amoldarse** *vr*
amonestación *nf, pl* **-ciones**
: admonition : warning;
amonestaciones *nfpl* : banns
amonestar *v* : to admonish : to warn
amoníaco *or* **amoniaco** *nm* : ammonia
amontonamiento *nm* : accumulation
: piling up
amontonar *v* : to pile up : to heap up
: to collect : to gather : to hoard —
amontonarse *vr*
amor *nm* : love : loved one : beloved
amoral *adj* : amoral
amoratado, -da *adj* : black-and-blue
: bruised : livid
amordazar *v* : to gag : to muzzle : to silence
amorfo, -fa *adj* : shapeless : amorphous
amorío *nm* : love affair : fling
amoroso, -sa *adj* : loving : affectionate
: amorous : charming : cute —
amorosamente *adv*

amortiguación *nf* : cushioning : absorption

amortiguador *nm* : shock absorber

amortiguar *v* : to soften

amortizar *v* : to amortize : to pay off — **amortización** *nf*

amotinado¹, -da *adj* : rebellious : insurgent : mutinous

amotinado², -da *n* : rebel : insurgent : mutineer

amotinamiento *nm* : uprising : rebellion

amotinar *v* : to incite : to agitate — **amotinarse** *vr* : to riot : to rebel : to mutiny

amparar *v* : to safeguard : to protect

amparo *nm* : protection : refuge

amperímetro *nm* : ammeter

amperio *nm* : ampere

ampliación *nf*, *pl* **-ciones** : expansion : extension

ampliar *v* : to expand : to extend : to widen : to enlarge : to elaborate on : to develop

amplificador *nm* : amplifier

amplificar *v* : to amplify — **amplificación** *nf*

amplio, -plia *adj* : broad : wide : spacious : full : comprehensive : loose — **ampliamente** *adj*

amplitud *nf* : breadth : extent : space : spacious quality

ampolla *nf* : blister : vial

ampollar *v* : to blister — **ampollarse** *vr*

ampolleta *nf* : small vial : hourglass : light bulb

ampulosidad *nf* : pomposity : bombast

ampuloso, -sa *adj* : pompous : bombastic — **ampulosamente** *adv*

amputar *v* : to amputate — **amputación** *nf*

amueblar *v* : to furnish

amuleto *nm* : amulet : charm

amurallar *v* : to wall in : to fortify

anacardo *nm* : cashew nut

anaconda *nf* : anaconda

anacrónico, -ca *adj* : anachronistic

anacronismo *nm* : anachronism

ánade *nmf* : duck

anagrama *nm* : anagram

anal *adj* : anal

anales *nmpl* : annals

analfabetismo *nm* : illiteracy

analfabeto, -ta *adj & n* : illiterate

analgésico¹, -ca *adj* : analgesic

analgésico² *nm* : painkiller : analgesic

análisis *nm* : analysis

analista *nmf* : analyst

analítico, -ca *adj* : analytical : analytic — **analíticamente** *adv*

analizar *v* : to analyze

analogía *nf* : analogy

analógico, -ca *adj* : analogical : analog

análogo, -ga *adj* : analogous : similar

ananá *or* **ananás** *nm*, *pl* **-nás** : pineapple

anaquel *nm* : shelf

anaranjado¹, -da *adj* : orange-colored

anaranjado² *nm* : orange

anarquía *nf* : anarchy

anárquico, -ca *adj* : anarchic

anarquismo *nm* : anarchism

anarquista *adj & nmf* : anarchist

anatema *nm* : anathema

anatomía *nf* : anatomy — **anatomista** *nmf*

anatómico, -ca *adj* : anatomical — **anatómicamente** *adv*

ancas *nfpl* : haunches : hindquarters

ancestral *adj* : ancient : traditional : ancestral

ancestro *nm* : ancestor : forefather *m*

ancho¹, -cha *adj* : wide : broad : full : loose-fitting

ancho² *nm* : width : breadth

anchoa *nf* : anchovy

anchura *nf* : width : breadth

ancianidad *nf* : old age

anciano¹, -na *adj* : aged : old : elderly

anciano², -na *n* : elderly person

ancla *nf* : anchor

ancladero → anclaje

anclaje *nm* : anchorage

anclar *v* : to anchor

andadas *nfpl* : tracks

andador¹ *nm* : walker : baby walker : walkway

andador², -dora *n* : walker : one who walks

andadura *nf* : course : journey

ándale → andar

andaluz, -luza *adj & n*, *mpl* **-luces** : Andalusian

andamiaje *nm* : scaffolding : structure : framework

andamio *nm* : scaffold

andanada *nf* : volley : broadside

andanzas *nfpl* : adventures

andar¹ *v* : to walk : to go : to travel : to run : to function : to ride : to be — **andarse** *vr* : to leave : to go

andar² *nm* : walk : gait

andas *nfpl* : stand : bier

andén *nm*, *pl* **andenes** : (train) platform : sidewalk

andino, -na *adj* : Andean

andorrano, -na *adj & n* : Andorran

andrajos *nmpl* : rags : tatters

andrajoso, -sa *adj* : ragged : tattered

andrógino, -na *adj* : androgynous

andurriales *nmpl* : remote place

anea *nf* : cattail

anduvo, etc. **→ andar**

anécdota *nf* : anecdote

anecdótico, -ca *adj* : anecdotal

anegar *v* : to flood : to drown : to overwhelm — **anegarse** *vr* : to be flooded

anejo *nm* **→ anexo²**

anemia *nf* : anemia

anémico, -ca *adj* : anemic
anémona *nf* : anemone
anestesia *nf* : anesthesia
anestesiar *v* : to anesthetize
anestésico[1], **-ca** *adj* : anesthetic
anestésico[2] *nm* : anesthetic
anestesista *nmf* : anesthetist
aneurisma *nmf* : aneurysm
anexar *v* : to annex : to attach
anexión *nf, pl* **-xiones** : annexation
anexo[1], **-xa** *adj* : attached : joined
: annexed
anexo[2] *nm* : annex : supplement
: appendix
anfetamina *nf* : amphetamine
anfibio[1], **-bia** *adj* : amphibious
anfibio[2] *nm* : amphibian
anfiteatro *nm* : amphitheater : lecture hall
anfitrión, -triona *n, mpl* **-triones** : host
: hostess *f*
ánfora *nf* : urn : jar : ballot box
ángel *nm* : angel
angelical *adj* : angelic : angelical
angélico, -ca *adj* → **angelical**
angina *nf* : tonsil
anglicano, -na *adj & n* : Anglican
angloparlante[1] *adj* : English-speaking
angloparlante[2] *nmf* : English speaker
anglosajón, -jona *adj & n, mpl* **-jones**
: Anglo-Saxon
angoleño, -ña *adj & n* : Angolan
angora *nf* : angora
angostar *v* : to narrow — **angostarse** *vr*
angosto, -ta *adj* : narrow
angostura *nf* : narrowness
anguila *nf* : eel
angular *adj* : angular — **angularidad** *nf*
ángulo *nm* : angle : corner
anguloso, -sa *adj* : angular : sharp —
angulosidad *nf*
angustia *nf* : anguish : distress : anxiety
: worry
angustiar *v* : to anguish : to distress : to
worry — **angustiarse** *vr*
angustioso, -sa *adj* : anguished
: distressed : distressing : worrisome
anhelante *adj* : yearning : longing
anhelar *v* : to yearn for : to crave
anhelo *nm* : longing : yearning
anidar *v* : to nest : to make one's home
: to dwell : to shelter
anilla *nf* : ring
anillo *nm* : ring
ánima *n* : soul
animación *nf, pl* **-ciones** : animation
: liveliness
animado, -da *adj* : animated : lively
: cheerful — **animadamente** *adv*
animador, -dora *n* : (television) host
: cheerleader
animadversión *nf, pl* **-siones** : animosity : antagonism
animal[1] *adj* : animal : stupid : idiotic
: rough : brutish

animal[2] *nm* : animal
animal[3] *nmf* : idiot : fool : brute : beastly
person
animar *v* : to encourage : to inspire : to
animate : to enliven : to brighten up : to
cheer up — **animarse** *vr*
anímico, -ca *adj* : mental
ánimo *nm* : spirit : soul : mood : spirits
pl : encouragement : intention
: purpose : energy : vitality
animosidad *nf* : animosity : ill will
animoso, -sa *adj* : brave : spirited —
animosamente *adv*
aniñado, -da *adj* : childlike
aniquilación *nf* → **aniquilamiento**
aniquilamiento *nm* : annihilation
: extermination
aniquilar *v* : to annihilate : to wipe out
: to overwhelm : to bring to one's knees
— **aniquilarse** *vr*
anís *nm* : anise
aniversario *nm* : anniversary
ano *nm* : anus
anoche *adv* : last night
anochecer[1] *v impers* : to get dark
anochecer[2] *nm* : dusk : nightfall
anodino, -na *adj* : insipid : dull
ánodo *nm* : anode
anomalía *nf* : anomaly
anómalo, -la *adj* : anomalous
anonadado, -da *adj* : dumbfounded
: speechless
anonadar *v* : to dumbfound : to stun
anonimato *nm* : anonymity
anónimo, -ma *adj* : anonymous —
anónimamente *adv*
anorak *nm, pl* **-raks** : anorak
anorexia *nf* : anorexia
anoréxico, -ca *adj* : anorexic
anormal *adj* : abnormal —
anormalmente *adv*
anormalidad *nf* : abnormality
anotación *nf, pl* **-ciones** : annotation
: note : scoring
anotador, -dora *n* : scorer
anotar *v* : to annotate : to write down : to
jot down : to score
anquilosado, -da *adj* : stiff : stagnated
: stale
anquilosamiento *nm* : stiffness
: stagnation : paralysis
anquilosarse *vr* : to stagnate : to
become stiff or paralyzed
anquilostoma *nm* : hookworm
ánsar *nm* : goose
ansarino *nm* : gosling
ansia *nf* : anxiety : uneasiness : anguish
: distress : longing : yearning
ansiar *v* : to long for : to yearn for
ansiedad *nf* : anxiety
ansioso, -sa *adj* : anxious : worried
: eager — **ansiosamente** *adv*
antagónico, -ca *adj* : conflicting
: opposing

antagonismo *nm* : antagonism
antagonista[1] *adj* : antagonistic
antagonista[2] *nmf* : antagonist
  : opponent
antagonizar *v* : to antagonize
antaño *adv* : yesteryear : long ago
antártico, -ca *adj* : antarctic
ante[1] *nm* : elk : moose : suede
ante[2] *prep* : before : in front of
  : considering : in view of
anteanoche *adv* : the night before last
anteayer *adv* : the day before yesterday
antebrazo *nm* : forearm
antecedente[1] *adj* : previous : prior
antecedente[2] *nm* : precedent;
  antecedentes *nmpl* : record
  : background
anteceder *v* : to precede
antecesor, -sora *n* : ancestor
  : predecessor
antedicho, -cha *adj* : aforesaid : above
antelación *nf, pl* **-ciones** : advance
  notice
antemano *adv* **de ~** : in advance
antena *nf* : antenna
antenoche → **anteanoche**
anteojera *nf* : glasses case; **anteojeras**
  nfpl : blinders
anteojos *nmpl* : glasses : eyeglasses
antepasado[1]**, -da** *adj* : before last
antepasado[2]**, -da** *n* : ancestor
antepecho *nm* : guardrail : ledge : sill
antepenúltimo, -ma *adj* : third from last
anteponer *v* : to place before : to prefer
anteproyecto *nm* : draft : proposal
antera *nf* : anther
anterior *adj* : previous : earlier : anterior
  : forward : front
anterioridad *nf* : priority
anteriormente *adv* : previously
  : beforehand
antes *adv* : before : rather : sooner
antesala *nf* : lobby : waiting room
  : prelude : prologue
anti- *pref* : anti- : against : opposing
antiaborto, -ta *adj* : antiabortion
antiácido *nm* : antacid
antiadherente *adj* : nonstick
antiaéreo, -rea *adj* : antiaircraft
antiamericano, -na *adj* : anti-American
antibalas *adj* : bulletproof
antibiótico[1]**, -ca** *adj* : antibiotic
antibiótico[2] *nm* : antibiotic
anticipación *nf, pl* **-ciones** : expectation
  : anticipation
anticipado, -da *adj* : advance : early
anticipar *v* : to anticipate : to forestall
  : to deal with in advance : to pay in
  advance — **anticiparse** *vr* : to be early
  : to get ahead
anticipo *nm* : advance : foretaste
  : preview
anticlimático, -ca *adj* : anticlimactic
anticlímax *nm* : anticlimax

anticomunismo *nm* : anticommunism
anticomunista *adj & nmf*
  : anticommunist
anticoncepción *nf, pl* **-ciones** : birth
  control : contraception
anticonceptivo *nm* : contraceptive —
  anticonceptivo, -va *adj*
anticongelante *nm* : antifreeze
anticonstitucional *adj* : not
  constitutional
anticuado, -da *adj* : antiquated
  : outdated
anticuario[1]**, -ria** *adj* : antique
  : antiquarian
anticuario[2]**, -ria** *n* : antiquarian
  : antiquary
anticuario[3] *nm* : antique shop
anticuerpo *nm* : antibody
antidemocrático, -ca *adj*
  : antidemocratic
antidepresivo *nm* : antidepressant
antidisturbios[1] *adj* : riot
antidisturbios[2] *nmpl* : riot police
antídoto *nm* : antidote
antidrogas *adj* : antidrug
antier → **anteayer**
antiestético, -ca *adj* : unsightly
  : unattractive
antifascista *adj & nmf* : antifascist
antifaz *nm, pl* **-faces** : mask
antifeminista *adj & nmf* : antifeminist
antífona *nf* : anthem
antígeno *nm* : antigen
antigualla *nf* : antique : relic : old thing
antiguamente *adv* : formerly : once
  : long ago
antigüedad *nf* : antiquity : seniority
  : age; **antigüedades** *nfpl* : antiques
antiguo, -gua *adj* : ancient : old : former
  : old-fashioned
antihigiénico, -ca *adj* : unhygienic
  : unsanitary
antihistamínico *nm* : antihistamine
antiimperialismo *nm* : anti-imperialism
antiimperialista *adj & nmf* : anti-
  imperialist
antiinflacionario, -ria *adj* : anti-
  inflationary
antiinflamatorio, -ria *adj* : anti-
  inflammatory
antillano[1]**, -na** *adj* : Caribbean : West
  Indian
antillano[2]**, -na** *n* : West Indian
antílope *nm* : antelope
antimonio *nm* : antimony
antimonopolista *adj* : antitrust
antinatural *adj* : unnatural : perverse
antipatía *nf* : aversion : dislike
antipático, -ca *adj* : obnoxious
  : unpleasant
antipatriótico, -ca *adj* : unpatriotic
antirrábico, -ca *adj* : rabies
antirreglamentario, -ria *adj* : unlawful
  : illegal : foul

antirrevolucionario, -ria *adj & n*
: antirevolutionary
antirrobo, -ba *adj* : antitheft
antisemita *adj* : anti-Semitic
antisemitismo *nm* : anti-Semitism
antiséptico[1]**, -ca** *adj* : antiseptic
antiséptico[2] *nm* : antiseptic
antisocial *adj* : antisocial
antitabaco *adj* : antismoking
antiterrorista *adj* : antiterrorist
antítesis *nf* : antithesis
antitoxina *nf* : antitoxin
antitranspirante *nm* : antiperspirant
antiviral *adj* : antiviral
antivirus *nm, pl* **antivirus** : antivirus
software
antojadizo, -za *adj* : capricious
antojarse *vr* : to be appealing : to be
desirable : to seem : to appear
antojo *nm* : whim : craving
antología *nf* : anthology
antónimo *nm* : antonym
antonomasia *nf por* ~ : par excellence
antorcha *nf* : torch
antracita *nf* : anthracite
antro *nm* : cave : den : dive : seedy
nightclub
antropofagia *nf* : cannibalism
antropófago[1]**, -ga** *adj* : cannibalistic
antropófago[2]**, -ga** *n* : cannibal
antropoide *adj & nmf* : anthropoid
antropología *nf* : anthropology
antropológico, -ca *adj* : anthropological
antropólogo, -ga *n* : anthropologist
anual *adj* : annual : yearly —
anualmente *adv*
anualidad *nf* : annuity
anuario *nm* : yearbook : annual
anudar *v* : to knot : to tie in a knot —
anudarse *vr*
anuencia *nf* : consent
anulación *nf, pl* **-ciones** : annulment
: cancellation
anular *v* : to annul : to cancel
anunciador, -dora *n* → **anunciante**
anunciante *nmf* : advertiser
anunciar *v* : to announce : to advertise
anuncio *nm* : announcement
: advertisement : commercial
anzuelo *nm* : fishhook
añadido *nm* : addition
añadidura *nf* : additive : addition
añadir *v* : to add : to increase
añejar *v* : to age : to ripen
añejo, -ja *adj* : aged : vintage : ancient
: musty : stale
añicos *nmpl* : smithereens : bits
añil *nm* : indigo : bluing
año *nm* : year : grade
añoranza *nf* : longing : yearning
añorar *v* : to long for : to grieve for : to
miss : to mourn : to grieve
añoso, -sa *adj* : aged : old
añublo *nm* : blight

aorta *nf* : aorta
apa *interj* : wow!
apabullante *adj* : overwhelming
: crushing
apabullar *v* : to overwhelm
apacentar *v* : to pasture : to put to
pasture
apache *adj & nmf* : Apache
apachurrado, -da *adj* : depressed
: down
apachurrar *v* : to crush : to squash
apacible *adj* : gentle : mild : calm —
apaciblemente *adv*
apaciguador, -dora *adj* : calming
apaciguamiento *nm* : appeasement
apaciguar *v* : to appease : to pacify —
apaciguarse *vr* : to calm down
apadrinar *v* : to be a godparent to : to
sponsor : to support
apagado, -da *adj* : off : out : dull : subdued
apagador *nm* : switch
apagar *v* : to turn off : to shut off : to put
out : to extinguish — **apagarse** *vr* : to
go out : to wane : to die down
apagón *nm, pl* **-gones** : blackout
: power failure
apalabrar *v* : to arrange with : to
arrange for
apalancamiento *nm* : leverage
apalancar *v* : to jack up : to pry open
apalear *v* : to beat up : to thrash
apanar → **empanar**
apantallar *v* : to dazzle : to impress
apañar *v* : to seize : to grasp : to repair
: to mend — **apañarse** *vr* : to manage
: to get along
apaño *nm* : patch : skill : knack
apapachar *v* : to cuddle : to caress —
apapacharse *vr*
apapacho *nm* : cuddle : caress
aparador *nm* : sideboard : cupboard
: shop window
aparato *nm* : machine : appliance
: apparatus : system : display
: ostentation; **aparatos** *nmpl* : braces
: ride
aparatoso, -sa *adj* : ostentatious
: spectacular
aparcamiento *nm* : parking : parking lot
aparcar *v* : to park
aparcero, -ra *n* : sharecropper
aparear *v* : to mate : to match up —
aparearse *vr* : to mate
aparecer *v* : to appear : to show up : to
turn up : to be found — **aparecerse** *vr*
: to appear
aparejar *v* : to prepare : to make ready
: to harness : to fit out
aparejo *nm* : equipment : gear : harness
: saddle : rig : rigging
aparentar *v* : to seem : to appear : to
feign : to pretend
aparente *adj* : apparent : showy
: striking — **aparentemente** *adv*

aparición *nf, pl* **-ciones** : appearance : publication : release : apparition : vision

apariencia *nf* : appearance : look

apartado *nm* : section : paragraph

apartamento *nm* : apartment

apartar *v* : to move away : to put at a distance : to put aside : to set aside : to separate — **apartarse** *vr* : to step aside : to stray

aparte[1] *adv* : apart : aside : separately

aparte[2] *adj* : separate : special

aparte[3] *nm* : aside

apartheid *nm* : apartheid

apasionado, -da *adj* : passionate : enthusiastic — **apasionadamente** *adv*

apasionante *adj* : fascinating : exciting

apasionar *v* : to enthuse : to excite — **apasionarse** *vr*

apatía *nf* : apathy

apático, -ca *adj* : apathetic

apátrida *adj* : without nationality : unpatriotic

apearse *vr* : to dismount : to get out of or off

apechugar *v* : to put up with the situation

apedrear *v* : to stone : to throw stones at

apegado, -da *adj* : attached : close : devoted

apegarse *vr* ~ **a** : to become attached to : to grow fond of

apego *nm* : attachment : fondness : inclination

apelación *nf, pl* **-ciones** : appeal

apelar *v* : to appeal

apelativo *nm* : last name : surname

apellidarse *vr* : to have for a last name

apellido *nm* : last name : surname

apelotonar *v* : to roll into a ball : to bundle up

apenar *v* : to sadden — **apenarse** *vr* : to be saddened : to become embarrassed

apenas[1] *adv* : hardly : scarcely

apenas[2] *conj* : as soon as

apéndice *nm* : appendix : appendage

apendicectomía *nf* : appendectomy

apendicitis *nf* : appendicitis

apercibimiento *nm* : preparation : warning

apercibir *v* : to prepare : to make ready : to warn : to observe : to perceive — **apercibirse** *vr* : to get ready

aperitivo *nm* : appetizer : aperitif

apero *nm* : tool : implement

apersonarse *vr* : to appear : to show up

apertura *nf* : opening : aperture : commencement : beginning : openness

apesadumbrar *v* : to distress : to sadden — **apesadumbrarse** *vr* : to be weighed down

apestar *v* : to infect with the plague : to corrupt : to stink

apestoso, -sa *adj* : stinking : foul

apetecer *v* : to crave : to long for : to appeal to : to be appealing

apetecible *adj* : appetizing : appealing

apetito *nm* : appetite

apetitoso, -sa *adj* : appetizing

apiadarse *vr* ~ **de** : to take pity on

apiario *nm* : apiary

ápice *nm* : apex : summit : bit : smidgen

apicultor, -tora *n* : beekeeper

apicultura *nf* : beekeeping

apilar *v* : to heap up : to pile up — **apilarse** *vr*

apiñado, -da *adj* : jammed : crowded

apiñar *v* : to pack : to cram — **apiñarse** *vr* : to crowd together : to huddle

apio *nm* : celery

apisonadora *nf* : steamroller

apisonar *v* : to pack down : to tamp

aplacamiento *nm* : appeasement

aplacar *v* : to appease : to placate — **aplacarse** *vr* : to calm down

aplanadora *nf* : steamroller

aplanar *v* : to flatten : to level

aplastante *adj* : crushing : overwhelming

aplastar *v* : to crush : to squash

aplaudir *v* : to applaud

aplauso *nm* : applause : clapping : praise : acclaim

aplazamiento *nm* : postponement

aplazar *v* : to postpone : to defer

aplicable *adj* : applicable — **aplicabilidad** *nf*

aplicación *nf, pl* **-ciones** : application : diligence : dedication

aplicado, -da *adj* : diligent : industrious

aplicador *nm* : applicator

aplicar *v* : to apply — **aplicarse** *vr* : to apply oneself

aplique *or* **appliqué** *nm* : appliqué

aplomar *v* : to plumb : to make vertical

aplomo *nm* : aplomb : composure

apocado, -da *adj* : timid

apocalipsis *nms & pl* : apocalypse

apocalíptico, -ca *adj* : apocalyptic

apocamiento *nm* : timidity

apocarse *vr* : to shy away : to be intimidated : to humble oneself : to sell oneself short

apócrifo, -fa *adj* : apocryphal

apodar *v* : to nickname : to call — **apodarse** *vr*

apoderado, -da *n* : proxy : agent

apoderar *v* : to authorize : to empower — **apoderarse** *vr* ~ **de** : to seize : to take over

apodo *nm* : nickname

apogeo *nm* : acme : peak : zenith

apolillado, -da *adj* : moth-eaten : worm-eaten : old-fashioned

apolítico, -ca *adj* : apolitical

apología *nf* : defense : apology

apoplejía *nf* : apoplexy : stroke

apoplético, -ca *adj* : apoplectic
aporrear *v* : to bang on : to beat : to bludgeon
aportación *nf, pl* **-ciones** : contribution
aportar *v* : to contribute : to provide
aporte *nm* → **aportación**
aposento *nm* : chamber : room
apósito *nm* : dressing
apostador, -dora *n* : bettor : better
apostar *v* : to bet : to wager
apostasía *nf* : apostasy
apóstata *nmf* : apostate
apostilla *nf* : note
apostillar *v* : to annotate
apóstol *nm* : apostle
apostólico, -ca *adj* : apostolic
apóstrofe *nmf* → **apóstrofo**
apóstrofo *nm* : apostrophe
apostura *nf* : elegance : gracefulness
apoteósico, -ca *adj* : tremendous
apoyabrazos *nms & pl* : armrest
apoyacabezas *nms & pl* : headrest
apoyapiés *nms & pl* : footrest
apoyar *v* : to support : to back : to lean : to rest
apoyo *nm* : support : backing
app *nf, pl* **apps** : app : application
apreciable *adj* : appreciable : substantial : considerable
apreciación *nf, pl* **-ciones** : appreciation : appraisal : evaluation
apreciar *v* : to appreciate : to value : to appraise : to assess — **apreciarse** *vr* : to increase in value
apreciativo, -va *adj* : appreciative
aprecio *nm* : esteem : appreciation : appraisal : assessment
aprehender *v* : to apprehend : to capture : to conceive of : to grasp
aprehensión *nf, pl* **-siones** : apprehension : capture : arrest
apremiante *adj* : pressing : urgent
apremiar *v* : to pressure : to urge : to be urgent
apremio *nm* : pressure : urgency
aprender *v* : to learn — **aprenderse** *vr*
aprendiz, -diza *n, mpl* **-dices** : apprentice : trainee
aprendizaje *nm* : apprenticeship : learning
aprensión *nf, pl* **-siones** : apprehension : dread
aprensivo, -va *adj* : apprehensive : worried
apresamiento *nm* : seizure : capture
apresar *v* : to capture : to seize
aprestar *v* : to make ready : to prepare — **aprestarse** *vr* : to get ready
apresuradamente *adv* : hurriedly : hastily : too fast
apresurado, -da *adj* : hurried : in a rush
apresuramiento *nm* : hurry : haste
apresurar *v* : to quicken : to speed up — **apresurarse** *vr* : to hurry up : to make haste

apretado, -da *adj* : tight : cheap — **apretadamente** *adv*
apretar *v* : to press : to push : to tighten : to squeeze : to clasp : to press together : to fit tightly : to be too tight — **apretarse** *vr*
apretón *nm, pl* **-tones** : squeeze
apretujado, -da *adj* : cramped : squeezed together
apretujar *v* : to squash : to squeeze — **apretujarse** *vr*
aprieto *nm* : predicament : difficulty
aprisa *adv* : quickly : hurriedly
aprisionar *v* : to imprison : to trap : to box in
aprobación *nf, pl* **-ciones** : approval : endorsement
aprobar *v* : to approve of : to pass
aprobatorio, -ria *adj* : approving
aprontar *v* : to prepare : to ready — **aprontarse** *vr* : to get ready
apropiación *nf, pl* **-ciones** : appropriation
apropiado, -da *adj* : appropriate : proper : suitable — **apropiadamente** *adv*
apropiarse *vr* ~ **de** : to take possession of : to appropriate
aprovechable *adj* : usable
aprovechado[1], -da *adj* : diligent : hardworking : pushy : opportunistic
aprovechado[2], -da *n* : pushy person : opportunist
aprovechamiento *nm* : use : exploitation
aprovechar *v* : to take advantage of : to make good use of : to make the most of it — **aprovecharse** *vr* ~ **de** : to exploit
aprovisionamiento *nm* : provisions *pl* : supplies *pl*
aprovisionar *v* : to provide : to supply
aproximación *nf, pl* **-ciones** : approximation : estimate : rapprochement
aproximado, -da *adj* : approximate : estimated — **aproximadamente** *adv*
aproximar *v* : to approximate : to bring closer — **aproximarse** *vr* : to approach : to move closer
aptitud *nf* : aptitude : capability
apto, -ta *adj* : suitable : suited : fit : capable : competent
apuesta *nf* : bet : wager
apuesto, -ta *adj* : elegant : good-looking
apuntador, -dora *n* : prompter
apuntalar *v* : to prop up : to shore up
apuntar *v* : to point : to point at : to write down : to sign up : to point out : to prompt : to aim — **apuntarse** *vr* : to enroll : to score
apunte *nm* : note
apuñalar *v* : to stab
apuradamente *adv* : with difficulty : hurriedly : hastily

apurado, -da *adj* : rushed : pressured : poor : needy : difficult : awkward : embarrassed
apurar *v* : to hurry : to rush : to use up : to exhaust : to trouble — **apurarse** *vr* : to hurry up : to worry
apuro *nm* : predicament : jam : rush : hurry : embarrassment
aquejado, -da *adj* ~ **de** : suffering from
aquejar *v* : to afflict
aquel[1], **aquella** *adj, mpl* **aquellos** : that : those
aquel[2], **aquella** *or* **aquél**, **aquélla** *pron, mpl* **aquellos** *or* **aquéllos** : that : those : the former
aquello *pron* : that : that matter : that business
aquí *adv* : here : now
aquiescente *adj* : acquiescent
aquiescencia *nf* : acquiescence : approval
aquietar *v* : to allay : to calm — **aquietarse** *vr* : to calm down
aquilatar *v* : to assay : to assess : to size up
ara *nf* : altar
árabe[1] *adj & nmf* : Arab : Arabian
árabe[2] *nm* : Arabic
arabesco *nm* : arabesque — **arabesco, -ca** *adj*
arábigo, -ga *adj* : Arabic : Arabian
arable *adj* : arable
arado *nm* : plow
aragonés[1], **-nesa** *adj, mpl* **-neses** : of or from Aragón
aragonés[2], **-nesa** *n, mpl* **-neses** : person from Aragón
arancel *nm* : tariff : duty
arancelario, -ria *adj* : tariff : duty
arándano *nm* : blueberry
arandela *nf* : washer
araña *nf* : spider : chandelier
arañar *v* : to scratch : to claw
arañazo *nm* : scratch
arar *v* : to plow
arbitraje *nm* : arbitration : refereeing
arbitrar *v* : to arbitrate : to referee : to umpire
arbitrariedad *nf* : arbitrariness : injustice : wrong
arbitrario, -ria *adj* : arbitrary : unfair : unjust — **arbitrariamente** *adv*
arbitrio *nm* : will : judgment
árbitro, -tra *n* : arbitrator : arbiter : referee : umpire
árbol *nm* : tree
arbolado[1], **-da** *adj* : wooded
arbolado[2] *nm* : woodland
arboleda *nf* : grove : wood
arbóreo, -rea *adj* : arboreal
arbusto *nm* : shrub : bush : hedge
arca *nf* : ark : coffer : chest
arcada *nf* : arcade : series of arches; **arcadas** *nfpl* : retching

arcaico, -ca *adj* : archaic
arcángel *nm* : archangel
arcano, -na *adj* : arcane
arce *nm* : maple tree
arcén *nm, pl* **arcenes** : hard shoulder : berm
archiconocido, -da *adj* : well-known : famous
archidiócesis *nfs & pl* → **arquidiócesis**
archipiélago *nm* : archipelago
archivador *nm* : filing cabinet
archivar *v* : to file : to archive
archivero, -ra *n* : archivist
archivista *nmf* : archivist
archivo *nm* : file : archive : archives *pl*
arcilla *nf* : clay
arco *nm* : arch : archway : bow : arc : wicket : goal : goalposts *pl*
arcón *nm, pl* **-cones** : large chest
arder *v* : to burn : to smart : to sting
ardid *nm* : scheme : ruse
ardiente *adj* : burning : ardent : passionate — **ardientemente** *adv*
ardilla *nf* : squirrel
ardor *nm* : heat : passion : ardor
ardoroso, -sa *adj* : heated : impassioned
arduo, -dua *adj* : arduous : grueling — **arduamente** *adv*
área *nf* : area
arena *nf* : sand : arena
arenal *nm* : sandy area
arenga *nf* : harangue : lecture
arengar *v* : to harangue : to lecture
arenilla *nf* : fine sand; **arenillas** *nfpl* : kidney stones
arenisca *nf* : sandstone
arenoso, -sa *adj* : sandy : gritty
arenque *nm* : herring
arepa *nf* : cornmeal bread
arete *nm* : earring
argamasa *nf* : mortar
argelino, -na *adj & n* : Algerian
argentino, -na *adj & n* : Argentinian : Argentine
argolla *nf* : hoop : ring
argón *nm* : argon
argot *nm* : slang
argucia *nf* : sophistry : subtlety
argüir *v* : to argue : to contend : to deduce : to prove
argumentación *nf, pl* **-ciones** : line of reasoning : argument
argumentar *v* : to argue : to contend
argumento *nm* : argument : reasoning : plot : story line
aria *nf* : aria
aridez *nf, pl* **-deces** : aridity : dryness
árido, -da *adj* : arid : dry
Aries[1] *nm* : Aries
Aries[2] *nmf* : Aries
ariete *nm* : battering ram
arisco, -ca *adj* : surly : sullen : unsociable

arista *nf* : ridge : edge : beard; **aristas**
nfpl : rough edges : complications
: problems
aristocracia *nf* : aristocracy
aristócrata *nmf* : aristocrat
aristocrático, -ca *adj* : aristocratic
aritmética *nf* : arithmetic
aritmético, -ca *adj* : arithmetic
: arithmetical — **aritméticamente** *adv*
arlequín *nm, pl* **-quines** : harlequin
arma *nf* : weapon; **armas** *nfpl* : armed
forces
armada *nf* : navy : fleet
armadillo *nm* : armadillo
armado, -da *adj* : armed : assembled
: put together : obstinate : stubborn
armador, -dora *n* : owner of a ship
armadura *nf* : armor : skeleton
: framework
armamento *nm* : armament : arms *pl*
: weaponry
armar *v* : to assemble : to put together
: to create : to cause : to arm —
armarse *vr* ~ **de** : to arm oneself with
armario *nm* : closet : cupboard
armatoste *nm* : monstrosity : contraption
armazón *nmf, pl* **-zones** : framework
: skeleton : frames *pl*
armenio, -nia *adj & n* : Armenian
armería *nf* : armory : arms museum
: gunsmith's shop : gunsmith's craft
armero, -ra *n* : gunsmith
armiño *nm* : ermine
armisticio *nm* : armistice
armonía *nf* : harmony
armónica *nf* : harmonica
armónico, -ca *adj* : harmonic
: harmonious — **armónicamente** *adv*
armonioso, -sa *adj* : harmonious —
armoniosamente *adv*
armonizar *v* : to harmonize : to
reconcile : to blend together
arnés *nm, pl* **arneses** : harness
aro *nm* : hoop : napkin ring : earring
aroma *nm* : aroma : scent
aromático, -ca *adj* : aromatic
arpa *nf* : harp
arpillera *nf* : burlap
arpista *nmf* : harpist
arpón *nm, pl* **arpones** : harpoon —
arponear *v*
arquear *v* : to arch : to bend —
arquearse *vr* : to bow
arqueología *nf* : archaeology
arqueológico, -ca *adj* : archaeological
arqueólogo, -ga *n* : archaeologist
arquero, -ra *n* : archer : goalkeeper
: goalie
arquetípico, -ca *adj* : archetypal
arquetipo *nm* : archetype
arquidiócesis *nfs & pl* : archdiocese
arquitecto, -ta *n* : architect
arquitectónico, -ca *adj* : architectural —
aquitectónicamente *adv*

arquitectura *nf* : architecture
arrabal *nm* : slum; **arrabales** *nmpl*
: outskirts : outlying area
arracada *nf* : hoop earring
arracimarse *vr* : to cluster together
arraigado, -da *adj* : deep-seated
: ingrained
arraigar *v* : to take root : to become
established — **arraigarse** *vr*
arraigo *nm* : roots *pl*
arrancar *v* : to pull out : to tear out : to
pull up : to pull off : to pick : to draw : to
start : to boot : to snatch : to get going
— **arrancarse** *vr* : to pull off
arrancón *nm, pl* **-cones** : sudden loud start
arranque *nm* : starter : outburst : fit
arrasar *v* : to level : to smooth : to
devastate : to destroy : to fill to the brim
arrastrar *v* : to drag : to tow : to draw
: to attract : to hang down : to trail —
arrastrarse *vr* : to crawl : to grovel
arrastre *nm* : dragging : pull : attraction
arrayán *nm, pl* **-yanes** : myrtle
arrear *v* : to urge on : to drive : to hurry
along
arrebatado, -da *adj* : impetuous
: hotheaded : rash : flushed : blushing
arrebatador, -dora *adj* : breathtaking
: impressive
arrebatar *v* : to snatch : to seize : to
captivate — **arrebatarse** *vr* : to get
carried away
arrebato *nm* : fit : outburst
arreciar *v* : to intensify : to worsen
arrecife *nm* : reef
arreglado, -da *adj* : fixed : repaired
: settled : sorted out : neat : tidy
: smart : dressed-up
arreglar *v* : to repair : to fix : to tidy
: to straighten : to arrange : to solve
: to work out — **arreglarse** *vr* : to get
ready : to get dressed : to do : to have/
get done
arreglo *nm* : repair : arrangement
: agreement : understanding
arrellanarse *vr* : to settle
arremangarse *vr* : to roll up one's
sleeves
arremeter *v* : to attack : to charge
arremetida *nf* : attack : onslaught
arremolinarse *vr* : to crowd around : to
mill about : to swirl
arrendador, -dora *n* : landlord : landlady
f : tenant : lessee
arrendajo *nm* : jay
arrendamiento *nm* : rental : leasing
arrendar *v* : to rent : to lease
arrendatario, -ria *n* : tenant : lessee
: renter
arreos *nmpl* : tack : harness : trappings
arrepentido, -da *adj* : repentant
: remorseful
arrepentimiento *nm* : regret : remorse
: repentance

arrepentirse *vr* : to regret : to be sorry : to repent
arrestar *v* : to arrest : to detain
arresto *nm* : arrest; **arrestos** *nmpl* : boldness : daring
arriar *v* : to lower : to slacken
arriate *nm* : bed : border
arriba *adv* : up : upwards : above : overhead : upstairs : up with
arribar *v* : to arrive : to dock : to put into port
arribista *nmf* : parvenu : upstart
arribo *nm* : arrival
arriendo *nm* : rent : rental
arriero, **-ra** *n* : mule driver
arriesgado, **-da** *adj* : risky : bold : daring
arriesgar *v* : to risk : to venture — **arriesgarse** *vr* : to take a chance
arrimado, **-da** *n* : sponger : freeloader
arrimar *v* : to bring closer : to draw near — **arrimarse** *vr* : to approach : to get close
arrinconar *v* : to corner : to box in : to push aside : to abandon
arroba *nf* : at sign : former unit of measurement
arrobamiento *nm* : rapture : ecstasy
arrobar *v* : to enrapture : to enchant — **arrobarse** *vr*
arrocero[1], **-ra** *adj* : rice
arrocero[2], **-ra** *n* : rice grower
arrodillarse *vr* : to kneel
arrogancia *nf* : arrogance : haughtiness
arrogante *adj* : arrogant : haughty
arrogarse *vr* : to usurp : to arrogate
arrojado, **-da** *adj* : daring : fearless
arrojar *v* : to hurl : to cast : to throw : to give off : to spew out : to yield : to produce : to vomit — **arrojarse** *vr* : to throw oneself : to leap
arrojo *nm* : boldness : fearlessness
arrollador, **-dora** *adj* : sweeping : overwhelming
arrollar *v* : to sweep away : to carry away : to crush : to overwhelm : to run over
arropar *v* : to clothe : to cover — **arroparse** *vr*
arrostrar *v* : to confront : to face
arroyo *nm* : brook : creek : stream : gutter
arroz *nm*, *pl* **arroces** : rice
arrozal *nm* : rice field : rice paddy
arruga *nf* : wrinkle : fold : crease
arrugado, **-da** *adj* : wrinkled : creased : lined
arrugar *v* : to wrinkle : to crease : to pucker — **arrugarse** *vr*
arruinar *v* : to ruin : to wreck — **arruinarse** *vr* : to be ruined : to fall into ruin : to go bankrupt
arrullar *v* : to lull to sleep : to coo
arrullo *nm* : lullaby : coo

arrumaco *nm* : kissing : cuddling
arrumbar *v* : to lay aside : to put away : to floor : to leave speechless
arsenal *nm* : arsenal
arsénico *nm* : arsenic
arte *nmf* : art : skill; **artes** *nfpl* : cunning : guile
artefacto *nm* : artifact : device
artemisa *nf* : sagebrush
arteria *nf* : artery — **arterial** *adj*
arteriosclerosis *nf* : arteriosclerosis : hardening of the arteries
artero, **-ra** *adj* : wily : crafty
artesanal *adj* : pertaining to crafts or craftsmanship : handmade
artesanía *nf* : craftsmanship : handicrafts *pl*
artesano, **-na** *n* : artisan : craftsman
ártico, **-ca** *adj* : arctic
articulación *nf*, *pl* **-ciones** : articulation : pronunciation : joint
articular *v* : to articulate : to utter : to connect with a joint : to coordinate : to orchestrate
articulista *nmf* : columnist
artículo *nm* : article : thing : item : feature : report
artífice *nmf* : artisan : mastermind : architect
artificial *adj* : artificial : man-made : feigned : false — **artificialmente** *adv*
artificio *nm* : skill : device : appliance : artifice : ruse
artificioso, **-sa** *adj* : skillful : cunning : deceptive
artillería *nf* : artillery
artillero, **-ra** *n* : gunner
artilugio *nm* : gadget : contraption
artimaña *nf* : ruse : trick
artista *nmf* : artist : actor : actress *f*
artístico, **-ca** *adj* : artistic — **artísticamente** *adv*
artrítico, **-ca** *adj* : arthritic
artritis *nfs & pl* : arthritis
artrópodo *nm* : arthropod
arveja *nf* : pea
arzobispado *nm* : archbishopric
arzobispo *nm* : archbishop
as *nm* : ace
asa *nf* : handle : grip
asado[1], **-da** *adj* : roasted : grilled : broiled
asado[2] *nm* : roast : barbecued meat : barbecue : cookout
asador *nm* : spit : rotisserie
asaduras *nfpl* : entrails : offal
asalariado[1], **-da** *adj* : wage-earning : salaried
asalariado[2], **-da** *n* : wage earner
asaltante *nmf* : mugger : robber : assailant
asaltar *v* : to assault : to mug : to rob
asalto *nm* : assault : mugging : robbery : round

asamblea *nf* : assembly : meeting
asambleísta *nmf* : assemblyman *m*
: assemblywoman *f*
asar *v* : to roast : to grill — **asarse** *vr* : to
be dying from heat
asbesto *nm* : asbestos
ascendencia *nf* : ancestry : descent
ascendente *adj* : ascending : upward
ascender *v* : to ascend : to rise up : to
be promoted : to promote
ascendiente[1] *nmf* : ancestor
ascendiente[2] *nm* : influence
: ascendancy
ascensión *nf, pl* **-siones** : ascent : rise
ascenso *nm* : ascent : rise : promotion
ascensor *nm* : elevator
asceta *nmf* : ascetic
ascético, -ca *adj* : ascetic
ascetismo *nm* : asceticism
asco *nm* : disgust
ascua *nf* : ember
aseado, -da *adj* : clean : neat
asear *v* : to wash : to clean : to tidy up
— **asearse** *vr*
asechanza *nf* : snare : trap
asechar *v* : to set a trap for
asediar *v* : to besiege : to harass
asedio *nm* : siege : harassment
asegurador[1] **, -dora** *adj* : insuring
: assuring : pertaining to insurance
asegurador[2] **, -dora** *n* : insurer
: underwriter
aseguradora *nf* : insurance company
asegurar *v* : to assure : to secure : to
insure — **asegurarse** *vr* : to make
sure : to take out insurance : to insure
oneself
asemejar *v* : to make similar : to be
similar to : to resemble — **asemejarse**
vr ~ **a** : to look like : to resemble
asentaderas *nfpl* : bottom : buttocks *pl*
asentado, -da *adj* : settled : established
asentamiento *nm* : settlement
asentar *v* : to lay down : to set down : to
place : to settle : to establish : to state
: to affirm — **asentarse** *vr* : to settle
down : to establish oneself
asentimiento *nm* : assent : consent
asentir *v* : to consent : to agree
aseo *nm* : cleanliness
aséptico, -ca *adj* : aseptic
asequible *adj* : accessible : attainable
aserción *nf, pl* **-ciones** → **aserto**
aserradero *nm* : sawmill
aserrar *v* : to saw
aserrín *nm, pl* **-rrines** : sawdust
aserto *nm* : assertion : affirmation
asesinar *v* : to murder : to assassinate
asesinato *nm* : murder : assassination
asesino[1] **, -na** *adj* : murderous
: homicidal
asesino[2] **, -na** *n* : murderer : killer
: assassin
asesor, -sora *n* : advisor : consultant

asesoramiento *nm* : advice : counsel
asesorar *v* : to advise : to counsel —
asesorarse *vr* ~ **de** : to consult
asesoría *nf* : consulting : advising
: consultant's office
asestar *v* : to aim : to point : to deliver
: to deal
aseveración *nf, pl* **-ciones** : assertion
: statement
aseverar *v* : to assert : to state
asexual *adj* : asexual — **asexualmente**
adv
asfaltado[1] **, -da** *adj* : paved
asfaltado[2] *nm* : pavement : asphalt
asfaltar *v* : to pave : to blacktop
asfalto *nm* : asphalt
asfixia *nf* : asphyxia : asphyxiation
: suffocation
asfixiante *adj* : asphyxiating : oppressive
asfixiar *v* : to asphyxiate : to suffocate
: to smother — **asfixiarse** *vr*
asga, etc. → **asir**
así[1] *adv* : like this : like that : so
así[2] *adj* : such : such a : like that
así[3] *conj* : even if : even though
asiático[1] **, -ca** *adj* : Asian
asiático[2] **, -ca** *n* : Asian
asidero *nm* : grip : handle : hold
asiduamente *adv* : regularly : frequently
asiduidad *nf* **con** ~ : regularly
: frequently
asiduo, -dua *adj* : assiduous : frequent
: regular
asiento *nm* : seat : chair : location : site
asignación *nf, pl* **-ciones** : allocation
: appointment : designation : allowance
: pay : homework : assignment
asignar *v* : to assign : to allocate : to
appoint
asignatura *nf* : subject : course
asilado, -da *n* : exile : refugee
asilo *nm* : asylum : refuge : shelter
asimetría *nf* : asymmetry
asimétrico, -ca *adj* : asymmetrical
: asymmetric
asimilación *nf, pl* **-ciones** : assimilation
asimilar *v* : to assimilate — **asimilarse**
vr ~ **a** : to be similar to : to resemble
asimismo *adv* : similarly : likewise : as
well : also
asir *v* : to seize : to grasp — **asirse** *vr* ~
a : to cling to
asistencia *nf* : attendance : assistance
: assist
asistente[1] *adj* : attending : in attendance
asistente[2] *nmf* : assistant
asistido, -da *adj* : assisted
asistir *v* : to attend : to be present : to
aid : to assist
asma *nf* : asthma
asmático, -ca *adj* : asthmatic
asno *nm* : ass : donkey
asociación *nf, pl* **-ciones** : association
: relationship : society : group

asociado[1]**, -da** *adj* : associate : associated

asociado[2]**, -da** *n* : associate : partner

asociar *v* : to associate : to connect : to pool : to take into partnership — **asociarse** *vr* : to become partners

asolar *v* : to devastate : to destroy

asoleado, -da *adj* : sunny

asolear *v* : to put in the sun — **asolearse** *vr* : to sunbathe

asomar *v* : to show : to stick out : to appear : to become visible — **asomarse** *vr* : to lean out : to look out

asombrar *v* : to amaze : to astonish — **asombrarse** *vr* : to marvel : to be amazed

asombro *nm* : amazement : astonishment

asombroso, -sa *adj* : amazing : astonishing — **asombrosamente** *adv*

asomo *nm* : hint : trace

aspa *nf* : blade

aspaviento *nm* : exaggerated movement : fuss : flounce

aspecto *nm* : aspect : appearance : look

aspereza *nf* : roughness : coarseness

áspero, -ra *adj* : rough : coarse : abrasive — **ásperamente** *adv*

aspersión *nf, pl* **-siones** : sprinkling

aspersor *nm* : sprinkler

aspiración *nf, pl* **-ciones** : inhalation : breathing in : aspiration : desire

aspiradora *nf* : vacuum cleaner

aspirante *nmf* : applicant : candidate

aspirar *v* ~ **a** : to aspire to : to inhale : to breathe in

aspirina *nf* : aspirin

asqueante *adj* : sickening : disgusting

asquear *v* : to sicken : to disgust

asquerosidad *nf* : filth : foulness

asqueroso, -sa *adj* : disgusting : sickening : repulsive — **asquerosamente** *adv*

asta *nf* : flagpole : horn : antler : shaft

ástaco *nm* : crayfish

astado, -da *adj* : horned

aster *nm* : aster

asterisco *nm* : asterisk

asteroide *nm* : asteroid

astigmatismo *nm* : astigmatism

astil *nm* : shaft

astilla *nf* : splinter : chip

astillar *v* : to splinter — **astillarse** *vr*

astillero *nm* : dry dock : shipyard

astral *adj* : astral

astringente *adj & nm* : astringent — **astringencia** *nf*

astro *nm* : heavenly body : star

astrología *nf* : astrology

astrológico, -ca *adj* : astrological

astrólogo, -ga *n* : astrologer

astronauta *nmf* : astronaut

astronáutica *nf* : astronautics

astronáutico, -ca *adj* : astronautic : astronautical

astronave *nf* : spaceship

astronomía *nf* : astronomy

astronómico, -ca *adj* : astronomical — **astronómicamente** *adv*

astrónomo, -ma *n* : astronomer

astroso, -sa *adj* : slovenly : untidy

astucia *nf* : astuteness : shrewdness : cunning : guile

astuto, -ta *adj* : astute : shrewd : crafty : tricky — **astutamente** *adv*

asueto *nm* : time off : break

asumir *v* : to assume : to take on : to suppose

asunción *nf, pl* **-ciones** : assumption

asunto *nm* : affair : matter : subject; **asuntos** *nmpl* : affairs : business

asustadizo, -za *adj* : nervous : jumpy : skittish

asustado, -da *adj* : frightened : afraid

asustar *v* : to scare : to frighten — **asustarse** *vr*

atacante *nmf* : assailant : attacker

atacar *v* : to attack

atado[1]**, -da** *adj* : shy : inhibited

atado[2] *nm* : bundle : bunch : pack

atadura *nf* : tie : bond

atajada *nf* : save

atajar *v* : to block : to stop : to interrupt : to cut off : to hold back : to restrain ~ **por** : to take a shortcut through

atajo *nm* : shortcut

atalaya *nf* : watchtower : vantage point

atañer *v* ~ **a** : to concern : to have to do with

ataque *nm* : attack : assault : fit

atar *v* : to tie : to tie up : to tie down — **atarse** *vr*

atarantado, -da *adj* : restless : dazed : stunned

atarantar *v* : to daze : to stun

atarazana *nf* : shipyard

atardecer[1] *v impers* : to get dark

atardecer[2] *nm* : late afternoon : dusk

atareado, -da *adj* : busy : overworked

atascar *v* : to block : to clog : to stop up : to hinder — **atascarse** *vr* : to become obstructed : to get bogged down : to stall

atasco *nm* : blockage : traffic jam

ataúd *nm* : coffin : casket

ataviar *v* : to dress : to clothe — **ataviarse** *vr* : to dress up

atavío *nm* : dress : attire

ateísmo *nm* : atheism

atemorizar *v* : to frighten : to intimidate — **atemorizarse** *vr*

atemperar *v* : to temper : to moderate

atención[1] *nf, pl* **-ciones** : attention

atención[2] *interj* : attention! : watch out!

atender *v* : to help : to wait on : to look after : to take care of : to heed : to listen to : to pay attention

atenerse *vr* : to abide

atentado *nm* : attack : assault

atentamente *adv* : attentively : carefully
: sincerely : sincerely yours

atentar *v* ~ **contra** : to make an attempt
on : to threaten

atento, -ta *adj* : attentive : mindful
: courteous

atenuación *nf, pl* **-ciones** : lessening
: understatement

atenuante[1] *adj* : extenuating : mitigating

atenuante[2] *nmf* : extenuating
circumstance : excuse

atenuar *v* : to extenuate : to mitigate
: to dim : to tone down : to minimize
: to lessen

ateo[1], **atea** *adj* : atheistic

ateo[2], **atea** *n* : atheist

aterciopelado, -da *adj* : velvety : downy

aterido, -da *adj* : freezing : frozen

aterrador, -dora *adj* : terrifying

aterrar *v* : to terrify : to frighten

aterrizaje *nm* : landing

aterrizar *v* : to land : to touch down

aterrorizar *v* : to terrify : to terrorize —
aterrorizarse *vr* : to be terrified

atesorar *v* : to hoard : to amass

atestado, -da *adj* : crowded : packed

atestar *v* : to crowd : to pack : to witness
: to testify to : to testify

atestiguar *v* : to testify : to bear
witness to : to testify

atiborrar *v* : to pack : to crowd —
atiborrarse *vr* : to stuff oneself

ático *nm* : penthouse : attic

atigrado, -da *adj* : tabby : striped

atildado, -da *adj* : smart : neat : dapper

atildar *v* : to put a tilde over : to clean up
: to smarten up — **atildarse** *vr* : to get
spruced up

atinar *v* : to be accurate : to be on target

atingencia *nf* : bearing : relevance

atípico, -ca *adj* : atypical

atiplado, -da *adj* : shrill : high-pitched

atirantar *v* : to make taut : to tighten

atisbar *v* : to spy on : to watch : to catch
a glimpse of : to make out

atisbo *nm* : glimpse : sign : hint

atizador *nm* : poker

atizar *v* : to poke : to stir : to stoke : to
stir up : to rouse : to give : to land

atlántico, -ca *adj* : Atlantic

atlas *nm* : atlas

atleta *nmf* : athlete

atlético, -ca *adj* : athletic

atletismo *nm* : athletics

atmósfera *nf* : atmosphere

atmosférico, -ca *adj* : atmospheric

atolladero *nm* : predicament : fix

atollarse *vr* : to get stuck : to get bogged
down

atolón *nm, pl* **-lones** : atoll

atolondrado, -da *adj* : bewildered
: dazed : scatterbrained
: absentminded

atómico, -ca *adj* : atomic

atomizador *nm* : atomizer

atomizar *v* : to fragment : to break into
bits

átomo *nm* : atom

atónito, -ta *adj* : astonished : amazed

atontar *v* : to stupefy : to bewilder : to
confuse

atorar *v* : to block : to clog — **atorarse**
vr : to get stuck : to choke

atormentador, -dora *n* : tormentor

atormentar *v* : to torment : to torture —
atormentarse *vr* : to torment oneself
: to agonize

atornillar *v* : to screw

atorrante *nmf* : bum : loafer

atosigar *v* : to harass : to annoy

atracadero *nm* : dock : pier

atracador, -dora *n* : robber : mugger

atracar *v* : to dock : to land : to hold up
: to rob : to mug — **atracarse** *vr* ~ **de**
: to gorge oneself with

atracción *nf, pl* **-ciones** : attraction

atraco *nm* : holdup : robbery

atracón *nm, pl* **-cones darse un
atracón (de)** : to pig out

atractivo[1], **-va** *adj* : attractive —
atractivamente *adv*

atractivo[2] *nm* : attraction : appeal : charm

atraer *v* : to attract — **atraerse** *vr* : to
gain : to win

atragantarse *vr* : to choke

atrancar *v* : to block : to bar —
atrancarse *vr*

atrapada *nf* : catch

atrapar *v* : to trap : to capture

atrás *adv* : back : behind : ago

atrasado, -da *adj* : late : overdue
: backward : old-fashioned : slow

atrasar *v* : to delay : to put off : to lose
time — **atrasarse** *vr* : to fall behind

atraso *nm* : lateness : delay
: backwardness; **atrasos** *nmpl* : arrears

atravesar *v* : to cross : to go across : to
pierce : to lay across : to go through —
atravesarse *vr* : to be in the way : to
interfere : to meddle

atrayente *adj* : attractive

atreverse *vr* : to dare : to be insolent

atrevido, -da *adj* : bold : daring
: insolent

atrevimiento *nm* : daring : boldness
: insolence

atribución *nf, pl* **-ciones** : attribution

atribuible *adj* : attributable : ascribable

atribuir *v* : to attribute : to ascribe : to
grant : to confer — **atribuirse** *vr* : to
take credit for

atribular *v* : to afflict : to trouble —
atribularse *vr*

atributo *nm* : attribute

atril *nm* : lectern : stand

atrincherar *v* : to entrench —
atrincherarse *vr* : to dig in : to
entrench oneself

atrio *nm* : atrium : portico
atrocidad *nf* : atrocity
atrofia *nf* : atrophy
atrofiar *v* : to atrophy
atronador, -dora *adj* : thunderous
: deafening
atropellado, -da *adj* : rash
: hasty : brusque : abrupt —
atropelladamente *adv*
atropellamiento → atropello
atropellar *v* : to knock down : to
run over : to violate : to abuse —
atropellarse *vr* : to rush through : to
trip over one's words
atropello *nm* : abuse : violation
: outrage
atroz *adj, pl* **atroces** : atrocious
: appalling — **atrozmente** *adv*
atuendo *nm* : attire : costume
atufar *v* : to vex : to irritate — **atufarse**
vr : to get angry : to smell bad : to stink
atún *nm, pl* **atunes** : tuna fish : tuna
aturdimiento *nm* : bewilderment
: confusion
aturdir *v* : to stun : to shock : to bewilder
: to confuse : to stupefy — **aturdido,
-da** *adj*
atuvo, etc. → **atenerse**
audacia *nf* : boldness : audacity
audaz *adj, pl* **audaces** : bold
: audacious : daring — **audazmente**
adv
audible *adj* : audible
audición *nf, pl* **-ciones** : hearing
: audition
audiencia *nf* : audience
audífono *nm* : hearing aid; **audífonos**
nmpl : headphones : earphones
audio *nm* : audio
audiolibro *nm* : audiobook
audiovisual *adj* : audiovisual
auditar *v* : to audit
auditivo, -va *adj* : auditory : hearing
: aural
auditor, -tora *n* : auditor
auditoría *nf* : audit
auditorio *nm* : auditorium : audience
auge *nm* : peak : height : boom : upturn
augur *nm* : augur
augurar *v* : to predict : to foretell
augurio *nm* : augury : omen
augusto, -ta *adj* : august
aula *nf* : classroom
aullar *v* : to howl : to wail
aullido *nm* : howl : wail
aumentar *v* : to increase : to raise : to
rise : to grow
aumento *nm* : increase : rise
aun *adv* : even
aún *adv* : still : yet
aunar *v* : to join : to combine —
aunarse *vr* : to unite
aunque *conj* : though : although : even
if : even though

aura *nf* : aura : turkey buzzard
áureo, -rea *adj* : golden
aureola *nf* : halo : aura
aurícula *nf* : auricle
auricular *nm* : telephone receiver;
auriculares *nmpl* : headphones
: earphones
aurora *nf* : dawn
ausencia *nf* : absence
ausentarse *vr* : to leave : to go away
ausente[1] *adj* : absent : missing
ausente[2] *nmf* : absentee : missing
person
auspiciar *v* : to sponsor : to foster : to
promote
auspicios *nmpl* : sponsorship
: auspices
austeridad *nf* : austerity
austero, -ra *adj* : austere
austral *adj* : southern
australiano, -na *adj & n* : Australian
austriaco *or* **austríaco, -ca** *adj & n*
: Austrian
autenticar *v* : to authenticate —
autenticación *nf*
autenticidad *nf* : authenticity
auténtico, -ca *adj* : authentic —
auténticamente *adv*
autentificar *v* : to authenticate —
autentificación *nf*
autismo *nm* : autism
autista *adj* : autistic
auto *nm* : auto : car
auto- *pref* : self-
autoabastecerse *vr* : to be self-sufficient
autoayuda *nf* : self-help
autobiografía *nf* : autobiography
autobiográfico, -ca *adj*
: autobiographical
autobomba *nf* : fire truck
auto bomba *nm* : car bomb
autobús *nm, pl* **-buses** : bus
autocar → **autobús**
autocine *nm* : drive-in
autocompasión *nf* : self-pity
autocontrol *nm* : self-control
autocorrector *nm* : autocorrect
autocracia *nf* : autocracy
autócrata *nmf* : autocrat
autocrático, -ca *adj* : autocratic
autóctono, -na *adj* : indigenous : native
autodefensa *nf* : self-defense
autodenominarse *vr* : to call oneself
autodestrucción *nf* : self-destruction —
autodestructivo, -va *adj*
autodeterminación *nf* : self-
determination
autodidacta[1] *adj* : self-taught
autodidacta[2] *nmf* : self-taught person
autodidacto[1]**, -ta** *adj* → **autodidacta**[1]
autodidacto[2]**, -ta** *n* → **autodidacta**[2]
autodisciplina *nf* : self-discipline
autoedición *nf* : desktop publishing
autoescuela *nf* : driving school

autoestima *nf* : self-esteem
autofoto *nf* : selfie
autogobierno *nm* : self-government
autografiar *v* : to autograph
autógrafo *nm* : autograph
autoinfligido, -da *adj* : self-inflicted
automación → **automatización**
autómata *nm* : automaton
automático, -ca *adj* : automatic —
   automáticamente *adv*
automatización *nf* : automation
automatizar *v* : to automate
automercado *nm* : supermarket
automotor, -tora *adj* : self-propelled
   : automotive : car
automotriz[1] *adj, pl* **-trices** : automotive
   : car
automotriz[2] *nf, pl* **-trices** : automaker
automóvil *nm* : automobile
automovilista *nmf* : motorist
automovilístico, -ca *adj* : automobile
   : car
autonombrado, -da *adj* : self-appointed
autonomía *nf* : autonomy
autonómico, -ca *adj* : autonomous
autónomo, -ma *adj* : autonomous —
   autónomamente *adv*
autopista *nf* : expressway : highway
autoproclamado, -da *adj* : self-
   proclaimed : self-appointed
autopropulsado, -da *adj* : self-propelled
autopsia *nf* : autopsy
autor, -tora *n* : author : perpetrator
autoría *nf* : authorship
autoridad *nf* : authority
autoritario, -ria *adj* : authoritarian
autorización *nf, pl* **-ciones**
   : authorization
autorizado, -da *adj* : authorized
   : authoritative
autorizar *v* : to authorize : to approve
autorretrato *nm* : self-portrait
autoservicio *nm* : self-service
   restaurant : supermarket
autostop *nm* : hitchhiking
autostopista *nmf* : hitchhiker
autosuficiencia *nf* : self-sufficiency —
   autosuficiente *adj*
autovía *nf* : divided highway
auxiliar[1] *v* : to aid : to assist
auxiliar[2] *adj* : assistant : auxiliary
auxiliar[3] *nmf* : assistant : helper
auxilio *nm* : aid : assistance
aval *nm* : guarantee : endorsement
avalancha *nf* : avalanche
avalar *v* : to guarantee : to endorse
avaluar *v* : to evaluate : to appraise
avalúo *nm* : appraisal : evaluation
avance *nm* : advance
avanzado, -da *adj* : advanced
   : progressive
avanzar *v* : to advance : to move forward
   : to make progress : to put forward
avaricia *nf* : greed : avarice

avaricioso, -sa *adj* : avaricious : greedy
avaro[1], **-ra** *adj* : miserly : greedy
avaro[2], **-ra** *n* : miser
avasallador, -dora *adj* : overwhelming
avasallamiento *nm* : domination
avasallar *v* : to overpower : to subjugate
avatar *nm* : avatar; **avatares** *nmpl*
   : vagaries : vicissitudes
ave *nf* : bird
avecinarse *vr* : to approach : to come near
avecindarse *vr* : to settle : to take up
   residence
avellana *nf* : hazelnut : filbert
avellano *nm* : hazel
avena *nf* : oat : oats *pl* : oatmeal
avenencia *nf* : agreement : pact
avenida *nf* : avenue
avenir *v* : to reconcile : to harmonize
   — **avenirse** *vr* : to agree : to come to
   terms : to get along
aventajado, -da *adj* : outstanding
aventajar *v* : to be ahead of : to lead : to
   surpass : to outdo
aventar *v* : to fan : to winnow : to throw
   : to toss — **aventarse** *vr* : to hurl
   oneself : to dare : to take a chance
aventón *nm, pl* **-tones** : ride : lift
aventura *nf* : adventure : venture : risk
   : love affair
aventurado, -da *adj* : hazardous : risky
aventurar *v* : to venture : to risk —
   aventurarse *vr* : to take a risk
aventurero[1], **-ra** *adj* : adventurous
aventurero[2], **-ra** *n* : adventurer
avergonzado, -da *adj* : ashamed
   : embarrassed
avergonzar *v* : to shame : to embarrass
   — **avergonzarse** *vr* : to be ashamed
   : to be embarrassed
avería *nf* : damage : breakdown
   : malfunction
averiado, -da *adj* : damaged : faulty
   : broken down
averiar *v* : to damage — **averiarse** *vr*
   : to break down
averiguación *nf, pl* **-ciones**
   : investigation : inquiry
averiguar *v* : to find out : to ascertain
   : to investigate
aversión *nf, pl* **-siones** : aversion : dislike
avestruz *nm, pl* **-truces** : ostrich
avezado, -da *adj* : seasoned : experienced
aviación *nf, pl* **-ciones** : aviation
aviador, -dora *n* : aviator : flyer
aviar *v* : to prepare : to make ready : to
   tidy up : to equip : to supply
avícola *adj* : poultry
avicultor, -tora *n* : poultry farmer
avicultura *nf* : poultry farming
avidez *nf, pl* **-deces** : eagerness
ávido, -da *adj* : eager : avid —
   ávidamente *adv*
avieso, -sa *adj* : twisted : distorted
   : wicked : depraved

avinagrado, -da *adj* : vinegary : sour
avío *nm* : preparation : provision : loan;
  avíos *nmpl* : gear : equipment
avión *nm, pl* **aviones** : airplane
avionazo *nm* : plane crash
avioneta *nf* : light airplane
avisar *v* : to notify : to inform : to advise
  : to warn
aviso *nm* : notice : advertisement : ad
  : warning
avispa *nf* : wasp
avispado, -da *adj* : clever : sharp
avispero *nm* : wasps' nest
avispón *nm, pl* **-pones** : hornet
avistamiento *nm* : sighting
avistar *v* : to sight : to catch sight of
avituallar *v* : to supply with food : to
  provision
avivar *v* : to enliven : to brighten : to
  strengthen : to intensify
avizorar *v* : to spy on : to watch : to
  observe : to perceive
axila *nf* : armpit
axioma *nm* : axiom
axiomático, -ca *adj* : axiomatic
ay *interj* : oh! : ouch! : ow!
ayer[1] *adv* : yesterday
ayer[2] *nm* : yesteryear : days gone by
ayote *nm* : squash : pumpkin
ayuda *nf* : help : assistance
ayudante *nmf* : helper : assistant
ayudar *v* : to help : to assist —
  ayudarse *vr* ~ **de** : to make use of
ayunar *v* : to fast
ayunas *nfpl* **en** ~ : fasting
ayuno *nm* : fast
ayuntamiento *nm* : town hall : city hall
  : town or city council
azabache *nm* : jet
azada *nf* : hoe
azafata *nf* : stewardess *f* : hostess *f*
azafrán *nm, pl* **-franes** : saffron : crocus
azahar *nm* : orange blossom
azalea *nf* : azalea
azar *nm* : chance : accident : misfortune
azaroso, -sa *adj* : perilous : hazardous
  : turbulent : eventful
azimut *nm* : azimuth
azogue *nm* : mercury
azorado, -da *adj* : embarrassed
  : flustered : amazed : stunned
azorar *v* : to alarm : to startle : to fluster
  : to embarrass — **azorarse** *vr* : to get
  embarrassed
azotar *v* : to whip : to flog : to lash : to
  batter : to devastate : to afflict
azote *nm* : whip : lash : spanking
  : licking : calamity : scourge
azotea *nf* : flat roof : terraced roof
azteca *adj & nmf* : Aztec
azúcar *nmf* : sugar — **azucarar** *v*
azucarado, -da *adj* : sweetened
  : sugary
azucarera *nf* : sugar bowl

azucarero, -ra *adj* : sugar
azucena *nf* : white lily
azuela *nf* : adze
azufre *nm* : sulfur — **azufroso, -sa** *adj*
azul *adj & nm* : blue
azulado, -da *adj* : bluish
azulejo *nm* : ceramic tile : floor tile
azuloso, -sa *adj* : bluish
azulete *nm* : bluing
azur[1] *adj* : azure
azur[2] *n* : azure : sky blue
azuzar *v* : to incite : to egg on
baba *nf* : spittle : saliva : dribble : drool
  : slime : ooze
babear *v* : to drool : to slobber : to ooze
babero *nm* : bib
babor *nm* : port : port side
babosa *nf* : slug
babosada *nf* : silly act or remark
baboso, -sa *adj* : drooling : slobbering
  : slimy : silly : dumb
babucha *nf* : slipper
babuino *nm* : baboon
baca *nf* : luggage/roof rack
bacalao *nm* : cod
bacán[1] *adj, pl* **bacanes** : posh : classy
  : rich : cool : neat : great
bacán[2] *n, pl* **bacanes** : rich person
bacano, -na *adj* : cool : great
bache *nm* : pothole : air pocket : bad
  period : rough time : slump
bachiller *nmf* : high school graduate
bachillerato *nm* : high school diploma
bacinica *nf* : chamber pot : potty
bacon *nm* : bacon
bacteria *nf* : bacterium
bacteriano, -na *adj* : bacterial
báculo *nm* : staff : stick
badajo *nm* : clapper
badén *nm, pl* **badenes** : ford : dip : ditch
  : speed bump
bádminton *nm* : badminton
bafle *or* **baffle** *nm* : speaker : loudspeaker
bagaje *nm* : background : knowledge
bagre *nm* : catfish
baguette *nf* : baguette
bah *interj* : huh!
bahía *nf* : bay
bailar *v* : to dance : to spin : to be loose
  : to be too big
bailarín[1], **-rina** *adj, mpl* **-rines** : dancing
  : fond of dancing
bailarín[2], **-rina** *n, mpl* **-rines** : dancer
  : ballet dancer : ballerina *f*
baile *nm* : dance : dance party : ball
baja *nf* : fall : drop : slump : recession
  : loss : casualty
bajada *nf* : descent : dip : slope
  : decrease : drop
bajar *v* : to lower : to let down : to bring/
  take/carry down : to get/lift down : to
  bow : to go/come down : to download
  : to drop : to fall : to ebb — **bajarse** *vr*
  ~ **de** : to get off : to get out of

bajeza *nf* : low or despicable act : baseness

bajío *nm* : lowland : shoal : sandbank : shallows

bajista *nmf* : bass player : bassist

bajo[1] *adv* : low : softly : quietly

bajo[2], **-ja** *adj* : low : short : soft : faint : deep : lower : lowered : base : vile

bajo[3] *nm* : bass : double bass : bass guitar : first floor : ground floor : hemline

bajo[4] *prep* : under : beneath : below

bajón *nm, pl* **bajones** : sharp drop : slump

bajorrelieve *nm* : bas-relief

bala *nf* : bullet : bale

balacear → **balear**

balacera *nf* → **baleo**

balada *nf* : ballad

balance *nm* : balance : balance sheet : outcome : result

balancear *v* : to balance : to swing : to rock — **balancearse** *vr* : to sway : to rock

balanceo *nm* : swaying : rocking : swinging

balancín *nm, pl* **-cines** : rocking chair : seesaw

balandra *nf* : sloop

balanza *nf* : scales *pl* : balance

balar *v* : to bleat

balaustrada *nf* : balustrade

balazo *nm* : shot : gunshot : bullet wound

balboa *nf* : balboa

balbucear *v* : to mutter : to stammer : to babble

balbuceo *nm* : mumbling : stammering : babbling

balbucir → **balbucear**

balcánico, -ca *adj* : Balkan

balcón *nm, pl* **balcones** : balcony

balde *nm* : bucket : pail

baldío[1], **-día** *adj* : fallow : useless : vain

baldío[2] *nm* : wasteland : vacant lot

baldosa *nf* : floor tile : paving tile/stone : paving block

balear *v* : to shoot : to shoot at

baleo *nm* : shooting : shoot-out

balero *nm* : ball bearing : cup-and-ball toy

balido *nm* : bleat

balín *nm, pl* **balines** : pellet

balística *nf* : ballistics

balístico, -ca *adj* : ballistic

baliza *nf* : buoy : beacon

ballena *nf* : whale

ballenero[1], **-ra** *adj* : whaling

ballenero[2], **-ra** *n* : whaler

ballenero[3] *nm* : whaleboat : whaler

ballesta *nf* : crossbow : spring

ballet *nm* : ballet

balneario *nm* : spa : bathing resort

balompié *nm* : soccer

balón *nm, pl* **balones** : ball : tank

baloncelista → **basquetbolista**

baloncesto *nm* : basketball

balonmano *nm* : handball

balsa *nf* : raft : balsa : pond : pool

balsámico, -ca *adj* : soothing

bálsamo *nm* : balsam : balm

balsero, -ra *n* : boat person : refugee

báltico, -ca *adj* : Baltic

baluarte *nm* : bulwark : bastion

bambalina *nf* **tras/entre bambalinas** : behind the scenes

bambolear *v* : to sway : to swing : to wobble — **bambolearse** *vr*

bamboleo *nm* : swaying : swinging : wobbling

bambú *nm, pl* **bambúes** *or* **bambús** : bamboo

banal *adj* : banal — **banalidad** *nf*

banana *nf* : banana

bananero[1], **-ra** *adj* : banana

bananero[2] *nm* : banana tree

banano *nm* : banana tree : banana

banca *nf* : banking : banks : bank : bench

bancada *nf* : group : faction : workbench

bancal *nm* : terrace : plot

bancario, -ria *adj* : bank : banking

bancarrota *nf* : bankruptcy

banco *nm* : bank : bar : stool : bench : pew : school

banda *nf* : band : strip : sash : belt : (frequency) band : gang : flock : side : touchline

bandada *nf* : flock : school

bandazo *nm* **dar bandazos** : to move from side to side

bandearse *vr* : to look after oneself : to cope

bandeja *nf* : tray : platter

bandera *nf* : flag : banner

banderazo *nm* : starting signal

banderilla *nf* : dart

banderín *nm, pl* **-rines** : pennant : small flag

bandido, -da *n* : bandit : outlaw

bando *nm* : faction : side : proclamation

bandolero, -ra *n* : bandit : outlaw

banjo *nm* : banjo

banquero, -ra *n* : banker

banqueta *nf* : footstool : stool : bench : sidewalk

banquete *nm* : banquet

banquetear *v* : to feast

banquillo *nm* : bench : dock : defendant's seat

banquina *nf* : shoulder

bañadera → **bañera**

bañador *nm* : swimsuit : bathing suit

bañar *v* : to bathe : to wash : to immerse : to dip : to coat : to cover — **bañarse** *vr* : to take a bath : to swim : to go swimming

bañera *nf* : bathtub

bañero, -ra *n* : lifeguard

bañista *nmf* : bather
baño *nm* : bath : swim : dip : bathroom
: bathtub : icing : frosting
baptista → **bautista**
baqueta *nf* : ramrod; **baquetas** *nfpl*
: drumsticks
bar *nm* : bar
baraja *nf* : deck of cards
barajar *v* : to shuffle : to consider
baranda *nf* → **barandal**
barandal *nm* : rail : railing : banister
: handrail
barandilla *nf* → **barandal**
barata *nf* : sale : bargain : cockroach
baratija *nf* : bauble : trinket
baratillo *nm* : rummage sale : flea
market
barato[1] *adv* : cheap : cheaply
barato[2], **-ta** *adj* : cheap : inexpensive
barba *nf* : beard : stubble : chin
barbacoa *nf* : barbecue : barbecued meat
bárbaramente *adv* : barbarously
barbaridad *nf* : barbarity : atrocity
: stupid act or remark : ton : load
barbarie *nf* : savagery
bárbaro[1] *adv* **pasarlo bárbaro** : to have
a great time
bárbaro[2], **-ra** *adj* : barbarian : cruel
: rude : crass : great : fantastic
bárbaro[3], **-ra** *n* : barbarian
barbecho *nm* : fallow land
barbería *nf* : barbershop
barbero *nm* : barber
barbilla *nf* : chin
barbitúrico *nm* : barbiturate
barbudo[1], **-da** *adj* : bearded
barbudo[2] *nm* : bearded man
barca *nf* : boat
barcaza *nf* : barge
barcia *nf* : chaff
barco *nm* : boat : ship
barda *nf* : wall : fence
bardo *nm* : bard
baremo *nm* : scale
barítono *nm* : baritone
barman *nm* : bartender
barniz *nm, pl* **barnices** : varnish
barnizar *v* : to varnish
barómetro *nm* : barometer —
barométrico, -ca *adj*
barón *nm, pl* **barones** : baron
baronesa *nf* : baroness
barquero, -ra *n* : boatman *m*,
boatwoman *f*
barquillo *nm* : wafer : ice-cream cone
barra *nf* : bar : rod : block : counter
: gang : slash : bank
barraca *nf* : shack : booth : stall
barracuda *nf* : barracuda
barranca *nf* : hillside : slope
barranco *nm* : ravine : gorge
barredora *nf* : street sweeper
barrena *nf* : drill : auger : gimlet
: tailspin

barrenar *v* : to drill
barrendero, -ra *n* : sweeper : street
cleaner
barrer *v* : to sweep : to sweep away
: to crush : to defeat : to make a clean
sweep — **barrerse** *vr* : to slide
barrera *nf* : barrier : obstacle
barreta *nf* : crowbar
barriada *nf* : district : quarter
: shantytown : slums *pl*
barrica *nf* : barrel : cask : keg
barricada *nf* : barricade
barrida *nf* : sweep : slide : clean sweep
barrido *nm* : sweeping
barriga *nf* : belly
barrigón, -gona *adj, mpl* **-gones**
: potbellied
barril *nm* : barrel : keg
barrio *nm* : neighborhood : district
barrizal *nm* : quagmire
barro *nm* : mud : clay : pimple
: blackhead
barroco, -ca *adj* : baroque — **barroco** *nm*
barroso, -sa *adj* : muddy
barrote *nm* : bar
bártulos *nmpl* : things : belongings
barullo *nm* : racket : ruckus : mess
: confusion
basa *nf* : base : pedestal
basalto *nm* : basalt
basar *v* : to base
báscula *nf* : balance : scales *pl*
base *nf* : base : bottom : basis
: foundation : rules *pl*
básico, -ca *adj* : basic — **básicamente**
adv
basílica *nf* : basilica
basket *or* **básquet** → **basquetbol**
basquetbol *or* **básquetbol** *nm*
: basketball
basquetbolista *nmf* : basketball player
basset *nm* : basset hound
bastante[1] *adv* : enough : sufficiently
: fairly : rather : quite
bastante[2] *adj* : enough : sufficient
: plenty of : a lot of
bastante[3] *pron* : enough
bastar *v* : to be enough : to suffice —
bastarse *vr* : to be able to manage on
one's own
bastardilla *nf* : italic type : italics *pl*
bastardo, -da *adj* : bastard : base
bastidor *nm* : framework : frame : wing
bastión *nf, pl* **bastiones** : bastion
: bulwark
basto[1], **-ta** *adj* : coarse : rough
basto[2] *nm* : club
bastón *nm, pl* **bastones** : cane : walking
stick : baton
basura *nf* : garbage : trash
basural → **basurero**[2]
basurero[1], **-ra** *n* : garbage collector
basurero[2] *nm* : garbage can : garbage
dump

bata *nf* : bathrobe : housecoat : smock
: coveralls : lab coat
batacazo *nm* : wallop
batalla *nf* : battle : fight : struggle
batallar *v* : to battle : to fight
batallón *nm, pl* **-llones** : battalion
batata *nf* : yam : sweet potato
batazo *nm* : hit
bate *nm* : baseball bat
batea *nf* : tray : pan : punt
bateador, -dora *n* : batter : hitter
batear *v* : to bat : to hit
bateo *nm* : batting
batería *nf* : battery : drum kit : drums *pl*
baterista *nmf* : drummer
batida *nf* : raid
batido *nm* : milk shake
batidor *nm* : eggbeater : whisk : mixer
batidora *nf* : (electric) mixer
batir *v* : to beat : to hit : to defeat : to
whisk : to whip : to cream : to flap : to
comb : to search : to break — **batirse**
vr : to fight
batuta *nf* : baton
baúl *nm* : trunk : chest
bautismal *adj* : baptismal
bautismo *nm* : baptism : christening
bautista *adj & nm* : Baptist
bautizar *v* : to baptize : to christen
bautizo → **bautismo**
bávaro, -ra *adj & n* : Bavarian
baya *nf* : berry
bayeta *nf* : cleaning cloth
bayoneta *nf* : bayonet
baza *nf* : trick
bazar *nm* : bazaar
bazo *nm* : spleen
bazofia *nf* : table scraps *pl* : slop : swill
: rubbish
bazuca *nf* : bazooka
beagle *nm* : beagle
beatífico, -ca *adj* : beatific
beato, -ta *adj* : blessed : devout : overly
devout
bebe, -ba *n* : baby
bebé *nm* : baby
bebedero *nm* : watering trough
: drinking fountain
bebedor, -dora *n* : (heavy) drinker
beber *v* : to drink
bebida *nf* : drink : beverage
bebido, -da *adj* : drunk
beca *nf* : grant : scholarship
becado, -da *n* : grant recipient
: scholarship holder
becar *v* : to award a grant or scholarship
to
becario, -ria → **becado**
becerro, -rra *n* : calf
bedel *nmf* : janitor
begonia *nf* : begonia
beige *adj & nm* : beige
beisbol *or* **béisbol** *nm* : baseball
beisbolista *nmf* : baseball player

beldad *nf* : beauty
belén *nf, pl* **belenes** : Nativity scene
belga *adj & nmf* : Belgian
belicista[1] *adj* : militaristic
belicista[2] *nmf* : warmonger
bélico, -ca *adj* : war : fighting : military
belicoso, -sa *adj* : warlike : martial
: aggressive : belligerent
beligerancia *nf* : belligerence
beligerante *adj & nmf* : belligerent
bellaco[1], **-ca** *adj* : sly : cunning
bellaco[2], **-ca** *n* : rogue : scoundrel
belleza *nf* : beauty
bello, -lla *adj* : beautiful — **bellamente**
adv
bellota *nf* : acorn
bemol *nm* : flat — **bemol** *adj*
bencina *nf* : gas : gasoline
bencinera *nf* : gas station
bendecir *v* : to bless
bendición *nf, pl* **-ciones** : benediction
: blessing
bendiga, bendijo, etc. → **bendecir**
bendito[1], **-ta** *adj* : blessed : holy
: fortunate
bendito[2], **-ta** *n* : simple person
benefactor[1], **-tora** *adj* : charitable
benefactor[2], **-tora** *n* : benefactor
: benefactress *f*
beneficencia *nf* : charity
beneficiar *v* : to benefit — **beneficiarse**
vr : to benefit
beneficiario, -ria *n* : beneficiary : payee
beneficio *nm* : profit : benefit
beneficioso, -sa *adj* : beneficial
benéfico, -ca *adj* : charitable
benemérito, -ta *adj* : meritorious
: worthy
beneplácito *nm* : approval : consent
benevolencia *nf* : benevolence
: kindness
benevolente → **benévolo**
benévolo, -la *adj* : benevolent : kind
: good
bengala *nf* **luz de bengala** : flare
: sparkler
benigno, -na *adj* : benign : mild
benjamín, -mina *n, mpl* **-mines**
: youngest child
beodo, -da *adj & n* : drunk
berberecho *nm* : cockle
berenjena *nf* : eggplant
bergantín *nm, pl* **-tines** : brig
berlinés[1], **-nesa** *adj* : of or from Berlin
berlinés[2], **-nesa** *n* : person from Berlin
berma *nf* : shoulder
bermudas *nfpl* : Bermuda shorts
berrear *v* : to bellow : to low : to bawl
: to howl
berrido *nm* : bellowing : howl : scream
berrinche *nm* : tantrum
berro *nm* : watercress
besar *v* : to kiss — **besarse** *vr* : to kiss
beso *nm* : kiss

bestia[1] *adj* : ignorant : stupid : boorish
: rude
bestia[2] *nf* : beast : brute
bestia[3] *nmf* : ignoramus : brute
bestial *adj* : bestial : beastly : huge
: enormous : great : fantastic
bestialidad *nf* : brutality : stupid act or
remark : load : ton
best-seller *nm, pl* **-sellers** : best seller
beta *nf* : beta
besuquear *v* : to cover with kisses —
besuquearse *vr* : to neck : to smooch
betabel *nm* : beet
betún *nm, pl* **betunes** : shoe polish
: icing
bi- *pref* : bi-
bianual *adj* : biannual
biberón *nm, pl* **-rones** : baby's bottle
biblia *nf* : bible
bíblico, -ca *adj* : biblical
bibliografía *nf* : bibliography —
bibliográfico, -ca *adj*
bibliógrafo, -fa *n* : bibliographer
biblioteca *nf* : library : bookcase
: bookshelves
bibliotecario, -ria *n* : librarian
bicameral *adj* : bicameral
bicarbonato *nm* : bicarbonate
bicentenario *nm* : bicentennial
bíceps *nms & pl* : biceps
bicho *nm* : small animal : bug
bici *nf* : bike
bicicleta *nf* : bicycle
bicolor *adj* : two-tone
bidé *or* **bidet** *nm* : bidet
bidireccional *adj* : two-way
bidón *nm, pl* **bidones** : large can : drum
bien[1] *adv* : well : right : properly
: skillfully : thoroughly : very : quite
: easily
bien[2] *adj* : well : OK : all right : good
: nice : pleasant : fine : right : correct
: proper
bien[3] *nm* : good : sake; **bienes** *nmpl*
: property : goods : possessions
bien[4] *conj* (o) bien ... (o) bien ...
: either ... or ...
bien[5] *interj* : well : so
bienal *adj & nf* : biennial —
bienalmente *adv*
bienaventurado, -da *adj* : blessed
: fortunate : happy
bienestar *nm* : welfare : well-being
: comfort
bienintencionado, -da *adj* : well-
meaning
bienvenida *nf* : welcome
bienvenido, -da *adj* : welcome
bies *nm* : bias
bife *nm* : steak
bífido, -da *adj* : forked
bifocales *nmpl* : bifocals — **bifocal** *adj*
bifurcación *nf, pl* **-ciones** : fork
bifurcarse *vr* : to fork

bigamia *nf* : bigamy
bígamo, -ma *n* : bigamist
bigote *nm* : mustache : whisker
bigotón, -tona *adj, mpl* **-tones** : having
a big mustache
bikini *nm* : bikini
bilateral *adj* : bilateral — **bilateralmente**
adv
biliar *adj* : bile
bilingüe *adj* : bilingual
bilis *nf* : bile
billar *nm* : pool : billiards
billete *nm* : bill → **boleto**
billetera *nf* : billfold : wallet
billetero, -ra *n* : lottery ticket vendor
billón *nm, pl* **billones** : billion : trillion
bimensual *adj* : bimonthly
: semimonthly
bimestral *adj* : bimonthly —
bimestralmente *adv*
bimestre *nm* : two-month period
bimotor *adj* : twin-engine
binacional *adj* : binational
binario, -ria *adj* : binary
bingo *nm* : bingo
binocular *adj* : binocular
binoculares *nmpl* : binoculars
bio- *pref* : bio-
biodegradable *adj* : biodegradable
biodiversidad *nf* : biodiversity
biografía *nf* : biography
biográfico, -ca *adj* : biographical
biógrafo, -fa *n* : biographer
biología *nf* : biology
biológico, -ca *adj* : biological : biologic
— **biológicamente** *adv*
biólogo, -ga *n* : biologist
biombo *nm* : folding screen : room
divider
biopsia *nf* : biopsy
bioquímica *nf* : biochemistry
bioquímico[1]**, -ca** *adj* : biochemical
bioquímico[2]**, -ca** *n* : biochemist
biosfera *or* **biósfera** *nf* : biosphere
biotecnología *nf* : biotechnology —
biotecnológico, -ca *adj*
bip *nm* : beep
bipartidismo *nm* : two-party system
bipartidista *adj* : bipartisan
bípedo *nm* : biped
biquini → **bikini**
birlar *v* : to swipe : to pinch
birmano, -na *adj & n* : Burmese
birrete *nm* : mortarboard : biretta
bis[1] *adv* : twice : again : a : A
bis[2] *nm* : encore
bis- *pref* : great
bisabuelo, -la *n* : great-grandfather
m : great-grandmother *f* : great-
grandparent
bisagra *nf* : hinge
bisecar *v* : to bisect
bisel *nm* : bevel
biselar *v* : to bevel

bisexual *adj* : bisexual — **bisexualidad** *nf*

bisiesto *adj* año bisiesto : leap year

bisnieto, -ta *n* : great-grandson *m* : great-granddaughter *f* : great-grandchild

bisonte *nm* : bison : buffalo

bisoñé *nm* : hairpiece : toupee

bisoño¹, -ña *adj* : inexperienced

bisoño², -ña *n* : rookie

bistec *nm* : steak : beefsteak

bisturí *nm, pl* **-ríes** : scalpel

bisutería *nf* : costume jewelry

bit *nm* : bit

bitácora *nf* : ship's log : blog

bitcoin *nm, pl* **bitcoins** : Bitcoin

bizco, -ca *adj* : cross-eyed

bizcocho *nm* : sponge cake : biscuit

blanca *nf* : half note

blanco¹, -ca *adj* : white

blanco², -ca *n* : white person

blanco³ *nm* : white : target : bull's-eye

blancura *nf* : whiteness

blancuzco, -ca *adj* : whitish : off-white : pale

blandir *v* : to wave : to brandish

blando, -da *adj* : soft : tender : weak : lenient

blandura *nf* : softness : tenderness : leniency

blanqueador *nm* : bleach : whitener

blanquear *v* : to bleach : to whitewash : to shut out : to launder : to turn white

blanqueo *nm* : bleaching : whitewashing : money laundering

blanquillo *nm* : egg

blasfemar *v* : to blaspheme

blasfemia *nf* : blasphemy

blasfemo, -ma *adj* : blasphemous

blazer *nm* : blazer

bledo *nm* **(no) me importa un bledo** : I don't give a damn

blindado, -da *adj* : armored

blindaje *nm* : armor : armor plating : shield

bloc *nm, pl* **blocs** : notepad : pad

blof *nm* : bluff

blofear *v* : to bluff

blog *nm, pl* **blogs** : blog

blondo, -da *adj* : blond : flaxen

bloque *nm* : block : bloc

bloquear *v* : to block : to blockade : to jam : to freeze — **bloquearse** *vr* : to stick : to lock

bloqueo *nm* : blocking : blockade

blues *nm* : blues

blusa *nf* : blouse

blusón *nm, pl* **blusones** : loose shirt : smock

boa *nf* : boa

boato *nm* : ostentation : show

bobada *nf* : stupid remark or action

bobalicón, -cona *adj, mpl* **-cones** : silly : stupid

bobina *nf* : roll : spool : bobbin : (electrical) coil

bobo¹, -ba *adj* : silly : stupid

bobo², -ba *n* : fool

bobsleigh *nm* : bobsled

boca *nf* : mouth : entrance : muzzle

bocacalle *nf* : entrance to a street

bocadillo *nm* : sandwich

bocado *nm* : bite : mouthful : bit

bocajarro *nm* **a -** : point-blank

bocallave *nf* : keyhole

bocanada *nf* : mouthful : gust

boceto *nm* : sketch : outline

bochinche *nm* : ruckus : uproar

bochorno *nm* : embarrassment : hot and humid weather : hot flash

bochornoso, -sa *adj* : embarrassing : hot and muggy

bocina *nf* : horn : trumpet : automobile horn : mouthpiece : loudspeaker

bocinazo *nm* : honk

bocio *nm* : goiter

bocón, -cona *n, mpl* **bocones** : blabbermouth : loudmouth

boda *nf* : wedding

bodega *nf* : wine cellar : wine shop : wine bar : winery : wine producer : cellar : (ship's) hold : storeroom : warehouse : grocery store

bodegón *nm, pl* **-gones** : still life

bofetada *nf* : slap on the face

bofetear *v* : to slap

bofetón *nm, pl* **-tones** → **bofetada**

boga *nf* : fashion : vogue

bogey *nm* : bogey

bogotano¹, -na *adj* : of or from Bogotá

bogotano², -na *n* : person from Bogotá

bohemio, -mia *adj & n* : bohemian : Bohemian

bohío *nm* : hut

boicot *nm, pl* **boicots** : boycott

boicotear *v* : to boycott

bóiler *nm* : water heater

boina *nf* : beret

bol *nm* : bowl

bola *nf* : ball : marble : scoop : lie : fib : bunch : uproar : tumult

bolchevique *adj & nmf* : Bolshevik

bolear *v* : to polish

bolera *nf* : bowling alley

bolero¹ *nm* : bolero

bolero², -ra *n* : shoeshine boy/man *m* : shoeshine girl/woman *f*

boleta *nf* : receipt : ticket : slip : (traffic/parking) ticket : bill

boletaje *nm* : tickets *pl*

boletería *nf* : box office : ticket office

boletín *nm, pl* **-tines** : bulletin : journal : review

boleto *nm* : ticket : fare

boli *nm* → **bolígrafo**

boliche *nm* : bowling : bowling alley : bar : nightclub : small store

bólido *nm* : race car : meteor

bolígrafo *nm* : ballpoint pen
bolillo *nm* : bobbin : roll : bun
bolita *nf* : marble
bolívar *nm* : bolivar
boliviano[1], **-na** *adj & n* : Bolivian
boliviano[2] *nm* : boliviano
bollo *nm* : bun : sweet roll : ball
bolo *nm* : bowling pin
bolos *nmpl* : bowling
bolsa *nf* : bag : sack : pocketbook
: purse : pocket : pouch
bolsear *v* : to pick pocket
bolsillo *nm* : pocket
bolsita *nf* : small bag
bolso *nm* : pocketbook : handbag
bomba *nf* : bomb : bubble : pump : gas
station : bombshell : shocker
bombacha *nf* : panties
bombachos *nmpl* : baggy pants
: bloomers
bombardear *v* : to bomb : to bombard
bombardeo *nm* : bombing : shelling
: bombardment
bombardero *nm* : bomber
bombástico, -ca *adj* : bombastic
bombazo *nm* : bombshell : shocker
: (bomb) explosion
bombear *v* : to pump
bombero, -ra *n* : firefighter : fireman *m*
bombilla *nf* : lightbulb : tube : straw
bombillo *nm* : lightbulb
bombín *nm, pl* **-bines** : derby
bombita → **bombilla**
bombo *nm* : bass drum : fanfare : hype
bombón *nm, pl* **bombones** : bonbon
: chocolate : marshmallow
bombona *nf* : tank
bonachón[1], **-chona** *adj, mpl* **-chones**
: good-natured : kindhearted
bonachón[2], **-chona** *n, mpl* **-chones**
: kindhearted person
bonaerense[1] *adj* : of or from Buenos
Aires
bonaerense[2] *nmf* : person from Buenos
Aires
bonanza *nf* : prosperity : calm weather
: rich ore deposit : bonanza
bondad *nf* : goodness : kindness
bondadoso, -sa *adj* : kind : kindly
: good — **bondadosamente** *adv*
bonete *nm* : cap : mortarboard
bongo *or* **bongó** *nm, pl* **bongos** *or*
bongóes : bongo
boniato *nm* : sweet potato
bonificación *nf, pl* **-ciones** : discount
: bonus : extra
bonito[1] *adv* : nicely : well
bonito[2], **-ta** *adj* : pretty : lovely
bonito[3] *nm* : bonito
bono *nm* : bond : voucher
boqueada *nf* : gasp
boquear *v* : to gasp : to be dying
boquerón *nm, pl* **-rones** : anchovy
boquete *nm* : hole : opening

boquiabierto, -ta *adj* : open-mouthed
: speechless : agape
boquilla *nf* : mouthpiece : stem
: cigarette holder : nozzle
borbotar *or* **borbotear** *v* : to bubble
borboteo *nm* : bubbling
borda *nf* : gunwale
bordado *nm* : embroidery
bordar *v* : to embroider
borde *nm* : edge : rim : side
bordear *v* : to border : to line : to skirt
: to follow : to border on
bordillo *nm* : curb
bordo *nm* **a ~** : aboard : on board
bordón *nm, pl* **-dones** : bass string
: snare : staff
boreal *adj* : northern
borgoña *nf* : burgundy
boricua *adj & nmf* : Puerto Rican
borinqueño, -ña → **boricua**
borla *nf* : pom-pom : tassel : powder
puff
borrachera *nf* : drunkenness
borrachín, -china *n, mpl* **-chines** : lush
: drunk
borracho[1], **-cha** *adj* : drunk
borracho[2], **-cha** *n* : drunk : drunkard
borrador *nm* : rough copy : first draft
: sketch : (blackboard) eraser
borrar *v* : to erase : to delete : to wipe
: to wipe off : to blot out — **borrarse** *vr*
: to fade : to fade away : to resign : to
drop out : to split : to leave
borrasca *nf* : area of low pressure
: squall : storm
borrascoso, -sa *adj* : blustery : stormy
borrego, -ga *n* : lamb : sheep
borrico → **burro**
borrón *nm, pl* **borrones** : smudge : blot
borronear *v* : to smudge : to blot
borroso, -sa *adj* : blurry : fuzzy
boscoso, -sa *adj* : wooded
bosnio, -nia *adj & n* : Bosnian
bosque *nm* : woods : forest
bosquecillo *nm* : grove : copse : thicket
bosquejar *v* : to outline : to sketch
bosquejo *nm* : outline : sketch : draft
bostezar *v* : to yawn
bostezo *nm* : yawn
bot *nm, pl* **bots** : bot
bota *nf* : boot : wineskin
botadero *nm* : garbage dump
botana *nf* : snack : appetizer
botánica *nf* : botany
botánico[1], **-ca** *adj* : botanical
botánico[2], **-ca** *n* : botanist
botar *v* : to throw : to fling : to hurl : to
throw out : to throw away : to bounce
: to launch : to jump
bote *nm* : small boat : can : jar : jump
: bounce : jail
botella *nf* : bottle
botica *nf* : drugstore : pharmacy
boticario, -ria *n* : pharmacist : druggist

botín *nm, pl* **botines** : baby's bootee
: ankle boot : booty : plunder
botiquín *nm, pl* **-quines** : medicine
cabinet : first aid kit
botón *nm, pl* **botones** : button : bud
: badge
botones *nmfs & pl* : bellhop
botulismo *nm* : botulism
boulevard → bulevar
bouquet *nm, pl* **-quets** : bouquet
: aroma
bourbon *nm* : bourbon
boutique *nf* : boutique
bóveda *nf* : vault : dome : crypt
bovino, -na *adj* : bovine
box *nm, pl* **boxes** : pit : boxing
boxeador, -dora *n* : boxer
boxear *v* : to box
boxeo *nm* : boxing
boxers *nmpl* : boxer shorts
boya *nf* : buoy
boyante *adj* : buoyant
bozal *nm* : muzzle : halter
bracear *v* : to wave one's arms : to
make strokes
bracero, -ra *n* : migrant worker : day
laborer
bragas *nfpl* : panties
braguero *nm* : truss
bragueta *nf* : fly : pants zipper
braille *adj & nm* : braille
bramante *nm* : twine : string
bramar *v* : to roar : to bellow : to howl
bramido *nm* : bellowing : roar
brandy *nm* : brandy
branquia *nf* : gill
brasa *nf* : ember
brasero *nm* : brazier
brasier *or* **brassiere** *nm* : brassiere : bra
brasileño, -ña *adj & n* : Brazilian
brasilero, -ra → brasileño
bravata *nf* : boast : threat
bravío, -vía *adj* : wild : fierce
bravo, -va *adj* : ferocious : fierce : angry
: rough
bravucón, -cona *n, mpl* **-cones** : bully
bravuconadas *nfpl* : bravado
bravura *nf* : fierceness : ferocity
: bravery
braza *nf* : fathom
brazada *nf* : stroke
brazalete *nm* : bracelet : bangle
: armband
brazo *nm* : arm : limb : branch : inlet;
brazos *nmpl* : hands : laborers
brea *nf* : tar : pitch
brebaje *nm* : potion : brew
brecha *nf* : gap : breach : opening
: difference : gash
brega *nf* : struggle : hard work
bregar *v* : to struggle : to toil
breve *adj* : brief : short — **brevemente**
adv
brevedad *nf* : brevity : shortness

brezo *nm* : heather
bribón, -bona *n, mpl* **bribones** : rascal
: scamp
bricolaje *or* **bricolage** *nm* : do-it-
yourself : DIY
brida *nf* : bridle
bridge *nm* : bridge
brigada *nf* : brigade : team : squad
brigadier *nm* : brigadier
brillante[1] *adj* : bright : shiny : glossy
: sparkling : brilliant — **brillantemente**
adv
brillante[2] *nm* : diamond
brillantez *nf* : brilliance : brightness
brillar *v* : to shine : to sparkle
brillo *nm* : brilliance : luster : shine
: gloss : splendor
brilloso, -sa *adj* : lustrous : shiny
brincar *v* : to jump : to hop : to gambol
brinco *nm* : jump : leap : skip
brindar *v* : to drink a toast : to offer : to
provide — **brindarse** *vr* **brindarse**
a hacer algo : to volunteer to do
something
brindis *nm* : toast : drink
brinque, etc. → brincar
brío *nm* : force : determination : spirit
: verve
brioso, -sa *adj* : spirited
brisa *nf* : breeze
británico[1]**, -ca** *adj* : British
británico[2]**, -ca** *n* : British person
brizna *nf* : strand : blade
broca *nf* : drill bit
brocado *nm* : brocade
brocha *nf* : paintbrush
broche *nm* : brooch : fastener : clasp
: clip : barrette : hair clip : staple
brocheta *nf* : skewer
brócoli *nm* : broccoli
broma *nf* : joke : prank
bromear *v* : to joke
bromista[1] *adj* : joking : playful
bromista[2] *nmf* : joker : prankster
bromo *nm* : bromine
bronca *nf* : fight : quarrel : fuss : anger
: scolding
bronce *nm* : bronze
bronceado[1]**, -da** *adj* : tanned
: suntanned : bronze
bronceado[2] *nm* : suntan : tan : bronzing
bronceador *nm* : suntan lotion
broncear *v* : to tan — **broncearse** *vr* : to
get a suntan
bronco, -ca *adj* : harsh : rough
: untamed : wild
bronquial *adj* : bronchial
bronquio *nm* : bronchial tube
bronquitis *nf* : bronchitis
broqueta *nf* : skewer
brotar *v* : to bud : to sprout : to spring up
: to stream : to gush forth : to appear
brote *nm* : outbreak : sprout : bud
: shoot

broza *nf* : brushwood : scrub
: undergrowth
bruces → **de bruces**
brujería *nf* : witchcraft : sorcery
brujo[1], **-ja** *adj* : bewitching
brujo[2], **-ja** *n* : witch *f* sorcerer
brújula *nf* : compass
bruma *nf* : haze : mist
brumoso, -sa *adj* : hazy : misty
bruñir *v* : to burnish : to polish
brusco, -ca *adj* : sudden : abrupt : curt
: brusque — **bruscamente** *adv*
brusquedad *nf* : abruptness
: suddenness : brusqueness
brutal *adj* : brutal : incredible : terrific —
brutalmente *adv*
brutalidad *nf* : brutality
brutalizar *v* : to brutalize : to maltreat
bruto[1], **-ta** *adj* : gross : raw : unrefined
: brutish : stupid
bruto[2], **-ta** *n* : brute : dunce : blockhead
bubónico, -ca *adj* : bubonic
bucal *adj* : oral
bucanero *nm* : buccaneer
buceador, -dora *n* : diver : scuba diver
bucear *v* : to dive : to swim underwater
: to explore : to delve
buceo *nm* : diving : scuba diving
buche *nm* : crop : belly
bucle *nm* : curl : ringlet : loop
bucólico, -ca *adj* : bucolic
budín *nm, pl* **budines** : pudding
budismo *nm* : Buddhism
budista *adj & nmf* : Buddhist
buen *adj* → **bueno**[1]
buenamente *adv* : easily : willingly
buenaventura *nf* : good luck : fortune
: future
buenazo, -za *n* : kindhearted person
bueno[1], **-na** *adj* : good : kind : proper
: pleasant : tasty : fresh : healthy
: sexy : hot : competent : considerable
: goodly
bueno[2] *interj* : OK! : all right! : hello!
bueno[3], **-na** *n* : good guy
buey *nm* : ox : steer
búfalo *nm* : buffalo
bufanda *nf* : scarf
bufar *v* : to snort
bufet *or* **bufé** *nm* : buffet
bufete *nm* : law firm : law office
bufido *nm* : snort
bufo, -fa *adj* : comic
bufón, -fona *n, mpl* **bufones** : jester
: clown : buffoon
bufonada *nf* : antic
buhardilla *nf* : attic : dormer window
búho *nm* : owl : hermit : recluse
buhonero, -ra *n* : peddler
buitre *nm* : vulture
bujía *nf* : spark plug
bula *nf* : papal bull
bulbo *nm* : bulb
bulboso, -sa *adj* : bulbous

bulevar *nm* : boulevard
búlgaro, -ra *adj & n* : Bulgarian
bulla *nf* : racket : rowdiness
bulldog *nm, pl* **bulldogs** : bulldog
bulldozer *nm, pl* **-zers** : bulldozer
bullicio *nm* : ruckus : uproar : hustle
and bustle
bullicioso, -sa *adj* : noisy : busy
: turbulent
bullir *v* : to boil : to stir : to bustle about
bullying *nm* : bullying
bulto *nm* : package : bundle : piece of
luggage : bag : size : bulk : volume
: form : shape : lump : swelling : bulge
bumerán *nm, pl* **-ranes** : boomerang
búnker *nm, pl* **búnkers** : bunker
búnquer → **búnker**
buñuelo *nm* : doughnut : fried pastry
buque *nm* : ship : vessel
burbuja *nf* : bubble
burbujeante *adj* : bubbly
burbujear *v* : to bubble : to fizz
burdel *nm* : brothel
burdo, -da *adj* : coarse : rough : crude
: clumsy — **burdamente** *adv*
burgués, -guesa *adj & n, mpl*
burgueses : bourgeois
burguesía *nf* : bourgeoisie : middle
class
burla *nf* : mockery : ridicule : joke : trick
burlar *v* : to trick : to deceive : to evade
— **burlarse** *vr* ~ **de** : to make fun of
burlesco, -ca *adj* : burlesque : comic
burlón[1], **-lona** *adj, mpl* **burlones** : joking
: mocking
burlón[2], **-lona** *n, mpl* **burlones** : joker
burocracia *nf* : bureaucracy
burócrata *nmf* : bureaucrat
burocrático, -ca *adj* : bureaucratic
burrada *nf* : stupid act or remark
: nonsense
burrito *nm* : burrito
burro[1], **-rra** *adj* : dumb : stupid
burro[2], **-rra** *n* : donkey : ass : idiot
: dunce
burro[3] *nm* : sawhorse : ironing board
: stepladder
bursátil *adj* : stock-market
bus *nm* : bus
busca[1] *nf* : search
busca[2] *nm* → **buscapersonas**
buscador[1] *nm* : search engine
buscador[2], **-dora** *n* : hunter : prospector
buscapersonas *nms & pl* : beeper
: pager
buscapleitos *nmfs & pl* : troublemaker
buscar *v* : to look for : to seek : to fetch
: to get : to look up : to search : to look
— **buscarse** *vr* : to ask for : to look for
buscavidas *nmfs & pl* : go-getter
busero, -ra *n* : bus driver
buseta *nf* : minibus
busque, etc. → **buscar**
búsqueda *nf* : search

busto *nm* : bust
butaca *nf* : armchair : easy chair : seat
: pupil's desk
buzo¹, -za *adj* : smart : astute
buzo² *nm* : diver : sweatshirt : hoodie
: sweater : tracksuit
buzón *nm, pl* **buzones** : mailbox
byte *nm* : byte
cabal *adj* : exact : correct : complete
: upright : honest
cabales *nmpl* **no estar en sus cabales**
: not to be in one's right mind
cabalgar *v* : to ride
cabalgata *nf* : cavalcade : procession
cabalidad *nf* **a ~** : thoroughly
: conscientiously
caballa *nf* : mackerel
caballar *adj* : horse : equine
caballeresco, -ca *adj* : gallant
: chivalrous
caballería *nf* : cavalry : horse : mount
: knighthood : chivalry
caballeriza *nf* : stable
caballero¹ → **caballeroso**
caballero² *nm* : gentleman : knight
caballerosidad *nf* : chivalry : gallantry
caballeroso, -sa *adj* : gentlemanly
: chivalrous
caballete *nm* : ridge : easel : trestle
: bridge : sawhorse
caballista *nmf* : horseman *m*
: horsewoman *f*
caballito *nm* : rocking horse; **caballitos**
nmpl : merry-go-round
caballo *nm* : horse : knight
cabalmente *adv* : fully : exactly
cabaña *nf* : cabin : hut
cabaret *nm, pl* **-rets** : nightclub : cabaret
cabecear *v* : to head : to nod one's head
: to lurch : to pitch
cabeceo *nm* : pitch
cabecera *nf* : headboard : head
: heading : headline : headwaters *pl*
cabecilla *nmf* : ringleader
cabellera *nf* : head of hair : mane
cabello *nm* : hair
cabelludo, -da *adj* : hairy
caber *v* : to fit : to go : to be possible
cabestrillo *nm* : sling
cabestro *nm* : halter
cabeza *nf* : head : mind : hair : leader
: front : top
cabezada *nf* : head butt : nod
cabezal *nm* : bolster
cabeza rapada *nmf* : skinhead
cabezazo *nm* : head butt
cabezón, -zona *adj, mpl* **-zones** : having
a big head : pigheaded : stubborn
cabida *nf* : room : space : capacity
cabildear *v* : to lobby
cabildeo *nm* : lobbying
cabildero, -ra *n* : lobbyist
cabildo *nm* : town or city hall : town or
city council

cabina *nf* : cabin : booth : cab : cockpit
cabizbajo, -ja *adj* : dejected : downcast
cable *nm* : cable : cable television
cableado *nm* : wiring
cabo *nm* : end : stub : end piece
: corporal : cape : headland
cabrá, etc. → **caber**
cabra *nf* : goat
cabrío, -ría *adj* : goat
cabriola *nf* : skip : jump
cabriolar *v* : to prance
cabrito *nm* : kid : baby goat
cabro, cabra *n* : kid : youth
cabús *nm, pl* **cabuses** : caboose
caca *nf* : poop
cacahuate *nm* : peanut
cacahuete *nm* : peanut
cacalote *nm* : crow
cacao *nm* : cacao : cocoa bean : hot
chocolate : cocoa
cacarear *v* : to crow : to cackle : to cluck
: to boast about : to crow about
cacareo *nm* : clucking : crowing
: boasting
cacatúa *nf* : cockatoo
cace, etc. → **cazar**
cacería *nf* : hunt : hunting : hunting
party
cacerola *nf* : pan : saucepan
cacha *nf* : butt
cachalote *nm* : sperm whale
cachar *v* : to catch
cacharro *nm* : thing : piece of junk
: jalopy; **cacharros** *nmpl* : pots and
pans
cache *nm* : cache : cache memory
caché *nm* : cachet
cachear *v* : to search : to frisk
cachemir *nm* : cashmere
cachemira *nf* → **cachemir**
cacheo *nm* : frisking : body search
cachetada *nf* : slap on the face
cachete *nm* : cheek
cachetear *v* : to slap
cachiporra *nf* : bludgeon : club
: blackjack
cachirul *nm* : cheating
cachivache *nm* : thing : piece of junk
cacho *nm* : piece : bit
cachondo, -da *adj* : horny : lustful
cachorro, -rra *n* : cub : puppy
cachucha *nf* : cap : baseball cap
cacique *nm* : chief : boss
caco *nm* : thief
cacofonía *nf* : cacophony
cacto *nm* : cactus
cactus → **cacto**
cada *adj* : each : every : such : some
cadalso *nm* : scaffold : gallows
cadáver *nm* : corpse : cadaver
cadavérico, -ca *adj* : cadaverous
: cadaveric
caddie *or* **caddy** *nmf, pl* **caddies**
: caddy

cadena *nf* : chain : network : channel
cadencia *nf* : cadence : rhythm
cadencioso, -sa *adj* : rhythmic : rhythmical
cadera *nf* : hip
cadete *nmf* : cadet
cadmio *nm* : cadmium
caducar *v* : to expire
caducidad *nf* : expiration
caduco, -ca *adj* : outdated : obsolete : deciduous
caer *v* : to fall : to drop away : to slope : to collapse : to hang : to realize : to understand — **caerse** *vr* : to fall
café[1] *adj* : brown
café[2] *nm* : coffee : café
cafeína *nf* : caffeine
cafetal *nm* : coffee plantation
cafetalero[1]**, -ra** *adj* : coffee
cafetalero[2]**, -ra** *n* : coffee grower
cafetera *nf* : coffeepot : coffeemaker
cafetería *nf* : coffee shop : café : lunchroom : cafeteria
cafetero[1]**, -ra** *adj* : coffee-producing
cafetero[2]**, -ra** *n* : coffee grower
cafeticultura → **caficultura**
caficultor, -tora *n* : coffee grower
caficultura *nf* : coffee industry
caída *nf* : fall : drop : collapse : downfall
caído, -da *adj* : fallen : drooping : sagging
caiga, etc. → **caer**
caimán *nm, pl* **caimanes** : alligator
caimito *nm* : star apple
caja *nf* : box : case : bed : coffin
cajero, -ra *n* : cashier : teller
cajetilla *nf* : pack
cajón *nm, pl* **cajones** : drawer : till : crate : case : coffin : casket
cajuela *nf* : trunk
cal *nf* : lime
cala *nf* : cove : inlet
calabacín *nm, pl* **-cines** : zucchini
calabacita *nf* : zucchini
calabaza *nf* : pumpkin : squash : gourd
calabozo *nm* : prison : jail cell
calado[1]**, -da** *adj* : drenched
calado[2] *nm* : draft
calamar *nm* : squid; **calamares** *nmpl* : calamari
calambre *nm* : cramp : electric shock : jolt
calamidad *nf* : calamity : disaster
calamina *nf* : calamine
calamitoso, -sa *adj* : calamitous : disastrous
calaña *nf* : ilk : kind : sort
calar *v* : to soak through : to pierce : to penetrate : to catch on — **calarse** *vr* : to get drenched
calavera[1] *nf* : skull : taillight
calavera[2] *nm* : rake : rogue
calcar *v* : to trace : to copy : to imitate
calce, etc. → **calzar**

calceta *nf* : knee-high stocking
calcetería *nf* : hosiery
calcetín *nm, pl* **-tines** : sock
calcinar *v* : to char : to burn
calcio *nm* : calcium
calco *nm* : transfer : tracing : copy : image
calcomanía *nf* : decal : transfer
calculador, -dora *adj* : calculating
calculadora *nf* : calculator
calcular *v* : to calculate : to estimate : to plan : to scheme
cálculo *nm* : calculation : estimation : calculus : plan : scheme
caldear *v* : to heat : to warm — **caldearse** *vr* : to heat up : to become heated : to get tense
caldera *nf* : cauldron : boiler
caldero *nm* : cauldron
caldo *nm* : broth : stock
caldoso, -sa *adj* : watery
calefacción *nf, pl* **-ciones** : heating : heat
calefactor *nm* : heater
caleidoscopio → **calidoscopio**
calendario *nm* : calendar : timetable : schedule
caléndula *nf* : marigold
calentador *nm* : heater
calentamiento *nm* : heating : warming : warm-up
calentar *v* : to heat : to warm : to annoy : to anger : to excite : to turn on — **calentarse** *vr* : to get warm : to heat up : to warm up : to become sexually aroused : to get mad
calentura *nf* : temperature : fever : cold sore
calesa *nf* : buggy
calibrador *nm* : gauge : calipers *pl*
calibrar *v* : to calibrate — **calibración** *nf*
calibre *nm* : caliber : gauge : importance : excellence : kind : sort
calicó *nm* : calico
calidad *nf* : quality : grade : position : status
cálido, -da *adj* : hot : warm
calidoscopio *nm* : kaleidoscope
caliente *adj* : hot : warm : heated : fiery : sexually excited : horny
califa *nm* : caliph
calificación *nf, pl* **-ciones** : grade : rating : score : qualification : qualifying
calificar *v* : to grade : to describe : to rate : to qualify : to modify
calificativo[1]**, -va** *adj* : qualifying
calificativo[2] *nm* : qualifier : epithet
caligrafía *nf* : handwriting : calligraphy
calipso *nm* : calypso
calistenia *nf* : calisthenics
cáliz *nm, pl* **cálices** : chalice : goblet : calyx
caliza *nf* : limestone**

calizo, -za *adj* : chalky : limy

callado, -da *adj* : quiet : silent —
calladamente *adv*

callampa *nf* : mushroom; **callampas** *pl*
: slums : shantytown

callar *v* : to keep quiet : to be silent : to
silence : to hush : to keep secret —
callarse *vr* : to remain silent

calle *nf* : street : road

callejear *v* : to wander about the streets
: to hang out

callejero, -ra *adj* : street

callejón *nm, pl* **-jones** : alley

callejuela *nf* : alley : narrow street : side
street

callo *nm* : callus : corn; **callos** *nmpl*
: tripe

calloso, -sa *adj* : callous

calma *nf* : calm : quiet

calmante[1] *adj* : calming : soothing

calmante[2] *nm* : tranquilizer : sedative

calmar *v* : to calm : to soothe —
calmarse *vr* : to calm down : to ease

calmo, -ma *adj* : calm : tranquil

calmoso, -sa *adj* : calm : quiet : slow

caló *nm* : Gypsy slang

calor *nm* : heat : warmth : affection
: ardor : passion

caloría *nf* : calorie

calórico, -ca *adj* : caloric

calorífico, -ca *adj* : caloric

calque, etc. → **calcar**

calumnia *nf* : slander : libel —
calumnioso, -sa *adj*

calumniar *v* : to slander : to libel

caluroso, -sa *adj* : hot : warm
: enthusiastic — **calurosamente** *adv*

calva *nf* : bald spot : bald head

calvario *nm* : ordeal : misery

calvicie *nf* : baldness

calvo[1], **-va** *adj* : bald

calvo[2], **-va** *n* : bald person

calza *nf* : block : wedge

calzada *nf* : roadway : avenue

calzado *nm* : footwear

calzador *nm* : shoehorn

calzar *v* : to wear : to provide with shoes

calzoncillos *nmpl* : underpants : briefs

calzones *nmpl* : underpants : panties

cama *nf* : bed

camada *nf* : litter : brood

camafeo *nm* : cameo

camaleón *nm, pl* **-leones** : chameleon

cámara *nf* : camera : chamber : room
: house : inner tube

camarada *nmf* : comrade : companion
: colleague

camaradería *nf* : camaraderie

camarero, -ra *n* : waiter : waitress *f*
: bartender : bellhop *m* : chambermaid
f : steward *m* : stewardess *f*

camarilla *nf* : political clique

camarín *nm, pl* **-rines** : locker room
: dressing room

camarógrafo, -fa *n* : cameraman *m*
: camerawoman *f*

camarón *nm, pl* **-rones** : shrimp : prawn

camarote *nm* : cabin : stateroom

camastro *nm* : small hard bed : pallet

cambalache *nm* : swap

cambiable *adj* : changeable

cambiante *adj* : changing : changeable
: variable

cambiar *v* : to change : to exchange
: to trade : to replace — **cambiarse** *vr*
: to move

cambio *nm* : change : alteration
: exchange : currency exchange : gear

cambista *nmf* : exchange broker
: money changer

camboyano, -na *adj & n* : Cambodian

cambur *nm* : banana

camello *nm* : camel : drug dealer
: pusher

camellón *nm, pl* **-llones** : traffic island

camerino *nm* : dressing room

camilla *nf* : stretcher

camillero, -ra *n* : orderly

caminante *nmf* : wayfarer : walker

caminar *v* : to walk : to move : to
progress : to work : to run : to cover

caminata *nf* : hike : long walk

camino *nm* : path : road : journey : way

camión *nm, pl* **camiones** : truck : bus

camionero, -ra *n* : truck driver : bus
driver

camioneta *nf* : light truck : van

camisa *nf* : shirt

camiseta *nf* : T-shirt : undershirt

camisón *nm, pl* **-sones** : nightshirt
: nightgown

camomila *nf* : chamomile

camorra *nf* : fight : trouble

campal *adj* : pitched : fierce

campamento *nm* : camp

campana *nf* : bell

campanada *nf* : stroke : peal

campanario *nm* : bell tower : belfry

campanilla *nf* : bluebell : uvula

campante *adj* : nonchalant : smug

campaña *nf* : countryside : country
: campaign

campañol *nm* : vole

campechana *nf* : puff pastry

campechano, -na *adj* : friendly and
down-to-earth

campeón, -peona *n, mpl* **-peones**
: champion

campeonato *nm* : championship

cámper *nm* : camper

campera *nf* : jacket

campero, -ra *adj* : country : rural

campesino, -na *n* : peasant : farm
laborer

campestre *adj* : rural : rustic

camping *nm* : camping : campsite

campiña *nf* : countryside : country

campista *nmf* : camper

campo *nm* : countryside : country : field : course : area : camp
camposanto *nm* : graveyard : cemetery
campus *nms & pl* : campus
camuflaje *nm* : camouflage
camuflajear *v* : to camouflage
camuflar → **camuflajear**
can *nm* : hound : dog
cana *nf* : gray hair
canadiense *adj & nmf* : Canadian
canal[1] *nm* : canal : channel : feed
canal[2] *nmf* : gutter : groove
canalé *nm* : rib : ribbing
canaleta *nf* : gutter
canalete *nm* : paddle
canalizar *v* : to channel
canalla[1] *adj* : low : rotten
canalla[2] *nmf* : bastard : swine
canapé *nm* : canapé : couch : sofa
canario[1], **-ria** *adj* : of or from the Canary Islands
canario[2], **-ria** *n* : Canary Islander
canario[3] *nm* : canary
canasta *nf* : basket
canasto *nm* : (large) basket
cancel *nm* : sliding door : partition
cancelación *nf, pl* **-ciones** : cancellation : payment in full
cancelar *v* : to cancel : to pay off : to settle
cáncer *nm* : cancer
Cáncer[1] *nm* : Cancer
Cáncer[2] *nmf* : Cancer
cancerígeno[1], **-na** *adj* : carcinogenic
cancerígeno[2] *nm* : carcinogen
canceroso, **-sa** *adj* : cancerous
cancha *nf* : court : field
canciller *nm* : chancellor
cancillería *nf* : ministry of foreign affairs
canción *nf, pl* **canciones** : song
cancionero[1] *nm* : songbook
cancionero[2], **-ra** *n* : singer
candado *nm* : padlock
candela *nf* : flame : fire : candle
candelabro *nm* : candelabra
candelero *nm* : candlestick
candente *adj* : red-hot : white-hot
candidato, **-ta** *n* : candidate : applicant
candidatura *nf* : candidacy
candidez *nf* : simplicity : naïveté : ingenuousness
cándido, **-da** *adj* : simple : unassuming : naive : ingenuous
candil *nm* : oil lamp
candilejas *nfpl* : footlights
candor *nm* : naïveté : innocence
caneca *nf* : garbage can : wastebasket : drum
canela *nf* : cinnamon
canelones *nmpl* : cannelloni
cangrejo *nm* : crab
canguro[1] *nm* : kangaroo
canguro[2] *nmf* : baby-sitter
caníbal[1] *adj* : cannibalistic

caníbal[2] *nmf* : cannibal
canibalismo *nm* : cannibalism
canica *nf* : marble
caniche *nm* : poodle
canijo, **-ja** *adj* : puny : weak : tough : hard
canilla *nf* : shin : faucet
canillita *nmf* : newspaper vendor
canino[1], **-na** *adj* : canine
canino[2] *nm* : canine : dog
canje *nm* : exchange : trade
canjeable *adj* : exchangeable
canjear *v* : to exchange : to trade
cannabis *nm* : cannabis
cano, **-na** *adj* : gray
canoa *nf* : canoe
canon *nm, pl* **cánones** : canon
canónico, **-ca** *adj* : canonical
canónigo *nm* : canon
canonizar *v* : to canonize —
canonización *nf*
canoso, **-sa** → **cano**
cansado, **-da** *adj* : tired : tiresome
cansancio *nm* : tiredness
cansar *v* : to tire : to be tiresome —
cansarse *vr* : to tire oneself out : to get bored
cansino, **-na** *adj* : slow : weary : lethargic
cantaleta *nf* : nagging
cantalupo *nm* : cantaloupe
cantante[1] *adj* : singing
cantante[2] *nmf* : singer
cantar[1] *v* : to sing : to crow : to chirp : to call out : to recite
cantar[2] *nm* : song : ballad
cántaro *nm* : pitcher : jug
cantata *nf* : cantata
cantautor, **-tora** *n* : singer-songwriter
cantera *nf* : quarry
cantero *nm* : mason : stonemason : bed
cántico *nm* : chant
cantidad[1] *adv* : a lot
cantidad[2] *nf* : quantity : sum : amount : a lot : a great many
cantillos *nmpl* : jacks *pl*
cantimplora *nf* : canteen : water bottle
cantina *nf* : tavern : bar : canteen : mess : dining quarters *pl*
cantinero, **-ra** *n* : bartender
canto *nm* : singing : chant : song : edge : end
cantón *nm, pl* **cantones** : canton : place : home
cantonés[1], **-nesa** *adj & n, mpl* **-neses** : Cantonese
cantonés[2] *nm, pl* **-neses** : Cantonese
cantor[1], **-tora** *adj* : singing
cantor[2], **-tora** *n* : singer : cantor
canturrear *v* : to sing softly
caña *nf* : cane : reed
cañada *nf* : ravine : gully
cáñamo *nm* : hemp
cañaveral *nm* : sugarcane field

cañería *nf* : pipes *pl* : piping
cañero¹, -ra *adj* : sugar cane
cañero², -ra *n* : sugar cane grower
: sugar cane worker
caño *nm* : pipe : spout : channel
cañón *nm, pl* **cañones** : cannon : barrel
: canyon
cañonazo *nm* : firing
cañonear *v* : to shell : to bombard
cañonero *nm* : gunboat
caoba *nf* : mahogany
caos *nm* : chaos
caótico, -ca *adj* : chaotic
capa *nf* : cape : cloak : coating : layer
: stratum : (social) class
capacidad *nf* : capacity : capability
: ability
capacitación *nf, pl* **-ciones** : training
capacitar *v* : to train : to qualify
capar *v* : to castrate
caparazón *nm, pl* **-zones** : shell
capataz¹ *nmf, pl* **-taces** : foreman *m*
: forewoman *f*
capataz², -taza *n* → **capataz¹**
capaz *adj, pl* **capaces** : capable : able
: competent : spacious
capcioso, -sa *adj* : cunning : deceptive
capellán *nm, pl* **-llanes** : chaplain
capilar¹ *adj* : capillary : hair
capilar² *nm* : capillary
capilla *nf* : chapel
capirotazo *nm* : flip : flick
capital¹ *adj* : capital : chief : principal
capital² *nm* : capital
capital³ *nf* : capital : capital city
capitalino¹, -na *adj* : of or from a capital
city
capitalino², -na *n* : inhabitant of a
capital city
capitalismo *nm* : capitalism
capitalista *adj & nmf* : capitalist
capitalizar *v* : to capitalize —
capitalización *nf*
capitán, -tana *n, mpl* **-tanes** : captain
capitanear *v* : to captain : to command
capitel *nm* : capital
capitolio *nm* : capitol
capitulación *nf, pl* **-ciones** : capitulation
capitular *v* : to capitulate : to surrender
capítulo *nm* : chapter : section : matter
: subject
capo, capa *n* : boss
capó *nm* : hood
capón *nm, pl* **capones** : capon
caporal *nm* : chief : leader : foreman
capot → **capó**
capota *nf* : top
capote *nm* : cloak : overcoat
: bullfighter's cape : hood
capricho *nm* : whim : caprice
caprichoso, -sa *adj* : capricious : fickle
Capricornio¹ *nm* : Capricorn
Capricornio² *nmf* : Capricorn
cápsula *nf* : capsule

captar *v* : to catch : to grasp : to gain
: to attract : to harness : to collect
captor, -tora *n* : captor
captura *nf* : capture : seizure
capturar *v* : to capture : to seize
capucha *nf* : hood : cowl
capuchino *nm* : cappuccino
capullo *nm* : cocoon : bud
caqui *adj & nm* : khaki
cara *nf* : face : look : appearance
: nerve : gall
carabina *nf* : carbine
carabinero, -ra *n* : police officer
caracol *nm* : snail : conch : seashell
: ringlet
caracola *nf* : conch
carácter *nm, pl* **caracteres** : character
: kind : nature : temperament
característica *nf* : trait : feature
: characteristic
característico, -ca *adj* : characteristic —
característicamente *adv*
caracterizar *v* : to characterize —
caracterización *nf*
caradura *adj* : cheeky : impudent
caramba *interj* : darn! : heck! : wow!
: good Lord!
carámbano *nm* : icicle
carambola *nf* : carom : ruse : trick
caramelo *nm* : caramel : candy
caramillo *nm* : pipe : small flute : heap
: pile
caraqueño¹, -ña *adj* : of or from Caracas
caraqueño², -ña *n* : person from
Caracas
carátula *nf* : title page : cover : dust
jacket : mask : face : dial
caravana *nf* : caravan : convoy : trailer
caray → **caramba**
carbohidrato *nm* : carbohydrate
carbón *nm, pl* **carbones** : coal
: charcoal
carbonatado, -da *adj* : carbonated
carboncillo *nm* : charcoal
carbonera *nf* : coal cellar : coal bunker
carbonero, -ra *adj* : coal
carbonizar *v* : to char — **carbonizarse** *vr*
carbono *nm* : carbon
carburador *nm* : carburetor
carburante *nm* : fuel
carca *nmf* : old fogy
carcacha *nf* : jalopy : wreck
carcaj *nm* : quiver
carcajada *nf* : loud laugh : guffaw
carcajearse *vr* : to roar with laughter : to
be in stitches
cárcel *nf* : jail : prison
carcelario, -ria *adj* : prison
carcelero, -ra *n* : jailer
carcinogénico, -ca *adj* → **cancerígeno**
carcinógeno *nm* → **cancerígeno**
carcinoma *nm* : carcinoma
carcomer *v* : to eat away at : to
consume

carcomido, -da *adj* : worm-eaten
: decayed : rotten
cardar *v* : to card : to comb
cardenal *nm* : cardinal : bruise
cardíaco *or* **cardiaco, -ca** *adj* : cardiac
: heart
cárdigan *nm, pl* **-gans** : cardigan
cardinal *adj* : cardinal
cardiología *nf* : cardiology
cardiólogo, -ga *n* : cardiologist
cardiovascular *adj* : cardiovascular
cardo *nm* : thistle
cardumen *nm* : school of fish
carecer *v* ~ **de** : to lack
carencia *nf* : lack : shortage : deficiency
carente *adj* ~ **de** : lacking
careo *nm* : confrontation : face-off
carero, -ra *adj* : pricey
carestía *nf* : rise in cost : dearth
: scarcity
careta *nf* : mask
carey *nm* : sea turtle : tortoiseshell
carga *nf* : loading : freight : load : cargo
: burden : responsibility : charge
: attack
cargada *nf* : joke
cargado, -da *adj* : loaded : bogged
down : weighted down : close : stuffy
: full : fraught : strong
cargador¹, -dora *n* : longshoreman *m*
: longshorewoman *f*
cargador² *nm* : magazine : charger
cargamento *nm* : cargo : load
cargar *v* : to carry : to load : to fill : to
charge : to burden : to upload : to rest
cargo *nm* : burden : load : charge : cost
: position : office
cargue¹, etc. → **cargar**
cargue² *nm* : loading
carguero¹, -ra *adj* : freight : cargo
carguero² *nm* : freighter : cargo ship
cariarse *vr* : to decay
caribe *adj* : Caribbean
caribeño, -ña *adj* : Caribbean
caribú *nm, pl* **caribúes** : caribou
caricatura *nf* : caricature : cartoon
caricaturista *nmf* : caricaturist
: cartoonist
caricaturizar *v* : to caricature
caricia *nf* : caress
caridad *nf* : charity
caries *nfs & pl* : cavity
cariño¹ *nm* : affection : love
cariño², -ña *n* : darling : sweetheart
cariñoso, -sa *adj* : affectionate : loving
— **cariñosamente** *adv*
carioca¹ *adj* : of or from Rio de Janeiro
carioca² *nmf* : person from Rio de
Janeiro
carisma *nf* : charisma
carismático, -ca *adj* : charismatic
carita *adj* : cute
carita sonriente *nf* : smiley face
caritativo, -va *adj* : charitable

cariz *nm, pl* **carices** : appearance
: aspect
carmesí *adj & nm* : crimson
carmín *nm, pl* **carmines** : carmine
: lipstick
carnada *nf* : bait
carnal *adj* : carnal
carnaval *nm* : carnival
carne *nf* : meat : flesh
carné → **carnet**
carnero *nm* : ram : sheep : mutton
carnet *nm* : identification card : ID
: membership card
carnicería *nf* : butcher shop : slaughter
: carnage
carnicero, -ra *n* : butcher
carnitas *nfpl* : small chunks of cooked pork
carnívoro¹, -ra *adj* : carnivorous
carnívoro² *nm* : carnivore
carnoso, -sa *adj* : fleshy : meaty
caro¹ *adv* : a lot
caro², -ra *adj* : expensive : dear
: beloved
carpa *nf* : carp : big top : tent
carpeta *nf* : folder : binder : portfolio
carpetazo *nm* **dar carpetazo a** : to
shelve : to defer
carpintería *nf* : carpentry : carpenter's
workshop
carpintero, -ra *n* : carpenter
carraspear *v* : to clear one's throat
carraspera *nf* : hoarseness
carrera *nf* : run : running : race : course
of study : career : profession
carreta *nf* : cart : wagon
carrete *nm* : spool : bobbin : reel : roll of
film : (electrical) coil
carretear *v* : to taxi
carretel → **carrete**
carretera *nf* : highway : road
carretero, -ra *adj* : highway
carretilla *nf* : wheelbarrow
carril *nm* : lane : rail
carrillo *nm* : cheek : jowl
carrito *nm* : cart
carrizo *nm* : reed
carro *nm* : car : cart : coach
carrocería *nf* : bodywork : body
carroña *nf* : carrion
carroñero, -ra *n* : scavenger
carroza *nf* : carriage : float
carruaje *nm* : carriage
carrusel *nm* : merry-go-round : carousel
carta *nf* : letter : playing card : charter
: constitution : menu : map : chart
carta blanca *nf* : carte blanche
carta bomba *nf* : letter bomb
cartearse *vr* : to write to one another : to
correspond
cartel *nm* : sign : poster
cártel *or* **cartel** *nm* : cartel
cartelera *nf* : billboard : marquee
cartera *nf* : wallet : billfold : pocketbook
: purse : portfolio

carterista *nmf* : pickpocket
cartero, -ra *n* : letter carrier : mailman *m*
cartílago *nm* : cartilage
cartilla *nf* : primer : reader : booklet
cartografía *nf* : cartography
cartógrafo, -fa *n* : cartographer
cartón *nm, pl* **cartones** : cardboard : carton
cartucho *nm* : cartridge
cartulina *nf* : poster board : cardboard
casa *nf* : house : home : household : family : company : firm
casaca *nf* : jacket
casado[1], **-da** *adj* : married
casado[2], **-da** *n* : married person
casamentero, -ra *n* : matchmaker
casamiento *nm* : marriage : wedding
casar *v* : to marry : to go together : to match up — **casarse** *vr* : to get married
casateniente *nmf* : landlord : landlady *f*
cascabel[1] *nm* : small bell
cascabel[2] *nf* : rattlesnake
cascada *nf* : waterfall : cascade
cascajo *nm* : pebble : rock fragment : piece of junk
cascanueces *nms & pl* : nutcracker
cascar *v* : to crack — **cascarse** *vr* : to chip
cáscara *nf* : skin : peel : rind : husk : shell
cascarrabias *nmfs & pl* : grouch : crab
casco *nm* : helmet : hull : hoof : fragment : shard : center : empty bottle; **cascos** *nmpl* : headphones
caserío *nm* : country house : hamlet
casero[1], **-ra** *adj* : domestic : household : homemade
casero[2], **-ra** *n* : landlord *m* : landlady *f*
caseta *nf* : booth : stand : stall : doghouse : dugout
casete → **cassette**
casi *adv* : almost : nearly : hardly
casilla *nf* : booth : pigeonhole : box
casillero *nm* : pigeonhole : set of pigeonholes
casino *nm* : casino : (social) club
caso *nm* : case
caspa *nf* : dandruff
casque, etc. → **cascar**
casquete *nm* : skullcap
casquillo *nm* : case : casing
cassette *nmf* : cassette
casta *nf* : caste : lineage : stock
castaña *nf* : chestnut
castañetear *v* : to chatter
castañeteo *nm* : chatter : chattering
castaño[1], **-ña** *adj* : chestnut : brown
castaño[2] *nm* : chestnut tree : chestnut : brown
castañuela *nf* : castanet
castellano[1], **-na** *adj & n* : Castilian
castellano[2] *nm* : Spanish : Castilian

castidad *nf* : chastity
castigar *v* : to punish
castigo *nm* : punishment
castillo *nm* : castle
castizo, -za *adj* : authentic : genuine : pure : traditional
casto, -ta *adj* : chaste : pure — **castamente** *adv*
castor *nm* : beaver
castración *nf, pl* **-ciones** : castration
castrar *v* : to castrate : to spay : to neuter : to weaken : to debilitate
castrense *adj* : military
casual *adj* : chance : casual
casualidad *nf* : chance
casualmente *adv* : accidentally : by chance
casucha *or* **casuca** *nf* : shanty : hovel
cataclismo *nm* : cataclysm
catacumbas *nfpl* : catacombs
catador, -dora *n* : wine taster
catalán[1], **-lana** *adj & n, mpl* **-lanes** : Catalan
catalán[2] *nm* : Catalan
catalizador *nm* : catalyst : catalytic converter
catalogar *v* : to catalog : to classify
catálogo *nm* : catalog
catamarán *nm, pl* **-ranes** : catamaran
cataplasma *nf* : poultice
catapulta *nf* : catapult
catapultar *v* : to catapult
catar *v* : to taste : to sample : to look at : to examine
catarata *nf* : waterfall : cataract
catarro *nm* : cold : catarrh
catarsis *nf* : catharsis — **catártico, -ca** *adj*
catastro *nm* : property registry
catástrofe *nf* : catastrophe : disaster
catastrófico, -ca *adj* : catastrophic : disastrous
catcher *nmf* : catcher
catecismo *nm* : catechism
cátedra *nf* : (tenured) professorship : department chair : subject : class
catedral *nf* : cathedral
catedrático, -ca *n* : (tenured) professor : department chair
categoría *nf* : category : rank : standing
categórico, -ca *adj* : categorical : unequivocal — **categóricamente** *adv*
categorizar *v* : categorize
cateo → **cacheo**
catering *or* **cátering** *nm* : catering : food service
catéter *nm* : catheter
cátodo *nm* : cathode
catolicismo *nm* : Catholicism
católico, -ca *adj & n* : Catholic
catorce *adj & nm* : fourteen — **catorce** *pron*
catorceavo[1], **-va** *adj* : fourteenth
catorceavo[2] *nm* : fourteenth

catre *nm* : cot
catsup *nm* : ketchup
caucásico, -ca *adj & n* : Caucasian
cauce *nm* : riverbed : means *pl*
  : channel
caucho *nm* : rubber : rubber tree : tire
caución *nf, pl* **cauciones** : bail : security
caudal *nm* : volume of water : capital
  : wealth : abundance
caudaloso, -sa *adj* : large : mighty : rich
  : wealthy
caudillo *nm* : leader : commander
causa *nf* : cause : reason : motive
  : lawsuit
causal[1] *adj* : causal — **causalidad** *nf*
causal[2] *nm* : cause : grounds *pl*
causante[1] *adj* **- de** : causing
  : responsible for
causante[2] *nmf* : taxpayer
causar *v* : to cause : to provoke : to
  arouse
cáustico, -ca *adj* : caustic
cautela *nf* : caution : prudence
cautelar *adj* : precautionary : preventive
cauteloso, -sa *adj* : cautious : prudent
  — **cautelosamente** *adv*
cauterizar *v* : to cauterize
cautivador, -dora *adj* : captivating
cautivar *v* : to captivate : to charm
cautiverio *nm* : captivity
cautivo, -va *adj & n* : captive
cauto, -ta *adj* : cautious : careful
cava *nf* : a Spanish sparkling wine
cavar *v* : to dig **- en** : to delve into : to
  probe
caverna *nf* : cavern : cave
cavernícola *nmf* : caveman *m*
  : cavewoman *f*
cavernoso, -sa *adj* : cavernous : deep
  : resounding
caviar *nm* : caviar
cavidad *nf* : cavity
cavilar *v* : to ponder : to deliberate
cayado *nm* : crook : staff
cayena *nf* : cayenne pepper
cayo *nm* : key : islet
cayó, etc. → **caer**
caza[1] *nf* : hunt : hunting : game
caza[2] *nm* : fighter plane
cazador, -dora *n* : hunter
cazadora *nf* : jacket : bomber jacket
cazar *v* : to hunt : to catch : to bag : to
  land : to go hunting
cazatalentos *nmfs & pl* : talent scout
cazo *nm* : saucepan : pot : ladle
cazuela *nf* : pan : saucepan : casserole
cazurro, -ra *adj* : sullen : surly
CD *nm* : CD : compact disk
CD–ROM *nm* : CD-ROM
cebada *nf* : barley
cebar *v* : to bait : to feed : to fatten : to
  prime — **cebarse** *vr* **~ en** : to take it
  out on
cebo *nm* : bait : feed : primer

cebolla *nf* : onion
cebolleta *nf* : scallion : green onion
cebollino *nm* : chive : scallion
cebra *nf* : zebra
cebú *nm, pl* **cebús** *or* **cebúes** : zebu
cecear *v* : to lisp : to pronounce the
  Spanish letter s as 🄯
ceceo *nm* : lisp : pronunciation of the
  Spanish letter s as 🄯
cecina *nf* : dried beef : beef jerky
cedazo *nm* : sieve
ceder *v* : to yield : to give way : to
  diminish : to abate : to give in : to relent
  : to cede : to hand over
cedro *nm* : cedar
cédula *nf* : document : certificate
cegador, -dora *adj* : blinding
cegar *v* : to blind : to block : to stop up
  : to be blinded : to go blind
ceguera *nf* : blindness
ceiba *nf* : silk-cotton tree
ceja *nf* : eyebrow : flange : rim
cejar *v* : to give in : to back down
celada *nf* : trap : ambush
celador, -dora *n* : guard : warden
celda *nf* : cell
celebración *nf, pl* **-ciones** : celebration
celebrado, -da *adj* → **célebre**
celebrante *nmf* : celebrant
celebrar *v* : to celebrate : to hold : to
  say : to welcome : to be happy about
  : to be glad — **celebrarse** *vr* : to be
  celebrated : to fall : to be held : to take
  place
célebre *adj* : celebrated : famous
celebridad *nf* : celebrity : fame
celeridad *nf* : swiftness
celeste[1] *adj* : celestial : sky blue : azure
celeste[2] *nm* : sky blue
celestial *adj* : heavenly : celestial
celibato *nm* : celibacy
célibe *adj & nmf* : celibate
cello → **chelo**
celo *nm* : zeal : fervor : heat : rut; **celos**
  nmpl : jealousy
celofán *nm, pl* **-fanes** : cellophane
celosía *nf* : lattice window : lattice
  : trellis
celoso, -sa *adj* : jealous : zealous —
  celosamente *adv*
celta[1] *adj* : Celtic
celta[2] *nmf* : Celt
célula *nf* : cell
celular[1] *adj* : cellular
celular[2] *nm* : cell phone
celulitis *nf* : cellulite
celuloide *nm* : celluloid : film : cinema
celulosa *nf* : cellulose
cementar *v* : to cement
cementerio *nm* : cemetery
cemento *nm* : cement
cena *nf* : supper : dinner
cenador *nm* : arbor : gazebo
cenagal *nm* : bog : quagmire

cenagoso, -sa adj : swampy
cenar v : to have dinner : to have supper : to have for dinner or supper
cencerro nm : cowbell
cenicero nm : ashtray
ceniciento, -ta adj : ashen
cenit nm : zenith : peak
ceniza nf : ash; **cenizas** nfpl : ashes
cenizo nm : jinx
censar v : to take a census of
censo nm : census
censor, -sora n : censor : critic
censura nf : censorship : censure : criticism
censurable adj : reprehensible : blameworthy
censurar v : to censor : to censure : to criticize
centauro nm : centaur
centavo nm : cent : centavo
centella nf : lightning flash : spark
centellear v : to twinkle : to gleam : to sparkle
centelleo nm : twinkling : sparkle
centena nf : hundred
centenar nm : hundred
centenario¹, -ria adj & n : hundred-year-old
centenario² nm : centennial
centeno nm : rye
centésima nf : hundredth
centésimo¹, -ma adj : hundredth
centésimo² nm : hundredth : centesimo
centi- pref : centi-
centígrado adj : centigrade : Celsius
centigramo nm : centigram
centímetro nm : centimeter
céntimo nm : centimo : cent : centime
centinela nmf : sentinel : sentry
centrado, -da adj : stable : centered
central¹ adj : central : main : principal
central² nf : main office : headquarters : power plant : power station
centralista adj & nmf : centralist
centralita nf : switchboard
centralizar v : to centralize — **centralización** nf
centrar v : to center : to focus — **centrarse** vr ~ **en** : to focus on : to concentrate on
céntrico, -ca adj : central
centrifugar v : to spin
centrista adj & nmf : centrist
centro¹ nmf : center
centro² nm : center : downtown
centroamericano, -na adj & n : Central American
centrocampista nmf : midfielder
ceñido, -da adj : tight : tight-fitting
ceñir v : to encircle : to surround : to hug : to cling to — **ceñirse** vr ~ **a** : to restrict oneself to : to stick to
ceño nm : frown : scowl
cepa nf : stump : stock : ancestry

cepillar v : to brush : to plane — **cepillarse** vr
cepillo nm : brush : plane
cepo nm : trap
cera nf : wax : polish
cerámica nf : ceramics pl : pottery
cerámico, -ca adj : ceramic
ceramista nmf : potter
cerca¹ adv : nearby : close by : close : near
cerca² nf : fence : (stone) wall
cercado nm : enclosure
cercanía nf : proximity : closeness; **cercanías** nfpl : outskirts : suburbs
cercano, -na adj : near : close
cercar v : to fence in : to enclose : to surround
cercenar v : to cut off : to amputate : to sever : to diminish : to curtail
cerceta nf : teal
cerciorarse vr ~ **de** : to make sure of : to verify
cerco nm : siege : cordon : circle : fence
cerda nf : bristle : sow
cerdo nm : pig : hog
cereal nm : cereal — **cereal** adj
cerebelo nm : cerebellum
cerebral adj : cerebral
cerebro nm : brain
ceremonia nf : ceremony — **ceremonial** adj
ceremonioso, -sa adj : ceremonious
cereza nf : cherry
cerezo nm : cherry tree
cerilla nf : match : earwax
cerillo nm : match
cerner v : to sift — **cernerse** vr : to hover
cernidor nm : sieve
cernir → **cerner**
cero nm : zero
ceroso, -sa adj : waxy
cerque, etc. → **cercar**
cerquillo nm : bangs pl
cerquita adv : very close : very near
cerrado, -da adj : closed : shut : thick : broad : cloudy : overcast : quiet : reserved : dense : stupid
cerradura nf : lock
cerrajería nf : locksmith's shop
cerrajero, -ra n : locksmith
cerrar v : to close : to shut : to turn off : to put the top on : to fasten : to button up : to zip up : to bring to an end : to close off : to close up : to lock up : to close down — **cerrarse** vr : to conclude : to end
cerrazón nf, pl -**zones** : obstinacy : stubbornness
cerro nm : hill
cerrojo nm : bolt : latch
certamen nm, pl -**támenes** : competition : contest
certero, -ra adj : accurate : precise — **certeramente** adv

certeza *nf* : certainty
certidumbre *nf* : certainty
certificable *adj* : certifiable
certificación *nf, pl* -ciones : certification
certificado[1], -da *adj* : certified
  : registered
certificado[2] *nm* : certificate : registered
  letter
certificar *v* : to certify : to register
cerumen *nm* : earwax
cervato *nm* : fawn
cervecera *nf* : brewery
cervecero, -ra *n* : brewer
cervecería *nf* : brewery : beer hall : bar
cerveza *nf* : beer
cervical *adj* : cervical
cerviz *nf, pl* cervices : nape of the neck
cesación *nf, pl* -ciones : cessation
  : suspension
cesante *adj* : laid off : unemployed
cesantía *nf* : unemployment
cesar *v* : to cease : to stop : to dismiss
  : to lay off
cesárea *nf* : cesarean
cesáreo, -rea *adj* : cesarean
cese *nm* : cessation : stop : dismissal
cesio *nm* : cesium
cesión *nf, pl* cesiones : transfer
  : assignment
césped *nm* : lawn : grass
cesta *nf* : basket : jai alai racket
cesto *nm* : hamper : basket
cetro *nm* : scepter
chabacano[1], -na *adj* : tacky : tasteless
chabacano[2] *nm* : apricot
chabola *nf* : shack : shanty
chacal *nm* : jackal
cháchara *nf* : small talk : chatter;
  chácharas *nfpl* : trinkets : junk
chacharear *v* : to chatter : to gab
chacra *nf* : small farm
chal *nm* : shawl
chalado[1], -da *adj* : crazy : nuts
chalado[2], -da *n* : nut : crazy person
chalán *nm, pl* chalanes : barge
chalé → chalet
chaleco *nm* : vest
chalet *nm* : house
chamaco, -ca *n* : kid : boy *m* : girl *f*
chamarra *nf* : sheepskin jacket : poncho
  : blanket
chamba *nf* : job : work
chambear *v* : to work
chamo, -ma *n* : kid : boy *m* : girl *f*
  : buddy : pal
champaña *or* champán *nm*
  : champagne
champiñón *nm, pl* -ñones : mushroom
champú *nm, pl* -pus *or* -púes
  : shampoo
chamuco *nm* : devil
chamuscar *v* : to singe : to scorch —
  chamuscarse *vr*
chamusquina *nf* : scorch

chance *nm* : chance : opportunity
chancho[1], -cha *adj* : dirty : filthy : gross
chancho[2], -cha *n* : pig : hog : slob
chanchullero, -ra *adj* : shady : crooked
chanchullo *nm* : shady deal : scam
chancla *nf* : thong sandal : slipper : old
  shoe
chancleta → chancla
chanclo *nm* : clog; chanclos *nmpl*
  : overshoes : galoshes : rubbers
chándal *nm, pl* chándals : sweatsuit
  : tracksuit
changarro *nm* : small shop : stall
chango, -ga *n* : monkey
chantaje *nm* : blackmail
chantajear *v* : to blackmail
chantajista *nmf* : blackmailer
chanza *nf* : joke : jest : chance
  : opportunity
chao *interj* : bye!
chapa *nf* : license plate : sheet : panel
  : veneer : lock : badge : cap : bottle
  cap
chapado, -da *adj* : plated
chapar *v* : to add a veneer to : to plate
chaparro[1], -rra *adj* : short and squat
  : stocky
chaparro[2], -rra *n* : short : stocky person
chaparrón *nm, pl* -rrones : downpour
  : great quantity : torrent
chapeado, -da *adj* : flushed
chaperón, -rona *n, mpl* -rones
  : chaperon : chaperone
chapín, chapina *adj & n* : Guatemalan
chapopote *nm* : tar : blacktop
chapotear *v* : to splash about
chapucero[1], -ra *adj* : crude : shoddy
  : dishonest
chapucero[2], -ra *n* : sloppy worker
  : bungler : cheat : swindler
chapulín *nm, pl* -lines : grasshopper
  : locust
chapurrear *or* chapurrar *or* chapurrear
  el inglés/español (etc.) : to speak
  broken English/Spanish
chapuza *nf* : botched job : fraud : trick
chapuzón *nm, pl* -zones : dip : swim
chaqueta *nf* : jacket
chara *nf* : jay
charada *nf* : charades
charca *nf* : pond : pool
charco *nm* : puddle : pool
charcutería *nf* : delicatessen
charla *nf* : chat : talk
charlar *v* : to chat : to talk
charlatán[1], -tana *adj* : talkative : chatty
charlatán[2], -tana *n, mpl* -tanes
  : chatterbox : charlatan : phony
charol *nm* : lacquer : varnish : patent
  leather : tray
charola *nf* : tray
charqui *nm* : dried beef : beef jerky
charreada *nf* : rodeo
charretera *nf* : epaulet

charro[1], **-rra** adj : gaudy : tacky
: pertaining to charros
charro[2], **-rra** n : charro
charrúa adj & nmf : Uruguayan
chárter adj : charter
chascarrillo nm : joke : funny story
chasco nm : trick : joke
: disappointment
chasis or **chasís** nm : chassis
chasquear v : to snap : to click
chasquido nm : snap : click : crack
chat nm, pl **chats** : chat room
chatarra nf : scrap metal
chato, **-ta** adj : pug-nosed : flat
chauvinismo nm : chauvinism
chauvinista[1] adj : chauvinistic
chauvinista[2] nmf : chauvinist
chaval, **-vala** n : kid : boy m : girl f
chavalo, **-vala** → **chaval**
chavo[1], **-va** adj : young
chavo[2], **-va** n : kid : boy m : girl f
chavo[3] nm : cent : buck
checar v : to check : to verify
checo[1], **-ca** adj & n : Czech
checo[2] nm : Czech
checoslovaco, **-ca** adj & n :
Czechoslovakian
cheddar nm : cheddar
chef nm : chef
chelín nm, pl **chelines** : shilling
chelo nm : cello : violoncello
cheque[1], etc. → **checar**
cheque[2] nm : check
chequear v : to check : to verify : to
check in
chequeo nm : check : inspection
: checkup : examination
chequera nf : checkbook
chévere adj : great : fantastic
chic adj & nm : chic
chica → **chico**
chicano, **-na** adj & n : Chicano m
Chicana f
chícharo nm : pea
chicharra nf : cicada : buzzer
chicharrón nm, pl **-rrones** : pork rind
chiche nm : toy
chichón nm, pl **chichones** : bump
: swelling
chicle nm : chewing gum
chicloso nm : taffy
chico[1], **-ca** adj : little : small : young
chico[2], **-ca** n : child : boy m : girl f
: young man m : young woman f
chicote nm : whip : lash
chido, **-da** adj : cool : great
chiffon → **chifón**
chiflado[1], **-da** adj : nuts : crazy
chiflado[2], **-da** n : crazy person : lunatic
chiflar v : to whistle : to whistle at : to
boo — **chiflarse** vr ~ **por** : to be crazy
about
chiflido nm : whistle : whistling
chiflón nm, pl **chiflones** : draft

chifón nm, pl **chifones** : chiffon
chií[1] adj : Shiite
chií[2] nmf : Shia : Shiite
chiismo or **chiísmo** nm : Shia
chiíta[1] or **chiíta** adj → **chií**[1]
chiíta[2] or **chiíta** nmf → **chií**[2]
chilango[1], **-ga** adj : of or from Mexico
City
chilango[2], **-ga** n : person from Mexico
City
chile nm : chili pepper
chileno, **-na** adj & n : Chilean
chillar v : to squeal : to screech : to
scream : to yell : to be gaudy : to clash
chillido nm : scream : shout : squeal
: screech : cry
chillo nm : red snapper
chillón, **-llona** adj, mpl **chillones**
: piercing : shrill : loud : gaudy
chilpayate nmf : child : little kid
chimbo[1], **-ba** adj : fake : false : crummy
: lousy
chimbo[2] nm : tank
chimenea nf : chimney : fireplace
chimpancé nm : chimpanzee
china nf : pebble : small stone : orange
chinchar v : to annoy : to pester
— **chincharse** vr : to put up with
something
chinche[1] nf : bedbug : ladybug
: thumbtack
chinche[2] nmf : nuisance : pain in the
neck
chinchilla nf : chinchilla
chino[1], **-na** adj : Chinese : curly : kinky
chino[2], **-na** n : Chinese person
chino[3] nm : Chinese
chintz or **chinz** nm : chintz
chip nm, pl **chips** : chip
chipote nm : bump
chiquear v : to spoil : to indulge
chiquero nm : pigpen : pigsty
chiquillada nf : childish prank
chiquillo[1], **-lla** adj : very young : little
chiquillo[2], **-lla** n : kid : youngster
chiquito[1], **-ta** adj : tiny
chiquito[2], **-ta** n : little one : baby
chiribita nf : spark; **chiribitas** nfpl
: spots before the eyes
chiribitil nm : attic : garret : cubbyhole
chirigota nf : joke
chiripa nf : fluke
chirivía nf : parsnip
chirona nf : jail
chirriar v : to squeak : to creak : to
screech — **chirriante** adj
chirrido nm : squeak : squeaking
: screech : screeching
chirrión nm, pl **chirriones** : whip : lash
chis or **chist** interj : sh! : hey!
chisme nm : gossip : tale : gadget
: thingamajig
chismear v : to gossip
chismorrear → **chismear**

chismoso[1], **-sa** *adj* : gossipy : gossiping
chismoso[2], **-sa** *n* : gossiper : gossip : tattletale
chispa[1] *adj* : lively : vivacious : tipsy
chispa[2] *nf* : spark
chispeante *adj* : sparkling : scintillating
chispear *v* : to give off sparks : to sparkle
chisporrotear *v* : to crackle : to sizzle
chistar *v sin chistar* : without a word
chiste *nm* : joke : funny story
chistera *nf* : top hat
chistoso[1], **-sa** *adj* : funny : humorous : witty
chistoso[2], **-sa** *n* : wit : joker
chiva *nf* : rural bus; **chivas** *nfpl* : stuff : odds and ends
chivato, -ta *n* : informant : snitch : tattletale
chivo[1], **-va** *n* : kid : young goat
chivo[2] *nm* : billy goat : fit of anger
chocante *adj* : shocking : unpleasant : rude
chocar *v* : to crash : to collide : to clash : to conflict : to be shocking : to be unpleasant or obnoxious : to shake : to clink glasses
chochear *v* : to be senile
chochín *nm, pl* **-chines** : wren
chocho, -cha *adj* : senile : doting
choclo *nm* : ear of corn : corncob : corn
chocolate *nm* : chocolate : hot chocolate : cocoa
chocolatín *nm, pl* **-tines** → **chocolatina**
chocolatina *nf* : chocolate bar
chofer *or* **chófer** *nm* : chauffeur : driver
choke *nm* : choke
chole *interj* ¡**ya chole!** : enough! : cut it out!
cholo, -la *adj & n* : mestizo
cholla *nf* : head
chollo *nm* : bargain
chongo *nm* : bun; **chongos** *nmpl* : dessert made with fried bread
choque[1], *etc.* → **chocar**
choque[2] *nm* : crash : collision : clash : conflict : shock
chorizo *nm* : chorizo : pork sausage
choro *nm* : mussel : crook : criminal
chorrear *v* : to drip : to pour out : to gush out
chorrito *nm* : squirt : splash
chorro *nm* : flow : stream : jet : heap : ton
choteado, -da *adj* : worn-out : stale
chotear *v* : to make fun of
choteo *nm* : joking around : kidding
chovinismo, chovinista → **chauvinismo, chauvinista**
chow-chow *nmf* : chow
choza *nf* : hut : shack
christmas *or* **crismas** *nm* : Christmas card
chubasco *nm* : downpour : storm

chuchería *nf* : knickknack : trinket
chucho, -cha *n* : mongrel : mutt
chueco, -ca *adj* : crooked : bent : dishonest : shady
chulada *nf* : cute or pretty thing
chulear *v* : to compliment
chuleta *nf* : cutlet : chop
chulla *nmf* : person from Quito : Ecuador
chulo[1], **-la** *adj* : cute : pretty : cocky : arrogant
chulo[2] *nm* : pimp
chupada *nf* : suck : sucking : puff : drag
chupado, -da *adj* : gaunt : skinny : plastered : drunk
chupaflor *nm* : hummingbird
chupamirto *nm* : hummingbird
chupar *v* : to suck : to absorb : to puff on : to drink : to guzzle : to suckle — **chuparse** *vr* : to waste away : to put up with
chupete *nm* : pacifier : lollipop
chupetear *v* : to suck
chupón *nm, pl* **chupones** : sucker : baby bottle : pacifier
churrasco *nm* : steak : barbecued meat
churro *nm* : fried dough : attractive person
chusco, -ca *adj* : funny : amusing
chusma *nf* : riffraff : rabble
chutar *v* : to shoot
chute *nm* : shot
chutney *nm* : chutney
CI *or* **coeficiente intelectual** *nm* : IQ : intelligence quotient
cianotipo *nm* : blueprint
cianuro *nm* : cyanide
ciber- *pref* : cyber-
ciberacoso *nm* : cyberbullying
cibercafé *nm* : Internet café
cibernético, -ca *adj* : cybernetic : cyber-
cicatriz *nf, pl* **-trices** : scar
cicatrizar *v* : to form a scar : to heal
cicatrizarse *vr* → **cicatrizar**
cíclico, -ca *adj* : cyclical
ciclismo *nm* : bicycling
ciclista *nmf* : bicyclist
ciclo *nm* : cycle
ciclomotor *nm* : moped
ciclón *nm, pl* **ciclones** : cyclone
cicuta *nf* : hemlock
ciega, ciegue, *etc.* → **cegar**
ciego[1], **-ga** *adj* : blind — **ciegamente** *adv*
ciego[2], **-ga** *n* : blind person
cielo *nm* : sky : heaven : ceiling
ciempiés *nms & pl* : centipede
cien[1] *adj* : a hundred : hundred — **cien** *pron*
cien[2] *nm* : one hundred
ciénaga *nf* : swamp : bog
ciencia *nf* : science : learning : knowledge
cieno *nm* : mire : mud : silt

científico[1], **-ca** *adj* : scientific —
  científicamente *adv*
científico[2], **-ca** *n* : scientist
ciento[1] *adj* : one hundred
ciento[2] *nm* : hundred
cierne, etc. → **cerner**
cierra, etc. → **cerrar**
cierre *nm* : closing : closure : fastener
  : clasp : zipper
cierto, -ta *adj* : true : certain : definite
  : one — **ciertamente** *adv*
ciervo, -va *n* : deer : stag *m* : hind *f*
cifra *nf* : figure : number : quantity
  : amount : code : cipher
cifrar *v* : to write in code : to place
  : to pin : to encrypt — **cifrarse** *vr* : to
  amount
cigarra *nf* : cicada
cigarrera *nf* : cigarette case
cigarrillo *nm* : cigarette
cigarro *nm* : cigarette : cigar
cigoto *nm* : zygote
cigüeña *nf* : stork
cilantro *nm* : cilantro : coriander
cilindrada *nf* : cubic capacity
cilíndrico, -ca *adj* : cylindrical
cilindro *nm* : cylinder
cima *nf* : peak : summit : top
cimarrón, -rrona *adj, mpl* **-rrones**
  : untamed : wild
címbalo *nm* : cymbal
cimbrar *v* : to shake : to rock —
  cimbrarse *vr* : to sway : to swing
cimentar *v* : to lay the foundation of : to
  establish : to strengthen : to cement
cimientos *nmpl* : base : foundation(s)
cinc *nm* : zinc
cincel *nm* : chisel
cincelar *v* : to chisel : to engrave
cincha *nf* : cinch : girth
cinchar *v* : to cinch
cinco[1] *adj & nm* : five
cinco[2] *pron* : five
cincuenta *adj & nm* : fifty — **cincuenta**
  pron
cincuentavo[1], **-va** *adj* : fiftieth
cincuentavo[2] *nm* : fiftieth
cine *nm* : cinema : movies *pl* : movie
  theater
cineasta *nmf* : filmmaker
cinéfilo, -la *n* : cinephile : movie buff
cinematografía *nf* : cinematography
cinematográfico, -ca *adj* : movie : film
  : cinematic
cínico[1], **-ca** *adj* : cynical : shameless
  : brazen — **cínicamente** *adv*
cínico[2], **-ca** *n* : cynic
cinismo *nm* : cynicism
cinta *nf* : ribbon : tape : strap : belt
cinto *nm* : strap : belt
cintura *nf* : waist : waistline
cinturilla *nf* : waistband
cinturón *nm, pl* **-rones** : belt
ciñe, etc. → **ceñir**

ciprés *nm, pl* **cipreses** : cypress
circo *nm* : circus
circuitería *nf* : circuitry
circuito *nm* : circuit
circulación *nf, pl* **-ciones** : circulation
  : movement : traffic
circular[1] *v* : to circulate : to move along
  : to drive
circular[2] *adj* : circular
circular[3] *nf* : circular : flier
circulatorio, -ria *adj* : circulatory
círculo *nm* : circle : club : group
circuncidar *v* : to circumcise
circuncisión *nf, pl* **-siones**
  : circumcision
circundar *v* : to surround —
  circundante *adj*
circunferencia *nf* : circumference
circunflejo, -ja *adj* **acento circunflejo**
  : circumflex
circunlocución *nf, pl* **-ciones**
  : circumlocution
circunloquio *nm* → **circunlocución**
circunnavegar *v* : to circumnavigate —
  circunnavegación *nf*
circunscribir *v* : to circumscribe : to
  constrict : to limit — **circunscribirse** *vr*
circunscripción *nf, pl* **-ciones**
  : limitation : restriction : constituency
circunscrito *pp* → **circunscribir**
circunspecto, -ta *adj* : circumspect
  : prudent
circunstancia *nf* : circumstance
circunstancial *adj* : circumstantial
  : incidental
circunstante *nmf* : onlooker : bystander
circunvalación *nf, pl* **-ciones**
  : surrounding : encircling
circunvecino, -na *adj* : surrounding
  : neighboring
cirio *nm* : large candle
cirrosis *nf* : cirrhosis
ciruela *nf* : plum
cirugía *nf* : surgery
cirujano, -na *n* : surgeon
cisgénero *adj* : cisgender : cis
cisma *nm* : schism : rift
cisne *nm* : swan
cisterna *nf* : cistern : tank
cita *nf* : quote : quotation : appointment
  : date
citable *adj* : quotable
citación *nf, pl* **-ciones** : summons
  : subpoena
citadino[1], **-na** *adj* : of the city : urban
citadino[2], **-na** *n* : city dweller
citado, -da *adj* : said : aforementioned
citar *v* : to quote : to cite : to make an
  appointment with : to summon : to
  subpoena — **citarse** *vr* ~ **con** : to
  arrange to meet
citatorio *nm* : subpoena
-cito *suf* → **-ito**
cítrico *nm* : citrus

ciudad *nf* : city : town
ciudadanía *nf* : citizenship : citizenry : citizens *pl*
ciudadano[1], **-na** *adj* : civic : city
ciudadano[2], **-na** *n* : citizen : resident : city dweller
ciudadela *nf* : citadel : fortress
cívico, -ca *adj* : civic : civic-minded
civil[1] *adj* : civil : civilian
civil[2] *nmf* : civilian
civilidad *nf* : civility : courtesy
civilización *nf, pl* **-ciones** : civilization
civilizado, -da *adj* : civilized
civilizar *v* : to civilize
civismo *nm* : community spirit : civics
cizaña *nf* **sembrar cizaña** : to sow discord
clamar *v* : to clamor : to raise a protest : to cry out for
clamor *nm* : clamor : outcry
clamoroso, -sa *adj* : clamorous : resounding : thunderous
clan *nm* : clan
clandestinidad *nf* : secrecy
clandestino, -na *adj* : clandestine : secret — **clandestinamente** *adv*
clara *nf* : egg white
claraboya *nf* : skylight
claramente *adv* : clearly
clarear *v impers* : to clear : to clear up : to get light : to dawn : to go gray : to turn white
claridad *nf* : clarity : brightness : light
clarificación *nf, pl* **-ciones** : clarification : explanation
clarificar *v* : to clarify : to explain
clarín *nm, pl* **clarines** : bugle
clarinete *nm* : clarinet
clarividencia *nf* : clairvoyance : perspicacity : discernment
clarividente[1] *adj* : clairvoyant : perspicacious : discerning
clarividente[2] *nmf* : clairvoyant
claro[1] *adv* : clearly : of course : surely
claro[2], **-ra** *adj* : bright : clear : pale : fair : light : evident
claro[3] *nm* : clearing
clase *nf* : class : sort : kind : type
clasicismo *nm* : classicism
clásico[1], **-ca** *adj* : classic : classical
clásico[2] *nm* : classic
clasificación *nf, pl* **-ciones** : classification : sorting out : rating : qualification
clasificado, -da *adj* : classified
clasificar *v* : to classify : to sort out : to rate : to rank : to qualify — **clasificarse** *vr*
clasificatorio, -ria *adj* : qualifying
claudicación *nf, pl* **-ciones** : surrender : abandonment of one's principles
claudicar *v* : to back down : to abandon one's principles
claustro *nm* : cloister

claustrofobia *nf* : claustrophobia
claustrofóbico, -ca *adj* : claustrophobic
cláusula *nf* : clause
clausura *nf* : closure : closing : closing ceremony : cloister
clausurar *v* : to close : to bring to a close : to close down
clavada *nf* : slam dunk
clavadista *nmf* : diver
clavado[1], **-da** *adj* : nailed : fixed : stuck : punctual : on the dot : identical
clavado[2] *nm* : dive
clavar *v* : to nail : to hammer : to plunge : to stick : to fix on — **clavarse** *vr* : to stick oneself
clave[1] *adj* : key : essential
clave[2] *nf* : code : key : clef
clavel *nm* : carnation
clavelito *nm* : pink
clavicémbalo *nm* : harpsichord
clavícula *nf* : collarbone
clavija *nf* : plug : peg : pin
clavo *nm* : nail : clove
claxon *nm, pl* **cláxones** : horn
clemencia *nf* : clemency : mercy
clemente *adj* : merciful
cleptomanía *nf* : kleptomania
cleptómano, -na *n* : kleptomaniac
clerecía *nf* : ministry : ministers *pl*
clerical *adj* : clerical
clérigo, -ga *n* : cleric : member of the clergy
clero *nm* : clergy
clic *or* **click** *nm, pl* **clics** *or* **clicks** : click
cliché *nm* : cliché : stencil : negative
cliente, -ta *n* : customer : client
clientela *nf* : clientele : customers *pl*
clima *nm* : climate : atmosphere : ambience
climático, -ca *adj* : climatic
climatización *nf, pl* **-ciones** : air-conditioning
climatizar *v* : to air-condition — **climatizado, -da** *adj*
clímax *nm* : climax
clinch *nm* : clinch
clínica *nf* : clinic
clínico, -ca *adj* : clinical — **clínicamente** *adv*
clip *nm, pl* **clips** : clip : paper clip
clíper *nm* : clipper
clítoris *nms & pl* : clitoris
cloaca *nf* : sewer
clocar *v* : to cluck
cloche *nm* : clutch
clon *nm* : clone
clonar *v* : to clone
cloqué, etc. → clocar
cloquear *v* : to cluck
cloqueo *nm* : cluck : clucking
clorar *v* : to chlorinate — **cloración** *nf*
clorhídrico, -ca *adj* **ácido clorhídrico → ácido**[2]
cloro *nm* : chlorine

clorofila *nf* : chlorophyll
cloroformo *nm* : chloroform
cloruro *nm* : chloride
clóset *nm, pl* **clósets** : closet : cupboard
club *nm* : club
clueca, clueque, etc. → **clocar**
clutch *nm* : clutch
coa *nf* : hoe
coacción *nf, pl* **-ciones** : coercion : duress
coaccionar *v* : to coerce
coactivo, -va *adj* : coercive
coagular *v* : to clot : to coagulate — **coagulación** *nf*
coágulo *nm* : clot
coalición *nf, pl* **-ciones** : coalition
coartada *nf* : alibi
coartar *v* : to restrict : to limit
coba *nf* : flattery : lie
cobalto *nm* : cobalt
cobarde[1] *adj* : cowardly
cobarde[2] *nmf* : coward
cobardía *nf* : cowardice
cobaya *nf* : guinea pig
cobertizo *nm* : shed : shelter
cobertor *nm* : bedspread : quilt
cobertura *nf* : coverage : cover : collateral
cobija *nf* : blanket
cobijar *v* : to shelter — **cobijarse** *vr* : to take shelter
cobijo *nm* : shelter
cobra *nf* : cobra
cobrador, -dora *n* : collector : conductor
cobrar *v* : to charge : to collect : to draw : to earn : to acquire : to gain : to recover : to retrieve : to cash : to claim : to take : to shoot : to bag : to be paid
cobre *nm* : copper
cobrizo, -za *adj* : coppery
cobro *nm* : collection : cashing
coca *nf* : coca : coke : cocaine
Coca *nf* : Coke™ : Coca-Cola™
cocaína *nf* : cocaine
cocal *nm* : coca plantation
cocción *nf, pl* **cocciones** : cooking
cocear *v* : to kick
cocer *v* : to cook : to boil
cochambre *nmf* : filth : grime
cochambroso, -sa *adj* : filthy : grimy
coche *nm* : car : automobile : coach : carriage
cochecito *nm* : baby carriage : stroller
cochera *nf* : garage : carport
cochinada *nf* : filthy language : disgusting behavior : dirty trick
cochinillo *nm* : suckling pig : piglet
cochino[1], **-na** *adj* : dirty : filthy : disgusting : rotten : lousy
cochino[2], **-na** *n* : pig : hog
cocido[1], **-da** *adj* : boiled : cooked
cocido[2] *nm* : stew
cociente *nm* : quotient
cocimiento *nm* : cooking : baking

cocina *nf* : kitchen : stove : cuisine : cooking
cocinar *v* : to cook
cocinero, -ra *n* : cook : chef
cocineta *nf* : kitchenette
coco *nm* : coconut : head : bogeyman
cocoa *nf* : cocoa : hot chocolate
cocodrilo *nm* : crocodile
cocotero *nm* : coconut palm
coctel *or* **cóctel** *nm* : cocktail : cocktail party
coctelera *nf* : cocktail shaker
codear *v* : to elbow : to jog : to nudge — **codearse** *vr* : to rub elbows : to hobnob
codeína *nf* : codeine
códice *nm* : codex : manuscript
codicia *nf* : avarice
codiciar *v* : to covet
codicioso, -sa *adj* : avaricious : covetous
codificar *v* : to codify : to code : to encode
código *nm* : code
codo[1], **-da** *adj* : cheap : stingy
codo[2], **-da** *n* : tightwad : cheapskate
codo[3] *nm* : elbow
codorniz *nf, pl* **-nices** : quail
coeficiente *nm* : coefficient
coexistir *v* : to coexist — **coexistencia** *nf*
cofradía *nf* : (religious) brotherhood : guild
cofre *nm* : trunk : chest : hood
coger *v* : to seize : to take hold of : to catch : to pick up : to gather : to pick : to gore — **cogerse** *vr* : to hold on
cogida *nf* : gathering : harvest : goring
cognición *nf, pl* **-ciones** : cognition
cognitivo, -va *adj* : cognitive
cogollo *nm* : heart : bud : bulb : core : crux
cogote *nm* : scruff : nape
cohabitar *v* : to cohabit — **cohabitación** *nf*
cohechar *v* : to bribe
cohecho *nm* : bribe : bribery
coherencia *nf* : coherence — **coherente** *adj*
cohesión *nf, pl* **-siones** : cohesion
cohesivo, -va *adj* : cohesive
cohete *nm* : rocket
cohibición *nf, pl* **-ciones** : (legal) restraint : inhibition
cohibido, -da *adj* : inhibited : shy
cohibir *v* : to inhibit : to make self-conscious — **cohibirse** *vr* : to feel shy or embarrassed
cohorte *nf* : cohort
coima *nf* : bribe
coimear *v* : to bribe
coincidencia *nf* : coincidence : agreement
coincidente *adj* : coincident : coinciding

coincidir *v* : to coincide : to agree
coito *nm* : sexual intercourse : coitus
coja, etc. → **coger**
cojear *v* : to limp : to wobble : to rock
cojera *nf* : limp
cojín *nm, pl* **cojines** : cushion : throw
  pillow
cojinete *nm* : bearing : bushing
cojo¹, -ja *adj* : limping : lame : wobbly
  : weak : ineffectual
cojo², -ja *n* : lame person
col *nf* : cabbage
cola *nf* : tail : line : cola : drink : train
  : tails *pl* : glue : buttocks *pl* : rear end
colaboracionista *nmf* : collaborator
  : traitor
colaborador, -dora *n* : contributor
  : collaborator
colaborar *v* : to collaborate —
  colaboración *nf*
colación *nf, pl* **-ciones** : light meal
  : conferring
colada *nf* : laundry : wash : washing
coladera *nf* : drain
colador *nm* : colander : strainer : small
  coffeepot
colapsar *v* : to collapse : to paralyze : to
  bring to a standstill
colapso *nm* : collapse : standstill
colar *v* : to strain : to filter — **colarse** *vr*
  : to sneak in : to cut in line : to slip up
  : to make a mistake
colateral¹ *adj* : collateral —
  colateralmente *adv*
colateral² *nm* : collateral
colcha *nf* : bedspread : quilt
colchón *nm, pl* **colchones** : mattress
  : cushion : padding : buffer
colchoneta *nf* : mat
colear *v* : to wag its tail
colección *nf, pl* **-ciones** : collection
coleccionable *adj* : collectible
coleccionar *v* : to collect : to keep a
  collection of
coleccionista *nmf* : collector
colecta *nf* : collection
colectar *v* : to collect
colectivero, -ra *n* : bus driver : taxi
  driver
colectividad *nf* : community : group
colectivo¹, -va *adj* : collective —
  colectivamente *adv*
colectivo² *nm* : collective : city bus
  : fixed-route taxi
colector¹, -tora *n* : collector
colector² *nm* : sewer : manifold
colega *nmf* : colleague : counterpart
  : buddy
colegiado, -da *n* : referee : member
colegial¹, -giala *adj* : school : green
  : inexperienced
colegial², -giala *n* : schoolboy *m*
  : schoolgirl *f*
colegiatura *nf* : tuition

colegio *nm* : school : college
  : professional association
colegir *v* : to collect : to gather : to infer
  : to deduce
cólera¹ *nm* : cholera
cólera² *nf* : anger : rage
colérico, -ca *adj* : angry : irritable
colesterol *nm* : cholesterol
coleta *nf* : ponytail : pigtail
coletazo *nm* : lash : flick
colgado, -da *adj* : hanging : hanged
  : pending
colgante¹ *adj* : hanging : dangling
colgante² *nm* : pendant : charm
colgar *v* : to hang : to put up : to hang
  up : to fail — **colgarse** *vr* : to be
  suspended : to hang oneself : to hang
  up a telephone
colibrí *nm* : hummingbird
cólico *nm* : colic
coliflor *nf* : cauliflower
colilla *nf* : butt
colín *nm, pl* **colines** : breadstick
colina *nf* : hill
colindante *adj* : adjacent : neighboring
colindar *v* : to adjoin : to be adjacent
colirio *nm* : eyedrops *pl*
coliseo *nm* : coliseum
colisión *nf, pl* **-siones** : collision
colisionar *v* : to collide
collage *nm* : collage
collar *nm* : collar : necklace
collie *nmf* : collie
colmado, -da *adj* : heaping
colmar *v* : to fill to the brim : to fulfill : to
  satisfy : to heap : to shower
colmena *nf* : beehive
colmenar *nm* : apiary
colmillo *nm* : canine : fang : tusk
colmilludo, -da *adj* : astute : shrewd
  : crafty
colmo *nm* : height : extreme : limit
colocación *nf, pl* **-ciones** : placement
  : placing : position : job : investment
colocar *v* : to place : to put : to find a
  job for : to invest — **colocarse** *vr* : to
  position oneself : to get a job
colofonia *nf* : rosin
colombiano, -na *adj & n* : Colombian
colon *nm* : (intestinal) colon
colón *nm, pl* **colones** : colón
colonia *nf* : colony : cologne
  : residential area : neighborhood
colonial *adj* : colonial
colonización *nf, pl* **-ciones**
  : colonization
colonizador¹, -dora *adj* : colonizing
colonizador², -dora *n* : colonist
colonizar *v* : to colonize : to settle
colono, -na *n* : settler : colonist : tenant
  farmer
coloquial *adj* : colloquial
coloquio *nm* : discussion : talk
  : conference : symposium

color *nm* : color : paint : dye; **colores** *nmpl* : colored pencils
coloración *nf, pl* **-ciones** : coloring : coloration
colorado[1], **-da** *adj* : red
colorado[2] *nm* : red
colorante *nm* : coloring
colorear *v* : to color : to redden : to ripen
colorete *nm* : blush : rouge
colorido *nm* : color : coloring
colorín *nm, pl* **-rines** : bright color : goldfinch
colosal *adj* : colossal
coloso *nm* : colossus
coludir *v* : to conspire
columna *nf* : column
columnata *nf* : colonnade
columnista *nmf* : columnist
columpiar *v* : to push — **columpiarse** *vr* : to swing
columpio *nm* : swing
colusión *nf, pl* **-siones** : collusion
colza *nf* : rape
coma[1] *nm* : coma
coma[2] *nf* : comma
comadre *nf* : godmother of one's child : mother of one's godchild : neighbor : female friend : gossip
comadrear *v* : to gossip
comadreja *nf* : weasel
comadrona *nf* : midwife
comal *nm* : tortilla griddle
comanche *nmf* : Comanche
comandancia *nf* : command headquarters : command
comandante *nmf* : commander : commanding officer : major
comandar *v* : to command : to lead
comando *nm* : commando : command
comarca *nf* : region
comarcal *adj* : regional : local
comatoso, -sa *adj* : comatose
comba *nf* : bend : sag : jump rope
combar *v* : to bend : to curve — **combarse** *vr* : to buckle : to warp : to bulge : to sag
combate *nm* : combat : fight : boxing match
combatiente *nmf* : combatant : fighter
combatir *v* : to combat : to fight against : to fight
combatividad *nf* : fighting spirit
combativo, -va *adj* : combative : spirited
combi *nf* : minibus
combinación *nf, pl* **-ciones** : combination : connection
combinado *nm* : cocktail : team
combinar *v* : to combine : to mix together : to match : to put together — **combinarse** *vr* : to get together : to conspire
combo *nm* : (musical) band : sledgehammer : punch
combustible[1] *adj* : combustible

combustible[2] *nm* : fuel
combustión *nf, pl* **-tiones** : combustion
comedero *nm* : trough : feeder
comedia *nf* : comedy
comediante *nmf* : actor : actress *f* : fraud
comedido, -da *adj* : moderate : restrained
comediógrafo, -fa *n* : playwright
comedor *nm* : dining room
comején *nm, pl* **-jenes** : termite
comelón[1], **-lona** *adj, mpl* **-lones** : gluttonous
comelón[2], **-lona** *n, pl* **-lones** : big eater : glutton
comensal *nmf* : dinner guest
comentador, -dora *n* → **comentarista**
comentar *v* : to comment on : to discuss : to mention : to remark
comentario *nm* : comment : remark : commentary
comentarista *nmf* : commentator
comenzar *v* : to begin : to start
comer[1] *v* : to eat : to consume : to eat up : to eat into : to have a meal — **comerse** *vr* : to eat up
comer[2] *nm* : eating : dining
comercial *adj & nm* : commercial — **comercialmente** *adv*
comercializar *v* : to commercialize : to market — **comercialización** *nf*
comerciante *nmf* : merchant : dealer
comerciar *v* : to do business : to trade
comercio *nm* : commerce : trade : business : place of business
comestible[1] *adj* : edible
comestible[2] *nm* : foodstuff : food; **comestibles** *nmpl* : groceries
cometa[1] *nm* : comet
cometa[2] *nf* : kite
cometer *v* : to commit
cometido *nm* : assignment : task
comezón *nf, pl* **-zones** : itchiness : itching
comible *adj* : eatable : edible
comic *or* **cómic** *nm* : comic strip : comic book
comicidad *nf* : humor : wit
comicios *nmpl* : elections : voting
cómico[1], **-ca** *adj* : comic : comical
cómico[2], **-ca** *n* : comic : comedian : comedienne *f*
comida *nf* : food : meal : dinner : lunch
comidilla *nf* : talk : gossip
comienzo *nm* : start : beginning
comillas *nfpl* : quotation marks
comilón, -lona → **comelón, -lona**
comilona *nf* : feast
comino *nm* : cumin
comisaría *nf* : police station
comisario, -ria *n* : commissioner
comisión *nf, pl* **-siones** : commission : committing : committee : percentage
comisionado[1], **-da** *adj* : commissioned : entrusted

comisionado², -da n → **comisario**

comisionar v : to commission

comisura nf **comisura de los labios** : corner of the mouth

comité nm : committee

comitiva nf : retinue : entourage

como¹ adv : around : about : kind of : like

como² conj : how : as : since : given that : if

como³ prep : like : as

cómo adv : how

cómoda nf : bureau : chest of drawers

comodidad nf : comfort : convenience

comodín nm, pl **-dines** : joker : wild card : wildcard : all-purpose word or thing : pretext : excuse

cómodo, -da adj : comfortable : convenient — **cómodamente** adv

comodoro nm : commodore

comoquiera adv : in any way

compa nm : buddy : pal

compactar v : to compact : to compress

compact disc nm, pl **compact discs** : compact disc : CD

compacto, -ta adj : compact

compadecer v : to sympathize with : to feel sorry for

compadre nm : godfather of one's child : father of one's godchild : buddy : pal

compaginar v : to combine : to coordinate : to collate

compañerismo nm : camaraderie

compañero, -ra n : companion : mate : partner

compañía nf : company : firm

comparable adj : comparable

comparación nf, pl **-ciones** : comparison

comparado, -da adj : comparative

comparar v : to compare

comparativo¹, -va adj : comparative : relative — **comparativamente** adv

comparativo² nm : comparative degree or form

comparecencia nf : appearance

comparecer v : to appear

comparsa nmf : extra

compartimiento or **compartimento** nm : compartment

compartir v : to share

compás nm, pl **-pases** : beat : rhythm : time : compass

compasión nf, pl **-siones** : compassion : pity

compasivo, -va adj : compassionate

compatibilidad nf : compatibility

compatible adj : compatible

compatriota nmf : compatriot : fellow countryman

compeler v : to compel

compendiar v : to summarize : to condense

compendio nm : summary

compenetración nf, pl **-ciones** : rapport : mutual understanding

compenetrarse vr : to understand each other

compensación nf, pl **-ciones** : compensation

compensar v : to compensate for : to make up for : to be worth one's while

compensatorio, -ria adj : compensatory

competencia nf : competition : rivalry : competence

competente adj : competent : able — **competentemente** adv

competición nf, pl **-ciones** : competition

competidor¹, -dora adj : competing : rival

competidor², -dora n : competitor : rival

competir v : to compete

competitividad nf : competitiveness

competitivo, -va adj : competitive — **competitivamente** adv

compilar v : to compile — **compilación** nf

compinche nmf : buddy : pal : partner in crime : accomplice

complacencia nf : pleasure : satisfaction

complacer v : to please — **complacerse** vr ~ **en** : to take pleasure in

complaciente adj : obliging : eager to please

complejidad nf : complexity

complejo¹, -ja adj : complex

complejo² nm : complex

complementar v : to complement : to supplement — **complementarse** vr

complementario, -ria adj : complementary

complemento nm : complement : supplement : supplementary pay : allowance

completamente adv : completely : totally

completar v : to complete : to finish

completo, -ta adj : complete : full : whole : absolute : detailed : well-rounded : versatile

complexión nf, pl **-xiones** : (physical) constitution

complicación nf, pl **-ciones** : complication

complicado, -da adj : complicated

complicar v : to complicate : to involve — **complicarse** vr

cómplice nmf : accomplice

complicidad nf : complicity

complot nm, pl **complots** : conspiracy : plot

componenda nf : shady deal : scam

componente adj & nm : component : constituent

componer v : to fix : to repair : to make up : to compose : to write : to set —

componerse *vr* : to improve : to get better

comportamiento *nm* : behavior : conduct

comportarse *vr* : to behave : to conduct oneself

composición *nf, pl* **-ciones** : composition : work : makeup : arrangement

compositor, -tora *n* : composer : songwriter

compostura *nf* : composure : mending : repair

compota *nf* : compote

compra *nf* : purchase

comprador, -dora *n* : buyer : shopper

comprar *v* : to buy : to purchase

compraventa *nf* : buying and selling

comprender *v* : to comprehend : to understand : to cover : to include

comprensible *adj* : understandable — **comprensiblemente** *adv*

comprensión *nf, pl* **-siones** : comprehension : understanding : sympathy

comprensivo, -va *adj* : understanding

compresa *nf* : compress

compresión *nf, pl* **-siones** : compression

compresor *nm* : compressor

comprimido *nm* : pill : tablet

comprimir *v* : to compress

comprobable *adj* : provable

comprobación *nf, pl* **-ciones** : verification : confirmation

comprobante *nm* : proof : voucher : receipt

comprobar *v* : to verify : to check : to prove

comprometedor, -dora *adj* : compromising

comprometer *v* : to compromise : to jeopardize : to commit : to put under obligation — **comprometerse** *vr* : to commit oneself

comprometido, -da *adj* : compromising : awkward : committed : obliged : engaged

compromiso *nm* : obligation : commitment : engagement : agreement : awkward situation : fix

compuerta *nf* : floodgate

compuesto[1] *pp* → **componer**

compuesto[2], **-ta** *adj* : fixed : repaired : compound : composite : decked out : spruced up

compuesto[3] *nm* : compound

compulsión *nf, pl* **-siones** : compulsion

compulsivo, -va *adj* : compelling : urgent : compulsive — **compulsivamente** *adv*

compungido, -da *adj* : contrite : remorseful

compungirse *vr* : to feel remorse

compuso, etc. → **componer**

computable *adj* : countable

computación *nf, pl* **-ciones** : computing : computers *pl*

computador *nm* → **computadora**

computadora *nf* : computer

computar *v* : to compute : to calculate

computarizar *v* : to computerize

cómputo *nm* : computation : calculation

comulgar *v* : to receive communion

común *adj, pl* **comunes** : common

comuna *nf* : commune

comunal *adj* : communal

comunicación *nf, pl* **-ciones** : communication : access : link : message : report

comunicado *nm* : communiqué

comunicador, -dora *n* : commentator : analyst

comunicar *v* : to communicate : to convey : to notify — **comunicarse** *vr* ~ **con** : to contact : to get in touch with : to be connected to

comunicativo, -va *adj* : communicative : talkative

comunidad *nf* : community

comunión *nf, pl* **-niones** : communion : sharing Communion

comunismo *nm* : communism : Communism

comunista *adj & nmf* : communist

comunitario, -ria *adj* : community : communal

comúnmente *adv* : commonly

con *prep* : with : in spite of : to : towards : by

conato *nm* : attempt : effort

cóncavo, -va *adj* : concave

concebible *adj* : conceivable

concebir *v* : to conceive : to conceive of : to imagine : to become pregnant

conceder *v* : to grant : to bestow : to concede : to admit

concejal, -jala *n* : councilman *m* : councilwoman *f* : alderman *mf*

concejo *nm* : council

concentración *nf, pl* **-ciones** : concentration

concentrado *nm* : concentrate

concentrar *v* : to concentrate — **concentrarse** *vr*

concéntrico, -ca *adj* : concentric

concepción *nf, pl* **-ciones** : conception

concepto *nm* : concept : idea : opinion

conceptual *adj* : conceptual — **conceptualmente** *adv*

conceptualizar *v* : conceptualize — **conceptualización** *nf*

conceptuar *v* : to regard : to judge

concernir *v* : to be of concern

concertar *v* : to arrange : to set up : to agree on : to settle : to harmonize : to be in harmony

concesión *nf, pl* **-siones** : concession : awarding : granting

concesionario, -ria *n* : franchisee
concha *nf* : conch : seashell
concho *nm* : fixed-route taxi
conciencia *nf* : conscience
  : consciousness : awareness
concienciar → concientizar
concientización *nf, pl* **-ciones**
  : awareness : awareness-raising
concientizar *v* : to make aware —
  concientizarse *vr* ~ **de** : to realize : to
  become aware of
concienzudo, -da *adj* : conscientious
concierto *nm* : concert : agreement
  : concerto
conciliador¹, -dora *adj* : conciliatory
conciliador², -dora *n* : arbitrator
  : peacemaker
conciliar *v* : to reconcile —
  conciliación *nf*
conciliatorio, -ria *adj* → **conciliador¹**
concilio *nm* : (church) council
conciso, -sa *adj* : concise —
  concisamente *adv* — **concisión** *nf*
concitar *v* : to arouse
conciudadano, -na *n* : fellow citizen
cónclave *nm* : conclave : private
  meeting
concluir *v* : to conclude : to finish : to
  deduce : to end
conclusión *nf, pl* **-siones** : conclusion
concluyente *adj* : conclusive
concomitante *adj* : accompanying
  : attendant
concordancia *nf* : agreement
  : accordance
concordar *v* : to agree : to coincide : to
  reconcile
concordia *nf* : concord : harmony
concretar *v* : to pinpoint : to specify : to
  fulfill : to realize — **concretarse** *vr* : to
  become real : to take shape
concretizar → concretar
concreto¹, -ta *adj* : concrete : actual
  : definite : specific — **concretamente** *adv*
concreto² *nm* : concrete
concurrencia *nf* : audience : turnout
  : concurrence
concurrente *adj* : concurrent —
  concurrentemente *adv*
concurrido, -da *adj* : busy : crowded
concurrir *v* : to converge : to come
  together : to concur : to agree : to take
  part : to participate : to attend : to be
  present
concursante *nmf* : contestant
  : competitor
concursar *v* : to compete in : to
  compete : to participate
concurso *nm* : contest : competition
  : concurrence : coincidence : crowd
  : gathering : cooperation : assistance
condado *nm* : county : earldom
conde, -desa *n* : count *m* : earl *m*
  : countess *f*

condecoración *nf, pl* **-ciones**
  : decoration : medal
condecorar *v* : to decorate : to award
condena *nf* : condemnation : sentence
condenable *adj* : reprehensible
condenación *nf, pl* **-ciones**
  : condemnation : damnation
condenado¹, -da *adj* : fated : doomed
  : convicted : sentenced : darn : damned
condenado², -da *n* : convict
condenar *v* : to condemn : to
  sentence : to board up : to wall up —
  condenarse *vr* : to be damned
condenatorio, -ria *adj* : condemning
condensación *nf, pl* **-ciones**
  : condensation
condensar *v* : to condense
condesa *nf* → **conde**
condescendencia *nf* : condescension
condescender *v* : to condescend : to
  agree : to acquiesce
condescendiente *adj* : condescending
  : accommodating : obliging
condición *nf, pl* **-ciones** : condition
  : state : capacity : position : stipulation;
  condiciones *nfpl* : conditions
  : circumstances
condicional *adj* : conditional —
  condicionalmente *adv*
condicionamiento *nm* : conditioning
condicionar *v* : to condition : to
  determine
condimentar *v* : to season : to spice
condimento *nm* : condiment
  : seasoning : spice
condolencia *nf* : condolence : sympathy
condolerse *vr* : to sympathize
condominio *nm* : condominium : condo
condón *nm, pl* **condones** : condom
cóndor *nm* : condor
conducción *nf, pl* **-ciones** : conduction
  : management : direction
conducir *v* : to direct : to lead : to drive
  : to drive a vehicle — **conducirse** *vr*
  : to behave : to conduct oneself
conducta *nf* : conduct : behavior
conductividad *nf* : conductivity
conducto *nm* : conduit : channel : duct
conductor¹, -tora *adj* : conducting
  : leading
conductor², -tora *n* : driver
conductor³ *nm* : conductor
conectar *v* : to connect ~ **con** : to link
  up with : to communicate with
conectivo, -va *adj* : connective —
  conectividad *nf*
conector *nm* : connector
conejera *nf* : rabbit hutch
conejillo *nm* **conejillo de Indias**
  : guinea pig
conejo, -ja *n* : rabbit
conexión *nf, pl* **-xiones** : connection
confabulación *nf, pl* **-ciones** : plot
  : conspiracy

confabularse *vr* : to plot : to conspire
confección *nf, pl* **-ciones** : preparation
: tailoring : dressmaking
confeccionar *v* : to make : to produce
: to prepare
confederación *nf, pl* **-ciones**
: confederation
confederarse *vr* : to confederate : to
form a confederation
conferencia *nf* : conference : meeting
: lecture
conferenciante *nmf* : lecturer
conferencista → **conferenciante**
conferir *v* : to confer : to bestow
confesar *v* : to confess — **confesarse**
vr : to go to confession
confesión *nf, pl* **-siones** : confession
: creed : denomination
confesionario *nm* : confessional
confesor *nm* : confessor
confeti *nm* : confetti
confiable *adj* : trustworthy : reliable
confiado, -da *adj* : confident : self-
confident : trusting — **confiadamente**
adv
confianza *nf* : trust : confidence : self-
confidence
confianzudo, -da *adj* : forward
: presumptuous
confiar *v* : to confide : to entrust ~ **en**
: to trust : to have faith/confidence in —
confiarse *vr* : to be overconfident
confidencia *nf* : confidence : secret
confidencial *adj* : confidential —
confidencialmente *adv*
confidencialidad *nf* : confidentiality
confidente *nmf* : confidant : confidante
f : informer
configuración *nf, pl* **-ciones**
: configuration : shape
configurar *v* : to shape : to form : to
configure
confín *nm, pl* **confines** : boundary : limit
confinamiento *nm* : confinement
confinar *v* : to confine : to limit : to exile
~ **con** : to border on
confirmación *nf, pl* **-ciones**
: confirmation
confirmar *v* : to confirm : to substantiate
confiscación *nf, pl* **-ciones**
: confiscation
confiscar *v* : to confiscate : to seize
confitado, -da *adj* : candied
confite *nm* : sugar-coated candy
confitería *nf* : candy store
: confectionery : tearoom : café
confitero, -ra *n* : confectioner
confitura *nf* : preserves : jam
conflagración *nf, pl* **-ciones**
: conflagration : fire : war
conflictivo, -va *adj* : troubled
: controversial
conflicto *nm* : conflict
confluencia *nf* : junction : confluence

confluir *v* : to converge : to join : to
gather : to assemble
conformación *nf, pl* **-ciones** : makeup
: composition
conformar *v* : to form : to create
: to constitute : to make up —
conformarse *vr* : to resign oneself : to
comply : to conform
conforme[1] *adj* : content : satisfied
conforme[2] *conj* : as
conformidad *nf* : agreement : consent
: resignation
confort *nm* : comfort
confortable *adj* : comfortable
confortar *v* : to comfort : to console
confraternidad *nf* : brotherhood
: fraternity
confraternizar *v* : to fraternize —
confraternización *nf*
confrontación *nf, pl* **-ciones**
: confrontation
confrontar *v* : to confront : to compare
: to bring face-to-face : to border —
confrontarse *vr* ~ **con** : to face up to
confundir *v* : to confuse : to mix up —
confundirse *vr* : to make a mistake : to
be confused
confusión *nf, pl* **-siones** : confusion
confuso, -sa *adj* : confused : confusing
: flustered : embarrassed : hazy
: indistinct
congelación *nf, pl* **-ciones** : freezing
: frostbite : exposure
congelado, -da *adj* : frozen
congelador *nm* : freezer
congelamiento *nm* → **congelación**
congelar *v* : to freeze — **congelarse** *vr*
congeniar *v* : to get along
congénito, -ta *adj* : congenital
congestión *nf, pl* **-tiones** : congestion
congestionado, -da *adj* : congested
congestionamiento *nm* → **congestión**
congestionarse *vr* : to become flushed
: to become congested
conglomerado[1]**, -da** *adj* : conglomerate
: mixed
conglomerado[2] *nm* : conglomerate
: conglomeration
congoja *nf* : anguish : grief
congoleño, -ña *adj & n* : Congolese
congraciarse *vr* : to ingratiate oneself
congratular *v* : to congratulate
congregación *nf, pl* **-ciones**
: congregation : gathering
congregar *v* : to bring together —
congregarse *vr* : to congregate : to
assemble
congresista *nmf* : congressman *m*
: congresswoman *f*
congreso *nm* : congress : conference
congruencia *nf* : congruence
: coherence — **congruente** *adj*
cónico, -ca *adj* : conical : conic
conífera *nf* : conifer

conífero, -ra *adj* : coniferous
conjetura *nf* : conjecture : guess
conjeturar *v* : to guess : to conjecture
conjugación *nf, pl* **-ciones** : conjugation
conjugar *v* : to conjugate : to combine
conjunción *nf, pl* **-ciones** : conjunction
conjuntivitis *nf* : conjunctivitis
conjuntivo, -va *adj* : connective
conjunto¹, -ta *adj* : joint —
  conjuntamente *adv*
**conjunto² ** *nm* : collection : group
  : ensemble : outfit : musical group
  : whole : entirety
conjurar *v* : to exorcise : to avert : to
  ward off : to conspire : to plot
conjuro *nm* : exorcism : spell
conllevar *v* : to bear : to suffer : to entail
  : to involve
conmemorar *v* : to commemorate —
  conmemoración *nf*
conmemorativo, -va *adj*
  : commemorative : memorial
conmigo *pron* : with me
conminar *v* : to threaten : to warn
conmiseración *nf, pl* **-ciones** : pity
  : commiseration
conmoción *nf, pl* **-ciones** : shock
  : upheaval
conmocionar *v* : to shake : to shock
conmovedor, -dora *adj* : moving
  : touching
conmover *v* : to move : to touch : to
  shake up — **conmoverse** *vr*
conmutador *nm* : switch : switchboard
conmutar *v* : to commute : to switch : to
  exchange
connivencia *nf* : connivance
connotación *nf, pl* **-ciones** : connotation
connotar *v* : to connote : to imply
cono *nm* : cone
conocedor¹, -dora *adj* : knowledgeable
conocedor², -dora *n* : connoisseur
  : expert
conocer *v* : to know : to be acquainted
  with : to meet : to be familiar with
  : to get to know : to experience : to
  recognize — **conocerse** *vr* : to know
  each other : to know oneself
conocible *adj* : knowable
conocido¹, -da *adj* : familiar : well-
  known : famous
conocido², -da *n* : acquaintance
conocimiento *nm* : knowledge
  : consciousness
conque *conj* : so : so then : and so
conquista *nf* : conquest
conquistador¹, -dora *adj* : conquering
conquistador², -dora *n* : conqueror
conquistar *v* : to conquer
consabido, -da *adj* : usual : typical
consagración *nf, pl* **-ciones**
  : consecration
consagrar *v* : to consecrate : to
  dedicate : to devote

consciencia → conciencia
consciente *adj* : conscious : aware —
  conscientemente *adv*
conscripción *nf, pl* **-ciones**
  : conscription : draft
conscripto, -ta *n* : conscript : inductee
consecución *nf, pl* **-ciones** : attainment
consecuencia *nf* : consequence : result
consecuente *adj* : consistent —
  consecuentemente *adv*
consecutivo, -va *adj* : consecutive
  : successive — **consecutivamente**
  adv
conseguir *v* : to get : to obtain : to
  achieve : to attain : to manage to
consejero, -ra *n* : adviser : counselor
consejo *nm* : piece of advice : council
consenso *nm* : consensus
consensuar *v* : to reach a consensus on
consentido, -da *adj* : spoiled
  : pampered
consentimiento *nm* : consent
  : permission
consentir *v* : to consent to : to allow : to
  pamper : to spoil ~ **en** : to agree to : to
  approve of
conserje *nmf* : custodian : janitor
  : caretaker
conserva *nf* : preserve(s) : jam;
  conservas *nfpl* : canned goods
conservación *nf, pl* **-ciones**
  : conservation : preservation
conservacionista *nmf* : conservationist
conservador¹, -dora *adj & n*
  : conservative
**conservador² ** *nm* : preservative
conservadurismo *nf* : conservatism
conservante *nm* : preservative
conservar *v* : to preserve : to keep : to
  conserve
conservatorio *nm* : conservatory
considerable *adj* : considerable —
  considerablemente *adv*
consideración *nf, pl* **-ciones**
  : consideration : respect
considerado, -da *adj* : considerate
  : thoughtful : respected
considerar *v* : to consider : to think
  about : to regard as : to treat with
  consideration — **considerarse** *vr* : to
  consider oneself
consigna *nf* : slogan : assignment
  : orders *pl* : luggage storage
consignación *nf, pl* **-ciones**
  : consignment : allocation
consignar *v* : to consign : to record : to
  write down : to assign : to allocate
consigo *pron* : with her : with him : with
  you : with oneself
consiguiente *adj* : resulting
  : consequent
consistencia *nf* : consistency
consistente *adj* : firm : strong : sound
  : consistent — **consistentemente** *adv*

consola *nf* : console
consolación *nf, pl* **-ciones** : consolation
consolar *v* : to console : to comfort
consolidar *v* : to consolidate —
  consolidación *nf*
consomé *nm* : consommé : clear soup
consonancia *nf* : harmony
consonante[1] *adj* : consonant
  : harmonious
consonante[2] *nf* : consonant
consorcio *nm* : consortium
consorte *nmf* : consort : spouse
conspicuo, -cua *adj* : eminent : famous
conspiración *nf, pl* **-ciones** : conspiracy
  : plot
conspirador, -dora *n* : conspirator
conspirar *v* : to conspire : to plot
constancia *nf* : proof : certainty : record
  : evidence : perseverance : constancy
constante[1] *adj* : constant —
  constantemente *adv*
constante[2] *nf* : constant
constar *v* : to be evident : to be on
  record
constatación *nf, pl* **-ciones**
  : confirmation : proof
constatar *v* : to verify : to state
constelación *nf, pl* **-ciones**
  : constellation
consternación *nf, pl* **-ciones**
  : consternation : dismay
consternar *v* : to dismay : to appall
constipación *nf, pl* **-ciones**
  : constipation
constipado[1], **-da** *adj* **estar constipado**
  : to have a cold
constipado[2] *nm* : cold
constiparse *vr* : to catch a cold
constitución *nf, pl* **-ciones**
  : constitution — **constitucional** *adj* —
  constitucionalmente *adv*
constitucionalidad *nf* : constitutionality
constituir *v* : to constitute : to make up
  : to form : to establish : to set up —
  constituirse *vr* ~ **en** : to set oneself up
  as : to become
constitutivo, -va *adj* : constituent
  : component
constituyente *adj & nmf* : constituent
constreñir *v* : to constrain : to oblige : to
  restrict : to limit
construcción *nf, pl* **-ciones**
  : construction : building
constructivo, -va *adj* : constructive —
  constructivamente *adv*
constructor, -tora *n* : builder
constructora *nf* : construction company
construir *v* : to build : to construct
consuelo *nm* : consolation : comfort
consuetudinario, -ria *adj* : customary
  : habitual
cónsul *nmf* : consul — **consular** *adj*
consulado *nm* : consulate
consulta *nf* : consultation : inquiry

consultar *v* : to consult
consultivo, -va *adj* : advisory
consultor[1], **-tora** *adj* : consulting
consultor[2], **-tora** *n* : consultant
consultoría *nf* : consultancy
consultorio *nm* : office
consumación *nf, pl* **-ciones**
  : consummation
consumado, -da *adj* : consummate
  : perfect
consumar *v* : to consummate : to
  complete : to commit : to carry out
consumible *adj* : consumable
consumición *nf, pl* **-ciones**
  : consumption : drink
consumido, -da *adj* : thin : emaciated
consumidor, -dora *n* : consumer
consumir *v* : to consume —
  consumirse *vr* : to waste away
consumismo *nm* : consumerism
consumo *nm* : consumption
contabilidad *nf* : accounting
  : bookkeeping : accountancy
contabilizar *v* : to enter : to record
contable[1] *adj* : countable
contable[2] *nmf* : accountant
  : bookkeeper
contactar *v* : to contact ~ **con** : to get in
  touch with
contacto *nm* : contact
contado[1], **-da** *adj* : counted : rare
  : scarce
contado[2] *nm* **al contado** : cash
contador[1], **-dora** *n* : accountant
contador[2] *nm* : meter
contaduría *nf* : accounting office
  : accountancy
contagiar *v* : to infect : to transmit —
  contagiarse *vr* : to be contagious : to
  become infected
contagio *nm* : contagion : infection
contagioso, -sa *adj* : contagious
  : catching
contaminación *nf, pl* **-ciones**
  : contamination : pollution
contaminante *nm* : pollutant
  : contaminant
contaminar *v* : to contaminate : to
  pollute
contante *adj* **dinero contante y**
  sonante → **dinero**
contar *v* : to count : to tell : to include
  : to matter — **contarse** *vr* ~ **entre** : to
  be numbered among
contemplación *nf, pl* **-ciones**
  : contemplation — **contemplativo,**
  -va *adj*
contemplar *v* : to contemplate : to
  ponder : to gaze at : to look at
contemporáneo, -nea *adj & n*
  : contemporary
contención *nf, pl* **-ciones** : containment
  : holding
contencioso, -sa *adj* : contentious

contender v : to contend : to compete
: to fight
contendiente nmf : contender
contenedor nm : container : receptacle
: Dumpster™
contener v : to contain : to hold : to
restrain : to hold back — **contenerse**
vr : to restrain oneself
contenido¹, -da adj : restrained
: reserved
contenido² nm : contents pl : content
contentar v : to please : to make happy
— **contentarse** vr : to be satisfied : to
be pleased
contento¹, -ta adj : contented : glad
: happy
contento² nm : joy : happiness
conteo nm : count
contestación nf, pl **-ciones** : answer
: reply : protest
contestador nm or **contestador
automático** : answering machine
contestadora nf → **contestador**
contestar v : to answer : to reply : to talk
back : to be disrespectful
contexto nm : context
contienda nf : dispute : conflict : contest
: competition
contigo pron : with you
contiguo, -gua adj : contiguous : adjacent
continente nm : continent —
continental adj
contingencia nf : contingency
: eventuality
contingente adj & nm : contingent
continuación nf, pl **-ciones**
: continuation
continuar v : to continue
continuidad nf : continuity
continuo, -nua adj : continuous : steady
: constant — **continuamente** adv
contonearse vr : to sway one's hips
contoneo nm : swaying : wiggling
contorno nm : outline; **contornos** nmpl
: outskirts
contorsión nf, pl **-siones** : contortion
contra¹ nf : difficulty : snag
contra² nm : con
contra³ prep : against
contra- pref : counter-
contraalmirante nm : rear admiral
contraatacar v : to counterattack —
contraataque nm
contrabajo nm : double bass
contrabalancear v : to counterbalance
— **contrabalanza** nf
contrabandear v : to smuggle
contrabandista nmf : smuggler : black
market dealer
contrabando nm : smuggling
: contraband
contracción nf, pl **-ciones** : contraction
contracepción nf, pl **-ciones**
: contraception

contraceptivo nm : contraceptive
contrachapado nm : plywood
contracorriente nf : crosscurrent
contractual adj : contractual
contradecir v : to contradict —
contradecirse vr : to contradict oneself
contradicción nf, pl **-ciones**
: contradiction
contradictorio, -ria adj : contradictory
contraer v : to contract : to establish by
contract : to tighten — **contraerse** vr
: to tighten up
contrafuerte nm : buttress
contragolpe nm : counterattack
: backlash
contrahuella nf : riser
contralor, -lora n : comptroller
contraloría nf : office of the comptroller
contralto nmf : contralto
contraluz nm, pl **-luces a contraluz**
: against the light
contramandar v : to countermand
contramano nm a ~ : the wrong way
contramedida nf : countermeasure
contraparte nf : counterpart
contrapartida nf : compensation
contrapelo nm a ~ : in the wrong
direction : against the grain
contrapesar v : to counterbalance
contrapeso nm : counterbalance
contraponer v : to counter : to oppose
: to contrast : to compare
contraportada nf : back cover : back
page
contraposición nf, pl **-ciones**
: comparison
contraproducente adj
: counterproductive
contrapunto nm : counterpoint
contrariar v : to contradict : to oppose
: to vex : to annoy
contrariedad nf : setback : obstacle
: vexation : annoyance
contrario, -ria adj : contrary : opposite
: conflicting : opposed
contrarreloj adj : timed
contrarrestar v : to counteract
contrarrevolución nf, pl
-ciones : counterrevolution —
contrarrevolucionario, -ria adj & n
contrasentido nm : contradiction
contraseña nf : password
contrastante adj : contrasting
contrastar v : to resist : to check : to
confirm : to contrast
contraste nm : contrast
contratar v : to contract for : to hire : to
engage
contratiempo nm : mishap : accident
: setback : difficulty
contratista nmf : contractor
contrato nm : contract
contravenir v : to contravene : to
infringe

contraventana *nf* : shutter
contravía *nf* **ir en contravía** : to drive the wrong way
contribución *nf, pl* **-ciones** : contribution
contribuidor, -dora *n* : contributor
contribuir *v* : to contribute : to pay : contribute : to help out : to pay taxes
contribuyente[1] *adj* : contributing
contribuyente[2] *nmf* : taxpayer
contrición *nf, pl* **-ciones** : contrition
contrincante *nmf* : rival : opponent
contrito, -ta *adj* : contrite : repentant
control *nm* : control : inspection : check : checkpoint : roadblock
controlable *adj* : controllable
controlador, -dora *n* : controller
controlar *v* : to control : to monitor : to check
controversia *nf* : controversy
controversial → **controvertido**
controvertido, -da *adj* : controversial
controvertir *v* : to dispute : to argue about : to argue : to debate
contubernio *nm* : conspiracy
contundencia *nf* : forcefulness : weight : severity
contundente *adj* : blunt : forceful : convincing — **contundentemente** *adv*
contusión *nf, pl* **-siones** : bruise : contusion
contusionar *v* : to bruise
contuvo, etc. → **contener**
conurbano *nm* : suburbs *pl*
convalecencia *nf* : convalescence
convalecer *v* : to convalesce : to recover
convaleciente *adj* & *nmf* : convalescent
convalidar *v* : to recognize : to validate
convección *nf, pl* **-ciones** : convection
convencer *v* : to convince : to persuade — **convencerse** *vr*
convencimiento *nm* : belief : conviction
convención *nf, pl* **-ciones** : convention : conference : pact : agreement : custom
convencional *adj* : conventional — **convencionalmente** *adv*
conveniencia *nf* : convenience : fitness : suitability : advisability
conveniente *adj* : convenient : suitable : advisable
convenio *nm* : agreement : pact
convenir *v* : to be suitable : to be advisable : to agree
conventillo *nm* : tenement
convento *nm* : convent : monastery
convergencia *nf* : convergence
convergente *adj* : convergent : converging
converger *or* **convergir** *v* : to converge
conversación *nf, pl* **-ciones** : conversation
conversador, -dora *n* : conversationalist : talker

conversar *v* : to converse : to talk
conversatorio *nm* : talk : discussion
conversión *nf, pl* **-siones** : conversion
converso, -sa *n* : convert
convertible *adj* & *nm* : convertible
convertidor *nm* : converter
convertir *v* : to convert — **convertirse** *vr* : to convert
convexo, -xa *adj* : convex
convicción *nf, pl* **-ciones** : conviction
convicto[1], **-ta** *adj* : convicted
convicto[2], **-ta** *n* : convict : prisoner
convidado, -da *n* : guest
convidar *v* : to invite : to offer
convincente *adj* : convincing — **convincentemente** *adv*
convivir *v* : to coexist : to live together
convocar *v* : to convoke : to call together
convocatoria *nf* : summons : call
convoy *nm* : convoy
convulsión *nf, pl* **-siones** : convulsion : agitation : upheaval
convulsionar *v* : to shake : to convulse — **convulsionarse** *vr*
convulsivo, -va *adj* : convulsive
conyugal *adj* : conjugal
cónyuge *nmf* : spouse : partner
coñac *nm* : cognac : brandy
cooperación *nf, pl* **-ciones** : cooperation
cooperador, -dora *adj* : cooperative
cooperar *v* : to cooperate
cooperativa *nf* : cooperative : co-op
cooperativo, -va *adj* : cooperative
cooptar *v* : to co-opt
coordenada *nf* : coordinate
coordinación *nf, pl* **-ciones** : coordination
coordinador, -dora *n* : coordinator
coordinar *v* : to coordinate : to combine
copa *nf* : wineglass : goblet : drink : cup : trophy : top : crown; **copas** *nfpl* : cups
copar *v* : to take : to fill : to crowd
copartícipe *nmf* : joint partner
copero, -ra *adj* : cup
copia *nf* : copy : imitation : replica
copiadora *nf* : photocopier
copiar *v* : to copy
copiloto *nmf* : copilot
copión, -piona *n, pl* **copiones** : copycat
copioso, -sa *adj* : copious : abundant
copla *nf* : popular song or ballad : stanza
copo *nm* : snowflake
coprotagonista *nmf* : co-star
cópula *nf* : copulation
copular *v* : to copulate
coque *nm* : coke
coqueta *nf* : dressing table
coquetear *v* : to flirt
coqueteo *nm* : flirting
coqueto[1], **-ta** *adj* : flirtatious

coqueto², -ta n : flirt
coraje nm : valor : courage : anger
corajudo, -da adj : brave
coral¹ adj : choral
coral² nm : coral : chorale
coral³ nf : choir
Corán nm **el Corán** : the Koran
coraza nf : armor : armor plating : shell
corazón nm, pl **-zones** : heart : core
   : darling : sweetheart
corazonada nf : hunch : impulse
corbata nf : tie : necktie
corcel nm : steed : charger
corchete nm : hook and eye : clasp
   : square bracket
corcho nm : cork
corcholata nf : cap : bottle top
corcovear v : to buck
cordel nm : cord : string
cordero nm : lamb
cordial¹ adj : cordial : affable —
   cordialmente adv
cordial² nm : cordial
cordialidad nf : cordiality : warmth
cordillera nf : mountain range
cordón nm, pl **cordones** : cord : cordon
cordoncillo nm : piping
cordura nf : sanity : prudence : good
   judgment
coreano¹, -na adj & n : Korean
coreano² nm : Korean
corear v : to chant : to chorus
coreografía nf : choreography
coreografiar v : to choreograph
coreográfico, -ca adj : choreographic
coreógrafo, -fa n : choreographer
corista nmf : chorister : chorus girl f
cormorán nm, pl **-ranes** : cormorant
cornada nf : goring : butt
córnea nf : cornea
cornear v : to gore
cornejo nm : dogwood
córner nm : corner kick
corneta nf : bugle : horn : cornet
cornisa nf : cornice
cornucopia nf : cornucopia
cornudo, -da adj : horned
coro nm : choir : chorus
corola nf : corolla
corolario nm : corollary
corona nf : crown : wreath : garland
   : corona
coronación nf, pl **-ciones** : coronation
coronar v : to crown : to reach the top of
   : to culminate
coronario, -ria adj : coronary
coronel, -nela n : colonel
coronilla nf : crown
corpiño nm : bodice : brassiere : bra
corporación nf, pl **-ciones** : corporation
corporal adj : corporal : bodily
corporativo, -va adj : corporate
corpóreo, -rea adj : corporeal : physical
corpulencia nf : stoutness : sturdiness

corpulento, -ta adj : robust : stout : sturdy
corpúsculo nm : corpuscle
corral nm : farmyard : corral : pen
   : stockyard
correa nf : strap : belt : leash
correcaminos nms & pl : roadrunner
corrección nf, pl **-ciones** : correction
   : correctness : propriety : rebuke
   : reprimand
correccional nm : reform school
correctivo, -va adj : corrective
correcto, -ta adj : correct : right
   : courteous : polite — **correctamente**
   adv
corrector, -tora n : proofreader
corrector automático nm : autocorrect
corrector ortográfico nm : spellchecker
corredizo, -za adj : sliding
corredor¹, -dora n : runner : racer
   : agent : broker
corredor² nm : corridor : hallway
correduría nf → **corretaje**
corregir v : to correct : to edit : to grade
   : to reprimand — **corregirse** vr : to
   reform : to mend one's ways
correlación nf, pl **-ciones** : correlation
correo nm : mail : post office
correoso, -sa adj : leathery : rough
correr v : to run : to race : to rush : to
   flow : to race in : to move : to slide : to
   roll : to draw — **correrse** vr : to move
   along : to spill over
correspondencia nf : correspondence
   : mail : equivalence : connection
   : interchange
corresponder v : to correspond : to
   belong : to be the responsibility of
   : to be appropriate : to be fitting : to
   reciprocate — **corresponderse** vr : to
   write to each other
correspondiente adj : corresponding
   : respective
corresponsal nmf : correspondent
corretaje nm : brokerage
corretear v : to loiter : to wander about
   : to run around : to scamper about : to
   pursue : to chase
correteo nm : running around
corrida nf : run : dash : bullfight
corrido, -da adj : straight : continuous
   : worldly : experienced
corriente¹ adj : common : everyday
   : current : present : cheap : trashy
corriente² nf : current : draft : tendency
   : trend
corrillo nm : small group : clique
corro nm : ring : circle
corroboración nf, pl **-ciones** :
   corroboration
corroborar v : to corroborate
corroer v : to corrode : to erode : to
   wear away
corromper v : to corrupt : to rot —
   corromperse vr

corrompido, -da *adj* : corrupt : rotten
corrosión *nf, pl* **-siones** : corrosion
corrosivo, -va *adj* : corrosive
corrugar *v* : to corrugate —
  corrugación *nf*
corrupción *nf, pl* **-ciones** : decay
  : corruption
corruptela *nf* : corruption : abuse of
  power
corruptible *adj* : corruptible
corrupto, -ta *adj* : corrupt
corsé *nm* : corset
cortacésped *nm* : lawn mower
cortada *nf* : cut : gash
cortador, -dora *n* : cutter
cortadora *nf* : cutter : slicer
cortadura *nf* : cut : slash
cortafuegos *nms & pl* : firebreak
  : firewall
cortante *adj* : cutting : sharp
cortar *v* : to cut : to cut off : to sever : to
  cut down : to chop down : to cut out : to
  clip : to edit : to interrupt : to block : to
  close : to curdle : to break up : to hang
  up — **cortarse** *vr* : to cut oneself : to
  be cut off : to sour : to separate
cortaúñas *nms & pl* : nail clippers
corte[1] *nm* : cut : cutting : cutoff
  : interruption
corte[2] *nf* : court
cortejar *v* : to court : to woo
cortejo *nm* : courtship : retinue
  : entourage
cortés *adj* : courteous : polite —
  cortésmente *adv*
cortesano[1], **-na** *adj* : courtly
cortesano[2], **-na** *n* : courtier
cortesía *nf* : courtesy : politeness
corteza *nf* : bark : crust : peel : rind
  : cortex
cortijo *nm* : farmhouse
cortina *nf* : curtain
cortisona *nf* : cortisone
corto[1], **-ta** *adj* : short : scarce : timid
  : shy
corto[2] *nm* → **cortometraje**
cortocircuito *nm* : short circuit
cortometraje *nm* : short
corvejón *nm, pl* **-jones** : hock
corvo, -va *adj* : curved : bent
cosa *nf* : thing : object : matter : affair
cosecha *nf* : harvest : crop
cosechador, -dora *n* : harvester
  : reaper
cosechadora *nf* : harvester
cosechar *v* : to harvest : to reap : to win
  : to earn : to garner
coser *v* : to sew : to stitch up
cosmético[1], **-ca** *adj* : cosmetic
cosmético[2] *nm* : cosmetic
cósmico, -ca *adj* : cosmic
cosmonauta *nmf* : cosmonaut
cosmopolita *adj & nmf* : cosmopolitan
cosmos *nm* : cosmos

cosquillas *nfpl* : tickling
cosquilleo *nm* : tickling sensation
  : tingle
cosquilloso, -sa *adj* : ticklish
costa *nf* : coast : shore : cost
costado *nm* : side
costal *nm* : sack
costanera *nf* : boardwalk : waterfront
  path
costar *v* : to cost
costarricense *adj & nmf* : Costa Rican
costarriqueño, -ña → **costarricense**
coste → **costo**
costear *v* : to pay for : to finance
costero, -ra *adj* : coastal : coast
costilla *nf* : rib : chop : cutlet : better
  half : wife
costo *nm* : cost : price
costoso, -sa *adj* : costly : expensive
costra *nf* : crust : scab
costumbre *nf* : custom : habit
costura *nf* : seam : sewing
  : dressmaking
costurera *nf* : seamstress *f*
costurero *nm* : sewing box
cota *nf* : altitude : level
cotejar *v* : to compare : to collate
cotejo *nm* : comparison : match : game
cotidiano, -na *adj* : daily : everyday
cotilla *nmf* : gossip : gossiper
cotización *nf, pl* **-ciones** : market price
  : quote : estimate
cotizado, -da *adj* : in demand : sought
  after
cotizar *v* : to quote : to value —
  cotizarse *vr* : to be worth
coto *nm* : enclosure : reserve
cotonete *nm* : (cotton) swab
cotorra *nf* : small parrot : chatterbox
cotorrear *v* : to chatter : to gab
  : to blab
cotorreo *nm* : chatter : prattle
cowboy *nm, pl* **-boys** : cowboy
coyote *nm* : coyote : smuggler
coyuntura *nf* : joint : occasion : moment
coz *nf, pl* **coces** : kick
CPU *nmf* : CPU
crac *nm, pl* **cracs** : crash
crack *nm* : crack
cozamos, etc. → **cocer**
craneal *adj* : cranial
craneano, -na *adj* : cranial
cráneo *nf* : cranium : skull — **craneano,**
  -na *adj*
cráter *nm* : crater
crayón *nm, pl* **-yones** : crayon
creación *nf, pl* **-ciones** : creation
creador[1], **-dora** *adj* : creative : creating
creador[2], **-dora** *n* : creator
crear *v* : to create : to cause : to
  originate
creatividad *nf* : creativity
creativo, -va *adj* : creative —
  creativamente *adv*

crecer v : to grow : to increase
crecida nf : flooding : floodwater
crecido, -da adj : grown : grown-up
: large
creciente adj : growing : increasing
crecimiento nm : growth : increase
credencial adj **cartas credenciales**
: credentials
credenciales nfpl : documents
: documentation : credentials
credibilidad nf : credibility
crediticio, -cia adj : credit
crédito nm : credit
credo nm : creed : credo
credulidad nf : credulity
crédulo, -la adj : credulous : gullible
creencia nf : belief
creer v : to believe : to think : to suppose
— **creerse** vr : to regard oneself as
creíble adj : believable : credible
creído, -da adj : conceited : confident
: sure
crema nf : cream
cremación nf, pl **-ciones** : cremation
cremallera nf : zipper
cremar v : to cremate
crematorio nm : crematorium
cremoso, -sa adj : creamy
crepa nf : crepe
crepe or **crep** nmf : crepe
crepúsculo nm : twilight
crescendo nm : crescendo
crespo, -pa adj : curly : frizzy
crespón nm, pl **crespones** : crepe
cresta nf : crest : comb
creta nf : chalk
cretino, -na n : idiot : moron : cretin
creyente[1] adj : faithful
creyente[2] nmf : believer
creyó, etc. → **creer**
crezca, etc. → **crecer**
cría nf : breeding : rearing : young : litter
criadero nm : hatchery
criado[1], **-da** adj : raised : brought up
criado[2], **-da** n : servant : maid f
criador, -dora n : breeder
crianza nf : upbringing : rearing
criar v : to breed : to bring up : to raise
— **criarse** vr : to grow up
criatura nf : baby : child : creature
criba nf : sieve : screen
cribar v : to sift
cric nm, pl **crics** : jack
cricket nm : cricket
crimen nm, pl **crímenes** : crime
criminal adj & nmf : criminal
criminalidad nf : crime
crin nf : mane : horsehair
crío, cría n : kid
criollo[1], **-lla** adj : Creole : native
: national
criollo[2], **-lla** n : Creole
criollo[3] nm : Creole
cripta nf : crypt

críptico, -ca adj : cryptic : coded
: enigmatic
criptodivisa → **criptomoneda**
criptomoneda nf : cryptocurrency
criptón nm : krypton
críquet nm : cricket
crisálida nf : chrysalis : pupa
crisantemo nm : chrysanthemum
crisis nf : crisis
crisma nf : head
crismas → **christmas**
crisol nm : crucible : melting pot
crispar v : to cause to contract : to
irritate : to set on edge — **crisparse** vr
: to tense up
cristal nm : glass : piece of glass
: crystal
cristalería nf : glassware shop
: glassware : crystal
cristalino[1], **-na** adj : crystalline : clear
cristalino[2] nm : lens
cristalizar v : to crystallize —
cristalización nf
cristiandad nf : Christendom
cristianismo nm : Christianity
cristiano, -na adj & n : Christian
Cristo nm : Christ
criterio nm : criterion : judgment : sense
crítica nf : criticism : review : critique
criticar v : to criticize
crítico[1], **-ca** adj : critical — **críticamente**
adv
crítico[2], **-ca** n : critic
criticón[1], **-cona** adj, mpl **-cones**
: hypercritical
criticón[2], **-cona** n, mpl **-cones**
: faultfinder : critic
croar v : to croak
croata adj & nmf : Croatian
crocante adj : crunchy
croché or **crochet** nm : crochet
croissant nm, pl **croissants** : croissant
crol nm : crawl
cromático, -ca adj : chromatic
cromo nm : chromium : chrome : picture
card : sports card
cromosoma nm : chromosome
crónica nf : news report : chronicle
: history
crónico, -ca adj : chronic
cronista nmf : reporter : newscaster
: chronicler : historian
cronograma nm : schedule : timetable
cronología nf : chronology
cronológico, -ca adj : chronological —
cronológicamente adv
cronometrador, -dora n : timekeeper
cronometrar v : to time : to clock
cronómetro nm : chronometer
croquet nm : croquet
croqueta nf : croquette
croquis nm : rough sketch
cruasán nm, pl **cruasanes** → **croissant**
cruce[1], **etc.** → **cruzar**

cruce[2] *nm* : crossing : cross
: crossroads : intersection
crucero *nm* : cruise : cruiser : warship
: intersection
crucial *adj* : crucial — **crucialmente**
adv
crucificar *v* : to crucify
crucifijo *nm* : crucifix
crucifixión *nf*, *pl* **-fixiones** : crucifixion
crucigrama *nm* : crossword puzzle
cruda *nf* : hangover
crudeza *nf* : harshness
crudo[1], **-da** *adj* : raw : crude : harsh
crudo[2] *nm* : crude oil
cruel *adj* : cruel — **cruelmente** *adv*
crueldad *nf* : cruelty
cruento, -ta *adj* : bloody
crujido *nm* : rustling : creaking
: crackling : crunching
crujiente *adj* : crunchy : crisp
crujir *v* : to rustle : to creak : to crack
: to crunch
crup *nm* : croup
crustáceo *nm* : crustacean
crutón *nm*, *pl* **crutones** : crouton
cruz *nf*, *pl* **cruces** : cross
cruza *nf* : cross
cruzada *nf* : crusade
cruzado, -da *adj* : crossed
cruzar *v* : to cross : to exchange : to
interbreed — **cruzarse** *vr* : to intersect
: to meet : to pass each other
cuaderno *nm* : notebook
cuadra *nf* : city block : stable
cuadrado[1], **-da** *adj* : square
cuadrado[2] *nm* : square
cuadragésimo[1], **-ma** *adj* : fortieth
: forty-
cuadragésimo[2], **-ma** *n* : fortieth : forty-
cuadrante *nm* : quadrant : dial
cuadrar *v* : to conform : to agree : to
square — **cuadrarse** *vr* : to stand at
attention
cuadriculado *nm* : grid
cuadrilátero *nm* : quadrilateral : ring
cuadrilla *nf* : gang : team : group
cuadro *nm* : square : painting : picture
: baseball diamond : infield : panel
: board : cadre
cuádruple *adj* : quadruple
cuadruplicar *v* : to quadruple —
cuadruplicarse *vr*
cuajada *nf* : curd
cuajar *v* : to curdle : to clot : to
coagulate : to set : to jell : to be
accepted
cual *prep* : like : as
cuál[1] *adj* : which : what
cuál[2] *pron* : which : what
cualidad *nf* : quality : trait
cualificado, -da *adj* : qualified : trained
cualitativo, -va *adj* : qualitative —
cualitativamente *adv*
cualquier *adj* → **cualquiera**[1]

cualquiera[1] *adj*, *pl* **cualesquiera** : any
: whichever : everyday : ordinary
cualquiera[2] *pron*, *pl* **cualesquiera**
: anyone : anybody : whoever
: whatever : whichever
cuán *adv* : how
cuando[1] *conj* : when : since : if
cuando[2] *prep* : during : at the time of
cuándo *adv* & *conj* : when
cuantía *nf* : quantity : extent
: significance : import
cuántico, -ca *adj* : quantum
cuantificar *v* : to quantify
cuantioso, -sa *adj* : abundant
: considerable : heavy : grave
cuantitativo, -va *adj* : quantitative —
cuantitativamente *adv*
cuanto[1] *adv* : as much as
cuanto[2], **-ta** *adj* : as many : whatever
cuanto[3], **-ta** *pron* : as much as : all that
: everything
cuánto[1] *adv* : how much : how many
cuánto[2], **-ta** *adj* : how much : how many
cuánto[3], **-ta** *pron* : how much : how
many
cuáquero, -ra *adj* & *n* : Quaker
cuarenta *adj* & *nm* : forty — **cuarenta**
pron
cuarentavo[1], **-va** *adj* : fortieth
cuarentavo[2] *adj* & *nm* : fortieth
cuarentena *nf* : group of forty : quarantine
Cuaresma *nf* : Lent
cuarta *nf* : fourth
cuartear *v* : to quarter : to divide up —
cuartearse *vr* : to crack : to split
cuartel *nm* : barracks : headquarters
: mercy
cuartelazo *nm* : coup d'état
cuarteto *nm* : quartet
cuartilla *nf* : sheet
cuarto[1], **-ta** *adj* & *n* : fourth
cuarto[2] *nm* : quarter : fourth : room
cuarto oscuro *nm* : darkroom
cuarzo *nm* : quartz
cuasi- *pref* : quasi-
cuate, -ta *n* : twin : buddy : pal
cuatrero, -ra *n* : rustler
cuatrillizo, -za *n* : quadruplet
cuatro[1] *adj* & *nm* : four
cuatro[2] *pron* : four
cuatrocientos, -tas *adj* & *nm* : four
hundred — **cuatrocientos** *pron*
cuba *nf* : cask : barrel
cubano, -na *adj* & *n* : Cuban
cubertería *nf* : flatware : silverware
cubeta *nf* : keg : cask : bulb : bucket
: pail
cúbico, -ca *adj* : cubic : cubed
cubículo *nm* : cubicle
cubierta *nf* : covering : cover : jacket
: deck
cubierto[1] *pp* → **cubrir**
cubierto[2] *nm* : cover : shelter : table
setting : utensil : piece of silverware

cubil *nm* : den : lair
cúbito *nm* : ulna
cubo *nm* : cube : pail : bucket : can : hub
cubrecama *nm* : bedspread
cubrir *v* : to cover — **cubrirse** *vr*
cucaracha *nf* : cockroach : roach
cuchara *nf* : spoon
cucharada *nf* : spoonful
cucharadita *nf* : teaspoon : teaspoonful
cucharilla *or* **cucharita** *nf* : teaspoon
cucharón *nm, pl* **-rones** : ladle
cuchichear *v* : to whisper
cuchicheo *nm* : whisper
cuchilla *nf* : kitchen knife : cleaver : blade : crest : ridge
cuchillada *nf* : stab : knife wound
cuchillo *nm* : knife
cuclillas *nfpl* **en ~** : squatting : crouching
cuclillo *nm* : cuckoo
cuco[1], **-ca** *adj* : pretty : cute
cuco[2] *nm* : cuckoo : bogeyman
cucurucho *nm* : ice-cream cone
cuece, cueza, etc. → cocer
cuela, etc. → colar
cuelga, cuelgue, etc. → colgar
cuello *nm* : neck : collar
cuenca *nf* : river basin : eye socket
cuenco *nm* : bowl : basin
cuenta[1], **etc. → contar**
cuenta[2] *nf* : calculation : count : account : responsibility : liability : check : bill
cuentagotas *nfs & pl* : dropper
cuentakilómetros *nm* : odometer : speedometer
cuentista *nmf* : short story writer : liar : fibber
cuento *nm* : story : tale
cuerda *nf* : cord : rope : string
cuerdo, -da *adj* : sane : sensible
cuerno *nm* : horn : antler : cusp
cuero *nm* : leather : hide
cuerpo *nm* : body : corps
cuervo *nm* : crow : raven
cuesta[1], **etc. → costar**
cuesta[2] *nf* : slope
cuestión *nf, pl* **-tiones** : matter : affair
cuestionable *adj* : questionable : dubious
cuestionamiento *nm* : question : doubt : questioning
cuestionar *v* : to question
cuestionario *nm* : questionnaire : quiz
cueva *nf* : cave
cuidado *nm* : care : worry : concern
cuidador, -dora *n* : caretaker
cuidadoso, -sa *adj* : careful : attentive — **cuidadosamente** *adv*
cuidar *v* : to take care of : to look after : to pay attention to — **cuidarse** *vr* : to take care of oneself
culata *nf* : butt
culatazo *nf* : kick : recoil

culebra *nf* : snake
culebrón *nm, pl* **-brones** : soap : soap opera
culinario, -ria *adj* : culinary
culminante *adj* **punto culminante** : peak : high point : climax
culminar *v* : to culminate — **culminación** *nf*
culo *nm* : backside : behind : bottom
culpa *nf* : fault : blame : sin
culpabilidad *nf* : guilt
culpable[1] *adj* : guilty
culpable[2] *nmf* : culprit : guilty party
culpar *v* : to blame
culposo, -sa *adj* : culpable : negligent
cultivable *adj* : arable
cultivado, -da *adj* : cultivated : farmed : cultured
cultivador, -dora *n* : grower
cultivar *v* : to cultivate : to foster
cultivo *nm* : cultivation : farming : crop
culto[1], **-ta** *adj* : cultured : educated
culto[2] *nm* : worship : cult
cultura *nf* : culture
cultural *adj* : cultural — **culturalmente** *adv*
culturismo *nm* : bodybuilding
cumbre *nf* : top : peak : summit
cumpleañero, -ra *n* : birthday boy *m* : birthday girl *f*
cumpleaños *nms & pl* : birthday
cumplido[1], **-da** *adj* : complete : full : courteous : correct
cumplido[2] *nm* : compliment : courtesy
cumplidor, -dora *adj* : reliable
cumplimentar *v* : to congratulate : to carry out : to perform
cumplimiento *nm* : completion : fulfillment : performance
cumplir *v* : to accomplish : to carry out : to comply with : to fulfill : to attain : to reach : to expire : to fall due : to fulfill one's obligations — **cumplirse** *vr* : to come true : to be fulfilled : to run out : to expire
cúmulo *nm* : heap : pile : cumulus
cuna *nf* : cradle : birthplace : origin
cundir *v* : to spread : to propagate : to progress : to make headway
cuneta *nf* : ditch : gutter
cuña *nf* : wedge
cuñado, -da *n* : brother-in-law *m* : sister-in-law *f*
cuño *nm* : die
cuota *nf* : fee : dues : quota : share : installment : payment
cupé *nm* : coupe
cupo[1], **etc. → caber**
cupo[2] *nm* : quota : share : capacity : room
cupón *nm, pl* **cupones** : coupon : voucher
cúpula *nf* : dome : cupola
cura[1] *nm* : priest

cura[2] *nf* : cure : treatment : dressing : bandage

curación *nf, pl* **-ciones** : cure : treatment

curador, -dora *n* : healer : curator

curandero, -ra *nm* : witch doctor : quack : charlatan

curar *v* : to cure : to heal : to treat : to dress : to tan : to get well : to recover — **curarse** *vr*

curativo, -va *adj* : healing

curiosear *v* : to snoop : to pry : to browse : to look over : to check

curiosidad *nf* : curiosity : curio

curioso, -sa *adj* : curious : inquisitive : strange : unusual : odd — **curiosamente** *adv*

curita *nf* : bandage : Band-Aid™

currículo → curriculum

currículum *nm, pl* **-lums** : résumé : curriculum vitae : curriculum : course of study

curruca *nf* : warbler

curry *nm, pl* **-rries** : curry powder : curry

cursar *v* : to attend : to take : to dispatch : to pass on

cursi *adj* : affected : pretentious

cursilería *nf* : vulgarity : poor taste : pretentiousness

cursillo *nm* : short course

cursiva *nf* : italic type : italics *pl*

cursivo, -va *adj* : italic

curso *nm* : course : direction : school year : subject

cursor *nm* : cursor

curtido, -da *adj* : weather-beaten : leathery

curtidor, -dora *n* : tanner

curtiduría *nf* : tannery

curtir *v* : to tan : to harden : to weather — **curtirse** *vr*

curul *nf* : seat

curva *nf* : curve : bend

curvar *v* : to bend

curvatura *nf* : curvature

curvilíneo, -nea *adj* : shapely

curvo, -va *adj* : curved : bent

cúspide *nf* : zenith : apex : peak

custodia *nf* : custody

custodiar *v* : to guard : to look after

custodio, -dia *n* : keeper : guardian

cutáneo, -nea *adj* : skin : cutaneous

cúter *nm* : cutter

cutícula *nf* : cuticle

cutis *nms & pl* : skin : complexion

cuyo, -ya *adj* : whose : of whom : of which

dactilar *adj* **huellas dactilares** : fingerprints

dádiva *nf* : gift : handout

dadivoso, -sa *adj* : generous

dado, -da *adj* : given

dados *nmpl* : dice

daga *nf* : dagger

dalia *nf* : dahlia

dálmata *nm* : dalmatian

daltónico, -ca *adj* : color-blind

daltonismo *nm* : color blindness

dama *nf* : lady; **damas** *nfpl* : checkers

damasco *nm* : damask

damisela *nf* : damsel

damnificado, -da *n* : victim

dance, etc. → danzar

dandi *nm* : dandy

danés[1]**, -nesa** *adj* : Danish

danés[2]**, -nesa** *n, mpl* **daneses** : Dane : Danish person

danza *nf* : dance : dancing

danzante, -ta *n* : dancer

danzar *v* : to dance

dañar *v* : to damage : to spoil : to harm : to hurt — **dañarse** *vr*

dañino, -na *adj* : harmful

daño *nm* : damage : harm : injury

dar *v* : to give : to hand : to express : to hit : to strike : to yield : to produce : to show : to do : to sell : to cause : to apply : to impart : to provide : to hand something over : to deal : to give a result — **darse** *vr* : to consider oneself : to occur : to arise : to grow : to come up

dardo *nm* : dart

dársena *nf* : dock

data *nf* : byline

datar *v* : to date ~ **de** : to date from : to date back to

dátil *nm* : date

dato *nm* : fact : piece of information; **datos** *nmpl* : data : information

dé → dar

de *prep* : of : from : in : at : than : about : for : as : if

deambular *v* : to wander : to roam

deán *nm, pl* **deanes** : dean

debacle *nf* : debacle

debajo *adv* : underneath : below : on the bottom

debate *nm* : debate

debatir *v* : to debate : to discuss — **debatirse** *vr* : to struggle

debe *nm* : debit column : debit

deber[1] *v* : to owe : must : have to : should : ought to

deber[2] *nm* : duty : obligation; **deberes** *nmpl* : homework

debidamente *adv* : properly : duly

debido, -da *adj* : right : proper : due

débil *adj* : weak : feeble — **débilmente** *adv*

debilidad *nf* : weakness : debility : feebleness

debilitamiento *nm* : weakening

debilitar *v* : to debilitate : to weaken — **debilitarse** *vr*

debilucho[1]**, -cha** *adj* : weak : frail

debilucho[2]**, -cha** *n* : weakling

debitar *v* : to debit

débito *nm* : debt : debit

de bruces *adv* : facedown : face-first

debut *nm, pl* **debuts** : debut
debutante[1] *nmf* : beginner : newcomer
debutante[2] *nf* : debutante *f*
debutar *v* : to debut : to make a debut
década *nf* : decade
decadencia *nf* : decadence : decline
decadente *adj* : decadent : declining
decaer *v* : to decline : to decay : to deteriorate : to weaken : to flag
decaído, -da *adj* : depressed : sad
decaiga, etc. → **decaer**
decano, -na *n* : dean : senior member
decapitar *v* : to decapitate : to behead
decayó, etc. → **decaer**
decena *nf* : group of ten
decencia *nf* : decency
decenio *nm* : decade
decente *adj* : decent — **decentemente** *adv*
decepción *nf, pl* **-ciones** : disappointment : letdown
decepcionante *adj* : disappointing
decepcionar *v* : to disappoint : to let down — **decepcionarse** *vr*
deceso *nm* : death : passing
dechado *nm* : sampler : model : paragon
decibelio *or* **decibel** *nm* : decibel
decidido, -da *adj* : decisive : determined : resolute — **decididamente** *adv*
decidir *v* : to decide : to make decide : to persuade — **decidirse** *vr* : to make up one's mind
décima *nf* : tenth
decimal *adj* : decimal
décimo[1]**, -ma** *adj & n* : tenth
décimo[2] *nm* → **décima**
decimoctavo[1]**, -va** *adj* : eighteenth
decimoctavo[2]**, -va** *n* : eighteenth
decimocuarto[1]**, -ta** *adj* : fourteenth
decimocuarto[2]**, -ta** *n* : fourteenth
decimonoveno[1]**, -na** *or* **decimonono, -na** *adj* : nineteenth
decimonoveno[2]**, -na** *or* **decimonono, -na** *n* : nineteenth
decimoquinto[1]**, -ta** *adj* : fifteenth
decimoquinto[2]**, -ta** *n* : fifteenth
decimoséptimo[1]**, -ma** *adj* : seventeenth
decimoséptimo[2]**, -ma** *n* : seventeenth
decimosexto[1]**, -ta** *adj* : sixteenth
decimosexto[2]**, -ta** *n* : sixteenth
decimotercero[1]**, -ra** *adj* : thirteenth
decimotercero[2]**, -ra** *n* : thirteenth
decir[1] *v* : to say : to tell : to speak : to talk : to call — **decirse** *vr* : to say to oneself : to be said
decir[2] *nm* : saying : expression
decisión *nf, pl* **-siones** : decision : choice : decisiveness
decisivo, -va *adj* : decisive : conclusive — **decisivamente** *adv*
declamar *v* : to declaim : to recite
declaración *nf, pl* **-ciones** : declaration : statement : deposition : testimony

declarado, -da *adj* : professed : open — **declaradamente** *adv*
declarar *v* : to declare : to state : to testify — **declararse** *vr* : to declare oneself : to confess one's love : to plead : to break out
declinar *v* : to decline : to turn down : to draw to a close : to diminish
declive *nm* : decline : slope : incline
decodificador *nm* : decoder
decolar *v* : to take off
decolorar *v* : to bleach — **decolorarse** *vr* : to fade
decomisar *v* : to seize : to confiscate
decomiso *nm* : seizure : confiscation
decoración *nf, pl* **-ciones** : decoration : decor : stage set : scenery
decorado *nm* : stage set : scenery
decorador, -dora *n* : decorator
decorar *v* : to decorate : to adorn
decorativo, -va *adj* : decorative : ornamental
decoro *nm* : decorum : propriety
decoroso, -sa *adj* : decent : proper : respectable
decrecer *v* : to decrease : to wane : to diminish — **decreciente** *adj*
decrecimiento *nm* : decrease : decline
decrépito, -ta *adj* : decrepit
decretar *v* : to decree : to order
decreto *nm* : decree
decúbito *nm* : horizontal position
dedal *nm* : thimble
dedalera *nf* : foxglove
dedicación *nf, pl* **-ciones** : dedication : devotion
dedicar *v* : to dedicate : to devote — **dedicarse** *vr* ~ **a** : to devote oneself to : to engage in
dedicatoria *nf* : dedication
dedillo *nm* **conocer algo al dedillo** : to know something backward and forward
dedo *nm* : finger
deducción *nf, pl* **-ciones** : deduction
deducible *adj* : deductible
deducir *v* : to deduce : to deduct
defecar *v* : to defecate — **defecación** *nf*
defecto *nm* : defect : flaw : shortcoming
defectuoso, -sa *adj* : defective : faulty
defender *v* : to defend : to protect — **defenderse** *vr* : to defend oneself : to get by : to know the basics
defendible *adj* : tenable
defensa[1] *nf* : defense
defensa[2] *nmf* : defender : back
defensiva *nf* : defensive : defense
defensivo, -va *adj* : defensive — **defensivamente** *adv*
defensor[1]**, -sora** *adj* : defending : defense
defensor[2]**, -sora** *n* : defender : advocate : defense counsel
defeño, -ña *n* : person from the Federal District

deferencia *nf* : deference
deferir *v* **deferir a** : to defer to
deficiencia *nf* : deficiency : flaw
deficiente *adj* : deficient
déficit *nm, pl* **-cits** : deficit : shortage
: lack
deficitario, -ria *adj* : with a deficit
: negative
definición *nf, pl* **-ciones** : definition
definido, -da *adj* : definite : well-defined
definir *v* : to define : to determine
definitivamente *adv* : finally
: permanently : for good : definitely
: absolutely
definitivo, -va *adj* : definitive
: conclusive
deflación *nf, pl* **-ciones** : deflation
deforestación *nf, pl* **-ciones**
: deforestation
deformación *nf, pl* **-ciones**
: deformation : distortion
deformar *v* : to deform : to disfigure : to
distort — **deformarse** *vr*
deforme *adj* : deformed : misshapen
deformidad *nf* : deformity
defraudación *nf, pl* **-ciones** : fraud
defraudar *v* : to defraud : to cheat : to
disappoint
defunción *nf, pl* **-ciones** : death
: passing
degeneración *nf, pl* **-ciones**
: degeneration : depravity
degenerado, -da *adj* : degenerate
degenerar *v* : to degenerate
degenerativo, -va *adj* : degenerative
degollar *v* : to slit the throat of : to
slaughter : to behead : to ruin : to
destroy
degradación *nf, pl* **-ciones**
: degradation : demotion
degradante *adj* : degrading
degradar *v* : to degrade : to debase : to
demote
degustación *nf, pl* **-ciones** : tasting
: sampling
degustador, -dora *n* : taster
degustar *v* : to taste
dehesa *nf* : meadow
deidad *nf* : deity
deificar *v* : to idolize : to deify
dejadez *nf* : neglect : slovenliness
dejado, -da *adj* : slovenly : careless
: lazy
dejar *v* : to leave : to drop off : to
bequeath : to give up : to leave alone
: to let be : to drop : to put off : to set
aside : to let : to allow — **dejarse** *vr*
: to let oneself be : to forget : to neglect
oneself : to let oneself go : to grow
dejo *nm* : aftertaste : touch : hint
: (regional) accent
del → **de**
delación *nf, pl* **-ciones** : denunciation
: betrayal

delantal *nm* : apron : pinafore
delante *adv* : ahead : in front
delantera *nf* : front : front part : front row
: forward line
delantero¹, -ra *adj* : front : forward
delantero², -ra *n* : forward
delatar *v* : to betray : to reveal : to
denounce : to inform against
delator, -tora *adj* : incriminating
delegación *nf, pl* **-ciones** : delegation
delegado, -da *n* : delegate : representative
delegar *v* : to delegate
deleitar *v* : to delight : to please —
deleitarse *vr*
deleite *nm* : delight : pleasure
deletrear *v* : to spell
deleznable *adj* : brittle : crumbly
: slippery : weak : fragile
delfín *nm, pl* **delfines** : dolphin
delgadez *nf* : thinness
delgado, -da *adj* : thin : skinny : slender
: slim : delicate : fine : sharp : clever
deliberado, -da *adj* : deliberate
: intentional — **deliberadamente** *adv*
deliberar *v* : to deliberate —
deliberación *nf*
delicadamente *adv* : delicately
delicadeza *nf* : delicacy : fineness
: gentleness : softness : tact
: discretion : consideration
delicado, -da *adj* : delicate : fine
: sensitive : frail : tricky : fussy : tactful
: considerate
delicia *nf* : delight
delicioso, -sa *adj* : delicious : delightful
delictivo, -va *adj* : criminal
delictuoso, -sa → **delictivo**
delimitación *nf, pl* **-ciones**
: demarcation : defining : specifying
delimitar *v* : to demarcate : to define
: to specify
delincuencia *nf* : delinquency : crime
delincuente¹ *adj* : delinquent
delincuente² *nmf* : delinquent : criminal
delineador *nm* : eyeliner
delinear *v* : to delineate : to outline : to
draft : to draw up
delinquir *v* : to break the law
delirante *adj* : delirious
delirar *v* : to be delirious : to rave : to
talk nonsense
delirio *nm* : delirium : mania : frenzy;
delirios *pl* : nonsense : ravings *pl*
delito *nm* : crime : offense
delta *nm* : delta
demacrado, -da *adj* : emaciated : gaunt
demagogo, -ga *n* : demagogue
demanda *nf* : demand : petition
: request : lawsuit
demandado, -da *n* : defendant
demandante *nmf* : plaintiff
demandar *v* : to demand : to call for
: to require : to sue : to file a lawsuit
against

demarcar v : to demarcate — **demarcación** nf

demás adj : remaining

demasía nf **en ~** : excessively : in excess

demasiado[1] adv : too : too much

demasiado[2], **-da** adj : too much : too many : excessive

demencia nf : dementia : madness : insanity

demencial adj : crazy : insane

demente[1] adj : insane : mad

demente[2] nmf : insane person

demeritar v : to detract from : to discredit

demérito nm : fault : discredit : disrepute

demo nf : demo : demo product/version : demo tape

democracia nf : democracy

demócrata[1] adj : democratic

demócrata[2] nmf : democrat

democrático, -ca adj : democratic — **democráticamente** adv

democratizar v : to democratize : to make democratic — **democratización** nf

demografía nf : demography : demographics pl

demográfico, -ca adj : demographic

demoledor, -dora adj : devastating

demoler v : to demolish : to destroy

demolición nf, pl **-ciones** : demolition

demoníaco, -ca adj : demonic : demoniac

demonio nm : devil : demon

demora nf : delay

demorar v : to delay : to take : to last : to linger — **demorarse** vr : to be slow : to take a long time : to take too long

demostración nf, pl **-ciones** : demonstration

demostrar v : to demonstrate : to prove : to show

demostrativo, -va adj : demonstrative

demudar v : to change : to alter — **demudarse** vr : to change one's expression

denegación nf, pl **-ciones** : denial : refusal

denegar v : to deny : to turn down

dengue nm : dengue

denigrante adj : degrading : humiliating

denigrar v : to denigrate : to disparage : to degrade : to humiliate

denominación nf, pl **-ciones** : name : designation : denomination

denominador nm : denominator

denominar v : to designate : to name : to call

denostar v : to revile

denotar v : to denote : to show

densidad nf : density : thickness

denso, -sa adj : dense : thick — **densamente** adv

dentado, -da adj : serrated : jagged

dentadura nf : teeth pl

dental adj : dental

dentellada nf : bite : tooth mark

dentera nf : envy : jealousy

dentífrico nm : toothpaste

dentista nmf : dentist

dentro adv : in : inside

denuncia nf : denunciation : condemnation : police report

denunciante nmf : accuser

denunciar v : to denounce : to condemn : to report

deparar v : to have in store for : to provide with

departamental adj : departmental

departamento nm : department : apartment

departir v : to converse

dependencia nf : dependence : dependency : agency : branch office

depender v : to depend

dependiente[1] adj : dependent

dependiente[2], **-ta** n : clerk : salesperson

depilar v : to wax : to shave

deplorable adj : deplorable

deplorar v : to deplore : to regret

deponer v : to depose : to overthrow : to abandon : to testify : to make a statement : to defecate

deportación nf, pl **-ciones** : deportation

deportar v : to deport

deporte nm : sport : sports pl

deportista[1] adj : fond of sports : sporty

deportista[2] nmf : sports fan : athlete : sportsman m : sportswoman f

deportividad nf : sportsmanship

deportivo, -va adj : sports : sporting : sporty

deposición nf, pl **-ciones** : statement : testimony : removal from office

depositar v : to deposit : to place : to store — **depositarse** vr : to settle

depósito nm : deposit : warehouse : storehouse : tank

depravación nf, pl **-ciones** : depravity

depravado, -da adj : depraved : degenerate

depravar v : to deprave : to corrupt

depreciación nf, pl **-ciones** : depreciation

depreciar v : to depreciate : to reduce the value of — **depreciarse** vr : to lose value

depredador[1], **-dora** adj : predatory

depredador[2] nm : predator : plunderer

depresión nf, pl **-siones** : depression : hollow : recess : drop : fall : slump : recession

depresivo nm : depressant

deprimente adj : depressing

deprimir v : to depress : to lower — **deprimirse** vr : to get depressed

deprisa adv : fast

depuesto *pp* → **deponer**
depuración *nf, pl* **-ciones** : purification
: purge : refinement : polish
depurar *v* : to purify : to purge
depuso, etc. → **deponer**
derby *nm, pl* **derbies** *or* **derbys** : derby
: local game
derecha *nf* : right : right hand : right side
: right wing
derechazo *nm* : pass with the cape on
the right hand : right : forehand
derechista[1] *adj* : rightist : right-wing
derechista[2] *nmf* : right-winger : rightist
derecho[1] *adv* : straight : upright
: directly
derecho[2], **-cha** *adj* : right : right-hand
: straight : upright : erect
derecho[3] *nm* : right : law : right side
de refilón *adv* : sidelong : obliquely
: briefly
deriva *nf* : drift
derivación *nf, pl* **-ciones** : derivation
: ramification : consequence
derivar *v* : to drift : to steer : to direct
— **derivarse** *vr* : to be derived from : to
arise from
dermatología *nf* : dermatology
dermatólogo, -ga *n* : dermatologist
derogación *nf, pl* **-ciones** : abolition
: repeal
derogar *v* : to abolish : to repeal
derramamiento *nm* : spilling
: overflowing
derramar *v* : to spill : to shed —
derramarse *vr* : to spill over : to scatter
derrame *nm* : spilling : shedding
: leakage : overflow : discharge
: hemorrhage
derrapar *v* : to skid
derrape *nm* : skid
derredor *nm* **al derredor** *or* **en**
derredor : around : round about
derrengado, -da *adj* : bent : twisted
: exhausted
derretir *v* : to melt : to thaw —
derretirse *vr* : to thaw
derribar *v* : to demolish : to knock down
: to shoot down : to bring down : to
overthrow
derribo *nm* : demolition : razing
: shooting down : overthrow
derrocamiento *nm* : overthrow
derrocar *v* : to overthrow : to topple
derrochador[1], **-dora** *adj* : extravagant
: wasteful
derrochador[2], **-dora** *n* : spendthrift
derrochar *v* : to waste : to squander
derroche *nm* : extravagance : waste
derrota *nf* : defeat : rout : course
derrotar *v* : to defeat
derrotero *nm* : course
derrotista *adj & nmf* : defeatist
derruir *v* : to demolish : to tear down
derrumbamiento *nm* : collapse

derrumbar *v* : to demolish : to knock
down : to cast down : to topple —
derrumbarse *vr* : to collapse : to break
down
derrumbe *nm* : collapse : fall : landslide
des- *pref* : de- : dis- : un-
desabastecimiento *nm* : shortage
: scarcity
desabasto *nm* : shortage : scarcity
desabotonar *v* : to unbutton : to undo
— **desabotonarse** *vr* : to come undone
desabrido, -da *adj* : tasteless : bland
desabrigar *v* : to undress : to uncover
: to deprive of shelter
desabrochar *v* : to unbutton : to undo —
desabrocharse *vr* : to come undone
desacato *nm* : disrespect : contempt
desacelerar *v* : to decelerate : to slow
down
desacertado, -da *adj* : mistaken
: unwise
desacertar *v* : to err : to be mistaken
desacierto *nm* : error : mistake
desaconsejable *adj* : inadvisable
desaconsejado, -da *adj* : ill-advised
: unwise
desaconsejar *v* : to advise against
desacostumbrado, -da *adj*
: unaccustomed : unusual
desacreditar *v* : to discredit : to disgrace
desactivar *v* : to deactivate : to defuse
desacuerdo *nm* : disagreement
desafiante *adj* : defiant
desafiar *v* : to defy : to challenge
desafilado, -da *adj* : blunt
desafilar *v* : to dull : to blunt
desafinado, -da *adj* : out-of-tune
: off-key
desafinarse *vr* : to go out of tune
desafío *nm* : challenge : defiance
desaforado, -da *adj* : wild : unrestrained
desafortunado, -da *adj* : unfortunate
: unlucky — **desafortunadamente** *adv*
desafuero *nm* : injustice : outrage
desagradable *adj* : unpleasant
: disagreeable — **desagradablemente**
adv
desagradar *v* : to be unpleasant : to be
disagreeable
desagradecido, -da *adj* : ungrateful
desagrado *nm* : displeasure
desagravio *nm* : apology : amends
: reparation
desagregarse *vr* : to break up : to
disintegrate
desaguar *v* : to drain : to empty
desagüe *nm* : drain : drainage
desaguisado *nm* : mess
desahogado, -da *adj* : well-off
: comfortable : spacious : roomy
desahogar *v* : to relieve : to ease : to
give vent to — **desahogarse** *vr* : to
recover : to feel better : to unburden
oneself : to let off steam

desahogo *nm* : relief : outlet
desahuciar *v* : to deprive of hope : to evict — **desahuciarse** *vr* : to lose all hope
desahucio *nm* : eviction
desairar *v* : to snub : to rebuff
desaire *nm* : rebuff : snub : slight
desajustar *v* : to disarrange : to put out of order : to upset
desajuste *nm* : maladjustment : imbalance : upset : disruption
desalentador, -dora *adj* : discouraging : disheartening
desalentar *v* : to discourage : to dishearten — **desalentarse** *vr*
desaliento *nm* : discouragement
desaliñado, -da *adj* : sloppy : untidy — **desaliñadamente** *adv*
desaliño *nm* : sloppiness : untidiness
desalmado, -da *adj* : heartless : callous
desalojar *v* : to remove : to clear : to evacuate : to vacate : to evict
desalojo *nm* : removal : expulsion : evacuation : eviction
desamarrar *v* : to cast off : to untie
desamor *nm* : indifference : dislike : enmity
desamparado, -da *adj* : helpless : destitute
desamparar *v* : to abandon : to forsake
desamparo *nm* : abandonment : neglect : helplessness
desamueblado, -da *adj* : unfurnished
desandar *v* : to go back : to return to the starting point
desangelado, -da *adj* : dull : lifeless
desangrar *v* : to bleed : to bleed dry — **desangrarse** *vr* : to be bleeding : to bleed to death
desanimar *v* : to discourage : to dishearten — **desanimarse** *vr*
desánimo *nm* : discouragement : dejection
desapacible *adj* : unpleasant : disagreeable
desaparecer *v* : to cause to disappear : to disappear : to vanish
desaparecido¹, -da *adj* : late : deceased : missing
desaparecido², -da *n* : missing person
desaparición *nf, pl* **-ciones** : disappearance
desapasionado, -da *adj* : dispassionate : impartial — **desapasionadamente** *adv*
desapego *nm* : coolness : indifference
desapercibido, -da *adj* : unnoticed : unprepared : off guard
desaprobación *nf, pl* **-ciones** : disapproval
desaprobar *v* : to disapprove of
desaprovechar *v* : to waste : to misuse : to lose ground : to slip back
desarmador *nm* : screwdriver

desarmar *v* : to disarm : to disassemble : to take apart
desarme *nm* : disarmament
desarraigado, -da *adj* : rootless
desarraigar *v* : to uproot : to root out
desarregladamente *adv* : untidily : messily
desarreglado, -da *adj* : untidy : disorganized
desarreglar *v* : to mess up : to upset : to disrupt
desarreglo *nm* : untidiness : disorder : confusion
desarrollar *v* : to develop : to carry out : to explain — **desarrollarse** *vr* : to take place : to unfold
desarrollo *nm* : development
desarticulación *nf, pl* **-ciones** : dislocation : breaking up : dismantling
desarticular *v* : to dislocate : to break up : to dismantle
desasosiego *nm* : sense of unease
desastre *nm* : disaster
desastroso, -sa *adj* : disastrous : catastrophic — **desastrosamente** *adv*
desatar *v* : to undo : to untie : to unleash : to trigger : to precipitate — **desatarse** *vr* : to come undone : to break out : to erupt
desatascador *nm* : plunger
desatascar *v* : to unblock : to clear
desatención *nf, pl* **-ciones** : absentmindedness : distraction : discourtesy
desatender *v* : to disregard : to neglect : to leave unattended
desatento, -ta *adj* : absentminded : discourteous : rude
desatinado, -da *adj* : foolish : silly
desatino *nm* : folly : mistake
desatorador *nm* : plunger : drain cleaner
desatornillar → **destornillar**
desautorizar *v* : to deprive of authority : to discredit
desavenencia *nf* : disagreement : dispute
desayunar *v* : to have breakfast : to have for breakfast
desayuno *nm* : breakfast
desazón *nf, pl* **-zones** : uneasiness : anxiety
desbalance *nm* : imbalance
desbancar *v* : to displace : to oust
desbandada *nf* : scattering : dispersal
desbarajuste *nm* : disarray : disorder : mess
desbaratar *v* : to destroy : to ruin : to break : to break down — **desbaratarse** *vr* : to fall apart
desbloquear *v* : to open up : to clear : to break through : to free : to release
desbocado, -da *adj* : unbridled : rampant

desbocarse *vr* : to run away : to bolt
desbordamiento *nm* : overflowing
desbordante *adj* : overflowing : bursting
desbordar *v* : to overflow : to spill over : to surpass : to exceed — **desbordarse** *vr*
descabellado, -da *adj* : outlandish : ridiculous
descafeinado, -da *adj* : decaffeinated
descalabrar *v* : to hit on the head — **descalabrarse** *vr*
descalabro *nm* : setback : misfortune : loss
descalificación *nf, pl* **-ciones** : disqualification : disparaging remark
descalificar *v* : to disqualify : to discredit — **descalificarse** *vr*
descalzarse *vr* : take off one's shoes
descalzo, -za *adj* : barefoot
descampado *nm* : open area
descansado, -da *adj* : rested : refreshed : restful : peaceful
descansar *v* : to rest : to relax
descansillo *nm* : landing
descanso *nm* : rest : relaxation : break : landing : intermission : halftime
descapotable *adj & nm* : convertible
descarado, -da *adj* : brazen : impudent — **descaradamente** *adv*
descarga *nf* : discharge : unloading
descargable *adj* : downloadable
descargar *v* : to discharge : to unload : to release : to free : to take out : to vent : to download — **descargarse** *vr* : to unburden oneself : to quit : to lose power
descargo *nm* : unloading : defense
descarnado, -da *adj* : scrawny : gaunt
descaro *nm* : audacity : nerve
descarriado, -da *adj* : lost : gone astray
descarriarse *vr* : to go astray
descarrilar *v* : to derail — **descarrilarse** *vr* — **descarrilamiento** *n*
descartar *v* : to rule out : to reject — **descartarse** *vr* : to discard
descascarar *v* : to peel : to shell : to husk — **descascararse** *vr* : to peel off : to chip
descendencia *nf* : descendants *pl* : descent : lineage
descendente *adj* : downward : descending
descender *v* : to descend : to go down : to lower : to take down : to let down : to come down : to drop : to fall
descendiente *adj & nm* : descendant
descenso *nm* : descent : drop : fall
descentralizar *v* : to decentralize — **descentralizarse** *vr* — **descentralización** *nf*
descifrar *v* : to decipher : to decode — **descifrable** *adj*
desclasificar *v* : to declassify
descodificador → decodificador

descodificar *v* : to decode
descolgar *v* : to take down : to let down : to pick up : to answer
descollar *v* : to stand out : to be outstanding : to excel
descolorido, -da *adj* : discolored : faded
descomponer *v* : to rot : to decompose : to break : to break down : to damage : to mess up — **descomponerse** *vr* : to decompose
descomposición *nf, pl* **-ciones** : breakdown : decomposition : decay
descompuesto[1] *pp* → **descomponer**
descompuesto[2]**, -ta** *adj* : broken down : out of order : rotten : decomposed
descomunal *adj* : enormous : huge : extraordinary
desconcentrar *v* : to distract
desconcertante *adj* : disconcerting
desconcertar *v* : to disconcert — **desconcertarse** *vr*
desconchar *v* : to chip — **desconcharse** *vr* : to chip off : to peel
desconcierto *nm* : uncertainty : confusion
desconectar *v* : to disconnect : to switch off : to unplug
desconfiado, -da *adj* : distrustful : suspicious
desconfianza *nf* : distrust : suspicion
desconfiar *v ~ de* : to distrust : to be suspicious of
descongelar *v* : to thaw : to defrost : to unfreeze — **descongelarse** *vr*
descongestionante *adj & nm* : decongestant
descongestionar *v* : to clear : to unclog
desconocer *v* : to be unaware of : to fail to recognize
desconocido[1]**, -da** *adj* : unknown : unfamiliar
desconocido[2]**, -da** *n* : stranger
desconocimiento *nm* : ignorance
desconsiderado, -da *adj* : inconsiderate : thoughtless — **desconsideradamente** *adj*
desconsolado, -da *adj* : disconsolate : heartbroken : despondent
desconsuelo *nm* : grief : distress : despair
descontaminar *v* : to decontaminate — **descontaminación** *nf*
descontar *v* : to discount : to deduct : to except : to exclude
descontento[1]**, -ta** *adj* : discontented : dissatisfied
descontento[2] *nm* : discontent : dissatisfaction
descontinuar *v* : to discontinue
descontrol *nm* : lack of control : disorder : chaos
descontrolarse *vr* : to get out of control : to be out of hand
desconvocar *v* : to cancel

descorazonado, -da adj : disheartened : discouraged
descorchar v : to uncork
descorrer v : to draw back
descortés adj, pl **-teses** : discourteous : rude
descortesía nf : discourtesy : rudeness
descrédito nm : discredit
descremado, -da adj : nonfat : skim
describir v : to describe
descripción nf, pl **-ciones** : description
descriptivo, -va adj : descriptive
descrito pp → **describir**
descuartizar v : to cut up : to quarter : to tear to pieces
descubierto[1] pp → **descubrir**
descubierto, -ta adj : exposed : revealed
descubridor, -dora n : discoverer : explorer
descubrimiento nm : discovery
descubrir v : to discover : to find out : to uncover : to reveal : to unveil : to give away — **descubrirse** vr
descuento nm : discount
descuidado, -da adj : neglectful : careless : neglected : unkempt
descuidar v : to neglect : to overlook : to be careless — **descuidarse** vr : to drop one's guard : to let oneself go
descuido nm : carelessness : negligence : slip : oversight
desde prep : from : since
desdecir v — **desdecirse** vr : to contradict oneself : to go back on one's word
desdén nm, pl **desdenes** : disdain : scorn
desdentado, -da adj : toothless
desdeñar v : to disdain : to scorn : to despise
desdeñoso, -sa adj : disdainful : scornful — **desdeñosamente** adv
desdibujar v : to blur — **desdibujarse** vr
desdicha nf : misery : misfortune
desdichado[1], **-da** adj : unfortunate : miserable : unhappy
desdichado[2], **-da** n : wretch
desdicho pp → **desdecir**
desdiga, desdijo, etc. → **desdecir**
desdoblar v : to unfold
deseable adj : desirable
desear v : to wish : to want : to desire
desecar v : to dry
desechable adj : disposable
desechar v : to discard : to throw away : to reject
desecho nm : reject; **desechos** nmpl : rubbish : waste
desembarazarse vr ~ **de** : to get rid of
desembarcar v : to disembark : to unload
desembarco nm : landing : arrival : unloading

desembarque → **desembarco**
desembocadura nf : mouth : opening : end
desembocar v ~ **en** or ~ **a** : to flow into : to join : to lead to : to result in
desembolsar v : to disburse : to pay out
desembolso nm : disbursement : payment
desempacar v : to unpack
desempatar v : to break a tie
desempate nm : tiebreaker : play-off
desempeñar v : to play : to fulfill : to carry out : to redeem — **desempeñarse** vr : to function : to act
desempeño nm : fulfillment : carrying out : performance
desempleado[1], **-da** adj : unemployed
desempleado[2], **-da** n : unemployed person
desempleo nm : unemployment
desempolvar v : to dust off : to resurrect : to revive
desencadenar v : to unchain : to trigger : to unleash — **desencadenarse** vr
desencajar v : to dislocate : to pop out of place : to disengage — **desencajarse** vr
desencantar v : to disenchant : to disillusion — **desencantarse** vr
desencanto nm : disenchantment : disillusionment
desenchufar v : to disconnect : to unplug
desenfadado, -da adj : uninhibited : carefree : confident : self-assured
desenfado nm : self-assurance : confidence : naturalness : ease
desenfocado, -da adj : unfocused : blurry
desenfrenadamente adv : wildly : with abandon
desenfrenado, -da adj : unbridled : unrestrained
desenfreno nm : abandon : lack of restraint
desenfundar v : to draw
desenganchar v : to unhitch : to uncouple
desengañar v : to disillusion : to disenchant — **desengañarse** vr
desengaño nm : disenchantment : disillusionment
desenlace nm : ending : outcome
desenmarañar v : to disentangle : to unravel
desenmascarar v : to unmask : to expose
desenredar v : to untangle : to disentangle : to straighten out : to sort out
desenrollar v : to unroll : to unwind
desenroscar v : to unscrew : to unroll — **desenroscarse** vr
desenterrar v : to exhume : to unearth : to dig up

desentonar v : to clash : to conflict : to be out of tune : to sing off-key

desentrañar v : to get to the bottom of : to unravel

desenvainar v : to draw : to unsheathe

desenvoltura nf : confidence : self-assurance : eloquence : fluency

desenvolver v : to unwrap : to open — **desenvolverse** vr : to unfold : to develop : to manage : to cope

desenvuelto[1] pp → **desenvolver**

desenvuelto[2], **-ta** adj : confident : relaxed : self-assured

deseo nm : wish : desire

deseoso, -sa adj : eager : anxious

desequilibrado, -da adj : off-balance : insane

desequilibrar v : to unbalance : to throw off balance — **desequilibrarse** vr

desequilibrio nm : imbalance

deserción nf, pl **-ciones** : desertion : defection

desertar v : to desert : to defect

desértico, -ca adj : desert : uninhabited

desertor, -tora n : deserter : defector

desesperación nf, pl **-ciones** : desperation : despair

desesperado, -da adj : desperate : despairing : hopeless — **desesperadamente** adv

desesperante adj : exasperating : agonizing : excruciating

desesperanza nf : despair : hopelessness

desesperar v : to exasperate : to despair : to lose hope — **desesperarse** vr : to become exasperated

desestabilizar v : to make unstable

desestimar v : to reject : to disallow : to have a low opinion of

desfachatez nf, pl **-teces** : audacity : nerve : cheek

desfalcador, -dora n : embezzler

desfalcar v : to embezzle

desfalco nm : embezzlement

desfallecer v : to weaken : to faint

desfallecimiento nm : weakness : fainting

desfasado, -da adj : out of sync : out of step : behind the times

desfase nm : gap : lag

desfavorable adj : unfavorable : adverse — **desfavorablemente** adv

desfavorecido, -da adj : underprivileged

desfigurar v : to disfigure : to mar : to distort : to misrepresent

desfiladero nm : narrow gorge : defile

desfilar v : to parade : to march

desfile nm : parade : procession

desfogar v : to vent : to unclog : to unblock — **desfogarse** vr : to vent one's feelings : to let off steam

desgajar v : to tear off : to break apart — **desgajarse** vr : to come apart

desgana nf : lack of appetite : apathy : unwillingness : reluctance

desgano nm → **desgana**

desgarbado, -da adj : ungainly

desgarrador, -dora adj : heartbreaking

desgarradura nf : tear : rip

desgarrar v : to tear : to rip : to break — **desgarrarse** vr

desgarre → **desgarro**

desgarro nm : tear

desgarrón nm, pl **-rrones** : rip : tear

desgastar v : to use up : to wear away : to wear down

desgaste nm : deterioration : wear and tear

desglosar v : to break down : to itemize

desglose nm : breakdown : itemization

desgobierno nm : anarchy : disorder

desgracia nf : misfortune : disgrace

desgraciadamente adv : unfortunately

desgraciado[1], **-da** adj : unfortunate : unlucky : vile : wretched

desgraciado[2], **-da** n : unfortunate person : wretch

desgranar v : to shuck : to shell

desgravar v : to deduct : to exempt — **desgravación** n

desguazar v : to scrap

deshabitado, -da adj : unoccupied : uninhabited

deshacer v : to destroy : to ruin : to undo : to untie : to break apart : to crumble : to dissolve : to melt : to break : to cancel — **deshacerse** vr : to fall apart : to come undone

deshecho[1] pp → **deshacer**

deshecho[2], **-cha** adj : destroyed : ruined : devastated : shattered : undone : untied

deshelar v : to thaw : to deice : to defrost — **deshelarse** vr : to defrost

desherbar v : to weed

desheredado, -da adj : dispossessed : destitute

desheredar v : to disinherit

deshicieron, etc. → **deshacer**

deshidratar v : to dehydrate — **deshidratación** nf

deshielo nm : thaw : thawing

deshierbar → **desherbar**

deshilachar v : to fray — **deshilacharse** vr

deshizo → **deshacer**

deshojar v : to remove petals from : to remove pages from

deshollinador, -dora n : chimney sweep

deshonestidad nf : dishonesty

deshonesto, -ta adj : dishonest

deshonor nm : dishonor : disgrace

deshonra nf : dishonor : disgrace

deshonrar v : to dishonor : to disgrace

deshonroso, -sa adj : dishonorable : disgraceful

deshora nf **a deshoras** : at odd times

deshuesadero *nm* : dump

deshuesar *v* : to pit : to bone

desidia *nf* : apathy : indolence : negligence : sloppiness

desierto¹, -ta *adj* : deserted : uninhabited

desierto² *nm* : desert

designación *nf, pl* **-ciones** : appointment : naming

designar *v* : to designate : to appoint : to name

designio *nm* : plan

desigual *adj* : unequal : uneven : variable : changeable — **desigualmente** *adv*

desigualdad *nf* : inequality : unevenness

desilusión *nf, pl* **-siones** : disillusionment : disenchantment

desilusionar *v* : to disillusion : to disenchant — **desilusionarse** *vr*

desinfectante *adj & nm* : disinfectant

desinfectar *v* : to disinfect — **desinfección** *nf*

desinflar *v* : to deflate — **desinflarse** *vr*

desinformar *v* : to misinform

desinhibido, -da *adj* : uninhibited : unrestrained

desintegración *nf, pl* **-ciones** : disintegration

desintegrar *v* : to disintegrate : to break up — **desintegrarse** *vr*

desinterés *nm* : lack of interest : indifference : unselfishness

desinteresado, -da *adj* : unselfish

desintoxicación *nf, pl* **-ciones** : detoxification : detox

desintoxicar *v* : to detoxify : to detox — **desintoxicarse** *vr*

desistir *v* : to desist : to stop

deslave *nm* : landslide

desleal *adj* : disloyal — **deslealmente** *adv*

deslealtad *nf* : disloyalty

desligar *v* : to separate : to undo : to free — **desligarse** *vr* ~ **de** : to extricate oneself from

deslindar *v* : to mark the limits of : to demarcate : to define : to clarify

deslinde *nm* : demarcation

desliz *nm, pl* **deslices** : error : mistake : slip

deslizador *nm* : speedboat : hang glider

deslizamiento *nm* : slip : slide

deslizar *v* : to slide : to slip : to slip in — **deslizarse** *vr* : to glide : to slip away

deslomarse *vr* : to wear oneself out : to work oneself to death

deslucido, -da *adj* : lackluster : dull : faded : dingy : tarnished

deslucir *v* : to spoil : to fade : to dull : to tarnish : to discredit

deslumbrar *v* : to dazzle — **deslumbrante** *adj*

deslustrado, -da *adj* : dull : lusterless

deslustrar *v* : to tarnish : to dull

deslustre *nm* : tarnish

desmadrarse *vr* : to get out of hand

desmadre *nm* : chaos

desmán *nm, pl* **desmanes** : outrage : abuse : misfortune

desmandarse *vr* : to behave badly : to get out of hand

desmantelar *v* : to dismantle

desmañado, -da *adj* : clumsy : awkward

desmarcarse *vr* : to distance oneself

desmayado, -da *adj* : fainting : weak : dull : pale

desmayar *v* : to lose heart : to falter — **desmayarse** *vr* : to faint : to swoon

desmayo *nm* : faint : fainting

desmedido, -da *adj* : excessive : undue

desmejorar *v* : to weaken : to make worse : to decline : to get worse

desmembrar *v* : to dismember : to break up

desmemoriado, -da *adj* : absentminded : forgetful

desmentido *nm* : denial

desmentir *v* : to deny : to refute : to contradict

desmenuzar *v* : to break down : to scrutinize : to crumble : to shred — **desmenuzarse** *vr*

desmerecer *v* : to be unworthy of : to decline in value

desmesurado, -da *adj* : excessive : inordinate — **desmesuradamente** *adv*

desmigajar *v* : to crumble — **desmigajarse** *vr*

desmilitarizar *v* : to demilitarize

desmitificar *v* : to demystify : to dispel the myths surrounding

desmontable *adj* : removable

desmontar *v* : to clear : to level off : to dismantle : to take apart : to dismount

desmonte *nm* : clearing : leveling

desmoralizador, -dora *adj* : demoralizing

desmoralizante → **desmoralizador**

desmoralizar *v* : to demoralize : to discourage

desmoronamiento *nm* : crumbling : falling apart

desmoronar *v* : to wear away : to erode — **desmoronarse** *vr* : to crumble : to deteriorate : to fall apart

desmovilizar *v* : to demobilize — **desmovilización** *nf*

desnatado, -da → **descremado**

desnaturalizar *v* : to denature : to distort : to alter

desnivel *nm* : disparity : difference : unevenness

desnivelado, -da *adj* : uneven : unbalanced

desnivelar *v* : to make uneven : to tip

desnucar v : to break the neck of —
desnucarse vr : to break one's neck
desnudar v : to undress : to strip : to
lay bare — **desnudarse** vr : to strip off
one's clothing
desnudez nf, pl **-deces** : nudity
: nakedness
desnudo[1], **-da** adj : nude : naked : bare
desnudo[2] nm : nude
desnutrición nf, pl **-ciones**
: malnutrition
desnutrido, -da adj : malnourished
: undernourished
desobedecer v : to disobey
desobediencia nf : disobedience —
desobediente adj
desocupación nf, pl **-ciones**
: unemployment
desocupado, -da adj : vacant : empty
: free : unoccupied : unemployed
desocupar v : to empty : to vacate : to
move out of — **desocuparse** vr : to
leave : to quit
desodorante adj & nm : deodorant
desolación nf, pl **-ciones** : desolation
desolado, -da adj : desolate
: devastated : distressed
desolador, -dora adj : devastating
: bleak : desolate
desolar v : to devastate
desollar v : to skin : to flay
desorbitado, -da adj : excessive
: exorbitant
desorden nm, pl **desórdenes** : disorder
: mess : disturbance : upset
desordenadamente adv : messily : in a
disorderly way
desordenado, -da adj : untidy : messy
: disorderly : unruly
desordenar v : to mess up —
desordenarse vr : to get messed up
desorganización nf, pl **-ciones**
: disorganization
desorganizar v : to disrupt : to
disorganize
desorientar v : to disorient : to mislead
: to confuse — **desorientarse** vr : to
become disoriented : to lose one's way
desovar v : to spawn
despachar v : to complete : to conclude
: to deal with : to take care of : to
handle : to dispatch : to send off
: to finish off : to kill : to serve —
despacharse vr : to gulp down : to
polish off
despacho nm : dispatch : shipment
: office : study
despacio adv : slowly : slow
despampanante adj : breathtaking
: stunning
desparasitar v : to worm : to rid of fleas/
ticks/lice
desparpajo nm : self-confidence : nerve
: confusion : muddle

desparramar v : to spill : to splatter : to
spread : to scatter
despatarrarse vr : to sprawl
despavorido, -da adj : terrified : horrified
despecho nm : spite
despectivo, -va adj : contemptuous
: disparaging : derogatory : pejorative
— **despectivamente** adv
despedazar v : to cut to pieces : to tear
apart
despedida nf : farewell : good-bye
despedir v : to see off : to show out : to
dismiss : to fire : to give off : to emit —
despedirse vr : to take one's leave : to
say good-bye
despegado, -da adj : separated
: detached : cold : distant
despegar v : to remove : to detach : to
take off : to lift off : to blast off
despegue nm : takeoff : liftoff
despeinar v **despeinar a alguien** : to
mess up someone's hair
despejado, -da adj : clear : fair : alert
: uncluttered : unobstructed
despejar v : to clear : to free : to clarify
: to clear up : to punt
despeje nm : clearing : punt
despellejar v : to skin
despelote nm : mess : disaster
despenalizar v : to legalize —
despenalización nf
despensa nf : pantry : larder
: provisions pl : supplies pl
despeñadero nm : cliff : precipice
despeñar v : to hurl down
desperdiciar v : to waste : to miss : to
miss out on
desperdicio nm : waste; **desperdicios**
nmpl : refuse : scraps : rubbish
desperdigar v : to disperse : to scatter
desperezarse vr : to stretch
desperfecto nm : flaw : defect : damage
despertador nm : alarm clock
despertar v : to awaken : to wake up : to
arouse : to wake : to elicit : to evoke —
despertarse vr : to wake up
despiadado, -da adj : cruel : merciless
: pitiless — **despiadadamente** adv
despido nm : dismissal : layoff
despierto, -ta adj : awake : alert : clever
: sharp
despilfarrador[1], **-dora** adj : extravagant
: wasteful
despilfarrador[2], **-dora** n : spendthrift
: prodigal
despilfarrar v : to squander : to waste
despilfarro nm : extravagance
: wastefulness
despintar v : to strip the paint from —
despintarse vr : to fade : to wash off
: to peel off
despistado[1], **-da** adj : absentminded
: forgetful : scatterbrained : confused
: bewildered

despistado[2], **-da** *n* : absentminded person

despistar *v* : to throw off the track : to confuse — **despistarse** *vr*

despiste *nm* : absentmindedness : mistake : slip

desplantador *nm* : garden trowel

desplante *nm* : insolence : rudeness

desplazamiento *nm* : movement : displacement : journey

desplazar *v* : to replace : to displace : to move : to shift : to scroll — **desplazarse** *vr*

desplegar *v* : to display : to show : to manifest : to unfold : to unfurl : to spread : to deploy

despliegue *nm* : display : deployment

desplomarse *vr* : to plummet : to fall : to collapse : to break down

desplome *nm* : fall : drop : collapse

desplumar *v* : to pluck

despoblación *nf, pl* **-ciones** : large population decrease

despoblado[1], **-da** *adj* : uninhabited : deserted

despoblado[2] *nm* : open country : deserted area

despoblar *v* : to reduce the population of

despojar *v* : to strip : to clear : to divest : to deprive

despojos *nmpl* : remains : scraps : plunder : spoils

desportillar *v* : to chip — **desportillarse** *vr*

desposar *v* : to marry — **desposarse** *vr*

desposeer *v* : to dispossess

déspota *nmf* : despot : tyrant

despotismo *nm* : despotism — **despótico, -ca** *adj*

despotricar *v* : to rant and rave : to complain excessively

despreciable *adj* : despicable : contemptible : negligible

despreciar *v* : to despise : to scorn : to disdain

despreciativo, -va *adj* : scornful : disdainful

desprecio *nm* : disdain : contempt : scorn

desprender *v* : to detach : to loosen : to unfasten : to emit : to give off — **desprenderse** *vr* : to come off : to come undone : to be inferred : to follow

desprendido, -da *adj* : generous : unselfish : disinterested

desprendimiento *nm* : detachment : generosity

despreocupación *nf, pl* **-ciones** : indifference : lack of concern

despreocupadamente *adv* : in a carefree, easygoing, or unconcerned way

despreocupado, -da *adj* : carefree : easygoing : unconcerned

desprestigiar *v* : to discredit : to disgrace — **desprestigiarse** *vr* : to lose prestige

desprestigio *nm* : discredit : disrepute

desprevenido, -da *adj* : unprepared : off guard : unsuspecting

desprolijo, -ja *adj* : untidy : messy

desproporción *nf, pl* **-ciones** : disproportion : disparity

desproporcionado, -da *adj* : out of proportion

despropósito *nm* : piece of nonsense : absurdity

desprotegido, -da *adj* : unprotected : vulnerable

desprovisto, -ta *adj* ~ **de** : devoid of : lacking in

después *adv* : afterward : later : then : next

despuntado, -da *adj* : blunt : dull

despuntar *v* : to blunt : to dawn : to sprout : to excel : to stand out

desquiciado, -da *adj* : crazy

desquiciar *v* : to unhinge : to drive crazy — **desquiciarse** *vr* : to go crazy

desquitarse *vr* : to get even : to retaliate

desquite *nm* : revenge

desregulación *nf, pl* **-ciones** : deregulation

desregular *v* : to deregulate

desregularización *nf, pl* **-ciones** → **desregulación**

destacadamente *adv* : outstandingly : prominently

destacado, -da *adj* : outstanding : prominent : stationed : posted

destacamento *nm* : detachment

destacar *v* : to emphasize : to highlight : to stress : to bring out : to station : to post : to stand out — **destacarse** *vr* : to stand out

destajo *nm* : piecework

destapacaños *nms* : plunger

destapador *nm* : bottle opener

destapar *v* : to open : to take the top off : to reveal : to uncover : to unblock : to unclog

destape *nm* : uncovering : revealing

destartalado, -da *adj* : dilapidated : tumbledown

destellar *v* : to sparkle : to flash : to glint : to twinkle

destello *nm* : flash : sparkle : twinkle : glimmer : hint

destemplado, -da *adj* : out of tune : irritable : out of sorts : unpleasant

desteñir *v* : to run : to fade — **desteñirse** *vr* : to fade

desterrado[1], **-da** *adj* : banished : exiled

desterrado[2], **-da** *n* : exile

desterrar *v* : to banish : to exile : to eradicate : to do away with

destetar *v* : to wean

destiempo *adv* **a** ~ : at the wrong time

destierro nm : exile
destilación nf, pl **-ciones** : distillation
destilador, -dora n : distiller
destilar v : to exude : to distill
destilería nf : distillery
destinación nf, pl **-ciones** : destination
destinado, -da adj : destined : bound
destinar v : to appoint : to assign : to
  earmark : to allot
destinatario, -ria n : addressee : payee
destino nm : destiny : fate : destination
  : use : assignment : post
destitución nf, pl **-ciones** : dismissal
  : removal from office
destituir v : to dismiss : to remove from
  office
destornillador nm : screwdriver
destornillar v : to unscrew
destrabar v : to untie : to undo : to ease
  up : to separate
destreza nf : dexterity : skill
destronar v : to depose : to dethrone
destrozado, -da adj : ruined : destroyed
  : devastated : brokenhearted
destrozar v : to smash : to shatter : to
  destroy : to wreck — **destrozarse** vr
destrozo nm : damage : havoc
  : destruction
destrucción nf, pl **-ciones** : destruction
destructivo, -va adj : destructive
destructor¹, -tora adj : destructive
destructor² nm : destroyer
destruir v : to destroy — **destruirse** vr
desubicado, -da adj : out of place
  : confused : disoriented
desunión nf, pl **-niones** : lack of unity
desunir v : to split : to divide
desusado, -da adj : unusual : obsolete
  : disused : antiquated
desuso nm : disuse : obsolescence
desvaído, -da adj : pale : washed-out
  : vague : blurred
desvalido, -da adj : destitute : helpless
desvalijar v : to ransack : to rob
desvalorización nf, pl **-ciones**
  : devaluation : depreciation
desvalorizar v : to devalue
desván nm, pl **desvanes** : attic
desvanecer v : to make disappear
  : to dispel : to fade : to blur —
  desvanecerse vr : to vanish : to
  disappear : to faint : to swoon
desvanecimiento nm : disappearance
  : faint : fading
desvariar v : to be delirious : to rave : to
  talk nonsense
desvarío nm : delirium; **desvaríos** nmpl
  : ravings pl
desvelado, -da adj : sleepless
desvelar v : to keep awake : to reveal
  : to disclose — **desvelarse** vr : to stay
  awake : to do one's utmost
desvelo nm : insomnia; **desvelos** nmpl
  : efforts : pains

desvencijado, -da adj : dilapidated
  : rickety
desventaja nf : disadvantage : drawback
desventajoso, -sa adj
  : disadvantageous : unfavorable
desventura nf : misfortune
desventurado, -da adj : unfortunate
  : ill-fated
desvergonzado, -da adj : shameless
  : impudent
desvergüenza nf : audacity : impudence
desvestir v : to undress — **desvestirse**
  vr : to get undressed
desviación nf, pl **-ciones** : deviation
  : departure : detour : diversion
desviar v : to change the course of
  : to divert : to turn away : to deflect —
  desviarse vr : to branch off : to stray
desvinculación nf, pl **-ciones**
  : dissociation
desvincular v ~ **de** : to separate from
  : to dissociate from — **desvincularse** vr
desvío nm : diversion : detour : deviation
desvirtuar v : to impair : to spoil
  : to detract from : to distort : to
  misrepresent
desvivirse vr : to be devoted to
detalladamente adv : in detail : at great
  length
detallar v : to detail
detalle nm : detail : thoughtful gesture
detallista¹ adj : meticulous : retail
detallista² nmf : perfectionist : retailer
detección nf, pl **-ciones** : detection
detectar v : to detect — **detectable** adj
detective nmf : detective
detector nm : detector
detención nf, pl **-ciones** : detention
  : arrest : stop : halt : delay : holdup
detener v : to arrest : to detain : to stop
  : to halt : to keep : to hold back —
  detenerse vr : to delay : to linger
detenidamente adv : thoroughly : at
  length
detenimiento nm con ~ : carefully : in
  detail
detentar v : to hold : to retain
detergente nm : detergent
deteriorado, -da adj : damaged : worn
deteriorar v : to damage : to spoil —
  deteriorarse vr : to get damaged : to
  wear out : to deteriorate : to worsen
deterioro nm : deterioration : wear
  : worsening : decline
determinación nf, pl **-ciones**
  : determination : resolve
determinado, -da adj : certain
  : particular : determined : resolute
determinante¹ adj : determining
  : deciding
determinante² nm : determinant
determinar v : to determine : to cause
  : to bring about — **determinarse** vr : to
  make up one's mind : to decide

detestar v : to detest — **detestable** adj
detonación nf, pl **-ciones** : detonation
detonador nm : detonator
detonante[1] adj : detonating : explosive
detonante[2] nm : catalyst : cause
detonar v : to detonate : to explode
detractor, -tora n : detractor : critic
detrás adv : behind
detrimento nm : detriment
detuvo, etc. → **detener**
deuda nf : debt
deudo, -da n : relative
deudor[1], **-dora** adj : indebted
deudor[2], **-dora** n : debtor
devaluación nf, pl **-ciones** : devaluation
devaluar v : to devalue — **devaluarse**
    vr : to depreciate
devaneo nm : flirtation : fling : idle
    pursuit
devanar vr **devanarse los sesos** : to
    rack one's brains
devastador, -dora adj : devastating
devastar v : to devastate —
    devastación nf
develar v : to reveal : to uncover : to unveil
devenir v : to come about
devoción nf, pl **-ciones** : devotion
devolución nf, pl **-ciones** : return
    : refund
devolver v : to return : to give back : to
    refund : to pay back : to vomit : to bring
    up : to throw up — **devolverse** vr : to
    come back : to go back
devorar v : to devour : to consume
devoto[1], **-ta** adj : devout —
    devotamente adv
devoto[2], **-ta** n : devotee : admirer
di → **dar, decir**
día nm : day : daytime : daylight
diabetes nf : diabetes
diabético, -ca adj & n : diabetic
diablillo nm : little devil : imp
diablo nm : devil
diablura nf : prank; **diabluras** nfpl
    : mischief
diabólico, -ca adj : diabolical : diabolic
    : devilish
diaconisa nf : deaconess
diácono nm : deacon
diacrítico, -ca adj : diacritic : diacritical
diadema nf : diadem : crown
diáfano, -na adj : clear : sheer
    : translucent : bright
diafragma nm : diaphragm
diagnosticar v : to diagnose
diagnóstico[1], **-ca** adj : diagnostic
diagnóstico[2] nm : diagnosis
diagonal[1] adj : diagonal —
    diagonalmente adv
diagonal[2] nf : diagonal : slash
diagrama nm : diagram
dial nm : dial
dialecto nm : dialect
dialogar v : to have a talk : to converse

diálogo nm : dialogue
diamante nm : diamond
diámetro nm : diameter
diana nf : target : bull's-eye
diapasón nm, pl **-sones** : tuning fork
diapositiva nf : slide : transparency
diariamente adv : daily : every day
diario[1] adv : every day : daily
diario[2], **-ria** adj : daily : everyday
diario[3] nm : diary : newspaper
diarrea nf : diarrhea
diatriba nf : diatribe : tirade
dibujante nmf : draftsman m
    : draftswoman f : cartoonist
dibujar v : to draw : to sketch : to
    portray : to depict
dibujo nm : drawing : design : pattern
dicción nf, pl **-ciones** : diction
diccionario nm : dictionary
dícese → **decir**
dicha nf : good luck : happiness : joy
dicho[1] pp → **decir**
dicho[2], **-cha** adj : said : aforementioned
dicho[3] nm : saying : proverb
dichoso, -sa adj : blessed : happy
    : fortunate : lucky
diciembre nm : December
diciendo → **decir**
dictado nm : dictation
dictador, -dora n : dictator
dictadura nf : dictatorship
dictamen nm, pl **dictámenes** : report
    : judgment : opinion
dictaminar v : to report : to give an
    opinion : to pass judgment
dictar v : to dictate : to pronounce : to
    give : to deliver
dictatorial adj : dictatorial
didáctico, -ca adj : didactic
diecinueve adj & nm : nineteen —
    diecinueve pron
diecinueveavo[1], **-va** adj : nineteenth
diecinueveavo[2] nm : nineteenth
dieciocho adj & nm : eighteen —
    dieciocho pron
dieciochoavo[1], **-va** or **dieciochavo, -va**
    adj : eighteenth
dieciochoavo[2] or **dieciochavo** nm
    : eighteenth
dieciséis adj & nm : sixteen —
    dieciséis pron
dieciseisavo[1], **-va** adj : sixteenth
dieciseisavo[2] nm : sixteenth
diecisiete adj & nm : seventeen —
    diecisiete pron
diecisieteavo[1], **-va** adj : seventeenth
diecisieteavo[2] nm : seventeenth
diente nm : tooth : tusk : fang : prong
    : tine : clove
dieron, etc. → **dar**
diesel nm : diesel
diestra nf : right hand
diestro[1], **-tra** adj : right : skillful
    : accomplished

diestro[2] *nm* : bullfighter : matador
dieta *nf* : diet
dietético, -ca *adj* : dietary : diet
dietista *nmf* : dietitian
diez[1] *nm, pl* **dieces** : ten
diez[2] *adj* : ten
diez[3] *pron* : ten
difamación *nf, pl* **-ciones** : defamation : slander
difamar *v* : to defame : to slander
difamatorio, -ria *adj* : slanderous : defamatory : libelous
diferencia *nf* : difference
diferenciación *nf, pl* **-ciones** : differentiation
diferencial *adj & nm* : differential
diferenciar *v* : to differentiate between : to distinguish — **diferenciarse** *vr* : to differ
diferendo *nm* : dispute : conflict
diferente *adj* : different — **diferentemente** *adv*
diferir *v* : to postpone : to put off : to differ
difícil *adj* : difficult : hard
difícilmente *adv* : with difficulty : hardly
dificultad *nf* : difficulty
dificultar *v* : to make difficult : to obstruct
dificultoso, -sa *adj* : difficult : hard
difteria *nf* : diphtheria
difuminar *v* : to blur
difundir *v* : to diffuse : to spread out : to broadcast : to spread
difunto, -ta *adj & n* : deceased
difusión *nf, pl* **-siones** : spreading : diffusion : broadcast : broadcasting
difuso, -sa *adj* : diffuse : widespread
diga, etc. → **decir**
digerir *v* : to digest — **digerible** *adj*
digestión *nf, pl* **-tiones** : digestion
digestivo, -va *adj* : digestive
digital[1] *adj* : digital — **digitalmente** *adv*
digital[2] *nf* : foxglove
digitalizar *v* : to digitalize
digitaria *nf* : crabgrass
dígito *nm* : digit
dignarse *vr* : to deign : to condescend
dignatario, -ria *n* : dignitary
dignidad *nf* : dignity : dignitary
dignificar *v* : to dignify
digno, -na *adj* : honorable : worthy : decent — **dignamente** *adv*
digresión *nf, pl* **-ciones** : digression
dije *nm* : charm
dijo, etc. → **decir**
dilación *nf, pl* **-ciones** : delay
dilapidar *v* : to waste : to squander
dilatar *v* : to dilate : to widen : to expand : to put off : to postpone — **dilatarse** *vr* : to take long : to be long
dilatorio, -ria *adj* : delaying
dilema *nm* : dilemma
diletante *nmf* : dilettante

diligencia *nf* : diligence : care : promptness : speed : action : step : task : errand : stagecoach;
diligencias *nfpl* : judicial procedures : formalities
diligente *adj* : diligent — **diligentemente** *adv*
dilucidar *v* : to elucidate : to clarify
dilución *nf, pl* **-ciones** : dilution
diluir *v* : to dilute
diluviar *v impers* : to pour : to pour down
diluvio *nm* : flood : downpour
dimensión *nf, pl* **-siones** : dimension — **dimensional** *adj*
dimensionar *v* : to measure : to gauge
diminutivo[1], **-va** *adj* : diminutive
diminutivo[2] *nm* : diminutive
diminuto, -ta *adj* : minute : tiny
dimisión *nf, pl* **-siones** : resignation
dimitir *v* : to resign : to step down
dimos → **dar**
dinámica *nf* : dynamics
dinámico, -ca *adj* : dynamic — **dinámicamente** *adv*
dinamismo *nm* : energy : vigor
dinamita *nf* : dynamite
dinamitar *v* : to dynamite
dínamo *or* **dinamo** *nm* : dynamo
dinastía *nf* : dynasty
dineral *nm* : fortune : large sum of money
dinero *nm* : money
dinosaurio *nm* : dinosaur
dintel *nm* : lintel
dio, etc. → **dar**
diócesis *nfs & pl* : diocese
dios, diosa *n* : god : goddess *f*
Dios *nm* : God
dióxido de carbono *nm* : carbon dioxide
diploma *nm* : diploma
diplomacia *nf* : diplomacy
diplomado[1], **-da** *adj* : qualified : trained
diplomado[2] *nm* : seminar
diplomático[1], **-ca** *adj* : diplomatic — **diplomáticamente** *adv*
diplomático[2], **-ca** *n* : diplomat
diptongo *nm* : diphthong
diputación *nf, pl* **-ciones** : deputation : delegation
diputado, -da *n* : delegate : representative
dique *nm* : dike
dirá, etc. → **decir**
dirección *nf, pl* **-ciones** : address : direction : management : leadership : steering
direccional[1] *adj* : directional
direccional[2] *nf* : directional : turn signal
directa *nf* : high gear
directamente *adv* : straight : directly
directiva *nf* : directive : board of directors

directivo¹, -va adj : executive : managerial
directivo², -va n : executive : director
directo, -ta adj : direct : straight
: immediate
director, -tora n : director : manager
: head : conductor
directorial → directivo¹
directorio nm : directory : board of
directors
directriz nf, pl **-trices** : guideline
dirigencia nf : leaders pl : leadership
dirigente¹ adj : directing : leading
dirigente², -nmf : director : leader
dirigible nm : dirigible : blimp
dirigir v : to run : to manage : to lead
: to conduct : to direct : to address : to
aim : to point — **dirigirse** vr ~ **a** : to go
towards : to speak to : to address
dirimir v : to resolve : to settle : to annul
: to dissolve
discapacidad nf : disability
discapacitado¹, -da adj : disabled
discapacitado², -da n : disabled person
discar v : to dial
discernimiento nm : discernment
discernir v : to discern : to distinguish
disciplina nf : discipline
disciplinar v : to discipline —
disciplinario, -ria adj
discípulo, -la n : disciple : follower
disc jockey nmf : disc jockey
disco nm : record : disc : disk : discus
disco duro nm : hard disk
discografía nf : list of records
díscolo, -la adj : unruly : disobedient
disconforme adj : in disagreement
discontinuidad nf : discontinuity
discontinuo, -nua adj : discontinuous
discordancia nf : conflict : disagreement
discordante adj : discordant : conflicting
discordia nf : discord
discoteca nf : disco : discotheque
: record store
discreción nf, pl **-ciones** : discretion
discrecional adj : discretionary
discrepancia nf : discrepancy
discrepar v : to disagree : to differ
discreto, -ta adj : discreet —
discretamente adv
discriminación nf, pl **-ciones**
: discrimination
discriminar v : to discriminate against
: to distinguish : to differentiate
discriminatorio, -ria adj : discriminatory
disculpa nf : apology : excuse
disculpable adj : excusable
disculpar v : to excuse : to pardon —
disculparse vr : to apologize
discurrir v : to flow : to pass : to go by
: to ponder : to reflect
discurso nm : speech : address
: discourse : treatise
discusión nf, pl **-siones** : discussion
: argument

discutible adj : arguable : debatable
discutidor, -dora adj : argumentative
discutir v : to discuss : to dispute : to
argue : to quarrel
disecar v : to dissect : to stuff
disección nf, pl **-ciones** : dissection
diseminación nf, pl **-ciones**
: dissemination : spreading
diseminar v : to disseminate : to spread
disensión nf, pl **-siones** : dissension
: disagreement
disenso nm : dissent : disagreement
disentería nf : dysentery
disentimiento → disenso
disentir v : to dissent : to disagree
diseñador, -dora n : designer
diseñar v : to design : to plan : to lay out
: to outline
diseño nm : design
disertación nf, pl **-ciones** : lecture : talk
: dissertation
disertar v : to lecture : to give a talk
disfraz nm, pl **disfraces** : disguise
: costume : front : pretense
disfrazar v : to disguise : to mask : to
conceal — **disfrazarse** vr : to wear a
costume : to be in disguise
disfrutar v : to enjoy : to enjoy oneself
: to have a good time
disfrute nm : enjoyment
disfunción nf, pl **-ciones** : dysfunction
— **disfuncional** adj
disgregar v : to break up : to
disintegrate — **disgregarse** vr
disgustar v : to upset : to displease : to
make angry — **disgustarse** vr
disgusto nm : annoyance : displeasure
: argument : quarrel : trouble
: misfortune
disidencia nf : dissent
disidente adj & nmf : dissident
disímbolo, -la adj : dissimilar
disímil adj : dissimilar
disimuladamente adv : furtively : slyly
disimulado, -da adj : concealed
: disguised : furtive : sly
disimular v : to dissemble : to pretend
: to conceal : to hide
disimulo nm : dissembling : pretense
: slyness : furtiveness : tolerance
disipar v : to dissipate : to dispel : to
squander — **disiparse** vr
diskette nm : floppy disk : diskette
dislexia nf : dyslexia — **disléxico, -ca** adj
dislocar v : to dislocate — **dislocación**
nf
disminución nf, pl **-ciones** : decrease
: drop : fall
disminuir v : to reduce : to decrease : to
lower : to drop : to fall
disociar v : to dissociate : to separate
— **disociación** nf
disolución nf, pl **-ciones** : dissolution
: dissolving : breaking up : dissipation

disoluto, -ta *adj* : dissolute : dissipated

disolvente *nm* : solvent

disolver *v* : to dissolve : to break up — **disolverse** *vr*

disonancia *nf* : dissonance — **disonante** *adj*

dispar *adj* : different : disparate : diverse : inconsistent

disparado, -da *adj* **salir disparado** : to take off in a hurry : to rush away

disparar *v* : to shoot : to fire : to pay : to treat to : to buy — **dispararse** *vr* : to shoot up : to skyrocket

disparatado, -da *adj* : absurd : ridiculous : crazy

disparate *nm* : silliness : stupidity

disparejo, -ja *adj* : uneven

disparidad *nf* : disparity

disparo *nm* : shot

dispendio *nm* : wastefulness : extravagance

dispendioso, -sa *adj* : wasteful : extravagant

dispensa *nf* : dispensation

dispensador *nm* : dispenser

dispensar *v* : to dispense : to give : to grant : to excuse : to forgive : to exempt

dispensario *nm* : dispensary : clinic : dispenser

dispersar *v* : to disperse : to scatter

dispersión *nf*, *pl* **-siones** : dispersion

disperso, -sa *adj* : dispersed : scattered

displicencia *nf* : indifference : coldness : disdain

displicente *adj* : indifferent : cold : disdainful

disponer *v* : to arrange : to lay out : to stipulate : to order : to prepare ~ **de** : to have at one's disposal — **disponerse** *vr* ~ **a** : to prepare to : to be about to

disponibilidad *nf* : availability

disponible *adj* : available

disposición *nf*, *pl* **-ciones** : disposition : aptitude : talent : order : arrangement : willingness : readiness

dispositivo *nm* : device : mechanism : force : detachment

dispositivo intrauterino *nm* : intrauterine device : IUD

dispuesto[1] *pp* → **disponer**

dispuesto[2], **-ta** *adj* : ready : prepared : disposed

dispuso, etc. → **disponer**

disputa *nf* : dispute : argument

disputar *v* : to argue : to contend : to vie : to dispute : to question — **disputarse** *vr* : to compete for

disquera *nf* : record label : recording company

disquete → **diskette**

disquisición *nf*, *pl* **-ciones** : formal discourse; **disquisiciones** *nfpl* : digressions

distancia *nf* : distance : (emotional) distance

distanciamiento *nm* : distancing : rift : estrangement

distanciar *v* : to space out : to draw apart — **distanciarse** *vr* : to grow apart : to become estranged

distante *adj* : distant : far-off : aloof

distar *v* ~ **de** : to be far from

diste → **dar**

distender *v* : to distend : to stretch

distendido, -da *adj* : relaxed

distensión *nf*, *pl* **-siones** : easing of relations

distinción *nf*, *pl* **-ciones** : distinction

distinguible *adj* : distinguishable

distinguido, -da *adj* : distinguished : refined

distinguir *v* : to distinguish : to honor : to characterize — **distinguirse** *vr*

distintivo, -va *adj* : distinctive — **distintivamente** *adv*

distinto, -ta *adj* : different : distinct : clear : evident; **distintos, -tas** *pl* : various

distorsión *nf*, *pl* **-siones** : distortion

distorsionar *v* : to distort

distracción *nf*, *pl* **-ciones** : distraction : amusement : forgetfulness : oversight

distraer *v* : to distract : to entertain : to amuse — **distraerse** *vr* : to get distracted : to amuse oneself

distraídamente *adv* : absentmindedly

distraído[1] *pp* → **distraer**

distraído[2], **-da** *adj* : distracted : preoccupied : absentminded

distribución *nf*, *pl* **-ciones** : distribution

distribuidor, -dora *n* : distributor

distribuir *v* : to distribute

distributivo, -va *adj* : distributive

distrital *adj* : district : of the district

distrito *nm* : district

distrofia *nf* : dystrophy

disturbio *nm* : disturbance

disuadir *v* : to dissuade : to discourage

disuasión *nf*, *pl* **-siones** : deterrence

disuasivo, -va *adj* : deterrent : discouraging

disuasorio, -ria *adj* : discouraging

disuelto *pp* → **disolver**

disyuntiva *nf* : dilemma

DIU *nm* : IUD : intrauterine device

diurno, -na *adj* : day : daytime

diva *nf* → **divo**

divagar *v* : to digress

diván *nm*, *pl* **divanes** : divan

divergencia *nf* : divergence : difference

divergente *adj* : divergent : differing

divergir *v* : to diverge : to differ : to disagree

diversidad *nf* : diversity : variety

diversificación *nf*, *pl* **-ciones** : diversification

diversificar *v* : to diversify

diversión *nf*, *pl* **-siones** : fun : amusement : diversion

diverso, -sa adj : diverse : various
divertido, -da adj : amusing : funny : entertaining : enjoyable
divertir v : to amuse : to entertain — **divertirse** vr : to have fun : to have a good time
dividendo nm : dividend
dividir v : to divide : to split : to distribute : to share out — **dividirse** vr
divinidad nf : divinity
divino, -na adj : divine
divisa nf : currency : motto : emblem : insignia
divisar v : to discern : to make out
divisible adj : divisible
división nf, pl **-siones** : division
divisivo, -va adj : divisive
divisor nm : denominator
divisorio, -ria adj : dividing
divo, -va n : prima donna : celebrity : star
divorciado[1], -da adj : divorced : split : divided
divorciado[2], -da n : divorcé m : divorcée f
divorciar v : to divorce — **divorciarse** vr : to get a divorce
divorcio nm : divorce
divulgación nf, pl **-ciones** : spreading : dissemination : popularizing
divulgar v : to spread : to circulate : to divulge : to reveal : to popularize — **divulgarse** vr
dizque adv : supposedly : apparently
do nm : C : do
dobladillo nm : hem
doblado, -da adj : folded : dubbed
doblaje nm : dubbing
doblar v : to double : to fold : to bend : to turn : to dub : to toll : to ring — **doblarse** vr : to fold up : to double over : to give in : to yield
doble[1] adj : double — **doblemente** adv
doble[2] nm : double : toll : knell
doble[3] nmf : stand-in : double
doblegar v : to force : to crease : to force to yield — **doblegarse** vr : to yield : to bow
doblez[1] nm, pl **dobleces** : fold : crease
doblez[2] nmf : duplicity : deceitfulness
doce adj & nm : twelve — **doce** pron
doceavo[1], -va adj : twelfth
doceavo[2] nm : twelfth
docena nf : dozen
docencia nf : teaching
docente[1] adj : educational : teaching
docente[2] n : teacher : lecturer
dócil adj : docile — **dócilmente** adv
docilidad nf : meekness
docto, -ta adj : learned : erudite
doctor, -tora n : doctor
doctorado nm : doctorate
doctorarse vr : to earn one's doctorate
doctrina nf : doctrine — **doctrinal** adj
documentación nf, pl **-ciones** : documentation

documental adj & nm : documentary
documentar v : to document
documento nm : document
dogma nm : dogma
dogmático, -ca adj : dogmatic
dogmatismo nm : dogmatism
doguillo nm : pug
dólar nm : dollar
dolencia nf : ailment : malaise
doler v : to hurt : to ache : to grieve — **dolerse** vr : to be distressed : to complain
doliente nmf : mourner : bereaved
dolor nm : pain : ache : grief : sorrow
dolorido, -da adj : sore : aching : hurt : upset
doloroso, -sa adj : painful : distressing — **dolorosamente** adv
doloso, -sa adj : fraudulent — **dolosamente** adv
domador, -dora n : tamer
domar v : to tame : to break in
domesticado, -da adj : domesticated : tame
domésticamente adv : domestically
domesticar v : to domesticate : to tame
doméstico, -ca adj : domestic : household
domiciliado, -da adj : residing
domiciliario, -ria adj : home
domiciliarse vr : to reside
domicilio nm : home : residence
dominación nf, pl **-ciones** : domination
dominante adj : dominant : domineering
dominar v : to dominate : to master : to be proficient at : to overlook : to offer a view of : to predominate : to prevail — **dominarse** vr : to control oneself
domingo nm : Sunday
dominical adj : Sunday
dominicano, -na adj & n : Dominican
dominico, -ca adj & n : Dominican
dominio nm : dominion : power : mastery : domain : field
dominó nm, pl **-nós** : domino : dominoes pl
domo nm : dome
don nm : gift : present : talent
dona nf : doughnut : donut
donación nf, pl **-ciones** : donation
donador, -dora n : donor
donaire nm : grace : poise : witticism
donante nf → **donador**
donar v : to donate
donativo nm : donation
doncella nf : maiden : damsel
donde[1] conj : where
donde[2] prep : over by
dónde adv : where
dondequiera adv : anywhere : no matter where
donqueo nm : slam dunk
dopado, -da adj : drugged
dopar v : to drug : to dope — **doparse** vr

doping nm : doping
doquier adv por ~ : everywhere : all over
dorado¹, -da adj : gold : golden
dorado², -da nm : gilt
dorar v : to gild : to brown
dormido, -da adj : asleep : numb
dormilón, -lona n, mpl **-lones** : late riser
dormir v : to sleep : to put to sleep/bed : to put to sleep : to anesthetize — **dormirse** vr : to fall asleep
dormitar v : to snooze : to doze
dormitorio nm : bedroom : dormitory
dorsal¹ adj : dorsal
dorsal² nm : number
dorso nm : back
dos¹ adj & nm : two
dos² pron : two
doscientos¹, -tas adj & pron : two hundred
doscientos² nms & pl : two hundred
dosel nm : canopy
dosificación nf, pl **-ciones** : dosage
dosificar v : to dose : to use sparingly
dosis nfs & pl : dose : amount : quantity
dossier nm : dossier
dotación nf, pl **-ciones** : endowment : funding : staff : personnel
dotado, -da adj : gifted
dotar v : to provide : to equip : to endow
dote nf : dowry; **dotes** nfpl : talent : gift
doy → **dar**
draga nf : dredge
dragado nm : dredging
dragar v : to dredge
dragón nm, pl **dragones** : dragon : snapdragon
drague, etc. → **dragar**
drama nm : drama
dramático, -ca adj : dramatic — **dramáticamente** adv
dramatizar v : to dramatize — **dramatización** nf
dramaturgo, -ga n : dramatist : playwright
drástico, -ca adj : drastic — **drásticamente** adv
drenaje nm : drainage
drenar v : to drain
drene nm : drain
driblar v : to dribble
drible nm : dribble
droga nf : drug
drogadicción nf, pl **-ciones** : drug addiction
drogadicto, -ta n : drug addict
drogar v : to drug — **drogarse** vr : to take drugs
drogodependiente nmf : drug addict
drogue, etc. → **drogar**
droguería nf : drugstore
dromedario nm : dromedary
dual adj : dual
dualidad nf : duality

dualismo nm : dualism
ducha nf : shower
ducharse vr : to take a shower
ducho, -cha adj : experienced : skilled : expert
ducto nm : duct : shaft : pipeline
duda nf : doubt
dudar v : to doubt ~ **en** : to hesitate to
dudoso, -sa adj : doubtful : dubious : questionable — **dudosamente** adv
duela nf : floorboard
duele, etc. → **doler**
duelo nm : duel : mourning
duende nm : elf : goblin : magic : charm
dueño, -ña n : owner : proprietor : landlord : landlady f
duerme, etc. → **dormir**
dueto nm : duet
dulce¹ adv : sweetly : softly
dulce² adj : sweet : mild : gentle : mellow — **dulcemente** adv
dulce³ nm : candy : sweet
dulcería nf : candy store
dulcificar v : to sweeten
dulzura nf : sweetness : gentleness : mellowness
duna nf : dune
dúo nm : duo : duet
duodécimo¹, -ma adj : twelfth
duodécimo², -ma nm : twelfth
dúplex nms & pl : duplex apartment
duplicación nf, pl **-ciones** : duplication : copying
duplicado nm : duplicate : copy
duplicar v : to double : to duplicate : to copy
duplicidad nf : duplicity
duque nm : duke
duquesa nf : duchess
durabilidad nf : durability
durable → **duradero**
duración nf, pl **-ciones** : duration : length
duradero, -ra adj : durable : lasting
duramente adv : harshly : severely : hard
durante prep : during
durar v : to last
durazno nm : peach : peach tree
dureza nf : hardness : toughness : severity : harshness
durmiente¹ adj : sleeping
durmiente² nmf : sleeper
durmió, etc. → **dormir**
duro¹ adv : hard
duro², -ra adj : hard : tough : harsh : severe
DVD nm : DVD
e conj : and
ebanista nmf : cabinetmaker
ébano nm : ebony
e-book nm, pl **e-books** : e-book : electronic book
ebriedad nf : inebriation : drunkenness

ebrio, -bria *adj* : inebriated : drunk
ebullición *nf, pl* **-ciones** : boiling
eccema → **eczema**
eccéntrico → **excéntrico**
echar *v* : to throw : to toss : to cast : to throw out : to expel : to fire : to dismiss : to emit : to give off : to sprout : to put in : to add : to take : to have : to mail : to pour : to give : to put on : to turn : to slide : to start off — **echarse** *vr* : to throw oneself : to lie down : to put on
ecléctico, -ca *adj* : eclectic
eclesiástico¹, -ca *adj* : ecclesiastical : ecclesiastic
eclesiástico² *nm* : cleric : clergyman
eclipsar *v* : to eclipse : to outshine : to surpass
eclipse *nm* : eclipse
eco *nm* : echo
eco- *pref* : eco-
ecografía *nf* : ultrasound scanning
ecología *nf* : ecology
ecológico, -ca *adj* : ecological — **ecológicamente** *adv*
ecologismo *nm* : environmentalism
ecologista *nmf* : ecologist : environmentalist
ecólogo, -ga *n* : ecologist
economía *nf* : economy : economics
económicamente *adv* : financially
económico, -ca *adj* : economic : economical
economista *nmf* : economist
economizar *v* : to save : to economize on : to save money : to be frugal
ecosistema *nm* : ecosystem
ecoturismo *nm* : ecotourism — **ecoturístico, -ca** *adj*
ecuación *nf, pl* **-ciones** : equation
ecuador *nm* : equator
ecuánime *adj* : even-tempered : impartial
ecuanimidad *nf* : equanimity : impartiality
ecuatorial *adj* : equatorial
ecuatoriano, -na *adj & n* : Ecuadorian
ecuestre *adj* : equestrian
ecuménico, -ca *adj* : ecumenical
eczema *nm* : eczema
edad *nf* : age : epoch : era
edamame *nm* : edamame
edecán *nm, pl* **-canes** : aide : assistant
edema *nm* : edema
Edén *nm, pl* **Edenes** : Eden : paradise
edición *nf, pl* **-ciones** : edition : publication : publishing
edicto *nm* : edict : proclamation
edificación *nf, pl* **-ciones** : edification : construction : building
edificar *v* : to edify : to build : to construct
edificio *nm* : building : edifice
edil, edila *n* : councillor : councilman *m* : councilwoman *f*

editar *v* : to edit : to publish
editor¹, -tora *adj* : publishing
editor², -tora *n* : editor : publisher
editor³ *nm* : editor
editora *nf* : publisher : publishing company
editorial¹ *adj* : publishing : editorial
editorial² *nm* : editorial
editorial³ *nf* : publishing house
edredón *nm, pl* **-dones** : comforter : eiderdown : quilt
educación *nf, pl* **-ciones** : education : manners *pl* — **educacional** *adj*
educado, -da *adj* : polite : well-mannered
educador, -dora *n* : educator
educando, -da *n* : pupil : student
educar *v* : to educate : to bring up : to raise : to train — **educarse** *vr* : to be educated
educativo, -va *adj* : educational
efectista *adj* : dramatic : sensational
efectivamente *adv* : really : actually
efectividad *nf* : effectiveness
efectivo¹, -va *adj* : effective : real : actual : permanent : regular
efectivo² *nm* : cash
efecto *nm* : effect; **efectos** *nmpl* : goods : property; **efectos** *nmpl* : effects
efeméride *nf* : major event
efectuar *v* : to carry out : to bring about
efervescencia *nf* : effervescence — **efervescente** *adj*
eficacia *nf* : effectiveness : efficacy : efficiency
eficaz *adj, pl* **-caces** : effective : efficient — **eficazmente** *adv*
eficiencia *nf* : efficiency
eficiente *adj* : efficient — **eficientemente** *adv*
eficientizar *v* : to streamline : to make more efficient
efigie *nf* : effigy
efímera *nf* : mayfly
efímero, -ra *adj* : ephemeral
efluentes *nmpl* : effluent(s) : (liquid) waste
efusión *nf, pl* **-siones** : warmth : effusiveness
efusivo, -va *adj* : effusive — **efusivamente** *adv*
egipcio, -cia *adj & n* : Egyptian
eglefino *nm* : haddock
ego *nm* : ego
egocéntrico, -ca *adj* : egocentric : self-centered
egoísmo *nm* : selfishness : egoism
egoísta¹ *adj* : selfish : egoistic
egoísta² *nmf* : egoist : selfish person
egotismo *nm* : egotism : conceit
egotista¹ *adj* : egotistic : egotistical : conceited
egotista² *nmf* : egotist : conceited person

egresado, -da n : graduate
egresar v : to graduate
egreso nm : graduation
eh interj : hey! : eh? : huh?
eje nm : axle : axis
ejecución nf, pl **-ciones** : execution
ejecutante nmf : performer
ejecutar v : to execute : to put to death : to carry out : to perform
ejecutivo, -va adj & n : executive
ejecutor, -tora n : executor
ejem interj : ahem!
ejemplar[1] adj : exemplary : model
ejemplar[2] nm : copy : specimen : example
ejemplificar v : to exemplify : to illustrate
ejemplo nm : example
ejercer v ~ **de** : to practice as : to work as : to practice : exercise : to exert
ejercicio nm : exercise : practice
ejercitar v : to exercise : to drill : to train
ejército nm : army
ejidal adj : cooperative
ejidatario, -ria n : member of a cooperative
ejido nm : common land : cooperative
ejote nm : green bean
el[1] pron : the one
el[2], **la** art, pl **los; las** : the
él pron : he : him
elaboración nf, pl **-ciones** : production : making : preparation : devising
elaborado, -da adj : elaborate
elaborar v : to make : to produce : to devise : to draw up
elasticidad nf : elasticity
elástico[1], **-ca** adj : flexible : elastic
elástico[2] nm : elastic : rubber band
elastizado, -da adj : elastic
elección nf, pl **-ciones** : choice : selection : election
electivo, -va adj : elective
electo, -ta adj : elect
elector, -tora n : voter
electorado nm : electorate
electoral adj : electoral : election
electricidad nf : electricity
electricista nmf : electrician
eléctrico, -ca adj : electric : electrical
electrificar v : to electrify — **electrificación** nf
electrizar v : to electrify : to thrill — **electrizante** adj
electrocardiógrafo nm : electrocardiograph
electrocardiograma nm : electrocardiogram
electrocutar v : to electrocute — **electrocución** nf
electrodo nm : electrode
electrodoméstico nm : electric appliance
electroimán nm, pl **-manes** : electromagnet

electrólisis nfs & pl : electrolysis
electrolito nm : electrolyte
electromagnético, -ca adj : electromagnetic
electromagnetismo nm : electromagnetism
electrón nm, pl **-trones** : electron
electrónica nf : electronics
electrónico, -ca adj : electronic : electronics — **electrónicamente** adv
elefante, -ta n : elephant
elegancia nf : elegance
elegante adj : elegant : smart — **elegantemente** adv
elegía nf : elegy
elegíaco, -ca adj : elegiac
elegible adj : eligible — **elegibilidad** nf
elegido, -da adj : chosen : selected : elected
elegir v : to choose : to select : to elect
elemental adj : elementary : basic : fundamental : essential
elemento nm : element
elenco nm : cast
elevación nf, pl **-ciones** : elevation : height
elevado, -da adj : elevated : lofty : high
elevador nm : elevator
elevar v : to raise : to lift : to increase : to elevate : to promote : to present : to submit — **elevarse** vr : to rise
elfo nm : elf
eliminación nf, pl **-ciones** : elimination : removal
eliminar v : to eliminate : to remove : to do in : to kill
eliminatoria nf : qualifying round
eliminatorio, -ria adj : qualifying
elipse nf : ellipse
elipsis nf : ellipsis
elíptico, -ca adj : elliptical : elliptic
elite or **élite** nf : elite
elitista adj & nmf : elitist
elixir or **elíxir** nm : elixir
ella pron : she : her
ello pron : it
ellos, ellas pron pl : they : them
elocución nf, pl **-ciones** : elocution
elocuencia nf : eloquence
elocuente adj : eloquent — **elocuentemente** adv
elogiar v : to praise
elogio nm : praise
elote nm : corn : maize : corncob
elucidación nf, pl **-ciones** : elucidation
elucidar v : to elucidate
eludir v : to evade : to avoid : to elude
em- → **en-**
email nm, pl **emails** : e-mail
emanación nf, pl **-ciones** : emanation
emanar v ~ **de** : to emanate from : to exude
emancipar v : to emancipate — **emancipación** nf

embadurnar *v* : to smear : to daub
embajada *nf* : embassy
embajador, -dora *n* : ambassador
embalaje *nm* : packing : packaging
embalar *v* : to pack
embaldosar *v* : to tile : to pave with tiles
embalsamar *v* : to embalm
embalse *nm* : dam : reservoir
embarazada[1] *adj* : pregnant : expecting
embarazada[2] *nf* : pregnant woman
embarazar *v* : to obstruct : to hamper : to make pregnant
embarazo *nm* : pregnancy : obstacle : obstruction : embarrassment
embarazoso, -sa *adj* : embarrassing : awkward
embarcación *nf, pl* **-ciones** : boat : craft
embarcadero *nm* : wharf : pier : jetty
embarcar *v* : to embark : to board : to load
embarco *nm* : embarkation
embargar *v* : to seize : to impound : to overwhelm
embargo *nm* : seizure : embargo
embarque *nm* : embarkation : shipment
embarrancar *v* : to run aground : to get bogged down
embarrar *v* : to cover with mud : to smear
embate *nm* : onslaught : battering
embaucador, -dora *n* : swindler : deceiver
embaucar *v* : to trick : to swindle
embeber *v* : to absorb : to soak up : to shrink
embelesado, -da *adj* : spellbound
embelesar *v* : to enchant : to captivate
embellecer *v* : to embellish : to beautify
embellecimiento *nm* : beautification : embellishment
embestida *nf* : charge : attack : onslaught
embestir *v* : to hit : to run into : to charge at : to charge : to attack
emblanquecer *v* : to bleach : to whiten — **emblanquecerse** *vr* : to turn white
emblema *nm* : emblem
emblemático, -ca *adj* : emblematic
embobado, -da *adj* : captivated : spellbound : dazed
embolar *v* : to polish
embolia *nf* : embolism
émbolo *nm* : piston
embolsarse *vr* : to pocket : to collect
embonar *v* : to fit
emborracharse *vr* : to get drunk
emborronar *v* : to blot : to smudge : to scribble
emboscada *nf* : ambush
emboscar *v* : to ambush — **emboscarse** *vr* : to lie in ambush
embotar *v* : to dull : to blunt : to weaken : to enervate
embotellamiento *nm* : traffic jam

embotellar *v* : to bottle — **embotellado, -da** *adj*
embragar *v* : to engage the clutch
embrague *nm* : clutch
embriagado, -da *adj* : inebriated : drunk
embriagador, -dora *adj* : intoxicating
embriagar *v* : to intoxicate : to make drunk — **embriagarse** *vr* : to get drunk
embriaguez *nf* : drunkenness : inebriation
embridar *v* : to bridle
embrión *nm, pl* **embriones** : embryo
embrionario, -ria *adj* : embryonic
embrollo *nm* : confusion : mess : tangle
embrujado *adj* : bewitched : haunted
embrujar *v* : to bewitch
embrujo *nm* : spell : curse
embrutecer *v* : to make dull : to stupefy
embudo *nm* : funnel
embuste *nm* : lie : fib : trick : hoax
embustero[1], **-ra** *adj* : lying : deceitful
embustero[2], **-ra** *n* : liar : cheat
embutido *nm* : sausage : inlaid work
embutir *v* : to cram : to stuff : to jam : to inlay
emergencia *nf* : emergency : emergence
emergente *adj* : emergent : consequent : resultant
emerger *v* : to emerge : to surface
emigración *nf, pl* **-ciones** : emigration : migration
emigrante *adj & nmf* : emigrant
emigrar *v* : to emigrate : to migrate
eminencia *nf* : eminence
eminente *adj* : eminent : distinguished
eminentemente *adv* : basically : essentially
emisario[1], **-ria** *n* : emissary
emisario[2] *nm* : outlet
emisión *nf, pl* **-siones** : emission : broadcast : issue
emisor *nm* : television or radio transmitter
emisora *nf* : radio station
emitir *v* : to emit : to give off : to broadcast : to issue : to cast
emoción *nf, pl* **-ciones** : emotion — **emocional** *adj* — **emocionalmente** *adv*
emocionado, -da *adj* : moved : affected by emotion : excited
emocionante *adj* : moving : touching : exciting : thrilling
emocionar *v* : to move : to touch : to excite : to thrill — **emocionarse** *vr*
emoji *nm, pl* **emojis** *or* **emoji** : emoji
emoticón *or* **emoticono** *nm, pl* **-cones** *or* **-conos** : emoticon
emotivo, -va *adj* : emotional : moving
empacador, -dora *n* : packer
empacar *v* : to pack : to bale — **empacarse** *vr* : to balk : to refuse to budge : to eat ravenously : to devour

empachar *v* : to obstruct : to give
indigestion to : to disguise : to mask —
empacharse *vr* : to get indigestion : to
be embarrassed

empacho *nm* : indigestion
: embarrassment

empadronarse *vr* : to register to vote

empalagar *v* : to seem cloying to : to
annoy : to bother

empalagoso, -sa *adj* : cloying

empalar *v* : to impale

empalizada *nf* : palisade

empalmar *v* : to splice : to link : to
combine : to meet : to converge

empalme *nm* : connection : link : junction

empanada *nf* : pie : turnover

empanar *v* : to bread

empantanar *v* : to swamp : to bog down
: to delay — **empantanarse** *vr*

empañar *v* : to steam up : to tarnish
: to sully

empapado, -da *adj* : soggy : sodden

empapar *v* : to soak : to drench —
empaparse *vr* : to get soaking wet

empapelar *v* : to wallpaper

empaque *nm* : presence : bearing
: pomposity : impudence : nerve

empaquetar *v* : to pack : to package —
empaquetarse *vr* : to dress up

emparedado *nm* : sandwich

emparedar *v* : to wall in : to confine

emparejar *v* : to pair : to match up : to
make even : to even out : to catch up
— **emparejarse** *vr* : to pair up : to
become even : to even out

emparentado, -da *adj* : related

emparentar *v* : to become related by
marriage

emparrillado *nm* : gridiron

empastar *v* : to fill : to bind

empaste *nm* : filling

empatar *v* : to tie : to connect : to result
in a draw : to be tied — **empatarse** *vr*
: to hook up : to link together

empate *nm* : draw : tie

empatía *nf* : empathy

empecinado, -da *adj* : stubborn

empecinarse *vr* : to be stubborn : to persist

empedernido, -da *adj* : hardened
: inveterate

empedrado *nm* : paving : pavement

empedrar *v* : to pave

empeine *nm* : instep

empellón *nm*, *pl* **-llones** : shove : push

empelotado, -da *adj* : madly in love
: stark naked

empeñado, -da *adj* : determined
: committed

empeñar *v* : to pawn : to pledge : to give
— **empeñarse** *vr* : to insist stubbornly
: to make an effort

empeño *nm* : pledge : commitment
: insistence : effort : determination
: pawning

empeoramiento *nm* : worsening
: deterioration

empeorar *v* : to deteriorate : to get
worse : to make worse

empequeñecer *v* : to diminish : to
become smaller : to minimize : to make
smaller

emperador *nm* : emperor

emperatriz *nf*, *pl* **-trices** : empress

empero *conj* : however : nevertheless

empezar *v* : to start : to begin

empinado, -da *adj* : steep

empinar *v* : to lift : to raise —
empinarse *vr* : to stand on tiptoe

empírico, -ca *adj* : empirical —
empíricamente *adv*

emplasto *nm* : poultice : dressing

emplazamiento *nm* : location : site
: summons : subpoena

emplazar *v* : to convene : to summon
: to subpoena : to place : to position

empleado, -da *n* : employee

empleador, -dora *n* : employer

emplear *v* : to employ : to use —
emplearse *vr* : to get a job : to occupy
oneself

empleo *nm* : employment : occupation
: job : use : usage

emplomadura *nm* : filling

emplumar *v* : to feather

empobrecer *v* : to impoverish : to
become poor — **empobrecerse** *vr*

empobrecimiento *nm* : impoverishment

empollar *v* : to brood eggs : to incubate

empolvar *v* : to cover with dust : to
powder — **empolvarse** *vr* : to gather
dust : to powder one's face

emporio *nm* : center : capital : empire
: department store

empotrado, -da *adj* : built-in

empotrar *v* : to build into : to embed

emprendedor, -dora *adj* : enterprising

emprender *v* : to undertake : to begin

empresa *nf* : company : corporation
: firm : undertaking : venture

empresariado *nm* : business world
: management : managers *pl*

empresarial *adj* : business : managerial
: corporate

empresario, -ria *n* : manager
: businessman *m* : businesswoman *f*
: impresario

empréstito *nm* : loan

empujar *v* : to push : to shove : to spur
on : to press

empuje *nm* : impetus : drive

empujón *nm*, *pl* **-jones** : push : shove

empuñadura *nf* : hilt : handle

empuñar *v* : to grasp

emú *nm*, *pl* **emú** or **emús** or **emúes**
: emu

emular *v* : to emulate — **emulación** *nf*

emulsión *nf*, *pl* **-siones** : emulsion

emulsionante *nm* : emulsifier

emulsionar v : to emulsify

en prep : in : on : at : as part of : by : within : during : made of

en- or **em-** pref : en- : em-

enagua nf : petticoat : slip

enajenación nf, pl **-ciones** : transfer : alienation : absentmindedness

enajenado, -da adj : out of one's mind

enajenar v : to transfer : to alienate : to enrapture — **enajenarse** vr : to become estranged : to go mad

enaltecer v : to praise : to extol

enamorado¹, -da adj : in love

enamorado², -da n : lover : sweetheart

enamoramiento nm : infatuation : crush

enamorar v : to enamor : to win the love of — **enamorarse** vr : to fall in love

enamoradizo, -da adj : amorous : passionate

enano¹, -na adj : tiny : minute

enano², -na n : dwarf

enarbolar v : to hoist : to raise : to brandish

enardecer v : to arouse : to stir up : to excite — **enardecerse** vr

encabezado nm : headline

encabezamiento nm : heading : salutation : opening

encabezar v : to head : to lead : to put a heading on

encabritarse vr : to rear up : to get angry

encadenar v : to chain : to connect : to link : to immobilize

encajar v : to fit : to fit together : to fit in : to insert : to stick : to take : to cope with

encaje nm : lace : financial reserve

encajonar v : to box : to crate : to cram in

encalar v : to whitewash

encallar v : to run aground : to get stuck

encallecido, -da adj : callused

encamar v : to confine to a bed

encaminado, -da adj : on the right track

encaminar v : to direct : to channel : to head in the right direction — **encaminarse** vr ~ **a** : to head for : to aim at

encandilar v : to dazzle

encanecer v : to gray : to go gray

encantado, -da adj : charmed : bewitched : delighted : haunted

encantador¹, -dora adj : charming : delightful

encantador², -dora n : magician

encantamiento nm : enchantment : spell

encantar v : to enchant : to bewitch : to charm : to delight

encanto nm : charm : fascination : spell : delightful person or thing

encañonar v : to point at : to hold up

encapotado, -da adj : cloudy : overcast

encaprichado, -da adj : infatuated

encaprichamiento nm : infatuation

encapuchado, -da adj : hooded

encarado, -da adj **estar mal encarado** : to be ugly-looking : to look mean

encaramar v : to raise : to lift up — **encaramarse** vr : to perch

encarar v : to face : to confront

encarcelación nf, pl **-ciones** → **encarcelamiento**

encarcelamiento nm : incarceration : imprisonment

encarcelar v : to incarcerate : to imprison

encarecer v : to increase : to raise : to beseech : to entreat — **encarecerse** vr : to become more expensive

encarecidamente adv : insistently : urgently

encarecimiento nm : increase : rise

encargado¹, -da adj : in charge

encargado², -da n : manager : person in charge

encargar v : to put in charge of : to recommend : to advise : to order : to request — **encargarse** vr ~ **de** : to take charge of

encargo nm : errand : job assignment : order

encariñarse vr ~ **con** : to become fond of : to grow attached to

encarnación nf, pl **-ciones** : incarnation : embodiment

encarnado¹, -da adj : incarnate : flesh-colored : red : ingrown

encarnado² nm : red

encarnar v : to incarnate : to embody — **encarnarse** vr **encarnarse una uña** : to have an ingrown nail

encarnizado, -da adj : bloodshot : inflamed : fierce : bloody

encarnizar v : to enrage : to infuriate — **encarnizarse** vr : to be brutal : to attack viciously

encarrilar v : to guide : to put on the right track

encasillar v : to classify : to pigeonhole : to categorize

encausar v : to prosecute : to charge

encauzar v : to channel : to guide — **encauzarse** vr

encebollado, -da adj : cooked with onions

encefalitis nms & pl : encephalitis

enceguecedor, -dora adj : blinding

encendedor nm : lighter

encender v : to light : to set fire to : to switch on : to start : to arouse : to kindle — **encenderse** vr : to get excited : to blush

encendido¹, -da adj : burning : flushed : fiery : passionate

encendido² nm : ignition

encerado nm : waxing : polishing : blackboard

encerar *v* : to wax : to polish
encerrar *v* : to lock : to shut away/up : to contain : to include : to involve : to entail
encerrona *nf* : trap : setup
encestar *v* : to make a basket
enchapado *nm* : plating : coating
encharcamiento *nm* : flood : flooding
encharcar *v* : to flood — **encharcarse** *vr* : to get flooded : to pool
enchilada *nf* : enchilada
enchilar *v* : to season with chili
enchuecar *v* : to make crooked : to twist
enchufar *v* : to plug in : to connect : to fit together
enchufe *nm* : connection : plug : socket
encía *nf* : gum
-encia *suf* : -ence
enciclopedia *nf* : encyclopedia — **enciclopédico, -ca** *adj*
encierro *nm* : confinement : enclosure
encima *adv* : on : on top : as well : besides
encina *nf* : evergreen oak
encinta *adj* : pregnant : expecting
enclaustrado, -da *adj* : cloistered : shut away
enclavado, -da *adj* : buried
enclenque *adj* : weak : sickly
encoger *v* : to shrink : to make smaller : to intimidate : to contract — **encogerse** *vr* : to be intimidated : to cower : to cringe
encogido, -da *adj* : shriveled : shrunken : shy : inhibited
encogimiento *nm* : shrinking : shrinkage : shrug : shyness
encolerizar *v* : to enrage : to infuriate — **encolerizarse** *vr*
encomendar *v* : to entrust : to commend — **encomendarse** *vr*
encomiable *adj* : commendable : praiseworthy
encomiar *v* : to praise : to pay tribute to
encomienda *nf* : charge : mission : royal land grant : parcel
encomio *nm* : praise : eulogy
enconar *v* : to irritate : to anger : to inflame — **enconarse** *vr* : to become heated : to fester
encono *nm* : animosity : rancor : inflammation : infection
encontrado, -da *adj* : contrary : opposing
encontrar *v* : to find : to encounter : to meet — **encontrarse** *vr* : to clash : to conflict : to be : to feel
encorvar *v* : to bend : to curve — **encorvarse** *vr* : to hunch over : to stoop
encrespar *v* : to curl : to ruffle : to ripple : to annoy : to irritate — **encresparse** *vr* : to curl one's hair : to become choppy : to get annoyed

encriptar *v* : to encrypt
encrucijada *nf* : crossroads
encuadernación *nf, pl* **-ciones** : binding
encuadernar *v* : to bind — **encuadernador, -dora** *n*
encuadrar *v* : to frame : to fit : to insert : to contain : to include
encubierto *pp* → **encubrir**
encubrimiento *nm* : cover-up
encubrir *v* : to cover up : to conceal
encuentro *nm* : meeting : encounter : conference : congress
encuerado, -da *adj* : naked
encuerar *v* : to undress
encuesta *nf* : inquiry : investigation : survey
encuestador, -dora *n* : pollster
encuestar *v* : to poll : to take a survey of
encumbrado, -da *adj* : lofty : high : eminent : distinguished
encumbrar *v* : to exalt : to elevate : to extol — **encumbrarse** *vr* : to reach the top
encurtir *v* : to pickle
ende *adv* **por ~** : therefore : consequently
endeble *adj* : feeble : weak
endemoniado, -da *adj* : fiendish : diabolical
enderezar *v* : to straighten : to stand on end : to put upright — **enderezarse** *vr* : to straighten up : to sit/stand straight : to straighten out : to improve
endeudado, -da *adj* : in debt : indebted
endeudamiento *nm* : indebtedness : debt
endeudarse *vr* : to go into debt : to feel obliged
endiablado, -da *adj* : devilish : diabolical : complicated : difficult
endibia *or* **endivia** *nf* : endive
endilgar *v* : to spring : to foist
endocrino, -na *adj* : endocrine
endogamia *nf* : inbreeding
endosar *v* : to endorse
endoso *nm* : endorsement
endulzante *nm* : sweetener
endulzar *v* : to sweeten : to soften : to mellow — **endulzarse** *vr*
endurecer *v* : to harden : to toughen — **endurecerse** *vr*
enebro *nm* : juniper
eneldo *nm* : dill
enema *nm* : enema
enemigo, -ga *adj & n* : enemy
enemistad *nf* : enmity : hostility
enemistar *v* : to make enemies of — **enemistarse** *vr* **~ con** : to fall out with
energético, -ca *adj* : energy : lively : spirited
energía *nf* : energy
enérgico, -ca *adj* : energetic : vigorous : forceful : emphatic — **enérgicamente** *adv*

energúmeno, -na *n* : lunatic : crazy person

enero *nm* : January

enervar *v* : to enervate : to annoy : to get on one's nerves — **enervante** *adj*

enésimo, -ma *adj* : umpteenth : nth

enfadado, -da *adj* : angry : annoyed

enfadar *v* : to annoy : to make angry — **enfadarse** *vr* : to get angry : to get annoyed

enfado *nm* : anger : annoyance

enfardar *v* : to bale

énfasis *nms & pl* : emphasis

enfático, -ca *adj* : emphatic — **enfáticamente** *adv*

enfatizar *v* : to emphasize

enfermar *v* : to make sick : to fall ill : to get sick — **enfermarse** *vr*

enfermedad *nf* : illness : sickness : disease

enfermería *nf* : infirmary

enfermero, -ra *n* : nurse

enfermizo, -za *adj* : sickly

enfermo[1]**, -ma** *adj* : sick : ill

enfermo[2]**, -ma** *n* : sick person : invalid : patient

enfilar *v* : to take : to go along : to line up : to put in a row : to string : to thread : to aim : to direct : to make one's way

enflaquecer *v* : to lose weight : to become thin : to emaciate

enfocar *v* : to focus : to consider : to look at

enfoque *nm* : focus

enfrascarse *vr* ~ **en** : to immerse oneself in : to get caught up in

enfrentamiento *nm* : clash : confrontation

enfrentar *v* : to confront : to face

enfrente *adv* : in front : opposite

enfriamiento *nm* : chill : cold : cooling off : damper

enfriar *v* : to chill : to cool : to cool down : to dampen : to get cold — **enfriarse** *vr* : to get chilled : to catch a cold

enfundar *v* : to sheathe : to encase

enfurecer *v* : to infuriate — **enfurecerse** *vr* : to fly into a rage

enfurecido, -da *adj* : furious : raging

enfurruñarse *vr* : to sulk

engalanar *v* : to decorate : to deck out — **engalanarse** *vr* : to dress up

enganchar *v* : to hook : to snag : to attach : to hitch up — **engancharse** *vr* : to get snagged : to get hooked : to enlist

enganche *nm* : hook : coupling : hitch : down payment

engañar *v* : to trick : to deceive : to mislead : to cheat on : to be unfaithful to — **engañarse** *vr* : to be mistaken : to deceive oneself

engaño *nm* : deception : trick : fake : feint

engañoso, -sa *adj* : deceitful : misleading : deceptive

engarzar *v* : to set : to string : to string together — **engarzarse** *vr* ~ **en** : to get involved in : to get caught up in

engatusar *v* : to coax : to cajole

engendrar *v* : to beget : to father : to give rise to : to engender

engendro *nm* : fetus : monstrosity : freak

engentarse *vr* : to become confused and overwhelmed

englobar *v* : to include : to embrace

engomado *nm* : sticker

engomar *v* : to glue : to coat with glue

engordar *v* : to fatten : to fatten up : to gain weight

engorroso, -sa *adj* : bothersome

engranaje *nm* : gears *pl* : cogs *pl*

engranar *v* : to mesh : to engage : to mesh gears

engrandecer *v* : to enlarge : to exaggerate : to exalt

engrandecimiento *nm* : enlargement : exaggeration : exaltation

engrane *nm* : cogwheel

engrapadora *nf* : stapler

engrapar *v* : to staple

engrasar *v* : to grease : to lubricate

engrase *nm* : greasing : lubrication

engreído, -da *adj* : vain : conceited : stuck-up

engreimiento *nm* : arrogance : conceit

engreír *v* : to make vain — **engreírse** *vr* : to become conceited

engrosar *v* : to enlarge : to increase : to swell : to gain weight

engrudo *nm* : paste

engullir *v* : to gulp down : to gobble up — **engullirse** *vr*

enharinar *v* : to flour

enhebrar *v* : to string : to thread

enhilar *v* : to thread

enhorabuena *nf* : congratulations *pl*

enigma *nm* : enigma : mystery

enigmático, -ca *adj* : enigmatic — **enigmáticamente** *adv*

enjabonar *v* : to soap up : to lather — **enjabonarse** *vr*

enjaezar *v* : to harness

enjalbegar *v* : to whitewash

enjambrar *v* : to swarm

enjambre *nm* : swarm : crowd : mob

enjaular *v* : to cage : to jail : to lock up

enjuagar *v* : to rinse — **enjuagarse** *vr* : to rinse out

enjuague *nm* : rinse

enjugar *v* : to wipe away

enjuiciar *v* : to indict : to prosecute : to try

enlace *nm* : bond : link : connection : liaison

enlatar *v* : to can — **enlatado, -da** *adj*

enlazar *v* : to join : to link : to fit together

enlistar v : to list — **enlistarse** vr : to enlist

enlodado, -da adj : muddy

enlodar v : to cover with mud : to stain : to sully — **enlodarse** vr

enlodazar → enlodar

enloquecedor, -dora adj : maddening

enloquecer v : to drive crazy — **enloquecerse** vr : to go crazy

enlutarse vr : to go into mourning

enmarañar v : to tangle : to complicate : to confuse : to mix up — **enmarañarse** vr

enmarcar v : to frame : to provide the setting for

enmascarar v : to mask : to disguise — **enmascarado, -da** adj

enmasillar v : to putty : to caulk

enmendar v : to amend : to emend : to correct : to compensate for — **enmendarse** vr : to mend one's ways

enmienda nf : amendment : correction : emendation

enmohecerse vr : to become moldy : to rust : to become rusty

enmudecer v : to mute : to silence : to fall silent

ennegrecer v : to blacken : to darken — **ennegrecerse** vr

ennoblecer v : to ennoble : to embellish

enojadizo, -za adj : irritable : cranky

enojado, -da adj : annoyed : angry : mad

enojar v : to anger : to annoy : to upset — **enojarse** vr

enojo nm : anger : annoyance

enojón, -jona adj, mpl **-jones** : irritable : cranky

enojoso, -sa adj : annoying : irritating

enorgullecer v : to make proud — **enorgullecerse** vr : to pride oneself

enorme adj : enormous : huge — **enormemente** adv

enormidad nf : enormity : seriousness : immensity : hugeness

enraizado, -da adj : deep-seated : deeply rooted

enraizar v : to take root

enramada nf : arbor : bower

enramar v : to cover with branches

enrarecer v : to rarefy — **enrarecerse** vr

enredadera nf : climbing plant : vine

enredar v : to tangle up : to entangle : to confuse : to complicate : to involve : to implicate — **enredarse** vr

enredo nm : muddle : confusion : tangle

enrejado nm : railing : grating : grille : trellis : lattice

enrevesado, -da adj : complicated : involved

enriquecer v : to enrich — **enriquecerse** vr : to get rich

enriquecido, -da adj : enriched

enriquecimiento nm : enrichment

enrojecer v : to make red : to redden — **enrojecerse** vr : to blush

enrolar v : to recruit — **enrolarse** vr : to enlist : to sign up

enrollado, -da adj : rolled up : coiled

enrollar v : to roll up : to coil — **enrollarse** vr

enronquecerse vr : to become hoarse

enroscar v : to twist — **enroscarse** vr : to coil : to twine

ensacar v : to bag

ensalada nf : salad

ensaladera nf : salad bowl

ensalmo nm : incantation : spell

ensalzar v : to praise : to extol : to exalt

ensamblaje nm : assembly

ensamblar v : to assemble : to join : to fit together

ensanchar v : to widen : to expand : to extend — **ensancharse** vr

ensanche nm : widening : expansion : development

ensangrentado, -da adj : bloody : bloodstained

ensangrentar v : to cover or stain with blood

ensañarse vr : to act cruelly : to be merciless

ensartar v : to string : to thread : to skewer : to pierce

ensayar v : to rehearse : to try out : to test : to assay

ensayista nmf : essayist

ensayo nm : essay : trial : test : rehearsal : assay

enseguida adv : right away : immediately : at once

ensenada nf : cove : inlet

enseña nf : emblem : insignia : standard : banner

enseñanza nf : education : teaching

enseñar v : to teach : to show : to display — **enseñarse** vr ~ **a** : to learn to : to get used to

enseres nmpl : equipment : furnishings pl

ensillar v : to saddle

ensimismado, -da adj : absorbed : engrossed

ensimismarse vr : to lose oneself in thought

ensombrecer v : to cast a shadow over : to darken — **ensombrecerse** vr

ensoñación nf, pl **-ciones** : fantasy

ensopar v : to drench : to dunk : to dip

ensordecedor, -dora adj : deafening : thunderous

ensordecer v : to deafen : to go deaf

ensuciar v : to soil : to dirty — **ensuciarse** vr

ensueño nm : daydream : reverie : illusion : fantasy

entablar v : to cover with boards : to initiate : to enter into : to start

entallar *v* : to tailor : to fit : to take in
entarimado *nm* : flooring : floorboards *pl*
ente *nm* : being : entity : body : organization : eccentric : crackpot
entenado, -da *n* : stepchild : stepson *m* : stepdaughter *f*
entender[1] *v* : to understand : to think : to believe : to know : to get : to infer — **entenderse** *vr* : to be understood : to get along well
entender[2] *nm* **a mi entender** : in my opinion
entendible *adj* : understandable
entendido[1]**, -da** *adj* : skilled : expert : knowledgeable
entendido[2] *nm* : expert : authority : connoisseur
entendimiento *nm* : intellect : mind : understanding : agreement
enterado, -da *adj* : aware : well-informed
enteramente *adv* : entirely : completely
enterar *v* : to inform — **enterarse** *vr* : to find out : to learn
entereza *nf* : integrity : fortitude : resolve
enternecedor, -dora *adj* : touching : moving
enternecer *v* : to move : to touch
entero[1]**, -ra** *adj* : entire : whole : complete : absolute : intact — **enteramente** *adv*
entero[2] *nm* : integer : whole number : point
enterramiento *nm* : burial
enterrar *v* : to bury
entibiar *v* : to cool — **entibiarse** *vr* : to become lukewarm
entidad *nf* : entity : body : organization : firm : company : importance : significance
entierro *nm* : burial : funeral
entintar *v* : to ink
entoldado *nm* : awning
entomología *nf* : entomology
entomólogo, -ga *n* : entomologist
entonación *nf, pl* **-ciones** : intonation
entonar *v* : to be in tune : to intone : to tone up
entonces *adv* : then
entornado, -da *adj* : half-closed : ajar
entornar *v* : to leave ajar
entorno *nm* : surroundings *pl* : environment
entorpecer *v* : to hinder : to obstruct : to dull — **entorpecerse** *vr* : to dull the senses
entrada *nf* : entrance : entry : ticket : admission : beginning : onset : entrée : cue; **entradas** *nfpl* : income
entrado, -da *adj* **entrado en años** : elderly
entramado *nm* : framework
entrampar *v* : to entrap : to ensnare : to deceive : to trick

entrante *adj* : next : upcoming : incoming : new
entraña *nf* : core : heart : crux; **entrañas** *nfpl* : entrails
entrañable *adj* : close : intimate
entrañar *v* : to entail : to involve
entrar *v* : to enter : to go in : to come in : to fit : to begin : to affect : to bring in : to introduce : to access
entre *prep* : between : among
entreabierto[1] *pp* → **entreabrir**
entreabierto[2]**, -ta** *adj* : half-open : ajar
entreabrir *v* : to leave ajar
entreacto *nm* : intermission : interval
entrecano, -na *adj* : grayish : graying
entrecejo *nm* **fruncir el entrecejo** : to knit one's brows
entrecomillar *v* : to place in quotation marks
entrecortadamente *adv* : breathlessly : falteringly
entrecortado, -da *adj* : labored : difficult : faltering : hesitant
entrecortarse *vr* : to falter
entrecruzar *v* : to interweave : to intertwine — **entrecruzarse** *vr*
entredicho *nm* : doubt : question : prohibition
entrega *nf* : delivery : handing over : surrender : installment
entregar *v* : to deliver : to give : to present : to hand in : to hand over — **entregarse** *vr* : to surrender : to give in : to devote oneself
entrelazar *v* : to interweave : to intertwine
entremedias *adv* : in between : halfway : in the meantime
entremés *nm, pl* **-meses** : appetizer : hors d'oeuvre : interlude : short play
entremeterse → **entrometerse**
entremetido → **entrometido**
entremezclar *v* : to intermingle
entrenador, -dora *n* : trainer : coach
entrenamiento *nm* : training : drill : practice
entrenar *v* : to train : to drill : to practice — **entrenarse** *vr* : to spar
entrepierna *nf* : inner thigh : crotch : inseam
entrepiso *nm* : mezzanine
entretanto[1] *adv* : meanwhile
entretanto[2] *nm* **en el entretanto** : in the meantime
entretejer *v* : to interweave
entretela *nf* : facing
entretelones *nmpl* : inside details
entretención *nf, pl* **-ciones** : entertainment
entretener *v* : to entertain : to amuse : to distract : to delay : to hold up — **entretenerse** *vr* : to amuse oneself : to dally
entretenido, -da *adj* : entertaining : amusing

entretenimiento *nm* : entertainment : pastime : fun : amusement

entretiempo *nm* : period between seasons

entrever *v* : to catch a glimpse of : to make out : to see indistinctly

entreverar *v* : to mix : to intermingle

entrevero *nm* : confusion : disorder

entrevista *nf* : interview

entrevistador, -dora *n* : interviewer

entrevistar *v* : to interview — **entrevistarse** *vr* ~ **con** : to meet with

entristecer *v* : to sadden

entrometerse *vr* : to interfere : to meddle

entrometido, -da *n* : meddler : busybody

entroncar *v* : to establish a relationship between : to connect : to be related : to link up : to be connected

entronque *nm* : kinship : link : connection

entuerto *nm* : wrong : injustice

entumecer *v* : to make numb : to be numb — **entumecerse** *vr* : to go numb : to fall asleep

entumecido, -da *adj* : numb : stiff

entumecimiento *nm* : numbness

enturbiar *v* : to cloud : to confuse — **enturbiarse** *vr*

entusiasmar *v* : to excite : to fill with enthusiasm — **entusiasmarse** *vr* : to get excited

entusiasmo *nm* : enthusiasm

entusiasta[1] *adj* : enthusiastic

entusiasta[2] *nmf* : enthusiast

enumerar *v* : to enumerate — **enumeración** *nf*

enunciación *nf, pl* **-ciones** : enunciation : statement

enunciado *nm* : statement

enunciar *v* : to enunciate : to state

envainar *v* : to sheathe

envalentonar *v* : to make bold : to encourage — **envalentonarse** *vr*

envanecer *v* : to make vain — **envanecerse** *vr*

envasar *v* : to bottle : to can : to pack in a container

envase *nm* : packaging : packing : container : can : empty bottle

envejecer *v* : to age : to make look old : to grow old

envejecido, -da *adj* : aged : old-looking

envejecimiento *nm* : aging

envenenamiento *nm* : poisoning

envenenar *v* : to poison : to embitter

envergadura *nf* : span : breadth : spread : importance : scope

envés *nm, pl* **enveses** : reverse : opposite side

enviado, -da *n* : envoy : correspondent

enviar *v* : to send : to ship

envidia *nf* : envy : jealousy

envidiar *v* : to envy — **envidiable** *adj*

envidioso, -sa *adj* : envious : jealous

envilecer *v* : to degrade : to debase

envío *nm* : shipment : remittance

enviudar *v* : to be widowed : to become a widower

envoltorio *nm* : bundle : package : wrapping : wrapper

envoltura *nf* : wrapper : wrapping

envolver *v* : to wrap : to envelop : to surround : to entangle : to involve — **envolverse** *vr* : to become involved : to wrap oneself

envuelto *pp* → **envolver**

enyerbar *v* : to bewitch

enyesar *v* : to plaster : to put in a cast

enzima *nf* : enzyme

eón *nm, pl* **eones** : aeon

eperlano *nm* : smelt

epicentro *nm* : epicenter

épico, -ca *adj* : epic

epicúreo[1], **-rea** *adj* : epicurean

epicúreo[2], **-rea** *n* : epicure

epidemia *nf* : epidemic

epidémico, -ca *adj* : epidemic

epidemiología *nf* : epidemiology — **epidemiológico, -ca** *adj*

epifanía *nf* : feast of the Epiphany

epigrama *nf* : epigram

epilepsia *nf* : epilepsy

epiléptico, -ca *adj & n* : epileptic

epílogo *nm* : epilogue

episcopal *adj* : episcopal

episcopaliano, -na *adj & n* : Episcopalian

episódico, -ca *adj* : episodic

episodio *nm* : episode

epístola *nf* : epistle

epitafio *nm* : epitaph

epíteto *nm* : epithet : name

epítome *nm* : summary : abstract

época *nf* : epoch : age : period : time of year : season

epopeya *nf* : epic poem

equidad *nf* : equity : justice : fairness

equilátero, -ra *adj* : equilateral

equilibrado, -da *adj* : well-balanced

equilibrar *v* : to balance — **equilibrarse** *vr*

equilibrio *nm* : balance : equilibrium : poise : aplomb

equilibrista *nmf* : acrobat : tightrope walker

equino, -na *adj* : equine

equinoccio *nm* : equinox

equipaje *nm* : baggage : luggage

equipamiento *nm* : equipping : equipment

equipar *v* : to equip — **equiparse** *vr*

equiparable *adj* : comparable

equiparar *v* : to compare

equipo *nm* : team : crew : gear : equipment

equitación *nf, pl* **-ciones** : horseback riding : horsemanship

equitativo, -va *adj* : equitable : fair : just — **equitativamente** *adv*
equivalencia *nf* : equivalence
equivalente *adj & nm* : equivalent
equivaler *v* : to be equivalent
equivocación *nf, pl* **-ciones** : error : mistake
equivocado, -da *adj* : mistaken : wrong — **equivocadamente** *adv*
equivocar *v* : to confuse : to make mess up : to choose badly — **equivocarse** *vr* : to make a mistake : to be wrong
equívoco[1], **-ca** *adj* : ambiguous : equivocal
equívoco[2] *nm* : misunderstanding
era[1], etc. → **ser**
era[2] *nf* : era : age
erario *nm* : public treasury
erección *nf, pl* **-ciones** : erection : raising
erecto, -ta *adj* : erect
eremita *nmf* : hermit
ergonomía *nf* : ergonomics
erguido, -da *adj* : erect : upright
erguir *v* : to raise : to lift up — **erguirse** *vr* : to straighten up
erigir *v* : to build : to erect — **erigirse** *vr* ~ **en** : to set oneself up as
erizado, -da *adj* : bristly
erizar *v* : to make stand on end : to irritate : to grate on — **erizarse** *vr* : to stand on end
erizo *nm* : hedgehog
ermitaño[1], **-ña** *n* : hermit : recluse
ermitaño[2] *nm* : hermit crab
erogación *nf, pl* **-ciones** : expenditure
erogar *v* : to pay out : to distribute
erosión *nf, pl* **-siones** : erosion
erosionar *v* : to erode
erótico, -ca *adj* : erotic
erotismo *nm* : eroticism
erradicar *v* : to eradicate — **erradicación** *nf*
errado, -da *adj* : wrong : mistaken
errante *adj* : errant : wandering
errar *v* : to miss : to be wrong : to be mistaken : to wander
errata *nf* : misprint : error
errático, -ca *adj* : erratic — **erráticamente** *adv*
erróneo, -nea *adj* : erroneous : wrong — **erróneamente** *adv*
error *nm* : error : mistake
eructar *v* : to belch : to burp
eructo *nm* : belch : burp
erudición *nf, pl* **-ciones** : erudition : learning
erudito[1], **-ta** *adj* : erudite : learned
erudito[2], **-ta** *n* : scholar
erupción *nf, pl* **-ciones** : eruption : rash
eruptivo, -va *adj* : eruptive
es → **ser**
esbelto, -ta *adj* : slender : slim
esbirro *nm* : henchman

esbozar *v* : to sketch : to outline
esbozo *nm* : sketch : rough draft
escabechar *v* : to pickle : to kill : to rub out
escabeche *nm* : brine
escabel *nm* : footstool
escabroso, -sa *adj* : rugged : rough : difficult : tough : risqué
escabullirse *vr* : to slip away : to escape
escafandra *nf* : (protective) suit
escala *nf* : scale : ladder : stopover : layover
escalada *nf* : ascent : climb
escalador, -dora *n* : mountain climber
escalafón *nm, pl* **-fones** : list of personnel : salary scale : rank
escalar *v* : to climb : to scale : to go climbing : to escalate
escaldar *v* : to scald
escalera *nf* : ladder : stairs *pl* : staircase
escalfar *v* : to poach
escalinata *nf* : flight of stairs
escalofriante *adj* : horrifying : bloodcurdling
escalofrío *nm* : shiver : chill : shudder
escalón *nm, pl* **-lones** : echelon : step : rung
escalonado, -da *adj* : gradual : staggered
escalonar *v* : to terrace : to stagger : to alternate
escalpelo *nm* : scalpel
escama *nf* : scale : flake
escamar *v* : to scale : to make suspicious
escamocha *nf* : fruit salad
escamoso, -sa *adj* : scaly
escamotear *v* : to palm : to conceal : to lift : to swipe : to hide : to cover up
escampar *v impers* : to stop raining
escandalizar *v* : to shock : to scandalize : to make a fuss — **escandalizarse** *vr* : to be shocked
escándalo *nm* : scandal : scene : commotion
escandaloso, -sa *adj* : shocking : scandalous : noisy : rowdy : flagrant : outrageous — **escandalosamente** *adv*
escandinavo, -va *adj & n* : Scandinavian
escandir *v* : to scan
escanear *v* : to scan
escáner *nm* : scan : scanner
escaño *nm* : seat : bench
escapada *nf* : flight : escape
escapar *v* : to escape : to flee : to run away — **escaparse** *vr* : to escape notice : to leak out
escaparate *nm* : shop window : showcase
escapatoria *nf* : loophole : excuse : pretext : escape : flight
escape *nm* : escape : escape : exhaust

escapismo *nm* : escapism — **escapista** *adj*

escápula *nf* : scapula : shoulder blade

escarabajo *nm* : beetle

escaramuza *nf* : skirmish : scrimmage

escaramuzar *v* : to skirmish

escarapela *nf* : rosette

escarbar *v* : to dig : to scratch up : to poke : to pick

escarcha *nf* : frost : glitter

escarchar *v* : to frost : to sugar : to candy

escardar *v* : to weed : to hoe : to weed out

escarlata *adj & nf* : scarlet

escarlatina *nf* : scarlet fever

escarmentar *v* : to punish : to teach a lesson to : to learn one's lesson

escarmiento *nm* : lesson : warning : punishment

escarnio *nm* : ridicule : mockery

escarola *nf* : escarole

escarpa *nf* : escarpment : steep slope

escarpado, -da *adj* : steep : sheer

escasamente *adv* : scarcely : barely

escasear *v* : to be scarce : to run short

escasez *nf, pl* **-seces** : shortage : scarcity

escaso, -sa *adj* : scarce : scant

escatimar *v* : to skimp on : to be sparing with

escayola *nf* : plaster : cast

escayolar *v* : to put in a cast

escena *nf* : scene : stage

escenario *nm* : stage : setting : scene

escénico, -ca *adj* : scenic : stage

escenificar *v* : to stage : to dramatize

escenografía *nf* : set design

escepticismo *nm* : skepticism

escéptico¹, -ca *adj* : skeptical

escéptico², -ca *n* : skeptic

escindirse *vr* : to split : to break away

escisión *nf, pl* **-siones** : split : division

esclarecer *vr* : to elucidate : to clarify : to illuminate : to light up

esclarecimiento *nm* : elucidation : clarification

esclavitud *nf* : slavery

esclavización *nf, pl* **-ciones** : enslavement

esclavizar *v* : to enslave

esclavo, -va *n* : slave

esclerosis *nf* **esclerosis múltiple** : multiple sclerosis

esclusa *nf* : floodgate : lock

escoba *nf* : broom

escobilla *nf* : small broom : brush : whisk broom

escocer *v* : to smart : to sting — **escocerse** *vr* : to be sore

escocés¹, -cesa *adj, mpl* **-ceses** : Scottish : tartan : plaid

escocés², -cesa *n, mpl* **-ceses** : Scottish person : Scot

escocés³ *nm* : Scottish : Scots; *pl* **-ceses** : Scotch

escofina *nf* : file : rasp

escoger *v* : to choose : to select

escogido, -da *adj* : choice : select

escolar¹ *adj* : school

escolar² *nmf* : student : pupil

escolaridad *nf* : schooling

escolarización *nf, pl* **-ciones** : education : schooling

escolarizar *v* : to educate

escollo *nm* : reef : obstacle

escolta *nmf* : escort

escoltar *v* : to escort : to accompany

escombro *nm* : debris : rubbish; **escombros** *nmpl* : ruins : rubble

esconder *v* : to hide : to conceal

escondidas *nfpl* : hide-and-seek

escondite *nm* : hiding place : hide-and-seek

escondrijo *nm* : hiding place

escopeta *nf* : shotgun

escoplo *nm* : chisel

escorar *v* : to list : to heel

escorbuto *nm* : scurvy

escoria *nf* : slag : dross : dregs *pl* : scum

Escorpio¹ *nm* : Scorpio

Escorpio² *or* **Escorpión** *nmf* : Scorpio

escorpión *nm, pl* **-piones** : scorpion

escotado, -da *adj* : low-cut

escote *nm* : (low) neckline

escotilla *nf* : hatch : hatchway

escozor *nm* : smarting : stinging

escriba *nm* : scribe

escribanía *nf* : office of a notary public

escribano, -na *n* : court clerk : notary public

escribir *v* : to write : to spell — **escribirse** *vr* : to write to one another : to correspond

escrito¹ *pp* → **escribir**

escrito², -ta *adj* : written

escrito³ *nm* : written document; **escritos** *nmpl* : writings : works

escritor, -tora *n* : writer

escritorio *nm* : desk

escritorzuelo, -la *n* : hack

escritura *nf* : writing : handwriting : deed

escroto *nm* : scrotum

escrúpulo *nm* : scruple

escrupuloso, -sa *adj* : scrupulous : exact : meticulous — **escrupulosamente** *adv*

escrutador, -dora *adj* : penetrating : searching

escrutar *v* : to scrutinize : to examine closely

escrutinio *nm* : scrutiny

escuadra *nf* : square : fleet : squadron

escuadrilla *nf* : squadron : formation : flight

escuadrón *nm, pl* **-drones** : squadron

escuálido, -da *adj* : skinny : scrawny : filthy : squalid

escuchar *v* : to listen to : to hear : to listen — **escucharse** *vr*

escudar *v* : to shield — **escudarse** *vr* ~ **en** : to hide behind

escudería *nf* : team

escudero *nm* : squire

escudo *nm* : shield

escudriñar *v* : to scrutinize : to inquire into : to investigate

escuela *nf* : school : department

escueto, -ta *adj* : plain : simple : succinct : concise — **escuetamente** *adv*

escuincle, -cla *n* : child : kid

escülcar *v* : to search

esculpir *v* : to sculpt : to carve : to engrave

escultor, -tora *n* : sculptor

escultórico, -ca *adj* : sculptural

escultura *nf* : sculpture

escultural *adj* : statuesque

escupir *v* : to spit

escupitajo *nm* : spit : gob of spit

escurridizo, -za *adj* : slippery : elusive

escurridor *nm* : dish rack : colander

escurrir *v* : to wring out : to drain : to drip : to drip-dry — **escurrirse** *vr* : to slip away

ese¹, esa *adj, mpl* **esos** : that : those

ese², esa *or* **ése, ésa** *pron, mpl* **esos** *or* **ésos** : that : those *pl*

esencia *nf* : essence

esencial *adj* : essential — **esencialmente** *adv*

esfera *nf* : sphere : face : dial

esférico¹, -ca *adj* : spherical

esférico² *nm* : ball

esfinge *nf* : sphinx

esforzado, -da *adj* : energetic : vigorous : courageous : brave

esforzar *v* : to strain — **esforzarse** *vr* : to make an effort

esfuerzo *nm* : effort : spirit : vigor

esfumar *v* : to tone down : to soften — **esfumarse** *vr* : to fade away : to vanish : to take off : to leave

esgrima *nf* : fencing

esgrimir *v* : to brandish : to wield : to use : to resort to : to fence

esgrimista *nmf* : fencer

esguince *nm* : sprain : strain

eslabón *nm, pl* **-bones** : link

eslavo¹, -va *adj* : Slavic

eslavo², -va *n* : Slav

eslogan *nm, pl* **-lóganes** : slogan

eslora *nf* : length

eslovaco, -ca *adj & n* : Slovakian : Slovak

esloveno, -na *adj & nm* : Slovene : Slovenian

esmaltar *v* : to enamel

esmalte *nm* : enamel

esmerado, -da *adj* : careful : painstaking

esmeralda *nf* : emerald

esmerarse *vr* : to take great pains : to do one's utmost

esmeril *nm* : emery

esmero *nm* : meticulousness : great care

esmoquin *nm, pl* **-quins** : tuxedo : tuxedo jacket : dinner jacket

esnob¹, -ca *adj, pl* **esnobs** : snobbish

esnob² *nmf, pl* **esnobs** : snob

esnobismo *nm* : snobbery : snobbishness

esnórquel *nm* : snorkel

eso *pron* : that

esófago *nm* : esophagus

esos → ese

ésos → ese

esotérico, -ca *adj* : esoteric — **esotéricamente** *adv*

espabilado, -da *adj* : bright : smart

espabilarse *vr* : to awaken : to get a move on : to get smart : to wise up

espacial *adj* : space : spatial

espaciar *v* : to space out : to spread out

espacio *nm* : space : room : period : length : time slot : program

espacioso, -sa *adj* : spacious : roomy

espada¹ *nf* : sword; **espadas** *nfpl* : swords

espada² *nm* : bullfighter : matador

espadaña *nf* : belfry : cattail

espagueti *nm, or* **espaguetis** *nmpl* : spaghetti

espalda *nf* : back; **espaldas** *nfpl* : shoulders

espaldarazo *nm* : recognition : support : slap on the back

espantajo *nm* : scarecrow

espantapájaros *nms & pl* : scarecrow

espantar *v* : to scare : to frighten — **espantarse** *vr*

espanto *nm* : fright : fear : horror

espantoso, -sa *adj* : frightening : terrifying : frightful : dreadful — **espantosamente** *adv*

español¹, -ñola *adj* : Spanish

español², -ñola *n* : Spaniard

español³ *nm* : Spanish

esparadrapo *nm* : adhesive bandage : Band-Aid™

esparcimiento *nm* : entertainment : recreation : relaxation : dissemination : spreading

esparcir *v* : to scatter : to spread — **esparcirse** *vr* : to spread out : to take it easy : to amuse oneself

espárrago *nm* : asparagus

espartano, -na *adj* : severe : austere

espasmo *nm* : spasm

espasmódico, -ca *adj* : spasmodic — **espasmódicamente** *adv*

espástico, -ca *adj* : spastic

espátula *nf* : spatula
especia *nf* : spice
especial *adj & nm* : special
especialidad *nf* : specialty
especialista *nmf* : specialist : expert
especialización *nf, pl* **-ciones**
: specialization
especializarse *vr* : to specialize
especialmente *adv* : especially
: particularly
especie *nf* : species : type : kind : sort
especificación *nf, pl* **-ciones**
: specification
especificar *v* : to specify
específico, -ca *adj* : specific —
específicamente *adv*
espécimen *nm, pl* **especímenes**
: specimen
espectacular *adj* : spectacular —
espectacularmente *adv*
espectáculo *nm* : spectacle : sight
: show : performance
espectador, -dora *n* : spectator
: onlooker
espectro *nm* : ghost : specter
: spectrum
especulación *nf, pl* **-ciones**
: speculation
especulador, -dora *n* : speculator
especular *v* : to speculate
especulativo, -va *adj* : speculative
espejismo *nm* : mirage : illusion
espejo *nm* : mirror
espejuelos *nmpl* : spectacles : glasses
espeluznante *adj* : hair-raising
: terrifying
espera *nf* : wait
esperado, -da *adj* : anticipated
esperanza *nf* : hope : expectation
esperanzado, -da *adj* : hopeful
esperanzador, -dora *adj* : encouraging
: promising
esperanzar *v* : to give hope to
esperar *v* : to wait for : to expect : to
hope : to wait — **esperarse** *vr* : to be
hoped : to hold on : to hang on
esperma *nmf* : sperm
esperpéntico, -ca *adj* : grotesque
esperpento *nm* : sight : fright
espesante *nm* : thickener
espesar *v* : to thicken — **espesarse** *vr*
espeso, -sa *adj* : thick : heavy : dense
espesor *nm* : thickness : density
espesura *nf* : thickness : thicket
espetar *v* : to blurt out : to skewer
espía *nmf* : spy
espiar *v* : to spy on : to observe : to spy
espiga *nf* : ear : spike
espigado, -da *adj* : willowy : slender
espigar *v* : to glean : to gather —
espigarse *vr* : to grow quickly : to
shoot up
espigón *nm, pl* **-gones** : breakwater
espina *nf* : thorn : spine : fish bone

espinaca *nf* : spinach
espinal *adj* : spinal
espinazo *nm* : backbone
espinilla *nf* : pimple : shin
espino *nm* : hawthorn
espinoso, -sa *adj* : thorny : prickly
: bony : knotty : difficult
espionaje *nm* : espionage
espiración *nf, pl* **-ciones** : exhalation
espiral *adj & nf* : spiral
espirar *v* : to breathe out : to give off
: to exhale
espiritismo *nm* : spiritualism
espiritista *nmf* : spiritualist
espíritu *nm* : spirit : state of mind
: spirits *pl*
espiritual *adj* : spiritual —
espiritualmente *adv*
espiritualidad *nf* : spirituality
espita *nf* : spigot : tap
esplendidez *nf, pl* **-deces**
: magnificence : splendor
espléndido, -da *adj* : splendid
: magnificent : generous : lavish —
espléndidamente *adv*
esplendor *nm* : splendor
esplendoroso, -sa *adj* : magnificent
: grand
espliego *nm* : lavender
espolear *v* : to spur on
espoleta *nf* : detonator : fuse : wishbone
espolón *nm, pl* **-lones** : spur : fetlock
espolvorear *v* : to sprinkle : to dust
esponja *nf* : sponge
esponjado, -da *adj* : spongy
esponjoso, -sa *adj* : spongy : soft : fluffy
esponsales *nmpl* : betrothal
: engagement
espontaneidad *nf* : spontaneity
espontáneo, -nea *adj* : spontaneous —
espontáneamente *adv*
espora *nf* : spore
esporádico, -ca *adj* : sporadic —
esporádicamente *adv*
esposar *v* : to handcuff
esposas *nfpl* : handcuffs
esposo, -sa *n* : spouse : wife *f*
: husband *m*
espray *nm, pl* **esprays** : spray
esprint *nm* : sprint
esprintar *v* : to sprint
esprínter *nmf* : sprinter
espuela *nf* : spur
espuma *nf* : foam : lather : froth : head
espumadera *nf* : slotted spoon
espumar *v* : to foam : to froth : to skim
off
espumoso, -sa *adj* : foamy : frothy
espurio, -ria *adj* : spurious
esqueje *nm* : cutting
esquela *nf* : note : notice
: announcement
esquelético, -ca *adj* : emaciated
: skeletal

esqueleto *nm* : skeleton : framework
esquema *nm* : outline : sketch : plan
esquemático, -ca *adj* : schematic
esquí *nm, pl* **esquíes** : ski
esquiador, -dora *n* : skier
esquiar *v* : to ski
esquilar *v* : to shear
esquina *nf* : corner
esquinazo *nm* : corner
esquirla *nf* : splinter
esquirol *nm* : strikebreaker : scab
esquisto *nm* : shale
esquivar *v* : to dodge : to evade : to avoid
esquivo, -va *adj* : aloof : unsociable : shy : elusive : evasive
esquizofrenia *nf* : schizophrenia
esquizofrénico, -ca *adj & n* : schizophrenic
esta *adj* → **este**[1]
ésta → **este**[4]
estabilidad *nf* : stability
estabilizar *v* : to stabilize — **estabilizarse** *vr* — **estabilización** *nf* — **estabilizador** *nm*
estable *adj* : stable : steady
establecer *v* : to establish : to found : to set up : to set : to show : to prove — **establecerse** *vr* : to settle : to establish oneself : to prove
establecimiento *nm* : establishing : establishment : institution : office
establo *nm* : stable
estaca *nf* : stake : picket : post
estacada *nf* : picket fence : stockade
estacar *v* : to stake out : to fasten down with stakes — **estacarse** *vr* : to remain rigid
estación *nf, pl* **-ciones** : station : season
estacional *adj* : seasonal
estacionamiento *nm* : parking : parking lot
estacionar *v* : to place : to station : to park — **estacionarse** *vr* : to remain stationary
estacionario, -ria *adj* : stationary : stable
estada *nf* → **estadía**
estadía *nf* : stay : sojourn
estadio *nm* : stadium : phase : stage
estadista *nmf* : statesman
estadística *nf* : statistic : figure : statistics
estadístico[1], **-ca** *adj* : statistical — **estadísticamente** *adv*
estadístico[2], **-ca** *n* : statistician
estado *nm* : state : condition : government : status
estadounidense *adj & nmf* : American
estafa *nf* : swindle : fraud
estafador, -dora *n* : cheat : swindler
estafar *v* : to swindle : to defraud
estafeta *nf* : baton : post office
estalactita *nf* : stalactite

estalagmita *nf* : stalagmite
estallar *v* : to burst : to explode : to erupt : to break out
estallido *nm* : explosion : report : outbreak : outburst
estambre *nm* : worsted : stamen
estamento *nm* : stratum : class
estampa *nf* : printed image : illustration : appearance : demeanor
estampado[1], **-da** *adj* : patterned : printed
estampado[2] *nm* : print : pattern
estampar *v* : to stamp : to print : to engrave
estampida *nf* : stampede
estampido *nm* : bang
estampilla *nf* : rubber stamp : postage stamp
estancado, -da *adj* : stagnant
estancamiento *nm* : stagnation
estancar *v* : to dam up : to hold back : to bring to a halt : to deadlock — **estancarse** *vr* : to stagnate : to be brought to a standstill : to be deadlocked
estancia *nf* : stay : sojourn : ranch : farm
estanciero, -ra *n* : rancher : farmer
estanco, -ca *adj* : watertight
estándar *adj & nm* : standard
estandarización *nf, pl* **-ciones** : standardization
estandarizar *v* : to standardize
estandarte *nm* : standard : banner
estanque *nm* : pool : pond : tank : reservoir
estanquillo *nm* : general store
estante *nm* : shelf
estantería *nf* : shelves *pl* : bookcase
estaño *nm* : tin
estaquilla *nf* : peg : spike
estar *v aux* : to be : to be at home : to remain : to be ready : to be done : to agree — **estarse** *vr* : to stay : to remain
estarcir *v* : to stencil
estárter *nm* : choke
estatal *adj* : state : national
estática *nf* : static
estático, -ca *adj* : static
estatizar *v* : to nationalize — **estatización** *nf*
estatua *nf* : statue
estatuilla *nf* : statuette : figurine
estatura *nf* : height : stature
estatus *nm* : status : prestige
estatutario, -ria *adj* : statutory
estatuto *nm* : statute
este[1], **esta** *adj, mpl* **estos** : this : these
este[2] *adj* : eastern : east
este[3] *nm* : east : east wind
este[4], **esta** *or* **éste**, **ésta** *pron, mpl* **estos** *or* **éstos** : this : these *pl* : the latter
estela *nf* : wake : trail
estelar *adj* : stellar

estelarizar *v* : to star in : to be the
   star of
esténcil *nm* : stencil
estepa *nf* : steppe
estera *nf* : mat
estéreo *adj & nm* : stereo
estereofónico, -ca *adj* : stereophonic
estereotipado, -da *adj* : stereotyped
estereotipar *v* : to stereotype
estereotipo *nm* : stereotype
estéril *adj* : sterile : infertile : barren
   : futile : vain
esterilidad *nf* : sterility : infertility
esterilizar *v* : to sterilize : to disinfect : to
   spay — **esterilización** *nf*
esterlina *adj* : sterling
esternón *nm, pl* **-nones** : sternum
estero *nm* : estuary
esteroide *nm* : steroid
estertor *nm* : death rattle
estética *nf* : aesthetics
esteticista *nmf* : beautician
estético, -ca *adj* : aesthetic —
   estéticamente *adv*
estetoscopio *nm* : stethoscope
estibador, -dora *n* : longshoreman
   : stevedore
estiércol *nm* : dung : manure
estigma *nm* : stigma
estigmatizar *v* : to stigmatize : to brand
estilarse *vr* : to be in fashion
estilete *nm* : stiletto
estilista *nmf* : stylist
estilizar *v* : to stylize
estilo *nm* : style : fashion : manner
   : stylus
estilográfica *nf* : fountain pen
estima *nf* : esteem : regard
estimable *adj* : considerable : estimable
   : esteemed
estimación *nf, pl* **-ciones** : esteem
   : regard : estimate
estimado, -da *adj* : esteemed : dear
estimar *v* : to esteem : to respect : to
   estimate : to appraise : to consider
   : to deem
estimulación *nf, pl* **-ciones** : stimulation
estimulante[1] *adj* : stimulating
estimulante[2] *nm* : stimulant
estimular *v* : to stimulate : to encourage
estímulo *nm* : stimulus : incentive
   : encouragement
estío *nm* : summertime
estipendio *nm* : salary : stipend
   : remuneration
estipular *v* : to stipulate — **estipulación**
   nf
estirado, -da *adj* : stretched : extended
   : stuck-up : conceited
estiramiento *nm* : stretching
estirar *v* : to stretch : to extend —
   estirarse *vr*
estirón *nm, pl* **-rones** : pull : tug
estirpe *nf* : lineage : stock

estival *adj* : summer
esto *pron* : this
estocada *nf* : final thrust : thrust : lunge
estofa *nf* : class : quality
estofado *nm* : stew
estofar *v* : to stew
estoicismo *nm* : stoicism
estoico[1]**, -ca** *adj* : stoic : stoical
estoico[2]**, -ca** *n* : stoic
estola *nf* : stole
estolón *nm, pl* **-lones** : runner
estomacal *adj* : stomach : gastric
estómago *nm* : stomach
estoniano, -na *adj & n* : Estonian
estonio, -nia *adj & n* : Estonian
estopa *nf* : tow : burlap
estopilla *nf* : cheesecloth
estoque *nm* : rapier : sword
estorbar *v* : to obstruct : to hinder : to
   get in the way
estorbo *nm* : obstacle : hindrance
   : nuisance
estornino *nm* : starling
estornudar *v* : to sneeze
estornudo *nm* : sneeze
estos *adj* → **este**[1]
éstos → **este**[4]
estoy → **estar**
estrabismo *nm* : squint
estrado *nm* : dais : platform : bench
   : witness stand; **estrados** *nmpl* : courts
   of law
estrafalario, -ria *adj* : eccentric : bizarre
estragar *v* : to ruin : to devastate
estragón *nm* : tarragon
estragos *nmpl* : ravages : destruction
   : devastation
estrambótico, -ca *adj* : eccentric
   : bizarre
estrangulador, -dora *n* : strangler
estrangulamiento *nm* : strangling
   : strangulation
estrangular *v* : to strangle —
   estrangulación *nf*
estratagema *nf* : stratagem : ruse
estratega *nmf* : strategist
estrategia *nf* : strategy
estratégico, -ca *adj* : strategic : tactical
   — **estratégicamente** *adv*
estratificado, -da *adj* : stratified
estrato *nm* : stratum : layer
estratosfera *nf* : stratosphere
estratosférico, -ca *adj* : stratospheric
   : astronomical : exorbitant
estrechamiento *nm* : narrowing : narrow
   point : tightening : strengthening
estrechar *v* : to narrow : to tighten : to
   strengthen : to hug : to embrace —
   estrecharse *vr*
estrechez *nf, pl* **-checes** : tightness
   : narrowness; **estrecheces** *nfpl*
   : financial problems
estrecho[1]**, -cha** *adj* : tight : narrow
   : close — **estrechamente** *adv*

estrecho² *nm* : strait : narrows
estrella *nf* : star : destiny : movie star
estrellado, -da *adj* : starry : star-shaped
estrellamiento *nm* : crash : collision
estrellar *v* : to smash : to crash —
estrellarse *vr* : to collide
estrellato *nm* : stardom
estremecedor, -dora *adj* : horrifying
estremecer *v* : to cause to shake : to
tremble : to shake — **estremecerse** *vr*
: to shudder : to shiver
estremecimiento *nm* : trembling
: shaking : shivering
estrenar *v* : to use for the first time : to
premiere : to open — **estrenarse** *vr* : to
make one's debut
estreno *nm* : debut : premiere
estreñido, -da *adj* : constipated
estreñimiento *nm* : constipation
estreñir *v* : to constipate : to make
constipated : to cause constipation —
estreñirse *vr* : to get constipated
estrépito *nm* : clamor : din
estrepitoso, -sa *adj* : clamorous : noisy
— **estrepitosamente** *adv*
estrés *nm, pl* **estreses** : stress
estresante *adj* : stressful
estresar *v* : to stress : to stress out —
estresado, -da *adj*
estría *nf* : fluting : groove
estribación *nf, pl* **-ciones** : spur : ridge;
estribaciones *nfpl* : foothills
estribar *v* ~ **en** : to be due to : to stem from
estribillo *nm* : refrain : chorus
estribo *nm* : stirrup : abutment : buttress
estribor *nm* : starboard
estricto, -ta *adj* : strict : severe —
estrictamente *adv*
estridente *adj* : strident : shrill : loud —
estridentemente *adv*
estrofa *nf* : stanza : verse
estrógeno *nm* : estrogen
estropajo *nm* : scouring pad
estropear *v* : to ruin : to spoil : to break
: to damage — **estropearse** *vr* : to go
bad : to break down — **estropeado,
-da** *adj*
estropicio *nm* : damage : breakage
estructura *nf* : structure : framework
estructuración *nf, pl* **-ciones**
: structuring : structure
estructural *adj* : structural —
estructuralmente *adv*
estructurar *v* : to structure : to organize
estruendo *nm* : racket : din : roar
estruendoso, -sa *adj* : resounding
: thunderous
estrujar *v* : to press : to squeeze
estuario *nm* : estuary
estuche *nm* : kit : case
estuco *nm* : stucco
estudiado, -da *adj* : affected : mannered
estudiantado *nm* : student body
: students *pl*

estudiante *nmf* : student
estudiantil *adj* : student
estudiar *v* : to study
estudio *nm* : study : studio; **estudios**
nmpl : studies : education
estudioso, -sa *adj* : studious
estufa *nf* : stove : heater : cooking stove
: range
estupefacción *nf, pl* **-ciones**
: astonishment
estupefaciente¹ *adj* : narcotic
estupefaciente² *nm* : drug : narcotic
estupefacto, -ta *adj* : astonished : stunned
estupendo, -da *adj* : stupendous
: marvelous — **estupendamente** *adv*
estupidez *nf, pl* **-deces** : stupidity
: nonsense
estúpido¹, **-da** *adj* : stupid —
estúpidamente *adj*
estúpido², **-da** *n* : idiot : fool
estupor *nm* : stupor : amazement
esturión *nm, pl* **-riones** : sturgeon
estuvo, etc. → **estar**
esvástica *nf* : swastika
etanol *nm* : ethanol
etapa *nf* : stage : phase
etcétera¹ : et cetera : and so on
etcétera² *nmf* : etcetera
éter *nm* : ether
etéreo, -rea *adj* : ethereal : heavenly
eternidad *nf* : eternity
eternizar *v* : to make eternal : to
perpetuate — **eternizarse** *vr* : to take
forever
eterno, -na *adj* : eternal : endless —
eternamente *adv*
ética *nf* : ethics
ético, -ca *adj* : ethical — **éticamente** *adv*
etílico, -ca *adj* : alcohol : alcoholic
: inebriated : drunken
etimología *nf* : etymology
etimológico, -ca *adj* : etymological
etíope *adj & nmf* : Ethiopian
etiqueta *nf* : etiquette : tag : label
: hashtag
etiquetar *v* : to label
etnia *nf* : ethnic group
étnico, -ca *adj* : ethnic
eucalipto *nm* : eucalyptus
Eucaristía *nf* : Eucharist : communion
eufemismo *nm* : euphemism
eufemístico, -ca *adj* : euphemistic
euforia *nf* : euphoria : joyousness
eufórico, -ca *adj* : euphoric : exuberant
: joyous — **eufóricamente** *adv*
eunuco *nm* : eunuch
euro *nm* : euro
europeo, -pea *adj & n* : European
euskera *nm* : Basque
eutanasia *nf* : euthanasia
evacuación *nf, pl* **-ciones** : evacuation
evacuar *v* : to evacuate : to vacate : to
carry out : to have a bowel movement
: to move one's bowels

evadir v : to evade : to avoid —
  evadirse vr : to escape : to slip away
evaluación nf, pl **-ciones** : assessment
  : evaluation
evaluador, -dora n : assessor
evaluar v : to evaluate : to assess : to
  appraise
evangélico, -ca adj : evangelical —
  evangélicamente adv
evangelio nm : gospel
evangelismo nm : evangelism
evangelista nm : evangelist
evangelizador, -dora n : evangelist
  : missionary
evaporación nf, pl **-ciones** : evaporation
evaporar v : to evaporate — **evaporarse**
  vr : to disappear : to vanish
evasión nf, pl **-siones** : escape : flight
  : evasion : dodge
evasiva nf : excuse : pretext
evasivo, -va adj : evasive
evento nm : event
eventual adj : possible : temporary —
  eventualmente adv
eventualidad nf : possibility : eventuality
evidencia nf : evidence : proof
evidenciar v : to demonstrate : to show
  — **evidenciarse** vr : to be evident
evidente adj : evident : obvious : clear
  — **evidentemente** adv
eviscerar v : to eviscerate
evitable adj : avoidable : preventable
evitar v : to avoid : to prevent : to
  escape : to elude
evocación nf, pl **-ciones** : evocation
evocador, -dora adj : evocative
evocar v : to evoke : to recall
evolución nf, pl **-ciones** : evolution
  : development : progress
evolucionar v : to evolve : to change
  : to develop
evolutivo, -va adj : evolutionary
ex nmf : ex
ex- or ex pref : ex- : former
exabrupto nm : pointed remark
exacerbar v : to exacerbate : to
  aggravate : to irritate : to exasperate
exactamente adv : exactly
exactitud nf : accuracy : precision
  : exactitude
exacto, -ta adj : accurate : precise
  : exact
exageración nf, pl **-ciones** : exaggeration
exagerado, -da adj : exaggerated
  : excessive — **exageradamente** adv
exagerar v : to exaggerate
exaltación nf, pl **-ciones** : exaltation
  : excitement : agitation
exaltado[1]**, -da** adj : excitable
  : hotheaded
exaltado[2]**, -da** n : hothead
exaltar v : to exalt : to extol : to excite
  : to agitate — **exaltarse** vr : to get
  overexcited

ex–alumno → alumno
examen nm, pl **exámenes** : examination
  : test : consideration : investigation
examinar v : to examine : to inspect —
  examinarse vr : to take an exam
exánime adj : lifeless : exhausted
exasperante adj : exasperating
exasperar v : to exasperate : to irritate
  — **exasperación** nf
excavación nf, pl **-ciones** : excavation
excavadora nf : excavator
excavar v : to excavate : to dig
excedente[1] adj : excessive : excess
  : surplus
excedente[2] nm : surplus : excess
exceder v : to exceed : to surpass —
  excederse vr : to go too far
excelencia nf : excellence : excellency
excelente adj : excellent —
  excelentemente adv
excelso, -sa adj : lofty : sublime
excentricidad nf : eccentricity
excéntrico, -ca adj & n : eccentric
excepción nf, pl **-ciones** : exception
excepcional adj : exceptional
  : extraordinary : rare —
  excepcionalmente adv
excepto prep : except
exceptuar v : to except : to exclude
excesivo, -va adj : excessive —
  excesivamente adv
exceso nm : excess; **excesos** nmpl
  : excesses : abuses
excitabilidad nf : excitability
excitación nf, pl **-ciones** : excitement
excitante adj : exciting
excitar v : to excite : to arouse —
  excitarse vr
exclamación nf, pl **-ciones** : exclamation
exclamar v : to exclaim
excluir v : to exclude : to leave out
exclusión nf, pl **-siones** : exclusion
exclusividad nf : exclusiveness
  : exclusive rights pl
exclusivo, -va adj : exclusive —
  exclusivamente adv
excombatiente nmf : war veteran
excomulgar v : to excommunicate
excomunión nf, pl **-niones**
  : excommunication
excreción nf, pl **-ciones** : excretion
excremento nm : excrement
excretar v : to excrete
exculpar v : to exonerate : to exculpate
  — **exculpación** nf
excursión nf, pl **-siones** : excursion
  : outing
excursionista nmf : sightseer : tourist
  : hiker
excusa nf : excuse : apology
excusado nm : toilet
excusar v : to excuse : to exempt —
  excusarse vr : to apologize : to send
  one's regrets

execrable *adj* : detestable : abominable
exención *nf, pl* **-ciones** : exemption
exento, -ta *adj* : exempt : free
exequias *nfpl* : funeral rites
exesposa *or* **ex esposa** *nf* : ex-wife
exhalación *nf, pl* **-ciones** : exhalation
: shooting star
exhalar *v* : to exhale : to give off
exhaustivo, -va *adj* : exhaustive —
exhaustivamente *adv*
exhausto, -ta *adj* : exhausted : worn-out
exhibición *nf, pl* **-ciones** : exhibition
: show : showing
exhibir *v* : to exhibit : to show : to
display — **exhibirse** *vr*
exhortación *nf, pl* **-ciones** : exhortation
exhortar *v* : to exhort
exhumar *v* : to exhume — **exhumación**
nf
exigencia *nf* : demand : requirement
exigente *adj* : demanding : exacting
exigir *v* : to demand : to require : to
exact : to levy
exiguo, -gua *adj* : meager
exiliado[1], -da *adj* : exiled : in exile
exiliado[2], -da *n* : exile
exiliar *v* : to exile : to banish — **exiliarse**
vr : to go into exile
exilio *nm* : exile
eximio, -mia *adj* : distinguished : eminent
eximir *v* : to exempt
existencia *nf* : existence; **existencias**
nfpl : goods : stock
existente *adj* : existing : in existence
: in stock
existir *v* : to exist
exitazo *nm* : big/huge success : big/
huge hit : smash
éxito *nm* : success : hit
exitoso, -sa *adj* : successful —
exitosamente *adv*
exmarido *or* **ex marido** *nm* : ex-husband
éxodo *nm* : exodus
exoneración *nf, pl* **-ciones** : exoneration
: exemption
exonerar *v* : to exempt : to exonerate
: to dismiss
exorbitante *adj* : exorbitant
exorcismo *nm* : exorcism — **exorcista**
nmf
exorcizar *v* : to exorcise
exótico, -ca *adj* : exotic
expandir *v* : to expand — **expandirse**
vr : to spread
expansión *nf, pl* **-siones** : expansion
: spread : recreation : relaxation
expansionar *v* : to expand —
expansionarse *vr* : to amuse oneself
: to relax
expansivo, -va *adj* : expansive
expatriado, -da *adj & n* : expatriate
expatriar *v* : to expatriate : to exile
— **expatriarse** *vr* : to emigrate : to go
into exile

expectación *nf, pl* **-ciones** : expectation
: anticipation
expectante *adj* : expectant
expectativa *nf* : expectation : hope;
expectativas *nfpl* : prospects
expedición *nf, pl* **-ciones** : expedition
expediente *nm* : expedient : means : file
: dossier : record
expedir *v* : to issue : to dispatch : to send
expedito, -ta *adj* : free : clear : quick
: easy
expeler *v* : to expel : to eject
expendedor, -dora *n* : dealer : seller
expendio *nm* : store : shop
expensas *nfpl* : expenses : costs
experiencia *nf* : experience : experiment
experimentación *nf, pl* **-ciones**
: experimentation
experimentado, -da *adj* : experienced
experimental *adj* : experimental
experimentar *v* : to experiment : to
experiment with : to test out : to
experience
experimento *nm* : experiment
experto, -ta *adj & n* : expert
expiación *nf, pl* **-ciones** : expiation
: atonement
expiar *v* : to expiate : to atone for
expiración *nf, pl* **-ciones** : expiration
expirar *v* : to pass away : to die : to
expire
explanada *nf* : terrace : courtyard : patio
: seaside walk : boardwalk
explayar *v* : to extend — **explayarse** *vr*
: to expound : to speak at length
explicable *adj* : explicable : explainable
explicación *nf, pl* **-ciones** : explanation
explicar *v* : to explain — **explicarse** *vr*
: to understand : to explain oneself
explicativo, -va *adj* : explanatory
explicitar *v* : to state explicitly : to
specify
explícito, -ta *adj* : explicit —
explícitamente *adv*
exploración *nf, pl* **-ciones** : exploration
explorador, -dora *n* : explorer : scout
explorar *v* : to explore — **exploratorio,**
-ria *adj*
explosión *nf, pl* **-siones** : explosion
: outburst
explosionar *v* : to explode
explosivo, -va *adj* : explosive
explotación *nf, pl* **-ciones** : exploitation
: operation : running
explotar *v* : to exploit : to operate : to
run : to explode — **explotable** *adj*
exponencial *adj* : exponential —
exponencialmente *adv*
exponente *nm* : exponent
exponer *v* : to exhibit : to show : to
display : to explain : to present : to set
forth : to expose : to risk
exportación *nf, pl* **-ciones** : exportation;
exportaciones *nfpl* : exports

exportador, -dora n : exporter
exportar v : to export — **exportable** adj
exposición nf, pl **-ciones** : exposition : exhibition : exposure : presentation : statement
expósito, -ta n : foundling
expositor, -tora n : exhibitor : exponent
exprés[1] adj : express
exprés[2] nms & pl : express : express train : espresso
expresamente adv : expressly : on purpose
expresar v : to express — **expresarse** vr
expresión nf, pl **-siones** : expression
expresivo, -va adj : expressive : affectionate — **expresivamente** adv
expreso[1], **-sa** adj : express : specific
expreso[2] nm : express train : express : express mail
express → **exprés**
exprimidor nm : juicer
exprimir v : to squeeze : to exploit
expropiar v : to expropriate : to commandeer — **expropiación** nf
expuesto[1] pp → **exponer**
expuesto[2], **-ta** adj : exposed : hazardous : risky
expulsar v : to expel : to eject — **expulsarse** vr
expulsión nf, pl **-siones** : expulsion
expurgar v : to expurgate
expuso, etc. → **exponer**
exquisitez nf, pl **-teces** : exquisiteness : refinement : delicacy : special dish
exquisito, -ta adj : exquisite : delicious
extasiarse vr : to be in ecstasy : to be enraptured
éxtasis nms & pl : ecstasy : rapture : Ecstasy
extático, -ca adj : ecstatic
extemporáneo, -nea adj : unseasonable : untimely
extender v : to spread out : to stretch out : to broaden : to expand : to draw up : to write out — **extenderse** vr : to spread : to last
extendido, -da adj : outstretched : widespread : extended
extensamente adv : extensively : at length
extensible adj : extendable
extensión nf, pl **-siones** : extension : stretching : expanse : spread : extent : range : length : duration : extension cord
extensivamente adv : widely : broadly
extensivo, -va adj : extensive
extenso, -sa adj : extensive : detailed : spacious : vast
extenuar v : to exhaust : to tire out — **extenuarse** vr — **extenuante** adj
exterior[1] adj : exterior : external : foreign
exterior[2] nm : outside : abroad

exteriorizar v : to express : to reveal
exteriormente adv : outwardly
exterminador[1], **-dora** adj → **ángel**
exterminador[2], **-dora** n **exterminador, -dora de plagas** : exterminator
exterminar v : to exterminate — **exterminación** nf
exterminio nm : extermination
externalización nf, pl **-ciones** : outsourcing
externalizar v : to outsource
externar v : to express : to display
externo, -na adj : external : outward
extinción nf, pl **-ciones** : extinction
extinguidor nm : fire extinguisher
extinguir v : to extinguish : to put out : to wipe out — **extinguirse** vr : to go out : to fade out : to die out : to become extinct
extinto, -ta adj : extinct
extintor nm : extinguisher
extirpación n, pl **-ciones** : removal
extirpar v : to eradicate : to remove : to excise — **extirparse** vr
extorsión nf, pl **-siones** : extortion : harm : trouble
extorsionar v : to extort
extra[1] adv : extra
extra[2] adj : additional : extra : superior : top-quality
extra[3] nmf : extra
extra[4] nm : extra expense
extra- pref : extra-
extracción nf, pl **-ciones** : extraction
extracto nm : extract : abstract : summary
extractor nm : extractor
extracurricular adj : extracurricular
extradición nf, pl **-ciones** : extradition
extraditar v : to extradite
extraer v : to extract
extraído pp → **extraer**
extrajudicial adj : out-of-court
extrajudicialmente adv : out of court
extralimitarse vr : to go too far : to overstep one's bounds
extramatrimonial adj : extramarital
extranjero[1], **-ra** adj : foreign
extranjero[2], **-ra** n : foreigner
extranjero[3] nm : foreign countries pl
extrañamente adv : strangely : oddly
extrañamiento nm : amazement : surprise : wonder
extrañar v : to miss — **extrañarse** vr : to be surprised
extrañeza nf : strangeness : oddness : surprise
extraño[1], **-ña** adj : strange : odd : foreign
extraño[2], **-ña** n : stranger
extraoficial adj : unofficial — **extraoficialmente** adv
extraordinario, -ria adj : extraordinary — **extraordinariamente** adv

extrapolar *v* : to extrapolate —
  extrapolación *nf*
extrarradio *nm* : outskirts *pl*
extrasensorial *adj* : extrasensory
extraterrestre *adj & nmf* : extraterrestrial
  : alien
extravagancia *nf* : extravagance
  : flamboyance : outrageous or
  outlandish thing
extravagante *adj* : extravagant
  : flamboyant : outrageous : outlandish
extraviado, -da *adj* : lost : stray
extraviar *v* : to mislead : to lead astray
  : to misplace : to lose — **extraviarse** *vr*
  : to get lost : to go astray
extravío *nm* : loss : misconduct
extremado, -da *adj* : extreme —
  extremadamente *adv*
extremar *v* : to carry to extremes —
  extremarse *vr* : to do one's utmost
extremidad *nf* : extremity : tip : edge;
  extremidades *nfpl* : extremities
extremista *adj & nmf* : extremist
extremo¹, -ma *adj* : extreme : great
  : severe
extremo² *nm* : extreme : end
extrovertido¹, -da *adj* : extroverted
  : outgoing
extrovertido², -da *n* : extrovert
extrudir *v* : to extrude
exuberancia *nf* : exuberance
  : luxuriance : lushness
exuberante *adj* : exuberant : luxuriant
  — **exuberantemente** *adv*
exudar *v* : to exude
exultación *nf, pl* **-ciones** : exultation
  : elation
exultante *adj* : exultant : elated —
  exultantemente *adv*
exultar *v* : to exult : to rejoice
eyacular *v* : to ejaculate — **eyaculación** *nf*
eyección *nf, pl* **-ciones** : ejection
  : expulsion
eyectar *v* : to eject : to expel —
  eyectarse *vr*
fa *nm* : F : fa
fábrica *nf* : factory
fabricación *nf, pl* **-ciones** : manufacture
fabricante *nmf* : manufacturer
fabricar *v* : to manufacture : to make
fabril *adj* : industrial : manufacturing
fábula *nf* : fable : fabrication : fib
fabuloso, -sa *adj* : fabulous : fantastic
  : mythical : fabled
facción *nf, pl* **facciones** : faction;
  facciones *nfpl* : features
faceta *nf* : facet
facha *nf* : appearance : look
fachada *nf* : facade
facial *adj* : facial
fácil *adj* : easy : likely : probable
facilidad *nf* : facility : ease; **facilidades**
  nfpl : facilities : services; **facilidades**
  nfpl : opportunities

facilitar *v* : to make easier : to facilitate
  : to provide : to supply — **facilitador,**
  -dora *n*
fácilmente *adv* : easily : readily
facsímil *nm* : facsimile : copy : fax
factibilidad *nf* : feasibility
factible *adj* : feasible : practicable
factor¹, -tora *n* : agent : factor : baggage
  clerk
factor² *nm* : factor : element
factoría *nf* : factory
factura *nf* : making : manufacturing : bill
  : invoice
facturación *nf, pl* **-ciones** : invoicing
  : billing : check-in
facturar *v* : to bill : to invoice : to register
  : to check in
facultad *nf* : faculty : ability : authority
  : power : school
facultar *v* : to authorize : to empower
facultativo, -va *adj* : voluntary : optional
  : medical
faena *nf* : task : job : work
faenar *v* : to work : to labor : to fish
fagot *nm* : bassoon
Fahrenheit *adj* : Fahrenheit
faisán *nm, pl* **faisanes** : pheasant
faja *nf* : sash : belt : girdle : strip
fajar *v* : to wrap around : to hit : to
  thrash — **fajarse** *vr* : to put on a sash
  or girdle : to come to blows
fajín *nm, pl* **-jines** : sash : belt
fajo *nm* : bundle : sheaf
falacia *nf* : fallacy
falaz, -laza *adj, mpl* **falaces** : fallacious
  : false
falda *nf* : skirt : lap : side : slope
faldón *nm, pl* **-dones** : tail : full skirt
  : christening gown
falible *adj* : fallible
fálico, -ca *adj* : phallic
falla *nf* : flaw : defect : (geological) fault
  : fault : failing
fallar *v* : to fail : to go wrong : to rule : to
  miss : to pronounce judgment on
fallecer *v* : to pass away : to die
fallecido, -da *adj & n* : deceased
fallecimiento *nm* : demise : death
fallido, -da *adj* : failed : unsuccessful
fallo *nm* : sentence : judgment : verdict
  : error : fault
falo *nm* : phallus : penis
falsamente *adv* : falsely
falsear *v* : to falsify : to fake : to distort
  : to give way : to be out of tune
falsedad *nf* : falseness : hypocrisy
  : falsehood : lie
falsete *nm* : falsetto
falsificación *nf, pl* **-ciones** : counterfeit
  : forgery : falsification
falsificador, -dora *n* : counterfeiter
  : forger
falsificar *v* : to counterfeit : to forge : to
  falsify

falso, -sa *adj* : false : untrue
: counterfeit : forged
falta *nf* : lack : defect : fault : error
: absence : offense : misdemeanor
: foul
faltar *v* : to be lacking : to be needed : to
be absent : to be missing : to remain
: to be left
faltante *nm* : shortage
falto, -ta *adj* ~ **de** : lacking : short of
fama *nf* : fame : reputation
famélico, -ca *adj* : starving : famished
familia *nf* : family
familiar[1] *adj* : familiar : familial : family
: informal
familiar[2] *nmf* : relation : relative
familiaridad *nf* : familiarity : informality
familiarizar *v* : to familiarize —
familiarizarse *vr*
famoso[1], **-sa** *adj* : famous
famoso[2], **-sa** *n* : celebrity
fan *nmf, pl* **fans** : fan
fanal *nm* : beacon : signal light
: headlight
fanático, -ca *adj & n* : fanatic
fanatismo *nm* : fanaticism
fandango *nm* : fandango
fanfarria *nf* : (musical) fanfare : pomp
: ceremony
fanfarrón[1], **-rrona** *adj, mpl* **-rrones**
: bragging : boastful
fanfarrón[2], **-rrona** *n, mpl* **-rrones**
: braggart
fanfarronada *nf* : boast : bluster
fanfarronear *v* : to brag : to boast
fango *nm* : mud : mire
fangoso, -sa *adj* : muddy
fantasear *v* : to fantasize : to daydream
fantasía *nf* : fantasy : imagination
fantasioso, -sa *adj* : fanciful
fantasma *nm* : ghost : phantom
fantasmagórico, -ca *adj* : ghostly
: eerie
fantasmal *adj* : ghostly
fantástico, -ca *adj* : fantastic
: imaginary : unreal : great
FAQ *nm, pl* **FAQs** : FAQ
farándula *nf* : show business : theater
faraón *nm, pl* **faraones** : pharaoh
fardo *nm* : bale : bundle
farfullar *v* : to jabber
faringe *nf* : pharynx
fariña *nf* : coarse manioc flour
farmacéutico[1], **-ca** *adj* : pharmaceutical
farmacéutico[2], **-ca** *n* : pharmacist
farmacia *nf* : drugstore : pharmacy
fármaco *nm* : medicine : drug
farmacología *nf* : pharmacology
faro *nm* : lighthouse : headlight
farol *nm* : streetlight : lantern : lamp
: bluff : headlight
farola *nf* : lamppost : streetlight
farra *nf* : spree : revelry
fárrago *nm* : hodgepodge : jumble

farsa *nf* : farce : fake : sham
farsante *nmf* : charlatan : fraud : phony
fascículo *nm* : part
fascinación *nf, pl* **-ciones** : fascination
fascinante *adj* : fascinating
fascinar *v* : to fascinate : to charm : to
captivate
fascismo *nm* : fascism
fascista *adj & nmf* : fascist
fase *nf* : phase : stage
fastidiar *v* : to annoy : to bother : to
hassle : to bore : to be annoying or
bothersome — **fastidiarse** *vr* : to put
up with something
fastidio *nm* : annoyance : nuisance
: hassle : boredom
fastidioso, -sa *adj* : annoying
: bothersome : boring —
fastidiosamente *adv*
fastuoso, -sa *adj* : lavish : luxurious
fatal *adj* : fatal : awful : terrible : fateful
: unavoidable
fatalidad *nf* : fatality : misfortune : bad luck
fatalismo *nm* : fatalism
fatalista[1] *adj* : fatalistic
fatalista[2] *nmf* : fatalist
fatalmente *adv* : unavoidably
: unfortunately
fatídico, -ca *adj* : fateful : momentous
fatiga *nf* : fatigue
fatigado, -da *adj* : weary : tired
fatigar *v* : to fatigue : to tire — **fatigarse**
vr : to wear oneself out
fatigoso, -sa *adj* : fatiguing : tiring
fatuo, -tua *adj* : fatuous : vain
fauces *nfpl* : jaws *pl* : maw
faul *nm, pl* **fauls** : foul : foul ball
fauna *nf* : fauna
fausto *nm* : splendor : magnificence
favor *nm* : favor
favorable *adj* : favorable —
favorablemente *adv*
favorecedor, -dora *adj* : becoming
: flattering
favorecer *v* : to favor : to look well on
: to suit
favorecido, -da *adj* : flattering : fortunate
favoritismo *nm* : favoritism
favorito, -ta *adj & n* : favorite
fax *nm* : fax : facsimile
fayuca *nf* : contraband : black market
faz *nf* : face : countenance : side
fe *nf* : faith : assurance : testimony
: intention : will
fealdad *nf* : ugliness
febrero *nm* : February
febril *adj* : feverish — **febrilmente** *adv*
fecal *adj* : fecal
fecha *nf* : date
fechar *v* : to date : to put a date on
fechoría *nf* : misdeed
fécula *nf* : starch
fecundar *v* : to fertilize — **fecundación**
nf

fecundidad *nf* : fecundity : fertility
  : productivity
fecundo, -da *adj* : fertile : fecund
federación *nf, pl* **-ciones** : federation
federal *adj* : federal
federalismo *nm* : federalism —
  federalista *adj & nmf*
federar *v* : to federate
fehaciente *adj* : reliable : irrefutable —
  fehacientemente *adv*
felicidad *nf* : happiness
felicitación *nf, pl* **-ciones**
  : congratulation : greeting card
felicitar *v* : to congratulate — **felicitarse**
  vr ~ **de** : to be glad about
feligrés, -gresa *n, mpl* **-greses**
  : parishioner
feligresía *nf* : parish
felino, -na *adj & n* : feline
feliz *adj, pl* **felices** : happy
felizmente *adv* : happily : fortunately
  : luckily
felonía *nf* : felony
felpa *nf* : terry cloth : plush
felpudo *nm* : doormat
femenil *adj* : women's : girls'
femenino, -na *adj* : feminine : women's
  : female
fémina *nf* : woman
femineidad *or* **feminidad** *nf* : femininity
feminismo *nm* : feminism
feminista *adj & nmf* : feminist
femoral *adj* : femoral
fémur *nm* : femur : thighbone
fenecer *v* : to die : to pass away : to
  come to an end : to cease
fénix *nm* : phoenix
fenomenal *adj* : phenomenal : fantastic
  : terrific — **fenomenalmente** *adv*
fenómeno *nm* : phenomenon : prodigy
  : genius
feo[1] *adv* : badly : bad
feo[2], **fea** *adj* : ugly : unpleasant : nasty
féretro *nm* : coffin : casket
feria *nf* : fair : market : festival : holiday
  : change
feriado, -da *adj* **día feriado** : public
  holiday
ferial *nm* : fairground
fermentar *v* : to ferment —
  fermentación *nf*
fermento *nm* : ferment
ferocidad *nf* : ferocity : fierceness
feroz *adj, pl* **feroces** : ferocious : fierce
  — **ferozmente** *adv*
férreo, -rrea *adj* : iron : strong : steely
  : strict : severe
ferretería *nf* : hardware store : hardware
  : foundry : ironworks
ferrocarril *nm* : railroad : railway
ferrocarrilero → ferroviario
ferroviario, -ria *adj* : rail : railroad
ferry *nm, pl* **ferrys** : ferry
fértil *adj* : fertile : fruitful

fertilidad *nf* : fertility
fertilizante[1] *adj* : fertilizing
fertilizante[2] *nm* : fertilizer
fertilizar *v* : to fertilize — **fertilización** *nf*
ferviente *adj* : fervent —
  fervientemente *adv*
fervor *nm* : fervor : zeal
fervoroso, -sa *adj* : fervent : zealous
festejar *v* : to celebrate : to entertain : to
  wine and dine : to thrash : to beat
festejo *nm* : celebration : festivity
festín *nm, pl* **festines** : banquet : feast
festinar *v* : to hasten : to hurry up
festival *nm* : festival
festividad *nf* : festivity : (religious) feast
  : holiday
festivo, -va *adj* : festive — **festivamente**
  adv
festón *nm, pl* **-tones** : scallop
fetal *adj* : fetal
fetiche *nm* : fetish
fétido, -da *adj* : fetid : foul
feto *nm* : fetus
feudal *adj* : feudal — **feudalismo** *nm*
fiabilidad *nf* : reliability : trustworthiness
fiable *adj* : trustworthy : reliable
fiado, -da *adj* : on credit
fiador, -dora *n* : bondsman : guarantor
fiambrería *nf* : delicatessen
fiambres *nmpl* : cold cuts
fianza *nf* : bail : bond : surety : deposit
fiar *v* : to sell on credit : to guarantee —
  fiarse *vr ~* **de** : to place trust in
fiasco *nm* : fiasco : failure
fibra *nf* : fiber
fibroso, -sa *adj* : fibrous
ficción *nf, pl* **ficciones** : fiction
  : fabrication : lie
ficha *nf* : index card : file : record : token
  : domino : checker : counter : poker
  chip
fichaje *nm* : signing
fichar *v* : to open a file on : to sign up
  : to punch in : to punch out
fichero *nm* : card file : filing cabinet
ficticio, -cia *adj* : fictitious
fidedigno, -na *adj* : reliable : trustworthy
fideicomisario, -ria *n* : trustee
fideicomiso *nm* : trust
fidelidad *nf* : fidelity : faithfulness
fideo *nm* : noodle
fiduciario[1], **-ria** *adj* : fiduciary
fiduciario[2], **-ria** *n* : trustee
fiebre *nf* : fever : temperature
  : excitement
fiel[1] *adj* : faithful : loyal : accurate —
  fielmente *adv*
fiel[2] *nm* : pointer
fieltro *nm* : felt
fiera *nf* : wild animal : beast : fiend
  : demon
fiereza *nf* : fierceness : ferocity
fiero, -ra *adj* : fierce : ferocious
fierro *nm* : iron

fiesta *nf* : party : fiesta : holiday : feast day

figura *nf* : figure : shape : form : body shape

figuración *nf, pl* **-ciones** : imagining

figurado, -da *adj* : figurative — **figuradamente** *adv*

figurar *v* : to figure : to be included : to be prominent : to stand out : to represent — **figurarse** *vr* : to imagine : to think

fijación *nf, pl* **-ciones** : fixation : obsession : fixing : establishing : fastening : securing

fijador *nm* : hair spray

fijamente *adv* : fixedly

fijar *v* : to fasten : to affix : to establish : to set up : to set : to fix — **fijarse** *vr* : to settle : to become fixed : to notice

fijeza *nf* : firmness : persistence : constancy

fijo, -ja *adj* : fixed : firm : steady : permanent

fila *nf* : line : file : rank : row; **filas** *nfpl* : ranks

filamento *nm* : filament

filantropía *nf* : philanthropy

filantrópico, -ca *adj* : philanthropic

filántropo, -pa *n* : philanthropist

filarmónica *nf* : philharmonic

filatelia *nf* : philately : stamp collecting

fildeador, -dora *n* : fielder

filete *nm* : fillet : sirloin : thread

filiación *nf, pl* **-ciones** : affiliation : connection : particulars *pl* : description

filial[1] *adj* : filial

filial[2] *nf* : affiliate : subsidiary

filigrana *nf* : filigree : watermark

filipino, -na *adj & n* : Filipino

filmación *nf, pl* **-ciones** : filming : shooting

filmar *v* : to film : to shoot

filme *or* **film** *nm* : film : movie

filmoteca *nf* : film library

filo *nm* : cutting edge : blade : edge

filón *nm, pl* **filones** : seam : vein : successful business : gold mine

filoso, -sa *adj* : sharp

filosofar *v* : to philosophize

filosofía *nf* : philosophy

filosófico, -ca *adj* : philosophic : philosophical — **filosóficamente** *adv*

filósofo, -fa *n* : philosopher

filtración *nf, pl* **-ciones** : seeping : leaking

filtrar *v* : to filter — **filtrarse** *vr* : to seep through : to leak

filtro *nm* : filter

fin *nm* : end : purpose : aim : objective

finado, -da *adj & n* : deceased

final[1] *adj* : final : ultimate — **finalmente** *adv*

final[2] *nm* : end

final[3] *nf* : final : play-off

finalidad *nf* : purpose : aim : finality

finalista *nmf* : finalist

finalización *nf, pl* **-ciones** : completion : end

finalizar *v* : to finish : to end

financiación *nf, pl* **-ciones** : financing : funding

financiamiento *nm* → **financiación**

financiar *v* : to finance : to fund

financiero[1], **-ra** *adj* : financial

financiero[2], **-ra** *n* : financier

financista *nmf* : financier

finanzas *nfpl* : finances : finance

finca *nf* : farm : ranch : country house

fineza *nf* : refinement

fingido, -da *adj* : false : feigned

fingimiento *nm* : pretense

fingir *v* : to feign : to pretend

finiquitar *v* : to settle : to conclude : to bring to an end

finiquito *nm* : settlement

finito, -ta *adj* : finite

finja, etc. → **fingir**

finlandés, -desa *adj & n* : Finnish

fino[1], **-na** *adj* : fine : excellent : delicate : slender : refined : sharp : acute : subtle

fino[2] *nm* : dry sherry

finta *nf* : feint

fintar *or* **fintear** *v* : to feint

finura *nf* : fineness : high quality : refinement

fiordo *nm* : fjord

firma *nf* : signature : signing : firm : company

firmamento *nm* : firmament : sky

firmante *nmf* : signer : signatory

firmar *v* : to sign

firme *adj* : firm : resolute : steady : stable

firmemente *adv* : firmly

firmeza *nf* : firmness : stability : strength : resolve

fiscal[1] *adj* : fiscal — **fiscalmente** *adv*

fiscal[2] *nmf* : district attorney : prosecutor

fiscalizar *v* : to audit : to inspect : to oversee : to criticize

fisco *nm* : Treasury : Exchequer

fisgar *v* : to pry into : to snoop on

fisgón, -gona *n, mpl* **fisgones** : snoop : busybody

fisgonear *v* : to snoop : to pry

fisgue, etc. → **fisgar**

física *nf* : physics

físico[1], **-ca** *adj* : physical — **físicamente** *adv*

físico[2], **-ca** *n* : physicist

físico[3] *nm* : physique : figure

fisiología *nf* : physiology

fisiológico, -ca *adj* : physiological : physiologic

fisiólogo, -ga *n* : physiologist

fisión *nf, pl* **fisiones** : fission — **fisionable** *adj*

fisionomía → **fisonomía**
fisioterapeuta *nmf* : physical therapist
fisioterapia *nf* : physical therapy
fisonomía *nf* : physiognomy : features *pl*
fistol *nm* : tie clip
fisura *nf* : fissure : crevasse
flaccidez *nf* : limpness
fláccido, -da *or* **flácido, -da** *adj* : flaccid : flabby
flaco, -ca *adj* : thin : skinny : feeble : weak
flagelo *nm* : scourge : whip : calamity
flagrante *adj* : flagrant : glaring : blatant — **flagrantemente** *adv*
flama *nf* : flame
flamable *adj* : flammable
flamante *adj* : bright : brilliant : brand-new
flamear *v* : to flame : to blaze : to flap : to flutter
flamenco¹, -ca *adj* : flamenco : Flemish
flamenco², -ca *n* : Fleming : Flemish person
flamenco³ *nm* : Flemish : flamingo : flamenco
flan *nm* : flan
flanco *nm* : flank : side
flanquear *v* : to flank
flaquear *v* : to flag : to weaken
flaqueza *nf* : frailty : feebleness : thinness : weakness : failing
flash *nm* : flash
flashback *nm, pl* **flashbacks** : flashback
flatulento, -ta *adj* : flatulent — **flatulencia** *nf*
flauta *nf* : flute
flautín *nm, pl* **flautines** : piccolo
flautista *nmf* : flute player : flutist
flecha *nf* : arrow
flechazo *nm* : love at first sight
fleco *nm* : bangs *pl* : fringe
flema *nf* : phlegm
flemático, -ca *adj* : phlegmatic : stolid : impassive
flequillo *nm* : bangs *pl*
fletar *v* : to charter : to hire : to load
flete *nm* : charter fee : shipping cost : freight : cargo
fletero *nm* : shipper : carrier
flexibilidad *nf* : flexibility
flexibilizar *v* : to make more flexible
flexible¹ *adj* : flexible
flexible² *nm* : flexible electrical cord : soft hat
flexión *nf, pl* **flexiones** : push-up : squat
flexionar *v* : to bend
flirtear *v* : to flirt
flojear *v* : to weaken : to flag : to idle : to loaf around
flojedad *nf* : weakness
flojera *nf* : lethargy : feeling of weakness : laziness
flojo, -ja *adj* : loose : slack : weak : poor : lazy

flor *nf* : flower
flora *nf* : flora
floración *nf, pl* **-ciones** : flowering
floral *adj* : floral
floreado, -da *adj* : flowered : flowery
florear *v* : to flower : to bloom : to adorn with flowers : to flatter : to compliment
florecer *v* : to bloom : to blossom : to flourish : to thrive
floreciente *adj* : flowering : flourishing : thriving
florecimiento *nm* : flowering
floreo *nm* : flourish
florería *nf* : flower shop : florist's
florero¹, -ra *n* : florist
florero² *nm* : vase
florete *nm* : foil
florido, -da *adj* : full of flowers : florid : flowery
florista *nmf* : florist
floristería → **florería**
floritura *nf* : frill : embellishment
flota *nf* : fleet
flotabilidad *nf* : buoyancy
flotación *nf, pl* **-ciones** : flotation
flotador *nm* : float : life preserver
flotante *adj* : floating : buoyant
flotar *v* : to float
flote *nm* **a ~** : afloat
flotilla *nf* : flotilla : fleet
fluctuar *v* : to fluctuate : to vacillate — **fluctuación** *nf* — **fluctuante** *adj*
fluidez *nf* : fluency : fluidity
fluido¹, -da *adj* : flowing : fluent : fluid
fluido² *nm* : fluid
fluir *v* : to flow
flujo *nm* : flow : discharge
flúor *nm* : fluorine
fluorescencia *nf* : fluorescence — **fluorescente** *adj*
fluorescente *nm* : fluorescent light — **fluorescente** *adj*
fluoruro *nm* : fluoride
fluye, etc. → **fluir**
fobia *nf* : phobia
foca *nf* : seal
focal *adj* : focal
foco *nm* : focus : center : pocket : lightbulb : spotlight : headlight
fofo, -fa *adj* : soft : spongy : flabby
fogata *nf* : campfire : bonfire
fogón *nm, pl* **fogones** : bonfire : campfire : burner : stove : fireplace
fogonazo *nm* : flash : explosion
fogoso, -sa *adj* : ardent
foguear *v* : to inure : to accustom
foja *nf* : sheet
folículo *nm* : follicle
folio *nm* : folio : leaf
folk *nm* : folk — **folk** *adj*
folklore *nm* : folklore
folklórico, -ca *adj* : folk : traditional
follaje *nm* : foliage
folleto *nm* : pamphlet : leaflet : circular

follón *nm, pl* **follones** : commotion
: fuss : mess
fomentar *v* : to foment : to stir up : to
promote : to foster
fomento *nm* : promotion
: encouragement
fonda *nf* : inn : small restaurant
fondeado, -da *adj* : rich : in the money
fondear *v* : to sound : to sound out
: to examine : to fund : to finance : to
anchor — **fondearse** *vr* : to get rich
fondeo *nm* : anchoring : funding : financing
fondillos *mpl* : seat : bottom
fondista *nmf* : long-distance runner
fondo *nm* : bottom : rear : back : end
: depth : background : content : slip
: petticoat : fund; **fondos** *nmpl* : funds
: resources
fondue *nf* : fondue
fonema *nm* : phoneme
fonética *nf* : phonetics
fonético, -ca *adj* : phonetic
fontanería *nf* : plumbing
fontanero, -ra *n* : plumber
footing *nm* : jogging
forajido, -da *n* : bandit : fugitive : outlaw
foráneo, -nea *adj* : foreign : strange
forastero, -ra *n* : stranger : outsider
forcejear *v* : to struggle
forcejeo *nm* : struggle
fórceps *nms & pl* : forceps *pl*
forense[1] *adj* : forensic : legal
forense[2] *nmf* : forensic scientist
forestal *adj* : forest
forja *nf* : forge
forjar *v* : to forge : to shape : to create
: to invent : to concoct
forma *nf* : form : shape : manner : way
: fitness; **formas** *nfpl* : appearances
: conventions
formación *nf, pl* **-ciones** : formation
: training
formal *adj* : formal : serious : dignified
: dependable : reliable
formaldehído *nm* : formaldehyde
formalidad *nf* : formality : seriousness
: dignity : reliability
formalizar *v* : to formalize : to make
official
formalmente *adv* : formally
formar *v* : to form : to make : to make
up : to constitute : to train : to educate
— **formarse** *vr* : to develop : to take
shape : to be educated
formatear *v* : to format
formativo, -va *adj* : formative
formato *nm* : format
formidable *adj* : formidable
: tremendous : fantastic : terrific
formón *nm, pl* **formones** : chisel
fórmula *nf* : formula
formulación *nf, pl* **-ciones** : formulation
formular *v* : to formulate : to draw up : to
make : to lodge

formulario *nm* : form
fornicar *v* : to fornicate — **fornicación** *nf*
fornido, -da *adj* : well-built : burly : hefty
foro *nm* : forum : public assembly : open
discussion
forraje *nm* : fodder : foraging
: hodgepodge
forrajear *v* : to forage
forrar *v* : to line : to cover
forro *nm* : lining : book cover
forsitia *nf* : forsythia
fortalecer *v* : to strengthen : to fortify —
fortalecerse *vr*
fortalecimiento *nm* : strengthening
: fortifying : fortifications
fortaleza *nf* : fortress : strength
: resolution : fortitude
fortificación *nf, pl* **-ciones** : fortification
fortificar *v* : to fortify : to strengthen
fortín *nm, pl* **fortines** : small fort
fortuito, -ta *adj* : fortuitous
fortuna *nf* : fortune : luck : wealth
forúnculo *nm* : boil
forzado, -da *adj* : forced
forzar *v* : to force : to compel : to force
open : to strain
forzosamente *adv* : forcibly : by force
: necessarily : inevitably
forzoso, -sa *adj* : forced : compulsory
: necessary : inevitable
fosa *nf* : ditch : pit : grave : cavity
fosfato *nm* : phosphate
fosforescencia *nf* : phosphorescence
— **fosforescente** *adj*
fósforo *nm* : match : phosphorus
fósil[1] *adj* : fossilized : fossil
fósil[2] *nm* : fossil
fosilizar *v* : to fossilize — **fosilizarse** *vr*
foso *nm* : ditch : pit : moat
foto *nf* : photo : picture
fotocopia *nf* : photocopy — **fotocopiar** *v*
fotocopiadora *nf* : photocopier
fotoeléctrico, -ca *adj* : photoelectric
fotogénico, -ca *adj* : photogenic
fotografía *nf* : photograph : photography
fotografiar *v* : to photograph
fotográfico, -ca *adj* : photographic —
fotográficamente *adv*
fotógrafo, -fa *n* : photographer
fotosíntesis *nf* : photosynthesis
foul *nm, pl* **fouls** : foul
frac *nm, pl* **fracs** : tailcoat : tails *pl*
fracasado[1], **-da** *adj* : unsuccessful
: failed
fracasado[2], **-da** *n* : failure
fracasar *v* : to fail : to fall through
fracaso *nm* : failure
fracción *nf, pl* **fracciones** : fraction
: part : fragment : faction : splinter
group
fraccionamiento *nm* : division
: breaking up : residential area
: housing development
fraccionar *v* : to divide : to break up

fraccionario, -ria adj : fractional
fracking nm : fracking
fractura nf : fracture
fracturación hidráulica nf → **fracking**
fracturar v : to fracture — **fracturarse** vr
fragancia nf : fragrance : scent
fragante adj : fragrant
fragata nf : frigate
frágil adj : fragile : frail : delicate
fragilidad nf : fragility : frailty : delicacy
fragmentar v : to fragment — **fragmentación** nf
fragmentario, -ria adj : fragmentary
fragmento nm : fragment : shard : bit : snippet : excerpt : passage
fragor nm : clamor : din : roar
fragua nf : forge
fraguar v : to forge : to conceive : to concoct : to hatch : to set : to solidify
fraile nm : friar : monk
frambuesa nf : raspberry
francamente adv : frankly : candidly : really
francés¹, -cesa adj, mpl **franceses** : French
francés², -cesa n, mpl **franceses** : French person : Frenchman m : Frenchwoman f
francés³ nm : French
franciscano, -na adj & n : Franciscan
francmasón, -sona n, mpl **-sones** : Freemason — **francmasonería** nf
franco¹, -ca adj : frank : candid : clear : obvious : free
franco² nm : franc
francotirador, -dora n : sniper
franela nf : flannel
franja nf : stripe : band : border : fringe
franquear v : to clear : to cross : to go through : to pay the postage on
franqueo nm : postage
franqueza nf : frankness
franquicia nf : exemption : franchise
frasco nm : small bottle : flask : vial
frase nf : phrase : sentence
frasear v : to phrase
fraternal adj : fraternal : brotherly
fraternidad nf : brotherhood : fraternity
fraternizar v : to fraternize — **fraternización** nf
fraterno, -na adj : fraternal : brotherly
fraude nm : fraud
fraudulento, -ta adj : fraudulent — **fraudulentamente** adv
fray nm : brother
frazada nf : blanket
frecuencia nf : frequency
frecuentar v : to frequent : to haunt
frecuente adj : frequent — **frecuentemente** adv
freelance¹ adj, pl **freelance** : freelance
freelance² nmf : freelancer
fregadero nm : kitchen sink
fregado¹, -da adj : annoying : bothersome

fregado² nm : scrubbing : scouring : mess : muddle
fregar v : to scrub : to scour : to wash : to annoy : to wash the dishes : to clean : to be annoying
fregona nf : mop
freidera nf : frying pan
freír v : to fry — **freírse** vr
fréjol → **frijol**
frenado nm : braking
frenar v : to brake : to curb : to check : to apply the brakes — **frenarse** vr : restrain oneself
frenazo nm : sudden stop
frenesí nm, pl **-síes** : frenzy
frenético, -ca adj : frantic : frenzied — **frenéticamente** adv
freno nm : brake : bit : check : restraint; **frenos** nmpl : braces
frente¹ nm : front : facade : front line
frente² nf : forehead : brow
fresa nf : strawberry : drill
fresco¹, -ca adj : fresh : cool : insolent : nervy
fresco² nm : coolness : fresh air : fresco
frescor nm : cool air
frescura nf : freshness : coolness : calmness : nerve : audacity
fresno nm : ash
frialdad nf : coldness : indifference
fríamente adv : coldly : indifferently
fricción nf, pl **fricciones** : friction : rubbing : massage : discord : disagreement
friccionar v : to rub : to massage
friega¹, friegue, etc. → **fregar**
friega² nf : massage : annoyance : bother
frigidez nf : (sexual) frigidity
frigorífico nm : refrigerator
frijol nm : bean
frío¹, fría adj : cold : cool : indifferent : shocked : stunned
frío² nm : cold : coldness : indifference
friolento, -ta adj : sensitive to cold
friolera nf : trifling amount
friolero, -ra → **friolento**
friso nm : frieze
fritar v : to fry
frito¹ pp → **freír**
frito², -ta adj : fried : worn-out : fed up : fast asleep : done for : in trouble
fritura nf : frying : fried food
frivolidad nf : frivolity
frívolo, -la adj : frivolous — **frívolamente** adv
fronda nf : frond; **frondas** nfpl : foliage
frondoso, -sa adj : leafy : luxuriant
frontal adj : frontal : head-on
frontalmente adv : head-on
frontera nf : border : frontier
fronterizo, -za adj : border : on the border
frontón nm, pl **frontones** : jai alai : jai alai court

frotar v : to rub : to strike — **frotarse** vr : to rub

frote nm : rubbing : rub

fructífero, -ra adj : fruitful : productive

fructificar v : to bear or produce fruit : to be productive

fructuoso, -sa adj : fruitful

frugal adj : frugal : thrifty — **frugalmente** adv

frugalidad adj : frugality

fruncido nm : gathering

fruncir v : to gather

frunza, etc. → **fruncir**

frustración nf, pl **-ciones** : frustration

frustrado, -da adj : frustrated : failed : unsuccessful

frustrante adj : frustrating

frustrar v : to frustrate : to thwart — **frustrarse** vr : to fail : to come to nothing

fruta nf : fruit

frutal[1] adj : fruit : fruit-bearing

frutal[2] nm : fruit tree

frutería nf : fruit store

frutero[1], **-ra** n : fruit seller

frutero[2] nm : fruit bowl

frutilla nf : South American strawberry

fruto nm : fruit : result

fucsia adj & nm : fuchsia

fue, etc. → **ir, ser**

fuego nm : fire : light : flame : burner : ardor : passion : skin eruption : cold sore

fuelle nm : bellows

fuente nf : spring : fountain : source : platter : serving dish

fuera adv : outside : out : abroad : away

fuerce, fuerza, etc. → **forzar**

fuero nm : jurisdiction : privilege : exemption

fuerte[1] adv : strongly : tightly : hard : loudly : abundantly

fuerte[2] adj : strong : sturdy : intense : powerful : heavy : sharp : marked : loud : extreme : excessive — **fuertemente** adv

fuerte[3] nm : fort : stronghold : forte : strong point

fuerza nf : strength : force : power : (natural) force

fuerza centrífuga nf : centrifugal force

fuete nm : riding crop

fuga nf : flight : escape : fugue : leak

fugarse vr : to escape : to flee : to run away : to elope

fugaz adj, pl **fugaces** : brief : fleeting

fugitivo, -va adj & n : fugitive

fulano, -na n : so-and-so : what's-his-name : what's-her-name

fulcro nm : fulcrum

fulgor nm : brilliance : splendor

fulminante adj : devastating : terrible

fulminar v : to strike down

fumador, -dora n : smoker

fumar v : to smoke

fumble nm : fumble

fumblear v : to fumble

fumigar v : to fumigate — **fumigación** nf — **fumigador, -dora** n

función nf, pl **funciones** : function : duty : performance : show

funcional adj : functional — **funcionalmente** adv

funcionamiento nm : functioning

funcionar v : to function : to run : to work

funcionario, -ria n : civil servant : official

funda nf : case : cover : sheath : pillowcase

fundación nf, pl **-ciones** : foundation : establishment

fundado, -da adj : well-founded : justified

fundador, -dora n : founder

fundamental adj : fundamental : basic — **fundamentalmente** adv

fundamentalismo nm : fundamentalism — **fundamentalista** nmf

fundamentar v : to lay the foundations for : to support : to back up : to base : to found

fundamento nm : basis : foundation : groundwork

fundar v : to found : to establish : to base — **fundarse** vr ~ **en** : to be based on : to stem from

fundición nf, pl **-ciones** : founding : smelting : foundry

fundir v : to melt down : to smelt : to fuse : to merge : to burn out — **fundirse** vr : to fuse together : to blend : to melt : to thaw : to fade

fúnebre adj : funeral : funereal : gloomy : mournful

funeral[1] adj : funeral

funeral[2] nm : funeral; **funerales** nmpl : funeral rites

funeraria nf : funeral home : funeral parlor

funerario, -ria adj : funeral

funesto, -ta adj : terrible : disastrous

fungicida nm : fungicide

fungir v : to act : to function

funicular nm : cable car

funja, etc. → **fungir**

furgón nm, pl **furgones** : van : truck : freight car : boxcar

furgoneta nf : van

furia nf : fury : rage : violence

furibundo, -da adj : furious

furiosamente adv : furiously : frantically

furioso, -sa adj : furious : irate : intense : violent

furor nm : fury : rage : violence : passion : frenzy : enthusiasm

furtivo, -va adj : furtive — **furtivamente** adv

fuselaje nm : fuselage

fusible *nm* : (electrical) fuse
fusil *nm* : rifle
fusilar *v* : to shoot : to execute : to plagiarize : to pirate
fusilería *nf* : rifles *pl* : rifle fire
fusión *nf*, *pl* **fusiones** : fusion : union : merger
fusionar *v* : to fuse : to merge : to amalgamate — **fusionarse** *vr*
fusta *nf* : riding crop
fuste *nm* : shaft
fustigar *v* : to whip : to lash : to upbraid : to berate
futbol *or* **fútbol** *nm* : soccer
futbolista *nmf* : soccer player
fútbol sala *nm* : indoor soccer
futesa *nf* : small thing : trifle; **futesas** *nfpl* : small talk
fútil *adj* : trifling : trivial
futón *nm*, *pl* **-tones** : futon
futurista *adj* : futuristic
futuro¹, -ra *adj* : future
**futuro², *nm* : future
gabán *nm*, *pl* **gabanes** : topcoat : overcoat
gabardina *nf* : gabardine : trench coat : raincoat
gabarra *nf* : barge
gabinete *nm* : cabinet : study : office : (professional) office
gablete *nm* : gable
gabonés, -nesa *adj & n*, *mpl* **-neses** : Gabonese
gacela *nf* : gazelle
gaceta *nf* : gazette : newspaper
gachas *nfpl* : porridge
gacho, -cha *adj* : drooping : turned downward : nasty : awful
gaélico¹, -ca *adj* : Gaelic
**gaélico², *nm* : Gaelic
gafas *nfpl* : eyeglasses : glasses
gafe *nm* : jinx : bad luck
gaita *nf* : bagpipes *pl*
gajes *nmpl* **gajes del oficio** : occupational hazards
gajo *nm* : broken branch : cluster : bunch : segment
gala *nf* : gala; **galas** *nfpl* : finery : attire
galáctico, -ca *adj* : galactic
galán *nm*, *pl* **galanes** : ladies' man : gallant : leading man : hero : boyfriend : suitor
galano, -na *adj* : elegant : mottled
galante *adj* : gallant : attentive — **galantemente** *adv*
galantear *v* : to court : to woo : to flirt with
galanteo *nm* : courtship : flirtation : flirting
galantería *nf* : gallantry : attentiveness : compliment
galápago *nm* : aquatic turtle
galardón *nm*, *pl* **-dones** : award : prize
galardonado, -da *adj* : prizewinning
galardonar *v* : to give an award to

galaxia *nf* : galaxy
galeno *nm* : physician : doctor
galeón *nm*, *pl* **galeones** : galleon
galera *nf* : galley
galería *nf* : gallery : balcony : corridor : passage
galerón *nm*, *pl* **-rones** : large hall
galés¹, -lesa *adj* : Welsh
galés², -lesa *n*, *mpl* **galeses** : Welshman *m* : Welshwoman *f*
galés³ *nm* : Welsh
galgo *nm* : greyhound
galimatías *nms & pl* : gibberish : nonsense
galio *nm* : gallium
gallardete *nm* : pennant : streamer
gallardía *nf* : bravery : elegance : gracefulness
gallardo, -da *adj* : brave : elegant : graceful
gallear *v* : to show off : to strut around
gallego¹, -ga *adj* : Galician : Spanish
gallego², -ga *n* : Galician : Spaniard
galleta *nf* : cookie : cracker
gallina *nf* : hen
gallinazo *nm* : vulture : buzzard
gallinero *nm* : chicken coop
gallito, -ta *adj* : cocky : belligerent
gallo *nm* : rooster : cock : squeak or crack in the voice : serenade
galochas *nfpl* : galoshes
galón *nm*, *pl* **galones** : gallon : stripe
galopada *nf* : gallop
galopante *adj* : galloping
galopar *v* : to gallop
galope *nm* : gallop
galpón *nm*, *pl* **galpones** : shed : storehouse
galvanizar *v* : to galvanize — **galvanización** *nf*
gama *nf* : range : spectrum : gamut
gamba *nf* : large shrimp : prawn
gamberrada *nf* : act of vandalism : crude thing
gamberro, -rra *n* : hooligan : troublemaker
gambiano, -na *adj & n* : Gambian
gambito *nm* : gambit
gamo, -ma *n* : fallow deer
gamuza *nf* : suede : chamois
gana *nf* : desire : inclination
ganadería *nf* : cattle raising : cattle ranch : cattle *pl* : livestock
ganadero¹, -ra *adj* : cattle : ranching
ganadero², -ra *n* : rancher
ganado *nm* : cattle *pl* : livestock
ganador¹, -dora *adj* : winning
ganador², -dora *n* : winner
ganancia *nf* : profit; **ganancias** *nfpl* : winnings : gains
ganancioso, -sa *adj* : profitable
ganar *v* : to win : to gain : to earn : to acquire : to obtain : to profit — **ganarse** *vr* : to deserve

ganchillo *nm* : crochet hook
gancho *nm* : hook : clothes hanger
: hairpin : bobby pin : safety pin
gandul[1] *nm* : pigeon pea
gandul[2], **-dula** *n* : idler : lazybones
gandulear *v* : to idle : to loaf : to lounge
about
ganga *nf* : bargain
ganglio *nm* : ganglion : gland
gangrena *nf* : gangrene —
gangrenoso, -sa *adj*
gángster *nmf, pl* **gángsters** : gangster
gansada *nf* : silly thing : nonsense
ganso, -sa *n* : goose : gander *m* : idiot
: fool
gañido *nm* : yelp
gañir *v* : to yelp
garabatear *v* : to scribble : to scrawl
: to doodle
garabato *nm* : doodle; **garabatos** *nmpl*
: scribble : scrawl
garaje *nm* : garage
garante *nmf* : guarantor
garantía *nf* : guarantee : warranty : security
garantizar *v* : to guarantee
garapiña *nf* : pineapple drink
garapiñar *v* : to candy
garbanzo *nm* : chickpea
garbo *nm* : grace : poise : jauntiness
garboso, -sa *adj* : graceful : elegant
: stylish
garceta *nf* : egret
gardenia *nf* : gardenia
garfio *nm* : hook : gaff
gargajo *nm* : phlegm
garganta *nf* : throat : neck : ravine
: narrow pass
gargantilla *nf* : choker : necklace
gárgara *nf* : gargle : gargling
gargarizar *v* : to gargle
gárgola *nf* : gargoyle
garita *nf* : cabin : hut : sentry box
: lookout post
garito *nm* : gambling hall
garoso, -sa *adj* : gluttonous : greedy
garra *nf* : claw : hand : paw; **garras** *nfpl*
: claws : clutches
garrafa *nf* : decanter : carafe
garrafal *adj* : terrible : monstrous
garrafón *nm, pl* **-fones** : large decanter
: large bottle
garrapata *nf* : tick
garrobo *nm* : large lizard : iguana
garrocha *nf* : lance : pike : pole
garrotazo *nm* : blow
garrote *nm* : club : stick : brake
garúa *nf* : drizzle
garuar *v impers* : to drizzle
garza *nf* : heron
garzón, -zona *n, mpl* **-zones** : waiter *m*
: waitress *f*
gas *nm* : gas : vapor : fumes *pl*
gasa *nf* : gauze
gasear *v* : to gas : to aerate

gaseosa *nf* : soda : soft drink
gaseoso, -sa *adj* : gaseous
: carbonated : fizzy
gasfitería *nf* : plumbing
gasfitero, -ra *n* : plumber
gasoducto *nm* : gas pipeline
gasoil *nm* : diesel oil : fuel oil
gasóleo → **gasoil**
gasolina *nf* : gasoline : gas
gasolinera *nf* : gas station : service
station
gastado, -da *adj* : spent : worn : worn-
out
gastador[1], **-dora** *adj* : extravagant
: spendthrift
gastador[2], **-dora** *n* : spendthrift
gastar *v* : to spend : to consume : to use
up : to squander : to waste : to wear —
gastarse *vr* : to expend : to run down
: to wear out
gasto *nm* : expense : expenditure : wear
gástrico, -ca *adj* : gastric
gastronomía *nf* : gastronomy
gastronómico, -ca *adj* : gastronomic
gastrónomo, -ma *n* : gourmet
gatas *adv* **andar a gatas** : to crawl : to
go on all fours
gatear *v* : to crawl : to climb : to clamber
gatillero *nm* : gunman
gatillo *nm* : trigger
gatito, -ta *n* : kitten
gato[1], **-ta** *n* : cat
gato[2] *nm* : jack
gauchada *nf* : favor : kindness
gaucho *nm* : gaucho
gaveta *nf* : drawer : till
gavilán *nm, pl* **-lanes** : sparrow hawk
gavilla *nf* : gang : band : sheaf
gaviota *nf* : gull : seagull
gay *adj* : gay
gaza *nf* : loop
gazapo *nm* : young rabbit : misprint
: error
gazmoñería *nf* : prudery : primness
gazmoño[1], **-ña** *adj* : prudish : prim
gazmoño[2], **-ña** *n* : prude : prig
gaznate *nm* : throat : gullet
gazpacho *nm* : gazpacho
géiser *or* **géyser** *nm* : geyser
gel *nm* : gel
gelatina *nf* : gelatin
gélido, -da *adj* : icy : freezing cold
gelificarse *vr* : to jell
gema *nf* : gem
gemelo[1], **-la** *adj & n* : twin
gemelo[2] *nm* : cuff link; **gemelos** *nmpl*
: binoculars
gemido *nm* : moan : groan : wail
Géminis[1] *nm* : Gemini
Géminis[2] *nmf* : Gemini
gemir *v* : to moan : to groan : to wail
gen *or* **gene** *nm* : gene
gendarme *nmf* : police officer
: policeman *m* : policewoman *f*

gendarmería *nf* : police
genealogía *nf* : genealogy
genealógico, -ca *adj* : genealogical
generación *nf, pl* **-ciones** : generation
  : generating : creating : class
generacional *adj* : generation
  : generational
generador *nm* : generator
general[1] *adj* : general
general[2] *nmf* : general
generalidad *nf* : generality
  : generalization : majority
generalización *nf, pl* **-ciones**
  : generalization : escalation : spread
generalizado, -da *adj* : generalized
  : widespread
generalizar *v* : to generalize : to spread
  : to spread out — **generalizarse** *vr* : to
  become widespread
generalmente *adv* : usually : generally
generar *v* : to generate — **generarse** *vr*
genérico, -ca *adj* : generic
género *nm* : genre : class : kind
  : gender; **géneros** *nmpl* : goods
  : commodities
generosidad *nf* : generosity
generoso, -sa *adj* : generous : unselfish
  : ample — **generosamente** *adv*
genética *nf* : genetics
genético, -ca *adj* : genetic —
  genéticamente *adv*
genetista *nmf* : geneticist
genial *adj* : genial : pleasant : brilliant
  : fantastic : terrific
genialidad *nf* : genius : stroke of genius
  : eccentricity
genio *nm* : genius : temper : disposition
  : genie
genital *adj* : genital
genitales *nmpl* : genitals
genocidio *nm* : genocide
gente *nf* : people : relatives *pl* : folks *pl*
gentil[1] *adj* : kind : gentile
gentil[2] *nmf* : gentile
gentileza *nf* : kindness : courtesy
gentilicio, -cia *adj* : national : tribal : family
gentilmente *adv* : kindly
gentío *nm* : crowd : mob
gentuza *nf* : riffraff : rabble
genuflexión *nf, pl* **-xiones** : genuflection
genuino, -na *adj* : genuine —
  genuinamente *adv*
geografía *nf* : geography
geográfico, -ca *adj* : geographic
  : geographical — **geográficamente**
  adv
geógrafo, -fa *n* : geographer
geología *nf* : geology
geológico, -ca *adj* : geologic
  : geological — **geológicamente** *adv*
geólogo, -ga *n* : geologist
geometría *nf* : geometry
geométrico, -ca *adj* : geometric
  : geometrical — **geométricamente** *adv*

geopolítico, -ca *adj* : geopolitical
georgiano, -na *adj & n* : Georgian
geranio *nm* : geranium
gerbo *nm* : gerbil
gerencia *nf* : management
  : administration
gerencial *adj* : managerial
gerente *nmf* : manager : director
geriatría *nf* : geriatrics
geriátrico, -ca *adj* : geriatric
germanio *nm* : germanium
germano, -na *adj* : Germanic : German
germen *nm, pl* **gérmenes** : germ
germicida *nf* : germicide
germinación *nf, pl* **-ciones**
  : germination
germinar *v* : to germinate : to sprout
gerundio *nm* : gerund
gesta *nf* : deed : exploit
gestación *nf, pl* **-ciones** : gestation
gesticular *v* : to gesticulate —
  gesticulación *nf*
gestión *nf, pl* **gestiones** : procedure
  : step : management; **gestiones** *nfpl*
  : negotiations
gestionar *v* : to negotiate : to work
  towards : to manage : to handle
gesto *nm* : gesture : facial expression
  : grimace
gestor[1], **-tora** *adj* : facilitating
  : negotiating : managing
gestor[2], **-tora** *n* : facilitator : manager
géyser → géiser
ghanés, -nesa *adj & n, mpl* **ghaneses**
  : Ghanaian
ghetto → gueto
giba *nf* : hump
gibón *nm, pl* **gibones** : gibbon
giboso, -sa *adj* : hunchbacked
  : humpbacked
giga[1] *nf* : jig
giga[2] *nmf* : gig : gigabyte
gigabyte *nm* : gigabyte
gigante[1] *adj* : giant : gigantic
gigante[2], **-ta** *n* : giant
gigantesco, -ca *adj* : gigantic : huge
gime, etc. → gemir
gimnasia *nf* : gymnastics
gimnasio *nm* : gymnasium : gym
gimnasta *nmf* : gymnast
gimnástico, -ca *adj* : gymnastic
gimotear *v* : to whine : to whimper
gimoteo *nm* : whimpering
ginebra *nf* : gin
ginecología *nf* : gynecology
ginecológico, -ca *adj* : gynecologic
  : gynecological
ginecólogo, -ga *n* : gynecologist
ginseng *nm* : ginseng
gira *nf* : tour
giralda *nf* : weather vane
girar *v* : to turn around : to revolve : to
  swing around : to swivel : to turn : to
  twist : to rotate : to draft : to transfer

girasol *nm* : sunflower
giratorio, -ria *adj* : revolving
giro *nm* : turn : rotation : change of direction
giroscopio *or* **giróscopo** *nm* : gyroscope
gis *nm* : chalk
glacial *adj* : glacial : icy — **glacialmente** *adv*
glaciar *nm* : glacier
gladiador *nm* : gladiator
gladiolo *or* **gladíolo** *nm* : gladiolus
glamping *nm* : glamping
glándula *nf* : gland — **glandular** *adj*
glaseado *nm* : glaze : icing
glasear *v* : to glaze
glaucoma *nf* : glaucoma
glena *nf* : socket
glicerina *nf* : glycerin
glicinia *nf* : wisteria
global *adj* : global : worldwide : full : comprehensive : total : overall
globalizar *v* : to include : to encompass : to extend worldwide — **globalización** *nf*
globalmente *adv* : globally : as a whole
globo *nm* : globe : sphere : balloon
glóbulo *nm* : globule : blood cell : corpuscle
gloria *nf* : glory : fame : renown : delight : enjoyment : star : legend
glorieta *nf* : rotary : traffic circle : bower : arbor : gazebo
glorificar *v* : to glorify — **glorificación** *nf*
glorioso, -sa *adj* : glorious — **gloriosamente** *adv*
glosa *nf* : gloss : annotation : commentary
glosar *v* : to gloss : to annotate : to comment on
glosario *nm* : glossary
glotón[1], -tona *adj, mpl* **glotones** : gluttonous
glotón[2], -tona *n, mpl* **glotones** : glutton
glotón[3] *nm, pl* **glotones** : wolverine
glotonería *nf* : gluttony
glucosa *nf* : glucose
glutinoso, -sa *adj* : glutinous
gnomo *nm* : gnome
gobernación *nf, pl* **-ciones** : governing : government
gobernador, -dora *n* : governor
gobernante[1] *adj* : ruling : governing
gobernante[2] *nmf* : ruler : leader : governor
gobernar *v* : to govern : to rule : to steer : to sail
gobierno *nm* : government
goce[1], etc. → **gozar**
goce[2] *nm* : enjoyment : pleasure : use : possession
gol *nm* : goal
goleada *nf* : rout : defeat

goleador, -dora *n* : scorer
golear *v* : to rout : to score many goals against
goleta *nf* : schooner
golf *nm* : golf
golfista *nmf* : golfer
golfo *nm* : gulf : bay
golondrina *nf* : swallow
golosina *nf* : sweet : snack
goloso, -sa *adj* : fond of sweets
golpazo *nm* : heavy blow : bang : thump
golpe *nm* : blow : knock : job : heist
golpeado, -da *adj* : beaten : hit : bruised : dented
golpear *v* : to beat : to hit : to slam : to bang : to strike : to knock — **golpearse** *vr*
golpetear *v* : to knock : to rattle : to tap
golpeteo *nm* : banging : knocking : tapping
golpista[1] *adj* : coup : coup-related : pro-coup
golpista[2] *nmf* : coup supporter : military insurgent
golpiza *nf* : beating : pummeling
goma *nf* : gum : rubber : glue : rubber band : tire : hangover
gomina *nf* : hair gel
gomita *nf* : rubber band
gomoso, -sa *adj* : gummy : sticky
góndola *nf* : gondola
gong *nm* : gong
gonorrea *nf* : gonorrhea
googlear *v* : to google
gorda *nf* : thick corn tortilla
gordinflón[1], -flona *adj, mpl* **-flones** : chubby : pudgy
gordinflón[2], -flona *n, mpl* **-flones** : chubby person
gordo[1], -da *adj* : fat : thick : fatty : greasy : oily : unpleasant
gordo[2], -da *n* : fat person
gordo[3] *nm* : fat : jackpot
gordura *nf* : fatness : flab
gorgojo *nm* : weevil
gorgorito *nm* : trill
gorgotear *v* : to gurgle : to bubble
gorgoteo *nm* : gurgle
gorila *nm* : gorilla : bouncer
gorjear *v* : to chirp : to tweet : to warble : to gurgle
gorjeo *nm* : chirping : warbling : gurgling
gorra *nf* : bonnet : cap
gorrear *v* : to bum : to scrounge : to freeload
gorrero, -ra *n* : freeloader : sponger
gorrión *nm, pl* **gorriones** : sparrow
gorro *nm* : cap
gorrón, -rrona *n, mpl* **gorrones** : freeloader : scrounger
gorronear *v* : to bum : to scrounge : to freeload
gota *nf* : drop : gout
gotear *v* : to drip : to leak : to drizzle

goteo *nm* : drip : dripping
gotera *nf* : leak : stain
gotero *nm* : (medicine) dropper
gótico, -ca *adj* : Gothic
gourmet *nmf* : gourmet
gozar *v* : to enjoy oneself : to have a good time
gozne *nm* : hinge
gozo *nm* : joy : enjoyment : pleasure
gozoso, -sa *adj* : joyful
GPS *nm, pl* **GPS** : GPS
grabación *nf, pl* **-ciones** : recording
grabado *nm* : engraving
grabador, -dora *n* : engraver
grabadora *nf* : recorder : tape recorder
grabar *v* : to engrave : to record : to tape **grabar al aguafuerte** : to etch — **grabarse** *vr* **grabársele a alguien en la memoria** : to become engraved on someone's mind
gracia *nf* : grace : favor : kindness : humor : wit : respite; **gracias** *nfpl* : thanks
grácil *adj* : graceful : delicate : slender : fine
gracilidad *nm* : gracefulness
gracioso, -sa *adj* : funny : amusing : cute : attractive
grada *nf* : harrow : step : stair; **gradas** *nfpl* : bleachers : grandstand
gradación *nf, pl* **-ciones** : gradation : scale
gradar *v* : to harrow : to hoe
gradería *nf* : tiers *pl* : stands *pl* : rows *pl*
gradiente *nm* : gradient : slope
grado *nm* : degree : extent : level : rank : year : class
graduable *adj* : adjustable
graduación *nf, pl* **-ciones** : graduation : rank : alcohol content : proof
graduado¹, -da *adj* : graduated
graduado², -da *n* : graduate
gradual *adj* : gradual — **gradualmente** *adv*
graduar *v* : to regulate : to adjust : to calibrate : to gauge — **graduarse** *vr* : to graduate
graffiti *or* **grafiti** *nmpl* : graffiti *pl*
gráfica *nf* → **gráfico²**
gráfico¹, -ca *adj* : graphic — **gráficamente** *adv*
gráfico² *nm* : graph : chart : graphic
grafismo *nm* : graphics *pl*
grafito *nm* : graphite
gragea *nf* : coated pill or tablet; **grageas** *nfpl* : sprinkles : jimmies
grajo *nm* : rook
grama *nf* : grass
gramática *nf* : grammar
gramatical *adj* : grammatical — **gramaticalmente** *adv*
gramilla *f* : crabgrass
gramo *nm* : gram
gran → **grande**
grana *nf* : scarlet : deep red

granada *nf* : pomegranate : grenade
granaderos *nmpl* : riot squad
granadino, -na *adj & n* : Grenadian
granado, -da *adj* : distinguished : choice : select
granate *nm* : garnet : deep red : maroon
grande *adj* : large : big : tall : great : old : grown-up
grandeza *nf* : greatness : size : nobility : generosity : graciousness : grandeur : magnificence
grandilocuencia *nf* : bombast
grandilocuente *adj* : bombastic
grandiosidad *nf* : grandeur
grandioso, -sa *adj* : grand : magnificent : grandiose
granero *nm* : barn : granary
granito *nm* : granite
granizada *nf* : hailstorm
granizado *nm* : drink made with crushed ice
granizar *v impers* : to hail
granizo *nm* : hail
granja *nf* : farm
granjear *v* : to earn : to win — **granjearse** *vr* : to gain : to earn
granjero, -ra *n* : farmer
grano *nm* : grain : particle : bean : seed : pimple
granoso, -sa *adj* : grainy
granuja *nmf* : rascal : urchin
granular *adj* : granular : grainy
granularse *vr* : to break out in spots
granuloso, -sa → **granular**
granza *nf* : chaff
grapa *nf* : staple : clamp
grapadora *nf* : stapler
grapar *v* : to staple
grasa *nf* : grease : fat : shoe polish
grasiento, -ta *adj* : greasy : oily
graso, -sa *adj* : fatty : greasy : oily
grasoso, -sa *adj* : greasy : oily
gratificación *nf, pl* **-ciones** : gratification : bonus : recompense : reward
gratificante *adj* : satisfying : gratifying
gratificar *v* : to satisfy : to gratify : to reward : to give a bonus to
gratinado, -da *adj* : au gratin
gratis¹ *adv* : free : for free : gratis
gratis² *adj* : free : gratis
gratitud *nf* : gratitude
grato, -ta *adj* : pleasant : agreeable — **gratamente** *adv*
gratuitamente *adv* : gratuitously : free : for free
gratuito, -ta *adj* : gratuitous : unwarranted : free : gratis
grava *nf* : gravel
gravamen *nm, pl* **-vámenes** : burden : obligation : (property) tax
gravar *v* : to burden : to encumber : to levy
grave *adj* : grave : important : serious : somber

gravedad *nf* : gravity : seriousness
: severity
gravemente *adv* : gravely : seriously
gravilla *nf* : (fine) gravel
gravitación *nf, pl* **-ciones** : gravitation
gravitacional *adj* : gravitational
gravitar *v* : to gravitate
gravoso, -sa *adj* : burdensome
: onerous : costly
graznar *v* : to caw : to honk : to quack
: to squawk
graznido *nm* : cawing : honking
: quacking : squawking
gregario, -ria *adj* : gregarious
gremial *adj* : union : labor
gremialista *nmf* : union supporter
gremio *nm* : union : guild
greña *nf* : mat : tangle; **greñas** *nfpl*
: shaggy hair : mop
greñudo, -da *n* : hippie
gresca *nf* : fight : ruckus
grey *nf* : congregation : flock
griego[1]**, -ga** *adj & n* : Greek
griego[2] *nm* : Greek
grieta *nf* : crack : crevice
grifo *nm* : faucet : gas station
grillete *nm* : shackle
grillo *nm* : cricket; **grillos** *nmpl* : fetters
: shackles
grima *nf* : disgust : uneasiness
gripa *nf* : flu
gripe *nf* : flu
gris *adj* : gray : overcast : cloudy
grisáceo, -cea *adj* : grayish
grisín *nm, pl* **grisines** : breadstick
gritar *v* : to shout : to scream : to cry
gritería *nf* : shouting : clamor
grito *nm* : shout : scream : cry
groenlandés, -desa *adj & n*
: Greenlander
grogui *adj* : dazed : groggy
grosella *nf* : currant
grosería *nf* : insult : coarse language
: rudeness : discourtesy
grosero[1]**, -ra** *adj* : rude : fresh : coarse
: vulgar — **groseramente** *adv*
grosero[2]**, -ra** *n* : rude person
grosor *nm* : thickness
grosso *adj* **a grosso modo** : roughly
: broadly : approximately
grotesco, -ca *adj* : grotesque
: hideous
grúa *nf* : crane : tow truck
gruesa *nf* : gross
grueso[1]**, -sa** *adj* : thick : bulky : heavy
: big : stout
grueso[2] *nm* : thickness : main body
: mass
grulla *nf* : crane
grumo *nm* : lump : glob
gruñido *nm* : growl : grunt
gruñir *v* : to growl : to grunt : to grumble
gruñón[1]**, -ñona** *adj, mpl* **gruñones**
: grumpy : crabby

gruñón[2]**, -ñona** *n, mpl* **gruñones**
: grumpy person : nag
grupa *nf* : rump : hindquarters *pl*
grupo *nm* : group
gruta *nf* : grotto : cave
guacal *nm* : crate
guacamayo *nm* : macaw
guacamole *or* **guacamol** *nm*
: guacamole
guacamote *nm* : manioc : cassava
guachimán *nm, pl* **-manes** : watchman
guachinango → **huachinango**
guacho, -cha *adj* : orphaned : odd
guadaña *nf* : scythe
guagua *nf* : baby : bus
guaira *nf* : traditional flute : smelting
furnace
guajiro, -ra *n* : peasant
guajolote *nm* : turkey
guanábana *nf* : soursop
guanaco *nm* : guanaco
guandú *nm, pl* **guandú** *or* **guandúes**
: pigeon pea
guango, -ga *adj* : loose-fitting : baggy
: slack : loose
guano *nm* : guano
guante *nm* : glove
guantelete *nm* : gauntlet
guantera *nf* : glove compartment
guapo, -pa *adj* : handsome : good-
looking : attractive : elegant : smart
: bold : dashing
guarache → **huarache**
guarachear *v* : to go on a spree : to go
out on the town
guarangada *nf* : rude or insulting
remark
guaraní[1] *nmf, pl* **-níes** : Guarani —
guaraní *adj*
guaraní[2] *nm* : Guarani : guaraní
guarda *nmf* : security guard : keeper
: custodian
guardabarros *nms & pl* : fender
: mudguard
guardabosque *nmf* : forest ranger
: gamekeeper
guardacostas[1] *nmfs & pl* : member of
the coast guard
guardacostas[2] *nms & pl* : coast guard
vessel
guardaespaldas *nmfs & pl*
: bodyguard
guardafangos *nms & pl* : fender
guardameta *nmf* : goalkeeper : goalie
guardapelo *nm* : locket
guardapolvo *nm* : dustcover : duster
: housecoat
guardar *v* : to guard : to maintain : to
preserve : to put away : to save : to
keep
guardarropa *nm* : coat check : closet
: wardrobe
guardavallas *nmf* : goalkeeper
guardería *nf* : nursery : day-care center

guardia[1] *nf* : guard : defense : guard
duty : watch
guardia[2] *nmf* : sentry : guard : police
officer : policeman *m* : policewoman *f*
guardiamarina *nmf* : midshipman
guardián, -diana *n, mpl* **guardianes**
: security guard : watchman : guardian
: keeper
guarecer *v* : to shelter : to protect —
guarecerse *vr* : to take shelter
guarida *nf* : den : lair : hideout
guarismo *nm* : figure : numeral
guarnecer *v* : to adorn : to garnish : to
garrison
guarnición *nf, pl* **-ciones** : garnish
: garrison : decoration : trimming
: setting
guarrada *nf* : filthy mess : dirty trick
guarro[1], **-ra** *adj* : dirty : filthy
guarro[2], **-ra** *n* : filthy, disgusting,
or vulgar person
guarura *nm* : bodyguard
guasa *nf* : joking : fooling around
guasón[1], **-sona** *adj, mpl* **guasones**
: funny : witty
guasón[2], **-sona** *n, mpl* **guasones** : joker
: clown
guatemalteco, -ca *adj & n* : Guatemalan
guau *interj* : wow!
guay *adj* : cool : neat : great
guayaba *nf* : guava
guayín *nm, pl* **guayines** : station wagon
gubernamental *adj* : governmental
gubernativo, -va → gubernamental
gubernatura *nf* : governing body
guepardo *nm* : cheetah
güero, -ra *adj* : blond : fair
guerra *nf* : war : warfare : conflict
: struggle
guerrear *v* : to wage war
guerrero[1], **-ra** *adj* : war : fighting
: warlike
guerrero[2], **-ra** *n* : warrior
guerrilla *nf* : guerrilla warfare
guerrillero, -ra *adj & n* : guerrilla
gueto *nm* : ghetto
guía[1] *nf* : directory : guidebook
: guidance : direction
guía[2] *nmf* : guide : leader
guiar *v* : to guide : to lead : to manage
— **guiarse** *vr* : to be guided by : to
go by
guija *nf* : pebble
guijarro *nm* : pebble
guillotina *nf* : guillotine — **guillotinar** *v*
guinda[1] *adj & nm* : maroon
guinda[2] *nf* : morello
guindilla *nf* : chili
guineo *nm* : banana
guinga *nf* : gingham
guiñada → guiño
guiñar *v* : to wink
guiño *nm* : wink
guiñol *nm* : puppet theater

guión *nm, pl* **guiones** : script
: screenplay : hyphen : dash : standard
: banner
guionista *nmf* : scriptwriter
guirnalda *nf* : garland
guisa *nf* : manner : fashion
guisado *nm* : stew
guisante *nm* : pea
guisar *v* : to stew : to cook
guiso *nm* : stew : casserole
güisqui → whisky
guita *nf* : string : twine
guitarra *nf* : guitar
guitarrista *nmf* : guitarist
gula *nf* : gluttony : greed
guppy *nm* : guppy
gusano *nm* : worm : earthworm
: caterpillar : maggot : grub
gustar *v* : to taste : to like : to be
pleasing
gustativo, -va *adj* : taste
gusto *nm* : flavor : taste : style
: pleasure : liking : whim : fancy
gustosamente *adv* : gladly
gustoso, -sa *adj* : willing : glad : zesty
: tasty
gutural *adj* : guttural
ha → haber
haba *nf* : broad bean
habanero[1], **-ra** *adj* : of or from Havana
habanero[2], **-ra** *n* : native or resident of
Havana
habano, -na *n* : cigar from Havana
haber[1] *v aux* : have : has; **hay** *v imper*
: there is : there are
haber[2] *nm* : assets *pl* : credit : credit
side; **haberes** *nmpl* : salary : income
: remuneration
habichuela *nf* : bean : kidney bean
: green bean
hábil *adj* : able : skillful : work : working
habilidad *nf* : ability : skill
habilidoso, -sa *adj* : skillful : clever
habilitación *nf, pl* **-ciones**
: authorization : furnishing : equipping
habilitar *v* : to enable : to authorize : to
empower : to equip : to furnish
hábilmente *adv* : skillfully : expertly
habiloso, -sa *adj* : bright : smart : clever
habitable *adj* : habitable : inhabitable
habitación *nf, pl* **-ciones** : room
: bedroom : habitation : occupancy
habitante *nmf* : inhabitant : resident
habitar *v* : to inhabit : to reside : to dwell
hábitat *nm, pl* **-tats** : habitat
hábito *nm* : habit : custom
habitual *adj* : habitual : customary —
habitualmente *adv*
habituar *v* : to accustom : to habituate
— **habituarse** *vr ~ a* : to get used to
: to grow accustomed to
habla *nf* : speech : language : dialect
hablado, -da *adj* : spoken
hablador[1], **-dora** *adj* : talkative

hablador[2], **-dora** n : chatterbox
habladuría nf : rumor; **habladurías** nfpl : gossip : scandal
hablante nmf : speaker
hablar v : to speak : to talk : to talk about : to discuss — **hablarse** vr : to speak to each other : to be on speaking terms
habrá, etc. → **haber**
hacedor, -dora n : creator : maker : doer
hacendado, -da n : landowner
hacendoso, -sa adj : hardworking : industrious
hacer v : to make : to build : to write : to do : to pay : to cause : to produce : to voice : to ask : to force : to oblige : to provoke : to cause to : to pack : to fix : to act : to serve as : to function as — **hacerse** vr : to become : to pretend : to play : to seem : to get : to grow
hacha nf : hatchet : ax
hachazo nm : blow : chop
hachís nm : hashish
hacia prep : toward : towards : near : around : about
hacienda nf : estate : ranch : farm : property : livestock
hacinamiento nm : overcrowding
hacinar v : to pile up : to stack : to crowd : to cram — **hacinarse** vr : to crowd together
hackear v : to hack : to hack into
hacker nmf, pl **hackers** : hacker
hada nf : fairy
hado nm : destiny : fate
haga, etc. → **hacer**
haitiano, -na adj & n : Haitian
hala interj : come on! : wow! : hey!
halagador[1], **-dora** adj : flattering
halagador[2], **-dora** n : flatterer
halagar v : to flatter : to compliment
halago nm : flattery : praise
halagüeño, -ña adj : flattering : encouraging : promising
halar v → **jalar**
halcón nm, pl **halcones** : hawk : falcon
halibut nm, pl **-buts** : halibut
hálito nm : breath : gentle breeze
hallar v : to find : to discover : to find out — **hallarse** vr : to be situated : to find oneself : to feel
hallazgo nm : discovery : find
halo nm : halo : aura
halterofilia nf : weight lifting
hamaca nf : hammock
hambre nf : hunger : starvation
hambriento, -ta adj : hungry : starving
hambruna nf : famine
hamburguesa nf : hamburger : burger : patty
hampa nf : criminal underworld
hampón, -pona n, mpl **hampones** : criminal : thug

hámster nm, pl **hámsters** : hamster
han → **haber**
handicap or **hándicap** nm, pl **-caps** : handicap
hangar nm : hangar
Hanukkah → **Januciá**
hará, etc. → **hacer**
haragán[1], **-gana** adj, mpl **-ganes** : lazy : idle
haragán[2], **-gana** n, mpl **-ganes** : slacker : good-for-nothing
haraganear v : to be lazy : to waste one's time
haraganería nf : laziness
harapiento, -ta adj : ragged : tattered
harapos nmpl : rags : tatters
hardware nm : computer hardware
harén nm, pl **harenes** : harem
harina nf : flour
hartar v : to glut : to satiate : to tire : to irritate : to annoy — **hartarse** vr : to be weary : to get fed up
harto[1] adv : most : extremely : very
harto[2], **-ta** adj : full : satiated : fed up : a lot of : much
hartura nf : surfeit : abundance : plenty
has → **haber**
hashtag nm, pl **hashtags** : hashtag
hasta[1] adv : even
hasta[2] prep : until : up until : as far as : to : up/down to
hastiar v : to make weary : to bore : to disgust : to sicken — **hastiarse** vr ~ **de** : to get tired of
hastío nm : tedium : disgust
hatchback nm : hatchback
hatillo nm : bundle
hato nm : flock : herd : bundle
hawaiano, -na adj & n : Hawaiian
hay → **haber**[1]
haya[1], **etc.** → **haber**
haya[2] nf : beech
hayuco nm : beechnut
haz[1] → **hacer**
haz[2] nm, pl **haces** : bundle : beam
haz[3] nf, pl **haces** : face
hazaña nf : feat : exploit
hazmerreír nm : laughingstock
he[1] → **haber**
he[2] v impers **he aquí** : here is : here are : behold
hebilla nf : buckle : clasp
hebra nf : strand : thread
hebreo[1], **-brea** adj & n : Hebrew
hebreo[2] nm : Hebrew
hecatombe nf : massacre : disaster
heces → **hez**
hechicería nf : sorcery : witchcraft : curse : spell
hechicero[1], **-ra** adj : bewitching : enchanting
hechicero[2], **-ra** n : sorcerer : sorceress f
hechizar v : to bewitch : to charm
hechizo nm : spell : enchantment : charm : fascination

hecho¹ *pp* → **hacer**
hecho², -cha *adj* : made : done
: complete : finished
hecho³ *nm* : fact : event : act : action
hechura *nf* : style : craftsmanship
: workmanship : product : creation
hectárea *nf* : hectare
heder *v* : to stink : to reek
hediondez *nf, pl* **-deces** : stink : stench
hediondo, -da *adj* : foul-smelling : stinking
hedor *nm* : stench : stink
hegemonía *nf* : dominance : hegemony
helada *nf* : frost
heladería *nf* : ice-cream parlor : ice-
cream stand
helado¹, -da *adj* : icy : freezing cold : frozen
helado² *nm* : ice cream
heladora *nf* : freezer
helar *v* : to freeze : to produce frost —
helarse *vr*
helecho *nm* : fern : bracken
hélice *nf* : spiral : helix : propeller
helicóptero *nm* : helicopter
helio *nm* : helium
helipuerto *nm* : heliport
hematoma *nm* : hematoma : bruise
hembra *adj & nf* : female
hemisférico, -ca *adj* : hemispheric
: hemispherical
hemisferio *nm* : hemisphere
hemofilia *nf* : hemophilia
hemofílico, -ca *adj & n* : hemophiliac
hemoglobina *nf* : hemoglobin
hemorragia *nf* : hemorrhage
hemorroides *nfpl* : hemorrhoids : piles
hemos → **haber**
henchido, -da *adj* : swollen : bloated
henchir *v* : to stuff : to fill : to swell : to
swell up — **henchirse** *vr* : to stuff
oneself : to fill up : to be full
hender *v* : to cleave : to split
hendidura *nf* : crack : crevice : fissure
heno *nm* : hay
hepatitis *nf* : hepatitis
heráldica *nf* : heraldry
heráldico, -ca *adj* : heraldic
heraldo *nm* : herald
herbario, -ria *adj* : herbal
herbicida *nm* : herbicide : weed killer
herbívoro¹, -ra *adj* : herbivorous
herbívoro² *nm* : herbivore
hercio *nm* : hertz
hercúleo, -lea *adj* : herculean
heredar *v* : to inherit
heredero, -ra *n* : heir : heiress *f*
hereditario, -ria *adj* : hereditary
hereje *nmf* : heretic
herejía *nf* : heresy
herencia *nf* : inheritance : heritage
: heredity
herético, -ca *adj* : heretical
herida *nf* : injury : wound
herido¹, -da *adj* : injured : wounded
: hurt : offended

herido², -da *n* : injured person : casualty
herir *v* : to injure : to wound : to hurt
: to offend
hermafrodita *nmf* : hermaphrodite
hermanar *v* : to unite : to bring together
: to match up : to twin
hermanastro, -tra *n* : half brother
m : half sister *f* : stepbrother *m*
: stepsister *f*
hermandad *nf* : brotherhood
: association
hermano, -na *n* : sibling : brother *m*
: sister *f*
hermético, -ca *adj* : hermetic
: watertight — **herméticamente** *adv*
hermoso, -sa *adj* : beautiful : lovely —
hermosamente *adv*
hermosura *nf* : beauty : loveliness
hernia *nf* : hernia
herniarse *vr* : to get a hernia : to rupture
oneself
héroe *nm* : hero
heroicidad *nf* : heroism : heroic deed
heroico, -ca *adj* : heroic —
heroicamente *adv*
heroína *nf* : heroine : heroin
heroinómano, -na *n* : heroin addict
heroísmo *nm* : heroism
herpes *nms & pl* : herpes : shingles
herradura *nf* : horseshoe
herraje *nm* : ironwork
herramienta *nf* : tool
herrar *v* : to shoe
herrería *nf* : blacksmith's shop
herrero, -ra *n* : blacksmith
herrumbre *nf* : rust
herrumbroso, -sa *adj* : rusty
hertzio → **hercio**
hervidero *nm* : mass : swarm : hotbed
hervidor *nm* : kettle
hervir *v* : to boil : to bubble
hervor *nm* : boiling : fervor : ardor
heterogéneo, -nea *adj* : heterogeneous
heterosexual *adj & nmf* : heterosexual
heterosexualidad *nf* : heterosexuality
hexágono *nm* : hexagon — **hexagonal**
adj
hez *nf, pl* **heces** : scum : dregs *pl*
: sediment : lees *pl*; **heces** *nfpl* : feces
: excrement
hiato *nm* : hiatus
hibernar *v* : to hibernate — **hibernación** *nf*
híbrido¹, -da *adj* : hybrid
híbrido² *nm* : hybrid
hicieron, etc. → **hacer**
hidalgo, -ga *n* : nobleman *m*
: noblewoman *f*
hidrante *nm* : hydrant
hidratar *v* : to moisturize — **hidratante**
adj
hidrato de carbono *nm* : carbohydrate
hidráulico, -ca *adj* : hydraulic
hidroala *nm* : hydrofoil
hidroavión *nm, pl* **-viones** : seaplane

hidrocarburo nm : hydrocarbon
hidroeléctrico, -ca adj : hydroelectric
hidrofobia nf : hydrophobia : rabies
hidrófugo, -ga adj : water-repellent
hidrógeno nm : hydrogen
hidromasaje nm **bañera de hidromasaje** → **bañera**
hidroplano nm : hydroplane
hiede, etc. → **heder**
hiedra nf : ivy
hiel nf : bile : bitterness
hiela, etc. → **helar**
hielo nm : ice : coldness : reserve
hiena nf : hyena
hiende, etc. → **hender**
hierba nf : herb : grass
hierbabuena nf : mint : spearmint
hiere, etc. → **herir**
hierra, etc. → **herrar**
hierro nm : iron : branding iron
hierve, etc. → **hervir**
hígado nm : liver
higiene nf : hygiene
higiénico, -ca adj : hygienic —
   higiénicamente adv
higienista nmf : hygienist
higo nm : fig
higrómetro nm : hygrometer
higuera nf : fig tree
hijab → **hiyab**
hijastro, -tra n : stepson m
   : stepdaughter f
hijo, -ja n : son m : daughter f
híjole interj : wow! : good grief!
hilacha nf : ravel : loose thread
hilado nm : spinning : yarn : thread
hilar v : to spin : to consider : to string
   together
hilarante adj : humorous : hilarious
hilaridad nf : hilarity
hilera nf : file : row : line
hilo nm : thread : linen : (electric) wire
   : theme : trickle
hilvanar v : to baste : to tack : to piece
   together
himnario nm : hymnal
himno nm : hymn
hincapié nm **hacer hincapié en** : to
   emphasize : to stress
hincar v : to stick : to plunge —
   hincarse vr **hincarse de rodillas** : to
   kneel down : to fall to one's knees
hincha nmf : fan : supporter
hinchado, -da adj : swollen : inflated
   : pompous : overblown
hinchar v : to inflate : to exaggerate —
   hincharse vr : to swell up : to become
   conceited : to swell with pride
hinchazón nf, pl **-zones** : swelling
hinche, etc. → **henchir**
hindi nm : Hindi
hindú adj & nmf : Hindu
hinduismo nm : Hinduism
hiniesta nf : broom

hinojo nm : fennel
hinque, etc. → **hincar**
hipar v : to hiccup
hiperactividad nf : hyperactivity
hiperactivo, -va adj : hyperactive
   : overactive
hipérbole nf : hyperbole
hiperbólico, -ca adj : hyperbolic
   : exaggerated
hipercrítico, -ca adj : hypercritical
hiperenlace nm : hyperlink
hipermercado nm : large supermarket
   : hypermarket
hipermétrope adj : farsighted
hipermetropía nf : farsightedness
hipersensibilidad nf : hypersensitivity
hipertensión nf, pl **-siones**
   : hypertension : high blood pressure
hip–hop nm : hip-hop
hípico, -ca adj : equestrian
hipil → **huipil**
hipnosis nfs & pl : hypnosis
hipnótico, -ca adj : hypnotic
hipnotismo nm : hypnotism
hipnotizador[1], -dora adj : hypnotic
   : spellbinding : mesmerizing
hipnotizador[2], -dora n : hypnotist
hipnotizar v : to hypnotize
hipo nm : hiccup : hiccups pl
hipocampo nm : sea horse
hipocondría nf : hypochondria
hipocondríaco, -ca adj & n
   : hypochondriac
hipocresía nf : hypocrisy
hipócrita[1] adj : hypocritical —
   hipócritamente adv
hipócrita[2] nmf : hypocrite
hipodérmico, -ca adj **aguja
   hipodérmica** : hypodermic needle
hipódromo nm : racetrack
hipopótamo nm : hippopotamus
hipoteca nf : mortgage
hipotecar v : to mortgage : to
   compromise : to jeopardize
hipotecario, -ria adj : mortgage
hipotensión nf, pl **-siones** : low blood
   pressure
hipotenusa nf : hypotenuse
hipotermia nf : hypothermia
hipótesis nfs & pl : hypothesis
hipotético, -ca adj : hypothetical —
   hipotéticamente adv
hippie or **hippy** nmf, pl **hippies** : hippie
hiriente adj : hurtful : offensive
hirió, etc. → **herir**
hirsuto, -ta adj : hairy : bristly : wiry
hirviente adj : boiling
hirvió, etc. → **hervir**
hisopo nm : cotton swab
hispánico, -ca adj & n : Hispanic
hispano[1], -na adj : Hispanic
hispano[2], -na n : Hispanic
hispanoamericano[1], -na adj : Latin-
   American

hispanoamericano[2], **-na** *n* : Latin American
hispanohablante[1] *adj* : Spanish-speaking
hispanohablante[2] *nmf* : Spanish speaker
histerectomía *nf* : hysterectomy
histeria *nf* : hysteria : hysterics
histérico, -ca *adj* : hysterical — **histéricamente** *adv*
histerismo *nm* : hysteria : hysterics
historia *nf* : history : story
historiador, -dora *n* : historian
historial *nm* : record : document : résumé : curriculum vitae
histórico, -ca *adj* : historical : historic : important — **históricamente** *adv*
historieta *nf* : comic strip
histrionismo *nm* : histrionics : acting
hit *nm, pl* **hits** : hit : popular song
hito *nm* : milestone : landmark
hiyab *nm, pl* **hiyabs** : hijab
hizo → **hacer**
hobby *nm, pl* **hobbies** : hobby
hocico *nm* : snout : muzzle
hockey *nm* : hockey
hogar *nm* : home : hearth : fireplace
hogareño, -ña *adj* : domestic : homey
hogaza *nf* : large loaf
hoguera *nf* : bonfire : campfire
hoja *nf* : leaf : petal : blade : sheet : page : form
hojalata *nf* : tinplate
hojaldre *nm* : puff pastry
hojarasca *nf* : fallen leaves *pl*
hojear *v* : to leaf through
hojuela *nf* : leaflet : young leaf : flake
hola *interj* : hello! : hi!
holandés[1], **-desa** *adj, mpl* **-deses** : Dutch
holandés[2], **-desa** *n, mpl* **-deses** : Dutch person
holandés[3] *nm* : Dutch
holgadamente *adv* : comfortably : easily
holgado, -da *adj* : loose : baggy : at ease : comfortable
holganza *nf* : leisure : idleness
holgar *v* : to be unnecessary
holgazán[1], **-zana** *adj, mpl* **-zanes** : lazy
holgazán[2], **-zana** *n, mpl* **-zanes** : slacker : idler
holgazanear *v* : to laze around : to loaf
holgazanería *nf* : idleness : laziness
holgura *nf* : looseness : comfort : ease
holístico, -ca *adj* : holistic
hollar *v* : to tread on : to trample
hollín *nm, pl* **hollines** : soot
holocausto *nm* : holocaust
holograma *nm* : hologram
hombre[1] *nm* : man
hombre[2] *interj* : well! : hey! : of course! : you bet! : come on!
hombrera *nf* : shoulder pad : epaulet
hombría *nf* : manliness

hombro *nm* : shoulder
hombruno, -na *adj* : mannish
homenaje *nm* : homage : tribute
homenajeado, -da *n* : guest of honor
homenajear *v* : to pay homage to : to honor
homeopatía *nf* : homeopathy — **homeopático, -ca** *adj*
homicida[1] *adj* : homicidal : murderous
homicida[2] *nmf* : murderer
homicidio *nm* : homicide : murder
homilía *nf* : homily : sermon
homófono *nm* : homophone
homogeneidad *nf* : homogeneity
homogeneizar *v* : to homogenize
homogéneo, -nea *adj* : homogeneous — **homogéneamente** *adv*
homógrafo *nm* : homograph
homologación *nf, pl* **-ciones** : sanctioning : approval : parity
homologar *v* : to sanction : to bring into line
homólogo[1], **-ga** *adj* : homologous : equivalent
homólogo[2], **-ga** *n* : counterpart
homónimo[1], **-ma** *n* : namesake
homónimo[2] *nm* : homonym
homosexual *adj & nmf* : homosexual
homosexualidad *nf* : homosexuality
honda *nf* : sling
hondo[1] *adv* : deeply
hondo[2], **-da** *adj* : deep — **hondamente** *adv*
hondonada *nf* : hollow : depression : ravine : gorge
hondura *nf* : depth
hondureño, -ña *adj & n* : Honduran
honestidad *nf* : decency : modesty : honesty
honesto, -ta *adj* : decent : virtuous : honest : honorable — **honestamente** *adv*
hongo *nm* : fungus : mushroom
honor *nm* : honor; **honores** *nmpl* : honors
honorable *adj* : honorable — **honorablemente** *adv*
honorario, -ria *adj* : honorary
honorarios *nmpl* : payment : fees
honorífico, -ca *adj* : honorary
honra *nf* : dignity : self-respect : good name : reputation
honradamente *adv* : honestly : decently
honradez *nf, pl* **-deces** : honesty : integrity : probity
honrado, -da *adj* : honest : upright : honored
honrar *v* : to honor : to be a credit to
honroso, -sa *adj* : honorable — **honrosamente** *adv*
hora *nf* : hour : time : appointment
horadar *v* : to drill a hole in
horario *nm* : schedule : timetable : hours *pl*

horca *nf* : gallows *pl* : pitchfork
horcajadas *nfpl* **a ~** : astride : astraddle
horchata *nf* : cold sweet drink usually made with a kind of tuber
horcón *nm, pl* **horcones** : wooden post : prop
horda *nf* : horde
horizontal *adj* : horizontal — **horizontalmente** *adv*
horizonte *nm* : horizon : skyline
horma *nf* : shoe tree : shoemaker's last
hormiga *nf* : ant
hormigón *nm, pl* **-gones** : concrete
hormigonera *nf* : cement mixer
hormigueo *nm* : tingling : pins and needles *pl* : uneasiness
hormiguero *nm* : anthill : swarm
hormona *nf* : hormone — **hormonal** *adj*
hornacina *nf* : niche : recess
hornada *nf* : batch
hornear *v* : to bake
hornilla *nf* : burner
hornillo *nm* : portable stove
horno *nm* : oven : kiln
horóscopo *nm* : horoscope
horqueta *nf* : fork : crotch : small pitchfork
horquilla *nf* : hairpin : bobby pin : pitchfork
horrendo, -da *adj* : horrendous : horrible
horrible *adj* : horrible : dreadful — **horriblemente** *adv*
horripilante *adj* : horrifying : hair-raising
horripilar *v* : to horrify : to terrify
horror *nm* : horror : dread
horrorizado, -da *adj* : terrified
horrorizar *v* : to horrify : to terrify — **horrorizarse** *vr*
horroroso, -sa *adj* : horrifying : terrifying : dreadful : bad
hortaliza *nf* : vegetable; **hortalizas** *nfpl* : garden produce
hortera *adj* : tacky : gaudy
hortícola *adj* : horticultural
horticultura *nf* : horticulture
hosco, -ca *adj* : sullen : gloomy — **hoscamente** *adv*
hospedaje *nm* : lodging : accommodations *pl*
hospedar *v* : to provide with lodging : to put up — **hospedarse** *vr* : to stay : to lodge
hospicio *nm* : orphanage
hospital *nm* : hospital
hospitalario, -ria *adj* : hospitable
hospitalidad *nf* : hospitality
hospitalización *nf, pl* **-ciones** : hospitalization
hospitalizar *v* : to hospitalize — **hospitalizarse** *vr*
hostal *nm* : cheap hotel
hostelería *nf* : the hotel industry
hostería *nf* : inn
hostia *nf* : host : Eucharist

hostigamiento *nm* : harassment
hostigar *v* : to harass : to pester
hostil *adj* : hostile
hostilidad *nf* : hostility : antagonism; **hostilidades** *nfpl* : (military) hostilities
hostilizar *v* : to harass
hotel *nm* : hotel
hotelero¹, -ra *adj* : hotel
hotelero², -ra *n* : hotel manager : hotelier
hoy *adv* : today : now : nowadays
hoyo *nm* : hole
hoyuelo *nm* : dimple
hoz *nf, pl* **hoces** : sickle
hozar *v* : to root
huachinango *nm* : red snapper
huarache *nm* : sandal
hubo, etc. → **haber**
hueco¹, -ca *adj* : hollow : empty : soft : spongy : resonant : proud : conceited : superficial
hueco² *nm* : hole : hollow : cavity : gap : space : recess : alcove
huele, etc. → **oler**
huelga *nf* : strike
huelguista *nmf* : striker
huella¹, etc. → **hollar**
huella² *nf* : footprint : mark : impact
huérfano¹, -na *adj* : orphan : orphaned : defenseless
huérfano², -na *n* : orphan
huerta *nf* : large vegetable garden : truck farm : orchard : irrigated land
huerto *nm* : vegetable garden : orchard
hueso *nm* : bone : pit : stone
huésped¹, -peda *n* : guest
huésped² *nm* : host
huestes *nfpl* : followers : troops : army
huesudo, -da *adj* : bony
hueva *nf* : roe : spawn
huevo *nm* : egg
huida *nf* : flight : escape
huidizo, -za *adj* : elusive : slippery : shy : evasive
huir *v* : to escape : to flee
huiro *nm* : seaweed
huizache *nm* : acacia
hule *nm* : oilcloth : oilskin : rubber
hulera *nf* : slingshot
humanidad *nf* : humanity : mankind : compassion; **humanidades** *nfpl* : humanities *pl*
humanismo *nm* : humanism
humanista *nmf* : humanist
humanístico, -ca *adj* : humanistic
humanitario, -ria *adj & n* : humanitarian
humanizar *v* : to humanize
humano¹, -na *adj* : human : humane : benevolent — **humanamente** *adv*
humano² *nm* : human being : human
humareda *nf* : cloud of smoke
humeante *adj* : smoky : smoking : steaming
humear *v* : to smoke : to steam

humectante[1] *adj* : moisturizing
humectante[2] *nm* : moisturizer
humedad *nf* : humidity : dampness
　: moistness
humedecer *v* : to humidify : to moisten
　: to dampen
húmedo, -da *adj* : humid : moist : damp
humidificador *nm* : humidifier
humidificar *v* : to humidify
humildad *nf* : humility : lowliness
humilde *adj* : humble : lowly
humildemente *adv* : meekly : humbly
humillación *nf, pl* **-ciones** : humiliation
humillante *adj* : humiliating
humillar *v* : to humiliate — **humillarse**
　vr : to humble oneself
humo *nm* : smoke : steam : fumes;
　humos *nmpl* : airs *pl* : conceit
humor *nm* : humor : mood : temper
humorada *nf* : joke : witticism : whim
　: caprice
humorismo *nm* : humor : wit
humorista *nmf* : humorist : comedian
　: comedienne *f*
humorístico, -ca *adj* : humorous —
　humorísticamente *adv*
humoso, -sa *adj* : smoky : steamy
humus *nm* : humus
hundido, -da *adj* : sunken : depressed
hundimiento *nm* : sinking : collapse
　: ruin
hundir *v* : to sink : to destroy : to ruin —
　hundirse *vr* : to sink down : to cave in
　: to break down : to go to pieces
húngaro[1]**, -ra** *adj & n* : Hungarian
húngaro[2] *nm* : Hungarian
huracán *nm, pl* **-canes** : hurricane
huraño, -ña *adj* : unsociable : aloof
　: timid : skittish
hurgar *v* : to poke : to jab : to rake ~ **en**
　: to rummage in : to poke through
hurgue, etc. → **hurgar**
hurón *nm, pl* **hurones** : ferret
huronear *v* : to pry : to snoop
hurra *interj* : hurrah! : hooray!
hurtadillas *nfpl* **a ~** : stealthily : on
　the sly
hurtar *v* : to steal
hurto *nm* : theft : robbery : stolen
　property : loot
husmear *v* : to follow the scent of : to
　track : to sniff out : to pry into : to pry
　: to snoop : to sniff around
huso *nm* : spindle
huy *interj* : ow! : ouch!
huye, etc. → **huir**
i- → **in-**
iba, etc. → **ir**
ibérico, -ca *adj* : Iberian
ibero, -ra *or* **íbero, -ra** *adj & n* : Iberian
iberoamericano, -na *adj* : Latin-
　American
-ible *suf* : -ible
ice, etc. → **izar**

iceberg *nm, pl* **icebergs** : iceberg
icono *nm* : icon
iconoclasia *nf* : iconoclasm
iconoclasta *nmf* : iconoclast
ictericia *nf* : jaundice
ictérico, -ca *adj* : jaundiced
id *nm* : id
ida *nf* : going : departure
idea *nf* : idea : notion : opinion : belief
　: intention
ideal *adj & nm* : ideal — **idealmente** *adv*
idealismo *nm* : idealism
idealista[1] *adj* : idealistic
idealista[2] *nmf* : idealist
idealizar *v* : to idealize — **idealización**
　nf
idear *v* : to devise : to think up
ideario *nm* : ideology
ídem *nm* : the same : ditto
idéntico, -ca *adj* : identical : alike —
　idénticamente *adv*
identidad *nf* : identity
identificable *adj* : identifiable
identificación *nf, pl* **-ciones**
　: identification : identifying
　: identification document : ID
identificar *v* : to identify — **identificarse**
　vr : to identify oneself
ideología *nf* : ideology —
　ideológicamente *adv*
ideológico, -ca *adj* : ideological
ideólogo, -ga *n* : ideologue
idílico, -ca *adj* : idyllic
idilio *nm* : idyll : love affair : romance
idioma *nm* : language
idiomático, -ca *adj* : idiomatic —
　idiomáticamente *adv*
idiosincrasia *nf* : idiosyncrasy
idiosincrásico, -ca *adj* : idiosyncratic
idiota[1] *adj* : idiotic : stupid : foolish
idiota[2] *nmf* : foolish person
idiotez *nf, pl* **-teces** : idiotic act or
　remark
ido[1]**, ida** *adj* : crazy : nutty
ido[2] *pp* → **ir**
idólatra[1] *adj* : idolatrous
idólatra[2] *nmf* : idolater
idolatrar *v* : to idolize
idolatría *nf* : idolatry
ídolo *nm* : idol
idoneidad *nf* : suitability
idóneo, -nea *adj* : suitable : fitting
iglesia *nf* : church
iglú *nm, pl* **iglús** *or* **iglúes** : igloo
ignición *nf, pl* **-ciones** : ignition
ignífugo, -ga *adj* : fireproof
ignominia *nf* : ignominy : disgrace
ignominioso, -sa *adj* : ignominious
　: shameful
ignorancia *nf* : ignorance
ignorante[1] *adj* : ignorant —
　ignorantemente *adv*
ignorante[2] *nmf* : ignorant person
　: ignoramus

ignorar *v* : to ignore : to be unaware of
ignoto, -ta *adj* : unknown
igual[1] *adv* : in the same way : perhaps : anyway
igual[2] *adj* : equal : the same : alike : even : smooth : similar : constant
igual[3] *nmf* : equal : peer
igualado, -da *adj* : even : level : disrespectful
igualar *v* : to equalize : to level : to flatten : to straighten : to tie —
  igualarse *vr* ~ **a/con** : to equal : to be equal to : to be a match for
igualdad *nf* : equality : evenness : uniformity
igualitario, -ria *adj* : egalitarian
igualmente *adv* : equally : likewise
iguana *nf* : iguana
ijada *nf* : flank : loin : side
ijar *nm* → **ijada**
ilegal[1] *adj* : illegal : unlawful —
  ilegalmente *adv*
ilegal[2] *nmf* : illegal alien
ilegalidad *nf* : illegality
ilegibilidad *nf* : illegibility
ilegible *adj* : illegible — **ilegiblemente** *adv*
ilegitimidad *nf* : illegitimacy
ilegítimo, -ma *adj* : illegitimate : unlawful
ileso, -sa *adj* : uninjured : unharmed
ilícito, -ta *adj* : illicit — **ilícitamente** *adv*
ilimitado, -da *adj* : unlimited
ilógico, -ca *adj* : illogical —
  ilógicamente *adv*
iluminación *nf, pl* **-ciones** : illumination : lighting
iluminado, -da *adj* : illuminated : lighted
iluminar *v* : to illuminate : to light : to enlighten
ilusión *nf, pl* **-siones** : illusion : delusion : hope : happiness : excitement : enthusiasm
ilusionado, -da *adj* : hopeful : eager
ilusionar *v* : to build up hope : to excite —
  ilusionarse *vr* : to get one's hopes up
iluso[1], **-sa** *adj* : naïve : gullible
iluso[2], **-sa** *n* : dreamer : visionary
ilusorio, -ria *adj* : illusory : misleading
ilustración *nf, pl* **-ciones** : illustration : erudition : learning
ilustrado, -da *adj* : illustrated : learned : erudite
ilustrador, -dora *n* : illustrator
ilustrar *v* : to illustrate : to explain
ilustrativo, -va *adj* : illustrative
ilustre *adj* : illustrious : eminent
im- → **in-**
imagen *nf, pl* **imágenes** : image : picture
imaginable *adj* : imaginable : conceivable
imaginación *nf, pl* **-ciones** : imagination
imaginar *v* : to imagine — **imaginarse** *vr* : to suppose : to picture
imaginario, -ria *adj* : imaginary

imaginativo, -va *adj* : imaginative —
  imaginativamente *adv*
imaginería *nf* : imagery : image making
imán *nm, pl* **imanes** : magnet
imantar *v* : to magnetize
imbatible *adj* : unbeatable
imbécil[1] *adj* : stupid : idiotic
imbécil[2] *nmf* : foolish person
imbecilidad *nf* : stupid thing to say or do
imborrable *adj* : indelible
imbuir *v* : to imbue — **imbuirse** *vr*
imitación *nf, pl* **-ciones** : imitation : mimicry : impersonation
imitador[1], **-dora** *adj* : imitative
imitador[2], **-dora** *n* : imitator : mimic
imitar *v* : to imitate : to copy : to mimic : to impersonate
imitativo, -va *adj* → **imitador**[1]
impaciencia *nf* : impatience
impacientar *v* : to make impatient : to exasperate — **impacientarse** *vr*
impaciente *adj* : impatient —
  impacientemente *adv*
impactado, -da *adj* : shocked : stunned
impactante *adj* : shocking : impressive : powerful
impactar *v* : to hit : to impact : to affect
  — **impactarse** *vr*
impacto *nm* : impact : effect : shock : collision
impagable *adj* : unpayable : priceless
impago[1] *adj* : outstanding : unpaid
impago[2] *nm* : nonpayment
impala *nm* : impala
impalpable *adj* : impalpable : intangible
impar[1] *adj* : odd
impar[2] *nm* : odd number
imparable *adj* : unstoppable
imparcial *adj* : impartial —
  imparcialmente *adv*
imparcialidad *nf* : impartiality
impartir *v* : to impart : to give
impasible *adj* : impassive : unmoved
  — **impasiblemente** *adv*
impasse *nm* : impasse
impavidez *nf* : fearlessness
impávido, -da *adj* : undaunted
impecable *adj* : impeccable : faultless
  — **impecablemente** *adv*
impedido[1], **-da** *adj* : disabled : crippled
impedido[2], **-da** *n* : disabled person : handicapped person *sometimes offensive*
impedimento *nm* : impediment : obstacle : disability
impedir *v* : to prevent : to block : to impede : to hinder
impeler *v* : to drive : to propel : to impel
impenetrable *adj* : impenetrable —
  impenetrabilidad *nf*
impenitente *adj* : unrepentant
impensable *adj* : unthinkable
impensado, -da *adj* : unforeseen : unexpected

imperante *adj* : prevailing
imperar *v* : to reign : to rule : to prevail
imperativo[1], **-va** *adj* : imperative
: authoritative : commanding
imperativo[2] *nm* : imperative
imperceptible *adj* : imperceptible —
imperceptiblemente *adv*
imperdible *nm* : safety pin
imperdonable *adj* : unforgivable
imperecedero, -ra *adj* : imperishable
: immortal : everlasting
imperfección *nf, pl* **-ciones**
: imperfection : defect : flaw
imperfecto[1], **-ta** *adj* : imperfect : flawed
imperfecto[2] *nm* : imperfect tense
imperial *adj* : imperial
imperialismo *nm* : imperialism
imperialista *adj & nmf* : imperialist
impericia *nf* : lack of skill
: incompetence
imperio *nm* : empire : authority : rule
imperioso, -sa *adj* : imperious : pressing
: urgent — **imperiosamente** *adv*
impermeabilizante *nm* : water repellent
: waterproofing
impermeabilizar *v* : to waterproof
impermeable[1] *adj* : impervious
: impermeable : waterproof
impermeable[2] *nm* : raincoat
impersonal *adj* : impersonal —
impersonalmente *adv*
impersonar *v* : to impersonate
impertinencia *nf* : impertinence
: insolence
impertinente *adj* : impertinent : insolent
: inappropriate : uncalled-for : irrelevant
impertinentemente *adv* : impertinently
imperturbable *adj* : imperturbable
: impassive : stolid
ímpetu *nm* : impetus : momentum
: vigor : energy : force : violence
impetuoso, -sa *adj* : impetuous
: impulsive — **impetuosamente** *adv*
impiedad *nf* : impiety
impío, -pía *adj* : impious : ungodly
implacable *adj* : implacable : relentless
— **implacablemente** *adv*
implantación *nf, pl* **-ciones**
: implantation : establishment
: introduction
implantado, -da *adj* : well-established
implantar *v* : to implant : to establish : to
introduce — **implantarse** *vr*
implante *nm* : implant
implementar *v* : to implement —
implementarse *vr* — **implementación**
nf
implemento *nm* : implement : tool
implicación *nf, pl* **-ciones** : implication
implicancia *nf* : implication
implicar *v* : to involve : to implicate : to
imply
implícito, -ta *adj* : implied : implicit —
implícitamente *adv*

implorar *v* : to implore
implosión *nf, pl* **-siones** : implosion —
implosivo, -va *adj*
implosionar *v* : to implode
imponderable *adj & nm* : imponderable
imponente *adj* : imposing : impressive
imponer *v* : to impose : to confer : to
introduce : to establish : to set : to be
impressive : to command respect —
imponerse *vr* : to take on : to assert
oneself : to prevail
imponible *adj* : taxable
impopular *adj* : unpopular —
impopularidad *nf*
importación *nf, pl* **-ciones** : importation;
importaciones *nfpl* : imports
importado, -da *adj* : imported
importador[1], **-dora** *adj* : importing
importador[2], **-dora** *n* : importer
importancia *nf* : importance
importante *adj* : important : significant
— **importantemente** *adv*
importar *v* : to matter : to be important
: to bother : to import
importe *nm* : price : cost : sum : amount
importunar *v* : to bother : to
inconvenience : to be inconvenient
importuno, -na *adj* : inopportune
: inconvenient : bothersome : annoying
imposibilidad *nf* : impossibility
imposibilitado, -da *adj* : disabled : crippled
imposibilitar *v* : to make impossible
: to disable : to incapacitate —
imposibilitarse *vr* : to become disabled
imposible *adj* : impossible —
imposiblemente *adv*
imposición *nf, pl* **-ciones** : imposition
: demand : requirement : tax : deposit
impositivo, -va *adj* : tax
impostor, -tora *n* : impostor
impostura *nf* : fraud : slander
impotencia *nf* : impotence
: helplessness : powerlessness
impotente *adj* : helpless : powerless
: impotent
impracticable *adj* : impracticable
imprecisión *nf, pl* **-siones** : imprecision
: vagueness : inaccuracy
impreciso, -sa *adj* : imprecise : vague
: inaccurate
impredecible *adj* : unpredictable
impregnar *v* : to impregnate
imprenta *nf* : printing : printing shop
: press
imprescindible *adj* : essential
: indispensable
impresión *nf, pl* **-siones** : print : printing
: impression : feeling
impresionable *adj* : impressionable
impresionante *adj* : impressive
: incredible : amazing : shocking
: horrific — **impresionantemente** *adv*
impresionar *v* : to impress : to strike : to
affect : to move : to shock : to expose

to light : to make an impression —
impresionarse *vr* : to be affected : to
be moved
impresionismo *nm* : impressionism
impresionista[1] *adj* : impressionist
impresionista[2] *nmf* : impressionist
impreso[1] *pp* → **imprimir**
impreso[2], **-sa** *adj* : printed
impreso[3] *nm* : printed matter
: publication : form
impresor, -sora *n* : printer
impresora *nf* : (computer) printer
imprevisible *adj* : unforeseeable
: unpredictable
imprevisión *nf, pl* **-siones** : lack of
foresight : thoughtlessness
imprevisto[1], **-ta** *adj* : unexpected
: unforeseen
imprevisto[2] *nm* : unexpected
occurrence : contingency
imprimir *v* : to print : to imprint : to
stamp : to impress
improbabilidad *nf* : improbability
improbable *adj* : improbable : unlikely
improcedente *adj* : inadmissible
: inappropriate : improper
improductivo, -va *adj* : unproductive
impronta *nf* : mark : stamp
improperio *nm* : affront : insult
impropiedad *nf* : impropriety
impropio, -pia *adj* : improper : incorrect
: unsuitable : inappropriate
improvisación *nf, pl* **-ciones**
: improvisation : ad-lib
improvisado, -da *adj* : improvised
: ad-lib
improvisar *v* : to improvise : to ad-lib
improviso *adj de ~* : all of a sudden
: unexpectedly
imprudencia *nf* : mistake : indiscretion
: carelessness : recklessness
imprudente *adj* : imprudent : unwise
: indiscreet : careless : reckless —
imprudentemente *adv*
impúdico, -ca *adj* : shameless
: indecent
impuesto[1] *pp* → **imponer**
impuesto[2] *nm* : tax
impugnar *v* : to challenge : to contest
impulsar *v* : to propel : to drive : to
boost : to promote
impulsividad *nf* : impulsiveness
impulsivo, -va *adj* : impulsive —
impulsivamente *adv*
impulso *nm* : drive : thrust : impulse
: urge
impulsor, -sora *n* : force : impetus
impune *adj* : unpunished
impunemente *adv* : with impunity
impunidad *nf* : impunity
impuntualidad *nf* : lack of punctuality
impureza *nf* : impurity
impuro, -ra *adj* : impure
impuso, etc. → **imponer**

imputable *adj* : attributable
imputación *nf, pl* **-ciones** : attribution
: accusation
imputar *v* : to impute : to attribute
in- *or* **im-** *or* **i-** *or* **ir-** *pref* : in- : im- : il-
: un-
inacabable *adj* : endless
inacabado, -da *adj* : unfinished
inaccesibilidad *nf* : inaccessibility
inaccesible *adj* : inaccessible
: unattainable
inacción *nf, pl* **-ciones** : inactivity
: inaction
inaceptable *adj* : unacceptable
inactividad *nf* : inactivity : idleness
inactivo, -va *adj* : inactive : idle
inadaptado[1], **-da** *adj* : maladjusted
inadaptado[2], **-da** *n* : misfit
inadecuación *nf, pl* **-ciones**
: inadequacy
inadecuado, -da *adj* : inadequate
: inappropriate — **inadecuadamente**
adv
inadmisible *adj* : inadmissible
: unacceptable
inadvertencia *nf* : oversight
inadvertidamente *adv* : inadvertently
inadvertido, -da *adj* : unnoticed
: inattentive : distracted
inagotable *adj* : inexhaustible
inaguantable *adj* : insufferable
: unbearable
inalámbrico, -ca *adj* : wireless
: cordless
inalcanzable *adj* : unreachable
: unattainable
inalienable *adj* : inalienable
inalterable *adj* : unalterable
: unchangeable : impassive : colorfast
inamovible *adj* : immovable : fixed
inanición *nf, pl* **-ciones** : starvation
inanimado, -da *adj* : inanimate
inapelable *adj* : indisputable
inapetencia *nf* : lack of appetite
inaplicable *adj* : inapplicable
inapreciable *adj* : imperceptible
: negligible : invaluable
inapropiado, -da *adj* : inappropriate
: unsuitable — **inapropiadamente** *adv*
inarticulado, -da *adj* : inarticulate
: unintelligible — **inarticuladamente**
adv
inasequible *adj* : unattainable
: inaccessible
inasistencia *nf* : absence
inatacable *adj* : unassailable
: indisputable
inaudible *adj* : inaudible
inaudito, -ta *adj* : unheard-of
: unprecedented
inauguración *nf, pl* **-ciones**
: inauguration : opening : beginning
inaugural *adj* : inaugural : opening
inaugurar *v* : to inaugurate : to open

inauténtico, -ca *adj* : counterfeit
: inauthentic
inca *adj & nmf* : Inca
incaico, -ca *adj* : Inca : Incan
incalculable *adj* : incalculable
incalificable *adj* : indescribable
incandescencia *nf* : incandescence —
incandescente *adj*
incansable *adj* : tireless —
incansablemente *adv*
incapacidad *nf* : inability : incapacity
: disability : handicap *sometimes
offensive* : incompetence : sick leave
incapacitado, -da *adj* : disqualified
: disabled : handicapped
incapacitar *v* : to incapacitate : to
disable : to disqualify
incapaz *adj, pl* **-paces** : incapable
: unable : incompetent : inept
incautación *nf, pl* **-ciones** : seizure
: confiscation
incautar *v* : to confiscate : to seize —
incautarse *vr*
incauto, -ta *adj* : unwary : unsuspecting
incendiar *v* : to set fire to : to burn
— **incendiarse** *vr* : to catch fire : to
burn down
incendiario[1], -ria *adj* : incendiary
: inflammatory
incendiario[2], -ria *n* : arsonist
incendio *nm* : fire
incensario *nm* : censer
incentivar *v* : to encourage : to stimulate
incentivo *nm* : incentive
incertidumbre *nf* : uncertainty : suspense
incesante *adj* : incessant —
incesantemente *adv*
incesto *nm* : incest
incestuoso, -sa *adj* : incestuous
incidencia *nf* : incident : effect : impact
incidental *adj* : incidental
incidentalmente *adv* : by chance
incidente *nm* : incident : occurrence
incienso *nm* : incense
incierto, -ta *adj* : uncertain : untrue
: unsteady : insecure
incinerador *nm* : incinerator
incinerar *v* : to incinerate : to cremate
incipiente *adj* : incipient
incisión *nf, pl* **-siones** : incision
incisivo[1], -va *adj* : incisive
incisivo[2] *nm* : incisor
inciso *nm* : digression : aside
: paragraph : subsection
incitación *nf, pl* **-ciones** : incitement
incitador[1], -dora *n* : instigator : agitator
incitador[2], -dora *adj* : provocative
incitante *adj* : provocative
incitar *v* : to incite : to rouse
incivilizado, -da *adj* : uncivilized
inclemencia *nf* : inclemency : severity
inclemente *adj* : inclement
inclinación *nf, pl* **-ciones** : inclination
: tendency : incline : slope : bow

inclinado, -da *adj* : sloping : tilted
: inclined : apt
inclinar *v* : to tilt : to lean : to incline —
inclinarse *vr* : to lean over : to bow
incluir *v* : to include
inclusión *nf, pl* **-siones** : inclusion
inclusive *adv* : inclusive
inclusivo, -va *adj* : inclusive : open
incluso *adv* : even : in fact
incógnita *nf* : unknown quantity
: mystery
incógnito, -ta *adj* : unknown
incoherencia *nf* : incoherence
incoherente *adj* : incoherent —
incoherentemente *adv*
incoloro, -ra *adj* : colorless
incombustible *adj* : fireproof
incomible *adj* : inedible
incomodar *v* : to make uncomfortable
: to inconvenience — **incomodarse** *vr*
: to put oneself out : to take the trouble
incomodidad *nf* : discomfort
: awkwardness : inconvenience : bother
incómodo, -da *adj* : uncomfortable
: awkward : inconvenient —
incómodamente *adv*
incomparable *adj* : incomparable
incompatibilidad *nf* : incompatibility
incompatible *adj* : incompatible
incompetencia *nf* : incompetence
incompetente *adj & nmf* : incompetent
incompleto, -ta *adj* : incomplete
incomprendido, -da *adj*
: misunderstood
incomprensible *adj* : incomprehensible
incomprensión *nf, pl* **-siones** : lack of
understanding : incomprehension
incomunicación *nf, pl* **-ciones** : lack of
communication
incomunicado, -da *adj* : cut off
: isolated : in solitary confinement
inconcebible *adj* : inconceivable
: unthinkable — **inconcebiblemente**
adv
inconcluso, -sa *adj* : unfinished
incondicional *adj* : unconditional —
incondicionalmente *adv*
inconexo, -xa *adj* : unrelated
: unconnected : disjointed
inconfesable *adj* : unspeakable
: shameful
inconforme *adj & nmf* : nonconformist
inconformidad *nf* : nonconformity
inconformista *adj & nmf*
: nonconformist
inconfundible *adj* : unmistakable
: obvious — **inconfundiblemente** *adv*
incongruencia *nf* : incongruity
incongruente *adj* : incongruous
inconmensurable *adj* : vast
: immeasurable
inconquistable *adj* : unyielding
inconsciencia *nf* : unconsciousness
: lack of awareness : irresponsibility

inconsciente[1] *adj* : unconscious
: unaware : reckless : needless —
inconscientemente *adv*
inconsciente[2] *nm* **el inconsciente** : the
unconscious
inconsecuente *adj* : inconsistent —
inconsecuencia *nf*
inconsiderado, -da *adj* : inconsiderate
: thoughtless
inconsistencia *nf* : inconsistency
inconsistente *adj* : weak : flimsy
: inconsistent
inconsolable *adj* : inconsolable —
inconsolablemente *adv*
inconstancia *nf* : fickleness
inconstante *adj* : fickle : changeable
inconstitucional *adj* : unconstitutional
— **inconstitucionalidad** *nf*
incontable *adj* : countless : innumerable
incontenible *adj* : uncontrollable
: unstoppable
incontestable *adj* : irrefutable
: indisputable
incontinencia *nf* : incontinence —
incontinente *adj*
incontrolable *adj* : uncontrollable
incontrolado, -da *adj* : uncontrolled
: out of control
incontrovertible *adj* : indisputable
inconveniencia *nf* : inconvenience
: trouble : inappropriateness : tactless
remark
inconveniente[1] *adj* : inconvenient
: improper : unsuitable
inconveniente[2] *nm* : obstacle : problem
: snag : objection : disadvantage
: drawback
incordiar *v* : to annoy : to pester
incorporación *nf, pl* **-ciones**
: incorporation
incorporado *adj* : built-in
incorporar *v* : to incorporate : to add : to
include — **incorporarse** *vr* : to sit up
incorpóreo, -rea *adj* : incorporeal
: bodiless
incorrección *n, pl* **-ciones** : impropriety
: improper word or action
incorrecto, -ta *adj* : incorrect : impolite
: rude — **incorrectamente** *adv*
incorregible *adj* : incorrigible —
incorregibilidad *nf*
incorruptible *adj* : incorruptible
incredulidad *nf* : incredulity : skepticism
incrédulo[1], **-la** *adj* : incredulous : skeptical
incrédulo[2], **-la** *n* : skeptic
increíble *adj* : incredible : unbelievable
— **increíblemente** *adv*
incrementar *v* : to increase —
incrementarse *vr*
incremento *nm* : increase
increpar *v* : to tell off : to yell at : to
rebuke
incriminar *v* : to incriminate —
incriminación *nf*

incriminatorio, -ria *adj* : incriminating
: incriminatory
incruento, -ta *adj* : bloodless
incrustación *nf, pl* **-ciones** : inlay
incrustar *v* : to embed : to inlay —
incrustarse *vr* : to become embedded
incubación *nf, pl* **-ciones** : incubation
incubadora *nf* : incubator
incubar *v* : to incubate
incuestionable *adj* : unquestionable
: indisputable — **incuestionablemente**
adv
inculcar *v* : to inculcate : to instill
inculpado, -da *n* : defendant
inculpar *v* : to accuse : to charge
inculto, -ta *adj* : uncultured : ignorant
: uncultivated : fallow
incultura *nf* : ignorance : lack of culture
incumbencia *nf* : obligation
: responsibility
incumbir *v* ~ **a** : to be incumbent upon
: to be of concern to
incumplido, -da *adj* : irresponsible
: unreliable
incumplimiento *nm* : failure to fulfill
incumplir *v* : to fail to carry out : to
break
incurable *adj* : incurable
incursión *nf, pl* **-siones** : incursion : raid
incursionar *v* : to raid
indagación *nf, pl* **-ciones** : investigation
: inquiry
indagar *v* : to inquire into : to investigate
indagatoria *nf* : statement : deposition
: investigation : inquiry : inquest
indebido, -da *adj* : improper : undue —
indebidamente *adv*
indecencia *nf* : indecency : obscenity
indecente *adj* : indecent : obscene
indecible *adj* : indescribable
: inexpressible
indecisión *nf, pl* **-siones** : indecision
indeciso, -sa *adj* : indecisive
: undecided
indeclinable *adj* : unavoidable
indecoro *nm* : impropriety
: indecorousness
indecoroso, -sa *adj* : indecorous
: unseemly
indefectible *adj* : unfailing : sure
indefendible *adj* : indefensible
indefensión *nf* : defenselessness
indefenso, -sa *adj* : defenseless
: helpless
indefinible *adj* : indefinable
indefinido, -da *adj* : undefined : vague
: indefinite — **indefinidamente** *adv*
indeleble *adj* : indelible —
indeleblemente *adv*
indelicado, -da *adj* : indelicate : tactless
indemne *adj* : unharmed : unhurt
indemnidad *nf* : indemnity
indemnización *nf, pl* **-ciones**
: indemnity

indemnizar *v* : to indemnify : to compensate

independencia *nf* : independence

independiente *adj* : independent — **independientemente** *adv*

independista[1] *adj* : pro-independence

independista[2] *nmf* : independence supporter

independizar *v* : to make independent — **independizarse** *vr*

indescifrable *adj* : indecipherable

indescriptible *adj* : indescribable — **indescriptiblemente** *adv*

indeseable *adj & nmf* : undesirable

indestructible *adj* : indestructible

indeterminado, -da *adj* : indefinite : indeterminate

indexar *v* : to index

indicación *nf, pl* **-ciones** : sign : signal : direction : instruction : suggestion : hint

indicado, -da *adj* : appropriate : suitable : specified : indicated

indicador *nm* : gauge : dial : meter : indicator

indicar *v* : to indicate : to show

indicativo[1]**, -va** *adj* : indicative

indicativo[2] *nm* : indicative

índice *nm* : index : contents *pl* : table of contents : index finger : forefinger : indication

indiciar *v* : to index

indicio *nm* : indication : sign; **indicios** *nmpl* : evidence

indiferencia *nf* : indifference

indiferente *adj* : indifferent : unconcerned

indiferentemente *adv* : indifferently

indígena[1] *adj* : indigenous : native

indígena[2] *nmf* : native

indigencia *nf* : poverty : destitution

indigente *adj & nmf* : indigent

indigestarse *vr* : to have indigestion : to nauseate : to disgust

indigestión *nf, pl* **-tiones** : indigestion

indigesto, -ta *adj* : indigestible : difficult to digest

indignación *nf, pl* **-ciones** : indignation

indignado, -da *adj* : indignant

indignante *adj* : outrageous : infuriating

indignar *v* : to outrage : to infuriate — **indignarse** *vr*

indignidad *nf* : indignity

indigno, -na *adj* : unworthy : contemptible : despicable

índigo *nm* : indigo

indio, -dia *adj & n* : Indian

indio–americano, india–americana → **nativo americano**

indirecta *nf* : hint : innuendo

indirecto, -ta *adj* : indirect — **indirectamente** *adv*

indisciplina *nf* : lack of discipline : unruliness

indisciplinado, -da *adj* : undisciplined : unruly

indiscreción *nf, pl* **-ciones** : indiscretion : tactless remark

indiscreto, -ta *adj* : indiscreet : imprudent — **indiscretamente** *adv*

indiscriminado, -da *adj* : indiscriminate — **indiscriminadamente** *adv*

indiscutible *adj* : indisputable : unquestionable : undisputed — **indiscutiblemente** *adv*

indiscutido, -da *adj* : undisputed

indispensable *adj* : indispensable — **indispensablemente** *adv*

indisponer *v* : to spoil : to upset : to make ill — **indisponerse** *vr* : to become ill

indisposición *nf, pl* **-ciones** : illness

indispuesto, -ta *adj* : unwell : indisposed

indistinguible *adj* : indistinguishable

indistintamente *adv* : indistinctly : indiscriminately

indistinto, -ta *adj* : indistinct : vague : faint

individual[1] *adj* : individual — **individualmente** *adv*

individual[2] *nm* : place mat; **individuales** *nmpl* : singles

individualidad *nf* : individuality

individualismo *nm* : individualism

individualista[1] *adj* : individualistic

individualista[2] *nmf* : individualist

individualizar *v* : to individualize

individuo *nm* : individual : person

indivisible *adj* : indivisible — **indivisibilidad** *nf*

indocumentado, -da *n* : illegal immigrant

índole *nf* : nature : character : sort : kind

indolencia *nf* : laziness

indolente *adj* : indolent : lazy

indoloro, -ra *adj* : painless

indomable *adj* : indomitable : unruly : unmanageable

indómito, -ta *adj* : indomitable : untamed

indonesio, -sia *adj & n* : Indonesian

inducción *nf, pl* **-ciones** : induction

inducir *v* : to induce : to cause : to infer : to deduce

inductivo, -va *adj* : inductive

indudable *adj* : unquestionable : beyond doubt

indudablemente *adv* : undoubtedly : unquestionably

indulgencia *nf* : indulgence : leniency

indulgente *adj* : indulgent : lenient

indultar *v* : to pardon : to reprieve

indulto *nm* : pardon : reprieve

indumentaria *nf* : clothing : attire

industria *nf* : industry

industrial[1] *adj* : industrial

industrial[2] *nmf* : industrialist : manufacturer

industrialización *nf, pl* **-ciones**
: industrialization
industrializar *v* : to industrialize
industrioso, -sa *adj* : industrious
inédito, -ta *adj* : unpublished
: unprecedented
inefable *adj* : ineffable
ineficacia *nf* : inefficiency : lack of
effectiveness
ineficaz *adj, pl* **-caces** : inefficient
: ineffective — **ineficazmente** *adv*
ineficiencia *nf* : inefficiency
ineficiente *adj* : inefficient —
ineficientemente *adv*
inelegancia *nf* : inelegance —
inelegante *adj*
inelegible *adj* : ineligible —
inelegibilidad *nf*
ineludible *adj* : inescapable
: unavoidable — **ineludiblemente** *adv*
ineptitud *nf* : ineptitude : incompetence
inepto¹, -ta *adj* : inept : incompetent
inepto², -ta *n* : incompetent
inequidad *nf* : inequity
inequitativo, -va *adj* : inequitable
inequívoco, -ca *adj* : unequivocal
: unmistakable — **inequívocamente**
adv
inercia *nf* : inertia : apathy
inerme *adj* : unarmed : defenseless
inerte *adj* : inert
inescrupuloso, -sa *adj* : unscrupulous
inescrutable *adj* : inscrutable
inesperado, -da *adj* : unexpected —
inesperadamente *adv*
inestabilidad *nf* : instability
: unsteadiness
inestable *adj* : unstable : unsteady
: changeable
inestimable *adj* : inestimable
: invaluable
inevitabilidad *nf* : inevitability
inevitable *adj* : inevitable : unavoidable
— **inevitablemente** *adv*
inexactitud *nf* : inaccuracy
inexacto, -ta *adj* : inexact : inaccurate
inexcusable *adj* : inexcusable
: unforgivable : unavoidable
inexistencia *nf* : lack : nonexistence
inexistente *adj* : nonexistent
inexorable *adj* : inexorable —
inexorablemente *adv*
inexperiencia *nf* : inexperience
inexperto, -ta *adj* : inexperienced
: unskilled
inexplicable *adj* : inexplicable —
inexplicablemente *adv*
inexplorado, -da *adj* : unexplored
inexpresable *adj* : inexpressible
inexpresivo, -va *adj* : expressionless
inexpugnable *adj* : impregnable
inextricable *adj* : inextricable —
inextricablemente *adv*
infalibilidad *nf* : infallibility

infalible *adj* : infallible — **infaliblemente**
adv
infame *adj* : infamous : loathsome : vile
infamia *nf* : infamy : disgrace
infancia *nf* : infancy : childhood
: children *pl* : beginnings *pl*
infante¹, -ta *n* : prince *m* : princess *f*
infante² *nm* : infantry soldier
infantería *nf* : infantry
infantil *adj* : childish : infantile : child's
: children's
infarto *nm* : heart attack
infatigable *adj* : indefatigable : tireless
— **infatigablemente** *adv*
infección *nf, pl* **-ciones** : infection
infeccioso, -sa *adj* : infectious
infectar *v* : to infect — **infectarse** *vr*
infecto, -ta *adj* : infected : repulsive
: sickening
infecundidad *nf* : infertility
infecundo, -da *adj* : infertile : barren
infelicidad *nf* : unhappiness
infeliz¹ *adj, pl* **-lices** : unhappy : hapless
: unfortunate : wretched
infeliz² *nmf, pl* **-lices** : wretch
inferencia *nf* : inference
inferior¹ *adj* : inferior : lower
inferior² *nmf* : inferior : underling
inferioridad *nf* : inferiority
inferir *v* : to infer : to deduce : to cause
: to inflict
infernal *adj* : infernal : hellish
infertilidad *nf* : infertility
infestación *n, pl* **-ciones** : infestation
infestar *v* : to infest : to overrun : to
invade
infición *nf, pl* **-ciones** : pollution
infidelidad *nf* : unfaithfulness : infidelity
infiel¹ *adj* : unfaithful : disloyal
infiel² *nmf* : infidel : heathen *often
offensive*
infierno *nm* : hell : bedlam : madness
: hellhole : hellish place
infiltrado, -da *n* : infiltrator
infiltrar *v* : to infiltrate — **infiltrarse** *vr*
— **infiltración** *nf*
ínfimo, -ma *adj* : minuscule : negligible
: lousy : very poor
infinidad *nf* : infinity : great number
: huge quantity
infinitesimal *adj* : infinitesimal
infinitivo *nm* : infinitive
infinito¹ *adv* : infinitely : vastly
infinito², -ta *adj* : infinite : limitless
: endless — **infinitamente** *adv*
infinito³ *nm* : infinity
inflable *adj* : inflatable
inflación *nf, pl* **-ciones** : inflation
inflacionario, -ria *adj* : inflationary
inflacionista → **inflacionario**
inflamable *adj* : flammable
inflamación *nf, pl* **-ciones**
: inflammation : ignition : combustion
inflamar *v* : to inflame : to ignite

inflamatorio, -ria adj : inflammatory
inflar v : to inflate : to exaggerate
  — **inflarse** vr : to swell : to become conceited
inflexibilidad nf : inflexibility
inflexible adj : inflexible : unyielding
inflexión nf, pl **-xiones** : inflection
infligir v : to inflict
influencia nf : influence; **influencias** nfpl : contacts pl
influenciable adj : easily influenced : suggestible
influenciar v : to influence
influenza nf : influenza
influir v : to influence ~ **en** or ~ **sobre** : to have an influence on : to affect
influjo nm : influence
influyente adj : influential
infografía nf : computer graphics pl
información nf, pl **-ciones** : information : directory assistance : report : inquiry : news
informado, -da adj : informed
informador, -dora n : informer : informant
informal adj : unreliable : informal : casual : unofficial — **informalmente** adv
informalidad nf : informality
informante nmf : informant
informar v : to inform : to report — **informarse** vr : to get information : to find out
informática nf : computer science : computing
informático¹, -ca adj : computer
informático², -ca n : computer specialist
informativo¹, -va adj : informative : informational
informativo² nm : news program : news
informatización nf, pl **-ciones** : computerization
informatizar v : to computerize
informe¹ adj : shapeless : formless
informe² nm : report : reference; **informes** nmpl : information : data
infortunado, -da adj : unfortunate : unlucky
infortunio nm : misfortune : mishap
infracción nf, pl **-ciones** : violation : offense : infraction
infractor, -tora n : offender
infraestructura nf : infrastructure
in fraganti adv : red-handed
infrahumano, -na adj : subhuman
infranqueable adj : impassable : insurmountable
infrarrojo, -ja adj : infrared
infrecuente adj : infrequent
infringir v : to infringe : to breach
infructuoso, -sa adj : fruitless — **infructuosamente** adv
ínfulas nfpl : conceit
infundado, -da adj : unfounded : baseless

infundio nm : false story : lie : tall tale
infundir v : to instill : to arouse
infusión nf, pl **-siones** : infusion : tea
ingeniar v : to devise : to think up — **ingeniarse** vr : to manage : to find a way
ingeniería nf : engineering
ingeniero, -ra n : engineer
ingenio nm : ingenuity : wit : wits : device : apparatus
ingenioso, -sa adj : ingenious : clever : witty — **ingeniosamente** adv
ingente adj : huge : enormous
ingenuidad nf : naïveté : ingenuousness
ingenuo¹, -nua adj : naive — **ingenuamente** adv
ingenuo², -nua n : naive person
ingerencia → injerencia
ingerir v : to ingest : to consume
ingesta nf : consumption : ingestion
ingestión nf, pl **-tiones** : ingestion
ingle nf : groin
inglés¹, -glesa adj, mpl **ingleses** : English
inglés², -glesa n, mpl **ingleses** : Englishman m : Englishwoman f
inglés³ nm : English
inglete nm : miter joint
ingobernable adj : ungovernable : lawless
ingratitud nf : ingratitude
ingrato¹, -ta adj : ungrateful : thankless : difficult
ingrato², -ta n : ingrate
ingrávido, -da adj : weightless
ingrediente nm : ingredient
ingresar v : to admit : to deposit : to enter : to go in
ingreso nm : entrance : entry : admission : deposit; **ingresos** nmpl : income : earnings pl
íngrimo, -ma adj : all alone : all by oneself
inhábil adj : clumsy
inhabilidad nf : lack of skill : lack of suitability
inhabilitar v : to disqualify : to bar : to disable
inhabitable adj : uninhabitable
inhabitado, -da → deshabitado
inhabituado, -da adj ~ **a** : unaccustomed to
inhalador nm : inhaler
inhalante nm : inhalant
inhalar v : to inhale — **inhalación** nf
inherente adj : inherent
inhibición nf, pl **-ciones** : inhibition
inhibir v : to inhibit — **inhibirse** vr
inhóspito, -ta adj : inhospitable
inhumación nf, pl **-ciones** : interment : burial
inhumanidad nf : inhumanity
inhumano, -na adj : inhuman : cruel : inhumane

inhumar v : to inter : to bury
iniciación nf, pl **-ciones** : initiation
   : introduction
iniciado, -da n : initiate
iniciador¹, -dora adj : initiatory
iniciador², -dora n : originator
inicial¹ adj : initial : original —
   inicialmente adv
inicial² nf : initial
iniciar v : to initiate : to begin —
   iniciarse vr
iniciativa nf : initiative
inicio nm : beginning
inicuo, -cua adj : iniquitous : wicked
inigualable adj : incomparable
   : unrivaled : unbeatable
inigualado, -da adj : unequaled
inimaginable adj : unimaginable
inimitable adj : inimitable
ininteligible adj : unintelligible
ininterrumpido, -da adj : uninterrupted
   : continuous — **ininterrumpidamente**
   adv
iniquidad nf : iniquity : wickedness
injerencia nf : interference
injerirse vr : to meddle : to interfere
injertar v : to graft
injerto nm : graft
injuria nf : affront : insult
injuriar v : to insult : to revile
injurioso, -sa adj : insulting : abusive
injusticia nf : injustice : unfairness
injustificable adj : unjustifiable
injustificadamente adv : unjustifiably
   : unfairly
injustificado, -da adj : unjustified
   : unwarranted
injusto, -ta adj : unfair : unjust —
   injustamente adv
inmaculado, -da adj : immaculate
   : spotless
inmadurez nf, pl **-reces** : immaturity
inmaduro, -ra adj : immature : unripe
inmediaciones nfpl : environs
   : surrounding area
inmediatamente adv : immediately
inmediatez nf, pl **-teces** : immediacy
inmediato, -ta adj : immediate
   : adjoining
inmejorable adj : excellent : unbeatable
inmemorial adj : immemorial
inmensidad nf : immensity : vastness
inmenso, -sa adj : immense : huge
   : vast — **inmensamente** adv
inmensurable adj : boundless
   : immeasurable
inmerecido, -da adj : undeserved —
   inmerecidamente adv
inmersión nf, pl **-siones** : immersion
inmerso, -sa adj : immersed : involved
   : absorbed
inmigración nf, pl **-ciones** : immigration
inmigrado, -da adj & n : immigrant
inmigrante adj & nmf : immigrant

inmigrar v : to immigrate
inminencia nf : imminence
inminente adj : imminent —
   inminentemente adv
inmiscuirse vr : to meddle : to interfere
inmobiliaria nf : real estate agency
   : developer
inmobiliario, -ria adj : real estate
   : property
inmoderación n, pl **-ciones**
   : intemperance : lack of moderation
inmoderado, -da adj : immoderate
   : excessive — **inmoderamente** adv
inmodestia nf : immodesty —
   inmodesto, -ta adj
inmoral adj : immoral
inmoralidad nf : immorality
inmortal adj & nmf : immortal
inmortalidad nf : immortality
inmortalizar v : to immortalize
inmotivado, -da adj : unmotivated
   : groundless
inmovible adj : immovable : fixed
inmóvil adj : still : motionless : steadfast
inmovilidad nf : immobility
inmovilizar v : to immobilize —
   inmovilización nf
inmueble nm : building : property
inmundicia nf : dirt : filth : trash
inmundo, -da adj : dirty : filthy : nasty
inmune adj : immune
inmunidad nf : immunity
inmunizar v : to immunize —
   inmunización nf
inmunología nf : immunology
inmunológico, -ca adj : immune
inmutable adj : immutable
   : unchangeable
inmutar v : to upset — **inmutarse** vr : to
   get upset : to look upset
innato, -ta adj : innate : inborn
innecesario, -ria adj : unnecessary —
   innecesariamente adv
innegable adj : undeniable
innoble adj : ignoble — **innoblemente**
   adv
innovación nf, pl **-ciones** : innovation
innovador¹, -dora adj : innovative
innovador², -dora n : innovator
innovar v : to introduce : to innovate
innumerable adj : innumerable
   : countless
inobjetable adj : indisputable
   : unobjectionable
inocencia nf : innocence
inocentada nf : practical joke
inocente¹ adj : innocent : naive —
   inocentemente adv
inocente² nmf : innocent person
inocentón¹, -tona adj, mpl **-tones**
   : naive : gullible
inocentón², -tona n, mpl **-tones**
   : simpleton : dupe
inocuidad nf : harmlessness

inocular *v* : to inoculate : to vaccinate
— **inoculación** *nf*
inocuo, -cua *adj* : innocuous : harmless
inodoro¹, -ra *adj* : odorless
inodoro² *nm* : toilet
inofensivo, -va *adj* : inoffensive
: harmless
inolvidable *adj* : unforgettable
inoperable *adj* : inoperable
inoperante *adj* : ineffective : inoperative
inopinado, -da *adj* : unexpected —
inopinadamente *adv*
inoportuno, -na *adj* : untimely
: inopportune : inappropriate
inorgánico, -ca *adj* : inorganic
inoxidable *adj* : rustproof
inquebrantable *adj* : unshakable
: unwavering
inquietamente *adv* : anxiously
: uneasily : restlessly
inquietante *adj* : disturbing : worrisome
inquietar *v* : to disturb : to upset : to
worry — **inquietarse** *vr*
inquieto, -ta *adj* : anxious : uneasy
: worried : restless
inquietud *nf* : anxiety : uneasiness
: worry : restlessness
inquilinato *nm* : tenancy
inquilino, -na *n* : tenant : occupant
inquina *nf* : aversion : dislike : ill will
inquirir *v* : to make inquiries : to
investigate
inquisición *nf, pl* **-ciones** : investigation
: inquiry
inquisidor¹, -dora *adj* : inquisitive
inquisidor² *nm* : inquisitor
inquisitivo, -va *adj* : inquisitive : curious
— **inquisitivamente** *adv*
insaciable *adj* : insatiable
insalubre *adj* : unhealthy : unsanitary
insalvable *adj* : insurmountable
insano, -na *adj* : insane : mad
: unhealthy
insatisfacción *nf, pl* **-ciones**
: dissatisfaction
insatisfactorio *nm* : unsatisfactory
insatisfecho, -cha *adj* : dissatisfied
: unsatisfied
inscribir *v* : to enroll : to register : to
engrave — **inscribirse** *vr* : to sign up
inscripción *nf, pl* **-ciones** : enrollment
: registration : inscription
inscrito *pp* → **inscribir**
insecticida¹ *adj* : insecticidal
insecticida² *nm* : insecticide
insecto *nm* : insect
inseguridad *nf* : insecurity : lack of
safety : uncertainty
inseguro, -ra *adj* : insecure : unsafe
: uncertain — **inseguramente** *adv*
inseminar *v* : to inseminate —
inseminación *nf*
insensatez *nf, pl* **-teces** : foolishness
: stupidity

insensato¹, -ta *adj* : foolish : senseless
— **insensatamente** *adv*
insensato², -ta *n* : fool
insensibilidad *nf* : insensitivity
insensible *adj* : insensitive : unfeeling
— **insensiblemente** *adv*
inseparable *adj* : inseparable —
inseparablemente *adv*
inserción *nf, pl* **-ciones** : insertion
insertar *v* : to insert
inservible *adj* : useless : unusable
insidia *nf* : snare : trap : malice
insidioso, -sa *adj* : insidious
insigne *adj* : noted : famous
insignia *nf* : insignia : emblem : badge
insignificancia *nf* : insignificance : trifle
: triviality
insignificante *adj* : insignificant
insincero, -ra *adj* : insincere —
insinceramente *adv* — **insinceridad**
nf
insinuación *nf, pl* **-ciones** : insinuation
: hint
insinuante *adj* : suggestive
insinuar *v* : to insinuate : to hint at
insípido, -da *adj* : insipid : bland
insistencia *nf* : insistence
insistente *adj* : insistent —
insistentemente *adv*
insistir *v* : to insist
insociable *adj* : unsociable
insolación *nf, pl* **-ciones** : sunstroke
insolencia *nf* : insolence
insolente *adj* : insolent —
insolentemente *adv*
insólito, -ta *adj* : rare : unusual
insoluble *adj* : insoluble —
insolubilidad *nf*
insolvencia *nf* : insolvency : bankruptcy
insolvente *adj* : insolvent : bankrupt
insomne *adj & nmf* : insomniac
insomnio *nm* : insomnia
insonorizado, -da *adj* : soundproof
insoportable *adj* : unbearable
: intolerable
insoslayable *adj* : unavoidable
: inescapable
insospechado, -da *adj* : unexpected
: unforeseen
insostenible *adj* : not sustainable
: untenable
inspección *nf, pl* **-ciones** : inspection
inspeccionar *v* : to inspect
inspector, -tora *n* : inspector
inspiración *nf, pl* **-ciones** : inspiration
: inhalation
inspirador, -dora *adj* : inspiring
inspirar *v* : to inspire : to inhale —
inspirarse *vr*
instalación *nf, pl* **-ciones** : installation
instalar *v* : to install : to induct —
instalarse *vr* : to settle : to establish
oneself
instancia *nf* : petition : request

instantánea nf : snapshot
instantáneo, -nea adj : instantaneous
: instant — **instantáneamente** adv
instante nm : instant : moment
instar v : to urge : to press : to be urgent
or pressing
instauración nf, pl **-ciones**
: establishment
instaurar v : to establish
instigador, -dora n : instigator
instigar v : to instigate : to incite
instintivo, -va adj : instinctive —
instintivamente adv
instinto nm : instinct
institución nf, pl **-ciones** : institution
institucional adj : institutional —
institucionalmente adv
institucionalizar v : to institutionalize
instituir v : to institute : to establish : to
found
instituto nm : institute
institutriz nf, pl **-trices** : governess f
instrucción nf, pl **-ciones** : education
: training; **instrucciones** nfpl
: instructions : directions
instructivo, -va adj : instructive
: educational
instructor, -tora n : instructor
instruir v : to instruct : to train : to
educate : to teach
instrumentación nf, pl **-ciones**
: orchestration
instrumental[1] adj : instrumental
instrumental[2] nm : instruments pl
instrumentar v : to orchestrate
instrumentista nmf : instrumentalist
instrumento nm : (musical) instrument
: instrument : means pl
insubordinado, -da adj : insubordinate
— **insubordinación** nf
insubordinarse vr : to rebel
insuficiencia nf : insufficiency
: inadequacy
insuficiente[1] adj : insufficient
: inadequate : poor : unsatisfactory —
insuficientemente adv
insuficiente[2] nm : F : failing grade
insufrible adj : insufferable
insular adj : insular
insularidad nf : insularity
insulina nf : insulin
insulso, -sa adj : insipid : bland : dull
insultante adj : insulting
insultar v : to insult
insulto nm : insult
insumos nmpl : supplies
insuperable adj : insurmountable
: unbeatable
insurgente adj & nmf : insurgent —
insurgencia nf
insurrección nf, pl **-ciones** : insurrection
: uprising
insustancial adj : insubstantial : flimsy
insustituible adj : irreplaceable

intachable adj : irreproachable
: faultless
intacto, -ta adj : intact
intangible adj : intangible : impalpable
integración nf, pl **-ciones** : integration
integral adj : integral : essential
integrante[1] adj : integrating : integral
integrante[2] nmf : member
integrar v : to make up : to compose —
integrarse vr : to integrate : to fit in
integridad nf : integrity : honesty
: soundness
integrismo nm : fundamentalism
integrista adj & nmf : fundamentalist
íntegro, -gra adj : honest : upright
: whole : complete : unabridged
intelecto nm : intellect
intelectual adj & nmf : intellectual —
intelectualmente adv
intelectualidad nf : intelligentsia
inteligencia nf : intelligence
inteligente adj : intelligent —
inteligentemente adv
inteligible adj : intelligible —
inteligibilidad nf
intemperancia adj : intemperance
: excess
intemperie nf : bad weather : elements
pl
intempestivo, -va adj : inopportune
: untimely — **intempestivamente** adv
intención nf, pl **-ciones** : intention : plan
intencionadamente →
intencionalmente
intencionado, -da → **intencional**
intencional adj : intentional
intencionalmente adv : intentionally
intendencia nf : management
: administration : city council : town
council : governorship
intendente nmf : quartermaster : mayor
: governor
intensidad nf : intensity
intensificación nf, pl **-ciones**
: intensification
intensificador nm : intensifier
intensificar v : to intensify —
intensificarse vr
intensivo, -va adj : intensive —
intensivamente adv
intenso, -sa adj : intense —
intensamente adv
intentar v : to attempt : to try
intento nm : intent : intention : attempt
: try
intentona nf : attempt
inter- pref : inter-
interacción nf, pl **-ciones** : interaction
interactivo, -va adj : interactive
interactuar v : to interact
intercalar v : to intersperse : to insert
intercambiable adj : interchangeable
intercambiar v : to exchange : to trade
intercambio nm : exchange : trade

interceder *v* : to intercede
intercepción → **interceptación**
interceptación *nf, pl* **-ciones**
: interception
interceptar *v* : to intercept : to block
intercesión *nf, pl* **-siones** : intercession
interconectar *v* : to connect : to interconnect
interconfesional *adj*
: interdenominational
intercontinental *adj* : intercontinental
interdepartamental *adj*
: interdepartmental
interdependencia *nf* : interdependence
— **interdependiente** *adj*
interdicción *nf, pl* **-ciones** : prohibition
interdisciplinario, -ria *adj* : interdisciplinary
interés *nm, pl* **-reses** : interest : interest rate
interesado[1], -da *adj* : interested : selfish
: self-seeking
interesado[2], -da *n* : interested party
: self-centered person
interesante *adj* : interesting
interesar *v* : to interest : to be of interest
: to be interesting — **interesarse** *vr*
interestatal *adj* : interstate
interestelar *adj* : interstellar
interfase → **interfaz**
interfaz *nf, pl* **-faces** : interface
interferencia *nf* : interference : static
interferir *v* : to interfere : to meddle : to
interfere with : to obstruct
interfón *nm, pl* **-fones** : intercom
interfono *nm* : intercom
intergaláctico, -ca *adj* : intergalactic
intergubernamental *adj*
: intergovernmental
interín[1] or ínterin *adv* : meanwhile
interín[2] or ínterin *nm, pl* **-rines**
: meantime : interim
interinamente *adv* : temporarily
interinato *nm* : temporary position
interino[1], -na *adj* : acting : temporary
: interim
interino[2], -na *n* : substitute : temp
interior[1] *adj* : interior : inside : inner
: domestic : internal
interior[2] *nm* : interior : inside : inland
region
interiormente *adv* : inwardly
interjección *nf, pl* **-ciones** : interjection
interlocutor, -tora *n* : speaker
interludio *nm* : interlude
intermediario, -ria *adj & n*
: intermediary : go-between
intermedio[1], -dia *adj* : intermediate
intermedio[2] *nm* : intermission
interminable *adj* : interminable
: endless — **interminablemente** *adv*
intermisión *nf, pl* **-siones** : intermission
: pause
intermitente[1] *adj* : intermittent : flashing
: blinking — **intermitentemente** *adv*

intermitente[2] *nm* : blinker : turn signal
internacional *adj* : international —
internacionalmente *adv*
internacionalizar *v* : to internationalize
— **internacionalización** *nf*
internado *nm* : boarding school
internamiento *nm* : internment
: confinement : admission
internar *v* : to admit : to commit
— **internarse** *vr* : to penetrate : to
advance into
internauta *nmf* : Internet user
Internet *or* **internet** *nmf* : Internet
internista *nmf* : internist
interno[1], -na *adj* : internal —
internamente *adv*
interno[2], -na *n* : intern : inmate
interpelación *nf, pl* **-ciones** : appeal
: plea
interpelar *v* : to question
interpersonal *adj* : interpersonal
interpolar *v* : to insert : to interpolate
interponer *v* : to interpose —
interponerse *vr* : to intervene
interpretación *nf, pl* **-ciones**
: interpretation
interpretar *v* : to interpret : to play : to
perform
interpretativo, -va *adj* : interpretive
intérprete *nmf* : interpreter : performer
interpuesto *pp* → **interponer**
interracial *adj* : interracial
interrelación *nf, pl* **-ciones**
: interrelationship
interrelacionar *v* : to interrelate
interrogación *nf, pl* **-ciones**
: interrogation : questioning
interrogador, -dora *n* : interrogator
: questioner
interrogante[1] *adj* : questioning
interrogante[2] *nm* : question mark
interrogante[3] *nmf* : question
interrogar *v* : to interrogate : to question
interrogativo, -va *adj* : interrogative
interrogatorio *nm* : interrogation
: questioning
interrumpir *v* : to interrupt
interrupción *nf, pl* **-ciones** : interruption
interruptor *nm* : (electrical) switch
: circuit breaker
intersecarse *vr* → **intersectarse**
intersección *nf, pl* **-ciones** : intersection
intersectarse *vr* : to intersect
intersticio *nm* : interstice — **intersticial**
adj
interuniversitario, -ria *adj*
: intercollegiate
interurbano, -na *adj* : intercity : long-
distance
intervalo *nm* : interval
intervención *nf, pl* **-ciones** : intervention
: audit : intercepting : tapping
intervenir *v* : to take part : to intervene
: to intercede : to control : to supervise

: to audit : to operate on : to tap : to
wiretap
interventor, -tora *n* : inspector : auditor
: comptroller
intestado, -da *adj* : intestate
intestinal *adj* : intestinal
intestino¹, -na *adj* : internal : internecine
intestino² *nm* : intestine
intimar *v* ~ **con** : to become friendly with
: to require : to call on
intimidación *nf, pl* **-ciones** : intimidation
intimidad *nf* : intimacy : privacy : private
life
intimidante *adj* : intimidating
intimidar *v* : to intimidate
intimidatorio, -ria *adj* : intimidating
íntimo, -ma *adj* : intimate : close
: private — **íntimamente** *adv*
intitular *v* : to entitle : to title
intocable *adj* : untouchable
intolerable *adj* : intolerable : unbearable
intolerancia *nf* : intolerance
intolerante¹ *adj* : intolerant
intolerante² *nmf* : intolerant person
: bigot
intoxicación *nf, pl* **-ciones** : poisoning
intoxicante *nm* : poison
intoxicar *v* : to poison
intranquilidad *nf* : worry : anxiety
intranquilizar *v* : to upset : to make
uneasy — **intranquilizarse** *vr* : to get
worried : to be anxious
intranquilo, -la *adj* : uneasy : worried
intransferible *adj* : nontransferable
intransigencia *nf* : intransigence
intransigente *adj* : intransigent
: unyielding
intransitable *adj* : impassable
intransitivo, -va *adj* : intransitive
intrascendente *adj* : unimportant
: insignificant
intratable *adj* : intractable : awkward
: unsociable
intravenoso, -sa *adj* : intravenous
intrepidez *nf* : fearlessness
intrépido, -da *adj* : intrepid : fearless
intriga *nf* : intrigue
intrigante *nmf* : schemer
intrigar *v* : to intrigue — **intrigante** *adj*
intrincado, -da *adj* : intricate : involved
intrínseco, -ca *adj* : intrinsic —
intrínsecamente *adv*
introducción *nf, pl* **-ciones**
: introduction
introducir *v* : to introduce : to bring
in : to insert : to input : to enter —
introducirse *vr* : to penetrate : to get
into
introductorio, -ria *adj* : introductory
intromisión *nf, pl* **-siones** : interference
: meddling
introspección *nf, pl* **-ciones**
: introspection
introspectivo, -va *adj* : introspective

introvertido¹, -da *adj* : introverted
introvertido², -da *n* : introvert
intrusión *nf, pl* **-siones** : intrusion
intruso¹, -sa *adj* : intrusive
intruso², -sa *n* : intruder
intuición *nf, pl* **-ciones** : intuition
intuir *v* : to intuit : to sense
intuitivo, -va *adj* : intuitive —
intuitivamente *adv*
inundación *nf, pl* **-ciones** : flood
: inundation
inundar *v* : to flood : to inundate —
inundarse *vr*
inusitado, -da *adj* : unusual
: uncommon — **inusitadamente** *adv*
inusual *adj* : unusual : uncommon —
inusualmente *adv*
inútil¹ *adj* : useless — **inútilmente** *adv*
inútil² *nmf* : good-for-nothing
inutilidad *nf* : uselessness
inutilizar *v* : to make useless : to disable
: to put out of commission
invadir *v* : to invade
invalidar *v* : to nullify : to invalidate
invalidez *nf, pl* **-deces** : invalidity
: disability
inválido, -da *adj & n* : invalid
invalorable *adj* : invaluable
invaluable *adj* : invaluable
invariable *adj* : invariable —
invariablemente *adv*
invasión *nf, pl* **-siones** : invasion
invasivo, -va *adj* : invasive
invasor¹, -sora *adj* : invading
invasor², -sora *n* : invader
invectiva *nf* : invective : abuse
invencibilidad *nf* : invincibility
invencible *adj* : invincible
: insurmountable
invención *nf, pl* **-ciones** : invention
: fabrication : lie
inventar *v* : to invent : to fabricate : to
make up — **inventarse** *vr* : to make up
inventariar *v* : to inventory
inventario *nm* : inventory
inventiva *nf* : ingenuity : inventiveness
inventivo, -va *adj* : inventive
invento *nm* : invention
inventor, -tora *n* : inventor
invernadero *nm* : greenhouse
: hothouse
invernal *adj* : winter : wintry
invernar *v* : to spend the winter : to
hibernate
inverosímil *adj* : unlikely : far-fetched
inverosimilitud *nf* : implausibility
: improbability
inversión *nf, pl* **-siones** : inversion
: investment
inversionista *nmf* : investor
inverso¹, -sa *adj* : inverse : inverted
: opposite — **inversamente** *adv*
inverso² *n* : inverse
inversor, -sora *n* : investor

invertebrado[1], **-da** *adj* : invertebrate
invertebrado[2] *nm* : invertebrate
invertir *v* : to invert : to reverse : to
invest : to make an investment —
invertirse *vr* : to be reversed
investidura *nf* : investiture : inauguration
investigación *nf, pl* **-ciones**
: investigation : inquiry : research
investigador[1], **-dora** *adj* : investigative
investigador[2], **-dora** *n* : investigator
: researcher
investigar *v* : to investigate : to
research~ **sobre** : to do research into
investigativo, -va *adj* : investigative
investir *v* : to empower : to swear in : to
inaugurate
inveterado, -da *adj* : inveterate : deep-
seated
inviable *adj* : not viable : not feasible
invicto, -ta *adj* : undefeated
invidente[1] *adj* : blind : sightless
invidente[2] *nmf* : blind person
invierno *nm* : winter : wintertime
inviolable *adj* : inviolable —
inviolabilidad *nf*
inviolado, -da *adj* : inviolate : pure
invisibilidad *nf* : invisibility
invisible *adj* : invisible —
invisiblemente *adv*
invitación *nf, pl* **-ciones** : invitation
invitado, -da *n* : guest
invitar *v* : to invite : to pay for
invocación *nf, pl* **-ciones** : invocation
invocar *v* : to invoke : to call on
involucramiento *nm* : involvement
involucrar *v* : to implicate : to involve —
involucrarse *vr* : to get involved
involuntario, -ria *adj* : involuntary —
involuntariamente *adv*
invulnerable *adj* : invulnerable
inyección *nf, pl* **-ciones** : injection : shot
inyectado, -da *adj* **ojos inyectados**
: bloodshot eyes
inyectar *v* : to inject — **inyectarse** *vr*
ion *nm* : ion
iónico, -ca *adj* : ionic
ionizar *v* : to ionize — **ionización** *nf*
ionosfera *nf* : ionosphere
ir *v* : to go : to lead : to extend : to stretch
: to work : to function : to get on : to get
along : to suit — **irse** *vr* : to leave : to
leak : to be used up : to be gone
ira *nf* : wrath : anger
iracundo, -da *adj* : irate : angry
: irascible
iraní *adj & nmf* : Iranian
iraquí *adj & nmf* : Iraqi
irascible *adj* : irascible : irritable —
irascibilidad *nf*
irga, irgue, etc. → **erguir**
iridio *nm* : iridium
iridiscencia *nf* : iridescence —
iridiscente *adj*
iris *nms & pl* : iris

irlandés[1], **-desa** *adj, mpl* **-deses**
: Irish
irlandés[2], **-desa** *n, pl* **-deses** : Irish
person : Irishman *m* : Irishwoman *f*
irlandés[3] *nm* : Irish
ironía *nf* : irony
irónico, -ca *adj* : ironic : ironical —
irónicamente *adv*
ironizar *v* : to speak ironically : to say
ironically
irracional *adj* : irrational —
irracionalmente *adv*
irracionalidad *nf* : irrationality
irradiación *nf, pl* **-ciones** : irradiation
irradiar *v* : to radiate : to irradiate
irrazonable *adj* : unreasonable
irreal *adj* : unreal
irrebatible *adj* : unanswerable
: irrefutable
irreconciliable *adj* : irreconcilable
irreconocible *adj* : unrecognizable
irrecuperable *adj* : irrecoverable
: irretrievable
irredimible *adj* : irredeemable
irreductible *adj* : unyielding
irreemplazable *adj* : irreplaceable
irreflexión *nf, pl* **-xiones**
: thoughtlessness
irreflexivo, -va *adj* : rash : unthinking
— **irreflexivamente** *adv*
irrefrenable *adj* : uncontrollable
: unstoppable
irrefutable *adj* : irrefutable
irregular *adj* : irregular —
irregularmente *adv*
irregularidad *nf* : irregularity
irrelevante *adj* : irrelevant —
irrelevancia *nf*
irreligioso, -sa *adj* : irreligious
irremediable *adj* : incurable —
irremediablemente *adv*
irreparable *adj* : irreparable
irrepetible *adj* : unrepeatable : unique
irreprimible *adj* : irrepressible
irreprochable *adj* : irreproachable
irresistible *adj* : irresistible —
irresistiblemente *adv*
irresolución *nf, pl* **-ciones** : indecision
: hesitation
irresoluto, -ta *adj* : undecided
irrespetar *v* : to disrespect : to be
disrespectful to
irrespeto *nm* : disrespect
irrespetuoso, -sa *adj* : disrespectful —
irrespetuosamente *adv*
irrespirable *adj* : unbreathable
irresponsabilidad *nf* : irresponsibility
irresponsable *adj* : irresponsible —
irresponsablemente *adv*
irrestricto, -ta *adj* : unrestricted
: unconditional
irreverencia *nf* : disrespect
irreverente *adj* : irreverent
: disrespectful

irreversible adj : irreversible
irrevocable adj : irrevocable — **irrevocablemente** adv
irrigar v : to irrigate — **irrigación** nf
irrisible adj : laughable
irrisión nf, pl **-siones** : derision : ridicule
irrisorio, -ria adj : ridiculous : ludicrous
irritabilidad nf : irritability
irritable adj : irritable
irritación nf, pl **-ciones** : irritation
irritante adj : irritating
irritar v : to irritate
irrompible adj : unbreakable
irrumpir v ~ **en** : to burst into
irrupción nf, pl **-ciones** : emergence : invasion
-ísimo, -ma suf : very : extremely
isla nf : island
Islam nm : Islam
islámico, -ca adj : Islamic : Muslim
islamismo nm : Islam : Islamism — **islamista** adj & nmf
islandés[1], -desa adj, mpl **-deses** : Icelandic
islandés[2], -desa n, mpl **-deses** : Icelander
islandés[3] nm : Icelandic
isleño[1], -ña adj : island
isleño[2], -ña n : islander
islote nm : islet
isometría nfs & pl : isometrics
isométrico, -ca adj : isometric
isósceles adj : isosceles
isótopo nm : isotope
israelí adj & nmf : Israeli
istmo nm : isthmus
itacate nm : pack : provisions pl
italiano[1], -na adj & n : Italian
italiano[2] nm : Italian
ítem nm : item
itinerante adj : traveling : itinerant
itinerario nm : itinerary : route
-ito or **-cito** suf : little
izar v : to hoist : to raise
izquierda nf : left
izquierdista adj & nmf : leftist
izquierdo, -da adj : left
ja interj : ha!
jaba nf : bag : sack : crate : box
jabalí nm, pl **-líes** : wild boar
jabalina nf : javelin
jabón nm, pl **jabones** : soap
jabonar v : to soap up : to lather — **jabonarse** vr
jabonera nf : soap dish
jabonoso, -sa adj : soapy
jaca nf : pony : mare
jacal nm : shack : hut
jacinto nm : hyacinth
jactancia nf : boastfulness : boasting : bragging
jactancioso[1], -sa adj : boastful
jactancioso[2], -sa n : boaster : braggart
jactarse vr : to boast : to brag

jade nm : jade
jadear v : to pant : to gasp : to puff — **jadeante** adj
jadeo nm : panting : gasping : puffing
jaez nm, pl **jaeces** : harness : kind : sort : ilk; **jaeces** nmpl : trappings
jaguar nm : jaguar
jai alai nm : jai alai
jaiba nf : crab
jalapeño nm : jalapeño pepper
jalar v : to pull : to tug : to attract : to draw in : to pull together : to hurry up : to get going : to be in working order
jalbegue nm : whitewash
jalea nf : jelly
jalear v : to encourage : to urge on
jaleo nm : uproar : ruckus : racket : confusion : mess : hassle : cheering and clapping
jalón nm, pl **jalones** : milestone : landmark : pull : tug
jalonar v : to mark : to stake out
jalonear v : to tug at : to pull : to tug : to haggle
jamaicano, -na → jamaiquino
jamaiquino, -na adj & n : Jamaican
jamás adv : never
jamba nf : jamb
jamelgo nm : nag
jamón nm, pl **jamones** : ham
Janucá or **Januká** nmf : Hanukkah
japonés[1], -nesa adj & n, mpl **-neses** : Japanese
japonés[2] nm, pl **-neses** : Japanese
jaque nm : check
jaquear v : to check
jaqueca nf : headache : migraine
jarabe nm : syrup : Mexican folk dance
jarana nf : revelry : partying : spree : joking : fooling around : small guitar
jaranear v : to go on a spree : to party
jarcia nf : rigging : fishing tackle
jardín nm, pl **jardines** : garden : yard; **los jardines** : the outfield
jardinera nf : planter : plant stand
jardinería nf : gardening
jardinero, -ra n : gardener : outfielder
jarra nf : pitcher : jug : stein : mug
jarrete nm : back of the knee : hock
jarro nm : pitcher : jug : mug
jarrón nm, pl **jarrones** : vase
jaspe nm : jasper
jaspeado, -da adj : streaked : veined : speckled : mottled
jaula nf : cage
jauría nf : pack of hounds
javanés, -nesa adj & n : Javanese
jazmín nm, pl **jazmines** : jasmine
jazz nm : jazz
je interj → **ja**
jeans nmpl : jeans
jeep nm, pl **jeeps** : jeep
jefatura nf : leadership : headquarters
jefe, -fa n : chief : head : leader : boss

Jehová *nm* : Jehovah
jején *nm, pl* **jejenes** : gnat : small mosquito
jengibre *nm* : ginger
jeque *nm* : sheikh : sheik
jerarca *nmf* : leader : chief
jerarquía *nf* : hierarchy : rank
jerárquico, -ca *adj* : hierarchical
jerbo *nm* : gerbil
jerez *nm, pl* **jereces** : sherry
jerga *nf* : jargon : slang : coarse cloth
erigonza *nf* : mumbo jumbo : gibberish
jeringa *nf* : syringe
jeringar *v* : to inject : to annoy : to pester
  : to be annoying : to be a nuisance
jeringuear → **jeringar**
jeringuilla → **jeringa**
jeroglífico *nm* : hieroglyphic
jersey *nm, pl* **jerseys** : jersey : sweater
Jesucristo *nm* : Jesus Christ
jesuita *adj & nm* : Jesuit
Jesús *nm* : Jesus
jet *nm* : jet
jeta *nf* : snout : face : mug
jíbaro, -ra *adj* : Jivaro : rustic : rural
jibia *nf* : cuttlefish
jícama *nf* : jicama
jícara *nf* : calabash
jicotea *nf* : turtle
ihad *nmf* → **yihad**
jilguero *nm* : European goldfinch
jinete *nmf* : horseman : horsewoman
  f : rider
jinetear *v* : to ride : to perform : to break
  in : to ride horseback
jingoísmo *nm* : jingoism
jingoísta *adj* : jingoist : jingoistic
jiote *nm* : rash
jira *nf* : outing : picnic
jirafa *nf* : giraffe : boom microphone
jirón *nm, pl* **jirones** : shred : rag : street
jitomate *nm* : tomato
jockey *nmf, pl* **jockeys** : jockey
jocosidad *nf* : humor : jocularity
jocoso, -sa *adj* : playful : jocular —
  jocosamente *adv*
jofaina *nf* : washbowl
jogging *nm* : jogging : sweatpants
  : sweatsuit : tracksuit
jolgorio *nm* : merrymaking : fun
jonrón *nm, pl* **jonrones** : home run
jordano, -na *adj & n* : Jordanian
jornada *nf* : expedition : day's journey;
  jornadas *nfpl* : conference : congress
jornal *nm* : day's pay
jornalero, -ra *n* : day laborer
joroba *nf* : hump : nuisance : pain in
  the neck
jorobado¹, -da *adj* : hunchbacked
  : humpbacked
jorobado², -da *n* : person with a hump
  : hunchback *offensive* : humpback
  offensive
jorobar *v* : to bother : to annoy : to be
  annoying : to be a nuisance

jorongo *nm* : full-length poncho
jota *nf* : jot : bit : jack
joven¹ *adj, pl* **jóvenes** : young : youthful
joven² *nmf, pl* **jóvenes** : young man *m*
  : young woman *f* : young person
jovial *adj* : jovial : cheerful —
  jovialmente *adv*
jovialidad *nf* : joviality : cheerfulness
joya *nf* : jewei : piece of jewelry
  : treasure : gem
joyería *nf* : jewelry store : jewelry
joyero, -ra *n* : jeweler : jewelry box
joystick *nm, pl* **joysticks** : joystick
juanete *nm* : bunion
jubilación *nf, pl* **-ciones** : retirement
  : pension
jubilado¹, -da *adj* : retired : in retirement
jubilado², -da *nmf* : retired person : retiree
jubilar *v* : to retire : to pension off : to
  get rid of : to discard — **jubilarse** *vr*
  : to retire
jubileo *nm* : jubilee
júbilo *nm* : jubilation : joy
jubiloso, -sa *adj* : jubilant : joyous
judaico, -ca *adj* : Judaic : Jewish
judaísmo *nm* : Judaism
judía *nf* : bean
judicatura *nf* : judiciary : judges *pl*
  : office of judge
judicial *adj* : judicial — **judicialmente**
  adv
judío¹, -día *adj* : Jewish
judío², -día *n* : Jewish person : Jew
judo *nm* : judo
juega, juegue, etc. → **jugar**
juego *nm* : play : playing : game : sport
  : gaming : gambling : ride : set : slack
juerga *nf* : partying : binge
juerguista *nmf* : reveler : carouser
jueves *nms & pl* : Thursday
juez¹ *nmf, pl* **jueces** : judge : umpire
  : referee
juez², jueza *n* → **juez¹**
jugada *nf* : play : move : trick
jugador, -dora *n* : player : gambler
jugar *v* : to play : to gamble : to bet : to
  joke : to kid — **jugarse** *vr* : to risk : to
  gamble away
jugarreta *nf* : prank : dirty trick
juglar *nm* : minstrel
jugo *nm* : juice : substance : essence
jugosidad *nf* : juiciness
jugoso, -sa *adj* : juicy : lucrative
  : profitable
juguete *nm* : toy
juguetear *v* : to play : to cavort : to frolic
  : to toy : to fiddle
juguetería *nf* : toy store
juguetón, -tona *adj, mpl* **-tones** : playful
  — **juguetonamente** *adv*
juicio *nm* : good judgment : reason
  : sense : opinion : trial
juicioso, -sa *adj* : judicious : wise —
  juiciosamente *adv*

julio *nm* : July
jumper *nm, pl* **jumpers** : jumper
 : pinafore
juncia *nf* : sedge
junco *nm* : reed : rush : junk
jungla *nf* : jungle
junio *nm* : June
junquillo *nm* : jonquil
junta *nf* : board : committee : meeting
 : session : junta : regional government
 : joint : gasket
juntamente *adv* : jointly : together : at
 the same time
juntar *v* : to unite : to combine : to put
 together : to collect : to gather together
 : to assemble : to close partially —
 juntarse *vr* : to join together : to move
 closer together : to get together
junto, -ta *adj* : joined : united : close
 : adjacent : together
juntura *nf* : joint : coupling
Júpiter *nm* : Jupiter
jura *nf* : oath : pledge
jurado[1] *nm* : jury : panel of judges
jurado[2] *nmf* : juror : judge
juramentación *nf, pl* **-ciones** : swearing
 in
juramentar *v* : to swear in
juramento *nm* : oath : swearword
jurar *v* : to swear : to take an oath : to
 curse
jurídico, -ca *adj* : legal
jurisdicción *nf, pl* **-ciones** : jurisdiction
 — **jurisdiccional** *adj*
jurisprudencia *nf* : jurisprudence : law
jurista *nmf* : jurist
justa *nf* : joust : tournament
 : competition
justamente *adv* : precisely : exactly
 : justly : fairly
justar *v* : to joust
justicia *nf* : justice : fairness
justiciero, -ra *adj* : righteous : avenging
justificable *adj* : justifiable
justificación *nf, pl* **-ciones** : justification
justificante *nm* : justification : proof
 : voucher
justificar *v* : to justify : to excuse : to
 vindicate — **justificarse** *vr*
justo[1] *adv* : justly : right : exactly : tightly
justo[2]**, -ta** *adj* : just : fair : right : exact
 : tight
justo[3]**, -ta** *n* : just person
juvenil *adj* : juvenile : young
 : youthful : teenage : junior
juventud *nf* : youth : young people
juzgado *nm* : court : tribunal
juzgar *v* : to try : to judge : to pass
 judgment on : to consider : to deem
juzgue, etc. → **juzgar**
káiser *nm* : kaiser
kaki → **caqui**
kaleidoscopio → **caleidoscopio**
kamikaze *adj & nm* : kamikaze

kan *nm* : khan
karaoke *nm* : karaoke
karate *or* **kárate** *nm* : karate
kayac *or* **kayak** *nm, pl* **kayacs** *or* **kayaks**
 : kayak
kebab *nm, pl* **kebabs** : kebab
keniano, -na *adj & n* : Kenyan
kermesse *or* **kermés** *nf, pl* **kermesses**
 or **kermeses** : charity fair : bazaar
kerosene *or* **kerosén** *or* **keroseno** *nm*
 : kerosene : paraffin
ketchup *nm* : ketchup : catsup
kibutz *or* **kibbutz** *nms & pl* : kibbutz
kilo *nm* : kilo : kilogram : large amount
kilobyte *nm* : kilobyte
kilociclo *nm* : kilocycle
kilogramo *nm* : kilogram
kilohertzio *nm* : kilohertz
kilometraje *nm* : distance in kilometers
 : mileage
kilométrico, -ca *adj* : endless : very
 long
kilómetro *nm* : kilometer
kilovatio *nm* : kilowatt
kimono *nm* : kimono
kinder → **kindergarten**
kindergarten *nm, pl* **kindergartens**
 : kindergarten : nursery school
kinesiología *nf* : physical therapy
kinesiólogo, -ga *n* : physical therapist
kiosco, kiosko → **quiosco**
kiosquero, -ra → **quiosquero**
kit *nm, pl* **kits** : kit
kiwi *nm* : kiwi : kiwifruit
klaxon → **claxon**
knockout → **nocaut**
koala *nm* : koala bear
kriptón *nm* : krypton
kurdo[1]**, -da** *adj* : Kurdish
kurdo[2]**, -da** *n* : Kurd
kuwaití *adj & nmf* : Kuwaiti
la[1] *nm* : A : la
la[2] *pron* : her : it : you : the one
la[3] *art* → **el**[1]
laberíntico, -ca *adj* : labyrinthine
laberinto *nm* : labyrinth : maze
labia *nf* : gift of gab
labial *adj* : labial : lip
labio *nm* : lip
labor *nf* : work : labor
laborable *adj* : arable : work : working
laboral *adj* : work : labor
laborar *v* : to work
laboratorio *nm* : laboratory : lab
laboriosamente *adv* : laboriously
 : industriously : diligently
laboriosidad *nf* : industriousness
 : diligence
laborioso, -sa *adj* : laborious : hard
 : industrious : hardworking
labrado[1]**, -da** *adj* : cultivated : tilled
 : carved : wrought
labrado[2] *nm* : cultivated field
labrador, -dora *n* : farmer

labranza *nf* : farming
labrar *v* : to carve : to work : to cultivate : to till : to cause : to bring about
labriego, -ga *n* : farm worker
laburar *v* : to work
laburo *nm* : work : job
laca *nf* : lacquer : shellac : hair spray
lacayo *nm* : lackey
lace, etc. → **lazar**
lacear *v* : to lasso
laceración *nf, pl* **-ciones** : laceration
lacerante *adj* : hurtful : wounding
lacerar *v* : to lacerate : to cut : to hurt : to wound
lacio, -cia *adj* : limp : lank
lacónico, -ca *adj* : laconic — **lacónicamente** *adv*
lacra *nf* : scar : mark : stigma : blemish
lacrar *v* : to seal
lacrimógeno, -na *adj* **gas lacrimógeno** : tear gas
lacrimoso, -sa *adj* : tearful : moving
lacrosse *nm* : lacrosse
lactancia *nf* : breast-feeding
lactante *nmf* : nursing infant : suckling
lactar *v* : to breast-feed
lácteo[1], -tea *adj* : dairy
lácteo[2] *nm* : dairy product
ladeado, -da *adj* : crooked : tilted : lopsided
ladear *v* : to tilt : to tip — **ladearse** *vr* : to bend
ladera *nf* : slope : hillside
ladino[1], -na *adj* : cunning : shrewd : mestizo
ladino[2], -na *n* : trickster : Spanish-speaking person of indigenous descent : mestizo
lado *nm* : side : place
ladrar *v* : to bark
ladrido *nm* : bark : barking
ladrillo *nm* : brick : tile
ladrón, -drona *n, mpl* **ladrones** : robber : thief : burglar
lagartija *nf* : small lizard
lagarto *nm* : lizard
lago *nm* : lake
lágrima *nf* : tear : teardrop
lagrimal *nm* : corner of the eye
lagrimear *v* : to water : to weep easily
laguna *nf* : lagoon : gap
laicado *nm* : laity
laico[1], -ca *adj* : lay : secular
laico[2], -ca *n* : layman *m* : laywoman *f*
laja *nf* : slab
lama[1] *nf* : slime : ooze
lama[2] *nm* : lama
lamber *v* : to lick
lamentable *adj* : unfortunate : lamentable : pitiful : sad
lamentablemente *adv* : unfortunately : regrettably
lamentación *nf, pl* **-ciones** : lamentation : groaning : moaning

lamentar *v* : to lament : to regret — **lamentarse** *vr* : to grumble : to complain
lamento *nm* : lament : groan : cry
lamer *v* : to lick : to lap against
lamida *nf* : lick
lámina *nf* : sheet : plate : illustration
laminado[1], -da *adj* : laminated
laminado[2] *nm* : laminate
laminar *v* : to laminate — **laminación** *nf*
lámpara *nf* : lamp
lampiño, -ña *adj* : hairless
lamprea *nf* : lamprey
lana *nf* : wool : money : dough
lance[1], etc. → **lanzar**
lance[2] *nm* : event : incident : quarrel : throw : cast : move : play
lancear *v* : to spear
lancha *nf* : small boat : launch
langosta *nf* : lobster : locust
langostino *nm* : prawn : crayfish
languidecer *v* : to languish
languidez *nf, pl* **-deces** : languor : listlessness
lánguido, -da *adj* : languid : listless — **lánguidamente** *adv*
lanolina *nf* : lanolin
lanudo, -da *adj* : woolly
lanza *nf* : spear : lance
lanzadera *nf* : shuttle
lanzado, -da *adj* : impulsive : brazen : forward : determined
lanzador, -dora *n* : thrower : pitcher
lanzallamas *nms & pl* : flamethrower
lanzamiento *nm* : throw : pitch : launching : launch
lanzar *v* : to throw : to hurl : to pitch : to launch — **lanzarse** *vr* : to throw oneself
laosiano, -na *adj & n* : Laotian
lapa *nf* : limpet
lapicera *nf* : pen
lapicero *nm* : mechanical pencil : ballpoint pen
lápida *nf* : marker : tombstone
lapidar *v* : to stone
lápiz *nm, pl* **lápices** : pencil
lapón, -pona *adj & n, mpl* **lapones** : Lapp
lapso *nm* : lapse : space
lapsus *nms & pl* : error : slip
laptop *nm, pl* **laptops** : laptop
laquear *v* : to lacquer : to varnish : to shellac
largamente *adv* : at length : extensively : easily : comfortably : generously
largar *v* : to let loose : to release : to loosen : to slacken : to give : to hand over : to hurl : to let fly — **largarse** *vr* : to scram : to beat it
largo[1], -ga *adj* : long
largo[2] *nm* : length
largometraje *nm* : feature film
largue, etc. → **largar**
largueza *nf* : generosity : largesse

larguirucho, -cha *adj* : lanky
largura *nf* : length
laringe *nf* : larynx
laringitis *nfs & pl* : laryngitis
larva *nf* : larva — **larval** *adj*
las → **el²**, **los¹**
lasaña *nf* : lasagna
lasca *nf* : chip : chipping
lascivia *nf* : lasciviousness : lewdness
lascivo, -va *adj* : lascivious : lewd —
    lascivamente *adv*
láser *nm* : laser
lasitud *nf* : weariness
laso, -sa *adj* : languid : weary
lástima *nf* : compassion : pity : shame
lastimadura *nf* : injury : wound
lastimar *v* : to hurt : to injure : to offend
    — **lastimarse** *vr* : to hurt oneself
lastimero, -ra *adj* : pitiful : wretched
lastimoso, -sa *adj* : shameful : pitiful
    : terrible
lastrar *v* : to ballast : to burden : to
    encumber
lastre *nm* : burden : ballast
lata *nf* : tin : tin can : pest : bother
    : nuisance
latente *adj* : latent
lateral¹ *adj* : lateral : side : indirect —
    lateralmente *adv*
lateral² *nm* : end piece : side
látex *nms & pl* : latex
latido *nm* : beat : throb
latifundio *nm* : large estate
latigazo *nm* : lash
látigo *nm* : whip
latín *nm* : Latin
latino¹, -na *adj* : Latin : Latin-American
latino², -na *n* : Latin American
latinoamericano¹, -na *adj*
    : Latin–American
latinoamericano², -na *n* : Latin
    American
latir *v* : to beat : to throb
latitud *nf* : latitude : breadth
lato, -ta *adj* : extended : lengthy : broad
latón *nm, pl* **latones** : brass
latoso¹, -sa *adj* : annoying : bothersome
latoso², -sa *n* : pest : nuisance
latrocinio *nm* : larceny
laúd *nm* : lute
laudable *adj* : laudable : praiseworthy
laudo *nm* : findings : decision
laureado, -da *adj & n* : laureate
laurear *v* : to award : to honor
laurel *nm* : laurel : bay
lava *nf* : lava
lavable *adj* : washable
lavabo *nm* : sink : washbowl : lavatory
    : toilet
lavadero *nm* : laundry room
lavado *nm* : laundry : wash : laundering
lavadora *nf* : washing machine
lavamanos *nms & pl* : sink : washbowl
lavanda *nf* : lavender

lavandería *nf* : laundry
lavandero, -ra *n* : launderer : laundress *f*
lavaplatos *nms & pl* : dishwasher
    : kitchen sink
lavar *v* : to wash : to clean : to launder
    — **lavarse** *vr* : to wash oneself
lavarropas *nms & pl* : washing machine
lavativa *nf* : enema
lavatorio *nm* : lavatory : washroom
lavavajillas *nms & pl* : dishwasher
laxante *adj & nm* : laxative
laxitud *nf* : laxity : slackness
laxo, -xa *adj* : lax : slack
lazada *nf* : bow : loop
lazar *v* : to rope : to lasso
lazo *nm* : link : bond : bow : ribbon
    : lasso : lariat
LCD *nm* : LCD : liquid crystal display
le *pron* : to her : to him : to it : from her
    : from him : from it : for her : for him
    : for it : to you : for you
leal *adj* : loyal : faithful — **lealmente** *adv*
lealtad *nf* : loyalty : allegiance
lebrel *nm* : hound
lección *nf, pl* **lecciones** : lesson
lechada *nf* : whitewash : grout
lechal *adj* : suckling
leche *nf* : milk
lechera *nf* : milk jug : dairymaid *f*
lechería *nf* : dairy store
lechero¹, -ra *adj* : dairy
lechero², -ra *n* : milkman *m* : milk dealer
lecho *nm* : bed : riverbed : layer
    : stratum
lechón, -chona *n, mpl* **lechones**
    : suckling pig
lechoso, -sa *adj* : milky
lechuga *nf* : lettuce
lechuza *nf* : owl : barn owl
lectivo, -va *adj* : school
lector¹, -tora *adj* : reading
lector², -tora *n* : reader
lector³ *nm* : scanner : reader
lectura *nf* : reading : reading matter
LED *or* **led** *nm* : LED
leer *v* : to read
legación *nf, pl* **-ciones** : legation
legado *nm* : legacy : bequest : legate
    : emissary
legajo *nm* : dossier : file
legal *adj* : legal : lawful — **legalmente**
    adv
legalidad *nf* : legality
legalista *adj* : legalistic
legalizar *v* : to legalize — **legalización** *nf*
legañas *nfpl* : sleep
legar *v* : to bequeath : to hand down : to
    delegate
legendario, -ria *adj* : legendary
legible *adj* : legible — **legibilidad** *nf*
legión *nf, pl* **legiones** : legion
legionario, -ria *n* : legionnaire
legislación *nf, pl* **-ciones** : legislation
    : laws *pl*

legislador[1], **-dora** *adj* : legislative
legislador[2], **-dora** *n* : legislator
legislar *v* : to legislate
legislativo, -va *adj* : legislative
legislatura *nf* : legislature : term of office
legitimar *v* : to legitimize : to authenticate — **legitimación** *nf*
legitimidad *nf* : legitimacy
legítimo, -ma *adj* : legitimate : genuine : authentic — **legítimamente** *adv*
lego[1], **-ga** *adj* : secular : lay : uninformed : ignorant
lego[2], **-ga** *n* : layperson : layman *m* : laywoman *f*
legua *nf* : league
legue, etc. → **legar**
legumbre *nf* : vegetable : legume
leíble *adj* : readable
leída *nf* : reading : read
leído[1] *pp* → **leer**
leído[2], **-da** *adj* : well-read
lejanía *nf* : remoteness : distance
lejano, -na *adj* : remote : distant : far away
lejía *nf* : lye : bleach
lejos *adv* : far away : distant : long ago : a long way off
lelo, -la *adj* : silly : stupid
lema *nm* : motto : slogan
lemming *nm* : lemming
lempira *nf* : lempira
lencería *nf* : lingerie
lengua *nf* : tongue : language : spit
lenguado *nm* : sole : flounder
lenguaje *nm* : language : speech
lengüeta *nf* : tongue : tab : flap : reed : barb : point
lengüetada *nf* **beber a lengüetadas** : to lap
lenidad *nf* : leniency
lenitivo, -va *adj* : soothing
lente *nmf* : lens; **lentes** *nmpl* : eyeglasses
lenteja *nf* : lentil
lentejuela *nf* : sequin : spangle
lentilla *nf* : contact lens
lentitud *nf* : slowness
lento[1] *adv* : slowly
lento[2], **-ta** *adj* : slow : slow-witted : dull — **lentamente** *adv*
leña *nf* : wood : firewood
leñador, -dora *n* : lumberjack : woodcutter
leñera *nf* : woodshed
leño *nm* : log
leñoso, -sa *adj* : woody
Leo[1] *nm* : Leo
Leo[2] *nmf* : Leo
león, -ona *n, mpl* **leones** : lion : lioness *f* : puma : cougar
leonado, -da *adj* : tawny
leonino, -na *adj* : lion-like : one-sided : unfair
leopardo *nm* : leopard

leotardo *nm* : leotard : tights *pl*
leperada *nf* : obscenity
lépero, -ra *adj* : vulgar : coarse
lepra *nf* : leprosy
leproso[1], **-sa** *adj* : leprous
leproso[2], **-sa** *n* : leper
lerdo, -da *adj* : clumsy : dull : oafish : slow-witted
les *pron* : to them : from them : for them : to you *pl* : for you *pl*
lesbiana *nf* : lesbian — **lesbiano, -na** *adj*
lesbianismo *nm* : lesbianism
lesera *nf* : stupid thing
lesión *nf, pl* **lesiones** : lesion : wound : injury
lesionado, -da *adj* : injured : wounded
lesionar *v* : to injure : to wound — **lesionarse** *vr* : to hurt oneself
lesivo, -va *adj* : harmful : damaging
letal *adj* : deadly : lethal — **letalmente** *adv*
letanía *nf* : litany : spiel : song and dance
letárgico, -ca *adj* : lethargic
letargo *nm* : lethargy : torpor
letón[1], **-tona** *adj & n, mpl* **letones** : Latvian
letón[2] *nm* : Latvian
letra *nf* : letter : handwriting : lettering : lyrics *pl*; **letras** *nfpl* : arts
letrado[1], **-da** *adj* : learned : erudite
letrado[2], **-da** *n* : attorney : lawyer
letrero *nm* : sign : notice
letrina *nf* : latrine
letrista *nmf* : lyricist : songwriter
leucemia *nf* : leukemia
leva *nf* : cam
levadura *nf* : yeast : leavening
levantado, -da *adj* : awake : up
levantamiento *nm* : uprising : raising : lifting
levantar *v* : to lift : to raise : to put up : to erect : to give a boost to : to call off : to adjourn : to give rise to : to arouse — **levantarse** *vr* : to rise : to stand up : to get out of bed : to get up
levante *nm* : east : east wind
levar *v* **levar anclas** : to weigh anchor
leve *adj* : light : slight : trivial : unimportant — **levemente** *adv*
levedad *nf* : lightness
levemente *adv* : lightly : softly
leviatán *nm, pl* **-tanes** : leviathan
levitar *v* : to levitate
léxico[1], **-ca** *adj* : lexical
léxico[2] *nm* : lexicon : glossary
lexicografía *nf* : lexicography
lexicográfico, -ca *adj* : lexicographical : lexicographic
lexicógrafo, -fa *n* : lexicographer
ley *nf* : law : purity
leyenda *nf* : legend : caption : inscription
leyó, etc. → **leer**

liar *v* : to bind : to tie : to roll : to confuse — **liarse** *vr* : to get mixed up

libanés, -nesa *adj & n, mpl* **-neses** : Lebanese

libar *v* : to suck : to sip : to swig

libelo *nm* : libel : lampoon : petition

libélula *nf* : dragonfly

liberación *nf, pl* **-ciones** : liberation : deliverance

liberado, -da *adj* : liberated : freed : delivered

liberal *adj & nmf* : liberal

liberalidad *nf* : generosity : liberality

liberalismo *nm* : liberalism

liberalizar *v* : to liberalize — **liberalización** *nf*

liberar *v* : to liberate : to free — **liberarse** *vr* : to get free of

liberiano, -na *adj & n* : Liberian

libertad *nf* : freedom : liberty

libertador[1], **-dora** *adj* : liberating

libertador[2], **-dora** *n* : liberator

libertar *v* : to set free

libertario, -ria *adj & n* : libertarian

libertinaje *nm* : licentiousness : dissipation

libertino[1], **-na** *adj* : licentious : dissolute

libertino[2], **-na** *n* : libertine

libidinoso, -sa *adj* : lustful : lewd

libido *nf* : libido

libio, -bia *adj & n* : Libyan

libra *nf* : pound

Libra[1] *nm* : Libra

Libra[2] *nmf* : Libra

libramiento *nm* : liberating : freeing : order of payment : beltway

libranza *nf* : order of payment

librar *v* : to free : to save : to wage : to issue — **librarse** *vr* ~ **de** : to free oneself from : to get out of

libre[1] *adj* : free : vacant

libre[2] *nm* : taxi

librea *nf* : livery

librecambio *nm* : free trade

libremente *adv* : freely

librería *nf* : bookstore

librero[1], **-ra** *n* : bookseller

librero[2] *nm* : bookcase

libresco, -ca *adj* : bookish

libreta *nf* : notebook

libretista *nmf* : librettist : scriptwriter

libreto *nm* : libretto : script

libro *nm* : book; **libros** *nmpl* : books : accounts

liceal *nmf* : high school student

liceano, -na *n* → **liceal**

liceísta *nmf* → **liceal**

licencia *nf* : permission : leave : leave of absence : permit : license

licenciado, -da *n* : university graduate : lawyer

licenciar *v* : to license : to permit : to allow : to discharge : to grant a university degree to — **licenciarse** *vr* : to graduate

licenciatura *nf* : college degree : course of study

licencioso, -sa *adj* : licentious : lewd

liceo *nm* : secondary school : high school

licitación *nf, pl* **-ciones** : bid : bidding

licitar *v* : to bid on

lícito, -ta *adj* : lawful : licit : just : fair

licor *nm* : liquor : liqueur

licorera *nf* : decanter

licuado *nm* : milk shake

licuadora *nf* : blender

licuar *v* : to liquefy — **licuarse** *vr*

lid *nf* : fight : combat : argument : dispute; **lides** *nfpl* : matters : affairs

líder[1] *adj* : leading : foremost

líder[2] *nmf* : leader

liderar *v* : to lead : to head

liderato *nm* : leadership : leading

liderazgo → **liderato**

lidia *nf* : bullfighting : bullfight

lidiar *v* : to fight : to struggle : to battle : to wrestle

liebre *nf* : hare

liendre *nf* : nit

lienzo *nm* : linen : canvas : painting : stretch of wall or fencing

liga *nf* : league : rubber band : garter

ligado, -da *adj* : linked : connected

ligadura *nf* : tie : bond : ligature

ligamento *nm* : ligament

ligar *v* : to bind : to tie

ligeramente *adv* : slightly : lightly : gently : casually

ligereza *nf* : lightness : flippancy : agility

ligero, -ra *adj* : light : lightweight : slight : minor : agile : quick : lighthearted : superficial

light *adj* : light : low-calorie

ligue, etc. → **ligar**

liguero, -ra *adj* : league

lija *nf or* **papel de lija** : sandpaper

lijar *v* : to sand

lila[1] *adj* : lilac : light purple

lila[2] *nf* : lilac

lima *nf* : lime : file

limar *v* : to file : to polish : to put the final touch on : to smooth over

limbo *nm* : limbo : limb

limeño[1], **-ña** *adj* : of or from Lima, Peru

limeño[2], **-ña** *n* : person from Lima, Peru

limero *nm* : lime tree

limitación *nf, pl* **-ciones** : limitation : limit : restriction

limitado, -da *adj* : limited : dull : slow-witted

limitar *v* : to limit : to restrict ~ **con** : to border on — **limitarse** *vr* ~ **a** : to limit oneself to

límite *nm* : boundary : border : limit

limítrofe *adj* : bordering : adjoining

limo *nm* : slime : mud

limón *nm, pl* **limones** : lemon : lemon tree

limonada *nf* : lemonade

limonero nm : lemon tree
limosna nf : alms : charity
limosnear v : to beg
limosnero, -ra n : beggar
limoso, -sa adj : slimy
limpiabotas nmfs & pl : shoeshine boy/man : shoeshine girl/woman f
limpiacristales nms & pl : glass cleaner : window washer
limpiador[1], -dora adj : cleaning
limpiador[2], -dora n : cleaning person : cleaner
limpiamente adv : cleanly : honestly : fairly
limpiaparabrisas nms & pl : windshield wiper
limpiar v : to clean : to cleanse : to clean up : to remove defects : to clean out : to swipe : to pinch — **limpiarse** vr
limpiavidrios nmfs & pl : windshield wiper : glass cleaner : window washer
límpido, -da adj : limpid
limpieza nf : cleanliness : tidiness : cleaning : integrity : honesty : skill : dexterity
limpio[1] adv : fairly
limpio[2], -pia adj : clean : neat : honest : free : clear : net
limusina nf : limousine
linaje nm : lineage : ancestry
lince nm : lynx
linchamiento nm : lynching
linchar v : to lynch
lindante adj : bordering : adjoining
linde nmf : boundary : limit
lindero[1], -ra adj : bordering : adjoining
lindero[2] nm : boundary : limit
lindeza nf : prettiness : clever remark; **lindezas** nfpl : insults
lindo[1] adv : beautifully : wonderfully
lindo[2], -da adj : pretty : lovely : cute
línea nf : line : course : position : range : side : service : figure
línea de crédito nf : line of credit
lineal adj : linear
lineamientos nmpl : guidelines
linfa nf : lymph
linfático, -ca adj : lymphatic
lingote nm : ingot
lingüista nmf : linguist
lingüística nf : linguistics
lingüístico, -ca adj : linguistic
linimento nm : liniment
lino nm : linen : flax
linóleo nm : linoleum
linterna nf : lantern : flashlight
lío nm : confusion : mess : hassle : trouble : jam : affair : liaison
liofilizar v : to freeze-dry
lioso, -sa adj : confusing : muddled
liquen nm : lichen
liquidación nf, pl **-ciones** : liquidation : clearance sale : settlement : payment
liquidar v : to liquefy : to liquidate : to settle : to pay off : to rub out : to kill

liquidez nf, pl **-deces** : liquidity
líquido[1], -da adj : liquid : fluid : net
líquido[2] nm : liquid : fluid : ready cash : liquid assets
lira nf : lyre
lírica nf : lyric poetry
lírico, -ca adj : lyric : lyrical
lirio nm : iris
lirón nm, pl **lirones** : dormouse
lisiado, -da adj : disabled : crippled
lisiar v : to cripple : to disable — **lisiarse** vr
liso, -sa adj : smooth : flat : straight : plain : unadorned
lisonja nf : flattery
lisonjear v : to flatter
lista nf : list : roster : roll : stripe : strip : menu
listado[1], -da adj : striped
listado[2] nm : listing
listar v : to list
listeza nf : smartness : alertness
listo, -ta adj : ready : clever : smart
listón nm, pl **listones** : ribbon : strip : lath : high bar
lisura nf : smoothness
litera nf : bunk bed : berth
literal adj : literal — **literalmente** adv
literario, -ria adj : literary
literato, -ta n : writer : author
literatura nf : literature
litigante adj & nmf : litigant
litigar v : to litigate : to be in litigation
litigio nm : litigation : lawsuit
litio nm : lithium
litografía nf : lithography : lithograph
litógrafo, -fa n : lithographer
litoral[1] adj : coastal
litoral[2] nm : shore : seaboard
litosfera nf : lithosphere
litro nm : liter
lituano[1], -na adj & n : Lithuanian
lituano[2] nm : Lithuanian
liturgia nf : liturgy
litúrgico, -ca adj : liturgical — **litúrgicamente** adv
liviandad nf : lightness
liviano, -na adj : light : slight : fickle
lividez nf : pallor
lívido, -da adj : livid : pallid : extremely pale
living nm : living room
llaga nf : sore : wound
llama nf : flame : llama
llamada nf : call
llamado[1], -da adj : named : called
llamado[2] → **llamamiento**
llamador nm : door knocker
llamamiento nm : call : appeal
llamar v : to call : to name : to summon : to phone : to knock : to ring a doorbell — **llamarse** vr : to be called : to be named
llamarada nf : flare-up : sudden blaze : flushing

llamativo, -va adj : flashy : showy : striking
llameante adj : flaming : blazing
llamear v : to flame : to blaze
llana nf : trowel
llanamente adv : simply : plainly
llaneza nf : simplicity : naturalness
llano¹, -na adj : even : flat : frank : open : plain : simple
llano² nm : plain
llanta nf : tire : rim
llantén nm, pl **llantenes** : plantain
llanto nm : crying : weeping
llanura nf : plain : prairie
llave nf : key : faucet : valve : switch : (curly) brace : curly bracket : wrench
llavero nm : key chain : key ring
llegada nf : arrival
llegar v : to arrive : to be enough
llegue, etc. → **llegar**
llenar v : to fill : to fill up : to fill in : to meet : to fulfill — **llenarse** vr : to become full
llenito, -ta adj : chubby : plump
lleno¹, -na adj : full : filled
lleno² nm : plenty : abundance : full house
llevadero, -ra adj : bearable
llevar v : to carry : to take : to wear : to lead : to run : to be in charge of : to keep : to require : to have ... more than : to have — **llevarse** vr : to take away : to carry off/away : to get along
llorar v : to cry : to weep : to mourn : to bewail
lloriquear v : to whimper : to whine
lloriqueo nm : whimpering : whining
lloro nm : crying
llorón, -rona n, mpl **llorones** : crybaby : whiner
lloroso, -sa adj : tearful : sad
llovedizo, -za adj : rain
llover v impers : to rain : to rain down : to shower
llovizna nf : drizzle : sprinkle
lloviznar v impers : to drizzle : to sprinkle
llueve, etc. → **llover**
lluvia nf : rain : rainfall : barrage : shower
lluvioso, -sa adj : rainy
lo¹ pron : him : it : you
lo² art : the : how
loa nf : praise
loable adj : laudable : praiseworthy — **loablemente** adv
loar v : to praise : to laud
lobato, -ta n : wolf cub
lobby nm : lobby : pressure group
lobo, -ba n : wolf
lobotomía nf : lobotomy
lóbrego, -ga adj : gloomy : dark
lobulado, -da adj : lobed
lóbulo nm : lobe

locación nf, pl **-ciones** : location : place
local¹ adj : local — **localmente** adv
local² nm : premises pl
localidad nf : town : locality
localización nf, pl **-ciones** : locating : localization : location
localizar v : to locate : to find : to localize — **localizarse** vr : to be located
locamente adv : madly : wildly : recklessly
locatario, -ria n : tenant
loción nf, pl **lociones** : lotion
lócker nm, pl **lóckers** : locker
loco¹, -ca adj : crazy : insane : mad
loco², -ca n : crazy person : lunatic
locomoción nf, pl **-ciones** : locomotion
locomotor, -tora adj : locomotive
locomotora nf : locomotive : driving force
locuaz adj, pl **locuaces** : loquacious : talkative
locución nf, pl **-ciones** : locution : phrase
locura nf : insanity : madness : crazy thing : folly
locutor, -tora n : announcer
lodazal nm : bog : quagmire
lodo nm : mud : mire
lodoso, -sa adj : muddy
logaritmo nm : logarithm
logia nf : lodge
lógica nf : logic
lógico, -ca adj : logical — **lógicamente** adv
login nm : login : logon
logística nf : logistics pl
logístico, -ca adj : logistic
logo → **logotipo**
logotipo nm : logo
logrado, -da adj : successful : skillfully done
lograr v : to get : to obtain : to achieve : to attain — **lograrse** vr : to be successful
logro nm : achievement : attainment
loma nf : hill : hillock
lombriz nf, pl **lombrices** : worm
lomo nm : back : loin : spine : blunt edge
lona nf : canvas
loncha nf : slice
lonche nm : lunch : submarine sandwich : afternoon snack : tea
lonchería nf : snack bar
londinense¹ adj : of or from London
londinense² nmf : Londoner
longaniza nf : spicy pork sausage
longevidad nf : longevity
longevo, -va adj : long-lived
longitud nf : length : longitude
longitudinal adj : longitudinal — **longitudinalmente** adv
lonja nf : slice

lontananza *nf* : background
lord *nm, pl* **lores** : lord
loro *nm* : parrot
los¹, las *pron* : them : you : the ones
los² *art* → **el²**
losa *nf* : flagstone : paving stone
loseta *nf* : floor tile
lote *nm* : part : share : batch : lot : plot
  of land
lotería *nf* : lottery
loto *nm* : lotus
loza *nf* : crockery : earthenware : china
lozanía *nf* : healthiness : robustness
  : luxuriance : lushness
lozano, -na *adj* : robust : healthy-looking
  : lush : luxuriant
LSD *nm* : LSD
lubina *nf* : sea bass
lubricante¹ *adj* : lubricating
lubricante² *nm* : lubricant
lubricar *v* : to lubricate : to oil —
  lubricación *nf*
lucero *nm* : bright star
lucha *nf* : struggle : fight : wrestling
luchador, -dora *n* : fighter : wrestler
luchar *v* : to fight : to struggle : to wrestle
luchón, -chona *adj, mpl* **luchones**
  : industrious : hardworking
lucidez *nf, pl* **-deces** : lucidity : clarity
lucido, -da *adj* : magnificent : splendid
lúcido, -da *adj* : lucid
luciente *adj* : bright : shining
luciérnaga *nf* : firefly : glowworm
lucimiento *nm* : brilliance : splendor
  : sparkle : triumph : success
lucio *nm* : pike
lucir *v* : to shine : to look good : to stand
  out : to seem : to appear : to wear : to
  sport : to flaunt : to show off — **lucirse**
  vr : to distinguish oneself : to excel : to
  show off
lucrarse *vr* : to make a profit
lucrativo, -va *adj* : lucrative : profitable
  — **lucrativamente** *adv*
lucro *nm* : profit : gain
luctuoso, -sa *adj* : mournful : tragic
lúdico, -ca *adj* : play : playful
luego¹ *adv* : then : afterwards : later
luego² *conj* : therefore
lugar *nm* : place : position : space
  : room
lugareño¹, -ña *adj* : village : rural
lugareño², -ña *n* : villager
lugarteniente *nmf* : lieutenant : deputy
lúgubre *adj* : gloomy : lugubrious
lujo *nm* : luxury
lujoso, -sa *adj* : luxurious
lujuria *nf* : lust : lechery
lujurioso, -sa *adj* : lustful : lecherous
lumbago *nm* : lumbago
lumbar *adj* : lumbar
lumbre *nf* : fire : brilliance : splendor
lumbrera *nf* : skylight : vent : port
  : brilliant person : luminary

luminaria *nf* : altar lamp : luminary
  : celebrity
luminiscencia *nf* : luminescence —
  luminiscente *adj*
luminosidad *nf* : luminosity : brightness
luminoso, -sa *adj* : shining : luminous
luna *nf* : moon
lunar¹ *adj* : lunar
lunar² *nm* : mole : beauty spot : defect
  : blemish : polka dot
lunático, -ca *adj & n* : lunatic
lunes *nms & pl* : Monday
luneta *nf* : lens : windshield : crescent
lupa *nf* : magnifying glass
lúpulo *nm* : hops
lustrabotas → **limpiabotas**
lustrar *v* : to shine : to polish
lustre *nm* : luster : shine : glory
  : distinction
lustro *nm* : five-year period
lustroso, -sa *adj* : lustrous : shiny
luto *nm* : mourning
luxación *nf, pl* **-ciones** : dislocation
luz *nf, pl* **luces** : light : power : electricity
  : lamp : span : spread
luzca, etc. → **lucir**
macabro, -bra *adj* : macabre
macadán *nm, pl* **-danes** : macadam
macana *nf* : club : cudgel : nonsense
  : silliness : lie : fib
macanear *v* : to talk nonsense : to beat
macanudo, -da *adj* : great : fantastic
macarrón *nm, pl* **-rrones** : macaroon;
  macarrones *nmpl* : macaroni
macerar *v* : to soak
maceta *nf* : flowerpot : mallet : head
macetero *nm* : plant stand : flowerpot
  : planter
machacar *v* : to crush : to grind : to beat
  : to pound : to insist : to go on
machacón, -cona *adj, mpl* **-cones**
  : insistent : tiresome
machete *nm* : machete
machetear *v* : to hack with a machete
  : to plod : to work tirelessly
machismo *nm* : machismo : male
  chauvinism
machista *nm* : male chauvinist
macho¹ *adj* : male : macho : virile
  : tough
macho² *nm* : male : he-man
machote *nm* : tough guy : he-man
  : rough draft : model : blank form
machucar *v* : to pound : to beat : to
  crush : to bruise
machucón *nm, pl* **-cones** : bruise
  : smashing : pounding
macilento, -ta *adj* : gaunt : wan
macis *nm* : mace
macizo, -za *adj* : solid : strong
  : strapping : massive
mácula *nf* : blemish : stain
macuto *nm* : backpack
madeja *nf* : skein : hank : tangle

madera *nf* : wood : lumber : timber
maderero, -ra *adj* : timber : lumber
madero *nm* : piece of lumber : plank
madrastra *nf* : stepmother
madrazo *nm* : punch : blow
madre *nf* : mother
madrear *v* : to beat up
madreperla *nf* : mother-of-pearl
madreselva *nf* : honeysuckle
madriguera *nf* : burrow : den : lair
madrileño[1]**, -ña** *adj* : of or from Madrid
madrileño[2]**, -ña** *n* : person from Madrid
madrina *nf* : godmother : mother of the
  groom : matron of honor : sponsor
madrugada *nf* : early morning : wee
  hours : dawn : daybreak
madrugador, -dora *n* : early riser
madrugar *v* : to get up early : to get a
  head start
madurar *v* : to ripen : to mature
madurez *nf, pl* **-reces** : maturity
  : ripeness
maduro, -ra *adj* : mature : ripe
maestría *nf* : mastery : skill : master's
  degree
maestro[1]**, -tra** *adj* : masterly : skilled
  : chief : main : trained
maestro[2]**, -tra** *n* : teacher : expert
  : master : maestro
Mafia *nf* : Mafia
mafioso, -sa *n* : mafioso : gangster
magdalena *nf* : bun : muffin
magenta *adj & n* : magenta
magia *nf* : magic
mágico, -ca *adj* : magic : magical —
  mágicamente *adv*
magisterio *nm* : teaching : teachers *pl*
  : teaching profession
magistrado, -da *n* : magistrate : judge
magistral *adj* : masterful : skillful
magistralmente *adv* : masterfully
  : brilliantly
magistratura *nf* : office of judge/
  magistrate
magma *nm* : magma
magnanimidad *nf* : magnanimity
magnánimo, -ma *adj* : magnanimous —
  magnánimamente *adv*
magnate *nmf* : magnate : tycoon
magnesio *nm* : magnesium
magnético, -ca *adj* : magnetic
magnetismo *nm* : magnetism
magnetizar *v* : to magnetize
magnetofónico, -ca *adj* **cinta
  magnetofónica** : magnetic tape
magnificar *v* : to magnify : to
  exaggerate : to exalt : to extol : to
  praise highly
magnificencia *nf* : magnificence
  : splendor
magnífico, -ca *adj* : magnificent
  : splendid — **magníficamente** *adv*
magnitud *nf* : magnitude
magnolia *nf* : magnolia

magnolio *nm* : magnolia
mago, -ga *n* : magician : wizard
magro, -gra *adj* : lean : meager
maguey *nm* : maguey
magulladura *nf* : bruise
magullar *v* : to bruise — **magullarse** *vr*
mahometano[1]**, -na** *adj* : Islamic
  : Muslim
mahometano[2]**, -na** *n* : Muslim
mahonesa → mayonesa
maicena *nf* : cornstarch
mainframe *nm* : mainframe
maíz *nm* : corn : maize
maizal *nm* : cornfield
maja *nf* : pestle
majadería *nf* : stupidity : foolishness
  : insult : obscenity
majadero[1]**, -ra** *adj* : foolish : silly : crude
  : vulgar
majadero[2]**, -ra** *n* : fool : rude person
  : boor
majar *v* : to crush : to mash
majestad *nf* : majesty
majestuosamente *adv* : majestically
majestuosidad *nf* : majesty : grandeur
majestuoso, -sa *adj* : majestic : stately
majo, -ja *adj* : nice : likeable : attractive
  : good-looking
mal[1] *adv* : badly : poorly : wrong
  : incorrectly : hardly : with difficulty
mal[2] *adj* → **malo**
mal[3] *nm* : evil : wrong : harm : damage
  : misfortune : illness : sickness
malabar *adj* **juegos malabares** : juggling
malabares *nmpl* : juggling
malabarismos → malabares
malabarista *nmf* : juggler
malaconsejado, -da *adj* : ill-advised
malacostumbrado, -da *adj* : spoiled
  : pampered
malacostumbrar *v* : to spoil
malagradecido, -da *adj* : ungrateful
malaisio → malasio
malanga *nf* : taro
malaria *nf* : malaria
malasio, -sia *adj & n* : Malaysian
malauiano, -na *adj & n* : Malawian
malaventura *nf* : misadventure
  : misfortune
malaventurado, -da *adj* : ill-fated
  : unfortunate
malayo, -ya *adj & n* : Malay : Malayan
malbaratar *v* : to squander : to undersell
malcriado[1]**, -da** *adj* : ill-bred : ill-
  mannered : spoiled : pampered
malcriado[2]**, -da** *n* : spoiled brat
malcriar *v* : to spoil : to raise badly
maldad *nf* : evil : wickedness : evil deed
maldecir *v* : to curse : to damn : to
  swear
maldición *nf, pl* **-ciones** : curse
maldiga, maldijo, etc. → maldecir
maldito, -ta *adj* : cursed : damned
  : wicked

maldoso, -sa *adj* : mischievous
maleable *adj* : malleable
maleante *nmf* : crook : thug
malecón *nm, pl* **-cones** : jetty
: breakwater
maleducado, -da *adj* : ill-mannered : rude
maleficio *nm* : curse : hex
maléfico, -ca *adj* : evil : harmful
malentender *v* : to misunderstand
malentendido *nm* : misunderstanding
malestar *nm* : discomfort : annoyance
: uneasiness : unrest
maleta *nf* : suitcase : bag
maletera *nf* → **maletero²**
maletero¹, -ra *n* : porter
maletero² *nm* : trunk
maletín *nm, pl* **-tines** : briefcase
: overnight bag : satchel
malevolencia *nf* : malevolence
: wickedness
malévolo, -la *adj* : malevolent : wicked
maleza *nf* : thicket : underbrush : weeds
pl
malformación *nf, pl* **-ciones**
: malformation
malgache *adj & nmf* : Madagascan
malgastar *v* : to squander : to waste
mal habido, -da *adj* : ill-gotten : dirty
malhablado, -da *adj* : foulmouthed
malhadado, -da *adj* : ill-fated
malhechor, -chora *n* : criminal
: delinquent : wrongdoer
malherir *v* : to injure seriously
malhumor *nm* : bad mood
malhumorado, -da *adj* : bad-tempered
: cross
malicia *nf* : wickedness : malice
: mischief : naughtiness : cunning
: craftiness
malicioso, -sa *adj* : malicious
: mischievous
malignidad *nf* : malignancy : evil
maligno, -na *adj* : malignant : evil
: harmful : malign
malinchismo *nm* : preference for foreign
goods or people — **malinchista** *n*
malintencionado, -da *adj* : malicious
: spiteful
malinterpretar *v* : to misinterpret
mall *nm, pl* **malls** : (shopping) mall
malla *nf* : mesh : leotard : tights *pl*
mallorquín, -quina *adj & n* : Majorcan
malnutrición *nf, pl* **-ciones**
: malnutrition
malnutrido, -da *adj* : malnourished
: undernourished
malo¹, -la *adj* : bad : poor : wicked
: naughty : improper : harmful : sick : ill
: unwell : spoiled
malo², -la *n* : villain : bad guy
malogrado, -da *adj* : failed
: unsuccessful
malograr *v* : to spoil : to ruin : to waste
— **malograrse** *vr* : to fail : to die young

malogro *nm* : untimely death : failure
maloliente *adj* : foul-smelling : smelly
malparado, -da *adj* **salir malparado** *or*
quedar malparado : to come out of
badly : to end up in a bad state
malpensado, -da *adj* : distrustful
: suspicious
malquerencia *nf* : ill will : dislike
malquerer *v* : to dislike
malquiso, etc. → **malquerer**
malsano, -na *adj* : unhealthy
malsonante *adj* : rude : offensive
malta *nf* : malt
malteada *nf* : malted milk
maltratar *v* : to mistreat : to abuse : to
damage : to spoil
maltrato *nm* : mistreatment : abuse
maltrecho, -cha *adj* : battered
: damaged
malucho, -cha *adj* : sick : under the
weather
malva *adj & nm* : mauve
malvado¹, -da *adj* : evil : wicked
malvado², -da *n* : evildoer : wicked
person
malvavisco *nm* : marshmallow
malvender *v* : to sell at a loss
malversación *nf, pl* **-ciones**
: misappropriation : embezzlement
malversador, -dora *n* : embezzler
malversar *v* : to embezzle
malvivir *v* : to live badly : to just scrape
by
malware *nm* : malware
mamá *nf* : mom : mama
mamadera *nf* : baby bottle
mamar *v* : to suckle : to nurse : to learn
from childhood : to grow up with —
mamarse *vr* : to get drunk
mamario, -ria *adj* : mammary
mamarracho *nm* : mess : sight
: laughingstock : fool : rubbish : junk
mambo *nm* : mambo
mameluco *nm* : overalls *pl*
mami *nf* : mommy
mamífero¹, -ra *adj* : mammalian
mamífero² *nm* : mammal
mamila *nf* : nipple : baby bottle : pacifier
mamografía *nf* : mammogram
mamola *nf* : pat : chuck under the chin
mamotreto *nm* : huge book : tome
: hulk : monstrosity
mampara *nf* : screen : room divider
mamparo *nm* : bulkhead
mampostería *nf* : masonry
: stonemasonry
mampostero *nm* : mason : stonemason
mamut *nm, pl* **mamuts** : mammoth
maná *nm* : manna
manada *nf* : flock : herd : pack : horde
: mob
manager *or* **mánager** *nmf, pl* **-gers**
: manager
manantial *nm* : spring : source

manar v : to flow : to abound
manaza nf : hand : mitt
manazas nmfs & pl : clumsy person
: klutz : oaf
manatí nm, pl **-tíes** : manatee
mancha nf : stain : spot : mark : blemish
: blot : patch
manchado, -da adj : stained
manchar v : to stain : to soil : to sully
: to tarnish — **mancharse** vr : to get
dirty
mancillar v : to sully : to besmirch
manco, -ca adj : one-armed : with one
arm/hand
mancomunar v : to combine : to pool —
mancomunarse vr : to unite : to join
together
mancomunidad nf : commonwealth
: association : confederation
mancuernas nfpl : cuff links
mancuernillas nfpl : cuff links
mandadero, -ra n : errand boy m
: errand girl f : messenger
mandado nm : order : command
: errand
mandamás nmf, pl **-mases** : boss
: bigwig : honcho
mandamiento nm : commandment
: command : order : warrant
mandar v : to command : to order : to
send : to hurl : to throw : to be the boss
: to be in charge — **mandarse** vr : to
take liberties : to take advantage
mandarín nm : Mandarin
mandarina nf : mandarin orange
: tangerine
mandatario, -ria n : leader : agent
mandato nm : term of office : mandate
mandíbula nf : jaw : mandible
mandil nm : apron : horse blanket
mandilón nm, pl **-lones** : wimp : coward
mandioca nf : manioc : cassava
: tapioca
mando nm : command : leadership
: control
mandolina nf : mandolin
mandón, -dona adj, mpl **mandones**
: bossy : domineering
mandonear v : to boss around
manecilla nf : hand : pointer
manejable adj : manageable : docile
: easily led
manejar v : to drive : to handle : to
operate : to manage : to manipulate —
manejarse vr : to behave : to get along
: to manage
manejo nm : handling : operation
: management
manera nf : way : manner : fashion;
maneras nfpl : manners
manga nf : sleeve : hose
manganeso nm : manganese
manglar nm : mangrove swamp
mangle nm : mangrove

mango nm : hilt : handle : mango
mangonear v : to boss around : to bully
: to be bossy : to loaf : to fool around
mangosta nf : mongoose
manguera nf : hose
manguito nm : muff : sleeve : hose
maní nm, pl **maníes** : peanut
manía nf : mania : obsession : craze
: fad : odd habit : peculiarity : dislike
: aversion
maníaco¹, -ca or **maniaco, -ca** adj
: manic : maniacal
maníaco², -ca or **maniaco, -ca** n
: maniac
maniatar v : to tie the hands of
maniático¹, -ca adj : maniacal
: obsessive : fussy : finicky
maniático², -ca n : maniac : lunatic
: obsessive person : fanatic : eccentric
: crank
manicomio nm : madhouse
manicura nf : manicure
manicuro, -ra n : manicurist
manido, -da adj : hackneyed : stale
: trite
manifestación nf, pl **-ciones**
: manifestation : sign : demonstration
: rally
manifestante nmf : demonstrator
manifestar v : to demonstrate : to show
: to declare — **manifestarse** vr : to
be or become evident : to state one's
position : to rally
manifiesto¹, -ta adj : manifest : evident
: clear — **manifiestamente** adv
manifiesto² nm : manifesto
manija nf : handle
manilla → manecilla
manillar nm : handlebars pl
maniobra nf : maneuver : stratagem
maniobrar v : to maneuver
manipulación nf, pl **-ciones**
: manipulation
manipulador¹, -dora adj : manipulating
: manipulative
manipulador², -dora n : manipulator
manipular v : to manipulate : to handle
maniquí¹ nmf, pl **-quíes** : mannequin
: model
maniquí² nm, pl **-quíes** : mannequin
: dummy
manirroto¹, -ta adj : extravagant
manirroto², -ta n : spendthrift
manitas nmfs & pl : handyman m
: handywoman f
manito, -ta → mano²
manivela nf : crank
manjar nm : delicacy : special dish
mano¹ nf : hand : coat
mano², -na n : buddy : pal
manojo nm : handful : bunch
manómetro nm : pressure gauge
manopla nf : mitten : mitt : brass
knuckles pl

manosear v : to handle or touch excessively : to fondle : to caress

manoseo nm : touching : handling : groping : fondling

manotazo nm : slap : smack : swipe

manotear v : to wave one's hands : to gesticulate

mansalva adv a ~ : at close range

mansarda nf : attic

mansedumbre nf : gentleness : meekness

mansión nf, pl **-siones** : mansion

manso, -sa adj : gentle : meek : tame — **mansamente** adv

manta nf : blanket : poncho : coarse cotton fabric

manteca nf : lard : fat : butter

mantecado nm : ice cream : unflavored ice cream : shortbread

mantecoso, -sa adj : buttery

mantel nm : tablecloth : altar cloth

mantelería nf : table linen

mantener v : to support : to feed : to keep : to preserve : to keep up : to sustain : to maintain : to affirm — **mantenerse** vr : to support oneself : to subsist

mantenimiento nm : maintenance : upkeep : sustenance : food : preservation

mantequera nf : churn : butter dish

mantequería nf : creamery : dairy : grocery store

mantequilla nf : butter

mantilla nf : scarf

mantis nf **mantis religiosa** : praying mantis

manto nm : cloak : mantle

mantón nm, pl **-tones** : shawl

mantuvo, etc. → mantener

manual[1] adj : manual : handy : manageable — **manualmente** adv

manual[2] nm : manual : handbook

manualidades nfpl : handicrafts

manubrio nm : handle : crank : handlebars pl

manufactura nf : manufacture : manufactured item : product : factory

manufacturar v : to manufacture

manufacturero[1], **-ra** adj : manufacturing

manufacturero[2], **-ra** n : manufacturer

manuscrito[1], **-ta** adj : handwritten

manuscrito[2] nm : manuscript

manutención nf, pl **-ciones** : maintenance : support

manzana nf : apple : block

manzanal nm : apple orchard : apple tree

manzanar nm : apple orchard

manzanilla nf : chamomile : chamomile tea

manzano nm : apple tree

maña nf : dexterity : skill : cunning : guile ; **mañas** or **malas mañas** nfpl : bad habits : vices

mañana nf : morning : tomorrow

mañanero, -ra adj : morning

mañanitas nfpl : birthday serenade

mañoso, -sa adj : skillful : cunning : crafty : fussy : finicky

mapa nm : map

mapache nm : raccoon

mapamundi nm : map of the world

maqueta nf : model

maquila nf : production : manufacture

maquiladora nf : foreign-owned factory

maquillador, -dora n : makeup artist

maquillaje nm : makeup

maquillarse vr : to put on makeup : to make oneself up

máquina nf : machine : engine : locomotive

maquinación nf, pl **-ciones** : machination : scheme : plot

maquinal adj : mechanical : automatic — **maquinalmente** adv

maquinar v : to plot : to scheme

maquinaria nf : machinery : mechanism : works pl

maquinilla nf : small machine or device : typewriter

maquinista nmf : machinist : railroad engineer

mar nmf : sea

maraca nf : maraca

maraña nf : thicket : tangle : mess

marasmo nm : paralysis : stagnation

maratón nm, pl **-tones** : marathon

maravilla nf : wonder : marvel : marigold

maravillar v : to astonish : to amaze — **maravillarse** vr : to be amazed : to marvel

maravilloso, -sa adj : wonderful : marvelous — **maravillosamente** adv

marbete nm : label : tag : registration sticker

marca nf : mark : brand : make : trademark : record

marcado, -da adj : marked — **marcadamente** adv

marcador nm : scoreboard : marker : felt-tip pen

marcaje nm : scoring : guarding

marcapasos nms & pl : pacemaker

marcar v : to mark : to brand : to indicate : to show : to emphasize : to dial : to guard : to score

marcha nf : march : hike : walk : pace : speed : gear : departure : course

marchar v : to go : to travel : to walk : to work : to march — **marcharse** vr : to leave

marchitar v : to make wither : to wilt — **marchitarse** vr : to wither : to shrivel up : to languish : to fade away

marchito, -ta adj : withered : faded

marcial adj : martial : military

marciano, -na adj & n : Martian

marco *nm* : frame : framework
: goalposts *pl* : setting : atmosphere
: mark

marea *nf* : tide

mareado, -da *adj* : dizzy : light-headed
: queasy : nauseous : seasick : airsick
: carsick

marear *v* : to make sick : to bother : to
annoy — **marearse** *vr* : to get sick : to
become nauseated : to feel dizzy : to
get tipsy

marejada *nf* : surge : swell
: undercurrent : ferment : unrest

maremoto *nm* : tidal wave

mareo *nm* : dizzy spell : nausea
: seasickness : motion sickness
: annoyance : vexation

marfil *nm* : ivory

margarina *nf* : margarine

margarita *nf* : daisy : margarita

margen[1] *nf, pl* **márgenes** : bank : side

margen[2] *nm, pl* **márgenes** : edge
: border : margin

marginación *nf, pl* **-ciones**
: marginalization : exclusion

marginado[1]**, -da** *adj* : outcast : alienated
: dispossessed

marginado[2]**, -da** *n* : outcast : misfit

marginal *adj* : marginal : fringe

marginar *v* : to ostracize : to exclude

mariachi *nm* : mariachi band : mariachi
musician : mariachi music

maridaje *nm* : marriage : union

maridar *v* : to marry : to unite

marido *nm* : husband

marihuana *or* **mariguana** *or* **marijuana**
nf : marihuana

marimacho *nmf* : mannish woman
: tomboy

marimba *nf* : marimba

marina *nf* : coast : coastal area : navy
: fleet

marinada *nf* : marinade

marinar *v* : to marinate

marinero[1]**, -ra** *adj* : seaworthy : sea
: marine

marinero[2] *nm* : sailor

marino[1]**, -na** *adj* : marine : sea

marino[2] *nm* : sailor : seaman

marioneta *nf* : puppet : marionette

mariposa *nf* : butterfly

mariquita[1] *nf* : ladybug

mariquita[2] *nm disparaging* : sissy
disparaging : wimp

mariscal *nm* : marshal

marisco *nm* : shellfish; **mariscos** *nmpl*
: seafood

marisma *nf* : marsh : salt marsh

marital *adj* : marital : married

marítimo, -ma *adj* : maritime : shipping

marketing *nm* : marketing

marmita *nf* : (cooking) pot

mármol *nm* : marble

marmóreo, -rea *adj* : marble

marmota *nf* : marmot

maroma *nf* : rope : acrobatic stunt
: somersault

marque, etc. → **marcar**

marqués, -quesa *n, pl* **marqueses**
: marquis *m* : marquess *m* : marquise *f*
: marchioness *f*

marquesina *nf* : marquee : canopy
: shelter

marqueta *nf* : block : lump

marranada *nf* : disgusting thing : dirty
trick

marrano[1]**, -na** *adj* : filthy : disgusting

marrano[2]**, -na** *n* : pig : hog : dirty pig
: slob

marrar *v* : to miss : to fail : to go wrong

marras *adv* : long ago

marrasquino *nm* : maraschino

marrón *adj & nm, pl* **marrones** : brown

marroquí *adj & nmf, pl* **-quíes**
: Moroccan

marsopa *nf* : porpoise

marsupial *nm* : marsupial

marta *nf* : marten

Marte *nm* : Mars

martes *nms & pl* : Tuesday

martillar *or* **martillear** *v* : to hammer

martillazo *nm* : blow with a hammer

martillo *nm* : hammer

martín pescador *nm, pl* **martines
pescadores** : kingfisher

martinete *nm* : heron : pile driver

mártir *nmf* : martyr

martirio *nm* : martyrdom : ordeal
: torment

martirizar *v* : to martyr : to torment

marxismo *nm* : Marxism

marxista *adj & nmf* : Marxist

marzo *nm* : March

mas *conj* : but

más[1] *adv* : more : most : rather

más[2] *adj* : more : most : else

más[3] *n* : plus sign

más[4] *prep* : plus

más[5] *pron* : more

masa *nf* : mass : volume : dough
: batter; **masas** *nfpl* : people : masses

masacrar *v* : to massacre

masacre *nf* : massacre

masaje *nm* : massage

masajear *v* : to massage

masajista *nmf* : masseur *m* : masseuse *f*

mascar *v* : to chew

máscara *nf* : mask : appearance
: pretense

mascarada *nf* : masquerade

mascarilla *nf* : mask : facial mask

mascota *nf* : mascot : pet

masculinidad *nf* : masculinity

masculino, -na *adj* : masculine : male
: manly

mascullar *v* : to mumble : to mutter

masificación *nf, pl* **-ciones** : mass
adoption : propagation : overcrowding

masificado, -da *adj* : overcrowded
masilla *nf* : putty
masivamente *adv* : en masse
masivo, -va *adj* : mass
masón *nm, pl* **masones** : Mason
: Freemason
masonería *nf* : Masonry : Freemasonry
masónico, -ca *adj* : Masonic
masoquismo *nm* : masochism
masoquista[1] *adj* : masochistic
masoquista[2] *nmf* : masochist
masque, etc. → mascar
Máster *nm* : Master's degree
masticar *v* : to chew : to masticate
mástil *nm* : mast : flagpole : neck
mastín *nm, pl* **mastines** : mastiff
mástique *nm* : putty : filler
mastodonte *nm* : mastodon
masturbación *nf, pl* **-ciones**
: masturbation
masturbarse *vr* : to masturbate
mata *nf* : bush : shrub : plant : sprig : tuft
matadero *nm* : slaughterhouse : abattoir
matado, -da *adj* : strenuous
: exhausting
matador *nm* : matador : bullfighter
matamoscas *nms & pl* : flyswatter
matanza *nf* : slaughter : butchering
matar *v* : to kill : to slaughter : to butcher
: to extinguish : to put out : to tone
down : to pass : to waste : to trump —
matarse *vr* : to be killed : to commit
suicide : to exhaust oneself
matasanos *nms & pl* : quack
matasellar *v* : to cancel : to postmark
matasellos *nms & pl* : postmark
matatena *nf* : jacks
mate[1] *adj* : matte : dull
mate[2] *nm* : maté : slam dunk
matemática → matemáticas
matemáticas *nfpl* : mathematics : math
matemático[1], **-ca** *adj* : mathematical —
matemáticamente *adv*
matemático[2], **-ca** *n* : mathematician
materia *nf* : matter : material
: (academic) subject
material[1] *adj* : material : physical : real
material[2] *nm* : material : equipment
: gear
materialismo *nm* : materialism
materialista[1] *adj* : materialistic
materialista[2] *nmf* : materialist : truck
driver
materializar *v* : to bring to fruition
: to realize — **materializarse** *vr* : to
materialize : to come into being
materialmente *adv* : physically : really
: absolutely
maternal *adj* : maternal : motherly
maternidad *nf* : maternity : motherhood
: maternity hospital : maternity ward
materno, -na *adj* : maternal
matinal *adj* : morning
matinée *or* **matiné** *nf* : matinee

matiz *nm, pl* **matices** : hue : shade
: nuance
matización *nf, pl* **-ciones** : tinting
: toning : shading : clarification
matizar *v* : to tinge : to tint : to vary : to
modulate : to qualify
matón *nm, pl* **matones** : thug : bully
matorral *nm* : thicket : scrub
matraca *nf* : rattle : noisemaker
matriarca *nf* : matriarch
matriarcado *nm* : matriarchy
matrícula *nf* : list : roll : register
: registration : enrollment : registration
number
matriculación *nf, pl* **-ciones**
: matriculation : registration
matricular *v* : to enroll : to register —
matricularse *vr* : to matriculate
matrimonial *adj* : marital : matrimonial
matrimonio *nm* : marriage : matrimony
: married couple
matriz *nf, pl* **matrices** : uterus : womb
: original : master copy : main office
: headquarters : stub : matrix
matrona *nf* : matron
matronal *adj* : matronly
matutino[1], **-na** *adj* : morning
matutino[2] *nm* : morning paper
maullar *v* : to meow
maullido *nm* : meow
mauritano, -na *adj & n* : Mauritanian
mausoleo *nm* : mausoleum
maxilar *nm* : jaw : jawbone
máxima *nf* : maxim
máxime *adv* : especially : principally
maximizar *v* : to maximize
máximo[1], **-ma** *adj* : maximum : greatest
: highest
máximo[2] *nm* : maximum
maya[1] *adj & nmf* : Mayan
maya[2] *nmf* : Maya : Mayan
mayo *nm* : May
mayonesa *nf* : mayonnaise
mayor[1] *adj* : bigger : larger : greater
: elder : older : biggest : largest
: greatest : eldest : oldest : grown-up
: mature : main : major : elderly
mayor[2] *nmf* : major : adult : grown-up
mayoral *nm* : foreman : overseer
mayordomo *nm* : butler
mayoreo *nm* : wholesale
mayoría *nf* : majority
mayorista[1] *adj* : wholesale
mayorista[2] *nmf* : wholesaler
mayoritariamente *adv* : primarily
: chiefly
mayoritario, -ria *adj & n* : majority
mayormente *adv* : primarily : chiefly
mayúscula *nf* : capital letter
mayúsculo, -la *adj* : capital : uppercase
: huge : terrible
maza *nf* : mace : drumstick : bore : pest
mazacote *nm* : concrete : lumpy mess
: eyesore : crude work of art

mazapán *nm, pl* **-panes** : marzipan
mazmorra *nf* : dungeon
mazo *nm* : mallet : pestle : handful
: bunch
mazorca *nf* : cob : ear of corn
me *pron* : me : to me : for me : from me
: myself : to myself : for myself : from
myself
mecánica *nf* : mechanics
mecánico[1], **-ca** *adj* : mechanical —
mecánicamente *adv*
mecánico[2], **-ca** *n* : mechanic
: technician
mecanismo *nm* : mechanism
mecanización *nf, pl* **-ciones**
: mechanization
mecanizar *v* : to mechanize
mecanografía *nf* : typing
mecanografiar *v* : to type
mecanógrafo, -fa *n* : typist
mecate *nm* : rope : twine : cord
mecedor *nm* : glider
mecedora *nf* : rocking chair
mecenas *nmfs & pl* : patron : sponsor
mecenazgo *nm* : sponsorship
: patronage
mecer *v* : to rock : to push — **mecerse**
vr : to swing : to sway
mecha *nf* : fuse : wick; **mechas** *nfpl*
: highlights
mechero *nm* : burner : lighter
mechón *nm, pl* **mechones** : lock
medalla *nf* : medal : medallion
medallista *nmf* : medalist
medallón *nm, pl* **-llones** : medallion
: locket
media *nf* : sock : average : mean;
medias *nfpl* : stockings : hose : tights
mediación *nf, pl* **-ciones** : mediation
mediado, -da *adj* : half full : half empty
: half over : halfway through
mediador, -dora *n* : mediator
mediados *nmpl* a **mediados de**
: halfway through : in the middle of
medialuna *nf* : crescent : croissant
: crescent roll
medianamente *adv* : fairly : moderately
medianero, -ra *adj* : dividing : mediating
medianía *nf* : middle position : mediocre
person : mediocrity
mediano, -na *adj* : medium : average
: mediocre
medianoche *nf* : midnight
mediante *prep* : through : by means of
mediar *v* : to mediate : to be in the
middle : to be halfway through : to
elapse : to pass : to be a consideration
: to come up : to happen
mediatizar *v* : to influence : to interfere
with
medicación *nf, pl* **-ciones** : medication
: treatment
medicamento *nm* : medication
: medicine : drug

medicar *v* : to medicate — **medicarse**
vr : to take medicine
medicatura *nf* : first aid clinic
medicina *nf* : medicine
medicinal *adj* : medicinal : medicated
medicinar *v* : to give medication to : to
dose
medición *nf, pl* **-ciones** : measuring
: measurement
médico[1], **-ca** *adj* : medical
médico[2], **-ca** *n* : doctor : physician
medida *nf* : measurement : measure
: step : moderation : prudence : extent
: degree
medidor *nm* : meter : gauge
medieval *adj* : medieval —
medievalista *nmf*
medievo → **medioevo**
medio[1] *adv* : half : rather : kind of
medio[2], **-dia** *adj* : half : midway
: halfway : middle : average
medio[3] *nm* : middle : center : milieu
: environment : medium : spiritualist
: means *pl* : way; **medios** *nmpl*
: means : resources
medioambiental *adj* : environmental
medio ambiente *nm* : environment
mediocampista *nmf* : midfielder
mediocre *adj* : mediocre : average
mediocridad *nf* : mediocrity
mediodía *nm* : noon : midday
medioevo *nm* : Middle Ages
medio tiempo *nm* : halftime
medir *v* : to measure : to weigh : to
consider — **medirse** *vr* : to be
moderate : to exercise restraint
meditabundo, -da *adj* : pensive
: thoughtful
meditación *nf, pl* **-ciones** : meditation
: thought
meditar *v* : to meditate : to think : to
think over : to consider : to plan : to
work out
meditativo, -va *adj* : pensive
mediterráneo, -nea *adj* : Mediterranean
médium *nmf, pl* **médiums** : medium
medrar *v* : to prosper : to thrive : to
increase : to grow
medro *nm* : prosperity : growth
medroso, -sa *adj* : fainthearted : fearful
médula *nf* : marrow : pith
medular *adj* : fundamental : core
medusa *nf* : jellyfish
megabyte *nm* : megabyte
megáfono *nm* : megaphone
megahercio *nm* : megahertz
megahertzio *nm* : megahertz
megatón *nm, pl* **-tones** : megaton
megavatio *nm* : megawatt
mejicano → **mexicano**
mejilla *nf* : cheek
mejillón *nm, pl* **-llones** : mussel
mejor[1] *adv* : better : best : rather : it's
better that …

mejor[2] *adj* : better : best : the better : preferable
mejor[3] *nmf* : the better : the best
mejora *nf* : improvement
mejoramiento *nm* : improvement
mejorana *nf* : marjoram
mejorar *v* : to improve : to make better : to get better — **mejorarse** *vr*
mejoría *nf* : improvement : betterment
mejunje *nm* : concoction : brew
melancolía *nf* : melancholy : sadness
melancólico, -ca *adj* : melancholy : sad
melanoma *nm* : melanoma
melaza *nf* : molasses
melena *nf* : mane : long hair; **melenas** *nfpl* : shaggy hair : mop
melenudo, -da *adj* : long-haired
melindroso[1], **-sa** *adj* : affected : fussy : finicky
melindroso[2], **-sa** *n* : finicky person : fussbudget
melisa *nf* : lemon balm
mella *nf* : dent : nick
mellado, -da *adj* : chipped : dented : gap-toothed
mellar *v* : to dent : to nick
mellizo, -za *adj & n* : twin
melocotón *nm*, *pl* **-tones** : peach
melodía *nf* : melody : tune
melódico, -ca *adj* : melodic
melodioso, -sa *adj* : melodious
melodrama *nm* : melodrama
melodramático, -ca *adj* : melodramatic
melón *nm*, *pl* **melones** : melon : cantaloupe
meloso, -sa *adj* : sweet : cloying : saccharine
membrana *nf* : membrane — **membranoso, -sa** *adj*
membresía *nf* : membership : members *pl*
membrete *nm* : letterhead : heading
membrillo *nm* : quince
membrudo, -da *adj* : muscular : well-built
memez *nf*, *pl* **memeces** : stupid thing
memo, -ma *adj* : silly : stupid
memorabilia *nf* : memorabilia
memorable *adj* : memorable
memorándum *or* **memorando** *nm*, *pl* **-dums** *or* **-dos** : memorandum : memo : memo book : appointment book
memoria *nf* : memory : remembrance : report; **memorias** *nfpl* : memoirs *pl*
memorizar *v* : to memorize — **memorización** *nf*
mena *nf* : ore
menaje *nm* : household goods *pl* : furnishings *pl*
mención *nf*, *pl* **-ciones** : mention
mencionar *v* : to mention : to refer to
mendaz *adj*, *pl* **mendaces** : false : untruthful : dishonest
mendicidad *nf* : begging

mendigar *v* : to beg : to beg for
mendigo, -ga *n* : beggar
mendrugo *nm* : crust
menear *v* : to shake : to sway : to wiggle : to wag : to stir — **menearse** *vr* : to wiggle one's hips : to fidget
meneo *nm* : movement : shake : toss : swaying : wagging : wiggling : stir : stirring
menester *nm* : activity : occupation : duties *pl*
menestra *nf* : legume stew : legume : mixed cooked vegetables
mengano, -na → **fulano**
mengua *nf* : decrease : decline : lack : want : discredit : dishonor
menguar *v* : to diminish : to lessen : to decline : to decrease : to wane — **menguante** *adj*
meningitis *nf* : meningitis
menisco *nm* : cartilage
menjurje → **mejunje**
menopausia *nf* : menopause
menopáusico, -ca *nf* : menopausal
menor[1] *adj* : smaller : lesser : younger : smallest : least : youngest : minor
menor[2] *nmf* : minor : juvenile
menos[1] *adv* : less : least
menos[2] *adj* : less : fewer : least : fewest
menos[3] *prep* : except : minus
menos[4] *pron* : less : fewer
menoscabar *v* : to lessen : to diminish : to disgrace : to discredit : to harm : to damage
menoscabo *nm* : lessening : diminishing : disgrace : discredit : harm : damage
menospreciar *v* : to scorn : to look down on : to underestimate : to undervalue
menosprecio *nm* : contempt : scorn
mensaje *nm* : message
mensajear *v* : to message : to text
mensajería *nf* : messaging
mensajero, -ra *n* : messenger
menso, -sa *adj* : foolish : stupid
menstrual *adj* : menstrual
menstruar *v* : to menstruate — **menstruación** *nf*
mensual *adj* : monthly
mensualidad *nf* : monthly payment : installment : monthly salary
mensualmente *adv* : every month : monthly
mensurable *adj* : measurable
menta *nf* : mint : peppermint
mentado, -da *adj* : aforementioned : renowned : famous
mental *adj* : mental : intellectual — **mentalmente** *adv*
mentalidad *nf* : mentality
mentalizar *v* : to prepare mentally — **mentalizarse** *vr*
mentar *v* : to mention : to name

mente *nf* : mind

-mente *suf* : -ly

mentecato[1], **-ta** *adj* : foolish : simple

mentecato[2], **-ta** *n* : fool : idiot

mentir *v* : to lie

mentira *nf* : lie

mentirijillas *nfpl* **de ~** : as a joke : in fun

mentiroso[1], **-sa** *adj* : lying : untruthful

mentiroso[2], **-sa** *n* : liar

mentís *nm, pl* **mentises** : denial : repudiation

mentol *nm* : menthol — **mentolado, -da** *adj*

mentón *nm, pl* **mentones** : chin

mentor *nm* : mentor : counselor

menú *nm, pl* **menús** : menu

menudear *v* : to occur frequently : to do repeatedly

menudencia *nf* : trifle; **menudencias** *nfpl* : giblets

menudeo *nm* : retail : retailing

menudillos *nmpl* : giblets

menudo[1], **-da** *adj* : minute : small

menudo[2] *nm* : tripe stew; **menudos** *nmpl* : giblets

meñique *nm or* **dedo meñique** : little finger : pinkie

meollo *nm* : marrow : brains *pl* : essence : core

mequetrefe *nm* : good-for-nothing

meramente *adv* : merely : purely

mercachifle *nm* : peddler : hawker

mercadeo *nm* : marketing

mercader *nmf* : merchant

mercadería *nf* : merchandise : goods *pl*

mercadillo *nm* : flea market

mercado *nm* : market

mercadotecnia *nf* : marketing

mercancía *nf* : merchandise : goods *pl*

mercante *nmf* : merchant : dealer

mercantil *adj* : commercial : mercantile

merced *nf* : favor

mercenario, -ria *adj & n* : mercenary

mercería *nf* : notions store

Mercosur *nm* : economic community consisting of Argentina, Brazil, Paraguay, and Uruguay

mercurio *nm* : mercury

Mercurio *nm* : Mercury

merecedor, -dora *adj* : deserving : worthy

merecer *v* : to deserve : to merit : to be worthy

merecidamente *adv* : rightfully : deservedly

merecido *nm* : something merited : due

merecimiento *nf* : merit : worth

merendar *v* : to have an afternoon snack : to have as an afternoon snack

merendero *nm* : lunchroom : snack bar : picnic area

merengue *nm* : meringue : merengue

meridiano[1], **-na** *adj* : midday : crystal clear

meridiano[2] *nm* : meridian

meridional *adj* : southern

merienda *nf* : afternoon snack : tea

mérito *nm* : merit

meritorio[1], **-ria** *adj* : deserving : meritorious

meritorio[2], **-ria** *n* : intern : trainee

merluza *nf* : hake

merma *nf* : decrease : cut : waste : loss

mermar *v* : to decrease : to diminish : to reduce : to cut down

mermelada *nf* : marmalade : jam

mero[1], **-ra** *adv* : nearly : almost : just : exactly

mero[2], **-ra** *adj* : mere : simple : very

mero[3] *nm* : grouper

merodeador, -dora *n* : marauder : prowler

merodear *v* : to maraud : to pillage : to prowl around : to skulk

mes *nm* : month

mesa *nf* : table : committee : board

mesada *nf* : allowance : pocket money

mesarse *vr* : to pull at

mesero, -ra *n* : waiter : waitress *f*

meseta *nf* : plateau

Mesías *nm* : Messiah

mesita *or Spain* **mesilla** *nf* : small table

mesón *nm, pl* **mesones** : inn

mesonero, -ra *nm* : innkeeper

mesteño, -ña *adj* **caballo mesteño** : wild horse : mustang

mestizo[1], **-za** *adj* : of mixed ancestry : mestizo : hybrid

mestizo[2], **-za** *n* : person of mixed ancestry : mestizo

mesura *nf* : moderation : discretion : courtesy : seriousness : dignity

mesurado, -da *adj* : moderate : restrained

mesurar *v* : to moderate : to restrain : to temper — **mesurarse** *vr* : to restrain oneself

meta *nf* : goal : objective

metabólico, -ca *adj* : metabolic

metabolismo *nm* : metabolism

metabolizar *v* : to metabolize

metafísica *nf* : metaphysics

metafísico, -ca *adj* : metaphysical

metáfora *nf* : metaphor

metafórico, -ca *adj* : metaphoric : metaphorical

metal *nm* : metal

metálico, -ca *adj* : metallic : metal

metalistería *nf* : metalworking

metalizado, -da *adj* : metallic

metalurgia *nf* : metallurgy

metalúrgico[1], **-ca** *adj* : metallurgical

metalúrgico[2], **-ca** *n* : metalworker

metamorfosis *nfs & pl* : metamorphosis

metano *nm* : methane

metedura de pata *nf* **metedura de pata** : blunder : faux pas

meteórico, -ca *adj* : meteoric

meteorito *nm* : meteorite
meteoro *nm* : meteor
meteorología *nf* : meteorology
meteorológico, -ca *adj* : meteorologic
: meteorological
meteorólogo, -ga *n* : meteorologist
meter *v* : to put : to shut : to fit : to
squeeze : to place : to involve : to
make : to cause : to spread : to strike
: to score : to take up : to take in —
meterse *vr* : to get : to enter : to stick
: to meddle
metiche[1] *adj* : nosy
metiche[2] *nmf* : busybody
meticulosidad *nf* : thoroughness
: meticulousness
meticuloso, -sa *adj* : meticulous
: thorough — **meticulosamente** *adv*
metida *nf* **metida de pata** : blunder
: gaffe : blooper
metódico, -ca *adj* : methodical —
metódicamente *adv*
metodista *adj & nmf* : Methodist
método *nm* : method
metodología *nf* : methodology
metomentodo *nmf* : busybody
metraje *nm* : length
metralla *nf* : shrapnel
metralleta *nf* : submachine gun
métrico, -ca *adj* : metric
metro *nm* : meter : subway
metrónomo *nm* : metronome
metrópoli *nf or* **metrópolis** *nfs & pl*
: metropolis
metropolitano, -na *adj* : metropolitan
mexicanismo *nm* : Mexican word or
expression
mexicano, -na *adj & n* : Mexican
mexicoamericano, -na *adj & n*
: Mexican-American
mexiquense[1] *adj* : of or from Mexico
City
mexiquense[2] *nmf* : person from Mexico
City
meza, etc. → **mecer**
mezcla *nf* : mixing : mixture : blend
: mortar
mezclar *v* : to mix : to blend : to mix up
: to muddle : to involve — **mezclarse** *vr*
: to get mixed up : to mingle
mezclilla *nf* : denim
mezcolanza *nf* : jumble : hodgepodge
mezquindad *nf* : meanness : stinginess
: petty deed : mean action
mezquino[1]**, -na** *adj* : mean : petty
: stingy : paltry
mezquino[2] *nm* : wart
mezquita *nf* : mosque
mi[1] *adj* : my
mi[2] *nm* : E : mi
mí *pron* : me
miasma *nm* : miasma
miau *nm* : meow
mica *nf* : mica

mico *nm* : monkey : long-tailed monkey
micro *nm* : minibus : microphone
micro- *pref* : micro-
microbio *nm* : microbe : germ
microbiología *nf* : microbiology
microbús *nm, pl* **-buses** : minibus
microchip *nm, pl* **microchips**
: microchip
microcomputadora *nf* : microcomputer
microcosmos *nms & pl* : microcosm
microfilm *nm, pl* **-films** : microfilm
micrófono *nm* : microphone
micrómetro *nm* : micrometer
microonda *nf* : microwave
microondas *nms & pl* : microwave
: microwave oven
microordenador *nm* : microcomputer
microorganismo *nm* : microorganism
microprocesador *nm* : microprocessor
microscópico, -ca *adj* : microscopic
microscopio *nm* : microscope
mide, etc. → **medir**
miedo *nm* : fear
miedoso, -sa *adj* : fearful
miel *nf* : honey
miembro *nm* : member : limb : extremity
mienta, etc. → **mentar**
miente, etc. → **mentir**
-miento *suf* : -ment
mientras *conj* : while : as : as long as
miércoles *nms & pl* : Wednesday
miga *nf* : crumb
migaja *nf* : crumb; **migajas** *nfpl*
: leftovers : scraps
migra *nf* **la migra** : the immigration
police
migración *nf, pl* **-ciones** : migration
migrante *nmf* : migrant
migraña *nf* : migraine
migrar *v* : to migrate
migratorio, -ria *adj* : migratory
mijo *nm* : millet
mil[1] *adj & pron* : thousand
mil[2] *nm* : one thousand : a thousand
milagro *nm* : miracle
milagroso, -sa *adj* : miraculous
: marvelous — **milagrosamente** *adv*
milenario[1]**, -ria** *adj* : millennial
milenario[2]**, -ria** *n* : millennial
milenial → **milenario**[2]
milenio *nm* : millennium
milésima *nf* → **milésimo**[2]
milésimo[1]**, -ma** *adj* : thousandth
milésimo[2] *nm* : thousandth
mili *nf* : military service
milicia *nf* : militia : military service
miligramo *nm* : milligram
mililitro *nm* : milliliter
milímetro *nm* : millimeter
militancia *nf* : militancy
militante[1] *adj* : militant
militante[2] *nmf* : militant : activist
militar[1] *v* : to serve : to be active
militar[2] *adj* : military

militar[3] *nmf* : soldier
militarismo *nm* : militarism
militarista *adj* : militaristic
militarizar *v* : to militarize
milla *nf* : mile
millar *nm* : thousand
millón *nm, pl* **millones** : million
millonario, -ria *n* : millionaire
millonésima *nf* → **millonésimo**[2]
millonésimo[1], **-ma** *adj* : millionth
millonésimo[2] *nm* : millionth
mil millones *nms & pl* : billion
milmillonésimo[1], **-ma** *adj* : billionth
milmillonésimo[2] *nm* : billionth
milpa *nf* : cornfield
milpiés *nms & pl* : millipede
mimar *v* : to pamper : to spoil
mimbre *nm* : wicker
mimeógrafo *nm* : mimeograph
mímica *nf* : mime : sign language
: mimicry
mimo *nm* : pampering : indulgence
: mime
mimoso, -sa *adj* : fussy : finicky
: affectionate : clinging
mina *nf* : mine : lead
minar *v* : to mine : to undermine
minarete *nm* : minaret
mineral *adj & nm* : mineral
mineralogía *nf* : mineralogy
minería *nf* : mining
minero[1], **-ra** *adj* : mining
minero[2], **-ra** *n* : miner : mine worker
mini- *pref* : mini-
miniatura *nf* : miniature
minicomputadora *nf* : minicomputer
minifalda *nf* : miniskirt
minifundio *nm* : small farm
minimizar *v* : to minimize
mínimo[1], **-ma** *adj* : minimum : least
: smallest : very small : minute
mínimo[2] *nm* : minimum : least amount
: modicum : small amount
minino, -na *n* : kitty : pussy
miniserie *nf* : miniseries
ministerial *adj* : ministerial
ministerio *nm* : ministry : department
ministro, -tra *n* : minister : secretary
minivan *nf, pl* **-vanes** : minivan
minoría *nf* : minority
minorista[1] *adj* : retail
minorista[2] *nmf* : retailer
minoritario, -ria *adj* : minority
mintió, etc. → **mentir**
minucia *nf* : (minor) detail : trifle
: triviality
minuciosamente *adv* : minutely : in
great detail : thoroughly : meticulously
minucioso, -sa *adj* : minute : detailed
: thorough : meticulous
minué *nm* : minuet
minúsculo, -la *adj* : tiny : miniscule
minusvalía *nf* : disability : handicap
sometimes offensive

minusválido[1], **-da** *adj* : handicapped
: disabled
minusválido[2], **-da** *n* : handicapped
person
minuta *nf* : rough draft : bill : fee
minutero *nm* : minute hand
minuto *nm* : minute
mío[1], **mía** *adj* : my : of mine : mine
mío[2], **mía** *pron* : mine : my own
miope *adj* : nearsighted : myopic
miopía *nf* : myopia : nearsightedness
mira *nf* : sight : aim : objective
mirada *nf* : look : glance : gaze
: expression
mirado, -da *adj* : cautious : careful
: considerate
mirador *nm* : balcony : lookout
: vantage point
miramiento *nm* : consideration : respect
mirar *v* : to look at : to watch : to
consider : to think over : to look to : to
face : to overlook — **mirarse** *vr* : to
look at oneself : to look at each other
mirasol *nm* : sunflower
miríada *nf* : myriad
mirlo *nm* : blackbird
mirón, rona *n, mpl* **-rones** : gawker
: onlooker : voyeur
mirra *nf* : myrrh
mirto *nm* : myrtle
misa *nf* : Mass
misantropía *nf* : misanthropy
misantrópico, -ca *adj* : misanthropic
misántropo, -pa *n* : misanthrope
miscelánea *nf* : miscellany
misceláneo, -nea *adj* : miscellaneous
miserable *adj* : miserable : wretched
: paltry : meager : stingy : miserly
: despicable : vile
miserablemente *adv* : miserably
: wretchedly : shamefully : disgracefully
miseria *nf* : poverty : misery : suffering
: pittance : meager amount
misericordia *nf* : mercy : compassion
misericordioso, -sa *adj* : merciful
mísero, -ra *adj* : wretched : miserable
: stingy : paltry : meager
misil *nm* : missile
misión *nf, pl* **misiones** : mission
misionero, -ra *adj & n* : missionary
misiva *nf* : missive : letter
mismísimo, -ma *adj* : very : selfsame
mismo[1] *adv* : right : exactly
mismo[2], **-ma** *adj* : same : very : oneself
misoginia *nf* : misogyny
misógino *nm* : misogynist
miss *nf* : miss
misterio *nm* : mystery
misterioso, -sa *adj* : mysterious —
misteriosamente *adv*
misticismo *nm* : mysticism
místico[1], **-ca** *adj* : mystic : mystical
místico[2], **-ca** *n* : mystic
mitad *nf* : half : middle

mítico, -ca *adj* : mythical : mythic
mitigar *v* : to mitigate : to alleviate —
    mitigación *nf*
mitin *nm, pl* **mítines** : (political) meeting
    : rally
mito *nm* : myth : legend
mitología *nf* : mythology
mitológico, -ca *adj* : mythological
mitosis *nfs & pl* : mitosis
mitra *nf* : miter
mixto, -ta *adj* : mixed : joint
    : coeducational
mixtura *nf* : mixture : blend
mnemónico, -ca *adj* : mnemonic
mobbing *nm* : workplace bullying
mobiliario *nm* : furniture
mocasín *nm, pl* **-sines** : moccasin
mocedad *nf* : youth : youthful prank
mochila *nf* : backpack : knapsack
moción *nf, pl* **-ciones** : motion
    : movement
moco *nm* : mucus : snot
mocoso, -sa *n disparaging* : kid : brat
    disparaging
moda *nf* : fashion : style
modales *nmpl* : manners
modalidad *nf* : kind : type : way
    : manner
modelaje *nm* : modeling
modelar *v* : to model : to mold —
    modelarse *vr* : to model oneself after
    : to emulate
modelo[1] *adj* : model
modelo[2] *nm* : model : example : pattern
modelo[3] *nmf* : model : mannequin
módem *or* **modem** *nm* : modem
moderación *nf, pl* **-ciones** : moderation
moderado, -da *adj & n* : moderate —
    moderadamente *adv*
moderador, -dora *n* : moderator : chair
moderar *v* : to temper : to moderate
    : to curb : to reduce : to chair —
    moderarse *vr* : to restrain oneself : to
    diminish : to calm down
modernidad *nf* : modernity : modern
    age
modernismo *nm* : modernism
modernista[1] *adj* : modernist
modernista[2] *nmf* : modernist
modernizar *v* : to modernize —
    modernización *nf*
moderno, -na *adj* : modern : up-to-date
modestia *nf* : modesty
modesto, -ta *adj* : modest —
    modestamente *adv*
módico, -ca *adj* : modest : reasonable
modificación *nf, pl* **-ciones** : alteration
modificador[1], **-dora** *adj* : modifying
    : moderating
modificador[2] → **modificante**
modificante *nm* : modifier
modificar *v* : to modify : to alter : to
    adapt
modismo *nm* : idiom

modista *nmf* : dressmaker : fashion
    designer
modisto *nm* : fashion designer
modo *nm* : way : manner : mode : mood
modorra *nf* : drowsiness : lethargy
modular[1] *v* : to modulate —
    modulación *nf*
modular[2] *adj* : modular
módulo *nm* : module : unit
mofa *nf* : mockery : ridicule
mofarse *vr* ~ **de** : to scoff at : to make
    fun of
mofeta *nf* : skunk
mofle *nm* : muffler
moflete *nm* : fat cheek
mofletudo, -da *adj* : chubby-cheeked
    : chubby
mohín *nm, pl* **mohines** : grimace : face
mohíno, -na *adj* : gloomy : melancholy
moho *nm* : mold : mildew : rust
mohoso, -sa *adj* : moldy : rusty
moisés *nm, pl* **moiseses** : bassinet
    : cradle
mojado[1], **-da** *adj* : wet
mojado[2], **-da** *n* : illegal immigrant
mojar *v* : to wet : to moisten : to dunk —
    mojarse *vr* : to get wet
mojigatería *nf* : hypocrisy : primness
    : prudery
mojigato[1], **-ta** *adj* : prudish : prim —
    mojigatamente *adv*
mojigato[2], **-ta** *n* : prude : prig
mojón *nm, pl* **mojones** : boundary stone
    : marker
molar *nm* : molar
molcajete *nm* : mortar
molde *nm* : mold : form
moldear *v* : to mold : to shape : to cast
moldura *nf* : molding
mole *nf* : mass : bulk
molécula *nf* : molecule — **molecular**
    adj
moler *v* : to grind : to crush : to exhaust
    : to wear out
molestar *v* : to annoy : to bother : to
    disturb : to disrupt : to be a nuisance
    — **molestarse** *vr* : to get annoyed : to
    be offended
molestia *nf* : annoyance : bother
    : nuisance : trouble : discomfort
molesto, -ta *adj* : bothered : annoyed
    : bothersome : annoying
molestoso, -sa *adj* : bothersome
    : annoying
molido, -da *adj* : ground : crushed
molienda *nf* : milling : grinding
molinero, -ra *n* : miller
molinillo *nm* : grinder : mill
molino *nm* : mill
molla *nf* : soft fleshy part : flesh : lean
    part
molleja *nf* : gizzard
molusco *nm* : mollusk
momentáneamente *adv* : momentarily

momentáneo, -nea adj : momentary : temporary

momento nm : moment : instant : time : period of time : present : momentum

momia nf : mummy

monada nf : attractive person : cute or pretty thing

monaguillo nm : altar boy

monarca nmf : monarch

monarquía nf : monarchy

monárquico, -ca n : monarchist

monasterio nm : monastery

monástico, -ca adj : monastic

monda nf : peel

mondadientes nms & pl : toothpick

mondar v : to peel

mondongo nm : innards pl : insides pl : guts pl

moneda nf : coin : money : currency

monedero nm : change purse

monetario, -ria adj : monetary : financial

mongol, -gola adj & n : Mongol : Mongolian

monigote nm : rag doll : paper doll

monitor[1], -tora n : instructor

monitor[2] nm : monitor

monitorear v : to monitor

monja nf : nun

monje nm : monk

mono[1], -na adj : lovely : pretty : cute : darling

mono[2], -na n : monkey

monóculo nm : monocle

monogamia nf : monogamy

monógamo, -ma adj : monogamous

monografía nf : monograph

monograma nm : monogram

monolingüe adj : monolingual

monolítico, -ca adj : monolithic

monolito nm : monolith

monólogo nm : monologue

monomanía nf : obsession

monopatín nm, pl **-tines** : scooter : skateboard

monopatinaje nm : skateboarding

monopolio nm : monopoly

monopolizar v : to monopolize — **monopolización** nf

monosilábico, -ca adj : monosyllabic

monosílabo nm : monosyllable

monoteísmo nm : monotheism

monoteísta[1] adj : monotheistic

monoteísta[2] nmf : monotheist

monotonía nf : monotony : monotone

monótono, -na adj : monotonous — **monótonamente** adv

monóxido nm **monóxido de carbono** : carbon monoxide

monovolumen nm, pl **-lúmenes** : minivan

monseñor nm : monsignor

monserga nf : gibberish : drivel

monstruo nm : monster

monstruosidad nf : monstrosity

monstruoso, -sa adj : monstrous — **monstruosamente** adv

monta nf : sum : total : importance : value

montacargas nms & pl : freight elevator

montaje nm : assembling : assembly : montage

montante nm : transom : fanlight

montaña nf : mountain

montañero, -ra n : mountaineer : mountain climber

montañismo nm : mountaineering : climbing

montañoso, -sa adj : mountainous

montar v : to mount : to get on : to ride : to set up : to establish : to assemble : to put together : to set : to edit : to stage : to put on : to cock : to get in : to mount — **montarse** vr : to mount

monte nm : mountain : mount : woodland : outskirts : surrounding country

montés adj, pl **monteses** : wild

montículo nm : mound : heap : hillock : knoll

monto nm : amount : total

montón nm, pl **-tones** : heap : pile : ton : load

montonero, -ra n : guerrilla

montura nf : mount : saddle : tack : setting : mounting : frame

monumental adj : tremendous : terrific : massive : huge

monumento nm : monument

monzón nm, pl **monzones** : monsoon

moño nm : bun : bow : knot

moquear v : to snivel

moqueta nf : wall-to-wall carpet

moquette nf : wall-to-wall carpet

moquillo nm : distemper

mora nf : blackberry : mulberry

morada nf : dwelling : abode

morado[1], -da adj : purple

morado[2] nm : purple

morador, -dora n : dweller : inhabitant

moral[1] adj : moral — **moralmente** adv

moral[2] nf : ethics : morality : morals pl : morale : spirits pl

moraleja nf : moral

moralidad nf : morality

moralista[1] adj : moralistic

moralista[2] nmf : moralist

morar v : to dwell : to reside

moratón nm, pl **-tones** : bruise

moratoria nf : moratorium

mórbido, -da adj : morbid

morbo nm : morbid fascination

morboso, -sa adj : morbid — **morbosidad** nf

morcilla nf : blood sausage : blood pudding

mordacidad nf : bite : sharpness

mordaz adj : caustic : scathing

mordaza nf : gag : clamp

mordedura *nf* : bite
morder *v* : to bite — **morderse** *vr* : to bite
mordida *nf* : bite : bribe : payoff
mordisco *nm* : bite : nibble
mordisquear *v* : to nibble : to bite
morena *nf* : moraine : moray
moreno[1], **-na** *adj* : brunette : dark : dark-skinned
moreno[2], **-na** *n* : brunette : dark-skinned person
morera *nf* : mulberry
moretón *nm*, *pl* **-tones** : bruise
morfina *nf* : morphine
morfología *nf* : morphology
morgue *nf* : morgue
moribundo[1], **-da** *adj* : dying : moribund
moribundo[2], **-da** *n* : dying person
morillo *nm* : andiron
morir *v* : to die : to die out : to go out — **morirse** *vr* : to die
mormón, -mona *adj* & *n*, *pl* **mormones** : Mormon
moro[1], **-ra** *adj* : Moorish
moro[2], **-ra** *n* : Moor : Muslim
morocho[1], **-cha** *adj* : dark-haired
morocho[2], **-cha** *n* : dark-haired person
morosidad *nf* : delinquency : slowness
moroso, -sa *adj* : delinquent : in arrears : slow : sluggish
morral *nm* : backpack : knapsack
morralla *nf* : small fish : trash : riffraff : small change
morriña *nf* : homesickness
morro *nm* : snout
morsa *nf* : walrus
morse *nm* : Morse code
mortadela *nf* : mortadella
mortaja *nf* : shroud
mortal[1] *adj* : mortal : fatal : deadly — **mortalmente** *adv*
mortal[2] *nmf* : mortal
mortalidad *nf* : mortality
mortandad *nf* : loss of life : death toll : carnage : slaughter
mortero *nm* : mortar
mortífero, -ra *adj* : deadly : fatal
mortificación *nf*, *pl* **-ciones** : mortification : anguish : torment
mortificar *v* : to mortify : to trouble : to torment — **mortificarse** *vr* : to be mortified : to feel embarrassed
mosaico *nm* : mosaic
mosca *nf* : fly
moscada *adj* **nuez moscada** : nutmeg
mosquearse *vr* : to become suspicious : to take offense
mosquete *nm* : musket
mosquetero *nm* : musketeer
mosquitero *nm* : mosquito net
mosquito *nm* : mosquito
mostachón *nm*, *pl* **-chones** : macaroon
mostaza *nf* : mustard
mosto *nm* : must

mostrador *nm* : counter
mostrar *v* : to show : to exhibit : to display — **mostrarse** *vr* : to show oneself : to appear
mota *nf* : fleck : speck : defect : blemish
mote *nm* : nickname
moteado, -da *adj* : dotted : spotted : dappled
motel *nm* : motel
motín *nm*, *pl* **motines** : riot : rebellion : mutiny
motivación *nf*, *pl* **-ciones** : motivation — **motivacional** *adj*
motivar *v* : to cause : to motivate
motivo *nm* : motive : cause : reason : theme : motif
moto *nf* : motorcycle : motorbike
motocicleta *nf* : motorcycle
motociclismo *nm* : motorcycling
motociclista *nmf* : motorcyclist
motoneta *nf* : scooter
motor[1], **-ra** *adj* : motor
motor[2] *nm* : motor : engine : driving force : cause
motora *nf* : motorboat
motorismo *nm* : motorcycle riding : motorcycling
motorista *nmf* : motorist
motorizado, -da *adj* : motorized
motriz *adj*, *pl* **motrices** : driving
motu proprio *adv* **de motu proprio** : voluntarily : of one's own accord
mousse *nmf* : mousse
movedizo, -za *adj* : movable : moving : restless
mover *v* : to move : to shift : to shake : to power : to drive — **moverse** *vr* : to hurry : to get a move on : to get moving : to make an effort
movible *adj* : movable
movida *nf* : move
móvil[1] *adj* : mobile
móvil[2] *nm* : motive : mobile
movilidad *nf* : mobility
movilizar *v* : to mobilize — **movilización** *nf*
movimiento *nm* : movement : motion
mozo[1], **-za** *adj* : young : youthful
mozo[2], **-za** *n* : young man *m* : young woman *f* : youth : helper : servant : waiter *m* : waitress *f*
MP3 *nm*, *pl* **MP3** : MP3
mucamo, -ma *n* : servant : maid *f*
muchacha *nf* : maid
muchacho, -cha *n* : kid : boy *m* : girl *f* : young man *m* : young woman *f*
muchedumbre *nf* : crowd : multitude
mucho[1] *adv* : (very) much : a lot
mucho[2], **-cha** *adj* : a lot of : many : much
mucho[3], **-cha** *pron* : a lot : many : much; **mucho** : long : a long time
mucílago *nm* : mucilage
mucosidad *nf* : mucus

mucoso, -sa *adj* : mucous : slimy
muda *nf* : change : molt : molting
mudanza *nf* : change : move : moving
mudar *v* : to change : to molt : to shed
— **mudarse** *vr* : to move : to change
mudo¹, -da *adj* : silent : mute : dumb
now often offensive
mudo², -da *n* : mute *sometimes offensive*
mueble *nm* : piece of furniture; **muebles** *nmpl* : furniture : furnishings
mueblería *nf* : furniture store
mueca *nf* : grimace : face
muela *nf* : tooth : molar : millstone
: whetstone
muele, etc. → moler
muelle¹ *adj* : soft : comfortable : easy
**muelle² ** *nm* : wharf : dock : spring
muérdago *nm* : mistletoe
muerde, etc. → morder
muere, etc. → morir
muerte *nf* : death
muerto¹ *pp* → **morir**
muerto², -ta *adj* : dead : lifeless : flat
: dull
muerto³, -ta *nm* : dead person
: deceased
muesca *nf* : nick : notch
muestra¹, etc. → mostrar
muestra² *nf* : sample : sign : show
: exhibition : exposition : pattern
: model
muestreo *nm* : sample
mueve, etc. → mover
mugido *nm* : moo : lowing : bellow
mugir *v* : to moo : to low : to bellow
mugre *nf* : grime : filth
mugriento, -ta *adj* : filthy
muguete *nm* : lily of the valley
muja, etc. → mugir
mujer *nf* : woman : wife
mújol *nm* : mullet
mulato, -ta *adj & n* : mulatto *now sometimes offensive*
muleta *nf* : crutch
muletilla *nf* : favorite word or phrase
mullido, -da *adj* : soft : fluffy : spongy
: springy
mulo, -la *n* : mule
multa *nf* : fine
multar *v* : to fine
multi- *pref* : multi-
multicine *nm* : multiplex
multicolor *adj* : multicolored
multicultural *adj* : multicultural
multidisciplinario, -ria *adj*
: multidisciplinary
multifacético, -ca *adj* : multifaceted
multifamiliar *adj* : multifamily
multilateral *adj* : multilateral
multimedia *nf* : multimedia
multimillonario, -ria *n* : multimillionaire
multinacional *adj* : multinational
múltiple *adj* : multiple

multiplicación *nf, pl* **-ciones**
: multiplication
multiplicar *v* : to multiply : to increase
— **multiplicarse** *vr* : to reproduce : to multiply
multiplicidad *nf* : multiplicity
múltiplo *nm* : multiple
multipropiedad *nf* : time share
multitarea *nf* : multitasking
multitud *nf* : crowd : multitude
multitudinario, -ria *adj* : well-attended
multiuso, -sa *adj* : multipurpose
multivitamínico, -ca *adj* : multivitamin
mundano, -na *adj* : worldly : earthly
mundial *adj* : worldwide
mundialmente *adv* : worldwide : all over the world
mundo *nm* : world : life : planet
municiones *nfpl* : ammunition
: munitions
municipal *adj* : municipal
municipio *nm* : municipality : town council
muñeca *nf* : doll : mannequin : wrist
muñeco *nm* : doll : boy doll : puppet
muñequera *nf* : wristband
muñón *nm, pl* **muñones** : stump
mural *adj & nm* : mural
muralla *nf* : rampart : wall
murciélago *nm* : bat
murga *nf* : band of street musicians
murió, etc. → morir
murmullo *nm* : murmur : murmuring
: rustling : rustle
murmuraciones *nfpl* : gossip
murmurar *v* : to murmur : to mutter : to whisper : to gossip
muro *nm* : wall
musa *nf* : muse
musaraña *nf* : shrew
muscular *adj* : muscular
musculatura *nf* : muscles *pl*
: musculature
músculo *nm* : muscle
musculoso, -sa *adj* : muscular : brawny
muselina *nf* : muslin
museo *nm* : museum
musgo *nm* : moss
musgoso, -sa *adj* : mossy
música *nf* : music
musical *adj* : musical — **musicalmente** *adv*
músico¹, -ca *adj* : musical
músico², -ca *n* : musician
musitar *v* : to mumble : to murmur
muslo *nm* : thigh
mustio, -tia *adj* : withered
musulmán, -mana *adj & n, mpl* **-manes**
: Muslim
mutación *nf, pl* **-ciones** : mutation
mutante *adj & nm* : mutant
mutar *v* : to mutate
mutilar *v* : to mutilate — **mutilación** *nf*
mutis *nm* : exit : silence

mutismo *nm* : silence
mutual *adj* : mutual
mutuo, -tua *adj* : mutual : reciprocal —
  mutuamente *adv*
muy *adv* : very : quite : too
nabo *nm* : turnip
nácar *nm* : mother-of-pearl
nacarado, -da *adj* : pearly
nacer *v* : to be born : to hatch : to bud
  : to sprout : to rise : to originate
nacido, -da *adj* : born
naciente *adj* : newfound : growing
  : rising
nacimiento *nm* : birth : source
  : beginning : origin : Nativity scene
  : crèche
nación *nf, pl* **naciones** : nation : country
  : people
nacional[1] *adj* : national
nacional[2] *nmf* : national : citizen
nacionalidad *nf* : nationality
nacionalismo *nm* : nationalism
nacionalista[1] *adj* : nationalist
  : nationalistic
nacionalista[2] *nmf* : nationalist
nacionalización *nf, pl* **-ciones**
  : nationalization : naturalization
nacionalizar *v* : to nationalize : to
  naturalize — **nacionalizarse** *vr*
naco, -ca *adj* : trashy : vulgar : common
nada[1] *adv* : not at all : not in the least
nada[2] *nf* : nothingness : smidgen : bit
nada[3] *pron* : nothing
nadador, -dora *n* : swimmer
nadar *v* : to swim
nadería *nf* : small thing : trifle
nadie *pron* : nobody : no one
nadir *nm* : nadir
nado *nm* : swimming
nafta *nf* : naphtha : gasoline
naftalina *nf* : mothballs *pl*
náhuatl[1] *adj & nmf, pl* **nahuas** : Nahuatl
náhuatl[2] *nm* : Nahuatl
nailon → **nilón**
naipe *nm* : playing card
nalga *nf* : buttock; **nalgas** *nfpl* : buttocks
  : bottom
nalgada *nf* : smack on the bottom
  : spanking
namibio, -bia *adj & n* : Namibian
nana *nf* : lullaby : grandma : nanny
nanay *interj* : no way! : not likely!
nanotecnología *nf* : nanotechnology
naranja[1] *adj & nm* : orange
naranja[2] *nf* : orange
naranjada *nf* : orangeade
naranjal *nm* : orange grove
naranjo *nm* : orange tree
narcisismo *nm* : narcissism
narcisista[1] *adj* : narcissistic
narcisista[2] *nmf* : narcissist
narciso *nm* : narcissus : daffodil
narco → **narcotraficante**
narcótico[1], **-ca** *adj* : narcotic

narcótico[2] *nm* : narcotic
narcotizar *v* : to drug : to dope
narcotraficante *nmf* : drug trafficker
narcotráfico *nm* : drug trafficking
narigón, -gona *adj, mpl* **-gones** : big-
  nosed
narigudo → **narigón**
nariz *nf, pl* **narices** : nose : sense of
  smell
narración *nf, pl* **-ciones** : narration
  : account
narrador, -dora *n* : narrator
narrar *v* : to narrate : to tell
narrativa *nf* : narrative : story
narrativo, -va *adj* : narrative
nasa *nf* : creel
nasal *adj* : nasal
nata *nf* : cream : skin
natación *nf, pl* **-ciones** : swimming
natal *adj* : native : natal
natalicio *nm* : birthday
natalidad *nf* : birthrate
natillas *nfpl* : custard
natividad *nf* : birth : nativity
nativo, -va *adj & n* : native
nativo americano, nativa americana
  adj & n : Native American
nato, -ta *adj* : born : natural
natural[1] *adj* : natural : normal
natural[2] *nm* : disposition : temperament
  : native
naturaleza *nf* : nature : disposition
  : constitution
naturalidad *nf* : simplicity : naturalness
naturalismo *nm* : naturalism
naturalista[1] *adj* : naturalistic
naturalista[2] *nmf* : naturalist
naturalización *nf, pl* **-ciones**
  : naturalization
naturalizar *v* : to naturalize —
  naturalizarse *vr* : to become
  naturalized
naturalmente *adv* : naturally : inherently
  : of course
naufragar *v* : to be shipwrecked : to fail
  : to collapse
naufragio *nm* : shipwreck : failure
  : collapse
náufrago[1], **-ga** *adj* : shipwrecked
  : castaway
náufrago[2], **-ga** *n* : shipwrecked person
  : castaway
náusea *nf* : nausea
nauseabundo, -da *adj* : nauseating
  : sickening
náutica *nf* : navigation
náutico, -ca *adj* : nautical
nautilo *nm* : nautilus
navaja *nf* : pocketknife : penknife
navajazo *nm* : knife wound
navajo, -ja *adj & n* : Navajo
naval *adj* : naval
nave *nf* : ship : nave
navegabilidad *nf* : navigability

navegable adj : navigable
navegación nf, pl **-ciones** : navigation
navegador nm : browser
navegante[1] adj : sailing : seafaring
navegante[2] nmf : navigator
navegar v : to navigate : to sail
Navidad nf : Christmas
navideño, -ña adj : Christmas
naviero, -ra adj : shipping
navío nm : (large) ship
nazca, etc. → nacer
nazi adj & nmf : Nazi
nazismo nm : Nazism
neandertal or **neanderthal** nm : Neanderthal
nébeda nf : catnip
neblina nf : light fog : mist
neblinoso, -sa adj : misty : foggy
nebulosa nf : nebula
nebulosidad nf : mistiness : haziness
nebuloso, -sa adj : hazy : misty : nebulous : vague
necedad nf : stupidity : foolishness
necesariamente adv : necessarily
necesario, -ria adj : necessary
neceser nm : toilet kit : vanity case
necesidad nf : need : necessity : poverty : want; **necesidades** nfpl : hardships
necesitado, -da adj : needy
necesitar v : to need : to necessitate : to require ~ **de** : to have need of
necio[1]**, -cia** adj : foolish : silly : dumb : naughty : stubborn
necio[2]**, -cia** n : fool : idiot : stubborn person
necrología nf : obituary
necrópolis nfs & pl : cemetery
néctar nm : nectar
nectarina nf : nectarine
neerlandés[1]**, -desa** adj, mpl **-deses** : Dutch
neerlandés[2]**, -desa** n, mpl **-deses** : Dutch person
nefando, -da adj : unspeakable : heinous
nefario, -ria adj : nefarious
nefasto, -ta adj : ill-fated : unlucky : disastrous : terrible
negación nf, pl **-ciones** : negation : denial : negative
negado, -da adj : useless
negar v : to deny : to refuse : to disown — **negarse** vr : to deny oneself
negativa nf : denial : refusal
negativo[1]**, -va** adj : negative — **negativamente** adv
negativo[2] nm : negative
negligé nm : negligee
negligencia nf : negligence
negligente adj : neglectful : negligent — **negligentemente** adv
negociable adj : negotiable
negociación nf, pl **-ciones** : negotiation

negociador, -dora n : negotiator
negociante nmf : businessman m : businesswoman f
negociar v : to negotiate : to deal : to do business
negocio nm : business : place of business : deal : transaction; **negocios** nmpl : commerce : trade
negra nf : quarter note
negrero, -ra n : slave trader : slave driver : brutal boss
negrita or **negrilla** nf : boldface
negro[1]**, -gra** adj : black : dark : suntanned : gloomy : awful : desperate
negro[2]**, -gra** n : dark-skinned person : black person : darling : dear
negro[3] nm : black
negrura nf : blackness
negruzco, -ca adj : blackish
nene, -na n : baby : small child
nenúfar nm : water lily
neocelandés → neozelandés
neófito, -ta n : neophyte : novice
neologismo nm : neologism
neón nm, pl **neones** : neon
neoyorquino[1]**, -na** adj : of or from New York
neoyorquino[2]**, -na** n : New Yorker
neozelandés[1]**, -desa** adj, mpl **-deses** : of or from New Zealand
neozelandés[2]**, -desa** n, mpl **-deses** : New Zealander
nepalés, -lesa adj & n, mpl **-leses** : Nepali
nepotismo nm : nepotism
Neptuno nm : Neptune
nervio nm : nerve : tendon : sinew : gristle : energy : drive : rib; **nervios** nmpl : nerves
nerviosamente adv : nervously
nerviosidad → nerviosismo
nerviosismo nf : nervousness : anxiety
nervioso, -sa adj : nervous : nerve : high-strung : restless : anxious : vigorous : energetic
nervudo, -da adj : sinewy : wiry
neta nf : truth
netamente adv : clearly : obviously
neto, -ta adj : net : clear : distinct
neumático[1]**, -ca** adj : pneumatic
neumático[2] nm : tire
neumonía nf : pneumonia
neural adj : neural
neuralgia nf : neuralgia
neuritis nf : neuritis
neurología nf : neurology
neurológico, -ca adj : neurological : neurologic
neurólogo, -ga n : neurologist
neurosis nfs & pl : neurosis
neurótico, -ca adj & n : neurotic
neutral adj : neutral
neutralidad nf : neutrality

neutralizar v : to neutralize — **neutralización** nf
neutro, -tra adj : neutral : neuter
neutrón nm, pl **neutrones** : neutron
nevada nf : snowfall
nevado, -da adj : snowcapped : snow-white
nevar v impers : to snow
nevasca nf : snowstorm : blizzard
nevera nf : refrigerator
nevería nf : ice cream parlor
nevisca nf : light snowfall : flurry
nevoso, -sa adj : snowy
nexo nm : link : connection : nexus
ni conj : neither : nor
nicaragüense adj & nmf : Nicaraguan
nicho nm : niche
nicotina nf : nicotine
nidada nf : brood
nido nm : nest : hiding place : den
niebla nf : fog : mist
niega, niegue, etc. → **negar**
nieto, -ta n : grandson m : granddaughter f; **nietos** nmpl : grandchildren
nieva, etc. → **nevar**
nieve nf : snow : sherbet
nigeriano, -na adj & n : Nigerian
nigua nf : sand flea : chigger
nihilismo nm : nihilism
nilón or **nilon** nm, pl **nilones** : nylon
nimbo nm : halo
nimiedad nf : trifle : triviality
nimio, -mia adj : insignificant : trivial
ninfa nf : nymph
ningunear v : to disrespect
ninguno[1], -na adj, mpl **ningunos** : no : none
ninguno[2], -na pron : neither : none : no one : no other
niña nf : pupil
niñada nf : childishness : trifle : silly thing
niñería → **niñada**
niñero, -ra n : baby-sitter : nanny
niñez nf, pl **niñeces** : childhood
niño, -ña n : child : boy m : girl f
nipón, -pona adj & n, mpl **nipones** : Japanese
níquel nm : nickel
nitidez nf, pl **-deces** : clarity : vividness : sharpness
nítido, -da adj : clear : vivid : sharp
nitrato nm : nitrate
nítrico, -ca adj ácido nítrico → **ácido[2]**
nitrógeno nm : nitrogen
nitroglicerina nf : nitroglycerin
nivel nm : level : height : standard
nivelador, -dora n : leveler
nivelar v : to level : to even — **nivelarse** vr
nixtamal nm : corn cooked with lime
no[1] adv : no : not : non-
no[2] nm, pl **noes** : no
noble[1] adj : noble — **noblemente** adv

noble[2] nmf : nobleman m : noblewoman f
nobleza nf : nobility : honesty : integrity
nocaut nm : knockout : KO
noche nf : night : nighttime : evening
Nochebuena nf : Christmas Eve
nochecita nf : dusk
Nochevieja nf : New Year's Eve
noción nf, pl **nociones** : notion : concept; **nociones** nfpl : smattering : rudiments pl
nocivo, -va adj : harmful : noxious
noctámbulo, -la n : sleepwalker : night owl
nocturno[1], -na adj : night : nocturnal
nocturno[2] nm : nocturne
nodriza nf : wet nurse
nódulo nm : nodule
nogal nm : walnut tree : pecan tree
nómada[1] adj : nomadic
nómada[2] nmf : nomad
nomás adv : only : just
nombradía nf : fame : renown
nombrado, -da adj : famous : well-known
nombramiento nm : appointment : nomination
nombrar v : to appoint : to mention : to name
nombre nm : name : noun : fame : renown
nomenclatura nf : nomenclature
nomeolvides nmfs & pl : forget-me-not
nómina nf : payroll
nominación nf, pl **-ciones** : nomination
nominal adj : nominal — **nominalmente** adv
nominar v : to nominate
nominativo[1], -va adj : nominative
nominativo[2] nm : nominative
nomo nm : gnome
non[1] adj : odd : not even
non[2] nm : odd number
nonagésimo[1], -ma adj : ninetieth : ninety-
nonagésimo[2], -ma n : ninetieth : ninety-
nono, -na adj : ninth — **nono** nm
nopal nm : prickly pear
nopalitos nmpl : pickled prickly pear leaves
noquear v : to knock out : to KO
norcoreano, -na adj & n : North Korean
nordeste[1] or **noreste** adj : northeastern : northeasterly
nordeste[2] or **noreste** nm : northeast
nórdico, -ca adj & n : Scandinavian : Norse
noreste → **nordeste**
noria nf : waterwheel : Ferris wheel
norirlandés[1], -desa adj, mpl **-deses** : Northern Irish
norirlandés[2], -desa n, mpl **-deses** : person from Northern Ireland
norma nf : rule : regulation : norm : standard

normal *adj* : normal : usual : standard
normalidad *nf* : normality : normalcy
normalización *nf, pl* **-ciones** *nf* : normalization : standardization
normalizar *v* : to normalize : to standardize — **normalizarse** *vr* : to return to normal
normalmente *adv* : ordinarily : generally
noroeste[1] *adj* : northwestern : northwesterly
noroeste[2] *nm* : northwest
norte[1] *adj* : north : northern
norte[2] *nm* : north : north wind : aim : objective
norteamericano, -na *adj & n* : North American : American : native or inhabitant of the United States
norteño[1], **-ña** *adj* : northern
norteño[2], **-ña** *n* : Northerner
noruego[1], **-ga** *adj & n* : Norwegian
noruego[2] *nm* : Norwegian
nos *pron pl* : us : ourselves : each other : one another : to us : for us : from us
nosotros, -tras *pron pl* : we : us
nostalgia *nf* : nostalgia : longing : homesickness
nostálgico, -ca *adj* : nostalgic : homesick
nota *nf* : note : message : announcement : grade : mark : characteristic : feature : touch : bill : check
notable *adj* : notable : noteworthy : outstanding
notablemente *adv* : notably : markedly : outstandingly
notación *nf, pl* **-ciones** : notation
notar *v* : to notice : to tell — **notarse** *vr* : to be evident : to show : to feel : to seem
notaría *nf* : notary's office
notario, -ria *n* : notary : notary public
notebook *nf* : notebook
noticia *nf* : news item : piece of news; **noticias** *nfpl* : news
noticiero *or* **noticiario** *nm* : news : news program : newscast
noticioso, -sa *adj* : news
notificación *nf, pl* **-ciones** : notification
notificar *v* : to notify : to inform
notoriedad *nf* : knowledge : fame : notoriety
notorio, -ria *adj* : obvious : evident : well-known
novato[1], **-ta** *adj* : inexperienced : new
novato[2], **-ta** *n* : beginner : novice
novecientos[1], **-tas** *adj & pron* : nine hundred
novecientos[2] *nms & pl* : nine hundred
novedad *nf* : newness : novelty : innovation : news : development
novedoso, -sa *adj* : original : novel
novel *adj* : inexperienced : new
novela *nf* : novel : soap opera

novelar *v* : to make a novel out of
novelesco, -ca *adj* : fictional : fantastic : fabulous
novelista *nmf* : novelist
novena *nf* : novena
noveno, -na *adj & n* : ninth
noventa *adj & nm* : ninety — **noventa** *pron*
noventavo[1], **-va** *adj* : ninetieth
noventavo[2] *nm* : ninetieth
noviar *v* : to date : to go out
noviazgo *nm* : courtship : relationship : engagement : betrothal
novicio, -cia *n* : novice : beginner
noviembre *nm* : November
novilla *nf* : heifer
novillada *nf* : bullfight featuring young bulls
novillero, -ra *n* : apprentice bullfighter
novillo *nm* : young bull
novio, -via *n* : boyfriend *m* : girlfriend *f* : fiancé *m* : fiancée *f* : bridegroom *m* : bride *f*
novocaína *nf* : novocaine
nubarrón *nm, pl* **-rrones** : storm cloud
nube *nf* : cloud : swarm
nublado[1], **-da** *adj* : cloudy : overcast : clouded : dim
nublado[2] *nm* : storm cloud : menace : threat
nublar *v* : to cloud : to obscure — **nublarse** *vr* : to get cloudy
nubosidad *nf* : cloudiness
nuboso, -sa *adj* : cloudy
nuca *nf* : nape : back of the neck
nuclear *adj* : nuclear
núcleo *nm* : nucleus : center : heart : core
nudillo *nm* : knuckle
nudismo *nm* : nudism
nudista *adj & nmf* : nudist
nudo *nm* : knot : node : junction : hub : crux : heart
nudoso, -sa *adj* : knotty : gnarled
nuera *nf* : daughter-in-law
nuestro[1], **-tra** *adj* : our
nuestro[2], **-tra** *pron* : ours : our own
nuevamente *adv* : again : anew
nuevas *nfpl* : tidings *pl*
nueve[1] *adj & nm* : nine
nueve[2] *pron* : nine
nuevecito, -ta *adj* : brand-new
nuevo, -va *adj* : new
nuez *nf, pl* **nueces** : nut : walnut : pecan
nulidad *nf* : nullity : incompetent person
nulo, -la *adj* : null : null and void : useless : inept
numen *nm* : poetic muse : inspiration
numerable *adj* : countable
numeración *nf, pl* **-ciones** : numbering : numbers *pl* : numerals *pl*
numerador *nm* : numerator
numeral *adj* : numeral
numerar *v* : to number

numerario, -ria *adj* : long-standing
: permanent
numérico, -ca *adj* : numerical —
  numéricamente *adv*
número *nm* : number : issue : size
: lottery ticket : act : routine
numeroso, -sa *adj* : numerous
numismática *nf* : numismatics
nunca *adv* : never : ever
nuncio *nm* : harbinger : herald
nupcial *adj* : nuptial : wedding
nupcias *nfpl* : nuptials *pl* : wedding
nutria *nf* : otter : nutria
nutrición *nf, pl* **-ciones** : nutrition
: nourishment
nutricionista *nmf* : nutritionist
nutrido, -da *adj* : nourished
: considerable : abundant
nutriente *nm* : nutrient
nutrimento *nm* : nutriment
nutrir *v* : to feed : to nourish : to foster
: to provide
nutritivo, -va *adj* : nourishing : nutritious
nylon → **nilón**
ñame *nm* : yam
ñandú *nm, pl* **ñandú** *or* **ñandúes** : rhea
ñapa *nf* : extra amount
ñato, -ta *adj* : snub-nosed
ñoñear *v* : to whine
ñoñería *nf* : inanity
ñoño, -ña *adj* : whiny : fussy
ñu *nm* : gnu
o *conj* : or : either
oasis *nms & pl* : oasis
obcecado, -da *adj* : blinded : stubborn
: obstinate
obcecar *v* : to blind — **obcecarse** *vr* : to
become stubborn
obedecer *v* : to obey
obediencia *nf* : obedience
obediente *adj* : obedient —
  obedientemente *adv*
obelisco *nm* : obelisk
obertura *nf* : overture
obesidad *nf* : obesity
obeso, -sa *adj* : obese
óbice *nm* : obstacle : impediment
obispado *nm* : bishopric : diocese
obispo *nm* : bishop
obituario *nm* : obituary
objeción *nf, pl* **-ciones** : objection
objetar *v* : to object
objetividad *nf* : objectivity
objetivo¹, -va *adj* : objective —
  objetivamente *adv*
objetivo² *nm* : objective : goal : target : lens
objeto *nm* : object : thing : objective
: purpose
objetor, -tora *n* : objector
oblea *nf* : wafer
oblicuo, -cua *adj* : oblique —
  oblicuamente *adv*
obligación *nf, pl* **-ciones** : obligation
: duty : bond

obligado, -da *adj* : obliged : obligatory
: compulsory : customary
obligar *v* : to force : to require : to oblige
— **obligarse** *vr* : to commit oneself : to
undertake
obligatorio, -ria *adj* : mandatory
: required : compulsory
obliterar *v* : to obliterate : to destroy —
  obliteración *nf*
oblongo, -ga *adj* : oblong
obnubilación *nf, pl* **-ciones**
: bewilderment : confusion
obnubilar *v* : to daze : to bewilder
oboe¹ *nm* : oboe
oboe² *nmf* : oboist
obra *nf* : work : deed : construction work
: construction site : building site
obrar *v* : to work : to produce : to act
: to behave
obrero¹, -ra *adj* : working
obrero², -ra *n* : worker : laborer
obscenidad *nf* : obscenity
obsceno, -na *adj* : obscene
obscurecer, obscuridad, obscuro →
  oscurecer, oscuridad, oscuro
obsequiar *v* : to give : to present
obsequio *nm* : gift : present
obsequiosidad *nf* : attentiveness
: deference
obsequioso, -sa *adj* : obliging : attentive
observable *adj* : observable
observación *nf, pl* **-ciones** : observation
: watching : remark : comment
observador¹, -dora *adj* : observant
observador², -dora *n* : observer
: watcher
observancia *nf* : observance
observante *adj* : observant
observar *v* : to observe : to watch
: to notice : to obey : to abide by : to
remark : to comment
observatorio *nm* : observatory
obsesión *nf, pl* **-siones** : obsession
obsesionar *v* : to obsess : to preoccupy
excessively — **obsesionarse** *vr*
obsesivo, -va *adj* : obsessive
obseso, -sa *adj* : obsessed
obsolescencia *nf* : obsolescence —
  obsolescente *adj*
obsoleto, -ta *adj* : obsolete
obstaculizar *v* : to obstruct : to hinder
obstáculo *nm* : obstacle
obstante¹ *conj* **no obstante**
: nevertheless : however
obstante² *prep* **no obstante** : in spite
of : despite
obstar *v impers* ~ **a** *or* ~ **para** : to hinder
: to prevent
obstetra *nmf* : obstetrician
obstetricia *nf* : obstetrics
obstétrico, -ca *adj* : obstetric : obstetrical
obstinación *nf, pl* **-ciones** : obstinacy
: stubbornness : perseverance
: tenacity

obstinado, -da *adj* : obstinate : stubborn : persistent — **obstinadamente** *adv*

obstinarse *vr* : to be obstinate : to be stubborn

obstrucción *nf, pl* **-ciones** : obstruction : blockage

obstruccionismo *nm* : filibustering

obstruccionista *adj* : filibustering

obstructor, -tora *adj* : obstructive

obstruir *v* : to obstruct : to block : to clog — **obstruirse** *vr*

obtención *nf, pl* **-ciones** : obtaining : procurement

obtener *v* : to obtain : to secure : to get — **obtenible** *adj*

obturador *nm* : shutter

obturar *v* : to block

obtuso, -sa *adj* : obtuse

obtuvo, etc. → **obtener**

obús *nm, pl* **obuses** : mortar : mortar shell

obviar *v* : to get around : to avoid

obvio, -via *adj* : obvious — **obviamente** *adv*

oca *nf* : goose

ocasión *nf, pl* **-siones** : occasion : time : opportunity : chance : bargain

ocasional *adj* : occasional : chance : fortuitous

ocasionalmente *adv* : occasionally : by chance

ocasionar *v* : to cause : to occasion

ocaso *nm* : sunset : sundown : decline : fall

occidental *adj* : western

occidente *nm* : west

oceánico, -ca *adj* : oceanic

océano *nm* : ocean

oceanografía *nf* : oceanography — **oceanográfico, -ca** *adj*

ocelote *nm* : ocelot

ochenta *adj & nm* : eighty — **ochenta** *pron*

ochentavo¹, -va *adj* : eightieth

ochentavo² *nm* : eightieth

ocho¹ *adj & nm* : eight

ocho² *pron* : eight

ochocientos¹, -tas *adj & pron* : eight hundred

ochocientos² *nms & pl* : eight hundred

ocio *nm* : free time : leisure : idleness

ociosamente *adv* : idly

ociosidad *nf* : idleness : inactivity

ocioso, -sa *adj* : idle : inactive : pointless : useless

ocre *nm* : ocher

octágono *nm* : octagon — **octagonal** *adj*

octava *nf* : octave

octavilla *nf* : pamphlet

octavo, -va *adj & n* : eighth

octeto *nm* : byte

octogésimo¹, -ma *adj* : eightieth : eighty-

octogésimo², -ma *n* : eightieth : eighty-

octubre *nm* : October

ocular *adj* : ocular : eye

oculista *nmf* : oculist : ophthalmologist

ocultación *nf, pl* **-ciones** : concealment

ocultar *v* : to conceal : to hide — **ocultarse** *vr*

oculto, -ta *adj* : hidden : concealed : occult

ocupación *nf, pl* **-ciones** : occupation : activity : occupancy : employment : job

ocupacional *adj* : occupational : job-related

ocupado, -da *adj* : busy : taken : occupied

ocupante *nmf* : occupant

ocupar *v* : to occupy : to take possession of : to hold : to employ : to keep busy : to fill : to inhabit : to bother : to concern — **ocuparse** *vr* ~ **de** : to be concerned with : to take care of

ocurrencia *nf* : occurrence : event : witticism : bright idea

ocurrente *adj* : witty : clever : sharp

ocurrir *v* : to occur : to happen — **ocurrirse** *vr* ~ **a** : to occur to : to strike

oda *nf* : ode

odiar *v* : to hate

odio *nm* : hate : hatred

odioso, -sa *adj* : hateful : detestable

odisea *nf* : odyssey

odómetro *nm* : odometer

odontología *nf* : dentistry : dental surgery

odontólogo, -ga *n* : dentist : dental surgeon

odre *nm* : wineskin

oeste¹ *adj* : west : western : westerly

oeste² *nm* : west : West : west wind

ofender *v* : to offend : to insult : to be insulting — **ofenderse** *vr* : to take offense

ofensa *nf* : offense : insult

ofensiva *nf* : offensive

ofensivo, -va *adj* : offensive : insulting — **ofensivamente** *adv*

ofensor, -sora *n* : offender

oferente *nmf* : supplier : source

oferta *nf* : offer : sale : bargain

ofertar *v* : to offer

oficial¹ *adj* : official — **oficialmente** *adv*

oficial² *nmf* : officer : police officer : commissioned officer : skilled worker

oficializar *v* : to make official

oficiante *nmf* : celebrant

oficiar *v* : to inform officially : to officiate at : to celebrate ~ **de** : to act as

oficina *nf* : office

oficinista *nmf* : office worker

oficio *nm* : trade : profession : function : role : official communication : experience : religious ceremony

oficioso, -sa *adj* : unofficial : officious — **oficiosamente** *adv*

ofimática *nf* : office automation : office computing
ofrecer *v* : to offer : to provide : to give : to present — **ofrecerse** *vr* : to offer oneself : to volunteer : to open up : to present itself
ofrecimiento *nm* : offer : offering
ofrenda *nf* : offering
oftalmología *nf* : ophthalmology
oftalmólogo, -ga *n* : ophthalmologist
ofuscación *nf, pl* **-ciones** : blindness : confusion
ofuscar *v* : to blind : to dazzle : to bewilder : to confuse — **ofuscarse** *vr* ~ **con** : to be blinded by
ogro *nm* : ogre
oh *interj* : oh
ohm *nm, pl* **ohms** : ohm
ohmio → **ohm**
oídas *nfpl* **de** ~ : by hearsay
oído *nm* : ear : hearing
oiga, etc. → **oír**
oír *v* : to hear : to listen to : to pay attention to : to heed
ojal *nm* : buttonhole
ojalá *interj* : I hope so! : if only! : God willing! : I hope : I wish : hopefully
ojeada *nf* : glimpse : glance
ojear *v* : to eye : to have a look at
ojeras *nfpl* : bags/circles under one's eyes
ojeriza *nf* : grudge
ojeroso, -sa *adj* : with bags/circles under one's eyes
ojete *nm* : eyelet
ojiva *nf* : warhead
ojo *nm* : eye : judgment : sharpness : hole : center : span
okupa *nf* : squatter
ola *nf* : wave
oleada *nf* : swell : wave
oleaje *nm* : waves *pl* : surf
óleo *nm* : oil : oil painting
oleoducto *nm* : oil pipeline
oleoso, -sa *adj* : oily
oler *v* : to smell : to pry into : to investigate : to smell out : to uncover — **olerse** *vr* : to have a hunch : to suspect
olfatear *v* : to sniff : to sense : to sniff out
olfativo, -va *adj* : olfactory
olfato *nm* : sense of smell : nose : instinct
oligarquía *nf* : oligarchy
olimpiada *or* **olimpíada** *nf* : Olympiad
olímpico, -ca *adj* : Olympic
olisquear *v* : to sniff at
oliva *nf* : olive
olivar *nm* : olive grove
olivo *nm* : olive tree
olla *nf* : pot
olmeca *adj & nmf* : Olmec
olmo *nm* : elm
olor *nm* : smell : odor

oloroso, -sa *adj* : scented : fragrant
olote *nm* : cob : corncob
olvidadizo, -za *adj* : forgetful : absentminded
olvidar *v* : to forget : to forget about : to leave behind — **olvidarse** *vr* : to forget
olvido *nm* : forgetfulness : oblivion : oversight
omaní *adj & nmf* : Omani
ombligo *nm* : navel : belly button
ombudsman *nmfs & pl* : ombudsman
omelette *nmf* : omelet
ominoso, -sa *adj* : ominous — **ominosamente** *adv*
omisión *nf, pl* **-siones** : omission : neglect
omiso, -sa *adj* : neglectful
omitir *v* : to omit : to leave out : to fail to
ómnibus *n, pl* **-bus** *or* **-buses** : bus : coach
omnipotencia *nf* : omnipotence
omnipotente *adj* : omnipotent : almighty
omnipresencia *nf* : omnipresence
omnipresente *adj* : ubiquitous : omnipresent
omnisciente *adj* : omniscient — **omnisciencia** *nf*
omnívoro, -ra *adj* : omnivorous
omóplato *or* **omoplato** *nm* : shoulder blade
once[1] *adj & nm* : eleven
once[2] *pron* : eleven
onceavo[1], **-va** *adj* : eleventh
onceavo[2] *nm* : eleventh
onda *nf* : wave : ripple : undulation : scallop : wavelength : understanding
ondear *v* : to ripple : to undulate : to flutter
ondulación *nf, pl* **-ciones** : undulation
ondulado, -da *adj* : wavy : undulating
ondulante *adj* : undulating
ondular *v* : to wave : to undulate : to ripple
oneroso, -sa *adj* : onerous : burdensome
ónix *nm* : onyx
online *adj & adv* : online
onza *nf* : ounce
opacar *v* : to make opaque or dull : to outshine : to overshadow
opacidad *nf* : opacity : dullness
opaco, -ca *adj* : opaque : dull
ópalo *nm* : opal
opción *nf, pl* **opciones** : option : choice : right : chance
opcional *adj* : optional — **opcionalmente** *adv*
ópera *nf* : opera
operación *nf, pl* **-ciones** : operation : transaction : deal
operacional *adj* : operational
operador, -dora *n* : operator : projectionist : camera operator
operante *adj* : operating : working

operar v : to produce : to bring about : to operate on : to operate : to run : to function : to deal : to do business — **operarse** vr : to come about : to take place : to have an operation : to have surgery

operario, -ria n : laborer : worker

operático, -ca → **operístico**

operativo¹, -va adj : operating : operative

operativo² nm : operation

opereta nf : operetta

operístico, -ca adj : operatic

opiato nm : opiate

opinable adj : arguable

opinar v : to think : to have an opinion : to express an opinion

opinión nf, pl **-niones** : opinion : belief

opio nm : opium

oponente nmf : opponent

oponer v : to oppose : to place against — **oponerse** vr ~ **a** : to object to : to be against

oporto nm : port

oportunamente adv : at the right time : opportunely : appropriately

oportunidad nf : opportunity : chance

oportunismo nm : opportunism

oportunista¹ adj : opportunistic

oportunista² nmf : opportunist

oportuno, -na adj : opportune : timely : suitable : appropriate

oposición nf, pl **-ciones** : opposition

opositor, -tora n : opponent

oposum nm : opossum

opresión nf, pl **-siones** : oppression

opresivo, -va adj : oppressive

opresor¹, -sora adj : oppressive

opresor², -sora n : oppressor

oprimir v : to oppress : to press : to squeeze

oprobio nm : opprobrium : shame

optativo, -va adj : optional

óptica nf : optics : optician's shop : viewpoint

óptico¹, -ca adj : optical : optic

óptico², -ca n : optician

optimismo nm : optimism

optimista¹ adj : optimistic

optimista² nmf : optimist

óptimo, -ma adj : optimum : optimal

optometría nf : optometry — **optometrista** nmf

opuesto¹ pp → **oponer**

opuesto² adj : opposite : contrary : opposed

opulencia nf : opulence — **opulento, -ta** adj

opus nm : opus

opuso, etc. → **oponer**

ora conj : now

oración nf, pl **-ciones** : oration : speech : prayer : sentence : clause

oráculo nm : oracle

orador, -dora n : speaker : orator

oral adj : oral — **oralmente** adv

órale interj : sure! : OK! : come on!

orangután nm, pl **-tanes** : orangutan

orar v : to pray

oratoria nf : oratory

oratorio nm : oratory : chapel : oratorio

orbe nm : orb : sphere : globe : world

órbita nf : orbit : eye socket : sphere : field

orbital adj : orbital

orbitar v : to orbit

orca nf : orca : killer whale

orden¹ nm, pl **órdenes** : order

orden² nf, pl **órdenes** : order

ordenación nf, pl **-ciones** : ordination : ordering : organizing

ordenadamente adv : in an orderly fashion : neatly

ordenado, -da adj : orderly : neat

ordenador nm : computer

ordenamiento nm : ordering : organizing : code

ordenanza¹ nf : ordinance : regulation

ordenanza² nmf : orderly

ordenar v : to order : to command : to put in order : to arrange : to ordain — **ordenarse** vr : to be ordained

ordeñar v : to milk

ordeño nm : milking

ordinal nm : ordinal

ordinariamente adv : usually : coarsely

ordinariez nf : coarseness : vulgarity

ordinario, -ria adj : ordinary : coarse : common : vulgar

orear v : to air

orégano nm : oregano

oreja nf : ear

orfanato nm : orphanage

orfanatorio nm : orphanage

orfandad nf : state of being an orphan

orfebre nmf : goldsmith : silversmith

orfebrería nf : articles of gold or silver

orfelinato nm : orphanage

orgánico, -ca adj : organic — **orgánicamente** adv

organigrama nm : organization chart : flow chart

organismo nm : organism : agency : organization

organista nmf : organist

organización nf, pl **-ciones** : organization

organizador¹, -dora adj : organizing

organizador², -dora n : organizer

organizar v : to organize : to arrange — **organizarse** vr : to get organized

organizativo, -va adj : organizational

órgano nm : organ

orgasmo nm : orgasm

orgía nf : orgy

orgullo nm : pride

orgulloso, -sa adj : proud — **orgullosamente** adv

orientación *nf, pl* **-ciones** : orientation : direction : course : guidance
oriental[1] *adj* : eastern : Uruguayan
oriental[2] *nmf* : Easterner : Uruguayan
orientar *v* : to orient : to position : to guide : to direct — **orientarse** *vr* : to orient oneself : to get one's bearings
oriente *nm* : east : East
orífice *nmf* : goldsmith
orificio *nm* : orifice : opening
origen *nm, pl* **orígenes** : origin : lineage : birth
original *adj & nm* : original — **originalmente** *adv*
originalidad *nf* : originality
originar *v* : to originate : to give rise to — **originarse** *vr* : to begin
originario, -ria *adj* ~ **de** : native of
originariamente *adv* : originally
orilla *nf* : border : edge : bank : shore
orillar *v* : to skirt : to go around : to trim : to edge : to settle : to wind up : to pull over
orín *nm* : rust; **orines** *nmpl* : urine
orina *nf* : urine
orinación *nf* : urination
orinal *nm* : urinal
orinar *v* : to urinate — **orinarse** *vr* : to wet oneself
oriol *nm* : oriole
oriundo, -da *adj* ~ **de** : native of
orla *nf* : border : edging
orlar *v* : to edge : to trim
ornamentación *nf, pl* **-ciones** : ornamentation
ornamental *adj* : ornamental
ornamentar *v* : to ornament : to adorn
ornamento *nm* : ornament : adornment
ornar *v* : to adorn : to decorate
ornitología *nf* : ornithology
ornitólogo, -ga *n* : ornithologist
ornitorrinco *nm* : platypus
oro *nm* : gold; **oros** *nmpl* : gold coins
orondo, -da *adj* : rounded : potbellied : smug : self-satisfied
oropel *nm* : glitz : glitter : tinsel
oropéndola *nf* : oriole
orquesta *nf* : orchestra — **orquestal** *adj*
orquestar *v* : to orchestrate — **orquestación** *nf*
orquídea *nf* : orchid
ortiga *nf* : nettle
ortodoncia *nf* : orthodontics
ortodoncista *nmf* : orthodontist
ortodoxia *nf* : orthodoxy
ortodoxo, -xa *adj* : orthodox
ortografía *nf* : orthography : spelling
ortográfico, -ca *adj* : orthographic : spelling
ortopedia *nf* : orthopedics
ortopédico, -ca *adj* : orthopedic
ortopedista *nmf* : orthopedist
oruga *nf* : caterpillar : track
orzuelo *nm* : sty : stye

os *pron pl* : you : to you : yourselves : to yourselves : each other : to each other
osa *nf* → **oso**
osadía *nf* : boldness : daring : audacity : nerve
osado, -da *adj* : bold : daring : audacious : impudent — **osadamente** *adv*
osamenta *nf* : skeletal remains *pl* : bones *pl*
osar *v* : to dare
oscilación *nf, pl* **-ciones** : oscillation : fluctuation : vacillation : wavering
oscilar *v* : to swing : to sway : to oscillate : to fluctuate : to vacillate : to waver
oscuramente *adv* : obscurely
oscurecer *v* : to darken : to obscure : to confuse : to cloud : to grow dark : to get dark — **oscurecerse** *vr* : to dim
oscuridad *nf* : darkness : obscurity
oscuro, -ra *adj* : dark : obscure
óseo, ósea *adj* : skeletal : bony
ósmosis *or* **osmosis** *nf* : osmosis
oso, osa *n* : bear
ostensible *adj* : ostensible : apparent — **ostensiblemente** *adv*
ostentación *nf, pl* **-ciones** : ostentation : display
ostentar *v* : to display : to flaunt : to have : to hold
ostentoso, -sa *adj* : ostentatious : showy — **ostentosamente** *adv*
osteópata *nmf* : osteopath
osteopatía *n* : osteopathy
osteoporosis *nf* : osteoporosis
ostión *nm, pl* **ostiones** : oyster : scallop
ostra *nf* : oyster
ostracismo *nm* : ostracism
otear *v* : to scan : to survey : to look over
otero *nm* : knoll : hillock
otitis *nf* : otitis : inflammation of the ear
otomana *nf* : ottoman
otomano, -na *adj & n* : Ottoman
otoñal *adj* : autumn : autumnal
otoño *nm* : autumn : fall
otorgamiento *nm* : granting : awarding
otorgar *v* : to grant : to award : to draw up : to frame
otorrino, -na *n* : ear, nose, and throat doctor
otro[1]**, otra** *adj* : other : another
otro[2]**, otra** *pron* : another one : other one
ovación *nf, pl* **-ciones** : ovation
ovacionar *v* : to cheer : to applaud
oval → **ovalado**
ovalado, -da *adj* : oval
óvalo *nm* : oval
ovárico, -ca *adj* : ovarian
ovario *nm* : ovary
oveja *nf* : sheep : ewe
overol *nm* : overalls *pl*

ovillar *v* : to roll into a ball
ovillo *nm* : ball : tangle
ovni *or* **OVNI** *nm* : UFO
ovoide *adj* : ovoid : ovoidal
ovulación *nf, pl* **-ciones** : ovulation
ovular *v* : to ovulate
óvulo *nm* : ovum
oxidación *nf, pl* **-ciones** : oxidation
  : rusting
oxidado, -da *adj* : rusty
oxidar *v* : to cause to rust : to oxidize —
  oxidarse *vr* : to rust : to become rusty
óxido *nm* : rust : oxide
oxigenar *v* : to oxygenate : to bleach
oxígeno *nm* : oxygen
oxiuro *nm* : pinworm
oye, etc. → **oír**
oyente *nmf* : listener : auditor : auditing
  student
ozono *nm* : ozone
pabellón *nm, pl* **-llones** : pavilion
  : gazebo : building : flag
pabilo *nm* : wick
paca *nf* : bale
pacana *nf* : pecan
pacer *v* : to graze : to pasture
paces → **paz**
pachanga *nf* : party : bash
paciencia *nf* : patience
paciente *adj & nmf* : patient —
  pacientemente *adv*
pacíficamente *adv* : peacefully
  : peaceably
pacificar *v* : to pacify : to calm —
  pacificarse *vr* : to calm down : to abate
  — **pacificación** *nf*
pacífico, -ca *adj* : peaceful : pacific
pacifismo *nm* : pacifism
pacifista *adj & nmf* : pacifist
pacotilla *nf* **de ~** : shoddy : trashy
pactar *v* : to agree on : to come to an
  agreement
pacto *nm* : pact : agreement
paddock *nm* : paddock
padecer *v* : to suffer : to suffer from
padecimiento *nm* : suffering : ailment
  : condition
padrastro *nm* : stepfather : hangnail
padre[1] *adj* : fantastic : great
padre[2] *nm* : father : Father; **padres**
  nmpl : parents
padrenuestro *nm* : Lord's Prayer
padrino *nm* : godfather : father of the
  bride : sponsor : patron; **padrinos**
  nmpl : godparents
padrón *nm, pl* **padrones** : register : roll
paella *nf* : paella
paga *nf* : payment : pay : wages *pl*
  : allowance
pagadero, -ra *adj* : payable
pagado, -da *adj* : paid
pagador, -dora *n* : payer
paganismo *nm* : paganism
pagano, -na *adj & n* : pagan

pagar *v* : to pay : to pay for : to pay off
  : to repay
pagaré *nm* : promissory note : IOU
página *nf* : page
pago *nm* : payment
pagoda *nf* : pagoda
pague, etc. → **pagar**
paila *nf* : large shallow dish or pan
  : cargo area
país *nm* : country : nation : region
  : territory
paisaje *nm* : scenery : landscape
paisajismo *nm* : landscaping
paisajista *nmf* : landscaper
paisano, -na *n* : compatriot : fellow
  countryman
paja *nf* : straw : trash : tripe
pajar *nm* : hayloft : haystack
pajarera *nf* : aviary
pajarita *nf* : bow tie
pájaro *nm* : bird
paje *nm* : page
pajita *or* **pajilla** *nf* : (drinking) straw
pajote *nm* : straw : mulch
pakistaní *adj & nmf, pl* **-níes** : Pakistani
pala *nf* : shovel : spade : blade : paddle
  : racket : spatula
palabra *nf* : word : promise : speech
  : right to speak
palabrería *nf* : empty talk
palabrota *nf* : swearword
palacio *nm* : palace : mansion
paladar *nm* : palate : taste
paladear *v* : to savor
paladín *nm, pl* **-dines** : champion
  : defender
palanca *nf* : lever : crowbar : leverage
  : influence
palangana *nf* : washbowl
palanqueta *nf* : jimmy : small crowbar
palapa *nf* : shelter
palco *nm* : box
palear *v* : to shovel : to paddle
palenque *nm* : stockade : palisade
  : arena : ring
paleontología *nf* : paleontology
paleontólogo, -ga *n* : paleontologist
palestino, -na *adj & n* : Palestinian
palestra *nf* : arena
paleta *nf* : palette : trowel : spatula
  : blade : vane : paddle : lollipop
  : Popsicle
paletilla *nf* : shoulder blade
paliacate *nm* : bandanna : scarf
paliar *v* : to alleviate
paliativo[1]**, -va** *adj* : palliative
paliativo[2] *nm* : palliative
palidecer *v* : to turn pale
palidez *nf, pl* **-deces** : paleness : pallor
pálido, -da *adj* : pale
palillo *nm* **palillos** *nmpl* : chopsticks
paliza *nf* : beating : pummeling : rout
  : defeat
palma *nf* : palm

palmada *nf* : pat : slap : clap
palmarés *nm* : record
palmario, -ria *adj* : clear : manifest
palmeado, -da *adj* : webbed
palmear *v* : to slap on the back : to clap
  : to applaud
palmera *nf* : palm tree
palmito *nm* : heart of palm
palmo *nm* : span : small amount
palmotear *v* : to applaud
palmoteo *nm* : clapping : applause
palo *nm* : stick : pole : post : shaft
  : handle : mast : spar : wood : blow
  : suit
paloma *nf* : pigeon : dove
palomilla *nf* : moth
palomitas *nfpl* : popcorn
palpable *adj* : palpable : tangible
palpar *v* : to feel : to touch
palpitación *nf, pl* **-ciones** : palpitation
palpitar *v* : to palpitate : to throb —
  palpitante *adj*
pálpito *nm* : feeling : hunch
palta *nf* : avocado
paludismo *nm* : malaria
palurdo, -da *n* : boor : yokel : bumpkin
pampa *nf* : pampas *pl*
pampeano, -na *adj* : pampas
pampero → **pampeano**
pan *nm* : bread : loaf of bread : cake
  : bar
pan- *pref* : pan-
pana[1] *nf* : corduroy
pana[2] *nmf* : buddy : friend
panacea *nf* : panacea
panadería *nf* : bakery : bread shop
panadero, -ra *n* : baker
panal *nm* : honeycomb
panameño, -ña *adj & n* : Panamanian
pancarta *nf* : placard : sign : banner
panceta *nf* : bacon
pancho *nm* : hot dog
pancita *nf* : tripe
páncreas *nms & pl* : pancreas
panda *nmf* : panda
pandeado, -da *adj* : warped
pandearse *vr* : to warp : to bulge : to
  sag
pandemonio *or* **pandemónium** *nm*
  : pandemonium
pandereta *nf* : tambourine
pandero *nm* : tambourine
pandilla *nf* : group : clique : gang
panecillo → **panecito**
panecito *nm* : roll : bun
panegírico *nm* : eulogy
panel *nm* : panel : board — **panelista**
  nmf
panela *nf* : unrefined sugar
panera *nf* : bread box : bread basket
panfleto *nm* : pamphlet
pánico *nm* : panic
panificadora *nf* : bakery
panini *nm, pl* **panini** *or* **paninis** : panini

panorama *nm* : panorama : view
  : scene : situation : outlook
panorámico, -ca *adj* : panoramic
panqueque *nm* : pancake
pansexual *adj* : pansexual
pantaletas *nfpl* : panties
pantalla *nf* : screen : monitor
  : lampshade : fan
pantalón *nm, pl* **-lones** : pants *pl*
  : trousers *pl*
pantano *nm* : swamp : marsh : bayou
  : reservoir : obstacle : difficulty
pantanoso, -sa *adj* : marshy : swampy
  : difficult : thorny
panteón *nm, pl* **-teones** : cemetery
  : pantheon : mausoleum
pantera *nf* : panther
panties *or* **pantys** *or* **pantis** *nmfpl*
  : panties *pl* : panty hose
pantimedias *nfpl* : panty hose
pantomima *nf* : pantomime
pantorrilla *nf* : calf
pants *nms & pl* : sweatpants : sweatsuit
  : tracksuit
pantufla *nf* : slipper
panty *or* **panti** *nmf, pl* **-tys** *or* **-ties** *or*
  -tis → **panties**
panza *nf* : belly : paunch
panzón, -zona *adj, mpl* **panzones**
  : potbellied
pañal *nm* : diaper
pañería *nf* : cloth : material : fabric store
pañito *nm* : doily
paño *nm* : cloth : rag : dust cloth
pañoleta *nf* : head scarf : kerchief
  : scarf : shawl
pañuelo *nm* : handkerchief : head scarf
  : scarf
papa[1] *nm* : pope
papa[2] *nf* : potato
papá *nm* : dad : pop; **papás** *nmpl*
  : parents : folks
papada *nf* : double chin : jowl : dewlap
papagayo *nm* : parrot
papal *adj* : papal
papalote *nm* : kite
Papanicolau *nm* : Pap smear
Papá Noel *nm* : Santa Claus
papaya *nf* : papaya
papel *nm* : paper : piece of paper : role : part
papeleo *nm* : paperwork : red tape
papelera *nf* : wastebasket : trash can
  : paper mill
papelería *nf* : stationery store
papelero, -ra *adj* : paper
papeleta *nf* : ballot : ticket : slip
paperas *nfpl* : mumps
papi *nm* : daddy : papa
papila gustativa *nf* : taste bud
papilla *nf* : pap : baby food
papiro *nm* : papyrus
paprika *nf* : paprika
paquete *nm* : package : parcel : pack
  : bundle

paquistaní *adj & nmf* : Pakistani
par[1] *adj* : even
par[2] *nm* : pair : couple : equal : peer : par : rafter
par[3] *nf* : par
para *prep* : for : to : around : by : towards : in order to
parabién *nm, pl* **-bienes** : congratulations *pl*
parábola *nf* : parable : parabola
parabrisas *nms & pl* : windshield
paracaídas *nms & pl* : parachute
paracaidista *nmf* : parachutist : paratrooper
parachoques *nms & pl* : bumper
parada *nf* : stop : catch : save : parry : parade
paradero *nm* : whereabouts : bus stop
paradigma *nm* : paradigm
paradisíaco, -ca *or* **paradisiaco, -ca** *adj* : heavenly
parado[1]**, -da** *adj* : motionless : idle : stopped : standing : confused : bewildered
parado[2]**, -da** *n* : unemployed person
paradoja *nf* : paradox
paradójico, -ca *adj* : paradoxical
parador *nm* : roadside inn : state-run hotel
parafernalia *nf* : paraphernalia
parafina *nf* : paraffin : kerosene
parafrasear *v* : to paraphrase
paráfrasis *nfs & pl* : paraphrase
paragolpes *nms & pl* : bumper
paraguas *nms & pl* : umbrella
paraguayo, -ya *adj & n* : Paraguayan
paraíso *nm* : paradise : heaven
paraje *nm* : spot : place
paralelismo *nm* : parallel : similarity
paralelo[1]**, -la** *adj* : parallel
paralelo[2] *nm* : parallel
paralelogramo *nm* : parallelogram
parálisis *nfs & pl* : paralysis : standstill
paralizar *v* : to paralyze : to bring to a standstill — **paralizarse** *vr*
paramédico, -ca *n* : paramedic
parámetro *nm* : parameter
páramo *nm* : barren plateau : moor
parangón *nm, pl* **-gones** : comparison
paraninfo *nm* : auditorium : assembly hall
paranoia *nf* : paranoia
paranoico, -ca *adj & n* : paranoid
paranormal *adj* : paranormal
parapente *nm* : paragliding
parapetarse *vr* : to take cover
parapeto *nm* : parapet : rampart
parapléjico, -ca *adj & n* : paraplegic
parar *v* : to stop : to stand : to prop : to block : to stay : to put up : to go on strike — **pararse** *vr* : to stall : to stand up : to get up
pararrayos *nms & pl* : lightning rod
parasitario, -ria *adj* : parasitic

parásito *nm* : parasite
parasol *nm* : parasol
parcela *nf* : parcel : tract of land
parcelar *v* : to parcel
parchar *v* : to patch : to patch up
parche *nm* : patch
parcial[1] *adj* : partial : biased — **parcialmente** *adv*
parcial[2] *nm* : exam
parcialidad *nf* : partiality : bias
parco, -ca *adj* : sparing : frugal : moderate : temperate : laconic : concise
pardo, -da *adj* : brownish grey
pardusco → **pardo**
parecer[1] *v* : to seem : to look : to appear : to be : to like : to be in agreement — **parecerse** *vr ~ a* : to resemble
parecer[2] *nm* : opinion : appearance
parecido[1]**, -da** *adj* : similar : alike
parecido[2] *nm* : resemblance : similarity
pared *nf* : wall : face
paredón *nm, pl* **-dones** : rock face : wall
pareja *nf* : couple : pair : partner : mate
parejo, -ja *adj* : even : smooth : level : equal : similar
parentela *nf* : relations *pl* : kinfolk
parentesco *nm* : relationship : kinship
paréntesis *nms & pl* : parenthesis : digression
parentético, -ca *adj* : parenthetic : parenthetical
pargo *nm* : red snapper
paria *nmf* : pariah : outcast
paridad *nf* : parity : equality
pariente *nmf* : relative : relation
parir *v* : to give birth : to give birth to : to bear
paritario, -ria *adj* : equal : of peers/equals
parka *nf* : parka
parking *nm* : parking lot
parkour *nm* : parkour
parlamentar *v* : to talk : to parley
parlamentario[1]**, -ria** *adj* : parliamentary
parlamentario[2]**, -ria** *n* : member of parliament
parlamento *nm* : parliament : negotiations *pl* : talks *pl*
parlanchín[1]**, -china** *adj, mpl* **-chines** : chatty : talkative
parlanchín[2]**, -china** *n, mpl* **-chines** : chatterbox
parlante *nmf* : loudspeaker
parlotear *v* : to gab : to chat : to prattle
parloteo *nm* : prattle : chatter
paro *nm* : strike : stoppage : stopping : unemployment : unemployment benefits
parodia *nf* : parody
parodiar *v* : to parody
paroxismo *nm* : fit : paroxysm : peak : height
parpadear *v* : to blink : to flicker
parpadeo *nm* : blink : blinking : flickering

párpado *nm* : eyelid
parque *nm* : park : playpen
parqueadero *nm* : parking lot
parquear *v* : to park — **parquearse** *vr*
parqueo *nm* : parking
parquet *or* **parqué** *nm* : parquet
parquímetro *nm* : parking meter
parra *nf* : vine : grapevine
párrafo *nm* : paragraph
parranda *nf* : party : spree
parrilla *nf* : broiler : grill : grate : luggage rack : roof rack
parrillada *nf* : barbecue : grill
párroco *nm* : parish priest
parroquia *nf* : parish : parish church : customers *pl* : clientele
parroquial *adj* : parochial
parroquiano, -na *n* : parishioner : customer : patron
parsimonia *nf* : calm : thrift
parsimonioso, -sa *adj* : calm : unhurried : parsimonious : thrifty
parte[1] *nm* : report : dispatch
parte[2] *nf* : part : place : party
partero, -ra *n* : midwife
partición *nf, pl* **-ciones** : division : sharing
participación *nf, pl* **-ciones** : participation : share : interest : announcement : notice
participante *nmf* : participant : competitor : entrant
participar *v* : to participate : to take part : to announce : to notify
partícipe *nmf* : participant
participio *nm* : participle
partícula *nf* : particle
particular[1] *adj* : particular : specific : private : special : unique
particular[2] *nm* : matter : detail : individual
particularidad *nf* : characteristic : peculiarity
particularizar *v* : to distinguish : to characterize : to specify
particularmente *adv* : particularly : especially : personally
partida *nf* : departure : item : entry : certificate : game : match : hand : party : group
partidario, -ria *n* : follower : supporter
partido *nm* : (political) party : game : match : support : following : profit : advantage
partir *v* : to cut : to split : to break : to crack : to share : to divide : to leave : to depart — **partirse** *vr* : to smash : to split open : to become chapped
partisano, -na *adj & n* : partisan
partitura *nf* : (musical) score
parto *nm* : childbirth : delivery : labor : product : creation : brainchild
parvulario *nm* : nursery school : kindergarten

párvulo, -la *n* : toddler : preschooler
pasa *nf* : raisin
pasable *adj* : passable : tolerable — **pasablemente** *adv*
pasada *nf* : passage : passing : pass : wipe : coat
pasadizo *nm* : passageway : corridor
pasado[1], **-da** *adj* : past : overripe : slightly spoiled : well done : overcooked : past tense
pasado[2] *nm* : past
pasador *nm* : bolt : latch : barrette : bobby pin : quarterback
pasaje *nm* : ticket : fare : passageway : passengers *pl* : passage
pasajero[1], **-ra** *adj* : passing : fleeting
pasajero[2], **-ra** *n* : passenger
pasamanos *nms & pl* : banister : handrail
pasamontañas *nms & pl* : balaclava : ski mask
pasante *nmf* : assistant
pasapalos *nmpl* : snacks : hors d'oeuvres
pasaporte *nm* : passport
pasar *v* : to pass : to go : to pass down : to move : to drop by/in : to stop by : to come in : to enter : to go through : to fit : to happen : to manage : to get by : to be acceptable : to be over : to end : to give : to cross : to spend : to tolerate : to suffer : to show : to overtake : to surpass — **pasarse** *vr* : to go away : to slip one's mind : to slip by : to go too far : to go bad : to spoil
pasarela *nf* : gangplank : footbridge : runway : catwalk
pasatiempo *nm* : pastime : hobby
Pascua *nf* : Easter : Passover : Christmas; **Pascuas** *nfpl* : Christmas season
pase *nm* : pass : permit
paseante *nmf* : walker
pasear *v* : to take a walk : to go for a ride : to take for a walk : to parade around : to show off — **pasearse** *vr* : to walk around : to go for a ride
paseo *nm* : walk : stroll : ride : outing : trip : avenue
pasiflora *nf* : passionflower
pasillo *nm* : hallway : corridor : aisle
pasión *nf, pl* **pasiones** : passion
pasional *adj* : passionate
pasionaria → **pasiflora**
pasivo[1], **-va** *adj* : passive — **pasivamente** *adv*
pasivo[2] *nm* : liability : debit side
pasmado, -da *adj* : stunned : flabbergasted
pasmar *v* : to amaze : to stun — **pasmarse** *vr*
pasmo *nm* : shock : astonishment : wonder : marvel
pasmoso, -sa *adj* : incredible : amazing — **pasmosamente** *adv*

paso[1], **-sa** *adj* : dried
paso[2] *nm* : passage : passing : way
: path : crossing : pass : step : pace
: gait
pasta *nf* : paste : pasta : pastry dough
pastar *v* : to graze : to put to pasture
pastel[1] *adj* : pastel
pastel[2] *nm* : cake : pie : turnover : pastel
pastelería *nf* : bakery : pastry shop
: baking : pastry making
pasteurización *nf, pl* **-ciones**
: pasteurization
pasteurizar *v* : to pasteurize
pastilla *nf* : pill : tablet : lozenge : cake
: bar
pastizal *nm* : pasture : grazing land
pasto *nm* : pasture : grass : lawn
pastor, -tora *n* : shepherd
: shepherdess *f* : minister : pastor
pastoral *adj & nf* : pastoral
pastorear *v* : to shepherd : to tend
pastoso, -sa *adj* : pasty : doughy
: smooth : mellow
pata[1] *nf* : paw : leg : foot
pata[2] *nm* : pal : buddy
patada *nf* : kick : stamp
patalear *v* : to kick : to stamp one's feet
pataleta *nf* : tantrum
patán[1] *adj, pl* **patanes** : boorish : crude
patán[2] *nm, pl* **patanes** : boor : lout
patata *nf* : potato
paté *nm* : pâté
pateador, -dora *n* : kicker
patear *v* : to kick : to stamp one's foot
patentar *v* : to patent
patente[1] *adj* : obvious : patent —
patentemente *adv*
patente[2] *nf* : patent : license plate
paternal *adj* : fatherly : paternal
paternidad *nf* : fatherhood : paternity
: parenthood : authorship
paterno, -na *adj* : paternal
patético, -ca *adj* : pathetic : moving
patetismo *nm* : pathos
patíbulo *nm* : gallows : scaffold
patilla *nf* : arm : watermelon; **patillas**
nfpl : sideburns
patín *nm, pl* **patines** : skate
pátina *nf* : patina
patinador, -dora *n* : skater
patinaje *nm* : skating
patinar *v* : to skate : to skid : to slip : to
slip up : to blunder
patinazo *nm* : skid : blunder : slipup
patineta *nf* : scooter : skateboard
patinete *nm* : scooter
patio *nm* : courtyard : patio
patito, -ta *n* : duckling
patizambo, -ba *adj* : knock-kneed
pato, -ta *n* : duck
patología *nf* : pathology
patológico, -ca *adj* : pathological
patólogo, -ga *n* : pathologist
patoso, -sa *adj* : clumsy

patovica *nm* : bouncer
patraña *nf* : tall tale : humbug
: nonsense
patria *nf* : native land
patriarca *nm* : patriarch — **patriarcal**
adj
patriarcado *nm* : patriarchy
patrimonio *nm* : patrimony : legacy
patrio, -tria *adj* : native : home
: paternal
patriota[1] *adj* : patriotic
patriota[2] *nmf* : patriot
patriotería *nf* : jingoism : chauvinism
patriotero[1], **-ra** *adj* : jingoistic
: chauvinistic
patriotero[2], **-ra** *n* : jingoist : chauvinist
patriótico, -ca *adj* : patriotic
patriotismo *nm* : patriotism
patrocinador, -dora *n* : sponsor : patron
patrocinar *v* : to sponsor
patrocinio *nm* : sponsorship : patronage
patrón[1], **-trona** *n, mpl* **patrones** : boss
: skipper : landlord *m* : landlady *f*
: patron saint
patrón[2] *nm, pl* **patrones** : standard
: pattern
patronal *adj* : management : employers'
: pertaining to a patron saint
patronato *nm* : board : council
: foundation : trust
patrono, -na *n* : employer : patron saint
patrulla *nf* : patrol : police car : cruiser
patrullar *v* : to patrol
patrullero *nm* : police car : patrol boat
: patrol plane
paulatino, -na *adj* : gradual
paupérrimo, -ma *adj* : destitute
: poverty-stricken
pausa *nf* : pause : break
pausado[1] *adv* : slowly : deliberately
pausado[2], **-da** *adj* : slow : deliberate —
pausadamente *adv*
pauta *nf* : rule : guideline : lines *pl*
pava *nf* : kettle
pavimentar *v* : to pave
pavimento *nm* : pavement
pavo, -va *n* : turkey
pavón *nm, pl* **pavones** : peacock
pavonearse *vr* : to strut : to swagger
pavoneo *nm* : strut : swagger
pavor *nm* : dread : terror
pavoroso, -sa *adj* : dreadful : terrifying
paya *nf* → **payada**
payada *nf* : song with improvised lyrics
payasada *nf* : antic : foolish thing : joke
: farce
payasear *v* : to clown around
payaso, -sa *n* : clown : funny person
paz *nf, pl* **paces** : peace
pazca, etc. → **pacer**
PC *nmf* : PC : personal computer
PDA *nm* : PDA
peaje *nm* : toll
peatón *nm, pl* **-tones** : pedestrian

peatonal *adj* : pedestrian
peca *nf* : freckle
pecado *nm* : sin
pecador[1], **-dora** *adj* : sinful : sinning
pecador[2], **-dora** *n* : sinner
pecaminoso, -sa *adj* : sinful
pecar *v* : to sin
pécari *or* **pecarí** *nm* : peccary
pececillo *nm* : small fish
pecera *nf* : fishbowl : fish tank
pecho *nm* : chest : breast : bosom : heart : courage
pechuga *nf* : breast
pecoso, -sa *adj* : freckled
pectoral *adj* : pectoral
peculado *nm* : embezzlement
peculiar *adj* : particular : characteristic : peculiar : uncommon
peculiaridad *nf* : peculiarity
pecuniario, -ria *adj* : pecuniary
pedagogía *nf* : pedagogy
pedagógico, -ca *adj* : pedagogic : pedagogical
pedagogo, -ga *n* : educator
pedal *nm* : pedal
pedalear *v* : to pedal
pedante[1] *adj* : pedantic
pedante[2] *nmf* : pedant
pedantería *nf* : pedantry
pedazo *nm* : piece : bit : chunk
pedernal *nm* : flint
pedestal *nm* : pedestal
pedestre *adj* : commonplace : pedestrian
pediatra *nmf* : pediatrician
pediatría *nf* : pediatrics
pediátrico, -ca *adj* : pediatric
pedido *nm* : order : request
pedigrí *nm, pl* **-gríes** : pedigree
pedir *v* : to ask for : to request : to order : to beg
pedo *nm* : fart *often vulgar*
pedrada *nf* : blow : cutting remark : dig
pedregal *nm* : rocky ground
pedregoso, -sa *adj* : rocky : stony
pedrera *nf* : quarry
pedrería *nf* : precious stones *pl* : gems *pl*
pega *nf* : work
pegadizo, -za *adj* : catchy
pegado, -da *adj* : glued : stuck : stuck together
pegajoso, -sa *adj* : sticky : gluey : catchy : clingy
pegamento *nm* : adhesive : glue
pegar *v* : to stick : to glue : to paste : to attach : to sew on : to infect with : to give : to deal : to put against : to put near : to adhere : to hit — **pegarse** *vr* : to hit oneself : to hit each other : to take hold : to be contagious
pegote *nm* : sticky mess : sticker : adhesive label
pegue, etc. → **pegar**
peinado *nm* : hairstyle : hairdo

peinador, -dora *n* : hairdresser
peinar *v* : to comb : to style : to do : to search — **peinarse** *vr* : to comb one's hair : to get one's hair done
peine *nm* : comb
peineta *nf* : ornamental comb
peladez *nf, pl* **-deces** : obscenity : bad language
pelado, -da *adj* : bald : hairless : peeled : bare : barren : broke : penniless : coarse : crude
pelador *nm* : peeler
pelagra *nf* : pellagra
pelaje *nm* : coat : fur
pelapapas *nf* : (potato) peeler
pelar *v* : to peel : to shell : to skin : to pluck : to remove hair from : to clean out — **pelarse** *vr* : to get a haircut : to split : to leave
peldaño *nm* : step : stair : rung
pelea *nf* : fight : quarrel
pelear *v* : to fight : to quarrel — **pelearse** *vr*
pelele *nm* : puppet
peleón, -ona *adj, mpl* **-ones** : quarrelsome : argumentative
peleonero, -ra *adj* : quarrelsome
peletería *nf* : fur shop : fur trade
peletero, -ra *n* : furrier
peliagudo, -da *adj* : tricky : difficult : ticklish
pelícano *nm* : pelican
película *nf* : movie : film : (photographic) film : thin covering : layer
peligrar *v* : to be in danger
peligro *nm* : danger : peril : risk
peligroso, -sa *adj* : dangerous : hazardous
pelirrojo[1], **-ja** *adj* : red-haired : redheaded
pelirrojo[2], **-ja** *n* : redhead
pellejo *nm* : hide : skin
pellizcar *v* : to pinch : to nibble on
pellizco *nm* : pinch
pelmazo[1], **-za** *adj* : boring
pelmazo[2], **-za** *n* : bore
pelo *nm* : hair : fur : pile : nap
pelón[1], **-lona** *adj, mpl* **pelones** : bald : broke : tough : difficult
pelón[2], **-lona** *n, mpl* **pelones** : bald person
pelota *nf* : ball : head
pelotera *nf* : fight : ruckus : row
pelotón *nm, pl* **-tones** : squad : detachment
peltre *nm* : pewter
peluca *nf* : wig
peluche *nm* : plush
peludo, -da *adj* : hairy : shaggy : bushy
peluquería *nf* : hairdresser's : barbershop : hairdressing
peluquero, -ra *n* : barber : hairdresser
peluquín *nm, pl* **-quines** : hairpiece : toupee

pelusa *nf* : down : lint
pélvico, -ca *adj* : pelvic
pelvis *nfs & pl* : pelvis
pena *nf* : sentence : penalty : sorrow
: grief : shame : embarrassment;
penas *nfpl* : problems : troubles;
penas *nfpl* : difficulty : trouble
penacho *nm* : crest : tuft : plume
penal[1] *adj* : criminal : penal
penal[2] *nm* : prison : penitentiary
penalidad *nf* : hardship : penalty
: punishment
penalizar *v* : to penalize
penalty *nm* : penalty
penar *v* : to punish : to penalize : to
suffer : to grieve
pendenciero, -ra *adj* : argumentative
: quarrelsome
pender *v* : to hang : to be pending
pendiente[1] *adj* : pending
pendiente[2] *nm* : earring
pendiente[3] *nf* : slope : incline
pendón *nm, pl* **pendones** : banner
péndulo *nm* : pendulum
pene *nm* : penis
penetración *nf, pl* **-ciones** : penetration
: insight
penetrante *adj* : penetrating : bitter
: pungent : piercing : shrill
penetrar *v* : to penetrate : to sink in : to
permeate : to pierce : to fathom : to
understand
penicilina *nf* : penicillin
península *nf* : peninsula — **peninsular**
adj
penique *nm* : penny
penitencia *nf* : penance : penitence
penitenciaría *nf* : penitentiary
penitente *adj & nmf* : penitent
penol *nm* : yardarm
penosamente *adv* : with difficulty
penoso, -sa *adj* : painful : distressing
: difficult : arduous : shy : bashful
pensador, -dora *n* : thinker
pensamiento *nm* : thought : thinking
: pansy
pensar *v* : to think : to think about : to
intend : to plan on — **pensarse** *vr* : to
think over
pensativo, -va *adj* : pensive : thoughtful
pensión *nf, pl* **pensiones** : pension
: boarding house
pensionado, -da *n* → **pensionista**
pensionista *nmf* : pensioner : retiree
: boarder : lodger
pentágono *nm* : pentagon —
pentagonal *adj*
pentagrama *nm* : staff
penthouse *nm* : penthouse
penúltimo, -ma *adj* : next to last
: penultimate
penumbra *nf* : partial darkness
: shadow
penuria *nf* : shortage : scarcity : poverty

peña *nf* : rock : crag
peñasco *nm* : crag : large rock
peñascoso, -sa *adj* : craggy
peñón → **peñasco**
peón *nm, pl* **peones** : laborer : peon
: pawn
peonía *nf* : peony
peor[1] *adv* : worse : worst
peor[2] *adj* : worse : worst
pepa *nf* : seed : pit
pepenador, -dora *n* : scavenger
pepenar *v* : to scavenge : to scrounge
pepinillo *nm* : pickle : gherkin
pepino *nm* : cucumber
pepita *nf* : seed : pip : nugget : dried
pumpkin seed
peque, etc. → **pecar**
pequeñez *nf, pl* **-ñeces** : smallness
: trifle : triviality
pequeño[1], **-ña** *adj* : small : little : young
: short : slight
pequeño[2], **-ña** *n* : child : little one
pera *nf* : pear : chin : goatee : rubber
bulb
peral *nm* : pear tree
peraltar *v* : to bank
peralte *nm* : bank
perca *nf* : perch
percal *nm* : percale
percance *nm* : mishap : misfortune
per cápita *adv & adj* : per capita
percatarse *vr* ~ **de** : to notice : to
become aware of
percebe *nm* : barnacle
percepción *nf, pl* **-ciones** : perception
: idea : notion : receipt : collection
perceptible *adj* : perceptible : noticeable
— **perceptiblemente** *adv*
percha *nf* : perch : coat hanger
: coatrack : coat hook
perchero *nm* : coatrack
percibir *v* : to perceive : to notice : to
sense : to earn : to draw
percudido, -da *adj* : grimy
percudir *v* : to make grimy — **percudirse** *vr*
percusión *nf, pl* **-siones** : percussion
percusor *or* **percutor** *nm* : hammer
perdedor[1], **-dora** *adj* : losing
perdedor[2], **-dora** *n* : loser
perder *v* : to lose : to miss : to waste —
perderse *vr* : to get lost : to disappear
perdición *nf, pl* **-ciones** : ruin
pérdida *nf* : loss : waste : leak
perdidamente *adv* : hopelessly
perdido, -da *adj* : lost : inveterate
: incorrigible
perdigón *nm, pl* **-gones** : shot : pellet
perdiz *nf, pl* **perdices** : partridge
perdón[1] *nm, pl* **perdones** : forgiveness
: pardon
perdón[2] *interj* : excuse me! : sorry!
perdonable *adj* : forgivable
perdonar *v* : to forgive : to pardon : to
excuse from : to write off : to excuse

perdurable *adj* : lasting
perdurar *v* : to last : to endure : to survive
perecedero, -ra *adj* : perishable
perecer *v* : to perish : to die
peregrinación *nf, pl* **-ciones** : pilgrimage
peregrinaje *nm* → peregrinación
peregrino¹, -na *adj* : unusual : odd : migratory
peregrino², -na *n* : pilgrim
perejil *nm* : parsley
perenne *adj* : perennial
perentorio, -ria *adj* : peremptory : urgent : fixed : set
pereza *nf* : laziness : idleness
perezoso¹, -sa *adj* : lazy
perezoso² *nm* : sloth
perfección *nf, pl* **-ciones** : perfection
perfeccionamiento *nm* : perfecting : refinement
perfeccionar *v* : to perfect : to improve : to refine
perfeccionismo *nm* : perfectionism
perfeccionista *nmf* : perfectionist
perfecto, -ta *adj* : perfect — **perfectamente** *adv*
perfidia *nf* : treachery
pérfido, -da *adj* : perfidious
perfil *nm* : profile : outline; **perfiles** *nmpl* : features : characteristics
perfilar *v* : to outline : to define — **perfilarse** *vr* : to be outlined : to be silhouetted : to take shape
perforación *nf, pl* **-ciones** : perforation : drilling
perforadora *nf* : hole punch : drill
perforar *v* : to perforate : to pierce : to drill : to bore
perfumar *v* : to perfume : to scent — **perfumarse** *vr* : to put on perfume
perfume *nm* : perfume : scent
perfumería *nf* : perfume shop : **perfumes** *pl* : perfume industry
pergamino *nm* : parchment
pérgola *nf* : arbor
pericia *nf* : skill : expertise
pericial *adj* : expert
perico *nm* : small parrot
periferia *nf* : periphery : outskirts
periférico¹, -ca *adj* : outlying : peripheral
periférico² *nm* : beltway : peripheral
perilla *nf* : goatee : pommel : knob : handle
perímetro *nm* : perimeter
periódico¹, -ca *adj* : periodic — **periódicamente** *adv*
periódico² *nm* : newspaper
periodismo *nm* : journalism
periodista *nmf* : journalist
periodístico, -ca *adj* : journalistic : news
período *or* **periodo** *nm* : period
peripecia *nf* : vicissitude : reversal
periquera *nf* : high chair

periquito *nm* : parakeet
periscopio *nm* : periscope
perito, -ta *adj* & *n* : expert
perjudicar *v* : to harm : to be detrimental to
perjudicial *adj* : harmful : detrimental
perjuicio *nm* : harm : damage
perjurar *v* : to perjure oneself
perjurio *nm* : perjury
perla *nf* : pearl
permanecer *v* : to remain : to stay : to continue to be
permanencia *nf* : permanence : continuance : stay
permanente¹ *adj* : permanent : constant — **permanentemente** *adv*
permanente² *nf* : perm : permanent
permeabilidad *nf* : permeability
permeable *adj* : permeable
permisible *adj* : permissible : allowable
permisividad *nf* : permissiveness
permisivo, -va *adv* : permissive
permiso *nm* : permission : permit : license : leave : furlough
permitir *v* : to permit : to allow : to enable — **permitirse** *vr* : to allow oneself
permuta *nf* : exchange
permutación *nf, pl* **-ciones** : permutation
permutar *v* : to exchange
pernera *nf* : leg
pernicioso, -sa *adj* : pernicious : destructive
pernil *nm* : haunch : leg : ham : trouser leg
perno *nm* : bolt : pin
pernoctar *v* : to stay overnight : to spend the night
pero¹ *nm* : fault : defect : objection
pero² *conj* : but
perogrullada *nf* : truism : platitude : cliché
peroné *nm* : fibula
perorar *v* : to deliver a speech
perorata *nf* : oration : long-winded speech
peróxido *nm* : peroxide
perpendicular *adj* & *nf* : perpendicular
perpetrar *v* : to perpetrate
perpetuar *v* : to perpetuate
perpetuidad *nf* : perpetuity
perpetuo, -tua *adj* : perpetual — **perpetuamente** *adv*
perplejidad *nf* : perplexity
perplejo, -ja *adj* : perplexed : puzzled
perrada *nf* : dirty trick
perrera *nf* : kennel : dog pound
perrero, -ra *n* : dogcatcher
perrito, -ta *n* : puppy : small dog
perro, -rra *n* : dog : bitch *f*
persa¹ *adj* & *nmf* : Persian
persa² *nm* : Persian
per se *adv* : per se

persecución *nf, pl* -ciones : pursuit
: chase : persecution
perseguible *adj* : chargeable
perseguidor, -dora *n* : pursuer
: persecutor
perseguir *v* : to pursue : to chase : to
persecute : to pester : to annoy
perseverancia *nf* : perseverance
perseverante *adj* : persistent
perseverar *v* : to persevere
persiana *nf* : blind : venetian blind
persignarse *vr* : to cross oneself : to
make the sign of the cross
persistir *v* : to persist — persistencia *nf*
— persistente *adj*
persona *nf* : person
personaje *nm* : character : personage
: celebrity
personal¹ *adj* : personal —
personalmente *adv*
personal² *nm* : personnel : staff
personalidad *nf* : personality
: personage : celebrity
personalizar *v* : to personalize : to
name names
personero, -ra *n* : representative
: spokesperson : spokesman *m*
: spokeswoman *f*
personificar *v* : to personify —
personificación *nf*
perspectiva *nf* : perspective : view
: prospect : outlook : point of view
perspicacia *nf* : shrewdness
: perspicacity : insight
perspicaz *adj, pl* -caces : shrewd
: perspicacious
persuadir *v* : to persuade —
persuadirse *vr* : to become convinced
persuasión *nf, pl* -siones : persuasion
persuasivo, -va *adj* : persuasive
pertenecer *v* : to belong
perteneciente *adj* ~ a : belonging to
pertenencia *nf* : membership
: ownership; pertenencias *nfpl*
: belongings : possessions
pértiga *nf* : pole
pertinaz *adj, pl* -naces : obstinate
: persistent
pertinencia *nf* : pertinence : relevance
pertinente *adj* : pertinent : relevant
: appropriate
pertrechos *nmpl* : equipment : gear
perturbación *nf, pl* -ciones
: disturbance : disruption
perturbador, -dora *adj* : disturbing
: troubling : disruptive
perturbar *v* : to disturb : to trouble : to
disrupt
peruano, -na *adj & n* : Peruvian
perversidad *nf* : perversity : depravity
perversión *nf, pl* -siones : perversion
perverso, -sa *adj* : wicked : depraved
pervertido¹, -da *adj* : perverted
: depraved

pervertido², -da *n* : pervert
pervertir *v* : to pervert : to corrupt
pesa *nf* : weight
pesadamente *adv* : heavily : slowly
: clumsily
pesadez *nf, pl* -deces : heaviness
: tediousness : drag : bore
pesadilla *nf* : nightmare
pesado¹, -da *adj* : heavy : slow
: irritating : annoying : tedious : boring
: tough : difficult
pesado², -da *n* : bore : pest
pesadumbre *nf* : grief : sorrow
: sadness
pésame *nm* : condolences *pl*
pesar¹ *v* : to weigh : to consider : to think
over : to be heavy : to weigh heavily : to
be a burden : to carry weight : to have
bearing : to grieve : to sadden
pesar² *nm* : sorrow : grief : remorse
pesaroso, -sa *adj* : sad : mournful
: sorry : regretful
pesca *nf* : fishing : catch
pescadería *nf* : fish market
pescado *nm* : fish
pescador, -dora *n* : fisherman *m*
: fisherwoman *f*
pescar *v* : to fish for : to catch : to get a
hold of : to land : to fish : to go fishing
pescuezo *nm* : neck
pesebre *nm* : manger : Nativity scene
pesebrera *nf* : stable
pesera → pesero
pesero *nm* : minibus
peseta *nf* : peseta
pesimismo *nm* : pessimism
pesimista¹ *adj* : pessimistic
pesimista² *nmf* : pessimist
pésimo, -ma *adj* : dreadful : abominable
peso *nm* : weight : heaviness : burden
: responsibility : scale : peso
pesque, etc. → pescar
pesquería *nf* : fishery
pesquero¹, -ra *adj* : fishing
pesquero² *nm* : fishing boat
pesquisa *nf* : inquiry : investigation
pestaña *nf* : eyelash : flange : rim : tab
pestañear *v* : to blink
pestañeo *nm* : blink
peste *nf* : plague : pestilence : stench
: stink : nuisance : pest
pesticida *nm* : pesticide
pestilencia *nf* : stench : foul odor
: pestilence
pestillo *nm* : bolt : latch
petaca *nf* : suitcase; petacas *nfpl*
: bottom : behind
pétalo *nm* : petal
petardear *v* : to backfire
petardeo *nm* : backfiring
petardo *nm* : firecracker
petate *nm* : mat
petición *nf, pl* -ciones : petition
: request

peticionar *v* : to petition
peticionario, -ria *n* : petitioner
petirrojo *nm* : robin
petiso, -sa *adj or* **petizo, -za** *n* : shorty
peto *nm* : bib
pétreo, -trea *adj* : stone : stony
petrificar *v* : to petrify
petróleo *nm* : oil : petroleum
petrolero[1], **-ra** *adj* : oil
petrolero[2] *nf* : oil tanker
petrolífero, -ra *adj* → **petrolero**[1]
petulancia *nf* : insolence : petulance
petulante *adj* : insolent : petulant —
  petulantemente *adv*
petunia *nf* : petunia
peyorativo, -va *adj* : pejorative
pez[1] *nm, pl* **peces** : fish
pez[2] *nf, pl* **peces** : pitch : tar
pezón *nm, pl* **pezones** : nipple
pezuña *nf* : hoof
pH *nm* : pH
phishing *nm* : phishing
phylum *nm* : phylum
pi *nf* : pi
piadoso, -sa *adj* : compassionate
  : merciful : pious : devout —
  piadosamente *adv*
pianista *nmf* : pianist : piano player
piano *nm* : piano
piar *v* : to chirp : to cheep : to tweet
pibe, -ba *n* : kid : child
pica *nf* : pike : lance : goad : spade
picada *nf* : bite : sting : sharp descent
picadero *nm* : exercise ring : riding school
picadillo *nm* : minced meat : hash
picado, -da *adj* : perforated : ground
  : chopped : decayed : choppy : rough
  : annoyed : miffed
picador *nm* : picador
picadura *nf* : sting : bite : prick
  : puncture : decay : cavity
picaflor *nm* : hummingbird : womanizer
picana *nf* : goad : prod
picante[1] *adj* : hot : spicy : sharp : cutting
  : racy : risqué
picante[2] *nm* : spiciness : hot spices *pl*
  : hot sauce
picaporte *nm* : latch : door handle
  : door knocker
picar *v* : to sting : to bite : to peck at : to
  nibble on : to prick : to punch : to break
  : to chip : to grind : to chop : to goad
  : to incite : to pique : to provoke : to
  itch : to be spicy : to be hot : to nibble
  : to take the bait — **picarse** *vr* : to get
  a cavity : to decay : to go bad : to get
  annoyed : to take offense : to become
  choppy
picardía *nf* : cunning : craftiness : prank
  : dirty trick
picaresco, -ca *adj* : picaresque
  : mischievous : naughty
pícaro[1], **-ra** *adj* : mischievous : cunning
  : sly : off-color : risqué

pícaro[2], **-ra** *n* : rogue : scoundrel : rascal
picazón *nf, pl* **-zones** : itch
picea *nf* : spruce
pichel *nm* : pitcher : jug
pichón, -chona *n, mpl* **pichones**
  : young pigeon : squab : novice
  : greenhorn
picnic *nm* : picnic
pico *nm* : peak : point : corner : beak
  : bill : mouth : pick : pickax
picor *nm* : itch : irritation
picoso, -sa *adj* : very hot : spicy
picota *nf* : pillory : stock
picotada *nf* → **picotazo**
picotazo *nm* : peck
picotear *v* : to peck : to nibble : to pick
pictórico, -ca *adj* : pictorial
picudo, -da *adj* : pointy : sharp
pide, etc. → **pedir**
pie *nm* : foot : base : bottom : stem : cue
piedad *nf* : mercy : pity : piety : devotion
piedra *nf* : stone : flint : hailstone
piel *nf* : skin : leather : hide : fur : pelt
  : peel
piélago *nm* **el piélago** : the deep : the
  ocean
piensa, etc. → **pensar**
pienso *nm* : feed : fodder
pierde, etc. → **perder**
pierna *nf* : leg
pieza *nf* : piece : part : component
  : work : room : bedroom
pífano *nm* : fife
pifia *nf* : goof : blunder
pifiar *v* : to mess up : to bungle
pigargo *nm* : osprey
pigmentación *nf, pl* **-ciones**
  : pigmentation
pigmento *nm* : pigment
pigmeo, -mea *adj & n* : pygmy : Pygmy
pijama *nm* : pajamas *pl*
pila *nf* : battery : pile : heap : sink
  : basin : font
pilar *nm* : pillar : column : support
  : mainstay
píldora *nf* : pill
pileta *nf* : sink : swimming pool
pillaje *nm* : pillage : plunder
pillar *v* : to catch : to grasp : to catch on
  — **pillarse** *vr* : to catch
pillo[1], **-lla** *adj* : cunning : crafty
pillo[2], **-lla** *n* : rascal : brat : rogue
  : scoundrel
pilluelo, -la *n* : urchin
pilón *nm, pl* **pilones** : basin : pillar
  : tower : pylon : extra : free gift
pilotar *v* : to pilot : to steer : to drive
pilote *nm* : pile
pilotear → **pilotar**
piloto[1] *nm* : pilot light : raincoat
piloto[2] *nmf* : pilot : driver
piltrafa *nf* : poor quality meat : wretch;
  piltrafas *nfpl* : food scraps
pimentero *nm* : pepper shaker

pimentón *nm, pl* **-tones** : paprika
: cayenne pepper
pimienta *nf* : pepper
pimiento *nm* : pepper
pináculo *nm* : pinnacle : peak : acme
pinar *nm* : pine forest
pinball *nm* : pinball
pincel *nm* : paintbrush : makeup brush
pincelada *nf* : brushstroke
pinchar *v* : to puncture : to prick : to
stick : to jab : to goad : to tease : to
needle : to give an injection : to click
on : to tap : to wiretap : to be prickly
: to get a flat tire : to get beaten : to
lose out — **pincharse** *vr* : to shoot up
: to go flat
pinchazo *nm* : prick : jab : puncture
: flat tire
pinche[1] *adj* : damned
pinche[2] *nmf* : kitchen assistant
pincho *nm* : thorn : spine : bar snack
pingüe *adj* : rich : huge : lucrative
pingüino *nm* : penguin
pininos *or* **pinitos** *nmpl* : first steps
pino *nm* : pine : pine tree
pinta *nf* : dot : spot : pint : aspect
: appearance; **pintas** *nfpl* : graffiti
pintadas *nfpl* : graffiti
pintado, -da *adj* : spotted
pintalabios *nms & pl* : lipstick
pintar *v* : to paint : to draw : to mark : to
describe : to depict : to look : to count
— **pintarse** *vr* : to put on makeup
pintarrajear *v* : to daub
pinto, -ta *adj* : speckled : spotted
pintor, -tora *n* : painter
pintoresco, -ca *adj* : picturesque : quaint
pintura *nf* : paint : painting
pinza *nf* : clothespin : bobby pin
: claw : pincer : pleat : dart; **pinzas**
nfpl : tweezers; **pinzas** *nfpl* : pliers
: pincers; **pinzas** *nfpl* : tongs
pinzón *nm, pl* **pinzones** : finch
piña *nf* : pineapple : pine cone
piñata *nf* : piñata
piñón *nm, pl* **piñones** : pine nut : pinion
: sprocket
pío[1]**, pía** *adj* : pious : devout : pied
: dappled
pío[2] *nm* : peep : tweet : cheep
piocha *nf* : pickax : goatee
piojo *nm* : louse
piojoso, -sa *adj* : lousy : filthy
piola[1] *adj* : cool : good
piola[2] *nf* : cord
pionero[1]**, -ra** *adj* : pioneering
pionero[2]**, -ra** *n* : pioneer
pipa *nf* : pipe : tanker truck : seed
pipí *nm* : pee
pipiolo, -la *n* : greenhorn : novice : kid
: youngster
pique[1], etc. → **picar**
pique[2] *nm* : pique : resentment : rivalry
: competition

piqueta *nf* : pickax
piquete *nm* : picketers *pl* : picket line
: squad : detachment : prick : jab
: insect bite
piquetear *v* : to picket : to prick : to jab
pira *nf* : pyre
piragua *nf* : canoe
piragüismo *nm* : canoeing
piragüista *nmf* : canoeist : canoer
pirámide *nf* : pyramid
piraña *nf* : piranha
pirata[1] *adj* : bootleg : pirated : pirate
pirata[2] *nmf* : pirate : bootlegger
piratear *v* : to hijack : to commandeer
: to bootleg : to pirate
piratería *nf* : piracy : bootlegging
piromanía *nf* : pyromania
pirómano, -na *n* : pyromaniac
piropo *nm* : flirtatious compliment
pirotecnia *nf* : fireworks *pl*
: pyrotechnics *pl*
pirotécnico, -ca *adj* : fireworks
: pyrotechnic
pírrico, -ca *adj* : Pyrrhic
pirueta *nf* : pirouette
pis → pipí
pisada *nf* : footstep : footprint
pisapapeles *nms & pl* : paperweight
pisar *v* : to step on/in : to set foot in : to
walk all over : to mistreat : to step : to
walk : to tread
piscina *nf* : swimming pool : fish pond
Piscis[1] *nm* : Pisces
Piscis[2] *nmf* : Pisces
piso *nm* : floor : story : surface : layer
: apartment
pisotear *v* : to stamp on : to trample : to
walk all over : to flout : to disregard
pisotón *nm, pl* **-tones** : stamp : step
pista *nf* : trail : track : clue : road
: racetrack : lane : ring : arena : rink
pistacho *nm* : pistachio
pistilo *nm* : pistil
pistola *nf* : pistol : handgun : spray gun
pistolera *nf* : holster
pistolero *nm* : gunman
pistón *nm, pl* **pistones** : piston : key : valve
pita *nf* : twine : pita
pitar *v* : to blow a whistle : to whistle
: to boo : to beep : to honk : to toot : to
whistle at : to call : to signal
pitido *nm* : whistle : whistling : beep
: honk : toot
pitillo *nm* : cigarette
pito *nm* : whistle : horn
pitón *nm, pl* **pitones** : python : point of
a bull's horn
pitonisa *nf* : fortune-teller
pituitario, -ria *adj* : pituitary
pivot *nmf, pl* **pivots** : center
pivote *nm* : pivot
piyama *nmf* : pajamas *pl*
pizarra *nf* : slate : blackboard
: scoreboard

pizarrón *nm, pl* **-rrones** : blackboard : chalkboard

pizca *nf* : pinch : speck : trace : harvest

pizcar *v* : to harvest

pizque, etc. → **pizcar**

pizza *nf* : pizza

pizzería *nf* : pizzeria : pizza parlor

placa *nf* : sheet : plate : plaque : badge : insignia

placard *nm, pl* **-cards** : built-in closet

placebo *nm* : placebo

placenta *nf* : placenta

placentero, -ra *adj* : pleasant : agreeable — **placenteramente** *adv*

placer¹ *v* : to be pleasing

placer² *nm* : pleasure : enjoyment

plácido, -da *adj* : placid : calm

plaga *nf* : plague : infestation : blight : disaster : scourge

plagado, -da *adj* ~ **de** : filled with : covered with

plagar *v* : to plague

plagiar *v* : to plagiarize : to kidnap : to abduct

plagiario, -ria *n* : plagiarist : kidnapper : abductor

plagio *nm* : plagiarism : kidnapping : abduction

plague, etc. → **plagar**

plan *nm* : plan : strategy : program : diagram : attitude : intent : purpose

plana *nf* : page

plancha *nf* : iron : ironing : grill : griddle : sheet : plate : blunder : blooper

planchada *nf* : ironing : pressing

planchado *nm* → **planchada**

planchar *v* : to iron

planchazo *nm* : goof : blunder

plancton *nm* : plankton

planeación *nf, pl* **-ciones** → **planeamiento**

planeador *nm* : glider

planeamiento *nm* : plan : planning

planear *v* : to plan : to glide

planeo *nm* : gliding : soaring

planeta *nm* : planet

planetario¹, -ria *adj* : planetary : global : worldwide

planetario² *nm* : planetarium

planicie *nf* : plain

planificación *nf, pl* **-ciones** : planning

planificador, -dora *n* : planner

planificar *v* : to plan

planilla *nf* : list : payroll : chart : table : slate : ticket

plano¹, -na *adj* : flat : level : plane

plano² *nm* : map : plan : plane : level : shot

planta *nf* : plant : factory : floor : story : staff : employees *pl* : sole

plantación *nf, pl* **-ciones** : plantation : planting

plantado, -da *adj* : planted

plantar *v* : to plant : to sow : to put in : to place : to land : to leave : to jilt —

plantarse *vr* : to stand firm : to arrive : to show up : to balk

planteamiento *nm* : approach : position : explanation : exposition : proposal : suggestion : plan

plantear *v* : to set forth : to bring up : to suggest : to establish : to set up : to create : to pose — **plantearse** *vr* : to think about : to arise

plantel *nm* : educational institution : staff : team

planteo → **planteamiento**

plantilla *nf* : insole : pattern : template : stencil : staff : roster of employees

plantío *nm* : field

plantón *nm, pl* **plantones** : seedling : long wait

plañidero¹, -ra *adj* : mournful

plañidero², -ra *nf* : hired mourner

plañir *v* : to mourn : to lament

plasma *nm* : plasma

plasmar *v* : to express : to give form to — **plasmarse** *vr*

plasta *nf* : soft mass : lump

plástica *nf* : modeling : sculpture

plasticidad *nf* : plasticity

plástico¹, -ca *adj* : plastic

plástico² *nm* : plastic

plastificar *v* : to laminate

plata *nf* : silver : silverware : money

plataforma *nf* : platform : dais : springboard : stepping stone

platal *nm* : large sum of money : fortune

platanal *or* **platanar** *nm* : banana plantation

platanero¹, -ra *adj* : banana : banana-producing

platanero², -ra *n* : banana grower

plátano *nm* : banana : plantain : plane tree

platea *nf* : orchestra seats *pl*

plateado, -da *adj* : silver : silvery : silver-plated

platería *nf* : silver : silverware : silver shop

plática *nf* : talk : lecture : chat : conversation

platicar *v* : to talk : to chat : to tell : to say

platija *nf* : flatfish : flounder

platillo *nm* : saucer : cymbal : pan : dish

platino *nm* : platinum

plato *nm* : plate : dish : serving : helping : course : home plate

plató *nm* : set

platónico, -ca *adj* : platonic

playa *nf* : beach : seashore

playera *nf* : canvas sneaker : T-shirt

playboy *nm, pl* **playboys** : playboy

plaza *nf* : square : plaza : marketplace : space : seat : post : position : place : spot

plazca, etc. → **placer**

plazo *nm* : period : term : installment

plazoleta *nf* : small square

plazuela → **plazoleta**
pleamar *nf* : high tide
plebe *nf* : common people : masses *pl*
plebeyo[1], **-ya** *adj* : plebeian
plebeyo[2], **-ya** *n* : plebeian : commoner
plegable *adj* : folding : collapsible
plegadizo → **plegable**
plegar *v* : to fold : to bend — **plegarse**
 vr : to give in : to yield
plegaria *nf* : prayer
pleito *nm* : lawsuit : fight : argument
 : dispute
plenamente *adv* : fully : completely
plenario, -ria *adj* : full
plenilunio *nm* : full moon
plenitud *nf* : fullness : abundance
pleno, -na *adj* : full : complete
plétora *nf* : plethora
pleuresía *nf* : pleurisy
plexiglás *nm* : plexiglass
pliega, pliegue, etc. → **plegar**
pliego *nm* : sheet of paper : sealed
 document
pliegue *nm* : crease : fold : pleat
plisar *v* : to pleat
plomada *nf* : plumb line : weight : sinker
plomería *nf* : plumbing
plomero, -ra *n* : plumber
plomizo, -za *adj* : leaden
plomo *nm* : lead : plumb line : weight
 : sinker : fuse : bore : drag
plugo, etc. → **placer**
pluma *nf* : feather : quill : pen : faucet
plumaje *nm* : plumage
plumero *nm* : feather duster
plumilla *nf* : nib
plumón *nm, pl* **plumones** : down
 : marker : felt-tip pen
plumoso, -sa *adj* : feathery : downy
plural *adj & nm* : plural
pluralidad *nf* : plurality
pluralizar *v* : to pluralize : to expand : to
 multiply
pluriempleado, -da *adj* : holding more
 than one job
pluriempleo *nm* : moonlighting
plus *nm* : bonus
pluscuamperfecto *nm* : pluperfect —
 pluscuamperfecto, -ta *adj*
plusvalía *nf* : appreciation : capital gain
Plutón *nm* : Pluto
plutocracia *nf* : plutocracy
plutonio *nm* : plutonium
población *nf, pl* **-ciones** : population
 : city : town : village
poblado[1], **-da** *adj* : inhabited : populated
 : full : thick
poblado[2] *nm* : village : settlement
poblador, -dora *n* : settler
poblar *v* : to populate : to inhabit : to
 settle : to colonize — **poblarse** *vr* : to
 fill up : to become crowded
pobre[1] *adj* : poor : impoverished
 : unfortunate : bad : deficient

pobre[2] *nmf* : poor person
pobremente *adv* : poorly
pobreza *nf* : poverty
pocilga *nf* : pigsty : pigpen
pocillo *nm* : small coffee cup
 : demitasse
poción *or* **pócima** *nf, pl* **pociones** *or*
 pócimas : potion
poco[1] *adv* : little : not much : a short
 time : a while
poco[2], **-ca** *adj* : little : not much : few
poco[3], **-ca** *pron* : little : few
podar *v* : to prune : to trim
podcast *nm, pl* **podcasts** : podcast
poder[1] *v aux* : to be able to : can : might
 : may : to beat : to defeat : to be
 possible
poder[2] *nm* : power : control : influence
 : ability : authority : branch : force
 : possession : power of attorney
poderío *nm* : power : wealth : influence
poderosamente *adv* : powerfully
poderoso, -sa *adj* : powerful : wealthy
 : influential : effective
podiatría *nf* : podiatry
podio *nm* : podium
pódium → **podio**
podología *nf* : podiatry : chiropody
podólogo, -ga *n* : podiatrist : chiropodist
podrá, etc. → **poder**
podredumbre *nf* : decay : rottenness
 : corruption
podrido, -da *adj* : rotten : decayed
 : corrupt : fed up
podrir → **pudrir**
poema *nm* : poem
poesía *nf* : poetry : poem
poeta *nmf* : poet
poético, -ca *adj* : poetic : poetical
poetisa *nf* : poetess *f* : poet
pogrom *nm* : pogrom
póker *or* **poker** *nm* : poker
polaco[1], **-ca** *adj* : Polish
polaco[2], **-ca** *n* : Pole : Polish person
polaco[3] *nm* : Polish
polar *adj* : polar
polarizar *v* : to polarize — **polarizarse**
 vr — **polarización** *nf*
polea *nf* : pulley
polémica *nf* : controversy : polemics
polémico, -ca *adj* : controversial
 : polemical
polemizar *v* : to argue : to debate
polemonio *nm* : phlox
polen *nm, pl* **pólenes** : pollen
polera *nf* : T-shirt
polerón *nm, pl* **-rones** : sweatshirt
policía[1] *nf* : police
policía[2] *nmf* : police officer : policeman
 m : policewoman *f*
policiaco, -ca *or* **policíaco, -ca** *adj*
 : police
policial *adj* : police
polideportivo *nm* : sports center

poliéster *nm* : polyester
polifacético, -ca *adj* : versatile
: multifaceted
poligamia *nf* : polygamy
polígamo[1], -ma *adj* : polygamous
polígamo[2], -ma *n* : polygamist
poligonal *adj* : polygonal
polígono *nm* : polygon : zone
poliinsaturado, -da *adj*
: polyunsaturated
polilla *nf* : moth
polímero *nm* : polymer
polinesio, -sia *adj & n* : Polynesian
polinizar *v* : to pollinate — **polinización**
nf
polio *nf* : polio
poliomielitis *nf* : poliomyelitis : polio
polisón *nm, pl* **-sones** : bustle
politeísmo *nm* : polytheism —
politeísta *adj & nmf*
política *nf* : politics : policy
políticamente *adv* : politically
político[1], -ca *adj* : political : tactful
: politic : by marriage
político[2], -ca *n* : politician
póliza *nf* : policy
polizón *nm, pl* **-zones** : stowaway
polka *nf* : polka
polla *nf* : bet : lottery
pollera, -ra *nf* : chicken coop : skirt
pollero, -ra *n* : poultry farmer : poultry
farm : smuggler of illegal immigrants
pollito, -ta *n* : chick : young bird
: fledgling
pollo, -lla *n* : chicken : chick : young
man *m* : young lady *f*
polluelo *nm* → **pollito**
polo *nm* : pole : polo : polo shirt : focal
point : center
pololo, -la *n* : boyfriend *m* : girlfriend *f*
poltrona *nf* : armchair : easy chair
polución *nf, pl* **-ciones** : pollution
polvareda *nf* : cloud of dust : uproar
: fuss
polvera *nf* : compact
polvo *nm* : dust : powder; **polvos** *nmpl*
: face powder
pólvora *nf* : gunpowder : fireworks *pl*
polvoriento, -ta *adj* : dusty : powdery
polvorín *nm, pl* **-rines** : magazine
: ammunition dump
pomada *nf* : ointment : cream
pomelo *nm* : grapefruit
pómez *nf or* **piedra pómez** : pumice
pomo *nm* : pommel : knob : handle
: perfume bottle
pompa *nf* : bubble : pomp : splendor
pompón *nm, pl* **pompones** : pom-pom
pomposidad *nf* : pomp : splendor
: pomposity : ostentation
pomposo, -sa *adj* : pompous —
pomposamente *adv*
pómulo *nm* : cheekbone
pon → **poner**

ponchadura *nf* : puncture : flat
ponchar *v* : to strike out : to puncture
— **poncharse** *vr* : to blow out
ponche *nm* : punch
poncho *nm* : poncho
ponderación *nf, pl* **-ciones**
: consideration : deliberation : high
praise
ponderar *v* : to weigh : to consider : to
speak highly of
pondrá, etc. → **poner**
ponedora *nf* : layer
ponencia *nf* : paper : presentation
: address : report
ponente *nmf* : speaker : presenter
poner *v* : to put : to place : to put in : to
add : to put on : to contribute : to put in
writing : to give : to impose : to prepare
: to arrange : to name : to set up : to
establish : to install : to make : to turn
on : to switch on : to set : to suppose
: to raise : to create : to lay : to lay eggs
— **ponerse** *vr* : to move : to wear : to
become : to turn : to start : to set
poni *or* **poney** *nm* : pony
ponga, etc. → **poner**
poniente *nm* : west : west wind
ponqué *nm* : cake
pontificar *v* : to pontificate
pontífice *nm* : pontiff : pope
pontón *nm, pl* **pontones** : pontoon
ponzoña *nf* : poison — **ponzoñoso,**
-sa *adj*
pop *adj & nm* : pop
popa *nf* : stern
popelín *nm, pl* **-lines** : poplin
popelina *nf* : poplin
popó *nm* : poop
popote *nm* : straw : drinking straw
populachero, -ra *adj* : common
: popular : vulgar
populacho *nm* : rabble : masses *pl*
popular *adj* : popular : traditional
: colloquial — **popularmente** *adv*
popularidad *nf* : popularity
popularizar *v* : to popularize —
popularizarse *vr*
populista *adj & nmf* : populist —
populismo *nm*
populoso, -sa *adj* : populous
popurrí *nm* : potpourri
por *prep* : for : around : by
: through : along : for the sake of
: because of : on account of : per : in
exchange for : instead of : by means of
: as for : times : from : according to : as
: in order to
porcelana *nf* : china : porcelain
porcentaje *nm* : percentage
porche *nm* : porch
porción *nf, pl* **porciones** : portion : part
: share : serving : helping
pordiosear *v* : beg
pordiosero, -ra *n* : beggar

porfiado, -da *adj* : obstinate : stubborn
— **porfiadamente** *adv*
porfiar *v* : to insist : to persist
pormenor *nm* : detail
pormenorizar *v* : to go into detail : to tell in detail
pornografía *nf* : pornography
pornográfico, -ca *adj* : pornographic
poro *nm* : pore
poroso, -sa *adj* : porous — **porosidad** *nf*
poroto *nm* : bean
porque *conj* : because
porqué *nm* : reason : cause
porquería *nf* : dirt : filth : nastiness : vulgarity : worthless thing : trifle : junk food
porra *nf* : nightstick : club : fans *pl* : cheer : yell
porrazo *nm* : blow : whack
porrista *nmf* : cheerleader : fan : supporter
porro *nm* : joint : marijuana cigarette
portaaviones *nms & pl* : aircraft carrier
portada *nf* : title page : cover : facade : front
portador, -dora *n* : carrier : bearer
portaequipajes *nms & pl* : luggage rack : roof rack : trunk
portafolio *or* **portafolios** *nm, pl* **-lios** : briefcase : portfolio
portal *nm* : portal : doorway : vestibule : hall
portar *v* : to carry : to bear : to wear — **portarse** *vr* : to behave
portátil[1] *adj* : portable
portátil[2] *nmf* : laptop computer
portaviandas *nms & pl* : lunch box
portaviones → **portaaviones**
portavoz *nmf, pl* **-voces** : spokesperson : spokesman *m* : spokeswoman *f*
portazo *nm* : slam
porte *nm* : bearing : demeanor : transport : carrying : size
portento *nm* : marvel : wonder
portentoso, -sa *adj* : marvelous : wonderful
porteño, -ña *adj* : of or from Buenos Aires
portería *nf* : goal : goalposts *pl* : superintendent's office
portero, -ra *n* : goalkeeper : goalie : doorman *m* : bouncer : janitor : superintendent
pórtico *nm* : portico
portilla *nf* : porthole
portón *nm, pl* **portones** : main door : gate
portorriqueño, -ña → **puertorriqueño**
portugués[1], **-guesa** *adj & n, mpl* **-gueses** : Portuguese
portugués[2] *nm* : Portuguese
porvenir *nm* : future
pos *adv* **en pos de** : in pursuit of

pos- *or* **post-** *pref* : post-
posada *nf* : inn : Advent celebration
posaderas *nfpl* : bottom : backside
posadero, -ra *n* : innkeeper
posar *v* : to pose : to place : to lay — **posarse** *vr* : to land : to light : to perch : to settle : to rest
posavasos *nms & pl* : coaster
posdata → **postdata**
pose *nf* : pose
poseedor, -dora *n* : possessor : holder
poseer *v* : to possess : to hold : to have
poseído, -da *adj* : possessed
posesión *nf, pl* **-siones** : possession
posesionarse *vr* ~ **de** : to take possession of : to take over
posesivo[1], **-va** *adj* : possessive
posesivo[2] *nm* : possessive case
posfechar *v* : to postdate
posguerra *nf* : postwar period
posibilidad *nf* : possibility; **posibilidades** *nfpl* : means : income
posibilitar *v* : to make possible : to permit
posible *adj* : possible — **posiblemente** *adv*
posición *nf, pl* **-ciones** : position : place : status : standing : attitude : stance
posicionar *v* : to position : to place : to establish — **posicionarse** *vr*
positivo[1], **-va** *adj* : positive — **positivamente** *adv*
positivo[2] *nm* : print
posmoderno, -na *adj* : postmodern
poso *nm* : sediment : dregs *pl* : grounds *pl*
posoperatorio, -ria *adj* : postoperative
posparto *adj* : postnatal
posponer *v* : to postpone : to put behind : to subordinate
pospuso, etc. → **posponer**
post *nm, pl* **post** *or* **posts** : post
posta *nf* : relay race : post : station : emergency medical center
postal[1] *adj* : postal
postal[2] *nf* : postcard
postdata *nf* : postscript
poste *nm* : post : pole : goalpost
postear *v* : to post
posteo *nm* → **post**
póster *or* **poster** *nm, pl* **pósters** *or* **posters** : poster : placard
postergación *nf, pl* **-ciones** : postponement : deferring
postergar *v* : to delay : to postpone : to pass over
posteridad *nf* : posterity
posterior *adj* : later : subsequent : back : rear
posterioridad *nf* **con ~** : subsequently : later
posteriormente *adv* : subsequently
postgrado *nm* : graduate course
postgraduado, -da *n* : graduate student : postgraduate

postguerra → **posguerra**
postigo *nm* : shutter : small door
: wicket gate
postilla *nf* : scab
postizo, -za *adj* : artificial : false
postnatal *adj* : postnatal
postor, -tora *n* : bidder
postración *nf, pl* **-ciones** : prostration
: depression
postrado, -da *adj* : prostrate
potranco, -ca *n* → **potro**[1]
postrar *v* : to debilitate : to weaken —
postrarse *vr* : to prostrate oneself
postre[1] *nm* : dessert
postre[2] *nf* **a la postre** : in the end
postrero, -ra *adj* : last
postulación *nf, pl* **-ciones** : collection
: nomination
postulado *nm* : postulate : assumption
postulante, -ta *n* : candidate : applicant
postular *v* : to postulate : to nominate
: to propose — **postularse** *vr* : to run
: to be a candidate
póstumo, -ma *adj* : posthumous —
póstumamente *adv*
postura *nf* : posture : position : stance
potable *adj* : drinkable : potable
potaje *nm* : thick vegetable soup
potasa *nf* : potash
potasio *nm* : potassium
pote *nm* : pot : jar : container
potencia *nf* : power : capacity : potency
potencial *adj & nm* : potential
potenciar *v* : to promote : to foster
potenciómetro *nm* : dimmer : dimmer
switch
potentado, -da *n* : sovereign : ruler
: tycoon : magnate
potente *adj* : powerful : strong : potent
: virile
potestad *nf* : authority : jurisdiction
potrero *nm* : field : pasture : cattle ranch
potro[1], **-tra** *n* : colt *m* : filly *f*
potro[2] *nm* : rack : horse
pozo *nm* : well : deep pool : mine shaft
: pothole
práctica *nf* : practice : experience;
prácticas *nfpl* : training
practicable *adj* : practicable : feasible
prácticamente *adv* : practically
practicante[1] *adj* : practicing
practicante[2] *nmf* : practitioner
practicar *v* : to practice : to perform : to
carry out : to exercise : to play
práctico, -ca *adj* : practical
pradera *nf* : grassland : prairie
prado *nm* : field : meadow : park
pragmático, -ca *adj* : pragmatic —
pragmáticamente *adv*
pragmatismo *nm* : pragmatism
pre- *pref* : pre-
preadolescente *nmf* : preteen
preámbulo *nm* : preamble : introduction
: evasion

prebélico, -ca *adj* : antebellum
prebenda *nf* : privilege
precalentar *v* : to preheat
precariedad *nf* : precariousness
precario, -ria *adj* : precarious —
precariamente *adv*
precaución *nf, pl* **-ciones** : precaution
: caution : care
precautorio, -ria *adj* : precautionary
precaver *v* : to prevent : to guard against
— **precaverse** *vr* : to take precautions
: to be on guard
precavido, -da *adj* : cautious : prudent
precedencia *nf* : precedence : priority
precedente[1] *adj* : preceding : previous
precedente[2] *nm* : precedent
preceder *v* : to precede
precepto *nm* : rule : precept
preciado, -da *adj* : esteemed : prized
: valuable
preciarse *vr* : to boast : to brag
precintar *v* : to seal : to shut down : to
seal off
precinto *nm* : seal
precio *nm* : price : cost : sacrifice
preciosidad *nf* : beautiful thing
precioso, -sa *adj* : beautiful : exquisite
: precious : valuable
precipicio *nm* : precipice : ruin
precipitación *nf, pl* **-ciones** : haste
: hurry : rush : precipitation : rain
: snow
precipitado, -da *adj* : hasty : sudden
: rash — **precipitadamente** *adv*
precipitar *v* : to hasten : to speed up : to
hurl : to throw — **precipitarse** *vr* : to
rush : to act rashly : to throw oneself
precisamente *adv* : precisely : exactly
precisar *v* : to specify : to determine
exactly : to need : to require : to be
necessary
precisión *nf, pl* **-siones** : precision
: accuracy : clarity : necessity
preciso, -sa *adj* : precise : very : exact
: necessary
precocidad *nf* : precocity
precocinar *v* : to precook
preconcebido, -da *adj* : preconceived
precondición *nf, pl* **-ciones**
: precondition
preconizar *v* : to recommend : to
advocate : to extol
precoz *adj, pl* **precoces** : precocious
: early : premature — **precozmente**
adv
precursor, -sora *n* : forerunner
: precursor
predecesor, -sora *n* : predecessor
predecir *v* : to foretell : to predict
predestinado, -da *adj* : predestined
: fated
predestinar *v* : to predestine —
predestinación *nf*
predeterminar *v* : to predetermine

prédica *nf* : sermon
predicado *nm* : predicate
predicador, -dora *n* : preacher
predicar *v* : to preach
predicción *nf, pl* **-ciones** : prediction
: forecast
prediga, predijo, etc. → **predecir**
predilección *nf, pl* **-ciones** : predilection
: preference
predilecto, -ta *adj* : favorite
predio *nm* : property : piece of land
predisponer *v* : to predispose : to
incline : to prejudice : to bias
predisposición *nf, pl* **-ciones**
: predisposition : tendency : prejudice
: bias
predispuesto, -ta *adj* ~ **a** : prone to
predominante *adj* : predominant —
predominantemente *adv*
predominar *v* : to predominate : to
prevail
predominio *nm* : predominance
: prevalence
preeminente *adj* : preeminent —
preeminencia *nf*
preescolar *adj & nm* : preschool
preestreno *nm* : preview
prefabricado, -da *adj* : prefabricated
prefacio *nm* : preface
prefecto *nm* : prefect
preferencia *nf* : preference : priority
: right-of-way
preferencial *adj* : preferential
preferente *adj* : preferential : special
preferentemente *adv* : preferably
preferible *adj* : preferable
preferido, -da *adj & n* : favorite
preferir *v* : to prefer
prefigurar *v* : to foreshadow : prefigure
prefijo *nm* : prefix : area code
pregonar *v* : to proclaim : to announce
: to hawk : to extol : to reveal : to
disclose
pregrabado, -da *adj* : prerecorded
pregunta *nf* : question
preguntar *v* : to ask : to question : to
inquire — **preguntarse** *vr* : to wonder
preguntón, -tona *adj, mpl* **-tones**
: inquisitive
prehistórico, -ca *adj* : prehistoric
prejuiciado, -da *adj* : prejudiced
prejuicio *nm* : prejudice
prejuzgar *v* : to prejudge
prelado *nm* : prelate
preliminar *adj & nm* : preliminary
preludio *nm* : prelude
prematrimonial *adj* : premarital
prematuro, -ra *adj* : premature
premeditación *nf, pl* **-ciones**
: premeditation
premeditar *v* : to premeditate : to plan
premenstrual *adj* : premenstrual
premiado[1], -da *adj* : winning
: prizewinning

premiado[2], -da *n* : prizewinner
premiar *v* : to award a prize to : to
reward
premier *nmf* : premier : prime minister
premio *nm* : prize : reward : premium
premisa *nf* : premise : basis
premolar *nm* : bicuspid
premonición *nf, pl* **-ciones**
: premonition
premura *nf* : haste : urgency
prenatal *adj* : prenatal
prenda *nf* : piece of clothing : security
: pledge : forfeit
prendar *v* : to charm : to captivate : to
pawn : to pledge — **prendarse** *vr* ~ **de**
: to fall in love with
prendedor *nm* : brooch : pin
prender *v* : to pin : to fasten : to catch
: to apprehend : to light : to turn on : to
take root : to catch fire : to catch on —
prenderse *vr* : to catch fire
prensa *nf* : printing press : press
prensar *v* : to press
prensil *adj* : prehensile
preñado, -da *adj* : pregnant
preñar *v* : to make pregnant
preñez *nf, pl* **preñeces** : pregnancy
preocupación *nf, pl* **-ciones** : worry
: concern
preocupado, -da *adj* : worried
preocupante *adj* : worrisome
preocupar *v* : to worry : to concern —
preocuparse *vr* : to be concerned
preparación *nf, pl* **-ciones** : preparation
: readiness : education : training
: (medicinal) preparation
preparado[1], -da *adj* : ready : prepared
: trained
preparado[2] *nm* : preparation : mixture
preparar *v* : to prepare : to teach : to
train : to coach — **prepararse** *vr* : to
get ready : to prepare
preparativos *nmpl* : preparations
preparatoria *nf* : high school
preparatorio, -ria *adj* : preparatory
preponderante *adj* : preponderant
: predominant — **preponderancia** *nf*
— **preponderantemente** *adv*
preposición *nf, pl* **-ciones** : preposition
— **preposicional** *adj*
prepotente *adj* : arrogant : domineering
: overbearing — **prepotencia** *nf*
prerrogativa *nf* : prerogative : privilege
presa *nf* : capture : seizure : catch : prey
: claw : fang : dam : morsel : piece
presagiar *v* : to presage : to portend
presagio *nm* : omen : portent
presbiterio *nm* : sanctuary
prescindible *adj* : expendable
: dispensable
prescindir *v* ~ **de** : to do without : to
dispense with : to ignore : to disregard
: to omit : to skip
prescribir *v* : to prescribe

prescripción *nf, pl* **-ciones** : prescription
prescrito *pp* → **prescribir**
presencia *nf* : presence : appearance
presenciar *v* : to witness : to be present at : to attend
presentable *adj* : presentable
presentación *nf, pl* **-ciones** : presentation : introduction : appearance
presentador, -dora *n* : host : anchor
presentar *v* : to present : to show : to have : to offer : to give : to submit : to file : to launch : to introduce : to host : to anchor — **presentarse** *vr* : to show up : to appear : to arise : to come up : to introduce oneself
presente[1] *adj* : present : in attendance : current
presente[2] *nf* **por la presente** : hereby
presente[3] *nm* : present
presente[4] *nmf* : one present
presentimiento *nm* : premonition : hunch : feeling
presentir *v* : to sense : to intuit
preservación *nf, pl* **-ciones** : preservation
preservar *v* : to preserve : to protect
preservativo *nm* : condom
presidencia *nf* : presidency : chairmanship
presidencial *adj* : presidential
presidente[1] *nmf* → **presidente**[2]
presidente[2], **-ta** *n* : president : chair : chairperson : presiding judge
presidiario, -ria *n* : convict : prisoner
presidio *nm* : prison : penitentiary
presidir *v* : to preside over : to chair : to dominate : to rule over
presilla *nf* : eye : loop : fastener
presión *nf, pl* **presiones** : pressure
presionar *v* : to pressure : to press : to push : to put on the pressure
preso[1], **-sa** *adj* : imprisoned
preso[2], **-sa** *n* : prisoner
prestación *nf, pl* **-ciones** : providing : provision : benefit : feature
prestado, -da *adj* : borrowed : on loan
prestamista *nmf* : moneylender : pawnbroker
préstamo *nm* : loan : lending : borrowing : loanword
prestar *v* : to lend : to loan : to render : to give — **prestarse** *vr* ~ **a/para** : to lend oneself to : to agree to : to participate in
prestatario, -ria *n* : borrower
presteza *nf* : promptness : speed
prestidigitación *nf, pl* **-ciones** : sleight of hand
prestidigitador, -dora *n* : conjurer : magician
prestigio *nm* : prestige — **prestigioso, -sa** *adj*
presto[1] *adv* : promptly : at once

presto[2], **-ta** *adj* : quick : prompt : ready
presumido, -da *adj* : conceited : vain
presumir *v* : to presume : to suppose : to boast : to show off
presunción *nf, pl* **-ciones** : presumption : supposition : conceit : vanity
presunto, -ta *adj* : presumed : supposed : alleged — **presuntamente** *adv*
presuntuoso, -sa *adj* : conceited
presuponer *v* : to presuppose
presupuestal *adj* : budget : budgetary
presupuestar *v* : to budget : to budget for
presupuestario, -ria *adj* : budget : budgetary
presupuesto *nm* : budget : estimate : assumption : supposition
presurizar *v* : to pressurize
presuroso, -sa *adj* : hasty : quick
pretencioso, -sa *adj* : pretentious — **pretenciosamente** *adv*
pretender *v* : to attempt : to try : to claim : to seek : to aspire to : to court
pretendido, -da *adj* : supposed : so-called : feigned : false
pretendiente[1] *nmf* : candidate : applicant : pretender : claimant
pretendiente[2] *nm* : suitor
pretensión *nf, pl* **-siones** : intention : hope : plan : claim : pretension
pretérito *nm* : preterit : past
pretextar *v* : to claim : to feign
pretexto *nm* : pretext : excuse
pretil *nm* : parapet : railing
prevalecer *v* : to prevail : to triumph
prevaleciente *adj* : prevailing : prevalent
prevalerse *vr* ~ **de** : to avail oneself of : to take advantage of
prevención *nf, pl* **-ciones** : prevention : preparation : readiness : precautionary measure : prejudice : bias
prevenido, -da *adj* : prepared : ready : forewarned : cautious
prevenir *v* : to prevent : to warn — **prevenirse** *vr* ~ **contra** *or* ~ **de** : to take precautions against
preventivo, -va *adj* : preventive : precautionary
prever *v* : to foresee : to anticipate : to plan
previo[1], **-via** *adj* : previous : prior : preliminary
previo[2], **-via** *prep* : after : upon
previsible *adj* : foreseeable
previsión *nf, pl* **-siones** : foresight : prediction : forecast : precaution
previsor, -sora *adj* : farsighted : prudent
prieto, -ta *adj* : dark : dark-skinned : tight : compressed
prima *nf* : premium : bonus
primacía *nf* : precedence : priority : superiority : supremacy
primado *nm* : primate

primario, -ria *adj* : primary
primate *nm* : primate
primavera *nf* : spring : primrose
primaveral *adj* : spring
primera *nf* : first : first class
primeramente *adv* : firstly : first of all
primero[1] *adv* : first : rather : sooner
primero[2], **-ra** *adj* : first : top : leading
: main : basic
primero[3], **-ra** *n* : first
primicia *nf* : first fruits : scoop
: exclusive
primigenio, -nia *adj* : original : primary
primitivo, -va *adj* : primitive : original
primo[1] *adj* : prime : raw
primo[2], **-ma** *n* : cousin : sucker
primogénito, -ta *adj & n* : firstborn
primor *nm* : skill : care : beauty
: elegance
primordial *adj* : primordial : basic
: fundamental
primoroso, -sa *adj* : exquisite : fine
: delicate : skillful
prímula *nf* : primrose
princesa *nf* : princess
principado *nm* : principality
principal[1] *adj* : main : principal
: foremost : leading
principal[2] *nm* : capital : principal
principalmente *adv* : mainly : chiefly
príncipe *nm* : prince
principesco, -ca *adj* : princely
principiante[1] *adj* : beginning
principiante[2] *nmf* : beginner : novice
principiar *v* : to begin
principio *nm* : beginning : principle
pringar *v* : to dip : to soil : to spatter —
pringarse *vr*
pringoso, -sa *adj* : greasy
pringue[1], etc. → **pringar**
pringue[2] *nm* : grease : drippings *pl*
prior, priora *n* : prior *m* : prioress *f*
priorato *nm* : priory
prioridad *nf* : priority : precedence
prisa *nf* : hurry : rush
prisión *nf, pl* **prisiones** : prison : jail
: imprisonment
prisionero, -ra *n* : prisoner
prisma *nm* : prism
prismáticos *nmpl* : binoculars
prístino, -na *adj* : pristine
privacidad *nf* : privacy
privación *nf, pl* **-ciones** : deprivation
: privation : want
privado, -da *adj* : private —
privadamente *adv*
privar *v* : to deprive : to stun : to knock
out — **privarse** *vr* : to deprive oneself
privativo, -va *adj* : exclusive : particular
privatizar *v* : to privatize
privilegiado, -da *adj* : privileged
: exceptional
privilegiar *v* : to grant a privilege to
: to favor

privilegio *nm* : privilege
pro[1] *nm* : pro : advantage
pro[2] *prep* : for : in favor of
pro- *pref* : pro-
proa *nf* : bow : prow
probabilidad *nf* : probability
probable *adj* : probable : likely
probablemente *adv* : probably
probador[1] *nm* : fitting room : dressing
room
probador[2], **-dora** *n* : tester
probar *v* : to demonstrate : to prove
: to test : to try out : to try on : to taste
: to sample : to try — **probarse** *vr* : to
try on
probeta *nf* : test tube
probidad *nf* : probity
problema *nm* : problem
problemática *nf* : set of problems
proboscide *nf* : proboscis
problemático, -ca *adj* : problematic
procaz *adj, pl* **procaces** : insolent
: impudent : indecent
procedencia *nf* : origin : source
procedente *adj* : proper : fitting
proceder *v* : to proceed : to act : to
behave : to be appropriate : to be fitting
procedimiento *nm* : procedure
: process : proceedings *pl*
prócer *nmf* : eminent person : leader
procesado, -da *n* : accused : defendant
procesador *nm* : processor
procesamiento *nm* : processing
procesar *v* : to prosecute : to try : to
process
procesión *nf, pl* **-siones** : procession
proceso *nm* : process : trial
: proceedings *pl*
proclama *nf* : proclamation
proclamación *nf, pl* **-ciones**
: proclamation
proclamar *v* : to proclaim —
proclamarse *vr*
proclive *adj* ~ **a** : inclined to : prone to
proclividad *nf* : proclivity : inclination
procrear *v* : to procreate —
procreación *nf*
procurador, -dora *n* : attorney
procurar *v* : to try : to endeavor : to
obtain : to procure
prodigar *v* : to lavish : to be generous
with
prodigio *nm* : wonder : marvel
prodigioso, -sa *adj* : prodigious
: marvelous
pródigo[1], **-ga** *adj* : generous : lavish
: wasteful : prodigal
pródigo[2], **-ga** *n* : spendthrift : prodigal
producción *nf, pl* **-ciones** : production
producir *v* : to produce : to make : to
manufacture : to cause : to bring about
: to bear — **producirse** *vr* : to take
place : to occur
productividad *nf* : productivity

productivo, -va *adj* : productive
: profitable
producto *nm* : product : proceeds *pl*
: yield
productor[1], **-tora** *adj* : producing
productor[2], **-tora** *n* : producer
productora *nf* : production company
proeza *nf* : feat : exploit
profanar *v* : to profane : to desecrate —
profanación *nf*
profano[1], **-na** *adj* : profane : worldly
: secular : lay
profano[2], **-na** *n* : layman *mf* : layperson
mf : layman *m* : laywoman *f*
profecía *nf* : prophecy
proferir *v* : to utter : to hurl
profesar *v* : to profess : to declare : to
practice : to exercise
profesión *nf, pl* **-siones** : profession
: occupation
profesional *adj & nmf* : professional —
profesionalmente *adv*
profesionalismo *nm* : professionalism
profesionalizar *v* : to make professional
profesionista *nmf* : professional
profesor, -sora *n* : teacher : professor
: instructor : tutor
profesorado *nm* : faculty : teaching
profession
profeta *nm* : prophet
profético, -ca *adj* : prophetic
profetizar *v* : to prophesy
prófugo, -ga *adj & n* : fugitive
profundidad *nf* : depth : profundity
profundizar *v* : to deepen : to study in
depth ~ **en** : to go deeply into
profundo, -da *adj* : deep : profound —
profundamente *adv*
profusión *nf, pl* **-siones** : abundance
: profusion
profuso, -sa *adj* : profuse : abundant
: extensive
progenie *nf* : progeny : offspring
progenitor, -tora *n* : father *m* : mother *f*
: ancestor : progenitor
progesterona *nf* : progesterone
prognóstico *nm* : prognosis
programa *nm* : program : plan
: schedule
programable *adj* : programmable
programación *nf, pl* **-ciones**
: programming : planning
programador, -dora *n* : programmer
programar *v* : to schedule : to plan : to
program
progresar *v* : to progress : to make
progress
progresista *adj & nmf* : progressive
progresivo, -va *adj* : progressive
: gradual — **progresivamente** *adv*
progreso *nm* : progress
prohibición *nf, pl* **-ciones** : ban
: prohibition
prohibir *v* : to prohibit : to ban : to forbid

prohibitivo, -va *adj* : prohibitive
prohijar *v* : to adopt
prójimo *nm* : neighbor : fellow man
prole *nf* : offspring : progeny
proletariado *nm* : proletariat : working
class
proletario, -ria *adj & n* : proletarian
proliferar *v* : to proliferate —
proliferación *nf*
prolífico, -ca *adj* : prolific
prolijo, -ja *adj* : wordy : long-winded
prólogo *nm* : prologue : preface
: foreword
prolongación *nf, pl* **-ciones** : extension
: lengthening
prolongar *v* : to prolong : to extend : to
lengthen — **prolongarse** *vr* : to last
: to continue
promediar *v* : to average : to divide in
half : to be half over
promedio *nm* : average : middle
: midpoint
promesa *nf* : promise
prometedor, -dora *adj* : promising
: hopeful
prometer *v* : to promise : to show
promise — **prometerse** *vr* : to get
engaged
prometido[1], **-da** *adj* : engaged
prometido[2], **-da** *n* : fiancé *m* : fiancée *f*
prominente *adj* : prominent —
prominencia *nf* — **prominentemente**
adv
promiscuo, -cua *adj* : promiscuous —
promiscuidad *nf*
promisorio, -ria *adj* : promising
: promissory
promoción *nf, pl* **-ciones** : promotion
: class : year : play-off
promocionar *v* : to promote —
promocional *adj*
promontorio *nm* : promontory
: headland
promotor, -tora *n* : promoter : instigator
: developer
promover *v* : to promote : to encourage
: to provoke : to cause
promulgación *nf, pl* **-ciones**
: enactment : proclamation
promulgar *v* : to promulgate : to
proclaim : to enact
prono, -na *adj* : prone
pronombre *nm* : pronoun
pronosticar *v* : to predict : to forecast
pronóstico *nm* : forecast : prediction
: prognosis
prontitud *nf* : promptness : speed
pronto[1] *adv* : quickly : promptly : soon
pronto[2], **-ta** *adj* : quick : speedy
: prompt : ready
pronunciación *nf, pl* **-ciones**
: pronunciation
pronunciado, -da *adj* : pronounced
: sharp : steep : marked : noticeable

pronunciamiento *nm* : pronouncement : military uprising

pronunciar *v* : to pronounce : to say : to give : to deliver — **pronunciarse** *vr* : to declare oneself : to make a statement

propagación *nf, pl* **-ciones** : propagation : spreading

propaganda *nf* : propaganda : advertising

propagar *v* : to propagate : to spread : to disseminate — **propagarse** *vr*

propalar *v* : to divulge : to spread

propano *nm* : propane

propasarse *vr* : to go too far : to overstep one's bounds

propensión *nf, pl* **-siones** : inclination : propensity

propenso, -sa *adj* ~ **a** : prone to : susceptible to

propiamente *adv* : properly : correctly : exactly : precisely

propiciar *v* : to propitiate : to favor : to foster

propicio, -cia *adj* : favorable : propitious

propiedad *nf* : property : ownership : quality : suitability : appropriateness

propietario¹, -ria *adj* : proprietary

propietario², -ria *n* : proprietor : owner

propina *nf* : tip : gratuity

propinar *v* : to give : to strike

propio, -pia *adj* : own : appropriate : suitable : characteristic : typical : oneself

proponer *v* : to propose : to suggest : to nominate — **proponerse** *vr* : to intend : to plan : to set out

proporción *nf, pl* **-ciones** : proportion : ratio; **proporciones** *nfpl* : proportions : size

proporcionado, -da *adj* : proportionate : proportioned — **proporcionadamente** *adv*

proporcional *adj* : proportional — **proporcionalmente** *adv*

proporcionar *v* : to provide : to give : to proportion : to adapt

proposición *nf, pl* **-ciones** : proposal : proposition

propósito *nm* : purpose : intention

propuesta *nf* : proposal

propulsar *v* : to propel : to drive : to promote : to encourage

propulsión *nf, pl* **-siones** : propulsion

propulsor¹ *nm* : propellant

propulsor², -sora *n* : promoter : proponent

propulsor³, -sora *adj* : propellant

propuso, etc. → proponer

prórroga *nf* : extension : deferment : overtime

prorrogar *v* : to extend : to postpone

prorrumpir *v* : to burst forth : to break out

prosa *nf* : prose

prosaico, -ca *adj* : prosaic : mundane

proscribir *v* : to prohibit : to ban : to proscribe : to banish : to exile

proscripción *nf, pl* **-ciones** : ban : banishment

proscrito¹ *pp* → **proscribir**

proscrito², -ta *n* : exile : outlaw

prosecución *nf, pl* **-ciones** : continuation : pursuit

proseguir *v* : to continue : to pursue : to go on

prospección *nf, pl* **-ciones** : prospecting : exploration

prospectar *v* : to prospect

prospecto *nm* : leaflet : brochure : prospectus

prospector, -tora *n* : prospector

prosperar *v* : to prosper : to thrive

prosperidad *nf* : prosperity

próspero, -ra *adj* : prosperous : flourishing

próstata *nf* : prostate

prostíbulo *nm* : brothel

prostitución *nf, pl* **-ciones** : prostitution

prostituir *v* : to prostitute — **prostituirse** *vr* : to prostitute oneself

prostituto, -ta *n* : prostitute

protagonista *nmf* : protagonist : main character : star : leader : central figure

protagonizar *v* : to star in : to cause : to carry out

protección *nf, pl* **-ciones** : protection

protector¹, -tora *adj* : protective

protector², -tora *n* : protector : guardian : patron

protector³ *nm* : protector : guard

protectorado *nm* : protectorate

proteger *v* : to protect : to defend — **protegerse** *vr*

protegido, -da *n* : protégé

proteína *nf* : protein

prótesis *nfs & pl* : prosthesis

protesta *nf* : protest : promise : oath

protestante *adj & nmf* : Protestant

protestantismo *nm* : Protestantism

protestar *v* : to protest : to object to : to object to

protocolo *nm* : protocol

protón *nm, pl* **protones** : proton

protoplasma *nm* : protoplasm

prototipo *nm* : prototype

protuberancia *nf* : protuberance — **protuberante** *adj*

provecho *nm* : benefit : advantage

provechoso, -sa *adj* : beneficial : profitable : useful — **provechosamente** *adv*

proveedor, -dora *n* : provider : supplier

proveedor de servicios de Internet or **PSI** *nm* : Internet service provider : ISP

proveer *v* : to provide : to supply — **proveerse** *vr* ~ **de** : to obtain : to supply oneself with

provenir *v* ~ **de** : to come from

provenzal[1] *adj* : Provençal
provenzal[2] *nmf* : Provençal
provenzal[3] *nm* : Provençal
proverbio *nm* : proverb — **proverbial** *adj*
providencia *nf* : providence : foresight : Providence : God; **providencias** *nfpl* : steps : measures
providencial *adj* : providential
provincia *nf* : province — **provincial** *adj*
provinciano, -na *adj* : provincial : unsophisticated
provisión *nf, pl* -**siones** : provision : providing; **provisiones** *nfpl* : provisions : supplies
provisional *adj* : provisional : temporary
provisionalmente *adv* : provisionally : tentatively
provisorio, -ria *adj* : provisional : temporary
provisto *pp* → **proveer**
provocación *nf, pl* -**ciones** : provocation
provocador[1], -**dora** *adj* : provocative : provoking
provocador[2], -**dora** *n* : agitator
provocar *v* : to provoke : to cause : to pique : to arouse : to appeal to
provocativo, -va *adj* : provocative
proxeneta *nmf* : pimp *m*
próximamente *adv* : shortly : soon
proximidad *nf* : nearness : proximity; **proximidades** *nfpl* : vicinity
próximo, -ma *adj* : near : close : next : following — **próximo, -ma** *pron*
proyección *nf, pl* -**ciones** : projection : showing : screening : range : influence : diffusion
proyeccionista *nmf* : projectionist
proyectar *v* : to plan : to throw : to hurl : to project : to cast : to show : to screen
proyectil *nm* : projectile : missile
proyecto *nm* : plan : project
proyector *nm* : projector : spotlight
prudencia *nf* : prudence : care : discretion
prudencial *adj* : prudent : sensible : cautious
prudente *adj* : prudent : sensible : cautious
prueba[1], **etc.** → **probar**
prueba[2] *nf* : proof : evidence : trial : test : event : qualifying round
prurito *nm* : itching : desire : urge
PSI → **proveedor de servicios de Internet**
psicoanálisis *nm* : psychoanalysis — **psicoanalista** *nmf*
psicoanalítico, -ca *adj* : psychoanalytic
psicoanalizar *v* : to psychoanalyze
psicodélico, -ca *adj* : psychedelic
psicología *nf* : psychology
psicológico, -ca *adj* : psychological — **psicológicamente** *adv*

psicólogo, -ga *n* : psychologist
psicópata *nmf* : psychopath
psicopático, -ca *adj* : psychopathic
psicosis *nfs & pl* : psychosis
psicosomático, -ca *adj* : psychosomatic
psicoterapeuta *nmf* : psychotherapist
psicoterapia *nf* : psychotherapy
psicótico, -ca *adj & n* : psychotic
psique *nf* : psyche
psiquiatra *nmf* : psychiatrist
psiquiatría *nf* : psychiatry
psiquiátrico[1], -**ca** *adj* : psychiatric
psiquiátrico[2] *nm* : mental hospital
psíquico, -ca *adj* : psychic
psiquis *nfs & pl* : psyche
psoriasis *nf* : psoriasis
púa *nf* : barb : tooth : quill : spine : thorn : pick
pub *nm, pl* **pubs** : bar : nightclub
pubertad *nf* : puberty
pubiano → **púbico**
púbico, -ca *adj* : pubic
publicación *nf, pl* -**ciones** : publication
publicar *v* : to publish : to divulge : to disclose
publicidad *nf* : publicity : advertising
publicista *nmf* : publicist
publicitar *v* : to publicize : to advertise
publicitario, -ria *adj* : advertising : publicity
público[1], -**ca** *adj* : public — **públicamente** *adv*
público[2] *nm* : public : audience : spectators *pl*
puchero *nm* : pot : stew : pout
pucho *nm* : waste : residue : cigarette : cigarette butt
púdico, -ca *adj* : chaste : modest
pudiente *adj* : powerful : rich : wealthy
pudín *nm, pl* **pudines** : pudding
pudo, etc. → **poder**
pudor *nm* : modesty : reserve
pudoroso, -sa *adj* : modest : reserved : shy
pudrir *v* : to rot : to annoy : to upset — **pudrirse** *vr* : to languish
puebla, etc. → **poblar**
pueblerino, -na *adj* : provincial
pueblo *nm* : people : common people : town : village
puede, etc. → **poder**
puente *nm* : bridge
puerco[1], -**ca** *adj* : dirty : filthy
puerco[2], -**ca** *n* : pig : hog : dirty or greedy person
puericultura *nf* : infant care : childcare
pueril *adj* : childish : puerile
puerro *nm* : leek
puerta *nf* : door : entrance : gate
puerto *nm* : port : harbor : mountain pass
puertorriqueño, -ña *adj & n* : Puerto Rican
pues *conj* : since : because : for : well : then

puesta nf : setting : laying
puestero, -ra n : seller : vendor
puesto[1] pp → **poner**
puesto[2], **-ta** adj : dressed : set
puesto[3] nm : place : position : kiosk
: stand : stall : post : station
púgil → **pugilista**
pugilato nm : boxing
pugilista nmf : boxer
pugna nf : conflict : struggle
pugnar v ~ **por** : to strive to : to strive for
pugnaz adj : pugnacious
pujante adj : mighty : powerful
pujanza nf : strength : vigor
pujar v : to push : to strain
pulcritud nf : neatness : tidiness
: meticulousness
pulcro, -cra adj : clean : neat : exquisite
: delicate : refined
pulga nf : flea
pulgada nf : inch
pulgar nm : thumb : big toe
pulir v : to polish : to shine : to refine
: to perfect
pulla nf : cutting remark : dig : gibe
: obscenity
pulmón nm, pl **pulmones** : lung
pulmonar adj : pulmonary
pulmonía nf : pneumonia
pulóver nm, pl **-veres** : pullover
: sweater
pulpa nf : pulp : flesh
pulpería nf : small grocery store
púlpito nm : pulpit
pulpo nm : octopus
pulque nm : Mexican alcoholic drink
made from maguey sap
pulsación nf, pl **-ciones** : beat
: pulsation : throb : keystroke
pulsar v : to press : to push : to strike
: to pluck : to assess : to beat : to throb
pulsera nf : bracelet
pulso nm : pulse : steady hand
pulular v : to abound : to swarm
pulverizador nm : atomizer : spray
: spray gun
pulverizar v : to pulverize : to crush
: to spray
pum interj : bang!
puma nm : cougar : puma
puna nf : Andean plateau : altitude
sickness
punción nf, pl **punciones** : puncture
punible adj : punishable
punitivo, -va adj : punitive
punce, etc. → **punzar**
punk[1] adj : punk
punk[2] nm : punk : punk rock
punk[3] nmf : punk : punk rocker
punta nf : tip : end : point : headland
: bunch : lot
puntada nf : stitch : sharp pain : twinge
: witticism : quip
puntal nm : prop : support

puntapié nm : kick
puntazo nm : wound
puntear v : to pluck : to lead
puntería nf : aim : marksmanship
puntero nm : pointer : leader
puntiagudo, -da adj : sharp : pointed
puntilla nf : lace edging : dagger
puntilloso, -sa adj : punctilious
punto nm : dot : point : period : item
: question : spot : place : moment
: stage : extent : stitch
puntocom nm, pl **puntocom** : dot-com
puntuación nf, pl **-ciones** : punctuation
: scoring : score : grade
puntual adj : prompt : punctual : exact
: accurate — **puntualmente** adv
puntualidad nf : promptness
: punctuality
puntualizar v : to specify : to state : to
point out
puntuar v : to punctuate : to score
points
punzada nf : sharp pain : twinge : stitch
punzante adj : sharp : biting : caustic
punzar v : to pierce : to puncture
punzón nm, pl **punzones** : awl : hole
punch
puñado nm : handful
puñal nm : dagger
puñalada nf : stab : stab wound
puñetazo nm : punch
puño nm : fist : handful : fistful : cuff
: handle : hilt
pupa nf : pupa : chrysalis
pupila nf : pupil
pupilente nm : contact lens
pupilo, -la n : pupil : student : ward
: charge
pupitre nm : writing desk
puramente adv : purely
puré nm : puree
pureza nf : purity
purga nf : laxative : purge
purgante adj & nm : laxative : purgative
purgar v : to purge : to cleanse : to
liquidate : to give a laxative to —
purgarse vr : to take a laxative
purgatorio nm : purgatory
purgue, etc. → **purgar**
purificador nm : purifier
purificar v : to purify — **purificación** nf
puritano[1], **-na** adj : puritanical : puritan
puritano[2], **-na** n : Puritan : puritan
puro[1] adv : sheer : much
puro[2], **-ra** adj : pure : plain : simple
: sheer : only : just
puro[3] nm : cigar
púrpura nf : purple
purpúreo, -rea adj : purple
purpurina nf : glitter
pus nm : pus
pusilánime adj : cowardly
puso, etc. → **poner**
pústula nf : pustule : pimple

putrefacción *nf, pl* **-ciones** : putrefying : rotting

putrefacto, -ta *adj* : putrid : rotten : decayed

pútrido, -da *adj* : putrid : rotten

puya *nf* : point

que[1] *conj* : that : than

que[2] *pron* : who : that : whom : which

qué[1] *adv* : how : what

qué[2] *adj* : what : which

qué[3] *pron* : what

quebracho *nm* : quebracho

quebrada *nf* : ravine : gorge

quebradero *nm* **quebradero de cabeza** : headache : problem

quebradizo, -za *adj* : breakable : delicate : fragile

quebrado[1]**, -da** *adj* : bankrupt : rough : uneven : broken

quebrado[2] *nm* : fraction

quebrantamiento *nm* : breaking : deterioration : weakening

quebrantar *v* : to break : to split : to crack : to weaken : to violate

quebranto *nm* : break : breaking : affliction : grief : loss

quebrar *v* : to break : to bend : to twist : to go bankrupt : to fall out : to break up — **quebrarse** *vr*

queda *nf* : curfew

quedar *v* : to remain : to stay : to be : to end up being : to be situated : to be left : to fit : to suit : to agree to meet — **quedarse** *vr* : to keep on

quedo[1] *adv* : softly : quietly

quedo[2]**, -da** *adj* : quiet : still

quehacer *nm* : work; **quehaceres** *nmpl* : chores

queja *nf* : complaint

quejarse *vr* : to complain : to groan : to moan

quejica[1] *adj* : whiny

quejica[2] *nmf* : whiny person

quejido *nm* : groan : moan : whine : whimper

quejoso, -sa *adj* : complaining : whining

quema *nf* : fire : burning

quemado, -da *adj* : burned : burnt : annoyed : burned out : sunburned

quemador *nm* : burner

quemadura *nf* : burn

quemar *v* : to burn : to burn down : to overcook : to squander : to burn out : to blow : to be burning hot — **quemarse** *vr* : to burn oneself : to get sunburned : to blow

quemarropa *nf* **a ~** : point-blank

quemazón *nf, pl* **-zones** : burning : intense heat : itch : cutting remark

quena *nf* : Peruvian reed flute

quepa, etc. → **caber**

querella *nf* : complaint : lawsuit

querellante *nmf* : plaintiff

querellarse *vr* **~ contra** : to bring suit against : to sue

querer[1] *v* : to want : to desire : to love : to like : to be fond of

querer[2] *nm* : love : affection

querido[1]**, -da** *adj* : dear : beloved

querido[2]**, -da** *n* : dear : sweetheart

queroseno *nm* : kerosene

querrá, etc. → **querer**

querúbico, -ca *adj* : cherubic

querubín *nm, pl* **-bines** : cherub

quesadilla *nf* : quesadilla

quesería *nf* : cheese shop

queso *nm* : cheese

quetzal *nm* : quetzal

quiche *nf* : quiche

quid *nm* : crux : gist

quiebra[1]**, etc.** → **quebrar**

quiebra[2] *nf* : break : crack : failure : bankruptcy

quien *pron, pl* **quienes** : who : whom : whoever : whomever : anyone : some people

quién *pron, pl* **quiénes** : who : whom

quienquiera *pron, pl* **quienesquiera** : whoever : whomever

quiere, etc. → **querer**

quieto, -ta *adj* : calm : quiet : still

quietud *nf* : calm : tranquility : stillness

quijada *nf* : jaw : jawbone

quijotesco, -ca *adj* : quixotic

quilate *nm* : karat

quilla *nf* : keel

quimera *nf* : chimera : illusion

quimérico, -ca *adj* : fanciful

química *nf* : chemistry

químico[1]**, -ca** *adj* : chemical

químico[2]**, -ca** *n* : chemist

quimioterapia *nf* : chemotherapy

quimono *nm* : kimono

quincalla *nf* : trinkets *pl*

quince *adj & nm* : fifteen — **quince** *pron*

quinceañero, -ra *n* : fifteen-year-old : teenager

quinceavo[1]**, -va** *adj* : fifteenth

quinceavo[2] *nm* : fifteenth

quincena *nf* : two week period : fortnight

quincenal *adj* : bimonthly : semimonthly

quincuagésimo[1]**, -ma** *adj* : fiftieth : fifty-

quincuagésimo[2]**, -ma** *n* : fiftieth : fifty-

quingombó *nm* : okra

quiniela *nf* : sports lottery

quinientos[1]**, -tas** *adj & pron* : five hundred

quinientos[2] *nms & pl* : five hundred

quinina *nf* : quinine

quino *nm* : cinchona

quinqué *nm* : oil lamp

quinquenal *adj* : five-year

quinta *nf* : country house : villa

quintaesencia *nf* : quintessence — **quintaesencial** *adj*

quintal *nm* : hundredweight

quinteto *nm* : quintet

quintillizo, -za *n* : quintuplet

quinto, -ta *adj & n* : fifth

quíntuplo, -la *adj* : quintuple : five-fold
quiosco *nm* : kiosk : newsstand
quiosquero, -ra *n* : kiosk vendor
quirófano *nm* : operating room
quiromancia *nf* : palmistry
quiropráctica *nf* : chiropractic
quiropráctico, -ca *n* : chiropractor
quirúrgico, -ca *adj* : surgical —
  quirúrgicamente *adv*
quiso, etc. → querer
quisquilloso[1], -sa *adj* : fastidious : fussy
quisquilloso[2], -sa *n* : fussy person
  : fussbudget
quiste *nm* : cyst
quitaesmalte *nm* : nail polish remover
quitamanchas *nms & pl* : stain remover
quitanieves *nms & pl* : snowplow
quitar *v* : to remove : to take away/off/
  out : to take : to take away : to take off
  : to get rid of : to relieve : to take up —
  quitarse *vr* : to withdraw : to leave : to
  go away : to take off
quitasol *nm* : parasol
quiteño[1], -ña *adj* : of or from Quito
quiteño[2], -ña *n* : person from Quito
quizá *or* **quizás** *adv* : maybe : perhaps
quórum *nm, pl* **quórums** : quorum
rábano *nm* : radish
rabí *nmf, pl* **rabíes** : rabbi
rabia *nf* : rabies : hydrophobia : rage
  : anger
rabiar *v* : to rage : to be furious : to be
  in great pain
rabieta *nf* : tantrum
rabino, -na *n* : rabbi
rabioso, -sa *adj* : enraged : furious
  : rabid
rabo *nm* : tail
rácano, -na *adj* : stingy
racha *nf* : gust of wind : run : series
  : string
racheado, -da *adj* : gusty : windy
racial *adj* : racial
racimo *nm* : bunch : cluster
raciocinio *nm* : reason : reasoning
ración *nf, pl* **raciones** : share : ration
  : portion : helping
racional *adj* : rational : reasonable —
  racionalmente *adv*
racionalidad *nf* : rationality
racionalización *nf, pl* **-ciones**
  : rationalization
racionalizar *v* : to rationalize : to
  streamline
racionamiento *nm* : rationing
racionar *v* : to ration
racismo *nm* : racism
racista *adj & nmf* : racist
radar *nm* : radar
radiación *nf, pl* **-ciones** : radiation
  : irradiation
radiactividad *nf* : radioactivity
radiactivo, -va *adj* : radioactive

radiador *nm* : radiator
radial *adj* : radial : radio : broadcasting
radiante *adj* : radiant — **radiantemente**
  adv
radiar *v* : to radiate : to irradiate : to
  broadcast
radical[1] *adj* : radical : extreme —
  radicalmente *adv*
radical[2] *nmf* : radical
radicalismo *nm* : radicalism
radicar *v* : to be found : to lie : to take
  root — **radicarse** *vr* : to settle : to
  establish oneself
radio[1] *nm* : radius : radium
radio[2] *nmf* : radio
radioactividad *nf* : radioactivity
radioactivo, -va *adj* : radioactive
radioaficionado, -da *n* : ham radio
  operator
radiodifusión *nf, pl* **-siones** : radio
  broadcasting
radiodifusora *nf* : radio station
radioemisora *nf* : radio station
radiofaro *nm* : radio beacon
radiofónico, -ca *adj* : radio
radiofrecuencia *nf* : radio frequency
radiografía *nf* : X ray
radiografiar *v* : to x-ray
radiología *nf* : radiology
radiólogo, -ga *n* : radiologist
radionovela *nf* : radio soap opera
radioterapia *nf* : radiation therapy
radioyente *nmf* : radio listener
radón *nm* : radon
raer *v* : to scrape : to scrape off
ráfaga *nf* : gust : flash : burst
rafting *nm* : rafting
ragtime *nm* : ragtime
raid *nm* : lift : ride
raído, -da *adj* : worn : shabby
raiga, etc. → raer
raíz *nf, pl* **raíces** : root : origin : source
raja *nf* : crack : slit : slice : wedge
rajá *nm* : raja
rajadura *nf* : crack : split
rajar *v* : to crack : to split : to chatter : to
  boast : to brag — **rajarse** *vr* : to split
  open : to back out
rajatabla *adv* **a ~** : strictly : to the letter
ralea *nf* : kind : sort : ilk
ralentí *nm* **dejar al ralentí** : to leave
  idling
rallado, -da *adj* : grated
rallador *nm* : grater
rallar *v* : to grate
ralo, -la *adj* : sparse : thin
RAM *nf* : RAM : random-access memory
rama *nf* : branch
Ramadán *nm, pl* **-danes** : Ramadan
ramaje *nm* : branches *pl*
ramal *nm* : spur : halter : strap
rambla *nf* : avenue : boulevard : seaside
  walk : boardwalk
ramera *nf* : harlot : prostitute

ramificación *nf, pl* **-ciones** : ramification
ramificarse *vr* : to branch out : to divide into branches
ramillete *nm* : bouquet : select group : cluster
ramo *nm* : branch : bouquet : division
rampa *nf* : ramp : incline
rana *nf* : frog
ranchera *nf* : traditional folk song
ranchería *nf* : settlement
ranchero, -ra *n* : rancher : farmer
rancho *nm* : ranch : farm : hut : settlement : camp : food : mess
rancio, -cia *adj* : aged : mellow : ancient : old : rancid
rango *nm* : rank : status : high social standing : pomp : splendor
ransomware *nm* : ransomware
ranúnculo *nm* : buttercup
ranura *nf* : groove : slot
rap *nm* : rap
rapar *v* : to crop : to shave
rapaz[1] *adj, pl* **rapaces** : rapacious : predatory
rapaz[2]**, -paza** *n, mpl* **rapaces** : youngster : child
rape *nm* : close haircut
rapé *nm* : snuff
rapero, -ra *n* : rapper : rap artist
rapidez *nf* : rapidity : speed
rápido[1] *adv* : quickly : fast
rápido[2]**, -da** *adj* : rapid : quick — **rápidamente** *adv*
rápido[3] *nm* : express train; **rápidos** *nmpl* : rapids
rapiña *nf* : plunder : pillage
raposa *nf* : vixen
rapsodia *nf* : rhapsody
raptar *v* : to abduct : to kidnap
rapto *nm* : kidnapping : abduction : fit : outburst
raptor, -tora *n* : kidnapper
raquero, -ra *n* : beachcomber
raqueta *nf* : racket : snowshoe
raquítico, -ca *adj* : scrawny : weak : measly : skimpy
raquitismo *nm* : rickets
raramente *adv* : seldom : rarely
rareza *nf* : rarity : peculiarity : oddity
raro, -ra *adj* : odd : strange : peculiar : unusual : rare : exceptional
ras *nm* **a ras de** : level with
rasar *v* : to skim : to graze : to level
rascacielos *nms & pl* : skyscraper
rascar *v* : to scratch : to scrape — **rascarse** *vr* : to scratch an itch
rasgadura *nf* : tear : rip
rasgar *v* : to rip : to tear — **rasgarse** *vr*
rasgo *nm* : stroke : trait : characteristic : gesture : deed; **rasgos** *nmpl* : features
rasgón *nm, pl* **rasgones** : rip : tear
rasgue, etc. → **rasgar**
rasguear *v* : to strum

rasguñar *v* : to scratch : to sketch : to outline
rasguño *nm* : scratch : sketch
raso[1]**, -sa** *adj* : level : flat
raso[2] *nm* : satin
raspadura *nf* : scratching : scraping; **raspaduras** *nfpl* : scrapings
raspar *v* : to scrape : to file down : to smooth : to be rough
rasposo, -sa *adj* : rough : scratchy
rasque, etc. → **rascar**
rastra *nf* : harrow
rastrear *v* : to track : to trace : to comb : to search : to trawl
rastrero, -ra *adj* : creeping : crawling : vile : despicable
rastrillar *v* : to rake : to harrow
rastrillo *nm* : rake : razor
rastro *nm* : trail : track : trace : sign
rastrojo *nm* : stubble
rasuradora *nf* : electric razor : shaver
rasurar *v* : to shave — **rasurarse** *vr*
rata[1] *nm* : pickpocket : thief
rata[2] *nf* : rat : rate : percentage
rata almizclera *nf* : muskrat
ratear *v* : to pilfer : to steal
ratero, -ra *n* : petty thief
ratificación *nf, pl* **-ciones** : ratification
ratificar *v* : to ratify : to confirm
rato *nm* : while
ratón[1]**, -tona** *n, mpl* **ratones** : mouse
ratón[2] *nm, pl* **ratones** : (computer) mouse : biceps
ratonera *nf* : mousetrap
raudal *nm* : torrent
raviolis *or* **ravioles** *nmpl* : ravioli
raya[1]**, etc.** → **raer**
raya[2] *nf* : line : stripe : skate : ray : part : crease
rayado, -da *adj* : striped : lined
rayar *v* : to scrawl : to scrawl on : to mark up : to dawn : to break — **rayarse** *vr*
rayo *nm* : ray : beam : lightning bolt
rayón *nm, pl* **rayones** : rayon
rayuela *nf* : hopscotch
raza *nf* : race : breed : strain
razón *nf, pl* **razones** : reason : motive : reasoning : sense
razonable *adj* : reasonable — **razonablemente** *adv*
razonado, -da *adj* : itemized : detailed
razonamiento *nm* : reasoning
razonar *v* : to reason : to think
re *nm* : D : re
re- *pref* : re-
reabastecimiento *nm* : replenishment
reabierto *pp* → **reabrir**
reabrir *v* : to reopen — **reabrirse** *vr*
reacción *nf, pl* **-ciones** : reaction
reaccionar *v* : to react : to respond
reaccionario, -ria *adj & n* : reactionary
reacio, -cia *adj* : resistant : opposed
reacondicionar *v* : to recondition

reactivación *nf, pl* **-ciones** : reactivation : revival

reactivar *v* : reactivate : revive

reactor *nm* : reactor : jet engine : jet airplane : jet

reafirmar *v* : to reaffirm : to assert : to strengthen

reagruparse *vr* : to regroup

reajustar *v* : to readjust : to adjust

reajuste *nm* : readjustment

real[1] *adj* : real : true : royal

real[2] *nm* : real

realce *nm* : embossing : relief

realeza *nf* : royalty

realidad *nf* : reality

realinear *v* : to realign —
realineamiento *nm*

realismo *nm* : realism : royalism

realista[1] *adj* : realistic : realist : royalist

realista[2] *nmf* : realist : royalist

realizable *adj* : feasible : attainable : workable

realización *nf, pl* **-ciones** : execution : realization

realizador, -dora *n* : (television or movie) producer

realizar *v* : to carry out : to execute : to produce : to direct : to fulfill : to achieve : to realize — **realizarse** *vr* : to come true : to fulfill oneself

realmente *adv* : really : in reality

realzar *v* : to heighten : to raise : to highlight : to enhance

reanimación *nf, pl* **-ciones** : revival : resuscitation

reanimar *v* : to revive : to restore : to resuscitate — **reanimarse** *vr* : to come around : to recover

reanudación *nf, pl* **-ciones** : resumption : renewal

reanudar *v* : to resume : to renew —
reanudarse *vr* : to continue

reaparecer *v* : to reappear : to make a comeback

reaparición *nf, pl* **-ciones** : reappearance

reapertura *nf* : reopening

reata *nf* : rope : lasso : lariat

reavivar *v* : to revive : to reawaken

rebaja *nf* : reduction : discount; **rebajas** *nfpl* : sale

rebajar *v* : to reduce : to lower : to lessen : to diminish : to humiliate —
rebajarse *vr* : to humble oneself

rebanada *nf* : slice

rebanadora *nf* : slicer

rebañar *v* : to mop up : to sop up

rebaño *nm* : flock : herd

rebasar *v* : to surpass : to exceed : to pass : to overtake

rebatiña *nf* : scramble : fight

rebatir *v* : to refute

rebato *nm* : surprise attack

rebeca *nf* : cardigan

rebelarse *vr* : to rebel

rebelde[1] *adj* : rebellious : unruly

rebelde[2] *nmf* : rebel : defaulter

rebeldía *nf* : rebelliousness

rebelión *nf, pl* **-liones** : rebellion

reblandecer *v* : to soften

rebobinar *v* : to rewind

reborde *nm* : border : flange : rim

rebosante *adj* : brimming : overflowing

rebosar *v* : to overflow : to radiate

rebotar *v* : to bounce : to ricochet : to rebound

rebote *nm* : bounce : rebound : ricochet

rebozar *v* : to coat in batter

rebozo *nm* : shawl : wrap

rebullir *v* : to move : to stir — **rebullirse** *vr*

rebuscado, -da *adj* : affected : pretentious

rebuscar *v* : to search thoroughly

rebuznar *v* : to bray

rebuzno *nm* : bray : braying

recabar *v* : to gather : to obtain : to collect

recado *nm* : message : errand

recaer *v* : to relapse

recaída *nf* : relapse

recaiga, etc. → **recaer**

recalar *v* : to arrive

recalcar *v* : to emphasize : to stress

recalcitrante *adj* : recalcitrant

recalentar *v* : to reheat : to warm up : to overheat

recámara *nf* : bedroom : chamber

recamarera *nf* : chambermaid

recambio *nm* : spare part : refill

recapacitar *v* : to reconsider

recapitular *v* : to recapitulate —
recapitulación *nf*

recargable *adj* : rechargeable

recargado, -da *adj* : overly elaborate or ornate

recargar *v* : to recharge : to reload : to overload — **recargarse** *vr* ~ **contra** : to lean against

recargo *nm* : surcharge

recatado, -da *adj* : modest : demure

recato *nm* : modesty

recaudación *nf, pl* **-ciones** : collection : earnings *pl* : takings *pl*

recaudador, -dora *n* **recaudador de impuestos** : tax collector

recaudar *v* : to collect

recaudo *nm* : safe place

recayó, etc. → **recaer**

rece, etc. → **rezar**

recelar *v* ~ **de** : to distrust : to be suspicious of

recelo *nm* : distrust : suspicion

receloso, -sa *adj* : distrustful : suspicious

recepción *nf, pl* **-ciones** : reception

recepcionista *nmf* : receptionist

receptáculo *nm* : receptacle

receptividad *nf* : receptiveness
receptivo, -va *adj* : receptive
receptor[1], -tora *adj* : receiving
receptor[2], -tora *n* : recipient : catcher
: receiver
receptor[3] *nm* : receiver
recesión *nf, pl* **-siones** : recession
recesivo, -va *adj* : recessive
receso *nm* : recess : adjournment
receta *nf* : recipe : prescription
recetar *v* : to prescribe
rechazar *v* : to reject : to turn down : to
refuse
rechazo *nm* : rejection : refusal
rechifla *nf* : booing : jeering
rechinar *v* : to squeak : to grind : to
gnash
rechistar *v* : to complain : to answer
back
rechoncho, -cha *adj* : chubby : squat
rechupete *adj* **de ~** : delicious
: scrumptious
recibidor *nm* : vestibule : entrance hall
recibimiento *nm* : reception : welcome
recibir *v* : to receive : to get : to greet
: to receive visitors — **recibirse** *vr* : to
graduate
recibo *nm* : receipt
reciclable *adj* : recyclable
reciclado → **reciclaje**
reciclaje *nm* : recycling : retraining
reciclar *v* : to recycle : to retrain
recién *adv* : newly : recently : just : only
just
reciente *adj* : recent — **recientemente**
adv
recinto *nm* : enclosure : site : premises
pl
recio[1] *adv* : strongly : hard : loudly : loud
recio[2], -cia *adj* : severe : harsh : tough
: strong
recipiente[1] *nm* : container : receptacle
recipiente[2] *nmf* : recipient
reciprocar *v* : to reciprocate
reciprocidad *nf* : reciprocity
recíproco, -ca *adj* : reciprocal : mutual
— **recíprocamente** *adv*
recitación *nf, pl* **-ciones** : recitation
: recital
recital *nm* : recital
recitar *v* : to recite
reclamación *nf, pl* **-ciones** : claim
: demand : complaint
reclamar *v* : to demand : to require : to
claim : to complain
reclamo *nm* : bird call : lure
: decoy : inducement : attraction
: advertisement : complaint
reclinable *adj* : reclining
reclinar *v* : to rest : to lean — **reclinarse**
vr : to recline : to lean back
recluir *v* : to confine : to lock up —
recluirse *vr* : to shut oneself up : to
withdraw

reclusión *nf, pl* **-siones** : imprisonment
recluso, -sa *n* : inmate : prisoner
: recluse
recluta *nmf* : recruit : draftee
reclutamiento *nm* : recruitment
: recruiting
reclutar *v* : to recruit : to enlist
recobrar *v* : to recover : to regain —
recobrarse *vr* : to recuperate
recocer *v* : to overcook : to cook again
recodo *nm* : bend
recogedor *nm* : dustpan
recogepelotas *nmfs & pl* : ball boy *m*
: ball girl *f*
recoger *v* : to collect : to gather : to get
: to pick up : to retrieve : to clean up
: to tidy
recogido, -da *adj* : quiet : secluded
recogimiento *nm* : collecting
: gathering : withdrawal : absorption
: concentration
recolección *nf, pl* **-ciones** : collection
: harvest
recolectar *v* : to gather : to collect : to
harvest : to pick
recomendable *adj* : advisable
: recommended
recomendación *nf, pl* **-ciones**
: recommendation
recomendar *v* : to recommend : to
advise
recompensa *nf* : reward : recompense
recompensar *v* : to reward : to
compensate
reconciliación *nf, pl* **-ciones**
: reconciliation
reconciliar *v* : to reconcile —
reconciliarse *vr*
recóndito, -ta *adj* : remote : isolated
: hidden
reconfortar *v* : to comfort —
reconfortante *adj*
reconocer *v* : to recognize : to admit : to
examine
reconocible *adj* : recognizable
reconocido, -da *adj* : recognized
: accepted : grateful
reconocimiento *nm* : acknowledgment
: recognition : avowal : (medical)
examination : reconnaissance
reconquista *nf* : reconquest
reconquistar *v* : to reconquer : to
recapture : to regain : to recover
reconsiderar *v* : to reconsider —
reconsideración *nf*
reconstrucción *nf, pl* **-ciones**
: reconstruction
reconstructivo, -va *adj* : reconstructive
reconstruir *v* : to rebuild : to reconstruct
reconversión *nf, pl* **-siones**
: restructuring
reconvertir *v* : to restructure : to retrain
recopilación *nf, pl* **-ciones** : summary
: collection : compilation

recopilar v : to compile : to collect

récord or **record** nm, pl **récords** or
records : record — **récord** or **record** adj

recordar v : to recall : to remember : to
remind : to wake up

recordatorio[1], **-ria** adj : commemorative

recordatorio[2] nm : reminder

recorrer v : to travel through : to tour : to
cover : to go over : to look over

recorrido nm : journey : trip : path
: route : course : round

recortar v : to cut : to reduce : to cut
out : to trim : to cut off : to outline —
recortarse vr : to stand out

recorte nm : cut : reduction : clipping

recostar v : to lean : to rest —
recostarse vr : to lie down : recline

recoveco nm : bend : turn : nook
: corner; **recovecos** nmpl : intricacies
: ins and outs

recreación nf, pl **-ciones** : re-creation
: recreation : entertainment

recrear v : to re-create : to entertain
: to amuse — **recrearse** vr : to enjoy
oneself

recreativo, -va adj : recreational

recreo nm : entertainment : amusement
: recess : break

recriminación nf, pl **-ciones** : reproach
: recrimination

recriminar v : to reproach —
recriminarse vr

recrudecer v : to intensify : to worsen
— **recrudecerse** vr

recta nf : straight line

rectal adj : rectal

rectangular adj : rectangular

rectángulo nm : rectangle

rectificación nf, pl **-ciones** : rectification
: correction

rectificar v : to rectify : to correct : to
straighten

rectitud nf : honesty : rectitude

recto[1] adv : straight

recto[2], **-ta** adj : straight : upright
: honorable : sound

recto[3] nm : rectum

rector[1], **-tora** adj : governing : managing

rector[2], **-tora** n : rector

rectoría nf : rectory

recuadro nm : box

recubierto pp → **recubrir**

recubrir v : to cover : to coat

recuento nm : recount : count

recuerdo nm : memory : souvenir
: memento; **recuerdos** nmpl : regards

recular v : to back up : to retreat : to fall
back : to back down

recuperación nf, pl **-ciones** : recovery
: recuperation

recuperar v : to recover : to get back : to
retrieve : to recoup : to make up
for — **recuperarse** vr ~ **de** : to recover
from : to get over

recurrente adj : recurrent : recurring

recurrir v : to appeal

recurso nm : recourse : appeal;
recursos nmpl : resources : means

red nf : net : mesh : network : system
: chain : trap : snare

redacción nf, pl **-ciones** : writing
: composition : editing

redactar v : to write : to draft : to edit

redactor, -tora n : editor

redada nf : raid : catch : haul

redecorar v : to redecorate

redefinir v : to redefine — **redefinición**
nf

redención nf, pl **-ciones** : redemption

redentor[1], **-tora** adj : redeeming

redentor[2], **-tora** n : redeemer

redescubierto pp → **redescubrir**

redescubrir v : to rediscover

redicho, -cha adj : affected : pretentious

redil nm : sheepfold

redimir v : to redeem : to deliver

rediseñar v : to redesign

redistribuir v : to redistribute —
redistribución nf

rédito nm : return : yield

redituar v : to produce : to yield

redoblar v : to redouble : to strengthen
— **redoblado, -da** adj

redoble nm : drum roll

redomado, -da adj : sly : crafty : utter
: out-and-out

redonda nf : region : surrounding area
: whole note

redondear v : to round off : to round out

redondel nm : ring : circle : bullring
: arena

redondez nf : roundness

redondo, -da adj : round : great : perfect
: straightforward : flat : round-trip

reducción nf, pl **-ciones** : reduction
: decrease

reducido, -da adj : reduced : limited
: small

reducir v : to reduce : to decrease
: to cut : to subdue : to boil down —
reducirse vr ~ **a** : to come down to : to
be nothing more than

redundancia nf : redundancy

redundante adj : redundant

reedición nf, pl **-ciones** : reprint

reeditar v : to reprint

reelegir v : to reelect — **reelección** nf

reembolsable adj : refundable

reembolsar v : to refund : to reimburse
: to repay

reembolso nm : refund : reimbursement

reemplazable adj : replaceable

reemplazar v : to replace : to substitute

reemplazo nm : replacement
: substitution

reencarnación nf, pl **-ciones**
: reincarnation

reencuentro nm : reunion

reestablecer v : to reestablish
reestructurar v : to restructure
reexaminar v : to reexamine
refacción nf, pl **-ciones** : spare part : replacement part : repair : renovation
refaccionar v : to repair : to renovate
refaccionaria nf : repair shop
referencia nf : reference
referendo → **referéndum**
referéndum nm, pl **-dums** : referendum
referente adj ~ **a** : concerning
réferi or **referi** nmf : referee
referir v : to relate : to tell : to refer — **referirse** vr ~ **a** : to refer to : to be concerned : to be in reference to
refilón → **de refilón**
refinado[1], **-da** adj : refined
refinado[2] nm : refining
refinamiento nm : refining : refinement
refinanciar v : to refinance
refinar v : to refine
refinería nf : refinery
reflectante adj : reflective : reflecting
reflector[1], **-tora** adj : reflecting
reflector[2] nm : spotlight : searchlight : reflector
reflejar v : to reflect — **reflejarse** vr : to be reflected
reflejo nm : reflection : reflex; **reflejos** nmpl : highlights : streaks
reflexión nf, pl **-xiones** : reflection : thought
reflexionar v : to reflect : to think
reflexivo, -va adj : reflective : thoughtful : reflexive
reflujo nm : ebb : ebb tide
reforma nf : reform : alteration : renovation
reformador, -dora n : reformer
reformar v : to reform : to change : to alter : to renovate : to repair — **reformarse** vr : to mend one's ways
reformatorio nm : reform school
reforzar v : to reinforce : to strengthen : to encourage : to support
refracción nf, pl **-ciones** : refraction
refractar v : to refract — **refractarse** vr
refrán nm, pl **refranes** : proverb : saying
refregar v : to scrub
refrenar v : to rein in : to restrain : to check — **refrenarse** vr : to restrain oneself
refrendar v : to countersign : to endorse : to stamp
refrescante adj : refreshing
refrescar v : to refresh : to cool : to brush up : to turn cooler
refresco nm : refreshment : soft drink
refriega nf : skirmish : scuffle
refrigeración nf, pl **-ciones** : refrigeration : air-conditioning
refrigerador nmf : refrigerator
refrigeradora nf : refrigerator
refrigerante nm : coolant

refrigerar v : to refrigerate : to air-condition
refrigerio nm : snack : refreshments pl
refrito[1], **-ta** adj : refried
refrito[2] nm : fried dish
refuerzo nm : reinforcement : support
refugiado, -da n : refugee
refugiar v : to shelter — **refugiarse** vr : to take refuge
refugio nm : refuge : shelter
refulgencia nf : brilliance : splendor
refulgir v : to shine brightly
refundir v : to recast : to revise : to rewrite
refunfuñar v : to grumble : to groan
refutar v : to refute — **refutación** nf
regadera nf : watering can : shower head : shower : sprinkler
regaderazo nm : shower
regadío nm **tierra de ~** : irrigated land
regalado, -da adj : dirt cheap : comfortable : easy
regalar v : to present : to give away : to regale : to entertain : to flatter : to make a fuss over — **regalarse** vr : to pamper oneself
regalía nf : royalty : payment
regaliz nm, pl **-lices** : licorice
regalo nm : gift : present : pleasure : comfort : treat
regalón, -lona adj, mpl **-lones** : spoiled
regañadientes mpl **a ~** : reluctantly : unwillingly
regañar v : to scold : to give a talking to : to grumble : to complain : to quarrel : to argue
regañina nf : scolding
regaño nm : scolding
regañón, -ñona adj, mpl **-ñones** : grumpy : irritable
regar v : to irrigate : to water : to wash : to hose down : to spill : to scatter
regata nf : regatta : yacht race
regate nm : dodge : feint
regatear v : to haggle over : to skimp on : to be sparing with : to bargain : to haggle
regateo nm : bargaining : haggling
regatón nm, pl **-tones** : cap : tip
regazo nm : lap
regencia nf : regency
regenerar v : to regenerate — **regenerarse** vr — **regeneración** nf
regentar v : to run : to manage
regente nmf : regent
reggae nm : reggae
regidor, -dora n : town councillor
régimen nm, pl **regímenes** : regime : diet : regimen : rules pl
regimiento nm : regiment
regio, -gia adj : great : magnificent : regal : royal
región nf, pl **regiones** : region : area
regional adj : regional — **regionalmente** adv

regir *v* : to rule : to manage : to run : to control : to govern : to apply : to be in force — **regirse** *vr* ~ **por** : to go by : to be guided by

registrador¹, -dora *adj* **caja registradora** : cash register

registrador², -dora *n* : registrar : recorder

registrar *v* : to register : to record : to tape : to search : to examine — **registrarse** *vr* : to happen : to occur

registro *nm* : register : registration : registry : record office : range : search

regla *nf* : rule : regulation : ruler : period : menstruation

reglamentación *nf, pl* **-ciones** : regulation : rules *pl*

reglamentar *v* : to regulate : to set rules for

reglamentario, -ria *adj* : regulation : official

reglamento *nm* : regulations *pl* : rules *pl*

regocijar *v* : to gladden : to delight — **regocijarse** *vr* : to rejoice

regocijo *nm* : delight : rejoicing

regodearse *vr* : to delight : to gloat

regordete, -ta *adj* : chubby

regresar *v* : to give back : to return : to come back : to go back

regresión *nf, pl* **-siones** : regression : return

regresivo, -va *adj* : regressive

regreso *nm* : return

reguero *nm* : irrigation ditch : trail : trace

regulable *adj* : adjustable

regulación *nf, pl* **-ciones** : regulation : control

regulador¹, -dora *adj* : regulating : regulatory

**regulador² ** *nm* : regulator : governor

regular¹ *v* : to regulate : to control

regular² *adj* : regular : fair : OK : so-so : medium : average

regularidad *nf* : regularity

regularización *nf, pl* **-ciones** : normalization

regularizar *v* : to normalize : to make regular

regularmente *adv* : regularly

regurgitar *v* : to regurgitate

regusto *nm* : aftertaste

rehabilitar *v* : to rehabilitate : to reinstate : renovate : to restore — **rehabilitación** *nf*

rehacer *v* : to redo : to remake : to repair : to renew — **rehacerse** *vr* : to recover

rehecho *pp* → **rehacer**

rehén *nm, pl* **rehenes** : hostage

rehicieron, etc. → **rehacer**

rehizo → **rehacer**

rehuir *v* : to avoid : to shun

rehusar *v* : to refuse

reimprimir *v* : to reprint

reina *nf* : queen

reinado *nm* : reign

reinante *adj* : reigning : prevailing : current

reinar *v* : to reign : to prevail

reincidencia *nf* : recidivism

reincidente *adj & nmf* : recidivist

reincidir *v* : to backslide : to relapse

reincorporar *v* : to reinstate — **reincorporarse** *vr* ~ **a** : to return to : to rejoin

reiniciar *v* : to resume : to restart : to reboot

reino *nm* : kingdom : realm

reinstalar *v* : to reinstall : to reinstate

reintegración *nf, pl* **-ciones** : reinstatement : reintegration : refund : reimbursement

reintegrar *v* : to reintegrate : reinstate : to refund : to reimburse — **reintegrarse** *vr* ~ **a** : to return to : to rejoin

reintegro *nm* : refund : reimbursement

reintroducir *v* : to reintroduce

reír *v* : to laugh : to laugh at — **reírse** *vr*

reiteración *nf, pl* **-ciones** : reiteration : repetition

reiterado, -da *adj* : repeated — **reiteradamente** *adv*

reiterar *v* : to reiterate : to repeat

reiterativo, -va *adj* : repetitive : repetitious

reivindicación *nf, pl* **-ciones** : demand : claim : vindication

reivindicar *v* : to vindicate : to demand : to claim : to restore

reja *nf* : grille : grating : plowshare

rejego, -ga *adj* : stubborn

rejilla *nf* : grille : grate : screen

rejuvenecer *v* : to rejuvenate : to be rejuvenated — **rejuvenecerse** *vr*

rejuvenecimiento *nm* : rejuvenation

relación *nf, pl* **-ciones** : relation : connection : relevance : relationship : account : list : ratio

relacionar *v* : to relate : to connect — **relacionarse** *vr* ~ **con** : to be connected to : to be linked with

relajación *nf, pl* **-ciones** : relaxation

relajado, -da *adj* : relaxed : loose : dissolute : depraved

relajante *adj* : relaxing

relajar *v* : to relax : to slacken : to be relaxing — **relajarse** *vr*

relajo *nm* : commotion : ruckus : joke : laugh

relamerse *vr* : to smack one's lips : to lick one's chops

relámpago *nm* : flash of lightning

relampaguear *v* : to flash

relanzar *v* : to relaunch

relatar *v* : to relate : to tell

relatividad *nf* : relativity

relativismo *nm* : relativism

relativo, -va *adj* : relative — **relativamente** *adv*

relato nm : story : tale : account
relax nm : relaxation
releer v : to reread
relegar v : to relegate
relevante adj : outstanding : important
relevar v : to relieve : to take over from
— **relevarse** vr : to take turns
relevo nm : relief : replacement : relay
relicario nm : shrine : container : locket
relieve nm : relief : projection
: prominence : importance
religión nf, pl **-giones** : religion
religiosamente adv : religiously
: faithfully
religioso[1], **-sa** adj : religious
religioso[2], **-sa** n : monk m : nun f
relinchar v : to neigh : to whinny
relincho nm : neigh : whinny
reliquia nf : relic
rellano nm : landing
rellenar v : to refill : to stuff : to fill : to
fill out
relleno[1], **-na** adj : stuffed : filled
relleno[2] nm : stuffing : filling
reloj nm : clock : watch
relojería nf : watchmaker's shop
: watchmaking : clockmaking
relojero, -ra n : watchmaker
: clockmaker
reluciente adj : brilliant : shining
relucir v : to glitter : to shine
relumbrante adj : dazzling
relumbrar v : to shine brightly
relumbrón nm, pl **-brones** : flash : glare
remachar v : to rivet : to clinch : to
stress : to drive home : to smash : to
spike
remache nm : rivet : smash : spike
remanente nm : remainder : balance
: surplus
remangar v : to roll up — **remangarse**
vr : to roll up one's sleeves
remanso nm : pool
remar v : to row : to paddle : to struggle
: to toil
remarcar v : to emphasize : to stress
rematado, -da adj : utter : complete
rematador, -dora n : auctioneer
rematar v : to finish off : to auction : to
shoot : to end
remate nm : shot : auction : end
: conclusion
remecer v : to sway : to swing
remedar v : to imitate : to copy : to
mimic : to ape
remediar v : to remedy : to repair : to
help out : to assist : to prevent : to
avoid
remedio nm : remedy : cure : solution
: option
remedo nm : imitation
rememorar v : to recall
remendar v : to mend : to patch : to
darn : to correct

remera nf : T-shirt
remero, -ra n : rower
remesa nf : remittance : shipment
remezón nm, pl **-zones** : mild
earthquake : tremor
remiendo nm : patch : correction
remilgado, -da adj : prim : prudish
: affected
remilgo nm : primness : affectation
reminiscencia nf : reminiscence
remisión nf, pl **-siones** : sending
: delivery : remission : reference
: cross-reference
remiso, -sa adj : lax : remiss : reluctant
remite nm : return address
remitente[1] nm : return address
remitente[2] nmf : sender
remitir v : to send : to remit : to subside
: to let up — **remitirse** vr ~ **a** : to refer
to
remo nm : paddle : oar : rowing
remoción nf, pl **-ciones** : removal
: dismissal
remodelación nf, pl **-ciones**
: remodeling : reorganization
: restructuring
remodelar v : to remodel : to restructure
remojar v : to soak : to steep : to dip : to
dunk : to celebrate with a drink
remojo nm : soaking : steeping
remolacha nf : beet
remolcador nm : tugboat
remolcar v : to tow : to haul
remolino nm : whirlwind : eddy
: whirlpool : crowd : throng : cowlick
remolón, -lona adj, mpl **-lones** : lazy
remolque nm : towing : tow : trailer
remontar v : to overcome : to go up —
remontarse vr : to soar
rémora nf : obstacle : hindrance
remorder v : to trouble : to distress
remordimiento nm : remorse
remotamente adv : remotely : vaguely
remoto, -ta adj : remote : unlikely
: distant : far-off
remover v : to stir : to move around : to
turn over : to stir up : to remove : to
dismiss
removible adj : removable
remozamiento nm : renovation
remozar v : to renew : to brighten up : to
redo : to renovate
remuneración nf, pl **-ciones**
: remuneration : pay
remunerar v : to pay : to remunerate
renacer v : to be reborn : to revive
renacimiento nm : rebirth : revival
renacuajo nm : tadpole : pollywog
renal adj : renal : kidney
rencilla nf : quarrel
renco, -ca adj : lame
rencor nm : rancor : enmity : hostility
rencoroso, -sa adj : resentful : bitter
: rancorous

rendición *nf, pl* **-ciones** : surrender : submission : yield : return
rendido, -da *adj* : submissive : worn-out : exhausted : devoted
rendija *nf* : crack : split
rendimiento *nm* : performance : yield : efficiency
rendir *v* : to render : to give : to yield : to exhaust : to progress : to make headway : to last : to go a long way — **rendirse** *vr* : to surrender : to give up
renegado, -da *n* : renegade
renegar *v* : to deny vigorously : to abhor : to hate
renglón *nm, pl* **renglones** : line : merchandise
rengo, -ga *adj* : lame
renguear *v* : to limp
reno *nm* : reindeer
renombrado, -da *adj* : renowned : famous
renombre *nm* : renown : fame
renovable *adj* : renewable
renovación *nf, pl* **-ciones** : renewal : change : renovation
renovar *v* : to renew : to restore : to renovate
renquear *v* : to limp : to hobble
renquera *nf* : limp : lameness
renta *nf* : income : rent
rentable *adj* : profitable — **rentabilidad** *nf*
rentar *v* : to produce : to yield : to rent
renuencia *nf* : reluctance : unwillingness
renuente *adj* : reluctant : unwilling
renuncia *nf* : resignation : renunciation : waiver
renunciar *v* : to resign
reñido, -da *adj* : tough : hard-fought : at odds : on bad terms
reñir *v* : to argue : to scold : to reprimand
reo, rea *n* : accused : defendant : offender : culprit
reojo *nm* de ~ : out of the corner of one's eye
reorganizar *v* : to reorganize — **reorganización** *nf*
repantigarse *vr* : to slouch : to loll about
reparación *nf, pl* **-ciones** : reparation : amends : repair
reparador, -dora *adj* : refreshing
reparar *v* : to repair : to fix : to mend : to make amends for : to correct : to restore : to refresh
reparo *nm* : repair : restoration : reservation : qualm
repartición *nf, pl* **-ciones** : distribution : department : division
repartidor¹, -dora *adj* : delivery
repartidor², -dora *n* : delivery person : distributor
repartimiento *nm* → **repartición**

repartir *v* : to allocate : to distribute : to hand out : to spread
reparto *nm* : allocation : distribution : cast
repasador *nm* : dish towel
repasar *v* : to pass by again : to review : to go over : to mend
repaso *nm* : review : mending : checkup : overhaul
repatriar *v* : to repatriate — **repatriación** *nf*
repavimentar *v* : to resurface
repelente¹ *adj* : repellent : repulsive
repelente² *nm* : repellent
repeler *v* : to repel : to resist : to repulse : to reject : to disgust
repensar *v* : to rethink : to reconsider
repente *nm* : sudden movement : start : fit : outburst
repentino, -na *adj* : sudden — **repentinamente** *adv*
repercusión *nf, pl* **-siones** : repercussion
repercutir *v* : to reverberate : to echo
repertorio *nm* : repertoire
repetición *nf, pl* **-ciones** : repetition : rerun : repeat
repetidamente *adv* : repeatedly
repetido, -da *adj* : repeated : numerous
repetir *v* : to repeat : to have a second helping of : to repeat a year : to have a second helping : to give indigestion — **repetirse** *vr* : to repeat oneself : to recur
repetitivo, -va *adj* : repetitive : repetitious
repicar *v* : to ring : to ring out : to peal
repique *nm* : ringing : pealing
repiqueteo *nm* : ringing : pealing : drumming
repisa *nf* : shelf : ledge
replantear *v* : to redefine : to restate — **replantearse** *vr* : to reconsider
replegar *v* : to fold — **replegarse** *vr* : retreat : to withdraw
repleto, -ta *adj* : replete : full
réplica *nf* : reply : replica : reproduction : aftershock
replicación *nf, pl* **-ciones** : replication
replicar *v* : to reply : to retort : to argue : to answer back
repliegue *nm* : fold : retreat : withdrawal
repollo *nm* : cabbage
reponer *v* : to replace : to put back : to reinstate : to reply — **reponerse** *vr* : to recover
reportaje *nm* : article : story : report
reportar *v* : to check : to restrain : to bring : to carry : to yield : to report — **reportarse** *vr* : to control oneself : to show up
reporte *nm* : report
reportear *v* : to report on : to cover
reportero, -ra *n* : reporter

reposado, -da *adj* : calm
reposapiés *nm, pl* **reposapiés** : footrest
reposar *v* : to rest : to repose : to stand
: to settle : to lie : to be buried —
reposarse *vr* : to settle
reposición *nf, pl* **-ciones** : replacement
: reinstatement : revival
repositorio *nm* : repository
reposo *nm* : repose : rest
repostar *v* : to stock up : to refuel
repostear *v* : to repost
repostería *nf* : confectioner's shop
: pastry-making
repostero, -ra *n* : confectioner
repreguntar *v* : to cross-examine
repreguntas *nfpl* : cross-examination
reprender *v* : to reprimand : to scold
reprensible *adj* : reprehensible
represa *nf* : dam
represalia *nf* : reprisal : retaliation
represar *v* : to dam
representación *nf, pl* **-ciones**
: representation : performance
representante *nmf* : representative
: performer
representar *v* : to represent : to act for
: to perform : to look : to appear as : to
symbolize : to stand for : to signify : to
mean — **representarse** *vr* : to imagine
: to picture
representativo, -va *adj* : representative
represión *nf, pl* **-siones** : repression
represivo, -va *adj* : repressive
reprimenda *nf* : reprimand
reprimir *v* : to repress : to suppress
: to stifle
reprobable *adj* : reprehensible
: culpable
reprobación *nf, pl* **-ciones** : disapproval
reprobar *v* : to condemn : to disapprove
of : to fail
reprobatorio, -ria *adj* : disapproving
: admonishing
reprochable *adj* : reprehensible
reprochar *v* : to reproach —
reprocharse *vr*
reproche *nm* : reproach
reproducción *nf, pl* **-ciones**
: reproduction
reproducir *v* : to reproduce —
reproducirse *vr* : to breed : to recur
reproductor[1], -tora *adj* : reproductive
reproductor[2] *nm* : player
reptar *v* : to crawl : to slither
reptil[1] *adj* : reptilian
reptil[2] *nm* : reptile
república *nf* : republic
republicano, -na *adj & n* : republican
— **republicanismo** *nm*
repudiar *v* : to repudiate — **repudiación**
nf
repudio *nm* : repudiation
repuesto[1] *pp* → **reponer**
repuesto[2] *nm* : spare part

repugnancia *nf* : repugnance
repugnante *adj* : repulsive : repugnant
: revolting
repugnar *v* : to cause repugnance : to
disgust — **repugnarse** *vr*
repujar *v* : to emboss
repulsa *nf* : rejection : condemnation
repulsivo, -va *adj* : repulsive
repuntar *v* : to round up : to begin to
appear — **repuntarse** *vr* : to fall out
: to quarrel
repuso, etc. → **reponer**
reputación *nf, pl* **-ciones** : reputation
reputar *v* : to consider : to deem
requerir *v* : to require : to call for : to
summon : to send for
requesón *nm, pl* **-sones** : curd cheese
: cottage cheese
réquiem *nm* : requiem
requisa *nf* : requisition : seizure
: inspection
requisar *v* : to requisition : to seize : to
inspect
requisito *nm* : requirement
res *nf* : beast : animal : beef; **reses** *nfpl*
: cattle
resabio *nm* : bad habit : vice : aftertaste
resaca *nf* : undertow : hangover
resaltar *v* : to stand out : to stress : to
emphasize
resarcimiento *nm* : compensation
: reimbursement
resarcir *v* : to compensate : to indemnify
— **resarcirse** *vr* ~ **de** : to make up for
resbalada *nf* : slip
resbaladizo, -za *adj* : slippery : tricky
: ticklish : delicate
resbalar *v* : to slip : to slide : to slip
up : to make a mistake : to skid —
resbalarse *vr*
resbalón *nm, pl* **-lones** : slip
resbaloso, -sa *adj* : slippery
rescatar *v* : to rescue : to save : to
recover : to get back
rescate *nm* : rescue : recovery : ransom
rescindir *v* : to rescind : to annul : to
cancel
rescisión *nf, pl* **-siones** : annulment
: cancellation
rescoldo *nm* : embers *pl*
resecar *v* : to make dry : to dry up —
resecarse *vr* : to dry up
reseco, -ca *adj* : dry
resentido, -da *adj* : resentful
resentimiento *nm* : resentment
resentirse *vr* : to suffer : to be
weakened : to be/get upset — **resentir**
v : to feel : to resent
reseña *nf* : report : summary : review
: description
reseñar *v* : to review : to describe
reserva *nf* : reservation : reserve
: confidence : privacy; **reservas** *nfpl*
: reservations : doubts

reservación *nf, pl* **-ciones** : reservation
reservado, -da *adj* : reserved : reticent
: confidential
reservar *v* : to reserve — **reservarse** *vr*
: to save oneself : to conceal : to keep
to oneself
reservorio *nm* : reservoir : reserve
resfriado *nm* : cold
resfriar *v* : to cool — **resfriarse** *vr* : to
cool off : to catch a cold
resfrío *nm* : cold
resguardar *v* : to safeguard : to protect
— **resguardarse** *vr*
resguardo *nm* : safeguard : protection
: receipt : voucher : border guard
: coast guard
residencia *nf* : residence : boarding
house
residencial *adj* : residential
residente *adj & nmf* : resident
residir *v* : to reside : to dwell
residual *adj* : residual
residuo *nm* : residue : remainder;
residuos *nmpl* : waste
resignación *nf, pl* **-ciones** : resignation
resignar *v* : to resign — **resignarse** *vr ~*
a : to resign oneself to
resina *nf* : resin
resistencia *nf* : resistance : endurance
: strength : stamina : heating element
resistente *adj* : resistant : strong : tough
resistir *v* : to stand : to bear : to tolerate
: to withstand : to resist — **resistirse** *vr*
~ a : to be resistant to : to be reluctant
resma *nf* : ream
resollar *v* : to breathe heavily : to wheeze
resolución *nf, pl* **-ciones** : resolution
: settlement : decision : determination
: resolve
resolver *v* : to resolve : to settle : to
decide — **resolverse** *vr* : to make up
one's mind
resonancia *nf* : resonance : impact
: repercussions *pl*
resonante *adj* : resonant : tremendous
: resounding
resonar *v* : to resound : to ring
resoplar *v* : to puff : to pant : to snort
resoplo *nm* : puffing : panting : snort
resorte *nm* : spring : elasticity
: influence : means *pl*
resortera *nf* : slingshot
respaldar *v* : to back : to support : to
endorse — **respaldarse** *vr* : to lean
back
respaldo *nm* : back : support : backing
respectar *v* : to concern : to relate to
respectivo, -va *adj* : respective —
respectivamente *adv*
respetable *adj* : respectable —
respetabilidad *nf*
respetar *v* : to respect
respeto *nm* : respect : consideration;
respetos *nmpl* : respects

respetuosidad *nf* : respectfulness
respetuoso, -sa *adj* : respectful —
respetuosamente *adv*
respingado, -da *adj* : snub-nosed
respingo *nm* : start : jump
respiración *nf, pl* **-ciones** : respiration
: breathing
respiradero *nm* : vent : ventilation shaft
respirador *nm* : respirator
respirar *v* : to breathe
respiratorio, -ria *adj* : respiratory
respiro *nm* : breath : respite : break
resplandecer *v* : to shine : to stand out
resplandeciente *adj* : resplendent
: shining : radiant
resplandor *nm* : brightness : brilliance
: radiance : flash
responder *v* : to answer : to reply : to
respond
respondón, -dona *adj, mpl* **-dones**
: sassy : fresh : impertinent
responsabilidad *nf* : responsibility
responsabilizarse *vr* : to accept
responsibility
responsable[1] *adj* : responsible —
responsablemente *adv*
responsable[2] *nmf* : person responsible
respuesta *nf* : answer : response
resquebrajar *v* : to split : to crack —
resquebrajarse *vr*
resquemor *nm* : resentment : bitterness
resquicio *nm* : crack : opportunity
: chance : trace
resta *nf* : subtraction
restablecer *v* : to reestablish : to restore
— **restablecerse** *vr* : to recover
restablecimiento *nm* : reestablishment
: restoration : recovery
restallar *v* : to crack : to crackle : to click
restallido *nm* : crack : crackle
restante *adj* : remaining
restañar *v* : to stanch
restar *v* : to deduct : to subtract : to
minimize : to play down : to remain
: to be left
restauración *nf, pl* **-ciones** : restoration
: catering : food service
restaurante *nm* : restaurant
restaurar *v* : to restore
restitución *nf, pl* **-ciones** : restitution
: return
restituir *v* : to return : to restore : to
reinstate
resto *nm* : rest : remainder; **restos** *nmpl*
: remains
restorán *nm, pl* **-ranes** : restaurant
restregadura *nf* : scrub : scrubbing
restregar *v* : to rub : to scrub —
restregarse *vr*
restricción *nf, pl* **-ciones** : restriction
: limitation
restrictivo, -va *adj* : restrictive
restringido, -da *adj* : limited : restricted
restringir *v* : to restrict : to limit

restructuración *nf, pl* **-ciones**
: restructuring
restructurar *v* : to restructure
resucitación *nf, pl* **-ciones**
: resuscitation
resucitar *v* : to resuscitate : to revive : to resurrect : to revitalize
resuello *nm* : puffing : heavy breathing : wheezing : break : breather
resueltamente *adv* : resolutely
resuelto[1] *pp* → **resolver**
resuelto[2], **-ta** *adj* : determined : resolved : resolute
resulta *nf* : consequence : result
resultado *nm* : result : outcome
resultante *adj & nf* : resultant
resultar *v* : to work : to work out : to be : to turn out to be : to end up being
resumen *nm, pl* **-súmenes** : summary : summation
resumidero *nm* : drain
resumir *v* : to summarize : to sum up
resurgimiento *nm* : resurgence
resurgir *v* : to reappear : to revive
resurrección *nf, pl* **-ciones**
: resurrection
retablo *nm* : tableau
retador, -dora *n* : challenger
retaguardia *nf* : rear guard
retahíla *nf* : string : series
retaliación *nf, pl* **-ciones** : retaliation
retama *nf* : broom
retar *v* : to challenge : to defy
retardar *v* : to delay : to retard : to postpone
retazo *nm* : remnant : scrap : fragment : piece
retén *nm, pl* **retenes** : squad : patrol : checkpoint : roadblock : reform school
retención *nf, pl* **-ciones** : retention : deduction : withholding
retener *v* : to retain : to keep : to withhold : to detain
retentivo, -va *adj* : retentive
reticencia *nf* : reluctance : reticence : insinuation
reticente *adj* : reluctant : reticent : insinuating : misleading
retina *nf* : retina
retintín *nm, pl* **-tines** : jingle : jangle
retirada *nf* : retreat : withdrawal : retirement : refuge : haven
retirado, -da *adj* : remote : distant : far off : secluded : quiet
retirar *v* : to remove : to take away : to recall : to withdraw : to take out —
retirarse *vr* : to retreat : to retire
retiro *nm* : retirement : withdrawal : retreat : seclusion
reto *nm* : challenge : dare
retocar *v* : to touch up
retomar *v* : to pick up : to resume
retoñar *v* : to sprout
retoño *nm* : sprout : shoot

retoque *nm* : touch-up : finishing touch
retorcer *v* : to twist : to wring —
retorcerse *vr* : to get twisted : to get tangled up : to squirm : to writhe : to wiggle about
retorcido, -da *adj* : twisted : complicated
retorcijón *nm, pl* **-jones** : cramp : sharp pain
retórica *nf* : rhetoric
retórico, -ca *adj* : rhetorical —
retóricamente *adv*
retornar *v* : to return
retorno *nm* : return
retozar *v* : to frolic : to romp
retozo *nm* : frolicking
retozón, -zona *adj, mpl* **-zones** : playful
retracción *nf, pl* **-ciones** : retraction : withdrawal
retractable *adj* : retractable
retractación *nf, pl* **-ciones** : retraction
retractarse *vr* : to withdraw : to back down
retraer *v* : to bring back : to dissuade — **retraerse** *vr* : to withdraw : to retire : to take refuge
retraído, -da *adj* : withdrawn : retiring : shy
retraimiento *nm* : shyness : timidity : withdrawal
retransmisión *nf, pl* **-siones** : broadcast
retransmitir *v* : to broadcast
retrasado, -da *adj* : mentally slow : behind : in arrears : backward : slow
retrasar *v* : to delay : to hold up : to put off : to postpone : to turn back — **retrasarse** *vr* : to be late : to fall behind : to lose time
retraso *nm* : delay : lateness
retratar *v* : to portray : to depict : to photograph : to paint a portrait of
retrato *nm* : depiction : portrayal : portrait : photograph
retrete *nm* : restroom : toilet
retribución *nf, pl* **-ciones** : pay : payment : reward
retribuir *v* : to pay : to reward
retroactivo, -va *adj* : retroactive — **retroactivamente** *adv*
retroalimentación *nf, pl* **-ciones** : feedback
retroceder *v* : to move back : to turn back : to back off : to back down : to recoil
retroceso *nm* : backward movement : backing down : setback : relapse : recoil
retrógrado, -da *adj* : reactionary : retrograde
retropropulsión *nf* : jet propulsion
retroproyector *nm* : overhead projector
retrospectiva *nf* : retrospective : hindsight
retrospectivamente *adv* : in retrospect

retrospectivo, -va adj : retrospective
retrovisor nm : rearview mirror
retruécano nm : pun : play on words
retuitear v : to retweet
retumbar v : to boom : to thunder : to resound : to reverberate
retumbo nm : booming : thundering : roll
retuvo, etc. → retener
reubicar v : to relocate — **reubicación** nf
reuma or **reúma** nmf → reumatismo
reumático, -ca adj : rheumatic
reumatismo nm : rheumatism
reunión nf, pl **-niones** : meeting : gathering : reunion
reunir v : to unite : to join : to bring together : to have : to possess : to gather : to collect : to raise — **reunirse** vr : to meet
reutilizable adj : reusable
reutilizar v : to recycle : to reuse
revalidar v : to confirm : to ratify : to defend
revalorizar v : to reevaluate : to reassess
revaluar v : to reevaluate — **revaluación** nf
revancha nf : revenge : rematch
revelación nf, pl **-ciones** : revelation
revelado nm : developing
revelador[1], **-dora** adj : revealing
revelador[2] nm : developer
revelar v : to reveal : to disclose : to develop
revendedor, -dora n : scalper : retailer
revender v : to resell : to scalp
reventa nf : resale : scalping
reventar v : to blow up : to annoy : to rile — **reventarse** vr : to burst
reventón nm, pl **-tones** : burst : bursting : blowout : flat tire : bash : party
reverberar v : to reverberate — **reverberación** nf
reverdecer v : to grow green again : to revive
reverencia nf : reverence : bow : curtsy
reverenciar v : to revere : to venerate
reverendo[1], **-da** adj : reverend : total : absolute
reverendo[2], **-da** n : reverend
reverente adj : reverent
reversa nf : reverse
reversible adj : reversible
reversión nf, pl **-siones** : reversion
reverso nm : back : other side
revertir v : to revert : to go back : to reverse
revés nm, pl **reveses** : back : wrong side : setback : reversal : backhand
revestimiento nm : covering : facing
revestir v : to coat : to cover : to surface : to conceal : to disguise : to take on : to assume

revisar v : to examine : to inspect : to check : to check over : to overhaul : to revise
revisión nf, pl **-siones** : revision : inspection : check
revisor, -sora n : inspector : conductor
revista nf : magazine : journal : revue
revistar v : to review : to inspect
revistero nm : magazine rack
revitalizar v : to revitalize — **revitalización** nf
revivir v : to revive : to come alive again : to relive
revocación nf, pl **-ciones** : revocation : repeal : reversal
revocar v : to revoke : to repeal : to plaster
revolcar v : to knock over : to knock down — **revolcarse** vr : to roll around : to wallow
revolcón nm, pl **-cones** : tumble : fall
revolotear v : to flutter around : to flit
revoloteo nm : fluttering : flitting
revoltoso, -sa adj : unruly : rebellious
revolución nf, pl **-ciones** : revolution
revolucionar v : to revolutionize
revolucionario, -ria adj & n : revolutionary
revolver v : to move about : to mix : to shake : to stir : to upset : to mess up : to rummage through — **revolverse** vr : to toss and turn : to turn around
revólver nm : revolver
revoque nm : plaster
revuelo nm : fluttering : commotion : stir
revuelta nf : uprising : revolt
revuelto[1] pp → revolver
revuelto[2], **-ta** adj : choppy : rough : untidy
rey nm : king
reyerta nf : brawl : fight
rezagado, -da n : straggler : latecomer
rezagar v : to leave behind : to postpone — **rezagarse** vr : to fall behind : to lag
rezar v : to pray : to say : to recite
rezo nm : prayer : praying
rezongar v : to gripe : to grumble
rezumar v : to ooze : to leak
ría, etc. → reír
riachuelo nm : brook : stream
riada nf : flood
ribera nf : bank : shore
ribete nm : border : trim : frill : adornment; **ribetes** nmpl : hint : touch
ribetear v : to border : to edge : to trim
ricachón[1], **-chona** adj, mpl **-chones** : rich : wealthy
ricachón[2], **-chona** n, mpl **-chones** : rich person
ricamente adv : richly : splendidly
rice, etc. → rizar
rickshaw nm : rickshaw
rico[1], **-ca** adj : rich : wealthy : fertile : luxurious : valuable : delicious : adorable : lovely : great : wonderful

rico², -ca *n* : rich person
ridiculez *nf, pl* **-leces** : absurdity
ridiculizar *v* : to ridicule
ridículo, -la *adj* : ridiculous : ludicrous — **ridículamente** *adv*
ríe, etc. → **reír**
riega, riegue, etc. → **regar**
riego *nm* : irrigation
riel *nm* : rail : track
rienda *nf* : rein
riesgo *nm* : risk
riesgoso, -sa *adj* : risky
rifa *nf* : raffle
rifar *v* : to raffle : to quarrel : to fight
rifle *nm* : rifle
rige, rija, etc. → **regir**
rigidez *nf, pl* **-deces** : rigidity : stiffness : inflexibility
rígido, -da *adj* : rigid : stiff : strict — **rígidamente** *adv*
rigor *nm* : rigor : harshness : precision : meticulousness
riguroso, -sa *adj* : rigorous — **rigurosamente** *adv*
rima *nf* : rhyme; **rimas** *nfpl* : verse : poetry
rimar *v* : to rhyme
rimbombante *adj* : grandiose : showy : bombastic : pompous
rímel *or* **rimel** *or* **rimmel** *nm* : mascara
rin *nm* : wheel : rim
rincón *nm, pl* **rincones** : corner : nook
rinde, etc. → **rendir**
ring *nm, pl* **rings** : (boxing) ring
ringtone *nm* : ringtone
rinoceronte *nm* : rhinoceros
riña *nf* : fight : brawl : dispute : quarrel
riñe, etc. → **reñir**
riñón *nm, pl* **riñones** : kidney
río¹ → **reír**
río² *nm* : river : torrent : stream
ripio *nm* : debris : rubble : gravel
riqueza *nf* : wealth : riches *pl* : richness
risa *nf* : laughter : laugh
risco *nm* : crag : cliff
risible *adj* : ludicrous : laughable
risita *nf* : giggle : titter : snicker
risotada *nf* : guffaw
ristra *nf* : string : series *pl*
risueño, -ña *adj* : cheerful : pleasant : promising
rítmico, -ca *adj* : rhythmical : rhythmic — **rítmicamente** *adv*
ritmo *nm* : rhythm : pace : tempo
rito *nm* : rite : ritual
ritual *adj & nm* : ritual — **ritualmente** *adv*
rival *adj & nmf* : rival
rivalidad *nf* : rivalry : competition
rivalizar *v* ~ **con** : to rival : to compete with
rizado, -da *adj* : curly : ridged : rippled : undulating
rizar *v* : to curl : to ripple : to ruffle : to crumple : to fold — **rizarse** *vr* : to frizz : to ripple

rizo *nm* : curl : loop
robalo *or* **róbalo** *nm* : sea bass
robar *v* : to steal : to rob : to burglarize : to abduct : to kidnap : to captivate ~ **en** : to break into
roble *nm* : oak
robo *nm* : robbery : theft
robot *nm, pl* **robots** : robot — **robótico, -ca** *adj*
robótica *nf* : robotics
robustecer *v* : to grow stronger : to strengthen
robustez *nf* : sturdiness : robustness
robusto, -ta *adj* : robust : sturdy
roca *nf* : rock : boulder
roce¹, etc. → **rozar**
roce² *nm* : rubbing : chafing : brush : graze : touch : close contact : familiarity : friction : disagreement
rociador *nm* : sprinkler
rociar *v* : to spray : to sprinkle
rocío *nm* : dew : shower : light rain
rock *or* **rock and roll** *nm* : rock : rock and roll
rocola *nf* : jukebox
rocoso, -sa *adj* : rocky
rodada *nf* : track : rut
rodado, -da *adj* : wheeled : dappled
rodadura *nf* : rolling : taxiing
rodaja *nf* : round : slice
rodaje *nm* : filming : shooting : breaking in
rodamiento *nm* : bearing : rolling
rodante *adj* : rolling
rodar *v* : to roll : to roll down : to roll along : to turn : to go around : to move about : to travel : to film : to shoot : to break in
rodear *v* : to surround : to round up : to go around : to beat around the bush — **rodearse** *vr* ~ **de** : to surround oneself with
rodeo *nm* : rodeo : roundup : detour : evasion
rodilla *nf* : knee
rodillera *nf* : knee pad
rodillo *nm* : roller : rolling pin
rododendro *nm* : rhododendron
roedor¹, -dora *adj* : gnawing
roedor² *nm* : rodent
roer *v* : to gnaw : to eat away at : to torment
rogar *v* : to beg : to request : to plead : to pray
roiga, etc. → **roer**
rojez *nf* : redness
rojizo, -za *adj* : reddish
rojo¹, -ja *adj* : red
rojo² *nm* : red
rol *nm* : role : list : roll
rollizo, -za *adj* : chubby : plump
rollo *nm* : roll : coil : roll of fat : boring speech : lecture
ROM *nf, pl* **ROM** *or* **ROMs** : ROM

romance *nm* : Romance language
: ballad : romance
romano, -na *adj & n* : Roman
romanticismo *nm* : romanticism
romántico, -ca *adj* : romantic —
romántico, -ca *n* — **románticamente**
adv
rombo *nm* : rhombus
romería *nf* : pilgrimage : procession
: crowd : gathering
romero[1], -ra *n* : pilgrim
romero[2] *nm* : rosemary
romo, -ma *adj* : blunt : dull
rompecabezas *nms & pl* : puzzle
: riddle
rompecorazones *nmfs & pl*
: heartbreaker
rompehielos *nms & pl* : icebreaker
rompehuelgas *nmfs & pl* : strikebreaker
: scab
rompenueces *nms & pl* : nutcracker
rompeolas *ns & pl* : breakwater : jetty
romper *v* : to break : to rip : to tear : to
break off : to break through/down : to
wear out — **romperse** *vr*
ron *nm* : rum
roncar *v* : to snore : to roar
roncha *nf* : rash
ronco, -ca *adj* : hoarse : husky —
roncamente *adv*
ronda *nf* : beat : patrol : round
rondar *v* : to patrol : to hang around : to
be approximately : to be on patrol : to
prowl around : to roam about
ronque, etc. → **roncar**
ronquera *nf* : hoarseness
ronquido *nm* : snore : roar
ronronear *v* : to purr
ronroneo *nm* : purr : purring
ronzal *nm* : halter
ronzar *v* : to munch : to crunch
roña *nf* : mange : dirt : filth : stinginess
roñoso, -sa *adj* : mangy : dirty : stingy
ropa *nf* : clothes *pl* : clothing
ropaje *nm* : apparel : garments *pl*
: regalia
ropero *nm* : wardrobe : closet
rosa[1] *adj* : rose-colored : pink
rosa[2] *nm* : rose : pink
rosa[3] *nf* : rose
rosáceo, -cea *adj* : pinkish
rosado[1], -da *adj* : pink
rosado[2] *nm* : pink
rosal *nm* : rosebush
rosario *nm* : rosary : series
rosbif *nm* : roast beef
rosca *nf* : thread : ring : coil
roscón *nm, pl* **roscones** : ring-shaped
cake
roseta *nf* : rosette
rosetón *nm, pl* **-tones** : rose window
rosquilla *nf* : ring-shaped pastry
: doughnut
rostro *nm* : face : countenance

rotación *nf, pl* **-ciones** : rotation
rotar *v* : to rotate : to turn : to spin
rotativo[1], -va *adj* : rotary
rotativo[2] *nm* : newspaper
rotatorio, -ria *adj* → **rotativo[1]**
roto[1] *pp* → **romper**
roto[2], -ta *adj* : broken : ripped : torn
rotonda *nf* : traffic circle : rotary
: rotunda
rotor *nm* : rotor
rotoso, -sa *adj* : ragged : scruffy
rótula *nf* : kneecap
rotulador *nm* : felt-tip pen : highlighter
rotular *v* : to head : to entitle : to label
rótulo *nm* : heading : title : label : sign
rotundo, -da *adj* : round : categorical
: absolute — **rotundamente** *adv*
rotura *nf* : break : tear : fracture
rough *nm* **el rough** : the rough
router *nm, pl* **routers** : router
roya[1] *nf* : plant rust
roya[2], etc. → **roer**
rozado, -da *adj* : worn
rozadura *nf* : scratch : abrasion : rubbed
spot : sore
rozamiento *nf* : rubbing : friction
rozar *v* : to chafe : to rub against : to
border on : to touch on : to graze : to
touch lightly — **rozarse** *vr* ~ **con** : to
rub shoulders with
ruandés, -desa *adj & n* : Rwandan
rubéola *nf* : German measles : rubella
rubí *nm, pl* **rubíes** : ruby
rubicundo, -da *adj* : ruddy
rubio, -bia *adj & n* : blond
rublo *nm* : ruble
rubor *nm* : flush : blush : rouge
ruborizarse *vr* : to blush
rúbrica *nf* : title : heading
rubricar *v* : sign with a flourish : to
endorse : to sanction
rubro *nm* : heading : title : line : area
rucio, rucia *adj* : gray
rudeza *nf* : roughness : coarseness
rudimentario, -ria *adj* : rudimentary —
rudimentariamente *adv*
rudimento *nm* : rudiment : basics *pl*
rudo, -da *adj* : rough : harsh : coarse
: unpolished — **rudamente** *adv*
rueda[1], etc. → **rodar**
rueda[2] *nf* : wheel : round slice : circle
: ring
ruedita *nf* : caster
ruedo *nm* : bullring : arena : rotation
: turn : hem
ruega, ruegue, etc. → **rogar**
ruego *nm* : request : appeal : plea
rufián *nf, pl* **rufianes** : villain : scoundrel
: ruffian
rugby *nm* : rugby
rugido *nm* : roar
rugir *v* : to roar
rugoso, -sa *adj* : rough : bumpy
: wrinkled

ruibarbo *nm* : rhubarb
ruido *nm* : noise : sound
ruidoso, -sa *adj* : loud : noisy —
  ruidosamente *adv*
ruin *adj* : base : despicable : mean
  : stingy
ruina *nf* : ruin : destruction : downfall
  : collapse; **ruinas** *nfpl* : ruins : remains
ruinoso, -sa *adj* : run-down : dilapidated
  : ruinous : disastrous
ruiseñor *nm* : nightingale
ruja, etc. → **rugir**
rulero *nm* : curler : roller
ruleta *nf* : roulette
ruletero, -ra *n* : taxi driver
rulo *nm* : curler : roller
ruma *nf* : pile : heap
rumano, -na *n* : Romanian : Rumanian
rumba *nf* : rumba
rumbo *nm* : direction : course : ostentation
  : pomp : lavishness : generosity
rumiante *adj & nm* : ruminant
rumiar *v* : to ponder : to mull over : to
  chew the cud : to ruminate
rummy *nm* : rummy
rumor *nm* : rumor : murmur
rumorearse *or* **rumorarse** *vr* : to be
  rumored — **rumoreado, -da** *adj*
rumoroso, -sa *adj* : murmuring
  : babbling
rupestre *adj* : cave
rupia *nf* : rupee
ruptura *nf* : break : breaking : breach
  : breaking off : breakup
rural *adj* : rural
ruso¹, -sa *adj & n* : Russian
ruso² *nm* : Russian
rústico¹, -ca *adj* : rural : rustic
rústico², -ca *n* : rustic : country dweller
ruta *nf* : route
rutina *nf* : routine : habit
rutinario, -ria *adj* : routine : ordinary —
  rutinariamente *adv*
sábado *nm* : Saturday : Sabbath
sábalo *nm* : shad
sabana *nf* : savanna
sábana *nf* : sheet : bedsheet
sabandija *nf* : bug : small reptile : pesky
  creature
sabático, -ca *adj* : sabbatical
sabedor, -dora *adj* : aware : informed
sabelotodo *nmf* : know-it-all
saber¹ *v* : to know : to know how to : to
  be able to : to learn : to find out : to
  suppose : to be informed : to taste —
  saberse *vr* : to know
saber² *nm* : knowledge : learning
sabiamente *adv* : wisely
sabido, -da *adj* : well-known
sabiduría *nf* : wisdom : learning
  : knowledge
sabihondo, -da *n* : know-it-all
sabio¹, -bia *adj* : wise : sensible
  : learned

sabio², -bia *n* : wise person : learned
  person
sable *nm* : saber : cutlass
sablear *v* : to bum : to scrounge : to
  sponge : to scrounge off : to sponge off
sabor *nm* : flavor : taste
saborear *v* : to taste : to savor : to enjoy
  : to relish
saborizante *nm* : flavor : flavoring
sabotaje *nm* : sabotage
saboteador, -dora *n* : saboteur
sabotear *v* : to sabotage
sabrá, etc. → **saber**
sabroso, -sa *adj* : delicious : tasty
  : pleasant : nice : lovely
sabueso *nm* : bloodhound : detective
  : sleuth
sacacorchos *nms & pl* : corkscrew
sacapuntas *nms & pl* : pencil sharpener
sacar *v* : to pull out : to take out : to get
  : to obtain : to get out : to extract : to
  stick out : to bring out : to introduce : to
  take : to make : to withdraw : to draw
  : to reach : to work out : to tally up : to
  kick off : to serve
sacarina *nf* : saccharin
sacarosa *nf* : sucrose
sacerdocio *nm* : priesthood
sacerdotal *adj* : priestly
sacerdote, -tisa *n* : priest *m* : priestess *f*
saciar *v* : to sate : to satiate : to satisfy
saciedad *nf* : fullness
saco *nm* : bag : sack : sac : jacket
  : sport coat
sacramento *nm* : sacrament —
  sacramental *adj*
sacrificar *v* : to sacrifice : to euthanize
  : to put down — **sacrificarse** *vr* : to
  sacrifice oneself : to make sacrifices
sacrificio *nm* : sacrifice
sacrilegio *nm* : sacrilege
sacrílego, -ga *adj* : sacrilegious
sacristán *nm, pl* **-tanes** : sexton
sacristía *nf* : vestry
sacro, -cra *adj* : sacred
sacrosanto, -ta *adj* : sacrosanct
sacudida *nf* : shaking : jerk : jolt : shock
  : shake-up : upheaval
sacudir *v* : to shake : to beat : to jerk
  : to jolt : to dust off : to shake up : to
  shock — **sacudirse** *vr* : to shake off
sacudón *nm, pl* **-dones** : intense jolt or
  shake-up
sádico¹, -ca *adj* : sadistic
sádico², -ca *n* : sadist
sadismo *nm* : sadism
safari *nm* : safari
saga *nf* : saga
sagacidad *nf* : shrewdness
sagaz *adj, pl* **sagaces** : shrewd
  : discerning : sagacious
sagazmente *adv* : shrewdly
Sagitario¹ *nm* : Sagittarius
Sagitario² *nmf* : Sagittarius

sagrado, -da *adj* : sacred : holy
sainete *nm* : comedy sketch : one-act farce
sajar *v* : to lance : to cut open
sal¹ → **salir**
sal² *nf* : salt : misfortune : bad luck
sala *nf* : living room : room : hall
salado, -da *adj* : salty
salamandra *nf* : salamander
salami *nm* : salami
salar *v* : to salt : to spoil : to ruin : to jinx : to bring bad luck
salarial *adj* : salary : salary-related
salario *nm* : salary
salaz *adj, pl* **salaces** : salacious : lecherous
salchicha *nf* : sausage : frankfurter : wiener
salchichonería *nf* : delicatessen : cold cuts *pl*
saldar *v* : to settle : to pay off
saldo *nm* : settlement : payment : balance : remainder : leftover merchandise
saldrá, etc. → **salir**
salero *nm* : salt shaker : wit : charm
salga, etc. → **salir**
salida *nf* : exit : leaving : departure : way out : solution : start : wisecrack : joke
salido *adj* : protuding
saliente¹ *adj* : departing : outgoing : projecting : salient : prominent
saliente² *nm* : projection : protrusion
salinidad *nf* : salinity : saltiness
salino, -na *adj* : saline
salir *v* : to go out : to come out : to get out : to leave : to depart : to appear : to become available : to rise : to come up : to project : to stick out : to cost : to come to : to turn out : to prove : to occur — **salirse** *vr* : to escape : to leak out : to come loose : to come off
saliva *nf* : saliva
salival *adj* : salivary
salivar *v* : to salivate
salmo *nm* : psalm
salmodia *nf* : chant
salmodiar *v* : to chant
salmón¹ *adj* : salmon-colored
salmón² *nm, pl* **salmones** : salmon
salmuera *nf* : brine
salobre *adj* : brackish : briny
salón *nm, pl* **salones** : hall : large room : salon : parlor : sitting room
salpicadera *nf* : fender
salpicadero *nm* : dashboard
salpicadura *nf* : spatter : splash
salpicar *v* : to spatter : to splash : to sprinkle : to scatter about
salpimentar *v* : to season : to spice up
salpullido → **sarpullido**
salsa *nf* : sauce : gravy : salsa
salsero, -ra *n* : salsa musician

saltador, -dora *n* : jumper
saltamontes *nms & pl* : grasshopper
saltar *v* : to jump : to leap : to bounce : to come off : to pop out : to shatter : to break : to explode : to blow up : to increase : to jump over : to skip : to miss — **saltarse** *vr* : to omit : to fall off
saltarín, -rina *adj, mpl* **-rines** : leaping : hopping
salteado, -da *adj* : sautéed : jumbled up
salteador *nm* : highwayman
saltear *v* : to sauté : to skip around : to skip over
saltimbanqui *nmf* : acrobat
salto *nm* : jump : leap : skip : dive : gap : omission
saltón, -tona *adj, mpl* **saltones** : bulging : protruding
salubre *adj* : healthful : salubrious
salubridad *nf* : healthiness : health
salud *nf* : health
saludable *adj* : healthful : healthy : well
saludar *v* : to greet : to say hello to : to salute — **saludarse** *vr*
saludo *nm* : greeting : regards *pl* : salute
salutación *nf, pl* **-ciones** : salutation
salva *nf* : salvo : volley
salvación *nf, pl* **-ciones** : salvation : rescue
salvado *nm* : bran
salvador, -dora *n* : savior : rescuer
salvadoreño, -ña *adj & n* : Salvadoran : El Salvadoran
salvaguardar *v* : to safeguard
salvaguardia *or* **salvaguarda** *nf* : safeguard : defense
salvajada *nf* : atrocity : act of savagery
salvaje¹ *adj* : wild : savage : cruel : primitive : uncivilized
salvaje² *nmf* : savage
salvajismo *nm* : savagery
salvamanteles *nms & pl* : trivet
salvamento *nm* : rescuing : lifesaving : salvation : refuge
salvapantallas *nms & pl* : screen saver
salvar *v* : to save : to rescue : to cover : to get around : to overcome : to cross : to jump across — **salvarse** *vr* : to survive : to escape : to save one's soul
salvavidas¹ *nms & pl* : life preserver
salvavidas² *nmf* : lifeguard
salvedad *nf* : exception : proviso : stipulation
salvia *nf* : sage
salvo¹, -va *adj* : unharmed : sound
salvo² *prep* : except : save
salvoconducto *nm* : safe-conduct
samba *nf* : samba
San *adj* → **santo¹**
sanar *v* : to heal : to cure : to get well : to recover
sanatorio *nm* : sanatorium : clinic : private hospital

sanción *nf, pl* **sanciones** : sanction
sancionar *v* : to penalize : to impose a
 sanction on : to sanction : to approve
sancochar *v* : to parboil
sandalia *nf* : sandal
sándalo *nm* : sandalwood
sandez *nf, pl* **sandeces** : nonsense
 : silly thing to say
sandía *nf* : watermelon
sandwich *nm, pl* **sandwiches**
 : sandwich
saneamiento *nm* : cleaning up
 : sanitation : reorganizing : streamlining
sanear *v* : to clean up : to sanitize : to
 reorganize : to streamline
sangrante *adj* : bleeding : flagrant
 : blatant
sangrar *v* : to bleed : to indent
sangre *nf* : blood
sangría *nf* : bleeding : sangria : drain
 : draining : indentation : indenting
sangriento, -ta *adj* : bloody : cruel
sanguijuela *nf* : leech : bloodsucker
 : sponger
sanguinario, -ria *adj* : bloodthirsty
sanguíneo, -nea *adj* : blood : sanguine
 : ruddy
sanidad *nf* : health : public health
 : sanitation
sanitario¹, -ria *adj* : sanitary : health
sanitario², -ria *n* : sanitation worker
sanitario³ *nm* : toilet
sano, -na *adj* : healthy : wholesome
 : whole : intact
santiaguino, -na *adj* : of or from
 Santiago, Chile
santiamén *nm* **en un santiamén** : in no
 time at all
santidad *nf* : holiness : sanctity
santificar *v* : to sanctify : to consecrate
 : to hallow
santiguarse *vr* : to cross oneself
santo¹, -ta *adj* : holy : saintly
santo², -ta *n* : saint
santo³ *nm* : saint's day : birthday
santuario *nm* : sanctuary
santurrón, -rrona *adj, mpl* **-rrones**
 : overly pious : sanctimonious —
 santurronamente *adv*
saña *nf* : fury : rage : viciousness
sapo *nm* : toad
saque¹, etc. → sacar
saque² *nm* : kickoff : serve : service
saqueador, -dora *n* : plunderer : looter
saquear *v* : to sack : to plunder : to loot
saqueo *nm* : sacking : plunder : looting
sarampión *nm* : measles *pl*
sarape *nm* : blanket
sarcasmo *nm* : sarcasm
sarcástico, -ca *adj* : sarcastic
sarcófago *nm* : sarcophagus
sardina *nf* : sardine
sardónico, -ca *adj* : sardonic
sarga *nf* : serge

sargento *nmf* : sergeant
sari *nm* : sari
sarna *nf* : mange
sarnoso, -sa *adj* : mangy
sarpullido *nm* : rash
sarro *nm* : deposit : coating : tartar
 : plaque
sarta *nf* : string : series
sartén *nmf, pl* **sartenes** : frying pan
sasafrás *nm* : sassafras
sastre, -tra *n* : tailor
sastrería *nf* : tailoring : tailor's shop
Satanás *or* **Satán** *nm* : Satan : the devil
satánico, -ca *adj* : satanic
satélite *nm* : satellite
satín *or* **satén** *nm, pl* **satines** *or*
 satenes : satin
satinado, -da *adj* : satin : glossy
sátira *nf* : satire
satírico, -ca *adj* : satirical : satiric
satirizar *v* : to satirize
sátiro *nm* : satyr
satisfacción *nf, pl* **-ciones** : satisfaction
satisfacer *v* : to satisfy : to fulfill : to
 meet : to pay : to settle — **satisfacerse**
 vr : to be satisfied : to take revenge
satisfactorio, -ria *adj* : satisfactory —
 satisfactoriamente *adv*
satisfecho, -cha *adj* : satisfied : content
 : pleased
saturación *nf, pl* **-ciones** : saturation
saturar *v* : to saturate : to fill up : to
 satiate : to surfeit
saturnismo *nm* : lead poisoning
Saturno *nm* : Saturn
sauce *nm* : willow
saúco *nm* : elder
saudí *or* **saudita** *adj & nmf* : Saudi
 : Saudi Arabian
sauna *nmf* : sauna
savia *nf* : sap
saxo¹ *nm* : sax : saxophone
saxo² *nmf* : sax player : saxophone
 player
saxofón *nm, pl* **-fones** : saxophone —
 saxofonista *nmf*
sazón¹ *nf, pl* **sazones** : flavor
 : seasoning : ripeness : maturity
sazón² *nmf, pl* **sazones** : flavor
 : seasoning
sazonar *v* : to season : to spice
scanner → escáner
scout *nmf, pl* **scouts** : scout
se *pron* : to him : to her : to you : to
 them : each other : one another
 : himself : herself : itself : yourself
 : yourselves : themselves
sé → saber, ser
sea, etc. → ser
sebo *nm* : grease : fat : tallow : suet
secado *nm* : drying
secador *nm* : hair dryer
secadora *nf* : dryer : clothes dryer : hair
 dryer

secamente *adv* : curtly : brusquely
secante *nm* : blotting paper : blotter
secar *v* : to dry — **secarse** *vr* : to get dry : to dry up
sección *nf, pl* **secciones** : section : department : division
seccionar *v* : to section : to divide
seco, -ca *adj* : dry : dried : thin : lean : curt : brusque : sharp : alcohol-free
secoya *nf* : sequoia : redwood
secreción *nf, pl* **-ciones** : secretion
secretar *v* : to secrete
secretaría *nf* : secretariat : administrative department : ministry : cabinet office
secretariado *nm* : secretariat : secretarial profession
secretario, -ria *n* : secretary — **secretarial** *adj*
secreto¹, -ta *adj* : secret — **secretamente** *adv*
secreto² *nm* : secret : secrecy
secta *nf* : sect
sectario, -ria *adj & n* : sectarian
sector *nm* : sector
secuaz *nmf, pl* **secuaces** : follower : henchman : underling
secuela *nf* : consequence : sequel
secuencia *nf* : sequence
secuestrador, -dora *n* : kidnapper : abductor : hijacker
secuestrar *v* : to kidnap : to abduct : to hijack : to commandeer : to confiscate : to seize
secuestro *nm* : kidnapping : abduction : hijacking : seizure : confiscation
secular *adj* : secular — **secularismo** *nm* — **secularización** *nf*
secundar *v* : to support : to second
secundaria *nf* : secondary education : high school : junior high school : middle school
secundario, -ria *adj* : secondary
secuoya *nf* : sequoia
sed *nf* : thirst
seda *nf* : silk
sedación *nf, pl* **-ciones** : sedation
sedal *nm* : fishing line
sedán *nm, pl* **sedanes** : sedan
sedante *adj & nm* : sedative
sedar *v* : to sedate
sede *nf* : seat : headquarters : venue : site
sedentario, -ria *adj* : sedentary
sedición *nf, pl* **-ciones** : sedition — **sedicioso, -sa** *adj*
sediento, -ta *adj* : thirsty : thirsting
sedimento *nm* : sediment — **sedimentario, -ria** *adj* — **sedimentación** *nf*
sedoso, -sa *adj* : silky : silken
seducción *nf, pl* **-ciones** : seduction
seducir *v* : to seduce : to captivate : to charm

seductivo, -va *adj* : seductive
seductor¹, -tora *adj* : seductive : charming : alluring
seductor², -tora *n* : seducer
segador¹ *nm* : daddy longlegs
segador², -dora *n* : harvester
segar *v* : to reap : to harvest : to cut : to sever abruptly
seglar¹ *adj* : lay : secular
seglar² *nm* : layperson : layman *m* : laywoman *f*
segmentado, -da *adj* : segmented
segmento *nm* : segment
segregación *nf, pl* **-ciones** : segregation
segregar *v* : to segregate : to secrete
seguida *nf* **en ~** : right away : immediately
seguidamente *adv* : next : immediately after : without a break : continuously
seguido¹ *adv* : straight : straight ahead : often : frequently
seguido², -da *adj* : consecutive : successive : straight : unbroken
seguidor, -dora *n* : follower : supporter
seguimiento *nm* : following : pursuit : continuation : tracking : monitoring
seguir *v* : to follow : to go along : to keep on : to take : to go on : to keep going : to remain : to continue to be : to come after
según¹ *adv* : it depends
según² *conj* : as : just as : depending on how
según³ *prep* : according to : depending on
segundero *nm* : second hand
segundo¹, -da *adj* : second
segundo², -da *n* : second : second in command
segundo³ *nm* : second
seguramente *adv* : for sure : surely : probably
seguridad *nf* : safety : security : (financial) security : certainty : assurance : confidence : self-confidence
seguro¹ *adv* : certainly : definitely
seguro², -ra *adj* : safe : secure : sure : certain : reliable : trustworthy : self-assured
seguro³ *nm* : insurance : fastener : clasp : safety pin
seis¹ *adj & nm* : six
seis² *pron* : six
seiscientos¹, -tas *adj & pron* : six hundred
seiscientos² *nms & pl* : six hundred
seísmo *nm* : earthquake
selección *nf, pl* **-ciones** : selection : choice
seleccionador, -dora *n* : manager
seleccionar *v* : to select : to choose
selectividad *nf* : entrance examination
selectivo, -va *adj* : selective — **selectivamente** *adv*

selecto, -ta *adj* : choice : select
: exclusive
selenio *nm* : selenium
selfie *or* **selfi** *nm* : selfie
self–service *nm* : self-service restaurant
sellar *v* : to seal : to stamp
sello *nm* : seal : postage stamp
: hallmark : characteristic
selva *nf* : woods *pl* : forest : jungle
selvático, -ca *adj* : forest : jungle : wild
semáforo *nm* : traffic light : stop signal
semana *nf* : week
semanal *adj* : weekly — **semanalmente**
adv
semanario *nm* : weekly
semántica *nf* : semantics
semántico, -ca *adj* : semantic
semblante *nm* : countenance : face
: appearance : look
semblanza *nf* : biographical sketch
: profile
sembrado *nm* : cultivated field
sembrar *v* : to plant : to sow : to scatter
: to strew
semejante[1] *adj* : similar : alike : such
semejante[2] *nm* : fellowman
semejanza *nf* : similarity : resemblance
semejar *v* : to resemble : to look like
— **semejarse** *vr* : to be similar : to
look alike
semen *nm* : semen
semental *nm* : stud
semestral *adj* : biannual : semiannual
semestre *nm* : semester
semi- *pref* : semi-
semibreve *nf* : whole note
semicírculo *nm* : semicircle : half circle
semiconductor *nm* : semiconductor
semidiós *nm, pl* **-dioses** : demigod *m*
semifinal *nf* : semifinal
semilla *nf* : seed
semillero *nm* : bed : seed tray : hotbed
: breeding ground
seminario *nm* : seminary : seminar
: graduate course
semiprecioso, -sa *adj* : semiprecious
semita *nmf* : Semite — **semítico, -ca**
adj
sémola *nf* : semolina
sempiterno, -na *adj* : eternal
: everlasting
senado *nm* : senate
senador, -dora *n* : senator
sencillamente *adv* : simply : plainly
sencillez *nf* : simplicity
sencillo[1] **, -lla** *adj* : simple : easy : plain
: unaffected : single
sencillo[2] *nm* : single : small change
: one-way ticket
senda *nf* : path : way
senderismo *nm* : hiking
sendero *nm* : path : way
sendos, -das *adj pl* : each : both
senectud *nf* : old age

senegalés, -lesa *adj & n, mpl* **-leses**
: Senegalese
senil *adj* : senile — **senilidad** *nf*
seno *nm* : breast : bosom : sinus
sensación *nf, pl* **-ciones** : feeling
: sensation
sensacional *adj* : sensational
sensacionalismo *nm* : sensationalism
— **sensacionalista** *adj*
sensatez *nf* : good sense
sensato, -ta *adj* : sensible : sound —
sensatamente *adv*
sensibilidad *nf* : sensitivity : sensibility
: feeling
sensibilizar *v* : to sensitize
sensible *adj* : sensitive : considerable
: significant : sentient : capable of feeling
sensiblemente *adv* : considerably
: significantly
sensiblería *nf* : sentimentality : mush
sensiblero, -ra *adj* : mawkish
: sentimental : mushy
sensitivo, -va *adj* : sense : sentient
: capable of feeling
sensor *nm* : sensor
sensorial *adj* : sensory
sensual *adj* : sensual : sensuous —
sensualmente *adv*
sensualidad *nf* : sensuality
sentado, -da *adj* : sitting : seated
: established : settled : sensible
: steady : judicious
sentar *v* : to seat : to sit : to establish
: to set : to suit : to agree with : to
please — **sentarse** *vr* : to sit down
sentencia *nf* : sentence : judgment
: maxim : saying
sentenciar *v* : to sentence
sentido[1] **, -da** *adj* : heartfelt : sincere
: touchy : sensitive : offended : hurt
sentido[2] *nm* : sense : consciousness
: meaning : direction
sentimental *adj* : sentimental : love
: romantic
sentimentalismo *nm* : sentimentality
sentimiento *nm* : feeling : emotion
: regret : sorrow
sentir *v* : to feel : to experience : to
perceive : to sense : to regret : to feel
sorry for : to have feeling — **sentirse** *vr*
: to take offense
seña *nf* : sign : signal
señal *nf* : signal : sign : indication : mark
señalado, -da *adj* : distinguished
: notable
señalador *nm* : marker
señalar *v* : to indicate : to show : to
mark : to point out : to stress : to fix
: to set — **señalarse** *vr* : to distinguish
oneself
señalización *nf, pl* **-ciones** : signs *pl*
: signage : installing of signs
señalizar *v* : to mark : to put up signs
on/in

señor, -ñora n : gentleman m : man m
: lady f : woman f : wife f : Mr. m : Mrs. f
: Sir m : Madam f : lord m : lady f
señoría nf : lordship
señorial adj : stately : regal
señorío nm : manor : estate : dominion
: power : elegance : class
señorita nf : young lady : young woman
: Miss
señuelo nm : decoy : bait
sepa, etc. → **saber**
separación nf, pl **-ciones** : separation
: division : gap : space
separadamente adv : separately : apart
separado[1], **-da** adj : separated
: separate
separado[2], **-da** n : person who is
separated
separador nm : divider
separar v : to separate : to divide : to
split up : to pull apart : to put aside : to
set aside — **separarse** vr : to split up
separo nm : cell
sepelio nm : interment : burial
sepia[1] adj & nm : sepia
sepia[2] nf : cuttlefish
septentrional adj : northern
séptico, -ca adj : septic
septiembre nm : September
séptimo, -ma adj & n : seventh
septuagésimo[1], **-ma** adj : seventieth
septuagésimo[2] nm : seventieth
sepulcral adj : deathly : dismal : gloomy
sepulcro nm : tomb : sepulchre
sepultar v : to bury
sepultura nf : burial : grave : tomb
seque, etc. → **secar**
sequedad nf : dryness : brusqueness
: curtness
sequía nf : drought
séquito nm : retinue : entourage
ser[1] v : to be : to exist : to live : to take
place : to occur : to cost : to come to
: to equal
ser[2] nm : being
seráfico, -ca adj : angelic
serbio[1], **-bia** adj & n : Serb : Serbian
serbio[2] nm : Serbian
serbocroata[1] adj : Serbo-Croatian
serbocroata[2] nm : Serbo-Croatian
serenar v : to calm : to soothe —
serenarse vr : to calm down
serenata nf : serenade
serenidad nf : serenity : calmness
sereno[1], **-na** adj : serene : calm
: composed : fair : clear : still —
serenamente adv
sereno[2] nm : night watchman
seriado, -da adj : serial
serial nm : serial
seriamente adv : seriously
serie nf : series : series
seriedad nf : seriousness : earnestness
: gravity : importance

serio, -ria adj : serious : earnest
: reliable : responsible : important —
seriamente adv
sermón nm, pl **sermones** : sermon
: harangue : lecture
sermonear v : to harangue : to lecture
seropositivo adj : positive : HIV positive
serpentear v : to twist : to wind —
serpenteante adj
serpentina nf : paper streamer
serpiente nf : serpent : snake
serrado, -da adj : serrated
serranía nf : mountainous area
serrano, -na adj : from the mountains
serrar v : to saw
serrín nm, pl **serrines** : sawdust
serruchar v : to saw up
serrucho nm : saw : handsaw
servicentro nm : gas station
servicial adj : obliging : helpful
servicio nm : service : serve : help
: servants pl; **servicios** nmpl
: restrooms
servidor, -dora n : servant
servidumbre nf : servitude : help
: servants pl
servil adj : servile : subservient : menial
servilismo nm : servility
servilleta nf : napkin
servir v : to work : to be useful : to serve
: to fill — **servirse** vr : to help oneself
to : to be kind enough
sésamo nm : sesame : sesame seeds
pl
sesear v : to pronounce the Spanish
letter c before i or e or the Spanish
letter z as /s/
sesenta adj & nm : sixty — **sesenta**
pron
sesentavo[1], **-va** adj : sixtieth
sesentavo[2] n : sixtieth
seseo nm : pronunciation of the Spanish
letter c before i or e or the Spanish
letter z as /s/
sesgado, -da adj : inclined : tilted
: slanted : biased
sesgar v : to cut on the bias : to tilt : to
bias : to slant
sesgo nm : bias
sesgue, etc. → **sesgar**
sesión nf, pl **sesiones** : session
: meeting : showing : performance
sesionar v : to meet : to be in session
seso nm : brains : intelligence
sesudo, -da adj : prudent : sensible
: brainy
set nm, pl **sets** : set
seta nf : mushroom
setecientos[1], **-tas** adj & pron : seven
hundred
setecientos[2] nms & pl : seven hundred
setenta adj & nm : seventy — **setenta**
pron
setentavo[1], **-va** adj : seventieth

setentavo[2] *nm* : seventieth
setiembre → **septiembre**
seto *nm* : fence : enclosure
setter *nm, pl* **setter** *or* **setters** : setter
seudónimo *nm* : pseudonym
severidad *nf* : harshness : severity
  : strictness
severo, -ra *adj* : harsh : severe : strict
  — **severamente** *adv*
sexagésimo[1]**, -ma** *adj* : sixtieth : sixty-
sexagésimo[2]**, -ma** *n* : sixtieth : sixty-
sexismo *nm* : sexism — **sexista** *adj*
  & *nmf*
sexo *nm* : sex
sextante *nm* : sextant
sexteto *nm* : sextet
sexto, -ta *adj & n* : sixth
sexual *adj* : sexual : sex —
  sexualmente *adv*
sexualidad *nf* : sexuality
sexy *adj, pl* **sexy** *or* **sexys** : sexy
sheriff *nmf, pl* **sheriffs** : sheriff
shock *nm* : shock
short *nm, pl* **shorts** : shorts *pl*
show *nm, pl* **shows** : show
si[1] *nm* : B : ti
si[2] *conj* : if : whether
sí[1] *adv* : yes
sí[2] *nm, pl* **síes** : yes
sí *pron* : oneself : yourself : yourselves
  pl : itself : himself : herself
  : themselves *pl*
siamés, -mesa *adj & n, mpl* **siameses**
  : Siamese
sicario, -ria *n* : hired killer : hit man
siciliano, -na *adj & n* : Sicilian
sico- → **psico-**
sicomoro *or* **sicómoro** *nm* : sycamore
SIDA *or* **sida** *nm* : AIDS
siderurgia *nf* : iron and steel industry
siderúrgico, -ca *adj* : steel : iron
sidra *nf* : hard cider
siega[1]**, siegue, etc.** → **segar**
siega[2] *nf* : harvesting : harvest time
  : harvested crop
siembra[1]**, etc.** → **sembrar**
siembra[2] *nf* : sowing : sowing season
  : cultivated field
siempre *adv* : always : still : after all
sien *nf* : temple
sienta, etc. → **sentar**
siente, etc. → **sentir**
sierpe *nf* : serpent : snake
sierra[1]**, etc.** → **serrar**
sierra[2] *nf* : saw : mountain range
  : mountains *pl*
siervo, -va *n* : slave : serf
siesta *nf* : nap : siesta
siete[1] *adj & nm* : seven
siete[2] *pron* : seven
sífilis *nf* : syphilis
sifón *nm, pl* **sifones** : siphon
siga, sigue, etc. → **seguir**
sigilo *nm* : secrecy : stealth

sigiloso, -sa *adj* : furtive : stealthy —
  sigilosamente *adv*
sigla *nf* : acronym : abbreviation
siglo *nm* : century : age : world
  : secular life
signar *v* : to sign
signatario, -ria *n* : signatory
significación *nf, pl* **-ciones**
  : significance : importance : meaning
significado *nm* : sense : meaning
  : significance
significante *adj* : significant
significar *v* : to mean : to signify
  : to express : to make known —
  significarse *vr* : to draw attention : to
  become known : to take a stance
significativo, -va *adj* : significant
  : important : meaningful —
  significativamente *adv*
signo *nm* : sign : (punctuation) mark
siguiente *adj* : next : following
sílaba *nf* : syllable
silábico, -ca *adj* : syllabic
silbar *v* : to whistle
silbato *nm* : whistle
silbido *nm* : whistle : whistling
silenciador *nm* : muffler : silencer
silenciar *v* : to silence : to muffle
silencio *nm* : silence : quiet : rest
silencioso, -sa *adj* : silent : quiet —
  silenciosamente *adv*
sílice *nf* : silica
silicio *nm* : silicon
silla *nf* : chair
sillín *nm, pl* **sillines** : saddle
sillón *nm, pl* **sillones** : armchair : easy
  chair
silo *nm* : silo
silueta *nf* : silhouette : figure : shape
silvestre *adj* : wild
silvicultor, -tora *n* : forester
silvicultura *nf* : forestry
sima *nf* : chasm : abyss
simbólico, -ca *adj* : symbolic —
  simbólicamente *adj*
simbolismo *nm* : symbolism
simbolizar *v* : to symbolize
símbolo *nm* : symbol
simetría *nf* : symmetry
simétrico, -ca *adj* : symmetrical : symmetric
simiente *nf* : seed
símil *nm* : simile : analogy : comparison
similar *adj* : similar : alike
similitud *nf* : similarity : resemblance
simio *nm* : ape
simpatía *nf* : liking : affection : warmth
  : friendliness : support : solidarity
simpático, -ca *adj* : nice : friendly
  : likeable
simpatizante *nf* : sympathizer
  : supporter
simpatizar *v* : to get along : to hit it off
simple[1] *adj* : plain : simple : easy : pure
  : mere : simpleminded : foolish

simple[2] *n* : fool : simpleton
simplemente *adv* : simply : merely : just
simpleza *nf* : foolishness : nonsense
simplicidad *nf* : simplicity
simplificar *v* : to simplify —
  simplificación *nf*
simplista *adj* : simplistic
simposio *or* **simposium** *nm* : symposium
simulación *nf, pl* **-ciones** : simulation
simulacro *nm* : imitation : sham
simular *v* : to simulate : to feign : to
  pretend
simultáneo, -nea *adj* : simultaneous —
  simultáneamente *adv*
sin *prep* : without
sinagoga *nf* : synagogue
sinceridad *nf* : sincerity
sincero, -ra *adj* : sincere : honest : true
  — **sinceramente** *adv*
síncopa *nf* : syncopation
sincopar *v* : to syncopate
sincronizar *v* : to synchronize —
  sincronización *nf*
sindical *adj* : union : labor
sindicalismo *nm* : unionism —
  sindicalista *nmf*
sindicalizar *v* : to unionize —
  sindicalizarse *vr* : to form a union : to
  join a union
sindicar → **sindicalizar**
sindicato *nm* : union : guild
síndrome *nm* : syndrome
síndrome premenstrual *nm*
  : premenstrual syndrome : PMS
sinfín *nm* : endless number
sinfonía *nf* : symphony
sinfónica *nf* : symphony orchestra
sinfónico, -ca *adj* : symphonic
  : symphony
singular[1] *adj* : singular : unique
  : peculiar : odd — **singularmente** *adv*
singular[2] *nm* : singular
singularidad *nf* : uniqueness
  : strangeness : peculiarity
singularizar *v* : to make unique or
  distinct — **singularizarse** *vr* : to stand
  out : to distinguish oneself
siniestrado, -da *adj* : damaged
  : wrecked
siniestro[1], **-tra** *adj* : left : left-hand
  : sinister : evil
siniestro[2] *nm* : accident : disaster
sinnúmero → **sinfín**
sino *conj* : but : rather : except
sinónimo[1], **-ma** *adj* : synonymous
sinónimo[2] *nm* : synonym
sinopsis *nfs & pl* : synopsis : summary
sinrazón *nf, pl* **-zones** : wrong : injustice
sinsabores *nmpl* : woes : troubles
sinsonte *nm* : mockingbird
sintáctico, -ca *adj* : syntactic
sintaxis *nfs & pl* : syntax
síntesis *nfs & pl* : synthesis : fusion
  : synopsis : summary

sintético, -ca *adj* : synthetic —
  sintéticamente *adv*
sintetizador *nm* : synthesizer
sintetizar *v* : to synthesize : to
  summarize
sintió, etc. → **sentir**
síntoma *nm* : symptom
sintomático, -ca *adj* : symptomatic
sintonía *nf* : tuning in
sintonizador *nm* : tuner : knob for
  tuning
sintonizar *v* : to tune to : to tune in
sinuoso, -sa *adj* : winding : sinuous
  : devious
sinvergüenza[1] *adj* : shameless : brazen
  : impudent : naughty
sinvergüenza[2] *nmf* : rogue : scoundrel
  : brat : rascal
sionista *adj & nmf* : Zionist — **sionismo**
  nm
siqui- → **psiqui-**
siquiera *adv* : at least : not even
sir *nm* : sir
sirena *nf* : mermaid : siren
sirio, -ria *adj & n* : Syrian
sirope *nm* : syrup
sirve, etc. → **servir**
sirviente, -ta *n* : servant : maid *f*
sisear *v* : to hiss
siseo *nm* : hiss
sísmico, -ca *adj* : seismic
sismo *nm* : earthquake : tremor
sismógrafo *nm* : seismograph
sistema *nm* : system : method
sistemático, -ca *adj* : systematic —
  sistemáticamente *adv*
sistematizar *v* : to systematize
sistémico, -ca *adj* : systemic
sitiar *v* : to besiege
sitio *nm* : place : site : room : space
  : siege : taxi stand
situación *nf, pl* **-ciones** : situation
situado, -da *adj* : situated : placed
situar *v* : to place : to locate — **situarse**
  vr : to be placed : to be located : to
  make a place for oneself : to do well
skateboard *nm, pl* **skateboards**
  : skateboard
skateboarding *nm* : skateboarding
sketch *nm* : sketch : skit
slider *nm, pl* **sliders** : slider
slip *nm* : briefs *pl* : underpants *pl*
smartphone *nm* : smartphone
smog *nm* : smog
smoking → **esmoquin**
SMS *nm, pl* **SMS** : text message
snob → **esnob**
snorkel → **esnórquel**
snowboard *nm, pl* **snowboards**
  : snowboard : snowboarding
so *prep* : under
sobaco *nm* : armpit
sobado, -da *adj* : worn : shabby : well-
  worn : hackneyed

sobar v : to finger : to handle : to knead : to rub : to massage : to beat : to pummel

soberanía nf : sovereignty

soberano, -na adj & n : sovereign

soberbia nf : pride : arrogance : magnificence

soberbio, -bia adj : proud : arrogant : grand : magnificent

sobornar v : to bribe

soborno nm : bribery : bribe

sobra nf : excess : surplus; **sobras** nfpl : leftovers : scraps

sobrado, -da adj : abundant : excessive : more than enough

sobrante[1] adj : remaining : superfluous

sobrante[2] nm : remainder : surplus

sobrar v : to be in excess : to be superfluous

sobre[1] nm : envelope : packet

sobre[2] prep : on : on top of : over : above : about

sobrealimentar v : to overfeed

sobrecalentar v : to overheat — **sobrecalentarse** vr

sobrecama nmf : bedspread

sobrecarga nf : excess weight : overload

sobrecargar v : to overload : to overburden : to weigh down

sobrecargo nm : purser

sobrecogedor, -dora adj : shocking

sobrecoger v : to surprise : to startle : to scare — **sobrecogerse** vr

sobrecubierta nf : dust jacket

sobredosis nfs & pl : overdose

sobreentender v : to infer : to understand

sobreestimar v : to overestimate : to overrate

sobreexcitado, -da adj : overexcited

sobreexponer v : to overexpose

sobregirar v : to overdraw

sobregiro nm : overdraft

sobrehumano, -na adj : superhuman

sobrellevar v : to endure : to bear

sobremanera adv : exceedingly

sobremesa nf : after-dinner conversation

sobrenatural adj : supernatural

sobrenombre nm : nickname

sobrentender → **sobreentender**

sobrepasar v : to exceed : to surpass — **sobrepasarse** vr : to go too far

sobrepeso nm : excess weight : overweight : obesity

sobrepoblación, sobrepoblado → **superpoblación, superpoblado**

sobreponer v : to superimpose : to put first : to give priority to — **sobreponerse** vr : to pull oneself together

sobreprecio nm : surcharge

sobreprotector, -tora adj : overprotective

sobresaliente[1] adj : protruding : projecting : outstanding : noteworthy : significant : salient

sobresaliente[2] nmf : understudy

sobresalir v : to protrude : to jut out : to project : to stand out : to excel

sobresaltar v : to startle : to frighten — **sobresaltarse** vr

sobresalto nm : start : fright

sobresueldo nm : bonus : additional pay

sobretasa nf : surcharge

sobretodo nm : overcoat

sobrevalorar or **sobrevaluar** v : to overrate

sobrevender v : to oversell

sobrevenir v : to take place : to come about

sobrevivencia → **supervivencia**

sobreviviente → **superviviente**

sobrevivir v : to survive : to outlive : to outlast

sobrevolar v : to fly over : to overfly

sobriedad nf : sobriety : moderation

sobrino, -na n : nephew m : niece f

sobrio, -bria adj : sober — **sobriamente** adv

socarrón, -rrona adj, mpl **-rrones** : sly : cunning : sarcastic

socavar v : to undermine

socavón nm, pl **-vones** : pothole

sociabilidad nf : sociability

sociable adj : sociable

social adj : social — **socialmente** adv

socialista adj & nmf : socialist — **socialismo** nm

socializar v : to nationalize : to socialize

sociedad nf : society : company : enterprise

socio, -cia n : member : partner

socioeconómico, -ca adj : socioeconomic

sociología nf : sociology

sociológico, -ca adj : sociological — **sociológicamente** adv

sociólogo, -ga n : sociologist

socorrer v : to assist : to come to the aid of

socorrido, -da adj : handy : practical

socorrismo nm : lifesaving

socorrista nmf : rescue worker : lifeguard

socorro nm : aid : help

soda nf : soda : soda water : soda pop

sodio nf : sodium

soez adj, pl **soeces** : rude : vulgar — **soezmente** adv

sofá nm : couch : sofa

sofistería nf : sophistry — **sofista** nmf

sofisticación nf, pl **-ciones** : sophistication

sofisticado, -da adj : sophisticated

sofocante adj : suffocating : stifling

sofocar v : to suffocate : to smother : to extinguish : to put out : to crush : to put

down — **sofocarse** *vr* : to get upset
: to get mad
sofoco *nm* : hot flash
sofreír *v* : to sauté
sofrito[1], **-ta** *adj* : sautéed
sofrito[2] *nm* : seasoning sauce
softbol *nm* : softball
software *nm* : software
soga *nf* : rope
soja → soya
sojuzgar *v* : to subdue : to conquer : to
subjugate
sol[1] *nm* : G : so : sol
sol[2] *nm* : sun : sol
solamente *adv* : only : just
solapa *nf* : lapel : flap
solapado, -da *adj* : secret
: underhanded
solapar *v* : to cover up : to keep secret
— **solaparse** *vr* : to overlap
solar[1] *v* : to floor : to tile
solar[2] *adj* : solar : sun
solar[3] *nm* : lot : piece of land : site
: tenement building
solariego, -ga *adj* : ancestral
solaz *nm, pl* **solaces** : solace : comfort
: relaxation : recreation
solazarse *vr* : to relax : to enjoy oneself
soldado *nm* : soldier
soldador[1], **-dora** *n* : welder
soldador[2] *nm* : soldering iron
soldadura *nf* : welding : soldering
: solder
soldar *v* : to weld : to solder
soleado, -da *adj* : sunny
soledad *nf* : loneliness : solitude
solemne *adj* : solemn —
solemnemente *adv*
solemnidad *nf* : solemnity
soler *v* : to be in the habit of : to tend to
solera *nf* : prop : support : tradition
solfeo *nm* : sol-fa
solicitante *nmf* : applicant
solicitar *v* : to request : to solicit : to
apply for
solícito, -ta *adj* : solicitous : attentive
: obliging
solicitud *nf* : solicitude : concern
: request : application
solidaridad *nf* : solidarity
solidario, -ria *adj* : supportive : united
in support
solidarizar *v* : to be in solidarity
solidez *nf* : solidity : firmness
: soundness
solidificar *v* : to solidify : to make solid
— **solidificarse** *vr* — **solidificación** *nf*
sólido[1], **-da** *adj* : solid : firm : sturdy
: well-made : sound : well-founded —
sólidamente *adv*
sólido[2] *nm* : solid
soliloquio *nm* : soliloquy
solista *nmf* : soloist
solitaria *nf* : tapeworm

solitario[1], **-ria** *adj* : lonely : lone
: solitary : deserted
solitario[2], **-ria** *n* : recluse : loner
solitario[3] *nm* : solitaire
sollozar *v* : to sob
sollozo *nm* : sob
solo[1], **-la** *adj* : alone : by oneself : lonely
: only : sole : unique
solo[2] *nm* : solo
solo[3] *or* **sólo** *adv* : just : only
solomillo *nm* : sirloin : loin
solsticio *nm* : solstice
soltar *v* : to let go of : to drop : to
release : to set free : to pay out : to
loosen : to slacken : to undo : to untie
: to give : to let out : to come out with
— **soltarse** *vr* : to get loose : to break
free : to come undone
soltería *nf* : state of being single
soltero[1], **-ra** *adj* : single : unmarried
soltero[2], **-ra** *n* : bachelor *m* : single man
m : single woman *f*
soltura *nf* : looseness : slackness
: fluency : agility : ease of movement
soluble *adj* : soluble — **solubilidad** *nf*
solución *nf, pl* **-ciones** : solution
: answer
solucionar *v* : to solve : to resolve —
solucionarse *vr*
solvencia *nf* : solvency : settling
: payment : reliability
solvente[1] *adj* : solvent : reliable
: trustworthy
solvente[2] *nm* : solvent
sombra *nf* : shadow : shade; **sombras**
nfpl : darkness : shadows *pl*
sombreado, -da *adj* : shady : shaded
: darkened
sombrear *v* : to shade
sombrerero, -ra *n* : milliner : hatter
sombrero *nm* : hat
sombrilla *nf* : parasol : umbrella
sombrío, -bría *adj* : dark : somber
: gloomy — **sombríamente** *adv*
somero, -ra *adj* : superficial : cursory
: shallow
someter *v* : to subjugate : to conquer
: to subordinate : to subject : to submit
: to present — **someterse** *vr* : to yield
: to undergo
sometimiento *nm* : submission
: subjection : presentation
somier *nm, pl* **somieres** *or* **somiers**
: box spring
somnífero[1], **-ra** *adj* : soporific
somnífero[2] *nm* : sleeping pill
somnolencia *nf* : drowsiness
: sleepiness
somnoliento, -ta *adj* : drowsy : sleepy
somorgujo *or* **somormujo** *nm* : loon
: grebe
somos → ser[1]
son[1] → **ser**
son[2] *nm* : sound : news : rumor

sonado, -da *adj* : celebrated : famous : much-discussed
sonaja *nf* : rattle
sonajero *nm* : rattle
sonambulismo *nm* : sleepwalking
sonámbulo, -la *n* : sleepwalker
sonante *adj* **dinero contante y sonante** → **dinero**
sonar[1] *v* : to sound : to ring : to go off : to ring out : to play : to be pronounced : to look or sound familiar : to fly : to be talked about : to blow — **sonarse** *vr* : to blow one's nose
sonar[2] *nm* : sonar
sonata *nf* : sonata
sonda *nf* : sounding line : probe : catheter
sondar *v* : to sound : to probe : to explore
sondear *v* : to sound : to probe : to sound out : to test
sondeo *nm* : sounding : probing : drilling : survey : poll
soneto *nm* : sonnet
sónico, -ca *adj* : sonic
sonido *nm* : sound
sonoridad *nf* : resonance
sonoro, -ra *adj* : resonant : sonorous : voiced : resounding : loud
sonreír *v* : to smile
sonriente *adj* : smiling
sonrisa *nf* : smile
sonrojar *v* : to cause to blush — **sonrojarse** *vr* : to blush
sonrojo *nm* : blush
sonrosado, -da *adj* : rosy : pink
sonsacar *v* : to wheedle : to extract
sonsonete *nm* : tapping : drone : mocking tone
soñador[1], **-dora** *adj* : dreamy
soñador[2], **-dora** *n* : dreamer
soñar *v* : to dream
soñoliento, -ta *adj* : sleepy : drowsy
sopa *nf* : soup
sopapa *nm* : plunger
sopapo *nm* : slap
sopera *nf* : soup tureen
sopesar *v* : to weigh : to evaluate
soplar *v* : to blow : to blow on : to blow out : to blow off
soplete *nm* : blowtorch
soplido *nm* : puff
soplo *nm* : puff : gust
soplón, -plona *n, mpl* **soplones** : tattletale : sneak
soponcio *nm* : fainting spell : shock : fit
sopor *nm* : drowsiness : sleepiness
soporífero, -ra *adj* : soporific
soportable *adj* : bearable : tolerable
soportar *v* : to support : to hold up : to withstand : to resist : to bear : to tolerate
soporte *nm* : base : stand : support
soprano *nmf* : soprano

sor *nf* : Sister
sorber *v* : to sip : to suck in : to absorb : to soak up
sorbete *nm* : sherbet
sorbo *nm* : sip : gulp : swallow
sordera *nf* : deafness
sórdido, -da *adj* : sordid : dirty : squalid
sordina *nf* : mute
sordo, -da *adj* : deaf : muted : muffled
sorgo *nm* : sorghum
soriasis *nfs & pl* : psoriasis
sorna *nf* : sarcasm : mocking tone
soroche *nm* : altitude sickness
sorprendente *adj* : surprising — **sorprendentemente** *adv*
sorprender *v* : to surprise — **sorprenderse** *vr*
sorpresa *nf* : surprise
sorpresivo, -va *adj* : surprising : surprise : sudden : unexpected
sortear *v* : to raffle : to draw lots for : to dodge : to avoid
sorteo *nm* : drawing : raffle
sortija *nf* : ring : curl : ringlet
sortilegio *nm* : spell : charm : sorcery
SOS *nm* : SOS
sosegado, -da *adj* : calm : tranquil : serene
sosegar *v* : to calm : to pacify — **sosegarse** *vr*
sosiego *nm* : tranquillity : serenity : calm
soslayar *v* : to dodge : to evade
soslayo *nm* **de ~** : obliquely : sideways
soso, -sa *adj* : bland : flavorless : dull : boring
sospecha *nf* : suspicion
sospechar *v* : to suspect : to be suspicious
sospechosamente *adv* : suspiciously
sospechoso[1], **-sa** *adj* : suspicious : suspect
sospechoso[2], **-sa** *n* : suspect
sostén *nm, pl* **sostenes** : support : sustenance : brassiere : bra
sostener *v* : to support : to hold up : to hold : to sustain : to maintain — **sostenerse** *vr* : to stand : to hold oneself up : to continue : to remain
sostenible *adj* : sustainable : tenable — **sostenibilidad** *nf*
sostenido[1], **-da** *adj* : sustained : prolonged : sharp
sostenido[2] *nm* : sharp
sostuvo, etc. → **sostener**
sota *nf* : jack
sotana *nf* : cassock
sótano *nm* : basement
sotavento *nm* : lee
soterrar *v* : to bury : to conceal : to hide away
soto *nm* : grove : copse
souvenir *nm, pl* **-nirs** : souvenir : memento

soviético, -ca *adj* : Soviet
soy → **ser**
soya *nf* : soy : soybean
spaghetti → **espagueti**
spam *nm, pl* **spams** : spam
spaniel *nm, pl* **spaniels** : spaniel
SPM → **síndrome premenstrual**
sport *adj* : sport : casual
sprint *nm* : sprint — **sprinter** *nmf*
squash *nm* : squash
Sr. *nm* : Mr.
Sra. *nf* : Mrs. : Ms.
Srta. *or* **Srita.** *nf* : Miss : Ms.
staccato *adj* : staccato
stand *nm, pl* **stands** : stand : kiosk
standard → **estándar**
statu quo *nm* : status quo
stop *nm* : stop sign
streaming *nm* : streaming
stress → **estrés**
su *adj* : his : her : its : their : one's : your
suave *adj* : soft : smooth : gentle : mild
: great : fantastic
suavemente *adj* : smoothly : gently
: softly
suavidad *nf* : softness : smoothness
: mellowness
suavizante *nm* : softener : fabric
softener
suavizar *v* : to soften : to smooth out : to
tone down — **suavizarse** *vr*
sub- *pref* : sub-
subacuático, -ca *adj* : underwater
subalterno¹, -na *adj* : subordinate
: secondary
subalterno², -na *n* : subordinate
subarrendar *v* : to sublet
subasta *nf* : auction
subastador, -dora *n* : auctioneer
subastar *v* : to auction : to auction off
subcampeón, -peona *n, mpl* **-peones**
: runner-up
subcomisión *nf, pl* **-siones**
: subcommittee
subcomité *nm* : subcommittee
subconsciente *adj & nm* : subconscious
— **subconscientemente** *adv*
subcontratar *v* : to subcontract
subcontratista *nmf* : subcontractor
subcultura *nf* : subculture
subdesarrollado, -da *adj*
: underdeveloped
subdesarrollo *nm* : underdevelopment
subdirector, -tora *n* : assistant manager
súbdito, -ta *n* : subject
subdividir *v* : to subdivide
subdivisión *nf, pl* **-siones** : subdivision
subestimar *v* : to underestimate : to
undervalue
subexponer *v* : to underexpose
subexposición *nf, pl* **-ciones**
: underexposure
subgrupo *nm* : subgroup
subibaja *nm* : seesaw

subida *nf* : ascent : climb : rise
: increase : slope : hill
subido, -da *adj* : intense : strong
subir *v* : to bring/take/carry up : to lift
up : to climb : to go/come up : to raise
: to pull up : to take up : to upload : to
rise : to increase : to be promoted —
subirse *vr* : to pull up
súbito, -ta *adj* : sudden — **súbitamente**
adv
subjetivo, -va *adj* : subjective —
subjetivamente *adv* — **subjetividad**
nf
subjuntivo¹, -va *adj* : subjunctive
subjuntivo² *nm* : subjunctive
sublevación *nf, pl* **-ciones** : uprising
: rebellion
sublevar *v* : to incite to rebellion —
sublevarse *vr* : to rebel : to rise up
sublimar *v* : to sublimate —
sublimación *nf*
sublime *adj* : sublime
submarinismo *nm* : scuba diving
submarinista *nmf* : scuba diver
submarino¹, -na *adj* : submarine
: undersea
submarino² *nm* : submarine
subnormal¹ *adj* : foolish
subnormal² *nmf* : foolish person
suboficial *nmf* : noncommissioned
officer : petty officer
subordinado, -da *adj & n* : subordinate
subordinar *v* : to subordinate —
subordinarse *vr* — **subordinación** *nf*
subproducto *nm* : by-product
subrayar *v* : to underline : to underscore
: to highlight : to emphasize
subrepticio, -cia *adj* : surreptitious —
subrepticiamente *adv*
subsanar *v* : to rectify : to correct : to
overlook : to excuse : to make up for
subscribir → **suscribir**
subsecretario, -ria *n* : undersecretary
subsecuente *adj* : subsequent —
subsecuentemente *adv*
subsidiar *v* : to subsidize
subsidiaria *nf* : subsidiary
subsidio *nm* : subsidy
subsiguiente *adj* : subsequent
subsistencia *nf* : subsistence
: sustenance
subsistir *v* : to subsist : to live : to
endure : to survive
substancia → **sustancia**
subte *nm* : subway
subteniente *nmf* : second lieutenant
subterfugio *nm* : subterfuge
subterráneo¹, -nea *adj* : underground
: subterranean
subterráneo² *nm* : underground
passage : tunnel : subway
subtitular *v* : to subtitle
subtítulo *nm* : subtitle : subheading
subtotal *nm* : subtotal

suburbano, -na *adj* : suburban
suburbio *nm* : suburb : slum
subvención *nf, pl* **-ciones** : subsidy
: grant
subvencionar *v* : to subsidize
subversivo, -va *adj & n* : subversive —
subversión *nf*
subvertir *v* : to subvert
subyacente *adj* : underlying
subyacer *v* ~ **en/a** : to underlie
subyugar *v* : to subjugate —
subyugación *nf*
succión *nf, pl* **succiones** : suction
succionar *v* : to suck up : to draw in
sucedáneo *nm* : substitute
suceder *v* : to happen : to occur : to
succeed
sucesión *nf, pl* **-siones** : succession
: sequence : series : issue : heirs *pl*
: estate : inheritance
sucesivamente *adv* : successively
: consecutively
sucesivo, -va *adj* : successive
suceso *nm* : event : happening
: occurrence : incident : crime
sucesor, -sora *n* : successor
suciedad *nf* : dirtiness : filthiness : dirt
: filth
sucinto, -ta *adj* : succinct : concise —
sucintamente *adv*
sucio, -cia *adj* : dirty : filthy
sucre *nm* : Ecuadoran unit of currency
suculento, -ta *adj* : succulent
sucumbir *v* : to succumb
sucursal *nf* : branch
sudadera *nf* : sweatshirt : sweatsuit
: tracksuit
sudado, -da → **sudoroso**
sudafricano, -na *adj & n* : South African
sudamericano, -na *adj & n* : South
American
sudanés, -nesa *adj & n, mpl* **-neses**
: Sudanese
sudar *v* : to sweat : to perspire
sudario *nm* : shroud
sudeste → **sureste**
sudoeste → **suroeste**
sudor *nm* : sweat : perspiration
sudoroso, -sa *adj* : sweaty
sueco¹, -ca *adj* : Swedish
sueco², -ca *n* : Swede
sueco³ *nm* : Swedish
suegro, -gra *n* : father-in-law *m* : mother-
in-law *f*; **suegros** *nmpl* : in-laws
suela *nf* : sole
suelda, etc. → **soldar**
sueldo *nm* : salary : wage
suele, etc. → **soler**
suelo *nm* : ground : floor : flooring : soil
: land
suelta, etc. → **soltar**
suelto¹, -ta *adj* : loose : free
: unattached : individual : separate
: odd : fluent : fluid

suelto² *nm* : loose change
suena, etc. → **sonar**
sueña, etc. → **soñar**
sueño *nm* : dream : sleep : sleepiness
suero *nm* : serum : whey
suerte *nf* : luck : fortune : fate : destiny
: lot : sort : kind
suertudo¹, -da *adj* : lucky
suertudo², -da *n* : lucky person
suéter *nm* : sweater
suficiencia *nf* : adequacy : competence
: fitness : self-satisfaction
suficiente *adj* : enough : sufficient
: suitable : fit : smug : complacent
suficientemente *adv* : sufficiently
: enough
sufijo *nm* : suffix
suflé *nm* : soufflé
sufragar *v* : to help out : to support : to
defray : to vote
sufragio *nm* : suffrage : vote
sufrido, -da *adj* : long-suffering : patient
: sturdy : serviceable
sufrimiento *nm* : suffering
sufrir *v* : to suffer : to tolerate : to put up with
sugerencia *nf* : suggestion
sugerente *adj* : suggestive : revealing
: intriguing : provocative
sugerir *v* : to suggest : to recommend
: to propose : to bring to mind
sugestión *nf, pl* **-tiones** : suggestion
: prompting
sugestionable *adj* : suggestible
: impressionable
sugestionar *v* : to influence : to sway
— **sugestionarse** *vr* ~ **con** : to talk
oneself into : to become convinced of
sugestivo, -va *adj* : suggestive
: interesting : stimulating
suicida¹ *adj* : suicidal
suicida² *nmf* : suicide victim : suicide
suicidarse *vr* : to commit suicide
suicidio *nm* : suicide
suite *nf* : suite
suizo, -za *adj & n* : Swiss
sujeción *nf, pl* **-ciones** : holding
: fastening : subjection
sujetador *nm* : fastener : holder
sujetalibros *nms & pl* : bookend
sujetapapeles *nms & pl* : paper clip
sujetar *v* : to hold on to : to steady : to
hold down : to fasten : to attach : to
subdue : to conquer — **sujetarse** *vr*
: to hold on : to hang on
sujeto¹, -ta *adj* : secure : fastened
sujeto² *nm* : individual : character
: subject
sulfúrico, -ca *adj* **ácido sulfúrico** →
ácido²
sulfuro *nm* : sulfur
sultán *nm, pl* **sultanes** : sultan
suma *nf* : sum : quantity : addition
sumamente *adv* : extremely
: exceedingly

sumar v : to add : to add up : to add up
  to : to total — **sumarse** vr ~ **a** : to join
sumariamente adv : summarily
sumario[1], -ria adj : succinct : summary
sumario[2] nm : summary
sumergible adj : waterproof
sumergir v : to submerge : to immerse
  : to plunge — **sumergirse** vr
sumersión nf, pl **-siones** : submerging
  : immersion
sumidero nm : drain : sewer
suministrar v : to supply : to provide
suministro nm : supply : provision
sumir v : to plunge : to immerse : to sink
  — **sumirse** vr
sumisión nf, pl **-siones** : submission
  : submissiveness
sumiso, -sa adj : submissive
  : acquiescent : docile
sumo, -ma adj : extreme : great : high
sunita nmf : Sunni
suntuoso, -sa adj : sumptuous : lavish
  — **suntuosamente** adv
supeditar v : to subordinate —
  supeditación nf
super[1] or **súper** adj : super : great
super[2] nm : market : supermarket
super- pref : super-
superabundancia nf : overabundance
  — **superabundante** adj
superación nf, pl **-ciones** : surpassing
  : overcoming
superar v : to surpass : to exceed : to
  overcome : to surmount — **superarse**
  vr : to improve oneself
superávit nm, pl **-vit** or **-vits** : surplus
superchería nf : trickery : fraud
supercomputadora nf : supercomputer
superdotado, -da n : a very talented
  person
superestrella nf : superstar
superestructura nf : superstructure
superficial adj : superficial —
  superficialmente adv
superficialidad nf : superficiality
superficie nf : surface : area
superfluo, -flua adj : superfluous —
  superfluidad nf
superintendente nmf : supervisor
  : superintendent
superior[1] adj : superior : upper
  : higher
superior[2] nm : superior
superioridad nf : superiority
superlativo[1], -va adj : superlative
superlativo[2] nm : superlative
supermercado nm : supermarket
superpoblación nf, pl **-ciones**
  : overpopulation
superpoblado, -da adj : overpopulated
superponer v : to superimpose
superpotencia nf : superpower
superproducción → **sobreproducción**
supersónico, -ca adj : supersonic

superstición nf, pl **-ciones** : superstition
supersticioso, -sa adj : superstitious
supervisar v : to supervise : to oversee
supervisión nf, pl **-siones** : supervision
supervisor, -sora n : supervisor
  : overseer
supervivencia nf : survival
superviviente nmf : survivor
supino, -na adj : supine
suplantación nf, pl **-ciones**
  : supplanting : replacement
suplantar v : to supplant : to replace
suplemental → **suplementario**
suplementario, -ria adj : supplementary
  : additional : extra
suplemento nm : supplement
suplencia nf : substitution : replacement
suplente adj & nmf : substitute
supletorio, -ria adj : extra : additional
súplica nf : plea : entreaty
suplicar v : to entreat : to implore : to
  supplicate
suplicio nm : ordeal : torture
suplir v : to make up for : to compensate
  for : to replace : to substitute
supo, etc. → **saber**
suponer v : to suppose : to assume : to
  imply : to suggest : to involve : to entail
suposición nf, pl **-ciones** : supposition
  : assumption
supositorio nm : suppository
supremacía nf : supremacy
supremo, -ma adj : supreme
supresión nf, pl **-siones** : suppression
  : elimination : deletion
suprimir v : to suppress : to eliminate
  : to delete
supuestamente adv : supposedly
  : allegedly
supuesto, -ta adj : supposed : alleged
supurar v : to ooze : to discharge
supuso, etc. → **suponer**
sur[1] adj : southern : southerly : south
sur[2] nm : south : South : south wind
surafricano, -na → **sudafricano**
suramericano, -na → **sudamericano**
surcar v : to plow : to groove : to score
  : to furrow
surco nm : groove : furrow : rut
sureño[1], -ña adj : southern : Southern
sureño[2], -ña n : Southerner
sureste[1] adj : southeast : southeastern
  : southeasterly
sureste[2] nm : southeast : Southeast
surf nm : surfing
surfear v : to surf
surfing → **surf**
surfista nmf : surfer
surgimiento nm : rise : emergence
surgir v : to rise : to arise : to emerge
suroeste[1] adj : southwest
  : southwestern : southwesterly
suroeste[2] nm : southwest : Southwest
surrealismo nm : surrealism

surrealista[1] *adj* : surreal : surrealistic
surrealista[2] *nmf* : surrealist
surtido[1], **-da** *adj* : assorted : varied
: stocked : provisioned
surtido[2] *nm* : assortment : selection
surtidor *nm* : jet : spout : gas pump
surtir *v* : to supply : to provide : to spout
: to spurt up — **surtirse** *vr* : to stock up
susceptible *adj* : susceptible : sensitive
— **susceptibilidad** *nf*
suscitar *v* : to provoke : to give rise to
suscribir *v* : to sign : to endorse : to
sanction — **suscribirse** *vr* ~ **a** : to
subscribe to
suscripción *nf, pl* **-ciones** : subscription
: endorsement : sanction : signing
suscriptor, -tora *n* : subscriber
susodicho, -cha *adj* : aforementioned
: aforesaid
suspender *v* : to suspend : to hang : to
discontinue : to dismiss
suspense *nm* → **suspenso**
suspensión *nf, pl* **-siones** : suspension
suspenso *nm* : suspense
suspensores *nmpl* : suspenders
suspicacia *nf* : suspicion : mistrust
suspicaz *adj, pl* **-caces** : suspicious
: wary
suspirar *v* : to sigh
suspiro *nm* : sigh
surque, etc. → **surcar**
suscrito *pp* → **suscribir**
sustancia *nf* : substance
sustancial *adj* : substantial : essential
: fundamental — **sustancialmente** *adv*
sustancioso, -sa *adj* : hearty : nutritious
: substantial : solid
sustantivo *nm* : noun
sustentación *nf, pl* **-ciones** : support
sustentar *v* : to support : to hold up : to
sustain : to nourish : to maintain : to
hold — **sustentarse** *vr* : to support
oneself
sustento *nm* : means of support
: livelihood : sustenance : food
sustitución *nf, pl* **-ciones** : replacement
: substitution
sustituir *v* : to replace : to substitute for
: to stand in for
sustituto, -ta *n* : substitute : stand-in
susto *nm* : fright : scare
sustracción *nf, pl* **-ciones** : subtraction
: theft
sustraer *v* : to remove : to take away : to
subtract : to steal — **sustraerse** *vr* ~ **a**
: to avoid : to evade
susurrar *v* : to whisper : to murmur : to
rustle
susurro *nm* : whisper : murmur : rustle
: rustling
sutil *adj* : delicate : thin : fine : subtle
— **sutilmente** *adv*
sutileza *nf* : delicacy : subtlety
sutura *nf* : suture : stitch

SUV *nm, pl* **SUV** *or* **SUVs** : SUV
suyo[1], **-ya** *adj* : his : her : its : theirs
: yours
suyo[2], **-ya** *pron* : his : hers : theirs
: yours
switch *nm* : switch
taba *nf* : anklebone
tabacalero[1], **-ra** *adj* : tobacco
tabacalero[2], **-ra** *n* : tobacco grower
tabaco *nm* : tobacco
tábano *nm* : horsefly
tabaquería *nf* : tobacco shop
tabaquismo *nm* **tabaquismo pasivo**
: passive smoking
taberna *nf* : tavern : bar
tabernáculo *nm* : tabernacle
tabernero, -ra *n* : bar owner : bartender
tabicar *v* : to wall up
tabique *nm* : thin wall : partition
tabla *nf* : table : list : board : plank : slab
: plot : strip : box pleat; **tablas** *nfpl*
: stage : boards *pl*
tablado *nm* : floor : platform : scaffold
: stage
tablao *nm* : flamenco bar
tablero *nm* : bulletin board : board
: blackboard : switchboard
tablet → **tableta**
tableta *nf* : tablet : pill : bar
tabletear *v* : to rattle : to clack
tableteo *nm* : clack : rattling
tablilla *nf* : small board or tablet
: bulletin board : splint
tabloide *nm* : tabloid
tablón *nm, pl* **tablones** : plank : beam
tabú[1] *adj* : taboo
tabú[2] *nm, pl* **tabúes** *or* **tabús** : taboo
tabulador *nm* : tabulator : tab : tab key
tabular[1] *v* : to tabulate
tabular[2] *adj* : tabular
taburete *nm* : footstool : stool
tacañería *nf* : stinginess
tacaño[1], **-ña** *adj* : stingy : miserly
tacaño[2], **-ña** *n* : miser : tightwad
tacha *nf* : flaw : blemish : defect
tachadura *nf* : erasure : correction
tachar *v* : to cross out : to delete
tacho *nm* : wastebasket
tachón *nm, pl* **tachones** : stud : hobnail
tachonar *v* : to stud
tachuela *nf* : tack : hobnail : stud
tácito, -ta *adj* : tacit : implicit —
tácitamente *adv*
taciturno, -na *adj* : taciturn : sullen
: gloomy
tacle *nm* : tackle
tacleada *nf* : tackle
taclear *v* : to tackle
taco *nm* : wad : stopper : plug : pad
: cleat : heel : cue : light snack : bite
: taco
tacón *nm, pl* **tacones** : heel
taconazo *nm* : (heel) kick : stamp : heel
tap

táctica *nf* : tactic : tactics *pl*
táctico, -ca *adj* : tactical
táctil *adj* : tactile
tacto *nm* : touch : touching : feel : tact
tafeta *nf* : taffeta
tafetán *nm, pl* **-tanes** : taffeta
tahúr *nm, pl* **tahúres** : gambler
tailandés[1], **-desa** *adj & n, pl* **-deses** : Thai
tailandés[2] *nm* : Thai
taimado, -da *adj* : crafty : sly : sullen : sulky
tajada *nf* : slice
tajante *adj* : cutting : sharp : decisive : categorical
tajantemente *adj* : emphatically : categorically
tajar *v* : to cut : to slice
tajear *v* : to cut : to hack : to slash
tajo *nm* : cut : slash : gash : steep cliff
tal[1] *adv* : so : in such a way
tal[2] *adj* : such : such a
tal[3] *pron* : such a one : someone : such a thing : something
tala *nf* : felling
taladradora *nf* : jackhammer
taladrar *v* : to drill
taladro *nm* : drill : auger
talante *nm* : mood : disposition : will : willingness
talar *v* : to cut down : to fell : to devastate : to destroy
talco *nm* : talc : talcum powder
talego *nm* : sack
talento *nm* : talent : ability
talentoso, -sa *adj* : talented : gifted
talismán *nm, pl* **-manes** : talisman : charm
talla *nf* : height : size : stature : status : sculpture : carving
tallar *v* : to sculpt : to carve : to measure : to deal
tallarín *nf, pl* **-rines** : noodle
talle *nm* : size : waist : waistline : figure : shape
taller *nm* : shop : workshop : studio
tallo *nm* : stalk : stem
talón *nm, pl* **talones** : heel : stub
talonario *nm* : checkbook
taltuza *nf* : gopher
talud *nm* : slope : incline
tamal *nm* : tamale
tamaño[1], **-ña** *adj* : such a big
tamaño[2] *nm* : size
tamarindo *nm* : tamarind
tambaleante *adj* : wobbly : unsteady : teetering : staggering : swaying : tottering
tambalear *v* → **tambalearse**
tambalearse *vr* : to teeter : to stagger : to sway : to totter
tambaleo *nm* : staggering : lurching : swaying
también *adv* : too : as well : also

tambor *nm* : drum
tamborilear *v* : to drum : to tap
tamborileo *nm* : tapping : drumming
tamiz *nm* : sieve
tamizar *v* : to sift
tampoco *adv* : neither : not either
tampón *nm, pl* **tampones** : ink pad : tampon
tam–tam *nm* : tom-tom
tan[1] *adv* : so : so very : as
tan[2] *pron* **tan es así** : so much so
tanda *nf* : turn : shift : batch : lot : series
tándem *nm* : tandem : duo : pair
tangente *adj & nf* : tangent — **tangencial** *adj*
tangerina *nf* : tangerine
tangible *adj* : tangible
tango *nm* : tango
tanino *nm* : tannin
tanque *nm* : tank
tanteador *nm* : scoreboard
tantear *v* : to feel : to grope : to size up : to weigh : to keep score : to feel one's way
tanteo *nm* : estimate : rough calculation : testing : sizing up : scoring
tanto[1] *adv* : so much : so long
tanto[2], **-ta** *adj* : so much : so many : such : as much : as many : odd : however many
tanto[3] *nm* : certain amount : goal : point
tanto[4], **-ta** *pron* : so much : so many
tañer *v* : to ring : to play
tañido *nm* : ring : peal : toll : sound
tapa *nf* : cover : top : lid : bar snack
tapacubos *nms & pl* : hubcap
tapadera *nf* : cover : lid : front
tapar *v* : to cover : to cover up : to block : to obstruct — **taparse** *vr*
taparrabos *nms & pl* : loincloth
tapete *nm* : small rug : mat : table cover
tapia *nf* : (adobe) wall : garden wall
tapiar *v* : to wall in : to enclose : to block off
tapicería *nf* : upholstery : tapestry
tapicero, -ra *n* : upholsterer
tapioca *nf* : tapioca
tapir *nm* : tapir
tapiz *nm, pl* **tapices** : tapestry
tapizado *nm* : upholstery
tapizar *v* : to upholster : to cover : to carpet
tapón *nm, pl* **tapones** : cork : bottle cap : plug : stopper : traffic jam : fuse
taponar *v* : to block : to stop up
tapujo *nm* : deceit : pretension
taquigrafía *nf* : stenography : shorthand
taquigráfico, -ca *adj* : stenographic
taquígrafo, -fa *n* : stenographer
taquilla *nf* : box office : ticket office : earnings *pl* : take
taquillero, -ra *adj* : box-office : popular
tara *nf* : defect
tarántula *nf* : tarantula

tararear *v* : to hum
tardanza *nf* : lateness : delay
tardar *v* : to take time : to delay : to take
— **tardarse** *vr*
tarde[1] *adv* : late
tarde[2] *nf* : afternoon : evening
tardío, -día *adj* : late : tardy
tardo, -da *adj* : slow
tarea *nf* : task : job : homework
tarifa *nf* : rate : fare : price list : duty
tarima *nf* : dais : platform : stage
tarjeta *nf* : card
taro *nm* : taro
tarrina *nf* : tub
tarro *nm* : jar : pot : can : tin
tarta *nf* : tart : cake
tartaleta *nf* : tart
tartamudear *v* : to stammer : to stutter
tartamudeo *nm* : stutter : stammer
tartamudo[1], **-da** *adj* : stuttering
 : stammering
tartamudo[2], **-da** *n* : person who stutters
 or stammers
tartán *nm, pl* **tartanes** : tartan : plaid
tártaro *nm* : tartar
tartera *nf* : lunch box
tasa *nf* : rate : tax : fee : appraisal
 : valuation
tasación *nf, pl* **-ciones** : appraisal
 : assessment
tasador, -dora *n* : assessor : appraiser
tasajo *nm* : dried beef : beef jerky
tasar *v* : to appraise : to value : to set
 the price of : to ration : to limit
tasca *nf* : cheap bar : dive
tatarabuela *nf* : great-great-grandmother
tatarabuelo *nm* : great-great-grandfather
tatuaje *nm* : tattoo : tattooing
tatuar *v* : to tattoo
taurino, -na *adj* : bull : bullfighting
Tauro[1] *nm* : Taurus
Tauro[2] *nmf* : Taurus
tauromaquia *nf* : (art of) bullfighting
taxi *nm, pl* **taxis** : taxi : taxicab
taxidermia *nf* : taxidermy
taxidermista *nmf* : taxidermist
taxista *nmf* : taxi driver
taza *nf* : cup : cupful : (toilet) bowl
 : basin
tazón *nm, pl* **tazones** : bowl : large cup
 : mug
te *pron* : you : for you : to you : from
 you : yourself : for yourself : to yourself
 : from yourself : thee
té *nm* : tea : tea party
tea *nf* : torch
teatral *adj* : theatrical — **teatralmente**
 adv
teatro *nm* : theater
teca *nf* : teak
techado *nm* : roof
techar *v* : to roof : to shingle
techo *nm* : roof : ceiling : upper limit
techumbre *nf* : roofing

tecla *nf* : key
teclado *nm* : keyboard
teclear *v* : to type in : to enter
técnica *nf* : technique : skill : technology
técnico[1], **-ca** *adj* : technical —
 técnicamente *adv*
técnico[2], **-ca** *n* : technician : expert
 : engineer
tecnología *nf* : technology
tecnológico, -ca *adj* : technological —
 tecnológicamente *adv*
tecolote *nm* : owl
tedio *nm* : tedium : boredom
tedioso, -sa *adj* : tedious : boring —
 tediosamente *adv*
tee *nm* : tee
teja *nf* : tile
tejado *nm* : roof
tejanos *nmpl* : jeans
tejar *v* : to tile
tejedor, -dora *n* : weaver
tejemaneje *nm* : intrigue : machination
 : fuss : commotion
tejer *v* : to knit : to crochet : to weave
 : to concoct : to make up : to fabricate
tejido *nm* : fabric : cloth : weave
 : texture : tissue
tejo *nm* : yew : hopscotch
tejón *nm, pl* **tejones** : badger
tela *nf* : fabric : cloth : material
telar *nm* : loom
telaraña *nf* : spiderweb : cobweb
tele *nf* : TV : television
telecomunicación *nf, pl* **-ciones**
 : telecommunication
teleconferencia *nf* : teleconference
telediario *nm* : news : news program
teledifusión *nf, pl* **-siones** : television
 broadcasting
teledirigido, -da *adj* : remote-controlled
teleférico *nm* : cable car
telefonazo *nm* : (telephone) call
telefonear *v* : to telephone : to call
telefónico, -ca *adj* : phone : telephone
telefonista *nmf* : telephone operator
teléfono *nm* : telephone
telegrafiar *v* : to telegraph
telégrafo *nm* : telegraph
telegrama *nm* : telegram
telemárketing *nm* : telemarketing
telenovela *nf* : soap opera
telepatía *nf* : telepathy
telepático, -ca *adj* : telepathic —
 telepáticamente *adv*
telerrealidad *nf* : reality TV : reality
 television
telescópico, -ca *adj* : telescopic
telescopio *nm* : telescope
telesilla *nmf* : ski lift
telespectador, -dora *n* : (television)
 viewer
telesquí *nm, pl* **-squís** : ski lift
televidente *nmf* : (television) viewer
televisar *v* : to televise

televisión nf, pl **-siones** : television : TV
televisivo, -va adj : television
televisor nm : television set
telón nm, pl **telones** : curtain
tema nm : theme : topic : subject : motif : central theme
temario nm : set of topics : agenda
temática nf : subject matter
temático, -ca adj : thematic
temblar v : to tremble : to shake : to shiver : to shudder : to be afraid
temblor nm : shaking : trembling : tremor : earthquake
temblorosamente adv : shakily
tembloroso, -sa adj : tremulous : trembling : shaking
temer v : to fear : to dread : to be afraid — **temerse** vr
temerario, -ria adj : reckless : rash — **temerariamente** adv
temeridad nf : temerity : recklessness : rashness : rash act
temeroso, -sa adj : fearful : frightened
temible adj : fearsome : dreadful
temor nm : fear : dread
témpano nm : ice floe
temperamento nm : temperament — **temperamental** adj
temperancia nf : temperance
temperar v : to temper : to moderate : to have a change of air
temperatura nf : temperature
tempestad nf : storm : tempest
tempestuoso, -sa adj : tempestuous : stormy
templado, -da adj : temperate : mild : moderate : restrained : warm : lukewarm : courageous : bold
templanza nf : temperance : moderation : mildness
templar v : to temper : to restrain : to moderate : to tune : to warm up : to cool down — **templarse** vr : to be moderate : to cool down
temple nm : temper : mood : tuning : courage
templo nm : temple : church : chapel
tempo nm : tempo
temporada nf : season : time : period : spell
temporal[1] adj : temporal : temporary
temporal[2] nm : storm
temporalmente adv : temporarily
temporario, -ria adj : temporary — **temporariamente** adv
temporero[1], **-ra** adj : temporary : seasonal
temporero[2], **-ra** n : temporary or seasonal worker
temporizador nm : timer
tempranero, -ra adj : early
temprano[1] adv : early
temprano[2], **-na** adj : early
ten → **tener**

tenacidad nf : tenacity : perseverance
tenacillas nfpl : tongs : curling iron
tenaz adj, pl **tenaces** : tenacious : persistent : strong : tough
tenaza nf, or **tenazas** nfpl : pliers : pincers : tongs : claw
tenazmente adv : tenaciously
tendedero nm : clothesline
tendencia nf : tendency : inclination : trend
tendencioso, -sa adj : biased
tendente → **tendiente**
tender v : to spread out : to lay out : to extend : to hold out : to hang out : to run : to set : to make — **a** : to tend to : to have a tendency towards — **tenderse** vr : to stretch out : to lie down
tenderete nm : (market) stall
tendero, -ra n : shopkeeper : storekeeper
tendido nm : laying : seats pl : section
tendiente adj ~ **a** : aimed at : designed to
tendón nm, pl **tendones** : tendon
tenebrosidad nf : darkness : gloom
tenebroso, -sa adj : gloomy : dark : sinister
tenedor[1], **-dora** n : holder
tenedor[2] nm : table fork
teneduría nf **teneduría de libros** : bookkeeping
tenencia nf : possession : holding : tenancy : tenure
tener v : to have : to cause : to experience : to receive : to show : to include : to use : to exercise : to hold : to give birth to — **tenerse** vr : to stand up
tenería nf : tannery
tenga, etc. → **tener**
tenia nf : tapeworm
teniente nmf : lieutenant
tenis nms & pl : tennis; **tenis** nmpl : sneakers pl
tenista nmf : tennis player
tenor nm : tenor : tone : sense
tensar v : to tense : to make taut : to draw — **tensarse** vr : to become tense
tensión nf, pl **tensiones** : tension : tautness : stress : strain : voltage
tenso, -sa adj : tense — **tensamente** adv
tentación nf, pl **-ciones** : temptation
tentáculo nm : tentacle : feeler
tentador[1], **-dora** adj : tempting
tentador[2], **-dora** n : tempter : temptress f
tentar v : to feel : to touch : to test : to try : to tempt : to entice
tentativa nf : attempt : try
tentempié nm : snack : bite
tenue adj : tenuous : faint : weak : dim : light : fine : thin : slender
teñir v : to dye : to stain

teología *nf* : theology
teológico, -ca *adj* : theological
teólogo, -ga *n* : theologian
teorema *nm* : theorem
teoría *nf* : theory
teórico¹, -ca *adj* : theoretical —
   teóricamente *adv*
teórico², -ca *n* : theorist
teorizar *v* : to theorize
tepe *nm* : sod : turf
teponaztle *nm* : traditional drum
tequila *nm* : tequila
terapeuta *nmf* : therapist
terapéutica *nf* : therapeutics
terapéutico, -ca *adj* : therapeutic
terapia *nf* : therapy
tercer → **tercero**
tercermundista *adj* : third-world
tercero¹, -ra *adj* : third
tercero², -ra *n* : third
terceto *nm* : triplet : trio
terciar *v* : to place diagonally : to divide
   into three parts : to mediate
terciario, -ria *adj* : tertiary
tercio¹, -cia → **tercero**
tercio² *nm* : third
terciopelo *nm* : velvet
terco, -ca *adj* : obstinate : stubborn
tergiversación *nf, pl* **-ciones** : distortion
tergiversar *v* : to distort : to twist
termal *adj* : thermal : hot
termas *nfpl* : hot springs
térmico, -ca *adj* : thermal : heat
terminación *nf, pl* **-ciones** : termination
   : conclusion
terminal¹ *adj* : terminal —
   terminalmente *adv*
terminal² *nm* : (electric or electronic)
   terminal
terminal³ *nf* : terminal : station
terminante *adj* : final : definitive
   : categorical — **terminantemente** *adv*
terminar *v* : to end : to conclude : to
   complete : to finish off : to finish : to
   stop — **terminarse** *vr* : to run out : to
   come to an end
término *nm* : end : conclusion : term
   : expression : period : term of office
   : place : position; **términos** *nmpl*
   : terms : specifications
terminología *nf* : terminology
termita *nf* : termite
termo *nm* : thermos
termodinámica *nf* : thermodynamics
termómetro *nm* : thermometer
termostato *nm* : thermostat
ternera *nf* : veal
ternero, -ra *n* : calf
terno *nm* : set of three : three-piece suit
ternura *nf* : tenderness
terquedad *nf* : obstinacy : stubbornness
terracota *nf* : terra-cotta
terraplén *nm, pl* **-plenes** : terrace
   : embankment

terráqueo, -quea *adj* : earth
terrateniente *nmf* : landowner
terraza *nf* : terrace : veranda : balcony
terremoto *nm* : earthquake
terrenal *adj* : worldly : earthly
terreno *nm* : terrain : earth : ground
   : plot : tract of land
terrestre *adj* : terrestrial
terrible *adj* : terrible : horrible —
   terriblemente *adv*
terrier *nmf* : terrier
territorial *adj* : territorial
territorio *nm* : territory
terrón *nm, pl* **terrones** : clod
terror *nm* : terror
terrorífico, -ca *adj* : horrific : terrifying
terrorismo *nm* : terrorism
terrorista *adj & nmf* : terrorist
terroso, -sa *adj* : earthy
terruño *nm* : native land : homeland
terso, -sa *adj* : smooth : glossy : shiny
   : polished : flowing
tersura *nf* : smoothness : shine
tertulia *nf* : gathering : group
tesauro *nm* : thesaurus
tesis *nfs & pl* : thesis
tesón *nm* : persistence : tenacity
tesonero, -ra *adj* : persistent : tenacious
tesorería *nf* : treasurer's office
tesorero, -ra *n* : treasurer
tesoro *nm* : treasure : thesaurus
   : treasury
test *nm* : test
testaferro *nm* : figurehead
testamentario, -ria *n* : executor
testamento *nm* : testament : will
testar *v* : to draw up a will
testarudo, -da *adj* : stubborn
   : pigheaded
testículo *nm* : testicle
testificar *v* : to testify
testigo *nmf* : witness
testimonial *adj* : testimonial : token
testimoniar *v* : to testify
testimonio *nm* : testimony : statement
teta *nf* : teat
tétano *or* **tétanos** *nm* : tetanus : lockjaw
tetera *nf* : teapot : teakettle
tetilla *nf* : teat : nipple
tetina *nf* : nipple
tétrico, -ca *adj* : somber : gloomy
textear *v* : to text
textil *adj & nm* : textile
texto *nm* : text
textual *adj* : literal : exact —
   textualmente *adv*
textura *nf* : texture
tez *nf, pl* **teces** : complexion : coloring
thumbnail *nm, pl* **thumbnails**
   : thumbnail
ti *pron* : you : thee
tía → **tío**
tiamina *nf* : thiamine
tianguis *nm* : open-air market

tibetano¹, -na *adj & n* : Tibetan
tibetano² *nm* : Tibetan
tibia *nf* : tibia
tibieza *nf* : warmth : mildness : lack of enthusiasm : coolness : indifference
tibio, -bia *adj* : lukewarm : tepid : cool : unenthusiastic
tiburón *nm, pl* **-rones** : shark : raider
tic *nm* : click : tick
tico, -ca *adj & n* : Costa Rican
tictac *nm* : ticking : tick-tock
tiembla, etc. → **temblar**
tiempo *nm* : time : period of time : season : moment : weather : tempo : half : tense
tienda *nf* : store : shop
tiende, etc. → **tender**
tiene, etc. → **tener**
tienta¹, etc. → **tentar**
tienta² *nf* **andar a tientas** : to feel one's way : to grope around
tiernamente *adv* : tenderly
tierno, -na *adj* : affectionate : tender : young
tierra *nf* : land : ground : earth : country : homeland : soil
tieso, -sa *adj* : stiff : rigid : upright : erect
tiesto *nm* : flowerpot
tiesura *nf* : stiffness : rigidity
tifoidea *nf* : typhoid
tifoideo, -dea *adj* : typhoid
tifón *nm, pl* **tifones** : typhoon
tifus *nm* : typhus
tigre, -gresa *n* : tiger : tigress *f* : jaguar
tijereta *nf* : earwig
tijeretada *nf or* **tijeretazo** *nm* : cut : snip
tila *nf* : lime blossom tea
tildar *v* ~ **de** : to brand as : to call
tilde *nf* : accent mark : tilde
tilín *nm, pl* **tilines** : tinkle
tilo *nm* : linden
timador, -dora *n* : swindler
timar *v* : to swindle : to cheat
timbal *nm* : kettledrum; **timbales** *nmpl* : timpani
timbre *nm* : bell : tone : timbre : seal : stamp : postage stamp
timidez *nf* : timidity : shyness
tímido, -da *adj* : timid : shy — **tímidamente** *adv*
timo *nm* : swindle : trick : hoax
timón *nm, pl* **timones** : rudder
timonel *nm* : coxswain
timorato, -ta *adj* : timorous : sanctimonious
tímpano *nm* : eardrum; **tímpanos** *nmpl* : timpani : kettledrums
tina *nf* : tub : bathtub : vat
tinaco *nm* : water tank
tinaja *nf* : large clay pot/jar
tinieblas *nfpl* : darkness : ignorance
tino *nm* : good judgment : sense : tact : sensitivity : insight

tinta *nf* : ink
tinte *nm* : dye : coloring : overtone
tintero *nm* : inkwell
tintinear *v* : to jingle : to clink : to tinkle
tintineo *nm* : clink : jingle : tinkle
tinto, -ta *adj* : dyed : stained : red
tintorería *nf* : dry cleaner
tintura *nf* : dye : tint : tincture
tiña *nf* : ringworm
tiñe, etc. → **teñir**
tío, tía *n* : uncle *m* : aunt *f*
tiovivo *nm* : merry-go-round
tipear *v* : to type
tipi *nm* : tepee
típico, -ca *adj* : typical — **típicamente** *adv*
tipificar *v* : to classify : to categorize : to typify
tiple *nm* : soprano
tipo¹ *nm* : type : kind : sort : figure : build : appearance : rate : (printing) type : typeface : style : model
tipo², -pa *n* : guy *m* : gal *f* : character
tipografía *nf* : typography : printing
tipográfico, -ca *adj* : typographic : typographical
tipógrafo, -fa *n* : printer : typographer
tique *or* **tiquet** *nm* : ticket : receipt
tira *nf* : strip : strap
tirabuzón *nf, pl* **-zones** : corkscrew
tirachinas *nms & pl* : slingshot
tirada *nf* : throw : distance : stretch : printing : issue
tiradero *nm* : dump : mess : clutter
tirado, -da *adj* : dirt cheap : very easy
tirador¹ *nm* : handle : knob
tirador², -dora *n* : marksman *m* : markswoman *f*
tiragomas *nms & pl* : slingshot
tiranía *nf* : tyranny
tiránico, -ca *adj* : tyrannical
tiranizar *v* : to tyrannize
tirano¹, -na *adj* : tyrannical : despotic
tirano², -na *n* : tyrant
tirante¹ *adj* : tense : strained : taut
tirante² *nm* : shoulder strap; **tirantes** *nmpl* : suspenders
tirantez *nf* : tautness : tension : friction : strain
tirar *v* : to throw : to hurl : to toss : to throw away/out : to waste : to knock down : to shoot : to fire : to launch : to drop : to take : to print : to run off : to pull : to draw : to attract : to get by : to manage — **tirarse** *vr* : to throw oneself : to spend
tiritar *v* : to shiver : to tremble
tiro *nm* : shot : gunshot : kick : flue : team
tiroideo, -dea *adj* : thyroid
tiroides *nmf* : thyroid : thyroid gland — **tiroides** *adj*
tirolés, -lesa *adj* : Tyrolean
tirón *nm, pl* **tirones** : pull : tug : yank

tiroteo *nm* : shooting : gunfight : shoot-out

tirria *nf* **tener tirria a** : to have a grudge against

titánico, -ca *adj* : titanic : huge

titanio *nm* : titanium

títere *nm* : puppet

tití *nm, pl* **tití** *or* **titíes** *or* **titís** : marmoset

titilar *v* : to twinkle : to flicker

titileo *nm* : twinkle : flickering

titiritero, -ra *n* : puppeteer : acrobat

tito, tita *n* : uncle *m* : auntie *f*

titubear *v* : to hesitate : to stutter : to stammer — **titubeante** *adj*

titubeo *nm* : hesitation : stammering

titulado, -da *adj* : titled : entitled : qualified

titular¹ *v* : to title : to entitle — **titularse** *vr* : to be called : to be entitled to : to receive a degree

titular² *adj* : titular : official

titular³ *nm* : headline

titular⁴ *nmf* : owner : holder : officeholder : incumbent

titularidad *nf* : ownership : title : position : office : starting position

título *nm* : title : degree : qualification : security : bond

tiza *nf* : chalk

tiznar *v* : to blacken

tizne *nm* : soot

tiznón *nm, pl* **tiznones** : stain : smudge

tlapalería *nf* : hardware store

TNT *nm* : TNT

toalla *nf* : towel

toallita *nf* : washcloth

tobillo *nm* : ankle

tobogán *nm, pl* **-ganes** : toboggan : sled : slide : chute

tocadiscos *nms & pl* : record player

tocado¹, -da *adj* : bad : bruised : touched : not all there

tocado² *nm* : headdress

tocador¹ *nm* : dressing table : vanity table

tocador², -dora *n* : player

tocante *adj* ~ **a** : with regard to : regarding

tocar *v* : to touch : to feel : to handle : to touch on : to refer to : to concern : to affect : to play : to ring : to sound : to knock : to fall to : to be up to : to be one's turn : to come by chance — **tocarse** *vr* : to touch

tocayo, -ya *n* : namesake

tocineta *nf* : bacon

tocino *nm* : bacon : salt pork

tocología *nf* : obstetrics

tocólogo, -ga *n* : obstetrician

tocón *nm, pl* **tocones** : stump

todavía *adv* : still : yet : even

todo¹, -da *adj* : all : whole : entire : every : each : any : maximum

todo² *nm* : whole

todo³, -da *pron* : everything : all : every bit; **todos, -das** *pl* : everybody : everyone

todopoderoso, -sa *adj* : almighty

todoterreno *nm* : all-terrain vehicle

toga *nf* : toga : gown : robe

toldo *nm* : awning : canopy

tolerable *adj* : tolerable — **tolerablemente** *adv*

tolerancia *nf* : tolerance : toleration

tolerante *adj* : tolerant — **tolerantemente** *adv*

tolerar *v* : to tolerate

tolete *nm* : oarlock

tolva *nf* : hopper

toma *nf* : taking : seizure : capture : dose : take : shot

tomado *adj* : drunk

tomar *v* : to take : to make : to drink : to have : to capture : to seize : to interpret : to take something — **tomarse** *vr* : to eat : to have

tomate *nm* : tomato

tomillo *nm* : thyme

tomo *nm* : volume : tome

ton *nm* **sin ton ni son** : without rhyme or reason

tonada *nf* : tune : song : accent

tonalidad *nf* : tones *pl* : color scheme

tonel *nm* : barrel : cask

tonelada *nf* : ton

tonelaje *nm* : tonnage

tónica *nf* : tonic : trend : tone

tónico¹, -ca *adj* : tonic

tónico² *nm* : tonic

tonificar *v* : to tone : to tone up

tono *nm* : tone : shade : key

tontamente *adv* : foolishly : stupidly

tontear *v* : to fool around : to play the fool : to flirt

tontería *nf* : foolishness : stupid remark or action

tonto¹, -ta *adj* : dumb : stupid : silly

tonto², -ta *n* : fool : idiot

topacio *nm* : topaz

toparse *vr* ~ **con** : to bump into : to run into : to come across

tope *nm* : limit : end : stop : check : buffer : bump : collision : speed bump

tópico¹, -ca *adj* : topical : external : trite : commonplace

tópico² *nm* : topic : subject : cliché : trite expression

topo *nm* : mole : clumsy person

topografía *nf* : topography

topográfico, -ca *adj* : topographic : topographical

toque¹, etc. → **tocar**

toque² *nm* : touch : ringing : peal : chime : shock : jolt

toquetear *v* : to touch : to handle : to finger

toquilla *nf* : shawl

tórax *nm* : thorax

torbellino *nm* : whirlwind
torcedura *nf* : twisting : buckling : sprain
torcer *v* : to bend : to twist : to sprain
: to turn : to wring : to wring out : to
distort — **torcerse** *vr*
torcido, -da *adj* : twisted : crooked
: devious
tordo *nm* : thrush
torear *v* : to fight : to dodge : to sidestep
toreo *nm* : bullfighting
torero, -ra *n* : bullfighter : matador
tormenta *nf* : storm : turmoil : frenzy
tormento *nm* : torment : anguish
: torture
tormentoso, -sa *adj* : stormy : turbulent
— **tormentosamente** *adv*
tornado *nm* : tornado
tornamesa *nmf* : turntable
tornar *v* : to return : to give back : to
make : to render : to go back —
tornarse *vr* : to become : to turn into
tornasol *nm* : reflected light : sunflower
: litmus
tornear *v* : to turn
torneo *nm* : tournament
tornillo *nm* : screw
torniquete *nm* : tourniquet : turnstile
torno *nm* : lathe : winch
toro *nm* : bull
toronja *nf* : grapefruit
toronjil *nm* : balm : lemon balm
torpe *adj* : clumsy : awkward : stupid
: dull — **torpemente** *adv*
torpedear *v* : to torpedo
torpedero, -ra *n* : shortstop
torpedo *nm* : torpedo
torpeza *nf* : clumsiness : awkwardness
: stupidity : blunder
torre *nf* : tower : turret : rook : castle
torreja *nf* : French toast
torrencial *adj* : torrential —
torrencialmente *adv*
torrente *nm* : torrent
torreón *nm, pl* **-rreones** : tower
torreta *nf* : turret
tórrido, -da *adj* : torrid
torrija *nf* → **torreja**
torso *nm* : torso : trunk
torta *nf* : cake : pie : tart : sandwich
tortazo *nm* : blow : wallop
tortícolis *nf* : stiff neck
tortilla *nf* : tortilla
tórtola *nf* : turtledove
tortuga *nf* : turtle : tortoise
tortuoso, -sa *adj* : tortuous : winding
tortura *nf* : torture
torturador, -ca *n* : torturer
torturar *v* : to torture : to torment
torvo, -va *adj* : grim : stern : baleful
torzamos, etc. → **torcer**
tos *nf* : cough
tosco, -ca *adj* : rough : coarse
toser *v* : to cough
tosquedad *nf* : coarseness : roughness

tostada *nf* : piece of toast : fried tortilla
tostador *nm* : toaster : roaster
tostadora *nf* : toaster : roaster
tostar *v* : to toast : to roast : to tan —
tostarse *vr* : to get a tan
tostón *nm, pl* **tostones** : fried plantain
chip
total[1] *adv* : in the end : so
total[2] *adj & nm* : total — **totalmente** *adv*
totalidad *nf* : totality : whole
totalitario, -ria *adj & n* : totalitarian
totalitarismo *nm* : totalitarianism
totalizar *v* : to total : to add up to
tótem *nm, pl* **tótems** : totem
totopo *nm* : tortilla chip
totuma *nf* : calabash
touchdown *nf* : touchdown
tour *nm, pl* **tours** : tour : excursion
toxicidad *nf* : toxicity
tóxico[1]**, -ca** *adj* : toxic : poisonous
tóxico[2] *nm* : poison
toxicomanía *nf* : drug addiction
toxicómano, -na *n* : drug addict
toxina *nf* : toxin
tozudez *nf* : stubbornness : obstinacy
tozudo, -da *adj* : stubborn : obstinate
— **tozudamente** *adv*
traba *nf* : tie : bond : obstacle
: hindrance
trabajador[1]**, -dora** *adj* : hardworking
trabajador[2]**, -dora** *n* : worker
trabajar *v* : to work : to strive : to act : to
perform : to knead : to till : to work on
trabajo *nm* : work : job : labor : task
: effort : piece of writing : essay
: paper; **trabajos** *nmpl* : hardships
: difficulties
trabajoso, -sa *adj* : laborious —
trabajosamente *adv*
trabalenguas *nms & pl* : tongue twister
trabar *v* : to join : to connect : to impede
: to hold back : to strike up : to form
: to thicken — **trabarse** *vr* : to jam : to
become entangled : to be tongue-tied
: to stammer
trabucar *v* : to confuse : to mix up
trabuco *nm* : blunderbuss
tracalero, -ra *adj* : dishonest : tricky
tracción *nf* : traction
trace, etc. → **trazar**
tracto *nm* : tract
tractor *nm* : tractor
tradición *nf, pl* **-ciones** : tradition
tradicional *adj* : traditional —
tradicionalmente *adv*
traducción *nf, pl* **-ciones** : translation
traducible *adj* : translatable
traducir *v* : to translate : to convey : to
express — **traducirse** *vr* ~ **en** : to
result in
traductor, -tora *n* : translator
traer *v* : to bring : to cause : to bring
about : to carry : to have : to wear —
traerse *vr* : to bring along

traficante *nmf* : dealer : trafficker
traficar *v* : to trade : to deal
tráfico *nm* : trade : traffic
tragaluz *nf, pl* **-luces** : skylight : fanlight
tragamonedas *nmfs & pl* : slot machine
tragaperras *nmfs & pl* →
  tragamonedas
tragar *v* : to swallow — **tragarse** *vr*
tragedia *nf* : tragedy
trágico, -ca *adj* : tragic — **trágicamente**
  adv
trago *nm* : swallow : swig : drink : liquor
trague, etc. → **tragar**
traición *nf, pl* **traiciones** : treason
  : betrayal : treachery
traicionar *v* : to betray
traicionero, -ra → **traidor**
traidor¹, -dora *adj* : traitorous
  : treacherous
traidor², -dora *n* : traitor
traiga, etc. → **traer**
tráiler *or* **trailer** *nm* : trailer
trailla *nf* : leash : harrow
traje *nm* : suit : dress : costume
trajín *nm, pl* **trajines** : transport : hustle
  and bustle
trajinar *v* : to transport : to carry : to
  rush around
trajo, etc. → **traer**
trama *nf* : plot : weave : weft
tramar *v* : to plot : to plan : to weave
tramitación *nf, pl* **-ciones** : processing
tramitar *v* : to transact : to negotiate
  : to handle
trámite *nm* : procedure : step
tramo *nm* : stretch : section : flight
trampa *nf* : trap
trampear *v* : to cheat
trampero, -ra *n* : trapper
trampilla *nf* : trapdoor
trampolín *nm, pl* **-lines** : diving board
  : trampoline : springboard : ski jump
tramposo¹, -sa *adj* : crooked : cheating
tramposo², -sa *n* : cheat : swindler
tranca *nf* : stick : club : bar : crossbar
trancar *v* : to bar
trancazo *nm* : blow : hit
trance *nm* : critical juncture : tough time
  : trance
tranco *nm* : stride : threshold
tranque, etc. → **trancar**
tranquilidad *nf* : tranquility : peace
tranquilizador, -dora *adj* : soothing
  : reassuring
tranquilizante¹ *adj* : reassuring
  : tranquilizing
tranquilizante² *nm* : tranquilizer
tranquilizar *v* : to calm down : to soothe
  — **tranquilizarse** *vr*
tranquilo, -la *adj* : calm : tranquil —
  tranquilamente *adv*
trans *adj* : trans : transgender : trans
  : transsexual
transacción *nf, pl* **-ciones** : transaction

transar *v* : to give way : to compromise
  : to buy and sell
transatlántico¹, -ca *adj* : transatlantic
transatlántico² *nm* : ocean liner
transbordador *nm* : ferry
transbordar *v* : to transfer
transbordo *nm* : transfer
transcendencia → **trascendencia**
transcender → **trascender**
transcribir *v* : to transcribe
transcrito *pp* → **transcribir**
transcripción *nf, pl* **-ciones**
  : transcription
transcurrir *v* : to elapse : to pass
transcurso *nm* : course : progression
transeúnte *nmf* : passerby : transient
transexual *adj & nmf* : transsexual
transferencia *nf* : transfer : transference
transferir *v* : to transfer — **transferible** *adj*
transfigurar *v* : to transfigure : to
  transform — **transfiguración** *nf*
transformación *nf, pl* **-ciones**
  : transformation : conversion
transformador *nm* : transformer
transformar *v* : to convert : to transform
  : to change : to alter — **transformarse** *vr*
tránsfuga *nmf* : defector : turncoat
transfusión *nf, pl* **-siones** : transfusion
transgénero *adj* : transgender
transgénico¹, -ca *adj* : genetically modified
transgénico² *nm* : genetically modified
  plant or animal
transgredir *v* : to transgress —
  transgresión *nf* — **transgresor,**
  -sora *n*
transición *nf, pl* **-ciones** : transition
transido, -da *adj* : overcome : beset
transigir *v* : to give in : to compromise
transistor *nm* : transistor
transitable *adj* : passable
transitar *v* : to go : to pass : to travel
transitivo, -va *adj* : transitive
tránsito *nm* : traffic : transit : passage
  : movement : death : passing
transitorio, -ria *adj* : transitory
  : provisional : temporary —
  transitoriamente *adv*
translúcido, -da *adj* : translucent
translucir → **traslucir**
transmisible *adj* : transmissible
transmisión *nf, pl* **-siones**
  : transmission : broadcast : transfer
transmisor *nm* : transmitter
transmitir *v* : to transmit : to broadcast
  : to pass on : to transfer
transparencia *nf* : transparency
transparentar *v* : to reveal : to betray —
  transparentarse *vr* : to be transparent
  : to show through
transparente¹ *adj* : transparent —
  transparentemente *adv*
transparente² *nm* : shade : blind
transpiración *nf, pl* **-ciones**
  : perspiration : sweat

transpirado, -da *adj* : sweaty
transpirar *v* : to perspire : to sweat : to transpire
transplantar, transplante → **trasplantar, trasplante**
transponer *v* : to transpose : to move about : to transplant — **transponerse** *vr* : to hide : to set : to go down : to doze off
transportación *nf, pl* **-ciones** : transportation
transportador *nm* : protractor : conveyor
transportar *v* : to transport : to carry : to transmit : to transpose — **transportarse** *vr* : to get carried away
transporte *nm* : transport : transportation
transportista *nmf* : hauler : carrier : trucker
transpuso, etc. → **transponer**
transversal *adj* : transverse : cross
transversalmente *adv* : obliquely
transverso, -sa *adj* : transverse
tranvía *nm* : streetcar : trolley
trapeador *nm* : mop
trapear *v* : to mop
trapecio *nm* : trapezoid : trapeze
trapecista *nmf* : trapeze artist
trapezoide *nm* : trapezoid
trapo *nm* : cloth : rag; **trapos** *nmpl* : clothes
tráquea *nf* : trachea : windpipe
traquetear *v* : to clatter : to jolt
traqueteo *nm* : jolting : clattering : clatter
tras *prep* : after : behind
trasbordar, trasbordo → **transbordar, transbordo**
trascendencia *nf* : importance : significance : transcendence
trascendental *adj* : transcendental : important : momentous
trascendente *adj* : important : significant : transcendent
trascender *v* : to leak out : to become known : to spread : to have a wide effect : to transcend
trasero[1], -ra *adj* : rear : back
trasero[2] *nm* : buttocks
trasfondo *nm* : background : backdrop : undertone : undercurrent
trasformación → **transformación**
trasgo *nm* : goblin : imp
trasgredir → **transgredir**
trashumante *adj* : seasonally migratory
trasiego *nm* : coming and going : transfer
trasladar *v* : to transfer : to move : to postpone : to translate : to copy : to transcribe — **trasladarse** *vr* : to relocate
traslado *nm* : transfer : move : copy
traslapar *v* : to overlap — **traslaparse** *vr*
traslapo *nm* : overlap

traslúcido, -da → **translúcido**
traslucir *v* : to reveal : to show — **traslucirse** *vr* : to show through
trasluz *nm, pl* **-luces al trasluz** : against the light
trasmano *nm* **a ~** : out of the way : out of reach
trasmisión, trasmitir → **transmisión, transmitir**
trasnochar *v* : to stay up all night
traspapelar *v* : to misplace : to mislay
trasparencia, trasparente → **transparencia, transparente**
traspasar *v* : to pierce : to go through : to go beyond : to cross : to go across : to sell : to transfer
traspaso *nm* : transfer : sale
traspié *nm* : stumble : blunder
traspiración → **transpiración**
trasplantar *v* : to transplant
trasplante *nm* : transplant
trasponer → **transponer**
trasportar → **transportar**
trasquilar *v* : to shear
trastada *nf* : dirty trick
traste *nm* : fret : kitchen utensil
trastero *nm* : junk room
trastienda *nf* : back room
trastornar *v* : to disturb : to upset : to disrupt — **trastornarse** *vr*
trastorno *nm* : disorder : disturbance : upset
trastos *nmpl* : implements : utensils : pieces of junk : stuff
trasunto *nm* : image : likeness
tratable *adj* : friendly : sociable : treatable
tratado *nm* : treatise : treaty
tratamiento *nm* : treatment
tratante *nmf* : dealer : trader
tratar *v* : to treat : to handle — **tratarse** *vr* : to socialize with
trato *nm* : deal : agreement : relationship : dealings *pl* : treatment
trauma *nm* : trauma
traumático, -ca *adj* : traumatic — **traumáticamente** *adv*
traumatismo *nm* : injury
travesaño *nm* : crossbar : transom : crosspiece
travesía *nf* : voyage : crossing
travesti *or* **travestí** *adj & nmf, pl* **-tis** *or* **-tíes** : transvestite
travesura *nf* : prank : mischievous act; **travesuras** *nfpl* : mischief
travieso, -sa *adj* : mischievous : naughty — **traviesamente** *adv*
trayecto *nm* : journey : route : trajectory : path
trayectoria *nf* : course : path : trajectory : history : career
trayendo → **traer**
traza *nf* : design : plan : appearance
trazado *nm* : outline : sketch : plan : layout

trazar v : to trace : to draw up : to devise : to outline : to sketch

trazo nm : stroke : line : sketch : outline

trébol nm : clover : shamrock : club

trece adj & nm : thirteen — **trece** pron

treceavo¹, -va adj : thirteenth

treceavo² nm : thirteenth

trecho nm : stretch : period : distance : space

tregua nf : truce : lull : respite

treinta adj & nm : thirty — **treinta** pron

treintavo¹, -va adj : thirtieth

treintavo² nm : thirtieth

tremendamente adv : tremendously

tremendo, -da adj : tremendous : enormous : terrible : dreadful : great : super

trementina nf : turpentine

trémulo, -la adj : trembling : shaky : flickering

tren nm : train : set : assembly : speed : pace

trenca nf : duffle coat

trence, etc. → **trenzar**

trenza nf : braid : pigtail

trenzar v : to braid — **trenzarse** vr : to get involved

trepador, -dora adj : climbing

trepadora nf : climbing plant : climber : nuthatch

trepar v : to climb : to creep : to spread

trepidación nf, pl **-ciones** : vibration

trepidante adj : vibrating : fast : frantic

trepidar v : to shake : to vibrate : to hesitate : to waver

tres¹ adj & nm : three

tres² pron : three

trescientos¹, -tas adj & pron : three hundred

trescientos² nms & pl : three hundred

tresillo nm : three-piece suit : three-piece furniture set : three-seat sofa

treta nf : trick : ruse

tri- pref : three

tríada nf : triad

triángulo nm : triangle — **triangular** adj

tribal adj : tribal

tribu nf : tribe

tribulación nf, pl **-ciones** : tribulation

tribuna nf : dais : platform : stands pl : bleachers pl : grandstand

tribunal nm : court : tribunal

tributar v : to pay : to render : to pay taxes

tributario¹, -ria adj : tax

tributario² nm : tributary

tributo nm : tax : tribute

triciclo nm : tricycle

tricolor adj : tricolor

tricotar v : to knit

tridente nm : trident

tridimensional adj : three-dimensional : 3-D

trienal adj : triennial

trifulca nf : row : ruckus

trigal nm : wheat field

trigésimo¹, -ma adj : thirtieth : thirty-

trigésimo², -ma n : thirtieth : thirty-

trigo nm : wheat

trigonometría nf : trigonometry

trigueño, -ña adj : light brown : dark : olive-skinned

trillado, -da adj : trite : hackneyed

trilladora nf : thresher : threshing machine

trillar v : to thresh

trillizo, -za n : triplet

trilogía nf : trilogy

trimestral adj : quarterly — **trimestralmente** adv

trimestre nm : trimester

trinar v : to thrill : to warble

trinchar v : to carve : to cut up

trinchera nf : trench : ditch : trench coat

trineo nm : sled : sleigh

trinidad nf **la Trinidad** : the Trinity

trino nm : trill : warble

trinquete nm : ratchet

trío nm : trio

tripa nf : gut : intestine; **tripas** nfpl : belly : tummy : insides pl

tripartito, -ta adj : tripartite

triple adj & nm : triple

triplicado nm : triplicate

triplicar v : to triple : to treble

trípode nm : tripod

tripulación nf, pl **-ciones** : crew

tripulante nmf : crew member

tripular v : to man

triquiñuela nf : trick

tris nm **estar en un tris de** : to be within an inch of : to be very close to

triste adj : sad : gloomy : desolate : dismal : sorry : sorry-looking

tristemente adv : sadly

tristeza nf : sadness : grief

tristón, -tona adj, mpl **-tones** : melancholy : downhearted

tritón nm, pl **tritones** : newt

triturador nm → **trituradora**

trituradora nf : grinder

triturar v : to crush : to grind

triunfador¹, -dora adj : triumphal : triumphant

triunfador², -dora n : winner

triunfal adj : triumphal : triumphant — **triunfalmente** adv

triunfante adj : triumphant : victorious

triunfar v : to triumph : to win

triunfo nm : triumph : victory : success : trump

triunvirato nm : triumvirate

trivial adj : trivial : trite : commonplace

trivialidad nf : triviality

triza nf : shred : bit

trocar v : to exchange : to trade : to change : to alter : to transform : to confuse : to mix up

trocear v : to carve : to cut up

trocha nf : path : trail

troce, etc. → **trozar**

trofeo nm : trophy

tromba nf : whirlwind

trombón nm, pl **trombones** : trombone : trombonist — **trombonista** nmf

trombosis nf : thrombosis

trompa nf : trunk : proboscis : horn : tube : duct

trompada nf : punch : blow : bump : collision

trompazo nm : bang : bump : smack

trompear v : to punch

trompeta nf : trumpet

trompetista nmf : trumpet player : trumpeter

trompicón nm, pl **-cones** : stumble : lurch

trompo nm : spinning top

trona nf : high chair

tronada nf : thunderstorm

tronado, -da adj : nuts : crazy

tronar v : to thunder : to roar : to be furious : to rage : to shoot

tronchar v : to snap : to break off : to cut off

tronco nm : trunk : log : torso

trono nm : throne : toilet

tropa nf : troop : soldiers pl : crowd : mob : herd

tropel nm : mob : swarm

tropezar v : to trip : to stumble : to slip up : to blunder — **tropezarse** vr ~ **con** : to run into : to bump into

tropezón nm, pl **-zones** : stumble : mistake : slip

tropical adj : tropical

trópico nm : tropic

tropiezo nm : snag : setback : mistake : slip

troqué, etc. → **trocar**

troquel nm : die

trotamundos nmf : globe-trotter

trotar v : to trot : to jog : to rush about

trote nm : trot : rush : bustle

troupe nf : troupe

trovador, -dora n : troubadour

trozar v : to cut up : to dice

trozo nm : piece : bit : chunk : passage : extract

trucha nf : trout

truco nm : trick : knack

truculento, -ta adj : horrifying : gruesome

trueca, trueque, etc. → **trocar**

truena, etc. → **tronar**

trueno nm : thunder

trueque nm : barter : exchange

trufa nf : truffle

truhán, truhana n, pl **truhanes** : rogue : scoundrel

truncar v : to truncate : to cut short : to thwart : to frustrate

trunco, -ca adj : truncated : unfinished : incomplete

trunque, etc. → **truncar**

trust nm : trust

tu adj : your : thy

tú pron : you : thou

tuba nf : tuba

tubérculo nm : tuber

tuberculosis nf : tuberculosis

tuberculoso, -sa adj : tuberculous : tubercular

tubería nf : pipes pl : tubing

tuberoso, -sa adj : tuberous

tubo nm : tube : pipe

tubular adj : tubular

tuerca nf : nut

tuerce, etc. → **torcer**

tuerto, -ta adj : one-eyed : blind in one eye

tuerza, etc. → **torcer**

tuesta, etc. → **tostar**

tuétano nm : marrow

tufo nm : fume : vapor : stench : stink

tugurio nm : hovel

tuit nm, pl **tuits** : tweet

tuitear v : to tweet

tul nm : tulle

tulipán nm, pl **-panes** : tulip

tullido¹, -da adj : disabled : crippled

tullido², -da n : disabled person

tumba nf : tomb : grave : felling of trees

tumbar v : to knock down : to fell : to cut down : to fall down — **tumbarse** vr : to lie down

tumbo nm : tumble : fall

tumbona nf : deck chair

tumor nm : tumor

túmulo nm : burial mound

tumulto nm : commotion : tumult : riot : crowd

tumultuoso, -sa adj : tumultuous

tuna nf : prickly pear

tunante, -ta n : crook : scoundrel

tundra nf : tundra

tunecino, -na adj & n : Tunisian

túnel nm : tunnel

tungsteno nm : tungsten

túnica nf : tunic

tupé nm : toupee

tupido, -da adj : dense : thick : obstructed : blocked up

turba nf : peat : mob : throng

turbación nf, pl **-ciones** : disturbance : alarm : concern : confusion

turbante nm : turban

turbar v : to disturb : to disrupt : to worry : to upset : to confuse

turbina nf : turbine

turbio, -bia adj : cloudy : murky : turbid : dim : blurred : shady : crooked

turbulencia nf : turbulence

turbulento, -ta adj : turbulent

turco¹, -ca adj : Turkish

turco², -ca n : Turk

turco[3] *nm* : Turkish
turgente *adj* : turgid : swollen
turismo *nm* : tourism : tourist industry
turista *nmf* : tourist : vacationer
turístico, -ca *adj* : tourist : travel
turnar *v* : to take turns : to alternate
turno *nm* : turn : shift : duty
turón *nm, pl* **turones** : polecat
turquesa *nf* : turquoise
turrón *nm, pl* **turrones** : nougat
tusa *nf* : corn husk
tutear *v* : to address as *tú*
tutela *nf* : guardianship : tutelage
  : protection
tuteo *nm* : addressing as *tú*
tutor, -tora *n* : tutor : guardian
tutoría *nf* : guardianship
tutorial *nm* : tutorial
tuvo, etc. → **tener**
tuyo[1], **-ya** *adj* : yours : of yours
tuyo[2], **-ya** *pron* : yours
tweed *nm* : tweed
tweet → **tuit**
twittear → **tuitear**
u *conj* : or
uapití *nm, pl* **-tíes** *or* **-tís** *or* **-tí**
  : American elk : wapiti
ubicación *nf, pl* **-ciones** : location
  : position
ubicar *v* : to place : to put : to position
  : to locate : to find — **ubicarse** *vr* : to
  be placed : to be located : to position
  oneself
ubicuo, -cua *adj* : ubiquitous
ubre *nf* : udder
UCP → **CPU**
ucraniano[1], **-na** *adj & n* : Ukrainian
ucraniano[2] *nm* : Ukrainian
Ud., Uds. → **usted**
uf *interj* : phew!
ufanarse *vr* ~ **de** : to boast about
ufano, -na *adj* : proud : self-satisfied
  : smug
ugandés, -desa *adj & n, mpl* **-deses**
  : Ugandan
ukelele *nm* : ukulele
úlcera *nf* : ulcer — **ulceroso, -sa** *adj*
ulcerar *v* : to ulcerate — **ulcerarse** *vr*
ulterior *adj* : later : subsequent —
  ulteriormente *adv*
últimamente *adv* : lately : recently
ultimar *v* : to complete : to finish : to
  finalize : to kill
ultimátum *nm, pl* **-tums** : ultimatum
último[1], **-ma** *adj* : last : final : latest
  : most recent : farthest
último[2], **-ma** *n* : last one
ultra- *pref* : ultra-
ultrajar *v* : to offend : to outrage : to
  insult
ultraje *nm* : outrage : insult
ultramar *nm* **de ~** *or* **en ~** : overseas
  : abroad
ultrarrojo, -ja *adj* : infrared

ultrasecreto, -ta *adj* : top secret
ultrasónico, -ca *adj* : ultrasonic
ultrasonido *nm* : ultrasound
ultravioleta *adj* : ultraviolet
ulular *v* : to hoot : to howl : to wail
ululato *nm* : hoot : wail
umbilical *adj* : umbilical
umbral *nm* : threshold : doorstep
un[1] *adj* → **uno**[1]
un[2], **una** *art, mpl* **unos** : a : an; **unos** *or*
  unas *pl* : some : a few; **unos** *or* **unas**
  pl : about : approximately
unánime *adj* : unanimous —
  unánimemente *adv*
unanimidad *nf* : unanimity
uncir *v* : to yoke
undécimo[1], **-ma** *adj* : eleventh
undécimo[2], **-ma** *n* : eleventh
ungir *v* : to anoint
ungüento *nm* : ointment : salve
ungulado, -da *adj* : hoofed
únicamente *adv* : only : solely
único[1], **-ca** *adj* : only : sole : unique
  : extraordinary
único[2], **-ca** *n* : only one
unicornio *nm* : unicorn
unidad *nf* : unity : unit : drive
unido, -da *adj* : joined : united : close
unificar *v* : to unify — **unificación** *nf*
uniformado, -da *adj* : uniformed
uniformar *v* : to standardize : to make
  uniform
uniforme[1] *adj* : uniform —
  uniformemente *adv*
uniforme[2] *nm* : uniform
uniformidad *nf* : uniformity
unilateral *adj* : unilateral —
  unilateralmente *adv*
unión *nf, pl* **uniones** : union : joining
  : joint : coupling
unir *v* : to unite : to join : to link : to
  connect : to combine : to blend —
  unirse *vr* : to join together : to mix
  together
unísono *nm* : unison
unitario, -ria *adj* : unitary : unit
universal *adj* : universal — **universalidad**
  nf — **universalmente** *adv*
universidad *nf* : university
universitario[1], **-ria** *adj* : university
  : college
universitario[2], **-ria** *n* : university student
  : college student
universo *nm* : universe
unja, etc. → **ungir**
uno[1], **una** *adj* : one
uno[2] *nm* : one : number one
uno[3], **una** *pron* : one; **unos**; **unas** *pl*
  : some : some people
untar *v* : to anoint : to smear : to grease
  : to bribe
unza, etc. → **uncir**
uña *nf* : fingernail : toenail : claw : hoof
  : stinger

UPC → CPU

uranio *nm* : uranium
Urano *nm* : Uranus
urbanismo *nm* : city planning
urbanización *nf, pl* **-ciones** : housing development : residential area
urbanizar *v* : to develop — **urbanizado, -da** *adj* — **urbanizadora** *nf*
urbano, -na *adj* : urban : urbane : polite
urbe *nf* : large city : metropolis
urdimbre *nf* : warp
urdir *v* : to engineer : to devise
uretra *nf* : urethra
urgencia *nf* : urgency : emergency
urgente *adj* : urgent : express — **urgentemente** *adv*
urgido, -da *adj* **estar urgido de** : to be in urgent need of
urgir *v impers* : to be urgent : to be pressing
urinario, -ria *adj* : urinary
urja, etc. → urgir
urna *nf* : urn : ballot box
urogallo *nm* : grouse
urraca *nf* : magpie
urticaria *nf* : hives
uruguayo, -ya *adj & n* : Uruguayan
usado, -da *adj* : used : secondhand : worn : worn-out
usanza *nf* : custom : usage
usar *v* : to use : to make use of : to consume : to wear — **usarse** *vr* : to be used : to be in fashion
usina *nf* : power plant
uso *nm* : use : wear : custom
usted *pron* : you; **ustedes** *pl* : all of you
usual *adj* : usual : common : normal — **usualmente** *adv*
usuario, -ria *n* : user
usura *nf* : usury
usurpador, -dora *n* : usurper
usurpar *v* : to usurp — **usurpación** *nf*
utensilio *nm* : utensil : tool
uterino, -na *adj* : uterine
útero *nm* : uterus : womb
útil *adj* : useful : handy : helpful
utilería *nf* : props *pl*
útiles *nmpl* : implements : tools
utilidad *nf* : utility : usefulness; **utilidades** *nfpl* : profits
utilitario, -ria *adj* : utilitarian
utilizable *adj* : usable : fit for use
utilización *nf, pl* **-ciones** : utilization : use
utilizar *v* : to use : to utilize
útilmente *adv* : usefully
utopía *nf* : utopia
utópico, -ca *adj* : utopian
uva *nf* : grape
uve *nf* → **ve²**
úvula *nf* : uvula
uy *interj* : oh! : ow!
va → ir
vaca *nf* : cow
vacación *nf, pl* **-ciones** : vacation

vacacionar *v* : to vacation
vacacionista *nmf* : vacationer
vacante¹ *adj* : vacant : empty
vacante² *nf* : vacancy
vaciar *v* : to empty : to empty out : to drain : to hollow out : to cast — **~ en** : to flow into : to empty into
vacilación *nf, pl* **-ciones** : hesitation : vacillation
vacilante *adj* : hesitant : unsure : shaky : unsteady : flickering
vacilar *v* : to hesitate : to vacillate : to waver : to be unsteady : to wobble : to flicker : to joke : to fool around
vacío¹, -cía *adj* : vacant : empty : meaningless
vacío² *nm* : emptiness : void : space : gap : vacuum
vacuidad *nf* : vacuousness
vacuna *nf* : vaccine
vacunación *nf, pl* **-ciones** : vaccination : inoculation
vacunar *v* : to vaccinate : to inoculate
vacuno¹, -na *adj* : bovine
vacuno² *nm* : bovine
vacuo, -cua *adj* : empty : shallow : inane
vadear *v* : to ford : to wade across
vado *nm* : ford
vagabundear *v* : to wander : to roam about
vagabundo¹, -da *adj* : wandering : stray
vagabundo², -da *n* : vagrant : bum : vagabond
vagamente *adv* : vaguely
vagancia *nf* : vagrancy : laziness : idleness
vagar *v* : to roam : to wander
vagina *nf* : vagina — **vaginal** *adj*
vago¹, -ga *adj* : vague : lazy : idle
vago², -ga *n* : idler : loafer : vagrant : bum
vagón *nm, pl* **vagones** : car
vagoneta *nf* : station wagon
vague, etc. → vagar
vaguedad *nf* : vagueness
vahído *nm* : dizzy spell
vaho *nm* : breath : vapor : steam
vaina *nf* : sheath : scabbard : pod : nuisance : bother : thing
vainilla *nf* : vanilla
vaivén *nm, pl* **vaivenes** : swinging : swaying : rocking : change : fluctuation
vajilla *nf* : dishes *pl* : set of dishes
valdrá, etc. → valer
vale *nm* : voucher : promissory note : IOU
valedero, -ra *adj* : valid
valentía *nf* : courage : valor
valer *v* : to be worth : to cost : to earn : to gain : to protect : to aid : to be equal to : to have value : to be valid : to count — **valerse** *vr* : to be fair

valeroso, -sa *adj* : brave : valiant
valet *nm* : jack
valga, etc. → **valer**
valía *nf* : value : worth
validar *v* : to validate — **validación** *nf*
validez *nf* : validity
válido, -da *adj* : valid
valiente *adj* : brave : valiant : fine : great
— **valientemente** *adv*
valija *nf* : suitcase : valise
valioso, -sa *adj* : valuable : precious
valla *nf* : fence : barricade : hurdle
: obstacle : hindrance
vallar *v* : to fence : to put a fence around
valle *nm* : valley : vale
valor *nm* : value : worth : importance
: courage : valor; **valores** *nmpl* : values
: principles; **valores** *nmpl* : securities
: bonds
valoración *nf, pl* **-ciones** : valuation
: appraisal : assessment : appreciation
valorar *v* : to evaluate : to appraise : to
assess : to value : to appreciate
valorizarse *vr* : to appreciate : to
increase in value — **valorización** *nf*
vals *nm* : waltz
valuación *nf, pl* **-ciones** : valuation
: appraisal
valuar *v* : to value : to appraise : to
assess
válvula *nf* : valve
vamos → **ir**
vampiro *nm* : vampire
van → **ir**
vanagloriarse *vr* : to boast : to brag
vandalismo *nm* : vandalism
vándalo *nm* : vandal — **vandalismo** *nm*
vanguardia *nf* : vanguard : avant-garde
vanguardista[1] *adj* : avant-garde
vanguardista[2] *nmf* : avant-gardist
vanidad *nf* : vanity
vanidoso, -sa *adj* : vain : conceited
vano, -na *adj* : vain : useless : worthless
— **vanamente** *adv*
vapear *v* : to vape
vapor *nm* : vapor : steam : steamer
: steamship
vaporeador *nm* : e-cigarette
vaporera *nf* : steamer
vaporizador *nm* : vaporizer : e-cigarette
vaporizar *v* : to vaporize — **vaporizarse**
vr — **vaporización** *nf*
vaporoso, -sa *adj* : sheer : airy
vapulear *v* : to beat : to thrash
vaquero[1], **-ra** *adj* : cowboy
vaquero[2], **-ra** *n* : cowboy *m* : cowgirl *f*
vaqueros *nmpl* : jeans
vaquilla *nf* : heifer
vara *nf* : pole : stick : rod : staff : lance
: pike : yardstick
varado, -da *adj* : beached : aground
: stranded
varar *v* : to beach : to strand : to run
aground

variable *adj & nf* : variable —
variabilidad *nf*
variación *nf, pl* **-ciones** : variation
variado, -da *adj* : varied : diverse
variante *adj & nf* : variant
varianza *nf* : variance
variar *v* : to change : to alter : to
diversify : to vary
varicela *nf* : chicken pox
várices *or* **varices** *nfpl* : varicose veins
varicoso, -sa *adj* : varicose
variedad *nf* : variety : diversity
varilla *nf* : rod : bar : spoke : rib
vario, -ria *adj* : varied : diverse
: variegated : motley : changeable;
varios; varias *pl* : various : several
variopinto, -ta *adj* : diverse : assorted
: motley
varita *nf* : wand
varón *nm, pl* **varones** : man : male : boy
varonil *adj* : masculine : manly
: mannish
vas → **ir**
vasallo, -lla *n* : vassal — **vasallaje** *nm*
vasco[1], **-ca** *adj & n* : Basque
vasco[2] *nm* : Basque
vascular *adj* : vascular
vaselina *nf* : petroleum jelly
vasija *nf* : container : vessel
vaso *nm* : glass : tumbler : glassful
: vessel
vástago *nm* : offspring : descendant
: shoot
vastedad *nf* : vastness : immensity
vasto, -ta *adj* : vast : immense
vataje *nm* : wattage
váter *nm* : toilet : bathroom
vaticinar *v* : to predict : to foretell
vaticinio *nm* : prediction : prophecy
vatio *nm* : watt
vaya, etc. → **ir**
Vd., Vds. → **usted**
ve, etc. → **ir, ver**
vea, etc. → **ver**
vecinal *adj* : local
vecindad *nf* : neighborhood : vicinity
vecindario *nm* : neighborhood : area
: residents *pl*
vecino[1], **-na** *adj* : neighboring
vecino[2], **-na** *n* : neighbor : resident
: inhabitant
veda *nf* : prohibition : closed season
vedar *v* : to prohibit : to ban : to impede
: to prevent
vegetación *nf, pl* **-ciones** : vegetation;
vegetaciones *nfpl* : adenoids
vegetal *adj & nm* : vegetable : plant
vegetar *v* : to vegetate
vegetariano, -na *adj & n* : vegetarian
— **vegetarianismo** *nm*
vegetativo, -va *adj* : vegetative
vehemente *adj* : vehement —
vehemencia *nf* — **vehementemente**
adv

vehículo nm : vehicle — **vehicular** adj
veía, etc. → **ver**
veinte adj & nm : twenty — **veinte** pron
veinteavo[1], **-va** adj : twentieth
veinteavo[2] nm : twentieth
veintena nf : group of twenty : score
vejación nf, pl **-ciones** : ill-treatment
  : humiliation
vejete nm : old fellow : codger
vejez nf : old age
vejiga nf : bladder : blister
vela nf : watch : vigil : wake : candle
  : sail : sailing
velada nf : evening party
velado, -da adj : veiled : hidden
  : blurred : muffled
velador[1], **-dora** n : guard : night watchman
velador[2] nm : candlestick : night table
velar v : to hold a wake over : to watch
  over : to sit up with : to blur : to expose
  : to veil : to conceal : to stay awake
velatorio nm : wake
veleidad nf : fickleness : whim : caprice
veleidoso, -sa adj : fickle : capricious
velero nm : sailing ship : sailboat
veleta nf : weather vane
vello nm : body hair : down : fuzz
vellón nm, pl **vellones** : fleece
  : sheepskin : nickel
vellosidad nf : fuzziness : hairiness
velloso, -sa adj : downy : fuzzy : hairy
velludo, -da adj : hairy
velo nm : veil
velocidad nf : speed : velocity : gear
velocímetro nm : speedometer
velocista nmf : sprinter
velorio nm : wake
velour nm : velour : velours
veloz adj, pl **veloces** : fast : quick : swift
  — **velozmente** adv
ven → **venir**
vena nf : vein : seam : lode : grain
  : style : strain : touch : mood
venado nm : deer : venison
venal adj : venal
vencedor, -dora n : winner : victor
vencejo nm : swift
vencer v : to vanquish : to defeat : to
  overcome : to surmount : to win : to
  triumph : to expire : to be due : to
  mature — **vencerse** vr : to control
  oneself : to break : to collapse
vencido, -da adj : defeated : expired
  : due : payable
vencimiento nm : defeat : expiration
  : maturity
venda nf : bandage
vendaje nm : bandage : dressing
vendar v : to bandage
vendaval nm : gale : strong wind
vendedor, -dora n : salesperson
  : salesman m : saleswoman f
vender v : to sell : to sell out : to betray
  — **venderse** vr : to be sold : to sell out

vendetta nf : vendetta
vendible adj : salable : marketable
vendimia nf : grape harvest
vendrá, etc. → **venir**
veneno nm : poison : venom
venenoso, -sa adj : poisonous
  : venomous
venerable adj : venerable
veneración nf, pl **-ciones** : veneration
  : reverence
venerar v : to venerate : to revere
venéreo, -rea adj : venereal
venero nm : seam : lode : vein : spring
  : origin : source
venezolano, -na adj & n : Venezuelan
venga, etc. → **venir**
venganza nf : vengeance : revenge
vengar v : to avenge — **vengarse** vr : to
  get even : to revenge oneself
vengativo, -va adj : vindictive : vengeful
vengue, etc. → **vengar**
venia nf : permission : leave : pardon
  : bow
venial adj : venial
venida nf : arrival : coming : return
venidero, -ra adj : coming : future
venir v : to come : to arrive : to originate
  : to be available : to come back : to
  return : to affect : to overcome : to fit
  : to have been — **venirse** vr : to come
  back
venta nf : sale
ventaja nf : advantage : lead : head
  start; **ventajas** nfpl : perks : extras
ventajoso, -sa adj : advantageous
  : profitable — **ventajosamente** adv
ventana nf : window
ventanal nm : large window
ventanilla nf : window : ticket window
  : box office
ventero, -ra n : innkeeper
ventilación nf, pl **-ciones** : ventilation
ventilador nm : ventilator : fan
ventilar v : to ventilate : to air out : to air
  : to discuss : to make public : to reveal
  — **ventilarse** vr : to get some air
ventisca nf : snowstorm : blizzard
ventisquero nm : snowdrift
ventolera nf : gust of wind
ventosa nf : sucker
ventosear v : to break wind
ventosidad nf : wind : flatulence
ventoso, -sa adj : windy
ventrículo nm : ventricle
ventrílocuo, -cua n : ventriloquist
ventriloquia nf : ventriloquism
ventura nf : fortune : luck : chance
  : happiness
venturoso, -sa adj : fortunate : lucky
  : successful
Venus nm : Venus
venza, etc. → **vencer**
ver[1] v : to see : to understand : to
  examine : to look into : to judge : to

meet : to visit : to find out : to learn —
verse *vr* : to find oneself : to look : to
appear : to see each other : to meet
ver² *nm* : looks *pl* : appearance : opinion
vera *nf* : side
veracidad *nf* : truthfulness : veracity
veranda *nf* : veranda
veraneante *nmf* : summer vacationer
veranear *v* : to spend the summer
veraneo *nm* : summer vacation
veraniego, -ga *adj* : summer : summery
verano *nm* : summer
veras *nfpl* **de ~** : really : truly
veraz *adj, pl* **veraces** : truthful
verbal *adj* : verbal — **verbalmente** *adv*
verbalizar *v* : to verbalize : to express
verbena *nf* : festival : fair
verbigracia *adv* : for example
verbo *nm* : verb
verbosidad *nf* : wordiness
verboso, -sa *adj* : verbose : wordy
verdad *nf* : truth
verdaderamente *adv* : really : truly
verdadero, -dera *adj* : true : real : genuine
verde¹ *adj* : green : unripe
: inexperienced : dirty : risqué
verde² *nm* : green
verdeante *adj* : verdant
verdín *nm, pl* **verdines** : slime : scum
verdor *nm* : greenness
verdoso, -sa *adj* : greenish
verdugo *nm* : executioner : hangman
: tyrant
verdugón *nm, pl* **-gones** : welt
verdulería *nf* : greengrocer's store
verdulero, -ra *n* : greengrocer
verdura *nf* : vegetable(s) : green(s)
vereda *nf* : path : trail : sidewalk
: pavement
veredicto *nm* : verdict
verga *nf* : spar : yard
vergonzoso, -sa *adj* : disgraceful
: shameful : bashful : shy —
vergonzosamente *adv*
vergüenza *nf* : embarrassment
: disgrace : shame : bashfulness
: shyness
vericueto *nm* : rough terrain
verídico, -ca *adj* : true : real : truthful
verificación *nf, pl* **-ciones** : verification
: testing : checking
verificador, -dora *n* : inspector : tester
verificar *v* : to verify : to confirm : to test
: to check : to carry out : to conduct —
verificarse *vr* : to take place : to occur
: to come true
verja *nf* : rails *pl* : grating : grille : gate
vermut *nm, pl* **vermuts** : vermouth
vernáculo, -la *adj* : vernacular
vernal *adj* : vernal : spring
verosímil *adj* : probable : likely
: credible : realistic
verosimilitud *nf* : probability
: plausibility : realism

verraco *nm* : boar
verruga *nf* : wart
versado, -da *adj* **~ en** : versed in
: knowledgeable about
versar *v* **~ sobre** : to deal with : to be
about
versátil *adj* : versatile : fickle
versatilidad *nf* : versatility : fickleness
versículo *nm* : verse
versión *nf, pl* **versiones** : version
: translation
verso *nm* : verse
versus *prep* : versus : against
vértebra *nf* : vertebra — **vertebral** *adj*
vertebrado¹, -da *adj* : vertebrate
vertebrado² *nm* : vertebrate
vertedero *nm* : garbage dump : drain
: outlet
verter *v* : to pour : to dump : to spill : to
shed : to empty out : to express : to
voice : to translate : to render : to flow
vertical *adj & nf* : vertical —
verticalmente *adv*
vértice *nm* : vertex : apex
vertido *nm* : spilling : spill
vertiente *nf* : slope : aspect : side
: element
vertiginoso, -sa *adj* : dizzying —
vertiginosamente *adv*
vértigo *nm* : vertigo : dizziness
vesícula *nf* : vesicle
vespertino, -na *adj* : evening
vestíbulo *nm* : vestibule : hall : lobby
: foyer
vestido *nm* : dress : costume : clothes *pl*
vestidor *nm* : dressing room
vestiduras *nfpl* : clothing : raiment
: regalia : vestments
vestigio *nm* : vestige : sign : trace
vestimenta *nf* : clothing : clothes *pl*
vestir *v* : to dress : to clothe : to wear
: to decorate : to dress up : to look
good : to suit the occasion — **vestirse**
vr : to get dressed
vestuario *nm* : wardrobe : dressing
room : locker room
veta *nf* : grain : vein : seam : lode : trace
: streak
vetar *v* : to veto
veteado, -da *adj* : streaked : veined
veteranía *nf* : experience : seniority
veterano, -na *adj & n* : veteran
veterinaria *nf* : veterinary medicine
veterinario¹, -ria *adj* : veterinary
veterinario², -ria *n* : veterinarian
veto *nm* : veto
vetusto, -ta *adj* : ancient : very old
vez *nf, pl* **veces** : time : occasion : turn
: track : line : tract
vía¹ *nf* : road : route : way : means
: track : line : tract
vía² *prep* : via
viable *adj* : viable : feasible —
viabilidad *nf*
viaducto *nm* : viaduct

viajante *mf* : traveling salesman
: traveling saleswoman
viajar *v* : to travel : to journey
viaje *nm* : trip : journey
viajero¹, -ra *adj* : traveling
viajero², -ra *n* : traveler : passenger
vial *adj* : road : traffic
viático *nm* : travel allowance : travel
expenses *pl*
víbora *nf* : viper
vibración *nf, pl* **-ciones** : vibration
vibrador *nm* : vibrator
vibrante *adj* : vibrant : vibrating
vibrar *v* : to vibrate
vicario, -ria *n* : vicar
vice- *pref* : vice-
vicealmirante *nmf* : vice admiral
vicepresidente, -ta *n* : vice president
— **vicepresidencia** *nf*
viceversa *adv* : vice versa : conversely
viciado, -da *adj* : stuffy : close
viciar *v* : to corrupt : to invalidate : to
distort : to pollute : to adulterate
vicio *nm* : vice : depravity : bad habit
: defect : blemish
vicioso, -sa *adj* : depraved : corrupt
vicisitud *nf* : vicissitude
víctima *nf* : victim
victimario, -ria *n* : killer : murderer
victimizar *v* : to victimize
victoria *nf* : victory — **victorioso, -sa**
adj — **victoriosamente** *adv*
victoriano, -na *adj* : Victorian
vid *nf* : vine : grapevine
vida *nf* : life : lifetime : biography : living
: livelihood : liveliness
vidente *nmf* : psychic : clairvoyant
: sighted person
video *or* **vídeo** *nm* : video
videocinta *nf* : videotape
videocasete *or* **videocassette** *nm*
: videocassette
videocasetera *or* **videocassettera**
nf : videocassette recorder : video
recorder : VCR
videocámara *nf* : video camera
videoclip *nm, pl* **-clips** : video
videoclub *nm* : video store
videoconferencia *nf* : videoconference
videograbar *v* : to videotape
videojuego *nm* : video game
videojugador, -dora *n* : gamer
videollamada *nf* : video call
vidriado *nm* : glaze
vidriar *v* : to glaze
vidriera *nf* : stained-glass window
: glass door or window : store window
vidriero, -ra *n* : glazier
vidrio *nm* : glass : piece of glass
: windowpane
vidrioso, -sa *adj* : brittle : fragile
: slippery : glassy : glazed : touchy
: delicate
vieira *nf* : scallop : scallop shell

viejo¹, -ja *adj* : old : elderly : former
: long-standing : worn : worn-out
viejo², -ja *n* : old man *m* : old woman *f*
viene, etc. → **venir**
viento *nm* : wind
vientre *nm* : abdomen : belly : womb
: bowels *pl*
viernes *nms & pl* : Friday
vierte, etc. → **verter**
vietnamita¹ *adj & nmf* : Vietnamese
vietnamita² *nm* : Vietnamese
viga *nf* : beam : rafter : girder
vigencia *nf* : validity : force : effect
vigente *adj* : valid : in force
vigésimo¹, -ma *adj* : twentieth : twenty-
vigésimo², -ma *n* : twentieth : twenty-
vigía *nmf* : lookout
vigilancia *nf* : vigilance : watchfulness
vigilante¹ *adj* : vigilant : watchful
vigilante² *nmf* : watchman : guard
vigilar *v* : to look after : to keep an eye
on : to watch over : to guard : to be
watchful : to keep watch
vigilia *nf* : wakefulness : night work : vigil
vigor *nm* : vigor : energy : strength
: force : effect
vigorizante *adj* : invigorating
vigorizar *v* : to strengthen : to invigorate
vigoroso, -sa *adj* : vigorous —
vigorosamente *adv*
VIH *nm* : HIV
vikingo, -ga *adj & n* : Viking
vil *adj* : vile : despicable : base
vileza *nf* : vileness : despicable action
: villainy
vilipendiar *v* : to vilify : to revile
villa *nf* : town : village : villa
villancico *nm* : carol : Christmas carol
villano, -na *n* : villain : peasant
vilmente *adv* : basely
vinagre *nm* : vinegar
vinagrera *nf* : cruet
vinagreta *nf* : vinaigrette
vinatería *nf* : wine shop
vinculación *nf, pl* **-ciones** : linking
: bond : link : connection
vincular *v* : to tie : to link : to connect
vínculo *nm* : tie : link : bond
vindicación *nf, pl* **-ciones** : vindication
vindicar *v* : to vindicate : to avenge
vinilo *nm* : vinyl
vino¹, etc. → **venir**
vino² *nm* : wine
viña *nf* : vineyard
viñedo *nm* : vineyard
viñeta *nf* : cartoon
vio, etc. → **ver**
viola *nf* : viola
violación *nf, pl* **-ciones** : violation
: offense : rape
violador¹, -dora *n* : violator : offender
violador² *nm* : rapist
violar *v* : to rape : to violate : to
desecrate

violencia nf : violence
violentamente adv : by force : violently
violentar v : to break open : to force : to distort — **violentarse** vr : to force oneself
violento, -ta adj : violent : awkward : embarrassing
violeta[1] adj & nm : violet
violeta[2] nf : violet
violín nm, pl **-lines** : violin
violinista nmf : violinist
violonchelista nmf : cellist
violonchelo nm : cello : violoncello
VIP nmf, pl **VIPs** : VIP
viraje nm : turn : swerve : change
viral adj : viral
virar v : to tack : to turn : to veer
virgen[1] adj : virgin
virgen[2] nmf, pl **vírgenes** : virgin
virginal adj : virginal : chaste
virginidad nf : virginity
Virgo[1] nm : Virgo
Virgo[2] nmf : Virgo
vírico, -ca adj : viral
viril adj : virile — **virilidad** nf
virrey, -rreina n : viceroy m
virtual adj : virtual — **virtualmente** adv
virtud nf : virtue
virtuosismo nm : virtuosity
virtuoso[1], -sa adj : virtuous
virtuoso[2], -sa n : virtuoso
viruela nf : smallpox : pockmark
virulencia nf : virulence
virulento, -ta adj : virulent
virus nm : virus
viruta nf : shaving
visa nf : visa
visado nm : visa
visceral adj : visceral
vísceras nfpl : viscera : entrails
viscosidad nf : viscosity
viscoso, -sa adj : viscous
visera nf : visor
visibilidad nf : visibility
visible adj : visible — **visiblemente** adv
visillo nm : sheer curtain : lace curtain
visión nf, pl **visiones** : vision : eyesight : view : perspective : illusion
visionario, -ria adj & n : visionary
visita nf : visit : call : visitor
visitador, -dora n : visitor : frequent caller
visitante[1] adj : visiting
visitante[2] nmf : visitor
visitar v : to visit
vislumbrar v : to discern : to make out : to begin to see : to have an inkling of
vislumbre nf : glimmer : gleam
viso nm : appearance : glint : gleam : sheen : iridescence
visón nm, pl **visones** : mink
visor nm : viewfinder : sight : scout
víspera nf : eve : day before; **vísperas** nfpl : vespers

vista nf : vision : eyesight : look : gaze : glance : view : vista : panorama : hearing
vistazo nm : glance : look
viste, etc. → **ver**[1], **vestir**
visto[1] pp → **ver**
visto[2], -ta adj : obvious : clear : in view of : considering
visto[3] nm **visto bueno** : approval
vistoso, -sa adj : colorful : bright
visual adj : visual — **visualmente** adv
visualizador nm : display
visualizar v : to visualize : to display
vital adj : vital : lively : dynamic
vitalicio, -cia adj : life : lifetime
vitalidad nf : vitality
vitamina nf : vitamin
vitamínico, -ca adj : vitamin
viticultor, -ra n : wine producer
viticultura nf : wine producing
vítor nm : cheer
vitorear v : to cheer
vitral nm : stained-glass window
vítreo, -rea adj : glass : glassy
vitrina nf : showcase : display case : store window
vitriolo nm : vitriol
vituperar v : to condemn : to lambaste
viudez nf : state of being widowed
viudo, -da n : widower m : widow f
viva nm : cheer
vivacidad nf : vivacity : liveliness
vivamente adv : in a lively manner : vividly : strongly : acutely
vivar v : to cheer
vivaracho, -cha adj : lively : vivacious : bright : sparkling
vivaz adj, pl **vivaces** : lively : vivacious : clever : sharp : perennial
vivencia nf : experience
víveres nmpl : provisions : supplies : food
vivero nm : nursery : hatchery : fish farm
viveza nf : liveliness : vividness : brightness : cleverness : sharpness
vívidamente adv : vividly
vívido, -da adj : vivid : lively
vividor, -dora n : sponger : parasite
vivienda nf : housing : dwelling : home
viviente adj : living
vivificar v : to revitalize : to give life to
vivir[1] v : to live : to be alive : to subsist : to make a living : to reside : to spend one's life : to go through : to experience
vivir[2] nm : life : lifestyle
vivisección nf, pl **-ciones** : vivisection
vivo, -va adj : alive : vivid : bright : intense : lively : vivacious : sharp : clever
vocablo nm : word
vocabulario nm : vocabulary
vocación nf, pl **-ciones** : vocation
vocacional adj : vocational

vocal[1] *adj* : vocal
vocal[2] *nmf* : member
vocal[3] *nf* : vowel
vocalista *nmf* : singer : vocalist
vocalizar *v* : to vocalize
vocear *v* : to shout
vocerío *nm* : clamor : shouting
vocero, -ra *n* : spokesperson
    : spokesman *m* : spokeswoman *f*
vociferante *adj* : vociferous
vociferar *v* : to shout : to yell
vodevil *nm* : vaudeville
vodka *nm* : vodka
voladizo[1], **-za** *adj* : projecting
voladizo[2] *nm* : projection
volador, -dora *adj* : flying
volando *adv* : quickly : in a hurry
volante[1] *adj* : flying
volante[2] *nm* : steering wheel : flier
    : circular : shuttlecock : flywheel
    : balance wheel : ruffle : flounce
volantín *nm, pl* **-tines** : kite
volar *v* : to fly : to go quickly : to rush
    : to disappear : to blow up : to demolish
    : to irritate
volátil *adj* : volatile — **volatilidad** *nf*
volcán *nm, pl* **volcanes** : volcano
volcánico, -ca *adj* : volcanic
volcar *v* : to upset : to knock over : to
    turn over : to empty out : to make
    dizzy : to cause a change of mind in
    : to irritate : to overturn : to tip over : to
    capsize — **volcarse** *vr* : to do one's
    utmost
volea *nf* : volley
volear *v* : to volley
voleibol *nm* : volleyball
voleo *nm* **al voleo** : haphazardly : at
    random
volframio *nm* : wolfram : tungsten
volibol → **voleibol**
volición *nf, pl* **-ciones** : volition
volqué, etc. → **volcar**
voltaje *nm* : voltage
voltear *v* : to turn over : to turn upside
    down : to reverse : to turn inside out
    : to turn : to knock down : to roll over
    : to do somersaults — **voltearse** *vr*
    : to turn around : to change one's
    allegiance
voltereta *nf* : somersault : tumble
voltio *nm* : volt
volubilidad *nf* : fickleness
voluble *adj* : fickle : changeable
volumen *nm, pl* **-lúmenes** : volume
    : book : capacity : size : bulk : amount
    : loudness
voluminoso, -sa *adj* : voluminous
    : massive : bulky
voluntad *nf* : will : volition : desire : wish
    : intention
voluntariado *nm* : volunteer service
voluntario[1], **-ria** *adj* : voluntary —
    voluntariamente *adv*

voluntario[2], **-ria** *n* : volunteer
voluntarioso, -sa *adj* : stubborn : willing
    : eager
voluptuosidad *nf* : voluptuousness
voluptuoso, -sa *adj* : voluptuous —
    voluptuosamente *adv*
voluta *nf* : spiral : column
volver *v* : to return : to come/go back
    : to turn : to turn over : to turn inside
    out : to repay : to restore : to cause : to
    make — **volverse** *vr* : to become : to
    turn around
vomitar *v* : to vomit : to spew out
vómito *nm* : vomiting : vomit
voracidad *nf* : voracity
vorágine *nf* : whirlpool : maelstrom
voraz *adj, pl* **voraces** : voracious —
    vorazmente *adv*
vórtice *nm* : whirlpool : vortex
    : whirlwind
vos *pron* : you
vosear *v* : to address as *vos*
vosotros, -tras *pron pl* : you
    : yourselves : ye
votación *nf, pl* **-ciones** : vote : voting
votante *nmf* : voter
votar *v* : to vote : to vote for
voto *nm* : vote : vow; **votos** *nmpl* : good
    wishes
voy → **ir**
voz *nf, pl* **voces** : voice : opinion : say
    : shout : yell : sound : word : term
    : rumor
vudú *nm* : voodoo
vuelco *nm* : upset : overturning : drastic
    change : reversal
vuela, etc. → **volar**
vuelca, vuelque, etc. → **volcar**
vuelo *nm* : flight : flying : flare : fullness
vuelta *nf* : turn : circle : revolution : flip
    : bend : curve : return : round : lap
    : walk : drive : ride : back : other side
    : cuff
vuelto *pp* → **volver**
vuelve, etc. → **volver**
vuestro[1], **-stra** *adj* : your : of yours
vuestro[2], **-stra** *pron* : yours
vulgar *adj* : common : vulgar
vulgaridad *nf* : vulgarity
vulgarmente *adv* : vulgarly : popularly
vulgo *nm* **el vulgo** : the masses
    : common people
vulnerable *adj* : vulnerable —
    vulnerabilidad *nf*
vulnerar *v* : to injure : to damage : to
    violate : to break
wafle *nm* : waffle
waflera *nf* : waffle iron
wapití *nm, pl* **-tíes** *or* **-tís** *or* **-tí** : wapiti
    : elk
wáter → **váter**
web *nmf* : web : World Wide Web
webcam *nf, pl* **webcams** : webcam
webmaster *nmf, pl* **-ters** : Webmaster

western *nm, pl* **westerns** : western
whisky *nm, pl* **whiskys** *or* **whiskies**
  : whiskey
wicca *nf* : Wicca
wiccano, -na *adj & n* : Wiccan
wigwam *nm* : wigwam
windsurf *nm* : windsurfing
xenofobia *nf* : xenophobia
xenófobo[1]**, -ba** *adj* : xenophobic
xenófobo[2]**, -ba** *n* : xenophobe
xenón *nm* : xenon
xerografiar *v* : to photocopy : to xerox
xilófono *nm* : xylophone
y *conj* : and : well
ya[1] *adv* : already : now : right now : later
  : soon : no longer : anymore : yes
  : right
ya[2] *conj* **ya ... ya** : whether ... or : first
  ... then
yac *nm* : yak
yacer *v* : to lie
yacimiento *nm* : bed : deposit
yaga, etc. → yacer
yang *nm* : yang
yanqui *adj & nmf* : Yankee
yarda *nf* : yard
yate *nm* : yacht
yayo, yaya *n* : grandpa *m* : grandma *f*
yaz, yazca, yazga, etc. → yacer
yedra *nf* : ivy
yegua *nf* : mare
yelmo *nm* : helmet
yema *nf* : bud : shoot : yolk
yen *nm* : yen
yendo → ir
yerga, yergue, etc. → erguir
yermo[1]**, -ma** *adj* : barren : deserted
yermo[2] *nm* : wasteland
yerno *nm* : son-in-law
yerra, etc. → errar
yerro *nm* : blunder : mistake
yesca *nf* : tinder
yeso *nm* : plaster : cast : gypsum
yiddish *or* **yidis** *adj & nm* : Yiddish
yihad *nmf, pl* **yihads** : jihad —
  yihadista *nmf*
yin *nm* : yin
yo[1] *nm* : ego : self
yo[2] *pron* : I : me
yodo *nm* : iodine
yoga *nm* : yoga
yogurt *or* **yogur** *nm* : yogurt
Yom Kippur *n* : Yom Kippur
yoyo *or* **yoyó** *nm* : yo-yo
yuca *nf* : yucca : cassava : manioc
yucateco[1]**, -ca** *adj* : of or from the
  Yucatán
yucateco[2]**, -ca** *n* : person from the
  Yucatán
yudo → judo
yugo *nm* : yoke
yugoslavo, -va *adj & n* : Yugoslavian
yugular *adj* : jugular
yungas *nfpl* : warm tropical valleys

yunque *nm* : anvil
yunta *nf* : yoke : team
yuppy *nmf, pl* **yuppies** : yuppie
yute *nm* : jute
yuxtaponer *v* : to juxtapose —
  yuxtaposición *nf*
yuyo *nm* : weed : herb
zacate *nm* : grass : fodder : hay
zafacón *nm, pl* **-cones** : wastebasket
zafar *v* : to loosen : to untie — **zafarse**
  vr : to loosen up : to come undone : to
  get free of
zafio, -fia *adj* : coarse : crude
zafiro *nm* : sapphire
zaga *nf* : defense
zagual *nm* : paddle
zaguán *nm, pl* **zaguanes** : front hall
  : vestibule
zaherir *v* : to criticize sharply : to wound
  : to mortify
zahones *nmpl* : chaps
zaino, -na *adj* : chestnut
zalamería *nf* : flattery : sweet talk
zalamero[1]**, -ra** *adj* : flattering : fawning
zalamero[2]**, -ra** *n* : flatterer
zambullida *nf* : dive : plunge
zambullir *v* : to dip : to submerge —
  zambullirse *vr* : to dive : to plunge
zamparse *vr* : to gobble : to wolf down
zanahoria *nf* : carrot
zancada *nf* : stride : step
zancadilla *nf* : trip : stumble : trick : ruse
zanco *nm* : stilt
zancuda *nf* : wading bird
zancudo *nm* : mosquito
zángano *nm* : drone : male bee
zanja *nf* : ditch : trench
zanjar *v* : to settle : to clear up : to
  resolve
zapallo *nm* : pumpkin
zapapico *nm* : pickax
zapata *nf* : brake shoe
zapatear *v* : to stamp one's feet
zapatería *nf* : shoemaker's : shoe
  factory : shoe store
zapatero[1]**, -ra** *adj* : dry : tough : poorly
  cooked
zapatero[2]**, -ra** *n* : shoemaker : cobbler
zapatilla *nf* : slipper : women's shoe
zapato *nm* : shoe
zapping *nm* : channel surfing
zar, zarina *n* : czar *m* : czarina *f*
zarandear *v* : to sift : to sieve : to shake
  : to jostle : to jiggle
zarapito *nm* : curlew
zarcillo *nm* : earring : tendril
zarigüeya *nf* : opossum
zarpa *nf* : paw
zarpar *v* : to set sail : to raise anchor
zarpazo *nm* : swipe
zarza *nf* : bramble : blackberry bush
zarzamora *nf* : blackberry : bramble
  : blackberry bush
zarzaparrilla *nf* : sarsaparilla

zarzuela *nf* : Spanish operetta
zas *interj* : bam! : wham!
zepelín *nm*, *pl* **-lines** : zeppelin
zigoto *nm* : zygote
zigzag *nm*, *pl* **zigzags** *or* **zigzagues** : zigzag
zigzaguear *v* : to zigzag
zimbabuense *adj & nmf* : Zimbabwean
zinc *nm* : zinc
zinnia *nf* : zinnia
zíper *nm* : zipper
zócalo *nm* : main square
zodíaco *or* **zodiaco** *nm* : zodiac — **zodíacal** *adj*
zombi *or* **zombie** *nmf* : zombie
zona *nf* : zone : district : area
zonzo¹, -za *adj* : stupid : silly
zonzo², -za *n* : idiot : nitwit
zoo *nm* : zoo
zoología *nf* : zoology
zoológico¹, -ca *adj* : zoological
zoológico² *nm* : zoo
zoólogo, -ga *n* : zoologist
zoom *nm* : zoom lens

zopilote *nm* : buzzard
zoquete *nmf* : oaf : blockhead
zorrillo *nm* : skunk
zorro¹, -rra *adj* : sly : crafty
zorro², -rra *n* : fox : vixen : sly crafty person
zorzal *nm* : thrush
zozobra *nf* : anxiety : worry
zozobrar *v* : to capsize
zueco *nm* : clog
zulú¹ *adj & nmf*, *pl* **zulúes** *or* **zulús** *or* **zulú** : Zulu
zulú² *nm* : Zulu
zumaque *nm* : sumac
zumbar *v* : to buzz : to hum : to hit : to thrash : to make fun of
zumbido *nm* : buzzing : humming
zumo *nf* : juice
zurcir *v* : to darn : to mend
zurdo¹, -da *adj* : left-handed
zurdo², -da *n* : left-handed person
zurrón *nm*, *pl* **zurrones** : leather bag
zurza, etc. → **zurcir**
zutano, -na → **fulano**

---

preterite

-ar	-er	-ir
é	í	í
aste	iste	iste
ó	ió	ió
amos	imos	imos
asteis	isteis	isteis
aron	ieron	ieron

fui, hice, vi, di, estuve, supe, puse, dije

imperfect

-ar	-er/-ir
aba	ía
abas	ías
aba	ía
ábamos	íamos
abais	íais
aban	ían

era, iba, veía